Finanças Públicas

R813f Rosen, Harvey S.
    Finanças públicas / Harvey S. Rosen, Ted Gayer ; tradução: Rodrigo Dubal ; revisão técnica: Stefano Florissi. – 10. ed. – Porto Alegre : AMGH, 2015.
    xxiii, 582 p. : il. ; 27,7 cm.

    ISBN 978-85-8055-500-4

    1. Economia – Finanças públicas. I. Gayer, Ted. II. Título.

CDU 336.1

Catalogação na publicação: Poliana Sanchez de Araujo – CRB 10/2094

Harvey S. ROSEN
Princeton University

Ted GAYER
Brookings Institution

Finanças Públicas

10ª EDIÇÃO

Tradução:
Rodrigo Dubal

Revisão técnica:
Stefano Florissi
PhD em Economia pela University of Illinois at Urbana-Champaign, EUA
Professor do Programa de Pós-graduação em Economia da UFRGS

McGraw Hill Education

bookman

AMGH Editora Ltda.
2015

Obra originalmente publicada sob o título
Public Finance, 10th Edition
ISBN 0078021685 / 9780078021688

Original edition copyright © 2014, McGraw-Hill Global Education Holdings, LLC, New York, New York 10121. All rights reserved.

Gerente editorial: *Arysinha Jacques Affonso*

Colaboraram nesta edição:

Capa: *Márcio Monticelli*

Imagem da capa: *Looking up at columns. Thinkstock/Stockbyte*

Editoração: *Techbooks*

Reservados todos os direitos de publicação, em língua portuguesa, à
AMGH EDITORA LTDA., uma parceria entre GRUPO A EDUCAÇÃO S.A. e McGRAW-HILL EDUCATION
Av. Jerônimo de Ornelas, 670 – Santana
90040-340 – Porto Alegre – RS
Fone: (51) 3027-7000   Fax: (51) 3027-7070

É proibida a duplicação ou reprodução deste volume, no todo ou em parte, sob quaisquer formas ou por quaisquer meios (eletrônico, mecânico, gravação, fotocópia, distribuição na Web e outros), sem permissão expressa da Editora.

Unidade São Paulo
Av. Embaixador Macedo Soares, 10.735 – Pavilhão 5 – Cond. Espace Center
Vila Anastácio – 05095-035 – São Paulo – SP
Fone: (11) 3665-1100   Fax: (11) 3667-1333

SAC 0800 703-3444 – www.grupoa.com.br

IMPRESSO NO BRASIL
PRINTED IN BRAZIL

Os autores

Harvey S. Rosen

Harvey S. Rosen é professor de Política Econômica e de Administração da cátedra John L. Weinberg da Universidade de Princeton. Membro da Econometric Society e pesquisador associado do National Bureau of Economic Research, o professor Rosen é muito conhecido por suas contribuições para as áreas de Finanças Públicas, Economia do Trabalho e Microeconomia Aplicada. De 1989 a 1991, atuou como Secretário Adjunto (Análise Tributária) no Tesouro dos EUA. Durante uma segunda passagem por Washington, de 2003 a 2005, participou do Conselho de Assessores Econômicos do Presidente, primeiramente como membro e depois como presidente. No cargo, prestou consultoria para a Casa Branca em inúmeras questões de política, incluindo reforma fiscal, previdência social, assistência média, energia, orçamento federal e regulação do mercado financeiro. Em 2007, recebeu o prêmio de maior prestígio da National Tax Association: a medalha Daniel M. Holland por contribuições distintas ao longo da vida para o estudo e para a prática das finanças públicas.

Ted Gayer

Ted Gayer é co-diretor do programa de Estudos Econômicos e conselheiro sênior Joseph E. Pecham da Brookings Institution. Anteriormente, fez parte do corpo docente do Instituto de Política Pública da Universidade de Georgetown. O professor Gayer publicou pesquisas sobre economia ambiental, habitação, regulação e políticas de educação. De 2003 a 2004, atuou como economista sênior do Conselho de Assessores Econômicos do Presidente, onde trabalhou principalmente em temas de política ambiental e regulamentar. De 2007 a 2008, trabalhou como Secretário Adjunto (análise microeconômica) do Tesouro dos EUA. No cargo, ajudou a desenvolver políticas relativas a diversas questões, incluindo habitação, mercados de crédito, agricultura, saúde, energia, seguros e meio ambiente. Também foi responsável por orientar a participação do Tesouro nos grupos de trabalho da Segurança Social e de administradores do Medicare.

Dedicatória

Para os nossos filhos

Prefácio

O filósofo e matemático britânico Bertrand Russell escreveu: "Mudança é uma coisa, progresso é outra". Nesta décima edição, continuamos a fazer mudanças substancias que refletem os progressos da matéria de finanças públicas. No entanto, tomamos o cuidado de manter o foco na missão central do livro, que é a de explicar do modo mais claro possível a forma como as ferramentas da economia podem ser usadas para analisar os gastos do governo e as políticas fiscais.

O campo das finanças públicas está em constante desenvolvimento. Novas aplicações de técnicas experimentais e quase-experimentais medem o impacto das políticas públicas e de novos *insights* fornecidos pela teoria econômica nas funções de gastos e tributação do governo.

Este livro incorpora os recentes desenvolvimentos e guia seus leitores até as fronteiras da pesquisa e da política atuais. Embora a informação apresentada seja a mais recente e reflita o trabalho de economistas em atividade no setor, a nossa abordagem a torna acessível para alunos de graduação, cuja única exposição prévia à economia está no nível introdutório.

▶ FERRAMENTAS E MATERIAIS EXTRAS ATUALIZADOS

Para professores

Os professores que se cadastrarem no site do Grupo A (www.grupoa.com.br) terão acesso a uma área exclusiva com os seguintes recursos (todos em inglês). Procure pela página do livro e clique em Material para o Professor.

Apresentações em PowerPoint®

Apresentações em PowerPoint totalmente atualizadas e abrangentes, preparadas por Donna Anderson, da Universidade de Wisconsin La Crosse, mostram gráficos e figuras animadas para ajudar a esclarecer conceitos difíceis para os alunos.

Banco de testes

O livro *Finanças Públicas* é conhecido pelas rigorosas perguntas do banco de testes, e a décima edição continua com essa tradição. O banco de testes foi atualizado para refletir as mais recentes mudanças do volume. Novas perguntas em cada capítulo oferecem oportunidades adicionais para testar o conhecimento do aluno.

Manual do instrutor

Revisado por Tori Cavaleiro, da Carson-Newmann University, o manual do instrutor fornece uma série de recursos docentes, juntamente com soluções detalhadas das perguntas de final de capítulo.

Para alunos

No site do Grupo A (www.grupoa.com.br) os alunos cadastrados terão acesso a apresentações em PowerPoint® e links de Internet para atividades interessantes. Procure pela página do livro e clique em Recursos Online.

Agradecimentos

É um prazer agradecer às pessoas que ajudaram na preparação de *Finanças Públicas*. No conjunto de todas as edições deste livro, cerca de 400 colegas acadêmicos que ensinam finanças públicas responderam a pesquisas, fornecendo um material útil sobre a forma como eles conduzem suas aulas. As respostas serviram como esclarecimento sobre as suas necessidades e as de seus alunos.

Somos gratos pelas numerosas sugestões de melhorias em relação à edição anterior. Agradecemos a Jean Marie Callan por seu apoio à pesquisa. Além disso, várias pessoas ajudaram em questões específicas desta edição. Entre elas, incluem-se:

Henry Aaron
Brookings Institution
Gary Burtless
Brookings Institution
Amanda Kowalski
Yale University

Jonathan Meer
Texas A&M University
Clifford Winston
Brookings Institution

Agradecemos também àquelas que analisaram e fizeram sugestões proveitosas para as edições anteriores deste livro. Entre elas, incluem-se:

Roy D. Adams
Iowa State University
James Alm
University of Colorado
Donna Anderson
University of Wisconsin, La Crosse
Gary M. Anderson
California State University, Northridge
Gerald Auten
US Treasury
Charles L. Ballard
Michigan State University
Kevin Balsam
Hunter College
Thomas Barthold
Joint Committee on Taxation
Marco Bassetto
University of Minnesota, Minneapolis
Anne Louise Berry
Stanford University
Douglas Blair
Rutgers University
Rebecca Blank
University of Michigan
Serguey Braguinsky
SUNY Buffalo

Genevieve Briand
Eastern Washington University
Alex M. Brill
House Ways and Means Committee
Eleanor Brown
Pomona College
Robert Brown
California State University, San Marcos
Neil Bruce
Queens University
Lawrence P. Brunner
Central Michigan University
Leonard Burman
Urban Institute
Rachel Burton
Georgetown University
Stuart Butler
Heritage Foundation
Donald E. Campbell
College of William and Mary
Adam Carasso
The Urban Institute
Kai Chan
Princeton University
Sewin Chan
New York University

Howard Chernick
Hunter College
Ron Cheung
Florida State University
Bradley Childs
Belmont University
Robert Chirinko
Emory University
John A. Christianson
University of San Diego
Edward Coulson
Pennsylvania State University
Steven Craig
University of Houston
Steven G. Craig
University of Houston
Susan Dadres
Southern Methodist University
Bev Dahlby
University of Alberta
John Deskins
Creighton University, Omaha
Robert A. Dickler
Bowie State University
Avinash Dixit
Princeton University
Kevin T. Duffy-Deno
Southeastern Massachusetts University
Alejandra Edwards
California State University, Long Beach
Wayne Edwards
University of Alaska, Anchorage
Nada Eissa
Georgetown University
Eric Engen
Federal Reserve Board
O. Homer Erekson
Miami University, Ohio
Judy Feder
Georgetown University
Allan M. Feldman
Brown University
Lee Fennell
University of Texas
John Fitzgerald
Bowdoin College
Fred E. Foldvary
Virginia Tech
Jane G. Fortson
Princeton University
Ken Fortson
Princeton University

Don Fullerton
University of Texas
William Gale
Brookings Institution
Gary Galles
Pepperdine University
Malcolm Getz
Vanderbilt University
J. Fred Giertz
University of Illinois
Gregory Gilpin
Indiana University, Bloomington
Robert Gitter
Ohio Wesleyan University
Amihai Glazer
University of California, Irvine
Roy T. Gobin
Loyola University of Chicago
Haynes Goddard
University of Cincinnati
William T. Gormley
Georgetown University
Jane Gravelle
Congressional Research Service
Gordon Gray
American Enterprise Institute
Michael Greenstone
Massachusetts Institute of Technology
Timothy J. Gronberg
Texas A & M University
Simon Hakim
Temple University
Jonathan H. Hamilton
University of Florida
Rich Hanson
University of California, Irvine
Winston Harrington
Resources for the Future
Kevin Hassett
American Enterprise Institute
Eric Helland
Claremont McKenna College
L. Jay Helms
University of California, Davis
Roger S. Hewett
Drake University
James Hines
University of Michigan
Randall Holcombe
Florida State University
Douglas Holtz-Eakin
American Action Forum

Janet Holtzblatt
US Treasury
Gary A. Hoover
University of Alabama
John K. Horowitz
University of Maryland
Hilary Hoynes
University of California, Davis
Paul Hughes-Cromwick
Henry Ford Health System
Robert Inman
University of Pennsylvania
Micah Jensen
Georgetown University
Rebecca Kalmus
Harvard University
Robert Kelly
Fairfield University
Valerie Kepner
King's College
Edward Kienzle
Boston College
Bruce R. Kingman
SUNY, Albany
Jeffrey Kling
Congressional Budget Office
Tori Knight
Carson-Newman College
Helen Ladd
Duke University
Charles G. Leathers
University of Alabama
Gary D. Lemon
De Pauw University
Al Lerman
US Treasury
Peng Li
Huazhong University of Science and Technology
Steve Lile
Western Kentucky University
Alessandro Lizzeri
New York University
Alan Lockard
Binghamton University
Bradley S. Loomis
Rochester Institute of Technology
Edward Lopez
University of North Texas
Jens Ludwig
Georgetown University
Robin Lumsdaine
American University

Pirudas Lwamugira
Fitchburg State College
Molly K. Macauley
Resources for the Future
Brigitte Madrian
University of Pennsylvania
N. Gregory Mankiw
Harvard University
Randall Mariger
University of Washington
Jim Marton
University of Kentucky
Simon Medcalfe
Brenau University
Jonathan Meer
Stanford University
Philip Meguire
University of Canterbury
Roger P. Mendels
University of Windsor
van der Merwe Fanus
Potchefstroom University for Christian Higher Education, South Africa
David Mitchell
Missouri State University
Olivia Mitchell
University of Pennsylvania
Farshid Mojaver
University of California, Davis
Robert Moore
Occidental College
Adele Morris
Brookings Institution
James J. Murphy
University of Massachusetts
John Murray
Bank of Canada
Noelwah Netusil
Reed College
Eric Nilsson
California State University, San Bernardino
Louise Nordstrom
Nichols College
Peter Norman
University of North Carolina, Chapel Hill
Pia M. Orrenius
Federal Reserve Bank of Dallas
Susan Parks
University of Wisconsin, Whitewater
Anthony Pellechio
World Bank
Anita Alves Pena
Colorado State University

Agradecimentos **xiii**

Alfredo M. Pereira
University of California, San Diego
Wade Pfau
National Graduate Institute of Policy Studies
Florenz Plassmann
Binghamton University (SUNY)
Joseph Pomykala
Towson University
Paul Portney
University of Arizona
James Poterba
Massachusetts Institute of Technology
B. Michael Pritchett
Brigham Young University
Uwe E. Reinhardt
Princeton University
Christopher J. Rempel
Reed College
Mark Rider
US Treasury
Robert Rider
University of Southern California
Jose Daniel Rodriguez-Delgado
University of Minnesota
Carol Rosenberg
Urban Institute
Stephen Rubb
Bentley College
Steven R. Sachs
University of Connecticut
Efraim Sadka
Tel-Aviv University
Gian S. Sahota
Vanderbilt University
Robert C. Sahr
Oregon State University
Andrew Samwick
Dartmouth College
Benjamin Scafidi
Georgia State University
Helen Schneider
University of Texas at Austin
Barbara Schone
Georgetown University
James K. Self
Indiana University
Albert J. Shamash
Trenton State College
Daniel Shaviro
New York University
Eytan Sheshinski
Hebrew University

Mark Showalter
Brigham Young University
Jonathan Skinner
Dartmouth College
Kenneth Small
University of California, Irvine
John L. Solow
University of Iowa
John Sondey
South Dakota State University
Richard Steinberg
Virginia Polytechnic Institute and State University
C. Eugene Steuerle
The Urban Institute
Thomas F. Stinson
University of Minnesota
John Straub
Tufts University
Paul Styger
Potchefstroom University for Christian Higher Education, South Africa
Phillip Swagel
University of Maryland
Kurtis Swope
United States Naval Academy
Amy Taylor
US Center for Health Services Research
Nicolaus Tideman
Virginia Tech University
Kiertisak Toh
Radford University
Mehmet Tosun
University of Nevada, Reno
Gregory A. Trandel
University of Georgia
Alan Viard
American Enterprise Institute
Marianne Vigneault
Bishop's University
Lennard van Vuren
Potchefstroom University for Christian Higher Education, South Africa
Michael Wasylenko
Syracuse University
Kristen Willard
Columbia University
Mark L. Wilson
West Virginia University-Tech
Clifford Winston
Brookings Institution

Pavel Yakovlev
Duquesne University

Valerie Yates
University of Pennsylvania College of General Studies

Chiou-Nan Yeh
Alabama State University

Aaron Yelowitz
University of Kentucky

James Young
Northern Illinois University

Sajid Zaidi
Princeton University

Joshua Graff Zivin
Columbia University

George Zodrow
Rice University

Por fim, gostaríamos de agradecer aos nossos familiares pelo apoio. Leitores de longa data deste livro devem se lembrar de que a primeira edição foi escrita quando Lynne Rosen e Jonathan Rosen eram bebês. Agora, eles vão formar na universidade, e é um prazer receber Zachary Gayer, Jacob Gayer e Nathan Gayer na família das *Finanças Públicas*.

Harvey S. Rosen e Ted Gayer

Sumário resumido

Parte I
PRIMEIROS PASSOS 1

1. INTRODUÇÃO 2
2. FERRAMENTAS DE ANÁLISE POSITIVA 18
3. FERRAMENTAS DE ANÁLISE NORMATIVA 34

Parte II
DESPESAS PÚBLICAS: BENS PÚBLICOS E EXTERNALIDADES 53

4. BENS PÚBLICOS 54
5. EXTERNALIDADES 73
6. ECONOMIA POLÍTICA 107
7. EDUCAÇÃO 130
8. ANÁLISE DE CUSTO-BENEFÍCIO 144

Parte III
DESPESAS PÚBLICAS: SEGURO SOCIAL E MANUTENÇÃO DE RENDA 171

9. O MERCADO DE SAÚDE 172
10. GOVERNO E MERCADO DE ATENDIMENTO DE SAÚDE 196
11. PREVIDÊNCIA SOCIAL 217
12. REDISTRIBUIÇÃO DE RENDA: QUESTÕES CONCEITUAIS 246
13. PROGRAMAS DE COMBATE À POBREZA 265

Parte IV
QUADRO DE ANÁLISE DE IMPOSTOS 291

14. TRIBUTAÇÃO E DISTRIBUIÇÃO DE RENDA 292
15. TRIBUTAÇÃO E EFICIÊNCIA 320
16. TRIBUTAÇÃO EFICIENTE E EQUITATIVA 343

Parte V
O SISTEMA DE RECEITAS DOS ESTADOS UNIDOS 369

17. O IMPOSTO DE RENDA DE PESSOA FÍSICA 370
18. TRIBUTAÇÃO PESSOAL E COMPORTAMENTO 403
19. IMPOSTOS SOBRE AS EMPRESAS 426
20. FINANÇAS DO DÉFICIT 448
21. IMPOSTOS SOBRE O CONSUMO E A RIQUEZA 466

Parte VI
FINANÇAS PÚBLICAS EM MÚLTIPLOS NÍVEIS DE GOVERNO 493

22. FINANÇAS PÚBLICAS NO SISTEMA FEDERAL 494

APÊNDICE 523

GLOSSÁRIO 545

REFERÊNCIAS 553

ÍNDICE DE NOMES 567

ÍNDICE DE ASSUNTOS 571

Sumário

Parte I
PRIMEIROS PASSOS 1

1 INTRODUÇÃO 2
FINANÇAS PÚBLICAS E IDEOLOGIA 3
Visão orgânica do governo 3
Visão mecanicista do governo 4
Ponto de vista deste livro 5
O GOVERNO RESUMIDO 5
O marco legal 5
O tamanho do governo 7
Despesas 10
Receitas 11
Nossa temática 13
RESUMO 13
QUESTÕES PARA DISCUSSÃO 14
APÊNDICE: PESQUISA EM FINANÇAS PÚBLICAS 16

2 FERRAMENTAS DE ANÁLISE POSITIVA 18
O PAPEL DA TEORIA 18
CAUSALIDADE E CORRELAÇÃO 20
ESTUDOS EXPERIMENTAIS 21
Realização de um estudo experimental 22
Armadilhas dos estudos experimentais 23
ESTUDOS OBSERVACIONAIS 24
Realização de um estudo observacional 25
Armadilhas dos estudos observacionais 26
ESTUDOS QUASE-EXPERIMENTAIS 27
Realização de um estudo quase-experimental 28
Armadilhas dos estudos quase-experimentais 30
CONCLUSÕES 31
RESUMO 31
QUESTÕES PARA DISCUSSÃO 32

3 FERRAMENTAS DE ANÁLISE NORMATIVA 34
ECONOMIA DO BEM-ESTAR 34
Transação de economia pura 34
Economia de produção 39
O PRIMEIRO TEOREMA FUNDAMENTAL DA ECONOMIA DO BEM-ESTAR 41
EQUIDADE E O SEGUNDO TEOREMA FUNDAMENTAL DA ECONOMIA DO BEM-ESTAR 42
FALHA DE MERCADO 46
Poder de mercado 46
Inexistência de mercados 47
Visão geral 48
ACEITANDO A ECONOMIA DO BEM-ESTAR 48
RESUMO 49
QUESTÕES PARA DISCUSSÃO 50

Parte II
DESPESAS PÚBLICAS: BENS PÚBLICOS E EXTERNALIDADES 53

4 BENS PÚBLICOS 54
BENS PÚBLICOS DEFINIDOS 54
FORNECIMENTO EFICIENTE DE BENS PÚBLICOS 56
Derivação da condição de eficiência 58
Problemas para a obtenção da eficiência 61
O problema do *free rider* 63
PRIVATIZAÇÃO 64
Fornecimento público ou privado? 64
Produção pública ou privada? 65

BENS PÚBLICOS E ESCOLHA PÚBLICA 68

RESUMO 68

QUESTÕES PARA DISCUSSÃO 68

APÊNDICE: MECANISMOS DE REVELAÇÃO DE PREFERÊNCIA 71

5 EXTERNALIDADES 73

A NATUREZA DAS EXTERNALIDADES 74

ANÁLISE GRÁFICA 75
Implicações 76
Conclusão 80

RESPOSTAS PRIVADAS 80
Barganha e o Teorema de Coase 80
Incorporações 82
Convenções sociais 83

RESPOSTAS PÚBLICAS A EXTERNALIDADES: IMPOSTOS E SUBSÍDIOS 83
Impostos 83
Subsídios 85

RESPOSTAS PÚBLICAS A EXTERNALIDADES: PROGRAMAS DE TAXAS SOBRE EMISSÕES E *CAP-AND-TRADE* 86
Taxa sobre emissões 87
Cap-and-trade 90
Taxa sobre emissões *versus cap-and-trade* 92
Regulamentação de comando e controle 96

A RESPOSTA DOS EUA 98
Progresso com abordagens baseadas em incentivo 99

IMPLICAÇÕES PARA DISTRIBUIÇÃO DE RENDA 100
Quem se beneficia? 100
Quem arca com o custo? 100

EXTERNALIDADES POSITIVAS 101
Uma nota de advertência 102

RESUMO 103

QUESTÕES PARA DISCUSSÃO 103

6 ECONOMIA POLÍTICA 107

DEMOCRACIA DIRETA 107
Regras de unanimidade 107
Regras de votação da maioria 109
Troca de favores 113

O teorema da impossibilidade da Arrow 115

DEMOCRACIA REPRESENTATIVA 116
Políticos eleitos 117
Funcionários públicos 119
Interesses especiais 120
Outros atores 123

A EXPLICAÇÃO DO CRESCIMENTO DO GOVERNO 124
Conclusão 127

RESUMO 127

QUESTÕES PARA DISCUSSÃO 128

7 EDUCAÇÃO 130

JUSTIFICATIVA PARA INTERVENÇÃO DO GOVERNO NA EDUCAÇÃO 130
A educação é um bem público? 131
A educação gera externalidades positivas? 131
O mercado da educação é injusto? 133

O QUE A INTERVENÇÃO DO GOVERNO NA EDUCAÇÃO PODE REALIZAR? 133
A intervenção governamental causa efeito de *crowding-out* na educação privada? 134
O gasto do governo melhora os resultados da educação? 135
Gastos públicos e qualidade da educação 136
A educação aumenta os rendimentos? 138

NOVOS RUMOS PARA A EDUCAÇÃO PÚBLICA 138
Escolas autônomas 139
Vales 140
Responsabilidade da escola 141

RESUMO 142

QUESTÕES PARA DISCUSSÃO 143

8 ANÁLISE DE CUSTO-BENEFÍCIO 144

VALOR PRESENTE 144
Previsão de dólares do presente no futuro 145
Previsão de dólares futuros no presente 145
Inflação 146

AVALIAÇÃO DE PROJETOS DO SETOR PRIVADO 147
Taxa interna de retorno 149
Relação custo-benefício 149

TAXA DE DESCONTO PARA PROJETOS DO GOVERNO 150

Taxas baseadas em retornos no setor privado 150

Taxa social de desconto 151

Descontos e a economia da mudança climática 152

Descontos do governo na prática 153

VALORIZAÇÃO DE BENEFÍCIOS E CUSTOS PÚBLICOS 154

Preços de mercado 154

Preços de mercado ajustados 154

Excedente do consumidor 155

Inferências a partir do comportamento econômico 156

Valorização de intangíveis 159

OS TRUQUES DOS ANALISTAS DE CUSTO-BENEFÍCIO 160

O truque da reação em cadeia 160

O truque da mão de obra 160

O truque da dupla contabilização 160

CONSIDERAÇÕES SOBRE DISTRIBUIÇÃO 161

INCERTEZA 162

UMA APLICAÇÃO: AS REDUÇÕES NO TAMANHO DAS TURMAS VALEM A PENA? 163

Taxa de desconto 163

Custos 163

Benefícios 164

Os lucros e a avaliação 164

USO (E NÃO USO) DO GOVERNO 165

RESUMO 166

PERGUNTAS PARA REFLEXÃO 167

APÊNDICE: CÁLCULO DO VALOR DO EQUIVALENTE CERTEZA 169

Parte III

DESPESAS PÚBLICAS: SEGURO SOCIAL E MANUTENÇÃO DE RENDA 171

9 O MERCADO DE SAÚDE 172

O QUE HÁ DE ESPECIAL NA SAÚDE? 172

O papel do seguro 173

Papel da mutualização dos riscos 177

Seleção adversa no mercado de seguro de saúde 178

Seguros e risco moral 182

Outros problemas de informação no mercado de saúde 187

Externalidades do atendimento de saúde 187

QUEREMOS A PRESTAÇÃO EFICIENTE DE ATENDIMENTO DE SAÚDE? 187

Paternalismo 188

O problema dos sem seguro 188

Altos custos do atendimento de saúde 190

RESUMO 194

QUESTÕES PARA DISCUSSÃO 194

10 GOVERNO E MERCADO DE ATENDIMENTO DE SAÚDE 196

SEGURO DE SAÚDE PRIVADO 197

Subsídio implícito para o seguro fornecido pelo empregador 197

Vantagens do seguro de saúde fornecido pelo empregador 199

Seguro de saúde fornecido pelo empregador e *job lock* 200

Controle de custos e seguro privado 200

FORNECIMENTO DE SEGURO DE SAÚDE PELO GOVERNO: MEDICARE E MEDICAID 201

Medicare: Visão geral 201

Controle de custos do Medicare 204

Medicare: impacto sobre os gastos e saúde 205

Medicaid: Visão geral 206

Medicaid: impactos sobre a saúde 208

AFFORDABLE CARE ACT DE 2010 210

Caminhos alternativos para a reforma da saúde 211

Abordagem de único pagador 211

Abordagem orientada para o mercado 213

Considerações finais 214

RESUMO 214

PERGUNTAS PARA REFLEXÃO 215

11 PREVIDÊNCIA SOCIAL 217

POR QUE TER PREVIDÊNCIA SOCIAL? 218

A suavização do consumo e o mercado de anuidades 218

Seleção adversa e o mercado de anuidades 219

Outras justificativas 219

ESTRUTURA DA PREVIDÊNCIA SOCIAL 221

Componentes Básicos 221

Problemas de distribuição 225

Fundo fiduciário 229

EFEITOS DA PREVIDÊNCIA SOCIAL NO COMPORTAMENTO ECONÔMICO 230

Comportamento de poupança 230

Decisões de aposentadoria 235

Implicações 236

ESGOTAMENTO DE LONGO PRAZO DA PREVIDÊNCIA SOCIAL 236

REFORMA DA PREVIDÊNCIA SOCIAL 238

Manter o sistema atual 238

Privatizar o sistema 239

CONCLUSÕES 243

RESUMO 243

PERGUNTAS PARA REFLEXÃO 244

12 REDISTRIBUIÇÃO DE RENDA: QUESTÕES CONCEITUAIS 246

DISTRIBUIÇÃO DE RENDA 247

INTERPRETAÇÃO DOS DADOS DE DISTRIBUIÇÃO 249

JUSTIFICATIVAS PARA A REDISTRIBUIÇÃO DE RENDA 251

Utilitarismo simples 251

O critério maximin 254

Redistribuição de renda com eficiência de Pareto 255

Pontos de vista não individualistas 256

Outras considerações 256

INCIDÊNCIA DE DESPESAS 258

Efeitos de preços relativos 258

Bens públicos 258

Valorizando as transferências em espécie 259

Razões para transferências em espécie 261

CONCLUSÃO 262

RESUMO 262

PERGUNTAS PARA REFLEXÃO 263

13 PROGRAMAS DE COMBATE À POBREZA 265

UMA RÁPIDA OLHA NAS DESPESAS DE BEM-ESTAR 265

TANF 265

MANUTENÇÃO DE RENDA E INCENTIVOS AO TRABALHO 267

Os impasses básicos 267

Análise dos incentivos ao trabalho 268

Requisitos do trabalho 273

Prazos 273

Estrutura familiar 274

Administração: Nacional x Estadual 274

O CRÉDITO FISCAL DE RENDIMENTOS AUFERIDOS 275

SUPPLEMENTAL SECURITY INCOME 277

MEDICAID 278

SEGURO-DESEMPREGO 279

Benefícios 280

Financiamento 280

Efeitos sobre o desemprego 280

PROGRAMA DE ASSISTÊNCIA DE NUTRIÇÃO SUPLEMENTAR (SNAP, SUPPLEMENTAL NUTRITION ASSISTANCE PROGRAM) 281

ASSISTÊNCIA PARA HABITAÇÃO 282

PROGRAMAS PARA AUMENTO DE GANHOS 284

Educação 284

Emprego e formação para o trabalho 284

VISÃO GERAL 285

RESUMO 287

PERGUNTAS PARA REFLEXÃO 288

Parte IV
QUADRO DE ANÁLISE DE IMPOSTOS 291

14 TRIBUTAÇÃO E DISTRIBUIÇÃO DE RENDA 292

INCIDÊNCIA DE IMPOSTOS: OBSERVAÇÕES GERAIS 293

Somente as pessoas podem arcar com impostos 293

As fontes e as aplicações da renda devem ser consideradas 293

A incidência depende de como os preços são determinados 294

A incidência depende da disposição das receitas fiscais 294

A progressividade da tributação pode ser medida de várias maneiras 295

MODELOS DE EQUILÍBRIO PARCIAL 296

Impostos unitários sobre *commodities* 297

Impostos *ad valorem* 301

Impostos sobre fatores 303

Tributação de *commodity* sem concorrência 305

Impostos sobre lucros 307

Incidência fiscal e capitalização 308

MODELOS DE EQUILÍBRIO GERAL 309

Relações de equivalência fiscal 309

O modelo de Harberger 311

Análise de vários impostos 312

Algumas qualificações 314

Um estudo de incidência aplicado 315

CONCLUSÕES 316

RESUMO 317

PERGUNTAS PARA REFLEXÃO 317

15 TRIBUTAÇÃO E EFICIÊNCIA 320

DEFINIÇÃO DE ENCARGO EXCESSIVO 321

Perguntas e respostas 324

MEDIDA DE ENCARGO EXCESSIVO COM CURVAS DE DEMANDA 328

Distorções pré-existentes 330

Carga excessiva de um subsídio 331

Encargo excessivo da tributação de renda 332

TRIBUTAÇÃO DIFERENCIADA DE INSUMOS 334

A TRIBUTAÇÃO EFICIENTE IMPORTA? 337

RESUMO 338

PERGUNTAS PARA REFLEXÃO 338

APÊNDICE A: FÓRMULA PARA ENCARGO EXCESSIVO 340

APÊNDICE B: IMPOSTOS MÚLTIPLOS E A TEORIA DO SEGUNDO MELHOR 341

16 TRIBUTAÇÃO EFICIENTE E EQUITATIVA 343

TRIBUTAÇÃO ÓTIMA DE *COMMODITIES* 343

Regra de Ramsey 344

Considerações de equidade 347

Resumo 348

Aplicação: Tributação da família 348

TAXAS DE UTILIZAÇÃO ÓTIMAS 349

Visão geral 352

IMPOSTO DE RENDA ÓTIMO 352

Modelo de Edgeworth 352

Estudos modernos 353

POLÍTICA E O PROBLEMA DA INCONSISTÊNCIA TEMPORAL 354

OUTROS CRITÉRIOS PARA O PROJETO DE IMPOSTOS 356

Equidade horizontal 356

Custos de operação do sistema tributário 358

Evasão fiscal 359

VISÃO GERAL 365

RESUMO 366

PERGUNTAS PARA REFLEXÃO 366

Parte V
O SISTEMA DE RECEITAS DOS ESTADOS UNIDOS 369

17 O IMPOSTO DE RENDA DE PESSOA FÍSICA 370

ESTRUTURA BÁSICA 370

DEFINIÇÃO DE RENDA 372

Itens incluídos na renda de H-S 372

Alguns problemas práticos e conceituais 373

Avaliação do critério de H-S 374

FORMAS SUPRIMIDAS DE RENDA MONETÁRIA 375

Juros de obrigações estaduais e locais 375

Alguns dividendos 376

Ganhos de capital 376

Contribuições patronais para planos de benefícios 379

Alguns tipos de poupança 379

Doações e heranças 380

ISENÇÕES E DEDUÇÕES 380

Isenções 380

Deduções 381

Impacto na base tributável 387

Renúncias fiscais 387

A questão da simplicidade 388

ESTRUTURA DE COBRANÇA 388

Taxa efetiva X Taxa legal 390

IMPOSTOS E INFLAÇÃO 391

Como a inflação afeta os impostos 392

Indexação fiscal 393

O IMPOSTO MÍNIMO ALTERNATIVO 394

ESCOLHA DA UNIDADE E O IMPOSTO DO CASAMENTO 395

Antecedentes 395

Análise do imposto do casamento 397

TRATAMENTO DE RENDA INTERNACIONAL 399

IMPOSTOS DE RENDA ESTADUAIS 400

RESUMO 401

PERGUNTAS PARA REFLEXÃO 401

18 TRIBUTAÇÃO PESSOAL E COMPORTAMENTO 403

OFERTA DE TRABALHO 403

Considerações teóricas 403

Algumas advertências 407

Oferta de trabalho e receitas fiscais 410

POUPANÇA 412

Conta-poupança com tratamento fiscal preferencial 418

Impostos e escassez de capital 419

DECISÕES DE HABITAÇÃO 420

Propostas de mudança 421

COMPOSIÇÃO DA CARTEIRA 422

UMA NOTA SOBRE POLÍTICA E ELASTICIDADES 423

RESUMO 424

PERGUNTAS PARA REFLEXÃO 424

19 IMPOSTOS SOBRE AS EMPRESAS 426

POR QUE TAXAR AS CORPORAÇÕES? 426

ESTRUTURA 427

Compensação deduzida por funcionário 427

Juros, mas não dividendos, deduzidos 427

Depreciação deduzida 428

Créditos fiscais para investimento 430

Tratamento de dividendos X Lucros retidos 430

Taxa efetiva de imposto sobre o capital corporativo 431

INCIDÊNCIA E CARGA EM EXCESSO 431

Imposto sobre o capital da corporação 431

Imposto sobre os lucros econômicos 432

EFEITOS SOBRE O COMPORTAMENTO 433

Investimento físico total 433

Tipos de ativos 436

Finanças corporativas 437

TRIBUTOS ESTADUAIS SOBRE AS CORPORAÇÕES 439

TRIBUTAÇÃO DAS CORPORAÇÕES MULTINACIONAIS 439

Tributação global X Tributação territorial 441

REFORMA DOS IMPOSTOS CORPORATIVOS 442

Integração plena 443

Auxílio a dividendos 444

RESUMO 445

PERGUNTAS PARA REFLEXÃO 446

20 FINANÇAS DO DÉFICIT 448

QUAL O TAMANHO DA DÍVIDA? 448

Interpretando números de déficit e dívida 449

Resumindo 452

O PESO DA DÍVIDA 452

Uma mão pega emprestado da outra 453

Um modelo de gerações sobrepostas 453

Modelo neoclássico 455

Modelo ricardiano 456

Visão geral 457

TRIBUTAR OU TOMAR EMPRÉSTIMOS? 457

Princípio dos benefícios recebidos 457

Equidade intergeracional 458
Considerações de eficiência 458
Déficits e finanças funcionais 459
Dívida federal e o risco de uma crise fiscal 460
Considerações morais e políticas 460
Controle do déficit 461

VISÃO GERAL 463

RESUMO 464

PERGUNTAS PARA REFLEXÃO 464

21 IMPOSTOS SOBRE O CONSUMO E A RIQUEZA 466

EFICIÊNCIA E EQUIDADE DOS IMPOSTOS SOBRE O CONSUMO PESSOAL 466
Questões de eficiência 466
Questões de equidade 467

IMPOSTO SOBRE VENDAS EM VAREJO 471
Justificativas 472
Eficiência e implicações de distribuição dos impostos estaduais sobre vendas 473
Um imposto nacional sobre vendas no varejo? 474

IMPOSTO SOBRE O VALOR AGREGADO 475
Questões de implementação 476
Um IVA para os Estados Unidos? 476

IMPOSTO FIXO DE HALL-RABUSHKA 478

IMPOSTO SOBRE FLUXO DE CAIXA 479

TRIBUTAÇÃO SOBRE RENDA E SOBRE CONSUMO 480
Vantagens de um imposto sobre o consumo 480
Desvantagens de um imposto sobre o consumo 481
Problemas com ambos os sistemas 482

IMPOSTOS SOBRE A RIQUEZA 482

IMPOSTOS SOBRE HERANÇAS E DOAÇÕES 484
Justificativas 484
Disposições 486
Reforma de impostos sobre heranças e doações 489

PERSPECTIVAS PARA UMA REFORMA TRIBUTÁRIA FUNDAMENTAL 490

RESUMO 490

PERGUNTAS PARA REFLEXÃO 491

Parte VI
FINANÇAS PÚBLICAS EM MÚLTIPLOS NÍVEIS DE GOVERNO 493

22 FINANÇAS PÚBLICAS NO SISTEMA FEDERAL 494

ANTECEDENTES 495

FORMAÇÃO DA COMUNIDADE 496

O MODELO TIEBOUT 497
Pressupostos de Tiebout 498
Tiebout e o mundo real 499

FEDERALISMO IDEAL 500
Desvantagens de um sistema descentralizado 500
Vantagens de um sistema descentralizado 502
Implicações 504
Educação pública em um sistema federal 505

IMPOSTO SOBRE PROPRIEDADE 506
Efeitos de incidência e eficiência 507
Por que as pessoas odeiam o imposto sobre a propriedade? 512

TRANSFERÊNCIAS INTERGOVERNAMENTAIS 514
Tipos de subsídios 515
O efeito flypaper 519

VISÃO GERAL 519

RESUMO 520

PERGUNTAS PARA REFLEXÃO 520

APÊNDICE: UM POUCO DE MICROECONOMIA BÁSICA 523

GLOSSÁRIO 545

REFERÊNCIAS 553

ÍNDICE DE NOMES 567

ÍNDICE DE ASSUNTOS 571

PARTE I

PRIMEIROS PASSOS

As filosofias políticas das pessoas influenciam suas opiniões sobre o papel do governo. Algumas pessoas têm a liberdade individual como prioridade; outras colocam mais ênfase na promoção do bem-estar da sociedade como um todo. Diferenças filosóficas têm potencial e de fato levam a divergências quanto ao âmbito adequado para a atividade econômica do governo.

No entanto, a formação de opiniões inteligentes sobre políticas públicas exige não apenas uma filosofia política, mas também uma compreensão do que o governo realmente faz. Quem tem o poder legal para conduzir a política econômica? Em que o governo gasta dinheiro e como é que aumenta a receita? O Capítulo 1 examina como opiniões políticas afetam atitudes em relação às finanças públicas e descreve o funcionamento do sistema de finanças públicas dos EUA. Ele fornece um quadro geral para pensar sobre os detalhes do sistema de finanças públicas que são discutidos nos capítulos posteriores.

Os Capítulos 2 e 3 apresentam as ferramentas analíticas usadas por economistas das finanças públicas. O Capítulo 2 é centrado nas ferramentas da análise positiva, que tratam de declarações de causa e efeito. A questão aqui é como os economistas tentam avaliar os impactos das diversas políticas governamentais. No entanto, queremos determinar não só os efeitos das políticas do governo, mas também se estas produzem ou não resultados que sejam, de alguma maneira, positivos. Este é o papel da análise normativa, que exige um marco ético explícito, pois, sem isso, é impossível dizer o que é bom. O Capítulo 3 trata desse marco ético.

1 Introdução

> *As Finanças Públicas nada mais são do que uma discussão sofisticada da relação entre o indivíduo e o Estado. Não há melhor escola de formação do que as finanças públicas.*
> —VACLAV KLAUS, EX- PRIMEIRO-MINISTRO TCHECO

O ano é 1.030 a.C. Durante décadas, as tribos israelitas viveram sem um governo central. A Bíblia registra que as pessoas pediram ao profeta Samuel: "Faça-nos um rei para nos julgar, como todas as nações" [1 Samuel 8:5]. Samuel tentou desencorajar os israelitas, descrevendo como seria a vida sob a monarquia:

> Este será o costume do rei que houver de reinar sobre vós; ele tomará vossos filhos e os designará para si, para suas carruagens e para manejar seus cavaleiros; eles terão de correr à frente de suas carruagens... E tomará as vossas filhas para perfumistas, cozinheiras e padeiras. E ele tomará seus campos e vinhedos, seus olivais, e dará até mesmo o melhor deles a seus servos... Ele tomará o dízimo de vossos rebanhos, e vós sereis seus servos. E clamareis nesse dia por causa de vosso rei, que vós mesmos houverdes escolhido [1 Samuel 8:11-18].

Os israelitas não se deixaram abalar por esse cenário deprimente: "As pessoas se recusaram a dar ouvidos à voz de Samuel e disseram: 'Não, mas haverá um rei sobre nós; para que nós também sejamos como todas as nações; e nosso rei nos julgará, e sairá à nossa frente, e lutará as nossas guerras'." [1 Samuel 8:19-20].

Esse episódio bíblico ilustra uma ambivalência milenar sobre o governo. O Governo é uma necessidade – afinal, "todas as nações" têm um –, mas, ao mesmo tempo, ele tem aspectos indesejáveis. Esses sentimentos mistos em relação ao governo estão inextricavelmente ligados a suas atividades de tributação e gastos. O rei irá fornecer coisas que o povo quer (neste caso, um exército), mas isso terá um custo. Em última análise, os recursos para todas as despesas do governo devem vir do setor privado. Como Samuel explica de modo tão claro, os impostos podem ser onerosos.

Séculos se passaram, os sentimentos mistos sobre governo permanecem e grande parte da controvérsia ainda gira em torno de seu comportamento financeiro. Este livro é sobre as atividades de tributação e gastos do governo, um assunto geralmente chamado **finanças públicas**.

O termo é algo equivocado, pois as questões fundamentais não são financeiras (isto é, relacionadas com dinheiro). Em vez disso, os problemas principais dizem respeito à utilização de recursos reais. Por isso, alguns autores preferem a denominação **economia do setor público** ou simplesmente **economia pública**.

Concentramo-nos nas funções microeconômicas do governo – a forma como o governo interfere na alocação de recursos e a distribuição de renda. Atualmente, os papéis macroeconômicos do governo – o uso de tributação, gastos e políticas monetárias para atuar sobre o índice de desemprego e o nível de preços – geralmente são ensinados em cursos separados.

Os limites das finanças públicas são, por vezes, pouco claros. Algumas metas políticas que poderiam ser alcançadas por tributação ou gastos do governo também podem ser alcançadas por meio de regulamentação. Por exemplo, se o governo deseja limitar o tamanho das empresas, uma política possível é impor grandes impostos para as grandes corporações. Outra possibilidade é criar regulamentos que tornem ilegais as empresas que excedam

---

finanças públicas

Campo da economia que analisa tributação e gastos do governo.

economia do setor público

Ver finanças públicas.

economia pública

Ver finanças públicas.

determinado tamanho. Embora a tributação de empresas seja tema de muitos estudos em finanças públicas, as questões antitruste recebem apenas tratamento tangencial em textos sobre finanças públicas, sendo tratadas em cursos sobre organização industrial. Embora a prática pareça arbitrária, é necessário limitar o âmbito da área de estudos. Este livro segue a tradição, centrando-se em gastos do governo e tributação, apenas ocasionalmente tratando de políticas regulatórias.

◆ ◆ ◆

▶ FINANÇAS PÚBLICAS E IDEOLOGIA

Economistas das finanças públicas analisam não apenas os efeitos das atividades de tributação e gastos do governo, mas também quais deveriam ser essas atividades. As opiniões sobre como o governo deve funcionar na esfera econômica são influenciadas por visões ideológicas a respeito da relação entre o indivíduo e o Estado. Os filósofos políticos distinguem duas abordagens principais.

Visão orgânica do governo

Esta visão concebe a sociedade como um organismo natural. Cada indivíduo é parte desse organismo e o governo pode ser pensado como seu coração. Yang Chang-chi, professor de ética de Mao Tse-tung em Pequim, afirma que "um país é um todo orgânico, do mesmo modo que o corpo humano é um todo orgânico. Não é como uma máquina que pode ser desmontada e montada novamente" (citado em Johnson, 1983, p. 197). O indivíduo é significativo apenas como parte da comunidade, e o bem do indivíduo é definido em relação ao bem do todo. Assim, a comunidade é enfatizada acima do indivíduo. Por exemplo, na República de Platão, a atividade de um cidadão é desejável apenas se conduzir a uma sociedade justa. Talvez o exemplo mais famoso de uma concepção orgânica do governo seja fornecido pelo Nazismo: "O nacional-socialismo não reconhece uma esfera individual separada que, apartada da comunidade, deva ser cuidadosamente protegida de qualquer interferência por parte do Estado... Todas as atividades da vida diária têm sentido e valor apenas como serviço para a coletividade."[1]

Os objetivos da sociedade são definidos pelo Estado, que tenta conduzir a sociedade para sua realização. A escolha dos objetivos, é claro, varia consideravelmente. Platão concebeu um Estado cujo objetivo era atingir uma idade de ouro na qual as atividades humanas seriam guiadas pela racionalidade perfeita. Por outro lado, Adolf Hitler [1971/1925, p. 393] via o propósito do Estado como a obtenção da pureza racial: "O Estado é um meio para um fim. Seu fim está na preservação e no avanço de uma comunidade de criaturas física e psiquicamente homogêneas". Mais recentemente, o iraniano Ayatollah Khomeini argumentou que "só uma boa sociedade pode criar bons crentes". Ele escreveu que "o homem é meio anjo, meio diabo" e que o objetivo do governo deve ser o de "combater [a parte diabo] por meio de leis e punições adequadas" (citado em Taheri, 2003).

A questão crucial é como os objetivos sociais devem ser selecionados. Os defensores da visão orgânica geralmente argumentam que certas metas são naturais para o organismo social. A busca da soberania sobre alguma área geográfica é um exemplo de objetivo natural. (Pense no ímpeto nazista para a dominação da Europa.) No entanto, embora filósofos venham trabalhando há séculos para explicar o significado de "natural", a resposta está longe de ser clara.

---

[1] Stuckart e Globke, 1968, p. 330. (Wilhelm Stuckart e Hans Globke eram membros do alto escalão do Ministério do Interior nazista.)

Visão mecanicista do governo

Neste ponto de vista, o governo não é uma parte orgânica da sociedade. Pelo contrário, é um artifício criado pelos indivíduos para melhor atingir seus objetivos individuais. Como o estadista norte-americano Henry Clay disse em 1829: "O governo é uma confiança e os oficiais do governo são depositários; tanto a confiança quanto os depositários são criados para o benefício do povo". O indivíduo, em vez do grupo, está no papel central.

Aceitando que o governo existe para o bem do povo, ainda ficamos com o problema de definir exatamente o que é o bem e como o governo deve promovê-lo. Praticamente todos concordam que é bom para os indivíduos quando o governo os protege da violência. Para tanto, o governo deve ter o monopólio do poder coercitivo. Caso contrário, a anarquia se instaura e, como Thomas Hobbes, filósofo do século 17, observou [1963/1651, p. 143]: "A vida do homem [torna-se] solitária, pobre, sórdida, brutal e curta". A observação de Hobbes foi confirmada na Tunísia no início de 2011, quando a revolução forçou o presidente e outros líderes políticos a fugir do país. Na ausência do governo e da polícia, o caos se seguiu. Da mesma forma, em A Riqueza das Nações, Adam Smith argumenta que o governo deve proteger "a sociedade da violência e da invasão de outras sociedades independentes" e proteger "tanto quanto possível todos os membros da sociedade da injustiça ou opressão de qualquer outro membro" [1977/1776, Livro V, pp. 182, 198].

O governo mais limitado tem, portanto, apenas uma função: a de proteger seus membros de coerção física. Além disso, Smith argumenta que o governo deve ter a responsabilidade de "criar e manter certas determinadas obras e instituições públicas, que nunca devem ser construídas ou mantidas apenas por interesse de um indivíduo ou de um pequeno número de indivíduos" [1977/1776, Livro V, pp. 210–211]. Aqui, podemos pensar em itens como estradas, pontes e esgotos – a infraestrutura necessária para que a sociedade funcione.[2]

Neste ponto, as opiniões dentro da tradição mecanicista divergem. Os libertários, que acreditam em um governo muito limitado, argumentam contra qualquer outro papel econômico para o governo. Nas palavras de Smith: "Todo homem, desde que não viole as leis da justiça, fica perfeitamente livre para buscar seus próprios interesses de sua própria maneira" [1977/1776, Livro V, p. 180]. Os libertários são extremamente céticos sobre a capacidade dos governos de melhorar o bem-estar social. Como Thomas Jefferson afirma de modo contundente em seu primeiro discurso inaugural,

Às vezes diz-se que não se pode confiar ao homem o governo dele próprio. Pode-se, então, confiar a ele o governo dos outros? Ou encontramos anjos na forma de reis para governá-lo? Deixemos a história responder a pergunta.

Por outro lado, aqueles a quem podemos chamar de social-democratas acreditam que uma intervenção governamental significativa é necessária para o bem dos indivíduos. Essas intervenções podem assumir formas diversas, como normas de segurança para o local de trabalho, leis que proíbem a discriminação racial e sexual na habitação, ou a prestação pública de atendimento de saúde. Os social-democratas tendem a acreditar que a liberdade individual é mais do que a ausência de coerção física. Um indivíduo empobrecido pode ser livre para gastar sua renda como bem entender, mas o escopo dessa liberdade é bastante limitado. Entre as posições libertária e social-democrática, há uma série de pontos de vista com relação ao nível adequando de intervenção do governo.

---

[2] Alguns argumentam que mesmo esses itens deveriam ser fornecidos por empresários privados. Problemas que poderiam surgir ao fazê-lo são discutidos no Capítulo 4.

Ponto de vista deste livro

A noção de que o indivíduo, em vez de o grupo, é fundamental é relativamente nova. O historiador Lawrence Stone [1977, p. 4–5] observa que, antes do período moderno,

> Era consenso geral que os interesses do grupo, seja de parentes, da aldeia ou, mais tarde, do Estado, tinham prioridade sobre os desejos do indivíduo e a realização de seus fins particulares. "Vida, liberdade e a busca da felicidade" eram ideais pessoais que o homem culto médio do século XVI certamente teria rejeitado como objetivos principais de uma boa sociedade.

Desde então, no entanto, a visão mecanicista do governo passou a exercer uma grande influência sobre o pensamento político anglo-americano. Todavia, ela não é de forma alguma dominante. Pessoas tanto de esquerda quanto de direita regularmente apresentam objeções à visão individualista. Por exemplo, em 2011, a candidata Democrata ao senado Elizabeth Warren disse: "Não há ninguém neste país que tenha enriquecido por conta própria...[P]arte do contrato social subjacente é você tirar uma parte disso e passar adiante, para o próximo jovem que aparecer". Em 2012, Rick Santorum, que buscava a indicação como candidato Republicano à presidência, declarou: "Assim como o pecado original é a inclinação do homem a tentar caminhar sozinho, sem Deus, o individualismo é a inclinação do homem a tentar caminhar sozinho entre seus companheiros". De fato, quem afirma que algo deve ser feito pelo "interesse nacional", sem referência ao bem-estar de um indivíduo ou grupo de indivíduos, está implicitamente assumindo um ponto de vista orgânico. De modo mais geral, mesmo em sociedades altamente individualistas, às vezes as pessoas sentem que é necessário agir em nome da nação, ou mesmo dar sua vida por ela.

O pensamento econômico anglo-americano também se desenvolveu em linhas individualistas. Os indivíduos e seus desejos são o foco principal na corrente principal da economia, uma visão que reflete-se neste texto. No entanto, como salientado anteriormente, dentro da tradição individualista há muita controvérsia em relação a quanto o governo agir. Assim, a adoção de um ponto de vista mecanicista não fornece por si só uma ideologia que nos informe se uma intervenção econômica em particular deve ser feita.[3]

Este ponto é importante, porque a política econômica não é baseada apenas em análise econômica. A conveniência de determinada ação (ou omissão) do governo, inevitavelmente, depende em parte de juízos éticos e políticos. Como ilustra o debate atual sobre finanças públicas nos Estados Unidos, pessoas igualmente razoáveis podem discordar sobre estas questões. Sempre que possível, tentamos refletir diferentes pontos de vista.

▶ O GOVERNO RESUMIDO

Mostramos como a ideologia pode afetar os pontos de vista sobre o papel adequado do governo. No entanto, formar visões sensatas sobre políticas públicas exige mais do que ideologia. Também precisamos de informações sobre como o governo realmente funciona. Que restrições legais são impostas sobre o setor público? Em que o governo gasta dinheiro e como essas despesas são financiadas? Antes de entrar em detalhes do sistema das finanças públicas dos EUA, fornecemos uma visão geral dessas questões.

O marco legal

A Constituição reflete as preocupações dos fundadores quanto à intervenção do governo na economia. Discutimos primeiro as disposições constitucionais relativas às atividades de tributação e gastos do governo federal e, depois, voltamo-nos para os estados.

---

[3] Esta questão realmente não faz sentido no contexto de uma visão orgânica de governo em que o governo está acima do povo e há um pressuposto de que ele deve guiar todos os aspectos da vida.

Governo Federal Artigo 1, Seção 8, da Constituição autoriza o Congresso a "pagar as dívidas e prover a defesa comum e o bem-estar geral dos Estados Unidos". Ao longo dos anos, a noção de "bem-estar geral" foi interpretada de forma muito ampla pelo Congresso e pelos tribunais, e agora esta cláusula não coloca efetivamente quaisquer restrições sobre os gastos do governo.[4] A Constituição não limita o tamanho das despesas federais, nem em termos absolutos, nem em relação com o tamanho da economia. Projetos de lei para apropriação de despesas (como praticamente todas as outras leis) podem se originar em qualquer das câmaras do Congresso. Um projeto de dotação orçamentária torna-se lei quando, depois de receber votos favoráveis da maioria em ambas as casas, é assinado pelo presidente. Se o presidente veta um projeto de lei de despesas, este ainda pode se tornar lei se, posteriormente, receber votos favoráveis de dois terços de cada câmara.

Como o Congresso financia essas despesas? Os poderes tributários federais estão autorizados no Artigo 1, Seção 8: "O Congresso terá o Poder de estabelecer e recolher Impostos, Tributos, Taxas e Impostos Especiais". Ao contrário de contas de despesas, "Todas as contas para a captação de Receita deverão se originar na Casa dos Representantes dos EUA" [Artigo 1, Seção 7].

Diante da enorme insatisfação com a política fiscal britânica durante o período colonial, não é nenhuma surpresa que tenham sido tomados cuidados consideráveis para restringir o poder de tributação do governo, conforme descrito nos seguintes parágrafos:

1. "Todos os Tributos, Impostos e Taxas serão uniformes em todos os Estados Unidos" [Artigo 1°, Seção 8]. O Congresso não pode fazer discriminação entre estados ao definir taxas de impostos. Por exemplo, se o governo federal aplica um imposto sobre a gasolina, a taxa deve ser a mesma em todos os estados. Isso não implica que o valor per capita recolhido será o mesmo em cada estado. Presumivelmente, estados em que os indivíduos dirigem mais do que a média terão obrigações tributárias mais elevadas. Assim, ainda é possível (e mesmo provável) que vários impostos deixem alguns estados em pior situação do que outros.[5]

2. "Nenhum... Imposto direto deverá ser cobrado, a menos que em Proporção com o Censo ou que Contagem anterior neste documento instrua a cobrá-lo" [Artigo 1, Seção 9]. Um imposto direto é um imposto que incide sobre uma pessoa e não sobre uma mercadoria. Essencialmente, esta disposição diz que se Estado A tem o dobro da população do Estado B, então qualquer imposto direto cobrado pelo Congresso deverá gerar o dobro da receita no Estado A que no Estado B.

    No final do século 19, as tentativas de introduzir um imposto federal sobre a renda foram declaradas inconstitucionais pelo Supremo Tribunal Federal, porque a tributação de renda leva a encargos fiscais estaduais que não são proporcionais à população. Diante dessa decisão, a única maneira de introduzir um imposto de renda foi por meio de uma emenda constitucional. A 16ª Emenda, ratificada em 1913, afirma: "O Congresso terá poder de estabelecer e cobrar impostos sobre os rendimentos, derivados de qualquer fonte, sem rateio entre os diversos estados, e sem levar em conta o censo ou contagem". Atualmente, o imposto de renda individual é um dos pilares do sistema da Receita Federal.

3. "Nenhuma pessoa deverá ser... privada de vida, liberdade ou propriedade sem o devido processo legal; nem a propriedade privada poderá ser expropriada para uso públi-

---

[4] O Artigo 1° também exige que certas despesas específicas sejam feitas. Por exemplo, o Congresso deve apropriar fundos para manter um exército e um sistema de tribunal.

[5] Nenhuma lei tributária na história jamais foi derrubada por violar essa cláusula. No entanto, isso passou muito perto de acontecer no início da década de 1980. O Congresso aprovou um imposto sobre o petróleo que isentava o petróleo da Encosta Norte do Alasca. Um tribunal distrital federal decidiu que o imposto era inconstitucional, mas essa decisão foi revertida em última instância pelo Supremo Tribunal Federal.

co, sem justa compensação" [Quinta Emenda]. Do ponto de vista da política fiscal, essa cláusula significa que as distinções criadas pela lei fiscal devem ser razoáveis. No entanto, nem sempre é fácil determinar quais distinções são "razoáveis" e isso é uma parte constante dos processos legislativos e judiciais.

4. "Nenhum imposto ou taxa deverá ser cobrado sobre Artigos exportados de qualquer Estado" [Artigo 1°, Seção 9]. Esta disposição foi incluída para assegurar aos estados do sul que suas exportações de tabaco e de outros *commodities* não seriam comprometidas pelo governo central.

O governo federal não precisa financiar todas as suas despesas através de impostos. Se as despesas excedem as receitas, ele tem poderes para "pedir dinheiro emprestado no crédito dos Estados Unidos" [Artigo 1°, Seção 8]. Em várias ocasiões ao longo das últimas décadas, uma emenda constitucional para exigir um orçamento federal equilibrado recebeu algum apoio, mas até agora ela não foi aprovada.

Governos estaduais e municipais De acordo com a 10ª Emenda, "Os poderes não delegados aos Estados Unidos pela Constituição, nem proibidos por ela aos estados, são reservados aos estados ou ao povo". Assim, a Constituição dá aos governos estaduais ampla autonomia para gastar e cobrar impostos. No entanto, a Constituição limita as atividades econômicas dos estados. O Artigo 1°, Seção 10, afirma: "Nenhum Estado poderá, sem o consentimento do Congresso, impor quaisquer Tributos ou Impostos sobre as Importações ou Exportações". Portanto, o governo federal controla a política econômica internacional. Além disso, várias disposições constitucionais têm sido interpretadas como exigindo que os estados não cobrem impostos arbitrariamente, discriminem residentes de fora ou cobrem impostos sobre as importações de outros estados. Por exemplo, em 2005, a Suprema Corte declarou inconstitucionais as leis em Michigan e Nova York, que concediam às vinícolas do estado uma vantagem competitiva sobre as vinícolas de fora do estado.

Os estados podem impor restrições de gastos e tributação sobre si mesmos em suas próprias constituições. As constituições estaduais diferem substancialmente no que diz respeito aos tipos de questões econômicas de que tratam. Nos últimos anos, um dos desenvolvimentos mais interessantes das finanças públicas foi a movimentação de alguns estados para alterar suas constituições com o objetivo limitar a dimensão dos gastos do setor público.

Do ponto de vista legal, o poder dos governos locais para estabelecer impostos e gastar é concedido pelos estados. Como um juiz do século 19 explicou:

> Empresas municipais devem sua origem e derivam seus poderes e direitos inteiramente da legislatura [estadual]. Ela lhes dá o sopro de vida, sem o qual não podem existir. Do mesmo modo que cria, também pode destruir. Se pode destruir, também pode reduzir e controlar [City of Clinton v. Cedar Rapids, 1868].

Seria um erro, no entanto, considerar os governos locais carentes de autonomia fiscal. Muitas cidades têm poder político substancial e não respondem passivamente aos desejos dos governos estadual e federal. Por exemplo, o estado da Califórnia recentemente descartou planos de tomar as receitas dos governos locais com o imposto sobre a gasolina devido a fortes objeções de líderes locais [Steinhauer, 2009]. Um desenvolvimento interessante nos últimos anos tem sido a competição de estados e cidades por verbas federais. As cidades frequentemente têm mais sucesso em suas atividades de *lobby* do que os estados!

O tamanho do governo

Em uma famosa frase de seu discurso sobre o Estado da União em 1996, o presidente Bill Clinton declarou: "A era do governo grande acabou". Tal afirmação pressupõe que há uma maneira de determinar se o governo é "grande" ou não. Como exatamente se mede o tamanho do governo?

Uma medida frequentemente usada por políticos e jornalistas é o número de trabalhadores no setor público. No entanto, isso pode gerar equívocos. Imagine um país onde alguns servidores públicos operam um computador poderoso que orienta todas as decisões econômicas. Nesse país, o número de funcionários do governo certamente faz subestimar a importância do governo. Da mesma forma, seria fácil construir um cenário em que um grande número de trabalhadores está associado a um setor público relativamente fraco. O número de funcionários do setor público é uma informação útil, para alguns propósitos, mas não é capaz de esclarecer a questão central: até que ponto os recursos da sociedade estão sujeitos ao controle do governo.

Uma abordagem mais sensata (e comum) é medir o tamanho do governo pelo volume de suas despesas anuais, das quais existem basicamente três tipos:

1. Compras de bens e serviços. O governo compra uma grande variedade de itens, desde mísseis até serviços prestados por ecologistas.
2. Transferências de renda para pessoas, empresas ou outros governos. O governo recolhe renda de alguns indivíduos ou organizações e repassa a outros. Exemplo disso são os programas de bem-estar social, tais como vale-refeição e subsídios pagos a agricultores para a produção (ou não produção) de determinadas *commodities*.
3. Pagamento de juros. O governo muitas vezes toma empréstimos para financiar suas atividades e, como qualquer devedor, deve pagar juros a seus credores.

orçamento unificado
Documento que inclui todas as receitas e despesas do governo federal.

O governo federal discrimina seus gastos em um documento conhecido como **orçamento unificado**.[6] Em 2011, as despesas federais (excluindo subsídios a governos estaduais e municipais) foram de cerca de 3,3 trilhões de dólares. A soma das despesas de governos estaduais e locais naquele ano corresponde a um total de 5,41 trilhão de dólares [Relatório Econômico do Presidente, 2012, p. 415].[7] Os números para gastos do governo são facilmente disponíveis e amplamente citados. Normalmente, quando as despesas aumentam, as pessoas concluem que o governo cresceu. No entanto, algumas atividades governamentais têm efeitos substanciais sobre a economia, mesmo que envolvam gastos mínimos do governo. Por exemplo, o estabelecimento de regulamentações por si só não é muito caro. O governo federal dedica cerca de 50,4 bilhões de dólares por ano para o desenvolvimento e a aplicação de regulamentações, um número que não é grande em relação ao tamanho do orçamento [Dudley e Warren, 2011]. Essa estimativa, porém, é apenas uma pequena fração do custo econômico total das regulamentações, que incluem os custos para as empresas e indivíduos de cumprir as regras, bem como seus efeitos sobre a atividade econômica. A exigência de *air bag* eleva o custo dos automóveis. Várias taxas de licença e fiscalização aumentam o preço da moradia. Regras do mercado de trabalho, como o salário mínimo, podem gerar desemprego, assim como a regulamentação da indústria de medicamentos pode diminuir o ritmo do desenvolvimento científico.

orçamento regulatório
Declaração anual dos custos impostos à economia por regulamentações governamentais. (Atualmente, o governo não publica tal orçamento.)

Alguns acreditam que os custos econômicos de regulamentações governamentais deveriam ser publicados em um **orçamento regulatório** anual. Infelizmente, o cálculo desses custos é extremamente difícil. Por exemplo, especialistas em farmácia discordam sobre quais novas curas teriam sido desenvolvidas na ausência da regulamentação de medicamentos. Da mesma forma, é difícil estimar o impacto de procedimentos de segurança para o local de trabalho impostos pelo Governo sobre os custos de produção. Diante de tais problemas, é pouco provável que venha a existir um orçamento regulatório

---

[6] A publicação de um documento orçamental é constitucionalmente obrigatória: "uma Declaração e Conta regular das Receitas e Despesas de todo o Dinheiro público deverá ser publicada periodicamente" [Artigo 1°, Seção 9].

[7] Verbas federais para os governos estaduais e locais foram de 493 bilhões de dólares em 2011.

oficial.[8] Estimativas não oficiais, no entanto, sugerem que os custos anuais de regulamentos federais podem ser bastante elevados, talvez mais de 1,75 trilhão de dólares por ano [Crain e Crain, 2010].

Alguns números É inviável resumir em um único número a magnitude do impacto do governo sobre a economia. Dito isso, ainda ficamos com o problema prático de encontrar algum indicador razoável do tamanho do governo que possa ser usado para estimar tendências em seu crescimento. A maioria dos economistas está disposta a aceitar as despesas do governo convencionalmente definidas como uma medida aproximada, porém útil. Como muitas outras medidas imperfeitas, produz informações úteis, desde que suas limitações sejam compreendidas.

Com todas as ressalvas necessárias em mente, apresentamos na Tabela 1.1 dados sobre despesas em todos os níveis do governo dos EUA ao longo do tempo. A primeira coluna indica que as despesas anuais multiplicaram-se mais de 18 vezes desde 1970. Esse número, todavia, é uma medida enganosa do crescimento do governo por várias razões:

1. Por causa da inflação, o dólar teve seu valor reduzido ao longo do tempo. Na coluna 2, os valores das despesas são expressos em dólares de 2011. Em termos reais, a despesa pública em 2011 foi cerca de 34,9 vezes maior que em 1970.
2. A população também cresceu ao longo dos anos. Uma população cada vez maior, por si só, cria demandas de um setor público maior. (Por exemplo, mais estradas e esgotos são necessários para acomodar mais pessoas.) A Coluna 3 mostra a despesa pública real per capita. O aumento de 1970 até 2011 foi de cerca de 2,6 vezes.
3. Às vezes é útil examinar as despesas públicas em relação ao tamanho da economia. Se o governo dobra de tamanho, mas, ao mesmo tempo a economia triplica, em um sentido relativo, o governo diminuiu. A Coluna 4 mostra as despesas do governo como percentual do Produto Interno Bruto (PIB) – o valor de mercado dos bens e serviços produzidos pela economia durante o ano. Em 1970, o valor era de 28,4% e, em 2010, era de 35,9%.

À luz da discussão anterior, os números da Tabela 1.1 transmitem uma falsa ideia de precisão. Ainda assim, não há dúvida de que, no longo prazo, o papel econômico do gover-

TABELA 1.1 Despesas governamentais estaduais, municipais e federais (anos selecionados)

	(1) Despesas totais (bilhões)	(2) Dólares de 2011 (bilhões)*	(3) Dólares de 2011 per capita	(4) Percentual do PIB
1970	295	1.375	6.703	28,4
1980	847	2.007	8.815	30,4
1990	1.880	2.948	11.784	32,4
2000	2.906	3.712	13.155	29,2
2011	5.410	5.410	17.362	35,9

Fonte: Cálculos baseados no Relatório Econômico do Presidente, 2012 [pp. 316, 320, 359, 415].
*Conversão para dólares de 2011 feita com uso do deflator do PIB.
As despesas totais do governo aumentaram 18,3 vezes desde 1970. As despesas reais aumentaram 3,9 vezes, e as despesas reais per capita aumentaram 3,9 vezes. Em 1970, os gastos do governo corresponderam a 28,4% do Produto Interno Bruto; em 2011, foram de 35,9%.

---

[8] A regulamentação não é necessariamente indesejável só porque gera custos. Como qualquer outra atividade do governo, ela pode ser julgada apenas pela avaliação dos custos e dos benefícios. (A análise de custo-benefício é discutida no Capítulo 8.)

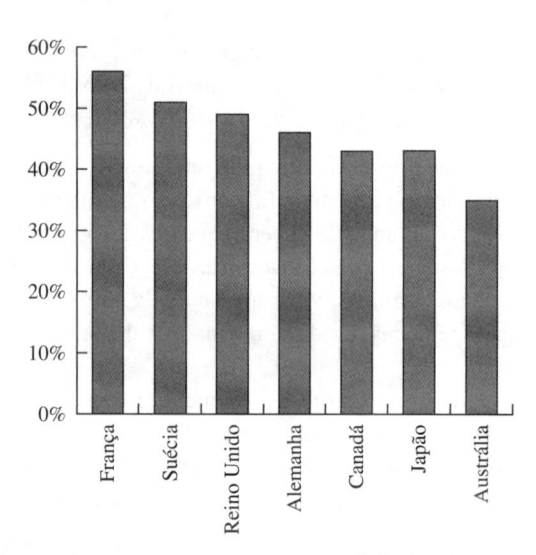

FIGURA 1.1 Despesas do governo como percentual do Produto Interno Bruto (2011, países selecionados).
Em comparação com os Estados Unidos, outros países desenvolvidos têm gastos governamentais mais elevados em percentagem do Produto Interno Bruto.

Fonte: Organização para a Cooperação e Desenvolvimento Econômico, Paris, França, *OECD Economic Outlook, Maio de 2012* (Tabela Anexa 25). Os números são de 2011.

no cresceu. Com mais de um terço do PIB passando pelo setor público, o governo é uma enorme força econômica.

Algumas comparações internacionais podem ajudar a colocar os dados dos Estados Unidos em perspectiva. A Figura 1.1 mostra dados sobre as despesas do governo em relação ao PIB de vários países desenvolvidos. Os dados indicam que os Estados Unidos não são o único país a ter um grande setor público. De fato, em comparação com países como a França e a Suécia, o setor público dos EUA é bastante pequeno. Embora os tamanhos relativos do setor público variem entre países, por muitas razões, as considerações ideológicas discutidas anteriormente neste capítulo provavelmente desempenham um papel importante.

Uma explicação para o grande setor público da Suécia, por exemplo, é que o governo paga a maior parte do atendimento de saúde, que é considerado responsabilidade da comunidade. Nos Estados Unidos, por outro lado, a saúde é vista como uma responsabilidade preponderantemente individual, de modo que uma parte substancial dos gastos com saúde ocorrem no setor privado.

Despesas

Passamos agora da magnitude total das despesas do governo para sua composição. É impossível refletir o enorme escopo da atividade de despesas do governo em uma breve tabela. No orçamento federal para o ano fiscal de 2012, a lista de programas e suas descrições tomaram mais de 1.300 páginas! (Detalhes podem ser encontrados no site: **www.gpoaccess.gov/usbudget/**.)

O painel à esquerda na Figura 1.2 mostra as principais categorias de despesas do governo federal e o painel à esquerda na Figura 1.3 mostra as despesas estaduais e municipais.

Grande parte do orçamento do governo consiste dos chamados **programas de direito** (*entitlement programs*), que são programas cujo custo não é determinado por valores fixos em dólares, mas pelo número de pessoas que se qualificam. As leis que regem a Seguridade Social, muitos programas de bem-estar social e apoio aos preços agrícolas incluem regras

programas de direito
(*entitlement programs*)

Programas cujas despesas são determinadas pelo número de pessoas que se qualificam e não em alocações orçamentárias pré--estabelecidas.

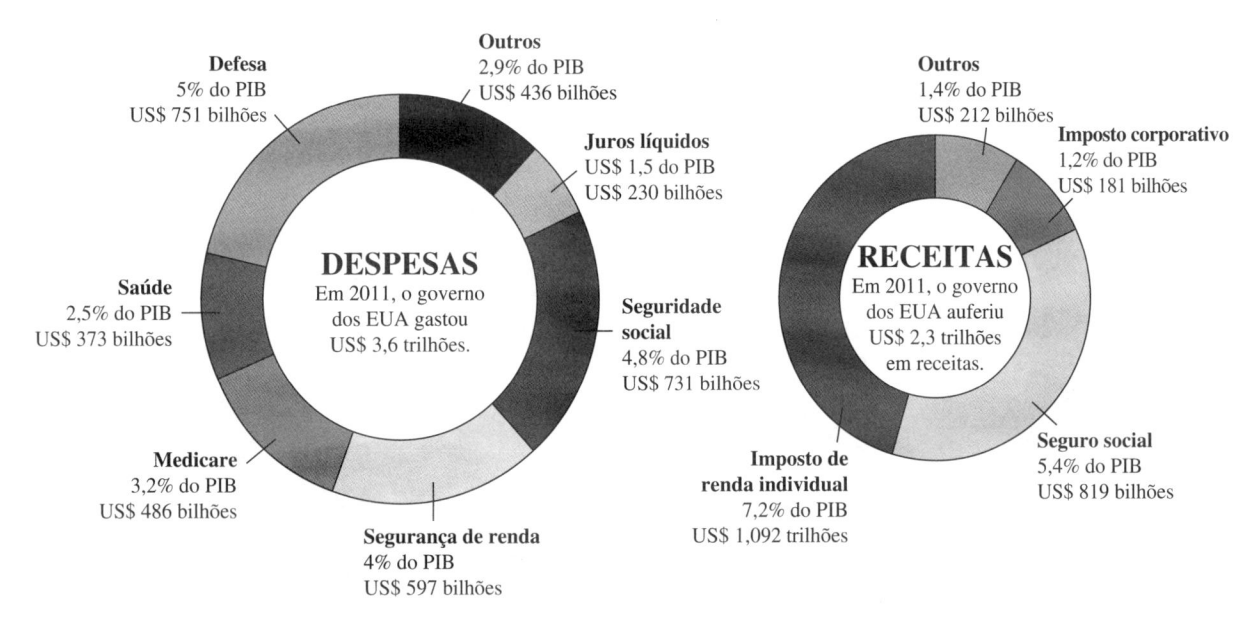

FIGURA 1.2 Composição das despesas e receitas federais (2011).
O governo federal dedica atualmente 21% de seu orçamento para a defesa nacional e 20% para a Seguridade Social. A tributação da renda pessoal é a mais importante fonte de receitas, representando quase 50% da arrecadação de impostos.

Fonte: Relatório Econômico do Presidente, 2012 [p. 413].

DESPESAS — Em 2011, o governo dos EUA gastou US$ 3,6 trilhões.
- Defesa: 5% do PIB — US$ 751 bilhões
- Outros: 2,9% do PIB — US$ 436 bilhões
- Juros líquidos: US$ 1,5 do PIB — US$ 230 bilhões
- Seguridade social: 4,8% do PIB — US$ 731 bilhões
- Segurança de renda: 4% do PIB — US$ 597 bilhões
- Medicare: 3,2% do PIB — US$ 486 bilhões
- Saúde: 2,5% do PIB — US$ 373 bilhões

RECEITAS — Em 2011, o governo dos EUA auferiu US$ 2,3 trilhões em receitas.
- Outros: 1,4% do PIB — US$ 212 bilhões
- Imposto corporativo: 1,2% do PIB — US$ 181 bilhões
- Seguro social: 5,4% do PIB — US$ 819 bilhões
- Imposto de renda individual: 7,2% do PIB — US$ 1,092 trilhões

que determinam quem tem direito a benefícios e a magnitude dos benefícios. As despesas com programas de direito saem, portanto, em grande parte das mãos do atual governo, a menos que este mude as regras. Da mesma forma, os pagamentos de dívidas são determinados por taxas de juros e déficits anteriores, também em sua maior parte fora do controle dos atuais tomadores de decisão. Segundo a maioria das estimativas, cerca de 60% do orçamento federal é relativamente incontrolável [Escritório de Administração e Orçamento, 2012]. No Capítulo 6, discutimos as questões políticas associadas à controlabilidade do orçamento federal.

É útil fracionar as despesas totais por nível de governo. O governo federal é responsável por cerca de 60% de todas as despesas diretas, os estados, por 20% e os municípios, por 20% [Escritório de Análise Econômica, 2012]. Os governos estaduais e locais são claramente atores importantes. Eles representam a maior parte dos gastos com itens como polícia e proteção contra incêndios, educação e transporte. Despesas substanciais com o bem-estar público também são feitas pelos estados. O Capítulo 22 discute as complicações que surgem na coordenação das atividades fiscais de diferentes níveis de governo.

Receitas

Os principais componentes do sistema fiscal federal são representados no painel à direita na Figura 1.2; as informações sobre impostos estaduais e locais encontram-se no painel à direita na Figura 1.3. No nível federal, a tributação da renda pessoal é atualmente a mais importante fonte de receitas, representando cerca de 47% da arrecadação de impostos. Note-se a importância da categoria "Seguro Social" na Figura 1.2. Trata-se da cobrança de impostos de folha de pagamento utilizados para financiar a Seguridade Social e o Medicare (sistema de seguros de saúde dos EUA). Estes correspondem a quase 40% da arrecadação de receitas federais. O imposto de renda empresarial só é responsável por cerca de 8% das receitas federais, o que é muito menor do que no ano passado. Nos setores estadual e local, subsídios do governo federal correspondem a mais de 20% das receitas, o imposto sobre

DESPESAS

Em 2008, os governos estadual e local gastaram US$ 2,5 trilhões.

- **Educação** — 6% do PIB — US$ 851 bilhões
- **Outros** — 7,3% do PIB — US$ 1,041 trilhão
- **Imposto sobre vendas** — 3% do PIB — US$ 434 bilhões
- **Bem-estar social** — 3% do PIB — US$ 436 bilhões
- **Rodovias** — 1,1% do PIB — US$ 152 bilhões

RECEITAS

Em 2011, os governos estadual e local auferiram US$ 2,4 trilhões em receitas.

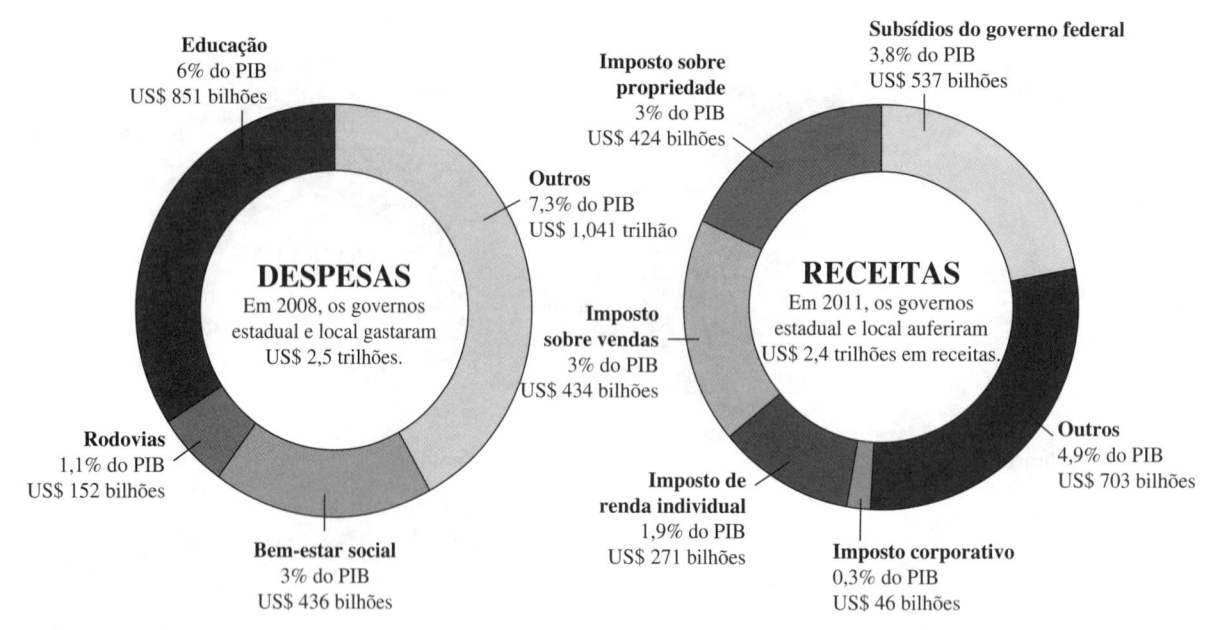

- **Imposto sobre propriedade** — 3% do PIB — US$ 424 bilhões
- **Subsídios do governo federal** — 3,8% do PIB — US$ 537 bilhões
- **Outros** — 4,9% do PIB — US$ 703 bilhões
- **Imposto corporativo** — 0,3% do PIB — US$ 46 bilhões
- **Imposto de renda individual** — 1,9% do PIB — US$ 271 bilhões

FIGURA 1.3 Composição das despesas e receitas estaduais e locais (2011).
Os governos estaduais e locais atualmente dedicam 34% de seu orçamento para a educação e 18% para o bem-estar público. Subsídios do governo federal representam mais de 20% das receitas, e o imposto sobre vendas compõe 18% das receitas.

Fonte: Relatório Econômico do Presidente, 2012 [p. 419].

vendas é de quase 18% e o imposto sobre a propriedade também corresponde a 18%, uma redução significativa em relação a anos anteriores.

É importante notar que o sistema fiscal, além de aumentar as receitas, pode ser também um meio de fazer despesas. Para entender como, suponha que em vez de gastar 10 milhões de dólares na compra de um novo armamento, o governo federal oferece reduzir em 10 milhões de dólares os impostos devidos pelo fabricante do armamento. Embora as duas medidas apareçam de formas diferentes nas contas do governo, seu efeito orçamental é o mesmo: o governo gasta 10 milhões de dólares para adquirir o armamento. Discutimos tais **despesas fiscais** em maiores detalhes no Capítulo 17.

despesas fiscais

Perda de receitas fiscais porque algum item é excluído da base de cálculo ou recebe algum outro tratamento preferencial.

Mudanças no valor real da dívida Em debates populares, os impostos são geralmente vistos como a única fonte de receita do governo. No entanto, quando o governo é devedor e os preços sobem, as mudanças no valor real da dívida podem ser uma importante fonte de receita. Para entender por que, suponha que, no início do ano, você deva a um credor 1.000 dólares, que devem ser reembolsados no final do ano. Suponha ainda que, durante o ano, os preços aumentem 10%. Os dólares que você usa para pagar seu credor valem 10% menos do que aqueles que você pediu a ele. Com efeito, a inflação reduziu o valor real de sua dívida em 100 dólares (10% de 1.000 dólares). Alternativamente, seu rendimento real aumentou em 100 dólares, como consequência da inflação. É claro que, ao mesmo tempo, a renda real de seu credor caiu em 100 dólares.[9]

No início do ano fiscal de 2011, a dívida do governo federal foi de cerca de 13,5 trilhões. Em 2011, a taxa de inflação foi de cerca de 2,1%. Aplicando a mesma lógica, a inflação reduziu o valor real da dívida federal em 284 bilhões de dólares (13,5 trilhões x 0,021). Com efeito, isso é uma receita para o governo, do mesmo modo que são os impostos enumerados na Figura 1.2. No entanto, procedimentos contábeis do governo excluem

---

[9] Se a inflação é prevista por mutuários e credores, espera-se que a taxa de juros aumente para levar em conta a inflação. Este fenômeno é discutido no Capítulo 17 em "Impostos e inflação".

ganhos devido à depreciação inflacionária da dívida do lado da receita da conta. Adiamos para o Capítulo 20 uma discussão mais aprofundada das questões relacionadas com a medição da dívida e de sua importância econômica.

Nossa temática

Esta seção apresentou um conjunto de fatos básicos sobre instituições governamentais fiscais, o tamanho e o escopo dos gastos governamentais e os métodos utilizados pelo governo para financiar-se. Partes do restante deste livro são dedicadas a apresentar mais fatos, complementando o quadro bastante superficial de como nosso sistema fiscal funciona. Tão importante quanto isso, exploramos o significado desses fatos, questionando se o *status quo* tem levado a resultados desejáveis e, em caso contrário, como ele pode ser melhorado.

Resumo

- As finanças públicas, também conhecidas como economia do setor público ou economia pública, concentram-se na tributação e nos gastos do governo e em sua influência sobre a alocação de recursos e distribuição de renda.
- Os economistas das finanças públicas analisam as políticas atuais e desenvolvem diretrizes para as atividades do governo.
- Em uma visão orgânica da sociedade, os indivíduos são avaliados somente por sua contribuição para a realização de objetivos sociais. Esses objetivos são determinados pelo governo.
- Em uma visão mecanicista da sociedade, o governo é um artifício criado para promover objetivos individuais. O governo precisa de alguma forma conciliar objetivos individuais por vezes conflitantes.
- A tomada de decisão individual é o foco de grande parte da economia e está de acordo com a visão mecanicista da sociedade adotada neste livro. Isso não elimina a controvérsia sobre o papel apropriado do governo em nossa economia.
- A Constituição incorpora restrições sobre a atividade econômica dos governos federal e estadual.
- O governo federal pode efetivamente realizar quaisquer despesas que deseje e usar a dívida e os impostos para financiá-las. O governo federal não pode discriminar entre os estados na escolha de taxas de imposto e não pode impor um imposto sobre as exportações estaduais. A 16ª Emenda autoriza o governo federal a cobrar impostos sobre a renda pessoal.
- Os governos estaduais estão proibidos de cobrar tarifas sobre importações, discriminar residentes de outros locais ou cobrar impostos sobre produtos de outros estados. A maioria dos estados tem exigências orçamentárias equilibradas.
- Todas as medidas comuns do tamanho do governo – funcionários, despesas, receitas, etc. – têm alguma deficiência. Em particular, esses itens não incluem o impacto dos custos de regulação. No entanto, há fortes evidências de que o impacto do governo sobre a destinação dos recursos nacionais vem aumentando ao longo do tempo.
- As despesas do governo estão aumentando tanto em termos nominais quanto em termos reais absolutos, em termos per capita e em percentagem do Produto Interno Bruto.
- Os gastos com Defesa e Seguridade Social são os maiores componentes do orçamento federal. Eles são seguidos de perto por programas de segurança de renda, pelo Medicare e, em seguida, por outros programas de saúde.
- Impostos de renda pessoal e de seguridade social sobre a folha de pagamento são as maiores fontes de receita do governo federal.

Questões para discussão

1. Indique se cada uma das seguintes afirmações é consistente com uma visão orgânica ou mecanicista de governo:
   a. "Se você quer acreditar em um propósito nacional que é maior do que nossos interesses individuais, junte-se a nós" [senador John McCain].
   b. "A liberdade dos homens sob o governo é ter uma regra permanente segundo a qual viver, comum a todos naquela sociedade e feita pelo poder legislativo nele investido; uma liberdade de seguir minha própria vontade em todas as coisas, quando a regra não prescreve e de não estar sujeito à vontade inconstante, desconhecida e arbitrária de outro homem" [filósofo britânico John Locke].
   c. "Os velhos valores do individualismo, capitalismo e egoísmo devem ser demolidos" [presidente venezuelano Hugo Chávez].

2. Explique como você esperaria que um libertário, um social-democrata e alguém com uma concepção orgânica do Estado reagissem às seguintes leis:
   a. Uma lei proibindo o recebimento de compensações pela doação de órgãos.
   b. Uma lei obrigando o uso do capacete para motociclistas.
   c. Uma lei obrigando o uso de assentos de segurança infantil.
   d. Uma lei proibindo a prostituição.
   e. Uma lei proibindo a poligamia.
   f. Uma lei proibindo o uso de gorduras trans em restaurantes.

3. Em 2011, a Dinamarca introduziu um imposto sobre alimentos com mais de 2,3% de gorduras saturadas. O objetivo era reduzir a obesidade. Tal imposto é consistente com uma visão mecanicista do governo?

4. Em cada uma das seguintes circunstâncias, decida se o impacto do governo sobre a economia aumenta ou diminui e justifique. Em cada caso, como sua resposta se compara ao que é dado por medidas padrão do tamanho do governo?
   a. Normalmente, quando os empregadores oferecem benefícios de seguro de saúde para seus trabalhadores, esses benefícios se estendem também aos cônjuges dos trabalhadores. Vários anos atrás, São Francisco aprovou uma lei exigindo que empresas que fazem negócios com a cidade ofereçam plano de saúde e outros benefícios para companheiros não casados tanto do mesmo sexo quanto do sexo oposto.
   b. O governo federal proíbe o uso de lâmpadas incandescentes.
   c. A relação entre as compras governamentais de bens e serviços e o Produto Interno Bruto cai.
   d. O orçamento federal é equilibrado pela redução de subsídios de ajuda financeira para os governos estaduais e locais.

5. Em 2011, a taxa de inflação do Reino Unido foi de cerca de 3,6%. Durante esse ano, a dívida nacional do Reino Unido foi de cerca de 940 bilhões de libras. Discuta as implicações desses fatos para medir as receitas do governo do país durante o ano de 2011.

6. Considere duas políticas: 1) O governo exige que todos comprem uma apólice de seguro de saúde padrão que custa 5.000 dólares; 2) o governo estabelece um imposto de 5.000 dólares para todos os cidadãos, mas corta os impostos em 5.000 dólares para quem comprar a apólice de seguro de saúde padrão. Essas políticas têm efeitos diferentes sobre o tamanho do governo?

7. De 1981 a 1985, o governo federal dos EUA aumentou os gastos com defesa de 157,5 bilhões de dólares para 252,7 bilhões de dólares por ano, enquanto no mesmo período o Produto Interno Bruto aumentou de 3,127 trilhões de dólares para 4,218 trilhões de dólares. De 2007 a 2011, o governo federal dos EUA aumentou os gastos com defesa de 551,3 bilhões de dólares para 705,6 bilhões de dólares por ano, enquanto no mesmo período o Produto Interno Bruto aumentou de 14,029 trilhões de dólares para 15,088 trilhões de dólares. Qual aumento nos gastos de defesa foi maior em relação ao Produto Interno Bruto?

8. A tabela a seguir mostra a composição das despesas federais dos Estados Unidos em 1997, 2001, 2007 e 2011.

   De 1997 a 2001, o PIB passou de 8,3324 trilhões para 10,2862 trilhões de dólares, o deflator de preços do PIB (usado para calcular a inflação) foi de 84,628 para 90,727 e a população foi de 272,958 milhões para 285,225 milhões. De 2007 a 2011, o PIB passou de 14,028 trilhões para 15,094 trilhões de dólares, o deflator de preços do PIB (usado para calcular a inflação) foi de 106,231 para 113,338 e a população foi de 301,696 milhões para 312,040 milhões.

a. Para os exercícios de 1997 a 2001 e de 2007 a 2011, calcule a variação absoluta nas despesas federais, a mudança nas despesas federais em termos reais (isto é, corrigidos pela inflação), a mudança nas despesas governamentais per capita reais e a mudança nas despesas de acordo com o PIB.

b. Que componentes do orçamento tiveram os maiores aumentos relativos de 1997 a 2001 e de 2007 a 2011? Quais tiveram as maiores quedas relativas?

	Despesas federais (bilhões de dólares)			
	1997	2001	2007	2011
Defesa	$ 285,7	$ 321,2	$ 579,8	$ 751,3
Saúde	123,8	172,2	266,4	372,5
Medicare	190,0	217,4	375,4	485,7
Segurança de renda	235,0	269,8	366,0	597,4
Seguridade social	365,3	433,0	586,2	730,8
Juros líquidos	244,0	206,2	237,1	230,0
Outros	157,3	243,1	317,9	435,5
Total	$1.601,1	$1.862,8	$2.728,7	$3.603,1

9. A tabela a seguir mostra a composição das receitas fiscais federais dos Estados Unidos em 1997, 2001, 2007 e 2011.

   a. Utilizando as informações fornecidas na questão 8, para os exercícios de 1997 a 2001 e de 2007 a 2011, calcule a variação absoluta nas receitas fiscais federais, a mudança nas receitais fiscais federais em termos reais (isto é, corrigidas pela inflação), a mudança nas receitais fiscais reais per capita e a mudança nas receitais fiscais de acordo com o PIB.

   b. Que componentes dos impostos federais tiveram os maiores aumentos relativos de 1997 a 2001 e de 2007 a 2011? Quais tiveram as maiores quedas relativas?

	Impostos federais (bilhões de dólares)			
	1997	2001	2007	2011
Imposto de renda individual	$ 737,5	$ 994,3	$ 1.163,5	$ 1.091,5
Imposto corporativo	182,3	151,1	370,2	181,1
Seguro social	539,4	694,0	869,6	818,8
Impostos especiais	120,1	151,7	164,7	212,1
Total	$ 1.579.2	$ 1.991,1	$ 2.568,0	$ 2.303,5

Apêndice

▶ PESQUISA EM FINANÇAS PÚBLICAS

Ao longo do texto, citamos muitos livros e artigos. Essas referências são úteis se você quiser aprofundar os diversos temas em mais detalhes. Estudantes interessados em escrever artigos ou teses sobre temas em finanças públicas também devem consultar as seguintes revistas especializadas no campo:

International Tax and Public Finance

Journal of Public Economics

National Tax Journal

Public Finance

Public Finance Quarterly

Além disso, todas as principais revistas de economia de interesse geral publicam frequentemente artigos que tratam de questões de finanças públicas. Estas incluem, entre outras:

American Economic Review

Journal of Economic Perspectives

Journal of Political Economy

Quarterly Journal of Economics

Review of Economics and Statistics

Artigos sobre finanças públicas publicados nessas e em muitas outras revistas são indexados no *Journal of Economic Literature* e podem ser pesquisados na Internet. Experimente usar o Google Acadêmico.

Além disso, os alunos devem consultar os volumes incluídos na série *Studies of Government Finance*, da Brookings Institution. Esses livros incluem discussões cuidadosas e atualizadas sobre importantes questões de finanças públicas. O Escritório de Orçamento do Congresso (Congressional Budget Office) também fornece relatórios úteis sobre controvérsias políticas atuais. Uma lista de documentos está disponível em seu site, **www.cbo.gov**.

A série de documentos de trabalho do Escritório Nacional de Pesquisa Econômica (National Bureau of Economic Research), disponível por meio de bibliotecas universitárias, é outra boa fonte de pesquisa recente sobre finanças públicas. Porém, a dificuldade técnica desses trabalhos é por vezes considerável. Você pode fazer *download* dos trabalhos em seu site, **www.nber.org**.

Grandes quantidades de dados estão disponíveis sobre atividades de tributação e gastos do governo. As seguintes fontes de informações úteis são publicadas pelo Escritório de Imprensa do Governo dos EUA (US Government Printing Office) e estão disponíveis *on-line*, conforme indicado:

Resumo Estatístico dos Estados Unidos (**www.census.gov/compendia/statab/**)

Relatório Econômico do Presidente (**www.gpoaccess.gov/eop/**)

Orçamento dos Estados Unidos (**www.gpoaccess.gov/usbudget/**)

Censo de governos dos EUA (**www.census.gov/govs/www/**)

Todos os documentos mencionados são publicados anualmente, com exceção do *Censo de Governos dos EUA*, publicado a cada cinco anos. *Facts and Figures on Government Finance*, uma publicação anual da Tax Foundation, é outro compêndio de dados sobre as atividades de tributação e gastos do governo. Para aqueles que desejam uma perspectiva de longo prazo, dados que remontam até o século 18 estão disponíveis em *Historical Statistics of the United States from Colonial Times to 1970* (Estatísticas históricas dos Estados Unidos da época colonial até 1970) [US Government Printing Office - Escritório de Imprensa do Governo dos EUA]. Leitores com interesse especial em finanças públicas estaduais e locais se interessarão pelos relatórios publicados pela US Advisory Commission on Intergovernmental Relations (Comissão Consultiva dos EUA sobre Relações Intergovernamentais).

Uma grande quantidade de dados sobre finanças públicas está disponível na Internet. Um site particularmente útil é *Resources for Economists on the Internet* (**www.rfe.org**). O site enumera e descreve mais de 900 recursos encontrados na Internet. A página do US Census Bureau (**www.census.gov**) também é muito útil. Por fim, para obter informações atualizadas sobre questões de política fiscal, consulte o site do Office of Tax Policy Research (Escritório de Pesquisa em Política Tributária) da Universidade de Michigan (**www.otpr.org**) e do Urban-Brookings Tax Policy Center (Centro de Política Tributária Urban-Brookings) (**www.taxpolicycenter.org/**).

2 Ferramentas de análise positiva

Os números vivem. Os números assumem vitalidade.

— JESSE JACKSON

Um bom subtítulo para este capítulo é "Por que é tão difícil dizer o que está acontecendo?" Constantemente ouvimos economistas – e políticos – discordando veementemente sobre as prováveis consequências de várias ações do governo. Por exemplo, na campanha presidencial de 2008, uma questão muito contestada era se a redução nas taxas de imposto de renda para pessoas com rendimentos elevados, implementada pela administração Bush, deveria ser mantida. John McCain apoiou manter os cortes na taxa e Barack Obama não o fez. Muitos conservadores argumentaram que as taxas de imposto mais baixas criavam incentivos para que as pessoas trabalhassem com mais afinco. Muitos liberais estavam céticos, argumentando que os impostos têm pouco efeito sobre os esforços de trabalho. Cada lado tinha economistas que atestavam ser sua opinião a correta.

Este tipo de discussão ocorre praticamente sempre que economistas e autoridades normativas consideram o impacto de um programa governamental. Economistas debatem se as regulamentações ambientais melhoram os resultados da saúde, se o seguro de saúde fornecido pelo governo reduz a mortalidade, se os vales escolares melhoram resultados em testes, se as reduções de impostos para corporações geram mais investimento, se o seguro-desemprego leva a períodos de desemprego mais longos e uma série de outras questões importantes. Este capítulo aborda as ferramentas que os economistas usam para estimar o impacto de programas governamentais sobre o comportamento dos indivíduos.

❖ ❖ ❖

▶ O PAPEL DA TEORIA

A teoria econômica é um ponto de partida útil para a análise do impacto de políticas governamentais, pois fornece uma estrutura para pensar sobre os fatores que podem influenciar o comportamento do interesse. Considere novamente as taxas de imposto mais baixas endossadas pelo Senador McCain e suponha que estamos interessados em seus efeitos sobre as horas de trabalho anuais. A teoria da oferta de mão de obra postula que a decisão de trabalho baseia-se na alocação racional do tempo.[1] Suponha que o Sr. Rogers tenha apenas um determinado número de horas no dia: Por quantas horas ele deve se dedicar a trabalhar no mercado e quantas horas ele deve reservar para o lazer? Rogers encontra satisfação ("utilidade") no lazer, mas para ter renda ele deve trabalhar e, assim, abdicar de tempo de lazer. O problema de Rogers é encontrar a combinação de renda e lazer que maximize sua utilidade.

Suponha que a remuneração de Rogers seja de 10 dólares por hora. O salário é o custo do tempo de Rogers. Para cada hora que passa sem trabalhar, Rogers deixa de ganhar 10 dólares em seu salário – tempo é literalmente dinheiro. No entanto, um indivíduo "racio-

---
[1] Uma exposição gráfica da teoria da oferta de mão de obra aparece no Capítulo 18 em "Oferta de mão de obra".

nal" geralmente não trabalha todas as horas possíveis, mesmo que o lazer custe caro. As pessoas despendem tempo com lazer na medida em que os benefícios do lazer excedam seus custos.

Este modelo pode parecer irrealista. Ele ignora a possibilidade de que o comportamento de trabalho de um indivíduo possa depender das decisões de trabalho de outros membros da família. O modelo tampouco considera se o indivíduo pode trabalhar tantas horas quanto deseje. Na verdade, toda a noção de que as pessoas tomam suas decisões pela consideração racional de custos e benefícios pode parecer irrealista.

No entanto, o objetivo primordial da construção de modelos é simplificar, tanto quanto possível, para que possamos reduzir um problema a sua essência. Um modelo não deve ser julgado com base em se é ou não 100% preciso, mas se é plausível, informativo e oferece implicações testáveis. A maioria dos trabalhos na economia moderna é baseada na suposição de que a maximização da utilidade é uma boa hipótese de trabalho. Esse ponto de vista é assumido ao longo de todo o livro.

Imagine que o Sr. Rogers encontrou a combinação de renda e lazer que maximiza a utilidade para ele, com base em seu salário de 10 dólares. Agora, o governo impõe um imposto de 20% sobre a renda. Portanto, o salário líquido de Rogers após a dedução de impostos é de 8 dólares. Como é que um indivíduo racional reage: trabalha mais, trabalha menos ou não muda? No debate público, argumentos em favor de todas as três possibilidades são feitos com grande segurança. Na verdade, porém, o impacto de um imposto sobre a renda sobre as horas de trabalho não pode ser previsto em termos puramente teóricos.

Para entender por que, em primeiro lugar observe que o imposto sobre o salário reduz o preço efetivo do lazer. Antes do imposto, o consumo de uma hora de lazer custava 10 dólares a Rogers. Com o imposto sobre os ganhos, o salário líquido de Rogers diminui, e uma hora de lazer passa a lhe custar apenas 8 dólares. Esse é o chamado **efeito de substituição**.

Outro efeito ocorre simultaneamente quando o imposto é estabelecido. Se Rogers trabalha o mesmo número de horas após o imposto, ele recebe apenas 8 dólares para cada uma dessas horas, enquanto antes recebia 10 dólares. Em um sentido real, Rogers sofreu uma perda de renda. Na medida em que lazer é um **bem normal** – o consumo aumenta quando a renda aumenta e o consumo e diminui quando a renda diminui – esta perda de rendimento leva a um menor consumo de lazer. Mas menos lazer significa mais trabalho. Como o imposto sobre os rendimentos torna Rogers mais pobre, este o induz a trabalhar mais. Esse é o chamado **efeito de renda**.

Assim, o imposto produz simultaneamente dois efeitos: induz a substituição para a atividade mais barata (lazer) e reduz a renda real. Os efeitos de substituição e renda funcionam em direções opostas, de modo que a teoria por si só não pode determinar o impacto de um imposto sobre os rendimentos.

A importância da ambiguidade causada pelo conflito de efeitos de renda e substituição não pode ser subestimada. O modelo teórico ajuda a entender a relação entre imposto de renda e oferta de trabalho, mas somente trabalho empírico – análise baseada em observação e experiência em vez de teoria – pode nos dizer como o comportamento da força de trabalho é afetado por mudanças no sistema tributário. Mesmo intensas especulações teóricas sobre o assunto devem ser encaradas com considerável ceticismo. Assim, percebemos um papel importante da teoria econômica: conscientizar-nos das áreas de nossa ignorância.

Em outros contextos, a teoria econômica pode ser a razão para pensar que uma questão de pesquisa é importante. Considere uma política governamental que exija a instalação de itens de *design* de segurança (tais como cintos de segurança, *air bags* e freios ABS) em automóveis. O objetivo de tais medidas é melhorar a segurança pública. No entanto, como apontado por Peltzman [1975], a teoria econômica sugere que esta

---

efeito de substituição

A tendência de um indivíduo de consumir mais de uma bem e menos de outro devido a uma diminuição no preço do primeiro em relação a este.

bem normal

Um bem cuja demanda aumenta à medida que a renda aumenta e cuja demanda diminui à medida que a renda diminui, permanecendo outros fatores inalterados.

efeito de renda

O efeito de uma mudança de preço na quantidade demandada exclusivamente em função do fato de que a renda do consumidor mudou.

medida pode de fato sair pela culatra e aumentar o número de mortes. A lógica básica é simples – a teoria econômica diz que, em geral, quando o custo de uma atividade diminui, as pessoas ficam mais propensas a se envolver nessa atividade. Neste caso, os itens de *design* de segurança reduzem o "custo" de dirigir rápido e de forma imprudente, porque, em caso de acidente, os ferimentos podem ser menos graves. De acordo com essa lógica, exigir itens de segurança poderia levar a mais condução imprudente e a mais acidentes associados.

O trabalho empírico é necessário para determinar se a redução no número de mortes gerada pelos itens de segurança adicionais mais do que compensa o aumento de mortes devido ao crescimento da imprudência na direção. Uma proposição testável adicional decorrente da teoria é que os itens de *design* de segurança induziriam um aumento desproporcional nas mortes de pedestres, pois os pedestres estão expostos ao aumento da condução imprudente, mas não gozam da proteção compensadora dos dispositivos de segurança. Aqui vemos outra função importante da teoria econômica: gerar hipóteses cuja validade possa ser avaliada por meio de um trabalho empírico.

▶ CAUSALIDADE E CORRELAÇÃO

Os exemplos que citamos até o momento apontam para a importância de estabelecer uma relação causal entre determinada política governamental e um resultado de interesse. Para inferirmos que a ação do governo X provoca o efeito social Y, três condições devem ser cumpridas:

1. A causa (X) deve preceder o efeito (Y). Isso faz sentido, pois uma relação causal só é possível se a causa conduz a (isto é, precede) o efeito.

2. Causa e efeito devem ser **correlacionados**. Dois eventos estão correlacionados se eles se progridem juntos. A correlação pode ser positiva (X e Y se movem na mesma direção) ou negativa (X e Y se movem em direções opostas). Se Y não muda quando X muda, então X não pode estar causando Y.

3. Outras explicações para qualquer correlação observada devem ser eliminadas.

A última condição é complicada. Ela exige que outras influências de Y (que chamamos de fator Z) sejam excluídas antes de determinar que X é a causa. Considere, por exemplo, o seguro-desemprego (SD), um programa em que o governo faz pagamentos a pessoas que estão sem trabalhar. Uma questão importante é saber se o aumento dos pagamentos leva a períodos mais longos de desemprego. Suponha que possamos coletar dados sobre os benefícios do SD de um grupo de indivíduos, alguns dos quais receberam níveis "elevados" de benefícios e alguns dos quais receberam níveis "baixos" de benefícios. Referimo-nos àqueles que receberam altos benefícios como **grupo de tratamento**, porque receberam o "tratamento" que estamos avaliando. Os trabalhadores com nível baixo de benefícios não receberam o tratamento e são referidos como **grupo de controle**.

Suponha que descobrimos que o grupo de tratamento dos trabalhadores, posteriormente, teve períodos médios de desemprego mais curtos que os do grupo de controle. Isso sugere que os dois primeiros critérios de causalidade são cumpridos, mas a fim de inferir que os benefícios de SD mais elevados causaram a duração menor do desemprego, devemos considerar se existem outras explicações para a relação observada entre os dois eventos. Uma possível explicação é que as pessoas no grupo de tratamento eram diferentes em outros aspectos daquelas no grupo de controle. Por exemplo, os benefícios de SD são normalmente mais elevados para aqueles que tiveram maiores rendimentos em seus trabalhos anteriores. Maiores rendimentos anteriores, por sua vez, podem refletir uma maior motivação para o trabalho. Assim, maior motivação pode levar a benefícios de desempre-

---

correlação

Uma medida de até que ponto dois eventos andam juntos.

grupo de tratamento

O grupo de indivíduos que estão sujeitos à intervenção em estudo.

grupo de controle

O grupo de indivíduos de comparação que não estão sujeitos à intervenção em estudo.

go mais elevados e a uma maior vontade de encontrar trabalho. Isso sugere que o fator Z (maior motivação) leva tanto a benefícios de SD mais elevados em momentos de desemprego quanto a uma menor duração do período de desemprego. Portanto, não se pode concluir que os maiores benefícios causaram os períodos de desemprego mais curtos. Em suma, o fato de que há uma correlação não prova causalidade.

"Você acha que todas essas equipes de filmagem trouxeram o aquecimento global ou que o aquecimento global trouxe todas essas equipes de filmagem?" Carole Cable. The Wall Street Journal.

A importância da distinção entre correlação e causalidade surge em uma variedade de contextos. Por exemplo, há uma correlação positiva entre o estado civil de um homem e seu salário. Com base nisso, alguns especialistas e autoridades normativas têm sugerido que o governo deveria instituir incentivos financeiros para que as pessoas se casem. O problema é que outros fatores podem explicar a correlação entre o estado civil dos homens e seus salários. É possível que, por exemplo, homens com melhores personalidades tenham melhor desempenho no mercado de trabalho e sejam mais propensos a encontrar uma cônjuge. É preciso descartar outras explicações antes de promover uma política que incentive o casamento como um meio de aumentar os salários.

▶ ESTUDOS EXPERIMENTAIS

Em nosso exemplo hipotético, vimos que a relação observada entre os benefícios do SD e a duração do desemprego devia-se a uma terceira influência – o nível de motivação. O problema é que as características dos trabalhadores do grupo de controle diferiam das características dos trabalhadores do grupo de tratamento. Como resultado, a duração inferior do desemprego para o grupo de tratamento em relação ao grupo de controle era uma **estimativa tendenciosa** do verdadeiro impacto causal dos benefícios mais elevados. Uma estimativa tendenciosa é aquela que funde o impacto causal verdadeiro com o impacto de fatores externos. Para ser convincente, a economia empírica deve eliminar tais tendências ao estimar a relação causal entre dois eventos.

estimativa tendenciosa

Uma estimativa que funde o impacto causal verdadeiro com o impacto de fatores externos.

situação contrafactual

O resultado para as pessoas no grupo de tratamento se não tivessem sido tratadas.

A fim de excluir outros fatores, gostaríamos de conhecer a situação **contrafactual** – o que teria acontecido aos membros do grupo de tratamento se não tivessem recebido o tratamento. É claro que, em nosso exemplo de SD, é impossível conhecer a verdadeira situação contrafactual, pois os trabalhadores de tratamento de fato receberam benefícios mais elevados. A fim de tornar as coisas interessantes, troquemos por um momento o mundo real pelo mundo da ficção científica em que é possível viajar no tempo. Em primeiro lugar, formamos um grupo de controle com pessoas desempregadas que recebem benefícios de SD "baixos" e medimos quanto tempo leva para que encontrem um novo emprego. Depois, voltamos no tempo e concedemos às mesmas pessoas desempregadas benefícios de SD "altos" e medimos quanto tempo leva para que encontrem um novo emprego. Neste cenário, nosso grupo de controle consiste exatamente das mesmas pessoas que nosso grupo de tratamento. A única diferença é que estas receberam altos benefícios e as anteriores (em uma linha de tempo alternativa) receberam benefícios baixos. Em outras palavras, nosso grupo de tratamento é a situação contrafactual. Qualquer diferença entre a duração do desemprego no grupo de controle e a duração do desemprego no grupo de tratamento pode, portanto, ser atribuída com segurança ao efeito causal de receber benefícios de SD mais elevados.

Em um mundo sem viagens no tempo, é impossível utilizar as mesmas pessoas para o grupo de controle e o grupo de tratamento. Felizmente, há uma boa alternativa, que é a utilização de um **estudo experimental** (ou randômico), no qual os sujeitos são incluídos aleatoriamente no grupo de tratamento ou no grupo de controle. Com a divisão aleatória, as pessoas do grupo de controle não são literalmente as mesmas pessoas do grupo de tratamento, mas têm características semelhantes, na média. De modo importante, como a seleção para o grupo de tratamento está fora do controle do indivíduo, é menos provável que outros fatores (como nível de motivação) possam levar o pesquisador a confundir correlação com causalidade.

estudo experimental

Estudo empírico em que os indivíduos são distribuídos aleatoriamente nos grupos de tratamento e controle.

Estudos experimentais são considerados o padrão de ouro do trabalho empírico devido a esse potencial de eliminar tendências. Um dos primeiros exemplos foi usado por James Lind em 1747, quando ele dividiu 12 tripulantes atingidos pelo escorbuto a bordo do navio britânico Salisbury em seis grupos de tratamento com dois marinheiros cada e, depois, observou que os dois pacientes que foram tratados com suco de frutas cítricas demonstraram, de longe, a maior melhoria [Manzi, 2010]. Atualmente, estudos experimentais são frequentemente usados em ciências naturais como a medicina. Por exemplo, a fim de testar a eficácia de um fármaco, os pesquisadores podem colocar pessoas aleatoriamente em um grupo de tratamento (caso em que recebem o tratamento com o fármaco) ou em um grupo de controle (caso em que recebem um placebo em vez do fármaco). As diferenças observadas nos seus resultados médicos podem, portanto, ser atribuídas ao medicamento, em vez de diferenças em outras características. Com base nisso, há vários anos, cientistas determinaram que o antibiótico estreptomicina era um tratamento eficaz para a tuberculose.

Realização de um estudo experimental

Em um estudo experimental do efeito de benefícios do SD sobre a duração do desemprego, o primeiro passo é determinar aleatoriamente uma amostra de pessoas desempregadas para receber benefícios semanais "altos" ou "baixos". Se começarmos com uma pequena amostra de pessoas, então, ainda é possível que não haja grandes diferenças nas características médias das pessoas nos grupos de controle e de tratamento. Conforme aumenta o tamanho da amostra, as características de ambos os grupos serão as mesmas, em média. Com a distribuição aleatória, não só esperamos que as características observadas nos dois grupos (como o nível educacional) sejam as mesmas, em média, mas também esperamos que suas características não observadas (como a motivação) sejam as mesmas, em média. A etapa final é comparar a duração média subsequente do desemprego nos dois grupos.

Uma vez que os dois grupos têm as mesmas características no início do estudo, qualquer diferença na duração do desemprego entre os dois grupos pode ser atribuída ao nível dos benefícios de SD.

Armadilhas dos estudos experimentais

A realização de estudos experimentais controlados em economia é um desafio. Às vezes, a dificuldade se deve a questões éticas. Suponha, por exemplo, que os as autoridades normativas queiram saber quantas doenças a menos seriam resultado de determinada redução da poluição. Um estudo experimental distribuiria pessoas aleatoriamente em diferentes grupos, algumas das quais seriam expostas a baixos níveis de poluição e outras a níveis muito elevados. Embora isso possa produzir estimativas imparciais sobre o efeito da redução da poluição sobre a saúde, a maioria das pessoas concorda que tais experimentos são antiéticos.

Problemas técnicos também surgem. Considere um experimento hipotético para testar o impacto de um programa de treinamento profissional sobre os salários posteriores. Trabalhadores são selecionados aleatoriamente para se inscrever ou não se inscrever em um programa de treinamento profissional, o que garante que os grupos de tratamento e controle tenham características semelhantes, em média. Mas e se alguns dos trabalhadores do grupo de tratamento que foram inscritos no programa de treinamento profissional não participarem efetivamente? Quando mais tarde compararmos salários entre os grupos de tratamento e controle, podemos fazer inferências enganosas se não soubermos quais trabalhadores no grupo de tratamento não frequentaram o curso. Da mesma forma, os membros do grupo de controle podem encontrar maneiras de entrar no grupo de tratamento ou obter uma experiência semelhante à do grupo de tratamento, como se matricular em programas alternativos. Em suma, as pessoas em um experimento não são objetos passivos e seu comportamento pode desfazer os efeitos da randomização.

Outro problema pode surgir quando alguns trabalhadores envolvidos no experimento não respondem enquetes de acompanhamento que solicitam informações de salário. Por exemplo, suponha que o programa de treinamento profissional de fato aumente os salários. Suponha ainda, porém, que os trabalhadores com baixos salários sejam menos propensos a relatar seus salários futuros para o pesquisador. Nesse caso, os salários médios após o tratamento do grupo de controle são artificialmente elevados, pois as pessoas com baixos salários não são incluídas no cálculo da média. Podemos então concluir erroneamente que os grupos de tratamento e controle têm os mesmos salários. O problema básico é que mesmo que o experimento comece com amostras aleatórias, quando os dados finais são coletados, o grupo de controle foi contaminado pelo desaparecimento não aleatório de alguns membros.

Um último problema é que as pessoas em um experimento podem não se comportar da mesma maneira que se comportariam caso toda a sociedade fosse submetida à política, especialmente se a experiência tiver duração limitada. Por exemplo, suponha que fizéssemos um experimento para estimar o aumento da frequência com que as pessoas vão ao médico quando têm um seguro de saúde generoso. Podemos selecionar aleatoriamente algumas pessoas para receber o seguro de saúde generoso por um ano e outras para receber o seguro de saúde menos generoso durante o mesmo ano. O problema é que os indivíduos do grupo de tratamento podem ir ao médico com muita frequência porque eles sabem que o experimento só vai durar um ano, após o qual os cuidados de saúde se tornarão muito mais caros para eles. O efeito medido do tratamento será uma estimativa tendenciosa sobre o impacto de uma política governamental que forneça seguro de saúde generoso indefinidamente.

Isto leva a uma preocupação mais geral com os experimentos. Eles são especializados em obter estimativas imparciais sobre uma relação causal em um contexto particular. No entanto, não está claro se as inferências causais de um contexto podem ser generalizadas para outras populações, configurações e até mesmo para tratamentos relacionados. Por exemplo, em meados da década de 1980, o estado de Illinois conduziu um experimento controlado no qual uma amostra aleatória de pessoas desempregadas foi informada de que cada uma delas receberia um bônus de 500 dólares se encontrasse um emprego dentro de 11 semanas. (Ver Woodbury e Spiegelman, 1987.) Os resultados sugeriram que o bônus reduzia o tempo pelo qual a pessoa permanecia desempregada. Dado o projeto cuidadoso do estudo, essa descoberta é provavelmente imparcial. Mas o que um funcionário público da Califórnia, em 2009, poderia aprender com esta experiência, baseada em uma população diferente e realizada por um período de tempo diferente? Em suma, até que ponto os resultados experimentais podem ser generalizados? Da mesma forma, suponha que estivéssemos de volta em Illinois em 1980 e que o governo pudesse pagar um bônus de apenas 250 dólares, em vez de 500 dólares. Como essa política afetaria o tempo passado sem emprego? Pode-se presumir que um bônus de 250 dólares teria um impacto menor do que 500 dólares, mas o quanto menor é totalmente incerto. Os resultados experimentais isoladamente não fornecem muita orientação.

Este exemplo ilustra como experimentos fornecem estimativas confiáveis sobre o impacto de uma política muito específica sobre o comportamento, mas não fornecem conhecimento profundo sobre o motivo pelo qual as mudanças ocorreram. Consequentemente, nós ficamos sabendo muito sobre os impactos prováveis, caso a política fosse aplicada em outros contextos ou se fosse estruturada de uma forma um pouco diferente. Isso nos traz de volta à discussão sobre o papel da teoria. Ao fazer suposições sobre como as pessoas se comportam, em especial sobre o fato de maximizarem a utilidade, a teoria pode nos ajudar a generalizar resultados experimentais específicos para outras populações ou políticas.

Assim, embora estudos experimentais ofereçam uma maneira plausível de avaliar o impacto de uma política, eles não são infalíveis. Em particular, os pesquisadores devem monitorar cuidadosamente os indivíduos nos grupos de controle e tratamento para manter a distribuição aleatória original e devem ser cautelosos em generalizar os resultados para outros cenários ou políticas.

▶ ESTUDOS OBSERVACIONAIS

Estudos experimentais estão simplesmente fora de questão para muitos temas importantes. Considere novamente a questão fundamental de como as reduções de impostos afetam a oferta de trabalho. Um estudo experimental da questão exigiria oferecer aleatoriamente reduções de impostos a algumas pessoas e não a outras. Mesmo que isso fosse legalmente e politicamente possível, ainda enfrentaríamos o problema de que as pessoas no grupo de redução de impostos estaria ciente de fazer parte de um experimento, e isso poderia afetar seu comportamento. Nessas circunstâncias, em vez de experimentos, os economistas dependem de **estudos observacionais**, que utilizam os dados obtidos por observação e medição do comportamento real fora de um ambiente experimental.

estudo observacional
Estudo empírico baseado em dados observados que não são obtidos a partir de um ambiente experimental.

Dados de observação vêm de uma variedade de fontes. Alguns são coletados por meio de enquetes com pessoas, como pesquisas por telefone dos consumidores ou pesquisas escritas entregues pelas famílias a cada 10 anos para o censo. Outros dados observacionais vêm de registros administrativos, incluindo registros históricos de nascimentos e mortes ou dados do governo sobre o desempenho da economia nacional.

econometria
Ferramentas estatísticas para analisar dados econômicos.

Sem a randomização, estudos observacionais devem basear-se em outras técnicas para descartar fatores que possam contaminar inferências causais. A **econometria** utiliza várias técnicas estatísticas para estimar relações causais em dados econômicos. A seguir, explicamos uma das mais poderosas ferramentas da econometria.

A. Diagrama de dispersão B. Linha de regressão C. Linha de regressão em um diagrama de dispersão com aumento de dispersão

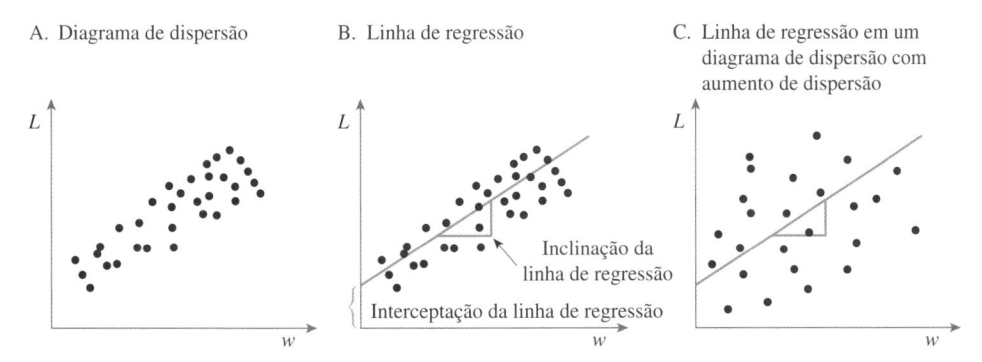

FIGURA 2.1 Análise de regressão.
O Painel A mostra que há uma correlação positiva entre as horas de trabalho e o salário após impostos. O Painel B mostra a linha de regressão que passa por esses pontos de dados, fornecendo uma estimativa da magnitude da relação entre as duas variáveis. A relação estimada entre as duas variáveis é mais confiável no Painel B do que no painel C, pois os pontos de dados no Painel C estão mais espalhados.

Realização de um estudo observacional

Suponha que estamos interessados em estimar o efeito de uma redução no imposto de renda sobre as horas anuais de trabalho (denotadas como L, para oferta de mão de obra). Uma mudança no imposto de renda altera o montante líquido do salário (w) que uma pessoa recebe. Assim, podemos expor o problema como: se a alíquota de imposto for alterada, haverá uma correlação observada entre mudanças em w e mudanças em L e poderemos descartar outros fatores Z que possam explicar essa correlação? Em estudos observacionais, as variáveis consideradas causais (como salário líquido aqui) são chamadas de variáveis independentes. Uma variável considerada um resultado (por exemplo, a oferta de mão de obra aqui) é chamada de variável dependente.

Para ver como estudos observacionais funcionam, suponha que temos informações sobre as horas de trabalho e sobre os salários depois dos impostos para uma amostra de pessoas para determinado ano. Podemos traçar esses pontos de dados, como mostra a Figura 2.1A. Esse valor indica uma correlação positiva entre o salário após os impostos e a oferta de mão de obra – a oferta de mão de obra é maior quando os salários após os impostos são mais altos. Estamos interessados em estimar a magnitude dessa relação. Essa é a tarefa da análise de regressão, que traça uma **linha de regressão** por meio dos pontos de dados observados. Obviamente, nenhuma linha reta única pode atravessar todos esses pontos. O objetivo da análise de regressão é encontrar a linha que melhor se encaixa nessa relação, como mostra a Figura 2.1B.[2] A inclinação dessa linha, conhecida como coeficiente de regressão, é uma estimativa da relação entre salário após os impostos e oferta de mão de obra. Suponha, por exemplo, que o coeficiente de regressão é 1,5. Isso sugere que um aumento de 10 dólares no salário líquido está associado a um aumento de 15 horas na oferta de mão de obra por ano.

A confiabilidade do coeficiente de regressão estimado depende da distribuição dos dados no gráfico de dispersão. Para entender por que, suponha que nossa dispersão de pontos se pareça com a apresentada na Figura 2.1C. A linha de regressão é idêntica à da Figura 2.1B, mas a dispersão de pontos é mais difusa. Embora o coeficiente de regressão estimado seja o mesmo, acreditamos menos em sua confiabilidade. Os econometristas calculam uma

linha de regressão

Linha que fornece o melhor ajuste passando por uma dispersão de pontos de dados.

---

[2] Neste exemplo, presumimos uma relação linear entre as duas variáveis. A "melhor" linha minimiza a soma do quadrado das distâncias verticais entre os pontos na linha e os pontos na dispersão. (Ver Wooldridge, 2009.) A econometria também permite uma relação não linear entre as variáveis, o que é muitas vezes uma abordagem preferível.

erro padrão
Medida estatística de quanto um coeficiente de regressão estimado pode variar em relação a seu verdadeiro valor.

medida chamada **erro padrão**, que indica a confiabilidade do coeficiente estimado. Quando o erro padrão é pequeno em relação ao tamanho do parâmetro estimado, o coeficiente é considerado estatisticamente significativo.

Este exemplo presume a existência de apenas uma variável explicativa, o salário líquido. Suponha que, em vez disso, houvesse duas variáveis independentes: o salário líquido e renda não derivada do trabalho (como dividendos e juros). A análise de regressão múltipla calcula a relação entre cada variável independente e a variável dependente, mantendo todas as outras variáveis independentes constantes. A análise de regressão múltipla é uma ferramenta muito valiosa, pois em praticamente todos os problemas interessantes, mais de uma variável independente pode afetar causalmente a variável dependente. Se pudermos controlar todos os fatores que explicam a variável dependente, esta técnica nos permitirá identificar o efeito causal independente de qualquer variável em consideração.

Tipos de dados A análise de regressão pode ser realizada com uso de diferentes tipos de dados. A Figura 2.1 é baseada em dados sobre salários depois dos impostos e oferta de trabalho para uma amostragem de pessoas em determinado ano. Os dados que contêm informações sobre entidades individuais (por exemplo, trabalhadores, consumidores, empresas, estados ou países) em determinado momento são conhecidos como **dados transversais**. Uma análise de regressão transversal baseia-se na variação entre diferentes entidades individuais, a fim de estimar a linha de regressão.

dados transversais
Dados que contêm informações sobre as entidades em um momento específico.

dados de série temporal
Dados que contêm informações sobre uma entidade em diferentes momentos.

dados em painel
Dados que contêm informações sobre entidades individuais em diferentes momentos.

Enquanto dados transversais contêm informações sobre um grupo de entidades individuais em um momento específico, os **dados de séries temporais** incluem informações sobre uma única entidade em diferentes momentos. Por exemplo, podemos ter informações sobre o salário após os impostos e a oferta de mão de obra para cada ano de vida adulta de uma pessoa. Uma análise de regressão em séries temporais baseia-se na variação ao longo do tempo para uma entidade individual, a fim de estimar a linha de regressão.

Por fim, os **dados em painel** (também chamados de *dados longitudinais*) combinam as características de dados transversais e de dados de séries temporais. Isto é, um conjunto de dados em painel contém informações sobre entidades individuais em diferentes momentos. Por exemplo, um conjunto de dados em painel pode ter informações sobre milhares de pessoas diferentes de uma variedade de diferentes anos. Argumentaremos a seguir que os dados em painel têm algumas vantagens únicas quando se trata de fazer um trabalho empírico em finanças públicas.

Armadilhas dos estudos observacionais

Como os estudos observacionais dependem de dados coletados em um ambiente não experimental, é difícil garantir que o grupo de controle constitua uma situação contrafactual válida. Ainda que o coeficiente de regressão estimado forneça uma medida da correlação entre as variáveis independentes e dependentes, não se pode presumir uma relação causal, pois fatores externos podem afetar essas duas variáveis.

Considere o exemplo hipotético anterior da oferta de mão de obra. Nossa análise de regressão utilizou dados transversais, nos quais algumas pessoas tinham altos salários depois de impostos e algumas tinham salários baixos depois de impostos. A análise sugeriu que há uma correlação positiva entre o salário após impostos e as horas de trabalho. Mas, lembre-se, a correlação não implica necessariamente causalidade. Pode ser que outros fatores influenciem as remunerações após os impostos e as horas trabalhadas, prejudicando a neutralidade da relação observada. Talvez, por exemplo, pessoas altamente ambiciosas tenham salários mais altos e também trabalhem mais horas. Se assim for, então a correlação positiva observada entre as remunerações após impostos e as horas de trabalho se deva, ao menos parcialmente, a diferenças de ambição.

Como já mencionado, uma maneira de resolver tendências em estudos observacionais é incluir outras variáveis independentes, que são chamadas de variáveis de controle.

A análise de regressão permite estimar o efeito independente da variável que nos interessa, tendo em conta as variáveis de controle. Em nosso exemplo de oferta de mão de obra, poderíamos incluir variáveis como idade, renda não derivada do trabalho e gênero, as quais podem afetar a oferta de mão de obra, mas também poderiam ser relacionadas com os salários depois de impostos. Porém, existem dois problemas. Em primeiro lugar, podemos não pensar em todas as variáveis de controle que devem ser incluídas ou todas as variáveis de controle relevantes podem não estar disponíveis no conjunto de dados. Em segundo lugar, algumas variáveis são muito difíceis de medir, mesmo em princípio. A ambição é um bom exemplo. Se qualquer razão nos levar a omitir uma variável de controle correlacionada com o salário após os impostos e que influencie a oferta de mão de obra, obteremos estimativas tendenciosas.

Apesar das limitações dos estudos observacionais, eles podem fornecer informações úteis sobre os possíveis impactos de diferentes programas governamentais. Mas esses estudos devem ser interpretados com cuidado, reconhecendo a possibilidade de que fatores externos poderiam influenciar quaisquer inferências causais.

▶ ESTUDOS QUASE-EXPERIMENTAIS

Estudos experimentais têm excelentes propriedades quando se trata de eliminar a tendências, mas podem ser difíceis ou impossíveis de realizar. Estudos observacionais têm problemas complicados com tendência, mas os dados são relativamente fáceis de obter. Pode-se obter algumas das vantagens de cada um? Um conjunto de estudos observacionais conhecidos como **estudos quase-experimentais** (também conhecidos como *experimentos naturais*) é utilizado por economistas empíricos para estimar uma relação causal. Esses estudos identificam situações em que as circunstâncias externas efetivamente distribuem aleatoriamente pessoas em grupos de controle e tratamento. A diferença entre um experimento e um quase-experimento é que um experimento randomiza explicitamente as pessoas em um grupo de tratamento ou de controle, enquanto que um quase-experimento utiliza dados observacionais, mas depende de circunstâncias fora do controle do pesquisador que, naturalmente, conduzem à distribuição aleatória.

estudo quase-experimental
Estudo observacional que depende de circunstâncias fora do controle do pesquisador para reproduzir a distribuição aleatória.

Um dos primeiros exemplos perspicazes de quase-experimento vem do trabalho de John Snow, um médico do século 19. Na época, não se sabia que os germes causam doenças e havia muitas teorias concorrentes para explicar os surtos de cólera. Snow queria descobrir se o cólera era causada pela exposição à água contaminada[3]. Ele descobriu que duas companhias de água serviam a maior parte de Londres. Uma empresa tinha seu ponto de coleta de água a montante das descargas de esgoto ao longo do Tâmisa e, por isso, tinha uma água relativamente pura, enquanto a outra empresa tinha seu ponto de coleta de água a jusante das descargas de esgoto e, portanto, fornecia água contaminada. Uma estratégia natural seria comparar as famílias que receberam água de uma empresa com as famílias que receberam água da outra empresa. No entanto, o que aconteceria se as pessoas que recebiam água poluída fossem sistematicamente diferentes das outras? Se eles vivessem em bairros mais pobres, por exemplo, uma incidência diferente de cólera poderia ser atribuída fatores diferentes da água suja. Snow considerou essa questão importante e demonstrou que a atribuição de companhias de água para diferentes residências era essencialmente aleatória:

> As tubulações de cada companhia passam por todas as ruas e por quase todos os becos e praças. Algumas casas são servidas por uma Companhia e algumas pela outra, de acordo com a decisão do proprietário ou ocupante na ocasião, quando as Companhias de Água estavam em concorrência ativa. Em muitos casos, uma única casa tem um fornecedor diferente de suas vi-

---
[3] Este exemplo é reproduzido de Freedman [1991].

zinhas. Cada empresa serve tanto ricos quanto pobres, tanto residências grandes quanto pequenas; não há diferença na condição ou ocupação das pessoas que recebem a água das diferentes Companhias [Snow, 1855].

Com efeito, Snow demonstrou convincentemente que seu estudo observacional praticamente replicava um estudo randomizado, pois os grupos de tratamento e controle tinham características semelhantes. Tal randomização lhe permitiu descartar outros fatores para que pudesse concluir com segurança que o número substancialmente maior de vítimas do cólera em residências que recebiam água contaminada devia-se ao esgoto.

Realização de um estudo quase-experimental

O sucesso de um quase-experimento depende subsetancialmente de o pesquisador identificar uma situação em que a distribuição no grupo de tratamento seja aleatória. Agora, discutiremos algumas abordagens para a criação de um projeto válido de pesquisa quase-experimental.

Quase-experimentos *difference-in-difference* Periodicamente, autoridades normativas sugerem elevar o imposto estadual sobre a cerveja, a fim de reduzir o número de mortes de adolescentes no trânsito. Isso funciona? Um experimento ideal seria atribuir aleatoriamente diferentes impostos sobre a cerveja para diferentes estados e, em seguida, medir se as mortes de adolescentes no trânsito diminuiu nos estados com altos impostos em relação aos estados com baixa tributação. Obviamente, tal estudo não é possível.

Agora, suponha que ficamos sabendo que, entre 1989 e 1992, um grupo de estados aumentou substancialmente suas taxas de imposto sobre a cerveja e que, após o aumento dos impostos, as mortes de adolescentes no trânsito nesses estados foi reduzida em 5,2 por 100.000 adolescentes. Podemos inferir que o aumento de impostos sobre a cerveja causou a redução nas mortes de adolescentes no trânsito? Não, porque as reduções na mortalidade de adolescentes poderia ter ocorrido mesmo sem o aumento dos impostos.

Portanto, teríamos que examinar o que aconteceu com um grupo de estados de controle. Um grupo de controle razoável seria composto por estados que não aumentaram os impostos sobre a cerveja entre 1989 e 1992. Se o grupo de estados de controle serve como situação contrafactual razoável, então podemos supor que uma redução similar teria ocorrido nos estados de tratamento se não tivessem aumentado seu imposto sobre a cerveja.

Portanto, a fim de estimar o efeito do imposto sobre a cerveja, faz sentido calcular a mudança no número de mortes de adolescentes no trânsito nos estados de tratamento e calcular a diferença entre ela e a mudança nos estados do grupo controle. A propósito, nos estados do grupo de controle, as mortes de adolescentes no trânsito diminuiu 8,1 por 100.000 adolescentes. Ou seja, houve realmente um aumento relativo nas mortes de adolescentes no trânsito nos estados que elevaram seus impostos sobre a cerveja. Assim, ao contrário da visão que se poderia obter simplesmente analisando os dados dos estados de tratamento, parece que os aumentos de impostos não cumpriram a meta de reduzir as mortes de adolescentes no trânsito.

Esse exemplo, baseado em estimativas reais obtidas por Dee [1999][4], é típico de uma técnica conhecida como análise *difference-in-difference*. A razão para o nome é que ele compara a diferença dos resultados em um grupo de tratamento depois de ter recebido o tratamento com a diferença dos resultados no grupo de controle ao longo do mesmo período. Os resultados não são tendenciosos se pudermos assumir com segurança que as mudanças que ocorreram no grupo de controle formam uma situação contrafactual válida; ou seja, que elas refletem o que teria acontecido com o grupo de tratamento se este não tivesse sido tratado. Note-se que uma análise *difference-in-difference* só é possível quando

análise *difference-in-difference*

Uma análise que compara as mudanças ao longo do tempo em um resultado do grupo de tratamento com as mudanças ao longo do mesmo período no resultado do grupo de controle.

---

[4] Os estados de tratamento foram Califórnia, Delaware, Nova Jersey, Nova York e Rhode Island.

se tem dados em painel, pois a computação exige saber como o comportamento de determinado grupo de indivíduos muda ao longo do tempo (que é a parte das séries temporais) e, em seguida, compará-la com a mudança ao longo do mesmo período para outro grupo de indivíduos (que é a parte transversal).

Quase-experimentos de variáveis instrumentais Às vezes um pesquisador suspeita que a atribuição a um grupo de tratamento pode não ser aleatória, violando, assim, um requisito para a obtenção de uma estimativa imparcial. Uma abordagem para lidar com o problema é chamada de **análise de variáveis instrumentais**. A idéia por trás da análise de variáveis instrumentais é encontrar uma terceira variável que possa ter afetado a entrada no grupo de tratamento, mas que não esteja propriamente correlacionada com a variável de resultado.

análise de variáveis instrumentais

Análise baseada em encontrar alguma variável que afete a entrada no grupo de tratamento, mas que não esteja propriamente correlacionada com a variável de resultado.

Uma questão importante que muitos governos locais enfrentam é a decisão de reduzir ou não o tamanho das turmas do jardim de infância. Os defensores argumentam que grupos menores levam a notas mais elevadas dos alunos. Um experimento para investigar essa questão seria distribuir aleatoriamente os alunos do jardim de infância em turmas de diferentes tamanhos e, em seguida, medir diferenças nos resultados dos testes entre os que estavam em turmas grandes e pequenas. Na verdade, experimentos desse tipo foram realizados. (Ver Krueger, 1999.) Como discutido anteriormente, uma possível desvantagem de tal experimento é que a natureza temporária do experimento pode influenciar o resultado.

Um estudo observacional poderia basear-se na análise de regressão para estimar se os alunos em grupos menores obtêm notas mais altas que os alunos em grupos maiores. No entanto, esse estudo provavelmente produziria resultados tendenciosos, pois os grupos de tratamento e controle diferem em aspectos que podem influenciar tanto o tamanho do grupo quanto a pontuação em testes. Por exemplo, pais relativamente mais preocupados com a educação de seus filhos poderiam escolher as escolas com turmas menores. Esses pais também poderiam se envolver em outras atividades (como a leitura com os filhos) que melhoram os resultados dos testes de seus filhos. Portanto, uma correlação negativa observada entre o tamanho das turmas e os resultados em testes seria enganosa, porque ambas são causadas pela terceira variável, a preocupação dos pais.

Hoxby [2000] desenvolveu um quase-experimento a fim de resolver essa possível tendência. Ela observou que o momento do nascimentos em qualquer área escolar flutuam de forma aleatória. Devido a essas flutuações, as turmas de jardim de infância são maiores em alguns anos do que em outros. Embora muitos fatores determinem se uma criança vai frequentar uma turma de jardim de infância grande ou pequena, a variação dos nascimentos de um ano para outro representa um componente aleatório desse resultado. Portanto, Hoxby baseou-se no método de variáveis instrumentais, que utiliza o determinante aleatório do tamanho da turma, para identificar o efeito sobre os resultados em testes. Ela usou flutuações aleatórias no número de matrículas ano a ano como variável instrumental. Tal medida está relacionada com o tamanho da turma, mas não influencia diretamente os resultados dos testes. Hoxby descobriu que o tamanho da turma não tem efeito perceptível sobre os resultados dos testes.

Quase-experimentos de regressão de descontinuidade Suponha que uma cidade está decidindo se deve tornar os cursos de verão obrigatórios para seus alunos com baixo desempenho. Primeiro, é preciso determinar se esta medida melhoraria o desempenho acadêmico. Um experimento ideal inscreveria aleatoriamente alguns alunos de baixo desempenho nos cursos de verão e, depois, mediria as diferenças nos resultados de testes futuros entre eles e um grupo de controle com alunos de baixo desempenho que não frequentaram os cursos de verão. No entanto, restrições políticas provavelmente não permitiriam tal randomização. Em vez disso, a cidade poderia basear-se em uma análise de regressão para estimar se os alunos que frequentaram os cursos de verão têm pontuações futuras mais elevadas do que aqueles que não o fizeram. Infelizmente, tal estudo provavelmente produziria resultados tendenciosos, pois os alunos que frequentam cursos de verão tendem a ter desempenho acadêmico mais baixo em princípio e, portanto, poderíamos esperar que sua pontuação futura fosse mais baixa que a de outros alunos, mesmo que os cursos de verão tenham de fato ajudado.

Jacob e Lefgren [2004] utilizaram uma política instituída em 1996 pelas Escolas Públicas de Chicago para encontrar uma saída para esse dilema. A política ligava a frequência em cursos de verão ao desempenho em testes padronizados. Os alunos com pontuações abaixo de determinado limite no teste eram obrigados a frequentar os cursos de verão; caso contrário, não eram. Em vez de comparar todos os que frequentavam os cursos de verão com todos os que não frequentavam, Jacob e Lefgren concentraram-se nos resultados em testes subsequentes de alunos que por pouco precisaram frequentar os cursos de verão em comparação com aqueles que por pouco não precisaram frequentar os cursos. Esta é uma estratégia atraente, porque enquanto os alunos substancialmente acima do ponto de corte e abaixo do ponto de corte provavelmente, diferem muito uns dos outros, os alunos que estavam um pouco acima e um pouco abaixo provavelmente são muito semelhantes. Essa abordagem é chamada de **análise de regressão de descontinuidade**. O pressuposto fundamental exigido para que esta abordagem replique um experimento é que as características daqueles que não foram selecionados por pouco perdeu sejam as mesmas, em média, do que as dos alunos que foram selecionados por pouco.

> **análise de regressão de descontinuidade**
>
> Análise que se baseia em um rigoroso critério de corte para elegibilidade à intervenção em estudo, a fim de se aproximar de um projeto experimental.

O estudo de regressão de descontinuidade de Jacob e Lefgren detectou um salto nas notas subsequentes em testes de leitura e de matemática para alunos da terceira série (mas não para alunos da sexta série), o que sugere a existência de um efeito causal positivo dos cursos de verão sobre o desempenho subsequente, pelo menos para alguns níveis de ensino.

Armadilhas dos estudos quase-experimentais

Estudos quase-experimentais tentam estimar relações causais utilizando dados observacionais. A maior dificuldade é que o experimento natural pode realmente reproduzir corretamente a formação aleatória do grupo de tratamento. Por exemplo, se os alunos que por pouco ficaram no grupo que devia frequentar os cursos de verão fossem diferentes daqueles que por pouco não entraram no grupo, então o impacto estimado sobre os resultados de testes futuros seria tendencioso. Estudos baseados em quase-experimentos requerem situações que repliquem a randomização, mas encontrar quase-experimentos que sejam tão simples como um experimento aleatório puro é difícil.

Outra preocupação é que os quase-experimentos só podem ser aplicados a um número limitado de questões de pesquisa. Muitas questões econômicas interessantes e importantes simplesmente não se prestam a experimentos naturais. Por exemplo, como discutiremos no Capítulo 11, o governo fornece a renda de aposentadoria garantida para as pessoas por meio do programa de Seguridade Social. Uma questão fundamental é saber se as pessoas poupam menos por conta própria quando sabem que vão receber pagamentos da Seguridade Social quando se aposentarem. O problema é que a seguridade social foi introduzida para todo o país ao mesmo tempo – todos receberam o mesmo "tratamento". Assim, as oportunidades de identificar experimentos naturais são muito limitadas. Um economista observou que, se experimentos naturais fossem necessários em todas as áreas de trabalho empírico, isso "efetivamente pararia as estimativas" [Hurd, 1990].

Além disso, como os experimentos, os quase-experimentos geram preocupações relacionadas à generalização. Como discutido anteriormente, esses estudos fornecem evidências confiáveis da resposta a uma mudança muito específica na política, mas são limitados para explicar por que as mudanças ocorreram. Assim, é difícil de usar os resultados para prever o impacto de outras políticas, ou mesmo da mesma política, em um cenário diferente.

▶ CONCLUSÕES

A teoria econômica tem um papel crucial na pesquisa empírica por enquadrar a questão de pesquisa e ajudar a isolar um conjunto de variáveis que podem influenciar o comportamento do interesse. O trabalho empírico testa, portanto, se a relação causal teoricamente plausível entre uma política e um resultado é consistente com os fenômenos do mundo real.

Um experimento randomizado é o caminho mais simples para estabelecer uma relação causal. No entanto, nem sempre está claro se os resultados de experimentos podem ser generalizados para outros contextos. Em todo caso, os pesquisadores econômicos frequentemente devem confiar em dados observacionais, que não têm o aspecto randomizado de um experimento controlado. Nesses casos, as análises empíricas mais confiáveis exploram experimentos naturais que imitam a distribuição aleatória em grupos de tratamento ou de controle.

A realização de pesquisas empíricas confiáveis é um desafio. Diferentes pesquisadores podem utilizar diferentes modelos teóricos, examinar o comportamento de diferentes amostragens de pessoas e aplicar diferentes técnicas estatísticas. Portanto, pesquisadores honestos frequentemente chegam a conclusões muito diferentes sobre as implicações de uma política. Devemos, portanto, abandonar toda a esperança de aprender sobre os fatores que influenciam o comportamento econômico? Definitivamente não. Em muitos casos, é possível conciliar os diferentes resultados empíricos e construir uma imagem coerente do fenômeno em discussão. Feldstein [1982, p. 830] comparou o economista que se compromete com essa tarefa ao marajá da fábula infantil sobre os cinco homens cegos que examinavam um elefante:

> A lição importante na história não é o fato de que cada homem cego saiu com uma evidência parcial e "incorreta". A lição é, em vez disso, que um marajá inteligente que estudasse as constatações desses cinco homens provavelmente poderia compor uma boa imagem de julgamento de um elefante, especialmente se ele já tivesse visto algum outro animal de quatro patas.

Trataremos de resultados empíricos ao longo deste livro e explicaremos os prós e contras dos projetos de pesquisa que os geraram. Nos casos em que a profissão não conseguiu chegar a um consenso, recorreremos a este capítulo para explicar o porquê. De modo mais geral, espera-se que esta introdução à metodologia empírica induza a um ceticismo saudável a respeito de afirmações sobre o comportamento econômico que ocorrem no debate público. Tenha cautela com qualquer argumento que comece com as palavras mágicas "estudos provaram".

Resumo

- Um dos objetivos do campo das finanças públicas é estimar como as várias políticas governamentais afetam o comportamento dos indivíduos.

- A teoria econômica fornece uma estrutura para pensar sobre os fatores que podem influenciar o comportamento de interesse, e ajuda a gerar hipóteses que podem ser testadas por meio de pesquisa empírica. No entanto, a teoria por si só não é capaz de determinar o nível de importância de um fator específico.

- Um objetivo importante do trabalho empírico em finanças públicas é estimar a relação de causalidade entre uma política de governo e um tipo de comportamento. Três condições devem ser cumpridas para que se possa inferir tal relação causal: (1) o programa precede o resultado, (2) o programa e o resultado são correlacionados e (3) outras explicações sobre a correlação observada podem ser eliminadas.

- Não se deve confundir correlação com causalidade. O fato de duas variáveis estarem correlacionadas não prova que uma causa a outra.

- Estudos experimentais distribuem aleatoriamente indivíduos em grupos de tratamento ou de controle. A dis-

tribuição aleatória reduz a probabilidade de que fatores externos levem o pesquisador a confundir correlação com causalidade.
- Estudos experimentais oferecem uma maneira plausível de avaliar o impacto programas governamentais, mas não são infalíveis. Em particular, os pesquisadores devem certificar-se de que a distribuição permaneça aleatória ao longo do tempo e devem ter cautela em generalizar os resultados.
- Como estudos experimentais muitas vezes são impossíveis de realizar, os economistas de finanças públicas baseiam-se em estudos observacionais que utilizam dados obtidos de cenários econômicos do mundo real.
- Econometria é o uso da análise estatística de dados econômicos a fim de estimar relações causais. Uma ferramenta econométrica importante é a análise de regressão, que calcula a relação entre duas variáveis, mantendo todos os outros fatores constantes.
- Dados observacionais podem ser transversais, de séries temporais ou em painel. Dados observacionais são coletados em ambientes não experimentais. Portanto, a possível influência de fatores externos pode tornar difícil a estimativa de relações causais.
- A quase-experimento utiliza dados observacionais, mas depende de circunstâncias externas para replicar um experimento randomizado.
- Quase-experimentos podem ser estruturados de várias maneiras, como a análise *difference-in-difference*, análise de variáveis instrumentais e análise de regressão de descontinuidade.

Questões para discussão

1. Em 2012, o candidato à presidência Mitt Romney propôs aumentar o corte nas taxas marginais de imposto de renda aprovado durante a administração Bush. Explique por que a teoria por si só não pode prever como a oferta de mão de obra seria afetada se tal proposta fosse implementada. Se não houvesse impedimentos políticos ou legais para fazê-lo, como você poderia projetar um estudo experimental para estimar o impacto da redução nas taxas marginais de imposto sobre a oferta de mão de obra?
2. Um estudo realizado pelo governo de Nova York sobre um programa para prevenir a falta de moradia constatou que mais de 90% das famílias que se inscreveram para receber formação profissional, serviços de aconselhamento e fundos de emergência não acabaram em abrigos para pessoas sem-teto. Mas um especialista observou que o fato de 90% das famílias não irem a abrigos não provava a eficácia do programa. Pelo contrário, era possível que as pessoas que procuraram a ajuda do programa fossem simplesmente mais hábeis e melhores em obter uma combinação de meios de auxílio-moradia [Buckley, 2010]. Relacione esse desafio do estudo sobre pessoas sem-teto em Nova York com os problemas enfrentados pelos economistas que tentam avaliar os efeitos causais da política econômica. Como você poderia projetar um estudo experimental para estimar o impacto da formação profissional, dos serviços de aconselhamento e do auxílio financeiro de emergência sobre a falta de moradia?
3. Um pesquisador realiza uma análise transversal dos trabalhadores e encontra uma correlação positiva entre o tempo passado em um computador no trabalho e os rendimentos. O pesquisador conclui que o uso do computador aumenta os rendimentos e defende uma política de formação em informática para todas as crianças. Qual é um problema possível com essa análise?
4. Na década de 1970, pesquisadores da RAND Corporation realizaram um famoso experimento social para investigar a relação entre a cobertura de seguro de saúde e a utilização do atendimento de saúde. Nesse experimento, amostras de indivíduos foram induzidas a trocar suas apólices de seguro normais por novas políticas da RAND, que ofereciam diferentes taxas de reembolso de despesas de saúde pela seguradora ao indivíduo. Em 1993, a administração Clinton usou os resultados do experimento da RAND para prever como a utilização do atendimento de saúde aumentaria se a cobertura de seguro se tornasse universal. Que problemas poderiam surgir no uso dos resultados de experimentação social para prever o impacto da cobertura universal?
5. No Estado de Nova York, os benefícios de desemprego de um indivíduo dependem de seus ganhos anteriores – quanto maior o salário, maiores os benefícios, até que um nível máximo de benefício seja alcançado. Em 1989, o poder legislativo estadual e o governador aumentaram inesperadamente o nível máximo de benefício. Isso levou a um aumento nos benefícios para pessoas com rendimentos elevados, mas não causou qualquer mudança nos benefícios para pessoas de baixa renda [Meyer e Mok, 2007]. Como um pesquisador poderia utilizar esse cenário

para realizar um quase-experimento *difference-in-difference* para estimar o efeito dos subsídios de desemprego sobre a duração do desemprego? Descreva o grupo de tratamento e o grupo de controle. Qual é o principal pressuposto necessário para que esse quase-experimento gere estimativas imparciais sobre o efeito do seguro-desemprego sobre a duração do desemprego?

6. Suponha que cinco estados reduzam o imposto de renda em determinado ano. Você está interessado em estimar se a redução de impostos aumentou a poupança e você descobre que a taxa de poupança dos residentes desses cinco estados aumentou em 2% no ano seguinte à introdução da nova política. Você pode razoavelmente concluir que a redução de impostos causou o aumento da poupança? Como você realizaria uma análise *difference-in-difference* para estimar o impacto sobre a poupança? Qual pressuposto deve ser verdadeiro para que a análise *difference-in-difference* seja válida?

7. O ex-governador de Nova York, Eliot Spitzer, observou que quando examinamos os dados dos Estados Unidos ao longo do tempo, "não há correlação entre as taxas marginais de imposto mais elevadas e a desaceleração da atividade econômica". Ele concluiu que "os mais ricos podem pagar mais, sem nenhum dano para o crescimento econômico do país" [Spitzer, 2010]. Comente sobre a validade da análise de Spitzer.

8. Um debate perene é se os déficits orçamentários federais levam a taxas de juros mais elevadas. A tabela a seguir apresenta alguns dados históricos sobre déficits e taxas de juros. Para cada ano, o déficit é a diferença entre receitas e despesas medidas em dólares correntes; um valor negativo representa um déficit e um valor positivo é um superávit.

Ano	Déficit	Taxa de juros
1980	$ −73,8	15,3%
1985	−212,3	9,9
1990	−221,0	10,0
1995	−164,0	8,8
2000	236,2	9,2
2005	−318,3	6,2
2010	−1.293,5	3,3

Com base nesses dados, o que você poderia inferir sobre a relação entre os déficits federais e as taxas de juros? Explique por que inferências baseadas apenas nesses dados podem ser problemáticas.

3 Ferramentas de análise normativa

> *O objetivo do governo é o bem-estar das pessoas. O progresso material e a prosperidade de uma nação são desejáveis principalmente quando levam ao bem-estar moral e material de todos bons cidadãos.*
>
> — PRESIDENTE THEODORE ROOSEVELT

Pegue um jornal em qualquer dia e você certamente encontrará uma matéria debatendo o papel do governo na economia. Pense sobre as discussões sobre se o governo deve aumentar impostos de renda, exigir que todos adquiram seguro de saúde, subsidiar a produção de energia limpa, etc. A lista é praticamente interminável. Em função da enorme diversidade de atividades econômicas do governo, é necessário algum tipo de estrutura geral para avaliar se diversas ações de governo são desejáveis. Sem uma estrutura sistemática, cada programa acaba sendo avaliado isoladamente, e a conformação de políticas econômicas coerentes torna-se impossível.

❖ ❖ ❖

▶ ECONOMIA DO BEM-ESTAR

economia do bem-estar
Ramo da teoria econômica que estuda se estados econômicos alternativos são desejáveis.

A estrutura usada pela maioria dos especialistas em finanças públicas é a **economia do bem-estar**, o ramo da economia que avalia se estados econômicos alternativos são desejáveis.[1] Este capítulo esboça os fundamentos de economia de bem-estar. A teoria é usada para distinguir as circunstâncias sob as quais se pode prever que mercados tenham bom desempenho daquelas em que os mercados não conseguem produzir resultados positivos.

Transação de economia pura

Começamos considerando uma economia muito simples. Consiste em duas pessoas que consomem duas *commodities* com estoques fixos. O único problema econômico aqui está em dividir quantidades dos dois bens entre as duas pessoas. Por mais simples que seja este modelo, todos os resultados importantes do caso com dois bens–duas pessoas se mantêm com muitas pessoas e *commodities*.[2] O caso dois-por-dois é analisado por causa de sua simplicidade.

Caixa de Edgeworth
Dispositivo usado para retratar a distribuição de bens em um cenário com dois bens e duas pessoas.

As duas pessoas são Adão e Eva, e as duas *commodities* são maçãs (alimentação) e folhas de figueira (vestuário). Um dispositivo analítico conhecido como **Caixa de Edgeworth** retrata a distribuição de maçãs e folhas de figueira entre Adão e Eva.[3] Na Figura 3,1, o comprimento da Caixa de Edgeworth, Os, representa o número total de maçãs dis-

---

[1] A economia do bem-estar está altamente fundamentada em determinadas ferramentas econômicas básicas, especialmente curvas de indiferença. Para uma revisão do tema, consulte o apêndice no fim do livro.

[2] Veja o capítulo 13 de Nicholson e Snyder [2012], no qual os resultados são derivados usando-se matemática.

[3] Assim chamada em homenagem ao economista do século XIX F. Y. Edgeworth.

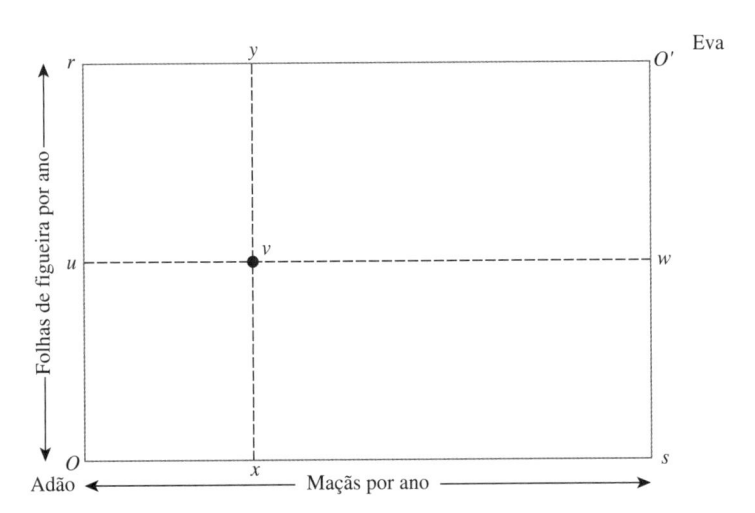

FIGURA 3.1 Caixa de Edgeworth.
A Caixa de Edgeworth retrata as possíveis distribuições de duas *commodities* – neste caso, maçãs e folhas de figueira – entre Adão e Eva. O comprimento da caixa (*Os*) representa o número de maçãs disponíveis em cada ano, e a altura da caixa (*Or*) representa o número de folhas de figueira disponíveis em cada ano. No ponto v, Adão consome *Ou* folhas de figueira e *Ox* maçãs, enquanto Eva consome *O'y* maçãs e *O'w* folhas de figueira.

ponível na economia; a altura, Or, é o número total de folhas de figueira. As quantidades de mercadoria consumida por Adão são medidas por distâncias de ponto O; as quantidades consumidas por Eva são medidas por distâncias de O'. Por exemplo, no ponto v, Adão consome Ou folhas de figueira e Ox maçãs, ao passo que Eva consome $O'y$ maçãs e $O'w$ folhas de figueira. Assim, qualquer ponto na Caixa de Edgeworth representa alguma divisão de maçãs e folhas de figueira entre Adão e Eva.

Agora, suponha que Adão e Eva tenham cada um formado curvas de indiferença que representam suas preferências por maçãs e folhas de figueira. Na Figura 3.2, ambos os conjuntos de curvas de indiferença estão sobrepostos na Caixa de Edgeworth. Os de Adão estão rotulados com A; os de Eva estão rotulados com E. Curvas de indiferença com números maiores representam níveis mais altos de felicidade (utilidade). Adão está mais feliz na curva de indiferença A_3 que em A_2 ou A_1, e Eva está mais feliz na curva de indiferença E_3 que em E_2 ou E_1. De modo geral, a utilidade para Eva aumenta conforme sua posição se move em direção ao sudoeste, enquanto a utilidade para Adão aumenta conforme ele se move em direção ao nordeste.

Suponha que uma distribuição arbitrária de maçãs e folhas de figueira seja selecionada – digamos, no ponto g, na Figura 3.3. A_g é a curva de indiferença de Adão que passa pelo ponto g, e E_g é a de Eva. Agora, pense na seguinte questão: é possível redistribuir maçãs e folhas de figueira entre Adão e Eva de tal maneira que Adão fique em melhor situação, sem prejudicar Eva? A reflexão sugere que, com uma distribuição no ponto h, por exemplo, Adão fica em melhor situação, pois sua curva de indiferença A_h representa um nível mais alto de utilidade para ele que A_g. Por outro lado, Eva não fica prejudicada em h, pois está em sua curva de indiferença original, E_g.

O bem-estar de Adão pode ser aumentado ainda mais sem prejudicar Eva? Se Adão puder ser movido para curvas de indiferença mais à nordeste, permanecendo em E_g, é possível. Este processo pode ser continuado até que a curva de indiferença de Adão comece a tocar em E_g, o que ocorre no ponto p na Figura 3.3. Nesse ponto, a única maneira de pôr Adão em uma curva de indiferença mais alta que A_p seria pôr Eva em uma curva mais baixa. Uma distribuição como a do ponto p, em que a única maneira de melhorar

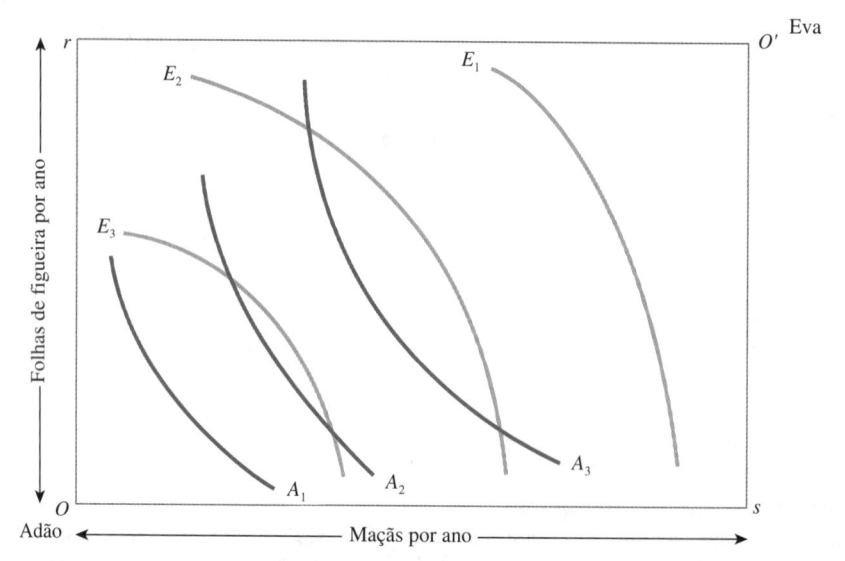

FIGURA 3.2 Curvas de indiferença em uma Caixa de Edgeworth.
Adão e Eva têm, cada um, um conjunto de curvas de indiferença que reflete suas preferências por folhas de figueira e maçãs. Adão fica mais feliz quanto mais se move em direção ao nordeste da caixa. Eva fica mais feliz quanto mais se move em direção ao sudoeste da caixa.

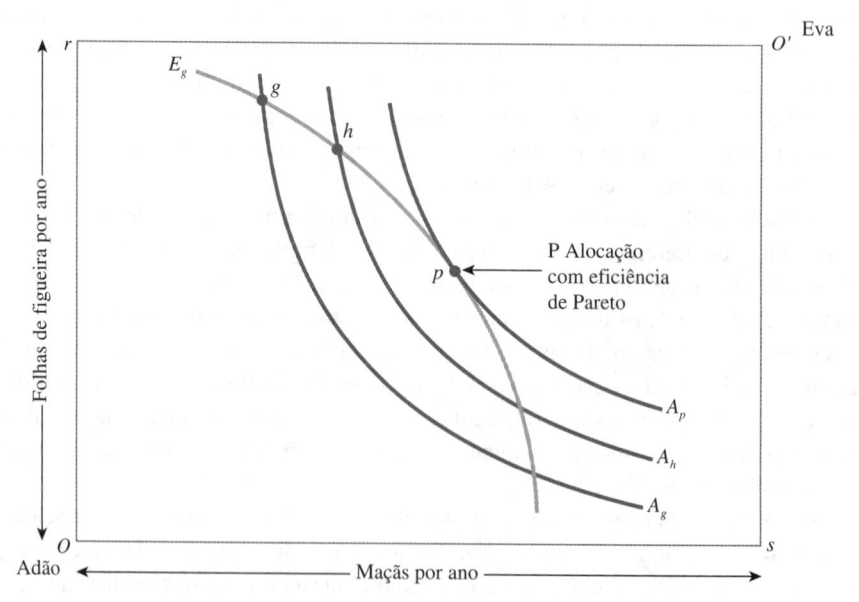

FIGURA 3.3 Melhorar a situação de Adão sem prejudicar Eva.
Passar do ponto g para o ponto h e para o ponto p não altera a utilidade de Eva, mas melhora a utilidade de Adão. No ponto p, é impossível melhorar a situação de um sem prejudicar o outro. Portanto, o ponto p é uma alocação com eficiência de Pareto.

Eficiência de Pareto
Uma alocação de recursos em que nenhuma pessoa pode ter sua situação melhorada sem que outra pessoa seja prejudicada.

a situação de uma pessoa é prejudicar a outra, é chamada de **Eficiência de Pareto**.[4] A eficiência de Pareto é frequentemente utilizada como padrão para avaliar se determinada alocação de recursos é desejável. Se a alocação não atingir a eficiência de Pareto, ela é um "desperdício", pois seria possível melhorar a situação de uma das partes sem prejudicar

---
[4] Assim chamada em homenagem ao economista do século XIX Vilfredo Pareto.

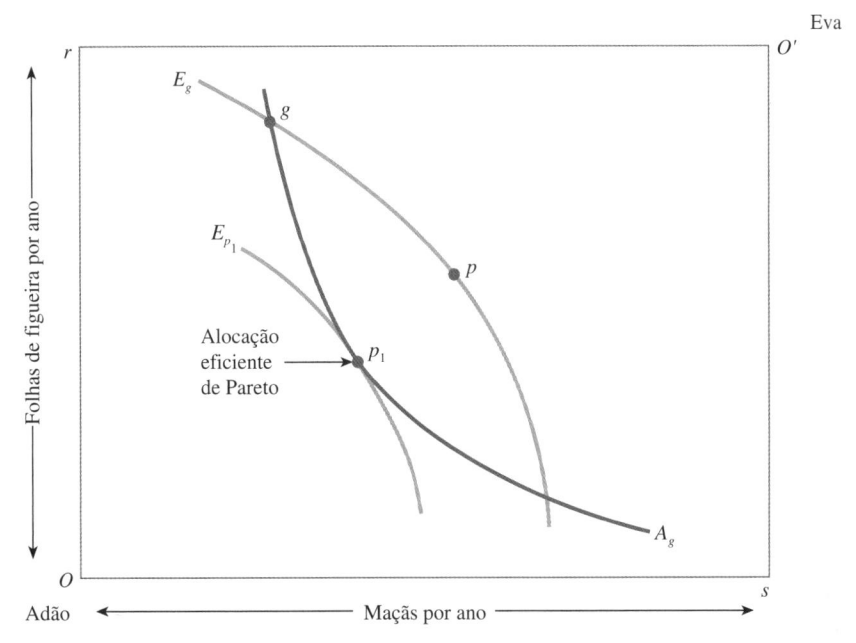

FIGURA 3.4 Melhorar a situação de Eva sem prejudicar Adão.
Passar do ponto g para o ponto p_1 deixa a utilidade de Adão inalterada, mas melhora a utilidade de Eva. No ponto p_1, é impossível melhorar a situação de um sem prejudicar o outro. Portanto, o ponto p_1 é uma alocação com eficiência de Pareto.

as outras. Quando economistas usam a palavra eficiente, eles geralmente têm a eficiência de Pareto em mente.

Um conceito relacionado é o de **melhoria de Pareto** – uma redistribuição de recursos que melhora a situação de uma pessoa sem piorar a das outras. Na Figura 3.3, o movimento de g para h é uma melhoria de Pareto, assim como o movimento de h para p.

O ponto p não é a única eficiência de Pareto possível a partir do ponto g. A Figura 3.4 examina se podemos melhorar a situação de Eva sem prejuízo da utilidade de Adão. Uma lógica semelhante à da Figura 3.3 sugere mover Eva para curvas de indiferença mais a sudoeste, desde que a alocação permaneça na curva de indiferença A_g. Ao fazer isso, isolamos o ponto p_1. Em p_1, a única maneira de melhorar o bem-estar de Eva é mover Adão para uma curva de indiferença mais baixa. Então, por definição, p_1 é uma alocação que atinge a eficiência de Pareto.

Até agora, analisamos movimentos que melhoram o bem-estar de uma pessoa e deixam a outra no mesmo nível de utilidade. A Figura 3.5 mostra realocações do ponto g que melhoram o bem-estar de ambos Adão e Eva. No ponto p_2, por exemplo, Adão está melhor do que no ponto g (A_{p_2} está mais a nordeste que Ag), e o mesmo acontece com Eva (E_{p_2} está mais a sudoeste que E_g). O ponto p_2 atinge a eficiência de Pareto, pois nesse ponto é impossível melhorar a situação de qualquer um dos indivíduos sem prejudicar o outro. Agora, deve estar claro que, a partir do ponto g, uma série infinita de pontos com eficiência de Pareto podem ser encontrados. A diferença entre eles é quanto cada uma das partes ganha da redistribuição de recursos.

Lembre-se de que o ponto inicial g foi selecionado arbitrariamente. Podemos repetir o procedimento para encontrar distribuições com eficiência de Pareto com qualquer ponto de partida. Se o ponto k na Figura 3.6 fosse a alocação original, distribuições com eficiência de Pareto p_3 e p_4 poderiam ter sido isoladas. Este exercício revela um conjunto infinito de pontos com eficiência de Pareto na Caixa de Edgeworth. O local de todos os pontos com

---

Melhoria de Pareto

Uma realocação de recursos que melhora a situação de ao menos uma pessoa sem prejudicar as outras.

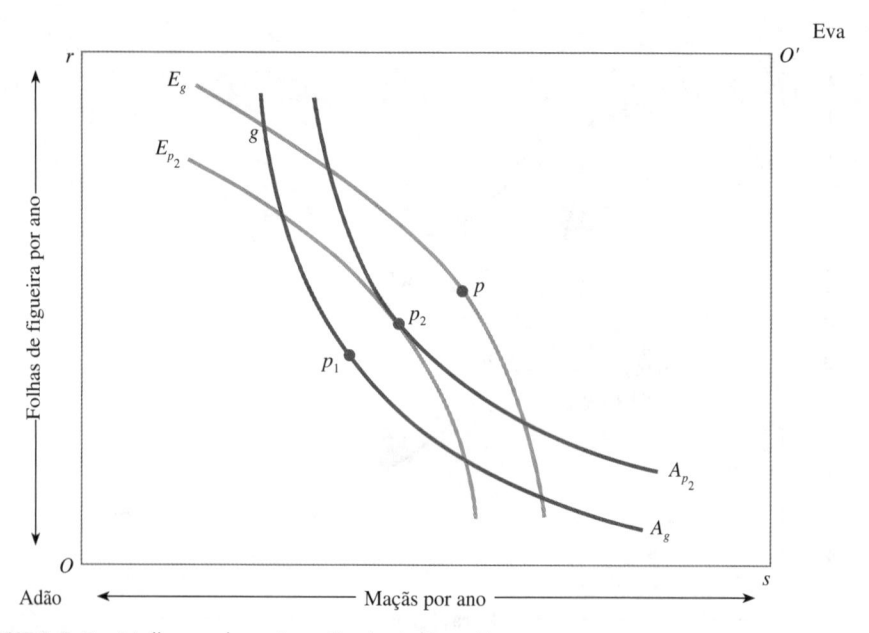

FIGURA 3.5 Melhorando a situação de Adão e Eva.
Passar do ponto g para o ponto p_2 melhora a situação de ambos Adão e Eva. No ponto p_2, é impossível melhorar a situação de um sem prejudicar o outro. Portanto, o ponto p_2 é uma alocação com eficiência de Pareto.

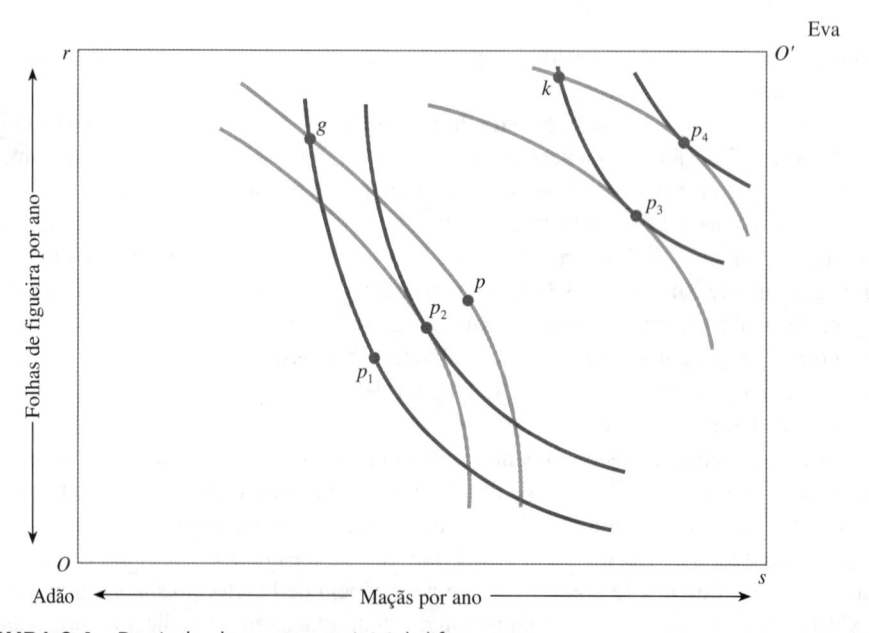

FIGURA 3.6 Partindo de um ponto inicial diferente.
Se, em vez disso, partíssemos do ponto k, novamente poderíamos realocar os bens para melhorar a situação de uma pessoa sem prejudicar a outra. Um movimento para p_3 ou para p_4 representaria uma melhoria de Pareto.

curva de contrato
O local de todos os pontos com eficiência de Pareto.

eficiência de Pareto é chamado de **curva de contrato**, e é indicado por *mm* na Figura 3.7. Observe que para que uma distribuição tenha eficiência de Pareto (estar em *mm*), esta deve ser um ponto em que as curvas de indiferença de Adão e Eva mal se toquem. Em termos matemáticos, as curvas de indiferença são tangentes – os declives das curvas de indiferença são iguais.

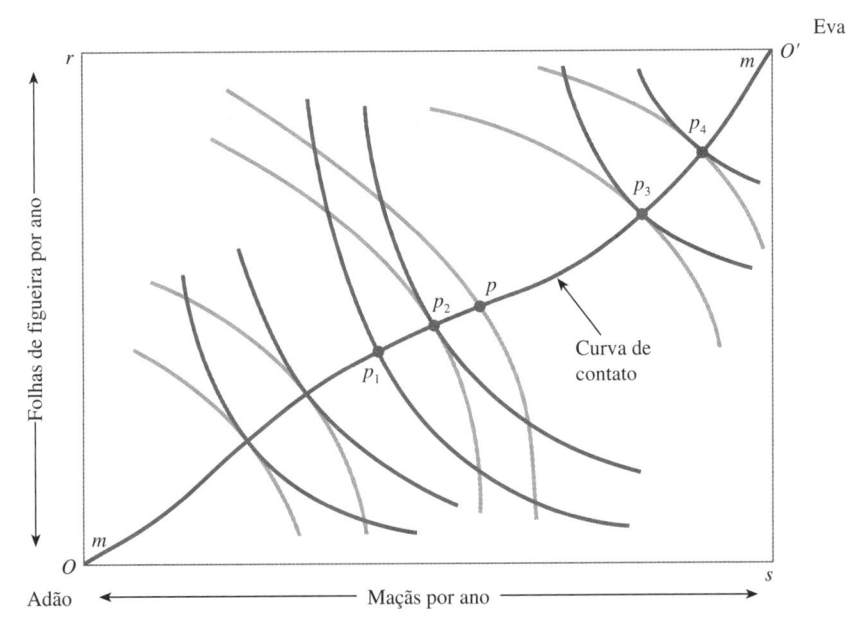

FIGURA 3.7 A curva de contrato.
Qualquer ponto na Caixa de Edgeworth em que a curva de indiferença de Adão esteja tocando levemente (tangente) a curva de indiferença de Eva é um ponto com eficiência de Pareto. O local de todos os pontos com eficiência de Pareto é chamado de curva de contato.

O valor absoluto do declive da curva de indiferença é chamado de **taxa marginal de substituição** (TMS) e indica o grau de disposição de um indivíduo para trocar um bem por uma quantidade adicional de outro. Deste modo, a eficiência de Pareto exige que taxas marginais de substituição sejam iguais para todos os consumidores:

$$TMS_{mf}^{Adão} = TMS_{mf}^{Eva} \tag{3.1}$$

em que $TMS_{mf}^{Adão}$ é a taxa marginal de substituição de Adão de maçãs por folhas de figueira, e TMS_{mf}^{Eva} é a de Eva.

Taxa marginal de substituição

A taxa na qual um indivíduo está disposto a trocar um bem por outro; é o valor absoluto do declive em uma curva de indiferença.

Economia de produção

Curva de possibilidades de produção Até agora, supusemos que os estoques de todas as *commodities* são fixos. Considere o que acontece quando insumos produtivos podem variar entre a produção de maçãs e de folhas de figueira, de modo que as quantidades dos dois bens podem mudar. Desde que os insumos sejam usados com eficiência, se mais maçãs forem produzidas, a produção de folhas de figueira deverá necessariamente cair e vice-versa. A **curva de possibilidades de produção** mostra a quantidade máxima de folhas de figueira que podem ser produzidas junto com determinada quantidade de maçãs.[5] Uma curva típica de possibilidades de produção é retratada como CC na figura 3.8. Como mostra a figura 3.8, uma opção disponível para a economia é produzir Ow folhas de figueira e Ox maçãs. A economia pode aumentar a produção de maçãs de Ox para Oz, distância xz. Para fazer isso, insumos devem ser retirados da produção de folhas de figueira e dedicados a maçãs. A produção de folhas de figueira deve cair na distância wy se produção de maçãs aumentar em xz. A relação entre a distância wy e a distância xz é chamada de **taxa marginal de transformação** de maçãs para folhas de figueira (TMT_{mf}), pois mostra a taxa em que a

curva de possibilidades de produção

Um gráfico que mostra a quantidade máxima que pode ser produzida de determinado produto, dada a quantidade do outro produto.

taxa marginal de transformação

A taxa em que a economia pode transformar um bem em outro bem; é o valor absoluto do declive da fronteira de possibilidades de produção.

---

[5] A curva de possibilidades de produção pode ser derivada de uma Caixa de Edgeworth cujas dimensões representem as quantidades de insumos disponíveis para a produção.

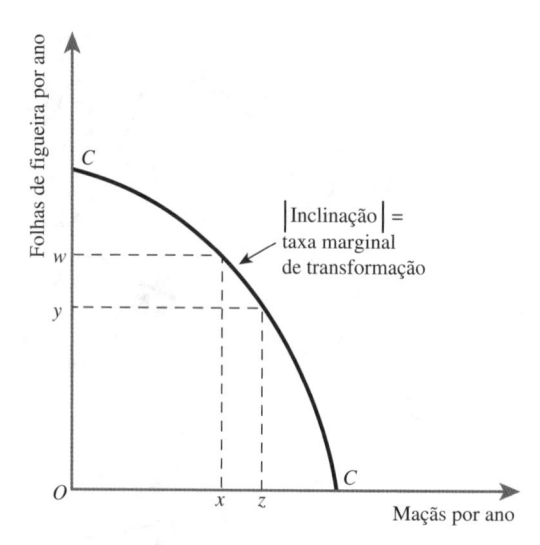

FIGURA 3.8 Curva de possibilidades de produção.
A curva de possibilidades de produção mostra a combinação de conjuntos de *commodities* disponíveis para a sociedade, dados os insumos produtivos e o estado da tecnologia. Se os insumos são usados eficientemente, um aumento na produção de maçãs diminui a produção de folhas de figueira e vice-versa. A taxa na qual a economia pode transformar maçãs em folhas de figueira é chamada de taxa marginal de transformação.

economia pode transformar maçãs em folhas de figueira. Do mesmo modo que TMS_{mf} é o valor absoluto do declive de uma curva de indiferença, TMT_{mf} é o valor absoluto do declive de uma curva de possibilidades de produção.

É útil expressar o índice marginal de transformação em termos de **custo marginal** (CM) – o custo adicional de produção de mais uma unidade produzida. Para fazer isso, lembre-se de que a sociedade só pode aumentar produção de maçãs em xz se abandonar wy folhas de figueira. De fato, então, a distância wy representa o custo adicional de produzir maçãs, indicado por CM_m. De modo semelhante, a distância xz é o custo adicional de produzir folhas de figueira, CM_f. Por definição, o valor absoluto do declive da curva de possibilidades de produção é wy dividido por xz, ou CM_m / CM_f. Também por definição, o declive da curva de possibilidades de produção é a taxa marginal de transformação. Assim, demonstramos que

$$TMT_{mf} = \frac{CM_m}{CM_f} \quad (3.2)$$

custo marginal
O custo adicional de produzir mais uma unidade de produto.

Condições de eficiência com produção variável Quando os estoques de maçãs e folhas de figueira são variáveis, a condição para eficiência de Pareto na equação (3.1) deve ser estendida. A condição torna-se

$$TMT_{mf} = TMS_{mf}^{\text{Adão}} = TMS_{mf}^{\text{Eva}} \quad (3.3)$$

Uma exemplo aritmético mostra por quê. Suponha que, com determinada distribuição, a TMS_{mf} de Adão é ⅓, e que a TMT_{mf} é ⅔. De acordo com a definição de TMT_{mf}, com esta distribuição, duas folhas de figueira adicionais poderiam ser produzidas se deixássemos de produzir três maçãs. De acordo com a definição de TMS_{mf}, se Adão perdesse mais três maçãs, ele precisaria de apenas uma folha de figueira para manter seu nível de utilidade original. Portanto, Adão poderia melhorar sua situação se abrisse mão de três maçãs e as transformasse em duas folhas de figueira, e ninguém seria prejudicado no processo. Essa troca é sempre possível, desde que a taxa marginal de substituição não seja igual à taxa marginal de transformação. Só quando os declives de ambas as curvas são iguais é impossível fazer uma melhoria de Pareto. Portanto, $TMT_{mf} = TMS_{mf}$ é condição necessária para a eficiência de Pareto. A taxa em que maçãs podem ser transformadas em folhas de figo (TMT_{mf}) deve ser igual à taxa em que os consumidores estiverem dispostos a trocar maçãs por folhas de figueira (TMS_{mf}).

Usando a Equação (3.2), as condições para a eficiência de Pareto podem ser reinterpretadas em termos de custo marginal. Basta substituir (3.2) em (3.3), resultando em

$$\frac{CM_m}{CM_f} = TMS_{mf}^{\text{Adão}} = TMS_{mf}^{\text{Eva}} \quad (3.4)$$

como condição necessária para eficiência de Pareto.

▶ O PRIMEIRO TEOREMA FUNDAMENTAL DA ECONOMIA DO BEM-ESTAR

Com as condições necessárias para a eficiência de Pareto cumpridas, podemos perguntar se determinada economia atingirá esse estado aparentemente desejável. Isso depende dos pressupostos que tomamos sobre as operações de tal economia. Suponha que: (1) Todos os produtores e consumidores são concorrentes perfeitos; isto é, ninguém tem qualquer poder de mercado. (2) Existe um mercado para cada *commodity*. Com esses pressupostos, o chamado *Primeiro Teorema Fundamental da Economia do Bem-Estar* afirma que surge uma distribuição com eficiência de Pareto. De fato, esse resultado impressionante mostra que uma economia competitiva "automaticamente" aloca recursos eficientemente, sem qualquer necessidade de direção centralizada. (Pense na "mão invisível" de Adam Smith.) De certa maneira, o Primeiro Teorema do Bem-estar meramente formaliza uma ideia há muito reconhecida: quando se trata de fornecer bens e serviços, os sistemas de livre iniciativa são surpreendentemente produtivos.[6]

Uma prova rigorosa do teorema exige matemática bastante sofisticada, mas a intuição não é difícil. A essência da competição é que todas as pessoas estão sujeitas aos mesmos preços – cada consumidor e produtor é tão pequeno em relação ao mercado que suas ações isoladas não podem afetar os preços. Em nosso exemplo, isso quer dizer que Adão e Eva pagam os mesmos preços pelas folhas de figueira (P_f) e pelas maçãs (P_m). Um resultado básico da teoria de escolha do consumidor[7] é que uma condição necessária para que Adão aumente a utilidade ao máximo é

$$TMS_{mf}^{\text{Adão}} = \frac{P_m}{P_f} \quad (3.5)$$

Da mesma forma, o pacote que aumenta ao máximo a utilidade de Eva satisfaz

$$TMS_{mf}^{\text{Eva}} = \frac{P_m}{P_f} \quad (3.6)$$

Em conjunto, as equações (3.5) e (3.6) implicam que

$$TMS_{mf}^{\text{Adão}} = TMS_{mf}^{\text{Eva}}$$

Esta condição, porém, é idêntica à Equação (3.1), uma das condições necessárias para a eficiência de Pareto.

---

[6] "A burguesia, durante seu domínio de escassos 100 anos, criou forças produtivas mais imensas e mais colossais que todas as gerações precedentes juntas", de acordo com Karl Marx e Friedrich Engels em O Manifesto Comunista, Parte I [Tucker, 1978, p. 477].

[7] Este resultado é derivado no apêndice no fim deste livro.

No entanto, como enfatizado anteriormente, devemos considerar também o lado da produção. A teoria econômica básica afirma uma empresa competitiva que maximiza o lucro produz até o ponto em que o custo marginal e o preço são iguais. Em nosso exemplo, isso significa que $P_m = CM_m$ e $P_f = CM_f$, ou

$$\frac{CM_m}{CM_f} = \frac{P_m}{P_f} \qquad (3.7)$$

Porém, lembre-se da Equação (3.2) que CM_m/CM_f é apenas a taxa marginal de transformação. Assim, podemos reescrever (3.7) como

$$TMT_{mf} = \frac{P_m}{P_f} \qquad (3.8)$$

Agora, considere as Equações (3.5), (3.6) e (3.8) e observe que P_m/P_f aparece no lado direito de todas elas. Desse modo, essas três equações em conjunto implicam que $TMS_{mf}^{Adão} = TMS_{mf}^{Eva} = TMT_{mf}$, que é condição necessária para a eficiência de Pareto. A competição, bem como maximizar o comportamento por parte de todos os indivíduos, leva a um resultado eficiente.

Por fim, podemos nos beneficiar da Equação (3.4) para escrever as condições para eficiência de Pareto em termos de custo marginal. Simplesmente substitua (3.5) ou (3.6) em (3.4) para obter

$$\frac{P_m}{P_f} = \frac{CM_m}{CM_f} \qquad (3.9)$$

A eficiência de Pareto exige que os preços estejam nas mesmas taxas que os custos marginais, e a competição garante que essa condição se mantenha. O custo marginal de uma *commodity* é o custo adicional para a sociedade de seu fornecimento. De acordo com a Equação (3.9), a eficiência exige que o custo adicional de cada mercadoria seja refletido em seu preço.

▶ EQUIDADE E O SEGUNDO TEOREMA FUNDAMENTAL DA ECONOMIA DO BEM-ESTAR

Se mercados competitivos que funcionam adequadamente alocam recursos de modo eficiente, que papel econômico o governo deve desempenhar? Apenas um governo muito pequeno pareceria apropriado. Sua função principal seria proteger os direitos de propriedade, de modo que os mercados possam funcionar. O governo fornece leis e ordem, um sistema judicial e defesa nacional. Qualquer coisa além disso é supérflua. No entanto, tal raciocínio é baseado em um entendimento superficial do Primeiro Teorema do Bem-estar. Em primeiro lugar, foi suposto implicitamente que a eficiência é o único critério para decidir se determinada alocação de recursos é boa. Não é óbvio, porém, que a eficiência de Pareto seja inerentemente desejável.

Para entender por que, retornemos ao modelo simples em que a quantidade total de cada bem é fixa. Considere a Figura 3.9, que reproduz a curva de contrato mm derivada na Figura 3.7. Compare as duas alocações p_5 (no canto inferior esquerdo da caixa) e q (perto do centro). Como p_5 encontra-se na curva de contrato, ela tem, por definição, a eficiência de Pareto. Por outro lado, q é ineficiente. A alocação p_5 é, portanto, melhor? Isso depende do que se quer dizer por melhor. Na medida em que a sociedade prefira uma distribuição de renda real relativamente igual, q talvez seja preferível a p_5, embora q seja ineficiente. Por outro lado, a sociedade talvez não tenha qualquer preocupação com a distribuição, ou se importe mais com Eva que com Adão. Neste caso, p_5 seria preferível a q.

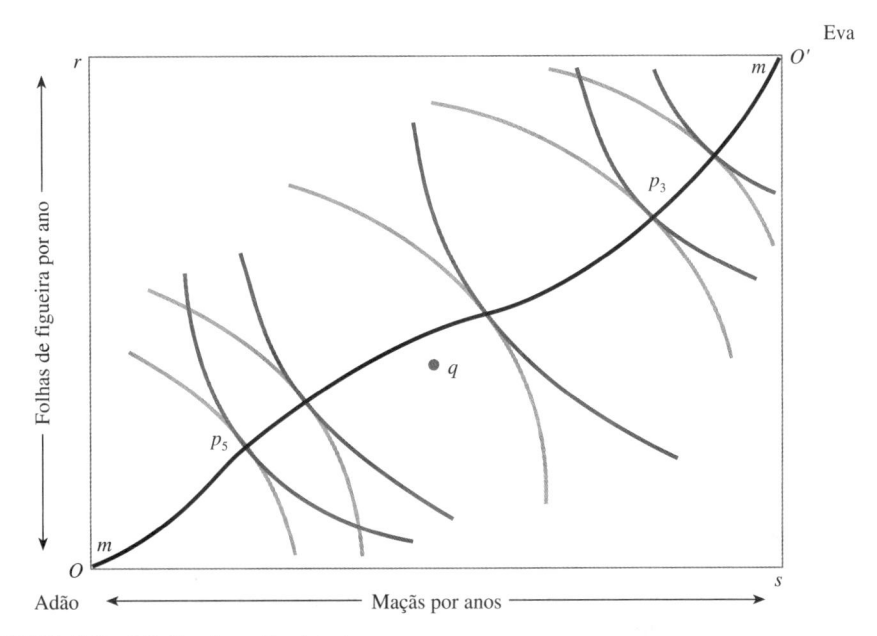

FIGURA 3.9 Eficiência × Equidade.
O ponto p_5 tem eficiência de Pareto e o ponto q, não. No entanto, a sociedade talvez prefira o ponto q, porque ele fornece uma distribuição mais igualitária dos dois bens.

O ponto chave é que apenas o critério de eficiência de Pareto não é suficiente para classificar alocações alternativas de recursos. São necessários juízos de valor explícitos sobre a imparcialidade da distribuição de utilidade. Para formalizar esta noção, observe que a curva de contrato implicitamente define um relacionamento entre a quantidade máxima de utilidade que Adão pode atingir para cada nível de utilidade de Eva. Na Figura 3.10, a utilidade de Eva é traçada no eixo horizontal, enquanto a utilidade de Adão é registrada no eixo vertical. A curva UU é a **curva de possibilidades de utilidade** derivada da curva de contrato.[8] Ela mostra a quantidade máxima possível de utilidade de uma pessoa, considerando o nível de utilidade da outra pessoa. O ponto $\tilde{p}_5$ corresponde ao ponto p_5 na curva de contrato da figura 3.9. Aqui, a utilidade de Eva é relativamente alta quando comparada à de Adão. O ponto $\tilde{p}_3$ na Figura 3.10, que corresponde a p_3 na Figura 3.9, é exatamente o contrário. O ponto $\tilde{q}$ corresponde ao ponto q na Figura 3.9. Como q está fora da curva de contrato, $\tilde{q}$ deve estar dentro da curva de possibilidades de utilidade, refletindo o fato de que é possível aumentar a utilidade de uma pessoa sem diminuir a de outra.

Todos os pontos em ou abaixo da curva de possibilidades de utilidade são atingíveis pela sociedade; todos os pontos acima dela não são atingíveis. Por definição, todos os pontos em UU têm eficiência de Pareto, mas eles representam distribuições muito diferentes de renda real entre Adão e Eva. Qual ponto é melhor? A maneira convencional de responder esta pergunta é postular uma **função social de bem-estar**, que incorpore a visão da sociedade sobre o merecimento relativo de Adão e Eva. Uma função de social de bem-estar é simplesmente uma declaração de como o bem-estar dos membros da sociedade se traduz no bem-estar da sociedade como um todo. Considere desta maneira: assim como o bem-estar de um indivíduo depende das quantidades de *commodities* que este consome, o bem-estar

curva de possibilidades de utilidade

Gráfico que mostra a quantidade máxima da utilidade de uma pessoa, considerando cada nível de utilidade atingido pela outra pessoa.

função social de bem-estar

Uma função que reflete os pontos de vista da sociedade sobre como as utilidades de seus membros afetam o bem-estar da sociedade como um todo.

---

[8] A curva de possibilidades de produção na Figura 3.8 é inspirada pela suposição razoável de que o valor absoluto de seu declive aumenta continuamente conforme nos movemos para baixo ao longo da curva. Quanto mais maçãs são produzidas, mais folhas de figueira deixam de ser produzidas para produzir uma maçã. No entanto, não há razão para supor que isso se mantenha para a troca entre as utilidades dos indivíduos. É por isso que UU, na Figura 3.10 é ondulado e não reto.

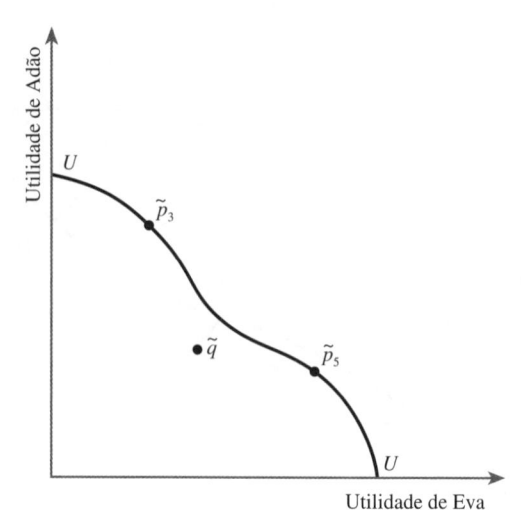

FIGURA 3.10 Curva de possibilidades de utilidade.
A curva de possibilidades de utilidade mostra a quantidade máxima possível de utilidade de uma pessoa, considerando o nível de utilidade da outra pessoa. Os pontos sobre a curva têm eficiência de Pareto, ao passo que os pontos dentro da curva não têm.

da sociedade depende das utilidades de cada um de seus membros. Algebricamente, o bem-estar social (B) é uma função F( ) da utilidade de cada indivíduo:

$$B = F(U^{\text{Adão}}, U^{\text{Eva}}) \tag{3.10}$$

Supomos que o valor do bem-estar social aumenta conforme aumenta $U^{\text{Adão}}$ ou U^{Eva} – a sociedade fica melhor quando qualquer um de seus membros melhora de situação. Observe que não dissemos nada sobre como a sociedade manifesta tais preferências. Sob algumas condições, membros da sociedade podem não conseguir chegar a um acordo sobre como classificar as utilidades uns dos outros, e a função social de bem-estar nem existe. Por ora, simplesmente supomos que ela existe.

Assim como a função de utilidade de um indivíduo para *commodities* leva a um conjunto de curvas de indiferença para essas *commodities*, uma função social de bem-estar leva a um conjunto de curvas de indiferença para as utilidades das pessoas. A Figura 3.11 retrata um conjunto típico de curvas de indiferença sociais. Seu declive indica que, se a utilidade de Eva diminui, a única maneira de manter determinado nível de bem-estar social é aumentar a utilidade de Adão, e vice-versa. O nível de bem-estar social aumenta conforme nos movemos em direção ao nordeste, refletindo o fato de que um aumento na utilidade de qualquer indivíduo aumenta o bem-estar social, se não houver alterações em outros fatores.

Na Figura 3.12, as curvas de indiferença social são sobrepostas à curva de possibilidades de utilidade da Figura 3.10. O ponto *i* não é tão desejável quanto o ponto *ii* (o ponto *ii* está em uma curva de indiferença social mais alta que o ponto i), embora o ponto i tenha eficiência de Pareto e o ponto *ii*, não. Aqui, os juízos de valor da sociedade, incorporados na função social de bem-estar, favorecem uma distribuição mais igualitária da renda real, por mais ineficiente que seja. Naturalmente, o ponto *iii* é preferível a qualquer um destes. Ele é, ao mesmo tempo, eficiente e "justo".

O Primeiro Teorema do Bem-estar indica que um sistema competitivo em adequado funcionamento leva a alguma alocação na curva de possibilidades de utilidade. No entanto, embora eficiente, esta alocação específica não aumenta necessariamente o bem-estar social ao máximo. Concluímos que, ainda que a economia gere uma alocação de recursos com eficiência de Pareto, a intervenção do governo pode ser necessária para atingir uma distribuição "justa" da utilidade.

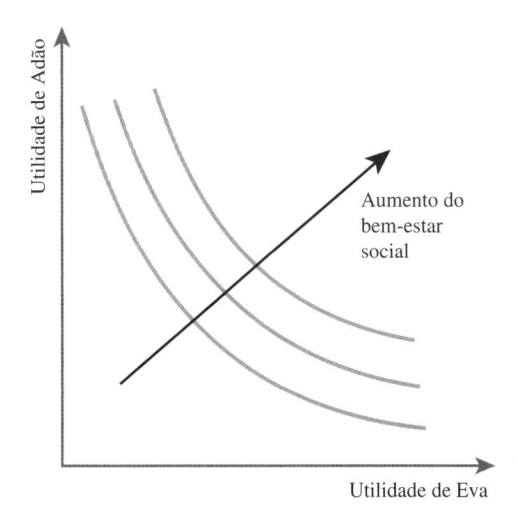

FIGURA 3.11 Curvas de indiferença social.
As curvas de indiferença social mostram como a sociedade está disposta a trocar a utilidade de uma pessoa pela de outra. O bem-estar social aumenta conforme nos movemos em direção ao nordeste.

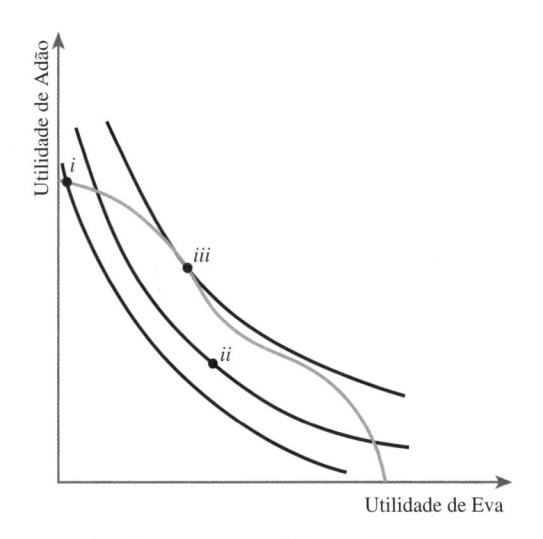

FIGURA 3.12 Aumentando o bem-estar social ao máximo.
O ponto *i* tem eficiência de Pareto, mas o bem-estar social é maior no ponto ineficiente *ii*. É ainda maior no ponto *iii*, que é tanto eficiente quanto "justo".

O governo deve intervir diretamente nos mercados para mover a economia para o ponto que potencialize o bem-estar ao máximo? Por exemplo, ele deve impor tetos nos preços de *commodities* consumidas pelos pobres? A respostas é não. De acordo com o *Segundo Teorema Fundamental da Economia do Bem-Estar*, a sociedade pode atingir qualquer alocação de recursos com eficiência de Pareto fazendo uma atribuição inicial conveniente e, depois, deixando que as pessoas negociem livremente umas com as outras, como em nosso modelo da Caixa de Edgeworth.[9] De modo geral, se o governo redistribui a renda adequadamente e depois deixa de interferir nos mercados, ele pode atingir qualquer ponto na fronteira das possibilidades de utilidade.

---

[9] A prova exige que várias condições técnicas sejam satisfeitas. Por exemplo, todas as curvas de indiferença têm a forma padrão (convexa à origem).

O autor Tim Harford [2006] explica o *Segundo Teorema Fundamental da Economia do Bem-Estar* usando a analogia de uma corrida de 100 metros. Ele escreve:

> Se o objetivo for que todos os velocistas cruzem a linha de chegada ao mesmo tempo, você pode mudar as regras da corrida, solicitando que os corredores mais velozes sejam mais lentos e que todos deem as mãos ao cruzar a linha de chegada. Um desperdício de talento. Também seria possível mover alguns pontos de partida para a frente e para trás, de modo que, embora cada velocista corra em seu limite de velocidade... o mais veloz tenha que percorrer uma distância maior, cruzando a linha de chegada ao mesmo tempo que o corredor mais lento [p. 73–74].

Atingir a equidade por meio de políticas como imposto sobre renda é semelhante a exigir que os corredores rápidos reduzam seu ritmo, pois pune o comportamento que melhora a renda. No entanto, uma redistribuição das alocações iniciais (por exemplo, simplesmente tirar algumas maçãs de Adão e dá-las a Eva) é semelhante a mover os pontos de partida dos corredores. O *Segundo Teorema Fundamental da Economia do Bem-Estar* mostra que isso pode levar à equidade sem impedir a eficiência.

O Segundo Teorema do Bem-Estar é importante, pois mostra que, ao menos em teoria, as questões de eficiência e equidade na distribuição podem ser separadas. Se a sociedade determina que a distribuição atual de recursos é injusta, ela não precisa interferir nos preços de mercado e comprometer a eficiência. Pelo contrário, a sociedade só deve transferir recursos entre pessoas de uma maneira considerada justa. Naturalmente, o governo precisa de alguma maneira de realocar recursos, e problemas surgem se os únicos mecanismos disponíveis para fazer isso (por exemplo, impostos) induzem ineficiências. Discutimos a relação entre eficiência e equidade de modo mais aprofundado no Capítulo 16.

Além das questões de distribuição, há outra razão porque o Primeiro Teorema do Bem-Estar não deve implicar um governo mínimo. Isso ocorre porque as condições necessárias para sua validade não podem ser satisfeitas por mercados do mundo real. Como mostramos agora, quando essas condições estão ausentes, a alocação de recursos do livre mercado pode ser ineficiente.

▶ FALHA DE MERCADO

No famoso filme Casablanca, sempre que algo parece errado, o chefe de polícia ordena a seus comandados que "prendam os suspeitos de sempre". Da mesma forma, sempre que mercados parecem estar falhando em alocar recursos eficientemente, os economistas reúnem o mesmo grupo de possíveis causas para a suposta falha. Uma economia pode ser ineficiente por duas razões gerais – poder de mercado e inexistência de mercados.

Poder de mercado

O Primeiro Teorema do Bem-Estar só é válido se todos os consumidores e empresas são tomadores de preços. Se alguns indivíduos ou empresas são fazedores de preço (têm o poder de afetar os preços), a alocação de recursos é geralmente ineficiente. Por quê? Uma empresa com poder de mercado pode ser capaz de aumentar um preço acima de custo marginal pelo fornecimento de menos produtos que suas concorrentes forneceriam. Assim, na Equação (3.9), uma das condições necessárias para a eficiência de Pareto, é violada. Uma quantidade insuficiente de recursos é dedicada à *commodity*.

O comportamento de fazer preços pode surgir em vários contextos. Um caso extremo é um **monopólio**, no qual há apenas uma empresa no mercado e a entrada é bloqueada. Mesmo no caso menos extremo de oligopólio (alguns vendedores), as empresas de um setor podem aumentar preços acima do custo marginal. Por fim, alguns setores têm muitas empresas, mas cada empresa tem algum poder de mercado porque as empresas produzem

monopólio
Um mercado com apenas um vendedor de um bem.

produtos diferenciados. Por exemplo, muitas empresas produzem tênis de corrida, mas vários consumidores veem Reeboks, Nikes e Adidas como *commodities* distintas.

Inexistência de mercados

A prova por trás do Primeiro Teorema do Bem-Estar pressupõe a existência de um mercado para cada mercadoria. Afinal de contas, se não existe mercado para uma *commodity*, não podemos esperar que o mercado faça sua alocação de maneira eficiente. Na realidade, os mercados para certas *commodities* podem não emergir. Considere, por exemplo, o seguro, uma *commodity* muito importante em um mundo de incerteza. Apesar da existência de empresas como Aetna e Allstate, há certos eventos para os quais simplesmente não é possível adquirir seguro no mercado privado. Por exemplo, suponha que você queira comprar seguro contra a possibilidade de tornar-se pobre. Uma empresa em um mercado competitivo acharia lucrativo fornecer "seguro contra pobreza"? A resposta é não, pois se você comprasse tal seguro, talvez decidisse não trabalhar muito duro. Para desestimular tal comportamento, a empresa de seguros precisaria controlar seu comportamento para determinar se sua renda baixa seria resultante de azar ou de preguiça. No entanto, tal monitoramento seria muito difícil ou impossível de realizar. Por isso, não há mercado para seguro contra pobreza – ele simplesmente não pode ser comprado.

Basicamente, o problema aqui é de **informações assimétricas** – uma parte da transação tem informações que não estão disponíveis para a outra. Uma justificativa para programas governamentais de auxílio de renda é que eles fornecem o seguro contra pobreza não disponibilizado pelo setor privado. O prêmio dessa "apólice de seguro" é o imposto que você paga quando você pode obter renda. Em caso de pobreza, seu benefício é recebido na forma de auxílio de bem-estar social.

Outro tipo de ineficiência associado à inexistência de um mercado é a **externalidade**, situação em que o comportamento de uma pessoa afeta o bem-estar de outra de maneira externa aos mercados existentes. Por exemplo, suponha que seu colega de quarto comece a fumar grandes charutos, poluindo o ar e piorando sua qualidade de vida. Por que este é um problema de eficiência? Seu colega de quarto consome um recurso escasso, ar limpo, quando fuma charutos. No entanto, não há um mercado para ar limpo que o obrigue a pagar por isso. Na verdade, ele paga um preço zero pelo ar limpo e, portanto, faz uso abusivo desse recurso. O sistema de preços não consegue fornecer sinais corretos sobre o custo de oportunidade de uma *commodity*.

A economia do bem-estar fornece uma estrutura útil para pensar sobre externalidades. A derivação da Equação (3.9) implicitamente supõe que custo marginal significa custo marginal *social* – incorpora o valor incremental de *todos* os recursos da sociedade usados na produção. Em nosso exemplo sobre charutos, no entanto, o custo marginal privado de fumar para seu colega de quarto é menor que o custo marginal social, pois ele não precisa pagar pelo ar limpo que usa. O preço de um charuto, que reflete seu custo marginal privado, não reflete seu custo marginal social. Assim, a Equação (3.9) não é satisfeita, e a alocação de recursos é ineficiente. Por acaso, uma externalidade pode ser positiva – conferir um benefício – ou negativa. Considere um biólogo molecular que publica um artigo sobre uma nova técnica de *splicing* de genes que pode ser usada por empresas farmacêuticas. Quando há uma externalidade positiva, o mercado gera uma quantia ineficientemente baixa da atividade benéfica.

Intimamente relacionado a uma externalidade está um **bem público**, uma *commodity não rival e não excludente no consumo*. Não rival significa que o fato de uma pessoa consumi-la não impede que qualquer outra também o faça. Não excludente quer dizer que é muito caro ou impossível impedir que qualquer pessoa a consuma. O exemplo clássico de bem público é um farol. Quando o farol liga sua luz, todos os navios nos arredores se beneficiam. O fato de uma pessoa tirar proveito dos serviços do farol não impede que qualquer

---

informações assimétricas

Situação em que uma parte envolvida em uma transação econômica tem melhores informações sobre o bem ou serviço negociado que a outra parte.

externalidade

Situação que ocorre quando a atividade de uma entidade afeta diretamente o bem-estar de outra de uma maneira que está fora do mecanismo de mercado.

bem público

Um bem que é não rival e não excludente no consumo.

outra pessoa faça o mesmo simultaneamente, e é muito difícil impedir que outras pessoas usem o farol.

As pessoas podem ter um incentivo para esconder o valor que dão a um bem público. Suponha que o farol beneficie você. Você sabe, no entanto, que, uma vez a luz é acendida, você pode utilizar seus serviços, pagando ou não por eles. Portanto, você pode alegar que o farol não significa nada para você, esperando pegar uma "carona grátis" depois que outras pessoas pagarem pelo serviço. Infelizmente, todos têm o mesmo incentivo, então o farol pode acabar por não ser construído, mesmo que sua construção possa trazer muitos benefícios. O mecanismo de mercado pode falhar em fazer com que as pessoas revelem suas preferências por bens públicos, podendo resultar na dedicação de recursos insuficientes a eles.

Visão geral

O Primeiro Teorema do Bem-Estar afirma que uma economia competitiva em adequado funcionamento gera uma alocação de recursos com eficiência de Pareto sem qualquer intervenção governamental. No entanto, não é óbvio que uma alocação de recursos eficiente seja, por si só, socialmente desejável; muitos discutem que a equidade da distribuição também deve ser considerada. Além disso, há exemplos em que a competição não se mantém ou alguns mercados não existem. Por isso, a alocação de recursos determinada pelo mercado não será eficiente. É possível, então, que intervenção de governo possa melhorar a eficiência econômica.

Deve ser enfatizado, porém, que, mesmo que a alocação de recursos gerada pelo mercado em um cenário particular seja imperfeita, isso não significa necessariamente que o governo poder melhorar a situação. Por exemplo, em alguns casos, os custos de criar uma agência governamental para lidar com uma externalidade podem exceder o custo da própria externalidade. Ademais, governos, assim como as pessoas, podem cometer erros. Alguns argumentam que o governo é intrinsecamente incapaz de atuar eficientemente e, por isso, embora na teoria possa melhorar a conjuntura atual, na prática, jamais o fará. Embora esse argumento seja extremo, ele ressalta o fato de que o teorema fundamental é útil somente para identificar situações nas quais a intervenção *pode* levar a maior eficiência.

▶ ACEITANDO A ECONOMIA DO BEM-ESTAR

Nos últimos anos, debates vigorosos ocorreram sobre como organizar uma economia em países tão diversos quanto Índia, China e Iraque. Não obstante, as mesmas questões surgem também em países desenvolvidos: Que parcela da economia nacional deve ser dedicada ao setor público, e que impostos devem financiar as despesas? A teoria da economia do bem-estar apresentada neste capítulo fornece a estrutura normal para pensar sobre tais assuntos. Há, no entanto, algumas controvérsias em torno da teoria.

Primeiro, a perspectiva subjacente é altamente individualista, com foco nas utilidades das pessoas e em como potencializá-las ao máximo. Isto é explicitado na formulação da função social de bem-estar, na Equação (3.10). O ponto de vista expresso nessa equação é que uma sociedade boa é aquela cujos membros estão felizes. Como sugerido no Capítulo 1, no entanto, outras metas sociais são possíveis – aumentar ao máximo o poder do estado, glorificar Deus, etc. A economia do bem-estar não tem muito a dizer para pessoas com tais objetivos. Não surpreende, portanto, que o Aiatolá Khomeini do Irã dissesse que a economia é para burros.

Como a economia do bem-estar põe as preferências das pessoas no centro, ela exige que tais preferências sejam levadas a sério. Ela supõe que as pessoas sabem melhor o que dá-lhes satisfação. Um ponto de vista contrário foi bem exemplificado em 2011 pelo secretário do Departamento de Energia, Steven Chu, em sua defesa de uma regulamentação que exigisse lâmpadas com melhor eficiência energética: "Nós estamos tirando uma escolha que permite que as pessoas desperdicem o próprio dinheiro". Ou, como disse Thomas O'Neill, antigo presidente da Câmara os Representantes dos Estados Unidos: "Frequentemente o que o povo americano quer não é bom para ele". Se acreditamos que as preferências dos indivíduos estão mal escolhidas ou corrompidas, uma teoria que demonstre como aumentar ao máximo sua utilidade é essencialmente irrelevante.

Musgrave [1959] desenvolveu o conceito de **bens de mérito** para descrever *commodities* que devem ser fornecidas ainda que os membros da sociedade não os exijam. O apoio de governo para as belas artes frequentemente é justificado por esse argumento. Óperas e concertos devem ser fornecidos publicamente se indivíduos não estiverem dispostos a pagar o suficiente para cobrir seus custos. Como Baumol e Baumol [1981] observaram, no entanto,

> O termo *bem de mérito* torna-se meramente uma designação formal para o juízo de valor simples de que as artes são boas para a sociedade e portanto merecem apoio financeiro... a abordagem [do] mérito de bem não é realmente uma justificação para apoio: ela apenas inventa certa terminologia para designar o desejo de fazer aquilo [p. 426–427].

bem de mérito
Uma *commodity* que deve ser fornecida ainda que não haja demanda por parte das pessoas.

Outro possível problema com a estrutura de economia do bem-estar é sua preocupação com *resultados*. Ela avalia a alocação de recursos, não o processo pelo qual a alocação foi determinada. Talvez uma sociedade deva ser julgada pelos *processos* usados para chegar na alocação, não pelos resultados reais. As pessoas são livres para celebrar contratos? Os processos públicos são democráticos? Se este ponto de vista é assumido, a economia do bem-estar perde sua importância normativa.

Por outro lado, a economia do bem-estar tem uma grande vantagem: fornece uma estrutura coerente para avaliar políticas públicas. Cada intervenção de governo, afinal de contas, envolve uma realocação de recursos, e todo o propósito da economia do bem-estar é avaliar alocações alternativas. A estrutura da economia do bem-estar nos impele a fazer três perguntas-chave sempre que uma atividade governamental é proposta:

- Terá consequências desejáveis sobre a distribuição?
- Melhorará a eficiência?
- Pode ser feito com um custo razoável?

Se a resposta a estas perguntas for não, provavelmente o mercado deve ser deixado em paz. Naturalmente, responder a essas perguntas pode exigir muita pesquisa e, no caso da primeira pergunta, também juízos de valor. Somente fazer as perguntas corretas fornece, no entanto, uma estrutura valiosa para o processo de tomada de decisão. Isso força as pessoas a explicitar seus valores éticos e facilita a detecção de programas frívolos ou egoístas.

Resumo

- A economia do bem-estar é o estudo do quanto estados econômicos alternativos são desejáveis.
- Uma alocação com eficiência de Pareto ocorre quando nenhuma pessoa pode ter sua situação melhorada sem prejuízo para outra pessoa. A eficiência de Pareto exige que a taxa marginal de substituição de cada pessoa entre duas *commodities* iguale a taxa marginal de transformação. A eficiência de Pareto é a referência do economista para o desempenho eficiente de uma economia.
- O *Primeiro Teorema Fundamental da Economia do Bem-Estar* afirma que, sob certas condições, mercados competitivos levam a resultados com eficiência de Pareto.
- Apesar de ser atrativa, a eficiência de Pareto não tem nenhuma afirmação óbvia como norma ética. A sociedade pode preferir uma alocação ineficiente baseada na equidade ou algum outro critério. Esta é uma possível razão para a intervenção de governo na economia.

- Uma função de bem-estar social resume as preferências de uma sociedade acerca da utilidade de cada um de seus membros. Ela pode ser usada para encontrar a alocação de recursos que aumente o bem-estar social ao máximo.
- O *Segundo Teorema Fundamental da Economia do Bem-Estar* afirma que a sociedade pode atingir uma alocação de recursos com eficiência de Pareto fazendo uma distribuição inicial adequada de recursos e, depois, deixando as pessoas negociarem livremente umas com as outras.
- Além de preocupações com a distribuição, outra possível justificativa para a intervenção governamental é a falha de mercado, que pode ocorrer na presença do poder de mercado ou quando alguns mercados não existem.
- O fato de que o mercado não aloca recursos perfeitamente não significa necessariamente que o governo possa fazer melhor. Cada caso deve ser avaliado de acordo com os próprios méritos.
- A Economia do Bem-Estar é baseada em uma filosofia social individualista. Ela dá pouca atenção aos processos usados para atingir resultados. Assim, embora forneça uma estrutura coerente e útil para a análise de políticas, a economia do bem-estar não é universalmente aceita.

Questões para discussão

1. Em qual dos seguintes mercados você espera resultados eficientes? Por quê?
    a. Seguro contra furacões para casas de praia
    b. Assistência médica
    c. Mercado de ações
    d. Tocadores de MP3
    e. Empréstimos para estudantes que desejam frequentar uma faculdade
    f. Moradia
2. Em seu discurso de formatura na Universidade de Wesleyan em 2008, o então senador Barack Obama explicou aos estudantes que "nossa salvação individual depende de salvação coletiva". Esse ponto de vista é coerente com a função social de bem-estar definida na Equação (3.10)?
3. Certas transações de mercado, como vender os próprios rins, parecem moralmente repugnantes para muitas pessoas. Em uma discussão durante uma conferência sobre o que torna determinadas transações moralmente repugnantes, um professor da psicologia disse: "O problema não é que os economistas sejam pessoas injustas, mas que sejam pessoas más... Eles trabalham em um universo moral diferente". O psicólogo argumentou que o ônus da prova deve recair sobre "alguém que queira incluir uma transação no mercado". Compare esse ponto de vista com o ponto de vista inerente ao Primeiro Teorema Fundamental da Economia do Bem-Estar.
4. Recentemente, o comissário de seguros da Califórnia propôs uma regulamentação que limitaria o uso da localização geográfica por seguradoras para determinar os valores de seguro de automóveis. A mudança elevaria os valores de seguro para residentes de áreas rurais e suburbanas e reduziriam os valores para os que vivem em centros urbanos. Tal política é eficiente? É provável que ela melhore o bem-estar social?
5. O comediante Jay Leno uma vez levou seu programa para Michigan e distribuiu entradas gratuitas para que desempregados pudessem assistir ao *show*. Mais tarde, ele objetou quando descobriu que alguém havia tentado vender sua entrada gratuita no eBay, e o eBay acabou por proibir a venda dos bilhetes. Discuta se os indivíduos estariam em melhor situação se pudessem vender suas entradas gratuitas para o programa.
Dica: Suponha que a utilidade de uma pessoa típica dependa apenas de duas *commodities*: entradas para o programa do Jay Leno e uma combinação de todos os outros bens. Suponha que existam dois indivíduos, Ângelo e Bahn, cada um deles conseguiu ganhar três entradas gratuitas. No entanto, Ângelo é "rico" e tem duas vezes a quantidade de bens possuída por Bahn. Para simplificar a questão, você pode supor que as entradas são infinitamente divisíveis.
    a. Desenhe uma Caixa de Edgeworth mostrando a alocação inicial, supondo curvas de indiferença convencionais para ambos os indivíduos.
    b. Usando a Caixa de Edgeworth, explique como a proibição de vender entradas pode levar a um resultado ineficiente.
    c. Usando a Caixa de Edgeworth, represente uma situação em que a proibição da venda de entradas não reduza a eficiência para os dois indivíduos.

6. Imagine uma economia simples com apenas duas pessoas: Augusto e Lívia.

   a. Presuma que a função social de bem-estar seja

   $$B = U_L + U_A$$

   onde U_L e U_A são as utilidades de Lívia e Augusto, respectivamente. Trace um gráfico das curvas de indiferença social. Como você descreveria a importância relativa atribuída ao bem estar de cada um deles?

   b. Repita a parte *a* quando

   $$B = U_L + 2U_A$$

   c. Suponha que a curva de possibilidades de utilidade seja:

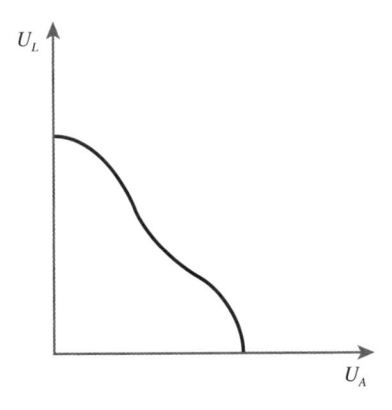

   Demonstre graficamente como a solução ideal difere entre as funções de bem-estar dadas nas partes *a* e *b*.

7. Nos últimos anos, diversos Estados instituíram impostos para os proprietários de bares com apresentações de dança com nudismo parcial ou total. Tais impostos são conhecidos como "impostos de pecado", porque incidem sobre comportamentos considerados pecaminosos. Como os impostos de pecado se relacionam com a noção de bens de mérito?

8. Em cada caso listado abaixo, você pode justificar a política do governo com base na economia do bem-estar?

   a. Em Los Angeles, a polícia responde a 127.000 chamadas de violação de domicílio por ano. Não há qualquer indiciamento. (97% dos alarmes são falsos.)

   b. Em 2011, o National Endowment for the Humanities forneceu US$ 550.000 para a produção de um documentário sobre como o *rock'n'roll* contribuiu para a queda da União Soviética.

   c. O governo federal regulamenta tortas de cereja congeladas, exigindo que ao menos 25% do peso de cada torta seja composto por cerejas e que não mais de 15% das cerejas estejam machucadas. Não há regulamentações semelhantes para tortas congeladas de maçã, mirtilo ou pêssego.

   d. Uma lei aprovada em 2008 garante aos produtores de açúcar americanos 85% do mercado doméstico de açúcar.

   e. O National Energy Policy Act exige que todos os novos vasos sanitários utilizem apenas 6 litros de água para a descarga. A maioria das residências americanas têm vasos sanitários que consomem de 20 a 26,5 litros de água por descarga.

   f. Uma agência federal forneceu mais de US$ 100.000 para um centro de preservação de vídeo games em Nova Iorque para "apoiar seus esforços para arquivar e preservar a história do vídeo game".

9. Seu avião cai no Oceano Pacífico. Você vai parar em uma ilha deserta com outro passageiro. Uma caixa contendo 100 pequenos sacos de amendoim também é trazida pelo mar para a ilha. Os amendoins são o único alimento que há.

   Nesta economia com duas pessoas, uma *commodity* e nenhuma produção, represente as possíveis alocações em um diagrama e explique por que cada alocação tem eficiência de Pareto. Todas as alocações são justas?

10. [Este problema é para leitores que sabem um pouco de cálculo]. Suponha que haja apenas duas pessoas na sociedade, Mark e Judy, que devem dividir uma quantia fixa de renda de US$300. A função de utilidade de Mark é U_M e sua renda é R_M. A função de utilidade de Judy é U_J e sua renda é R_J. Suponha que

    $$U_M = 100 \times R_M^{1/2} \quad \text{e} \quad U_L = 200 \times R_J^{1/2}$$

    Considere que a função social de bem-estar é

    $$B = U_M + U_J$$

    Que distribuição da renda total entre Mark e Judy aumenta o bem-estar social ao máximo?

11. Suponha que Tang e Wilson precisam dividir uma quantidade fixa de 400 libras (aproximadamente, 200 quilos) de comida entre eles. A função de utilidade de Tang é U_T = sqrt (F_1) e a função de utilidade de Wilson é U_W = ½ sqrt (F_2), onde F_1 e F_2 são libras de comida para Tang e Wilson, respectivamente.

a. Quanta utilidade Tang e Wilson receberão se a comida for distribuída igualmente entre eles?

b. Se a função de bem-estar social for $U_T + U_B$, qual distribuição de comida irá aumentar ao máximo o bem-estar social de Tang e Wilson?

c. Se o bem-estar social for aumentado ao máximo quando cada um deles receber o mesmo nível de utilidade, qual distribuição de comida entre Tang e Wilson irá aumentar o bem-estar social ao máximo?

12. Considere uma economia com duas pessoas, Victoria e Albert, e duas *commodities*, chá e bolos. Atualmente, Victoria e Albert estariam dispostos a trocar duas xícaras de chá por um bolo. Além disso, se a economia produzisse uma xícara de chá a menos, os recursos liberados da produção de chá poderiam ser usados para produzir mais três bolos. A alocação de recursos nesta economia tem eficiência de Pareto? Se não, deve haver mais chá ou mais bolos?

13. Suponha que a função de utilidade de Hannah é $U_H = 3Ch + 4C$ e que a função de utilidade de José é $U_J = 4Ch + 3C$, onde Ch é libras de chá por ano e C é libras de café por ano. Suponha que haja quantidades fixas de 28 libras de café por ano e 21 libras de chá por ano. Suponha também que a alocação inicial seja de 15 libras de café para Hannah (deixando 13 libras para José) e 10 libras de chá para Hannah (deixando 11 libras de chá para José).

a. O que as funções de utilidade dizem sobre as taxas marginais de substituição de café por chá?

b. Desenhe a Caixa de Edgeworth mostrando as curvas de indiferença e a alocação inicial.

c. Desenhe a curva de contrato na Caixa de Edgeworth. Explique por que sua aparência é diferente daquela das curvas de contrato retratadas no texto.

d. A alocação inicial de café e chá tem eficiência de Pareto?

14. Indique se cada uma das seguintes afirmações é verdadeira, falsa ou incerta e justifique sua resposta.

a. Se todos têm a mesma taxa marginal de substituição, a alocação de recursos tem eficiência de Pareto.

b. Se a alocação de recursos tem eficiência de Pareto, todos têm a mesma taxa marginal de substituição.

c. Uma mudança de política aumenta o bem-estar social se, e somente se, representa uma melhoria de Pareto.

d. Uma realocação de um ponto dentro da curva de possibilidades de utilidade para um ponto sobre a curva de possibilidades de utilidade resulta em uma melhoria de Pareto.

PARTE II

DESPESAS PÚBLICAS: BENS PÚBLICOS E EXTERNALIDADES

A teoria da economia de bem-estar concentrou nossa atenção no fracasso do mercado e na equidade distributiva como razões para se considerar a intervenção do governo. O Capítulo 4 examina os bens públicos e o Capítulo 5 considera as externalidades, com especial ênfase nas questões ambientais. No Capítulo 6, examinamos as chances de nossas instituições políticas reagirem ao fracasso do mercado com políticas eficientes. O Capítulo 7 aplica nossa estrutura de análise à importante questão das políticas de educação. Essa parte se encerra com o Capítulo 8, que realiza uma análise de custo-benefício – um conjunto, baseado em teorias, de métodos práticos para avaliar a despesa pública.

4 Bens públicos

> *Não há nenhuma religião mais alta que a assistência social. Trabalhar para o bem comum é a mais alta doutrina.*
> — PRESIDENTE WOODROW WILSON
>
> *Nunca ouvi dizer que tenham realizado grandes coisas aqueles que simulam exercer o comércio visando ao bem público.*
> — ADAM SMITH

Após os ataques terroristas de 11 de setembro de 2001 nos Estados Unidos, todos os americanos concordaram que o governo precisava tomar medidas para prevenir agressões no futuro. Embora as pessoas debatessem vigorosamente sobre o que deveriam ser essas medidas, todos tinham por certo que a defesa era função própria do governo. Que característica de defesa nacional a torna uma responsabilidade apropriada do governo? Há outras mercadorias e serviços que também apresentam essa característica? O governo também deve fornecê-los? Essas perguntas repousam no centro de algumas das mais importantes controvérsias das políticas públicas. Neste capítulo, discutimos sob que condições o governo deve fornecer mercadoria e serviços. Dedicamos especial atenção à compreensão dos motivos pelos quais o mercado pode falhar em fornecer determinadas mercadorias, de acordo com níveis Pareto eficientes.

◆ ◆ ◆

▶ BENS PÚBLICOS DEFINIDOS

Qual a diferença entre a defesa nacional e uma pizza? A pergunta parece ridícula, mas pensar sobre ela leva a uma estrutura útil para determinar se o fornecimento público ou privado de várias *commodities* faz sentido. Para começar, uma diferença grande entre as duas *commodities* é que duas pessoas não podem consumir uma pizza simultaneamente – se eu como um pedaço, você não pode comê-lo. Em contraste, seu consumo dos serviços de proteção fornecidos pelo Exército não diminui o meu consumo dos mesmos serviços. Uma segunda diferença importante é que eu posso facilmente excluir você de consumir minha pizza, mas mantê-lo afastado dos benefícios da defesa nacional é quase impossível. (É muito difícil imaginar uma situação em que terroristas tenham permissão para invadir a sua casa mas não a minha.)

A defesa nacional é um exemplo de um **bem público puro**, definido da seguinte maneira:

bem público puro
Uma *commodity* cujo consumo é não rival e não excludente.

- O consumo do bem é *não rival* – uma vez fornecido, o custo adicional do recurso para o consumo do bem por outra pessoa é zero.
- O consumo do bem é *não excludente* – impedir alguém de consumir o bem é muito caro ou impossível.

bem privado
Uma *commodity* cujo consumo é rival e excludente.

Em contraste, um **bem privado** como uma pizza é rival e excludente.

Vários aspectos de nossa definição de bem público são dignos de nota.

Mesmo que todo mundo consuma a mesma quantidade do bem, ele não deve ser igualmente valorizado por todos Pense em limpar um apartamento com vários companheiros de quarto da universidade. Essa atividade é um bem público. Todos se beneficiam de um banheiro limpo, e é difícil excluir alguém desse benefício. Mas alguns estudantes preocupam-se muito mais com a limpeza que outros. Da mesma forma, no nosso exemplo da defesa, as pessoas que se preocupam profundamente com as intenções de estrangeiros hostis valorizam mais a defesa nacional que as pessoas que se sentem relativamente seguras, tudo o mais constante. De fato, as pessoas talvez difiram sobre se o valor de certo bem público é positivo ou negativo. Todos não têm escolha a não ser consumir os serviços de um novo sistema de mísseis. Para esses que acreditam que o sistema aumenta a sua segurança, o valor é positivo. Outros pensam que mais mísseis só resultam em uma corrida armamentista e enfraquecem a segurança nacional. Esses indivíduos estimam um míssil adicional negativamente. Eles estariam dispostos a pagar por não tê-lo por perto.

A classificação como bem público não é absoluta; depende de condições de mercado e do estado da tecnologia Pense em um farol. Uma vez que o farol esteja aceso, um navio pode aproveitá-lo sem afetar a capacidade de outro navio em fazer o mesmo. Além do mais, nenhum navio pode ser impedido de tirar proveito da sinalização. Sob essas condições, o farol é um bem público puro. Mas suponha que fosse inventado um dispositivo de interferência capaz de impedir que navios avistassem a luz do farol, a menos que comprassem um receptor especial. Neste caso, o critério de não exclusão não se mantém, e o farol não é mais um bem público puro. Uma vista panorâmica é um bem público puro quando não há muitas pessoas envolvidas. Mas na medida em que o número de turistas aumenta, a área pode ficar superlotada. A mesma "quantidade" da vista panorâmica está sendo "consumida" por cada pessoa, mas a qualidade diminui de acordo com a quantidade das pessoas. Por isso, o critério de não rivalidade não é mais atendido.

Em muitos casos, então, faz sentido pensar em "publicness" (publicidade) como uma questão de gradação. Um bem público puro atende à definição de modo exato. O consumo de um **bem público puro** é, em algum nível, rival ou excludente. Não há muitos exemplos de bens públicos puros. No entanto, assim como a análise da competição pura rende ideias importantes sobre o funcionamento dos mercados reais, a análise de bens públicos puros ajuda a entender os problemas enfrentados pelos tomadores de decisão públicos.

bem público impuro
Um bem que é rival e/ou excludente até certo ponto.

Uma *commodity* pode satisfazer parte da definição de bem público e não satisfazer outra parte Ou seja, a não exclusão e a não rivalidade não precisam estar juntas. Pense nas ruas de uma área central da cidade durante a hora do *rush*. A não exclusão geralmente se mantém, pois não é viável montar cabines de pedágio suficientes para controlar veículos e impedir alguns de entrar. Mas o consumo certamente é rival, como pode atestar qualquer um que já ficou preso em um engarrafamento. Por outro lado, muitas pessoas podem aproveitar uma enorme área do litoral sem diminuir o prazer de outros. Apesar do fato de os indivíduos não serem rivais uns dos outros no consumo, a exclusão será fácil se houver poucas vias de acesso. Como antes, a caracterização de uma *commodity* depende do estado da tecnologia e de disposições legais. Pense novamente no engarrafamento na estrada. Transmissores instalados nos para-brisas, como o ConectCar, usam ondas de rádio para identificar automóveis e cobrar pelo pedágio automaticamente nas contas dos motoristas. A rodovia CityLink de Melbourne, na Austrália, por exemplo, não requer praças de pedágio: os motoristas pagam por meio do transmissor ou ligam e registram o número da placa para os dias que planejam usar a estrada. Algumas estradas com pedágio alteram a tarifa para refletir períodos de demanda mais alta e mais baixa. Pode-se imaginar que algum dia essa tecnologia será usada para a cobrança de carros em ruas congestionadas das cidades. As ruas tornar-se-iam excludentes.

Algumas coisas que não são convencionalmente consideradas *commodities* têm características de bens públicos Um exemplo importante é a honestidade. Se todos os cidadãos forem honestos em transações comerciais, toda a sociedade se beneficia, pois os custos de se fazer negócio ficam mais baixos. Essas reduções de custos são não excludentes e não rivais. Da mesma forma, a equidade da distribuição de renda é um bem público. Se a renda é distribuída "de forma justa", cada pessoa fica satisfeita por viver em uma sociedade boa, e ninguém pode ser excluído de ter essa satisfação. Naturalmente, por causa de desacordos sobre noções de equidade, as pessoas podem divergir sobre como uma determinada distribuição de renda deve ser estimada. Não obstante, o consumo da equidade da distribuição de renda é não rival e não excludente – e, portanto, é um bem público. Certos tipos de informações também são bens públicos. Em Los Angeles, os restaurantes devem exibir uma classificação de higiene: "A" (limpo), "B" (sujo) ou "C" (nojento). Essa informação exibe as características dos bens públicos – o consumo é não rival, no sentido que todos podem ficar sabendo, sem custos, sobre a higiene do restaurante indo à Internet, consultando um jornal ou simplesmente dando uma olhada na janela do restaurante, e é não excludente.

bens públicos fornecidos publicamente

Commodities rivais e excludentes que são fornecidas por governos.

Os bens privados não são sempre fornecidos exclusivamente pelo setor privado Há muitos **bens privados fornecidos de modo público** – *commodities* rivais e excludentes que são fornecidos por governos. Serviços médicos e moradia são dois exemplos de bens privados às vezes fornecidos de modo público. Da mesma forma, como veremos mais tarde, bens públicos podem ser fornecidos de modo privado. (Pense nas pessoas que doam dinheiro para manter espaços públicos, que é o modo como o Central Park de Nova York consegue ter aquelas belas flores.) Em resumo, a indicação de privado ou público não é o suficiente para nos dizer sobre que setor fornece determinado item.

O fornecimento por parte do governo de um bem não significa necessariamente que esse bem deve ser produzido pelo governo Considere a coleta do lixo. Algumas comunidades fornecem elas mesmas esse serviço: os administradores do governo compram caminhões de lixo, contratam funcionário e organizam os horários. Em outras comunidades, a administração municipal contrata uma empresa privada para o trabalho e não organiza o serviço ela mesma. Alguns estados até mesmo deixam sua representação legal a carga do setor privado. Por exemplo, o procurador geral de justiça de Oklahoma contratou escritórios de advocacia privados para processar as empresas avícolas que supostamente poluíram as vias navegáveis do estado [Liptak, 2007].

▶ FORNECIMENTO EFICIENTE DE BENS PÚBLICOS

Qual é a quantia eficiente de defesa ou de qualquer outro bem público? Começamos por reexaminar os bens privados a partir de uma perspectiva levemente diferente que a do Capítulo 3. Suponha outra vez uma sociedade com duas pessoas, Adão e Eva. Há duas mercadorias privadas, maçãs e folhas de figueira. Na Figura 4.1A, a quantidade de folhas de figueira (f) é medida no eixo horizontal, e o preço por folha de figueira (P_f) está no vertical. A curva de demanda de Adão referente às folhas de figueira é representada por D_f^A. A curva de demanda mostra a quantidade de folhas de figueira que Adão estaria disposto a consumir por determinado preço, tudo o mais constante.[1] Da mesma forma, D_f^E na Figura 4.1B é a curva de demanda de Eva. A curva de demanda de cada um também mostra quanto ele ou ela estaria disposto a pagar por uma quantidade determinada.

---

[1] As curvas de demanda são explicadas no apêndice deste livro.

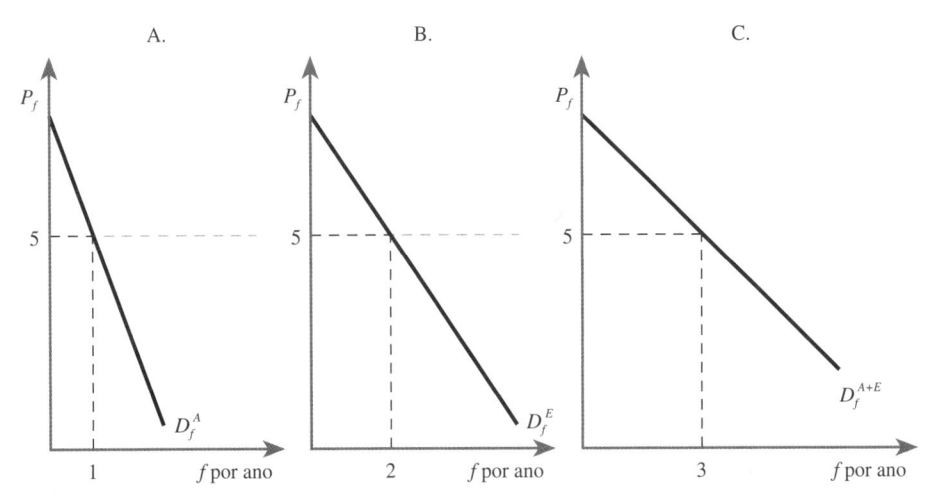

FIGURA 4.1 Adição horizontal das curvas de demanda.
A curva de demanda do mercado de um bem privado como folhas de figueira é derivada por meio da adição do número de folhas de figueira que cada pessoa demanda a cada preço. Por exemplo, a um preço de $5, Adão demanda uma folha de figueira e Eva demanda duas folhas de figueira, então a quantidade total exigida é de três folhas de figueira.

Suponha que nós queremos derivar a curva de demanda do mercado para folhas de figueira. Para fazer isso, simplesmente adicionamos o número de folhas de figueira que cada pessoa demanda a cada preço. Na Figura 4.1A, a um preço de $5, Adão demanda uma folha de figueira, a distância horizontal entre o eixo vertical e D_f^A. A Figura 4.1B indica que, nesse preço, Eva demanda duas folhas de figueira. A quantidade total exigida ao preço de $5 é, portanto, de três folhas. A curva de demanda do mercado para folhas de figueira é rotulada como D_f^{A+E} na Figura 4.1C. Como acabamos de mostrar, o ponto em que preço é $5 e quantidade é 3 fica na curva de demanda do mercado. Da mesma forma, para achar a demanda do mercado em um determinado preço dado, some a distância horizontal entre cada uma das curvas de demanda privadas e o eixo vertical naquele preço. Esse processo é chamado **adição horizontal**.

A Figura 4.2 reproduz as informações da Figura 4.1. A Figura 4.2C então sobrepõe a curva da oferta do mercado, rotulada de S_f, na curva de demanda do mercado D_f^{A+E}. O equilíbrio do mercado reside onde oferta e demanda são iguais, no preço de $4, na Figura 4.2C. Nesse preço, Adão consome 1½ folhas de figueira e Eva consome 3. Observe que não há nenhuma razão para se esperar que Adão e Eva consumissem as mesmas quantias. Por conta de gostos e rendas diferentes, eles demandam quantidades diferentes de folhas de figueira. Isso é possível porque as folhas de figueira são bens privados.

O equilíbrio na figura 4.2C tem uma propriedade significativa: a alocação de folhas de figueira tem eficiência de Pareto. Na teoria do consumidor, o indivíduo que maximiza a utilidade define a taxa marginal de substituição de folhas de figueira por maçãs (TMS_{fm}) como igual ao preço das folhas de figueira (P_f) dividido pelo preço de maçãs (P_m): $TMS_{fm} = P_f/P_m$.[2] Como apenas os preços relativos importam para a escolha racional, o preço de maçãs pode ser arbitrariamente definido como qualquer valor. Como convenção, defina $P_m =$ $1. Assim, a condição para maximização da utilidade se reduz a $TMS_{fm} = P_f$. O preço de folhas mede, assim, o índice em que um indivíduo está disposto a substituir folhas de figueira por maçãs. Agora, a curva de mercado de Adão para folhas de figueira (D_f^A) mostra o preço

> **adição horizontal**
> Processo de criar uma curva de demanda do mercado por meio da adição das quantidades demandas por cada indivíduo a cada preço.

---
[2] Veja a confirmação no apêndice deste livro.

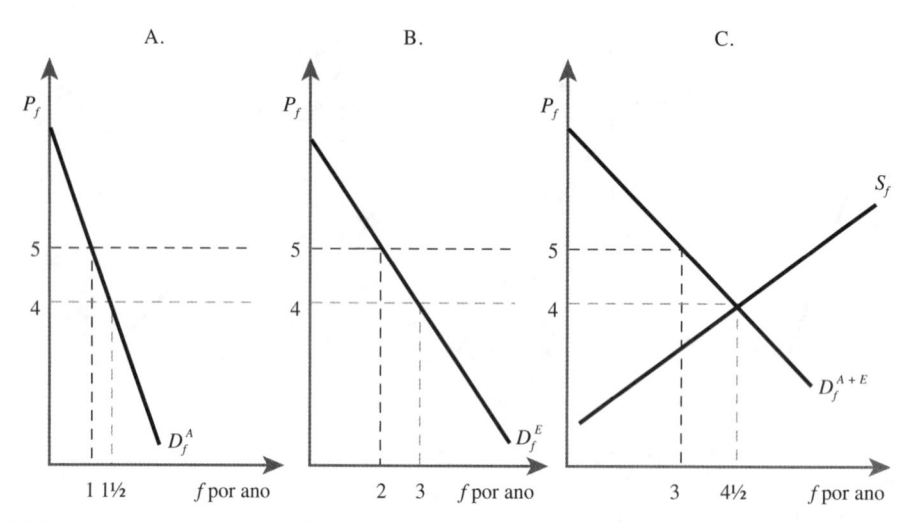

FIGURA 4.2 Fornecimento eficiente de um bem privado.
O mercado está em equilíbrio quando oferta e procura estão iguais.

máximo por folha de figueira que ele pagaria em cada nível de consumo de folha. Portanto, a curva de demanda também mostra a TMS_{fm} em cada nível de consumo de folha de figueira. Igualmente, a D_f^E pode ser interpretada como a curva da TMS_{fm} de Eva. Da mesma maneira, a curva de oferta Of da figura 4.2C mostra como a taxa marginal de transformação das folhas de figueira em maçãs (TMT_{fm}) varia com a produção de folhas de figueira.[3]

Em equilíbrio na Figura 4.2C, Adão e Eva definem o TMS_{fm} igual a quatro, e o produtor também define o TMS_{fm} como quatro. Por isso, em equilíbrio

$$TMS_{fm}^{\text{Adão}} = TMS_{fm}^{\text{Eva}} = TMT_{fm} \qquad (4.1)$$

A equação (4.1) é a condição necessária para a eficiência de Pareto derivada no Capítulo 3. Contanto que o mercado seja competitivo e funcione adequadamente, o Primeiro Teorema de Bem-Estar garante que essa condição se mantém.

Derivação da condição de eficiência

Tendo agora reinterpretado a condição para fornecimento eficiente de um bem privado, examinamos o caso do bem público. Vamos desenvolver a condição intuitivamente antes de examinar a derivação formal. Suponha que Adão e Eva estejam assistindo a uma exibição de fogos de artifício. O prazer que Eva sente ao ver os fogos não diminui o de Adão e vice-versa, e é impossível para uma pessoa impedir outra de observar a exibição. Por isso, o *show* de fogos de artifício é um bem público. O tamanho do *show* de fogos de artifício pode variar, e tanto Adão quanto Eva preferem os maiores aos menores, tudo o mais constante. Suponha que o *show* consista em 19 rojões e que possa aumentar a um custo de $5 por rojão, que Adão estaria disposto a pagar $6 para que o *show* aumentasse por meio da exibição de outro rojão, e que Eva estaria disposta a pagar $4. É eficiente aumentar o tamanho do *show* em um rojão? Como de costume, devemos comparar o valor adicional associado a esse rojão (o "benefício marginal") com o custo de fornecer esse rojão (o "cus-

---

[3] Para ver o motivo, observe que, sob competição, as empresas produzem até o ponto em que o preço se iguala ao custo marginal. Por isso, a curva de procura O_f mostra o custo marginal de cada nível da produção de folha de figueira. Conforme notado no capítulo 3, em "Economia do Bem-Estar", $TMT_{fm} = CM_f/CM_m$. Como $P_m = \$1$ e o preço iguala o custo marginal, então $CM_m = \$1$ e $TMT_{fm} = CM_f$. Portanto, podemos identificar a taxa marginal de transformação com o custo marginal e, por isso, com a curva de oferta.

to marginal").[4] Para computar o benefício marginal, observe que o consumo do *show* é não rival, portanto o vigésimo rojão é consumido tanto por Adão quanto por Eva. Por isso, o benefício marginal do vigésimo rojão é a soma do que os dois estão dispostos a pagar, que é $10. Como o custo marginal é de apenas $5, ele basta para adquirir o vigésimo rojão. Geralmente, se a soma da disposição dos indivíduos em pagar por uma unidade adicional de um bem público excede o custo marginal desse bem, a eficiência exige que a unidade seja comprada; se for o contrário, a compra não deve acontecer. Por isso, *eficiência exige que o fornecimento de um bem público seja expandido até o ponto em que a soma do benefício marginal de cada pessoa para a última unidade iguale o custo marginal.*

Para ilustrar este resultado, considere o painel A da Figura 4.3, em que o consumo de rojões (r) de Adão é medido no eixo horizontal, e o preço por rojão (P_r) está no eixo vertical. A curva de demanda de Adão para foguetes é D_r^A; a de Eva é D_r^E na Figura 4.3B. Como derivamos a disposição do grupo em pagar pelos rojões? Para achar a curva de demanda de grupo para folhas de figueira – um bem privado –, somamos horizontalmente as curvas de demanda

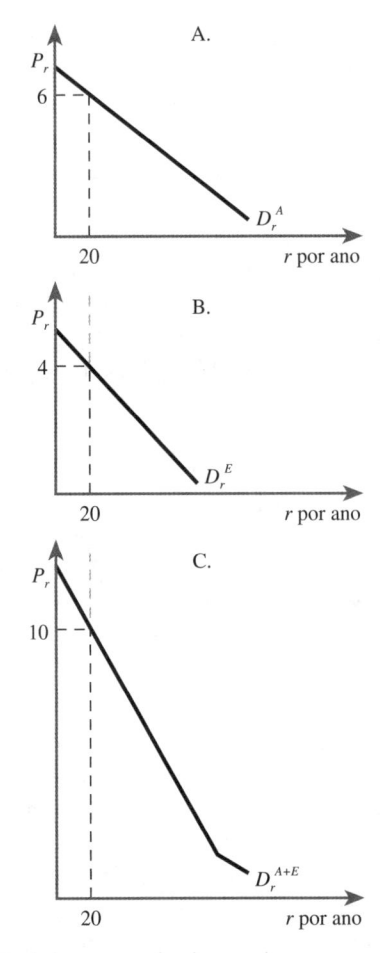

FIGURA 4.3 Adição vertical de curvas de demanda.
A curva total de demanda de um bem público como rojões é derivada por meio da adição dos preços que cada pessoa está disposta a pagar por uma determinada quantidade. Por exemplo, Adão está disposto a pagar $6 pelo vigésimo rojão e Eva está disposta a pagar $4 por esse rojão; desse modo, a disposição total em pagar o rojão é de $10.

---
[4] Trata-se de um exemplo comum de análise marginal em economia. Veja um exame mais aprofundado no apêndice do fim do livro.

individuais. Esse procedimento permitiu a Adão e Eva consumir quantidades diferentes de folhas de figueira pelo mesmo preço. Para um bem privado, isto é bom. No entanto, os serviços produzidos pelos rojões – um bem público – *devem* ser consumidos em quantias *iguais*. Se Adão consome um *show* de fogos de artifício de 20 rojões, Eva também deve consumir um *show* de fogos de artifício de 20 rojões. Não faz sentido tentar somar as quantidades de um bem público que os indivíduos consumiriam por um determinado preço.

Em vez disso, para determinar a disposição do grupo em pagar pelos rojões, adicionamos os preços que cada um estaria disposto a pagar por uma quantidade particular. A curva de exigência na Figura 4.3A informa que Adão está disposto a pagar $6 pelo vigésimo rojão. Eva está disposta a pagar $4 pelo vigésimo rojão. A disposição do grupo em pagar pelo vigésimo rojão é, portanto, de $10. Desse modo, se definimos D_r^{A+E} na Figura 4.3C como a disposição do grupo em pagar, então a distância vertical entre D_r^{A+E} e o ponto $r = 20$ deve ser 10.[5] Outros pontos em D_r^{A+E} são determinados pela repetição desse procedimento em cada nível de saída. Para um bem público, então, a disposição do grupo em pagar é dada pela **adição vertical** das curvas de demanda individuais.

Observe a simetria entre bens privados e públicos. Com um bem privado, todos têm o mesmo *TMS*, mas as pessoas podem consumir quantidades diferentes. Portanto, as demandas são somadas horizontalmente em relação às quantidades divergentes. No caso de bens públicos, todos consomem a mesma quantidade, mas as pessoas podem ter diferente *TMS*s. A adição vertical é necessária para se encontrar a disposição do grupo em pagar. Colocado de outra maneira, para bens privados normais, todos veem o mesmo preço e, em seguida, as pessoas decidem que quantidade querem. No caso dos bens públicos, todos veem a mesma quantidade e as pessoas decidem que preço estão dispostas a pagar.

A quantidade eficiente de rojões é determinada onde a soma da disposição de Adão e de Eva em pagar por uma unidade adicional iguala o custo marginal de se produzir uma unidade. Na Figura 4.4C, a curva de custo marginal, Cmgr, é sobreposta à disposição do grupo em pagar, representada pela curva $D_r^{(A+E)}$.[6] A interseção ocorre na quantidade 45, onde o custo marginal é $6.

Mais uma vez, preços podem ser interpretados em termos de taxas marginais de substituição. Pensando como anteriormente, a disposição marginal de Adão em pagar pelos rojões é a sua taxa marginal de substituição ($TMS_r^{Adão}$), e a disposição marginal de Eva em pagar pelos rojões é sua taxa marginal de substituição (TMS_r^{Eva}). Portanto, a soma dos preços que eles estão dispostos a pagar é igual a $TMS_r^{Adão} + TMS_r^{Eva}$. Do ponto de vista de produção, o preço ainda representa a taxa marginal de transformação, TMT_r. Por isso, o equilíbrio na Figura 4.4C é caracterizado pela condição

$$TMS_r^{Adão} + TMS_r^{Eva} = TMT_r \qquad (4.2)$$

Contraste isso com as condições para o fornecimento eficiente de um bem privado na Equação (4.1). Para um bem privado, a eficiência exige que cada indivíduo tenha a mesma taxa marginal de substituição e que esta seja igual à taxa marginal de transformação. No caso de um bem público puro, a soma das taxas marginais de substituição deve se igualar à taxa marginal de transformação.[7] Todos devem consumir a mesma quantidade do bem público, por isso o seu fornecimento eficiente exige que a avaliação *total* colocada na última unidade fornecida – a soma das *TMS*s – seja igual ao custo incremental da sociedade para o fornecimento – a *TMT*.

---

adição vertical

Processo de criar uma curva de demanda agregada para um bem público por meio da adição dos preços que cada indivíduo está disposto a pagar por uma dada quantidade do bem.

---

[5] D_r^{A+E} não é uma curva de demanda convencional porque não mostra a quantidade que seria demandada a cada preço. No entanto, esta anotação destaca as semelhanças ao caso do bem privado.

[6] Esta análise não considera explicitamente a fronteira de possibilidades de produção que fica atrás dessa curva de demanda. Veja Samuelson [1955].

[7] Essa análise supõe que os impostos necessários para o financiamento do bem público possam ser obtidos sem a distorção de decisões econômicas no setor privado. Se não, a condição de eficiência muda. Veja Kaplow [2008b].

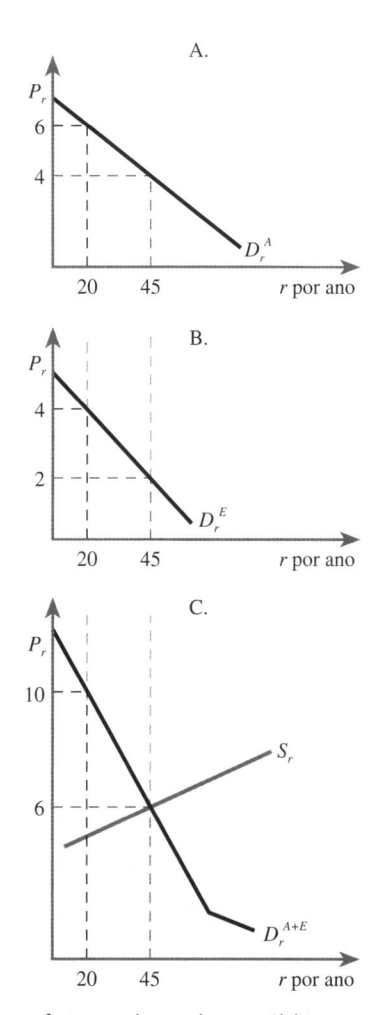

FIGURA 4.4 Fornecimento eficiente de um bem público.
A quantidade eficiente é encontrada onde a disposição total em pagar (derivada por meio da adição vertical das curvas de demandas dos indivíduos) intercepta a curva de oferta.

Problemas para a obtenção da eficiência

Como enfatizado no Capítulo 3, sob determinado conjunto de condições, um sistema de mercado descentralizado fornece bens privados de modo eficiente. As forças do mercado resultam em um nível eficiente de bens públicos ($r = 45$) na Figura 4.4? A resposta depende em parte do quanto Adão e Eva revelam suas preferências verdadeiras em relação a fogos de artifício. Quando um bem privado é trocado em um mercado competitivo, um indivíduo não recebe qualquer incentivo para mentir sobre o quanto ele verdadeiramente estima esse bem. Se Eva está disposta a pagar o preço corrente de uma folha de figueira, então ela não tem nada a ganhar se não comprar uma.

No entanto, as pessoas podem ter incentivos para esconder suas preferências verdadeiras em relação a um bem público. Suponha que Adão faça a afirmação falsa de que os fogos de artifício nada representam para ele. Se ele for capaz de fazer com que Eva pague a conta integral, ele ainda pode aproveitar o *show* e ainda terá mais dinheiro para gastar em maçãs e folhas de figueira. Alguém que deixa outras pessoas pagarem ao mesmo tempo que goze dos benefícios é conhecido como ***free rider*** (**carona**). Naturalmente, Eva também gostaria de ser um *free rider*. Consequentemente, o mercado pode não ser capaz de fornecer a quantia eficiente do bem público. Não existe nenhuma tendência automática que faça os mercados atingirem a alocação eficiente na Figura 4.4.

free rider

Incentivo para deixar outras pessoas pagarem por um bem público enquanto você aproveita os benefícios.

Ainda que o consumo seja excludente, o fornecimento do mercado de um bem não rival provavelmente será ineficiente. Suponha agora que o *show* de fogos de artifício seja excludente: as pessoas não podem assisti-lo sem comprar uma entrada para um circo muito grande. Uma empresária que quer maximizar o lucro vende as entradas. Para um *show* de fogos de artifício de determinado tamanho, o custo adicional para outra pessoa assistir é zero (pois o *show* é não rival). A eficiência exige que cada pessoa admitida valorize o *show* a uma quantidade maior que o custo incremental de zero desse *show*. Mas se a empresária cobrar de todo o mundo um preço de zero, então ela não poderá permanecer no negócio.

Há alguma saída? Suponha que: (1) a empresária conhece a curva de demanda de cada pessoa para o bem público; e (2) é difícil ou impossível transferir o bem de uma pessoa a outra. Sob essas duas condições, a empresária podia cobrar de cada pessoa um preço individual baseado na disposição dessa pessoa em pagar, um procedimento conhecido como **discriminação de preços perfeita**. As pessoas que valorizaram o *show* de fogos em um centavo, pagariam exatamente essa quantia e não seriam excluídas. Assim, todo o mundo que atribui qualquer valor positivo ao *show*, o assistiria, o que é um resultado eficiente[8]. No entanto, como as pessoas que valorizam muito o *show* pagariam um preço muito alto, a empresária poderia continuar no negócio.

A discriminação de preços perfeita pode parecer ser a solução até lembramos que a primeira condição exige conhecimento das preferências de todos. Mas se as curvas de demanda dos indivíduos forem conhecidas, determinar o fornecimento ideal não será um problema[9]. Concluímos que mesmo que uma *commodity* não rival seja excludente, o fornecimento privado provavelmente não será eficiente.

discriminação de preços perfeita
Quando um produtor cobra de cada pessoa o máximo que essa pessoa está disposta a pagar por um bem.

PONTO DE VISTA POLÍTICO
Sistema de posicionamento global

O sistema de posicionamento global (GPS, *Global Positioning System*), sistema de navegação por satélite desenvolvido pelo Ministério da Defesa do EUA, é um bom exemplo de bem não rival, mas ainda assim excludente. Satélites GPS enviam sinais de rádio que podem ser colhidos por receptores, permitindo que os usuários saibam sua localização precisa. Esses receptores são vendidos no mercado privado. O GPS é usado para ajudar em atividades de navegação, confecção de mapas e agrimensura, pesquisas sobre terremotos e exercícios militares, entre outras funções. O sinal de GPS é um bem não rival, pois as pessoas aproveitam o sinal de rádio sem diminuir a capacidade de outros em usá-lo. Como o custo marginal de deixar outra pessoa receber o sinal é zero, a eficiência exige que cada pessoa que valoriza o sinal de GPS tenha a permissão de recebê-lo.

No caso do GPS, entretanto, razões de segurança têm, por vezes, se sobrepujado às preocupações de eficiência. O exército do EUA, que opera os satélites, no início excluía intencionalmente os usuários, incorporando erros nas informações de localização enviadas a receptores mantidos por indivíduos privados. Os sinais exatos eram criptografados e, assim, estavam disponíveis apenas para o exército dos EUA e seus aliados. Embora essa medida tivesse melhorado a segurança, era claramente ineficiente, pois negava os benefícios de GPS a muitos operadores que valorizavam acima de zero o seu custo marginal. Em 2000, o presidente Clinton tornou os sinais precisos de GPS disponíveis aos civis. Desde então, o exército desenvolveu a capacidade de negar o sinal de GPS a forças hostis em áreas específicas sem afetar o sinal ao resto do mundo.

---

[8] O resultado é eficiente porque o preço pago pelo consumidor marginal iguala o custo marginal.

[9] Vários mecanismos foram projetados para induzir as pessoas a revelar suas preferências verdadeiras a agências do governo. Veja o apêndice deste capítulo.

O problema do *free rider*

Aventa-se que o problema do *free rider* leva necessariamente a níveis ineficientes de bens públicos; portanto, a eficiência exige que o governo forneça esse bem específico. O argumento é que o governo, de qualquer maneira, pode descobrir as preferências verdadeiras de todos e, então, valer-se de seu poder coercivo e forçar todo o mundo a pagar pelo bem público. Se tudo isso é possível, o governo pode anular o problema do *free rider* e garantir a provisão ideal de bens públicos.

No entanto, a dinâmica do *free rider* não é algo garantido; é uma implicação da hipótese que as pessoas aumentam ao máximo uma função de utilidade que depende só do seu próprio consumo da mercadoria. Para ter certeza, pode-se achar exemplos em que bens públicos não são fornecidos porque as pessoas não conseguem revelar suas preferências. Por outro lado, em vários casos os indivíduos podem agir e de fato agem coletivamente sem o envolvimento de governo. Campanhas para angariar fundos encabeçadas por voluntários levaram ao estabelecimento e manutenção de igrejas, teatros, bibliotecas, laboratórios científicos, museus de arte, hospitais e outras instituições do tipo. Há mesmo certas evidências sobre a provisão privada bem-sucedida desse clássico bem público que é o farol [Coase, 1974]. Um economista proeminente afirmou: "Não conheço muitos registros históricos ou outra evidência empírica que mostre convincentemente que o problema de revelações corretas das preferências tenha tido qualquer significado prático."[10]

Essas observações não provam que a dinâmica do *free rider* é irrelevante. Embora alguns bens que aparentemente têm características públicas sejam fornecidos de modo privado, outros que "devem" ser fornecidos (em termos de eficiência) talvez não o sejam. Além do mais, a quantidade desses bens públicos que são fornecidos por entidades privadas pode ser insuficiente. O ponto principal é que a importância do problema do *free rider* é um assunto empírico cuja relevância deve ser determinada caso a caso.

Várias experiências de laboratório foram realizadas para se investigar a importância do *free rider*. Em uma delas, cada um dos vários participantes recebe uma quantidade de *tokens* que esse participante pode manter ou doar para um "intercâmbio de grupo". Para cada *token* mantido, o participante recebe uma recompensa – digamos, $4. E cada vez que alguém no grupo faz uma doação para o intercâmbio de grupo, *todos* no grupo recolhem determinada quantia de dinheiro, digamos $3, inclusive a pessoa que faz a doação. Claramente, todos os participantes estariam em melhor situação se todos doassem todos os seus *tokens* para o intercâmbio de grupo. Observe, porém, que doações para o intercâmbio de grupo resultam em uma recompensa não rival e não excludente. A hipótese do *free rider* sugere que os participantes talvez não decidam fazer contribuições para o intercâmbio de grupo, de modo que pudessem beneficiar-se de doações do todos, enquanto eles mesmos não contribuiriam com nada.

O que os resultados mostram? Os resultados variam de experiência para experiência, mas há alguns resultados consistentes.[11] Em média, as pessoas contribuem com cerca de 50% de seus recursos para o fornecimento de um bem público. Portanto, há um pouco de *free rider*, no sentido que os participantes não conseguem contribuir com todos os seus *tokens* para o intercâmbio de grupo. Por outro lado, os resultados contradizem a noção de que o *free rider* resulta em zero ou quantias insignificantes de um bem público. Outros resultados importantes são que (1) quanto mais as pessoas repetem a ação, menos provável torna-se a chance de contribuírem; (2) quando os participantes têm a oportunidade de se comunicar antes do jogo, a cooperação é fomentada; e (3) os índices de contribuição decaem quando o custo da oportunidade de doar sobe (isto é, quando aumenta a recompensa para manter um *token*).

---

[10] Johansen [1977, p. 147] examina mais esse assunto.

[11] Cinyabuguma, Page e Putterman [2005] analisam os resultados experimentais.

Embora deva haver cuidado na interpretação dos frutos de experiências de laboratório, os resultados sugerem que as pessoas podem derivar um sentimento "agradável" de satisfação ao doar que funciona no sentido contrário à busca do interesse pessoal estrito da dinâmica do *free rider*.

▶ PRIVATIZAÇÃO

privatização

O processo de conceder serviços que são fornecidos pelo governo ao setor privado para produção ou provisão.

Privatização quer dizer tomar serviços que são fornecidos pelo governo e concedê-los ao setor privado para seu fornecimento ou produção. Países do mundo inteiro debatem as virtudes da privatização de funções do governo. Nesta seção, primeiramente vamos examinar assuntos relacionados ao fornecimento e, em seguida, à produção.

Fornecimento público ou privado?

Às vezes, bens fornecidos pelo poder público podem ser obtidos de fontes privadas. A *commodity* "proteção" pode ser obtida de uma força policial pública. Por outro lado, e até certo ponto, as pessoas podem garantir segurança privada, por meio da compra de cadeados e trancas, alarmes contra roubo e com a contratação de guarda-costas. Mesmo a defesa nacional pode, em parte, ser fornecida por uma entidade privada. Os governantes dos Emirados Árabes Unidos, por exemplo, recentemente contrataram um exército mercenário composto de ex-soldados de outros países para realizar missões especiais dentro e fora do país [Mazzetti e Hager, 2011]. Da mesma forma, substitutos para serviços fornecidos por tribunais públicos podem ser obtidos de particulares. Por causa dos altíssimos custos de se usar o sistema judicial do governo, as empresas às vezes ignoram os tribunais e, em vez de recorrer a eles, resolvem disputas ante conselheiros neutros mutuamente instituídos.

Ao longo do tempo, a mistura entre o fornecimento público e o privado mudou consideravelmente. Durante o século 19, a responsabilidade privada quanto à educação, segurança policial, bibliotecas e outras funções era muito maior do que o é agora. No entanto, parece haver uma tendência de volta ao setor privado quanto ao fornecimento de mercadorias e serviços anteriormente oferecidos publicamente. Por exemplo, como consequência de cortes no orçamento municipal que reduzem impostos destinados ao saneamento, empresários de várias localidades reúnem-se e contratam seus próprios lixeiros para manter as ruas limpas. Em algumas comunidades, proprietários de casas contratam empresas privadas para fornecer proteção contra incêndios. De fato, aproximadamente dois terços dos serviços de bombeiros da Dinamarca são fornecidos por empresas privadas.

Qual é a mistura correta de fornecimento público e privado? Para examinar a questão, pense nos bens fornecidos pública e privadamente como subsídios na produção de alguns produtos. Por exemplo, professores, salas de aulas, livros e tutores são subsídios na produção de um produto que talvez possamos chamar de qualidade educacional. Suponha que o que mais importa para as pessoas seja o nível da qualidade educacional, não os subsídios usados para produzi-la. Quais critérios devem ser usados para selecionar a quantidade de cada subsídios? Há várias considerações.

Salário relativo e custos materiais Se os setores público e privado pagam quantias diferentes por trabalho e materiais, então o setor menos caro deve ser preferido em termos de eficiência, tudo o mais constante. Por exemplo, os custos de subsídios assumidos pelas escolas públicas excedem os das escolas privadas quando os professores do setor público são sindicalizados, enquanto suas contrapartes do setor privado não são.

Custos administrativos No âmbito do fornecimento público, todos os custos administrativos fixos podem ser distribuídos sobre um grande grupo de indivíduos. Em vez de todo o mundo passar tempo discutindo um contrato de recolhimento do lixo, a negociação é feita por um escritório, para todos. Quanto maior a comunidade, maior será a vantagem em ser capaz de distribuir esses custos. Da mesma forma, um sistema de escola pública que fornece a mesma educação em todas as escolas poupa aos pais o tempo e o esforço envolvidos na pesquisa de escolas para se saber quais são as boas.

Diversidade de gostos Famílias com e sem filhos têm visões diferentes sobre o desejo de uma educação de alta qualidade. As pessoas que armazenam joias em casa podem estimar a proteção da propriedade mais que as pessoas que não o fazem. Na medida em que essa diversidade está presente, o fornecimento privado é mais eficiente, porque as pessoas podem ajustar seu consumo aos próprios gostos. Como explicou o presidente Reagan, "uma estratégia assim assegura a produção de serviços que são exigidos pelos consumidores, não aqueles serviços escolhidos por burocratas do governo". Claramente, os benefícios da diversidade devem ser pesados em relação a quaisquer aumentos possíveis dos custos administrativos.

Problemas de distribuição As noções de equidade que a comunidade tem podem exigir que algumas *commodities* sejam disponibilizadas para todos, uma noção às vezes chamada de **igualitarismo de *commodity***. O igualitarismo de *commodity* pode ajudar a explicar o amplo apelo da educação fornecida por entes públicos: as pessoas acreditam que todos devem ter acesso a um nível mínimo de instrução, pelo menos. Esta noção também surge no debate ora em curso sobre a assistência médica.

igualitarismo de *commodity*

A ideia de que algumas *commodities* devem ser disponibilizadas para todos.

Produção pública ou privada?

Todos concordam que a segurança dos aeroportos é uma preocupação fundamental, mas há um debate controvertido em como manter a segurança na aviação. Alguns afirmam que os trabalhadores de segurança dos aeroportos devem ser funcionários do governo federal. Outros acreditam que, embora o governo deva pagar pela segurança nos aeroportos, os trabalhadores devem ser contratados por empresas privadas, que seriam controladas e responsabilizadas pelos erros.

Este debate destaca o fato de as pessoas poderem concordar que o fornecimento público de certos serviços faz sentido, mas continuam a discordar quanto ao fato de esses serviços deverem ser produzidos pública ou privadamente. Parte da controvérsia vem das diferenças fundamentais relativas ao quanto o governo deve intervir na economia (veja o Capítulo 1). Parte se deve a opiniões diferentes sobre os custos relativos das produções pública e privada. Alguns argumentam que administradores do setor público, ao contrário de suas contrapartes do setor privado, não têm de se preocupar com lucro nem com a possibilidade de a empresa em que trabalham ser adquirida ou ir à falência. Por conta disso, eles são pouco incentivados a controlar com cuidado as atividades de suas empresas. Essa noção vem de muito tempo. Em 1776, Adam Smith escreveu:

> Em toda grande monarquia da Europa, a venda das terras da Coroa geraria uma soma muito grande de dinheiro, a qual, se aplicada no pagamento das dívidas públicas, livraria de hipoteca uma renda muito superior a qualquer renda que essas terras jamais proporcionariam à Coroa... Quando as terras da Coroa se tornassem propriedade privada, no prazo de alguns anos estariam melhoradas e bem cultivadas.[12]

Há inúmeros indícios que mostram esse ponto de vista. Por exemplo, o furacão Katrina destruiu uma ponte rodoviária de propriedade do governo e uma ponte ferroviária privada em Bay St. Louis, no Mississipi. Os proprietários da ponte ferroviária privada deram início à reconstrução em algumas semanas, e a ponte ficou pronta em seis meses. O

---
[12] Citado em Sheshinski e Lopez-Calva [1999].

prazo para a ponte rodoviária do governo ultrapassou 16 meses após o advento do Katrina [Cooper, 2007]. Quando Chicago trocou os funcionários públicos por serviços privados na tarefa de rebocar carros abandonados, a poupança líquida anual foi calculada em US$ 2,5 milhões. Em 1998, uma empresa privada assumiu o South Florida State Psychiatric Hospital, que havia muito tempo era considerado um depósito de pacientes bastante maltratados. Embora defensores dos doentes mentais tivessem inicialmente ficado horrorizados com a ação, um ano mais tarde perceberam que as condições do hospital tinham melhorado. Além disso, a empresa responsável afirmou que estava tendo lucro.

Os oponentes de privatização dizem que exemplos assim exageram os dados sobre a economia de custos da produção privada. De fato, há surpreendentemente poucas evidências sistemáticas quanto às diferenças de custo entre produção privada e pública. Uma razão importante para isso é que a qualidade dos serviços fornecidos por cada um pode ser diferente, tornando difícil fazer comparações. Talvez, por exemplo, os hospitais privados tenham custos mais baixos que suas contrapartes públicas porque não admitem pacientes com doenças cujo tratamento é caro. Isso nos leva ao argumento central dos oponentes da produção privada: fornecedores privados fabricam produtos inferiores.

Contratos incompletos Uma possível resposta a essa crítica é que o governo pode simplesmente redigir um contrato com o fornecedor privado, especificando em todos os detalhes a qualidade do serviço que o governo deseja. No entanto, como notaram Hart, Shleifer e Vishny [1997], às vezes é impossível redigir um contrato que previna todas as situações, pois não é possível especificar antecipadamente todas as contingências prováveis. Por exemplo, um "governo não colocará sob contrato a condução de sua política externa, pois contingências imprevistas são parte fundamental da política externa e uma empresa privada teria enorme poder para maximizar sua própria riqueza (recusando-se, por exemplo, a enviar tropas para algum lugar) sem violar o conteúdo do contrato" (p. 3). Por outro lado, no caso de algumas atividades relativamente de rotina (coleta do lixo ou remoção da neve, por exemplo), contratos incompletos não são um impedimento preocupante para a produção privada. Em resumo, quando custos são mais baixos no setor privado do que no público e contratos relativamente completos podem ser redigidos, justifica-se a produção privada.

Os defensores da privatização acreditam que, ainda que seja impossível redigir um contrato completo, há outros mecanismos para fazer com que as empresas privadas não economizem esforços ou custos. Na medida em que os próprios consumidores compram o bem e vários fornecedores estão disponíveis, eles podem trocar de fornecedor se o atual oferece serviço de má qualidade. Além do mais, construir uma reputação pode ser importante – um fornecedor privado que quer mais contratos no futuro é incentivado a evitar reduções ineficientes de custos no presente. Shleifer [1998] afirma que o desejo de construir uma boa reputação era em certa medida importante entre os produtores privados de prisões.

> **PONTO DE VISTA POLÍTICO**
>
> ### A segurança dos aeroportos deve ser fornecida de modo público ou privado?
>
> A estrutura de contratação é útil para se pensar sobre a segurança dos aeroportos, assunto mencionado anteriormente. Os que são a favor do fornecimento privado da segurança dos aeroportos dizem que é possível redigir contratos completos para tarefas de rotina, como o exame de bagagens. O governo poderia determinar as normas e verificar o desempenho. Empresas privadas que visam ao lucro seriam incentivadas

> a aproveitar a tecnologia para manter os custos de mão de obra sob controle. Além disso, afirmam que um sistema privado administrado por empresas locais seria mais responsabilizado que um sistema federal. Observam que Israel, que tem alguns dos melhores sistemas de segurança de aeroporto do mundo, substituiu seus funcionários do governo por empregados privados sob contrato junto às autoridades aeroportuárias. O governo israelense determina e impõe normas para a segurança, mas o operador do aeroporto fica encarregado das operações e é responsabilizado pelos erros (veja Tierney, 2001).
>
> Por outro lado, aqueles que acreditam que a segurança dos aeroportos deve ser fornecida por entes públicos afirmam que é impossível redigir um contrato que cubra todas as eventualidades, e que as empresas privadas economizariam no treinamento de seus funcionários para aumentar os lucros. Referem-se ao sistema vigente em 11 de setembro de 2001, no qual a segurança dos aeroportos ficava a cargo das companhias aéreas e o pessoal de segurança recebia baixos salários e pouco treinamento [Krugman, 2001]. Outra crítica diz que um sistema privatizado resultaria em níveis diferentes de segurança em aeroportos diferentes [Uchitelle, 2001, p. WK3].
>
> Nos Estados Unidos, o debate foi vencido pelos favoráveis ao fornecimento público de segurança dos aeroportos. Em novembro de 2001, a segurança dos aeroportos foi colocada sob a supervisão de uma nova agência federal, a Administração de Segurança de Transporte (TSA, *Transportation Security Administration*), e os agentes de segurança tornaram-se funcionários federais. A nova lei também permitiu que cinco aeroportos dos EUA mantivessem pessoal de segurança privada e que outros aeroportos solicitassem à TSA para trocar o quadro de funcionários, de federais para privados. Embora poucos estudos tenham examinado a eficácia de segurança de aeroporto publicamente fornecida, o Government Accountability Office [2007] concluiu, por meio de testes disfarçados de detecção de ameaças, que funcionários privados e federais tinham desempenho semelhante. Na questão do custo, o inspetor-geral do Homeland Security Department (Departamento de Segurança Nacional) achou que a TSA comprometeu-se com gastos desnecessários, como a quantia de mais de US$ 250.000 para obras de arte e mais de US$ 30.000 em plantas ornamentais para o novo centro de gerenciamento de crises.

Ambiente de mercado Um último assunto importante no debate sobre privatização é o ambiente de mercado em que a empresa pública ou privada opera. Um monopólio de posse privada pode produzir resultados muito ineficientes do ponto de vista da sociedade, enquanto uma operação de propriedade pública que enfrenta muita competição pode produzir de modo muito eficiente. A respeito desta última possibilidade, pense no caso de Phoenix, no Arizona. A insatisfação com os custos e o desempenho do seu departamento de obras públicas levou Phoenix a permitir licitações para que empresas privadas fossem contratadas para a coleta do lixo em vários locais da cidade. O departamento de obras públicas também recebeu permissão para concorrer nas licitações. A princípio, o departamento de obras públicas não obtina êxito, pois as empresas privadas eram capazes de realizar o trabalho de um modo melhor e mais barato. Mas com o tempo, várias experiências foram tentadas, como fazer com que os motoristas reformulassem as rotas de coleta de lixo, até que o departamento conseguisse o trabalho de volta.

O caso de Phoenix sugere que a questão de propriedade pública *versus* propriedade privada pode ser menos importante, se a competição estiver presente. Tratando do mesmo assunto, em seu estudo de dados internacionais sobre privatização, Dewenter e Malatesta [2001] descobriram que embora as empresas estatais sejam menos lucrativas que as privadas, não há demasiados indícios de que a privatização por si só melhore o lucro. O lucro começa, sim, a melhorar alguns anos antes da privatização – a reestruturação importante ocorre antes que as empresas sejam vendidas ao setor privado. Para explicar esse resultado, Dewenter e Malatesta sugerem que embora governos sejam capazes de melhorar eficiência, com o tempo esses ganhos podem ser dissipados, pois os governos não enfrentam pressões competitivas para mantê-los. Se for esse o caso, então o benefício real da privatização é perpetuar os ganhos.

▶ BENS PÚBLICOS E ESCOLHA PÚBLICA

O uso da palavra *público* para descrever *commodities* que são não rivais e não excludentes quase parece prejulgar a questão de se elas devem ser fornecidas pelo setor público. De fato, mostramos que os mercados privados provavelmente não conseguem gerar bens públicos puros em quantidades com eficiência de Pareto. Isso imediatamente levanta à pergunta de se algum tipo de processo coletivo de tomada de decisão pode fazer melhor. Consequentemente, as questões de bens públicos e escolha pública estão intimamente ligadas. No Capítulo 6, discutimos e avaliamos diversos mecanismos para a tomada coletiva de decisões.

Resumo

- Bens públicos são não rivais e não excludentes no consumo. Assim, cada pessoa consome a mesma quantia, mas não necessariamente a quantia preferida, do bem público.
- O fornecimento eficiente de bens públicos exige que a soma das *TMS*s individuais seja igual à *TMT*, ao contrário dos bens privados, para os quais a eficiência exige que cada uma das *TMS*s seja igual à *TMT*.
- O mercado privado provavelmente não é capaz de fornecer bens não rivais de modo eficiente, ainda que eles sejam excludentes.
- A observação informal e os estudos de laboratório indicam que as pessoas não exploram possibilidades do *free rider* completamente. Não obstante, em certos casos, o *free rider* é um problema importante.
- Bens públicos podem ser fornecidos de modo privado, e bens privados podem ser fornecidos de modo público.
- Mesmo quando o fornecimento público de um bem é selecionado, a escolha entre a produção pública e a privada deve ser feita. Um fator fundamental na determinação de se a produção pública ou privada será mais eficiente é o ambiente de mercado. Outra questão importante é em que medida contratos completos podem ser redigidos com provedores de serviços do setor privado.

Questões para discussão

1. Quais das opções a seguir você considera bens públicos puros? E bens privados? Por quê?
    a. Áreas de vida selvagem
    b. Televisão por satélite
    c. Ensino na faculdade de medicina
    d. Programas da rede pública de televisão
    e. Caixas automáticos
2. Indique se cada uma das seguintes afirmações é verdadeira, falsa ou incerta e justifique sua resposta.
    a. O fornecimento eficaz de um bem público exige que cada membro da sociedade dê o mesmo valor para a última unidade.
    b. Se um bem é não rival e excludente, nunca será produzido pelo setor privado.
    c. Uma estrada é não rival porque o uso dessa estrada por um só indivíduo não reduz o uso que outro indivíduo faz dela.
    d. Comunidades maiores tendem a consumir maiores quantidades de bens não rivais que comunidades menores.
3. Tarzan e Jane vivem sós na selva e treinaram Cheetah para patrulhar o perímetro de sua clareira e colher frutas tropicais. O guepardo pode recolher 3 libras de fruta por hora e atualmente gasta 6 horas fazendo a patrulha, 8 horas colhendo e 10 horas dormindo.

a. Quais são os bens públicos e privados deste exemplo?

b. Se Tarzan e Jane estão dispostos a ceder, cada um, uma hora de patrulha por 2 libras de frutas, a alocação atual do tempo de Cheetah tem eficiência de Pareto? O guepardo deve patrulhar mais ou menos?

4. Em 2008, o governo dos EUA gastou cerca de US$ 1,6 milhão na procura de inteligência extraterrestre (SETI – Search for Extraterrestrial Intelligence). Essa pesquisa é um bem público? É sensato que o governo pague por isso?

5. Na Pensilvânia, as lojas de bebidas têm sido administradas pelo governo do estado nas últimas oito décadas. De acordo com um artigo do *New York Times*, as lojas geralmente estão às moscas e são locais lúgubres: "Como prisioneiros de um *gulag*, os consumidores de lá podem apenas fantasiar sobre comprar seu vinho e uísque em um mercado livre competitivo" [Seelye, 2011]. Use os critérios examinados neste capítulo para avaliar se as lojas de bebidas devem ser operadas por entes privados ou pelo governo.

6. Embora o México disponha de vastas reservas de petróleo, nos últimas anos sua produção da substância tem diminuído. Para inverter esse declínio, o ex-presidente Felipe Calderón tentou privatizar a empresa petrolífera estatal, Pemex [Luhnow, 2008]. Muitos oponentes da proposta afirmaram que a privatização do companhia telefônica do México, a Telmex, tinha resultado em um monopólio, que cobrava preços exorbitantes. É de se esperar que algo semelhante aconteça se a Pemex for privatizada? Relacione sua resposta com a nossa discussão do papel do ambiente de mercado ao avaliar as consequências da privatização.

7. Alguns aeroportos administrados pela iniciativa privada fornecem comodidades como hotéis-cápsula, que permitem aos viajantes tirar uma soneca entre os voos. Essas comodidades geralmente não estão disponíveis em aeroportos estatais. Com isso em mente, você recomendaria que os aeroportos fossem privatizados? Se não, que outras informações você exigiria?

8. Vários anos atrás, alguns cidadãos de Manchester, em Vermont, decidiram lançar uma campanha para arrecadar fundos para uma escola. Um grupo privado de cidadãos decidia com quanto cada família e empresa devia contribuir, e havia bastante pressão social para que a quantia integral fosse doada. Um folheto publicitário avisava: "Não podemos ficar parados e esperar que nossos vizinhos arquem com tudo sozinhos" [Tomsho, 2001, p. A1]. Use os resultados experimentais sobre o *free rider* discutidos neste capítulo para prever o resultado dessa campanha.

9. Para agir de acordo com os gostos de seus patronos, a Biblioteca Pública do Condado de Fairfax descarta livros que não foram retirados no período de dois anos para dar espaço a livros mais populares [Miller, 2007]. Essa política provocou a remoção de obras clássicas de William Faulkner e Thomas Hardy, dando espaço para livros populares de John Grisham e James Patterson. Dado que se tornou mais fácil e mais barato encontrar livros em lojas físicas e *on-line* recentemente, as bibliotecas fornecem um bem público? O aspecto de bem público das bibliotecas é atendido com o fornecimento de obras de apelo popular ou com uma coleção de livros clássicos?

10. Empresas militares privadas forneceram boa parte do apoio logístico a tropas americanas no Afeganistão e no Iraque, e algumas pessoas defenderam o uso de tropas desse tipo para ajudar a parar o genocídio em curso em Darfur, no Sudão. Os críticos dessas tropas de mercenários afirmam que elas são muito caras, agem irresponsavelmente e não conseguem fornecer soluções a longo prazo. Como um opositor declarou, "não há nenhuma razão em supor que uma empresa privada contratada para executar um serviço público terá um melhor desempenho que pessoas empregadas diretamente pelo governo" [Krugman, 2006b, p. A27]. Relacione esse debate com a nossa discussão do papel que os contratos desempenham na decisão de se produzir um bem público por um ente privado.

11. Suponha que haja apenas dois pescadores, Zach e Jacob, que pescam em um determinado litoral. Ambos tirariam proveito se fossem construídos faróis ao longo da costa onde pescam. O custo marginal de construir cada farol adicional é de $ 100. O benefício marginal para Zach de cada farol adicional é $90 - Q$, e o benefício marginal para Jacob é $40 - Q$, onde Q é igual ao número de faróis.

a. Explique por que talvez não possamos esperar encontrar o número eficiente de faróis ao longo daquele litoral.

b. Qual é o número eficiente de faróis? Quais seriam os benefícios líquidos para Zach e Jacob se o número eficiente fosse fornecido?

12. Um pastor solitário pode pastorear 10 ovelhas por ano em um prado. Cada pastor adicional que usa o prado reduz o número de ovelhas que pode ser mantido em uma ovelha por pastor. Se alguém ficasse em

casa em vez de pastorear menos que quatro ovelhas (isto é, o custo da oportunidade de ir até o prado é de quatro ovelhas), quantos pastores levarão seus rebanhos até o prado a cada ano? Quais são os benefícios líquidos desse resultado para a sociedade? Qual é o número eficiente de pastores no prado? O prado é um bem público?

13. Britney e Paris são vizinhas. Durante o inverno, é impossível para um removedor de neve limpar a rua na frente da casa de Britney sem limpar na frente da de Paris. O benefício marginal de Britney dos serviços de limpeza de neve é $12 - Z$, onde Z é o número de vezes que a rua é limpa. O benefício marginal da Paris é $8 - 2Z$. O custo marginal da limpeza da rua é \$ 16.

Esboce duas programações de benefício marginal e da curva do benefício marginal agregado. Desenhe a programação do custo marginal e encontre o nível eficiente de fornecimento dos serviços de limpeza da neve.

Apêndice

▶ MECANISMOS DE REVELAÇÃO DE PREFERÊNCIA

Os mercados geralmente não conseguem induzir indivíduos a revelar suas preferências reais por bens públicos não excludentes. Por conta disso, um sistema de preço não consegue fornecer essas preferências em quantidades eficientes. Existe algum modo, exceto forçar todo o mundo a passar no detector de mentiras, para fazer com que as pessoas digam a verdade? Vários procedimentos foram sugeridos para induzir as pessoas a revelarem suas preferências reais. Descrevemos agora um método baseado no trabalho de Groves e Loeb [1975].[13]

Imagine que um agente do governo se aproxima de Eva e diz "por favor, conte-me qual é a sua curva de demanda para exibições de fogos de artifício. Usarei essa informação e também as informações que recebo de Adão para selecionar uma quantidade de rojões com eficiência de Pareto e atribuir a cada um de vocês um imposto. Mas antes que me dê sua resposta, quero que compreenda que você será taxada do seguinte modo: sempre que o nível de fornecimento de um bem público aumentar por unidade, a mudança no imposto será o custo incremental dessa unidade, menos o valor que as demais pessoas põem no aumento".

Depois que o agente parte, a primeira coisa que Eva faz é representar a estrutura de imposto algebricamente. Se ΔI^{Eva} é a mudança no imposto quando o fornecimento do bem público aumenta uma unidade, TMT_{ra} é o custo incremental de recurso da unidade, TMS_{ra}^{Total} é o valor marginal de mais uma unidade para Adão e Eva, e TMT_{ra}^{Eva} é o valor marginal para Eva apenas, então

$$\Delta I^{Eva} = TMT_{ra} - (TMS_{ra}^{Total} - TMT_{ra}^{Eva}) \tag{4A.1}$$

Em relação à Equação (4A.1), Eva tem que decidir se conta ou não a verdade, isso é, se revela sua avaliação marginal verdadeira para cada nível de fornecimento do *show* de fogos de artifício. Ela sabe que de seu ponto de vista egoísta, a produção deve continuar até o ponto em o benefício marginal de consumir uma unidade a mais, TMT_{ra}^{Eva}, é igual ao custo marginal para ela, que é o aumento no seu imposto. Assim, Eva desejaria que o bem público fosse fornecido na seguinte quantidade

$$\Delta I^{Eva} = TMTS_{ra}^{Eva} \tag{4A.2}$$

Substituir da Equação (4A.1) para ΔI^{Eva} nos dá

$$TMT_{ra} - (TMS_{ra}^{Total} - TMS_{ra}^{Eva}) = TMS_{ra}^{Eva}$$

Adicionar $(TMS_{ra}^{Total} - TMS_{ra}^{Eva})$ aos dois lados da equação gera

$$TMT_{ra} = TMS_{ra}^{Total} \tag{4A.3}$$

Como as condições (4A.2) e (4A.3) são equivalentes, seria do interesse de Eva contar a verdade, se ela soubesse que o governo usaria suas informações para realizar a alocação correspondente à Equação (4A.3).

---

[13] Veja também Tideman e Tullock [1976].

Mas então ela compreende que isto é exatamente o que o agente de governo fará. Por quê? Lembre-se de que o agente prometeu escolher um fornecimento com eficiência de Pareto, de acordo com as informações que ele recebesse. Esse fornecimento é caracterizado pela Equação (4.2) no texto. Assim, por definição, $TMS_{ra}^{Total} = TMS_{ra}^{Adão} + TMS_{ra}^{Eva}$, as Equações (4A.3) e (4.2) são idênticas. Consequentemente, o fornecimento do governo de *shows* de fogos de artifícios irá satisfazer a Equação (4A.3), e Eva tem um incentivo para contar a verdade. Uma vez que Adão lida com o mesmo tipo de estrutura de impostos, ele também tem um incentivo para ser sincero. O problema do *free rider* parece ter sido resolvido.

Para ver intuitivamente por que o sistema funciona, considere o lado direito de Equação (4A.1), que mostra como o imposto de Eva é determinado. Observe que ($TMS_{ra}^{Total} - TMS_{ra}^{Eva}$) é a soma do benefício marginal de todos menos o de Eva. Por isso, o aumento no imposto de Eva quando o resultado aumenta não depende do seu próprio benefício marginal, e portanto ela não tem nenhum incentivo para mentir sobre ele.

Há vários problemas com este mecanismo, muitos dos quais são compartilhados por outros dispositivos para resolver o problema do *free rider*. Em primeiro lugar, os contribuintes podem não ser capazes de entender o sistema. (Se você acha que isso não é um problema, tente explicá-lo a um amigo que não fez nenhum curso de economia.) Em segundo lugar, ainda que o esquema possa ser entendido, os contribuintes têm de estar dispostos a fazer o esforço de computar suas curvas de demanda inteiras e informá-las ao governo. As pessoas podem achar que isso não vale o esforço. Em terceiro lugar, dado que milhões de pessoas são envolvidas nas decisões governamentais, os custos de reunir e assimilar todas as informações seriam proibitivos.[14] (Para grupos relativamente pequenos, como clubes sociais, isso não seria muito problemático.) Concluímos que, embora mecanismos de revelação de preferência desse tipo forneçam informações interessantes sobre a estrutura do problema do *free rider*, eles não são modos práticos de resolução, ao menos para a tomada de decisão do setor público.

---

[14] Há alguns problemas técnicos adicionais. Os impostos coletados talvez não supram o orçamento, e existe a possibilidade de formação de grupos de oposição ao sistema. Veja Tideman e Tullock [1976].

Externalidades 5

> *Devemos tributar o que queimamos, não o que ganhamos.*
>
> — AL GORE

Como subproduto de suas atividades, fábricas de papel produzem a dioxina química. Ela se forma quando o cloro usado para alvejar a polpa de madeira é combinado com uma substância da polpa. Uma vez que a dioxina é liberada no ambiente, ela acaba no tecido adiposo de todos nós e no leite de mães que amamentam. De acordo com alguns cientistas, a dioxina causa defeitos de nascença e câncer, entre outros problemas de saúde.

Os economistas frequentemente alegam que os mercados alocam recursos eficientemente (ver Capítulo 3). A dioxina é resultado da operação de mercados. Isso quer dizer que ter dioxina no ambiente é eficiente? Para responder a pergunta, é útil distinguir maneiras diferentes como as pessoas podem afetar o bem-estar alheio.

Suponha que uma grande quantidade de moradores dos subúrbios decida experimentar a vida urbana. Conforme se aproximam da cidade, o preço das terras urbanas aumenta. Proprietários urbanos estão em melhor situação, mas locatários ficam prejudicados. Os comerciantes da cidade se beneficiam da crescente demanda por seus produtos, enquanto seus pares suburbanos perdem negócios. Até que a economia estabeleça um novo equilíbrio, a distribuição de renda real terá mudado consideravelmente.

Neste exemplo de migração, todos os efeitos são transmitidos *por meio de mudanças nos preços de mercado*. Suponha que, antes da mudança de gosto, a alocação de recursos tinha eficiência de Pareto. As mudanças em curvas de oferta e demanda mudam os preços relativos, mas a concorrência garante que as taxas marginais de substituição relevantes serão todas iguais às taxas marginais de transformação. Assim, embora o comportamento de algumas pessoas afete o bem-estar de outras, não há falha de mercado. Contanto que os efeitos sejam transmitidos pelos preços, os mercados são eficientes.[1]

O caso da dioxina envolve um tipo de interação diferente deste exemplo. A diminuição do bem-estar das vítimas da dioxina não é resultado de mudanças de preço. Em vez disso, as escolhas de produtos das fábricas de papel afetam diretamente as utilidades de pessoas vizinhas. Quando a atividade de uma entidade (pessoa ou empresa) afeta diretamente o bem-estar de outra de maneira que não se reflete no preço de mercado, esse efeito é chamado de **externalidade** (porque uma entidade afeta diretamente o bem-estar de outra entidade que é "externa" ao mercado). Diferentemente dos efeitos transmitidos por preços de mercado, as externalidades reduzem a eficiência econômica.

Neste capítulo, analisamos tais ineficiências e possíveis soluções para elas. Uma das mais importantes aplicações da teoria da externalidade surge no debate sobre qualidade ambiental, e grande parte de nossa discussão concentra-se no tema.

◆ ◆ ◆

externalidade

Custo ou benefício que ocorre quando a atividade de uma entidade afeta diretamente o bem-estar de outra de uma maneira que está fora do mecanismo de mercado.

---

[1] Evidentemente, o novo padrão de preços pode ser mais ou menos desejável do ponto de vista da distribuição, dependendo de julgamentos éticos conforme incorporados na função de bem-estar social. Os efeitos sobre o bem-estar transmitidos pelos preços às vezes são denominados externalidades pecuniárias. Mishan [1971] argumenta de modo persuasivo que, como tais efeitos são parte do funcionamento normal do mercado, a denominação é confusa. Ela é citada aqui apenas para complementação de informações, mas será ignorada no restante do livro.

▶ A NATUREZA DAS EXTERNALIDADES

Suponha que Bart opera uma fábrica que descarta seus resíduos em um rio que não tem proprietário. Lisa ganha a vida pescando nesse rio. As atividades de Bart impõem custos para Lisa que não se refletem nos preços de mercado, então o prejuízo causado a Lisa não é incorporado na decisão de mercado de Bart. Neste exemplo, água limpa é um insumo para o processo de produção de Bart. Ela é usada como todos os outros insumos: terra, mão de obra, capital e materiais. A água limpa é também um recurso escasso com usos alternativos, como a pesca de Lisa. Assim, a eficiência exige que, pela água que usa, Bart pague um preço que reflita o valor da água como recurso escasso que pode ser usado para outras atividades. Em vez disso, Bart paga preço zero e, portanto, usa a água em quantidades ineficientemente grandes.

Colocar o problema da externalidade deste modo expõe sua fonte. Bart usa seus outros insumos eficientemente porque deve pagar aos proprietários desses recursos preços que refletem seu valor em usos alternativos. Caso contrário, os proprietários dos insumos simplesmente irão vendê-los para outro cliente. No entanto, se ninguém possui o rio, não existe mercado para seu uso e todos podem usá-lo gratuitamente. Uma externalidade, portanto, é consequência da falha ou da incapacidade de estabelecer direitos de propriedade. Se alguém possuísse o rio, as pessoas teriam que pagar para usá-lo e não se configurariam externalidades.

Suponha que Lisa é proprietária do rio. Ela poderia cobrar de Bart uma taxa por poluir que refletisse o prejuízo causado a sua pesca. Bart levaria tais cobranças em conta ao tomar decisões de produção e deixaria de usar a água ineficientemente. Por outro lado, se Bart fosse o proprietário do rio, ele poderia ganhar dinheiro cobrando de Lisa pelo privilégio de pescar em suas águas. A quantia de dinheiro que Lisa estaria disposta a pagar para Bart pelo direito de pescar no rio dependeria da quantia de poluição presente. Desse modo, Bart teria um incentivo para não poluir excessivamente. Caso contrário, não poderia ganhar tanto dinheiro de Lisa.

Contanto que alguém possua um recurso, seu preço reflete o valor para usos alternativos, e o recurso é, portanto, usado eficientemente (ao menos na ausência de quaisquer outras falhas de mercado). Por outro lado, recursos de propriedade conjunta tendem a ser usados excessivamente, pois não há incentivo para economizar.

Para ampliar o tema, considere as seguintes características das externalidades.

As externalidades podem ser produzidas por consumidores ou por empresas Nem todas as externalidades são produzidas por empresas. Imagine uma pessoa que fuma um charuto em um ambiente repleto de pessoas, reduzindo a utilidade das outras pelo consumo do recurso comum, o ar fresco.

As externalidades são inerentemente recíprocas Em nosso exemplo, parece natural referir-se a Bart como o "poluidor". No entanto, poderíamos também pensar em Lisa como "poluidora" do rio com pescadores, aumentando o custo social da produção de Bart. Como alternativa à pesca, usar o rio para o descarte de resíduos não é evidentemente pior do ponto de vista social. Como mostraremos mais tarde, isso depende dos custos de alternativas para ambas as atividades.

Externalidades podem ser positivas Suponha que em resposta a uma ameaça terrorista você deva ser vacinado contra a varíola. Você teria de arcar com alguns custos: o preço da vacinação, o desconforto associado e o risco leve de indução de um caso da doença. Haveria benefício para você em termos de uma probabilidade reduzida de ser afetado pela doença em caso de um ataque de bioterrorismo. No entanto, você também ajudaria outros membros da sua comunidade, que teriam menor probabilidade de

"Fazemos nuvens, as nuvens fazem chuva e a chuva prejudica os jogos de futebol. É por isso que as pessoas não gostam de fumantes!" © 2000 Randy Glasbergen.

contrair a doença porque não poderiam pegá-la de você. Porém, nem você nem outras pessoas levam em conta tais benefícios externos ao pesar os benefícios e custos de ser vacinado e, por isso, não é vacinada uma quantidade suficiente de pessoas sem alguma intervenção pública.

Bens públicos podem ser vistos como um tipo especial de externalidade Especificamente, quando um indivíduo cria uma externalidade positiva com efeitos plenos sentidos por cada pessoa na economia, a externalidade é um bem público puro. Às vezes, os limites entre bens públicos e externalidades é um pouco difuso. Suponha que eu instale em meu quintal um dispositivo para eletrocutar mosquitos. Se eu matar a comunidade inteira de mosquitos, terei efetivamente criado um bem público puro. Se apenas alguns vizinhos são afetados, então é uma externalidade. Embora externalidades positivas e bens públicos sejam bastante semelhantes do ponto de vista formal, na prática é útil fazer distinção entre eles.

▶ ANÁLISE GRÁFICA

A Figura 5.1 analisa o exemplo de Bart-Lisa descrito anteriormente. O eixo horizontal mede a quantidade de produto, Q, produzido pela fábrica de Bart, enquanto o eixo vertical mede dólares. A curva *BM* mostra o benefício marginal para Bart de cada nível de produto; supõe-se que ele cai conforme aumenta o produto.[2] Também associado com cada nível de produto está algum custo marginal privado, *CMP*. O custo marginal privado reflete pagamentos feitos por Bart por produtos, e supõe-se aqui que ele aumenta com a produção. Como produto secundário de suas atividades, a fábrica produz poluição que prejudica Lisa.

---

[2] Se Bart consome toda a produção de sua fábrica, então o *BM* descendente reflete a decrescente utilidade marginal do produto. Se Bart vende sua produção num mercado competitivo, *BM* é constante no preço de mercado.

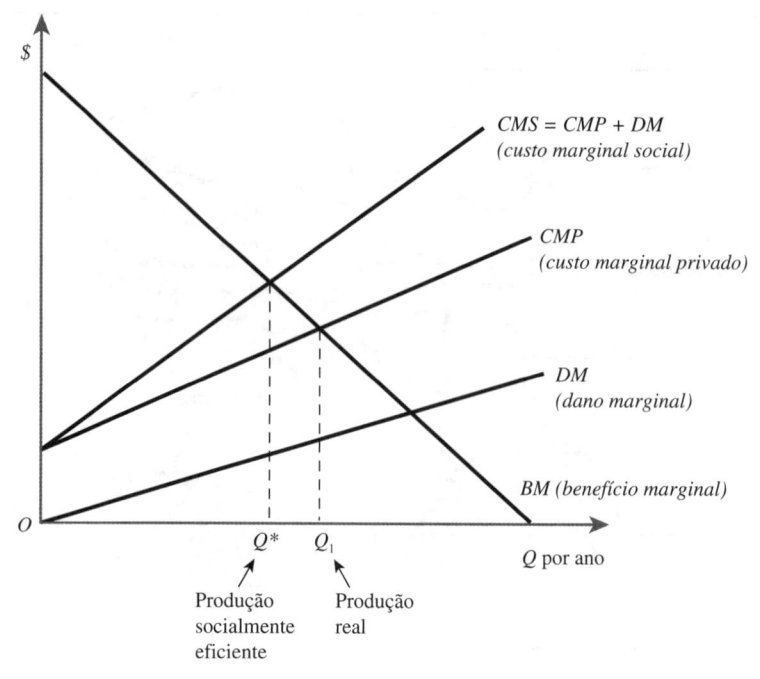

FIGURA 5.1 Um problema de externalidade.
O custo marginal social de produção é o custo marginal privado de Bart somado ao dano marginal causado para Lisa. Bart produz no ponto em que seu custo marginal privado se iguala ao benefício marginal, produto Q_1. No entanto, o produto eficiente é Q^*, onde o custo marginal social se iguala ao benefício marginal.

Suponha que há uma quantidade fixa de poluição por unidade de produto, de modo que, conforme aumenta a produção da fábrica, aumenta também a quantidade de poluição que cria. O dano marginal causado a Lisa pela poluição em cada nível de produção é indicado por *DM*. *DM* é traçado em uma curva ascendente, refletindo o pressuposto de que conforme Lisa é submetida a mais poluição, mais ela é prejudicada.

Se Bart quer aumentar seus lucros ao máximo, produz cada unidade de produto para a qual o benefício marginal exceda o custo marginal para ele. Na Figura 5.1, ele produz todos os níveis de produção para que *BM* excede *CMP*, mas não produz nos níveis em que *CMP* excede *BM*. Assim, ele produz até o nível de produção Q_1, onde *CMP* se cruza com *BM*.

Do ponto de vista da sociedade, a produção deve ocorrer contanto que o benefício marginal exceda o custo marginal. O custo marginal à sociedade tem dois componentes: o primeiro são os insumos comprados por Bart. Seu valor é refletido em *CMP*. O segundo é o dano marginal causado a Lisa, conforme refletido em *DM*. Por isso, custo marginal social é *CMP* mais *DM*. Graficamente, encontramos o custo marginal social adicionando as alturas de *CMP* e *DM* em cada nível de produção. Isso é mostrado na Figura 5.1 como *CMS*. Observe que, por construção, a distância vertical entre *CMS* e CMP é DM. (Uma vez que *CMS* = *CMP* + DM, decorre que *CMS* − *CMP* = *DM*.)

A eficiência de um ponto de vista social exige produção apenas das unidades de produto para as quais *BM* excede *CMS*. Assim, a produção deve estar em Q^*, onde os dois se cruzam.

Implicações

Esta análise sugere as seguintes observações: primeiro, quando há externalidades, os mercados privados não produzem necessariamente o nível de produção socialmente eficiente.

Em particular, quando um bem gera uma externalidade negativa, um mercado livre produz mais que nível de produção eficiente.[3]

Segundo, o modelo não apenas demonstra que a eficiência seria aumentada pela passagem de Q_1 a Q^*, mas também fornece uma maneira de medir os benefícios de fazê-lo. Como mostra a Figura 5.2, quando a produção é cortada de Q_1 para Q^*, Bart perde lucros. Para calcular o tamanho de sua perda, lembre-se de que o lucro marginal de Bart para cada unidade de produto é a diferença entre o benefício marginal e o custo marginal privado. Se o custo marginal privado da oitava unidade é $10 e seu benefício marginal é $12, o lucro marginal é $2. Geometricamente, o lucro marginal sobre uma unidade de produto é a distância vertical entre *BM* e *CMP*. Se Bart é forçado a reduzir de Q_1 para Q^*, ele perde a diferença entre as curvas *BM* e *CMP* para cada unidade de produção entre Q_1 e Q^*. Esta é a área *dcg* da Figura 5.2.

Ao mesmo tempo, porém, Lisa é beneficiada pela queda na produção de Bart, bem como os prejuízos a sua pesca. Para cada unidade de declínio na produção de Bart, Lisa ganha uma quantia igual ao dano marginal associado a essa unidade de produto. Na Figura 5.2, o ganho do Lisa para cada unidade de redução na produção é a distância vertical entre *DM* e o eixo horizontal. Portanto, o ganho de Lisa quando a produção é reduzida de Q_1 para Q^* é a área sob a curva de dano marginal entre Q^* e Q_1, *abfe*. Observe agora que *abfe* é igual à área de *cdhg*. Isso ocorre por construção – a distância vertical entre *CMS* e *CMP* é *DM*, que é igual à distância vertical entre *DM* e o eixo horizontal.

Em suma, se a produção fosse reduzida de Q_1 para Q^*, Bart perderia a área *dcg* e Lisa ganharia a área *cdhg*. Desde que a sociedade veja um dólar para Bart como equivalente a um dólar para Lisa, passar de Q_1 a Q^* gera um ganho líquido para a sociedade igual à diferença entre *cdhg* e *dcg*, que é *dhg*.

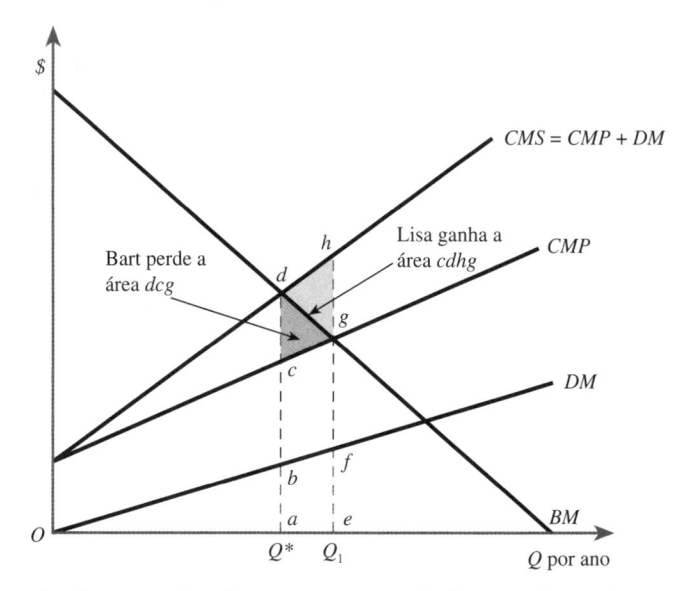

FIGURA 5.2 Ganhos e perdas de passar a um nível eficiente de produção.
Quando a produção cai de Q_1 para Q^*, Bart perde a área *dcg* em lucros. No entanto, a redução na produção de Bart aumenta o bem-estar de Lisa pela área *cdhg*. Assim, o ganho líquido à sociedade é a área *dhg*.

---

[3] Este modelo supõe que a única maneira de reduzir a poluição é reduzir a produção. Se há tecnologia antipoluição disponível, pode ser possível manter a produção e ainda assim reduzir a poluição. Posteriormente neste capítulo examinaremos tais abordagens à redução de poluição. Por ora, basta salientar que a análise é basicamente a mesma, pois a adoção de novas tecnologias exige o uso de recursos.

Terceiro, a análise implica que, de modo geral, a poluição zero não é socialmente desejável. Achar a quantidade certa de poluição exige pesar seus benefícios e custos, e o ideal geralmente ocorre em algum nível positivo de poluição. Como praticamente toda atividade produtiva envolve algum nível de poluição, exigir poluição zero é equivalente a proibir toda a produção, claramente uma solução ineficiente. Se tudo isso parece apenas questão de bom senso, realmente é. Considere, porém, que o Congresso uma vez estabeleceu como meta nacional que "a descarga de poluentes em águas navegáveis seja eliminada até 1985".

Por fim, implementar a estrutura da Figura 5.2 exige mais que desenhar curvas hipotéticas de dano e benefício marginal. Suas localizações e formas reais devem ser determinadas, ao menos aproximadamente. Questões práticas difíceis surgem, no entanto, quando se trata de identificar e estimar os danos da poluição.

Que poluentes prejudicam?   Em nosso exemplo anterior, estava inteiramente claro que a fábrica de Bart causava prejuízo a Lisa, reduzindo o volume de sua pesca. No entanto, no mundo real, é geralmente difícil determinar quais poluentes causam dano e quanto. Agora, discutiremos algumas abordagens empíricas a este problema.

> ### EVIDÊNCIA EMPÍRICA
> #### Qual é o efeito da poluição sobre a saúde?
> As partículas suspensas totais (TSPs) são geralmente consideradas o poluente do ar mais prejudicial à saúde. Vários estudos estabeleceram uma correlação entre TSPs e taxas de mortalidade. No entanto, é difícil estabelecer a dimensão do impacto causal. A dificuldade surge porque os cientistas não conseguem realizar estudos randomizados sobre os efeitos da poluição. Em vez disso, os pesquisadores precisam confiar em dados observacionais transversais ou de séries temporais. Tais estudos podem ter resultados deturpados se outros fatores que mudam de acordo com localização ou tempo afetarem tanto poluição quanto mortalidade. Por exemplo, áreas industrializadas poluídas talvez tenham taxas de mortalidade mais altas porque atraem residentes de renda mais baixa e menos saudáveis. Portanto, a correlação observada entre poluição do ar e mortalidade talvez não seja inteiramente causal.
>   Outra complicação é que esses estudos não podem medir a exposição de adultos à poluição do ar *ao longo de toda a vida*. Isso porque as pessoas mudam de cidade, em vez de permanecer no mesmo lugar por suas vidas inteiras.
>   Chay e Greenstone [2003] estudam o impacto da poluição do ar sobre a mortalidade. Eles concentram-se em crianças, pois, diferentemente dos adultos, podemos medir a exposição de uma criança à poluição ao longo de sua vida inteira. Eles também realizam uma análise quase-experimental, considerando o fato de que a recessão econômica do início da década de 1980 levou a reduções agudas em TSPs em algumas áreas dos Estados Unidos, mas não em outras. É importante observar que mudanças na poluição do ar parecem ter sido virtualmente aleatórias – as áreas que experimentaram reduções substanciais de TSP tinham características gerais semelhantes às de áreas onde não ocorreram tais reduções. Ao comparar os dois tipos de área, Chay e Greenstone descobriram que uma redução em 1% nas TSPs levava a uma redução de 0,35% na taxa de mortalidade infantil. Isso implica que as reduções de TSPs, induzidas pela recessão de 1980–1982, levaram a 2.500 mortes de crianças a menos que se tal não tivesse sido o caso.

Mesmo após um poluente ser identificado como causador de danos, autoridades normativas devem considerar os custos de maneiras alternativas de remedia-los. Por exemplo, substituir terras contaminadas com chumbo por uma nova camada de solo é muito caro. A Secretaria Especial do Meio Ambiente recentemente começou a implementar uma abordagem muito mais barata: misturar ossos de peixe na terra contaminada, o que funciona, pois o fosfato de cálcio dos ossos se liga ao chumbo e o transforma num mineral inofensivo [Barringer, 2011].

Que atividades produzem poluentes? Uma vez que um poluente nocivo é identificado, deve-se avaliar quais os processos de produção que o geram. Considere a chuva ácida, um fenômeno de preocupação geral. Cientistas demonstraram que a chuva ácida se forma quando óxidos de enxofre e óxidos de nitrogênio emitidos no ar reagem com o vapor d'água para criar ácidos. Esses ácidos caem sobre a terra na forma de chuva e neve, aumentando o nível geral de acidez com efeitos potencialmente nocivos sobre a vida de plantas e animais.

No entanto, não se sabe exatamente qual o volume de chuva ácida está associado à produção industrial e qual está com atividades naturais como a decomposição de plantas e erupções vulcânicas. Além disso, é difícil determinar a quantidade de emissões de nitrogênio e enxofre geradas em uma região que eventualmente se torna chuva ácida. Isso depende em parte de condições climáticas locais e do nível presente de outros poluentes como hidrocarbonetos não metano. Isso destaca a dificuldade de avaliar o nível de contribuição de diferentes atividades produtivas para a chuva ácida e quanto cada uma delas deve estar sujeita a intervenção governamental.

Qual é o valor do dano causado? O cronograma de danos marginais mostra o valor em dólares dos custos externos impostos por cada unidade adicional de produto. Portanto, uma vez que o dano físico causado por um poluente é determinado, o valor em dólares desse dano deve ser calculado. Quando os economistas pensam em medir o valor de algo, eles geralmente pensam na disposição das pessoas para pagar por isso. Se você está disposto a pagar $210 por uma bicicleta, esse é o valor dela para você.

Diferente das bicicletas, a redução da poluição geralmente não é comprada e vendida em mercados explícitos. (Algumas exceções são discutidas a seguir.) Como, então, pode ser medida a disposição marginal das pessoas para pagar pela remoção de poluição? Uma abordagem é inferi-la indiretamente estudando preços de imóveis. Quando as pessoas compram casas, eles consideram tanto os atributos da casa quanto as características da vizinhança, como limpeza das ruas e qualidade das escolas. As famílias também preocupam-se com o nível de poluição do ar nos bairros. Considere duas casas idênticas situadas em duas vizinhanças idênticas, exceto porque a primeira está em uma área despoluída e a segunda está em uma área poluída. Esperamos que a casa na área despoluída tenha um preço mais alto. Essa diferença de preço dá um valor aproximado da disposição das pessoas para pagar por ar limpo.

Essas observações sugerem uma estratégia natural para calcular a disposição das pessoas para pagar por ar limpo – usar análise de regressão múltipla (ver Capítulo 2) para calcular a relação entre os preços de imóveis e a qualidade do ar usando uma amostra de casas em determinada área ou áreas. Destacamos agora um dos estudos que seguiram tal estratégia.

EVIDÊNCIA EMPÍRICA

O efeito da poluição do ar sobre os valores de imóveis

Usando análise de regressão, um pesquisador pode calcular a correlação entre a qualidade do ar e os preços de imóveis, permanecendo todas as outras características observáveis constantes. No entanto, é difícil estabelecer se essa é uma relação causal, pois outras características não mensuradas podem afetar tanto a qualidade do ar quanto os preços de imóveis. Por exemplo, bairros altamente industrializados talvez tenham preços de imóveis mais baixos, porque são visualmente menos atraentes e também têm qualidade do ar mais baixa, mas isso não quer dizer que a qualidade do ar cause preços mais baixos.

(continua)

> *(continuação)*
>
> Chay e Greenstone [2005] conduziram um quase-experimento para calcular o relacionamento causal entre TSPs e valores médios de imóveis em um condado. Sua análise baseia-se em uma legislação da década de 1970 que estabelece um limite para emissões de TSP. Os condados que encontravam-se acima desse limite estavam sujeitos a regulamentações estritas, enquanto os que encontravam-se abaixo do limite (independentemente da proximidade) não eram submetidos às mesmas regulamentações estritas. Na prática, portanto, os condados pouco acima do limite eram o grupo de tratamento e aqueles pouco abaixo do limite eram o grupo de controle. Chay e Greenstone descobriram que os condados no grupo de tratamento experimentaram uma grande queda em TSPs devido às regulamentações, o que levou a um aumento nos preços de imóveis. De acordo com suas estimativas, as melhorias em qualidade do ar resultantes da regulamentação levaram a um aumento total de 45 bilhões de dólares nos valores de imóveis entre 1970 e 1980.

Uma preocupação fundamental com estudos desta espécie é a validade de uma medida da disposição para pagar pelo ar mais limpo. As pessoas podem ignorar os efeitos da poluição atmosférica sobre sua saúde e, por isso, subestimar o valor de reduzi-la. Além disso, uma medida de disposição para pagar ignora questões de equidade. Em suma, a abordagem econométrica para a valoração é promissora, mas definitivamente não determina o valor dos danos causados.

Conclusão

Implementar a estrutura da Figura 5.2 demanda as competências de biólogos, engenheiros, ecologistas e profissionais da saúde, entre outros, a fim de calcular os danos marginais associados à poluição. Investigar um problema de poluição exige uma abordagem decididamente interdisciplinar. Dito isso, entretanto, enfatizamos que mesmo com engenharia e dados biológicos excelentes, simplesmente não podemos tomar decisões eficientes sem aplicar a ferramenta do economista de análise marginal.

▶ RESPOSTAS PRIVADAS

Na presença de externalidades, os mercados podem levar a resultados ineficientes. Esta seção discute as circunstâncias sob as quais pessoas privadas, agindo por conta própria, podem evitar problemas de externalidades.

Barganha e o Teorema de Coase

Lembre-se de nosso argumento anterior de que a causa originária das ineficiências associadas às externalidades é a ausência de direitos de propriedade. Quando direitos de propriedade são atribuídos, indivíduos podem responder à externalidade barganhando uns com os outros. Para entender como, suponha que direitos de propriedade sobre o rio sejam cedidos a Bart. Suponha ainda que não existe custo para a barganha entre Lisa e Bart. É possível que as duas partes cheguem a um acordo que resulte na redução da produção de Q_1?

Bart estaria disposto a não produzir uma unidade de produto contanto que recebesse um pagamento que excedesse seu ganho incremental líquido de produzir aquela unidade ($BM - CMP$). Por outro lado, Lisa estaria disposta a pagar para que Bart não produzisse determinada unidade, contanto que o pagamento fosse menor que o dano marginal causado a ela, *DM*. Desde que o valor que Lisa está disposta a pagar para Bart exceda o custo de não produzir para Bart, existe oportunidade de barganha. Algebricamente, o requisito é que $DM > (BM - CMP)$. A Figura 5.3 (que reproduz as informações da Figura 5.1) indica que, com a produção Q_1, $BM - CMP$ é zero, enquanto DM é positivo. Por isso, DM excede $BM - CMP$, e há margem para barganha.

Um raciocínio semelhante indica que Lisa estaria disposta a pagar mais que $(BM - CMP)$ em cada nível de produção à direita de Q^*. Por outro lado, à esquerda de Q^*, a quantia de dinheiro que Bart exigiria para reduzir sua produção excederia a disposição de Lisa para pagar. Portanto, Lisa paga para que Bart reduza sua produção somente até Q^*, o nível eficiente. Não podemos dizer sem mais informações exatamente quanto Lisa acaba pagando a Bart, embora o pagamento total seja de ao menos *dcg* (o valor que Bart perde por reduzir a produção para Q^*) e não passe de *cdhg* (o valor que Lisa ganha por fazer com que Bart reduza a produção para Q^*). O valor exato depende do poder de barganha relativo das duas partes. Independentemente de como os ganhos da barganha serão divididos, no entanto, a produção acaba em Q^*.

Agora, suponha que os papéis se invertem e os direitos de propriedade sobre o rio são cedidos a Lisa. Bart não pode produzir nenhum produto sem primeiro receber a permissão de Lisa. O processo de barganha agora consiste em Bart pagar pelo consentimento de Lisa para que polua. Lisa está disposta a aceitar alguma poluição desde que o pagamento recebido de Bart para cada unidade de seu produto exceda o dano marginal (DM) causado por tal produção a sua empresa de pesca. Bart acha vantajoso pagar pela permissão para produzir, contanto que o valor seja menor que o valor de $BM - CMP$ por unidade de produto. Observe que para a primeira unidade de produto fabricada por Bart, seu lucro marginal ($BM - CMP$) excede amplamente o dano marginal (DM) a Lisa, de modo que há grande margem para barganhar e permitir que Bart produza essa unidade. Aplicar esse raciocínio a cada unidade adicional de produção demonstra que eles têm todo incentivo para chegar a um acordo pelo qual Lisa venda a Bart o direito produzir Q^*.

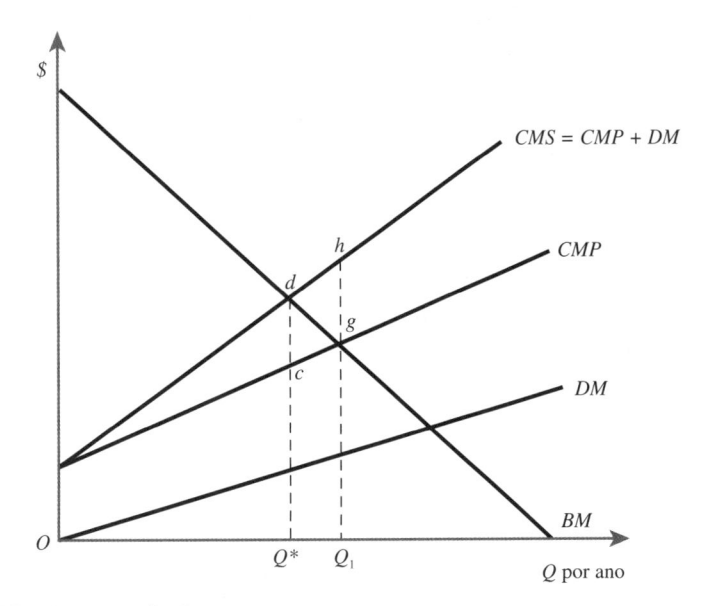

FIGURA 5.3 Teorema de Coase.
Se Bart tiver direitos de propriedade sobre o rio, ele reduzirá a produção em uma unidade, contanto que receba um pagamento que exceda o lucro incremental que teria recebido de produzir essa unidade ($BM - CMP$). Lisa está disposta a pagar a Bart para que reduza uma unidade de produção sob a condição de que o pagamento seja menor que o dano causado pelo produto a ela, DM. Há margem para barganha em qualquer nível de produção maior que Q^*.

Duas suposições importantes têm papel fundamental na análise acima:

1. Os custos da barganha para as partes são baixos.
2. Os proprietários de recursos podem identificar a fonte dos danos a sua propriedade e prevenir danos legalmente.

A implicação da discussão sobre a Figura 5.3 é que, com esses dois pressupostos, a solução eficiente será atingida independentemente de quem receba os direitos de propriedade, contanto que alguém receba esses direitos. Tal resultado, conhecido como **Teorema de Coase** (em homenagem ao ganhador do prêmio Nobel Ronald Coase), sugere que, uma vez que direitos de propriedade são estabelecidos, a intervenção do governo não é necessária para lidar com externalidades [Coase, 1960].

Os dois pressupostos nem sempre se mantêm. Por exemplo, externalidades como poluição atmosférica envolvem milhões de pessoas (tanto causadores quanto vítimas da poluição). É difícil de imaginar que se reúnam para negociações com um custo suficientemente baixo.[4] Além disso, ainda que direitos de propriedade sobre o ar fossem estabelecidos, não está claro como seus proprietários poderiam identificar qual dos milhares de possíveis poluidores foi responsável para sujar seu ar e por qual proporção do dano cada um é responsável.

O Teorema de Coase é mais relevante para casos em que apenas algumas partes estão envolvidas e as fontes da externalidade estão bem definidas. Mesmo quando essas condições se cumprem, a concessão de direitos de propriedade é relevante do ponto de vista da distribuição de renda. Os direitos de propriedade são valiosos; se Lisa possuir o rio, isso aumentará sua renda em relação à de Bart, e vice-versa.

Ceder direitos de propriedade nos termos de Coase poderia ajudar a resolver alguns problemas significativos, como reverter a extinção de espécies. Por exemplo, para conservar a população de rinocerontes brancos na África do Sul, uma abordagem é simplesmente restringir a caça. Era o que a África do Sul fazia antes de 1991. A lei sul-africana tratava a fauna como propriedade não possuída, então ninguém tinha incentivo para obedecer restrições à caça. Em 1991, a África do Sul mudou sua abordagem para permitir a propriedade privada de qualquer animal selvagem que pudesse ser identificado de acordo com certos critérios como marca ou brinco de identificação. O governo também começou a leiloar rinocerontes brancos. O efeito combinado da fixação de preços de mercado por leilões e da criação de direitos de propriedade mais fortes sobre rinocerontes brancos mudou os incentivos de fazendeiros privados. Qual foi o resultado? A população de rinocerontes brancos aumentou de menos que 6.000 em 1991 para mais de 20.000 em 2010 [Sas-Rolfes, 2012]. A ideia de ceder a indivíduos direitos de propriedade sobre animais selvagens em suas terras aparentemente foi bem aceita. Na África Meridional, muitos fazendeiros acharam lucrativo deixar de cultivar alimentos, deixar suas terras voltarem ao estado natural e, então, cobrar de turistas para que pudessem ver os animais. Aproximadamente 18% das terras no terço sul da África agora são dedicadas a esse tipo de ecoturismo [Curam, 2003].

Incorporações

Uma maneira de lidar com uma externalidade é "internalizá-la" pela combinação das partes envolvidas. Para simplificar, imagine que há apenas um poluidor e uma vítima da poluição, como em nosso exemplo sobre Bart e Lisa. Como destacado, se Bart levasse em conta os danos que causava à pesca de Lisa, um ganho líquido seria possível. (Ver discussão a respeito da Figura 5.2.) Em outras palavras, se Bart e Lisa coordenassem suas atividades, o

---

Teorema de Coase

Dado que os custos de transação sejam insignificantes, uma solução eficiente para um problema de externalidade pode ser obtida uma vez que alguém receba direitos de propriedade, independentemente de quem seja tal pessoa.

---

[4] Embora os custos de transação possam tornar improvável um resultado eficiente pela barganha, os custos de transação de implementar uma solução governamental podem não ser menores.

lucro do empreendimento conjunto seria mais alto que a soma de seus lucros individuais quando não coordenados. Com efeito, por não conseguirem agir juntos, Bart e Lisa estão desperdiçando dinheiro!

O mercado, então, fornece forte incentivo para a incorporação das duas empresas – Lisa pode comprar a fábrica, ou Bart pode comprar a empresa de pesca, ou algum terceiro pode comprar ambas. Com a incorporação das duas empresas, a externalidade é internalizada – ela é levada em conta pela parte que gera a externalidade. Por exemplo, se Bart comprasse a pescaria, ele voluntariamente produziria menos produtos que antes, pois fazer isso aumentaria os lucros de sua empresa de pesca subsidiária mais do que diminuiria os lucros de sua fábrica subsidiária. Consequentemente, não existiriam efeitos externos, e o mercado não seria ineficiente. De fato, um observador externo não caracterizaria a situação como uma "externalidade", pois todas as decisões seriam tomadas dentro de uma única empresa.

Convenções sociais

Diferentemente de empresas, indivíduos não podem promover incorporações para internalizar externalidades. Certas convenções sociais, no entanto, podem ser vistas como tentativas de forçar as pessoas a levar em conta as externalidades que geram. As crianças aprendem na escola que jogar lixo na rua é irresponsável e não é "educado". Se essa lição é efetiva, a criança aprende que, embora para ela haja um pequeno custo em guardar um papel de bala até que encontre uma lata de lixo, ela deve arcar com tal custo porque ele é menor que o custo imposto às outras pessoas por ter de olhar para seu lixo desagradável. Considere a regra de ouro, "Faça aos outros o que você gostaria que os outros fizessem a você". Uma maneira (muito) menos elegante de expressar esse sentimento é: "Antes de fazer alguma atividade, leve em conta seus benefícios e custos marginais externos". A mesma noção é incorporada no preceito Talmúdico: "Se alguém deseja abrir uma loja no pátio, seu vizinho pode impedi-lo porque não conseguirá dormir com o barulho das pessoas entrando e saindo da loja". Alguns princípios morais, portanto, induzem as pessoas a terem empatia em relação a outras e, por isso, internalizar as externalidades que seu comportamento pode criar. De fato, tais preceitos compensam a ausência de mercados perdidos.

▶ RESPOSTAS PÚBLICAS A EXTERNALIDADES: IMPOSTOS E SUBSÍDIOS

Nos casos em que indivíduos agindo por conta própria não podem atingir uma solução eficiente, o governo pode intervir estabelecendo impostos e subsídios para determinadas atividades de mercado.[5]

Impostos

Bart produz ineficientemente porque os preços que ele paga pelos insumos estão abaixo dos custos sociais. Especificamente, como os preços de seus insumos são muito baixos, o preço de seus produtos é, também, muito baixo. Uma solução natural, sugerida pelo economista britânico A. C. Pigou na década de 1930, é cobrar um imposto do poluidor para compensar o fato de que alguns de seus insumos têm preços baixos demais. Um **imposto Pigouviano** é um imposto cobrado sobre cada unidade de produção de um poluidor, com valor exatamente igual ao dano marginal que inflige *no nível de produção eficiente*. A Fi-

Imposto Pigouviano

Imposto cobrado sobre cada unidade de produto de um gerador de externalidade, em valor igual ao dano marginal no nível eficiente de produção.

---

[5] Nesta e na próxima seção, exploraremos várias maneiras como o governo pode intervir para tratar de externalidades. No entanto, a lista de possibilidades não é de modo algum exaustiva. Consulte Stavins [2003] para obter uma discussão cuidadosa de várias alternativas.

gura 5.4 reproduz o exemplo da Figura 5.1. Neste caso, o dano marginal com a produção eficiente Q^* é a distância cd, que é igual ao imposto Pigouviano. (Lembre-se de que a distância vertical entre MSC e MPC é MD.)

Como Bart reage à imposição de um imposto de cd dólares por unidade? O imposto aumenta o custo marginal efetivo de Bart. Para cada unidade que produz, Bart tem de fazer pagamentos para os fornecedores de seus insumos (medidos por CMP) e para o cobrador de impostos (medidos por cd). Geometricamente, o novo cronograma de custo marginal de Bart é obtido pela soma de cd ao CMP em cada nível de produção. Isso envolve aumentar o CMP pela distância vertical de cd.

A maximização dos lucros exige que Bart produza no ponto em que o benefício marginal iguala seu custo marginal. Isto ocorre agora na interseção de BM e $CMP + cd$, que está na produção eficiente Q^*. Com efeito, o imposto força Bart a levar em conta os custos da externalidade que ele gera e o induz a produzir eficientemente. Observe que o imposto gera renda de cd dólares para cada uma das unidades id produzidas ($id = OQ^*$). Por isso, a receita fiscal é $cd \times id$, que é a área do retângulo $ijcd$ na Figura 5.4. Seria tentador usar essas rendas para compensar Lisa, que ainda está sendo prejudicada pelas atividades de Bart, embora em menor escala que antes do imposto. No entanto, deve-se ter cautela. Se vier a público que qualquer pessoa que pesca ao longo do rio recebe um pagamento, algumas pessoas que normalmente não o fariam poderão escolher pescar no rio. Lembre-se da natureza recíproca das externalidades. A compensação levaria os pescadores a ignorar os custos que impõem à produção de Bart. O resultado é um volume de pesca ineficientemente grande no rio. O ponto chave é que essa compensação à vítima da poluição não é necessária para obter eficiência e, na verdade, provavelmente irá levar à ineficiência.

Problemas práticos surgem ao implementar um sistema de imposto Pigouviano. Dadas as dificuldades mencionadas anteriormente para calcular a função de dano marginal, é certo que será difícil determinar a alíquota de impostos adequada. Ainda assim, podem ser encontrados meios-termos sensatos. Considere a externalidade das emissões nocivas de automóveis. Em teoria, um imposto baseado no número de quilômetros rodados aumenta a eficiência. Ainda mais eficiente seria um imposto sobre o número de quilômetros rodados

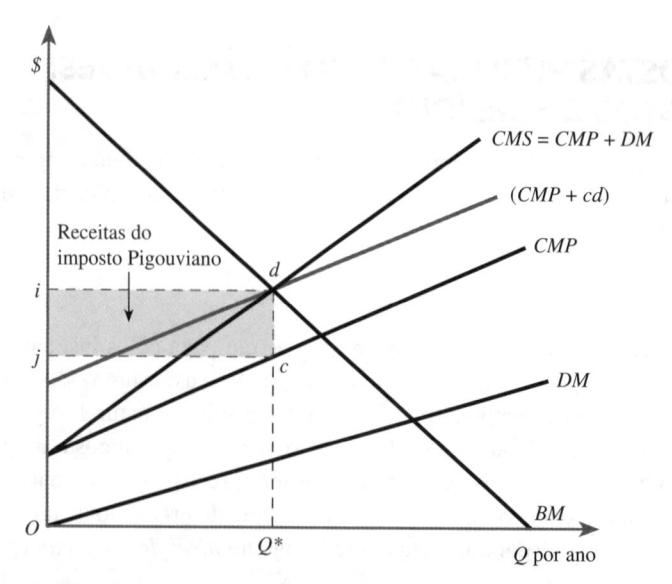

FIGURA 5.4 Análise de um imposto Pigouviano.
O imposto Pigouviano eleva a curva de custo marginal privado de Bart em igual quantia ao dano externo marginal na produção eficiente, cd. Bart agora maximiza o lucro no ponto de produção eficiente Q^*.

que também variasse de acordo com o local e o horário do dia, já que a poluição é mais nociva quando emitida em áreas povoadas e durante horários de grande congestionamento no trânsito. Por outro lado, um imposto por quilômetro rodado que varia de acordo com hora e lugar tem custo de administração geralmente proibitivo. O governo poderia em vez disso cobrar um imposto sobre o uso de gasolina, embora o custo da gasolina em si não determine o tamanho da externalidade. O imposto sobre a gasolina não levaria ao resultado mais eficiente, mas poderia, de qualquer modo, gerar uma melhoria substancial em relação à situação atual.

Subsídios

Supondo um número fixo de empresas poluentes, o nível eficiente de produção pode ser obtido pagando ao poluidor para não poluir. Embora a ideia possa inicialmente parecer peculiar, ela funciona de modo muito semelhante ao imposto. Isso porque um subsídio para não poluir é simplesmente outro método para aumentar o custo de produção efetivo do poluidor.

Suponha que o governo anuncie que pagará a Bart um subsídio de *cd* para cada unidade de produto abaixo de Q_1 que ele não produzir. O que Bart fará? Na Figura 5.5, o benefício marginal de Bart no nível de produção Q_1 é a distância entre *BM* e o eixo horizontal, *ge*. O custo marginal de produzir em Q_1 é a soma do valor que Bart paga por seus insumos (que lemos na curva *CMP*) e o subsídio de *cd* a que ele renuncia ao produzir. Mais uma vez, portanto, o cronograma de custo marginal percebido é *CMP* + *cd*. Na produção Q_1, isto equivale à distância *ek* (= *eg* + *gk*).

Porém, *ek* excede o benefício marginal, *ge*. Contanto que o custo marginal exceda o benefício marginal em Q_1, não é sensato que Bart produza esta última unidade de produto. Em vez disso, ele deve renunciar a sua produção e aceitar o subsídio. A mesma linha de raciocínio indica que Bart não produz nenhum produto além de Q^*. Em todos os níveis de produção à direita de Q^*, a soma do custo marginal privado e do subsídio excede o benefício marginal. Por outro lado, em todos os pontos à esquerda de Q^*, Bart produz mesmo que tenha de abrir mão do subsídio. Para esses níveis de produção, o custo de oportunidade

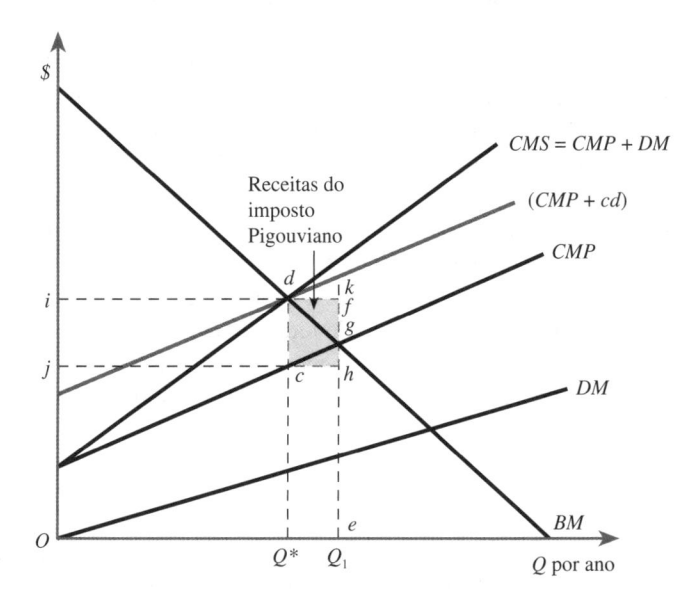

FIGURA 5.5 Análise de um subsídio Pigouviano.
Um subsídio Pigouviano para cada unidade que Bart não produz eleva sua curva de custo marginal privado em valor correspondente ao subsídio por unidade, *cd*, e o induz a produzir no nível eficiente de produção.

total, $CMP + cd$, é menor que o benefício marginal. Por isso, o subsídio induz Bart a produzir somente até Q^*, a produção eficiente.[6]

As consequências de distribuição dos esquemas de imposto e subsídio diferem drasticamente. Em vez de ter de pagar o imposto de *ijcd*, Bart recebe um pagamento igual ao número de unidades de produção não produzidas, *ch*, vezes o subsídio por unidade, *cd*, que é igual ao retângulo *dfhc* na Figura 5.5. Não é surpresa que uma solução eficiente possa ser associada a diferentes distribuições de renda. Isso é análogo ao resultado do Capítulo 3 – há um número infinito de alocações eficientes na Caixa de Edgeworth, cada uma delas associada à própria distribuição de renda real.

Além dos problemas associados ao esquema de imposto Pigouviano, o programa de subsídios tem alguns problemas próprios. Primeiro, lembre-se de que a análise da Figura 5.5 supõe um número fixo de empresas. O subsídio leva a lucros mais altos, então, no longo prazo, mais empresas poderão ser levadas a se estabelecer ao longo do rio. O subsídio pode levar tantas novas empresas a mudar de endereço para o rio, a ponto de aumentar a poluição total.

Segundo, subsídios podem ser eticamente indesejáveis. Como observa Mishan [1971, p. 25]:

> Pode-se argumentar [que] a liberdade de operar veículos ruidosos, ou fábricas poluentes, causa dano incidental ao bem-estar alheio, enquanto a liberdade desejada pelas pessoas de viver em arredores limpos e calmos não reduz, por si só, o bem-estar alheio. Se tais argumentos puderem ser sustentados, pode-se argumentar que... poluidores devem ser responsabilizados legalmente.

▶ RESPOSTAS PÚBLICAS A EXTERNALIDADES: PROGRAMAS DE TAXAS SOBRE EMISSÕES E CAP-AND-TRADE

A seção anterior demonstrou como um imposto sobre cada unidade de produto de Bart pode levar ao resultado socialmente eficiente. Um problema com esta abordagem é que isso talvez não dê a Bart incentivo para buscar maneiras de reduzir a poluição além de reduzir a produção. Por que Bart deveria instalar tecnologia de controle de poluição para reduzir suas emissões por unidade de produto se isso não altera sua carga de impostos?

Uma maneira de tratar desse problema é cobrar um imposto Pigouviano sobre cada unidade de emissão e não sobre cada unidade de produto. Este imposto é chamado de **taxa sobre emissões**. Para examinar tal imposto, considere a Figura 5.6, que mostra o nível anual de redução de poluição de Bart no eixo horizontal. No diagrama, a curva *BMS* mostra o benefício marginal social para Lisa de cada unidade de poluição que Bart reduz. Em outras palavras, *BMS* mostra a queda nos custos de Lisa para cada unidade de redução na poluição de Bart. A curva se desenha com uma inclinação para baixo, refletindo nossa suposição de que Lisa é progressivamente prejudicada com cada unidade adicional de poluição. A curva *CM* mostra o custo marginal para Bart de reduzir cada unidade de poluição. Os custos de Bart para reduzir a poluição podem resultar de redução na produção, troca para insumos mais limpos ou instalação de uma nova tecnologia para controlar a poluição. Supomos que essa curva tem inclinação para cima, sugerindo que o custo de reduzir a poluição aumenta progressivamente para Bart.

taxa sobre emissões
Imposto cobrado sobre cada unidade de poluição.

---

[6] Na Figura 5.5, Q_1 é a linha de base a partir da qual a redução na produção de Bart é medida. Em princípio, qualquer linha de base à direita de Q^* serviria. A escolha da linha de base afeta o cronograma $CMP + cd$ na figura. Em qualquer ponto à direita da linha de base escolhida, o subsídio é igual a zero, o que significa que *cd* é igual a zero e que o cronograma $CMP + cd$ é igual ao cronograma de CMP. Um possível problema com subsídios Pigouvianos é que as empresas podem usar o sistema, tomando ações ineficientes que aumentam suas linhas de base atribuídas.

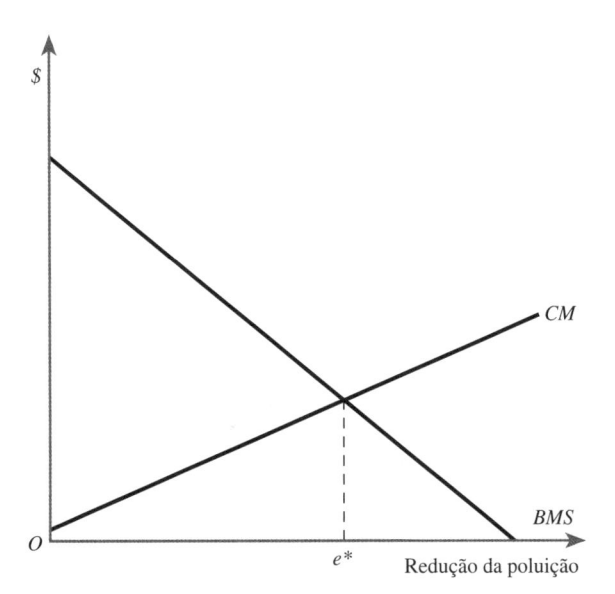

FIGURA 5.6 Mercado para redução da poluição.
A eficiência exige que Bart reduza a poluição se o benefício marginal social (*BMS*) for maior que o custo marginal (*CM*) de fazê-lo. Assim, *e** é a quantidade eficiente de redução da poluição.

Se não ocorre barganha de Coase e o governo não intervém, Bart não tem incentivo para reduzir a poluição e ficará no ponto *O*. No entanto, o resultado eficiente ocorre no ponto em que o custo marginal de reduzir a poluição para Bart se iguala ao benefício marginal para Lisa de reduzir a poluição, o que ocorre no ponto *e**. Em qualquer ponto à esquerda de *e**, o benefício de uma maior redução de poluição excede o custo; portanto, mais redução melhora a eficiência. Em qualquer ponto à direita de *e**, o benefício da última unidade de poluição reduzida não vale o custo, então menos redução melhora a eficiência.

O que o governo pode fazer para atingir *e**, a quantidade eficiente de redução da poluição? Examinaremos três abordagens diferentes: taxa sobre emissões, *cap-and-trade* e regulamentação de comando e controle.

Taxa sobre emissões

Uma taxa sobre emissões funciona mais ou menos da mesma maneira que o imposto considerado anteriormente. A única diferença é que, neste caso, um imposto é cobrado sobre cada unidade de poluição e não sobre cada unidade de produto. A Figura 5.7 reproduz as curvas da Figura 5.6. Lembre de que, sem intervenção do governo, Bart não reduz emissões, então ele está no ponto *O*. Agora, suponha que o governo estabeleça uma taxa sobre emissões que cobre f^* por unidade de poluição, sendo f^* o benefício marginal social da redução da poluição no nível eficiente *e**. Como Bart reage?

Bart arca com um custo *CM* para cada unidade de emissão que reduz. No entanto, com a taxa sobre emissões, sua carga de impostos baixa f^* para cada unidade de poluição cortada. Se o valor que ele economiza em impostos por unidade excede o custo de reduzir a poluição em mais uma unidade, Bart polui menos. Algebricamente, se $f^* > CM$, ele reduz a poluição. A Figura 5.7 indica que tal condição se sustenta em todos os pontos à esquerda de *e**, então Bart reduzirá a poluição até o ponto eficiente. Ele não reduzirá poluição ainda mais porque o custo marginal de fazê-lo excede sua redução de impostos.

Este exemplo demonstra que o governo pode atingir a quantidade desejada de redução de poluição por meio de uma taxa sobre emissões. Naturalmente, o governo poderia ter obtido o mesmo resultado simplesmente exigindo que Bart reduzisse sua poluição em *e**. No entanto, a taxa sobre emissões tem algumas vantagens claras quando há mais de um poluidor.

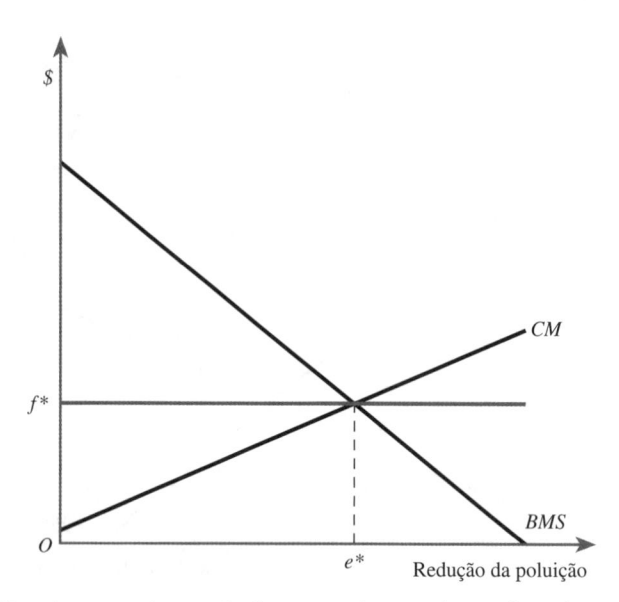

FIGURA 5.7 Uso de taxa sobre emissões para obter redução de poluição eficiente.
Bart reduz a poluição contanto que o custo de fazê-lo (*MC*) esteja abaixo do valor da taxa sobre emissões. Portanto, uma taxa sobre emissões estabelecida em f^* leva à quantia eficiente de redução da poluição, e^*.

Suponhamos que, além de Bart, Homer também polua o rio. Suponhamos também que é mais caro para Homer reduzir a poluição que para Bart, de modo que sua curva de custo marginal é mais alta. A Figura 5.8 mostra as curvas de custo marginal de Bart (CM_B) e Homer(CM_H). Suponha que inicialmente cada um deles emita 90 unidades de poluição por ano e que o governo calculou que a quantidade eficiente de redução da poluição é 100 unidades por ano entre os dois; ou seja, a poluição total deve ser reduzida de 180 para 80 unidades por ano.

Como essa redução na poluição deve ser dividida entre Bart e Homer? Uma ideia é que o governo exija que cada um deles reduza a poluição em 50 unidades por ano (o que significa que cada um tem permissão para poluir 40 em vez de 90 unidades por ano).

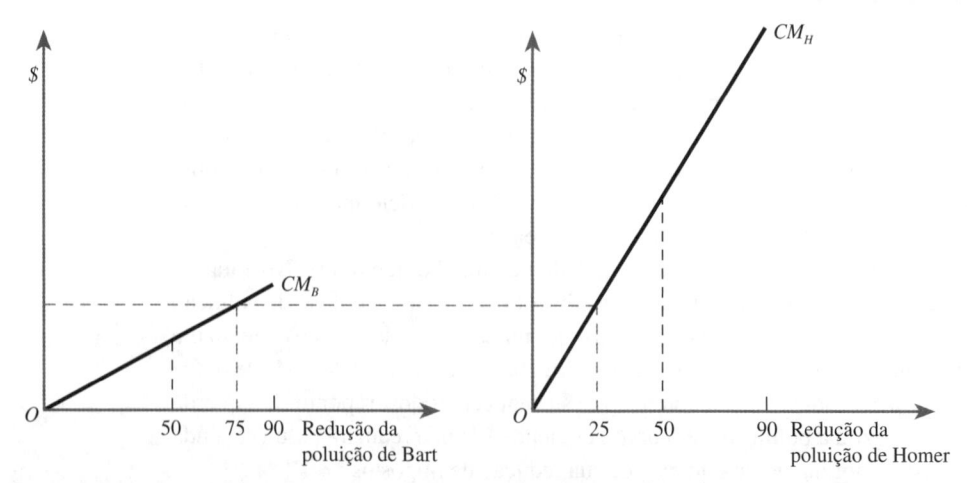

FIGURA 5.8 Reduções uniformes de poluição por todos os poluidores não têm eficiência de custo.
Se cada poluidor cortar sua poluição em 50 unidades, o custo marginal de Bart será mais baixo que o de Homer. Portanto, exigir que Bart reduza mais e Homer reduza menos atinge a mesma meta de redução com custo total mais baixo. O custo de cortar determinada quantidade de poluição é minimizado quando os custos marginais de reduzir são iguais para todos os poluidores.

Embora isso pudesse resultar na redução desejada, tal resultado teria custo mais alto que o necessário. Para entender por que, observe, na Figura 5.8 que o custo marginal para Homer de reduzir 50 unidades é mais alto que o custo marginal para Bart de reduzir 50 unidades (ou seja, $CM_H > CM_B$). Suponha que, em vez disso, exigíssemos que Bart reduzisse mais uma unidade e permitíssemos que Homer reduzisse menos uma unidade. A redução total de emissões ainda seria de 100 unidades. No entanto, como a economia de Homer é maior que o aumento de custo de Bart, a mudança reduziria o custo total de realizar a redução de 100 unidades. Contanto que os custos marginais difiram entre os dois poluidores, podemos redistribuir a carga a fim de reduzir o custo total. Em outras palavras, o custo total da redução de emissões é minimizado somente quando os custos marginais são iguais para todos os poluidores. Um resultado é chamado **custo-eficiente** se é realizado no custo mais baixo possível. Na Figura 5.8, o meio custo-eficiente para obter a redução de 100 unidades é fazer com que Bart corte sua poluição em 75 unidades e Homer reduza a sua em 25 unidades.

custo-eficiente
Política que atinge determinado resultado com o mais baixo custo possível.

Alguns podem pensar que o resultado custo-eficiente é injusto, pois exige níveis diferentes de redução da poluição. Por que Homer deveria ter uma carga menor só porque lhe parece mais caro reduzir a poluição? No entanto, uma taxa sobre emissões atinge o resultado custo-eficiente ao mesmo tempo em que recompensa os que cortam mais emissões. Para ver como, considere a Figura 5.9, que replica as curvas da Figura 5.8. Agora, considere uma taxa sobre emissões estabelecida em f'. Para simplificar, suponhamos que f' corresponda a uma taxa de $ 50 por unidade de poluição. Lembre-se de que, com uma taxa sobre emissões, um poluidor reduz emissões se a economia em impostos excede o custo marginal de cortar a poluição (ou seja, se $f' > CM$). Com esta taxa sobre emissões, Bart reduz 75 unidades e Homer reduz 25 unidades, o que é custo-eficiente porque os custos marginais são iguais. Do ponto de vista do patrimônio líquido, Homer não está sendo recompensado porque tem de pagar $ 50 por unidade de poluição que continue a produzir. Depois de cortar suas emissões em 25 unidades, Homer ainda polui 65 unidades ao ano e, portanto, deve pagar impostos anuais iguais a $ 3.250 (= $ 50 × 65). Como Bart reduz sua poluição em 75 unidades, sua responsabilidade fiscal anual é de apenas $ 750 (= $ 50 × 15). Em resumo, a empresa com menor redução de poluição não está, de fato, sendo beneficiada, pois tem responsabilidade fiscal maior do que se reduzisse mais.

A principal vantagem de uma taxa sobre emissões é que ela obtém redução de poluição com o menor custo possível. Observe na Figura 5.9 que para qualquer taxa sobre emissões, o custo marginal da redução é o mesmo para Bart e Homer (ou seja, $CM_B = CM_H$), então obtemos um resultado custo-eficiente. Evidentemente, uma taxa maior que $ 50 levaria

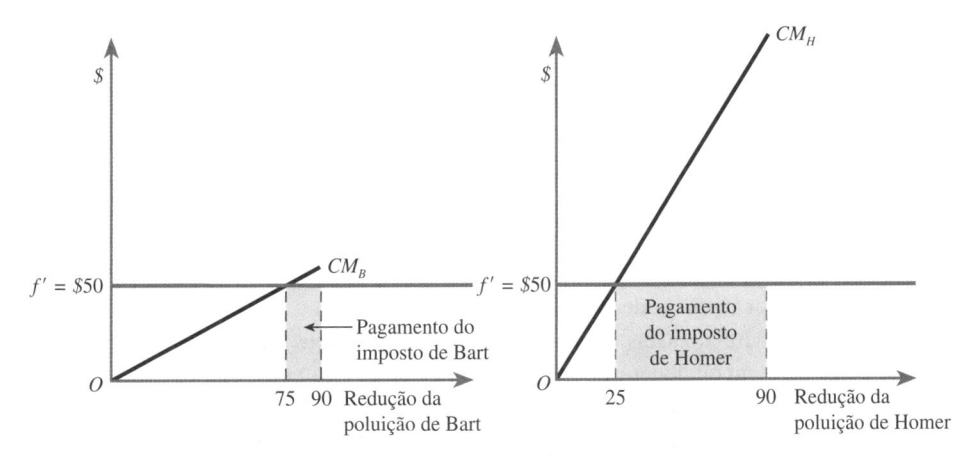

FIGURA 5.9 Uma taxa sobre emissões é custo-eficiente.
Uma taxa sobre emissões induz cada poluidor para reduzir poluição até o ponto onde o custo marginal de reduzir iguais o nível da taxa. Isso resulta em custos marginais iguais para os poluidores, o que é custo-eficiente.

a uma redução de mais de 100 unidades por ano e uma taxa menor que $ 50 levaria a uma redução anual de menos de 100 unidades. Independentemente da redução, a taxa a obtém com o custo mais baixo possível.

Embora estejamos discutindo taxas sobre emissões no contexto da poluição, é análogo lidar com outros tipos de externalidades. Agora, discutiremos um desses casos.

PERSPECTIVA DE POLÍTICA

Pedágio urbano

Em estradas e rodovias cheias, cada condutor impõe custos aos outros condutores por aumentar o congestionamento. Em Washington, DC, e Los Angeles, por exemplo, os custos externos de dirigir são aproximadamente 7 centavos por milha dirigida fora do horário de pico e 23 centavos por milha dirigida nos horários de pico [Parry e Small, 2009]. No entanto, ninguém é forçado a levar tais custos em conta e, por isso, essa situação é uma externalidade clássica. A eficiência poderia ser melhorada por uma "taxa sobre emissões" sobre dirigir, igualada aos custos marginais do congestionamento (desperdício de gasolina, tempo, etc.) impostos a outros condutores. Para ser eficiente, a taxa seria ajustada de acordo com o momento e o local. Aqueles que dirigissem no tráfego da cidade no horário de pico pagariam mais que os condutores que dirigissem em vias rurais ou em horários de menor movimento. Uma política de **pedágio urbano** internalizaria esses custos, resultando num ganho substancial de bem-estar para os Estados Unidos.

Algumas cidades já fizeram experiências com o uso de pedágio urbano. Singapura, por exemplo, tem pedágios eletrônicos que variam de acordo com o horário. Trondheim, na Noruega, impõe cobranças para acesso ao centro, com valores variáveis de acordo com o horário. Motoristas sozinhos em San Diego podem usar as pistas para veículos com alta ocupação por um preço que depende do nível de congestionamento da rodovia no momento.

A Holanda está levando essa ideia ainda mais adiante. Em uma experiência, está equipando veículos com medidores que calculam um imposto com base na eficiência de combustível do carro, no horário e na rota (viajar por estradas mais cheias custa mais caro que dirigir em estradas de menor tráfego). Ao fim de cada mês, o proprietário do veículo recebe uma conta detalhando quando o carro foi dirigido e o custo de cada passeio. Um dos primeiros usuários observou, "Olhar para o dinheiro faz você perceber que um carro nem sempre é uma boa ideia" [Rosenthal, 2011].

---

pedágio urbano
Imposto cobrado por dirigir igual aos custos marginais do congestionamento imposto aos outros motoristas.

Cap-and-trade

Como política alternativa a uma taxa sobre emissões, o governo pode instituir um sistema de licenças de poluição comerciáveis, conhecido como *cap-and-trade*. De acordo com o *cap-and-trade*, Bart e Homer devem submeter uma licença do governo para cada unidade de poluição emitida. Além disso, eles têm permissão para negociar essas licenças um com o outro. Nos termos de nosso exemplo, para limitar a poluição a 80 unidades, o governo emitiria 80 licenças por ano.

Qual a melhor maneira de alocar as licenças entre Bart e Homer? Contanto que as licenças sejam comercializáveis, do ponto de vista da eficiência, sua alocação inicial entre os poluidores não tem qualquer importância – o resultado será custo-eficiente de qualquer modo.[7] Para entender por que, considere a Figura 5.10, que replica as curvas de custo marginal da Figura 5.8. Para simplificar, suponhamos que Bart receba todas as 80 licenças emi-

cap-and-trade
Política de concessão de licenças para poluir. O número de licenças é estabelecido no nível de poluição desejado, e os poluidores podem negociar as licenças.

---

[7] Isso só se sustenta se o mercado de permissões for um mercado competitivo (ver Hahn, 1984).

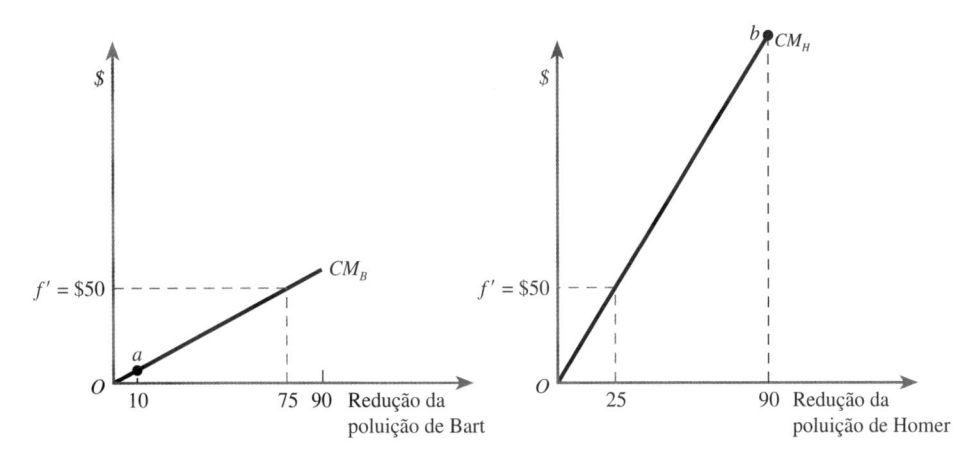

FIGURA 5.10 Um sistema de *cap-and-trade* é custo-eficiente.
Bart recebe todas as 80 licenças, mas há margem de barganha entre Homer e Bart. Bart vende licenças para Homer até que seus custos marginais sejam iguais, um resultado custo-eficiente.

tidas pelo governo. Como Bart originalmente emitia 90 unidades por ano, com 80 licenças, ele agora deve reduzir suas emissões em apenas 10 unidades, o que o coloca no ponto *a* da Figura 5.10. Por outro lado, como Homer não tem nenhuma licença, ele deve eliminar sua poluição. Isso equivale a uma redução de 90 unidades, que o coloca no ponto *b* da Figura 5.10. Neste resultado, CM_H excede em muito CM_B, então os custos totais são muito mais altos do que precisam ser – a alocação não é custo-eficiente.

Como o comércio muda esse resultado? Se Bart vendesse uma de suas licenças a Homer, Bart teria de reduzir outra unidade de poluição. Portanto, ele só venderia uma licença se o valor recebido por ela ao menos cobrisse seu custo de reduzir a unidade adicional de poluição. Ao comprar uma licença, Homer poderia poluir mais uma unidade. Portanto, ele só compraria uma licença se isso custasse menos que a economia obtida ao poluir mais uma unidade. Como o custo marginal para Bart no ponto *a* é menor que o custo marginal para Homer no ponto *b*, há margem para barganha, e Bart vende a Homer uma de suas licenças. Pela mesma lógica, Bart continua a vender licenças a Homer até $CM_B = CM_H$. Lembre-se, porém, de que $CM_B = CM_H$ define o resultado custo-eficiente. Demonstramos, portanto, que o *cap-and-trade* é uma política custo-eficiente. Observe também que, nesse ponto, o preço de mercado das licenças é f' (= \$ 50), que é igual à taxa sobre emissões discutida anteriormente.

Observe que a mesma redução de poluição ocorreria independentemente de como o governo inicialmente distribuísse as licenças entre Bart e Homer. Naturalmente, a distribuição de licenças afeta a distribuição de renda, pois cada um deles preferiria ser vendedor de licenças a ser comprador. Se tudo isso soa familiar, não é por acaso. Este é simplesmente outro exemplo do Teorema de Coase, que diz que quem recebe os direitos de propriedade tem consequências de distribuição, não de eficiência. Contanto que Bart e Homer tenham permissão para negociar as licenças um com o outro, o resultado final é custo-eficiente.

Os sistemas de taxas sobre emissões e *cap-and-trade* são políticas simétricas. Em nosso exemplo, uma taxa sobre emissões em f' obtém a mesma redução de poluição de Bart e Homer que um programa de *cap-and-trade* com 80 licenças emitidas pelo governo a cada ano. De modo mais geral, para cada taxa sobre emissões há, em teoria, um sistema de *cap-and-trade* que atinge o mesmo resultado e vice-versa. No entanto, na prática, há algumas diferenças em como os dois sistemas funcionam.

Taxa sobre emissões *versus cap-and-trade*

Agora, examinaremos várias diferenças práticas entre uma taxa sobre emissões e um sistema de *cap-and-trade*.[8]

Resposta à inflação Lembre-se de nosso exemplo anterior em que o governo estabelecia uma taxa sobre emissões de $ 50 por unidade de poluição. Suponha que a economia esteja sofrendo com inflação. Se a taxa não for ajustada de acordo com mudanças nos níveis de preço para cada ano, então, em termos reais, seu custo para Bart e para Homer cairá com o passar do tempo. Em outras palavras, a inflação reduz a taxa real sobre emissões, resultando em menos redução de poluição. Em contraste, o *cap-and-trade* leva à mesma quantidade de poluição independentemente da inflação – com um limite anual de 80 unidades de poluição, essa é a quantidade de poluição. De fato, a taxa sobre emissões poderia gerar o mesmo resultado se seu nível fosse corrigido a cada ano de acordo com a inflação. A vantagem do *cap-and-trade* é que não são necessárias ações legislativas ou reguladoras; o ajuste acontece automaticamente.

Resposta a mudanças de custo O custo marginal de reduzir a poluição provavelmente irá mudar de ano a ano. Os custos talvez aumentem se, por exemplo, a demanda pelos bens fabricados pelas empresas poluidoras aumentar, aumentando, assim, o custo de oportunidade de reduzir a produção. Por outro lado, os custos talvez diminuam se as empresas aprenderem a usar seus insumos de modo mais eficiente. Para analisar as consequências das mudanças de custo, suponha que uma taxa sobre emissões de $ 50 seja cobrada de Bart e Homer. Agora, suponha que os custos marginais de Bart e Homer aumentem depois da imposição da taxa sobre emissões. De acordo com a Figura 5.9, com uma taxa sobre emissões de $ 50, um aumento nas curvas de custo marginal leva a uma menor redução na poluição (ou mais poluição). Observe que, com a taxa sobre emissões, Bart e Homer jamais pagarão mais que $ 50 para reduzir uma unidade de poluição. Independentemente de qualquer aumento no custo da redução, eles sempre poderão optar por pagar $ 50 por unidade de poluição em vez de reduzir outra unidade de poluição. Com a taxa sobre emissões, a redução de poluição diminui conforme aumentam os custos marginais.

Suponha agora que o governo institua um programa de *cap-and-trade*. Se os custos marginais de Bart e Homer aumentarem, a Figura 5.10 mostra que o nível de redução de poluição permanecerá o mesmo. Como mencionado anteriormente, um sistema de *cap-and-trade* estabelece um limite rígido para a poluição, que não varia conforme mudam as condições econômicas. No entanto, diferentemente da taxa sobre emissões, o custo de obter a meta de redução de poluição pode tornar-se muito alto com o aumento dos custos marginais. Conforme as curvas marginais se elevam, o preço de mercado das licenças aumenta, impondo custos mais altos para Bart e Homer. Com o *cap-and-trade*, a redução da poluição se mantém constante conforme aumentam os custos marginais.

Em suma, uma taxa sobre emissões limita o custo de reduzir a poluição, mas leva a mudanças nas emissões de acordo com as circunstâncias econômicas de cada momento, ao passo que um sistema de *cap-and-trade* limita a quantidade de emissões mas leva a mudanças no custo de reduzir a poluição conforme muda a economia. Nenhum sistema leva automaticamente a um resultado eficiente quando os custos de reduzir a poluição mudam.

Uma opção interessante é combinar o sistema de *cap-and-trade* com a taxa sobre emissões. Com essa abordagem híbrida, o governo estabelece um sistema de *cap-and-trade* que fixa a quantidade de poluição admissível. No entanto, o governo também informa que venderá tantas licenças adicionais quanto solicitadas por um preço pré-estabelecido. Esse preço, conhecido como **preço de válvula de segurança**, pode ser

---

preço de válvula de segurança

Em um sistema de *cap-and-trade*, o governo estabelece um preço a ser pago por poluidores que desejem comprar licenças adicionais além do limite.

---

[8] A lista não é completa. Para obter mais detalhes, consulte Gayer e Horowitz [2006].

bastante alto, para que seja usado apenas se o custo da redução de poluição for muito mais alto que o esperado. De fato, a válvula de segurança flexibiliza o limite de poluição caso o custo marginal da redução aumente além de um nível considerado aceitável pelas autoridades normativas.

Resposta à incerteza Os custos de tratar de muitos problemas ambientais importantes são altamente incertos. Quando existe tal incerteza, uma taxa sobre emissões e um programa de *cap-and-trade* podem levar a diferentes resultados.[9]

Para simplificar, consideremos um exemplo com um só poluidor. O governo decide entre instituir uma taxa sobre emissões e um sistema de *cap-and-trade*. Consideraremos dois casos: um em que o cronograma de benefício marginal social de reduzir a poluição não é elástico e um em que é elástico. Com um cronograma não elástico, as primeiras unidades de redução de poluição são altamente valiosas, mas, conforme ocorrem mais reduções, seus benefícios incrementais caem rapidamente. Com um cronograma elástico, o valor marginal de cada unidade de redução de poluição permanece bastante constante.

Cronograma não elástico de benefício marginal social A Figura 5.11 retrata um cronograma não elástico de benefício marginal social. Suponha, agora, que o governo esteja incerto sobre o custo marginal de reduzir este poluente. A suposição do governo é que o cronograma de custo marginal é CM^*. No entanto, ele poderia chegar a CM'.

Confiando em sua estimativa de CM^*, se o governo usasse um sistema de *cap-and-trade*, emitiria licenças suficientes para obter uma redução de e^*. Se CM^* de fato representar os custos verdadeiros, este resultado será eficiente. No entanto, se a verdadeira curva de custo marginal se revelar CM', o resultado eficiente será e', de modo que o

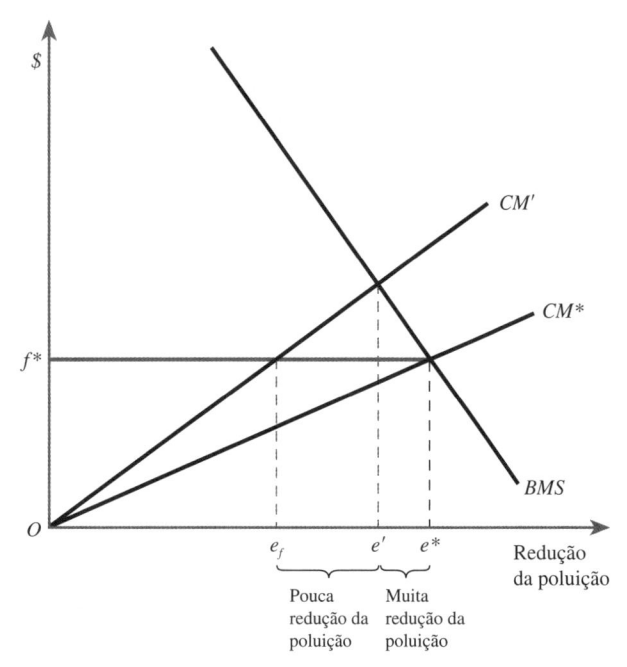

FIGURA 5.11 *Cap-and-trade versus* taxa sobre emissões quando os benefícios sociais marginais não são elásticos e os custos são incertos.
Quando os benefícios sociais marginais não são elásticos e os custos são mais altos que o esperado, nem o *cap-and-trade*, nem a taxa sobre emissões é perfeitamente eficiente. O *cap-and-trade* obtém uma redução de poluição excessiva, enquanto a taxa sobre emissões obtém redução de poluição baixa demais. No entanto, o *cap-and-trade* é mais eficiente.

---

[9] Este tema foi tratado pela primeira vez por Weitzman [1974].

cap-and-trade (que fixa o nível de poluição independentemente do que venha a acontecer com os custos) levará a uma excessiva redução de poluição (ou seja, $e^* > e'$). Observe que, embora o resultado do *cap-and-trade* seja ineficiente se os custos forem mais altos que o previsto, isso não é muito ruim do ponto de vista da eficiência, pois e^* está bastante próximo de e'.

O que acontece se o governo usa uma taxa sobre emissões sob essas circunstâncias? Considere novamente a Figura 5.11. Confiando em sua estimativa de CM^*, o governo estabeleceria a taxa em f^* para obter uma redução de e^*. Como antes, se CM^* representar os custos verdadeiros, este resultado será eficiente. Lembre-se que, com uma taxa sobre emissões, o nível de poluição (e, portanto, a redução na poluição) muda conforme também mudam as curvas de custo. Se a curva de custo marginal verdadeira for CM', a taxa sobre emissões levará a uma redução de e_f, em vez do resultado eficiente, e'.

Vale ressaltar que, embora o resultado do *cap-and-trade* na Figura 5.11 seja apenas moderadamente ineficiente se os custos forem mais altos que o esperado, o resultado de taxa sobre emissões é altamente ineficiente porque e_f é muito menor que e'. Concluímos que um sistema de *cap-and-trade* é preferível a uma taxa sobre emissões quando os benefícios sociais marginais não são elásticos e os custos são incertos. Intuitivamente, quando os benefícios sociais marginais não são elásticos, uma mudança nos custos terá muito pouco efeito sobre a quantidade ideal de redução da poluição. Portanto, um sistema de *cap-and-trade* (que fixa a quantidade de poluição admissível) não ficará muito distante do novo nível eficiente. Embora esta análise tenha-se concentrado no caso em que os custos marginais de redução da poluição são mais altos que o esperado, resultados semelhantes podem ser obtidos quando eles são mais baixos que o esperado. (Ver Questão para Discussão 14, no fim do capítulo.)

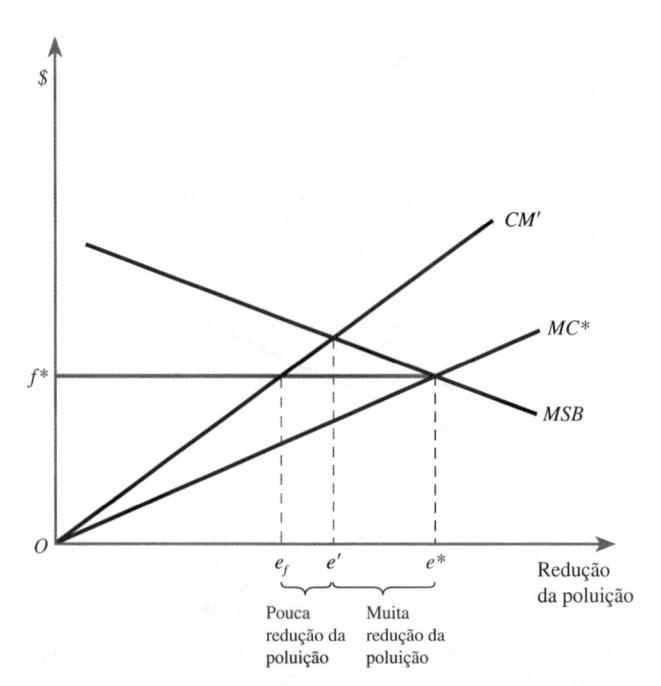

FIGURA 5.12 *Cap-and-trade versus* taxa sobre emissões quando os benefícios sociais marginais são elásticos e os custos são incertos.
Quando os benefícios sociais marginais são elásticos e os custos são mais altos que o esperado, nem o *cap-and-trade*, nem uma taxa sobre emissões será perfeitamente eficiente. O *cap-and-trade* obtém uma redução de poluição excessiva, enquanto a taxa sobre emissões obtém redução de poluição baixa demais. No entanto, uma taxa sobre emissões é mais eficiente.

Cronograma elástico de benefício marginal social A Figura 5.12 reproduz as curvas de custo marginal da Figura 5.11. No entanto, neste diagrama, supõe-se que os benefícios sociais marginais da redução da poluição são relativamente elásticos. Assim como no exemplo anterior, se o governo usasse um sistema de *cap-and-trade*, emitiria uma quantidade suficiente de licenças para atingir uma redução de e^*. Se a verdadeira curva de custo marginal for CM', o resultado eficiente estará em e', de modo que o *cap-and-trade* leva a uma redução excessiva na poluição (ou seja, $e^* > e'$).

A Figura 5.12 também mostra as consequências de uma taxa sobre emissões. Como antes, o governo estabeleceria a taxa em f^* para reduzir as emissões em e^*, que é eficiente se CM^* representar os custos verdadeiros. Se a verdadeira curva de custo marginal for CM', então a taxa sobre emissões levará a uma redução e_f, ao passo que e' é o resultado eficiente. No entanto, diferentemente do exemplo com benefícios sociais marginais não elásticos, neste caso e_f está mais próximo do resultado eficiente do que e^*, a redução obtida pelo *cap-and-trade*. Concluímos que, se custos marginais forem incertos, *uma taxa sobre emissões será preferível a um sistema de cap-and-trade quando os benefícios sociais marginais forem elásticos*. Intuitivamente, quando os benefícios sociais marginais são elásticos, uma mudança nos custos terá grande efeito sobre a quantidade ideal de redução da poluição. Portanto, um sistema de *cap-and-trade* (que fixa a quantidade de poluição admissível) ficará consideravelmente distante do novo nível eficiente.

O que tudo isso indica? Num mundo de incertezas, não podemos saber com segurança se as taxas sobre emissões ou os sistemas de *cap-and-trade* serão mais eficientes. Entre outras coisas, depende da velocidade com que os benefícios sociais marginais de reduzir a poluição caem com a quantidade de limpeza. Isso remete, novamente, a um tema recorrente neste capítulo. Formular uma política ambiental sensata exige um esforço interdisciplinar – informações de diversas áreas são necessárias para determinar várias relações técnicas, inclusive a forma do cronograma de benefício marginal social. As ferramentas da economia nos permitem, portanto, usar essas informações para encontrar soluções eficientes.

Efeitos de distribuição Mesmo no caso de certeza quando *cap-and-trade* e taxas sobre emissões são equivalentes do ponto de vista da eficiência, esses sistemas geralmente têm consequências de distribuição diferentes. Com uma taxa sobre emissões, os poluidores pagam impostos por unidade de poluição e a renda vai para o governo. Com um sistema de *cap-and-trade*, se as licenças são fornecidas diretamente às empresas poluidoras gratuitamente, o governo não recebe qualquer renda. Por outro lado, um sistema de *cap-and-trade* pode gerar rendas de governo se as licenças forem vendidas diretamente pelo governo a poluidores, em vez de serem distribuídas gratuitamente.

PERSPECTIVA DE POLÍTICA

Tratar das mudanças climáticas

A questão de externalidade que mais se destaca na agenda de políticas públicas é a mudança climática. Diversas atividades econômicas liberam gases de efeito estufa – como dióxido de carbono, óxido nitroso, e metano – que retêm a energia solar dentro da atmosfera da Terra. Muitos cientistas acreditam que o calor adicional aquece o clima, gerando impactos sobre economia, saúde e meio ambiente. Como nosso clima é um sistema complexo e os impactos são globais, não é fácil calcular exatamente a magnitude da contribuição das emissões de gases de efeito estufa sobre o clima. As magnitudes precisas dos efeitos associados à economia, à saúde e ao meio ambiente também são difíceis de precisar.

(continua)

> *(continuação)*
>
> Embora as questões envolvidas na análise das causas e das consequências da mudança climática sejam complicadas, a estrutura básica desenvolvida neste capítulo fornece uma orientação sensata para políticas: reduzir emissões de gases de efeito estufa até o ponto em que os benefícios marginais igualem os custos marginais. Usando essa estrutura, Nordhaus [2008] estimou que a política ideal para o clima reduziria as emissões globais de gases de efeito estufa em 15% até 2015, 25% até 2050 e 45% até 2100. Esses níveis de emissão correspondem a uma taxa ideal sobre emissões (em dólares de 2005) por tonelada de carbono de aproximadamente US$ 42 em 2015, US$ 90 em 2050 e US$ 202 em 2100.
>
> Como nossa teoria indica, as reduções ideais podem ser obtidas por uma taxa sobre emissões (isto é, um imposto sobre emissões de carbono) ou por um programa de *cap-and-trade*. Qual abordagem é mais eficiente? A maioria das pesquisas sugere que os benefícios sociais marginais da redução de emissões são mais elásticos que os custos marginais. Considerando a incerteza que cerca os custos de reduzir as emissões, isso sugere que um imposto sobre o carbono que estabeleça um preço anual fixo é mais eficiente que um limite que estabeleça um nível anual de emissões fixo [Congressional Budget Office, 2008b]. Dito isso, a eficiência do *cap-and-trade* pode ser aumentada se incluirmos determinadas características de flexibilidade, como permitir que poluidores acumulem licenças não utilizadas para uso futuro ou tomem de empréstimo licenças futuras para uso atual. Ademais, incluir uma válvula de segurança aumenta a eficiência de um programa de *cap-and-trade*, tornando-o mais semelhante a um imposto sobre o carbono.

Regulamentação de comando e controle

regulamentações baseadas em incentivo
Políticas que fornecem a poluidores incentivos financeiros para reduzir a poluição.

Os sistemas de taxas sobre emissões e de *cap-and-trade* são chamados de **regulamentos baseados em incentivo**, pois fornecem aos poluidores incentivos de mercado para reduzir a poluição. Basicamente, cada abordagem aumenta o custo de oportunidade de poluir, forçando poluidores a levarem em conta os danos externos marginais associados ao seu comportamento. As regulamentações baseadas em incentivo oferecem aos poluidores flexibilidade considerável para decidir como reduzir suas emissões. Bart pode achar mais econômico reduzir a poluição cortando sua produção, enquanto Homer talvez pense que custa menos comprar uma tecnologia redutora de poluição. Ambas as opções são permitidas nos termos de uma regulamentação baseada em incentivos, pois a ideia é encontrar a maneira viável mais econômica para reduzir a poluição. Além da flexibilidade a respeito de como reduzir a poluição, há também flexibilidade sobre quem reduz a poluição. Por exemplo, se o custo de reduzir a unidade marginal de poluição for menor para Bart que para Homer, em um sistema de *cap-and-trade*, Homer compra uma licença de Bart. Com efeito, a flexibilidade incorporada permite que Homer pague a Bart para que reduza a poluição por ele. Da mesma forma, com uma taxa sobre emissões, Bart reduz mais poluição que Homer, que, por sua vez, opta por pagar mais impostos.

regulamentações de comando e controle
Políticas que exigem determinada quantidade de redução de poluição com flexibilidade limitada ou nula a respeito de como obtê-la.

padrão de tecnologia
Tipo de regulamentação de comando e controle que exige que empresas usem uma tecnologia específica para reduzir sua poluição.

Ao contrário dessas abordagens flexíveis, a abordagem tradicional à regulamentação ambiental é baseada em **regulamentações de comando e controle**. As regulamentações de comando e controle assumem uma variedade de formas, mas são todas menos flexíveis que as regulamentações baseadas em incentivo. Um **padrão de tecnologia** é uma regulamentação de comando e controle que exige que poluidores instalem determinada tecnologia para limpar suas emissões. Os poluidores transgridem a lei se reduzem a poluição por outros meios, independentemente da eficácia desses outros meios. Por exemplo, uma lei aprovada há vários anos exigia que todas as novas usinas de energia instalassem "depuradores", em vez de permitir que limpassem suas emissões pelo uso de combustíveis mais limpos. Ao contrário de regulamentações baseadas em incentivo, um padrão de tecnologia não fornece às empresas qualquer incentivo para buscar maneiras mais baratas de reduzir a poluição. Por que investir no desenvolvimento de uma nova tecnologia de limpeza se a lei não permitirá seu uso? Portanto, padrões de tecnologia geralmente não são custo-eficientes.

Um **padrão de desempenho** é um tipo de regulamentação de comando e controle que estabelece uma meta de emissões para cada poluidor. O poluidor frequentemente tem flexibilidade para cumprir com o padrão da maneira que escolher, então este tipo de regulamentação é mais custo-eficiente que um padrão de tecnologia. No entanto, como o padrão de desempenho estabelece uma meta fixa de emissões para cada empresa individual, a carga de reduzir a poluição não pode ser passada a empresas que podem fazer isso de modo mais econômico. Como resultado, padrões de desempenho raramente serão custo-eficientes.

Vários estudos empíricos comparam os custos de usar abordagens custo-eficientes e de comando e controle para obter determinada redução na poluição. Os resultados específicos dependem do tipo de poluição considerado e do local da poluição. Um resumo dessas constatações mostra que regulamentações de comando e controle são de 1,07 a 22 vezes mais caras que a abordagem custo-eficiente [Relatório Econômico do Presidente, 2003].

Um bom exemplo de abordagem de comando e controle ineficiente são as normas do governo federal para economia média de combustível (CAFE) para novos veículos de passageiros. Essas normas ditam a quilometragem média de gasolina que frotas de veículos devem atingir (em 2012, aproximadamente 32 milhas por galão para carros e 25,2 milhas por galão para caminhões leves, como SUVs). A meta da política é reduzir o consumo de gasolina. As normas de CAFE têm flexibilidade limitada, pois os fabricantes não podem redistribuir a carga entre si para reduzir o custo total. Uma abordagem alternativa para reduzir o consumo de gasolina seria cobrar um imposto sobre a gasolina, que é um tipo de taxa sobre emissões. O Escritório de Orçamento do Congresso comparou um aumento nas normas de CAFE a um aumento no imposto sobre a gasolina que obteria a mesma redução no consumo de gasolina e constatou que a CAFE custa aproximadamente US$ 700 milhões a mais por ano [Congressional Budget Office, 2004b].

Comando e controle é ainda melhor? Uma abordagem de comando e controle é preferível a um sistema baseado em incentivos sob determinadas condições. Uma abordagem baseada em incentivos é possível somente se as emissões puderem ser controladas. Se for impossível ou muito caro monitorar as emissões, o governo não poderá cobrar uma taxa sobre emissões por unidade ou determinar se um poluidor tem licenças suficientes para cobrir suas emissões. Algumas formas de poluição são relativamente fáceis de monitorar, como emissões de dióxido de enxofre de usinas elétricas. É mais difícil monitorar outras formas, como escoamento agrícola de produtos químicos, sedimentos e nutrientes. Nesses casos, um padrão de tecnologia pode ser mais eficiente, pois é relativamente fácil de controlar se uma empresa instalou ou não a tecnologia.

Outro possível problema com regulamentos baseados em incentivos é que eles podem levar a altas concentrações de poluição em determinadas áreas. Como um sistema baseado em incentivos limita as emissões totais de todas as fontes, é possível que algumas áreas tenham emissões mais altas que outras. Se as emissões se concentram em uma área específica, elas podem causar danos muito maiores que se fossem mais difusas. Concentrações localizadas de emissões são conhecidas como ***hot spots***. Uma norma de comando e controle pode evitar *hot spots* pela restrição de emissões de cada fonte individual de poluição.[10]

---

[10] Uma abordagem baseada em incentivos também pode tratar de *hot spots*. Por exemplo, uma taxa sobre emissões pode cobrar diferentes níveis de imposto dependendo da fonte de poluição. Da mesma forma, um sistema de *cap-and-trade* pode exigir que algumas fontes "resgatem" mais licenças por unidade de emissões que outras fontes. Não obstante, isso aumenta a complexidade das abordagens baseadas em incentivo.

---

padrão de desempenho
Regulamentação de comando e controle que estabelece uma meta de emissões para cada poluidor individual e permite alguma flexibilidade para cumprir a meta.

hot spots
Áreas com concentrações relativamente altas de emissões.

▶ A RESPOSTA DOS EUA

Como respostas do mundo real a problemas de externalidade se comparam às soluções sugeridas pela teoria? No caso da poluição do ar, a principal lei federal é o Clean Air Act, que já foi alterado diversas vezes.[11] Nas Emendas de 1970 ao Clean Air Act, o Congresso encarregou a Agência de Proteção Ambiental (EPA) de estabelecer padrões nacionais de qualidade do ar. O Congresso determinou que essas normas deveriam ser uniformes para todo o país e deveriam ser estabelecidas em um nível que "fornecesse uma margem de segurança adequada". Nenhuma dessas condições é baseada em preocupações com eficiência. Uma política eficiente permitiria que os padrões variassem geograficamente conforme variam os custos e benefícios e tentaria estabelecer padrões em um nível capaz de maximizar os benefícios líquidos. Porém, os tribunais determinaram que a lei proíbe a EPA de sequer considerar custos no estabelecimento dos padrões.

Os principais regulamentos ambientais da década de 1970 foram baseados na abordagem de comando e controle. Por exemplo, as Emendas de 1970 ao Clean Air Act estabeleceram padrões de tecnologia e padrões de desempenho para novas fontes de poluição do ar e determinaram padrões de emissão para carros, caminhões e ônibus. O requisito ignorar os custos ao estabelecer padrões e a base em regulamentações de comando e controle certamente aumentaram os custos de atingir nossas metas ambientais.

A legislação do ar limpo alcançou seus objetivos? Os seis principais poluentes do ar regulamentados pelo Clean Air Act diminuíram desde 1970. No entanto, devemos ser cautelosos ao atribuir tais reduções inteiramente à regulamentação ambiental. Talvez, por exemplo, a melhoria se deva em parte a avanços tecnológicos que permitem que empresas usem seus insumos mais eficientemente, gerando menos poluição. De fato, Goklany [1999] apresenta indícios de que a poluição do ar nos EUA estava diminuindo bem antes do Clean Air Act. Não obstante, uma variedade de análises indica que o Clean Air Act foi fundamental para reduzir a poluição abaixo dos níveis que teriam ocorrido sem ele [Freeman, 2002, p. 127]. Como destacado, porém, este resultado não significa que as reduções na poluição foram obtidas com eficiência de custo.

Em alguns contextos, a abordagem de comando e controle foi não apenas ineficiente, mas também ineficaz. Por que isso pode ter acontecido? Baumol [1976] enfatiza como a eficácia da regulamentação depende da vigilância do regulador, ou seja:

> da prontidão com que as ordens são emitidas, da severidade de suas disposições, da força da resistência do regulador a exigências de modificações, de sua eficácia em detectar e documentar infrações, de seu vigor e êxito em processar e da severidade das penalidades impostas pelo mecanismo judicial [p. 445].

Esta é uma tarefa difícil, especialmente se considerarmos as pressões políticas a que o regulador provavelmente estará sujeito. Em contraste, as taxas sobre emissões "não dependem da vigilância do regulador, mas da tenacidade confiável do cobrador de impostos". Elas funcionam convidando o poluidor a evitar seus pagamentos por meio da abertura deliberadamente deixada para ele – reduzir suas emissões [Baumol, 1976, p. 446].

Além disso, a abordagem do "senão" da regulamentação frequentemente sai pela culatra. A ameaça final é fechar a fábrica que polui. Em muitos casos, no entanto, tal fechamento geraria grandes deslocamentos entre trabalhadores e/ou consumidores e, portanto, é politicamente difícil. A legislatura de estado do Texas uma vez decidiu que cumprir as regras da EPA para teste de carros e caminhões quanto a emissões excessivas seria caro demais. A legislatura simplesmente desafiou as ordens da EPA para criar um novo sistema. No mesmo espírito, quando um tribunal da Índia ordenou que as autoridades em Delhi substituíssem sua frota de 10.000 ônibus a diesel por ônibus mais ecológicos a gás natural,

---

[11] Há resumos excelentes das disposições do Ato em Portney [2000].

nada aconteceu. As autoridades da cidade simplesmente não estavam dispostas a confrontar os proprietários dos ônibus, que prometiam, entre outras coisas, protestar com greve de fome até a morte. De fato, dois anos depois da decisão do tribunal, Delhi continuava licenciando novos ônibus a diesel [Dugger, 2001, p. A3].

Isso não significa que regulamentações de comando e controle nunca são úteis. Como discutido anteriormente, quando os poluentes são difíceis de controlar, elas podem ser a melhor solução. Mas de modo geral, comando e controle é provavelmente a fonte de muitos problemas relacionados à política ambiental.

Progresso com abordagens baseadas em incentivo

A abordagem de comando e controle prevalece na política ambiental dos EUA, talvez, em parte, porque algumas pessoas consideram os incentivos financeiros eticamente duvidosos. Como uma pessoa opinou: "Não parece correto dar recompensas financeiras aos que continuam a poluir" [Vacilam, 2010]. Não obstante, os argumentos dos economistas em favor das abordagens baseadas em incentivos vêm ganhando algum espaço. Em particular, alguns programas importantes de *cap-and-trade* foram implementados. Esta seção discute um deles.

Infelizmente, o mercado desmoronou há alguns anos, com preços caindo para menos de US$ 5 por licença. Por quê? Decisões judiciais e regulamentações posteriores da Agên-

---

PERSPECTIVA DE POLÍTICA

Cap-and-trade para dióxido de enxofre

A chuva ácida se forma quando óxidos de enxofre e óxidos de nitrogênio emitidos no ar reagem com o vapor de água para criar ácidos. O Acid Rain Trading Program, criado como parte das Emendas de 1990 ao Clean Air Act, foi o exemplo mais notável nos EUA de uma abordagem baseada em incentivos. Ele estabeleceu um limite nacional anual para emissões de dióxido de enxofre. Todas as empresas de energia elétrica (principais produtoras de dióxido de enxofre) necessitavam de uma "concessão de emissões" para cada tonelada de dióxido de enxofre emitido para a atmosfera. O número total de concessões era igual ao limite. As concessões inicialmente foram distribuídas entre as unidades geradoras de energia elétrica gratuitamente, podendo, depois, ser compradas e vendidas, como em nosso modelo teórico (Figura 5.10).[12]

O mercado para comércio das concessões era muito ativo. O preço por concessão variava entre US$ 150 e US$ 600. É interessante observar que isso estava consideravelmente abaixo do preço previsto originalmente, indicando que atingir a meta da quantidade de emissões de dióxido de enxofre custava menos que a maioria de pessoas imaginava. De fato, algumas estimativas sugerem que o programa economizou entre US$ 0,9 bilhão e US$ 1,8 bilhão por ano em relação ao custo de uma abordagem reguladora convencional [Relatório Econômico do Presidente, 2004, p. 185]. Nossa teoria prevê que as abordagens de *cap-and-trade* fornecem incentivos financeiros para que empresas encontrem novas tecnologias para reduzir a poluição, e essa previsão foi corroborada. Por exemplo, algumas empresas reduziram suas emissões combinando carvões com vários conteúdos de enxofre para atingir resultados intermediários. Antes do programa de comércio de emissões, tal mistura não era considerada tecnologicamente prática, mas o programa deu incentivos às empresas para que descobrissem modos de fazê-la funcionar [Burtraw, 2002, p. 144]. Em resumo, o experimento de comércio de emissões de dióxido de enxofre foi um sucesso.

---

[12] O programa reserva 2,8% de concessões, que, a cada ano, são leiloadas. A renda do leilão é retransferida proporcionalmente para as empresas de energia elétrica, a partir das quais o leilão foi criado.

cia de Proteção Ambiental alteraram a ênfase de reduzir o nível *nacional* de dióxido de enxofre para reduzir os níveis *locais*. Como cada localidade tinha o próprio limite, o resultado prático foi que precisava haver muitos mercados estaduais em vez de um único mercado nacional. Isso limitou o volume de comércio possível, baixando drasticamente o valor de concessões em banco e aumentando o custo total da redução de poluição.

▶ IMPLICAÇÕES PARA DISTRIBUIÇÃO DE RENDA

Nosso foco principal até agora esteve nos aspectos de eficiência das externalidades. A economia do bem-estar indica que também devemos ter em conta considerações de distribuição. No entanto, tentativas de avaliar as implicações de distribuição da melhoria ambiental levantam uma série de questões difíceis.

Quem se beneficia?

Em nosso modelo simples, a distribuição dos benefícios é um assunto trivial, pois há apenas um tipo de poluição e uma vítima da poluição. Na realidade, os indivíduos sofrem de forma diferente em decorrência de várias externalidades. Alguns indícios sugerem que bairros pobres tendem a estar mais expostos à poluição do ar que bairros de alta renda [Gayer, 2000]. Se isso é verdadeiro, reduzir o nível de poluição do ar pode tornar a distribuição de renda real mais igualitária, se outros fatores permanecerem constantes. Por outro lado, os benefícios de programas ambientais que melhoram áreas recreativas como parques nacionais provavelmente beneficiam principalmente as famílias de alta renda, que tendem a ser seus principais usuários.

Mesmo sabendo quem é afetado por alguma externalidade não nos revela o quanto essas pessoas valorizam sua retirada. Suponha que uma família de alta renda esteja disposta a pagar mais por determinada melhoria na qualidade do ar que uma família de baixa renda. Então, ainda que um programa de limpeza reduza mais a quantidade física de poluição para famílias de baixa renda que para as famílias de alta renda, em *dólares*, o programa pode acabar por favorecer as de alta renda.

Quem arca com o custo?

Suponha que muitas empresas poluentes sejam induzidas a reduzir a produção por uma política governamental. Conforme essas empresas diminuem, a demanda pelos insumos que elas utilizam cai, prejudicando os proprietários desses insumos.[13] Alguns dos antigos funcionários dos poluidores podem sofrer com desemprego no curto prazo e serem forçados a trabalhar por salários mais baixos no longo prazo. Se esses trabalhadores têm baixas rendas, a limpeza ambiental aumenta a desigualdade de renda.

O nível dos custos da proteção ambiental absorvidos pelos pobres é fonte de intensa controvérsia. Os críticos do ambientalismo argumentam que esforços para impedir que fábricas funcionem em metrópoles "agravou as adversidades econômicas da maioria dos pobres" que vive nelas [Ross, 1999, p. A26]. Os ambientalistas chamam tais afirmações de "chantagem do emprego", e acreditam que não há evidências sólidas de que os pobres realmente sejam prejudicados.

Outra consideração é que, se as empresas poluentes são forçadas a levar em conta custos sociais marginais, seus produtos tendem a tornar-se mais caros. Do ponto de vista da eficiência, isso é inteiramente desejável, pois, caso contrário, os preços forneceriam sinais incorretos acerca dos custos totais do recurso. Não obstante, os compradores dessas

---

[13] Mais especificamente, sob certas condições, esses insumos usados de modo relativamente intensivo na produção do bem poluente caem de preço. Ver Capítulo 14 em "Modelos de Equilíbrio Geral".

commodities são geralmente prejudicados. Se as *commodities* afetadas são consumidas principalmente por grupos de alta renda, a distribuição de renda real torna-se mais igualitária. Assim, para avaliar as implicações de distribuição de reduzir a poluição, devemos também conhecer os padrões de demanda dos bens produzidos pelas empresas poluentes.

É evidentemente uma tarefa muito difícil determinar a distribuição dos custos do controle da poluição. Um estudo descobriu que para *cap-and-trade* ou imposto sobre carbono, as famílias no quinto menos favorecido da distribuição de renda podiam arcar com uma carga relativa de 1,4 a 4 vezes mais alta que as famílias no quinto mais favorecido da distribuição de renda [Grainger e Kolstad, 2009].

Nos casos em que a carga incide principalmente sobre os pobres, pode haver a tentação de subsidiar o consumo do bem que gera externalidade. Mas isso iria contra o próprio propósito – um subsídio que baixa o preço do bem que gera externalidade subverte o propósito inicial da política, que é assegurar que os consumidores confrontem os custos sociais integrais do bem. Em resumo, se as implicações de distribuição de políticas que corrigem externalidades são vistas como indesejáveis, outro mecanismo diferente dos subsídios de preços deve ser usado para retificar a situação. Infelizmente, os políticos frequentemente não entendem ou ignoram esta lógica. Por exemplo, o projeto de lei de *cap-and-trade* que a Câmara dos Representantes dos EUA aprovou em 2009 repassava grande parte do valor das licenças para as famílias, reduzindo seus incentivos para conservar energia. (A medida foi posteriormente derrotada no Senado.)

▶ EXTERNALIDADES POSITIVAS

Até o momento, a ênfase esteve principalmente nas externalidades negativas. Observamos, no entanto, que efeitos de transbordamento também podem ser positivos. A análise deste caso é simétrica. Suponha que quando uma empresa faz pesquisa e desenvolvimento (P&D), o benefício marginal privado (*BMP*) e o custo marginal (*CM*) são como retratados na Figura 5.13. A empresa escolhe o nível R_1 de P&D, em que $CM = BMP$. Suponha ainda que a P&D da empresa permita que outras empresas fabriquem seus produtos com menor custo, mas

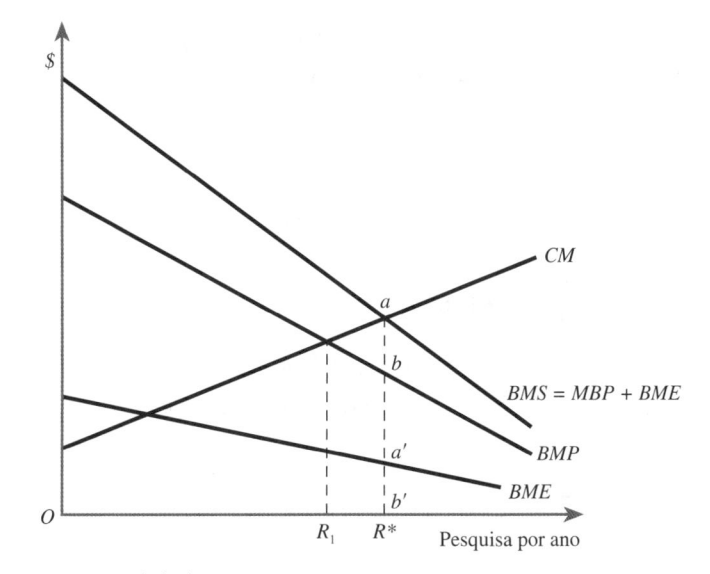

FIGURA 5.13 Externalidade positiva.
Com uma externalidade positiva, o benefício marginal social é o benefício marginal privado mais o benefício marginal externo. Uma empresa que maximiza o lucro tem o nível de produção em que o custo marginal privado é igual ao benefício marginal, R_1. No entanto, eficiência exige que o custo marginal seja igual ao benefício marginal social, que está na produção R^*.

que essas empresas não precisem pagar para usar os resultados científicos, uma vez que se tornam parte do conhecimento geral.[14] Na Figura 5.13, o benefício marginal para outras empresas de cada quantidade de pesquisa é indicado por *BME* (benefício marginal externo). O benefício marginal *social* da pesquisa é a soma de *BMP* e *BME*, sendo indicado por *BMS*.

A eficiência exige igualdade entre o custo marginal e o benefício marginal *social*, que ocorre em R*. Por isso, P&D é reduzida. Do mesmo modo que uma externalidade negativa pode ser corrigida por um imposto Pigouviano, uma externalidade positiva pode ser corrigida por um subsídio Pigouviano. Especificamente, se a empresa que realiza P&D recebe um subsídio igual ao benefício marginal externo no ponto ideal – distância *ab* na Figura 5.13 – ela produzirá eficientemente.[15] A lição é clara: quando um indivíduo ou empresa produz externalidades positivas, o mercado oferece pouco da atividade ou do bem, mas um subsídio apropriado pode remediar a situação. Naturalmente, todas as dificuldades em medir a quantidade e o valor da externalidade permanecem. Algumas pesquisas concluem que a taxa de retorno privado para P&D é de aproximadamente 10%, enquanto a taxa de retorno social é de aproximadamente 50%. Se esses números estão corretos, as externalidades positivas associadas à P&D são substanciais.

Uma nota de advertência

Muitas pessoas que nunca ouviram o termo *externalidade positiva* têm, entretanto, um bom entendimento intuitivo do conceito e de suas implicações políticas. Elas entendem que, se puderem convencer o governo de que suas atividades criam transbordamentos benéficos, podem receber um subsídio do tesouro. As solicitações de tais subsídios devem ser vistas com cautela por duas razões:

- De uma maneira ou de outra, o subsídio deve vir de recursos extraídos de contribuintes. Por isso, cada subsídio inclui uma redistribuição de renda dos contribuintes em geral para os recebedores. Ainda que o subsídio tenha boas consequências de eficiência, suas implicações de distribuição podem não ser desejáveis. Isso depende dos juízos de valor incorporados na função de bem-estar social.

- Apenas o fato de uma atividade ser benéfica não significa que um subsídio seja necessário para eficiência. Um subsídio é apropriado somente se o mercado não permite que aqueles que exercem a atividade captem o retorno marginal pleno. Por exemplo, um cirurgião brilhante que faz muito bem para a humanidade não cria externalidades positivas, contanto que o salário do cirurgião reflita o valor incremental de seus serviços.

Discutiremos esses pontos no contexto da política pública direcionada para crescentes índices de casa própria. Alguns comentaristas argumentaram que essas políticas contribuíram para a crise imobiliária e financeira de 2008 e 2009.

> ### PERSPECTIVA DE POLÍTICA
> #### Imóveis ocupados pelos proprietários
> Por uma variedade de disposições no código federal de imposto de renda dos Estados Unidos, imóveis ocupados pelos proprietários recebem subsídio substancial (essas disposições são detalhadas no Capítulo 17). Este subsídio atualmente está em mais de US$ 120 bilhões ao ano [Joint Committee on Taxation, 2012, p. 36]. Tal subsídio pode ser justificado? Os argumentos geralmente se resumem à afirmação de que a

---

[14] Às vezes, situações deste tipo podem ser parcialmente evitadas por leis de patentes. Em muitos casos, porém, os resultados da pesquisa pura não são patenteáveis, mesmo que possam ser usados para propósitos comerciais.

[15] Observe que, por construção, $ab = a'b'$.

casa própria cria externalidades positivas. Os proprietários de imóveis cuidam de sua propriedade e a mantêm limpa, beneficiando seus vizinhos; por isso, a externalidade. Ademais, a casa própria fornece ao indivíduo uma participação na nação. Isso aumenta a estabilidade social, outro efeito de transbordamento desejável.

A manutenção cuidadosa de propriedades certamente cria externalidades positivas, e os proprietários de imóveis têm maior probabilidade de cuidar de sua propriedade, dos jardins, etc. que os locatários [Glaeser e Shapiro, 2003]. Mas é a casa própria em si que induz esse comportamento desejável? Os efeitos colaterais benéficos associados à propriedade de imóveis podem ser consequência do fato de que dois terços das famílias americanas com casa própria tendem a ter rendas relativamente altas. (A renda média dos proprietários de imóveis é quase duas vezes a dos locatários.) Não há tampouco qualquer evidência de que baixos índices de propriedade necessariamente contribuam para a instabilidade social. Na Suíça, uma nação que não se destaca por suas tendências revolucionárias, apenas um terço das residências são ocupadas pelos proprietários.

Naturalmente, ainda que o subsídio não melhore a eficiência, ele pode ser justificável do ponto de vista da equidade. Como observado, os proprietários de imóveis tendem a ter rendas mais altas que os locatários. Assim, somente se o objetivo de distribuição for aumentar a desigualdade de renda, um subsídio para a casa própria terá sentido deste ponto de vista.

Resumo

- Uma externalidade ocorre quando a atividade de uma pessoa afeta outra pessoa fora do mecanismo de mercado. Externalidades geralmente podem ser relacionadas à ausência de direitos de propriedade aplicáveis.
- As externalidades fazem com que os preços de mercado difiram do custo social, causando uma alocação de recursos ineficiente.
- O Teorema de Coase indica que partes privadas podem barganhar para obter produção eficiente se direitos de propriedade forem estabelecidos, desde que os custos de barganha sejam baixos e a fonte da externalidade possa ser facilmente identificada.
- Um imposto Pigouviano é um imposto cobrado sobre a poluição, com valor igual ao dano marginal social no nível eficiente. Esse imposto dá ao produtor um incentivo privado para poluir na quantidade eficiente.
- Um subsídio para poluição não produzida pode levar os produtores a poluir no nível eficiente. No entanto, subsídios podem levar a excesso de produção, são administrativamente difíceis e são considerados por alguns como eticamente indesejáveis.
- Um imposto sobre emissões (imposto cobrado sobre cada unidade de poluição) atinge determinada quantidade de redução de poluição com o menor custo viável.
- Um sistema de *cap-and-trade* concede licenças para poluir e permite a comercialização de licenças. Ele atinge determinada quantidade de redução da poluição com o menor custo viável.
- Regulamentações de comando e controle são menos flexíveis que regulamentações baseadas em incentivos e são, portanto, provavelmente mais caras.
- As externalidades positivas geralmente levam à carência de uma atividade. Um subsídio pode corrigir o problema, mas deve haver cuidado para evitar subsídios dispendiosos.

Questões para discussão

1. As companhias aéreas agora cobram dos passageiros um imposto por cada item de bagagem despachado, mas não cobram por bagagem de mão trazida dentro do avião. Se os compartimentos de bagagem de mão ficam cheios, as empresas despacham a bagagem gratuitamente no portão de embarque. Descreva os efeitos desse sistema sobre o número e o tamanho das bagagens de mão carregadas dentro do avião e a eficiência da alocação do espaço nos compartimentos de bagagem.

2. Em Austin, Texas, um clube de comédia reclamou a seu senhorio que seus espetáculos estavam sendo interrompidos pela congregação barulhenta de uma igreja no mesmo edifício. O proprietário solicitou que a igreja deixasse o prédio e, por isso, a igreja organizou protestos e consultou um advogado para recorrera à justiça. [Campoy, 2009]. De acordo com o Teorema de Coase, qual seria a maneira eficiente de resolver tal desacordo?

3. Durante a campanha dos Democratas para as eleições presidenciais primárias de 2008, o governador Bill Richardson disse que defendia uma abordagem de *cap-and-trade* para a regulamentação de carbono em vez de um imposto sobre o carbono, pois este é "passado para os consumidores" e, portanto, é "uma má ideia". Depois, o senador Barack Obama discordou, dizendo que tanto o imposto sobre o carbono quanto o programa de *cap-and-trade* geravam custos mais altos para os consumidores. Qual o candidato estava certo a respeito dos impactos de distribuição das duas políticas?

4. Na figura a seguir, o número de festas promovidas por Cassanova a cada mês é medido no eixo horizontal, e os dólares são medidos na vertical. CM_f é o custo marginal de dar festas e BM_f é o cronograma de benefício marginal de Cassanova por dar festas.

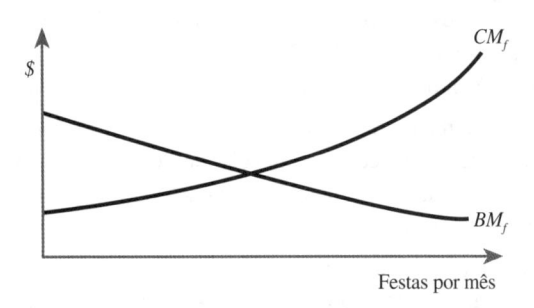

a. Graficamente, demonstre quantas festas Cassanova irá organizar.

b. Suponha que há um benefício marginal externo fixo, b, por festa para os amigos de Cassanova. Ilustre isso em seu gráfico.

c. Qual é o nível de festas socialmente (sem trocadilho) ideal? Como o Comitê Social poderia induzir Cassanova a organizar esse número de festas?

d. Em seu gráfico, demonstre o subsídio ideal por festa e o valor total pago a Cassanova. Quem ganha e quem perde com este plano?

5. A Caithness Energy, uma grande empresa de Nova York, está construindo parques eólicos no leste de Oregon. Antes da construção, a companhia oferece US$ 5.000 a cada residente para assinar uma renúncia dizendo que não irá se queixar do excesso de barulho gerado pelo funcionamento das turbinas eólicas [Yardley, 2010]. Analise esta oferta em termos do Teorema de Coase.

6. A Dinamarca recentemente instituiu um "imposto sobre a gordura", que cobra aproximadamente US$ 3 por quilograma de gordura saturada na comida. Um comentarista criticou o imposto como ineficiente, pois incide sobre um insumo para a saúde em vez de um resultado de saúde [Sexton, 2011]. Avalie essa crítica. Sua resposta deve considerar como o imposto poderia levar as pessoas a fazerem substituições por outras comidas não saudáveis e o fato de que algumas pessoas fazem exercícios para permanecerem saudáveis ou são geneticamente propensas a serem saudáveis, apesar de sua dieta.

7. Para cada uma das seguintes situações, o Teorema de Coase é aplicável? Por que?

a. Um fazendeiro que cultiva milho orgânico corre risco de ter sua colheita contaminada por milho geneticamente modificado cultivado por seus vizinhos.

b. Em Silveiras, Brasil, as formigas-rainha são consideradas uma iguaria, mas recentemente a população de formigas vem diminuindo por causa de pesticidas usados em árvores de eucalipto plantadas para produzir celulose para papel e outros produtos [Barrionuevo e Domit, 2011].

c. Depois de um golpe militar em Madagáscar, um presidente fraco foi instituído e ele era incapaz de frear a venda de árvores de jacarandá para a China, que eram cortadas ilegalmente de parques nacionais.

d. Usuários da Internet geralmente têm custo incremental zero para transmitir informações. Consequentemente, ocorre congestionamento e os usuários são frustrados por atrasos.

8. Alguns observadores argumentam que a importação de petróleo torna os Estados Unidos reféns das políticas da Arábia Saudita e de outros países do Oriente Médio. Isso complica a política externa dos EUA.

a. Explique por que uma externalidade está presente nesta situação.

b. Proponha um imposto Pigouviano para lidar com a externalidade.

c. Alguns economistas querem controlar o consumo doméstico de gasolina, mas têm receio de dar ainda mais rendas ao governo. Como alternativa,

Feldstein [2006b, p. A10] sugeriu um sistema de direitos comercializáveis sobre a gasolina (TGR):

"Em um sistema de direitos comercializáveis sobre a gasolina, o governo daria um cartão de débito de TGR para cada adulto. As bombas de gasolina em postos que agora leem cartões de crédito e de débito seriam modificadas para ler também esses novos cartões de débito de TGR. Comprar um galão de gasolina exigiria gastar um direito comercializável sobre a gasolina e fazer um pagamento em dinheiro. O governo decidiria quantos galões de gasolina deveriam ser consumidos por ano e distribuiria esse número total de TGRs. Em 2006, os americanos comprarão aproximadamente 110 bilhões de galões de gasolina. ... Para reduzir o consumo total em 5%, [o governo] cortaria o número de TGRs para 104,5 bilhões".

Desenhe um diagrama para ilustrar como o preço dos direitos comercializáveis sobre a gasolina seria determinado. Suponha que o preço de mercado por *voucher* fosse 75 centavos. Como isso mudaria o custo de oportunidade de comprar um galão de gasolina?

9. Na Índia, um medicamento usado para tratar vacas doentes está levando à morte de muitos abutres que se alimentam de gado morto. Antes da redução no número de abutres, eles às vezes se chocavam contra os motores de jatos que decolavam dos aeroportos de Nova Delhi, ameaçando seriamente os viajantes. No entanto, o declínio na população de abutres levou a um aumento agudo nas populações de ratos e cães selvagens, que agora são os principais consumidores de carne apodrecida [Gentleman, 2006, p. A4]. Houve reivindicações pela proibição do medicamento usado para tratar as vacas.

Identifique as externalidades presentes nesta situação. Comente sobre a eficiência de proibir o medicamento. Como você projetaria um regulamento baseado em incentivo para atingir um resultado eficiente?

10. Um programa experimental de estacionamento em San Francisco determina preços de estacionamento com base em níveis de ocupação. Os preços sobem ou baixam em incrementos de 25 centavos, mas permanecem estáveis quando o índice de ocupação fica em uma faixa de 65 a 85%. Os preços geralmente flutuam entre 25 centavos e 6 dólares e podem chegar a 18 dólares por hora para eventos especiais [Gordon, 2011]. Como você imagina que esse plano possa afetar o comportamento de motoristas e a eficiência econômica?

11. Os subúrbios americanos estão crescendo para áreas mais rurais, ao mesmo tempo em que fazendas de porcos aumentam de tamanho [Economist, 2007d, p. 36]. Os odores que emanam das quantias imensas de estrume de porco afetam negativamente os valores das propriedades. Imagine que a fazenda de porcos Little Pigs (LP) fica perto de 100 casas. A seguinte tabela mostra, para cada nível de produção da LP, o custo marginal (*CM*) de um porco, o benefício marginal (*BM*) para a LP e o dano marginal (*DM*) causado sobre os valores de propriedades:

Produção	CM	BM	DM
1	400	1.600	400
2	800	1.600	800
3	1.200	1.600	900
4	1.600	1.600	1.000
5	3.200	1.600	1.200
6	6.400	1.600	1.400

a. Quantos porcos a LP produz?
b. Qual é o número eficiente de porcos?
c. Suponha que o proprietário da LP possa reduzir os danos marginais dos odores dos porcos em dois terços modificando a dieta dos porcos. A dieta modificada aumenta o custo marginal de cada porco em US$ 100. Qual é o número eficiente de porcos?

12. O benefício marginal privado para a *commodity* X é dado por $10 - X$, em que X é o número de unidades consumidas. O custo marginal privado de produzir X é constante em US$ 5. Para cada unidade de X produzida, um custo externo de US$ 2 é imposto aos membros da sociedade. Na ausência de intervenção do governo, quanto X é produzido? Qual é o nível eficiente de produção de X? Quanto a sociedade ganha passando do nível ineficiente para o nível eficiente de produção? Sugira um imposto Pigouviano que levaria ao nível eficiente. Quanta renda o imposto geraria?

13. Suponha que duas empresas emitam determinado poluente. O custo marginal de reduzir a poluição para cada empresa é: $CM_1 = 300e_1$ e $CM_2 = 100e_2$, em que e_1 e e_2 são as quantidades (em toneladas) de emissões reduzidas pela primeira e pela segunda empresa, respectivamente. Suponha que, na ausência de intervenção do governo, a Empresa 1 gere 100 unidades de emissões e a Empresa 2 gere 80 unidades de emissões.

a. Suponha que os reguladores decidam reduzir a poluição total em 40 unidades. Para ser custo-eficiente, quanto cada empresa deve cortar em sua poluição?

b. Que taxa sobre emissões deve ser imposta para atingir o resultado custo-eficiente? Quanto cada empresa pagaria em impostos?

c. Suponha que em vez de um imposto sobre emissões, a agência reguladora introduza um sistema de licenças comerciáveis e emita 140 licenças, cada uma delas permitindo a emissão de uma tonelada de poluição. A Empresa 1 usa sua influência política para convencer a agência reguladora a emitir 100 licenças para ela e apenas 40 licenças para a Empresa 2. Quantas licenças, se alguma, são negociadas entre as empresas? Qual é a quantidade mínima de dinheiro que deve ser paga (total) por essas licenças? Em quantas toneladas cada empresa acaba por reduzir sua poluição?

14. A Figura 5.11 demonstra as implicações de eficiência de usar *cap-and-trade* em comparação com uma taxa sobre emissões quando os custos são mais altos que o esperado e quando os benefícios marginais sociais não são elásticos. A Figura 5.12 faz o mesmo partindo do pressuposto de benefícios sociais marginais elásticos. Agora, considere o caso em que os custos marginais acabam sendo menores que o previsto. Tanto para *cap-and-trade* quanto para uma taxa sobre emissões, demonstre se há muita ou pouca redução de emissões. Que abordagem é mais eficiente quando os benefícios marginais sociais não são elásticos e quando eles são elásticos?

Economia política 6

Sempre gosto de ganhar. Não ligo muito para ideologias. Faço o que for preciso.
—GOVERNADOR ARNOLD SCHWARZENEGGER

As discussões do livro sobre os fracassos do mercado tendem a transmitir uma noção edulcorada sobre o governo. Com um imposto aqui, um gasto ali, o Estado corrige facilmente todas as imperfeições do mercado enquanto cuida para que a renda seja distribuída conforme prescreve a ética. Essa ideia não corresponde à insatisfação comum do público com o desempenho do governo. Pesquisas de opinião pública consistentemente informam que menos de 20% das pessoas aprovam a maneira como o Congresso realiza seu trabalho. O humorista P. J. O'Rourke provavelmente resumiu os sentimentos de muitos quando anunciou que "sentir-se bem quanto ao governo é como olhar para o lado bom de qualquer catástrofe. Quando você desiste de olhar para o lado bom, a catástrofe continua ali".

Talvez isto seja apenas um lamento gratuito. Por definição, numa democracia recebemos o governo que queremos. Outra possibilidade, no entanto, é que existe uma dificuldade inerente para governos, mesmo os democraticamente eleitos, corresponderem ao interesse nacional. Este capítulo aplica princípios econômicos à análise da tomada de decisão política, um campo conhecido como **economia política**. Modelos políticos de economia supõem que as pessoas veem o governo como um mecanismo para aumentar ao máximo seu interesse pessoal. Dois pontos são importantes concernentes a essa suposição:

economia política

Campo que aplica princípios econômicos à análise da tomada de decisão política.

- A busca do interesse pessoal não leva necessariamente a resultados ineficientes. Como vimos no Capítulo 3, sob certas condições, o mercado aproveita o interesse pessoal para garantir um fim social. A pergunta é: "O que, se houver, desempenha esse papel no 'mercado político'?"
- Embora a suposição de maximização possa não ser totalmente exata, pode fornecer um bom ponto de partida para análise.

No começo, examinamos democracias diretas e o grau de eficiência com que elas traduzem as preferências de seus cidadãos em ação coletiva. Em seguida, vemos as complicações que surgem quando as decisões não são tomadas pelos próprios indivíduos, mas por seus representantes eleitos.

❖ ❖ ❖

▶ DEMOCRACIA DIRETA

As sociedades democráticas usam vários procedimentos de votação para decidir sobre os gastos públicos. Esta seção examina alguns desses procedimentos.

Regras de unanimidade

O Capítulo 4 mostrou como o problema do *free rider* pode levar a uma situação perturbadora: uma vez que as pessoas são egoístas, os bens públicos não são fornecidos adequadamente, mesmo que todo o mundo pudesse ter feito melhor se houvesse recebido quantias eficientes. Isso sugere que, em princípio, se um voto for dado para o fornecimento de uma quantidade eficiente do bem, o consentimento seria unânime, contanto que houvesse um sistema conveniente de impostos para financiá-lo. Um procedimento projetado para extrair acordos unânimes foi proposto no início do século 20 por Erik Lindahl [1958/1919].

Para entender o procedimento de Lindahl, imagine novamente dois indivíduos, Adão e Eva, e um bem público, rojões de fogos de artifício (r). Suponha que Adão seja informado que a sua parte no custo do fornecimento do rojão será de 30%. Assim, se o preço de mercado por rojão é P_r, o preço por rojão de Adão é $0{,}30 \times P_r$. Dado esse preço, os preços de outras mercadoria, seus gostos e a sua renda, há uma certa quantidade de rojões que Adão deseja consumir. Mais genericamente, vamos usar Q^A para indicar a parcela de Adão do custo de fornecimento de rojões. Para qualquer valor particular de Q^A, Adão exige uma certa quantidade de rojões. Na medida em que seus impostos aumentam e os rojões tornam-se mais caros para ele, Adão exige uma quantidade menor.

Na Figura 6.1, o eixo horizontal mede a quantidade de rojões. A parte do imposto de Adão é medida pela distância vertical a partir do ponto O. A curva D_r^A mostra como a quantidade de rojões exigidos por Adão diminui enquanto sua parte nos impostos aumenta.

Da mesma maneira, defina Q^E como a parte de Eva do custo de rojões. (Por definição, $Q^A + Q^E = 1$.) Quando Q^E sobe, a quantidade exigida por Eva diminui. Na Figura 6,1, a parte de imposto de Eva aumenta quando nós nos movemos para baixo ao longo do eixo vertical a partir de O'. (Assim, a distância OO' é 1.) A programação de demanda dela é indicada por D_r^E. Há uma curva ascendente porque os movimentos de subida ao longo do eixo vertical representam um preço mais baixo para ela.

Uma semelhança óbvia existe entre o papel das partes de imposto no modelo de Lindahl e os preços de mercado na conhecida teoria da demanda. Mas há uma diferença importante. Em vez de cada indivíduo defrontar-se com o mesmo preço, cada um encara um preço personalizado por unidade de bem público, que depende da sua parte de imposto. As partes de imposto são referidas como **preços de Lindahl**.

preços de Lindahl

Imposto que um indivíduo deve pagar por unidade de um bem público.

O equilíbrio é um conjunto de preços de Lindahl tal que nesses preços cada pessoa vote pela mesma quantidade do bem público. Na Figura 6.1, a parte de imposto de equilíbrio de Adão é OQ^* e de Eva é $O'Q^*$. Nesses preços de Lindahl, as duas partes concordam que r^* rojões devem ser fornecidos.

A viabilidade das regras de unanimidade O modelo de Lindahl mostra as partes de imposto e o nível de fornecimento de bens públicos com os quais todos estão de acordo. A grande pergunta é: como alcançar o equilíbrio? Imagine que um leiloeiro anuncia um conjunto inicial de partes de imposto. De acordo com suas respectivas programações de demanda, Adão e Eva votam no número de rojões que eles querem. Se o acordo não é unânime, o leiloeiro anuncia outro conjunto de partes de imposto. O processo continua até que Adão e Eva concordem de modo unânime com a quantidade de rojões (r^* na Figura 6.1). A determinação da quantidade de bens públicos, então, é bastante semelhante ao processo de mercado. Do mesmo modo que o resultado do mercado, é possível provar que a alocação tem eficiência de Pareto.[1]

Como um método prático para fornecer bens públicos, o procedimento de Lindahl tem dois problemas principais. Primeiro, ele supõe que as pessoas votam com sinceridade. Se Adão for capaz de adivinhar a quantia máxima que Eva gastaria com rojões antes de ficar sem eles, ele pode tentar forçá-la a fazer essa distribuição. Eva tem os mesmos incentivos. O comportamento estratégico pode impedir Adão e Eva de alcançar o equilíbrio de Lindahl.

---

[1] Intuitivamente, suponha $P_r = 1$. Então Eva define $Q^E P_r = TMS_{ra}^{Eva}$ e Adão define $Q^A P_r = TMS_{ra}^{Adão}$. Assim, $TMS_{ra}^{Eva} + TMS_{ra}^{Adão} = Q^E P_r + Q^A P_r = P_r(Q^E + Q^A) = Q_r$. Mas Q_r representa TMT_{ra}, então $TMS_{ra}^{Eva} + TMS_{ra}^{Adão} = TMT_{ra}$, que é a condição necessária para a eficiência de Pareto da equação (4.2).

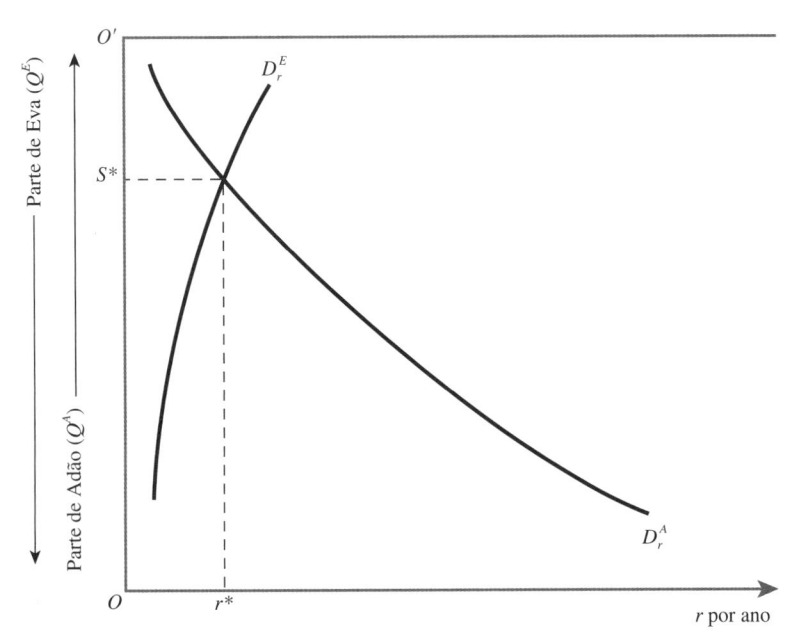

FIGURA 6.1 O modelo de Lindahl.
A quantidade de rojões exigida por Adão diminui enquanto a sua parte dos custos aumenta. Ao mesmo tempo, a quantidade de rojões exigida por Eva aumenta. No equilíbrio, ambos votam pela mesma quantidade de rojões.

Em segundo lugar, encontrar partes de imposto que sejam de acordo mútuo demora muito tempo. Neste exemplo, há somente duas partes interessadas. Em casos mais importantes, muitas pessoas são envolvidas. Obter o consenso de todo o mundo envolve custos enormes de tomada de decisão. De fato, embora as regras de unanimidade garantam que ninguém será "explorado", elas frequentemente resultam em situações que *não* são resolvidas. Por exemplo, a Organização Mundial do Comércio (OMC), que define as regras para coordenação do comércio entre suas 156 nações associadas, opera, em grande parte, no âmbito de uma regra de unanimidade. Uma reportagem sobre uma reunião da OMC, certa vez, mostrou que a única coisa chocante capaz de acontecer seria "se eles conseguissem entrar em acordo sobre algo" [Kahn, 2001, p. A3].

Regras de votação da maioria

A unanimidade é difícil de ser atingida, por isso há uma razão de ser de sistemas de votação que não a exigem. Com uma **regra de votação de maioria**, metade mais um dos eleitores deve votar a favor de uma medida para sua aprovação.

Embora a mecânica de votação de maioria seja familiar, vale a pena revisá-la cuidadosamente. Considere uma comunidade com três eleitores, Brad, Jen e Angelina, que têm de escolher entre três níveis de fornecimento de mísseis: A, B e C. O nível A é baixo, o nível B é moderado e o nível C é alto. As preferências dos eleitores são mostradas na Tabela 6.1. Cada coluna mostra como o eleitor classifica as escolhas. Por exemplo, Jen prefere o nível C, mas em uma escolha entre B e A, preferiria B.

Suponha que fosse realizada uma eleição para a adoção de A ou B. Brad votaria em A, enquanto Jen e Angelina votariam em B. Desse modo, B ganharia por um voto, 2 a 1. Da mesma forma, se uma eleição fosse realizada entre B e C, B ganharia por um voto, 2 a 1. O nível B ganha qualquer eleição contra seus concorrentes, sendo assim a opção selecionada pela regra de maioria. Observe que a seleção de B é independente da ordem em que os votos são dados.

> **regra de votação de maioria**
>
> Metade mais um dos eleitores deve votar a favor de uma medida para sua aprovação.

TABELA 6.1 Preferências do eleitor que levam a um equilíbrio

	Eleitor		
Escolha	Brad	Jen	Angelina
Primeiro	A	C	B
Segundo	B	B	C
Terceiro	C	A	A

Dadas essas preferências do eleitor, B ganharia uma eleição entre A e B. Numa eleição entre B e C, B ganharia outra vez. Como B ganha qualquer eleição contra a oposição, é a opção selecionada pela regra de maioria.

TABELA 6.2 Preferências do eleitor que levam ao ciclo

	Eleitor		
Escolha	Brad	Jen	Angelina
Primeiro	A	C	B
Segundo	B	A	C
Terceiro	C	B	A

Dadas essas preferências do eleitor, A ganharia uma eleição entre A e B. Numa eleição entre B e C, B ganharia. E na eleição entre A e C, C ganharia. Assim, temos um paradoxo do voto: as preferências de grupo são inconsistentes, mesmo que as preferências de cada indivíduo sejam coerentes.

As regras de decisão de maioria nem sempre obtêm resultados bem definidos. Considere as preferências exibidas na Tabela 6.2. Mais uma vez, imagine uma série de eleições emparelhadas para determinar o nível preferido. Na eleição entre A e B, A ganharia por 2 a 1. Se a eleição fosse entre B e C, B ganharia por um voto, 2 a 1. Por fim, numa eleição entre A e C, C ganharia pela mesma margem. Esse resultado é desconcertante. A primeira eleição sugere que A é preferido a B; a segunda, que B é preferido a C. As noções convencionais de consistência sugerem que A deve, portanto, ser preferido a C. Mas na terceira eleição, os eleitores escolhem C em vez de A. Embora as preferências de cada eleitor individual sejam coerentes, as da comunidade não são. Esse fenômeno é chamado de **paradoxo do voto**.

Além do mais, com as preferências da Tabela 6.2, o resultado final depende crucialmente da ordem em que os votos são dados. Se a primeira eleição for entre as propostas A e B e o vencedor (A) enfrentar C, então C será a escolha final. Por outro lado, se a primeira eleição for B contra C, e o vencedor (B) enfrentar A, então A será escolhido. Sob tais circunstâncias, a capacidade de controlar a ordem de votação – a pauta – confere grande poder. A **manipulação da pauta** é o processo de organizar a ordem da votação para assegurar um resultado favorável.

Um problema relacionado é que a votação emparelhada pode prosseguir para sempre, sem que uma decisão seja alcançada. Depois da eleição entre A e B, A vence. Se C desafia A, então C vence. Se, em seguida, B desafia C, B ganha. O processo pode continuar indefinidamente – é o fenômeno chamado **ciclo**. Um bom exemplo histórico do ciclo refere-se à 17ª Emenda da Constituição dos EUA, sobre a eleição direta de senadores do país. A adoção da emenda foi postergada durante muitos anos, devido ao ciclo de votação.

É claro que a votação de maioria não resulta necessariamente nesses problemas. Afinal de contas, as eleições associadas à Tabela 6.1 ocorreram sem problemas. Por que a diferença? Isso tem a ver com as preferências individuais em relação aos vários níveis de aquisição de mísseis. Examine novamente as pessoas da Tabela 6.2. Como Brad prefere A a B e B a C, segue que A dá mais utilidade para Brad que B, e B mais que C. A programação que indicou Brad na Figura 6.2 mostra essa relação. As programações mostraram que Jen e Angelina fazem o mesmo em relação aos outros eleitores.

---

paradoxo do voto

Com a votação da maioria, as preferências da comunidade podem ser inconsistentes, mesmo que as preferências de cada indivíduo sejam coerentes.

manipulação da pauta

Processo de organizar a ordem em que são dados os votos a fim de garantir um resultado favorável.

ciclo

Quando a votação emparelhada da maioria em mais de duas possibilidades segue indefinidamente, sem que uma conclusão seja alcançada.

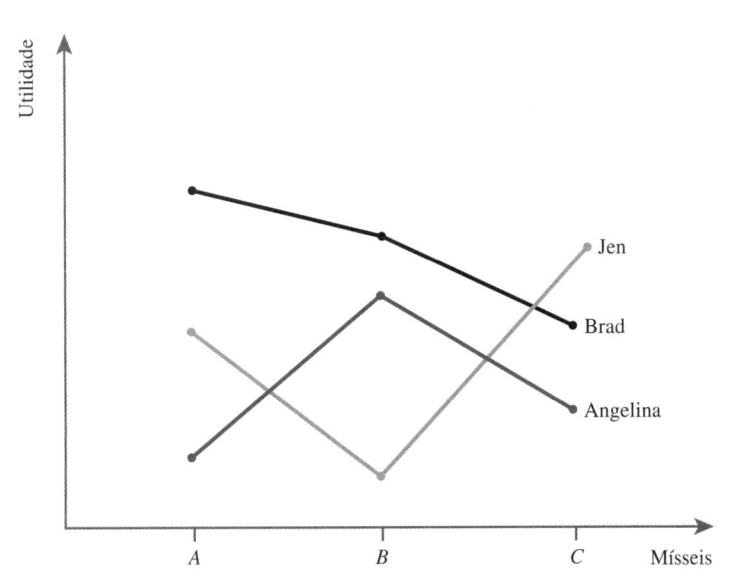

FIGURA 6.2 Gráfico das preferências da Tabela 6.2.
Brad e Angelina têm preferências de um único pico. No entanto, Jen tem preferências de dois picos.

Definimos um **pico** nas preferências do indivíduo como um ponto em que todos os pontos vizinhos são mais baixos.[2] Um eleitor tem **preferências de um único pico** se, enquanto ele se afasta de seu resultado preferido em qualquer e em todas as direções, sua utilidade cai consistentemente. Ele tem **preferências de dois picos** se, enquanto se afasta do seu resultado preferido, a utilidade desce, mas então sobe outra vez. Assim, Brad tem um único pico no ponto A; Angelina tem um único pico no ponto B; e Jen tem dois picos, um no A e outro no C. Resulta, daí, que as preferências de Jen são as que geram o paradoxo do voto. Se Jen tivesse um conjunto de preferências de um único pico, a votação de maioria levaria a uma decisão coerente. Isto porque nenhum paradoxo do voto surge na Tabela 6.1. Lá, todos os eleitores têm preferências de um único pico. Em amplo sentido, se as preferências de todos os eleitores forem de um único pico, não haverá nenhum paradoxo do voto.

Uma vez que preferências de vários picos podem acabar com as chances de sucesso da votação de maioria, é importante saber se elas podem ser importantes como questão prática. Considere outra vez as preferências de dois picos de Jen na Tabela 6.2. Ela prefere gastos muito grandes ou muito pequenos com mísseis a uma quantia intermediária. Embora essas preferências não sejam necessariamente irracionais, parecem um tanto peculiares. Talvez Jen acredite que quantidades moderadas de mísseis dão pouca, se é que dão, proteção real, de modo que, a menos que os gastos sejam grandes, eles também podem ser quase nada.

Suponha, no entanto, que em vez de mísseis, os eleitores estejam escolhendo entre níveis de gasto para um parque público – um bem para o qual há substitutos privados. Imagine que com gastos pequenos ou médios com o parque público, o eleitor Vince irá se associar a um clube privado, mas com gastos grandes, ele usará o parque público. Uma vez que a carga de impostos de Vince aumenta com gastos do parque, ele prefere um parque pequeno a um médio – como nenhuma dessas opções beneficia Vince, ele prefere aquela com a menor carga de imposto. Mas o seu resultado preferido talvez seja o gasto grande com o parque público. (Isso depende, em parte, da carga de imposto respectiva em comparação à

pico

Ponto no gráfico das preferências do indivíduo em que todos os pontos vizinhos têm utilidade mais baixa.

preferências de um único pico

A utilidade consistentemente cai enquanto o eleitor se afasta do seu resultado preferido.

preferências de dois picos

Sempre que, enquanto o eleitor se afasta do seu resultado preferido, a utilidade desce, mas em seguida volta a subir.

---

[2] A quantia absoluta de utilidade associada à cada alternativa é irrelevante. As distâncias verticais podiam mudar, mas contanto que o padrão de picos permanecesse inalterado, o mesmo aconteceria com o resultado da eleição.

taxa de associação do clube.) Em resumo, Vince pode preferir o parque pequeno ou grande ao de tamanho médio. Assim, quando há substitutos privados para um bem fornecido publicamente, um padrão de vários picos como o de Jen na Figura 6.2 pode surgir facilmente.

Além do mais, quando as questões não podem ser classificadas de um modo único, as preferências de vários picos também são uma possibilidade real. Suponha que uma comunidade tente decidir como usar um edifício vazio. A escolha A é uma clínica de aborto, B é uma banca de revistas pornográficas e C é um escritório de recrutamento do Exército. Ao contrário da escolha entre níveis diferentes de gasto com mísseis, as alternativas não representam mais ou menos de uma única característica. As preferências de vários picos podem aparecer facilmente.

Teorema do eleitor mediano Agora vamos retornar ao caso simples em que todas as alternativas sendo consideradas representam quantias menores ou maiores de uma característica. As pessoas classificam cada alternativa por essa característica. Um exemplo é a quantidade para se adquirir de algum bem público. O **eleitor mediano** é definido como o eleitor cujas preferências ficam no meio do conjunto de preferências de todos os eleitores; metade dos eleitores quer mais do bem que o eleitor mediano e metade quer menos. O **teorema do eleitor mediano** diz que, contanto que todas as preferências sejam de um único pico, o resultado da votação de maioria reflete as preferências do eleitor mediano. (Com um número regular de eleitores, é possível haver um empate entre dois eleitores medianos, que deve ser resolvido arbitrariamente.)

Para demonstrar o teorema, suponha que há cinco eleitores: Donald, Margarida, Huguinho, Zezinho e Luisinho. Eles decidem o tamanho de uma festa que vão dar juntos, e cada um deles tem preferências de um único pico quanto a tamanhos de festas. O nível preferido de cada eleitor é mostrado na Tabela 6.3. *Como as preferências são de um único pico*, quanto mais próximo um nível de gasto é do pico de um determinado eleitor, mais ele o prefere. Um movimento de gasto com festa de zero a $5 seria o preferido por todos os eleitores. Um movimento de $5 a $100 seria aprovado por Margarida, Huguinho, Zezinho e Luisinho, e de $100 a $150 por Huguinho, Zezinho e Luisinho. Qualquer aumento acima de $150, no entanto, seria rechaçado por pelo menos três eleitores: Donald, Margarida e Huguinho. Por isso, a maioria vota em $150. Mas essa é exatamente a quantia preferida por Huguinho, o eleitor mediano. Os resultados da eleição mostram as preferências do eleitor mediano.

Em resumo: quando todas as preferências são de um único pico, a votação de maioria chega a um resultado estável, e a escolha selecionada reflete as preferências do eleitor mediano. No entanto, quando as preferências de alguns eleitores são de vários picos, pode surgir um paradoxo do voto.[3] As preferências de vários picos podem ser importantes em muitas situações realistas, e por esse motivo a votação de maioria não pode delas depender

eleitor mediano
Eleitor cujas preferências ficam no meio do conjunto de preferências de todos os eleitores; metade dos eleitores quer mais do item selecionado e metade quer menos.

teorema do eleitor mediano
Contanto que todas as preferências sejam de um único pico e que várias outras condições sejam satisfeitas, o resultado de votação de maioria reflete as preferências do eleitor mediano.

TABELA 6.3 Nível preferido de gasto da parte interessada

Eleitor	Gasto
Donald	$ 5
Margarida	100
Huguinho	150
Zezinho	160
Luisinho	700

Se todos os eleitores têm preferências de um único pico, então a votação de maioria leva a um resultado que reflete a preferência do eleitor mediano. Nesse caso, a votação de maioria resulta em um gasto de $150 da parte interessada.

---

[3] A presença de um ou mais eleitores com preferências de vários picos não leva necessariamente a um paradoxo do voto. Isso depende do número de eleitores e da estrutura de suas preferências. Veja a Pergunta de Discussão 1 no fim deste capítulo.

para produzir escolhas públicas coerentes. Além do mais, como discutiremos em breve, mesmo quando a votação de maioria leva a decisões coerentes, ela pode não ser eficiente no sentido de que benefícios totais excedem os custos.

Troca de favores

Um problema possível com a votação de maioria simples é que ela não permite que as pessoas registrem seu nível de intensidade em relação aos assuntos. Se um eleitor particular mal prefere A a B ou tem uma preferência enorme por A, isso não tem qualquer influência no resultado. Os sistemas de **troca de favores** permitem que as pessoas negociem votos e por isso registrem seus sentimentos em relação a vários assuntos. Suponha que os eleitores Smith e Jones preferem não ter mais mísseis, mas eles não ligam muito para isso. Brown, por outro lado, indubitavelmente quer mais mísseis. Com um sistema de troca de favores, Brown pode convencer Jones a votar por mais mísseis se Brown prometer votar por uma nova estrada até a fábrica de Jones.

troca de favores

Comércio de votos para se obter a tramitação de um pacote de propostas legislativas.

O comércio de votos é controverso. Seus proponentes afirmam que negociar votos leva a um fornecimento eficiente de bens públicos, assim como negociar *commodities* leva a uma provisão eficiente de bens privados. Eles também enfatizam o potencial de revelação da intensidade das preferências e estabelecer um equilíbrio estável. Além disso, os compromissos implícitos no comércio de voto são necessários para um sistema democrático funcionar. Como notou o sociólogo James Q. Wilson [2000], "os comércios de voto são chamados de clientelismo ou troca de favores, mas esses negócios são essenciais para se achar uma maneira de equilibrar interesses conflitantes, cada um dos quais é defendido por um legislador que nada deve a outro legislador. Projetos de comércio de votos e clientelistas são uma maneira essencial de realizar o que força e persuasão não conseguem produzir."

Um exemplo numérico ajuda a mostrar essas vantagens. Suponha que uma comunidade está considerando a realização de três projetos: um hospital, uma biblioteca e uma piscina. A comunidade tem três eleitores: Melanie, Rhett e Scarlet. A Tabela 6.4 mostra os benefícios de cada projeto. (Um sinal de menos indica uma perda líquida, ou seja, quando os custos excedem os benefícios.)

A primeira coisa a se notar sobre a tabela é que o benefício líquido total para cada projeto é positivo. Assim, por definição, a comunidade como um todo ganharia mais se todos os projetos fossem encampados.[4] Mas o que acontece se os projetos forem votados *um por vez*? Melanie vota no hospital, porque o benefício líquido dela é positivo, mas Rhett e Scarlet votam contra, porque seus benefícios são negativos. O hospital, portanto, perde. Da mesma forma, a biblioteca e a piscina saem derrotadas.

O comércio de votos pode ajudar a remediar essa situação. Imagine que Melanie concorda em votar na biblioteca se Rhett consentir em votar no hospital. Melanie sai à

TABELA 6.4 A troca de favores pode melhorar o bem-estar

Projeto	Eleitor			Benefícios líquidos totais
	Melanie	Rhett	Scarlet	
Hospital	200	−50	−55	95
Biblioteca	−40	150	−30	80
Piscina	−120	−60	400	220

Se cada projeto for votado separadamente, nenhum será adotado, mesmo que cada um resulte em benefícios líquidos positivos. No entanto, com o comércio de votos, o bem-estar social é melhorado.

---

[4] Supomos a ausência de externalidades ou quaisquer outros fatores que tornariam os custos e benefícios privados diferentes de suas contrapartes sociais.

frente por 160 (= 200 − 40) com o comércio; Rhett sai à frente por 100 (= 150 − 50). Eles, assim, fazem um acordo, e o hospital e a biblioteca passam. Isso melhora o bem-estar social. Por outro lado, Melanie pode fazer um acordo em que ela dá seu apoio para a piscina em troca do voto do Scarlet para o hospital. Isso também melhoraria o bem-estar social. Mas note que em ambos os casos, a troca de favores só facilita a barganha que leva à execução de dois dos três projetos, mesmo que todos os três melhorem o bem-estar social. É possível obter apoio para todos os três projetos? É, se o sistema incluir "pagamentos secundários" (*side payments*), que são o comércio de dólares em vez de votos. No nosso exemplo, Melanie estaria disposta a pagar para Rhett ou Scarlet votar no hospital, e a quantia seria suficientemente grande para cobrir as perdas do outro eleitor. Da mesma forma, Rhett poderia comprar um voto para a biblioteca, e Scarlate poderia comprar um voto para a piscina.

Os oponentes da troca de favores salientam ser provável que os ganhos de interesse especial resultantes não sejam o suficiente para exceder as perdas gerais. Pode haver muito desperdício. Por exemplo, um projeto de lei sobre o clima que passou na Câmara de Deputados em 2009 repartiu bilhões de dólares entre vários grupos de interesses especiais a fim de receber seu apoio. Entre os beneficiários estavam incluídos "grupos de agricultura e silvicultura? Serviços públicos, fabricantes de carros, siderúrgicas, perfuradores de gás natural, refinarias, universidades e corretores de imóveis [Broder, 2009].

A Tabela 6.5 ilustra uma situação em que a troca de favores leva a esses resultados indesejáveis. Aqui temos os mesmos três eleitores e três projetos em apreciação, como na Tabela 6.4, mas com um conjunto diferente de benefícios líquidos. Cada projeto tem um benefício líquido negativo. Todos, portanto, devem ser rejeitados, como seria o caso se os projetos fossem votados um por vez.

No entanto, com a troca de favores, alguns ou todos esses projetos ineficientes podem passar. Suponha que Melanie ofereça apoio para a biblioteca em troca do voto de Rhett para o hospital. O acordo é realizado, pois ambos são bem sucedidos – Melanie por 160 (= 200 − 40) e Rhett por 40 (= 150 − 110). Com o apoio de Melanie e Rhett juntos, os dois projetos passam. Por outro lado, Rhett e Scarlate podem negociar votos para a piscina e para a biblioteca, então os dois projetos seriam adotados.

Para entender a fonte desse resultado, pense sobre o comércio de votos de Melanie e de Rhett na questão do hospital e da biblioteca. Observe que Scarlet sai atrás em ambos os projetos. Isso demonstra como, com a troca de favores, uma maioria de eleitores pode formar uma coalizão para votar projetos que servem a seus interesses, mas cujos custos serão sustentados principalmente pela minoria. Por isso, embora os benefícios dos projetos à maioria excedam os custos, isso não é verdadeiro para a sociedade como um todo. Concluímos que embora a troca de favores às vezes possa melhorar os resultados de votação de maioria simples, também pode fazer as coisas piorarem. Mas veja que mesmo neste exemplo, se forem permitidos pagamentos secundários, os projetos ineficientes não passariam, porque Scarlett poderia convencer Melanie e Rhett.

TABELA 6.5 A troca de favores também pode diminuir o bem-estar

Projeto	Eleitor			Benefícios líquidos totais
	Melanie	Rhett	Scarlet	
Hospital	200	−100	−105	−15
Biblioteca	−40	150	−210	−10
Piscina	−270	−140	400	−10

Se cada projeto for votado separadamente, nenhum será adotado. Isso é eficiente porque cada projeto resulta em benefícios líquidos negativos. No entanto, com o comércio de votos, alguns ou todos os projetos passarão, o que é ineficiente.

O teorema da impossibilidade da Arrow

Mostramos que nem a votação de maioria simples nem a troca de favores contam com propriedades inteiramente desejáveis. Muitos outros esquemas de votação também foram examinados, e eles, igualmente, são falhos.[5] Uma questão importante é se qualquer método eticamente aceitável para traduzir preferências individuais em preferências coletivas não apresenta qualquer dificuldade. Depende do que você quer dizer por "eticamente aceitável". O ganhador do prêmio Nobel, Kenneth Arrow [1951] propôs que em uma sociedade democrática, uma regra coletiva de tomada de decisão deve satisfazer os seguintes critérios:[6]

1. Pode produzir uma decisão qualquer que seja a configuração das preferências dos eleitores. Assim, por exemplo, o procedimento não deve desmoronar se algumas pessoas tiverem preferências de vários picos.
2. Deve poder classificar todos os resultados possíveis.
3. Deve ser suscetível às preferências dos indivíduos. Especificamente, se cada indivíduo prefere A a B, então a classificação da sociedade deve preferir A a B.
4. Deve ser coerente no sentido de que se A é preferido a B e B é preferido a C, então A é preferido a C.[7]
5. A classificação da sociedade de A e B deve depender somente das classificações dos indivíduos de A e B. Assim, a classificação coletiva de viagens tripuladas ao espaço e de ajuda estrangeira não dependem de como os indivíduos classificam qualquer dessas alternativas em relação à pesquisa da cura da AIDS. Essa suposição às vezes é chamada de **independência das alternativas irrelevantes**.
6. A ditadura está fora de questão. As preferências sociais não devem refletir as preferências de um único indivíduo.

Tomados em conjunto, esses critérios parecem bastante razoáveis. Basicamente, eles dizem que o mecanismo de escolha da sociedade deve ser lógico e respeitar as preferências dos indivíduos. Infelizmente, a assombrosa conclusão da análise de Arrow é que em geral é *impossível* achar uma regra que satisfaça a todos esses critérios.[8] Não se deve esperar que uma sociedade democrática tome decisões coerentes.

Esse resultado, chamado de Teorema da impossibilidade de Arrow, põe dúvidas na capacidade das democracias funcionarem. Naturalmente, o teorema gerou controvérsia, especialmente quanto à possibilidade de outros conjuntos de critérios permitirem a formação de uma regra social de tomada de decisão. Acontece que se qualquer um dos seis critérios for ignorado, uma regra de tomada de decisão que satisfaça os outros cinco *pode* ser criada. Mas permitir ou não que se ignore qualquer dos critérios depende das noções de validade ética de quem se aventurar a fazer isso.

O teorema de Arrow não diz ser *necessariamente* impossível achar uma regra coerente de tomada de decisão. Em vez disso, atesta apenas que não é possível garantir que

---

independência das alternativas irrelevantes

A classificação da sociedade de dois projetos diferentes depende apenas das classificações dos indivíduos desses dois projetos, e não como indivíduos classificam os projetos relativamente a outras alternativas.

---

[5] Incluem votação de ponto (cada pessoa recebe um número fixo de pontos que são lançados para as alternativas diferentes), votação plural (a alternativa com mais votos vence), contagem de Borda (cada alternativa é classificada por cada eleitor, e as classificações são somadas para se fazer a escolha), eleições de Condorcet (a alternativa que derrota as restantes nas vitórias em eleições emparelhadas) e votação esgotada (a proposta menos aceita pelo maior número de eleitores é continuamente retirada, até que uma única permaneça). Veja mais detalhes em Levin e Nalebuff [1995].

[6] Os requisitos de Arrow foram descritos de várias maneiras diferentes. O presente modo segue Blair e Pollak [1983].

[7] Mais exatamente, neste contexto *preferido* significa *melhor que ou tão bom quanto*.

[8] A prova envolve matemática bastante sofisticada. O procedimento de prova é mostrar que se todas as seis condições forem impostas, fenômenos como o paradoxo do voto podem surgir.

a sociedade será capaz de fazê-lo. Para certos padrões de preferências individuais, não surgem problemas de espécie alguma. Um exemplo óbvio é quando os membros da sociedade têm preferências idênticas. Já foi aventado que a importância real do teorema de Arrow é mostrar a necessidade de uma uniformidade virtual de gostos, se uma democracia tiver de funcionar. Argumenta-se, então, que muitas instituições têm o propósito expresso de moldar os gostos das pessoas para assegurar que a uniformidade apareça. Um exemplo é a educação pública obrigatória. Essa observação é coerente com a visão do estadista britânico Benjamin Disraeli: "Sempre que se encontra o que chamamos de governo paternalista, achamos uma educação estatal. Descobriu-se que a melhor maneira de se assegurar obediência implícita é começando a tirania no berçário." Lott [1999] analisou o padrão de gastos em educação nos países e achou um resultado que faz eco à afirmação de Disraeli: governos mais totalitários tendem a fazer investimentos maiores em educação pública, tudo o mais constante.

Uma visão muito diferente é a de que o teorema de Arrow realmente não tem muito a dizer sobre a viabilidade dos processos democráticos. Outro vencedor do Prêmio Nobel, James Buchanan [1960], acredita que as inconsistências da votação de maioria têm aspectos benéficos:

> A regra da maioria é aceitável numa sociedade livre exatamente porque permite um tipo de perda e ganho entre alternativas, graças a uma espécie de unanimidade relativa poder ser obtida... Serve para assegurar que alternativas concorrentes possam ser experimental e temporariamente adotadas, testadas e substituídas por novas alternativas moderadas aprovadas por um grupo majoritário de composição em constante mudança. Isto é [o] processo de escolha democrática [p. 83].

Outra pergunta importante levantada pelo teorema de Arrow diz respeito ao uso das funções sociais de bem-estar. Lembre do Capítulo 3, em que se dizia que uma função de bem-estar social é uma regra que avalia o desejo por qualquer conjunto dado de utilidades dos indivíduos. Numa sociedade democrática, a função de bem-estar social deve ser escolhida coletivamente. Mas o teorema de Arrow diz que pode ser impossível tomar essas decisões, e por isso não podemos supor que uma função de bem-estar social realmente exista. No entanto, se não existe, como os economistas podem usar a função de bem-estar social para classificar estados alternativos? Alguns economistas rejeitam, portanto, o uso da função. Eles argumentam que é uma mera maneira de adotar juízos de valor e não uma representação das preferências da "sociedade". Desse modo, uma função de bem-estar social não determina a melhor alocação de recursos. No entanto, a maioria dos economistas acredita que a função é uma ferramenta importante. Ela pode não fornecer "a" resposta, mas pode ser usada para mostrar as implicações de conjuntos alternativos de juízos de valor. Com essa interpretação, a função de bem-estar social fornece ideias valiosas.

▶ DEMOCRACIA REPRESENTATIVA

Embora a discussão sobre a tomada de decisão pública até aqui ilumine algumas questões importantes, ela é baseada em uma vista irreal do governo: é essencialmente um computador potente que extrai de cidadãos suas preferências e usa essas informações para produzir decisões sociais. O Estado não tem nenhum interesse próprio; é neutro e benigno.

Na verdade, naturalmente, o ato de governar é realizado por pessoas: políticos, juízes e burocratas, entre outros. Os modelos realistas de economia política devem estudar as metas e o comportamento das pessoas que a governam. Essa seção discute alguns desses modelos. Supõem que as pessoas no governo, como outros indivíduos, tentam aumentar ao máximo seu interesse pessoal.

Políticos eleitos

Nossa discussão anterior de democracia direta levou ao teorema do eleitor mediano: se as preferências individuais são de um único pico e podem ser representadas ao longo de uma única dimensão, o resultado da votação de maioria reflete as preferências do eleitor mediano. Na realidade, plebiscitos diretos sobre questões fiscais são mais raros. Com mais frequência, os cidadãos elegem representantes que tomam decisões em seus nomes. Não obstante, sob certas suposições, o teorema do eleitor mediano explica como esses representantes definem suas posições.

Considere uma eleição entre dois candidatos, Smith e Jones. Imagine que os eleitores tenham preferências de um único pico no espectro de visões políticas. Os eleitores votam para aumentar a própria utilidade ao máximo, e os candidatos procuram aumentar ao máximo o número de votos recebidos.

O que acontece? Sob essas condições, um político que deseja aumentar ao máximo seus votos adota o programa preferido do *eleitor mediano*: o eleitor cujas preferências estão exatamente no meio da distribuição de preferências. Para entender o motivo, suponha que os eleitores classifiquem todas as posições como "conservadoras" ou "progressistas". A Figura 6.3 mostra uma distribuição hipotética de eleitores com maior preferência por cada ponto do espectro político. Suponha que o candidato Jones adote a posição M, no ponto médio, e o candidato Smith escolha a posição S, à direita do centro. Uma vez que todos os eleitores têm preferências de um único pico e desejam aumentar a utilidade ao máximo, cada um apoia o candidato cujas visões mais se aproximam das desse eleitor. Smith ganhará todos os votos à direita de S, assim como alguns votos entre S e M. M é a medida média, por isso a metade dos eleitores fica à esquerda de M. Jones receberá todos esses votos e alguns dos que ficam à direita de M, garantindo a ele uma maioria. A única maneira de Smith impedir que seja "cercado" é ele mesmo se mover para a posição M. Portanto, vale a pena para ambos os candidatos colocarem-se tão próximo quanto possível da posição do eleitor mediano.

Esse modelo tem uma implicação impressionante: sistemas bipartidários tendem a ser estáveis, uma vez que os partidos assumem posições perto do "centro". Em alguns aspectos, é uma boa descrição da vida política americana. Parece, por exemplo, que candidatos presidenciais que aparentam estar longe demais do ponto moderado (Barry Goldwater em 1964 e George McGovern em 1972) não avançam muito junto ao eleitorado.[9] Quando as primárias do Partido Republicano, em 2012, perderam força, um jornalista sugeriu que o governador

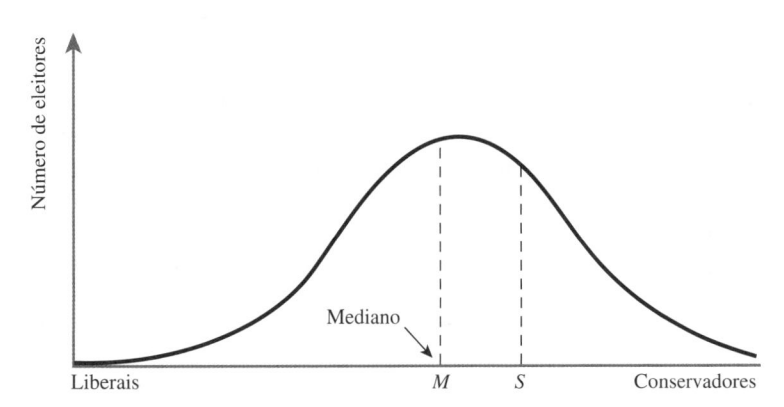

FIGURA 6.3 Teorema do eleitor mediano para eleições.
O candidato que adota a posição mediana (M) derrotará o candidato que adota a posição distante da mediana (S) porque o primeiro candidato ganha todos os votos à esquerda de M (que é metade dos votos) e mais alguns votos entre M e S.

---

[9] Um dos lemas de campanha de Goldwater era "Uma escolha, não um eco". O teorema do eleitor mediano ajuda a explicar por que os ecos são tão abundantes.

"Talvez Sua Majestade deva tentar governar do centro." © The New Yorker Collection 1997 J. B. Handelsman de cartoonbank.com. Todos os direitos reservados.

Romney "mudou do conservadorismo profundo que ele exibia antes para orientar a nomeação presidencial republicana em direção a uma plataforma mais de centro" [Hurst, 2012]. De acordo com o modelo do eleitor mediano, esse fenômeno não era nada surpreendente. Como sugerido pela charge, deixar o centro pode ser arriscado para um político!

Antes de levar a sério este resultado bastante otimista, no entanto, várias questões exigem um exame cuidadoso.

Classificações unidimensionais Se não é possível classificar todas as crenças políticas em um único espectro, o teorema do eleitor mediano não funciona, pois a identidade do eleitor mediano depende do assunto em exame. O eleitor mediano, em relação a questões de ação afirmativa, pode não ser a mesma pessoa do eleitor mediano em assuntos de defesa. Da mesma forma, assim como no caso de plebiscitos diretos, se as preferências não forem de um único pico, não pode haver um equilíbrio de votação estável de jeito algum.

Ideologia O modelo supõe que políticos são simples maximizadores de voto, mas podem ter outras preocupações além de ganhar eleições. A ideologia pode desempenhar um papel importante. Afinal de contas, em 1850, Henry Clay disse: "Senhor, prefiro ser honesto a ser presidente."

Personalidade A suposição de que as decisões dos eleitores dependem apenas de fatos pode ser irreal. As personalidades às vezes podem ser mais importantes. Discutiu-se, por exemplo, que boa parte do apelo do presidente Ronald Reagan era a sua personalidade paternal.

Liderança No modelo, os políticos reagem passivamente às preferências dos eleitores. Mas essas preferências podem ser influenciadas pelos próprios políticos. Isso não passa de outra maneira de dizer que os políticos garantem a liderança. Um caso extremo interessante de como a liderança pode mudar os resultados de uma eleição acontece quando as políticas do político mudam de fato a composição do seu eleitorado. Por exemplo, um prefeito cujo apoio vem principalmente dos pobres pode implementar políticas que tendem a afastar pessoas de alta renda de sua jurisdição, mudando, dessa forma, a identidade do eleitor mediano. Há indícios de que esse fenômeno ocorreu em Boston durante a primeira metade do século XX e em Detroit durante a segunda metade do mesmo século [Glaeser e Shleifer, 2005].

A decisão de votar A análise supõe que cada cidadão qualificado escolhe exercitar o seu direito de votar. Se as posições dos candidatos forem muito próximas, no entanto, algumas pessoas podem deixar de votar, por tédio. Os indivíduos com visões extremas podem se sentir por demais alienados para votar. O modelo também ignora os custos de adquirir informações e de votação. Um eleitor completamente informado avalia a idoneidade da plataforma do candidato, a probabilidade de o candidato poder e querer manter suas promessas, etc. O fato de custos assim poderem ser altos, juntamente com a percepção de que um único voto não influenciará o resultado, pode induzir um cidadão egoísta a abster-se de votar. Surge o problema do *free rider*: cada indivíduo tem um incentivo para não votar, mas a menos que um número relativamente grande das pessoas vote, uma democracia não pode funcionar. Embora índices baixos de participação do eleitor sejam frequentemente motivo de lamentação (por exemplo, só 54% da população com idade para votar participou da eleição presidencial de 2012), o verdadeiro enigma pode ser por que a porcentagem é tão alta. Parte da resposta pode ser o êxito com que o sistema educacional transmite a ideia de que a obrigação do cidadão votar transcende o simples interesse pessoal.

Funcionários públicos

O próximo grupo que examinamos é o de funcionários públicos, também chamados de burocratas. Para entender seu papel, observe que a legislação decretada por políticos eleitos geralmente é vaga. A maneira precisa por meio da qual um programa é implementado fica, em grande parte, a cargo de funcionários públicos. Por exemplo, o Clean Air Act (Lei do Ar Limpo) estipula que o governo deve determinar as normas "necessárias para proteger a saúde pública com uma margem adequada de segurança" [Clean Air Act, Seção 104(b)(1)]. Como o estado da saúde pode ser medido? Que padrão científico deve ser usado para determinar o que é uma "margem adequada"? A lei nada diz sobre esses assuntos. A tarefa de preencher lacunas assim cabe aos burocratas da Secretaria Especial do Meio Ambiente, o que lhes confere enorme alcance e poder. Da mesma maneira, o Affordable Care Act (Lei de Serviços de Saúde Acessíveis), que reformou o sistema de saúde em 2010, incluiu 1.563 casos em que o Secretário de Saúde e Serviços Humanos tinha de determinar várias questões do projeto, muitas delas críticas [Wall Street Journal, 2011].

Os burocratas recebem muitas críticas azedas. São acusados de ser indiferentes, criar burocracia excessiva e intrometer-se demais nos assuntos privados dos cidadãos. Até mesmo uma banda de rock se juntou ao ataque:

> Red tape, I can see can't you see (Burocracia, eu posso ver, você não vê?)
> Red tape, do'in to you, do'in o me (Burocracia, ferrando com você e comigo)
> Red tape, bureaucracy in D.C. (Burocracia, burocracia em Washington)
> Red tape, killing you and killing me. (Burocracia, matando você e me matando.)
> Tax this, tax that, tax this, tax that. (Taxe isto, taxe aquilo, taxe isto, taxe aquilo.)
> NO MORE RED TAPE.[10] (CHEGA DE BUROCRACIA)

---

[10] De "Red Tape," letra e música de Keith Morris e Greg Hetson, do Circle Jerks. © 1980, Irving Music, Inc. e Plagued Music (BMI). Todos os direitos reservados. Copyright internacional seguro.

No entanto, um governo moderno simplesmente não pode funcionar sem burocracia. Os burocratas fornecem valiosa experiência em assuntos técnicos para a concepção e execução de programas. O fato de frequentemente trabalharem nas repartições por mais tempo que os representantes eleitos garante uma "memória institucional" importantíssima. Esse conhecimento também é uma fonte importante de autoridade para os burocratas. Ao longo de muitos anos, por exemplo, políticos japoneses eleitos têm tentado controlar o poder desses burocratas da nação, mas com pouco êxito. Por quê? Como um observador notou, "os burocratas têm uma vantagem esmagadora em experiência e *know-how*, advinda do fato de administrarem – literalmente – a nação por gerações [Fackler, 2009].

Outra função importante dos burocratas é fornecer a documentação exata das transações do setor público, a fim de assegurar que todos os cidadãos qualificados recebam tratamento igual dos serviços publicamente fornecidos, além de impedir as várias formas de corrupção. Por outro lado, seria ingênuo supor que o único objetivo do burocrata é interpretar e atender passivamente os desejos do eleitorado e de seus representantes. Em vez disso, os burocratas talvez estejam interessados em aumentar as mordomias de seus cargos, sua reputação perante o público, seu poder e clientela. Por isso, os gastos públicos podem exceder o nível em que o benefício social marginal se iguala ao custo marginal.

Interesses especiais

Até agora, supomos que os cidadãos que procuram influenciar as políticas de governo agem apenas como eleitores individuais. Aliás, pessoas com interesses comuns podem exercer poder desproporcional por meio da ação conjunta. A fonte de poder do grupo talvez seja o fato de seus membros tenderem à mais alta participação entre os eleitores que a população em geral. Por outro lado, os membros talvez estejam dispostos a fazer contribuições para campanhas e/ou pagar subornos. Tomemos como exemplo o bilhão de dólares em contribuições para as campanhas presidenciais de 2008.

Quais as bases desses grupos de interesse? Há várias possibilidades.

Fonte de renda: capital ou trabalho De acordo com o marxismo ortodoxo, o fato de um indivíduo ser capitalista (detentor de capital) ou assalariado é o que determina seus interesses políticos. Esse conceito é por demais simplista para explicar a formação de grupos de interesse nos Estados Unidos de hoje. Mesmo que indivíduos com alta renda tenham a tendência de receber uma parte desproporcional de sua renda do capital, boa parte da renda dos ricos também é derivada do trabalho. Assim, é difícil até mesmo dizer quem é "capitalista" e quem é "trabalhador". De fato, estudos da distribuição de renda nos Estados Unidos e em outras nações ocidentais indicam que a força motriz por detrás da desigualdade na renda total é a desigualdade na renda do trabalho [Lee, 2005].

Tamanho da renda Os ricos e os pobres discordam em muitos assuntos de política econômica. Por exemplo, eles podem ter opiniões diferentes quanto aos méritos dos programas de gasto redistributivo. Da mesma forma, cada grupo apoia subsídios implícitos ou explícitos para as mercadorias que eles consumem intensivamente. Assim, os ricos dão apoio a subsídios para a casa própria, enquanto os pobres favorecem um tratamento especial para o aluguel.

Fonte de renda: a indústria do emprego Os trabalhadores e os proprietários têm um interesse comum no apoio do governo para o seu setor. Nos setores siderúrgico, têxtil e automobilístico, por exemplo, os sindicatos e a administração trabalham juntos para pressionar o governo por proteção contra a concorrência estrangeira.

Região Os residentes de regiões geográficas frequentemente compartilham interesses comuns. Os cidadãos do Sun Belt estão interessados em um tratamento fiscal favorável para o óleo; o pessoal do Centro-Oeste quer subsídios agrícolas; e a região nordeste faz lobby por gastos em desenvolvimento urbano.

Características demográficas e Pessoais Os idosos desejam subsídios para a assistência médica e para programas de aposentadoria vantajosos; casais jovens estão interessados em boas escolas e imposto de renda baixo. As crenças religiosas desempenham um importante papel nos debates sobre o financiamento do aborto e a ajuda do Estado ao ensino privado. Grupos étnicos têm opiniões diferentes sobre a adequação do gasto governamental em programas de educação bilíngue. O gênero é uma base importante para a formação dos grupos de interesse: nas eleições de 2012, as mulheres votaram de modo desproporcionalmente massivo nos Democratas, e os Republicanos expressaram muita preocupação sobre as diferenças de gênero.

A lista podia seguir indefinidamente. Dadas as numerosas bases que podem formar os grupos de interesse, não é surpresa alguma que as pessoas que estejam em desacordo sobre um assunto possam estar de acordo em outro; "a política forma casais estranhos" é mais ou menos a ordem do dia.

Esta discussão ignorou a pergunta de como indivíduos com interesses comuns realmente conseguem se organizar. Pertencer a um grupo pode exigir taxas de associação, tempo etc. Todos os indivíduos são incentivados a deixar os outros fazerem o trabalho enquanto colhem os benefícios, tornando-se *free riders*. A probabilidade de um grupo realmente se formar aumenta quando o número de indivíduos é pequeno, e é possível aplicar sanções contra *nonjoiners*. Mas em alguns casos, o interesse financeiro do indivíduo provavelmente não serve como explicação. O debate sobre o financiamento público do aborto mostra a influência de ideologias e de emoções na decisão de fazer parte de um grupo.

Rent-seeking **(busca de renda)** Observamos que grupos de cidadãos podem manipular o sistema político para redistribuir a renda para si mesmos. Genericamente, essa atividade é chamada de **rent-seeking (busca de renda)**: usar o governo para obter retornos mais altos que os normais ("rendas"). O rent-seeking assume diversas formas. Uma modalidade importante é a que se dá quando um grupo de produtores induz o governo a restringir a produção do setor, o que leva a preços mais altos, permitindo que esses produtores obtenham as rendas. Por exemplo, durante muitos anos nos Estados Unidos era possível cultivar amendoim apenas com uma licença de governo – e as licenças permitiam somente 1,5 milhão de acres de terra dedicados à produção de amendoim. Ao restringir a quantidade de terra que podia ser usada para o cultivo, o governo reduziu a produção de amendoim e gerou rendas para os produtores.

Para analisar o rent-seeking, examine a Figura 6.4, que mostra o mercado dos produtos de amendoim. A curva de demanda é D. Por um questão de simplicidade, supomos que a oferta de amendoins, S, é horizontal. Na ausência de intervenção do governo, o equilíbrio está na interseção de oferta e demanda, em que a produção Q_c e o preço é P_c. (O c subscrito indica que se trata do resultado competitivo). Seria de interesse dos produtores de amendoim se todos eles pudessem fazer um acordo para reduzir suas respectivas produções e assim forçar a elevação do preço de mercado. Mais exatamente, seria melhor para eles se agissem em conjunto para aumentar os lucros do setor ao máximo e dividi-los – configurando um **cartel**, um arranjo por meio do qual os fornecedores se reúnem para restringir a produção e aumentar o preço.

Por que eles não fazem isso? Porque mesmo que pudessem se beneficiar *coletivamente* ao tomar parte no cartel, isso não significa que se trata do interesse pessoal de algum produtor. Quando o cartel aumenta os preços, as fazendas individuais são incentivadas a trapacear, ou seja, aumentar sua produção além da cota predeterminada. Mas todas as fazendas têm esse incentivo, e como todas aumentam a produção, o preço cai de volta ao equilíbrio competitivo. É aí que o governo entra. Se os produtores podem fazer com que o governo estabeleça o cartel, então podem manter o preço alto sem ter de se preocupar com trapaças. No caso do setor do amendoim, por muitas décadas o governo teve uma maneira simples de manter o cartel: tornou o cultivo de amendoim sem licença um crime federal!

---

rent-seeking (busca de renda)

Uso do governo para obter retornos mais altos que os normais ("rendas").

cartel

Arranjo sob o qual fornecedores se reúnem para restringir a produção e aumentar os preços.

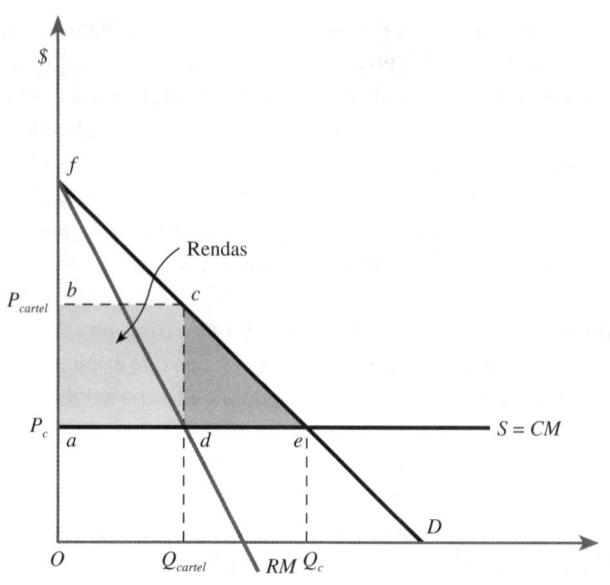

FIGURA 6.4 *Rent-seeking* (busca de renda).
Se a indústria do amendoim consegue que o governo imponha a criação de um cartel (talvez exigindo licenças para o cultivo do amendoim ou estabelecendo uma cota de importação), as empresas relacionadas podem manter preços artificialmente altos e obter rendas.

Além disso, ainda que você tivesse uma licença, a quantidade de amendoim permitida para o cultivo era determinada por uma cota do governo. O programa foi muito bem-sucedido do ponto de vista dos fazendeiros. Os preços domésticos do amendoim eram duas vezes mais altos que os preços mundiais, resultando em rendas enormes para os proprietários de licenças. Quando as licenças de amendoim foram eliminadas pelo Congresso em 2002, elas foram substituídas por um subsídio direto de muitos bilhões de dólares [Riedl, 2002].

Qual é o melhor preço do ponto de vista do cartel? Para aumentar os lucros do setor ao máximo, o cartel precisa de uma produção cujo custo marginal da indústria (o custo incremental de produzir uma tonelada de amendoim) é igual à renda marginal da indústria (a renda incremental de vender uma tonelada de amendoim). A curva de oferta representa o custo marginal (*CM*) da produção, e a curva da renda marginal é indicada por *RM*. A produção do cartel, Q_{cartel}, é determinada por sua interseção, e o preço associado é P_{cartel}. Em virtude do preço mais alto, eles recebem por tonelada de amendoim (distância *ab*). Em cada uma das unidades *ad* que vendem, os fazendeiros de amendoim ganham rendas iguais à área *abcd*.

Custa dinheiro aos produtores manter o sistema de licenças. Presumivelmente, eles têm de fazer contribuições de campanha para figuras importantes do Congresso, contratar os serviços de lobistas e assim por diante. Qual é a quantia máxima que eles estariam dispostos a pagar para manter o sistema? Uma vez que as rendas são um pagamento acima do retorno costumeiro, o valor máximo que as empresas estariam dispostas a pagar por sua posição privilegiada seria a quantia total das rendas, *abcd*.

Até agora, pareceria que o comportamento de rent-seeking simplesmente leva a uma transferência dos consumidores (que pagam um preço mais alto) aos produtores (que recebem as rendas). Mas há mais em jogo. Lembre-se de que o superávit dos consumidores é a área acima do preço e abaixo da curva de demanda. (Consulte o apêndice no fim do livro.) Desse modo, antes das licenças, o superávit dos consumidores era a área *fae*. Da mesma forma, o superávit do consumidor depois das licenças corresponde à área *fbc*. Assim, os consumidores estão em pior situação pela diferença entre as duas áreas, *abce*. Lembre-se que, disto, *abcd* vai para os produtores. Quem recebe o resto do superávit perdido *dce*? A resposta é ninguém: é um **peso morto** para a sociedade, um desperdício puro sem qualquer ganho de acompanhamento. O peso morto ocorre porque o aumento nos preços de amendoim distorce as escolhas que os consumidores fazem entre amendoins e as demais mercadorias, levando a uma quantidade menor do que a eficiente de produção de amendoins.

peso morto

Desperdício puro criado quando o benefício marginal de uma mercadoria difere de seu custo marginal.

Em ocasiões normais de monopólio, a área *dce* é o único peso morto. Mas em nosso modelo de rent-seeking, o peso morto pode ser maior. Como já sugerido, o rent-seeking pode se valer de recursos: lobistas influenciam legisladores e burocratas, consultores dão declarações perante comissões de regulamentação e anunciantes realizam campanhas de relações públicas. Os recursos que podiam ter sido usados para produzir novas mercadorias e serviços são, assim, consumidos em uma disputa pela distribuição das mercadorias e serviços existentes. Por isso, a área *abcd* não representa uma mera transferência de importância global: é uma medida dos recursos reais usados para manter uma posição de poder de mercado. Em resumo, de acordo com essa perspectiva, o peso morto associado ao rent-seeking é a soma de *abcd* e *dce*, ou *abce*. Os custos de recursos associados ao rent-seeking podem ser elevados. Uma recente pesquisa sobre os níveis de salário de lobistas em Washington, DC, descobriu que 89 executivos desses grupos ganhavam mais de US$ 1 milhão, com o chefe do lobby da indústria farmacêutica recebendo aproximadamente US$ 4,5 milhões e o presidente de uma empresa de lobby ganhando mais de US$ 5,5 milhões [Wall Street Journal, 2010].

Não podemos, entretanto, concluir que a área *abce* sempre representa uma perda. Em muitos casos, essa área pode superestimar o custo de eficiência do rent-seeking. Por exemplo, o rent-seeking às vezes assume o formato de contribuições de campanha e subornos, que são apenas transferências – não "esgotam" os recursos reais. Uma contribuição importante do modelo de rent-seeking é a que dirige nossa atenção ao tamanho potencial do desperdício gerado pelo poder do governo de criar rendas.

Uma pergunta final é por que se permite a existência do rent-seeking. Afinal de contas, a Figura 6.4 mostra que as perdas para os consumidores são maiores que os ganhos dos produtores. Por que os consumidores não impedem a adoção de licenças desse tipo?

Uma razão é que esses grupos de interesse podem estar bem organizados e dispor de informações, enquanto aqueles que arcarão com os custos não são organizados e podem não estar conscientes do que se passa. Ainda que os cidadãos que arcarem com os custos sejam bem informados, é possível que não valha a pena revidar. Como os custos do programa são espalhados pela população em geral, a participação do consumidor no amendoim é baixa, e não vale o tempo e o esforço para se organizar uma oposição. Por outro lado, os benefícios são relativamente concentrados, tornando a organização política vantajosa para os beneficiários potenciais.

Outros atores

Sem pretender ser exaustivo, listamos algumas outras partes que afetam as decisões fiscais do governo.

Por meio de decisões judiciais, o Poder Judiciário gera efeitos importantes nos gastos governamentais. Os juízes têm ordenado a realização de gastos públicos em itens tão diversos quanto educação bilíngue nas escolas públicas e o remodelamento de prisões. Um exemplo recente ocorreu em Nova Jersey, onde a Suprema Corte do Estado determinou que os cortes do governador no orçamento de educação tinham violado uma ordem judicial que ordenava ao Estado financiar de modo adequado a educação de alunos nos distritos escolares mais pobres. O tribunal mandou que o Estado gastasse mais US$ 500 milhões [Cooper, 2011].

Os jornalistas podem afetar resultados fiscais ao chamar a atenção do público para determinados assuntos. Por exemplo, a ampla publicidade dada a pontes e estradas deterioradas influenciou várias jurisdições a aumentar os gastos em infraestrutura. Um estudo por Gerber, Karlan e Bergan [2006] examinou se jornais influenciam a maneira de votar das pessoas. Eles designaram pessoas aleatoriamente para receber o *Washington Post* (geralmente considerado um jornal progressista) ou o *Washington Time* (geralmente considerado conservador) e para não receber nenhum jornal. Descobriram que os que recebiam o *Washington Post* eram 8% mais propensos a votar em candidatos do Partido Democrata para governador que os que não receberam nenhum jornal, sugerindo que os meios de comunicação podem realmente influenciar no comportamento na hora de votar.

Finalmente, dado que informações são potencialmente uma fonte importante de poder, os especialistas podem influenciar as decisões do setor público. Assistentes legislativos que ganham experiência em certos programas frequentemente desempenham papéis importantes na elaboração de leis. Alguns peritos são contratados de fora do governo. Cientistas sociais acadêmicos, engenheiros ambientais e outros procuram usar seus conhecimentos para influenciar a política. Os economistas adoram citar o famoso pronunciamento de John Maynard Keynes [1965/1936, p. 383] "as ideias dos economistas e dos filósofos políticos, tanto quando estão certas ou quando estão erradas, são mais poderosas do que se pensa. Sem dúvida, o mundo é governado por pouco mais do que isso". No entanto, é extremamente difícil determinar se a pesquisa de ciência social influencia a política e, se for o caso, por quais canais essa influência funciona.

▶ A EXPLICAÇÃO DO CRESCIMENTO DO GOVERNO

Grande parte da preocupação quanto a assuntos de economia política se dá por conta do crescimento do governo. Como documentado no Capítulo 1, os gastos do governo nos Estados Unidos cresceram enormemente no longo prazo, em termos absolutos e proporcionalmente. Um setor público crescente não é exclusividade norte-americana, como mostram os números de alguns outros países ocidentais na Tabela 6.6. Assim, enquanto procuramos explicações para o crescimento do governo, não devemos levar em muita consideração acontecimentos e instituições que são próprios da experiência dos EUA. A seguir, algumas das teorias mais conhecidas. Elas nem sempre se excluem mutuamente. Nenhuma única teoria explica o fenômeno inteiro. De fato, mesmo tomadas em conjunto, ainda deixam muito por explicar.

TABELA 6.6 Proporção dos gastos do governo em relação ao Produto Interno Bruto em países selecionados (anos selecionados)

Ano	Canadá	Suíça	Reino
1900	9,5	ND	14,4
1910	11,4	ND	12,7
1920	16,1	ND	26,2
1930	18,9	15,9	26,1
1940	23,1	19,2	30,0
1950	22,1	19,9	39,0
1960	29,7	17,7	31,9
1970	36,0	21,3	41,8
1980	41,6	29,3	45,2
1990	48,8	30,3	41,1
2000	41,1	35,1	39,1
2010	44,1	34,2	50,5

Sources: Os anos antes de 1970 são de Pommerehne [1977]. Os anos subsequentes foram calculados a partir da Organização para Cooperação e Desenvolvimento Econômico [2012a].
Nota: ND = Não disponível.

Preferências do cidadão Uma perspecitva é a de que o crescimento de gastos do governo é uma expressão das preferências dos cidadãos. Suponha que a exigência do eleitor mediano de bens e serviços (G) do setor público é uma função (f) do preço relativo dos bens e serviços (P) e da renda (I) do setor público:

$$G = f(P, I) \qquad (6.1)$$

Há muitas maneiras diferentes por meio das quais essa função de demanda pode levar a uma proporção crescente da renda dedicada ao setor público. Suponha que quando a renda aumenta determinado percentual, a quantidade exigida de bens e serviços públicos aumenta em um percentual maior – a elasticidade de renda da demanda é maior que um. Nesse caso, o processo de crescimento de renda leva por si mesmo a uma parte sempre crescente de renda que vai para o setor público, tudo o mais constante.[11] Da mesma forma, se a elasticidade de preço de demanda para G for menor que um e P aumentar ao longo do tempo, a parte de renda do governo pode aumentar.

A sugestão importante é que o aumento no tamanho relativo do setor público não implica necessariamente que algo está "errado" com o processo político. O crescimento do governo bem pode ser consequência dos desejos de eleitores, que racionalmente levam em conta seu custo de oportunidade em termos de abstenção de consumo no setor privado. A dúvida então torna-se se as mudanças reais em P e I ao longo do tempo poderiam ser responsáveis pelas mudanças históricas observadas em G. Para responder essa pergunta, uma abordagem natural é começar computando as mudanças reais de percentual em P e I que ocorreram ao longo do tempo. Em seguida, multiplique a variação percentual em P por uma estimativa econométrica da elasticidade de G em relação a P, e a variação percentual em I pela elasticidade em relação a I. Esse cálculo produz a variação percentual em G atribuível unicamente às mudanças em P e I. Depois, compare esse valor com a mudança real em G. Uma estimativa baseada nesta abordagem sugere que apenas cerca de 40% do crescimento nos orçamentos públicos dos EUA pode ser explicada pela Equação (6.1). (Ver Holsey e Borcherding, 1997.) Embora se trate de um cálculo reconhecidamente difícil, isto sugere que há mais coisas acontecendo do que uma simples história do eleitor mediano pode explicar.

Perspectiva marxista Algumas teorias marxistas veem o crescimento do gasto estatal como inerente ao sistema político-econômico. No modelo marxista, o setor privado tende a produzir em demasia; assim, o governo capitalista deve expandir os gastos para absorver essa produção. Geralmente, isto acontece por meio do aumento dos gastos militares. Ao mesmo tempo, o Estado tenta diminuir o descontentamento da classe trabalhadora com o aumento dos gastos sociais. Eventualmente, a elevação dos gastos supera a capacidade de receita fiscal e o governo entrarem em colapso.

Os fatos históricos parecem contradizer essa análise. Por exemplo, é digno de nota que na Europa Ocidental o enorme aumento do tamanho e alcance do governo no período após à Segunda Guerra Mundial não tenha sido acompanhado pelo ressurgimento do militarismo. A contribuição principal da análise marxista é seu reconhecimento explícito das conexões entre os sistemas econômicos e políticos como fontes de crescimento do governo.

Acontecimentos fortuitos Em contraste com as teorias que veem o crescimento do governo como inevitável, existem as que consideram esse fato como resultado de acontecimentos fortuitos. Em períodos "normais" o crescimento moderado do gasto público é apenas moderado. Ocasionalmente, no entanto, choques externos ao sistema econômico e social "exigem" níveis mais altos de gastos do governo e métodos singulares de financiamento. Mesmo depois do fim desses choques, os níveis mais altos continuam a prevalecer por causa da inércia. Entre

---

[11] A hipótese de que os serviços do governo aumentam com velocidade maior que a renda é chamada frequentemente de Lei de Wagner, em homenagem a Adolph Wagner, economista de século XIX que a formulou.

os exemplos de choques estão a Grande Depressão, a Segunda Guerra Mundial, o programa Great Society, a Guerra do Vietnã e a recessão causada pela crise financeira de 2008.

Mudanças de comportamento Discussões populares às vezes sugerem que as tendências sociais que incentivam à autoafirmação pessoal levam as pessoas a fazer exigências extravagantes no sistema político. Ao mesmo tempo, a publicidade veiculada pela televisão cria expectativas irrealisticamente altas, resultando em uma "mentalidade de Papai Noel" que leva as pessoas a perderem a noção de que os programas do governo têm um custo de oportunidade.

No entanto, pode-se muito bem argumentar que as pessoas subestimam os benefícios de projetos de governo em vez de seus custos. Nesse caso, o setor público é por demais pequeno, não grande demais. De modo mais geral, embora os fenômenos sociais recentes talvez expliquem em certa medida o crescimento de gastos do governo, já se passou muito tempo e aconteceu em lugares demais para que essa explicação tenha tanta credibilidade.

Redistribuição de renda De acordo com essa teoria, o governo cresce porque os indivíduos de baixa renda usam o sistema político para redistribuir a renda para si mesmos. A ideia é que os políticos podem atrair eleitores cuja renda seja igual ou menor que a mediana, oferecendo benefícios que impõem um custo líquido sobre aqueles cuja renda esteja acima dessa mediana. Contanto que a renda média exceda a mediana e os mecanismos usados para a redistribuição não sejam prejudiciais demais aos incentivos, os políticos podem receber votos aumentando o alcance de distribuição de renda patrocinada pelo governo. Suponha, por exemplo, que há cinco eleitores cujas rendas são $ 5.000, $ 10.000, $ 15.000, $ 25.000 e $ 40.000. A renda mediana é $ 15.000 e a renda média é $ 19.000. Um político que apoie programas de governo que transferem renda aos que recebem menos de $ 25.000 irá vencer a eleição majoritária. Este modelo implica que, à medida que a diferença entre a renda mediana e a renda média cresce, o mesmo aconteça com a quantia redistribuída por meio do governo – quanto mais a renda se concentra no topo, maiores os benefícios potenciais ao eleitor mediano de transferências redistributivas. De acordo com a literatura pesquisada por Persson e Tabellini [1999], trata-se realmente de uma caracterização razoável da política de transferência de renda em nações desenvolvidas.

Um possível problema com essa teoria é que ela não explica por que a parte de gastos públicos aumenta *gradualmente* (como na Tabela 1.1). Por que não acontece uma enorme e única transferência, com os pobres confiscando a renda dos ricos? Porque nos países ocidentais, as exigências de patrimônio e *status* dos eleitores foram *gradualmente* abolidas durante o último século. Nos Estados Unidos, muitas das barreiras restantes ao direito de votar foram derrubadas pelas leis de direitos civis que entraram em vigor nos anos de 1960. A ampliação do direito ao voto aos cidadãos na parte de baixo da escala de renda aumenta a proporção de eleitores passíveis de apoiar políticos que prometem a redistribuição. Por isso, a extensão gradual de direito ao voto leva ao crescimento contínuo do governo, em vez de a um aumento de uma só vez. Esta conjectura é coerente com a análise de Husted e Kenny [1997] dos padrões de gastos estatais entre 1950 e 1958. Durante esse período, vários estados eliminaram impostos comunitários (*poll taxes*, usados como pré-condição ao direito de votar) e provas de alfabetização, o que resultou em níveis mais altos de participação do eleitor, particularmente entre os pobres. Nesses estados, houve "um crescimento agudo nos gastos de bem-estar, mas nenhuma mudança em outros gastos" [p. 54].

Uma limitação desta teoria é não conseguir explicar os métodos usados pelo governo para redistribuir renda. Se correta, a maioria das transferências de renda deveria se destinar aos pobres e assumir um formato que aumentaria ao máximo o bem-estar deles, ou seja, transferências diretas de dinheiro. Em vez disso, como veremos no Capítulo 12, as transferências nos Estados Unidos frequentemente ocorrem em forma de bens (isto é, na forma de mercadoria e serviços em vez de dinheiro) e muitos se beneficiam disso nas classes média e alta.

Uma perspectiva alternativa afirma que a redistribuição de renda favorece principalmente indivíduos de classe média: "Os gastos públicos são realizados principalmente em benefício das classes médias e financiados por impostos que são pagos, de modo considerável, pelos pobres e pelos ricos".[12] Mas alguns programas governamentais transferem renda a beneficiários de classe alta – veja, por exemplo, a discussão sobre o Medicare no Capítulo 10.

Os programas de transferência que beneficiam classes de diferentes rendas podem existir simultaneamente, por isso as diversas perspectivas de redistribuição a cargo do governo não são necessariamente excludentes. O importante aqui é o seu tema comum. Políticos, grupos de interesse de rent-seeking e burocratas aprovam programas, cada vez maiores, em benefício próprio.

Conclusão

A tomada de decisão pública é complicada e não compreendida totalmente. Ao contrário dos modelos simples de democracia, nesse cenário parecem estar forças que afastam os gastos governamentais dos níveis que seriam preferidos pelo eleitor mediano. No entanto, deve ser salientado que a noção de que o sistema atual de finanças públicas é injusto ou ineficiente não implica necessariamente que o governo como instituição é "mau". As pessoas que gostam de abordagens orientadas pelo mercado para a alocação de recurso podem, não obstante, reconhecer as falhas em como operam e procurar melhorar seu desempenho. O mesmo vale para o governo.

---

[12] Essa proposta é conhecida como a Lei de Director, em homenagem ao economista Aaron Director.

Resumo

- A política econômica aplica princípios econômicos à análise da tomada de decisão política.
- Os economistas têm estudado vários métodos para a escolha dos níveis de bens públicos em uma democracia direta.
- Os preços de Lindahl resultam em uma decisão unânime de fornecer uma quantidade eficiente de bens públicos, mas necessita da revelação honesta das preferências.
- A eleição majoritária pode levar a decisões inconsistentes quanto aos bens públicos se as preferências de algumas pessoas não forem de pico único.
- A troca de favores permite que os eleitores expressem a intensidade de suas preferências por meio do comércio de votos. No entanto, os ganhos da minoria podem se dar à custa de perdas gerais maiores.
- O Teorema da Impossibilidade de Arrow afirma que, em geral, é impossível achar uma regra de tomada de decisão que satisfaça simultaneamente vários critérios aparentemente razoáveis. A implicação é que democracias estão intrinsecamente inclinadas a tomar decisões inconsistentes.
- Explicações do comportamento do governo em uma democracia representativa exigem estudar a interação dos representantes eleitos, funcionários públicos e grupos de interesses especiais.

- Com base em pressupostos restritivos, as ações dos políticos eleitos simulam os desejos do eleitor mediano.
- Os funcionários públicos têm impacto importante no desenvolvimento e na implementação da política econômica. Uma teoria vaticina que os burocratas tentam maximizar o tamanho dos orçamentos de suas agências, resultando em excesso de oferta do serviço.
- Cidadãos privados rent-seeking formam grupos para influenciar a atividade do governo. Interesses especiais podem se formar com base em fonte de renda, tamanho de renda, indústria, região ou características pessoais.
- O crescimento do governo tem sido rápido, qualquer que seja a medida. As explicações para esse fenômeno incluem:
- Os cidadãos simplesmente querem um governo maior.
- O setor público deve se expandir para absorver o excesso da produção privada.
- Acontecimentos casuais (como guerras) aumentam o crescimento do governo, enquanto a inércia impede um retorno a níveis prévios.
- Expectativas irreais resultaram em exigências crescentes que ignoram os custos de oportunidade dos programas públicos.
- Certos grupos usam o governo para redistribuir a renda para si mesmos.

Questões para discussão

1. Suponha que há cinco pessoas – 1, 2, 3, 4 e 5 – que classificam os projetos A, B, C e D da seguinte maneira:

1	2	3	4	5
A	A	D	C	B
D	C	B	B	C
C	B	C	D	D
B	D	A	A	A

   a. Esboce as preferências, como na Figura 6.2.
   b. É possível que algum projeto seja escolhido por uma regra de maioria de votos? Se for assim, qual? Se não, explique por quê.

2. Um projeto de lei agrícola aprovado pelo Congresso em 2007 autorizou o gasto de mais de US$ 300 bilhões "para ricas famílias de agricultores" e "garantiu altas rendas a fazendeiros já abastados" [Economist, 2008]. Representantes das áreas agrícolas no Congresso foram capazes de obter o apoio dos representantes dos centros urbanos em troca de apoio à decisão de conceder subsídios para alimentação de famílias de baixa renda ("*food stamps*", ou cupons de alimentos). Qual de nossos modelos de tomada de decisão política mais bem explica esse cenário?

3. Três eleitores, A, B e C, decidirão pela regra da maioria a aprovação de leis sobre as questões X e Y. *Cada uma das duas questões será votada separadamente.* A mudança nos benefícios líquidos (em dólares) que resultaria da aprovação de cada lei é a seguinte:

Eleitor	Questão X	Questão Y
A	+6	−3
B	−1	+4
C	−2	−3

   a. Quais questões (se houver) passariam, se decididas pela regra da maioria? Esse é o resultado eficiente?
   b. Quais questões (se houver) passariam, se fossem autorizadas trocas de favor? A troca de favores melhoraria a eficiência? Traria o resultado eficiente?
   c. Suponha que fosse legal um eleitor pagar a outro para votar de determinada maneira. Será que permitir esses pagamentos secundários (*side payments*) melhoraria a eficiência da parte b? Traria o resultado eficiente?
   d. Qual seria o montante de pagamentos secundários se pagar por votos fosse autorizado?

4. Freetown Christiania é uma comunidade de cerca de 850 adultos e de 250 crianças, na cidade de Copenhague. Foi criada por "hippies e outros" e não está sujeita às mesmas leis que o resto da Dinamarca. "Não há conselho de administração ou outro órgão administrativo, e tudo é decidido por consenso[...] Na prática, isso significa que muitas das decisões nunca são tomadas[...] As tensões estão aumentando entre os diferentes grupos de moradores sobre como dividir e pagar encargos comunitários" [Kinzer, 1996, p. A3]. Esse resultado é coerente com nossas teorias de votação em uma democracia direta? Que procedimentos de votação você recomendaria para Christiania?

5. Em 2005, as mulheres do Kuwait ganharam o direito de votar nas eleições parlamentares. De fato, as eleitoras agora superam os eleitores no Kuwait, pois as mulheres são registradas automaticamente, enquanto os homens têm de se registar por conta própria. Como observou uma mulher: "Os Ministros do Parlamento costumavam votar contra nós; agora eles estão nos cortejando para votar neles" [Fattah de 2006]. O que isso nos diz sobre a validade das previsões do teorema do eleitor mediano?

6. Em 1998, o povo de Porto Rico realizou um referendo em que havia cinco opções: manter o *status* de comunidade, tornar-se um Estado, tornar-se independente, "livre associação" (tipo de independência que delegaria certos poderes aos Estados Unidos) e "nenhuma das anteriores". Discuta os problemas que podem surgir quando as pessoas votam em mais de cinco opções.

7. Alguns membros do conselho municipal de Washington, DC, propuseram recentemente exigir de cada táxi um distintivo, que é basicamente uma licença para dirigir o veículo. Segundo a proposta, o número de distintivos era menor do que o número de táxis nas ruas à época. Usando o modelo da Figura 6.4, mostre como essa proposta afetaria o preço do táxi para os consumidores e o peso morto geral, se houver.

8. Suponha que a curva de demanda do leite é dado por $Q = 100 - 10P$, em que P é o preço por galão e Q é

a quantidade demandada por ano. A curva de oferta é horizontal no preço de 2.

   a. Supondo-se que o mercado é competitivo, qual é o preço por galão de leite e o número de galões vendidos?
   b. Com a conivência de alguns políticos, os produtores de leite são capazes de formar e manter um cartel. (Esse cartel de fato funciona no nordeste dos Estados Unidos.) Qual é o preço do cartel e quantos galões de leite são comprados? [Dica: A curva de receita marginal (RM) é dada por $RM = 10 - Q/5$. Além disso, lembre-se que a curva de oferta mostra o custo marginal associado a cada nível de produção.]
   c. Quais são as rendas associadas ao cartel?
   d. Suponha que, para manter o cartel, os produtores de leite simplesmente façam contribuições de transferência global para a campanha de políticos importantes. Qual é a contribuição máxima que eles estariam dispostos a fazer? Qual é o peso morto do cartel?
   e. Suponha que, em vez de contribuições de transferência global aos políticos, os produtores de leite contratem lobistas e advogados para representá-los no Congresso. Como isso muda sua estimativa de peso morto associado a esta atividade de rent-seeking?

9. Philip Morris, líder de mercado da indústria do tabaco, deu apoio a uma lei de 2009 que permitia à Food and Drug Administration coibir a propaganda de cigarro [Wall Street Journal, 2009]. Que modelo deste capítulo ajudaria a explicar esse comportamento?

10. Considere-se uma sociedade com três pessoas (John, Eleanor e Abigail) que usam a regra da maioria para decidir quanto dinheiro gastar em escolas. Há três opções para gastar em um parque público: A (alto), M (médio) e B (baixo). Esses indivíduos classificam as três opções da seguinte maneira:

Classificação	John	Eleanor	Abigail
1	M	B	A
2	B	M	M
3	A	A	B

   a. Considere todas as possíveis eleições de pares: M contra A, A contra B e B contra M. Qual é o resultado de cada eleição? Parece, neste caso, que a regra da maioria levaria a um resultado estável no gasto para o parque público? Se sim, qual é essa escolha? Dar a uma pessoa a capacidade de definir a pauta afetaria o resultado? Explique.
   b. Agora, suponha que a preferência de Eleanor mudou para a seguinte: primeira opção = B, segunda opção = A e terceira opção = M. A regra da maioria levaria a um resultado estável? Se sim, qual é essa escolha? Dar a uma pessoa a capacidade de definir a pauta afetaria o resultado? Explique.

7 Educação

A base de todo Estado é a educação de sua juventude.

—DIOGENES LAERTIUS

Os capítulos anteriores desenvolveram uma estrutura para pensar sobre a intervenção governamental em uma economia de mercado. Agora, aplicaremos essa estrutura à área da educação. A educação fornece um excelente estudo de caso para a aplicação das ferramentas de finanças públicas; também gera interesse em função da enorme quantia de dinheiro que os governos gastam com ela. Nos Estados Unidos, o gasto combinado dos governos locais, estaduais e federais em educação primária e secundária totaliza US$ 524 bilhões [US Bureau of the Census, 2012c, p. xiii].[1] Como indica a Tabela 7.1, desde 1980, os gastos reais por aluno em educação primária e secundária aumentaram aproximadamente 84%. Não obstante, há muitos anos os americanos consideram que as escolas públicas da nação funcionam em nível medíocre [Phi Delta Kappa/Gallup, 2011]. Tais observações ressaltam a importância de avaliar cuidadosamente as políticas de educação com o uso de ferramentas de finanças públicas.

TABELA 7.1 Gasto anual real por aluno em escolas públicas primárias e secundárias (anos selecionados)

Ano letivo	Gasto por aluno (dólares de 2010)
1980	US$ 5.762
1985	6.461
1990	7.995
1995	7.917
2000	8.752
2005	9.838
2010	10.615

Fonte: US Bureau of the Census [2012c, p. 8].
Os gastos reais por aluno na educação pública primária e secundária aumentaram 84% desde 1980.

❖ ❖ ❖

▶ JUSTIFICATIVA PARA INTERVENÇÃO DO GOVERNO NA EDUCAÇÃO

A estrutura da economia do bem-estar sugere que comecemos por uma questão fundamental: por que o governo deve se envolver tão profundamente na educação, em vez de deixar seu fornecimento a cargo do mercado? Como vimos nos capítulos anteriores, os mercados falham em fornecer um bem eficientemente quando este é um bem público ou quando gera externalidades, então devemos considerar se a educação está em uma dessas categorias.

---

[1] O Capítulo 22 examina a justificativa para a divisão dos gastos com educação entre os diferentes níveis de governo.

A educação é um bem público?

Lembre-se que um bem público é não rival e não excludente. A educação não se encaixa em nenhum desses critérios. Ela é rival em consumo, ao menos até certo ponto, pois, quando o número de estudantes em uma sala de aula aumenta além de determinado ponto, cada estudante recebe menos atenção individualizada do professor, a sala de aula torna-se mais congestionada e ocorrem outras tensões sobre os recursos educacionais. Diferentemente de um bem não rival, adicionar um novo "consumidor" de educação impõe um custo aos outros consumidores. A educação é excludente porque podemos facilmente impedir que um estudante obtenha os serviços fornecidos por uma escola. Em resumo, a educação é primordialmente um bem privado, melhorando o bem-estar dos estudantes pelo aumento de sua capacidade de se sustentar e, de modo mais geral, de lidar com a vida.

A educação gera externalidades positivas?

Embora a educação seja primordialmente um bem privado, muitos argumentam que educar uma criança fornece benefícios para outras pessoas na sociedade.

Uma possível externalidade positiva surge porque a educação serve como potente força para a socialização. Como escreveu o historiador grego Plutarco, em suas Obras *Morais*: "A própria fonte e raiz da honestidade e da virtude está na boa educação". Nos governos democráticos, a educação dá aos eleitores uma perspectiva em que basear suas escolhas políticas. Como escreveu George Washington: "À medida que a estrutura de um governo dá força à opinião pública, é essencial que a opinião pública seja esclarecida". Esses dois pontos de vista sugerem que a educação ajuda a formar cidadãos informados e coesos, o que é especialmente importante na democracia. De fato, Glaeser, Ponzetto e Shleifer [2006] encontram forte correlação empírica entre os níveis de educação e de governo democrático em diferentes países.

No entanto, essa noção convencional foi recentemente questionada por alguns estudiosos. Acemoglu et al. [2005] examinam como os anos de educação se relacionam com a democracia em diferentes países. (O nível de democracia é medido por um índice numérico baseado em uma lista de perguntas de verificação, incluindo itens como se o país tem eleições justas, se aqueles que são eleitos de fato governam, se há partidos políticos competitivos, etc.) Como se poderia esperar, encontram uma correlação positiva – países com maior média de anos de instrução também são mais democráticos. Os autores observam, no entanto, que há tantas variações entre países em termos de cultura, de história e de instituições sociais que poderia ser equivocado atribuir uma relação causal a tal correlação transversal. Portanto, centram o estudo em como mudanças nos anos de educação dentro de determinado país afetam o índice de democracia. Com efeito, pelo foco em *mudanças dentro* de países, eles avaliam diferenças em características entre países que são difíceis ou impossíveis de medir. Sua análise sugere que, uma vez que analisamos o contexto interno de países, a correlação entre educação e democracia desaparece. Sua conclusão controversa é que os dados não sustentam a noção de que o aumento em níveis de educação tornam um país mais democrático. Devemos ser cautelosos em relação a esse resultado. Ele talvez se deva ao fato de que outros fatores estavam mudando em vários países, e essas mudanças podem ter mascarado o impacto da educação. Em todo o caso, o estudo nos lembra que muitas propostas aparentemente óbvias podem ser muito difíceis de verificar.

O caso do ensino superior Os benefícios externos da educação provavelmente variam de acordo com o nível de educação. Por exemplo, se os benefícios da socialização de educação apresentam retornos marginais decrescentes, então a educação primária e a secundária gera benefícios externos maiores que o ensino superior, sugerindo que o governo deve intervir menos no ensino superior que nos níveis anteriores.

De fato, o governo federal fornece menos subsídios ao ensino superior que à educação primária e secundária. Não obstante, o governo federal vem apoiando amplamente o ensino superior desde meados da década de 1960.[2] Em 2011, o governo federal gastou aproximadamente US$ 38 bilhões em subsídios diretos e programas de trabalho-estudo para estudantes universitários. O subsídio federal para os estudantes veio na forma de empréstimos, totalizando o valor de US$ 117 bilhões. Mais de 35 milhões de concessões de subsídios ou de empréstimos federais ocorreram em 2011 [US Bureau of the Census, 2012, p. 186]. Além disso, vários subsídios para o ensino superior estão incluídos no sistema de imposto de renda pessoal. Estes incluem o crédito fiscal American Opportunity e o crédito fiscal Lifetime Learning (que, em 2011, correspondeu a um subsídio governamental de aproximadamente US$ 16 bilhões) e a dedutibilidade de juros sobre empréstimos para estudantes, sobre algumas despesas com educação e sobre renda oriunda de bolsas de estudos (que, em 2011, custou ao Tesouro aproximadamente US$ 5 bilhões) [US Office of Management and Budget, 2012, p. 251].

Alguns dizem que a educação universitária deve ser subsidiada porque aumenta a produtividade. Pode até ser verdade que o ensino superior aumenta a produtividade, mas contanto que os rendimentos de universitários graduados reflitam sua produtividade mais alta, não há externalidade. Examinaremos mais tarde a questão se a educação de fato leva a rendimentos mais altos. Por enquanto, o ponto principal é que, para que o argumento da externalidade seja convincente, devemos demonstrar que há ganhos em produtividade resultantes do ensino superior que não se refletem nos rendimentos futuros dos estudantes.

Ainda que o ensino superior gere externalidades positivas, isso não seria uma justificativa do ponto de vista da eficiência para os programas governamentais atuais que subsidiam todos os estudantes na mesma medida. Os benefícios externos de todos os cursos de nível superior são iguais? Os cursos de história da arte, contabilidade e preparatório para medicina produzem as mesmas externalidades? Se não, a eficiência exigiria subsídios diferenciados.

Os proponentes de subsídios afirmam que, se fossem retirados, menos pessoas entrariam nas faculdades. Isso é provavelmente verdadeiro, pois retirar os subsídios aumentaria os custos privados para indivíduos. No entanto, apenas isso não justifica a existência dos subsídios. Se subsídios fossem concedidos a jovens que quisessem abrir oficinas mecânicas e esse benefício fosse cortado, o número de oficinas mecânicas também diminuiria. Por que um possível mecânico de carros deve ser tratado de forma diferente de um possível classicista?

Alguns afirmam que esse raciocínio ignora imperfeições no mercado de empréstimos do setor privado. É muito difícil fornecer garantia a empréstimos para **capital humano** – investimentos que as pessoas fazem em si próprias para aumentar sua produtividade –, então esses mercados de empréstimos podem não se materializar. Nesse caso, alguns estudantes para os quais os benefícios do ensino superior excedem os custos podem ainda assim não entrar em um curso superior por falta de fundos, o que é um resultado ineficiente. Uma possível solução para essa falha de mercado é que o governo empreste dinheiro para qualquer estudante com a taxa de juros do mercado. Os opositores dessa política acreditam que estudantes não devem ter de tomar empréstimos para ir à faculdade porque o peso da dívida distorce suas escolhas de carreira: os jovens deveriam "escolher carreiras com base em interesses reais, não em suas taxas de juros" [Zimmerman, 2007]. Um ponto de vista contrário é que "a perspectiva de grandes dívidas depois da formatura certamente dissuadiria alguns estudantes do empréstimo. Esta pode, no entanto, ser a forma mais sábia de restrição. Alguém tem de pagar a conta, e é difícil de entender por que devem ser os contribuintes e não o beneficiário direto da instrução" [Passell, 1985].

---

capital humano
Investimentos feitos por indivíduos em educação, formação e atendimento de saúde que aumentam sua capacidade produtiva.

---

[2] Para obter mais detalhes, consulte Kane [1998]. O estado e as administrações municipais também fornecem apoio substancial, equivalendo a mais de US$ 74 bilhões ao ano [US Department of Education, 2012, Tabelas 369 e 370].

O mercado da educação é injusto?

Os argumentos anteriores a favor e contra a intervenção governamental na educação estão focados na eficiência econômica. Como discutimos no Capítulo 3, a economia do bem-estar também exige que consideremos a equidade e, neste caso, também é possível defender a educação pública e o ensino superior subsidiado.

Lembre-se da noção de igualitarismo de *commodity* apresentada no Capítulo 4, que sugere que a justiça exige que determinados bens estejam disponíveis para todos. Se educação é um bem normal, então poderíamos esperar que um mercado livre para a educação levasse a níveis diferentes de educação para diferentes níveis de renda, com algumas pessoas de renda mais baixa terminando com pouca ou nenhuma educação. O ponto de vista do igualitarismo de *commodity* sugere que ela deve ser disponibilizada para todos os cidadãos, independentemente de benefícios e custos. Esse ponto de vista é especialmente difundido com respeito à educação primária e secundária.

Mas o argumento da equidade também justifica subsídios governamentais para o ensino superior? Os subsídios para estudantes universitários representam uma transferência de contribuintes em geral para estudantes universitários. Considerando o estudante como parte da família que o criou, parece que programas de auxílio educacional realmente melhoram a igualdade de renda. A probabilidade de receber ajuda federal diminui conforme aumenta a renda da família. Lembre-se, porém, que a maioria dos estudantes universitários são indivíduos prestes a formar as próprias famílias, e que as rendas durante a vida de pessoas com curso superior completo são mais altas que as da população como um todo. Portanto, na medida em que os recebedores de subsídios teriam feito faculdade de qualquer modo, os subsídios podem levar a uma maior desigualdade de renda. Com efeito, Cameron e Heckman [2001] acreditam que a renda familiar não afeta a frequência em cursos superiores. Em vez disso, a renda é uma medida do ambiente de longo prazo em que as crianças são criadas. Quando medidas de capacidade são incluídas em suas análises estatísticas de matrícula em cursos superiores, mensalidades e renda familiar têm sua importância significativamente reduzida.

▶ O QUE A INTERVENÇÃO DO GOVERNO NA EDUCAÇÃO PODE REALIZAR?

Se a educação produz externalidades positivas, então o governo deve subsidiá-la. Vamos além da concessão de subsídios, no entanto, quando tornamos a educação primária e secundária gratuitas (financiadas pelo contribuinte) e obrigatórias. Esse sistema, comum em muitos países, não pode ser justificado somente com base em eficiência. Como estudantes obtêm benefícios privados de educação, uma política eficiente pagaria somente parte de seus custos de educação. Uma noção como igualitarismo de *commodity* deve ser introduzida para justificar uma política que forneça algum nível de educação, sem consideração de custos ou benefícios externos.

Outra característica de nosso sistema é que, além de financiar a educação, o governo também a produz. Por que isso acontece? Uma teoria é que o governo deve produzir educação para criar certas externalidades positivas. Ganhos de produtividade gerados pela educação não são benefícios externos, pois conferem salários mais altos e, por isso, são levados em conta na decisão de obter educação. No entanto, os benefícios educacionais para a sociedade associados com se tornar um cidadão mais informado e socializado não são todos capturados pelo estudante individual. De acordo com essa teoria, se o governo financiasse mas não produzisse educação, as escolas particulares, na competição por estudantes, dedicariam todos os seus recursos a ensinar habilidades para aumentar a produtividade e não habilidades de cidadania. A conclusão é que o desenvolvimento de um compromisso comum com processos democráticos estabelecidos é mais facilmente realizado em um sistema de escolas públicas protegidas da concorrência privada. A validade dessa teoria, no entanto, é muito difícil de avaliar.

A intervenção governamental causa efeito de *crowding-out* na educação privada?

Qualquer que seja a justificativa para fornecer escolas públicas gratuitas, um resultado inesperado da teoria econômica é que tal sistema não necessariamente induz todos a consumir mais instrução do que consumiriam em um mercado privado. Considere o caso de Gepetto, que está decidindo quanta educação seu filho Pinocchio deve consumir. Na Figura 7.1A, a quantidade de educação é medida no eixo horizontal, enquanto a quantidade de todos os outros bens consumidos pela família é medida no eixo vertical. (Para simplificar, pense na quantidade de educação como horas passadas em sala de aula. Um modelo mais complicado também incluiria aspectos da educação que melhoram sua qualidade.) Na ausência de um sistema de educação pública, Gepetto pode comprar tanta educação no mercado privado quanto escolher considerando o preço praticado, e suas opções se resumem à limitação de orçamento AB. Sujeito a essa limitação, ele compra e_o horas de educação para Pinocchio; c_o é o que sobra para gastos com outros bens.

Agora, suponha que uma escola pública é aberta. Gepetto pode enviar Pinocchio à escola pública por e_p horas por semana sem qualquer custo pessoal.[3] Esta opção é representada não por uma linha, mas pelo ponto único x, no qual o consumo de educação é e_p e Gepetto pode gastar toda a sua renda em outras mercadorias. Como a curva de indiferença *ii*, que passa por x, é mais alta que a curva de indiferença *i*, Gepetto tira Pinocchio de escola particular e o matricula no sistema público. É importante observar que e_p é menor que e_o. O consumo de educação de Pinocchio cai. Intuitivamente, a existência da educação pública leva a um grande aumento no custo de oportunidade da educação privada, induzindo Gepetto a deixar o sistema privado e, consequentemente, reduzindo o consumo de educação de Pinocchio. Assim, o sistema público causa efeito de ***crowding-out*** na educação. Observe, no entanto, que a Figura 7.1A vê a instrução pública como uma opção de "pegar ou largar". Na medida em que a educação oferecida pelas escolas públicas puder ser suplementada por aulas particulares, será menos provável que a educação pública cause efeito de *crowding-out* na educação consumida.

crowding-out

Quando o fornecimento público de um bem substitui o fornecimento privado do bem.

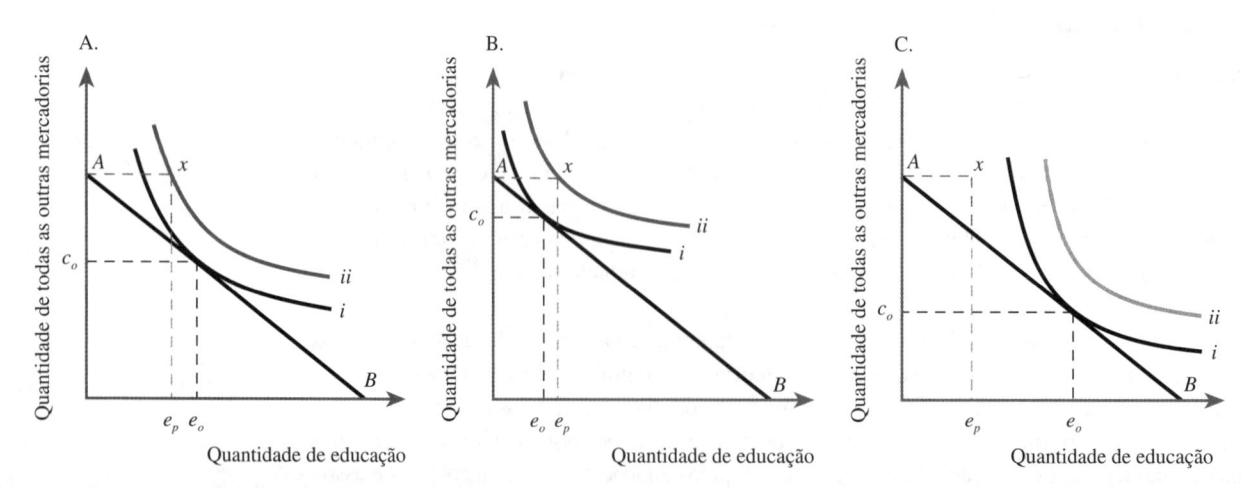

FIGURA 7.1 A educação pública causa efeito de *crowding-out* na educação privada?
No Painel A, a introdução de educação pública gratuita leva a menos educação. No Painel B, leva a mais. No Painel C, por sua vez, a quantidade de educação não é alterada.

---

[3] Supomos, de modo realista, que os pagamentos de impostos de Gepetto não dependem dele ter ou não filhos matriculados em escola pública.

Naturalmente, para um conjunto diferente de curvas de indiferença, a educação pública poderia ter induzido Gepetto a aumentar seu consumo familiar de educação. Isso é mostrado na Figura 7.1B, na qual a abertura da escola pública aumenta o consumo de educação de Pinocchio de e_o para e_p. A Figura 7.1C mostra um conjunto de curvas de indiferença em que o consumo de educação é inalterado depois da introdução da escola pública. Esta análise demonstra que não podemos tomar por certo que o fornecimento de educação gratuita pelo governo (nem de qualquer outra *commodity*) leve a um aumento em seu consumo.

O gasto do governo melhora os resultados da educação?

Suponha que aceitemos os argumentos em favor da administração de escolas pelo governo. Isso deixa em aberto a questão de se maiores gastos de fato levam a uma melhor educação. Esta pergunta é inerentemente difícil, pois não está claro o que exatamente é uma "melhor educação". A educação tem muitas metas, inclusive melhorar as habilidades cognitivas de estudantes, ensiná-los a ter responsabilidade e a conviver com outras pessoas, ajudá-los a tornarem-se cidadãos informados e sensatos e melhorar sua qualidade de vida em termos econômicos e sociais. É difícil quantificar qualquer desses itens e é ainda mais complicado resumi-los todos em uma única medida precisa. Portanto, a maioria dos estudos concentra-se em um conjunto restrito de medidas de resultados que, ao menos, têm a virtude de ser mensuráveis. Estes incluem notas em provas, registros de presença, índices de abandono, índices de progressão para níveis mais altos de instrução e rendimentos.

Comecemos pela análise das notas em provas. A Figura 7.2 mostra que os Estados Unidos gastam mais por aluno que quase todas as outras nações desenvolvidas. As notas dos alunos americanos, no entanto, estão longe do topo deste grupo. Por exemplo, em uma prova ministrada a alunos de 15 anos de idade em 34 países desenvolvidos, os Estados Unidos ficaram em décimo quarto lugar em alfabetização em leitura, décimo sétimo em alfabetização em ciência e vigésimo quarto em alfabetização matemática [Organization for Economic Cooperation and Development, 2009]. Tais números convenceram alguns ob-

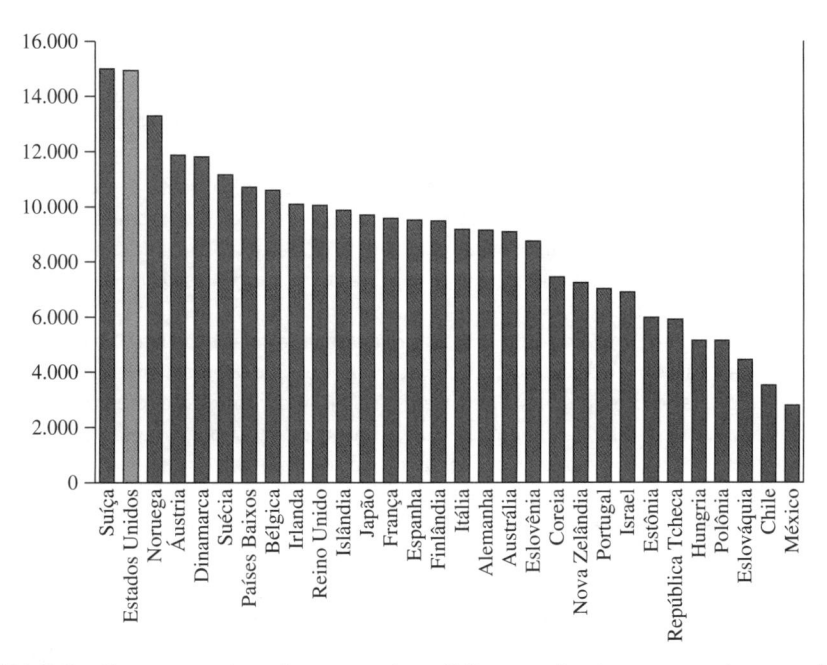

FIGURA 7.2 Gastos anuais reais em escolas públicas e privadas por estudante, todos os níveis de educação, países selecionados (2008).
Fonte: Organization for Economic Cooperation and Development [2011a].

servadores de que maiores gastos têm pouco impacto sobre os resultados em testes. Agora, examinemos a literatura empírica relacionada ao tema.

> **EVIDÊNCIA EMPÍRICA**
>
> **Os gastos com educação melhoram as notas de estudantes em testes?**
>
> Tentativas de estimar o efeito de gastos sobre os resultados de estudantes começaram com o Coleman Report [Coleman et al., 1966], que descobriu que o contexto familiar e efeitos de pares – não a quantidade de financiamento público para a educação – explicam o desempenho de estudantes. No entanto, esse foi um estudo observacional e, como destacado no Capítulo 2, tal abordagem torna muito difícil avaliar efeitos causais. Por exemplo, se mais recursos educacionais fossem dedicados a aulas de recuperação, então poderia haver uma correlação negativa entre gastos e resultados de estudantes, ainda que os gastos ajudassem os estudantes.
>
> Uma melhor abordagem seria realizar um experimento que aleatoriamente distribuísse os estudantes em distritos escolares com despesas altas e baixas e, depois, medir as diferenças entre os resultados nos testes. Embora alguns estudos randomizados tenham sido realizados (discutidos mais tarde), eles são difíceis de conduzir e, portanto, raros.
>
> Vários estudos recentes usam, em vez disso, quase-experimentos que se valem de mudanças em leis estaduais que aumentaram o financiamento para alguns distritos escolares em relação a outros. Como a educação pública é tradicionalmente financiada por impostos locais, os distritos escolares mais ricos tendem a gastar mais que os outros. Para igualar os gastos, alguns estados começaram a fornecer subsídios maiores para a educação em jurisdições de baixa renda que em jurisdições de alta renda. Massachusetts implementou essa abordagem no início da década de 1990. Ao isolar o componente das mudanças no financiamento em função do plano de redistribuição, Guryan [2003] descobriu que aumentos em gastos por aluno levavam a melhorias significativas nos resultados em testes de matemática, leitura, ciências e estudos sociais para estudantes do quarto e do oitavo ano.
>
> Não obstante, a questão não está resolvida. Hanushek [2002] pesquisou um grande número de estudos anteriores e descobriu que, na maioria dos casos, os dados não sustentam uma relação entre os gastos de estudantes e os seus desempenhos. Uma pergunta controversa em relação a essa afirmação é como explicar gastos com um grupo relativamente pequeno de estudantes com deficiência – os números de gastos devem ser corrigidos de modo que somente dinheiro gasto com estudantes sem deficiências sejam levados em conta? Sem tal correção, uma análise transversal da relação entre gastos e resultados de estudantes poderia ser enganosa se as escolas gastassem mais dinheiro com recuperação para alunos com baixo desempenho ou com necessidades especiais.
>
> Ainda que aceitemos que os gastos têm pouco efeito sobre os resultados, as implicações não estão claras. Como Hanushek [2002, p. 46] observa: "As evidências não dizem que dinheiro e recursos nunca importam. Nem dizem que dinheiro e recursos não poderiam importar[...] Em verdade, uma interpretação plausível das evidências é que algumas escolas de fato usam recursos de modo eficaz, mas essas escolas são contrabalançadas por outras que não o fazem".

Gastos públicos e qualidade da educação

Em última instância, a meta não é simplesmente aumentar os gastos com a educação; o objetivo é melhorar o desempenho acadêmico dos estudantes. Portanto, é importante avaliar a eficácia de vários tipos de gasto. Por exemplo, é mais eficaz reduzir o número de estudantes por professor, contratar professores com níveis mais altos de experiência e educação, aumentar os salários de professores ou fornecer instalações e livros mais novos? Usando o jargão da economia, quais insumos têm maior efeito marginal sobre o produto educacional? Vários estudos calcularam as contribuições de diversos insumos para os resultados da educação.[4] Nos concentraremos em uma opção de política popular, reduzir o tamanho das turmas.

> **EVIDÊNCIA EMPÍRICA**
>
> **Reduzir o tamanho das turmas melhora as notas de estudantes em testes?**
>
> Reduzir o tamanho das turmas envolve tanto custos quanto benefícios. Os custos surgem porque isso exige contratar mais professores e fornecer mais salas de aula. Esses custos são relativamente fáceis de medir: para os Estados Unidos como um todo, o custo por aluno de reduzir o tamanho das turmas em 10% seria aproximadamente US$ 807 [estimativa dos autores, baseada em Hoxby, 2002a, p. 23]. Infelizmente, é difícil de calcular a relação causal entre o tamanho da turma e os resultados dos estudantes. Estudos observacionais sobre o impacto do tamanho de turmas serão tendenciosos se os estudantes em grupos menores forem diferentes dos estudantes em grupos maiores e se essas diferenças contribuírem para diferenças nas notas obtidas em testes. Por exemplo, se famílias mais ricas estivessem em distritos escolares com turmas menores e os filhos dessas famílias tendessem a obter melhores notas em provas de qualquer maneira, superestimaríamos o efeito independente de ter turmas menores. Por outro lado, a tendência poderia ser invertida se distritos escolares tivessem grupos menores para estudantes de recuperação e com necessidades especiais.
>
> Um experimento randômico fornece melhores condições para avaliar a relação causal. O experimento Student/Teacher Achievement Ratio do Tennessee (conhecido como Projeto STAR), distribuiu estudantes de jardim de infância aleatoriamente em turmas pequenas (de 13 a 17 estudantes por professor) e grandes (de 22 a 25 estudantes por professor). Dynarski et al. [2011] descobriram que estudantes em turmas menores tinham resultados melhores em testes que aqueles em turmas maiores, mas os efeitos dos resultados em testes desapareciam em torno do sexto ano do ensino fundamental. No entanto, embora estar em uma turma pequena não tivesse impacto de longo prazo sobre as notas em testes, isso aumentava a probabilidade de matrícula e graduação em um curso superior.
>
> Os resultados do Projeto STAR do Tennessee reforçaram as convicções de muitas autoridades normativas sobre os benefícios de reduzir o tamanho de grupos. Devemos ter cuidado, todavia, em supor que os resultados de um experimento em um cenário se manterão em outro cenário. A Califórnia apresenta uma lição clara sobre os perigos de ignorar essa lição. Em parte, com base no Projeto STAR, a Califórnia aprovou uma lei em 1996 que reduziu os tamanhos de turmas em cerca de 10 alunos por grupo. Até aí, tudo bem. Para atingir essa meta, a lei exigia que as escolas da Califórnia contratassem mais professores. Tal expansão no quadro de professores não era um componente do Projeto STAR, pois o experimento não envolvia uma redução no tamanho das turmas para todo o Estado. O único modo da Califórnia aumentar consideravelmente o número de professores era contratar professores com relativamente menos experiência e referências. Assim, a qualidade média do quadro de professores caiu. Jepsen e Rivkin [2002] descobriram que as vantagens de turmas menores eram neutralizadas pela piora na qualidade dos professores. Portanto, reduzir o tamanho das turmas não melhorou a qualidade da educação pública na Califórnia.

---

[4] Por exemplo, Aaronson, Barrow e Sander [2003] e Hanushek, Rivkin e Kain [2005] afirmam que a qualidade do professor afeta os resultados dos estudantes. No entanto, a literatura de pesquisa tem menos certeza sobre as ferramentas políticas que podem melhorar a qualidade dos professores.

A educação aumenta os rendimentos?

Embora o impacto de gastos com escola e a qualidade das escolas em resultados de testes seja uma questão importante e interessante, isso nos diz pouco sobre outra variável crítica – os rendimentos futuros. Ainda que grandes gastos com educação não aumentem notas em testes, podemos não nos importar muito com isso se eles aumentarem os rendimentos das pessoas quando adultas. Da mesma maneira, se os gastos com educação aumentarem notas em testes, mas não tiverem qualquer efeito sobre os rendimentos, então talvez questionemos se esse é um bom gasto do dinheiro público.

Pode parecer óbvio que mais dinheiro gasto em educação leve a rendimentos futuros maiores. Se os gastos melhoram a qualidade da educação, então os estudantes se tornarão trabalhadores mais produtivos no futuro. Esse aumento em seu capital humano deverá se traduzir em salários mais altos. No entanto, dada a ambiguidade discutida anteriormente sobre se mais gastos realmente melhoram os resultados em educação (ao menos de acordo com as medidas de pontuações em testes), não podemos presumir que tais gastos irão aumentar as rendas futuras. Para a educação primária e secundária, parece que aumentos marginas nos gastos com educação têm pouco impacto sobre os rendimentos futuros. As estimativas mais otimistas sugerem que um aumento de 10% nos gastos com educação geram aumento de apenas 1% a 2% nos rendimentos futuros [Heckman, 1999]. No entanto, a eficácia de gastos em educação depende da idade e da situação econômica dos estudantes envolvidos. Em particular, Heckman [2008] sugere que investimentos feitos na primeira infância em prol de crianças desfavorecidas têm os mais altos retornos.

Observe também que esta constatação refere-se a gastos *marginais*. Em outras palavras, enquanto mais um dólar gasto em educação talvez não afete muito os rendimentos futuros, isso não significa que os rendimentos seriam os mesmos se não gastássemos nada em educação e ninguém fosse à escola. Realmente, uma quantidade substancial de estudos empíricos sugere que, ao aumentar o capital humano, a instrução adicional aumenta consideravelmente os rendimentos futuros.[5] Os economistas do trabalho estimam que cada ano de educação aumenta os rendimentos anuais entre 5% e 13% [Card, 1999]. Uma qualificação importante é que nem todos os anos de educação são iguais; um ano com um professor de alta qualidade vale mais que um ano com um professor que não é tão bom. Chetty, Friedman e Rockoff [2011] estudaram os resultados na vida adulta de crianças que, do terceiro ao oitavo ano, tiveram professores de alta qualidade (definidos como professores com impacto positivo sobre as pontuações dos estudantes em testes). Descobriram que esses estudantes tinham maior probabilidade de entrar em uma faculdade, receber salários mais altos e economizar mais para a aposentadoria, e que tinham menor probabilidade de ter filhos quando adolescentes.

▶ NOVOS RUMOS PARA A EDUCAÇÃO PÚBLICA

O sistema público de educação dos EUA foi acusado de produzir uma crescente maré de mediocridade que põe a nação em risco econômico e social. Como tantas outras coisas na área de políticas para a educação, essa afirmação é controversa. Embora as pontuações no teste SAT venham caindo desde a década de 1960, isso pode ser resultado de mudanças ao longo do tempo no grupo de estudantes que prestam o exame – conforme as faculdades se

---

[5] No entanto, outra teoria é que mais anos de educação (especialmente no nível universitário) servem principalmente como um dispositivo de seleção que identifica para possíveis empregadores os indivíduos com alta capacidade. De acordo com essa teoria, alguém altamente produtivo precisa sinalizar essa característica aos possíveis empregadores e pode fazer isso resistindo ao rigor dos processos de seleção para universidades e obtendo um diploma. A sugestão é que não é a educação em si que leva à produtividade e a salários mais altos; em vez disso, a educação apenas serve como sinal de uma capacidade pré-existente.

tornaram mais populares, mais estudantes com capacidade relativamente menor começaram a se inscrever no teste. A Avaliação Nacional do Progresso Educacional, administrada pelo Departamento de Educação dos EUA, está menos sujeita a tais tendências porque testa consistentemente uma amostra representativa dos estudantes dos EUA. Os resultados desse teste sugerem que, nos últimos 35 anos, as pontuações em matemática e leitura para alunos de quarto, oitavo e décimo segundo ano tiveram leve melhora [US Department of Education, 2009]. Esses aumentos modestos não tranquilizam os críticos, que acreditam que as melhorias não são suficientes, dados os grandes aumentos no gasto real por aluno ao longo do período (ver Tabela 7.1). Muitos desses críticos acreditam que mudanças estruturais importantes na educação pública são necessárias. Agora, discutiremos algumas opções.

Escolas autônomas

Se aumentar os gastos com educação não é a solução, o que é? Os economistas tendem a perguntar se qualquer mercado com problemas não poderia se beneficiar de uma dose de concorrência. Isso é verdadeiro no debate sobre políticas para a educação. Alguns economistas estão convencidos de que as escolas melhorariam se fossem forçadas a concorrer entre si para atrair estudantes. Isso é parte da motivação para as **escolas autônomas** (*charter schools*), que são escolas públicas que funcionam de acordo com cartas do governo que estabelecem padrões estaduais que elas devem seguir, mas que dão liberdade para experimentação e algum nível de independência para tomar as próprias decisões sobre gastos e contratações. Quarenta e um estados atualmente têm leis que apoiam escolas autônomas. Ao fazer com que escolas públicas regulares concorram por estudantes com as escolas autônomas, a esperança é que as escolas públicas repensem suas estratégias educacionais e ofereçam uma experiência de mais alta qualidade.

Relatos de estados como o Arizona, que tem a carta mais liberal do país, sugerem que as escolas autônomas aumentam a diversidade de opções. Algumas escolas autônomas do Arizona adotam uma abordagem de "retorno ao básico", algumas concentram-se em artes performáticas, outras atendem a estudantes grávidas, etc. Essa variedade de opções leva a um melhor desempenho dos estudantes? Determinar a relação causal entre frequência em uma escola autônoma e resultados educacionais é difícil, pois as famílias escolhem enviar ou não seus filhos às escolas autônomas e, portanto, é provável que diferenças entre famílias causem ao menos algumas das diferenças nos resultados dos estudantes.

No entanto, alguns estudos quase-experimentais sugerem que as escolas autônomas melhoram os resultados dos estudantes. Hoxby e Rockoff [2004] examinaram o impacto de frequentar uma escola autônoma sobre notas em matemática e leitura. Eles se concentraram em dados para Chicago, onde toda escola autônoma que tem maior número de inscritos que de vagas usa sorteio para determinar quais estudantes poderão frequentá-la. Esse processo permite um experimento em que os estudantes selecionados aleatoriamente para uma escola autônoma específica podem ser comparados aos estudantes que não foram sorteados. Hoxby e Rockoff descobriram que os estudantes que frequentavam escolas autônomas desde as séries do ensino fundamental tinham notas mais altas nos testes de matemática e de leitura.

Em outro estudo, Hoxby [2002b] examinou o que aconteceu com as escolas públicas regulares do Michigan quando foram expostas à concorrência pela introdução de escolas autônomas. Ela usou uma estratégia de *difference-in-difference* do tipo descrito no Capítulo 2. Sua análise comparou a mudança nas notas em testes para estudantes de escolas públicas localizadas em distritos que enfrentavam alta concorrência de escolas autônomas à mudança nas notas em testes de estudantes de escolas públicas em distritos que enfrentavam pouca concorrência. Hoxby constatou que as escolas públicas regulares que enfrentavam concorrência de escolas autônomas melhoravam os resultados de seus alunos em testes, em comparação com escolas públicas regulares que não enfrentavam esse tipo de concorrência. E as escolas parecem ter feito isso sem aumentar o gasto por aluno.

> **escolas autônomas**
> Escolas públicas que funcionam nos termos de cartas especiais do governo estadual. Dentro de limites estabelecidos por suas cartas, essas escolas podem experimentar uma variedade de abordagens à educação e têm certo nível de independência para tomar decisões relacionadas com gastos e contratações.

Vales

vale escolar

Vale dado a uma família para ajudar a pagar pelas mensalidades em qualquer escola qualificada. A escola aceita o vale em lugar de dinheiro.

Recentemente, muita atenção tem sido dada a planos para melhorar a qualidade de escolas públicas, aumentando o número de opções por meio de um sistema de **vales escolares**. A abordagem básica é fornecer apoio financeiro a estudantes e não diretamente às escolas. Por exemplo, cada estudante poderia receber um vale resgatável em qualquer escola particular qualificada que a família do estudante preferisse. Isso é semelhante a um programa vigente na Suécia desde 1992, no qual os pais podem usar dinheiro público para pagar por qualquer escola que cumpra as regras básicas do governo [Economist, 2007e]. Os proponentes dos vales escolares acreditam que os efeitos da concorrência seriam tão benéficos no mercado de educação quanto em outros mercados. Escolas públicas muito ruins que não mudassem perderiam alunos e seriam forçadas a fechar. De acordo com esse ponto de vista, as percepções dos pais e dos alunos sobre a qualidade dos professores se tornariam a base para punir maus professores e escolas públicas mal administradas. Além disso, a disponibilidade de vales escolares estimularia empresários a estabelecer novas escolas particulares em áreas onde as escolas existentes são ruins.

Os críticos dos vales fazem diversas objeções:

- Os consumidores do mercado de educação podem não estar bem informados, então o resultado competitivo estaria longe de ser satisfatório. Os defensores deste ponto de vista apontam a proliferação de escolas vocacionais medíocres que se aproveitam de estudantes que recebem crédito e subsídios educativos federais.

- Passar as crianças para escolas particulares poderia reduzir as externalidades positivas da educação. Maior concorrência entre escolas poderia levá-las a dar ênfase aos benefícios privados para os estudantes (como aumentar seu potencial de rendimentos), ignorando instrução que gere benefícios sociais (como construir um sentido compartilhado de identidade nacional).

- Estudantes relativamente bons podem usar os vales para escapar de escolas públicas com mau desempenho, deixando os estudantes mais fracos para trás. Como a qualidade da educação de um estudante depende, em parte, da qualidade de seus pares, o resultado seria uma educação ainda pior para os estudantes fracos que antes da introdução dos vales. Quando o Chile introduziu um sistema de vales há vários anos, os estudantes com maior capacidade parecem ter, de fato, deixado as escolas públicas em números extremamente grandes [Ladd, 2002, p. 19].

- Um sistema de vales pode ser injusto. O objetivo do sistema de vales é permitir que as famílias escolham uma escola particular, se assim desejarem. No entanto, algumas famílias optariam por uma escola particular mesmo sem vale, então fornecer-lhes um vale serviria apenas para aumentar suas rendas. Na medida em que essas famílias têm rendas mais altas que a média, o resultado final seria acentuar desigualdades na distribuição de renda.

Os defensores dos vales afirmam que a maioria dessas objeções podem ser sanadas projetando o programa adequadamente. Por exemplo, preocupações de equidade poderiam ser tratadas pelo fornecimento de vales principalmente para famílias de baixa renda. Em todo caso, o debate foca nossa atenção na importância de questões de projeto detalhadas que precisariam ser tratadas na implementação de um sistema nacional de vales. Quanta liberdade as escolas podem ter para projetar seus currículos? As escolas podem contratar professores que não estejam credenciados? Que critérios as escolas com maior número de inscritos que de vagas podem usar para escolher quais estudantes serão matriculados? As escolas administradas pela igreja podem ser incluídas no programa? Os pais podem doar recursos adicionais a escolas de sua escolha ou isso violaria os padrões de educação igualitária? Como as famílias dos estudantes serão informadas sobre as diferentes opções de instrução disponíveis?

Várias comunidades já experimentaram programas de vales, e estudos constataram uma série de efeitos. Um estudo descobriu que estudantes que podiam escolher entre as escolas públicas de um distrito tinham maior probabilidade de concluir o ensino secundário [Deming et al., 2011]. Além disso, há alguns indícios de que a maior concorrência gerada por programas de vale levam a melhorias em resultados de testes em escolas públicas próximas [Figlio e Hart, 2010].

Responsabilidade da escola

Na década de 1990, alguns estados começaram a experimentar um tipo de reforma diferente, focado na **responsabilidade da escola**. A ideia era que as escolas melhorariam se, de alguma maneira, fossem responsabilizadas pelo desempenho de seus estudantes. Esses estados começaram a exigir que os estudantes respondessem a testes padronizados para monitorar seu desempenho acadêmico. Enquanto alguns estados simplesmente emitiam "boletins" sobre o desempenho das escolas, outros estados vinculavam recompensas e sanções específicas aos resultados dos testes. Em 2000, trinta e nove estados tinham sistemas de responsabilidade, embora houvesse grande variação nos testes e nas recompensas e sanções baseadas em desempenho. Por exemplo, alguns estados recompensavam financeiramente os professores em escolas com bons resultados, alguns estados penalizavam os professores em escolas com baixo desempenho e outros estados permitiam escolha de escola para os estudantes.

Em 2002, o presidente Bush assinou o No Child Left Behind Act de 2001 (NCLB), que expandiu a política de responsabilidade da escola para todos os estados. O NCLB determina que cada estado introduza um teste anual para os estudantes do terceiro ao oitavo ano e exige que as escolas emitam boletins comparando seus resultados com os de outras escolas.[6] As escolas que não conseguem demonstrar progresso adequado durante dois anos seguidos devem permitir que seus alunos peçam transferência para outras escolas públicas. Um estudo a respeito de um distrito escolar descobriu que 16% dos pais que receberam uma notificação do NCLB escolheram transferir seus filhos para uma escola com melhores resultados em testes [Hastings e Weinstein, 2007]. As escolas cujas notas mantêm-se estagnadas ou em declínio por três anos devem pagar por aulas particulares ou de recuperação para os estudantes de baixa renda. Depois de quatro anos sem progresso, as escolas podem ser forçadas a substituir alguns funcionários ou a implementar um novo currículo.

Os proponentes da responsabilidade da escola acreditam que ela incentiva administradores e professores de escolas a reduzir a burocracia e a concentrar-se em desenvolver habilidades educacionais fundamentais para seus estudantes. Rouse, Hannaway, Goldhaber e Figlio [2007] constataram que as escolas que enfrentam pressão de responsabilidade mudam suas práticas educacionais de maneira significativa. Dee e Jacob [2009] examinaram o impacto do NCLB comparando mudanças nas notas em testes aplicados em estados que já tinham políticas de responsabilidade da escola estabelecidas antes do NCLB às de estados que não as tinham. Eles constataram que o NCLB aumentou as pontuações em matemática, mas não em leitura para estudantes de quarta e de oitava série.

A crítica mais comum à responsabilidade da escola é que efeitos prejudiciais surgem quando se dá ênfase excessiva a testes padronizados. A preocupação é que os professores não tenham qualquer incentivo para estimular criatividade, resolução de problemas e habilidades de socialização e, em vez disso, "ensinem para a prova". Jacob [2005] descobriu que a responsabilidade da escola em Chicago levou professores a concentrarem-se nas habilidades enfatizadas nos testes vinculados à responsabilidade. É interessante notar que preocupações muito semelhantes surgiram em alguns países estrangeiros cujos estudantes

---

responsabilidade da escola

Sistema para monitorar o desempenho de escolas por meio de testes padronizados e pela emissão de "boletins" sobre o desempenho das escolas nos testes ou pela vinculação de incentivos financeiros aos resultados nos testes.

---

[6] O NCLB permite que os estados projetem testes e padrões de corte usados para calcular se os estudantes estão progredindo.

tinham resultados muito melhores em testes padronizados que os americanos. Especificamente, alguns observadores em países como o Japão e a Coreia temem que seus sistemas educacionais baseiem-se excessivamente no desempenho em testes, tornando-os excessivamente regulamentados e negligentes em relação ao desenvolvimento social e emotivo, à criatividade e à individualidade [Lee, 2001].

Os críticos também afirmam que a responsabilidade da escola leva a um jogo estratégico que não beneficia os estudantes. Por exemplo, Jacob [2005] encontrou evidências de que a responsabilidade da escola em Chicago levava alguns professores a excluir estudantes de baixa capacidade do grupo submetido ao teste, colocando-os na educação especial. A pesquisa de Figlio [2005] indicou que as escolas davam suspensões longas a estudantes com baixo desempenho sujeitos a medidas disciplinares perto do período de teste. Jacob e Levitt [2003] encontraram evidências de que a responsabilidade da escola realmente levava alguns professores em Chicago a trapacear, alterando as respostas de seus alunos nos testes padronizados.

Em conjunto, esses trabalhos põem em relevo os dilemas inerentes a projetar uma política de responsabilidade da escola. Vincular recompensas e sanções a padrões de desempenho explícitos incentiva as escolas a mudar; no entanto, também incentiva comportamentos indesejáveis, como burlar o sistema e trapacear. Uma abordagem alternativa é fornecer incentivos diretamente aos estudantes ou a suas famílias em vez das escolas. Em um experimento randomizado conduzido em mais de 250 escolas urbanas, Fryer [2010] constatou que pagar aos estudantes por fazer o dever de casa, ler livros e ir regularmente à escola definitivamente afeta o desempenho dos estudantes. Em outro programa, as famílias cujos pagamentos de seguridade social foram reduzidos quando seus jovens não frequentavam a escola demonstraram um aumento em matrícula e presença na escola [Dee, 2009]. De modo mais geral, a literatura sobre a responsabilidade da escola ilustra uma proposta que surge repetidas vezes nas finanças públicas: as pessoas respondem a incentivos e, a menos que esse fato seja levado em conta, as políticas públicas, ainda que bem-intencionadas, poderão ter consequências indesejadas negativas.

Resumo

- Os gastos reais do governo por aluno em educação primária e secundária nos Estados Unidos aumentaram cerca de 81% desde 1980.
- Embora a educação geralmente seja pública, ela não é um bem público. No entanto, muitos argumentam que a educação gera externalidades positivas.
- A presença de externalidades positivas não justifica a estrutura atual dos programas governamentais para o ensino superior, que subsidiam todos os estudantes elegíveis na mesma medida.
- Preocupações relacionadas à equidade são frequentemente usadas para justificar subsídios governamentais para a educação. No espírito do igualitarismo de *commodity*, alguns sugerem que a educação deve ser fornecida a todos, independentemente de suas preferências.
- O fornecimento de educação pública pode causar efeito de *crowding-out* na educação privada.
- As evidências sobre se aumentar os gastos em educação pública melhora as notas médias em testes são divididas.
- Estudos sugerem que aumentos marginais em gastos com educação têm muito pouco efeito sobre os rendimentos futuros. O efeito estimado é relativamente grande para gastos adicionais com crianças desfavorecidas mais jovens.
- Alguns economistas afirmam que as escolas públicas melhorariam se fossem submetidas à concorrência. Uma proposta nesse sentido é introduzir escolas autônomas, que são escolas públicas com maior liberdade para tomar suas decisões sobre gastos e contratações.
- Outra proposta é o uso de vales escolares, com os quais o auxílio financeiro para a educação vai para a família do estudante, não diretamente para a escola. O vale pode ser utilizado em qualquer escola qualificada que a família prefira.
- Um esforço recente de reforma é a responsabilidade da escola, segundo a qual o desempenho das escolas é controlado por testes padronizados. O governo então emite "boletins" de desempenho ou vincula incentivos financeiros aos resultados dos testes.

Questões para discussão

1. Quais são as diferentes justificativas para o fornecimento de educação pelo governo? Explique se as justificativas têm implicações diferentes para o fornecimento de educação superior e de educação primária e secundária pelo governo.

2. Muitos estudos constatam que níveis mais altos de qualidade na educação (medidos pelas pontuações em testes) aumentam as taxas de crescimento da renda nacional [Jamison, Jamison e Hanushek, 2006]. Quais são as implicações dessa constatação para decidir se a educação deve ou não ser subsidiada pelo governo?

3. Um comentarista sugeriu que o governo deve fornecer empréstimos para o ensino superior e que os empréstimos devem ser financiados pela cobrança de "uma taxa de 10% sobre todos os rendimentos por toda a vida" do beneficiário, de modo que "o futuro banqueiro acabe por pagar mais [que um futuro professor de escola primária]" [Zimmerman, 2007]. Discuta se tal programa seria eficiente.

4. A análise em torno da Figura 7.1 supõe que a educação pública seja uma opção de "pegar ou largar". Ou seja, os indivíduos não podem complementar a educação pública com aulas particulares. Mostre como o diagrama deve ser modificado se, ao contrário, os pais puderem comprar horas adicionais de educação para seus filhos que estão matriculados em uma escola pública. Outra suposição por trás do modelo é que a educação pública é "gratuita" no sentido de que os pais não pagam nenhum imposto por ela. Demonstre como o modelo deve ser modificado se a escola pública for financiada por impostos cobrados dos pais.

5. Autoridades da California University of Pennsylvania recentemente afirmaram que os estudantes mais ricos deveriam pagar mensalidades mais altas e que a renda deveria ser usada para oferecer mais bolsas de estudos aos estudantes mais pobres [Ansberry, 2010]. Essa ideia foi recebida com muito debate. Avalie a eficiência e a equidade da proposta.

6. Suponha que uma família (com apenas um filho) ganha US$ 50.000 por ano e vive em uma comunidade sem educação pública.

   a. Desenhe a restrição orçamentária da família, mostrando o impasse entre a quantidade de educação para o filho e todos os outros bens.

   b. Suponha agora que uma opção de educação pública gratuita no valor de US$ 8.000 por estudante seja introduzida. Mostre como isso muda a restrição orçamentária da família.

   c. A família reduz seu consumo de educação depois da introdução da educação pública gratuita. Usando a parte b, desenhe um conjunto de curvas de indiferença coerente com esse resultado.

   d. Agora, mostre como um vale escolar no valor de US$ 8.000 muda a restrição orçamentária da família. O que acontece com a quantidade de educação que a família compra para a criança?

7. Suponha que um estado está considerando se deve ou não exigir que todos os professores de escolas públicas tenham mestrado. Atualmente, apenas 40% dos professores no estado têm esse diploma.

   a. Um pesquisador conduz uma análise transversal que compara notas em testes de estudantes no Estado cujos professores têm mestrado com as notas em testes de estudantes no Estado cujos professores não têm o diploma. O pesquisador constata que estudantes cujos professores têm mestrado têm resultados significativamente melhores nos testes padronizados. Por que esse estudo pode ser tendencioso?

   b. Agora suponha que outro estado conduza um experimento em que 500 estudantes são selecionados aleatoriamente para ficar em uma turma que tem um professor com mestrado (o grupo de tratamento) ou em uma turma que tem um professor sem mestrado (o grupo de controle). Esse experimento constatou que o grupo de tratamento tinha resultados significativamente melhores que o grupo de controle. Qual a utilidade desse experimento para subsidiar a decisão do Estado sobre estabelecer ou não o mestrado como requisito?

8 Análise de custo-benefício

> *Paris bem vale uma missa.*
> —ATRIBUÍDO A HENRI IV DA FRANÇA

Se você visitou Boston entre 1991 e 2007, deve ter notado que o tráfego no centro da cidade estava especialmente congestionado. O motivo foi o "Big Dig", um imenso projeto de obras públicas no valor de US$ 14,6 bilhões que envolveu a construção de novas estradas e um outro túnel para o Aeroporto Logan. Muitas pessoas duvidam que o dinheiro envolvido valeu a pena. Como se pode pensar sobre essa questão? Projetos de infraestrutura, como o Big Dig, são apenas uma variedade de milhares de projetos públicos que passam por exames em determinados momentos – de programas de prevenção do câncer da mama até projetos de exploração do espaço. Como o governo deve decidir se quer ou não prosseguir com um projeto particular? A teoria da economia do bem-estar oferece um modelo para a tomada de decisão: avaliar a função de bem-estar social antes e depois do projeto e verificar o aumento do bem-estar social. Se isso acontecer, então o projeto será realizado.

Este método está correto, mas não é muito útil. A quantidade de informações necessárias para especificar e avaliar uma função de bem-estar social é enorme. Embora as funções de bem-estar social sejam valiosas para se pensar através de certos problemas conceituais, elas geralmente não são de grande ajuda para os problemas do dia a dia da avaliação do projeto. No entanto, a economia do bem-estar fornece uma base para a **análise de custo-benefício** – um conjunto de procedimentos práticos para orientar as decisões sobre a despesa pública.[1]

A maioria dos projetos e políticas governamentais fazem com que o setor privado tenha mais de algumas *commodities* escassas e menos de outras. No cerne da análise de custo-benefício está um conjunto de procedimentos sistemáticos para avaliar essas mudanças nas *commodities*, o que permite a analistas políticos determinar se um projeto é, em geral, benéfico. A análise de custo-benefício permite que os formuladores de políticas tentem fazer o que mercados que funcionam bem fazem automaticamente: alocar recursos para um projeto, desde que o benefício marginal social exceda o custo marginal social.

análise de custo-benefício
Conjunto de procedimentos baseados na economia do bem-estar para orientar as decisões da despesa pública.

◆ ◆ ◆

▶ VALOR PRESENTE

A avaliação do projeto normalmente requer comparar os custos e benefícios de diferentes períodos de tempo. Por exemplo, a educação pré-escolar para crianças pobres exige gastos substanciais no presente e, então, produz retornos no futuro. Esta seção aborda os problemas que surgem ao se comparar valores em dólares de diferentes períodos de tempo.

---

[1] Boardman et al. [2006] examina a relação entre a economia de bem-estar e a análise de custo-benefício.

Previsão de dólares do presente no futuro

Suponha que você leve $ 100 ao banco e deposite esse valor em uma conta que rende 5% de juros descontados os impostos. No final de um ano, você terá (1 + 0,05) × $ 100 = $ 105), ou seja, os $ 100 inicialmente depositados, mais $ 5 em juros. Imagine ainda que você deixe o dinheiro parado na conta por mais um ano. No final do segundo ano, você terá (1 + 0,05) × $ 105 = $ 110,25. Isso também pode ser descrito como (1 + 0,05) × (1 + 0,05) × 100, ou (1 + 0,05)^2 × 100. Da mesma forma, se o dinheiro ficar depositado por três anos, valerá (1 + 0,05)^3 × $ 100 ao final do terceiro ano. De modo mais geral, se $R for investido durante T anos a uma taxa de juros de r, no final de T anos, valerá $R × (1 + r)^T. Esta fórmula mostra o valor futuro do dinheiro investido no presente.

Previsão de dólares futuros no presente

Agora, suponha que alguém ofereça um contrato que promete pagar $ 100 *daqui a um ano*. A pessoa é confiável, por isso você não precisa se preocupar com descumprimentos (além disso, imagine que agora não há inflação). Qual é o montante máximo que você deve estar disposto a pagar *hoje* por essa promessa? É tentador dizer que a promessa de pagar $ 100 vale $ 100. Mas isso ignora o fato de que os $ 100 prometidos não serão pagos por um ano, e nesse meio tempo você está abrindo mão do lucro que poderia ser obtido com o dinheiro. Por que pagar $ 100 hoje para receber $ 100 em um ano, se você pode receber $ 105 daqui um ano simplesmente colocando esses $ 100 no banco hoje? Assim, o valor atual de $ 100 a pagar daqui a um ano é menos de $ 100. O **valor presente** de um montante de dinheiro futuro é o valor máximo que você estaria disposto a pagar hoje para ter o direito de receber o dinheiro no futuro.

valor presente

Valor atual de uma determinada quantia de dinheiro a ser pago ou recebido no futuro.

Para encontrar o máximo de que você estaria disposto a abrir mão agora em troca de $ 100 a serem pagos dentro de um ano, você deve encontrar o número que, quando multiplicado por (1 + 0,05), seja igual a $ 100. Por definição, esse valor é de $ 100/(1 + 0,05), ou cerca de $ 95,24. Assim, quando a taxa de juros é de 5%, o valor presente de $ 100 a pagar daqui a um ano é de $ 100/(1 + 0,05). Observe a simetria com o problema familiar de projetar o dinheiro no futuro que nós acabamos de examinar. Para encontrar o valor do dinheiro hoje daqui a um ano, você *multiplica* por 1 mais a taxa de juros; para encontrar o valor do dinheiro daqui a um ano no futuro hoje, você *divide* por 1 mais a taxa de juros.

Em seguida, considere a promessa de pagar $ 100 daqui a *dois* anos. Neste caso, o cálculo deve levar em conta o fato de que se você mesmo investiu $ 100 por dois anos, no final, o valor seria de $ 100 × (1 + 0,05)^2. O máximo que você estaria disposto a pagar hoje por $ 100 em dois anos é a quantia quando multiplicada por (1 + 0,05)^2 resulta em exatos $ 100, ou seja, $ 100/(1 + 0,05)^2, ou cerca de $ 90,70.

Em geral, quando a taxa de juros é r, o valor presente de uma promessa de pagar $R em T anos é simplesmente $ R/(1 + r)^T.[2] Assim, mesmo na ausência de inflação, o dólar no futuro vale menos do que um dólar hoje e deve ter "descontada" uma quantia que depende da taxa de juros e quando o dinheiro estará apto a ser recibo. Por esta razão, r é muitas vezes chamado de **taxa de desconto**. Do mesmo modo, (1 + r)^T é chamado de **fator de desconto** para os períodos T de dinheiro no futuro. Note-se que quanto mais para o futuro está a promessa de pagar (quanto maior é T), menor é o valor presente. Intuitivamente, quanto mais tempo você tem de esperar por uma quantia a pagar, menos você está disposto a pagar por isso hoje, tudo o mais constante.

taxa de desconto

Taxa de juros utilizada para calcular o valor presente.

fator de desconto

Número pelo qual uma quantia da renda futura deve ser dividida para calcular o seu valor presente. Se a taxa de juros for r e a renda for T períodos recebíveis no futuro, o fator de desconto é (1 + r)^T.

Por fim, considere a promessa de pagar R_0$ hoje, e R_1$ daqui a um ano, e R_2$ daqui a dois anos, e assim por diante por T anos. Qual é o valor do negócio? Até agora, é claro que

---

[2] Isso pressupõe taxa de juros constante em r. Suponha que a taxa de juros muda com o tempo, por isso no ano 1 é r_1, no ano 2, r_2, e assim por diante. Assim, o valor presente de um montante R_T a pagar daqui a T anos é de $R_T/[(1 + r_1) × (1 + r_2) × \ldots 3 (1 + r_T)]$.

a resposta ingênua (R_0 + R_1 +1 $\cdots$ + R_T) está errada, pois assume que um dólar no futuro é exatamente equivalente a um dólar no presente. Sem dividir pelo fator de desconto, somar dólares a partir de diferentes pontos no tempo é como adicionar maçãs e laranjas. A abordagem correta é converter a quantia de cada ano em seu valor atual e, depois, somá-las.

A Tabela 8.1 mostra o valor presente do pagamento de cada ano. Para encontrar o valor presente (*VP*) do fluxo de renda R_0, R_1, R_2,..., R_T, basta somar os números na última coluna:

$$PV = R_0 + \frac{R_1}{(1+r)} + \frac{R_2}{(1+r)^2} + \cdots + \frac{R_T}{(1+r)^T} \qquad (8.1)$$

A importância de calcular o valor presente dificilmente é superestimada. Ignorá-lo pode levar a erros graves. Em particular, a falha em conceder abatimentos faz com que empreendimentos que geram retornos no futuro pareçam ter mais valor do que realmente têm. Considere, por exemplo, um projeto que gera um retorno de $ 1 milhão daqui a 20 anos. Se a taxa de juros for de 5%, o valor presente é $ 376.889 [= $ 1.000.000/(1,05)^{20}]. Se $r = 10\%$, o valor presente é de apenas 148.644 dólares [= $ 1.000.000/(1,10)^{20}].

Inflação

Como podemos modificar os procedimentos quando se espera que o nível de preços aumente no futuro? Para começar, imagine um projeto que, em preços atuais, produza o mesmo retorno a cada ano. Vamos chamar esse retorno R_0. Agora vamos supor que a inflação ocorre a uma taxa de 3% ao ano, e o valor em dólar do retorno aumente juntamente com todos os preços. Portanto, o valor em dólar do retorno daqui a um ano, $\tilde{R}_1$, é (1,03) 3 $ R_0. Da mesma forma, em dois anos, o valor em dólar será de $\tilde{R}_2 = (1,03)^2 \times R_0$. Em geral, esse mesmo retorno tem um valor em dólar no ano T de $\tilde{R}_T = (1 + 0,03)^T \times R_0$.

Os valores em dólares $\tilde{R}_0$, $\tilde{R}_1$, $\tilde{R}_2$,..., $\tilde{R}_T$ são referidos como **valores nominais**. Valores nominais são avaliados de acordo com o nível de preços no ano em que ocorrem. Pode-se medir esses retornos em termos de preços que existem em um único ano. São os chamados **valores reais**, porque não refletem mudanças que se devem apenas a alterações no nível de preços. No nosso exemplo, supomos o valor real como uma constante R_0 medida em preços atuais. De modo mais geral, se os retornos reais em preços do ano atual são de R_0, R_1, R_2,..., R_T, e a inflação ocorre a uma taxa de π por ano, então os retornos nominais são R_0, $R_1 \times (1 + \pi)$, $R_2 \times (1 + \pi)^2$,..., $R_T \times (1 + \pi)^T$.

Mas este não é o fim da história. Quando há uma expectativa de subida dos preços, os credores não estão mais dispostos a fazer empréstimos à taxa de juros r que prevaleceu quando os preços estavam estáveis. Os credores percebem que serão pagos em dólares depreciados, e para manter até mesmo em termos reais, o pagamento do primeiro ano também deve ser inflacionado em $(1 + \pi)$. Da mesma forma, o pagamento do segundo ano deve ser

---

valores nominais

Quantias de dinheiro que são avaliadas de acordo com os níveis de preços que existem nos anos em que são recebidas.

valores reais

Quantias de dinheiro corrigidas pelas variações no nível geral de preços.

TABELA 8.1 Cálculo do valor presente

Dólares a pagar	Anos no futuro	Fator de desconto	Valor presente
R_0	0	1	R_0
R_1	1	$(1 + r)$	$R_1/(1 + r)$
R_2	2	$(1 + r)^2$	$R_2/(1 + r)^2$
.	.	.	.
.	.	.	.
.	.	.	.
R_T	T	$(1 + r)^T$	$R_T/(1 + r)^T$

Para calcular o valor presente de um fluxo de renda, divida a quantia de cada ano pelo fator de desconto correspondente e, em seguida, some esses termos em todos os anos.

inflacionado em $(1 + \pi)^2$. Em outras palavras, a taxa de juros de mercado aumenta em uma quantidade aproximadamente igual à taxa de inflação esperada, $r\%$ a $r + \pi\%$.[3]

Vemos, então, que quando a inflação é prevista, fluxo de retorno e taxa de desconto aumentam. Quando expresso em termos nominais, o valor presente do fluxo de renda é, portanto,

$$PV = R_0 + \frac{(1+\pi)R_1}{(1+\pi)(1+r)} + \frac{(1+\pi)^2 R_2}{(1+\pi)^2(1+r)^2} + \cdots + \frac{(1+\pi)^T R_T}{(1+\pi)^T(1+r)^T} \quad (8.2)$$

Um olhar para a equação (8.2) indica que ela é equivalente à equação (8.1), porque todos os termos envolvendo $(1 + \pi)$ se anulam. A moral da história é que obtemos a *mesma* resposta se magnitudes reais ou nominais forem utilizadas. No entanto, as magnitudes de dólar e as taxas de desconto *precisam* ser medidas de forma consistente. Se os valores reais forem usados para os Rs, a taxa de desconto também deve ser medida em termos reais – a taxa de mercado dos juros *menos* a taxa de inflação esperada. Alternativamente, se fizermos o abatimento pela taxa de juros do mercado, o retorno deve ser medido em termos nominais.

▶ AVALIAÇÃO DE PROJETOS DO SETOR PRIVADO

Como observamos no início do capítulo, o problema central na análise de custo-benefício é valorizar os insumos e os resultados de projetos do governo. Um ponto de partida útil é considerar o mesmo problema do ponto de vista de uma empresa privada.

Suponha que uma empresa está examinando dois projetos mutuamente exclusivos, X e Y. Os benefícios reais e os custos do projeto X são B^X e C^X, respectivamente; e os do projeto Y são B^Y e C^Y. Nos dois projetos, os custos e benefícios são percebidos imediatamente. A empresa deve responder a duas perguntas: em primeiro lugar, o projeto deve ser realmente realizado? São projetos *aceitáveis*? (a empresa tem a opção de não fazer nenhum projeto). Segundo: se ambos os projetos são admissíveis, qual é *preferível*? Como os benefícios e os custos ocorrem imediatamente, responder a essas perguntas é simples. Calcule o retorno líquido do projeto X, $B^X - C^X$, e compare-o com o retorno líquido de Y, $B^Y - C^Y$. Um projeto só é admissível se o seu retorno líquido for positivo, isto é, se os benefícios ultrapassarem os custos. Se ambos os projetos forem admissíveis e a empresa puder adotar apenas um deles, deverá escolher o projeto com o retorno líquido superior.

Na realidade, a maioria dos projetos envolve um fluxo de benefícios e retornos reais que ocorrem ao longo do tempo, em vez de instantaneamente. Suponha que os benefícios e custos iniciais do projeto X são B_0^X e C_0^X, aqueles no final do primeiro ano são $B_1^X C_1^X$, e aqueles no fim do último ano são B_T^X e C_T^X. Podemos caracterizar o projeto X como um fluxo de retornos líquidos (alguns dos quais podem ser negativos):

$$(B_0^X - C_0^X), (B_1^X - C_1^X), (B_2^X - C_2^X), \ldots, (B_T^X - C_T^X)$$

O valor presente deste fluxo de renda (VP^X) é

$$PV^X = B_0^X - C_0^X + \frac{B_1^X - C_1^X}{(1+r)} + \frac{B_2^X - C_2^X}{(1+r)^2} + \cdots + \frac{B_T^X - C_T^X}{(1+r)^T}$$

onde r é a taxa de desconto que é apropriada para um projeto do setor privado (a seleção de uma taxa de desconto será discutida em breve).

---

[3] O produto de $(1 + r)$ e $(1 + \pi)$ é $1 + r + \pi + r\pi$. Assim, a taxa nominal realmente excede a taxa real de $\pi + r\pi$. No entanto, para números de magnitude razoável, $r\pi$ é negligenciável em tamanho, de modo que $r + \pi$ é uma boa aproximação. Em algumas circunstâncias, as taxas nominais de juros podem não conseguir subir exatamente à taxa da inflação. Veja no Capítulo 17 "Impostos e inflação".

Da mesma forma, suponha que o projeto Y gere fluxos de custos e benefícios B^Y e C^Y durante um período de T' anos (não há nenhuma razão para T e T' serem a mesma coisa). O valor presente do projeto Y será:

$$PV^Y = B_0^Y - C_0^Y + \frac{B_1^Y - C_1^Y}{(1+r)} + \frac{B_2^Y - C_2^Y}{(1+r)^2} + \cdots + \frac{B_{T'}^Y - C_{T'}^Y}{(1+r)^{T'}}$$

Uma vez que ambos os projetos são agora avaliados em termos de valor presente, podemos usar as mesmas regras que foram aplicadas ao projeto instantâneo descrito anteriormente. Os **critérios de valor presente** para avaliação do projeto são os seguintes:

- Um projeto só é admissível se o seu valor presente for positivo.
- Quando dois projetos forem mutuamente excludentes, o projeto preferido será aquele com o maior valor presente.

critérios de valor presente

Regras para avaliação de projetos, afirmando que (1) apenas os projetos com valor presente líquido positivo devem ser realizados; e (2) de dois projetos mutuamente excludentes, o projeto preferido será aquele com o maior valor presente líquido.

A taxa de desconto desempenha um papel fundamental na análise. Diferentes valores de r podem levar a conclusões muito diversas sobre a admissibilidade e a comparabilidade dos projetos.

Considere os dois projetos apresentados na Tabela 8.2, um programa de pesquisa e desenvolvimento (P&D) e uma campanha publicitária. Ambos exigem um investimento inicial de $ 1.000. O programa de P&D produz um retorno de $ 600 ao final do primeiro ano e de $ 550 ao final do terceiro ano. A campanha publicitária, por outro lado, tem um único grande retorno de $ 1.200, em três anos.

Os cálculos mostram que a taxa de desconto escolhida é importante. Para baixos valores de r, a campanha de publicidade é preferida em vez da de P&D. No entanto, as taxas de desconto mais elevadas pesam contra a publicidade (onde os retornos estão concentrados mais no futuro) e podem até mesmo tornar o projeto inadmissível.

Assim, deve-se tomar bastante cuidado, porque o valor de r representa do modo mais próximo possível o custo de fundos da oportunidade real da empresa. Se a taxa de desconto escolhida for muito alta, ela tende a discriminar os projetos com retornos que virão em um futuro relativamente distante. A situação fiscal da empresa é relevante neste contexto. Se a taxa de mercado de retorno contínua for de 10%, mas a taxa fiscal da empresa for de 25%, o seu retorno descontados os impostos será de apenas 7,5%. Uma vez que o retorno descontados os impostos representa o custo de oportunidade da empresa, ele deve ser usado para r.

Vários critérios além do valor presente são utilizados com frequência para avaliações de projetos. Como veremos, eles às vezes podem dar respostas enganosas; portanto, os critérios de valor presente são preferíveis. No entanto, são métodos populares, por isso é necessário compreendê-los e estar ciente de seus problemas.

TABELA 8.2 Comparação do valor presente de dois projetos

Ano	Retorno líquido anual		$r =$	VP	
	P&D	Publicidade		P&D	Publicidade
0	− $ 1.000	− $ 1.000	0	$ 150	$ 200
1	600	0	0,01	128	165
2	0	0	0,03	86	98
3	550	1.200	0,05	46	37
			0,07	10	−21

A escolha da taxa de desconto pode afetar aquele dos dois projetos que produz um valor presente maior. Neste exemplo, uma taxa de desconto mais baixa torna o projeto de publicidade relativamente mais atraente, enquanto a taxa de desconto mais elevada torna o projeto de P&D relativamente mais atraente.

Taxa interna de retorno

A empresa está considerando o seguinte projeto: ela gasta um $ 1 milhão atualmente em uma nova rede de computadores e receberá um benefício de $ 1,04 milhão em aumento de lucros daqui a um ano. Se pedissem para calcular a "taxa de retorno" da rede de computadores, você provavelmente responderia "4%". Implicitamente, você calculou esse valor por meio de encontrar o valor de ρ que resolve a seguinte equação:

$$-\$1,000,000 + \frac{\$1,040,000}{(1+\rho)} = 0$$

Podemos generalizar esse procedimento da seguinte maneira: se um projeto produz um fluxo de benefícios (B) e custos (C) ao longo de T períodos, a **taxa interna de retorno** (ρ) é definida como a ρ que resolve a equação

$$B_0 - C_0 + \frac{B_1 - C_1}{(1+\rho)} + \frac{B_2 - C_2}{(1+\rho)^2} + \cdots + \frac{B_T - C_T}{(1+\rho)^T} = 0 \qquad (8.3)$$

taxa interna de retorno
A taxa de desconto que tornaria nulo o valor presente líquido de um projeto.

A taxa interna de retorno é a taxa de desconto que tornaria o valor presente do projeto igual a zero.

Um óbvio critério de admissibilidade é o de aceitar um projeto se ρ exceder o custo de oportunidade da empresa de fundos, r. Por exemplo, se o projeto ganha 4%, enquanto a empresa pode obter 3% em outros investimentos, ele deverá ser realizado. O critério de comparabilidade correspondente é que, se dois projetos mutuamente excludentes são ambos admissíveis, escolhe-se aquele com o maior valor de ρ.

A escolha de projetos com base na taxa interna de retorno pode, no entanto, levar a decisões mal feitas. Considere o projeto X, que requer gastos de $ 100 hoje e renderá $ 110 por ano a partir de agora, de modo que a sua taxa interna de retorno é de 10%. O projeto Y requer $ 1.000 hoje e renderá $ 1.080 em um ano, gerando uma taxa interna de retorno de 8 % (nenhum dos projetos poderá ser duplicado). Suponha que a empresa possa tomar emprestado e emprestar livremente a uma taxa de juros de 6%.

Com base na taxa interna de retorno, X é claramente preferível a Y. No entanto, a empresa lucra apenas $ 4 em X ($ 10 menos $ 6 em despesas com juros), enquanto tem lucro de $ 20 em Y ($ 80 menos $ 60 nas despesas com juros). Ao contrário do que a conclusão deixava implícito com a taxa interna de retorno, a empresa deve preferir Y, o projeto com o maior lucro. Em suma, quando projetos têm tamanhos diferentes, a taxa interna de retorno pode não ser uma boa orientação.[4] Em contrapartida, a regra do valor presente fornece respostas corretas, mesmo quando os projetos diferem em escala. O valor presente de X é − 100 + 110/1,06 = 3,77, enquanto que o de Y é − 1.000 + 1,080/1,06 = 18,87. O critério de valor presente afirma que Y é, de fato, preferível.

Relação custo-benefício

Vamos imaginar que um projeto produza um fluxo de benefícios $B_0, B_1, B_2, \ldots, B_T$, e um fluxo de custos $C_0, C_1, C_2, \ldots, C_T$. Em seguida, o valor presente dos benefícios, B, é

$$B = B_0 + \frac{B_1}{(1+r)} + \frac{B_2}{(1+r)^2} + \cdots + \frac{B_T}{(1-r)^T}$$

---

[4] Esse resultado se baseia na suposição de que nenhum projeto pode ser duplicado. Caso contrário, a duplicação do projeto X dez vezes dará um lucro de $ 100, que é maior do que $ 80 de lucro do projeto Y.

e o valor presente dos custos, C, é

$$C = C_0 + \frac{C_1}{(1+r)} + \frac{C_2}{(1+r)^2} + \cdots + \frac{C_T}{(1+r)^T} \qquad (8.4)$$

relação de custo-benefício

Relação entre o valor presente do fluxo de benefícios e o valor presente do fluxo de custos de um projeto.

A **relação custo-benefício** é definida como B/C.

A admissibilidade requer que a relação custo-benefício de um projeto exceda 1. A aplicação dessa regra sempre dá orientação correta. Para ver por que, observe que $B/C > 1$ implica que $B - C > 0$, que é justamente o critério de valor presente da admissibilidade.

Como base para a comparação de projetos admissíveis, no entanto, a relação custo-benefício é praticamente inútil. Considere um estado que está estudando dois métodos para a eliminação de resíduos tóxicos. O método I é um depósito de lixo tóxico com B = \$ 250 milhões, C = \$ 100 milhões e, portanto, uma relação custo-benefício de 2,5. O método II envolve o envio dos resíduos em foguete para Saturno, com B = \$ 200 milhões, C = \$ 100 milhões e, portanto, uma relação custo-benefício de 2. Os líderes do estado escolhem o depósito porque tem o valor mais elevado de B/C. Agora, suponha que na análise do depósito, os analistas inadvertidamente esqueçam de levar em conta danos às culturas causados por infiltração no valor de \$ 40 milhões. Se os \$ 40 milhões forem considerados uma redução dos benefícios do depósito de lixo, o seu B/C se transforma em \$ 210/\$ 100 = 2,1, e o depósito continua preferível ao foguete. No entanto, os \$ 40 milhões podem muito bem serem vistos como um aumento dos custos, caso em que B/C = \$ 250/140 = 1,79. Agora, o foguete parece melhor do que o depósito!

Mostramos que existe uma ambiguidade inerente no cálculo das relações de custo-benefício, pois os benefícios podem ser sempre considerados como "custo negativo" e vice-versa. Assim, por classificação criteriosa dos custos e benefícios, qualquer relação custo-benefício do projeto admissível pode tornar-se arbitrariamente alta. Em contraste, uma olhada na Equação (8.1) indica que enganos desse tipo não têm qualquer efeito sobre o critério do valor presente, porque este se baseia na *diferença* entre benefícios e custos, em vez de na relação entre eles.

Concluímos que a taxa interna de retorno e a relação de custo-benefício podem levar a inferências incorretas. O critério de valor presente é o guia mais confiável.

▶ TAXA DE DESCONTO PARA PROJETOS DO GOVERNO

A tomada de decisão sensata por parte do governo também exige o cálculo do valor presente. No entanto, o setor público deve calcular os custos, os benefícios e as taxas de desconto de forma diferente do setor privado. Esta seção examina problemas na seleção de uma taxa de desconto para o setor público. Em seguida, dirigimos nossa atenção para os problemas na avaliação de custos e benefícios.

Como sugerido anteriormente, a taxa de desconto escolhida por particulares deve refletir a taxa de retorno disponível em investimentos alternativos. Embora, na prática, apontar essa taxa possa ser difícil, do ponto de vista conceitual o custo de fundos de oportunidade da empresa dá o valor correto de r.

Há menos consenso sobre a taxa de desconto conceitualmente adequada para projetos do governo. Agora veremos vários possibilidades.[5]

Taxas baseadas em retornos no setor privado

Suponha que os últimos \$ 1.000 de investimento privado na economia produzam uma taxa de retorno anual de 5%. Se o governo retirar \$ 1.000 do setor privado para um projeto, e os

---
[5] Veja em Tresch [2002, Capítulo 24] outros exames de pontos de vista alternativos.

$ 1.000 forem inteiramente às custas do investimento do setor privado, a sociedade perde os $ 50 que seriam gerados pelo projeto do setor privado. Assim, o custo de oportunidade do projeto do governo é a taxa de retorno de 5% no setor privado. Como mede o custo de oportunidade, os 5% são a taxa de desconto apropriada. É irrelevante se esse retorno é tributado. Quer fique integralmente com o investidor ou parte vá para o governo, a taxa de retorno antes dos impostos mede o valor da produção que os fundos teriam gerado para a sociedade.

Na prática, os fundos de determinado projeto são coletados a partir de diversos impostos, cada um dos quais tendo um efeito diferente sobre o consumo e o investimento. Assim, ao contrário da suposição feita anteriormente, é provável que alguns dos fundos para o projeto do governo viriam em detrimento do consumo, bem como do investimento. Qual é o custo de fundos de oportunidade que vêm à custa do consumo? Pense em Kenny, que está decidindo o quanto consumir e o quanto poupar neste ano. Para cada dólar que Kenny consumir neste ano, ele abrirá mão de um dólar de consumo no próximo, mais a taxa de retorno que ele teria ganho no dólar economizado. Assim, o custo de oportunidade de Kenny do dólar de consumo agora é medido pela taxa de retorno que ele teria recebido se tivesse economizado o dólar. Suponha que o rendimento antes de descontados impostos de uma oportunidade de investimento disponível para Kenny seja de 5%, mas ele tem que pagar 50% do retorno para o governo na forma de impostos. Tudo de que Kenny abre mão quando ele consome um dólar adicional hoje é a taxa de *retorno* de 2,5%, depois dos impostos. A taxa de retorno após os impostos mede o que um *indivíduo* perde quando o consumo é reduzido, por isso os dólares que vêm à custa do consumo devem ser descontados pela taxa de retorno após descontados os impostos.

Como os fundos para o setor público reduzem tanto o consumo quando o investimento do setor privado, uma solução natural é a utilização de uma média ponderada entre o antes e o depois dos impostos das taxas de retorno, com o peso sobre a taxa de antes de impostos igual à proporção dos fundos oriundos do investimento, e o peso sobre as taxas após os impostos na proporção que vem do consumo. No exemplo anterior, se temos 1/4 dos fundos à custa do investimento e 3/4 à custa do consumo, então a taxa de desconto do setor público é de 3,125% (¼ × 5% + 2,5 × 2,5%). Infelizmente é difícil, na prática, determinar as proporções reais do quanto é sacrificado em termos de consumo e de investimento para um determinado projeto de governo. E mesmo com informações sobre o impacto de cada imposto sobre o consumo e o investimento é difícil, na prática, determinar qual imposto é usado para financiar tal projeto. A incapacidade de determinar de modo confiável um conjunto de pesos diminui a utilidade desta abordagem como guia prático para a determinação da taxa de desconto.

Taxa social de desconto

Uma visão alternativa é a de que a avaliação da despesa pública deve envolver uma **taxa social de desconto**, que mede a valorização que a *sociedade* dá ao consumo que é sacrificado no presente. Mas por que a visão de sociedade do custo de oportunidade de abrir mão do consumo deve ser diferente do custo de oportunidade revelado em taxas de retorno do mercado? A taxa de desconto social pode ser menor, por várias razões.

Paternalismo Por este ponto de vista, as pessoas não podem ser previdentes o suficiente para medir adequadamente os benefícios do futuro; portanto, descontam esses benefícios a uma taxa alta demais. O governo deve usar a taxa de desconto que as pessoas usariam se soubessem o que é melhor para elas próprias. Este é o argumento paternalista: o governo força os cidadãos a consumir menos no presente e, em troca, eles terão mais no futuro, quando presumivelmente agradecerão ao governo pela clarividência. Como todos os argumentos paternalistas, esse levanta uma questão filosófica fundamental: quando as preferências do governo devem ser impostas sobre os indivíduos?

taxa social de desconto

Taxa pela qual a sociedade está disposta a trocar o consumo presente pelo consumo futuro.

Estreitamente relacionada é a noção de que as taxas de juros geradas pelo setor privado não levam em conta os interesses das gerações futuras; portanto, o governo deve aplicar uma taxa mais baixa a projetos que afetam as pessoas no futuro. Os céticos acreditam que a noção de um governo como o guardião altruísta dos interesses das gerações futuras reflete um grau irrealista de onisciência e benevolência. Além disso, mesmo indivíduos completamente egoístas muitas vezes se envolvem em projetos que beneficiam as gerações futuras. Se existe a possibilidade de as gerações futuras beneficiarem-se de algum projeto, a rentabilidade esperada é alta, o que incentiva o investimento de hoje. Por exemplo: as empresas privadas plantam árvores hoje em troca de lucros com a venda da madeira, o que não pode ser realizado por décadas.[6]

Ineficiência do mercado Quando uma empresa realiza um investimento, gera conhecimento e *know-how* tecnológico que pode beneficiar outras empresas. Em certo sentido, então, o investimento gera externalidades positivas, e pelos tipos usuais de argumentos, o investimento não é suficientemente fornecido pelos mercados privados (ver o Capítulo 5, em "externalidades positivas"). Por meio da aplicação de uma taxa de desconto menor que a do mercado, o governo pode corrigir essa ineficiência. O enorme problema prático aqui é medir o tamanho real da externalidade. Além disso, a teoria das externalidades sugere que uma solução mais apropriada seria a de determinar o tamanho do benefício marginal externo ideal e conceder subsídios nesse montante (ver novamente o Capítulo 5).

Parece, então, que nenhum dos argumentos contra o uso de taxas de mercado dá orientações bastante específicas no que diz respeito à escolha de uma taxa de desconto do setor público. Onde isso nos deixa? Seria difícil argumentar fortemente contra qualquer taxa de desconto pública em um intervalo entre taxas de retorno de antes e de depois de descontados os impostos no setor privado. Um procedimento prático é o de avaliar o valor presente de um projeto em uma faixa de taxas de desconto e ver se o valor presente permanece positivo para todos os valores razoáveis de r. Se isso acontecer, o analista pode ter alguma confiança de que a conclusão não é sensível à taxa de desconto. A *análise de sensibilidade* é o processo de realização de uma análise de custo-benefício no âmbito de um conjunto de premissas razoáveis de alternativas e para o exame da possibilidade dos resultados substantivos mudarem.

Descontos e a economia da mudança climática

Os proponentes de taxas de desconto sociais ressaltam que as taxas de desconto com base no setor privado são muito altas para refletir adequadamente os interesses das gerações futuras. Os opositores acreditam que as taxas de desconto do setor privado são adequadas para esse fim. O debate sobre como avaliar o bem-estar das futuras gerações é especialmente importante quando se considera a política para lidar com a mudança climática global. Por exemplo: um influente relatório preparado para o governo britânico pelo economista Nicholas Stern calculou que o valor presente do custo das mudanças climáticas no futuro é enorme e, portanto, as sociedades atuais devem estar dispostas a gastar enormes quantias para reduzir as emissões de gases do efeito estufa [Stern, 2006]. A implementação das recomendações de Stern poderia custar cerca de $ 27 trilhões hoje [Nordhaus, 2008].

Esse valor é ordem de magnitude maior do que os resultados de outros estudos respeitáveis. Por quê? Ao fazer o desconto para encontrar o valor presente dos danos futuros das alterações climáticas, Stern utiliza uma taxa social de desconto de quase zero. Com uma

---

[6] Por que as pessoas devem investir em um projeto cujo retorno não se dará até depois que elas estejam mortas? Porque os investidores podem sempre vender os direitos a lucros futuros aos membros da geração mais jovem e, desse modo, consumir a sua parte dos lucros esperados durante o curso de suas vidas.

taxa de desconto tão baixa, o resultado de Stern não é surpreendente, porque implica que o valor presente dos custos de *qualquer* problema que persista indefinidamente no futuro, não importa o quão diminuto, terá um valor presente enorme. Se Stern tivesse escolhido uma taxa de desconto mais próxima das taxas de retorno do mercado, suas conclusões teriam sido radicalmente diferentes. Conforme observado por um economista:

> Não é exagero dizer que a maior incerteza de tudo na economia da mudança climática é a incerteza sobre qual taxa de juros deve ser usada para o desconto. De uma forma ou de outra, esse pequeno segredo é conhecido por *insiders* em economia da mudança climática, mas precisa ser mais amplamente apreciado pelos economistas em geral [Weitzman, 2007, p. 705].

Descontos do governo na prática

Historicamente, o governo federal tem utilizado inúmeras taxas de desconto, de acordo com a agência e o tipo de projeto. Conforme orientações emitidas pelo Escritório de Administração e Orçamento (OMB) dos EUA [2003], as agências federais agora são obrigadas a realizar duas análises separadas ao avaliar seus projetos: uma utilizando uma taxa de desconto real de 7% e outra utilizando uma taxa de desconto real de 3%. Essa convenção está bastante alinhada com o raciocínio econômico discutido anteriormente neste capítulo. 7% é uma estimativa de retorno privado sobre o investimento, por isso é a taxa de desconto apropriada para projetos que extraem recursos do investimento privado. 3% é uma estimativa da taxa em que a sociedade desconta o consumo futuro, por isso é a taxa de desconto apropriada para projetos que extraem recursos principalmente do consumo privado. Como geralmente é difícil saber se um projeto do governo está recebendo recursos de investimento privado ou de consumo privado, a recomendação da OMB de utilização de ambas as taxas de desconto permite ver se os resultados substantivos são sensíveis à diferença. Além disso, para os projetos do governo que afetam as gerações futuras, a OMB recomenda uma análise de sensibilidade adicional, que utilize taxas de desconto de 1% a 3%. Isso é consistente com a noção, também examinada anteriormente, de que a taxa de desconto social representando as gerações futuras pode ser menor do que a taxa de retorno do mercado.

No contexto do planejamento do orçamento federal, existem grandes inconsistências nas convenções usadas para os descontos. Quando um novo programa de impostos ou de despesas é adotado, seus efeitos pelo período de cinco anos devem ser relatados para se determinar se tornarão o orçamento instável.[7] Para esses fins, tudo o que importa são as somas dos impostos ou despesas relevantes; os fluxos futuros são descontados a uma taxa zero. Assim, por exemplo, uma política que aumentou os gastos em um bilhão de dólares hoje e foi financiada por um imposto de um bilhão de dólares em cinco anos seria considerada como tendo nenhum efeito sobre o déficit, enquanto que em termos de valor presente, o pacote perderia dinheiro.

Além da janela de cinco anos, as consequências fiscais de propostas orçamentais são ignoradas; na verdade, são descontadas a uma taxa de infinito! Considere uma política que levanta $ 5 bilhões nos primeiros cinco anos, mas, depois de 10 anos, perde $ 20 bilhões. Segundo as regras orçamentais atuais, essa política é avaliada como a criação de um excedente; embora com uma certa taxa de desconto razoável, o seu efeito de longo prazo é o de fazer o governo perder dinheiro. Há, de fato, algumas evidências de que esta forma peculiar de desconto influenciou a tomada de decisão do governo em favor de políticas que aumentam a receita no curto prazo, mas a reduzem no longo prazo [Bazelon e Smetters, 1999].

---

[7] Para alguns propósitos, o Senado requer fluxos ao longo de um período de dez anos.

▶ VALORIZAÇÃO DE BENEFÍCIOS E CUSTOS PÚBLICOS

O próximo passo na avaliação do projeto é calcular os custos e benefícios. Do ponto de vista de uma empresa privada, esse cálculo é relativamente simples. Os benefícios de um projeto são as receitas recebidas; os custos são os pagamentos da empresa pelos insumos; e ambos são medidos pelos preços de mercado. O problema da avaliação é mais complicado para o governo, porque os preços de mercado podem não refletir os benefícios e custos *sociais*. Considere-se, por exemplo, a expansão de uma estrada que pode causar algum dano ao meio ambiente. Pode-se imaginar ambos os setores, público e privado, realizando esse projeto, mas as análises pública e privada de custo-benefício seriam bastante diferentes, porque o setor privado iria ignorar os custos sociais, que incluem externalidades.

Vamos agora discutir várias maneiras de medir os custos e benefícios de projetos do setor público.

Preços de mercado

Como observado no Capítulo 3, em uma economia competitiva funcionando corretamente, o preço de um bem reflete simultaneamente seu custo marginal social de produção e o seu valor marginal para os consumidores. Teríamos a impressão de que se o governo usa insumos e/ou produz algo que é negociado nos mercados privados, então os preços de mercado devem ser utilizados para a avaliação.

O problema é que os mercados do mundo real têm muitas imperfeições, como o monopólio, as externalidades e assim por diante. Portanto, os preços não refletem necessariamente os custos marginais sociais e os benefícios. A questão relevante, no entanto, não é se os preços de mercado são perfeitos, mas se são susceptíveis de serem superiores a medidas alternativas de valor. Essas medidas teriam de ser feitas ou derivadas de modelos de economia altamente complicados e questionáveis. E, independentemente dos seus problemas, os preços de mercado fornecem uma abundância de informação a baixo custo. A maioria dos economistas acredita que, na ausência de quaisquer imperfeições gritantes, os preços de mercado devem ser usados para calcular os benefícios e custos públicos.

Preços de mercado ajustados

Os preços de bens negociados em mercados imperfeitos geralmente não refletem seus custos marginais sociais.[8] O **preço sombra** de uma *commodity* desse tipo é o seu custo marginal social subjacente. Embora os preços de mercado dos bens em mercados imperfeitos divirjam dos preços sombra, em alguns casos os preços de mercado podem ser utilizados para a *estimativa* dos preços sombra. Examinaremos as circunstâncias relevantes em seguida. Em cada caso, o aspecto principal é que o preço sombra depende de como a economia responde à intervenção do governo.

preço sombra

Custo marginal social subjacente de um bem.

Monopólio Na África do Sul, a produção de cerveja é monopolizada pela empresa South African Breweries, Ltd. Imagine que o Ministério da Educação está considerando a compra de um pouco de cerveja para uma experiência controlada a fim de determinar o impacto do consumo de cerveja no desempenho dos alunos de curso superior. Como a análise de custo-benefício do projeto deve levar em conta o fato de que a cerveja é fabricada por um monopólio?

Em contraste com a concorrência perfeita, em que o preço é igual ao custo marginal, o preço de um monopolista situa-se acima do custo marginal (ver Capítulo 3). O governo deve valorizar a cerveja pelo preço de mercado desse produto (que mede o seu valor junto aos consumidores) ou pelo custo marginal da produção (que mede o valor incremental dos recursos utilizados na produção)?

---

[8] Para mais detalhes, consulte Boardman et al. [2006].

A resposta depende do impacto da compra do governo no mercado. Se há expectativa pelo aumento da produção de cerveja na exata medida utilizada pelo projeto, o custo de oportunidade social é o valor dos recursos utilizados na produção extra – o custo marginal de produção. Por outro lado, se não houver mais produção de cerveja, o uso do governo virá à custa dos consumidores privados, que valorizam a cerveja por seu preço de demanda. Se for esperada alguma combinação das duas respostas, uma média ponderada do preço e do custo marginal é o apropriado (observe a semelhança com o problema anterior sobre a taxa de desconto).

Impostos Se um insumo está sujeito a um imposto sobre vendas, o preço recebido pelo produtor do insumo será inferior ao preço pago pelo comprador. Isso ocorre porque uma parte do preço de compra vai para o coletor de impostos. Quando o governo compra um insumo sujeito a impostos sobre vendas, deve ser utilizado o preço do produtor ou do comprador nos cálculos de custos? O princípio básico é o mesmo que para o caso de monopólio. Se há uma expectativa pelo aumento da produção, então o preço de oferta do produtor é adequado. Se a perspectiva é de uma produção que permaneça constante, o preço do consumidor deverá ser usado. Uma combinação das respostas requer uma média ponderada.

Desemprego Se o trabalhador que vai para um projeto do setor público vem de um emprego do setor privado, então o custo de oportunidade da sociedade é o salário do trabalhador no setor privado, porque ela reflete o valor da perda de produção pela qual o trabalhador era responsável até então. As coisas ficam mais complicadas quando o projeto emprega alguém que está atualmente em situação de desemprego involuntário. Contratar um trabalhador desempregado não diminui a produção em outros setores da economia, pois o salário que o trabalhador recebe do governo não representa um custo de oportunidade. Tudo a que se renunciou quando o trabalhador foi contratado é o lazer que ele estava consumindo, cujo valor é provavelmente baixo, se o desemprego é involuntário. Há duas complicações, no entanto: (1) Se o governo está administrando uma política de estabilização para manter uma taxa constante de emprego, a contratação de um trabalhador desempregado pode significar a redução de emprego e de produção em outros setores da economia. Nesse caso, o custo social do trabalhador é o seu salário. (2) Mesmo que o trabalhador esteja em situação de desemprego involuntário quando o projeto começa, ele pode não permanecer assim necessariamente durante toda a duração desse projeto. Mas é difícil fazer a previsão de futuras perspectivas de emprego de um indivíduo. À luz da atual falta de consenso sobre as causas e a natureza do desemprego, os preços dos recursos desempregados continuam a ser um problema para o qual não há solução de consenso. Na ausência de uma depressão maior, a valorização do trabalho dos desempregados no salário regular provavelmente é uma boa aproximação para fins práticos.

Excedente do consumidor

Uma empresa privada é geralmente pequena em relação à economia, por isso as mudanças na sua produção não afetam o preço de mercado de seu produto. Em contraste, os projetos do setor público podem ser tão grandes que mudam os preços de mercado, e isso afeta a maneira por meio da qual os benefícios devem ser calculados. Por exemplo, um projeto de irrigação do governo pode reduzir o custo marginal da produção agrícola de tal modo que provoque a queda do preço dos alimentos no mercado. Mas se os preços de mercado mudam, como o montante adicional de alimentos deve ser avaliado? Pelo seu preço original, pelo preço após o projeto ou por um preço médio entre essas duas opções?

A situação de uma região hipotética em que se cultivam abacates está representada na Figura 8.1. As libras de abacate são medidas no eixo horizontal, o preço por libra é medido na vertical e D_a é a curva de demanda dos abacates. Antes do projeto de irrigação, a curva de oferta recebe a indicação S_a, e o preço e a quantidade de mercado são $ 2,89 e A_0, res-

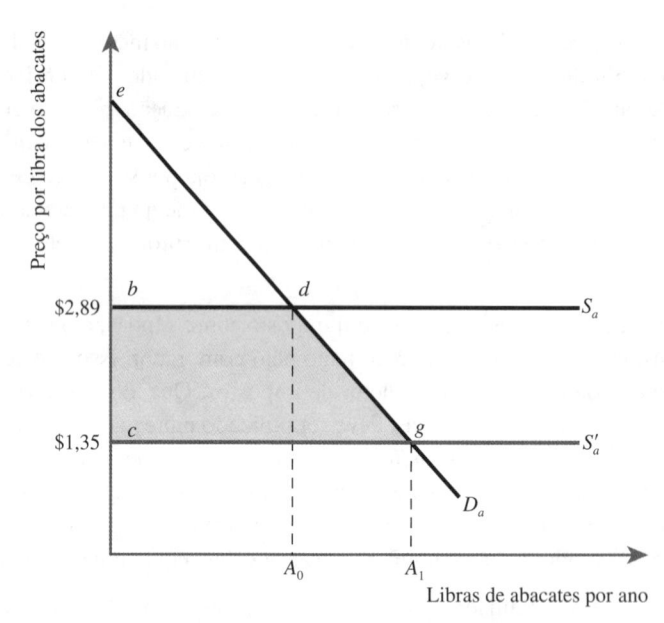

FIGURA 8.1 Medição da variação no excedente do consumidor.
Um projeto de irrigação do governo reduz o custo da produção de abacates, mudando assim a curva de oferta para S'_a. A redução no preço aumenta o excedente do consumidor por *bcgd*.

pectivamente (a curva de oferta é desenhada na horizontal, por conveniência; os principais pontos ainda se manteriam, mesmo se a curva se inclinasse para cima).

Suponha que depois de se colocar mais terra na produção graças ao projeto de irrigação, a curva de oferta dos abacates se desloca para S'_a. No novo equilíbrio, o preço cai para $ 1,35, e o consumo de abacate aumenta para A_1. Quanto os consumidores ficariam mais satisfeitos? Outra forma de fazer essa pergunta é: "Quanto os consumidores estariam dispostos a pagar pelo privilégio de consumir A_1 libras de abacates ao preço de $ 1,35, em vez de A_0 libras por $ 2,89?".

A ferramenta econômica para responder a esta pergunta é o **excedente do consumidor** – a quantia pela qual o total que os indivíduos estariam dispostos a pagar ultrapassa o montante que eles realmente têm de pagar. Como mostrado no apêndice deste livro, o excedente do consumidor é medido pela área sob a curva de demanda e acima da linha horizontal no preço de mercado. Assim, quando o preço for $ 2,89, o excedente do consumidor será *ebd*.

Quando o preço do abacate cai para $ 1,35 por causa do projeto de irrigação, o excedente do consumidor ainda é a área sob a curva de demanda e acima da linha horizontal no preço corrente, mas como o preço agora é de $ 1,35, a área em questão é *ecg*. O excedente do consumidor aumentou a diferença entre as áreas *ecg* e *ebd* – área *bcgd*. Assim, a área atrás da curva de demanda entre os dois preços mede o valor para os consumidores de poder comprar abacates pelo preço mais baixo. Desde que o planejador possa estimar o formato da curva de demanda, o benefício do projeto poderá ser medido.

Se a curva de oferta da *commodity* em consideração inclinar-se para cima, então podem ocorrer mudanças no excedente do produtor (também explicado no apêndice ao final do livro). Por exemplo: na análise custo-benefício dos controles de renda, a variação no excedente dos donos de terra pode ser estimada, uma vez fornecidas informações sobre o formato da curva de oferta do aluguel.

Inferências a partir do comportamento econômico

Até agora, lidamos com casos em que os dados do mercado podem servir de ponto de partida para a avaliação dos custos e benefícios sociais. Às vezes, o bem em questão não

---

excedente do consumidor

Valor pelo qual a disposição dos consumidores em pagar por uma mercadoria excede a soma que eles realmente têm de pagar.

é explicitamente negociado, por isso não existe um preço de mercado. Examinamos dois exemplos de como a disposição das pessoas em pagar por essas mercadorias pode ser avaliada.

O valor do tempo Um componente importante do projeto Big Dig de Boston, mencionado no início deste capítulo, foi um trecho de 3,5 milhas da rodovia de $ 6,5 bilhões. Estima-se que, com a nova estrada, o trajeto do centro da cidade até o aeroporto seria reduzido de 45 minutos para 8 minutos. Isso foi um bom negócio? Mesmo que seja verdade que "tempo é dinheiro", para fazer uma análise de custo-benefício precisamos conhecer a *quantia* de dinheiro envolvida. Uma maneira comum de estimar o valor do tempo é aproveitar a teoria da escolha entre lazer e renda. As pessoas que têm controle sobre o volume de trabalho que realizam fazem isso até o ponto em que o valor subjetivo do lazer é igual à renda que recebem de uma hora de trabalho a mais – o salário líquido após serem descontados os impostos. Assim, o salário após impostos pode ser usado para valorizar o tempo que é poupado.[9]

Embora esta abordagem seja útil, ela tem dois grandes problemas: (1) Algumas pessoas não podem escolher as suas horas de trabalho. O desemprego involuntário representa um caso extremo. (2) Nem todos os usos do tempo fora do trabalho são equivalentes. Por exemplo: para evitar gastar tempo em deslocamentos, uma pessoa que detesta dirigir pode estar disposta a pagar uma taxa superior a seu salário. Por outro lado, uma pessoa que usava a estrada para dirigir por prazer nos finais de semana pode não se importar muito com o custo de oportunidade do tempo, principalmente se não puder trabalhar nos fins de semana de qualquer maneira.

Pode-se estimar o valor do tempo observando-se as escolhas das pessoas entre os meios de transporte que envolvem diferentes durações de viagem. Suponha que em uma determinada comunidade as pessoas possam ir ao trabalho de ônibus ou de trem. O trem leva menos tempo, mas é mais dispendioso. Ao ver quanto dinheiro extra as pessoas estão dispostas a pagar pelo trem, pode-se inferir o quanto estão dispostas a pagar para reduzir o tempo de deslocamento, e, portanto, como valorizam esse tempo. É claro que outras características das pessoas, como os seus rendimentos, afetam a escolha que elas fazem quanto ao modelo do transporte. Técnicas estatísticas, como as descritas no Capítulo 2, podem ser utilizadas para levar em conta essas variáveis. Com base em vários estudos do tipo, uma estimativa razoável do custo efetivo do tempo de viagem é a de cerca de 50% do salário após impostos (ver Winston, 2010).

O valor da vida Em um artigo de 2007 sobre a determinação de compensações para as vítimas dos ataques terroristas do 11 de setembro, o *New York Times* observou que "a atribuição de um valor em dólares para a vida de uma pessoa pode parecer impossível, para não mencionar impensável" [Marsh, 2007]. De fato, os nossos valores religiosos e culturais sugerem que a vida não tem preço. Considere os eventos que ocorreram há alguns anos, quando um acidente em uma remota mina chilena deixou 33 homens presos em uma estreita área subterrânea por 69 dias. O trabalho de resgate foi extremamente complicado, com a NASA ajudando com uma cápsula de extração, além de Japão, Alemanha e outras nações também fornecendo tecnologias cruciais. Nas notícias dessa história, nem uma só pessoa questionou se salvar as vidas dos mineiros valia a pena pelo custo. Argumentar que um determinado preço para salvá-los era alto demais seria impensável. Se pedissem que você colocasse um preço em sua própria vida, não seria surpreendente se apenas o céu fosse o limite.

Essa posição apresenta dificuldades óbvias para a análise de custo-benefício. Se o valor da vida é infinito, qualquer projeto que resulta em até mesmo uma única vida sendo salva tem um valor presente infinitamente alto. *Desse modo, não resta uma maneira sen-*

---

[9] Para ver mais detalhes, consulte no Capítulo 18 "Oferta de trabalho."

sata de determinar a admissibilidade de projetos. Se *todas* as estradas na América fossem uma rodovia de quatro pistas, as mortes no trânsito sem dúvida diminuiriam. Será que isso é um bom projeto? Da mesma forma, qualquer projeto que custasse uma só vida teria um valor infinitamente baixo. Neste contexto, considere o fato de que para atender aos padrões de eficiência de combustível impostos pelo governo, os fabricantes de automóveis teriam de produzir carros mais leves do que os atuais. Mas carros mais leves podem ser associados a taxas de mortalidade mais elevadas em acidentes. Os padrões de combustível iriam, portanto, falhar automaticamente nos testes de custo-benefício?

Os economistas consideraram dois métodos para atribuir valores finitos para a vida humana, um baseado em lucros cessantes e outro na probabilidade de morte.

Lucros cessantes De acordo com o método de lucros cessantes, o valor da vida é o valor presente do lucro líquido do indivíduo ao longo da vida. Se uma pessoa morre em consequência de um determinado projeto, o custo para a sociedade é o valor presente esperado da produção dessa pessoa. Essa abordagem é frequentemente usada em tribunais para determinar a compensação aos familiares das vítimas de acidentes com morte. No entanto, essa abordagem implica que a sociedade não sofreria nenhuma perda, se os idosos, doentes ou pessoas com deficiência grave fossem sumariamente executados, uma visão suficientemente bizarra pela qual o método é rejeitado pelos economistas.

Probabilidade de morte A segunda abordagem tem como ponto de partida a noção de que a maioria dos projetos não afeta realmente e com *certeza* as perspectivas de um determinado indivíduo para a vida. Pelo contrário, é mais comum, para variar, na *probabilidade* de a morte de uma pessoa estar envolvida. Por exemplo: você não sabe que a pesquisa sobre o câncer vai salvar a sua vida. Tudo o que pode ser determinado é que essa pesquisa pode reduzir a *probabilidade* da sua morte. A razão desta distinção ser tão importante é que, mesmo que as pessoas considerem suas vidas como tendo valor infinito, elas aceitam continuamente aumentos na probabilidade de morte para quantidades finitas de dinheiro. Uma pessoa dirigindo um carro leve está sujeita a uma maior probabilidade de morte em um acidente automobilístico do que alguém em um carro pesado, tudo o mais constante. As pessoas estão dispostas a aceitar o aumento do risco de morte por causa do dinheiro que economizam ao comprar carros mais leves.

Outra forma pela qual as pessoas revelam suas preferências de risco são suas escolhas profissionais. Alguns trabalhos envolvem uma maior probabilidade de morrer do que os outros. Suponha que comparemos dois trabalhadores que têm idênticas qualificações e características profissionais, exceto que um deles tem um trabalho mais arriscado do que o outro. Do indivíduo no trabalho mais arriscado se espera que tenha um salário superior para compensar a maior probabilidade de morte. A diferença entre os dois salários fornece uma estimativa do valor que as pessoas dão a uma diminuição da probabilidade de morte.[10]

No mesmo espírito, diversos estudos estimam as quantias que as pessoas estão dispostas a pagar por dispositivos de segurança, como alarmes contra incêndio que, por um certo preço, reduzem a probabilidade de morte. Diferentes estudos chegam a resultados bastante diversos, mas uma estimativa aproximada com base nessas pesquisas é que o valor da vida fica entre 4 milhões e 10 milhões de dólares [Viscusi de 2006]. A maioria das agências governamentais se vale de quantias dentro dessa faixa. Por exemplo, a Agência de Proteção Ambiental define o valor da vida em 9,1 milhões de dólares, enquanto que a Food and Drug Administration usa o valor de 7,9 milhões, e o Departamento de Transporte, 6 milhões de dólares [Appelbaum, 2011]. Essas estimativas podem ser muito

---

[10] Ver em Viscusi e Aldy [2003] uma discussão mais aprofundada dessas estimativas.

úteis em extirpar projetos sem sentido. Por exemplo, os regulamentos relativos às luzes de emergência no piso dos aviões comerciais custam cerca de 900 mil dólares por vida salva. Esses regulamentos claramente passam pelo critério de admissibilidade. Por outro lado, as regras governamentais de remoção de amianto custam mais de 100 milhões de dólares por vida salva.

Um aspecto interessante dessa abordagem para a valorização da vida é que ela coloca a análise na mesma base da disposição em pagar, que é tão fecunda em outros contextos. Ela, no entanto, continua a ser altamente controversa. Os críticos argumentam que a abordagem probabilística é irrelevante, uma vez que se admite que a vida de *algumas* pessoas *certamente* vai estar em jogo. O fato de não sabermos quem vai morrer é irrelevante. Essa posição nos leva de volta ao ponto de partida, sem qualquer modo de saber o valor de projetos que envolvem a vida humana.

Essa controvérsia acadêmica tornou-se um assunto de preocupação pública em razão das várias propostas para submeter os regulamentos governamentais relativos a segurança e meio ambiente à análise de custo-benefício. Alguns rejeitam a disposição de dar um preço à vida em análises custo-benefício, afirmando: "Não há preço para a vida porque o seu valor é imensurável" [Ackerman e Heinzerling de 2004]. Infelizmente, em um mundo de recursos escassos, não temos escolha. A única questão é se maneiras sensatas para fixar o preço são usadas.

Valorização de intangíveis

Não importa o quão engenhoso seja o investigador, alguns benefícios e custos são impossíveis de se calcular. O presidente George W. Bush defendeu que a exploração do espaço "é um desejo escrito no coração do homem". Criar parques nacionais dá às pessoas a emoção de desfrutar de belas paisagens. Nossa mentalidade se encanta em precificar essas "*commodities*". Três pontos devem ser mantidos em mente quando os itens intangíveis podem adquirir importância.

Primeiramente, os intangíveis podem subverter todo o processo de custo-benefício. Ao afirmar que eles são grandes o suficiente, *qualquer* projeto pode se tornar admissível. Por exemplo: um administrador da NASA disse que as "mais importantes" razões que justificam o programa espacial dos EUA são "emocionais ou baseadas em valores" e "não podem ser representadas por uma planilha" [Griffin, 2007]. No entanto, presumivelmente alguém que beneficia um determinado projeto pode argumentar de acordo com o impacto "emocional" desse projeto. Como é que alguém, em seguida, escolhe um desses projetos?

Em segundo lugar, as ferramentas de análise de custo-benefício podem ser usadas para forçar os planejadores a revelarem os limites de como eles valorizam os intangíveis. Por exemplo: em 2007, o Congresso aprovou uma lei que obriga a instalação de câmeras retrovisoras nos carros. O nome da lei foi dado em homenagem a uma criança de dois anos de idade que morreu esmagada quando o pai dava ré ao sair da garagem. A National Highway Traffic Safety Administration (Administração Nacional de Segurança em Rodovias) descobriu que a tecnologia poderia salvar vidas, mas que o custo seria superior aos benefícios em mais de 1 bilhão de dólares. Essa informação revela o nível de benefícios intangíveis necessários para fazer com que a regulação valha a pena.

Por fim, mesmo que medir certos benefícios seja impossível, pode haver métodos alternativos para fazer isso. Deve ser feito um estudo sistemático dos custos das várias alternativas, a fim de se encontrar a forma mais barata possível para que determinado fim seja alcançado. Isso às vezes é chamado de **análise de custo-eficácia**. Assim, embora não se possa colocar um valor em dólares na segurança nacional, ainda pode ser viável submeter a exame os custos de sistemas de armas alternativos.

---

análise de custo-eficácia

Comparação dos custos das várias alternativas que obtêm benefícios semelhantes para determinar qual delas é a mais barata.

▶ OS TRUQUES DOS ANALISTAS DE CUSTO-BENEFÍCIO

Além dos problemas que já discutimos, Tresch [2002] observou uma série de erros comuns na análise de custo-benefício.

O truque da reação em cadeia

Um parecer favorável a uma proposta pode fazer com que ela pareça especialmente atraente – por meio da contagem dos lucros secundários dela decorrentes, como parte dos benefícios. Se o governo constrói uma estrada, os principais benefícios são a redução de custos de transporte para pessoas e empresas. Ao mesmo tempo, porém, os lucros de restaurantes, motéis e postos de gasolina aumentam. O mesmo se dá com os rendimentos de agricultores que vendem comida para os restaurantes, faxineiros que limpam os motéis e mecânicos que trabalham nos postos de gasolina. Se um número suficiente destes efeitos secundários for adicionado ao lado do benefício, eventualmente um valor presente positivo poderá ser obtido para praticamente qualquer projeto.

Esse procedimento ignora o fato de que o projeto pode provocar perdas, bem como lucros. Após a construção da estrada, os lucros dos operadores de trem diminuem à medida que alguns de seus clientes optam pelos carros como meio de transporte. O aumento do uso de automóveis pode aumentar o preço da gasolina, diminuindo o bem-estar de muitos consumidores do combustível.

Em suma, o problema com o truque de reação em cadeia é que ele conta como benefícios mudanças que são meramente transferências. O aumento do preço da gasolina, por exemplo, transfere a renda dos consumidores de gasolina para os produtores de gasolina, mas não representa um benefício líquido do projeto. Como observado mais tarde, as considerações de distribuição podem ser de fato relevantes para o tomador de decisão. Mas, desse modo, a coerência exige que, se os benefícios secundários forem contados, então as perdas secundárias também devem ser.

O truque da mão de obra

Em 2012, o Poder Legislativo da Califórnia aprovou um projeto de vários bilhões de dólares para a construção de uma linha ferroviária de alta velocidade, que iria conectar Los Angeles a São Francisco. O governador Jerry Brown declarou: "Hoje o Legislativo tomou medidas ousadas que trazem os californianos de volta ao emprego".[11] Sua declaração é um exemplo típico do argumento de que um projeto deve ser implementado por causa dos empregos que ele "cria". Essencialmente, os salários dos trabalhadores empregados são considerados benefícios do projeto. Essa linha de raciocínio é problemática porque os salários pertencem ao lado de custos, e não de benefícios, do cálculo. Claro que, como já foi sugerido, é verdade que se os trabalhadores estiverem desempregados involuntariamente seu custo social será menor do que seus salários. Mesmo em uma área com alto índice de desemprego, é improvável que toda a mão de obra utilizada no projeto seja de desempregados, ou que todos os que estavam desempregados tenham assim permanecido por um longo período de tempo.

O truque da dupla contabilização

Suponha que o governo esteja considerando irrigar algumas terras que atualmente não podem ser cultivadas. Ele conta como os benefícios do projeto a soma (1) do aumento do valor da terra *e* (2) do valor presente do fluxo de renda líquida obtida com a atividade agrícola respectiva. O problema aqui é que um agricultor pode cultivar a terra e ter como ganhos o

---

[11] Judy Lin, "California high-speed rail gets green light," Associated Press, 7 de julho de 2012.

fluxo de lucro líquido *ou* vender a terra para outra pessoa. Em uma situação de competição, o preço de venda do terreno é igual ao valor presente do lucro líquido da atividade agrícola ali realizada. Como o agricultor não pode fazer as duas coisas ao mesmo tempo, contabilizar (1) e (2) representa o dobro dos verdadeiros benefícios.

Pode parecer um erro tão ingênuo que ninguém jamais o cometeria. No entanto, Tresch [2002, p. 825] aponta que a dupla contabilização foi, por determinado período, a política oficial do Bureau of Reclamation do Departamento do Interior dos EUA. As instruções do *bureau* aos analistas de custo-benefício estipulavam que os benefícios da irrigação de terras fossem calculados como a *soma* do aumento do valor da terra e o valor presente do lucro líquido da atividade agrícola ali desenvolvida.

▶ CONSIDERAÇÕES SOBRE DISTRIBUIÇÃO

No setor privado, normalmente não é dada qualquer consideração à questão de quem recebe os benefícios e quem suporta os custos de um projeto. Um dólar é um dólar, independentemente de quem esteja envolvido. Alguns economistas argumentam que o mesmo ponto de vista deve servir para a análise de projetos públicos. Se o valor presente de um projeto for positivo, ele deve ser realizado, independentemente de quem ganha e de quem perde. Isso acontece porque, como o valor presente é positivo, os ganhadores *poderão* compensar os perdedores e ainda desfrutar de um aumento líquido da utilidade. Essa noção, às vezes chamada de **critério de Hicks-Kaldor**,[12] baseia, assim, a seleção de projetos no potencial de melhoria de Pareto. A remuneração real não tem de acontecer. Ou seja, é permitido impor custos em alguns membros da sociedade se isso proporciona maiores benefícios para outros indivíduos.

critério de Hicks-Kaldor

Um projeto deve ser realizado se tem valor presente líquido positivo, independentemente das consequências distributivas.

Outros acreditam que porque o objetivo do governo é maximizar o bem-estar social, as implicações distributivas de um projeto devem ser levadas em consideração. Além disso, como o padrão real dos benefícios e dos custos é o que realmente importa, o critério de Kaldor-Hicks não fornece uma evasão satisfatória da conexão com questões de distribuição.

Uma maneira de evitar o problema distributivo é assumir que o governo pode e irá corrigir, sem que isso incorra em custos, quaisquer aspectos distributivos indesejáveis de um projeto, adequando as transferências entre ganhadores e perdedores.[13] O governo trabalha continuamente de forma discreta para garantir que a renda seja distribuída de forma otimizada, de modo que o analista de custo-benefício precise se preocupar apenas com o cálculo dos valores presentes. Mais uma vez, a realidade fica no caminho. Ao governo podem faltar o poder e a capacidade de distribuir a renda de forma ideal.[14] (Veja o Capítulo 12.)

Suponha que o legislador acredite que algum grupo da população é especialmente merecedor. Essa preferência distributiva pode ser levada em conta ao se assumir que um benefício de um dólar a um membro deste grupo vale mais do que um dólar destinado a outro membro da população. Isto, naturalmente, tende a polarizar a seleção de projetos em favor daqueles que beneficiam desproporcionalmente o grupo preferido. Embora grande parte da discussão sobre as questões de distribuição tenha se concentrado no lucro como base para a classificação das pessoas, é admissível que características como raça, etnia e gênero também possam ser usadas.

---

[12] Homenagem aos economistas John Hicks e Nicholas Kaldor.

[13] *Sem custo* nesse contexto significa que a administração do sistema de transferência não custa nada, e as transferências são feitas de tal maneira que não distorcem o comportamento das pessoas (ver Capítulo 15).

[14] Além disso, como o governo trabalha nos bastidores para modificar a distribuição de renda, os preços relativos provavelmente se alteram. Mas à medida que os preços relativos mudam, os cálculos de custo e benefício também o fazem. Assim, as questões de eficiência e equidade não podem ser separadas tão bem quanto aqui sugerido.

Após o analista receber os critérios de participação no grupo preferido, ele deve enfrentar a questão sobre o modo exato de pesar os benefícios para os membros desse grupo em relação ao resto da sociedade. Um dólar para uma pessoa pobre é contabilizado duas vezes tanto quanto um dólar para uma pessoa rica, ou 50 vezes mais? A resolução dessas questões depende de juízos de valor. Tudo o que o analista pode fazer é estimular o legislador a explicitar seus juízos de valor e compreender as implicações dos mesmos.

Um risco potencial ao se adotar considerações de distribuição é que as preocupações políticas poderão vir a dominar o exercício de custo-benefício. Dependendo de como os pesos são escolhidos, qualquer projeto pode gerar um valor presente positivo, independentemente de quão ineficiente seja. Além disso, a incorporação de considerações de distribuição aumenta substancialmente os requisitos de informação da análise de custo-benefício. O analista precisa estimar não apenas benefícios e custos, mas também como eles serão distribuídos entre toda a população. Como discutimos no Capítulo 12, é difícil avaliar os efeitos distributivos das atividades fiscais do governo.

▶ INCERTEZA

Em 2005, os diques que protegem Nova Orleans se romperam durante a passagem do furacão Katrina, o que provocou inundações desastrosas. Essa catástrofe serve como lembrete desagradável do fato de que os resultados de projetos públicos são incertos. Muitos debates importantes sobre propostas de projetos concentram-se no fato de que ninguém sabe qual será o resultado. Qual será o aumento advindo de um programa de treinamento profissional sobre os ganhos dos beneficiários da previdência social? Os sistemas de armas de alta tecnologia funcionarão adequadamente em condições de combate?

Suponha que os dois projetos estão sob análise. Eles têm custos idênticos e ambos afetam apenas um cidadão, Kyle. O projeto X garante um benefício de $ 1.000, com certeza. O projeto Y cria um benefício de zero dólares com probabilidade de 50% e um benefício de $ 2.000 com uma probabilidade também de 50%. Qual projeto que Kyle prefere?

Observe que, *em média*, X e Y têm o mesmo benefício. Isso ocorre porque o benefício esperado de Y é (½ × $ 0) + (½ × 2.000) = $ 1.000. No entanto, se Kyle for avesso ao risco, ele preferirá X a Y.[15] Isto porque o projeto Y faz com que Kyle se arrisque, enquanto que o projeto X é uma coisa certa. Em outras palavras, se Kyle fosse avesso ao risco, ele estaria disposto a trocar o projeto Y para uma certa quantia de dinheiro inferior a $ 1.000 – ele iria desistir de um pouco de renda em troca de ganhar alguma segurança. A prova mais evidente de que as pessoas estão de fato dispostas a pagar para evitar o risco é a ocorrência generalizada das apólices de seguro de vários tipos. (Veja o Capítulo 9.) Portanto, quando os benefícios ou custos de um projeto são arriscados, eles devem ser convertidos em **equivalentes de certeza** – a quantidade de renda garantida que o indivíduo estaria disposto a trocar pelo conjunto de resultados incertos gerados pelo projeto. O cálculo dos equivalentes de certeza requer informações da distribuição dos retornos do projeto e de quão avessas ao risco são as pessoas envolvidas. O método de cálculo é descrito no apêndice deste capítulo.

O cálculo dos equivalentes de certeza pressupõe que a distribuição aleatória dos custos e benefícios é conhecida antecipadamente. Em alguns casos, trata-se de um pressuposto razoável. Por exemplo: os dados de engenharia e de meteorologia podem ser usados para estimar o quanto um projeto de barragem reduziria a probabilidade de destruição por inundação. Em muitos casos importantes, no entanto, é difícil definir as probabilidades de diversos resultados. Como mostra o desastre de 2011 em Fukushima, no Japão, não há experiência suficiente com reatores nucleares para avaliar a probabilidade de ocorrência de

---

equivalente de certeza

Valor de um projeto incerto medido em termos da quantidade de determinados rendimentos de que um indivíduo estaria disposto a desistir pelo conjunto de resultados incertos gerados pelo projeto.

---

[15] Vamos discutir a aversão ao risco de forma mais detalhada no Capítulo 9.

inúmeros defeitos. Da mesma forma, como você calcula a probabilidade de que uma nova vacina contra a AIDS ser eficaz? Como de costume, o melhor que o analista pode fazer é explicitar seus pressupostos e determinar até que ponto os resultados substantivos mudam quando esses pressupostos são modificados.

▶ UMA APLICAÇÃO: AS REDUÇÕES NO TAMANHO DAS TURMAS VALEM A PENA?

No Capítulo 7, examinamos a pesquisa sobre o efeito do tamanho da turma nos resultados dos alunos. A literatura relacionada examina se as crianças em turmas menores têm rendimentos mais altos quando adultas, tudo o mais constante. Em uma análise econométrica da relação entre o tamanho das turmas e os ganhos, Card e Krueger [1996] estimaram que uma redução de 10% no tamanho da turma está associada a aumentos dos ganhos futuros anuais de 0,4% a 1,1%. Se estiver correta, essa estimativa sugere que diminuir o tamanho das turmas, de fato, produz benefícios monetários.

Por si só, porém, isso não nos diz se realizar as reduções do tamanho das turmas seria uma política sensata. Afinal, diminuir as turmas tem um preço: mais professores precisam ser contratados, mais salas de aula precisam ser construídas e assim por diante. Será que os benefícios superam os custos? Peltzman [1997] utiliza as ferramentas de análise de custo-benefício para resolver esta questão. Sua análise ilustra vários dos principais temas abordados neste capítulo.

A análise de custo-benefício implica selecionar uma taxa de desconto e especificar os custos e benefícios de cada ano. Vamos agora discutir como Peltzman lida com cada um desses problemas.

Taxa de desconto

Considerações teóricas não determinam uma taxa de desconto específica, por isso Peltzman segue a prática sensata de selecionar um par e ver se os resultados substantivos são sensíveis à diferença. As taxas (reais) que ele escolhe são 3% e 7%.

Custos

Peltzman supõe que uma redução de 10% no tamanho da turma exigiria mais 10% de todos os insumos utilizados nas escolas públicas: professores, salas de aula, equipamentos e assim por diante. Assim, uma redução permanente do tamanho da turma em 10% aumentaria os custos anuais em 10%. Em 1994, o custo médio por aluno nas escolas públicas dos EUA foi de cerca de $ 6.500, então um aumento de 10% é de $ 650. Este custo é incorrido para cada um dos 13 anos em que o aluno fica na escola. Como esses custos são incorridos ao longo do tempo, eles devem ser descontados. A linha (1) da Tabela 8.3 mostra o valor presente de $ 650 ao longo de um período de 13 anos, para $r = 3\%$ e para $r = 7\%$. Em nossa

TABELA 8.3 Custos e benefícios da redução do tamanho das turmas em 10%

	Valor presente	
	$r = 7\%$	$r = 3\%$
(1) Custos ($ 650 anuais de 1994 a 2006)	$ 5.813	$ 7.120
(2) Benefícios ($ 225 anuais de 2007 a 2056)	$ 1.379	$ 4.060
(3) Benefícios menos custos	–$ 4.434	–$ 3.060

Fonte: Cálculos baseados em Peltzman [1997].
Essas estimativas indicam que os custos da redução do tamanho da turma em 10% ultrapassam os benefícios, a uma taxa de desconto de 3% ou 7%.

observação anterior, esses números representam C, o valor presente dos custos do projeto (por aluno), a cada taxa de desconto.

Este cálculo de C envolve uma variedade de simplificações, sendo uma das mais importantes a de que os custos por ano de escolaridade são constantes. Na verdade, os custos por aluno são normalmente mais elevados no ensino médio do que no ensino fundamental. Alocar uma maior proporção dos custos para os anos futuros tenderia a reduzir seu valor presente.

Benefícios

Como observado anteriormente, Card e Krueger [1996] estimam que a faixa de retornos a um aumento no tamanho das turmas é de 0,4% a 1,1%. Peltzman toma o ponto médio deste intervalo, 0,75%. Ele pressupõe que os indivíduos vão trabalhar imediatamente após deixar a escola, e que trabalharão durante os 50 anos seguintes. Assim, os ganhos aumentam em 0,75% para cada ano nos próximos 50 anos. Em 1994, o salário médio anual dos trabalhadores do sexo masculino com 25 anos de idade ou mais era de $ 30.000; aumentar esse montante em 0,75% implica um aumento de $ 225 por ano durante um período de 50 anos. Assim como os custos, os benefícios devem ser descontados. Observe que o primeiro destes fluxos de $ 225 ocorre daqui a 13 anos; assim, o seu valor atual é de $ $225/(1 + r)^{13}$. Os valores atuais dos benefícios por aluno (B), para as duas taxas de desconto, estão registradas na linha (2) da tabela.

Assim como era verdade no lado dos custos, o cálculo dos benefícios envolve uma série de simplificações importantes. Os homens geralmente ganham mais do que as mulheres, de modo que usar o salário médio masculino dá um viés de alta para a estimativa dos benefícios. Outra questão é que os ganhos tendem a aumentar ao longo do tempo em vez de permanecerem constantes. Além disso, a análise ignora retornos não monetários para a educação, que podem incluir menor probabilidade de cometer crimes, escolhas mais informadas nas eleições e assim por diante. Na medida em que esses efeitos estão presentes, as estimativas de Peltzman dos benefícios sociais para educação são muito baixas.

Os lucros e a avaliação

O cálculo do valor presente líquido do projeto torna-se simples agora. Para cada taxa de desconto, pegue o valor do benefício na linha (2) da Tabela 8.3 e subtraia o custo na linha (1). Esses cálculos, registrados na linha (3), revelam que quando r é de 7%, os custos superam os benefícios em $ 4.434, e quando r é de 3%, os custos superam os benefícios em $ 3.060. Assim, com qualquer taxa de desconto, (B − C) é menor do que zero, e reduzir o tamanho das turmas em 10% não pode ser aceito como critério de admissibilidade. Desse modo, Peltzman conclui com ironia que os alunos estariam melhor se o tamanho das turmas *aumentasse* em 10% e os valores economizados fossem usados para dar a cada aluno um título que rendesse pela taxa de juros do mercado [p. 226].

Esta análise das reduções do tamanho de turma ilustra alguns aspectos importantes da análise prática de custo-benefício:

- A análise é muitas vezes interdisciplinar porque os economistas não têm, sozinhos, a experiência necessária para avaliar todos os custos e benefícios. Assim, por exemplo, fazem-se necessários estudos de engenharia para se determinar os gastos de expansão da capacidade da sala de aula em 10%. Da mesma forma, se alguém quisesse incluir a redução da criminalidade nos benefícios, pode-se querer consultar os sociólogos que estudam o comportamento criminal.

- Na avaliação dos custos e benefícios, especialmente os decorrentes no futuro, é provável que sejam necessárias hipóteses *ad hoc*. Observamos, por exemplo, que a hipótese simplificadora de Peltzman de que os ganhos são constantes ao longo do tempo não é correta. Mas para fazer melhor, é preciso uma hipótese alternativa de como os lucros vão subir (ou cair) ao longo do tempo, e o modo de fazer isso não é óbvio.

- Em situações caracterizadas por tamanha incerteza, pode-se sobrecarregar a análise a fim de se incluir considerações de distribuição. Por exemplo: de um investigador que não consegue prever com muita precisão como o tamanho da turma afeta o lucro global não se pode esperar que avalie a distribuição dos benefícios por faixa de renda.

- Com todas as suas limitações, a análise de custo-benefício é uma maneira extremamente útil para resumir as informações. Também obriga os analistas a explicitarem suas premissas, de modo que as razões da recomendação final sejam claras. No caso do exame de reduções do tamanho da turma de Peltzman, por exemplo, alguns dos pressupostos são questionáveis e por isso as conclusões podem ser incorretas. No entanto, o exercício é extremamente importante porque estabelece um quadro racional para a condução de futuros debates sobre essa importante questão.

▶ USO (E NÃO USO) DO GOVERNO

Este capítulo indica claramente que a análise de custo-benefício não é uma panaceia que fornece uma definitiva resposta "científica" para cada pergunta. No entanto, ajuda a garantir a tomada de decisão consistente que incide sobre as questões certas. Será que esses métodos foram colocados em ação pelo governo? O governo federal vem ordenando que vários tipos de projetos sejam submetidos à análise de custo-benefício, desde a década de 1930. Os presidentes Reagan, Bush, Clinton e Obama emitiram ordens executivas que necessitam de análises de custo-benefício para todas as principais regulamentações.

Dito isto, as administrações democratas e republicanas, muitas vezes ignoram ou falseiam as ordens para realizar análises de custo-benefício, e o Congresso também nunca se mostrou entusiasmado em fazer isso. As agências federais geralmente não cumprem com as diretrizes de realizar análises de custo-benefício, e quando essas análises são realizadas a qualidade frequentemente é baixa. Hahn e Dudley [2007] estudaram 74 análises de custo-benefício de regulamentações ambientais federais e descobriram que uma parcela significativa não relata informações econômicas básicas, como dados sobre os benefícios líquidos e alternativas políticas. Outro problema é que todo o exercício pode ser subvertido quando considerações naturalmente difíceis de medir devem ser colocadas em jogo. Por exemplo: uma ordem executiva emitida pelo presidente Obama permite que as agências levem em consideração características amorfas como "equidade, dignidade humana [e] de justiça" em análises de custo-benefício.

Por que a análise de custo-benefício não exerce mais efeito sobre o estilo de tomada de decisão do governo? Parte da resposta está nas muitas dificuldades práticas na implementação da análise de custo-benefício, especialmente quando não há consenso a respeito dos objetivos do governo. Além disso, muitos burocratas não têm capacidade nem temperamento para realizar a análise, particularmente quando se trata de seus próprios programas. E os políticos também não se interessam em ver seus projetos preferidos sujeitos a escrutínio.

A história fica ainda pior quando consideramos o fato de, em certas áreas vitais, a análise de custo-benefício tenha sido expressamente proibida de fato:

- O Clean Air Act proíbe que os custos sejam considerados quando os padrões de qualidade do ar estão sendo definidos. Em 1997, quando o assessor-chefe para meio ambiente do presidente foi confrontado com o fato de os custos de algumas novas regulamentações ambientais excederem os benefícios em centenas de bilhões de dólares, ele respondeu: "Não se trata de dinheiro[…] São padrões de saúde" [Cushman, 1997, p. 28]. Qualquer outra atitude seria ilegal!

- O mesmo ato obriga as empresas a instalarem equipamentos que reduzam a poluição tanto quanto for possível, independentemente de quão pequenos serão os benefícios da redução incremental ou do quão grandes serão os custos incrementais do equipamento.
- A Lei das Espécies Ameaçadas exige do Fish and Wildlife Service a proteção de todas as espécies ameaçadas de extinção, nos Estados Unidos, independentemente do custo.
- A Lei de Alimentos, Medicamentos e Cosméticos exige da Food and Drug Administration a proibição de qualquer aditivo para alimentos que seja capaz de provocar câncer em animais ou seres humanos, independentemente do risco ser mínimo ou da importância dos benefícios da substância em questão.

A tentativa, em 1995, de vários membros do Congresso para mudar algumas dessas leis foi derrotada. Além disso, em 2001, a Suprema Corte confirmou a constitucionalidade da proibição da análise de custo-benefício do Clean Air Act. Embora possa ter sido a decisão certa do ponto de vista legal, foi lamentável do ponto de vista político. Apesar de a análise de custo-benefício ser sem dúvida uma ferramenta imperfeita, é a única estrutura analítica disponível para a tomada de decisões consistentes. Proibir a análise de custo-benefício equivale a proibir a tomada de decisão sensata.

Resumo

- A análise de custo-benefício é o uso prático da economia do bem-estar para avaliar projetos potenciais.
- Para tornar comparáveis os benefícios líquidos de diferentes anos, o valor presente desses benefícios deve ser calculado.
- Outros métodos – taxa interna de retorno, relação de custo-benefício – podem levar a decisões incorretas.
- A escolha da taxa de desconto é decisiva nas análises de custo-benefício. Nas análises do setor público, três medidas possíveis são a taxa de retorno antes de descontados os impostos, uma média ponderada das taxas de retorno privado de antes e depois dos impostos, e a taxa de desconto social. A escolha entre elas depende do tipo de atividade privada realizada – investimento ou consumo – e em que medida os mercados privados refletem as preferências da sociedade.
- Na prática, o governo norte-americano aplica taxas de desconto de forma inconsistente.
- Os benefícios e custos de projetos públicos podem ser medido de várias maneiras:

    Os preços de mercado servem bem se não houver fortes razões para crer que eles partem de custos sociais marginais.

    Os preços sombra ajustam os preços de mercado para os desvios de custos marginais sociais devidos a imperfeições do mercado.

    Se a mão de obra está atualmente desempregada e assim permanecerá durante o período do projeto, o custo de oportunidade é pequeno.

    Se grandes projetos do governo alteram os preços de equilíbrio, o excedente do consumidor pode ser usado para medir os benefícios.

    Para *commodities* fora do mercado, os valores às vezes podem ser inferidos pela observação do comportamento das pessoas. Dois exemplos são o cálculo dos benefícios de economia de tempo e os benefícios de reduzir a probabilidade de morte.

- Alguns benefícios e custos intangíveis simplesmente não podem ser medidos. A abordagem mais segura é excluí-los em uma análise de custo-benefício e, em seguida, calcular o quão grande eles devem ser para reverter a decisão.
- As análises custo-benefício são, por vezes, vítimas de várias armadilhas:

    O truque da reação em cadeia – são incluídos benefícios secundários para fazer uma proposta parecer mais favorável, sem incluir os custos secundários correspondentes.

    O truque da mão de obra – os salários são vistos como *benefícios* e não como *custos* do projeto.

    O truque da dupla contabilização – os benefícios são erroneamente contabilizados duas vezes.

- A inclusão de considerações de distribuição na análise de custo-benefício é controversa. Alguns analistas avaliam o dinheiro igualmente para todas as pessoas, enquanto outros aplicam pesos que favorecem projetos para grupos populacionais selecionados.

- Em situações de incerteza, os indivíduos favorecem projetos com menos riscos, tudo o mais constante. Em geral, os custos e benefícios de projetos incertos devem ser convertidos em equivalentes de certeza.

Perguntas para reflexão

1. "Se você estivesse na administração do governo, perguntaria a si mesmo se confeccionar pijamas infantis à prova de fogo seria economicamente viável ou apenas ordenaria aos fabricantes para fazer isso? Os apelos dos fabricantes de berços, dizendo que iria custar os olhos da cara fazer com que as ripas ficassem mais próximas, iriam comover você?" [Herbert, 1995]. Como você responderia a estas perguntas?

2. Em 2006, o Estado de Indiana instituiu mudanças nas filiais do Bureau of Motor Vehicles que supostamente reduziriam os tempos de espera dos clientes de uma média de 61 minutos para cerca de 7 minutos. Como essa informação deve ser levada em conta em uma análise de custo-benefício dos novos procedimentos?

3. Um projeto produz um benefício anual de $ 25 por ano, a partir do próximo ano e a continuar para sempre. Qual é o valor presente dos benefícios se a taxa de juros é de 10%? [Dica: a soma infinita $x + x^2 + x^3 + \ldots$ é igual a $x/(1 - x)$, onde x é um número menor do que 1.] Generalize a sua resposta para mostrar que, se o benefício anual perpétuo é B e a taxa de juros é r, então o valor presente é B/r.

4. Imagine que você está planejando tirar um ano de férias para cruzar os Estados Unidos de bicicleta. Alguém está disposto a vender-lhe uma bicicleta nova por $ 500. No final do ano, você espera revender a bicicleta por $ 350. O benefício para você de usar a bicicleta é o equivalente a $ 170.

   a. Qual é a taxa interna de retorno?

   b. Se a taxa de desconto é de 5%, você deve comprar a bicicleta?

5. Bill anda de metrô a um custo de 75 centavos por viagem, mas mudaria se o preço fosse mais alto. Sua única alternativa é um ônibus que leva cinco minutos a mais, mas custa apenas 50 centavos. Ele faz 10 viagens por ano. A cidade pensa em reformas do sistema de metrô que reduziriam a viagem em 10 minutos, mas a tarifa aumentaria 40 centavos por viagem para cobrir os custos. O aumento da tarifa e a redução do tempo de viagem entrariam em vigor em um ano e durariam para sempre. A taxa de juros é de 25%.

   a. Para Bill, quais são os valores presentes dos benefícios e custos do projeto?

   b. A população da cidade é composta por 55.000 pessoas de classe média, as quais são idênticas a Bill, e 5.000 pessoas pobres. As pessoas pobres estão desempregadas ou têm empregos perto de suas casas, de modo que não usam qualquer tipo de transporte público. Quais são os benefícios totais e os custos do projeto para a cidade como um todo? Qual é o valor presente líquido do projeto?

   c. Alguns membros do conselho da cidade propõem um projeto alternativo, que consiste em um imposto imediato de $ 1,25 por pessoa da classe média a fim de fornecer assistência jurídica "gratuita" para os pobres nos dois anos seguintes. A assistência jurídica é valorizada pelos pobres em um total de $ 62.500 por ano (suponha que este montante é recebido no final de cada um dos dois anos). Qual é o valor presente do projeto?

   d. Se a cidade tiver de escolher entre o projeto do metrô e o projeto de assistência jurídica, qual deve escolher?

   e. Qual é o "peso distributivo" de cada dólar recebido por uma pessoa pobre que tornaria os valores presentes dos dois projetos iguais? Ou seja, o quanto deve cada dólar de renda para uma pessoa pobre ser relativamente ponderado ao de uma pessoa de classe média? Interprete sua resposta.

6. Suponhamos que o governo está debatendo o gasto de 100 bilhões hoje para enfrentar a mudança climática. Estima-se que $ 700 bilhões em danos seriam evitados, mas esses benefícios serão acrescidos em 100 anos. Um crítico da proposta diz que seria muito melhor investir os 100 bilhões, ganhando um retorno real médio de 5% ao ano e, em seguida, usar os proventos em 100 anos para reparar os danos da mudança climática. Essa crítica está correta?

7. Está previsto para daqui a alguns anos que a Estação Espacial Internacional saia de órbita e encerre as atividades. Os defensores da manutenção da estação espacial para além desse período argumentam que de-

ve-se levar em conta o dinheiro que já foi gasto com ela. Como afirmou o senador Bill Nelson: "Se gastamos cem bilhões de dólares, não acho que vamos querer encerrar as suas atividades em 2015" [Achenbach, 2009]. Comente o raciocínio do senador. Como você determinaria a possibilidade de interrupção das atividades da estação espacial?

8. Um ensaio satírico recentemente defendeu forçar as empresas de táxi a mudarem os automóveis para riquixás, que são pequenos táxis de duas rodas puxado por um corredor ou ciclista. Os autores observam que isso iria criar novos postos de trabalho na forma de motoristas e fabricantes de riquixás, e que seriam empregos ecológicos, pois os riquixás (ao contrário de táxis) não poluem [Brookes e Foster, 2009]. Como essa proposta se relaciona com o "truque da mão de obra" discutido neste capítulo?

9. De acordo com Viscusi e Gayer [2005], a regulamentação nos Estados Unidos varia muito em custo por cada vida que salva. Por exemplo, a legislação que obriga a instalar equipamentos de restrição passiva em veículos tem um custo por vida salva de $ 600.000, enquanto que os regulamentos para remover amianto nos locais de trabalho tem um custo por vida salva de $ 180 milhões. O que dizem essas informações sobre a possibilidade desses regulamentos passarem no teste de custo-benefício? Como recursos podem ser realocados entre esses regulamentos, a fim de reduzir os custos ou salvar mais vidas?

Apêndice

▶ CÁLCULO DO VALOR DO EQUIVALENTE CERTEZA

Este apêndice mostra como calcular o valor do equivalente de certeza de um projeto com incerteza. Como tal, ele também serve como introdução à economia da incerteza, que iremos discutir com mais detalhes no Capítulo 9.

Considere Jones, que atualmente ganha E dólares. Ele entra em um programa de treinamento profissional com um efeito imprevisível em seus ganhos futuros. O programa deixará seus ganhos anuais inalterados com uma probabilidade de ½, ou irá aumentar seus ganhos em y dólares, também com uma probabilidade de ½.[16] O benefício do programa é a quantia que Jones estaria disposto a pagar por ele; logo, o problema fundamental aqui é determinar essa quantia. A resposta natural é $y/2$ dólares, o aumento esperado nos rendimentos[17] de Jones. No entanto, esse valor é demasiado elevado, uma vez que omite o fato que o resultado é incerto e, por conseguinte, sujeita Jones ao risco. E como Jones não aprecia o risco, ele abriria mão de alguma quantidade de renda em troca de ganhar alguma segurança. Quando os benefícios ou custos de um projeto são arriscados, eles devem ser convertidos em equivalentes de *certeza*, as quantias de determinados rendimentos que o indivíduo estaria disposto a trocar pelo conjunto de resultados incertos gerados pelo projeto.

A noção de equivalente de certeza é ilustrada na Figura 8A. O eixo horizontal mede a renda de Jones, e o eixo vertical indica a quantidade de utilidade dele. A relação OU é função de utilidade de Jones, que mostra a quantidade total de utilidade associada a cada nível de renda. Algebricamente, a quantidade de utilidade associada a um determinado nível de renda, I, é $U(I)$. O formato da relação reflete o pressuposto plausível de que com o aumento da renda a utilidade também aumenta, mas seguindo uma taxa de declínio – há utilidade marginal decrescente da renda.

Para encontrar a utilidade associada com um nível de renda, basta seguir desde o eixo horizontal até OU, e depois para o eixo vertical. Por exemplo, se o projeto de treinamento não gera retorno de modo que a renda de Jones seja E, então sua utilidade é $U(E)$, como indicado no eixo vertical. Da mesma forma, se o projeto for bem-sucedido, e o rendimento de Jones aumentar por y, sua renda total é $(E + y)$, e sua utilidade é $U(E + y)$.

Como cada resultado ocorre com uma probabilidade de ½, a *renda* média ou esperada do Jones é $E + y/2$, que fica a meio caminho entre E e $(E + y)$ e é mostrada como $\bar{I}$. No entanto, o que realmente importa para Jones não é a renda esperada, mas a *utilidade* esperada.[18] A utilidade esperada é a média das utilidades dos dois resultados, ou $½U(E) + ½U(E + y)$. Geometricamente, a utilidade esperada fica a meio caminho entre $U(E)$ e $U(E + y)$ e é indicada por $\bar{U}$.

Agora estamos em posição para descobrir exatamente quanto dinheiro certo o programa de treinamento profissional vale para Jones. Tudo o que temos a fazer é encontrar o valor da renda que corresponde ao nível de utilidade $\bar{U}$. Isto é mostrado no eixo horizontal

---

[16] Probabilidades de ½ são usadas para simplificar. Os resultados gerais se mantêm, independentemente das probabilidades escolhidas.

[17] Os ganhos esperados são encontrados multiplicando-se cada resultado possível pela probabilidade associada e, em seguida, somando: $(½ \times 0) + (½ \times y) = y/2$.

[18] Aqueles que estão familiarizados com a teoria da incerteza vão reconhecer a suposição implícita de que as pessoas têm "funções de utilidade Von Neumann-Morgenstern".

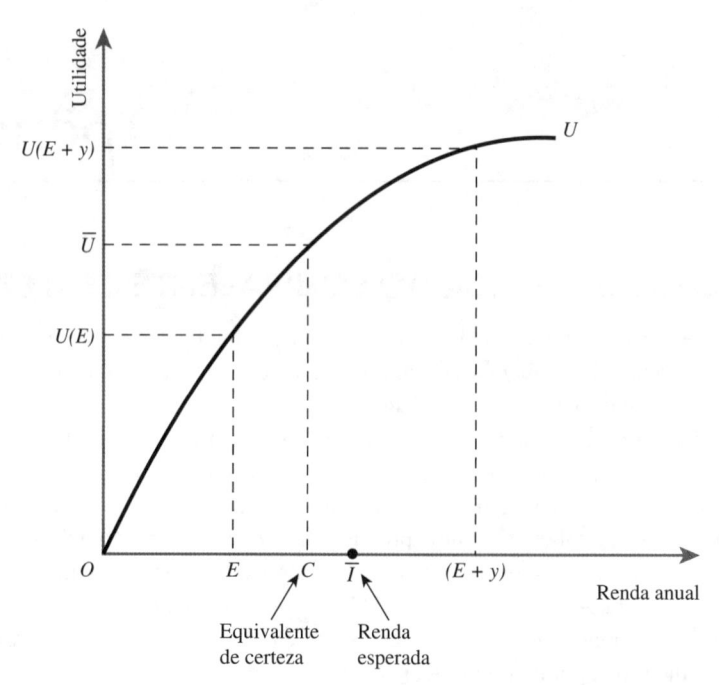

FIGURA 8.A Cálculo do equivalente de certeza de um projeto arriscado.

como C, que é, por definição, o equivalente de certeza. É crucial notar que C é menos que $\bar{I}$ – o equivalente de certeza do programa de treinamento profissional é *menor* do que o rendimento esperado. Isso é consistente com a intuição desenvolvida anteriormente. Jones está disposto a pagar um prêmio de $(\bar{I} - C)$ em troca da segurança de uma coisa certa. Demonstramos, então, que a avaliação adequada dos custos e benefícios de um projeto incerto requer que o valor previsto para o projeto seja reduzido por um prêmio de risco que depende do formato da função de utilidade do indivíduo.

De certa forma, este é um resultado decepcionante, porque é muito mais simples calcular um valor esperado do que um equivalente de certeza. Felizmente, verifica-se que, em muitos casos, o valor esperado é o suficiente. Suponha que um novo tipo de veículo aéreo não tripulado ("drone") está sendo considerado e, como a tecnologia não é completamente compreendida, os analistas não têm certeza de seu eventual custo. O custo será de $ 15 ou $ 25 por família, cada um com probabilidade de ½. Embora no conjunto haja uma grande quantidade de dinheiro em jogo, na consideração por *família* as somas envolvidas são muito pequenas em comparação com o lucro. Nos termos da Figura 8A, os dois resultados estão muito próximos um do outro na curva OU. Como os pontos em OU ficam cada vez mais próximos um do outro, o valor esperado e o equivalente de certeza tornam-se praticamente idênticos, tudo o mais constante. Intuitivamente, as pessoas não precisam de um prêmio de risco para aceitar uma aposta que envolve apenas uma pequena quantidade de renda.

Assim, para projetos que difundem o risco sobre um grande número de pessoas, os valores esperados podem fornecer boas medidas de benefícios e custos incertos. Mas nos casos em que os riscos são grandes em relação à renda dos indivíduos, os equivalentes de certeza devem ser calculados.

PARTE III

DESPESAS PÚBLICAS: SEGURO SOCIAL E MANUTENÇÃO DE RENDA

Grande parte do orçamento do governo é dedicada a programas que oferecem vários tipos de seguro. Nesta parte do livro, usamos nossa estrutura da economia do bem-estar para estudar esses programas, que são referidos coletivamente como seguro social. O Capítulo 9 usa o exemplo específico da saúde para ilustrar como os mercados de seguros funcionam e por que eles podem falhar em gerar resultados eficientes e justos. O Capítulo 10 discute e avalia o papel que o governo desempenha nos mercados de seguros de saúde. O Capítulo 11 trata da Seguridade Social, um programa para os aposentados que fornece (entre outros) seguro contra a possibilidade de que as pessoas possam gastar suas poupanças antes de morrer.

Em certa medida, programas governamentais de redistribuição de renda também são uma forma de seguro – eles protegem as pessoas contra o risco de viver na miséria. O Capítulo 12 usa a teoria da economia do bem-estar para discutir a base conceitual para a redistribuição de renda, e o Capítulo 13 analisa os principais programas de combate à pobreza nos Estados Unidos.

9 O mercado de saúde

> *Que a sorte esteja sempre a seu favor.*
> — JOGOS VORAZES

▶ O QUE HÁ DE ESPECIAL NA SAÚDE?

Há anos, a saúde ocupa uma posição de destaque na agenda das políticas públicas. Isto se deve em parte à crença comum de que a saúde é única e que não se pode confiar apenas nos mercados privados para determinar os resultados de saúde. O atendimento de saúde, é claro, é diferente de produtos como *smartphones* e leitores de *e-books*, pois recebê-lo pode ser uma questão de vida ou morte. Por outro lado, alimentação e moradia também são cruciais para a sobrevivência, mas a nação não está debatendo se os mercados privados são uma boa maneira de fornecer essas *commodities*.

Outra razão pela qual a saúde recebe tanta atenção é que gastamos muito com ela, e os valores estão aumentando rapidamente ao longo do tempo. A Figura 9.1 mostra o rápido crescimento das despesas de saúde dos EUA em percentual do Produto Interno Bruto (PIB). As despesas com saúde eram de 5% do PIB em 1960 e, em 2010, estavam em cerca de 18% do PIB. Agora, gastamos um percentual maior de nosso PIB em saúde do que em alimentos, roupas ou moradia.

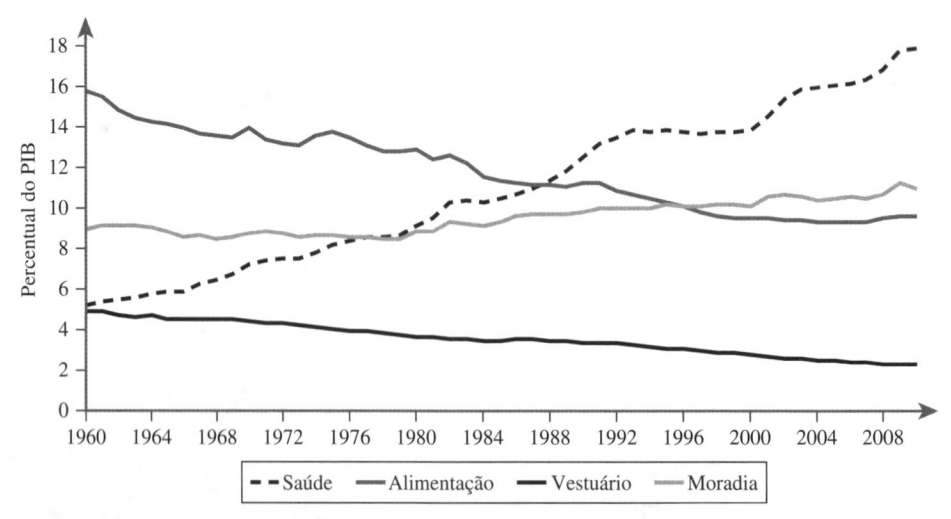

FIGURA 9.1 Despesas dos EUA em bens e serviços selecionados como percentual do Produto Interno Bruto (1960-2010)
As despesas de saúde dos EUA, como percentual do Produto Interno Bruto, aumentaram substancialmente desde 1960. Os Estados Unidos agora gastam um percentual maior de seu Produto Interno Bruto em saúde do que em comida, roupas ou moradia.

Fonte: Centros de Serviços Medicare e Medicaid, Dados Nacionais de Despesas em Saúde e Renda Nacional e Contas de Produto (www.bea.gov/national/nipaweb/index.asp).

Mas, por si só, o fato dos custos da saúde estarem aumentando drasticamente não significa necessariamente que haja um problema. Gastos com alimentos orgânicos e smartphones também vêm crescendo dramaticamente nos últimos anos, mas ninguém está muito preocupado com isso. Robert Fogel, ganhador do Prêmio Nobel, observa: "A crescente proporção da renda global gasta em despesas de saúde não é uma calamidade; é um sinal do notável progresso econômico e social de nossa época" [Fogel, 2004, p. 107].

Então, quais atributos exclusivos ao atendimento de saúde podem justificar o envolvimento do governo nesse mercado?

O papel do seguro

Uma obviedade é que a vida é cheia de incertezas. Embora as consequências da má sorte possam não ser tão graves quanto as que sofreram os jogadores nos ficcionais Jogos Vorazes, elas certamente podem ser desagradáveis. A finalidade do seguro é permitir que as pessoas evitem ou, pelo menos, reduzam o risco. Para entender os aspectos distintivos do mercado de atendimento de saúde, é preciso primeiro compreender o papel geral do seguro. Compreender a teoria do seguro nos ajudará a entender as questões relacionadas à saúde e a analisar os programas governamentais que protegem as pessoas contra uma série de eventos adversos. Esses programas, muitos dos quais serão discutidos nos próximos capítulos, são denominados coletivamente de **seguro social**.

programas de seguro social
Programas governamentais que oferecem seguro para proteção contra eventos adversos.

Basicamente, o seguro de saúde funciona assim: os compradores pagam um valor, chamado **prêmio de seguro**, para as seguradoras que, por sua vez, se comprometem a desembolsar determinado valor para o segurado caso ocorra um evento de saúde adverso, como uma doença. Permanecendo outros fatores inalterados, quanto maior o valor do seguro, maior a compensação que o comprador recebe em caso de doença.

prêmio de seguro
Valor pago a uma companhia de seguros em troca de uma compensação caso ocorra um evento adverso específico.

Para pensar sobre por que as pessoas estão dispostas a pagar por seguro, ajuda analisar um exemplo numérico específico. Considere Emily, cuja renda é de US$ 50.000 por ano. Suponha que há uma chance em 10 de ela ficar doente em determinado ano e que o custo da doença (em termos de contas médicas e tempo de ausência no trabalho) é de US$ 30.000, deixando-a, assim, com apenas US$ 20.000 em renda para aquele ano.

A fim de avaliar as opções de Emily, precisamos entender o conceito estatístico de **valor esperado**, que é a quantia que um indivíduo pode esperar receber "em média" ao enfrentar resultados incertos. O valor esperado é calculado tomando-se uma soma ponderada de cada um dos resultados incertos, sendo os pesos as probabilidades dos respectivos resultados. Algebricamente,

valor esperado
O valor médio de todos os possíveis resultados incertos, com cada resultado ponderado por sua probabilidade de ocorrência.

Valor esperado (VE) = (Probabilidade do resultado 1 $\times$ Pagamento no resultado 1)
  + (Probabilidade do resultado 2 $\times$ Pagamento no resultado 2)
(9.1)

Por exemplo, suponha que você receberá US$ 12 se uma carta de copas for tirada de um baralho e que você perderá US$ 4 se for tirada uma carta de espadas, ouros ou paus. A probabilidade de tirar uma carta de copas é ¼ e a probabilidade de tirar outro naipe é ¾. Portanto, o valor esperado para você desse evento incerto é computado como VE = (¼)(US$ 12) + (¾)(US$ −4) = US$ 0. Para esta situação de incerteza, o valor esperado é zero – em média, você nem ganha nem perde dinheiro.

Agora, voltemos ao problema com que se depara Emily. A Tabela 9.1 examina duas opções disponíveis para ela a cada ano. Na opção 1, ela não compra o seguro. Assim, ela continua ganhando US$ 50.000 e corre o risco de perder US$ 30.000 se a doença acontecer. Emily enfrenta dois resultados possíveis com a opção 1: ou ela não fica doente e sua renda é de US$ 50.000 (coluna A), ou ela fica doente e sua renda é de US$ 20.000 (coluna B). A probabilidade do primeiro resultado é 9 em 10 e a probabilidade do segundo resultado é 1

TABELA 9.1 Por que comprar seguro?

Opções de seguro	Renda	Probabilidade de se manter saudável	Probabilidade de ficar doente	Perda de renda se ela ficar doente	(A) Renda se ela ficar saudável	(B) Renda se ela ficar doente	(C) Valor Esperado
Opção 1: sem seguro	US$ 50.000	9 em 10	1 em 10	US$ 30.000	US$ 50.000	US$ 20.000	US$ 47.000
Opção 2: seguro completo	US$ 50.000	9 em 10	1 em 10	US$ 30.000	US$ 47.000	US$ 47.000	US$ 47.000

Comprar uma apólice de seguro total com o prêmio atuarialmente justo resulta no mesmo valor esperado para Emily que não comprar qualquer seguro. No entanto, se ela for avessa ao risco, ter a apólice de seguros será melhor para ela.

em 10. Usando a Equação (9.1), calculamos na coluna C o valor esperado (também conhecido como renda esperada) desta opção da seguinte maneira:

$$VE \text{ (opção 1)} = (9/10)(\text{US\$ } 50.000) + (1/10)(\text{US\$ } 20.000) = \text{US\$ } 47.000 \quad (9.2)$$

Agora, considere a opção 2. Em vez de aceitar o risco de ter apenas US$ 20.000 se ficar doente, Emily pode pagar a uma seguradora um prêmio anual que irá cobrir suas despesas em caso de doença. Quanto custaria essa apólice de seguro? Um **prêmio de seguro atuarialmente justo** cobra apenas o suficiente para cobrir a compensação prevista para as despesas. Em outras palavras, um prêmio de seguro atuarialmente justo cobra o valor esperado da perda de modo que, em média, a companhia de seguros não perca nem ganhe dinheiro (a companhia de seguros precisa cobrar acima do prêmio de seguro atuarialmente justo para cobrir eventuais despesas gerais, mas, para simplificar, por ora vamos supor que não haja tais custos). Uma vez que existe 9 chances em 10 de não haver perda na renda

prêmio de seguro atuarialmente justo

Prêmio de seguro para determinado período de tempo definido como igual ao pagamento esperado para o mesmo período.

"Para alguém de sua idade, o prêmio anual de uma apólice de US$ 5.000 é de US$ 8.000." © Mike Baldwin. Reproduzido com a permissão de www.CartoonStock.com.

e 1 chance em 10 de haver um prejuízo de US$ 30.000, o valor esperado da perda é ($9/10$) (US$ 0) + ($1/10$) (US$ 30.000) = US$ 3.000. Assim, o prêmio de seguro atuarialmente justo é de US$ 3.000 a cada ano. Pense nisso do ponto de vista da seguradora. Ao cobrar US$ 3.000 a cada uma de 10 pessoas com 1 chance em 10 de perder US$ 30.000, a seguradora pode esperar receber US$ 30.000 por ano, que é suficiente para cobrir os pagamentos esperados da seguradora para o ano. Como ilustra o desenho da página 174, quando o risco de eventos adversos aumenta, o mesmo acontece com o prêmio que a empresa tem de cobrar para atingir o ponto de equilíbrio.

Na opção 2, Emily paga o prêmio anual de US$ 3.000 quer esteja doente, quer não. Se ela fica saudável (coluna A), sua renda é, portanto, US$ 47.000. Se ela fica doente (coluna B), ainda paga o prêmio de US$ 3.000, mas os US$ 30.000 em renda perdida em função da doença são totalmente compensados por sua seguradora. Portanto, sua renda ainda é US$ 47.000. Em suma, com a opção 2, Emily recebe 47.000 dólares independentemente de estar doente ou saudável.

Considerando que tanto a opção 1 quanto a opção 2 fornecem a mesma renda esperada, pode-se supor que Emily ficaria indiferente entre elas. No entanto, tal raciocínio ignora o fato de que a opção 2 dá a Emily US$ 47.000 com *certeza* (estando ela doente ou não), ao passo que a opção 1 lhe dá US$ 47.000 *em média*. Podemos demonstrar que, em geral, Emily prefere a opção 2, que fornece a mesma renda esperada, porém com certeza.[1]

Para entender por que, lembre-se que um pressuposto padrão da teoria econômica é que as pessoas preferem mais renda a menos, mas que cada unidade adicional de renda gera ganhos cada vez menores em utilidade. Tal "utilidade marginal decrescente" significa que a dor de perder mais um dólar é maior que o prazer de ganhar mais um dólar.

O problema de Emily é ilustrado pela Figura 9.2, que mostra sua utilidade medida no eixo vertical e sua renda no eixo horizontal. Essa função, que é denominada U, tem uma

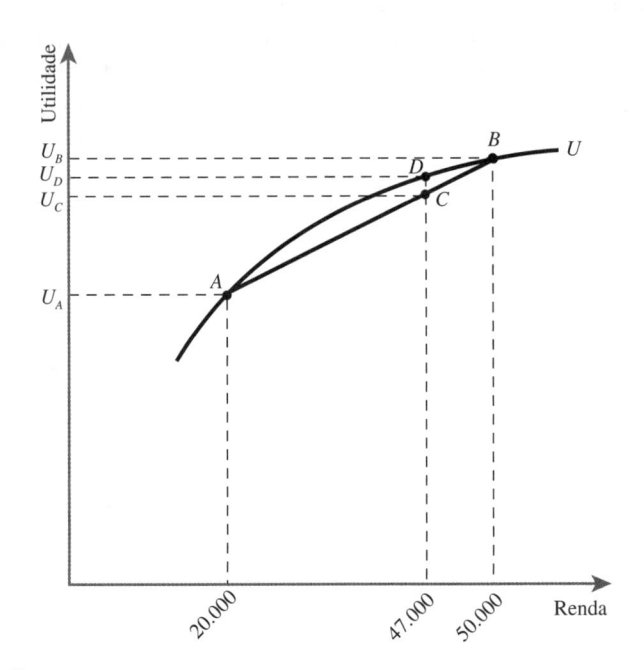

FIGURA 9.2 Por que as pessoas compram seguro.
A renda esperada de Emily é a mesma, independentemente de ela comprar seguro total com o prêmio atuarialmente justo (*D*) ou não comprar seguro (*C*). No entanto, como ela tem utilidade marginal de renda decrescente, ela fica em melhor situação com a opção de seguro total.

---

[1] Também discutimos o valor da certeza no apêndice do Capítulo 8.

utilidade esperada

Utilidade média de todos os possíveis resultados incertos, calculada ponderando a utilidade para cada resultado por sua probabilidade de ocorrência.

suavização de risco

Tomar medidas para obter determinado nível de consumo caso ocorra um evento adverso.

aversão ao risco

Preferência por pagar mais do que o prêmio atuarialmente justo para garantir a compensação em caso de um evento adverso.

curvatura côncava, refletindo o pressuposto da utilidade marginal decrescente. Se ela está doente neste ano, então ela está no ponto A, com utilidade U_A. Se ela fica saudável neste ano, então ela está no ponto B, com utilidade U_B. Um ponto de vista plausível de como uma pessoa se comporta quando confrontada com esse risco é que ela usa a estratégia que maximiza sua utilidade em média, ou sua **utilidade esperada**. Para calcular a utilidade esperada, usamos a mesma lógica por trás da fórmula do valor esperado e ponderamos o nível de utilidade associado a cada resultado pela probabilidade de que o resultado ocorra. Assim,

Utilidade esperada (UE) para Emily = $(^9/_{10})U(\text{US\$ }50.000) + (^1/_{10})U(\text{US\$ }20.000)$ (9.3)

em que $U(\text{US\$ }50.000)$ é a utilidade de US\$ 50.000 e $U(\text{US\$ }20.000)$ é definida de forma análoga.

Esquematicamente, a Equação (9.3) é equivalente a subir 90% de U_A para U_B no eixo vertical e 90% de US\$ 20.000 para US\$ 50.000 no eixo horizontal, o que corresponde ao ponto C localizado na linha que une os pontos A e B na Figura 9.2. Portanto, se Emily escolhe a opção 1 e não compra o seguro, ela está no ponto C, com utilidade U_C. No entanto, se Emily compra o seguro para garantir que receberá US\$ 47.000, então ela está no ponto D, com utilidade U_D, que é maior do que a utilidade que ela recebe sem seguro. Embora ambas as opções resultem no mesmo valor esperado, a opção com certeza gera maior utilidade esperada. Assim, como as pessoas têm utilidade marginal decrescente, elas têm preferência pela **suavização de riscos**, o que implica redução de renda nos anos de altos rendimentos a fim de proteger-se contra grandes quedas em consumo nos anos de baixos rendimentos.

Esse exemplo ilustra um resultado fundamental: sob a hipótese padrão de utilidade marginal decrescente da renda, quando se oferece a um indivíduo seguro atuarialmente justo, este obtém seguro total contra a possível perda de renda por doença.[2]

E se a companhia de seguros não oferece um prêmio atuarialmente justo? Consideremos novamente o exemplo da Figura 9.2, na qual foi demonstrado que o prêmio atuarialmente justo é de US\$ 3.000. Suponha que, em vez desse valor, a companhia de seguros cubra mais do que isso para cobrir a mesma perda, digamos, US\$ 4.000 por ano em prêmios? Será que Emily irá parar de comprar seguro? Não necessariamente.

A Figura 9.3 mostra que a resposta depende da forma de sua função de utilidade. Se ela tem a função de utilidade mostrada no painel A, prefere não comprar este seguro. Para entender o motivo, lembre-se que, se não comprar o seguro, sua renda esperada será de US\$ 47.000 (ponto C). Observe que ela é indiferente entre o ponto C e o ponto E neste diagrama, pois ambos resultam na mesma utilidade esperada. O ponto E corresponde a ela receber US\$ 46.500 com certeza; ou seja, ele é alcançado se ela adquirir um seguro total contra o risco com um prêmio de US\$ 3.500. Portanto, ela está disposta a pagar até US\$ 3.500 pelo seguro em vez de ficar sem seguro. Se a seguradora cobrar US\$ 4.000, ela não comprará o plano.

Se Emily tem a função de utilidade mostrada no Painel B, ela estará disposta a pagar até US\$ 10.000 pelo plano de seguro (o que a coloca no ponto E'). Como a seguradora cobra apenas US\$ 4.000, ela compra a cobertura e atinge maior utilidade esperada do que se ficasse sem seguro.

A diferença entre os painéis A e B é que a função de utilidade no Painel B tem maior curvatura. Isso demonstra um resultado geral: a demanda por seguros depende da curvatura da função de utilidade, também conhecida como nível de **aversão ao risco**. Uma pessoa relativamente mais avessa ao risco (por exemplo, a função de utilidade no Painel B em vez daquela no painel A) está disposta a pagar um valor maior acima do prêmio atuarialmente

---

[2] Um pressuposto importante é que a função de utilidade subjacente não muda quando o indivíduo está doente. Se a doença aumenta a utilidade marginal da renda, então mais do que a substituição total da renda é o ideal. Se ficar doente diminui a utilidade marginal da renda, então menos do que a substituição total da renda é ideal (Viscusi, 1992).

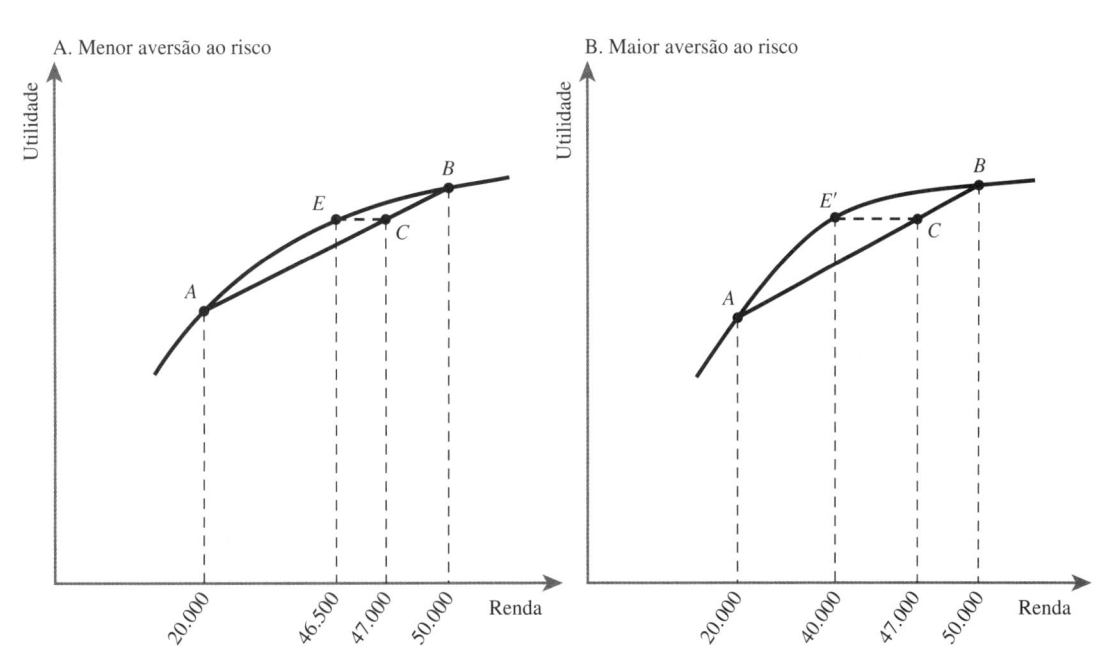

FIGURA 9.3 As pessoas compram seguro com taxas de carregamento?
Mesmo que o seguro total seja atuarialmente injusto, as pessoas estarão dispostas a comprá-lo se forem suficientemente avessas ao risco. No Painel A, um indivíduo só está disposto a pagar até US$ 3.500 pelo seguro total, enquanto no Painel B ele está disposto a pagar até US$ 10.000 pelo seguro total.

justo. Essa diferença é chamada de **prêmio de risco**. Intuitivamente, isso faz perfeito sentido: quanto maior a curvatura, mais rápida é a utilidade marginal decrescente da renda. Ou seja, uma maior aversão ao risco significa maior perda relativa da utilidade de perder renda, e, portanto, maior disposição de pagar pelo seguro contra a perda.

O fato das companhias de seguros poderem cobrar prêmios mais elevados do que a taxa atuarialmente justa sugere que as pessoas são, de fato, avessas ao risco. Mesmo em um mercado competitivo, companhias de seguros cobram valores mais altos que os prêmios atuarialmente justos para permitir a cobertura de itens como custos administrativos e impostos. A diferença entre o prêmio cobrado por uma seguradora e o prêmio atuarialmente justo é chamada de **taxa de carregamento**. Uma maneira simples de medir a taxa de carregamento é a razão dos prêmios de seguro do mercado divididos pelos benefícios pagos. Atualmente, a razão média de carregamento para companhias de seguros privadas é de cerca de 1,20 (Phelps, 2010).

prêmio de risco

Valor acima do prêmio atuarialmente justo que uma pessoa avessa ao risco está disposta a pagar para garantir a compensação caso ocorra um evento adverso.

taxa de carregamento

Diferença entre o prêmio cobrado por uma seguradora e o nível de prêmio atuarialmente justo.

Papel da mutualização dos riscos

O exemplo anterior nos leva a considerar o papel muito importante que as companhias de seguros desempenham na agregação de pessoas que enfrentam riscos. Para começar, considere a situação muito pouco realista em que a companhia de seguros venda seguro somente para Emily e mais ninguém. Ao comprar uma apólice dessa empresa, Emily pode eliminar os riscos financeiros associados com a doença. Porém, agora a seguradora fica com todo o risco. Do ponto de vista social, o risco não foi reduzido; ele foi simplesmente transferido do indivíduo para a companhia de seguros.

Agora, suponha que a empresa tenha dez clientes em vez de um. Se ela cobra um prêmio atuarialmente justo de cada um deles, e cada um enfrenta uma chance em dez de ficar doente, então os prêmios seriam suficientes para cobrir as despesas caso uma das dez pessoas ficasse doente. Ninguém sabe exatamente quem vai ficar doente, mas a companhia de seguros tem uma boa ideia de quais serão seus pagamentos. O risco foi substancialmente reduzido. Ainda assim, é possível que duas pessoas fiquem doentes, deixando a seguradora com o risco de ficar com uma falta de fundos de 50%. Agora, suponha que a companhia de seguros cubra 100.000 pessoas em vez de apenas 10. Para entender as consequências de tal aumento no número de segurados, pense em uma roleta em que a probabilidade de parar no preto em vez do vermelho é ½. Você pode ter sorte e parar no preto duas ou três vezes seguidas, mas, com o aumento do número de giros, a proporção das vezes em que a roleta irá parar no preto irá convergir para 50%. O mesmo vale para a companhia de seguros: quanto mais pessoas em seu *pool* de seguros, mais previsíveis seus gastos. Essa maior previsibilidade permite que a seguradora cobre um prêmio que, com alguma garantia, irá cobrir seus custos e, assim, diminuir o risco que enfrenta. Com efeito, portanto, por meio do *compartilhamento* do risco entre indivíduos, a seguradora reduz o risco do ponto de vista social.[3]

Seleção adversa no mercado de seguro de saúde

Tendo em mente os fundamentos do mercado de seguros de saúde, estamos prontos para voltar à pergunta-chave: o que o torna especial? Afinal, uma vez que há incentivo para fornecer seguro de saúde (em um mercado competitivo as taxas de carregamento permitem que as seguradoras obtenham um lucro normal), por que é necessária a intervenção do governo?

Um possível problema decorre de uma falha de mercado com a qual nos deparamos pela primeira vez no capítulo 3: **informações assimétricas**. Existem informações assimétricas quando uma das partes em uma transação tem informações que não estão disponíveis para outra parte da transação. As informações assimétricas podem ser especialmente problemáticas no mercado de seguros de saúde. Para ilustrar, voltemos a nosso exemplo anterior, no qual demonstramos que uma apólice de seguro no valor de US$ 3.000 forneceria seguro total para Emily.

Agora, suponhamos que há nove outras pessoas além de Emily, cada uma das quais também enfrentando o risco de perder US$ 30.000 devido à doença. No entanto, enquanto algumas delas enfrentam uma chance em 10 de ter doenças como Emily, outras enfrentam risco de 1 em 5. Além disso, suponha que apenas cada indivíduo sabe se tem alto ou baixo risco de ficar doente (o indivíduo tem informações que a companhia de seguros não tem sobre o histórico médico da família, hábitos de saúde, estresse no trabalho, etc). Examinamos essa situação na Tabela 9.2, que assume que metade das dez pessoas enfrentam risco de 1 em 5. Como mostrado na coluna C da tabela, as pessoas de alto risco têm uma perda de renda esperada de US$ 6.000, e as pessoas de baixo risco têm uma perda de renda esperada de US$ 3.000. Se a companhia de seguros soubesse quem eram os indivíduos de alto risco, ela poderia cobrar deles um prêmio mais alto e cobrir seus custos (coluna D). O problema é que ela não sabe – os indivíduos neste exemplo têm mais informações sobre seu estado de saúde do que a seguradora. Por isso, a seguradora não tem escolha a não ser cobrar o mesmo prêmio de todos. Se a seguradora cobra um prêmio de US$ 3.000 (coluna E), é um grande negócio para compradores com 1 chance em 5 de ficar doente, pois sua remuneração esperada é de US$ 6.000 e eles só pagam um prêmio de US$ 3.000. No entanto, a seguradora poderia esperar *perdas* líquidas anuais de US$ 15.000, uma vez que não receberia o suficiente em prêmios para cobrir os pagamentos esperados. Uma companhia de seguros com perdas anuais esperadas não permaneceria no mercado por muito tempo.

informações assimétricas
Situação em que uma parte envolvida em uma transação econômica tem melhores informações sobre o bem ou serviço negociado que a outra parte.

---

[3] Embora um *pool* de seguros maior ajude a eliminar o risco, ele só funciona se o risco for independente entre as pessoas seguradas. Por exemplo, o risco de um terremoto não é independente entre os habitantes do norte da Califórnia. Se uma casa na área é destruída, outras casas na área provavelmente serão destruídas também, e a companhia de seguros não terá dinheiro suficiente para compensar todos. Com a importante exceção de doenças contagiosas, esse não costuma ser o caso com o seguro de saúde.

TABELA 9.2 Como as informações assimétricas podem causar falhas no mercado de seguros

Comprador de seguro	Probabilidade de ficar doente	(A) Perda de renda se ficar doente	(B) Perda de renda esperada	(C) Benefício esperado menos prêmio (prêmios diferenciados)	(D) Benefício esperado menos prêmio (prêmio = US$ 3.000)	(E) Benefício esperado menos prêmio (prêmio = US$ 4.500)
Emily	1 em 5 (alto risco)	US$ 30.000	US$ 6.000	US$ 0	US$ 3.000	US$ 1.500
Jacob	1 em 5 (alto risco)	30.000	6.000	0	3.000	1.500
Emma	1 em 5 (alto risco)	30.000	6.000	0	3.000	1.500
Michael	1 em 5 (alto risco)	30.000	6.000	0	3.000	1.500
Madison	1 em 5 (alto risco)	30.000	6.000	0	3.000	1.500
Joshua	1 em 10 (baixo risco)	30.000	3.000	0	0	−1.500
Olívia	1 em 10 (baixo risco)	30.000	3.000	0	0	−1.500
Mathew	1 em 10 (baixo risco)	30.000	3.000	0	0	−1.500
Hannah	1 em 10 (baixo risco)	30.000	3.000	0	0	−1.500
Ethan	1 em 10 (baixo risco)	30.000	3.000	0	0	−1.500
Lucro líquido da seguradora				0	−15.000	0

Se a companhia de seguros soubesse quais pessoas eram de alto risco e quais eram de baixo risco, ela poderia cobrar o prêmio atuarialmente justo para todos e atingir o ponto de equilíbrio (coluna D). No entanto, se não puder distinguir as pessoas de alto risco das de baixo risco, um prêmio uniforme de US$ 3.000 levará a perdas para a empresa (coluna E). Cobrar um prêmio uniforme igual ao prêmio atuarialmente justo médio dos dois grupos permite à empresa cobrir os custos (coluna F), mas dá às pessoas de baixo risco um incentivo para sair do *pool* de seguro, e a seguradora acaba perdendo dinheiro.

Na presença dessas perdas, a seguradora pode decidir cobrar de cada uma das dez pessoas um prêmio de US$ 4.500, que é a perda de renda média esperada para todas as dez pessoas (coluna F). Essas dez pessoas pagariam um total de US$ 45.000 em prêmios, e o pagamento esperado também seria de US$ 45.000. Assim, a seguradora poderia manter seus negócios (ignorando, para simplificar, as taxas de carregamento).

Mas também há um problema neste caso. Com um prêmio de US$ 4.500, o plano de seguro continua a ser um bom negócio para as pessoas de alto risco. Cada uma delas pode esperar receber US$ 6.000 em compensação de cuidados de saúde, embora pague somente US$ 4.500 em prêmios. No entanto, o prêmio de US$ 4.500 é um negócio pior para as pessoas de baixo risco. Sua compensação de saúde esperada é de US$ 3.000, mas elas devem pagar US$ 4.500 em prêmios. Consequentemente, as pessoas de alto risco são atraídas para este plano de seguro, enquanto as pessoas saudáveis podem não adquiri-lo. Em suma, devido à assimetria de informações, a seguradora atrai clientes que são, de seu ponto de vista, exatamente as pessoas erradas. Este fenômeno é conhecido como **seleção adversa**. De modo geral, a seleção adversa ocorre quando uma seguradora define um prêmio com base no risco médio de uma população, mas as pessoas de baixo risco tendem a não comprar a apólice de seguro, levando a seguradora a perder dinheiro.

Mas não é só isso. Se as cinco pessoas saudáveis decidirem não comprar o seguro, o prêmio de US$ 4.500 não será mais suficiente para que a companhia de seguros recupere seus pagamentos esperados para as outras cinco pessoas. A companhia de seguros deve aumentar seu prêmio. Se o risco de doença fosse diferente entre os clientes restantes, a empresa voltaria a ter expectativa de perder as pessoas de risco relativamente baixo. Em suma, se uma companhia de seguros tem menos informações sobre os riscos de saúde enfrentados por seus clientes do que os próprios clientes, qualquer prêmio definido para cobrir o nível de risco médio pode induzir as pessoas de menor risco a sair do mercado. As pessoas que poderiam se beneficiar do seguro a uma taxa atuarialmente justa ficam sem seguro e, de fato, o mercado pode deixar totalmente de funcionar conforme mais e mais participantes optem por deixar de adquirir seguro conforme aumenta o prêmio. Este fenômeno é às vezes descrito pelo pitoresco termo "espiral da morte".

seleção adversa

Fenômeno em que o lado desinformado de um negócio recebe exatamente as pessoas erradas para negociar com ele (isto é, recebe uma seleção adversa das partes informadas).

Demonstramos que as informações assimétricas *podem* acabar com um mercado, mas não que isso *ocorrerá* necessariamente. Lembre-se de nossa discussão da Figura 9.3 que, quanto mais avessa ao risco é uma pessoa, maior a probabilidade que essa pessoa compre uma apólice de seguro que não é atuarialmente justa. Se uma companhia de seguros cobrasse um prêmio uniforme atuarialmente justo das pessoas de alto risco, isso seria um mau negócio para as pessoas de baixo risco. No entanto, dado que a maioria das pessoas são avessas ao risco, as pessoas de baixo risco ainda podem querer comprar a cobertura de seguro. Nesse caso, o mercado de seguros não entraria em colapso, embora pudesse fornecer pouca cobertura para algumas pessoas de baixo risco. Em última análise, é uma questão empírica se a assimetria de informações está presente em determinado mercado e, em caso afirmativo, se ela realmente leva a falha de mercado.

Até o momento, nossa discussão sobre a seleção adversa baseou-se na suposição padrão de que, com determinado prêmio, a compra de seguro é mais atraente para as pessoas de maior risco. Lembre-se, no entanto, que a compra de seguros é particularmente atraente para as pessoas que são relativamente avessas a riscos. Agora, suponha que essas pessoas têm custos de saúde esperados mais baixos, porque tendem a evitar comportamentos de risco, como o tabagismo. Neste caso, com determinado prêmio, os indivíduos com aversão ao risco, de baixo custo, terão maior probabilidade de adquirir seguro. Este fenômeno, denominado seleção vantajosa, neutraliza a seleção adversa, que leva as pessoas de maior risco, de alto custo, a ter maior probabilidade de adquirir seguro. Trabalhos empíricos recentes encontraram evidências em mercados de seguros de que as pessoas de fato diferem em sua disposição para assumir riscos desta forma, de modo que a seleção adversa pode ser um problema menos grave do que poderíamos temer (Einav e Finkelstein, 2011).

EVIDÊNCIA EMPÍRICA

Uma espiral da morte em Harvard?

Na presença de seleção adversa, pessoas relativamente saudáveis podem não adquirir cobertura de seguro se o prêmio for definido com base no risco médio para a saúde da comunidade. Isso levaria a prêmios mais elevados e à não adesão das pessoas saudáveis. Tal "espiral da morte" poderia levar a um colapso do mercado. Mas isso é importante como um fenômeno do mundo real?

Cutler e Reber (1998) analisaram uma mudança na cobertura do seguro de saúde da Universidade de Harvard para seus funcionários. Antes da mudança, os funcionários de Harvard podiam se inscrever em um plano de seguro mais generoso por um prêmio apenas um pouco maior do que o de se inscrever em um plano menos generoso. Assim, Harvard fornecia um grande subsídio para o plano de seguro generoso. Motivada por problemas de orçamento, em 1995, Harvard mudou para um sistema em que a universidade contribuiria com o mesmo valor para cada plano de seguro, independentemente da escolha do funcionário. Cada funcionário receberia uma quantia que poderia, então, ser utilizada para qualquer uma das opções de seguro. Como consequência, uma pessoa no plano generoso tinha de pagar cerca de 700 dólares a mais por ano do que alguém no plano menos generoso.

Assim, de repente, os funcionários de Harvard tinham de pagar mais se quisessem o plano de seguro mais generoso. Como esperado a partir da teoria econômica padrão, muitas pessoas deixaram o plano generoso para se inscrever em um plano menos generoso. Entretanto, as pessoas que mudaram de plano não eram um subgrupo aleatório dos inscritos originais. Especificamente, aqueles que deixaram o plano generoso eram mais jovens (e, presumivelmente, mais saudáveis) do que aqueles que decidiram ficar. Isso indica uma classificação por estado de saúde, como previsto pela teoria da seleção adversa. Certamente, o prêmio para o plano generoso aumentou

(continua)

> substancialmente (dobrou!) um ano mais tarde, a fim de cobrir os custos mais altos de fornecer seguro para uma população mais velha (e, presumivelmente, menos saudável). Isso novamente levou as pessoas relativamente mais jovens a deixar o plano generoso. Em vez de aumentar ainda mais os prêmios, o plano foi extinto no ano seguinte. Então, dois anos após a mudança, a seleção adversa eliminou o plano de saúde generoso.

A seleção adversa justifica a intervenção governamental? Tendo em conta que a seleção adversa pode levar à prestação de seguro ineficiente, uma pergunta natural é se existe alguma maneira de eliminar a assimetria de informações que criou o problema. Se o mercado privado puder fazer isso, a intervenção do governo não será necessária. Seguradoras do mercado privado podem, de fato, tomar medidas para reduzir a assimetria de informações. Pesquisas indicam que, em alguns mercados de seguros, as seguradoras obtêm informações suficientes sobre seus clientes para evitar o problema da seleção adversa.[4]

No âmbito dos seguros de saúde, as companhias de seguros podem selecionar seus clientes e cobrar prêmios diferentes dos clientes com base em seus perfis de risco, uma prática conhecida como **coeficiente de experiência**. De fato, vemos seguradoras que negam cobertura (ou oferecem apenas cobertura limitada) ou que, no momento da aquisição da apólice, cobram prêmios mais altos das pessoas que estão mal de saúde ou que têm histórico de saúde ruim. Conforme as seguradoras obtêm mais informações sobre o risco para a saúde de seus clientes, os efeitos nocivos da seleção adversa diminuem.

Porém, melhorar a eficiência no mercado de seguros por meio da obtenção de melhores dados gera sérias questões de equidade. Um mundo sem informações assimétricas pode ser preocupante, pois aqueles que são geneticamente propensos a uma doença teriam de pagar muito mais pelo seguro, ou mesmo ser excluídos do mercado por preços muito elevados. Este é um problema cada vez mais comum, uma vez que os cientistas estão fazendo progressos no sentido de identificar marcadores genéticos para a propensão à longevidade.

O governo pode resolver este problema de equidade oferecendo cobertura de seguro de saúde para toda a população dos Estados Unidos (ou talvez a uma subpopulação), tornando a participação obrigatória e fixando uma taxa uniforme para os prêmios. A cobertura fornecida pelo empregador também pode fazer isso, especialmente no caso de grandes empregadores que agregam muitas pessoas com riscos diferentes em um plano de seguro. Cobrar prêmios uniformes de uma comunidade composta por indivíduos com diferentes riscos de saúde é chamado de *community rating*. O *community rating* é ineficiente porque algumas pessoas pagam mais pelo seguro do que vale para elas, enquanto outras preferem pagar mais caro para comprar mais seguro. No entanto, o *community rating* eliminaria as desigualdades associadas com a classificação por risco de saúde. A questão é se os ganhos de equidade superam as perdas de eficiência.

Os defensores do coeficiente de experiência argumentam que o *community rating* não é tão justo, pois não recompensa as pessoas que têm estilos de vida saudáveis. Além disso, algumas pesquisas indicam que, em qualquer caso, o coeficiente de experiência não tem qualquer importância prática nos mercados de atendimento de saúde privado do mundo real. Um estudo provocativo de Pauly e Herring (1999) questiona se as companhias de seguros privadas realmente têm sucesso em suas tentativas de cobrar prêmios diferentes para diferentes categorias de risco. Eles descobriram que os prêmios para a cobertura de seguro individual não aumentam proporcionalmente com as despesas médicas previstas. De fato,

coeficiente de experiência
Prática de cobrar diferentes prêmios de seguros com base no risco existente dos compradores de seguros.

community rating (avaliação da comunidade)
Prática de cobrar prêmios de seguro uniformes de pessoas em diferentes categorias de risco dentro de uma comunidade, tendo como resultado o fato de que as pessoas de baixo risco subsidiam as pessoas de alto risco.

---

[4] Chiappori e Salanie (2000) não encontram evidências de seleção adversa no mercado francês de seguros de automóvel. Cawley e Philipson (1999) também não encontram evidências no mercado de seguros de vida e Cardon e Hendel (2002), no mercado de seguros de saúde.

os indivíduos com o dobro dos custos de saúde esperados de outros clientes pagam prêmios apenas cerca de 20% a 40% mais altos. Pauly e Herring propõem que os compradores de seguros individuais procuram as tarifas mais baixas, frequentemente optando por apólices renováveis de longo prazo. Por ambas as razões, os prêmios não precisam subir em proporção com o risco de saúde.

No entanto, percebemos que um possível papel do governo é encontrar equilíbrio entre a redução das ineficiências causadas pela seleção adversa e abordar as preocupações de equidade que surgem quando pessoas com diferentes riscos para a saúde pagam diferentes prêmios.

Seguros e risco moral

A seleção adversa surge porque as seguradoras têm menos informações do que o segurado sobre os riscos à saúde deste último. Um tipo diferente de assimetria de informações surge porque ter seguro pode mudar o comportamento de formas que não são precisamente as conhecidas pela seguradora.

Considere novamente o caso simples em que todo mundo enfrenta risco idêntico de ficar doente a cada ano. Há, portanto, um mercado de seguro de saúde em bom funcionamento em que cada pessoa paga um prêmio atuarialmente justo (mais uma vez, ignorando as taxas de carregamento). As pessoas se engajam na suavização de riscos a fim de aumentar ao máximo a utilidade esperada. O benefício da suavização do risco, porém, pode ter um custo de eficiência. Como o custo da doença será totalmente compensado, o segurado poderá ser mais propenso a se envolver em comportamentos de risco, como comer muitos alimentos não saudáveis, não se exercitar muito e fumar. O incentivo para aumentar os comportamentos de risco porque os resultados adversos desse comportamento são cobertos por seguro é conhecido como **risco moral**. Por exemplo, uma pessoa com uma apólice de seguro que oferece compensação por qualquer bem roubado de sua casa pode ter menor probabilidade de trancar suas portas. Esse problema surge por causa da assimetria de informações: a seguradora cobra por cobertura com base em um nível presumido de comportamento de risco do segurado, mas não pode saber em quanto o segurado irá aumentar os comportamentos de risco após a aquisição do seguro. A existência de risco moral introduz uma tensão fundamental no desenho das apólices de seguros: quanto mais um plano de seguro suaviza o risco, cobrindo custos de saúde, mais ele leva ao uso excessivo e ineficiente do atendimento de saúde em função de um aumento no comportamento de risco.

Outra questão relacionada com a eficiência surge porque a apólice paga uma parte ou a totalidade do custo incremental do atendimento de saúde. Isso aumenta o incentivo para que o segurado procure mais serviços de saúde (como exames de ressonância magnética). Para explorar as consequências dessa observação, primeiro precisamos discorrer sobre a estrutura básica dos planos de saúde. Os planos de seguro exigem que as pessoas paguem um prêmio (geralmente mensal), a fim de receber garantia de compensação caso determinado evento adverso ocorra. A maioria das apólices de seguro também exige que as pessoas paguem algumas de suas despesas de saúde de seus próprios bolsos. A **franquia** da apólice é o valor dos custos de cuidados de saúde que o indivíduo deve pagar anualmente, antes que a companhia de seguros comece a pagar uma compensação. Por exemplo, uma franquia de US$ 1.000 significa que o segurado deve pagar os primeiros US$ 1.000 em despesas de saúde a cada ano antes de receber qualquer quantia da companhia de seguros.

Além da franquia, no entanto, o segurado geralmente paga uma parcela de suas contas médicas. Esse valor pago pelo segurado pode assumir duas formas. A primeira forma, chamada de **copagamento**, é um valor fixo pago por um serviço médico. Por exemplo, uma companhia de seguros pode exigir um co-pagamento de US$ 20 para cada visita ao clínico

---

risco moral
Quando a obtenção de seguro contra um resultado adverso leva a mudanças de comportamento que aumentam a probabilidade do resultado.

franquia
Valor fixo das despesas que devem ser realizadas dentro de um ano antes que o segurado tenha direito a receber os benefícios do seguro.

Copagamento
Valor fixo pago pelo segurado por um serviço médico.

geral. A segunda forma, chamada de taxa de **cosseguro**, é um percentual da conta médica pago pelo segurado. Por exemplo, com uma taxa de co-seguro de 20%, o segurado teria de pagar US$ 40 de uma conta de US$ 200 (acima da franquia).

Cosseguro

Percentual do custo de um serviço médico que o segurado deve pagar.

Podemos agora analisar o problema do consumo excessivo dos serviços de saúde através de um diagrama convencional de oferta e demanda. Na Figura 9.4, a curva de demanda do mercado por serviços médicos é denominada D_m. Para simplificar, suponha que o custo marginal de produção dos serviços médicos seja uma constante, P_0. Assim, a curva de oferta, S_m, é uma linha horizontal em P_0. Como de costume, o equilíbrio está na interseção entre oferta e demanda; o preço e a quantidade são P_0 e M_0, respectivamente. O total de despesas com serviços médicos é o produto do preço por unidade vezes o número de unidades, que é OP_0 vezes OM_0, ou o retângulo P_0OM_0a (a área sombreada no diagrama).

Como a introdução do seguro afeta o mercado? Para manter as coisas simples, suponha que a apólice não tem franquia, mas tem uma taxa de co-seguro de 20%. Ou seja, os pacientes segurados por esta apólice devem pagar apenas 20% do custo de todos os serviços médicos que recebem no ano. É claro, essas pessoas tiveram de pagar o prêmio do seguro para obter a cobertura. No entanto, depois de pagar essa taxa definida, só precisam arcar com o custo marginal de 20% do preço dos serviços médicos.

A chave para analisar o impacto do seguro é perceber que uma taxa de cosseguro de 20% é equivalente a uma redução de 80% no preço para o paciente. Se o custo incremental para o hospital por uma diária é de US$ 800, então, o paciente paga apenas US$ 160. Na Figura 9.4, o paciente já não paga o preço P_0, mas apenas 0,2 vezes P_0. Dado esse preço mais baixo, a quantidade demandada aumenta para M_1, e o paciente gasta a área $OjhM_1$ em serviços médicos.

No novo equilíbrio, embora o paciente esteja pagando $0,2P_0$ por unidade, o custo marginal de fornecimento dos serviços de saúde ainda é P_0; a diferença ($0,8 \times P_0$) é paga pela companhia de seguros. Assim, as despesas totais são $OP_0 \times OM_1$, ou o retângulo P_0OM_1b, com a companhia de seguros pagando P_0bhj. Assim, por causa do seguro, as des-

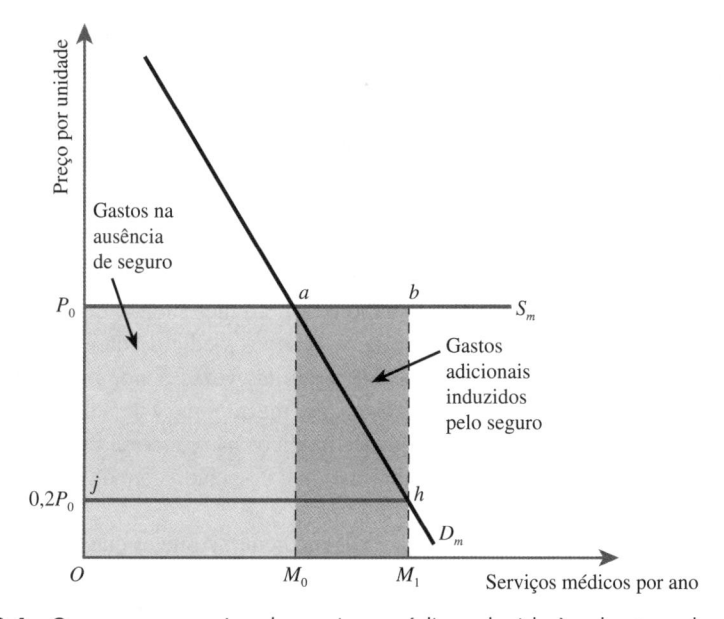

FIGURA 9.4 Consumo excessivo de serviços médicos devido à cobertura de seguro. Uma apólice de seguro com uma taxa de co-seguro de 20% leva a um aumento na quantidade demandada de serviços médicos. O total de despesas com esta apólice de seguro é P_0OM_1b, o que representa um aumento de aM_0M_1b. No novo equilíbrio, o indivíduo consome serviços médicos além do ponto em que o benefício marginal é igual ao custo marginal social, o que é ineficiente.

"Primeiro, faremos uma série de testes. Com um plano médico bom como o seu, certamente encontraremos alguma coisa". © Elmer Parolini. Reproduzido com a permissão de www.CartoonStock.com.

pesas de saúde aumentam de P_0OM_0a para P_0OM_1b, ou a área acobreada aM_0M_1b. A ilustração mostra uma interpretação cômica do consumo excessivo de cuidados de saúde induzido pelo seguro.

O problema aqui é que as pessoas consomem serviços médicos além do ponto em que o benefício marginal para elas é igual ao custo marginal. Isso é ineficiente, pois para cada serviço médico adquirido após M_0, o custo adicional (medido pelo custo marginal) supera o benefício adicional da compra (medido pela disposição marginal do indivíduo para pagar, que é a distância vertical até a curva da demanda).[5] Podemos medir o tamanho da ineficiência, conhecido como **peso morto**, somando as diferenças entre o custo marginal e o benefício marginal para cada unidade de serviços médicos adquirida de M_0 até M_1. O peso morto é, portanto, o triângulo *abh*.

Neste exemplo, a cobertura de seguro levou à compra de M_1 serviços médicos ao ano, mas, nesse ponto da curva de demanda, o benefício incremental de serviços médicos adicionais é muito pequeno. A noção de que os serviços médicos adicionais têm impacto muito pequeno (ou seja, plano) sobre a saúde é muitas vezes denominada **medicina da parte plana da curva**. É importante ressaltar que, mesmo que estejamos na curva plana da medicina, isso não significa que os cuidados médicos não proporcionem benefícios importantes. Isso significa apenas que o ganho marginal associado com os cuidados de saúde *adicionais* é pequeno.

Os Estados Unidos estão na curva plana da medicina? Aqueles que acreditam que sim destacam que o país tem um gasto per capita com saúde maior do que outros países desenvolvidos, embora não tenha melhores resultados em saúde. O gasto per capita com cuidados de saúde nos Estados Unidos é mais de 2,5 vezes maior do que a média dos países desenvolvidos e mais de 50% maior do que o do segundo país mais caro, mas a esperança média de

peso morto

O desperdício puro criado quando o benefício marginal de uma *commodity* é diferente de seu custo marginal.

medicina da parte plana da curva

A noção de que, em determinado ponto, os ganhos adicionais de saúde por gastar mais com cuidados de saúde são relativamente limitados.

---
[5] Veja a discussão sobre o excedente do consumidor no apêndice ao final do livro.

vida e a taxa de mortalidade infantil são piores do que a média de todos os países desenvolvidos (OCDE, 2012). No entanto, devemos ter cautela em derivar conclusões dessa simples comparação. As diferenças entre as despesas nesses países podem, em parte, ser explicadas pelo montante gasto por um país em pesquisa e desenvolvimento de tecnologia médica, que pode gerar externalidades positivas para todos os países. Além disso, os resultados de saúde em diferentes países provavelmente variam em função de fatores como estilo de vida e cultura. Por exemplo, a maior expectativa de vida dos canadenses em relação aos americanos deve-se, em parte, a diferenças em fatores culturais e comportamentais, como taxas mais elevadas de obesidade, acidentes e homicídios nos Estados Unidos (O'Neill e O'Neill, 2007). Por fim, embora a expectativa de vida e a mortalidade infantil sejam importantes, em última análise, são medidas brutas do estado geral de saúde, pois não levam em conta a qualidade do atendimento de saúde. Por exemplo, se dois países têm a mesma expectativa de vida, mas um deles não oferece cirurgia de substituição de quadril para seus cidadãos, não diríamos que os resultados do atendimento de saúde são os mesmos.

Elasticidade da demanda por serviços médicos A Figura 9.4 indica claramente que a quantidade real de aumento das despesas depende da forma da curva de demanda. Observe que, ao representar a demanda como uma curva inclinada para baixo, a figura assume que um aumento no preço leva as pessoas a reduzir seu consumo de cuidados de saúde. Porém, quando as pessoas ficam doentes, elas não seguem simplesmente as instruções do médico, independentemente do preço? Você barganharia com o seu cirurgião no meio de um ataque de apendicite? Se não, então a curva de demanda por serviços médicos é perfeitamente vertical, de modo que o seguro não leva às ineficiências do risco moral. Tal raciocínio, no entanto, ignora o fato de que muitos procedimentos médicos são, na verdade, discricionários. Por exemplo, nem todo mundo opta por testes de diagnóstico e tratamento com cortisona para suas alergias. Quando os pacientes têm de pagar pelos serviços, eles podem não se submeter a todos os exames ou comprar todos os medicamentos sugeridos pelo médico.

Em última análise, a resposta a mudanças de preço nas despesas com saúde é uma questão empírica. Como podemos estimar essa elasticidade da demanda? Uma maneira de fazer isso é comparar a quantidade de serviços médicos adquiridos por pessoas em planos de seguro generosos com aquela adquirida pelos que têm planos menos generosos. No entanto, é improvável que isso forneça resultados confiáveis, pois diferentes tipos de pessoas escolhem diferentes planos. Por exemplo, as pessoas que têm grande demanda por serviços médicos podem optar por planos generosos com taxas de co-seguro baixas, de modo que sua alta demanda intrínseca levaria a mais serviços adquiridos, e não o preço efetivo mais baixo associado ao plano.

No final da década de 1970 e início da década de 1980, a RAND Corporation implementou um experimento randomizado para estimar a elasticidade da demanda por serviços médicos. Ela dividiu aleatoriamente cerca de 2.000 famílias não idosas de seis cidades em 14 planos de seguro diferentes com preços de serviços variados para elas. Os planos variavam em taxas de co-seguro (0%, 25%, 50% e 95%) e no limite total para as despesas pagas pelas famílias (5%, 10% e 15% da renda familiar, com um máximo de US$ 1.000). Como a distribuição entre os planos de seguro foi aleatória, quaisquer diferenças na quantidade de serviços médicos consumidos podiam ser atribuídas às características dos planos de seguro, e não às características dos participantes. Os resultados sugerem que um aumento de 10% no preço dos serviços médicos reduzia a quantidade demandada em cerca de 2% (Newhouse et al., 1993). Portanto, a demanda por serviços médicos de fato varia de acordo com o preço, o que nos diz que o risco moral da cobertura de seguro pode levar a ineficiências. Aliás, o estudo da RAND também descobriu que as pessoas no experimento que receberam mais serviços médicos tinham melhorias em saúde muito pequenas em relação às outras, o que corrobora a hipótese da parte plana da curva (Newhouse et al., 1993).

Mais recentemente, um estudo quase-experimental analisou o que acontece com o uso de serviços de saúde por jovens adultos quando perdem repentinamente o seguro por terem passado da idade permitida para serem incluídos nas apólices de seus pais (Anderson, Dobkin e Gross, 2010). Descobriram que a perda de seguro leva a reduções substanciais na utilização de atendimento de saúde. Por exemplo, visitas ao departamento de emergência caem em 40% e as internações em hospitais diminuem em 61%. Esses resultados indicam que a expansão da cobertura de seguro de saúde levaria a um aumento substancial na demanda por serviços de saúde entre as pessoas atualmente sem seguro.

O risco moral justifica a intervenção do governo? Na presença de risco moral, podemos esperar gastos ineficientemente altos com cuidados de saúde se os pacientes não tiverem de arcar diretamente com o custo dos serviços adquiridos. No entanto, como discutimos anteriormente, uma vez que as pessoas são avessas ao risco, há um ganho de utilidade claro em adquirir cobertura de seguro para proteger contra despesas médicas. Enfrentamos, portanto, um impasse: quanto mais generosa a apólice, maior é a proteção contra os riscos financeiros de doença, mas também é maior o risco moral. O seguro eficiente equilibra os ganhos da redução do risco em relação às perdas associadas com o risco moral, exigindo altos pagamentos pelo segurado por serviços médicos de baixo custo e oferecendo benefícios mais generosos para serviços caros.

O governo pode melhorar essa situação de impasse ou eliminar o risco moral por completo? Os problemas de eficiência causados por risco moral não são exclusivos dos mercados privados de seguro de saúde. Eles surgem sempre que um **terceiro paga** parte ou todo o custo marginal de serviços médicos. No exemplo anterior, uma companhia de seguros privada era o terceiro, pagando 80% do custo marginal. Quando o seguro é público, o governo é o terceiro, mas a análise de risco moral mantém-se inalterada. A Tabela 9.3 mostra que, se considerarmos o fornecimento de saúde privado e público em conjunto, os pagamentos de terceiros aumentaram em importância com o passar do tempo. O percentual das despesas totais de saúde financiado diretamente pelos consumidores caiu significativamente ao longo dos anos, e hoje 12% das despesas de saúde são pagas do próprio bolso.

A questão central é que o seguro de saúde do governo leva exatamente ao mesmo problema de risco moral que o seguro privado, pois também reduz o preço dos serviços médicos para os pacientes. Como será discutido no Capítulo 10, tanto o setor público quanto o privado têm tratado do problema de risco moral tentando restringir as escolhas dos consumidores. Nenhum deles obteve grande sucesso. Ao contrário do caso da seleção adversa, é difícil argumentar, mesmo em termos teóricos, que o governo é necessariamente melhor em lidar com o risco moral do que o setor privado.

pagamento de terceiros
Pagamento por serviços feito por alguém que não seja o consumidor.

TABELA 9.3 Despesas pagas pelo consumidor nos Estados Unidos (anos selecionados)

Percentual das despesas de saúde totais pago pelo consumidor (anos selecionados)					
1960	1970	1980	1990	2000	2010
47,8%	33,4%	22,8%	19,1%	14,7%	11,6%

Percentual das despesas de saúde de cada categoria pago pelo consumidor (2010)	
Atendimento hospitalar:	3,2%
Serviços médicos e clínicos:	9,6%
Serviços odontológicos:	41,3%
Medicamentos sob prescrição:	18,8%
Cuidados de enfermagem a domicílio:	28,2%

Fontes: Centros de Serviços Medicare e Medicaid (2012c).
As despesas de saúde pagas pelo consumidor diminuíram drasticamente nos Estados Unidos desde 1960. Essas despesas são especialmente baixas para atendimento hospitalar e serviços médicos e clínicos.

Outros problemas de informação no mercado de saúde

Outro problema com o mercado de saúde é que as pessoas podem não estar bem informadas a respeito dos serviços que compram. No mercado de televisões de tela plana, os consumidores sabem para que o item será usado e podem facilmente aprender e entender os recursos oferecidos por diferentes TVs. Os cuidados médicos, no entanto, são muito mais complicados. Descobrir qual o melhor tratamento para o câncer de pulmão é muito mais difícil do que escolher uma TV de tela plana. Os pacientes, portanto, têm que confiar na experiência de seu médico. É difícil pensar em outro mercado em que os consumidores dependam tanto do conselho da pessoa que vende o serviço. O problema é agravado porque os pacientes podem não ter boas informações nem mesmo sobre a competência do próprio médico.

Os problemas de informação justificam a intervenção do governo? A falta de informação dos pacientes é justificativa para uma série de regulamentações governamentais. Por exemplo, para que os médicos obtenham licença para exercer a medicina em um estado, devem receber um diploma de medicina de uma faculdade de medicina credenciada, reconhecida pela Associação Médica Americana. A ideia é garantir que os pacientes, que podem ter dificuldade em distinguir entre bons e maus médicos, não tenham de se preocupar em ser tratados por incompetentes. Aqui, também, estamos diante de um impasse. Permitir que médicos credenciem faculdades de medicina lhes dá controle sobre a oferta de médicos. Ao restringir a oferta, os médicos podem aumentar as próprias rendas acima do nível competitivo, o que leva a ineficiências próprias. Há, de fato, evidências estatísticas de que os prestadores de atendimento de saúde tiram proveito de sua capacidade de estabelecer padrões para elevar seus próprios rendimentos. Por exemplo, Anderson et al. (2000) constataram que as rendas de médicos são maiores nos estados que restringem o uso da medicina alternativa, e Kleiner e Kudrle (2000) demonstram que dentistas ganham mais em estados com requisitos de licenciamento mais exigentes. Em suma, os profissionais de saúde têm a melhor informação sobre como prestar atendimento de saúde, mas, se o governo lhes dá o poder de estabelecer normas, eles podem usá-lo para aumentar seus próprios rendimentos.

Externalidades do atendimento de saúde

Um mercado livre de seguros de saúde pode levar a ineficiências, mesmo na ausência de informações assimétricas. Comprar serviços médicos pode criar externalidades, tanto positivas quanto negativas. Se você recebe uma vacina contra a gripe, há uma externalidade positiva, pois isso reduz a probabilidade de que outras pessoas sejam infectadas pela doença. Por outro lado, se você usa antibióticos indiscriminadamente de modo a permitir que novos tipos de bactérias imunes se desenvolvam, as outras pessoas são prejudicadas. De acordo com os argumentos comuns (ver Capítulo 5), na presença de externalidades, a intervenção do governo pode aumentar a eficiência. Em muitos casos, no entanto, o atendimento de saúde não gera externalidades. Receber tratamento para um braço quebrado melhora o seu bem-estar, mas não aumenta a utilidade dos outros.

▶ QUEREMOS A PRESTAÇÃO EFICIENTE DE ATENDIMENTO DE SAÚDE?

Até agora, discutimos as várias razões pelas quais um mercado de atendimento de saúde pode ser ineficiente. No entanto, mesmo que o mercado de saúde fosse eficiente, a sociedade poderia considerar o resultado injusto. Em particular, um mercado de cuidados de saúde eficiente levaria a diferenças no consumo de serviços de saúde em todos os grupos de renda. Tais diferenças evocam fortes sentimentos de preocupação para aqueles que não podem pagar por seguro de saúde ou por atendimento de qualidade. A seguir, discutiremos as diferentes questões de equidade usadas para justificar a intervenção governamental no mercado de atendimento de saúde.

Paternalismo

Em um mercado de seguros de saúde eficiente, as pessoas compram quantidades diferentes de seguro, sendo que algumas pessoas, é claro, vivem sem cobertura alguma. Essas pessoas podem não comprar seguro de saúde porque acreditam (com ou sem razão) que o risco de doença é baixo ou porque não são muito avessas ao risco. Argumentos paternalistas sugeririam que essas pessoas têm gostos "errados" (elas deveriam ser mais avessas ao risco) ou têm expectativas "erradas" (elas deveriam dar maior importância à probabilidade de um resultado ruim). Em ambos os casos, o argumento paternalista é que as pessoas devem ser forçadas a adquirir seguro de saúde e, de modo mais geral, que as decisões sobre atendimento de saúde são complicadas demais para serem deixadas a cargo das pessoas. Assim, por exemplo, Krugman (2006a) argumenta que "as pessoas que são obrigadas a pagar por atendimento médico do próprio bolso não têm a capacidade de tomar boas decisões sobre o atendimento que devem comprar".

O problema dos sem seguro

Por outro lado, algumas pessoas podem não comprar seguro de saúde porque seus rendimentos são baixos e o custo é muito alto para elas. Observe a diferença entre esse fenômeno e o paternalismo – as pessoas podem ter as preferências e avaliações de risco "certas", mas ainda assim não comprar o seguro de saúde porque custa muito caro. Em função do aumento extremo nos custos dos cuidados de saúde nos últimos anos (como mostra a Figura 9.1), essa ideia tem recebido muita atenção. Nos Estados Unidos, atualmente, 16% da população (cerca de 47 milhões de pessoas) não tem seguro de saúde público ou privado. Como veremos no Capítulo 10, os pobres e os idosos têm cobertura de programas públicos (no entanto, cerca de 14 milhões de pessoas que podem solicitar assistência de seguro de saúde federal ou estadual não fazem isso). Tipicamente, trabalhadores com baixos salários, trabalhadores sem emprego regular e profissionais liberais são os que não têm seguro. Cutler (2003) considera que o recente aumento extremo na população sem seguro deve-se ao grande aumento nos prêmios cobrados dos indivíduos em planos de saúde subsidiados pelo empregador. No final da década de 1980, um indivíduo pagava normalmente US$ 190 por ano para se inscrever no seguro de saúde; hoje, o prêmio é de mais de 950 dólares por ano (Kaiser, 2012).

Quem são as pessoas sem seguro? As pessoas sem seguro compõem um grupo bastante diversificado, com diferentes idades, rendas, raças, *status* de imigração e situações empregatícias, entre outros. Entre os menores de 18 anos, 10,0% não têm seguro e 30,4% dos jovens de 18 a 24 anos não têm seguro. Cada um desses dois grupos representa 32,4% da população total sem seguro. Cerca de 32% das pessoas em domicílios com renda abaixo da linha da pobreza não tem seguro, e o mesmo ocorre com 9,1% das pessoas que ganham mais de US$ 75.000. As pessoas que vivem em famílias com renda maior que US$ 50.000 representam 39% da população total sem seguro. Essas pessoas estão na metade superior da distribuição de renda e, portanto, presume-se que podem pagar pelo seguro, mas decidem ficar sem cobertura. Cerca de 16% dos brancos, 21% dos negros e 32% dos hispânicos não têm seguro (US Bureau of the Census, 2012c, p. 111).

Aproximadamente 20% dos sem seguro não têm cidadania e, portanto, provavelmente não receberiam cobertura de seguro em nenhum plano proposto para reforma da saúde. Com relação à situação de emprego, cerca de 27% dos sem seguro estão desempregados, mas cerca de 27% trabalham um turno e 31% trabalham em tempo integral

(US Bureau of the Census, 2012a). A probabilidade de ter seguro de saúde aumenta com o tamanho da empresa em que se trabalha. Esta diferença provavelmente deve-se ao fato de que o custo do seguro depende do tamanho da empresa. Conforme aumenta o número de funcionários, caem os custos administrativos por funcionário de manter um plano de seguro. Além disso, empresas com muitos funcionários distribuem o risco de problemas de saúde graves entre um número maior de pessoas, e, portanto, conseguem melhores tarifas.

Claramente, grande parte da ansiedade sobre o estado da saúde nos Estados Unidos deve-se à preocupação com os sem seguro. É fundamental entender, entretanto, que a ausência de seguro de saúde e a ausência de cuidados de saúde não são a mesma coisa. Algumas pessoas pagam por seus cuidados de saúde do próprio bolso, embora, em média, os não segurados paguem por somente 35% dos serviços médicos que utilizam. O atendimento gratuito (para eles) é fornecido principalmente por meio de hospitais, o que pode levar à ineficiência através da canalização de cuidados de rotina para hospitais tecnologicamente avançados e caros. Em 2008, as pessoas não seguradas receberam cerca de US$ 56 bilhões em atendimento não pago, sendo que os hospitais dos Estados Unidos forneceram cerca de 61% desse atendimento não pago, que foi financiado pelo aumento das contas pagas por outras partes (Hadley et al., 2008). Embora seja uma soma substancial, é importante observar que esse número representa apenas 24% das despesas totais com atendimento de saúde – o atendimento não pago não é um fator muito importante do aumento do custo do atendimento de saúde. Em qualquer caso, as pessoas sem seguro de saúde geralmente consomem menos serviços de saúde do que aquelas com problemas de saúde semelhantes que estão seguradas. Surpreendentemente, no entanto, não está claro até que ponto a falta de seguro de saúde traduz-se em maus resultados de saúde.

> ### EVIDÊNCIA EMPÍRICA
> #### O seguro de saúde melhora a saúde?
> Uma das principais preocupações do sistema de saúde dos EUA é a ausência de seguro para 49 milhões de residentes americanos. A razão para a preocupação é a crença de que essas pessoas têm resultados de saúde piores devido à sua falta de cobertura de seguro. Embora essa proposição pareça simples, na prática é difícil verificar o nexo de causalidade entre a cobertura de seguro e a saúde. A causalidade é difícil de estabelecer porque as pessoas que não têm seguro são diferentes em muitos aspectos daquelas que são seguradas, e essas diferenças podem contribuir para diferenças na saúde. Por exemplo, os adultos mais jovens são mais propensos a não ter seguro e eles também tendem a ser mais saudáveis. Estudos baseados em dados de observação para estimar a relação entre seguro de saúde e resultados de saúde têm confiabilidade limitada, devido à dificuldade de controlar fatores que contribuem para a saúde e que diferem entre as pessoas seguradas e as não seguradas (Brown et al., 1998).
>
> A melhor abordagem para estimar a relação causal seria fundamentada em um experimento que dividisse aleatoriamente um grupo entre algumas pessoas com apólice de seguro e outras sem seguro. Por motivos éticos, tal experimento nunca foi realizado. No entanto, o experimento da RAND discutido anteriormente distribuiu pessoas aleatoriamente em diferentes níveis de cobertura de seguro e não encontrou nenhum impacto de uma maior cobertura de seguro sobre vários resultados de saúde, mas constatou alguma melhoria para pessoas com pouca visão e para pessoas com pressão arterial elevada.
>
> Dada a dificuldade de realizar um estudo randomizado, vários estudos têm utilizado quase-experimentos baseados em mudanças na cobertura de seguro de saúde por causa de mudanças nas leis estaduais ou federais. Por exemplo, Lurie et al. (1986)
>
> *(continua)*

> *(continuação)*
>
> se aproveitaram de uma mudança de política na Califórnia que fez com que algumas pessoas perdessem seus seguros de saúde fornecidos pelo estado e outras não. Descobriram que aqueles que perderam o seguro tiveram, em média, um aumento estatisticamente significativo na pressão arterial diastólica.
>
> Em outro estudo, Finkelstein e McKnight (2005), estimam a variação na taxa de mortalidade de idosos após a disponibilização de seguro de saúde do governo para eles. A fim de controlar outros fatores que podem ter afetado o estado de saúde, Finkelstein e McKnight compararam as mudanças na saúde de idosos com mudanças na saúde dos quase idosos (que não recebiam seguro do governo). Como os dois grupos são semelhantes, pode-se razoavelmente atribuir qualquer diferença em suas mudanças de saúde à presença de seguro do governo. Finkelstein e McKnight também comparam as taxas de mortalidade de idosos em estados que tiveram um grande aumento na cobertura de seguro de saúde devido ao programa do governo em relação a estados que tiveram um aumento menor. Em ambos os casos, não encontram evidências de efeito sobre a saúde.
>
> Levy e Meltzer (2004) fizeram um levantamento da literatura a respeito dos impactos dos planos de saúde sobre a saúde, enfatizando especialmente se cada estudo utiliza um experimento ou quase-experimento para tratar do problema de causalidade. A literatura fornece evidências fracas de que mudanças de pequena escala no seguro de saúde em nível estadual ou municipal afetem positivamente a saúde. No entanto, estudos que examinam mudanças de larga escala em nível federal mostram evidências mais consistentes de uma ligação entre seguro e saúde, embora mesmo alguns desses estudos sugiram que a ligação é mais fraca do que se poderia supor. Levy e Meltzer concluem que "o seguro de saúde pode melhorar a saúde", mas afirmam que não há provas conclusivas sobre se é preferível expandir a cobertura ou concentrar os gastos públicos em outras intervenções (tais como centros de saúde comunitários ou campanhas de publicidade para melhorar a nutrição) que possam melhorar a saúde.

Altos custos do atendimento de saúde

A Figura 9.5 coloca os gastos dos Estados Unidos em contexto internacional. Isso mostra que os Estados Unidos têm gastos com saúde muito mais elevados em relação a seu PIB do que Austrália, Canadá, França, Alemanha, Japão e Reino Unido. Curiosamente, embora os Estados Unidos tenham um maior *nível* de despesa em percentual do PIB do que esses países, a longo prazo, a taxa de *crescimento* desses gastos não foi muito diferente das taxas desses países. Para os países desenvolvidos na Figura 9.5, as despesas de saúde passaram de uma média de 4,2% do PIB em 1960 para 11,5% do PIB em 2009. Os outros cinco países desenvolvidos têm sistemas muito diferentes daquele adotado pelos Estados Unidos para o financiamento do atendimento de saúde.

Por que os custos de saúde estão crescendo tão rapidamente? Lembre-se de que as falhas de mercado, como o risco moral causado por pagamentos de terceiros, podem contribuir para os altos custos. No entanto, para que os pagamentos de terceiros expliquem o *crescimento* das despesas de saúde, é necessário que a cobertura de seguro esteja *crescendo*. Embora a cobertura de seguro venha de fato aumentando ao longo do tempo, as evidências sugerem que outros fatores além das mudanças no número de segurados explicam a maior parte do crescimento das despesas. Esta seção discute várias possibilidades. Considerando que os custos estão aumentando em todo o mundo, ao avaliar estas possibilidades não devemos concentrar-nos exclusivamente em fatores idiossincráticos do sistema norte-americano.

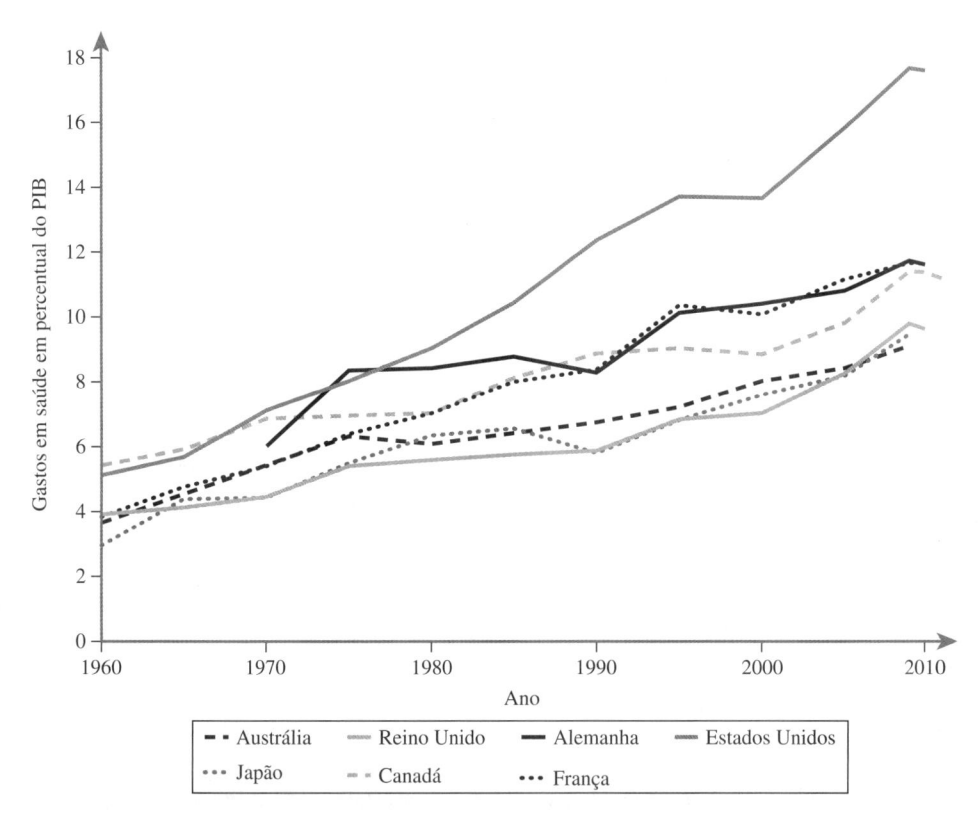

FIGURA 9.5 Despesas com saúde como percentual do Produto Interno Bruto, países selecionados (1960-2009)
Em comparação com outros países desenvolvidos, os Estados Unidos têm um maior nível de despesas de saúde em percentual do Produto Interno Bruto. No entanto, a taxa de crescimento desses gastos tem sido semelhante às dos outros países.

Fonte: Organização para a Cooperação e Desenvolvimento Econômico (2012a).

O envelhecimento dos Estados Unidos Em 1980, 11,3 % da população dos EUA tinha 65 anos ou mais; atualmente o percentual é de 13,0%. Durante o mesmo período, a proporção da população com 85 anos ou mais cresceu de 1,0% para 1,8 % (US Bureau of the Census, 2012c, p. 11). Conforme a população envelhece, espera-se que as despesas de saúde aumentem também, pois as pessoas mais idosas têm maior demanda por serviços de saúde. Até que ponto esse fenômeno explica o aumento das despesas com saúde? Estudos empíricos sugerem que o envelhecimento não é um fator muito expressivo para o aumento dos custos de saúde. Por exemplo, Struck e Ginsburg (2002) constataram que o envelhecimento contribuía com menos de 10% do aumento total nas despesas anuais per capita com saúde.

Crescimento de renda Desde 1960, a renda real per capita quase triplicou nos Estados Unidos. Na medida em que a demanda por atendimento médico aumenta com a renda, o crescimento da renda pode conduzir ao aumento das despesas de saúde. Acemoglu, Finkelstein e Notowidigolo (2009) estimam que a elasticidade-renda da demanda por despesas em saúde é de 0,7 – um aumento de 10% na renda leva a um aumento de 7% na demanda por atendimento de saúde. Multiplicando essa elasticidade pelo percentual de aumento real na renda ao longo do tempo, os autores concluem que o aumento da renda não é um dos principais fatores que contribuem para o crescimento das despesas de saúde.

Melhorias na qualidade O vencedor do Prêmio Nobel Kenneth Arrow argumentou recentemente que a razão mais importante para o aumento dos gastos em atendimento de saúde nos Estados Unidos é a melhoria na tecnologia médica:

> A razão fundamental por que os custos da saúde aumentaram é que a saúde é uma coisa boa! Pois hoje se pode fazer muito mais! Considere todas estas despesas de diagnóstico: tomografia computadorizada, raio-X, ressonância magnética e, agora, não-sei-o-quê de prótons. Algo que é do tamanho de um campo de futebol, custa US$ 50 milhões e tem todos os tipos de poderes de diagnóstico. Muitas dessas tecnologias revelam claramente coisas que não seriam descobertas de outro modo. Não há dúvida sobre isso. Os diagnósticos melhoraram. A tecnologia melhorou, mas isso tudo é caro.

A formação dos médicos, as técnicas médicas e os equipamentos melhoraram ao longo do tempo. As últimas décadas têm testemunhado avanços extraordinários na tecnologia médica. Como sugere Arrow, o resultado é um aumento na qualidade do atendimento de saúde – técnicas de diagnóstico, procedimentos cirúrgicos e tratamentos para uma ampla gama de problemas médicos estão cada vez melhores.

Considere o tratamento de ataques cardíacos, que certamente é muito mais caro (em termos reais) atualmente do que há algumas décadas. No entanto, o atual tratamento para ataques cardíacos simplesmente não é a mesma *commodity* que o tratamento para ataques cardíacos de 1950. Naquela época, a prática padrão para o tratamento de ataque cardíaco (que foi utilizada com o Presidente Eisenhower após seu ataque cardíaco em 1955) era prescrever descanso, morfina para a dor e oxigênio (Cutler, 2004). O tratamento agora é muito diferente, e, desde a época de Eisenhower, a mortalidade cardiovascular diminuiu em mais da metade e a probabilidade de morrer após um ataque cardíaco caiu em quase três quartos (Cutler, 2004). De acordo com pesquisas realizadas por Cutler e Kadiyala (2001), esse declínio extremo deve-se a três fatores: (1) avanços em tratamentos médicos intensivos que tratam ataques cardíacos e derrames; (2) avanços em medicamentos não agudos, como medicamentos para controlar pressão arterial, diabetes e colesterol; e (3) melhoria de fatores comportamentais, como a redução do tabagismo. Portanto, embora inovações como a cirurgia de ponte de safena e o cateterismo cardíaco tenham aumentado os *gastos* por paciente cardíaco, na verdade, elas reduziram os *preços* de obtenção de vários resultados de saúde, como sobreviver à internação hospitalar por ataque cardíaco (Newhouse, 2001).

Outro exemplo de melhoria de qualidade que foi associado com o aumento das despesas é o impressionante avanço em tecnologias para o tratamento de bebês com baixo peso ao nascer (Cutler, 2004). A taxa de mortalidade neonatal (para crianças com menos de 28 dias de idade) caiu de 20,5 por mil nascidos vivos em 1950 para 4,7 por mil nascidos vivos em 2002. Para recém-nascidos pós-neonatal (entre 28 dias e 11 meses de idade), a mortalidade caiu de 8,7 por 1.000 nascidos vivos em 1950 para 2,3 por mil nascidos vivos em 2002 (Centros dos EUA para Controle e Prevenção de Doenças, 2005, Tabela 22).

Esta teoria baseada em tecnologia para o aumento dos custos de atendimento de saúde também ajuda a explicar por que todos os países com diferentes sistemas de financiamento e fornecimento de serviços de saúde experimentaram aumentos nas despesas de saúde (ver Figura 9.5). Apesar de terem sistemas de saúde bastante diferentes, esses países têm pelo menos uma coisa em comum: todos foram expostos às mesmas inovações caras em tecnologia.

A questão é que o aumento de despesas com tecnologias médicas que melhoram a qualidade do atendimento de saúde não é necessariamente indicativo de ineficiências ou de falhas de mercado. Esta explicação baseada na tecnologia lança nova luz sobre o debate a respeito de contenção de custos. Se os custos estão subindo principalmente por causa de melhorias de qualidade, como isso pode ser ruim? Uma questão central neste contexto é saber se as pessoas valorizam essas inovações com seu custo marginal social. Cutler e McClellan, (2001) examinam os avanços tecnológicos para cinco patologias diferentes. Calculam que os benefícios dos avanços tecnológicos excedem os custos para quatro dessas patologias: ataques cardíacos, bebês de baixo peso ao nascer, depressão e catarata. Constatam que os benefícios e os custos de avanços tecnológicos no tratamento de uma quinta patologia (câncer de mama) são mais ou menos iguais. Cutler (2007) afirma que a cirurgia de *bypass* ou angioplastia usada para tratar pacientes que sofreram ataques cardíacos é muito custo-eficiente, resultando em um aumento de um ano na expectativa de vida por um custo de US$ 40.000. Newhouse (1992) apresenta um ponto de vista provocativo sobre se os avanços tecnológicos na medicina valem os custos: "Se muitos consumidores achassem que a nova tecnologia não vale seu preço, seria estranho não vermos empresas tentando entrar no mercado oferecendo pelo menos alguns aspectos da medicina da década de 1960, a preços da década de 1960" (p. 16).

Esse argumento é sustentado por um cálculo de Murphy e Topel (2000) de que as melhorias na expectativa de vida adicionaram cerca de US$ 2,8 trilhões (em dólares de 1992) por ano à riqueza nacional dos Estados Unidos entre 1970 e 1990. Qualquer cálculo desse tipo deve ser considerado como apenas uma aproximação, por várias razões. Em primeiro lugar, como estabelecer um valor em dólares para os anos de vida adicionais? Murphy e Topel usam medidas derivadas de estimativas estatísticas dos aumentos salariais que os trabalhadores solicitam para compensar por assumirem postos de trabalho associados com risco de vida relativamente alto; esta abordagem foi descrita no Capítulo 8. Em segundo lugar, não está claro que toda melhoria na expectativa de vida se deva a mudanças no atendimento de saúde. Eles observam, porém, que "cerca de US$ 1,5 trilhões do aumento anual total de US$ 2,8 trilhões deveu-se à redução da mortalidade por doenças do coração – uma área em que os avanços da medicina tanto em prevenção quanto em cuidados agudos foram significativos" (p. 24). Em terceiro lugar, embora o aumento da expectativa de vida seja muito importante, alguns avanços nos cuidados médicos também melhoraram a qualidade de vida, e estes também são importantes. Alguns exemplos são próteses de quadril, Viagra, medicamentos para o tratamento de úlcera, como Zantac, e cirurgia artroscópica. Embora seja difícil ou impossível estabelecer um valor em dólares para essas melhorias, os benefícios devem ser substanciais. Por isso, mesmo tendo em conta a imprecisão do cálculo de Murphy-Topel, sua mensagem fundamental é convincente: há enormes benefícios em gastar com saúde.

O foco desta discussão foi se as despesas médicas são impulsionadas pela evolução tecnológica. Uma possibilidade intrigante, porém, é que, em certa medida, a causalidade vai na direção contrária: aumentos nas despesas aumentam a rentabilidade de inovações médicas e, portanto, incentivam a mudança tecnológica. Esta é uma proposta difícil de testar, mas algumas evidências sugerem que seja plausível. Blume-Kohout e Sood (2008) descobriram que a introdução de cobertura de medicamentos sob prescrição pelo Medicare esteve associada a aumentos significativos em pesquisa e desenvolvimento farmacêutico.

Na medida em que os mercados de cuidados de saúde são eficientes mas levam a preços tão elevados que muitas pessoas acabam sem seguro de saúde, a sociedade deve decidir quanta eficiência sacrificar a fim de alcançar maior equidade. O ponto de vista do **igualitarismo de *commodities*** (discutido nos capítulos 4 e 7) afirma que algumas *commodities* especiais devem ser distribuídas a todos, independentemente de suas circunstâncias e dos benefícios líquidos para a sociedade. De fato, parece haver forte consenso social de que todos devem ter acesso a pelo menos serviços médicos básicos. No Capítulo 10, discutiremos vários programas governamentais para melhorar a acessibilidade e propostas para melhorar esses programas.

---

igualitarismo de *commodity*

A ideia de que algumas *commodities* devem ser disponibilizadas para todos.

Resumo

- O seguro fornecido pelo governo (conhecido como seguro social) representa um percentual grande e crescente do orçamento federal.
- Para uma pessoa avessa a riscos, um plano de seguro que cobra um prêmio atuarialmente justo aumenta a utilidade esperada, pois permite a suavização de riscos.
- Quanto mais avesso ao risco é um indivíduo, mais ele estará disposto a pagar por uma apólice de seguro.
- Ao reunir indivíduos em um programa de seguro, as companhias de seguros podem reduzir o risco do ponto de vista social.
- A seleção adversa surge quando os segurados sabem mais sobre seus riscos que a companhia de seguros. Isso impede que a companhia de seguros cobre prêmios condizentes com as perdas esperadas de cada indivíduo. Se a companhia de seguros cobra um prêmio médio de todos os clientes, as pessoas de baixo risco tendem a desistir do plano, e a seguradora ganha menos dinheiro.
- Em teoria, o governo pode tratar da seleção adversa oferecendo cobertura de seguro de saúde universal e cobrando prêmios uniformes. Isto é ineficiente, mas eliminaria a classificação por risco.
- O risco moral surge quando a obtenção de seguro leva a mudanças de comportamento que aumentam a probabilidade do resultado adverso.
- Há um impasse na prestação de seguro: quanto mais generosa a apólice de seguro, maior é a proteção contra os riscos financeiros de doença, mas também é maior o risco moral. O seguro eficiente equilibra os ganhos pela redução do risco com as perdas associadas ao risco moral. Isso pode ser feito exigindo pagamentos pelo segurado para serviços médicos de baixo custo e oferecendo benefícios mais generosos para serviços caros.
- Cerca de 16 % da população dos EUA, em algum momento, não tem seguro de saúde. O percentual da população com menos de 65 anos que não tem seguro vem crescendo ao longo do tempo.
- As despesas de saúde dos EUA, como percentual do Produto Interno Bruto, vem crescendo rapidamente ao longo dos anos. Atualmente, elas representam 18% do PIB. As razões possíveis são o envelhecimento da população, o crescimento da renda, a prevalência de pagamentos de terceiros e as mudanças tecnológicas. Evidências sugerem que a mudança tecnológica é um fator importante.

Questões para discussão

1. Considere atentamente a seguinte citação: "Os economistas parecem sempre falar sobre o custo da assistência médica, como se esse tipo de despesa fosse algo ruim. Afinal, para onde vai o dinheiro? Para médicos, enfermeiros e fabricantes de suprimentos médicos. Eles não compram fraldas, massa e carros? A nação ficaria melhor com mais aparelhos de som e menos penicilina, mais esmalte para unhas e menos pomada antibacteriana? Que diferença faz como o dinheiro é gasto, contanto que ele mude de mãos e resulte em emprego?" (New York Times Magazine, 12 de dezembro de 1993, p. 28).
    a. Os economistas consideram os gastos com saúde "algo ruim"?
    b. A última frase da citação sugere um critério para avaliar os gastos com cuidados de saúde. Que critério um economista usaria?
2. A lei federal permite que os trabalhadores que abandonam um emprego continuem fazendo parte do seguro de saúde que recebiam através de seu antigo empregador. No entanto, eles têm de pagar o prêmio mensal total (incluindo as partes do empregado e do empregador), bem como uma taxa administrativa de 2%. Esse preço alto tem levado muitas pessoas, especialmente as mais saudáveis, a desistir da cobertura. As companhias de seguros relatam que esses planos lhes dão prejuízo. Use os conceitos desenvolvidos neste capítulo para explicar esta situação.
3. Depois de retirar todos os seus semáforos, a cidade holandesa de Drachten constatou um declínio nas mortes no trânsito. Com os semáforos, havia um óbito no trânsito a cada três anos, mas, desde a sua remoção, há sete anos, não houve mortes na estrada. Um planejador de tráfego da cidade explicou: "Funciona bem porque é perigoso, que é exatamente o que queremos" (Millward, 2006). Use os conceitos desenvolvidos neste capítulo para explicar esse fenômeno.
4. Um estudo recente constatou que a elasticidade-preço da demanda por atendimento médico é $-2,3$ (Kowalski, 2009). Se essa estimativa estiver correta, qual será a consequência de uma taxa de co-seguro de

20% sobre a demanda de um indivíduo por serviços médicos? Quais são as implicações de eficiência?

5. O Tennessee oferece cobertura de seguro de até US$ 25.000 em despesas de saúde por ano. Dos US$ 25.000, o máximo que pode ser gasto em contas hospitalares é de US$ 15.000. Despesas acima desse limite não são cobertas pelo plano do estado. O Tennessee está de acordo com a teoria de seguro eficiente?

6. Suponha que a curva de demanda de um indivíduo por consultas médicas por ano é dada pela equação $P = 100 - 25Q$, onde Q é o número de consultas médicas por ano e P é o preço por visita. Suponha também que o custo marginal de cada consulta médica é de US$ 50.

   a. Quantas consultas por ano seria eficiente? Qual é o custo total do número de consultas eficiente?

   b. Suponha que o indivíduo contrata um seguro. Não há franquia, e a taxa de co-seguro é de 50%. Quantas consultas médicas ocorrerão agora? Quais são os custos que o indivíduo deverá pagar do próprio bolso? Quanto a companhia de seguros paga pelas consultas médicas desse indivíduo?

   c. Qual é o peso morto (se houver) causado por essa apólice de seguro?

   d. O que acontece com o tamanho do peso morto se o benefício marginal externo de consultar o médico for de US$ 50?

7. Para resolver este problema, você vai precisar de uma calculadora em que possa usar logaritmos ou de um programa de planilhas. Suponha que sua função utilidade é $U = \ln(4I)$, em que I é a quantidade de renda que você obtém em determinado ano. Suponha que você costuma ganhar US$ 30.000 por ano, mas há uma chance de 5% de que, no próximo ano, você fique doente e perca US$ 20.000 em renda em função dos custos médicos.

   a. Qual é a sua utilidade esperada se você não tiver seguro para se proteger contra esse evento adverso?

   b. Suponha que você pode comprar um seguro que irá cobrir suas perdas, caso fique doente. Qual seria o prêmio atuarialmente justo? Qual é a sua utilidade esperada, se você comprar a apólice de seguro?

   c. Qual é o máximo que você estaria disposto a pagar por essa apólice?

*8. Suponha que o governo de sua cidade está interessado em reduzir o lixo nas ruas. Atualmente, há uma multa de US$ 100 por jogar lixo na rua e há uma probabilidade de 10% de ser pego se você jogar lixo. A cidade está decidindo entre duas políticas diferentes: (1) Ela pode aumentar o número de policiais que monitoram o lixo, o que aumentaria a probabilidade de você ser pego se jogasse lixo de 10% para 20%; ou (2) ela pode manter o monitoramento no mesmo nível, mas aumentar a multa por jogar lixo de US$ 100 para US$ 200 (observe que ambas as políticas têm o mesmo custo esperado de jogar lixo). Se as pessoas que jogam lixo nas ruas forem avessas ao risco, qual política levará a uma redução maior no lixo? E se as pessoas que jogam lixo forem amantes do risco (ou seja, se tiverem função de utilidade côncava e, portanto, preferirem um resultado incerto ao resultado certo com o mesmo valor esperado)?

9. De acordo com Biggs (2009), o nível de despesas de saúde para animais de estimação é muito menor do que para pessoas, mas a taxa de crescimento dos gastos tem sido mais ou menos a mesma. O que poderia explicar as taxas de crescimento semelhantes, embora os níveis sejam muito diferentes?

---

* Difícil.

10 Governo e mercado de atendimento de saúde

> *Chegamos a um ponto neste país em que o aumento do custo do atendimento de saúde coloca muitas famílias e empresas em rota de colisão com a ruína financeira e deixa muitos sem qualquer cobertura; uma rota que democratas e republicanos, pequenos empresários e CEOs, todos concordam, não é mais sustentável ou aceitável.*
> — PRESIDENTE BARACK OBAMA
>
> *Nosso sistema de saúde tem vários problemas conhecidos: custos elevados e crescentes, um número significativo de americanos sem seguro e enormes lacunas em termos de qualidade e eficiência.*
> — MITT ROMNEY, CANDIDATO À PRESIDÊNCIA EM 2012

No capítulo 9, aplicamos a teoria da economia do bem-estar aos mercados de atendimento de saúde e examinamos as várias maneiras como um mercado livre pode levar a resultados ineficientes ou injustos. Com esse contexto, agora estamos prontos para discutir as principais características do papel do governo no mercado de atendimento de saúde dos EUA.

O setor de saúde dos EUA é enorme. Ele inclui hospitais, casas de saúde, médicos, enfermeiros e dentistas, bem como fabricantes de óculos, de medicamentos vendidos com ou sem receita médica, de membros artificiais e de outros equipamentos. Emprega cerca de 14 milhões de pessoas e representa cerca de US$ 2,6 trilhões em despesas anuais, o que corresponde a 18% do PIB.

A Figura 10.1 mostra como esse dinheiro é gasto. As duas maiores categorias são, de longe, os hospitais (31%) e serviços médicos e clínicos (20%). A Figura 10.2 mostra as fontes de financiamento da saúde. Os consumidores pagam apenas 12% das despesas de saúde do próprio bolso. O restante é pago por terceiros – seguro de saúde privado e outras fontes privadas (como filantropia) pagam 39% e o governo paga 50% (principalmente por meio dos programas Medicare e Medicaid, que serão descritos mais adiante neste capítulo). Os pagamentos feitos por companhias de seguros privadas e pelo governo provêm de prêmios pagos pelos consumidores e das receitas de impostos recolhidos dos contribuintes, respectivamente. No entanto, estes ainda contam com pagamentos de terceiros, porque, no momento da compra, os consumidores não arcam diretamente com o custo total de seus serviços de saúde.

Em 2011, cerca de 84% da população dos EUA tinha algum tipo de cobertura de seguro. Cerca de 64% da população tinha seguro de saúde privado e mais de 32% tinha seguro de saúde do governo, que consiste basicamente nos programas Medicare e Medicaid (US Bureau of the Census, 2012a). Algumas pessoas recebem cobertura de seguro de várias fontes. Examinaremos agora os mercados privado e público de seguro de saúde.

❖ ❖ ❖

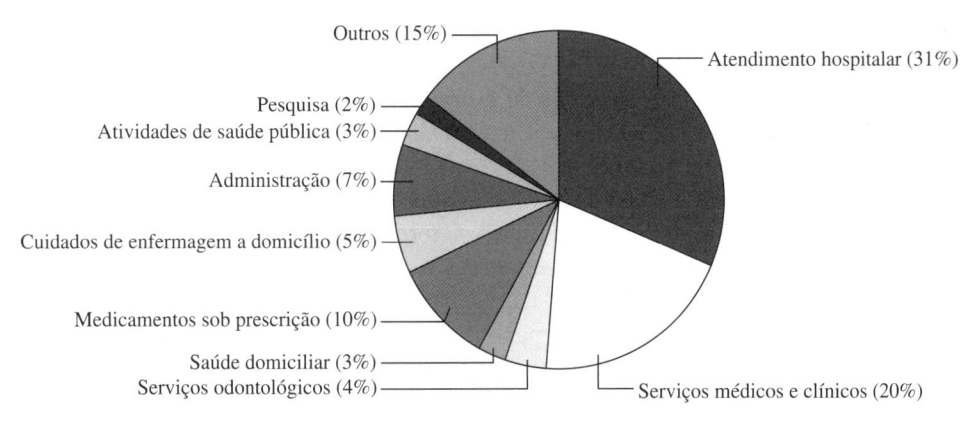

FIGURA 10.1 Usos dos recursos da saúde nos Estados Unidos (2010).
A assistência hospitalar representa 31% dos gastos com saúde nos Estados Unidos, o que a torna o maior componente. Serviços médicos e clínicos compõem 20% das despesas de saúde dos Estados Unidos.

Fonte: Centros para os Serviços Medicare e Medicaid (2012c).

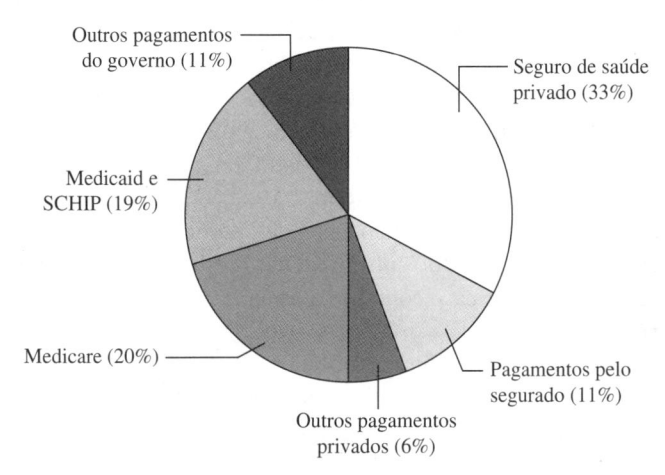

FIGURA 10.2 Fontes de recursos para a saúde nos Estados Unidos (2010).
Os consumidores pagam apenas 12% das despesas de saúde do próprio bolso. O restante é pago por terceiros, principalmente por meio de seguro de saúde privado e de programas do governo, como Medicare e Medicaid.

Fonte: Centros para os Serviços Medicare e Medicaid (2012).

▶ SEGURO DE SAÚDE PRIVADO

Uma peculiaridade importante do seguro privado nos Estados Unidos é que, em sua maioria – cerca de 90% para aqueles com menos de 65 anos –, é fornecido por meio de empregadores como um benefício para seus funcionários.

Subsídio implícito para o seguro fornecido pelo empregador

Por que tantos americanos adquirem seguro de saúde por meio de seus empregadores? Afinal de contas, nós não compramos alimentos ou roupas por meio de nossos empregos. Esse fenômeno é, em parte, um subproduto não desejado dos controles governamentais sobre salários e preços instituídos durante a Segunda Guerra Mundial. Embora esses controles restringissem quanto o empregador podia pagar em salários, eles isentavam outras formas de compensação, como a cobertura de atendimento de saúde. Previsivelmente, os empregadores começaram a oferecer seguro de saúde (e outros benefícios não salariais) para atrair trabalhadores em um mercado de trabalho restrito. Entre 1940 e 1950, o percentual dos americanos com cobertura de seguro de saúde privado aumentou dramaticamente de 9,1% para 50,3% (Santerre e Neun, 2004, p. 314).

O sistema tributário federal é um fator fundamental para promover o fornecimento de seguro de saúde pelo empregador. A renda na forma de salário é tributada, enquanto a renda na forma de prêmios pagos pelos empregadores para o seguro de saúde não é. Consequentemente o sistema tributário federal dá, na prática, um subsídio ao seguro de saúde fornecido pelo empregador. Para entender por que, suponha que Chandra ganha US$ 50.000 por ano em salários. Suponha também que seus salários são tributados em 35%. Presuma, ainda, que seu empregador não fornece qualquer seguro de saúde; em vez disso, ela compra sua própria apólice por US$ 5.000 por ano.

Agora, suponha que o empregador de Chandra se ofereça para pagar a apólice de seguro de US$ 5.000 por ano, descontando o mesmo valor de seu salário. Para o empregador, é indiferente pagar US$ 5.000 em salário ou em benefícios de seguro de saúde. Mas, para Chandra, há uma diferença. Quando seu salário é reduzido em US$ 5.000, ela não perde US$ 5.000, pois esses US$ 5.000 teriam sido tributados. Em vez disso, ela perde apenas US$ 5.000 dólares menos o imposto que deveria pagar sobre os US$ 5.000. Uma vez que ela teria pago US$ 1.750 em impostos sobre os US$ 5.000 em rendimentos (0,35 × US$ 5.000), quando seu salário é cortado em US$ 5.000, ela perde apenas US$ 3.250 (= US$ 5.000 − US$ 1.750). Em suma, em troca de uma redução de US$ 3.250 em salário após impostos, Chandra economiza US$ 5.000 em pagamento de seguro de saúde. Isso é um bom negócio para ela. Com efeito, a isenção de impostos para o seguro de saúde fornecido pelo empregador reduz o custo de oportunidade do seguro de saúde em termos de salários. Esta é a fonte do subsídio. Outras empresas têm o mesmo incentivo para oferecer seguro de saúde; caso contrário, correm o risco de perder seus funcionários para os concorrentes.

O tamanho do subsídio implícito para o seguro de saúde fornecido pelo empregador é muito grande. De acordo com Burman, Garrett, e Khitatrakun (2008), ele reduz o custo relativo do seguro de saúde fornecido pelo empregador em cerca de 30%. A exclusão do seguro de saúde e da assistência médica fornecidos pelo empregador da base de imposto de renda custa ao Tesouro dos Estados Unidos cerca de US$ 109 bilhões por ano em receitas fiscais não cobradas (Joint Committee on Taxation, 2012, p. 42).

Assim como ocorre com qualquer outra *commodity*, a quantidade de seguro demandada aumenta quando seu preço diminui. Portanto, por causa do subsídio implícito, os trabalhadores querem uma fatia maior de sua remuneração paga sob a forma de seguro de saúde. Consequentemente, os pacotes de seguros de saúde se tornam mais generosos – as franquias diminuem e as apólices de seguro passam mais provavelmente a incluir itens como oftalmologia, acupuntura e tratamentos odontológicos de rotina.

Não há nada de errado em comprar seguro. Como discutimos no Capítulo 9, o seguro tem papel fundamental em permitir que as pessoas se protejam contra os riscos financeiros da doença. No entanto, o Capítulo 9 também mostrou que o seguro pode levar ao consumo excessivo de serviços médicos. Da mesma forma, por encorajar as pessoas a comprar mais seguro, o subsídio implícito pode levar ao consumo excessivo de cuidados de saúde. Embora muitos analistas acreditem, portanto, que os benefícios de saúde oferecidos pelo empregador devem estar sujeitos à tributação, tal mudança é politicamente impopular. Como um dirigente sindical declarou recentemente: "Somos absolutamente contrários a mudanças no tratamento fiscal dos benefícios de saúde de funcionários. Isso colocaria em risco o atual sistema de saúde baseado no empregador, no momento em que estamos tentando sustentá-

-lo "(Pear, 2009). No entanto, um passo nesse sentido foi dado com o Affordable Care Act de 2010. Essa lei estipula que, a partir de 2018, os planos de saúde patrocinados pelo empregador com valores agregados acima de US$ 10.200 para cobertura individual e US$ 27.500 para a cobertura familiar serão tributados a uma taxa de 40%.

Vantagens do seguro de saúde fornecido pelo empregador

Aumentar o *pool* de risco   O Capítulo 9 discutiu como as companhias de seguros reduzem o risco por meio de seu compartilhamento em um *pool* de indivíduos. Quanto mais pessoas no *pool* de seguro, mais previsível será o resultado para a companhia de seguros e, portanto, menor o risco. Uma das vantagens do seguro de saúde fornecido pelo empregador, especialmente para os grandes empregadores, é a possibilidade de reunir um grande grupo de pessoas sob uma apólice de seguro. É claro que uma companhia de seguros pode aumentar o *pool* de segurados oferecendo apólices para pessoas que não trabalham para o mesmo empregador; no entanto, isso poderia levar à seleção adversa se as pessoas de baixo risco não aderissem ao plano.

Reduzir a seleção adversa   Os planos de saúde coletivos, tais como aqueles fornecidos pelos empregadores, também podem reduzir o problema da seleção adversa. Como discutimos no Capítulo 9, os mercados de seguro de saúde avaliados por comunidades podem falhar porque algumas pessoas com risco abaixo da média de ficarem doentes podem sair do mercado. Com a venda de uma apólice para todos os funcionários de uma empresa, as companhias de seguros não têm de se preocupar tanto com a captação de uma seleção adversa de clientes. Assim, a companhia de seguros pode vender o plano de seguro sem ter de dedicar tanto tempo e dinheiro para a triagem das pessoas que se inscrevem no plano.

No entanto, isso só funciona se a escolha de empregador pelo trabalhador não for baseada em seu estado de saúde, uma condição que pode não ser cumprida. Para entender por que, lembre-se de que o seguro de saúde é apenas um componente da remuneração do trabalhador. Permanecendo outros fatores inalterados, uma empresa pode pagar a seus funcionários salários mais altos se oferecer um pacote menos generoso de benefícios de seguro. Os funcionários com risco de doença abaixo da média têm um incentivo para escolher empregadores cujos pacotes incluem uma alta proporção de salário e pouco ou nenhum seguro. Da mesma forma, empresas com benefícios de seguro relativamente generosos terão um quadro de funcionários com riscos mais elevados do que a média. Para pagar os prêmios de seguro para esse grupo de alto risco, os empregadores têm de reduzir o componente salarial do pagamento, tornando o trabalho atraente apenas para pessoas com riscos ainda maiores. Esse típico fenômeno de seleção adversa pode fazer com que menos empresas ofereçam seguro do que o eficiente. Em suma, embora o seguro fornecido pelo empregador possa reduzir a seleção adversa, ele não é capaz de eliminá-la completamente.

Custos administrativos mais baixos   Outra possível vantagem dos planos coletivos sobre os planos individuais é que eles têm menores custos administrativos. O desenvolvimento e a comercialização de um plano de seguro envolve custos fixos, e os planos coletivos podem distribuir esses custos entre seus membros. Não surpreende, então, que os planos coletivos tenham taxas de carregamento mais baixas do que os planos individuais. Em 2000, os prêmios para seguro coletivo eram aproximadamente 19% mais altos do que os benefícios e eram cerca de 50% mais altos do que os benefícios para os planos de seguro individuais. A razão entre prêmios e benefícios diminui à medida em que o número de funcionários no plano coletivo aumenta (Phelps, 2010, p. 349).

Seguro de saúde fornecido pelo empregador e *job lock*

Quando um trabalhador com seguro de saúde fornecido pelo empregador deixa seu emprego, também deixa para trás seu seguro de saúde. Isso gera a possibilidade de que nosso sistema reduza a mobilidade no mercado de trabalho, um fenômeno conhecido como *job lock*. O *job lock* pode prejudicar a eficiência econômica se desencorajar trabalhadores de trocar seus empregos por outros em que poderiam ser mais produtivos.

Estimar a prevalência do *job lock* é um desafio, pois as pessoas que escolhem postos de trabalho com cobertura de seguro de saúde tendem a ser diferentes em muitos aspectos não observáveis daquelas que escolhem empregos sem cobertura de seguro de saúde. Portanto, seria enganoso simplesmente comparar a mobilidade profissional entre esses dois grupos. Uma abordagem alternativa explora o fato de que alguns estados têm leis que exigem que empregadores continuem oferecendo cobertura para ex-funcionários (por um preço), pelo menos por um período. Se a mobilidade é maior em estados com essas leis, permanecendo outros fatores inalterados, isso é coerente com o *job lock*. As evidências são variadas, mas alguns estudos indicam que o *job lock* existe, reduzindo a mobilidade profissional de 25% a 50% (Madrian, 2006, p. 19).

Controle de custos e seguro privado

Até o início da década de 1980, a maioria das apólices de seguro previa pagamentos aos prestadores de atendimento de saúde com base nos custos reais de tratar um paciente, um sistema chamado de **reembolso baseado nos custos ou taxa por serviço**. Lembre-se do Capítulo 9 que um pagamento de terceiros (como a taxa por serviço) contribui para o consumo excessivo de serviços de saúde, pois fornece pouco incentivo à economia; quanto mais recursos dedicados a um paciente, mais dinheiro o prestador de atendimento de saúde recebe.

Em resposta aos altos e crescentes custos do atendimento de saúde, os empregadores passaram a preferir acordos que limitam a utilização e mantêm os preços mais baixos no lado da oferta e não da demanda do mercado. Esses acordos, chamados genericamente de ***managed care***, dão aos provedores de atendimento de saúde incentivos para manter os custos baixos. Um exemplo desse tipo de incentivo é o **reembolso baseado na captação**, em que os prestadores recebem pagamentos anuais por paciente sob seus cuidados, independentemente dos serviços utilizados pelo paciente.

Há vários tipos de *managed care*. Com as **Organizações de Manutenção da Saúde** (HMOs, na sigla em inglês), um grupo de médicos só trabalha para um plano específico e os pacientes podem consultar somente com médicos desse plano. As HMOs, portanto, combinam o financiamento e a prestação de atendimento de saúde em uma organização, fornecendo assistência médica aos inscritos em troca de prêmios pagos antecipadamente. Dentro de uma HMO, o clínico geral fica responsável pela triagem, encaminhando os pacientes a especialistas conforme necessário.

Com as **Organizações Prestadoras de Serviços Preferenciais** (OPPs), um grupo de médicos aceita receber taxas mais baixas para ter acesso a um número constante de pacientes encaminhados pela rede. Os inscritos recebem incentivo para obter atendimento de saúde dos médicos da rede, pois precisam pagar mais (através de co-seguro ou franquia mais caros) se buscam atendimento fora da rede. **Planos de pontos de serviço** (POS) são semelhantes às OPPs no sentido de que fornecem incentivos para consultar com os médicos da rede; no entanto, os planos de POS também atribuem a cada inscrito um clínico geral que faz a triagem, encaminhando os pacientes a especialistas.

Existem muitas variações sobre esses temas. Atualmente, cerca de 99% dos segurados americanos estão em algum tipo de acordo de *managed care*, enquanto que em 1980 esses eram apenas 5%. A maior parte do aumento ocorreu em planos de OPP e de POS. A

---

job lock
Tendência de que os trabalhadores permaneçam em seus empregos a fim de manter a cobertura de seguro de saúde fornecida pelo empregador.

reembolso baseado em custo ou taxa por serviço
Sistema em que os prestadores de serviços de saúde recebem pagamento por todos os serviços solicitados.

managed care
Qualquer de uma série de acordos de atendimento de saúde em que os preços são mantidos baixos pelo controle dos serviços e dos preços praticados pelo lado da oferta.

reembolso baseado em captação
Sistema em que os prestadores de serviços de saúde recebem pagamentos anuais por paciente sob seus cuidados, independentemente dos serviços efetivamente utilizados pelo paciente.

Organização de Manutenção da Saúde
Organização que oferece assistência integral à saúde a partir de uma rede estabelecida de fornecedores, muitas vezes usando reembolso baseado em captação.

Organização Prestadora de Serviços Preferenciais
Organização que dá incentivos aos inscritos para obterem serviços de saúde de uma rede específica de fornecedores.

plano de ponto de serviço
Semelhante à OPP, mas também define um clínico geral para cada inscrito para fazer a triagem e o encaminhamento conforme necessário.

inscrição em OPPs aumentou de 11% dos trabalhadores com cobertura em 1988 para 56% dos trabalhadores com cobertura em 2012; a inscrição em POS aumentou de 7% em 1993 para 24% em 1999 e depois baixou para 9% em 2012 (Kaiser Family Foundation, 2012, Anexo 5.1).

O *managed care* ajudou a conter os custos da saúde? Durante grande parte da década de 1990, parecia que sim. Como vimos na Figura 9.1, a taxa de aumento dos custos de atendimento de saúde manteve-se estável durante a maior parte da década de 1990. Esse fenômeno, entretanto, teve curta duração, e os custos subiram novamente na década de 2000. Uma explicação é que a mudança para o *managed care* levou a uma redução de uma só vez nas despesas, mas os avanços na tecnologia médica continuaram, resultando em um crescimento concomitante das despesas.

O problema com acordos de *managed care* é que, ao criar incentivos para economia nos custos, eles simultaneamente criam incentivos para que os prestadores de atendimento de saúde poupem na qualidade do atendimento. Afinal de contas, o mesmo pagamento é recebido, independentemente dos serviços prestados. No entanto, o trabalho de pesquisa de Cutler (2002) sugere que o estado de saúde não é pior para indivíduos em planos de *managed care*, permanecendo outros fatores inalterados.

▶ FORNECIMENTO DE SEGURO DE SAÚDE PELO GOVERNO: MEDICARE E MEDICAID

O governo desempenha um papel importante no mercado de saúde dos EUA. Ele licencia médicos, monitora ameaças à saúde no ambiente, possui alguns hospitais, patrocina pesquisas sobre a prevenção de doenças e executa programas de imunização infantil, para citar apenas algumas atividades. Como discutimos anteriormente, o governo também subsidia implicitamente o seguro de saúde fornecido pelo empregador. Nosso foco nesta seção são os dois principais programas do governo federal que fornecem seguro de saúde diretamente: Medicare e Medicaid.

Medicare: Visão geral

Elegibilidade Criado em 1965, o programa **Medicare** fornece seguro de saúde para pessoas com idade acima de 65 anos e para portadores de deficiência. Seu objetivo principal é aumentar o acesso a atendimento de saúde de qualidade para os idosos. Depois da Previdência Social, é o maior programa em gastos domésticos. A Figura 10.3 mostra as despesas do programa Medicare ao longo do tempo em termos reais como percentual do Produto Interno Bruto (PIB). Em 2010, as despesas com o Medicare foram de US$ 525 bilhões, o que equivale a 3,6% do PIB. As despesas com o Medicare devem crescer rapidamente, chegando a 6,0% do PIB em 2040 e 6,7% do PIB em 2085 (Centros para os Serviços Medicare e Medicaid, 2012).

O Medicare cobre quase toda a população com 65 anos ou mais e não é dependente da situação sócio-financeira. A única exigência é que a pessoa (ou o cônjuge da pessoa) tenha trabalhado e pago impostos sobre os salários por um período mínimo de 10 anos. Ao contrário da Previdência Social, uma pessoa não pode receber os benefícios do Medicare antes da idade de 65 anos. Atualmente, existem cerca de 40 milhões de inscritos com 65 anos ou mais (Centros para os Serviços Medicare e Medicaid, 2012).[1] O programa é administrado pelo governo federal, e as normas de elegibilidade são as mesmas para todos os estados.

> **Medicare**
> Programa financiado pelo governo federal que fornece seguro de saúde para pessoas com idade acima de 65 anos e para portadores de deficiência.

---
[1] O Medicare também está disponível para pessoas que têm deficiências há pelo menos dois anos e para pessoas com doença renal fatal. Há cerca de sete milhões de inscritos nessa situação.

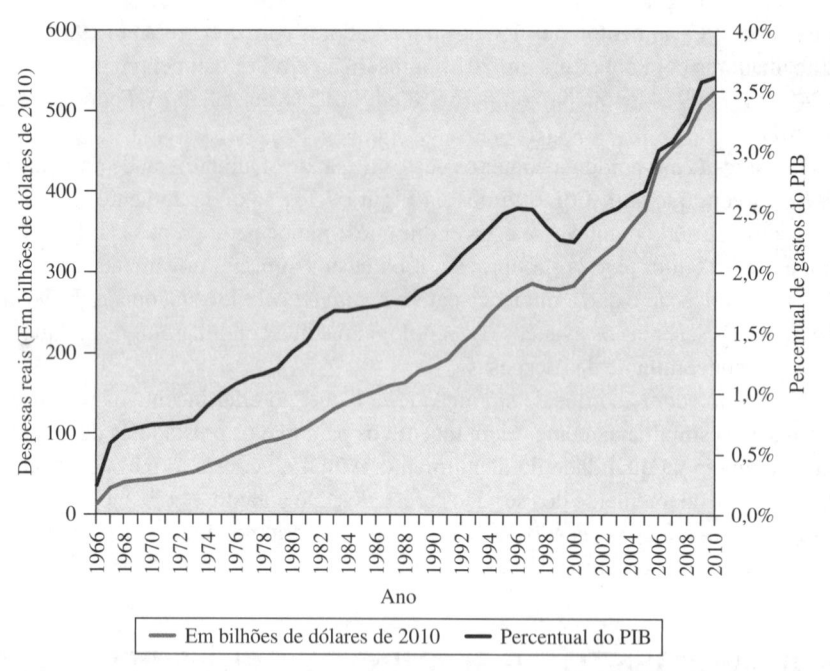

FIGURA 10.3 Despesas do Medicare (1966-2010).
O Medicare é o segundo maior programa em despesas domésticas depois da Previdência Social. Em 2010, as despesas com o Medicare foram de US$ 525 bilhões, o que equivale a 3,6% do Produto Interno Bruto.

Fonte: Centros para os Serviços Medicare e Medicaid (2012c).

Benefícios   Quando um governo decide se envolver no setor médico, deve tomar uma decisão fundamental: os serviços de saúde serão produzidos pelo governo ou pelo setor privado? Diferentes países têm tomado decisões bastante diferentes. No Reino Unido, por exemplo, o governo é proprietário e gerente dos hospitais. Nos Estados Unidos, por outro lado, o atendimento de saúde é fornecido principalmente pelo setor privado. Portanto, o Medicare é um sistema de financiamento da saúde pelo governo, não a produção de serviços de saúde pelo governo.

Os maiores componentes do programa Medicare são conhecidos como Parte A e Parte B (outra parte, D, será discutida posteriormente). A Parte A, que representou cerca de US$ 257 bilhões em despesas em 2011, é um **seguro hospitalar** (HI, na sigla em inglês) (Centros para os Serviços Medicare e Medicaid, 2012, p. 10). A participação no HI é obrigatória. Ela cobre assistência médica hospitalar. O paciente deve pagar uma franquia de internação hospitalar de US$ 1.156 pelos primeiros 60 dias de tratamento. O HI cobre todas as despesas acima desse valor durante os primeiros 60 dias de atendimento. Pelos dias 61 a 90, o paciente deve pagar US$ 289 por dia. Depois de 90 dias, o Medicare não cobre as despesas hospitalares. No entanto, cada inscrito recebe uma reserva adicional de 60 dias por toda a vida, então, para os dias 91 a 150 de internação, o paciente pode receber a cobertura de HI, mas deve pagar US$ 578 por dia. O HI também cobre até 100 dias de atendimento em serviços especializados de enfermagem ao longo da vida, sendo que o paciente deve pagar US$ 144,50 por dia após os primeiros 20 dias.[2]

A Parte B do Medicare, que representou cerca de US$ 225 bilhões em despesas em 2011, é um **seguro médico suplementar** (SMI, na sigla em inglês) (Centros para os Serviços Medicare e Medicaid, 2012, p. 10). Paga por médicos, suprimentos requisitados pelos médicos e por serviços médicos prestados fora do hospital. Ao contrário do HI, o SMI é

seguro hospitalar
Componente Parte A do Medicare que cobre assistência médica hospitalar e é financiado por meio de um imposto sobre os salários.

seguro médico suplementar
Componente Parte B do Medicare que cobre os serviços de médicos e serviços médicos prestados fora do hospital e é financiado por um prêmio mensal e por receitas gerais.

---

[2] A franquia e os co-pagamentos neste parágrafo referem-se ao ano de 2012.

voluntário. Os inscritos devem pagar um prêmio mensal que varia ao longo do tempo e que, em 2012, foi de US$ 99,90. As pessoas que ganham mais de US$ 85.000 (US$ 170.000 para casais) têm agora de pagar prêmios mais elevados, sendo que o tamanho do pagamento aumenta de acordo com a renda. Os pacientes também devem pagar uma pequena franquia anual (US$ 140) e uma taxa de co-seguro de 20%. Cerca de 92% da população elegível escolhe se inscrever no SMI.

Financiamento O HI é financiado por um imposto sobre os rendimentos dos trabalhadores atuais. A taxa é de 1,45% para o empregador e também para o empregado, com um total de 2,90%. O imposto do Medicare se aplica a todos os rendimentos; não há limite máximo. Os valores arrecadados pelo imposto são depositados no fundo fiduciário de HI, a partir do qual os desembolsos para os prestadores de atendimento de saúde são feitos. Desde 2013, um imposto adicional de 0,9% sobre a folha de pagamento é cobrado sobre a renda de salários maiores que US$ 200.000 para declarantes solteiros (US$ 250.000 para declarantes casados), e um imposto de 3,8% é aplicado sobre os rendimentos de investimentos para declarantes solteiros com rendimentos de US$ 200.000 ou mais (e para casais com ganhos de US$ 250.000 ou mais). Os rendimentos do primeiro são depositados no fundo fiduciário de HI, enquanto os recursos do segundo são parte da receita geral do governo. Portanto, o Medicare funciona em grande medida com base em pagamentos atuais. Cerca de 76% das despesas de HI dos aposentados atuais são pagas pelos trabalhadores atuais.

O HI enfrenta desafios fiscais graves. As projeções atuais indicam que os gastos com HI em breve serão maiores do que a receita recolhida por meio do imposto sobre os salários, e a diferença continuará aumentando com o passar dos anos. No longo prazo, portanto, o HI do Medicare enfrenta grandes e crescentes déficits.

Diferentemente do HI, o SMI é financiado principalmente por receitas gerais e não por um imposto sobre os salários.[3] Ao longo dos próximos 10 anos, o pagamento de benefícios de SMI deve aumentar 6,4% ao ano (Centros para os Serviços Medicare e Medicaid, 2012, p. 101). Como é financiado por receitas gerais, não há problema de seu fundo fiduciário tornar-se insolvente. Porém, como discutiremos no Capítulo 11 sobre a Previdência Social, os fundos fiduciários de direito são, essencialmente, dispositivos de contabilidade. Assim como os pagamentos de HI, o dinheiro gasto com o programa de SMI tem um custo de oportunidade em termos de usos não realizados da receita do governo.

Benefício para medicamentos sob prescrição Na época de sua criação na década de 1960, os medicamentos eram um componente relativamente sem importância da assistência de saúde, e o Medicare não cobria medicamentos sob prescrição para seus beneficiados. Desde então, os fármacos vêm se tornando cada vez mais importantes no tratamento de doenças. Em 2010, os americanos gastaram cerca de US$ 266 bilhões em medicamentos prescritos, com mais de 3,6 bilhões de receitas aviadas (Centros para os Serviços Medicare e Medicaid, 2012). O Medicare Prescription Drug, Improvement, and Modernization Act de 2003 acrescentou um benefício para medicamentos sob prescrição ao Medicare (Parte D), que começou no dia 01 de janeiro de 2006.

Em 2011, aproximadamente 36 milhões de idosos se inscreveram no benefício para medicamentos do Medicare, a um custo de US$ 67,1 bilhões (Centros para os Serviços Medicare e Medicaid, 2012, p. 10). Até 2021, cerca de 48 milhões de idosos deverão se inscrever no programa, a um custo de US$ 155,9 bilhões. No longo prazo, as despesas com o benefício para medicamentos do Medicare deverão aumentar de 0,44% do PIB em 2011 para 1,5% do PIB em 2085 (Centros para os Serviços Medicare e Medicaid, 2012b,

---

[3] O SMI também recebe recursos dos prêmios mensais mencionados anteriormente, que são deduzidos diretamente dos benefícios da Previdência Social dos segurados. Originalmente, o objetivo era que o prêmio cobrisse cerca da metade dos custos do programa de SMI. Atualmente, o prêmio cobre cerca de 26% do custo do SMI, de modo que o subsídio federal é grande.

"Rapaz, como estou feliz de ter chegado aqui em cima antes que o Medicare entrasse em baixa." © 2009 Mort Gergerg de cartoonbank.com. Todos os direitos reservados.

p. 122 e 128). Uma questão importante é se o benefício para medicamentos levou ou não a um aumento líquido na cobertura de medicamentos para os idosos. Uma pesquisa recente de Engelhardt e Gruber (2010) sugere que, em grande medida, quando o benefício para medicamentos foi disponibilizado, os idosos simplesmente reduziram sua cobertura de seguro privado para medicamentos. Este é outro exemplo de efeito de *crowding-out* do governo que já vimos em outros contextos, como a educação (Capítulo 7).

Controle de custos do Medicare

Sistemas de pagamento prospectivo (SPPs)   Como discutimos no Capítulo 9, os custos da saúde aumentaram dramaticamente desde a instituição do programa Medicare em 1965. O encargo financeiro do aumento dos custos do atendimento de saúde foi agravado com o **sistema de pagamento retrospectivo** de compensação originalmente usado pelo Medicare. No sistema retrospectivo, um hospital prestava assistência ao beneficiário do Medicare (Parte A) e, depois da conclusão do atendimento, o hospital apresentava a conta ao Medicare para reembolso. Esse sistema de pagamento de terceiros fornecia pouco incentivo para a economia nos custos dos serviços médicos.

Diante de custos que aumentavam rapidamente, em 1983, o Medicare mudou para um **sistema de pagamento prospectivo** (SPP), que define um nível de reembolso fixo antes do período para o qual o atendimento é fornecido. O sistema de pagamento prospectivo do Medicare funciona por meio da classificação de cerca de 500 **grupos de diagnósticos relacionados** (GDRs). Cada paciente do Medicare Parte A é incluído em um GDR no momento da admissão no hospital, e o pagamento prospectivo é definido de acordo com a classificação do GDR. O pagamento para cada GDR é determinado por um padrão nacional para o custo de tratamento do diagnóstico, com ajustes para fatores que contribuem para diferenças de custos entre hospitais.

Muito parecido com o uso de pagamentos por captação, é um incentivo para que os hospitais controlem os custos. Se um hospital gasta menos com um paciente do que o valor coberto pelo SPP, ele fica com a diferença. Se, em vez disso, gasta mais com o atendimento

---

sistema de pagamento retrospectivo

Sistema de pagamento que costumava ser usado pelo programa Medicare Hospital Insurance, no qual a compensação é paga após a conclusão do atendimento e, portanto, oferece pouco incentivo para economia de custos.

sistema de pagamento prospectivo

Sistema de pagamento utilizado atualmente pelo programa de seguro hospitalar do Medicare, no qual o nível de compensação é definido antes do momento de prestação do atendimento.

grupos de diagnósticos relacionados

Sistema de classificação utilizado para determinar os pagamentos de compensação prospectiva no programa de seguro hospitalar do Medicare.

de um paciente do que estipulado pelo SPP, não é compensado pela diferença. De fato, há evidências de que o tempo de internação em hospitais diminuiu após a introdução do SPP na década de 1980. O tempo médio de permanência para pacientes do Medicare em hospitais de curta internação foi de 10,5 dias em 1981 (antes do SPP), 9,1 dias em 1984 (enquanto o SPP estava sendo implantado) e 8,5 dias em 1985 (depois que o SPP estava plenamente em vigor). Esse declínio no tempo de internação não parece ter ocasionado resultados de saúde piores. Além disso, as taxas de readmissão hospitalar e as taxas de mortalidade de pacientes não aumentaram após a introdução do SPP (Phelps, 2010).

Embora o SPP tenha inicialmente diminuído o ritmo de crescimento das despesas hospitalares do Medicare, com o passar do tempo as despesas começaram a crescer novamente. Este é exatamente o mesmo padrão que foi observado com a introdução do *managed care* no setor privado – uma desaceleração temporária do crescimento seguida pelo retorno de um aumento substancial. Como no caso do *managed care*, isso ocorreu em parte em razão do aumento de custos devido a mudanças na tecnologia. Outro motivo foi que os hospitais aprenderam a burlar o sistema – começaram a classificar os pacientes em categorias de GDR mais caras, uma prática conhecida como "deformação do GDR". Por exemplo, um hospital recebe maior remuneração do Medicare simplesmente por diagnosticar "pneumonia bacteriana" em vez de "pneumonia viral".

A fim de limitar o custo do Medicare Parte B, em 1989, o Congresso instituiu uma mudança no pagamento por serviços médicos. O sistema fundamenta-se no **sistema de escala de valor relativo baseado em recursos**, que é um conjunto de valores relativos baseado no tempo e no esforço de trabalho médico para vários serviços médicos. O sistema determina os honorários dos médicos com base nesses valores relativos, em uma tentativa de dar aos médicos um incentivo para manter os custos baixos. Embora este sistema seja um passo em direção ao pagamento prospectivo, ele ainda define o pagamento por serviço, não por paciente. Assim, ainda falta incentivo para que os médicos economizem nos custos.

Observe que, na prática, o sistema de escala de valor relativo baseado em recursos é um controle de preços – o governo, em vez do mercado, estabelece um preço para cada serviço. De fato, desde a década de 1980, o controle de preços sobre os médicos que tratam pacientes do Medicare é parte fundamental da estratégia do governo para conter os custos do Medicare. Por exemplo, o Medicare Parte B congelou honorários por longos períodos e estabeleceu padrões de desempenho de volume que definem uma taxa de crescimento aceitável para os gastos com serviços médicos a cada ano, com penalidades caso a meta seja ultrapassada. Esses controles de preços são complicados de administrar (existem mais de 100.000 páginas de regulamentos do Medicare) e tendem a ter efeitos colaterais indesejáveis. Neste contexto, uma grande preocupação é que os controles tornam os prestadores de atendimento de saúde menos dispostos a tratar os pacientes do Medicare. Por exemplo, depois que o Medicare anunciou uma redução geral de 5,4% nos reembolsos de médicos em 2002, uma quantidade substancial de consultórios médicos simplesmente deixou de aceitar pacientes do Medicare, incluindo a filial de Jacksonville, Flórida, da Mayo Clinic (Rosenberg, 2002, p. 11). O uso de controles de preços também pode inibir o desenvolvimento de novas tecnologias médicas que melhoram a qualidade do atendimento de saúde. Como discutido no Capítulo 9, o aumento dos custos não é necessariamente ruim se reflete melhorias no atendimento de saúde pelas quais os pacientes estariam dispostos a pagar.

> **sistema de escala de valor relativo baseado em recursos**
>
> Conjunto de valores baseado no tempo e no esforço de trabalho médico usado para determinar os honorários de médicos no componente de seguro médico suplementar do Medicare.

Medicare: impacto sobre os gastos e saúde

Demonstramos que o Medicare é um programa governamental caro e que seus custos seguem crescendo, mesmo depois de muitos esforços de contenção. Que benefícios todo esse gasto criou?

Para responder a pergunta, a primeira questão é saber se o Medicare realmente aumentou os gastos com atendimento de saúde para os idosos. Uma maneira simples de obter uma resposta seria comparar os gastos com saúde de idosos antes e depois da introdução do Medicare. Porém, isso não seria muito esclarecedor, pois outros fatores mudaram ao longo do tempo que podem ter causado essas diferenças. Por exemplo, um aumento na taxa de avanço tecnológico durante esse período contribuiria para despesas médicas mais altas independentemente do Medicare.

Para fornecer uma resposta mais complexa, Finkelstein (2005) explora o fato de que, antes da introdução do Medicare, havia diferenças significativas na cobertura de seguro de saúde privado em todas as regiões geográficas. Por exemplo, na Nova Inglaterra, metade da população idosa tinha seguro de saúde antes do Medicare, em comparação com apenas 12% da população de idosos no centro-sudeste dos Estados Unidos. Como resultado, para algumas regiões, a instituição do Medicare levou a grandes mudanças na cobertura de seguro para os idosos, enquanto em outras, as mudanças foram sutis. Finkelstein utiliza essa variação para estimar os impactos sobre diferentes tipos de despesas médicas. Especificamente, se as despesas cresceram mais em regiões onde o Medicare gerou os maiores aumentos na cobertura, é razoável atribuir as diferenças ao Medicare. Ela constata que, de fato, a introdução do Medicare levou a um aumento substancial nos gastos. Por exemplo, durante os primeiros cinco anos do Medicare, as despesas totais com hospitais aumentaram 23%.

Esse aumento nos gastos com saúde melhorou os resultados de saúde? Em um estudo que também se baseia na variação geográfica na cobertura de seguro antes do Medicare, Finkelstein e McKnight (2005) chegam à conclusão, talvez inesperada, de que a introdução do Medicare não teve impacto sobre as taxas de mortalidade entre os idosos. A conclusão pode ser menos surpreendente quando nos lembramos do Capítulo 9 que, em outros contextos, demonstra que a ligação entre a cobertura de seguro de saúde e o estado de saúde não é tão forte como se poderia supor. Finkelstein e McKnight sustentam sua conclusão apresentando evidências de que idosos com doenças fatais recebiam atendimento de saúde antes do Medicare, mesmo se não tivessem seguro. Skinner, Fisher e Wennberg (2005) fornecem outras evidências de que a relação entre o Medicare e os resultados de saúde é tênue. Constatam que há uma variação regional expressiva em termos de despesas do Medicare, mas que as áreas que gastam mais não apresentam melhores resultados de saúde para os idosos. Seus resultados sugerem que cerca de 20% das despesas do Medicare parecem não oferecer qualquer benefício em termos de sobrevivência.

O fato de que o Medicare produziu pouco ou nenhum impacto sobre o estado de saúde significa que ele não trouxe benefícios? De modo algum. Como vimos no Capítulo 9, a eliminação ou redução do risco gera melhorias reais no bem-estar das pessoas. Finkelstein e McKnight estimam que, reduzindo o risco de grandes despesas de saúde pagas pelo paciente, o Medicare gera um benefício anual de cerca de US$ 500 por beneficiário, ou cerca de US$ 10 bilhões por ano (dólares do ano 2000). Em um estudo relacionado, McClellan e Skinner (2005) constatam que esses benefícios de redução de riscos se deram principalmente para as pessoas de baixa renda, o que sugere que o programa tem um papel redistributivo. Em conjunto, essas pesquisas sugerem que o real benefício do Medicare foi reduzir o risco para a população idosa, não melhorando sua saúde em si.

Medicaid: Visão geral

Medicaid

Programa de seguro de saúde financiado pela federação e pelo estado para os pobres.

Elegibilidade O **Medicaid** é, de longe, o maior programa do governo em gastos para pessoas de baixa renda. Administrado em conjunto pelos governos federal e estadual, o Medicaid foi criado em 1965 para fornecer seguro de saúde para os beneficiários dos programas de assistência social em dinheiro. No entanto, a legislação da década de 1980 ampliou a elegibilidade ao Medicaid para incluir crianças de famílias de baixa renda com pai e mãe. Crianças e mulheres grávidas em famílias com rendimentos substancialmente acima da linha de pobreza também podem ser incluídas, quer as famílias recebam ou não assistência social em dinheiro.

Em 1997, o Congresso aprovou o **Programa Estadual de Seguro de Saúde Infantil** (SCHIP), que permitiu que os estados expandissem ainda mais a elegibilidade ao Medicaid para crianças com renda familiar acima dos limites do Medicaid. Cada estado pode receber fundos do SCHIP sob a condição de que adote um plano aprovado para reduzir o número de crianças sem seguro. Os estados podem escolher expandir a cobertura por meio de seu programa Medicaid existente ou desenvolver um novo programa de seguro para as crianças.

As expansões de elegibilidade nas décadas de 1980 e 1990 contribuíram para um grande aumento no número de beneficiários. Em 1990, havia 22,9 milhões de beneficiários; em 2009, esse número havia mais do que duplicado para 62,4 milhões (incluindo o SCHIP), sendo que 48% dos beneficiários eram crianças (Centros para os Serviços Medicare e Medicaid, 2012). O aumento do número de beneficiários foi acompanhado pelo aumento dos custos do programa. A Figura 10.4 mostra as despesas federais e estaduais combinadas do Medicaid e do SCHIP ao longo do tempo, em termos reais e em percentagem do Produto Interno Bruto (PIB). Em 2010, as despesas foram de US$ 413 bilhões, o que equivale a 2,8% do PIB (Centros para os Serviços Medicare e Medicaid, 2012c).

Financiamento e administração O Medicaid é financiado conjuntamente pelos governos federal e estadual. O governo federal fornece aos governos estaduais determinada percentagem de fundos de contrapartida para cobrir os custos. Esses fundos de contrapartida são maiores para estados com rendas relativamente baixas, variando de 50% de cobertura federal para estados de renda alta a 83% de cobertura federal para estados de baixa renda. A contribuição do governo federal vem de receitas gerais e não de um imposto sobre os salários.

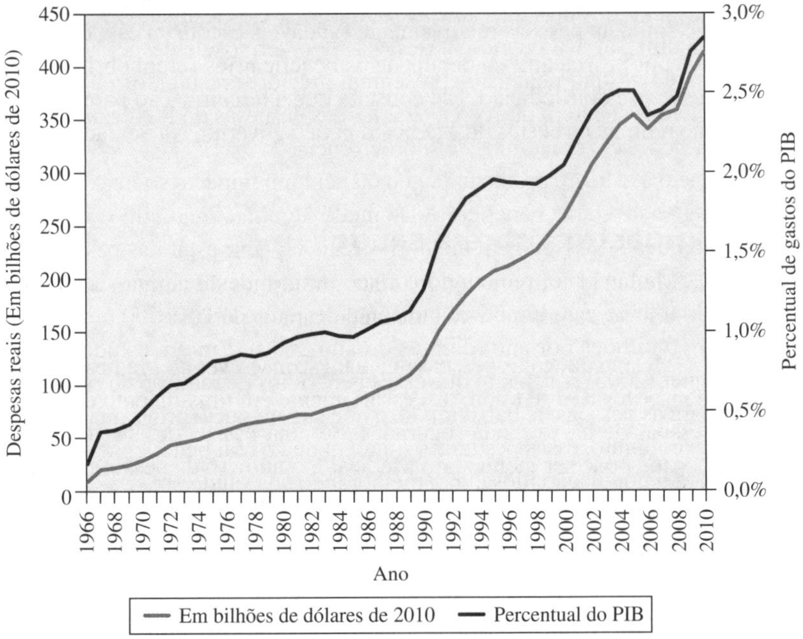

> **Programa Estadual de Seguro de Saúde Infantil (SCHIP, na sigla em inglês)**
>
> Programa que expandiu a elegibilidade para o Medicaid, incluindo algumas crianças com renda familiar acima dos limites do Medicaid.

FIGURA 10.4 Despesas do Medicaid (1966–2010).
O Medicaid vem crescendo ao longo do tempo. Em 2010, as despesas federais e estaduais combinadas do Medicaid e do SCHIP eram de US$ 413 bilhões, o que equivale a 2,8% do Produto Interno Bruto.

Fonte: Centros para os Serviços Medicare e Medicaid (2012c).

O Medicaid é administrado pelos estados individuais. Para receber os recursos federais, cada estado deve permitir elegibilidade para determinados grupos, incluindo a maioria dos beneficiários de assistência social federal, crianças menores de seis anos ou mulheres grávidas com renda familiar igual ou inferior a 133% da linha de pobreza, todos os menores de 19 anos em famílias com renda igual ou inferior à linha da pobreza. No entanto, os estados têm o poder de expandir a elegibilidade, o que leva a variações entre os estados. A lei de saúde aprovada em 2010 aumentou os incentivos para que os estados fornecessem cobertura do Medicaid para todos os indivíduos com renda igual ou menor que 133% da linha da pobreza.

Benefícios Cada estado deve também oferecer um nível mínimo de benefícios que cubram os principais serviços médicos, como consultas médicas e visitas ao hospital, atendimento pré-natal e vacinação infantil. Os estados podem oferecer benefícios mais generosos, e a maioria inclui uma ampla gama de serviços médicos para que os beneficiários tenham nenhuma ou quase nenhuma despesa do próprio bolso.

Os estados têm certa flexibilidade no que diz respeito à forma como o programa é administrado. Podem, por exemplo, instituir sistemas de taxa de captação, nos quais é fornecida assistência médica para determinado indivíduo ou conjunto de indivíduos por planos de *managed care* privados por uma taxa mensal fixa. Uma das razões para tais sistemas é manter os custos baixos. No entanto, a redução de custos pode não se concretizar se o pagamento por captação exceder o montante que teria sido gasto com o beneficiário se este tivesse permanecido no Medicaid tradicional. Estimar a redução de custos é difícil, pois as pessoas que escolhem o *managed care* do Medicaid provavelmente diferem em aspectos não observáveis daquelas que não o escolhem, e essas diferenças podem conduzir às diferenças de custo.

Para resolver esse problema, Duggan (2004) utiliza um experimento natural fornecido pelo sistema Medicaid da Califórnia. Em alguns condados da Califórnia, os beneficiários do Medicaid são *obrigados* a inscrever-se no plano de *managed care*, então não é preciso temer que somente pessoas relativamente saudáveis escolham esta opção. Duggan compara os gastos por pessoa antes e depois de os beneficiários serem obrigados a se inscrever no *managed care* do Medicaid. Ele constata que a terceirização para programas de *managed care* não reduziu os custos do Medicaid para o governo. Na verdade, isso aumentou os custos.

Medicaid: impactos sobre a saúde

Mostramos que o Medicaid vem crescendo, tanto em termos de número de beneficiários quanto em custos. Isso se traduziu em melhor saúde para os pobres?

Crowding-out Mesmo que mais pessoas decidam se inscrever no Medicaid, um aumento no número de inscritos não se traduz necessariamente em um aumento correspondente no número de pessoas de baixa renda seguradas. Se uma pessoa desiste de um plano de seguro privado porque pode ser incluída no Medicaid, o número de pessoas seguradas não muda. Com efeito, o seguro público gera um efeito de **crowding-out** no seguro privado. Isso é ilustrado na Figura 10.5, que examina o impasse entre ter seguro de saúde e todos os outros bens, sendo o seguro de saúde medido pelo seu nível de generosidade. Na ausência de seguro de saúde público, a restrição orçamentária é a linha AC.

Agora, suponha que o governo fornece seguro de saúde gratuito e que este não pode ser revendido no mercado. O plano de seguro do governo fornece M unidades de cobertura de seguro. Considere também que não é possível que uma pessoa que recebe o seguro do governo adquira um seguro privado suplementar mais generoso. Como a introdução do

---

crowding-out

Quando o fornecimento público de um bem leva a uma redução no fornecimento privado do bem.

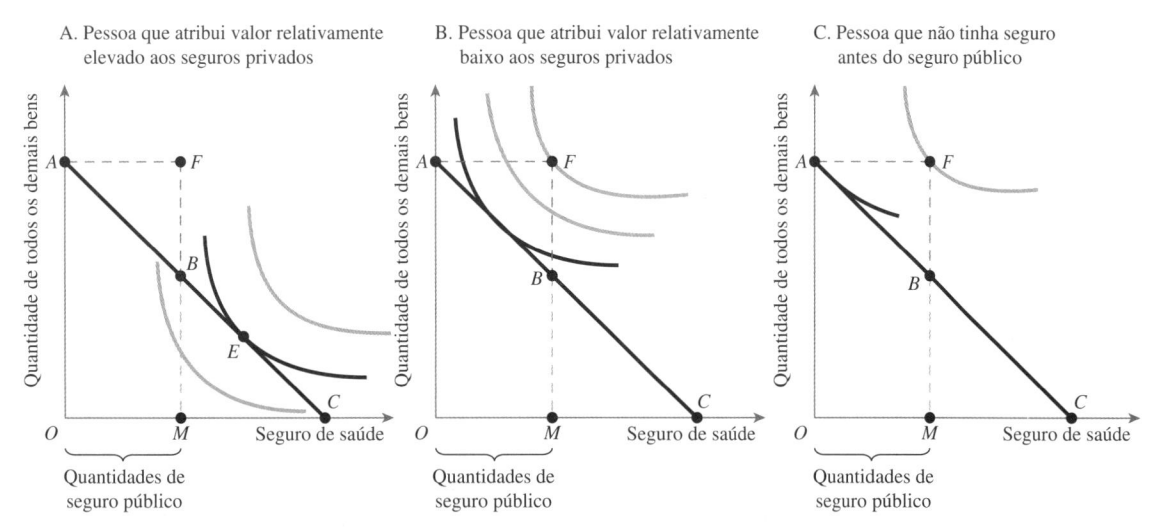

FIGURA 10.5 O seguro público causa efeito de *crowding-out* no seguro privado?
No Painel A, a introdução do seguro público não tem impacto sobre a cobertura de seguro privado. No Painel B, a introdução do seguro público causa efeito de *crowding-out* no seguro privado. O Painel C mostra as preferências de alguém que não tinha seguro privado, mas adquire seguro público depois que esse é introduzido.

seguro público gratuito altera a restrição orçamentária? Como os beneficiários do Medicaid não podem comprar um seguro privado suplementar, quem aceita este seguro público deve consumir exatamente M unidades de seguro. Esta opção é representada por um único ponto F, em que o consumo de seguro é M, e os beneficiários podem gastar toda a sua renda em todos os outros bens. Se quiserem mais seguro do que M, deverão renunciar ao plano de governo e voltar à restrição orçamentária original.

Como esse fornecimento público afeta a quantidade total de seguro obtida por pessoas físicas? O Painel A mostra as curvas de indiferença para alguém que atribui um alto valor ao seguro privado, de modo que essa pessoa está disposta a abrir mão de vários outros bens para obter a cobertura de seguro mais generosa. A introdução de um seguro público não afeta essa pessoa, pois ela escolhe o ponto E independentemente do fornecimento de seguro pelo governo. O Painel B, por sua vez, mostra as curvas de indiferença para alguém que atribui um valor mais baixo ao seguro privado. Essa pessoa abre mão da cobertura de seguro privado para obter o seguro público gratuito no nível M. Neste caso, o seguro público causa efeito de *crowding-out* no seguro privado. Finalmente, o Painel C mostra uma pessoa que não tem seguro privado, mas escolhe o seguro público depois que este é disponibilizado.

Como o Medicaid é fornecido gratuitamente (para o beneficiário), podemos esperar algum efeito de *crowding-out*. A questão fundamental, então, é se a situação descrita no Painel B é comum ou não. Quando o Medicaid começou, o cenário do Painel B não era nada típico. A população do Medicaid era tão pobre que a maioria dos beneficiários não tinha qualquer tipo de seguro privado para abandonar. Mas, conforme a elegibilidade foi expandida ao longo dos anos, o efeito de *crowding-out* tornou-se uma preocupação muito séria. Uma vez que o objetivo de expandir o Medicaid é aumentar a cobertura de seguro para os pobres ou quase pobres, o efeito de *crowding-out* certamente precisa ser levado em consideração pelos decisores políticos ao considerarem uma maior expansão. Dito isto, devemos observar que o *crowding-out* não é necessariamente algo ruim, pois libera renda para que as famílias gastem em outros itens, por exemplo, incluindo melhor nutrição ou habitações mais seguras, o que pode melhorar a saúde da criança.

> **EVIDÊNCIA EMPÍRICA**
>
> **As expansões do Medicaid são eficazes?**
>
> O efeito de *crowding-out* é uma preocupação importante? As inscrições no Medicaid vêm aumentando desde a década de 1980, ao passo que a cobertura de seguro privado vem caindo. Embora isso esteja de acordo com a hipótese de *crowding-out*, é difícil avaliar a causalidade, pois outras mudanças na economia dos Estados Unidos na época poderiam ter levado ao aumento das inscrições no Medicaid e à queda nas inscrições em seguro privado. Por exemplo, o percentual de trabalhadores na indústria (que tradicionalmente fornecia pacotes de seguro com benefícios menos generosos) estava diminuindo ao mesmo tempo.
>
> A fim de estimar a extensão do efeito de *crowding-out*, vários estudos utilizam modelos de pesquisa quase-experimental que se baseiam em mudanças nos requisitos de elegibilidade. Um desses experimentos naturais, analisado por Finkelstein et al. (2011), baseou-se em um sorteio administrado pelo estado de Oregon para escolher quais pessoas em uma lista de espera poderiam entrar no Medicaid. Esta foi a primeira vez que a atribuição aleatória foi utilizada para a cobertura do Medicaid. Os autores descobriram que, em comparação com os indivíduos que perderam no sorteio, os selecionados para o Medicaid tinham uso substancialmente maior de atendimento de saúde, menores despesas médicas do próprio bolso e dívidas médicas e relatavam ter melhor estado de saúde.

▶ AFFORDABLE CARE ACT DE 2010

Este capítulo discutiu vários esforços dos Estados Unidos para alcançar o duplo objetivo de expandir o acesso ao seguro de saúde e controlar os custos da saúde. Demonstramos que esses esforços frequentemente estão em conflito com o objetivo de eficiência, apresentando, portanto, difíceis impasses para a sociedade. Apesar das inúmeras alterações em políticas, muitos comentaristas acreditam que os custos ainda estão crescendo muito rapidamente, que o número de pessoas com seguro não é suficiente e que todo o sistema é ineficiente e desigual. Em 2010, o Presidente Obama assinou a lei do Affordable Care Act (ACA), que buscava responder a esses desafios por meio da expansão dos programas existentes e determinando que todos comprassem seguro de saúde.

Para lidar com o problema dos sem seguro, o ACA determina que a maioria dos cidadãos e residentes legais devem ter seguro de saúde. Isso é aplicado pela cobrança de um imposto dos empregadores com 50 ou mais funcionários em tempo integral se eles não oferecem seguro e pela imposição de uma penalidade para indivíduos que não obtêm cobertura. O ACA estabelece intercâmbios de seguros de saúde, que são conjuntos de planos de saúde padronizados oferecidos pela rede privada, regulados pelos estados (sujeitos a algumas exigências federais) entre os quais as pessoas podem escolher. Subsídios na forma de créditos fiscais são fornecidos aos indivíduos que compram seguro através de intercâmbios de seguros de saúde, desde que seus rendimentos estejam entre 133% e 400% da linha de pobreza federal. A fim de expandir a cobertura para pessoas com renda menor que 133% da linha de pobreza federal, o ACA fornece financiamento federal aos estados para que expandam a cobertura do Medicaid adequadamente. O governo federal financia o custo total dessa expansão do Medicaid de 2014 até 2016 e, depois, lentamente reduz para 90% o financiamento federal até 2020. De acordo com uma decisão da Suprema Corte, os estados não podem ser obrigados a participar dessa expansão do Medicaid.

Por fim, o ACA limita o crescimento dos gastos per capita do programa Medicare a um ponto percentual acima da inflação. Caso o limite seja ultrapassado, o ACA determina que um Conselho Consultivo de Pagamento Independente deverá apresentar propostas legislativas contendo recomendações para o corte de pagamentos aos fornecedores do Medicare, a fim de reduzir o crescimento dos gastos per capita.

O ACA foi um longo e complicado projeto de lei (com mais de 2.700 páginas!) e continua sendo politicamente controverso. As principais disposições entram em vigor somente em 2014, e há uma grande incerteza sobre como algumas de suas disposições serão implementadas. Portanto, ainda levará algum tempo até que os economistas possam avaliar os impactos da lei sobre acesso ao atendimento de saúde, custo da cobertura e orçamento federal.

Caminhos alternativos para a reforma da saúde

A aprovação do Affordable Care Act não encerrou o debate sobre a reforma da saúde. Em alguns aspectos, as discussões sobre a melhor abordagem se intensificaram desde a sua aprovação. Agora, discutiremos dois caminhos alternativos para a reforma que se destacam no debate.

Abordagem de único pagador

Esta opção de reforma acabaria com o mercado de seguro de saúde atual e o substituiria por um único provedor de seguro de saúde. O sistema de único pagador seria financiado pelos impostos e proporcionaria a todos os cidadãos, independentemente de renda ou estado de saúde, um conjunto específico de serviços de saúde, sem custo direto (ou com baixo custo) para o segurado.

Experiências internacionais Variantes da abordagem de único pagador são utilizadas no Canadá e em vários países europeus. No Canadá, os serviços de saúde são fornecidos pelo setor privado, com reembolsos negociados pelo governo. No Reino Unido, os serviços de saúde são fornecidos pelo setor público através do Serviço Nacional de Saúde. Talvez a maneira mais fácil de pensar sobre a implementação de um sistema de único pagador nos Estados Unidos seja ampliar o Medicare para toda a população.

O fato de que os sistemas de único pagador não impõem aos indivíduos o custo incremental de seu próprio atendimento é uma grande virtude na opinião de seus proponentes e uma grande falha na opinião de seus críticos. Os defensores acreditam que as abordagens orientadas para o mercado são anti-éticas – as pessoas doentes não devem ser forçadas a tomar decisões de custo-benefício sobre o atendimento de saúde que recebem. Os defensores também admiram o aspecto de acesso universal do programa. Esta posição assume o igualitarismo de *commodity*, que afirma que todos devem ter acesso a serviços médicos, independentemente do custo.

Como os pacientes pagam pouco ou nada pelo atendimento nos sistemas de único pagador, esses sistemas devem utilizar outros mecanismos para racionar os serviços de saúde. No Reino Unido e no Canadá, o racionamento é feito por meio da imposição de restrições do lado da oferta do sistema. No Reino Unido, os pacientes devem visitar o clínico geral, que é pago por captação pelo governo. O clínico geral serve para fazer uma triagem para o sistema de saúde, decidindo sobre a necessidade de encaminhar pacientes para o hospital a fim de receberem cuidados mais especializados. Os hospitais, por sua vez, decidem como alocar os serviços aos pacientes. No Reino Unido, as decisões de alocação são tomadas de maneira que as pessoas tenham fácil acesso a atendimento básico e de emergência, mas longo tempo de espera e acesso limitado a atendimento especializado e a novas tecnologias (Folland, Goodman e Stano, 2006).

Os serviços de saúde no Canadá são, em sua maioria, fornecidos por médicos particulares que recebem pagamentos por serviço; no entanto, os preços são limitados pelos governos regionais. Com efeito, o sistema canadense de único pagador controla os custos por meio de controles diretos sobre os preços dos serviços médicos. Parece, porém, que nem o sistema de racionamento do Reino Unido nem o sistema canadense foram totalmente eficazes no controle de custos: como vimos no Capítulo 9, os custos da saúde estão aumentando nesses países, assim como nos Estados Unidos.

Não surpreende, portanto, que o racionamento de serviços por sistemas de único pagador leve à crítica de que esses sistemas permitem que o governo – em vez dos pacientes e dos médicos individuais – decidam que serviços de saúde fornecer em determinada situação. Por exemplo, o percentual de homens que receberam um exame de câncer de próstata é muito maior nos Estados Unidos do que na Suécia e na França, levando a um declínio mais rápido na mortalidade pela doença nos Estados Unidos (Preston e Ho, 2009). Da mesma forma, no Canadá, há "cada vez mais reclamações sobre as longas filas para diagnóstico e cirurgia . . . [e] confiança pública cada vez menor no sistema de saúde nacional do Canadá". Um estudo descobriu que o valor de salários perdidos devido à espera por cirurgias não emergenciais no sistema canadense chegava a US$ 3.500 por paciente (Prior, 2012). Como consequência, há um "movimento crescente em direção a serviços médicos de gestão privada e a taxas de utilização, em troca de um serviço mais rápido" (Krauss, 2003, p. A3).

Algumas das vantagens e das desvantagens dos sistemas de único pagador do Reino Unido e do Canadá em relação ao sistema norte-americano podem ser vistas na Tabela 10.1. As despesas de saúde per capita nos Estados Unidos são cerca de duas vezes superiores às do Canadá e às do Reino Unido. Os custos administrativos também são consideravelmente mais altos nos Estados Unidos. No entanto, o sistema norte-americano fornece muito maior acesso a tecnologias inovadoras. Por exemplo, as unidades de ressonância magnética (MRI) são fornecidas em quantidade mais de três vezes maior nos Estados Unidos do que no Reino Unido ou no Canadá. Da mesma forma, apenas 7% dos pacientes nos Estados Unidos esperam mais de quatro meses por cirurgias eletivas, em comparação com 21% e 25% no Reino Unido e no Canadá, respectivamente.

Os defensores de sistemas de único pagador salientam que, embora o sistema americano relativamente caro proporcione maior acesso a tecnologias médicas inovadoras e curtos tempos de espera por atendimento especializado, esses benefícios não se traduzem em melhores resultados de saúde nos Estados Unidos. De fato, como mostra a Tabela 10.1, a expectativa de vida é menor e a mortalidade infantil é maior nos Estados Unidos do que no Reino Unido e no Canadá. É claro que, como discutido no Capítulo 9, os resultados de saúde em diferentes países dependem de fatores culturais e comportamentais, além das despesas de saúde. Isso torna difícil resolver o debate sobre os méritos relativos dos vários sistemas de saúde.

TABELA 10.1 Custos da saúde e resultados de saúde para Canadá, Reino Unido e Estados Unidos

	Canadá	Reino Unido	Estados Unidos
Despesas com saúde (dólares per capita)	US$ 4.445	US$ 3.433	US$ 8.233
Custos administrativos (dólares per capita)	US$ 144	US$ 74	US$ 570
Ressonância magnética (por milhão de pessoas)	8,2	5,9	31,6
Espera > 4 meses por cirurgia eletiva (percentual com necessidade de cirurgia)	25%	21%	7%
Expectativa de vida no nascimento (anos)	80,8	80,6	78,7
Taxa de mortalidade infantil (por 1.000 nascidos vivos)	5,1	4,2	6,1

Fontes: Organização para a Cooperação e Desenvolvimento Econômico 2012b e Fundo Commonwealth (2010).
Observação: todos os dados referem-se aos anos de 2008 ou 2010, com exceção dos custos administrativos do Reino Unido, que referem-se ao ano de 1999. Os valores em dólares são dados em dólares de 2010.
As despesas per capita e os custos administrativos são consideravelmente mais elevados nos Estados Unidos que no Canadá e no Reino Unido. No entanto, os Estados Unidos fornecem maior acesso a tecnologias inovadoras. Por outro lado, os Estados Unidos têm menor expectativa de vida e mortalidade infantil mais elevada.

Abordagem orientada para o mercado

O objetivo das abordagens orientadas para o mercado na reforma da saúde é reduzir os custos e aumentar o acesso, tirando proveito do poder da concorrência. Existem muitas dessas propostas, mas um componente comum à maioria delas é um subsídio fixo concedido pelo governo para os consumidores, que pode ser usado para comprar seguro de saúde de uma empresa privada. Assim, por exemplo, um indivíduo poderia receber um subsídio na forma de uma redução em seu imposto de renda (conhecida como crédito fiscal), que poderia ser usada para comprar qualquer apólice de seguro de saúde privado aprovada.

E se os trabalhadores quisessem comprar uma apólice de seguro que custa mais do que o subsídio? Eles também poderiam fazer isso, mas teriam de pagar do próprio bolso a diferença acima do crédito fiscal. Da mesma forma, aqueles que optassem por planos de baixo prêmio ficariam com o valor economizado. De acordo com essa proposta, o crédito fiscal substituiria a isenção do seguro de saúde fornecido pelo empregador de tributação federal. Na opinião de seus proponentes, eliminar o subsídio para o seguro fornecido pelo empregador e substituí-lo por um sistema que dá aos consumidores incentivo para procurar planos mais baratos levaria a apólices com franquias menores e com taxas de co-seguro mais altas. Com mais investimento próprio em jogo, os consumidores seriam mais conscientes em relação aos custos ao escolherem serviços médicos, o que tenderia a reduzir os custos da saúde. Os proponentes argumentam ainda que dar aos consumidores maior poder de escolha no mercado de atendimento de saúde promoveria a concorrência entre as seguradoras, levando a custos mais baixos e a mais inovação na prestação de serviços de saúde.

Uma perspectiva semelhante poderia ser usada para reformar o Medicare. O governo forneceria um nível fixo de financiamento, muitas vezes conhecido como "auxílio-prêmio", que os beneficiários poderiam usar para comprar seguro de várias empresas diferentes. O auxílio-prêmio seria fixado em um valor alto o suficiente para pagar um plano padrão do Medicare, fornecendo um conjunto de benefícios pré-determinados regulados pelo governo. Como o crédito fiscal, o auxílio-prêmio incentivaria os beneficiários a procurarem o plano com melhor relação custo-benefício.

Os opositores da inclusão de mais elementos competitivos no sistema de saúde argumentam que os consumidores não têm informações suficientes para fazer escolhas sensatas entre as alternativas. Outro grande desafio enfrentado por todas as abordagens à reforma orientadas para o mercado, é lidar com as pessoas com patologias pré-existentes. Uma companhia de seguros que buscasse aumentar ao máximo os lucros do seguro poderia não estar disposta a vender uma apólice para uma pessoa gravemente doente, ou poderia cobrar um prêmio alto demais, fora do alcance dessa pessoa. Diversas soluções foram propostas para esse problema. Uma dessas soluções seria exigir que as seguradoras oferecessem cobertura para os trabalhadores que passassem diretamente de um plano fornecido pelo empregador para uma apólice individual (na verdade, a legislação existente permite que trabalhadores que mudam de emprego mantenham a cobertura por meio de outro plano fornecido pelo empregador). Para evitar que as pessoas com patologias pré-existentes sejam excluídas do mercado por preços altos demais, o governo poderia estabelecer limites para os prêmios e, depois, fornecer subsídios para compensar as perdas das seguradoras. Como acontece com qualquer proposta deste tipo, várias questões práticas têm de ser abordadas. Por exemplo, exatamente quais doenças contam como "patologias pré-existentes," como o tamanho do subsídio seria determinado, etc.? Os opositores das abordagens de reforma orientadas para o mercado consideram esses problemas praticamente insuperáveis, enquanto os defensores argumentam que é possível lidar com eles. Um intenso debate pode ser esperado a respeito do tema.

Considerações finais

Quando contemplamos o debate sobre o futuro da reforma da saúde, vários pontos podem ser destacados:

- Desenvolver uma solução será necessariamente difícil por causa do mesmo dilema que surge em *todos* os modelos de programa de previdência social – o objetivo de proporcionar segurança provavelmente irá de encontro à meta de eficiência.
- Não existe almoço grátis. As metas de cobertura universal e contenção de custos são conflitantes. Não podemos incluir milhões de pessoas no sistema de saúde e esperar que os custos diminuam. Da mesma forma, não podemos esperar obter cobertura universal sem aumentar a regulamentação do governo, pois, na ausência de disposições especiais, certos grupos de pessoas de alto risco simplesmente não conseguem obter seguro nos mercados privados. Isso não significa que a cobertura universal seja um objetivo inadequado, mas é preciso ser realista a respeito das necessidades para alcançá-la.
- Embora tenhamo-nos concentrado principalmente nas despesas com saúde, em última instância, o que importa é a saúde das pessoas. As duas estão ligadas, embora as evidências estatísticas sobre o tema sejam mais tênues do que se poderia supor. Muitos argumentam que mais gastos em serviços médicos em países desenvolvidos provavelmente não melhorariam a saúde, ou pelo menos a taxa de mortalidade. Considerações de estilo de vida como tabagismo, dieta e exercício podem ser mais importantes (Fuchs, 2000).

Resumo

- Os gastos com saúde dos Estados Unidos equivalem a US$ 2,6 trilhões ao ano, o que representa 18% do Produto Interno Bruto.
- Os consumidores pagam apenas 12% das despesas de saúde do próprio bolso. O seguro privado e fontes privadas pagam 39%, enquanto o governo paga 50%.
- Cerca de 16% da população dos Estados Unidos, em algum momento, não tem seguro de saúde.
- A maior parte do seguro médico privado nos Estados Unidos é fornecida por meio de empregadores como um benefício para os funcionários.
- De acordo com a legislação tributária federal, o seguro de saúde fornecido pelo empregador não está sujeito à tributação. Isso fornece um subsídio implícito (no valor de cerca de US$ 109 bilhões por ano em receitas fiscais não cobradas) para o seguro de saúde.
- A vantagem do seguro de saúde fornecido pelo empregador em relação à cobertura individual é que ele pode aumentar o *pool* de risco, reduzir a seleção adversa e reduzir os custos administrativos.
- O seguro de saúde fornecido pelo empregador pode inibir a mobilidade profissional, um fenômeno conhecido como *job lock*.
- O programa Medicare fornece seguro de saúde para pessoas com idade acima de 65 anos. Os principais componentes do sistema são seguro hospitalar (HI) e seguro médico suplementar (SMI), que paga por médicos e por atendimento médico associado.
- O HI é financiado por um imposto sobre os salários dos trabalhadores atuais, com uma taxa de 1,45% para empregadores e a mesma taxa para os empregados. O SMI é financiado por receitas gerais. Se as tendências atuais continuarem, as despesas do Medicare provavelmente ultrapassarão suas receitas em breve.
- Um benefício para medicamentos sob prescrição foi adicionado ao Medicare, a partir de 2006.
- Ao longo dos anos, o governo vem tentando controlar os custos do Medicare, passando de um sistema de pagamento retrospectivo para um sistema de pagamento prospectivo e introduzindo o *managed care* no Medicare.
- O programa Medicare não melhorou muito o estado de saúde dos idosos, mas traz benefícios significativos ao reduzir o risco de enfrentar grandes reduções no consumo devido a despesas médicas.
- O programa Medicaid fornece seguro de saúde para os pobres. Nas últimas décadas, a elegibilidade ao Medi-

caid foi ampliada para incluir crianças de famílias de baixa renda com pai e mãe e outras crianças e mulheres grávidas acima da linha da pobreza.

- As ampliações do Medicaid induziram um efeito de *crowding-out* no seguro privado. No entanto, no cômputo geral, o Medicaid melhorou a saúde das pessoas de baixa renda.
- O Affordable Care Act de 2010 determina que a maioria dos cidadãos e residentes legais devem ter seguro de saúde. Isso é aplicado pela cobrança de um imposto dos empregadores com 50 ou mais funcionários em tempo integral se eles não oferecem seguro e pela imposição de uma penalidade para indivíduos que não obtêm cobertura.
- O Affordable Care Act ainda é controverso. Uma abordagem alternativa é um sistema de único pagador, de acordo com o qual todos os seguros seriam fornecidos pelo governo e financiados por receitas fiscais. Outra opção de política seria a introdução de mais elementos competitivos no sistema de saúde, possivelmente fornecendo subsídios aos indivíduos para que comprem seguro de empresas privadas.

Perguntas para reflexão

1. Em 1997, muitas Organizações de Manutenção da Saúde (HMOs) sofreram uma queda no valor de suas ações. Um jornal afirmou: "Justamente quando as HMOs pareciam oferecer uma resposta para o problema intratável do aumento dos custos de saúde, elas perderam seu valor. Alguns dos maiores nomes do setor estão acumulando perdas, enfrentando aumentos inesperados em contas médicas, [...], e sofrendo com a reação de consumidores, médicos e políticos" (Anders e Winslow, 1997). Por que você acha que as HMOs não foram capazes de manter seus custos baixos? Que elementos na estrutura das HMOs levariam à insatisfação do consumidor?

2. Na República Tcheca, as pessoas não recebem cobranças diretas por consultas médicas ou hospitalização. De fato, a Constituição do país diz que "os cidadãos têm na base de seguro público o direito ao atendimento médico gratuito e à assistência médica gratuita conforme condições definidas por lei". No entanto, o governo tcheco introduziu recentemente uma taxa de US$ 1,85 por consulta médica e de US$ 4,00 por dia no hospital (Kulish, 2008, p. A9). Como essa política afeta a eficiência da prestação de atendimento de saúde na República Tcheca?

3. Em Boca Raton, Flórida, os médicos frequentemente fecham as portas no horário de almoço para evitar que os pacientes do Medicare lotem seus consultórios enquanto estão fora. Um médico comentou que esses pacientes têm poucos problemas médicos sérios. Em vez disso, ir ao médico tornou-se uma atividade social em que os pacientes "trazem seus cônjuges e planejam seus dias em torno de suas consultas [com os médicos]" (Kolata, 2003). Qual elemento na estrutura do Medicare leva a essas situações?

4. Quando o benefício para medicamentos sob prescrição do Medicare estava sob apreciação legislativa, alguns sugeriram que o programa deveria exigir que as pessoas decidissem se aceitariam ou não o benefício ao entrarem no sistema Medicare, mantendo essa decisão permanentemente. Ou seja, os indivíduos deveriam aceitar o benefício para medicamentos sob prescrição e começar a pagar os prêmios assim que se tornassem elegíveis ou nunca mais poderiam entrar no programa. Explique o fundamento de eficiência por trás desta proposta.

5. Os beneficiários do Medicare podem adquirir um seguro privado suplementar (conhecido como seguro Medigap) para preencher a lacuna na cobertura deixada pelo Medicare. Essa lacuna inclui co-pagamentos, franquias e despesas com medicamentos sob prescrição não cobertos pelo Medicare. Vários anos atrás, o governo promulgou regulamentos que especificam padrões mínimos para os itens que as apólices do Medigap devem cobrir. Isso tornou as apólices mais caras e, como consequência, cerca de 25% dos idosos que teriam adquirido algum seguro Medigap não adquiriram (Finkelstein, 2004).

    Considere um indivíduo que consome dois bens: "seguro" e "todos os outros bens": o custo de uma unidade do Medigap é de US$ 1, igual ao custo de uma unidade de todos os outros bens. Trace uma restrição orçamentária e um conjunto de curvas de indiferença adequadas ao seguinte cenário: em um mercado não regulamentado, um indivíduo com renda de US$ 30.000 compra o seguro Medigap no valor de US$ 5.000. O governo, em seguida, estabelece regras para as apólices do Medigap que elevam seu preço mínimo para US$ 8.000; ou seja, o indivíduo deve adquirir pelo menos US$ 8.000 unidades de seguro Medigap ou nenhuma. Depois de analisar a questão, o indivíduo decide ficar sem o seguro Medigap.

6. A análise em torno da Figura 10.5 pressupõe que uma pessoa que recebe o seguro de saúde do governo não tem permissão para comprar um seguro privado suplementar. Demonstre como o diagrama deve ser modificado se, pelo contrário, as pessoas puderem adquirir cobertura de seguro de saúde suplementar. Outro pressuposto do modelo é que o seguro de saúde do governo é "gratuito" no sentido de que os indivíduos não pagam impostos por ele. Demonstre como o modelo deve ser modificado se o seguro de saúde do governo for financiado pelos impostos.

7. Os três painéis na Figura 10.5 mostram casos em que o seguro de saúde aumenta ou permanece o mesmo com a introdução do seguro fornecido pelo governo. Diagrame um conjunto de curvas de indiferença ilustrando uma situação em que a introdução de seguro do governo leva a uma redução no total de seguro de saúde.

Previdência Social 11

Você ainda vai precisar de mim? Você ainda vai me alimentar quando eu tiver sessenta e quatro anos?

—JOHN LENNON E PAUL MCCARTNEY

Durante a campanha presidencial de 2008, o então senador Barack Obama declarou: "Se estamos preocupados com a Previdência Social, e eu estou, e se formos firmes em nosso compromisso em garantir sua presença para a próxima geração, e não apenas para a nossa, então temos a obrigação de descobrir como estabilizar o sistema". Quatro anos mais tarde, a campanha do governador Mitt Romney afirmou que uma de suas prioridades era colocar a Previdência Social "no caminho da solvência e garantir que ela seja preservada para as gerações futuras". Claramente, republicanos e democratas consideram a Previdência Social de importância fundamental. Na verdade, é o maior programa exclusivo de gastos domésticos. A Figura 11.1 mostra o crescimento da Previdência Social, em dólares verdadeiros e na proporção do Produto Interno Bruto (PIB). Em 2011, o programa custou US$ 736,1 bilhões, ou 4,9% do PIB. O outro ponto que surge a partir das duas declarações é que a Previdência Social parece estar em apuros. Este capítulo descreve o funcionamento da Previdência Social e os desafios que enfrenta.

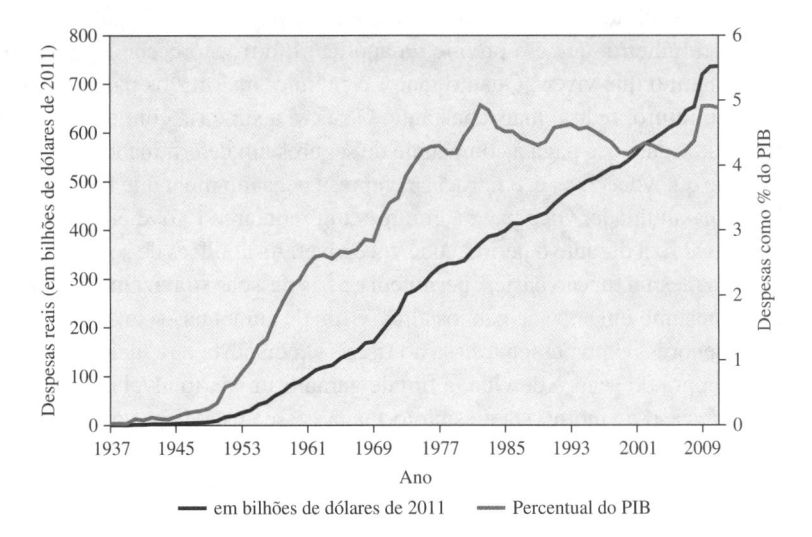

FIGURA 11.1 Despesas de Previdência social (1939-2011).
A Previdência Social é o maior programa nacional dos EUA. Em 2011, as despesas da Previdência Social foram de aproximadamente 736,1 bilhões dólares americanos ou cerca de 4,9% do Produto Interno Bruto.

❖ ❖ ❖

▶ POR QUE TER PREVIDÊNCIA SOCIAL?

Vamos começar examinando a Previdência Social (Social Security ou, oficialmente, Old-Age, Survivores and Disability Insurance [OASDI]) pela lente da economia do bem-estar. Neste contexto, uma questão crucial é saber se há alguma falha de mercado que a Previdência Social seja capaz de resolver.

A suavização do consumo e o mercado de anuidades

Em resumo, a Previdência Social funciona da seguinte forma: durante sua vida profissional, os membros do sistema e seus empregadores fazem contribuições por meio de imposto que incide sobre as folhas de pagamento. Após a aposentadoria, os membros estão qualificados para receber pagamentos mensais com base, em parte, nas contribuições que fizeram. Os pagamentos são fixados em termos reais e duram o período em que o destinatário vive. Com efeito, a Previdência Social oferece seguro contra a possibilidade de viver mais tempo do que o esperado e, portanto, utilizando prematuramente de todos os bens acumulados para a aposentadoria.[1] A fim de compreender as justificativas do fornecimento desse tipo de seguro por parte do governo, precisamos discutir primeiramente por que as pessoas o querem.

Todo mundo percebe que há um risco de morrer muito jovem e deixar a família sem a renda adequada. Talvez seja menos óbvio, mas também há um risco em viver por muito tempo. Considere, por exemplo, o caso de Larry Hobner, que aos 107 anos ultrapassou e muito a poupança que fez. Mesmo depois de amigos arrecadarem 56.000 dólares para ajudar a pagar o centro de autonomia assistida de Larry, ele ficou sem dinheiro (Brown, 2009).

Como ele conseguiria se proteger contra esses problemas financeiros? Um indivíduo que quer evitar a perda da sua poupança pode comprar um determinado tipo de apólice de seguro chamada **anuidade**. Para comprar a anuidade, ele paga à companhia de seguros uma certa quantia de dinheiro, que é o prêmio da apólice. Em troca, recebe uma renda anual fixa durante o tempo que viver.[2] Quanto maior o prêmio, maiores os pagamentos anuais que receberá no futuro, tudo o mais constante. Observe a simetria com o seguro de vida. Com o seguro de vida, você paga à companhia de seguros um determinado montante anual durante o tempo que você vive, e, em troca, a empresa paga um montante fixo quando você morre. Com uma anuidade, você paga à empresa um montante fixo, e ela fornece a você uma quantia anual fixa durante o período que você viver. As apólices de seguro de vida e as anuidades têm a mesma função básica: permitem que as pessoas **suavizem o consumo**, isto é, reduzam o consumo em anos de ganhos altos, a fim de aumentar o consumo em anos de rendimentos menores. Uma pessoa avessa ao risco está disposta a reduzir o seu consumo por meio da compra do seguro de vida, a fim de garantir um certo nível de consumo para a sua família em caso de morte. Da mesma forma, a pessoa está disposta a reduzir o consumo por meio da compra de uma anuidade em troca de uma renda garantida ao longo da aposentadoria.[3]

---

anuidade

Plano de seguro que cobra um prêmio e, posteriormente, paga uma soma em dinheiro em alguns intervalos regulares durante o tempo que o segurado vive.

suavização do consumo

Redução do consumo em anos de alto rendimento, a fim de aumentar o consumo em anos de baixo rendimento.

---

[1] A Previdência Social também oferece benefícios para os trabalhadores com deficiência e para dependentes e sobreviventes dos trabalhadores com deficiência e aposentados.

[2] Na realidade, os contratos de anuidade podem ser mais complicados. Por exemplo, algumas anuidades pagam a renda apenas por um número fixo de anos, e outras pagam uma taxa variável em vez de um valor fixo a cada período.

[3] Essa discussão ignora o fato de que, como apontado no Capítulo 8, um dólar de consumo hoje vale mais do que um dólar em um período posterior, em razão do valor do dinheiro ao longo do tempo. Assim, uma afirmação mais precisa do resultado é que a suavização do consumo implica um desejo de valor presente igual do consumo ao longo dos períodos.

Seleção adversa e o mercado de anuidades

Agora podemos reformular a pergunta feita no início desta seção da seguinte forma: "A Previdência Social fornece aos beneficiários anuidades, pelas quais eles pagam com impostos sobre os salários durante os seus anos de trabalho. Por que o mercado privado não pode ser convocado a fazer isso no lugar do governo?" Uma possível razão é que a **assimetria de informação** causa uma falha no mercado de anuidades. O lucro do vendedor da anuidade depende da expectativa de vida do comprador. Quanto mais tempo o comprador vive, menos dinheiro o vendedor ganha. Isso significa que o preço que o vendedor cobra tem de levar em conta a expectativa de vida do comprador. O problema surge quando o comprador de uma anuidade sabe mais sobre sua expectativa de vida do que o vendedor. Se o vendedor cobra um prêmio baseado na expectativa média de vida dos compradores, isso se revelará um mau negócio para aqueles com expectativa de vida mais baixa do que a média e um bom negócio para aqueles com expectativa de vida mais alta do que a média. Se aqueles com expectativa de vida mais baixa do que a média optarem por não comprar anuidades, o vendedor fica com um grupo de pessoas especialmente saudáveis e deve aumentar o valor do prêmio, a fim de cobrir os pagamentos esperados. Isso, por sua vez, leva aqueles com expectativas de vida relativamente curtas dentro deste conjunto a desistirem, e assim por diante. Uma vez que o vendedor recebe uma **seleção adversa** de compradores, em teoria o mercado poderá entrar em uma "espiral da morte" do tipo que examinamos no Capítulo 9. Assim, uma justificativa para a Previdência Social é que ela resolve o problema da seleção adversa no mercado de anuidades, forçando todos a comprarem a anuidade do governo.

> **informações assimétricas**
> Situação em que uma parte envolvida em uma transação econômica tem melhores informações sobre o bem ou serviço negociado que a outra parte.

> **seleção adversa**
> Fenômeno em que o lado desinformado de um negócio lida com as pessoas erradas na negociação (isto é, torna-se uma seleção adversa das partes informadas).

Como salientado no capítulo 9, só porque a seleção adversa pode dificultar a eficiência não significa que isso vai acontecer. Devemos nos perguntar se a seleção adversa no mercado de anuidades é empiricamente relevante o suficiente para justificar que o governo forneça anuidades por meio da Previdência Social. Trata-se de uma questão controversa. Certamente é verdade que o mercado norte-americano de anuidades é pequeno e pouco desenvolvido, ao contrário do mercado de seguro de vida, que está prosperando. Alguns veem isso como prova da falha de mercado. Mas outros argumentam que os mercados de anuidades não devem ser mais propenso a falhas do que o mercado de seguros de vida, pois ambos contam com a mesma avaliação de risco de mortalidade. Sob esse ponto de vista, talvez um mercado mais robusto não tenha se desenvolvido porque a Previdência Social afasta anuidades privadas; isto é, muitos compradores em potencial não compram anuidades privadas porque, com efeito, já possuem uma anuidade fornecida pelo ente público.

Outras justificativas

Várias outras considerações além da seleção adversa podem justificar a Previdência Social.

Falta de previsão e paternalismo Alguns argumentam que, se deixadas à própria sorte, a maioria das pessoas não acumularia bens suficientes para financiar um nível adequado de consumo durante a aposentadoria, mesmo que não vivessem mais tempo do que o esperado. Isso poderia acontecer porque as pessoas não têm a prevenção de planejarem-se adequadamente para o futuro. Ou pode ser que as pessoas tenham uma visão muito clara do futuro mas, dadas as suas preferências, poupam menos do que a sociedade considera adequado. Em ambos os casos, o argumento paternalista é que as pessoas devem ser forçadas a economizar e, assim, o governo deve fornecer um plano de anuidade obrigatória, de modo que as pessoas sejam abastecidas adequadamente nos anos de aposentadoria.

Esse argumento levanta duas questões. Em primeiro lugar, é verdade que as pessoas não conseguiriam se sustentar de forma adequada sem a Previdência Social? Descobrir isso requer estimar como as pessoas se comportam na ausência do programa. Como observaremos mais tarde, isso é muito difícil de fazer. Em segundo lugar, mesmo que seja verdade, nem todo mundo acredita que o governo deveria intervir. Aqueles com uma estrutura filosófica altamente individualista acreditam que as pessoas devem ser deixadas para tomar suas próprias decisões, mesmo que isso às vezes resulte em erros. Em contraste, outros acham que é inaceitável para a sociedade fazer vista grossa para idosos em situação de pobreza, mesmo que a situação seja resultado dos próprios erros.

Risco moral Uma consideração relacionada é que indivíduos cuja poupança para a aposentadoria é insuficiente podem vir a crer que o governo vai se sentir obrigado a vir em seu auxílio, se a sua situação for desesperadora o suficiente. Com essa crença, os indivíduos mais jovens podem, de forma proposital, descuidar-se de poupar adequadamente ou deixar de comprar uma anuidade durante os anos de trabalho, sabendo que o governo vai socorrê-los na velhice. Assim, a possibilidade de assistência por parte do governo leva a uma quantia ineficientemente baixa de poupança privada. É um exemplo de **risco moral**, que ocorre quando a existência (ou expectativa) do seguro aumenta a probabilidade de haver um resultado adverso (ver Capítulo 9). Uma das justificativas para a natureza obrigatória da Previdência Social é lidar com a poupança ineficientemente baixa causada pelo risco moral.

> **risco moral**
> Quando ao se contratar um seguro contra um resultado adverso leva a mudanças de comportamento que aumentam a probabilidade do resultado acontecer.

Economia na tomada de decisão e custos administrativos Uma pessoa cujo objetivo é suavizar o consumo de forma ideal precisa decidir quanto poupar para a aposentadoria, em que ativos investir e que plano de anuidade comprar. Além disso, cada escolha depende da expectativa de vida da pessoa. São decisões complicadas e possivelmente envolvem um pouco de tempo e esforço. Se os tomadores de decisão do setor público puderem selecionar um programa de anuidades apropriado para todos, as pessoas não terão de desperdiçar recursos tomando as próprias decisões. O contraponto é que o governo pode não escolher o tipo certo de apólice para cada pessoa. Afinal, as pessoas possuem preferências diferentes, e por isso talvez seja melhor deixar que elas mesmas façam as suas compras.

Um problema relacionado é o potencial para custos administrativos altos do lado da oferta do mercado. Como discutido anteriormente, os provedores de anuidades precisam obter informações detalhadas sobre os compradores, a fim de estimar a expectativa de vida na determinação dos prêmios. Além disso, as anuidades pagam comissões substanciais aos vendedores que encontram compradores para os planos. Ambos os fatores podem contribuir para custos administrativos elevados. Ao exigir que todos participem da Previdência Social, e restringindo as opções disponíveis aos participantes, o programa do governo pode ser mais barato para administrar do que o seria no caso dos planos privados. O contra-argumento é basicamente o mesmo do parágrafo anterior: indiscutivelmente a variedade é cara, mas isso não significa que é indesejável. Depende dos benefícios derivados de se permitir que as pessoas adaptem suas apólices às próprias preferências.

Redistribuição de renda De acordo com a Previdência Social, as pessoas com altos rendimentos ao longo da vida tendem a receber retornos proporcionalmente menores em seus impostos que as pessoas com baixos rendimentos nesse período. Até certo ponto, então, a Previdência Social redistribui renda, o que não é o caso das anuidades privadas. Isso ajuda a explicar por que a Previdência Social é obrigatória. Caso contrário, aqueles que receberam retornos menores poderiam optar por sair e comprar anuidades privadas.

Melhoria da situação econômica dos idosos Uma das principais finalidades da Previdência Social é manter os rendimentos dos idosos. Será que o programa alcançou essa meta? Os números contam uma história bastante otimista. Os idosos costumavam ser um grupo relativamente pobre. Em 1970, cerca de um em cada quatro idosos estava abaixo da linha de pobreza. Não apenas a taxa de pobreza dos idosos caiu, mas também está agora abaixo da taxa da população como um todo. Em 2011, 8,7% da população de 65 anos ou mais era pobre, enquanto que na população não idosa adulta a taxa era de 13,7%, e na população infantil a taxa era de 21,9%. Nas últimas décadas, a renda dos idosos tem aumentado a um ritmo mais rápido do que a do restante da população. Entre 1974 e 2011, o rendimento médio real de todas as pessoas com mais de 15 anos aumentou cerca de 9%, enquanto que para a população acima de 65 anos aumentou 52% (US Bureau of the Census, 2012a).

Algumas ressalvas precisam ser feitas. Em primeiro lugar, apesar de a Previdência Social ter, sem dúvida, reduzido a pobreza entre os idosos, ainda não a eliminou. Mulheres idosas, especialmente as viúvas, são especialmente propensas a experimentar dificuldades econômicas. Em segundo lugar, é difícil estimar o efeito da Previdência Social sobre as condições de vida dos idosos. Como acabamos de observar, a taxa de pobreza dos idosos caiu na medida em que a despesa da Previdência Social aumentou. No entanto, deve-se sempre ser cauteloso sobre inferir uma relação causal estritamente por causa desse tipo de dado de séries temporais. Dado que a Previdência Social foi adotada em todo o país ao mesmo tempo, a criação de um projeto de pesquisa quase-experimental para avaliar se existe uma relação causal é muito difícil. Engelhardt e Gruber (2004) se valem de algumas mudanças bruscas de benefícios da Previdência Social ao longo do tempo para avaliar o impacto sobre a pobreza dos idosos, e os dois acham que a Previdência Social de fato parece ter baixado os níveis de pobreza.

Finalmente, embora a renda da Previdência Social componha cerca de 37% de toda a renda das famílias de idosos, esses benefícios não representam, necessariamente, um aumento líquido de recursos disponíveis para os aposentados (Administração da Previdência Social, 2012). As pessoas podem poupar menos, antecipando-se ao recebimento de proventos da Previdência Social, ou podem abandonar o mercado de trabalho para se qualificarem para receber os benefícios. A questão de como a Previdência Social influencia as decisões dos indivíduos é, portanto, fundamental para avaliar o impacto do sistema. Discutiremos esse tema no final do capítulo.

▶ ESTRUTURA DA PREVIDÊNCIA SOCIAL

Quaisquer que sejam as controvérsias sobre a justificação da Previdência Social, hoje praticamente todos os que trabalham nos Estados Unidos são abrangidos por esse ou algum outro programa de aposentadoria do governo. O sistema é bastante complicado. As principais disposições são explicadas abaixo.[4]

Componentes Básicos

Financiamento *Pay-As-You-Go* Quando começou, em 1935, a Previdência Social era muito semelhante a um sistema de previdência privada. Durante a vida profissional, os indivíduos depositavam uma parte dos salários em um fundo. Ao longo do tempo, o fundo poderia acumular juros e, na aposentadoria, o valor básico e os juros acumulados seriam usados para pagar os benefícios da aposentadoria. Essa abordagem, conhecida como plano **totalmente financiado**, foi desfeita quase imediatamente.

Em 1939, o sistema foi convertido para um plano ***pay-as-you-go*** (ou sem financiamento), em que os atuais aposentados recebem seus benefícios dos pagamentos efetuados pelos trabalhadores atuais. Cada geração de aposentados é, assim, sustentada pelos pagamentos efetuados pela geração de trabalhadores do presente, não de fundos recolhidos ao longo dos anos pela poupança. Uma razão importante para a mudança para o *pay-as-you--go* foi a percepção de que as economias de muitos dos idosos haviam sido dizimadas pela Grande Depressão, e que eles mereciam ser sustentados em um nível mais elevado do que é possível com apenas alguns anos de contribuições recolhidas no sistema totalmente financiado. Outra razão para a mudança para o *pay-as-you-go* foi o medo de alguns políticos no

totalmente financiado
Sistema de pensões em que os benefícios de um indivíduo são pagos a partir de depósitos que foram feitos durante a sua vida de trabalho, acrescidos de juros acumulados.

pay-as-you-go (sem financiamento)
Sistema de pensões em que os benefícios pagos aos aposentados atuais vêm de pagamentos feitos pelos trabalhadores atuais.

---

[4] Mais detalhes podem ser encontrados no site da Previdência Social: www.ssa.gov.

momento em que os fundos cobrados no sistema totalmente financiado fossem geridos de forma ineficiente por parte do governo ou mesmo gastos em outros programas do governo, em vez de nos benefícios de aposentadoria prometidos.

Devido a mudanças no sistema, promulgadas em 1983, a Previdência Social hoje é um sistema parcialmente financiado. Ou seja, a Previdência Social tem acumulado algum excedente de receitas em um fundo fiduciário, por isso nem todos os dólares recolhidos em impostos são gastos imediatamente em benefícios aos aposentados. No entanto, como discutiremos mais tarde, o fundo fiduciário é essencialmente um dispositivo de contabilidade. Por isso, é ainda muito exato caracterizar o sistema como *pay-as-you-go*.

Transferências explícitas Outra mudança importante na legislação de 1939 foi um alargamento do âmbito do programa. A lei de 1935 oferecia, principalmente, benefícios mensais de aposentadoria aos trabalhadores segurados com 65 anos ou mais. Em 1939, foram introduzidos benefícios mensais para dependentes e sobreviventes dos segurados. Assim, a Previdência Social não só fornece seguro para a aposentadoria de uma pessoa que continua a viver, mas também transfere renda entre os indivíduos. A função de transferência cresceu em importância ao longo do tempo e culminou com a promulgação da **Supplemental Security Income (SSI)** em 1972. A SSI, embora administrada pela Administração da Previdência Social, não é, pela definição convencional, um seguro. É um programa de bem-estar que oferece uma garantia federal de rendimento mínimo para idosos e para deficientes. A SSI é examinada juntamente com outros programas de bem-estar no capítulo 13.

Supplemental Security Income (SSI)

Programa de bem-estar que oferece uma garantia de renda mínima para idosos e para deficientes.

Estrutura de benefícios Os benefícios da Previdência Social de um indivíduo dependem do seu histórico de salários, idade e outros dados pessoais. O primeiro passo é calcular a **renda média mensal indexada (AIME)**, que representa os salários médios mensais do indivíduo ao longo dos 35 anos de maiores ganhos. A fim de tornar os salários auferidos ao longo de diferentes anos diretamente comparáveis, as rendas anuais são corrigidas pelos aumentos nos salários médios na economia desde a ocorrência dos ganhos.

Apenas os salários anuais até um determinado teto são incluídos no cálculo da AIME. Esse teto é o mesmo que a quantia máxima de renda sujeita a imposto na folha de pagamento da Previdência Social (assunto para discussão no futuro).

renda média mensal indexada

Os principais 35 anos de salários no mercado de trabalho, indexados a cada ano pelo crescimento do salário médio. A AIME é usada para calcular o benefício da Previdência Social de um indivíduo.

O próximo passo é substituir a AIME em uma fórmula de benefícios para encontrar o **valor do seguro principal (PIA)** do indivíduo, que é o benefício básico pago ao trabalhador que se aposenta na idade normal da aposentadoria ou que fica incapacitado. O benefício é o pagamento de anuidade ao aposentado; isto é, o destinatário recebe um benefício mensal (ajustado anualmente pela inflação) até morrer.

valor do seguro principal (PIA)

Benefício básico da Previdência Social a pagar a um trabalhador que se aposenta na idade normal de aposentadoria ou fica incapacitado.

A fórmula do benefício é estruturada de modo que o benefício mensal seja proporcionalmente maior para aqueles com AIMEs mais baixas. Em 2012, a PIA foi calculada como

90% dos primeiros $ 767 de AIME, mais

32% da AIME entre $ 767 e $ 4.624, mais

15% da AIME acima de $ 4.624.

Assim, para um aposentado de 2012 com uma AIME de $ 200, a PIA era de $ 180 (90% da AIME), enquanto que para um aposentado com uma AIME de $ 1.600, a PIA foi cerca de $ 957 (60% da AIME).[5] Os valores em dólares de $ 767 e de $ 4.624 na fórmula são conhecidos como "pontos de curvatura" e são ajustados a cada ano pelo crescimento médio do salário. No caso de um baixo ganhador típico (que recebe 45% do salário médio nacional) que se aposenta aos 65 anos, em 2012, a Previdência Social era de cerca de

---

[5] A lei também especifica um benefício mínimo especial que fornece a longo prazo, aos trabalhadores com baixo salário, um benefício maior do que as fórmulas regulares permitem.

55,0% das receitas anuais pré-aposentadoria; para um ganhador médio, era de 40,8%; e para um ganhador alto (no limite máximo tributável), era de 33,8% (Administração da Previdência Social, 2012, p. 111 e 142).

Após a aposentadoria, o benefício é ajustado anualmente com base na inflação, medida pelo Índice de Preços ao Consumidor. Pouquíssimos ativos financeiros oferecem esse tipo de proteção contra a inflação.

Idade em que o benefício é planejado A idade em que um indivíduo se qualifica para receber os benefícios integrais de aposentadoria da Previdência Social é chamada de **idade normal de aposentadoria**.[6] Para os nascidos em 1937 ou antes, a idade normal de aposentadoria era de 65 anos de idade. No entanto, a legislação aprovada em 1980 aumentava a idade normal de aposentadoria gradualmente ao longo do tempo. Como resultado, a idade de aposentadoria aumentou em dois meses por ano para os nascidos entre 1938 e 1942. Os nascidos entre 1943 e 1954 têm uma idade normal de aposentadoria de 66 anos de idade. Em seguida, aumenta em dois meses por ano, chegando a 67 para os trabalhadores nascidos em 1960 ou mais tarde.

Um trabalhador pode começar a receber os benefícios a partir dos 62 anos de idade, mas isso resulta em uma redução permanente nos benefícios mensais. O benefício é reduzido em 5/9 de 1% ao mês para os primeiros 36 meses que precedem a idade normal de aposentadoria. Se, por exemplo, uma pessoa se aposenta aos 62 anos, em vez de aos 65, o benefício é reduzido em 20% em relação à aposentadoria na idade normal. Uma vez que a idade normal de aposentadoria chegar a 67 anos, a redução do benefício em se aposentar aos 62 anos será de 30%.[7] A taxa de redução é fixada de modo que, para uma pessoa com expectativa média de vida, a redução dos benefícios mensais compense o ganho de receber os benefícios por mais anos.

Da mesma forma, os trabalhadores que não começam a receber benefícios até após a sua idade normal de aposentadoria recebem um aumento permanente nos benefícios mensais. A cada ano, o adiamento no recebimento em relação à idade normal de aposentadoria aumenta os benefícios em 8%.[8]

Estado da família do destinatário Quando um trabalhador se aposenta com a idade normal de aposentadoria, o benefício mensal real é igual ao valor do seguro principal (PIA). Um trabalhador com cônjuge ou filho dependente pode receber um adicional de 50% do PIA. Em outras palavras, o cônjuge de um beneficiário da Previdência Social tem direito à sua própria PIA ou 50% da PIA do cônjuge, o que for maior. Quando os beneficiários morrem, os cônjuges sobreviventes têm direito à PIA do falecido ou à sua própria, o que for maior.

Teste de ganhos e benefícios da tributação Os benefícios dos segurados da Previdência Social que não chegaram à idade normal da aposentadoria são reduzidos em um dólar para cada dois dólares que eles ganham acima de US$ 14.640 (ajustado anualmente pelo crescimento do salário médio). Essa disposição é conhecida como teste de ganhos. No entanto, os indivíduos que perdem benefícios devido ao teste de ganhos podem ter seus benefícios posteriores aumentados (com juros acumulados). Assim, "o teste de ganhos não é um imposto de modo algum: na idade da aposentadoria completa de uma pessoa, a Previdência Social aumenta os benefícios para dar conta de qualquer perda no teste de ganhos de anos anteriores" (Biggs, 2008).

> **idade normal de aposentadoria**
>
> Idade em que um indivíduo se qualifica para receber os benefícios integrais da aposentadoria pela Previdência Social. Historicamente, era de 65, mas agora está sendo gradualmente aumentada para 67.

---

[6] Para qualificar-se para os benefícios da Previdência Social, o destinatário deve ter pago o imposto sobre os salários durante 40 trimestres (10 anos) ao longo da vida.

[7] A taxa de redução é de 5/12 de 1% ao mês por quaisquer meses adicionais acima de 36 antes da idade normal de aposentadoria.

[8] Não há aumento adicional nos benefícios para se adiar a aposentadoria para além dos 69 anos de idade.

Além disso, algumas pessoas que recebem benefícios da Previdência Social têm de pagar imposto de renda sobre eles. Até 85% dos benefícios da Previdência Social recebidos por pessoas com rendas combinadas acima de um determinado valor básico estão sujeitos ao imposto de renda federal de pessoa física.[9] O valor base é de US$ 25.000 para contribuintes individuais e de US$ 32.000 para contribuintes casados.

Financiamento A Previdência Social é financiada por um imposto sobre os salários. O imposto é uma percentagem fixa do salário bruto anual de um funcionário até um determinado montante. Metade do imposto é cobrada dos empregadores e metade dos trabalhadores. A intenção do legislador foi, aparentemente, dividir o custo do programa igualmente entre trabalhadores e empregadores. No entanto, algumas ou todas as partes dos empregadores podem ser "deslocadas" para os trabalhadores no formato de um salário mais baixo antes de descontados os impostos. Se essa mudança ocorre, é uma questão complicada discutida no Capítulo 14. Por enquanto, apenas observamos que é altamente improvável que a verdadeira divisão dos custos do programa seja realmente 50% a 50%.

Os benefícios têm crescido ao longo do tempo, e o mesmo se dá com as taxas de imposto sobre os salários. Como pode ser visto na Tabela 11.1, a alíquota fiscal combinada atual é de 12,4% (ou seja, 6,2% sobre o empregador e o empregado cada), que é mais de seis vezes o nível original. A legislação aprovada em 1977 determinou que os lucros tributáveis máximos subam automaticamente a cada ano, com aumentos nos salários médios. Em 2012, os ganhos máximos tributáveis foram de US% 110.100.

As alíquotas da Tabela 11.1 não incluem o imposto adicional sobre salários que financia o programa de seguro hospitalar Medicare, que examinamos no capítulo 10. O imposto sobre salários para o Medicare é atualmente de 1,45% para o empregado e o empregador cada, com adicional de 0,9% incidente sobre rendas superiores a US $ 200.000 para contribuintes individuais (e US$ 250.000 para contribuintes casados). Desde 1993, o imposto sobre os salários do Medicare não tem limite máximo de rendimentos tributáveis. Assim, para um indivíduo cujo salário é inferior ao limite máximo tributável para a Previdência Social, a alíquota de imposto sobre os salários combinada para Segurança Social e Medicare é de 15,3% [= 2 × (6,2% + 1,45%)].

TABELA 11.1 Alíquotas da Previdência Social *(anos selecionados)*

Ano	Ganho máximo tributável (em dólares)	Imposto combinado de empregador e empregado (percentual)
1937	$ 3.000	2,00%
1950	3.000	3,00
1960	4.800	6,00
1970	7.800	8,40
1980	29.700	10,16
1990	51.300	12,40
2000	76.200	12,40
2010	106.800	12,40
2012	110.100	12,40

Fonte: Gabinete do Escrivão-Chefe da Administração da Previdência Social (www.ssa.gov).
Observação: essas taxas não incluem o imposto sobre os salários utilizado para financiar o Medicare, que é de 1,45% sobre cada empregador e empregado. Não há limite para o referido imposto.
As taxas de impostos sobre os salários têm crescido ao longo do tempo. A alíquota de imposto sobre os salários combinado atual é de 12,4%, o que é mais de seis vezes o nível original. Em 2012, o nível de rendimentos tributáveis máximo foi de US$ 110.100.

---

[9] A "renda combinada" é computada como receita bruta ajustada, acrescida de juros não tributáveis mais metade do benefício da Previdência Social.

A pergunta natural é por que a Previdência Social é financiada através de um imposto especial sobre a folha de pagamento e não a partir de receitas normais. A razão provavelmente se deve mais a questões políticas do que econômicas. A relação entre impostos e benefícios – não importa quão tênue – cria uma obrigação por parte do governo em manter o sistema de benefícios prometido. O presidente Franklin Roosevelt definiu essa posição com sua eloquência característica:

> Esses impostos nunca foram um problema da economia. Trata-se de política o tempo todo. Instituímos essas contribuições sobre a folha de pagamento para dar aos contribuintes um direito legal, moral e político de receberem suas pensões. Com esses impostos lá, nenhum maldito político jamais poderá desfazer o meu Programa de Previdência Social.

No entanto, nos últimos anos, a máxima de Roosevelt foi violada. Em dezembro de 2010, um corte de dois pontos percentuais na taxa do imposto sobre os salários do empregado foi promulgado por um ano (e foi posteriormente ampliado). Isso criou uma quebra de receitas para o fundo fiduciário, de modo que a lacuna foi composta pelo financiamento a partir das receitas gerais. Alguns comentaristas sugeriram que esta medida irá, a longo prazo, tornar a Previdência Social menos estável do ponto de vista político, pois ao quebrar o elo percebido entre os pagamentos no sistema e os benefícios recebidos, as pessoas vão começar a ver a Previdência Social como apenas mais um programa de bem-estar e, portanto, mais suscetível a cortes nos benefícios.

Problemas de distribuição

A Previdência Social opera de forma claramente diversa de um programa de pensão de aposentadoria. Se fornecer a pensão da aposentadoria fosse o único objetivo, todos os indivíduos receberiam aproximadamente o mesmo retorno de suas contribuições. Especificamente, cada indivíduo deveria receber um **retorno atuarialmente justo** – em média, os benefícios recebidos igualariam os prêmios pagos (o cálculo deve ser feito "em média" porque os benefícios totais dependem do tempo de vida do indivíduo, que não pode ser conhecido sem margem de dúvida com antecedência). Na verdade, alguns tipos de pessoas recebem sistematicamente retornos mais elevados da Previdência Social do que outros. Como mostramos, a Previdência Social redistribui renda entre gerações e também entre diferentes grupos dentro de uma geração.

retorno atuarialmente justo

Plano de seguro que, em média, paga a mesma quantia que recebe em contribuições.

Redistribuição intergeracional Para entender como a Segurança Social redistribui renda entre as gerações, lembre que em um sistema *pay-as-you-go* puro os benefícios recebidos pelos aposentados em um determinado ano são iguais aos pagamentos efetuados pelos trabalhadores no mesmo ano. Se N_b é o número de beneficiários e B é o benefício médio por aposentado, então os benefícios totais são $N_b \times B$. Os impostos pagos pelos trabalhadores em um determinado ano são o produto da alíquota de imposto (t), o número de trabalhadores abrangidos (N_w), e o salário médio por trabalhador abrangido (w): $t \times N_w \times w$. Assim, a igualdade entre o total de benefícios recebidos em um ano e o total de impostos pagos em um ano exige que:

$$N_b \times B = t \times N_w \times W \qquad (11.1)$$

Ao rearranjar os termos, vemos que o benefício médio por aposentado em um determinado ano é:

$$B = t \times \frac{N_w}{N_b} \times w \qquad (11.2)$$

A equação (11.2) tem várias implicações importantes. Em primeiro lugar, se assumirmos que a alíquota de imposto é constante ao longo do tempo, então os benefícios médios podem aumentar apenas se os salários aumentarem ou se o número de trabalhadores em relação ao de aposentados aumentar (isto é, se a população crescer). Se nada disso acontecer, então a cada ano os aposentados receberão um benefício médio igual a exatamente o que pagaram em impostos, pois eles ganham uma taxa de retorno implícita de zero (referimo-nos ao retorno de um sistema *pay-as-you-go* como "implícito" para distingui-lo dos retornos obtidos do investimento em bens de capital). Se, no entanto, os salários e a população crescerem a uma taxa constante, então os aposentados receberão um retorno positivo sobre os impostos com que contribuíram para a Previdência Social, com o retorno igual à soma do crescimento dos salários e o crescimento da população. Assim, por exemplo, se os salários estiverem aumentando em 1,5% ao ano e a população estiver crescendo a 1% ao ano, então o retorno sobre os impostos pagos será de 2,5%.[10] (Adiante neste capítulo, vamos discutir os problemas que surgem quando a proporção cai entre trabalhadores e beneficiários na sociedade.) O ponto importante é que a taxa de retorno implícita em um sistema *pay-as-you-go* é estritamente determinada pelo crescimento dos salários e da população.

A Equação (11.2) também sugere que uma forma de aumentar o benefício médio dos aposentados é aumentar a taxa do imposto. Mas isso não leva a um aumento *permanente* na taxa de retorno implícita. Para ter certeza, a atual geração de aposentados deve desfrutar de um retorno maior, pois receberia benefícios médios mais elevados, embora tivesse pago ao sistema apenas pela antiga alíquota de imposto mais baixa durante os anos de trabalho. No entanto, as futuras gerações de aposentados não se saem melhor: sua taxa de retorno implícita não é melhorada, pois eles também têm de pagar mais impostos. Isso reforça o ponto: qualquer aumento sustentável no retorno de um sistema *pay-as-you-go* só pode ser obtido por meio da combinação de crescimento populacional e de crescimento dos salários.

Uma geração de aposentados pode receber retornos extraordinariamente altos de um sistema *pay-as-you-go* quando o sistema está apenas começando. Especificamente, quando o sistema é inaugurado, os aposentados recebem um benefício médio igual ao do lado direito da Equação (11.2), mas nunca tiveram de pagar impostos sobre salários durante os anos de trabalho. Isso equivale a um retorno infinito, o que é realmente muito generoso. Um exemplo nesse sentido é o de Ida May Fuller, a primeira beneficiária da Previdência Social. Ela trabalhou por apenas três anos após a criação da Previdência Social e pagou apenas US$ 24,75 em impostos sobre salários. Ida começou a receber benefícios em 1940, aos 65 anos, e viveu até a idade de 99 anos, auferindo US$ 20.897 em benefícios ao longo da vida.

Assim como os aposentados da época, o sistema inaugurado logrou um golpe de sorte. Se tivéssemos de acabar com o sistema *pay-as-you-go* em algum momento particular, em seguida os recém aposentados naquele momento estariam em uma difícil posição: teriam pago no sistema durante os anos de trabalho, mas não receberiam os benefícios da aposentadoria em troca.

Na prática, os índices de salários e populacionais têm variado ao longo do tempo, como o imposto sobre salários, por isso é difícil fazer qualquer afirmação simples sobre a redistribuição intergeracional que ocorreu devida à ação da Previdência Social. A maneira mais simples de explorar questões de distribuição é calcular a **riqueza da Previdência Social** por vários indivíduos representativos. A riqueza da Previdência Social representa os benefícios líquidos esperados durante a vida da Previdência Social. Isso é calculado como a diferença entre o valor presente dos pagamentos de benefícios futuros esperados e o valor presente dos pagamentos de impostos sobre salários esperados.[11]

Riqueza da Previdência Social

Valor presente dos benefícios esperado da Previdência Social de um indivíduo menos os impostos sobre salários pagos esperados.

---

[10] Mais precisamente, o retorno sobre os impostos pagos é de 2,515%, calculado como $100 \times [(1,015 \times 1,01) - 1]$.

[11] Uma vez que os benefícios recebidos da Previdência Social dependem da duração da vida, o valor real é incerto, e devem ser usadas tabelas atuariais para o cálculo do valor "médio" ou do valor "esperado". Como os benefícios e os custos ocorrem ao longo do tempo, benefícios e custos vitalícios devem ser computados como "valor presente", conceito que discutimos no Capítulo 8.

Cada quadro da Figura 11.2 mostra as estimativas de riqueza da Previdência Social ao longo do tempo para quatro pessoas "representativas": um "baixo assalariado" que sempre ganhou 45% do salário médio, um "assalariado médio" que ganhava um salário médio da economia, um "renda alta" que ganhava 160% do salário médio e um "ganhador máximo" que sempre ganhou o salário máximo sujeito ao imposto da Previdência Social. Os quatro diferentes quadros correspondem a um homem solteiro, uma mulher solteira, um casal de um ganhador e um casal de dois ganhadores. Tomados em conjunto, os números mostram que as gerações mais velhas têm recebido mais riqueza de Previdência Social que as gerações recentes – a Previdência Social redistribui renda para as gerações mais velhas. Por exemplo, considere dois homens solteiros com rendimentos médios, um que se aposentou em 1980, e outro que irá se aposentar em 2015. Para o primeiro, o benefício líquido da Pre-

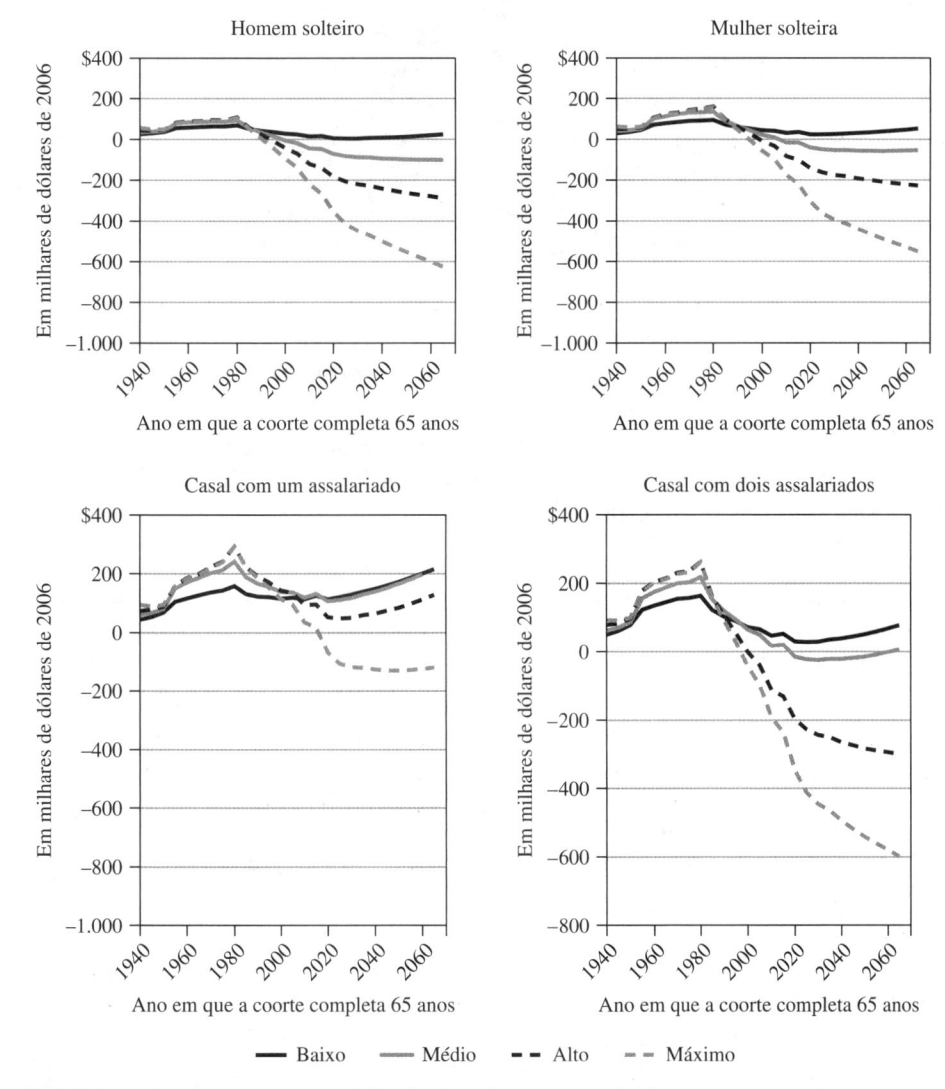

FIGURA 11.2 Riqueza da Previdência Social para os indivíduos representativos. Atualmente, as transferências líquidas da Previdência Social ao longo da vida são mais elevadas para assalariados de baixa renda do que para aqueles com rendimentos elevados, são maiores para casais com um assalariado do que para casais em que os dois trabalham, e são maiores para mulheres do que para homens. Elas também tendem a diminuir com o tempo.

Fonte: tabelas atualizadas (para 2006) fornecidas por C. Eugene Steuerle e Adam Carasso. Ver Steuerle e Bakija (1994) para tabelas e metodologia originais.

Observação: todos os valores são expressos em dólares de 2006.

"Por falar nisso, Sam, como um dia você vai pagar minha pensão, eu gostaria de agradecê-lo com antecedência." © The New Yorker Collection 1996 J. B. Handelsman de cartoonbank.com. Todos os direitos reservados.

vidência Social é de US$ 94.104, enquanto que para o segundo é de menos, US$ 89.343. O *cartoon* afirma de modo convincente que a Previdência Social redistribui a riqueza dos mais jovens para as gerações mais velhas.

Redistribuição dentro de uma geração A Figura 11.2 também revela como a Previdência Social redistribui renda entre as classes de renda dentro de uma geração. Para aposentados recentes e futuros, geralmente quanto mais elevados os rendimentos, menores os ganhos da Previdência Social. Por exemplo, um homem solteiro com altos rendimentos que se aposentar no ano de 2015 deverá perder US$ 196.350 em virtude da sua participação na Previdência Social, enquanto que um solteiro com baixos rendimentos que se aposentar na mesma época irá perder apenas US$ 8.605.

Daí não se segue, entretanto, que todos os indivíduos com baixos rendimentos se beneficiem desproporcionalmente da Previdência Social. Isto porque os benefícios da Previdência Social ao longo da vida de um indivíduo dependem não apenas dos benefícios por ano, mas também do número de anos em que esse indivíduo recebe os benefícios. Assim, membros de grupos com baixas expectativas de vida (como os afro-americanos) tendem a receber benefícios vitalícios mais baixos, e vice-versa. Por exemplo, Liebman (2001) calcula que, entre os afro-americanos que se aposentaram na década de 1990, o benefício líquido da Previdência Social na vida foi de US$ 2.514 negativos, em oposição aos US$ 250 positivos para os brancos. No entanto, se esses afro-americanos tivessem a mesma expectativa de vida e educação esperadas do restante da população, seu benefício líquido teria aumentado para US$ 18.259 positivos. Até certo ponto, isso reduz a progressividade global do sistema de Previdência Social (Escritório de Orçamento do Congresso de 2006). Levar em conta a expectativa de vida também resulta em algumas diferenças interessantes por sexo. As mulheres vivem mais que os homens, por isso seus benefícios vitalícios são maiores. Segundo os cálculos de Liebman, entre as pessoas que se aposentaram em 1990, os homens, em média, ficaram devendo cerca de US$ 43.000, enquanto as mulheres tiveram ganhos de US$ 37.000.

A Previdência Social também redistribui renda com base no regime de vida das pessoas. Tudo o mais constante, as pessoas casadas com cônjuges sem cobertura recebem retorno implícito mais alto que dos solteiros. Por exemplo, um homem solteiro com rendimentos médios e que vai se aposentar em 2015 pode esperar cerca de US$ 138.000 a menos em benefícios líquidos da Previdência Social do que um casal com um só assalariado com o mesmo salário e que vai se aposentar no mesmo ano. Isso ocorre porque a pessoa casada recebe um benefício extra para o seu cônjuge igual a 50% do seu próprio benefício. Além disso, se a pessoa casada morre, o cônjuge sobrevivente passa a ter direito ao benefício integral.

Ademais, os casais com um assalariado ganham mais com a Previdência Social do que os casais de dois trabalhadores. Imagine uma família com dois assalariados, Katherine e Henry. Suponha que Katherine tem ganhos abrangidos durante a vida mais elevados do que Henry. Se o benefício que Henry receberia com base no seu histórico de ganhos acabar por ser 50% menor que o do benefício da sua esposa, o marido terá direito a *não mais* de 50% do benefício de Katherine, que Henry receberia mesmo sem trabalhar. Se o benefício de Henry for maior que 50% do de Katherine, Henry ganhará apenas a diferença entre o seu benefício e 50% do de Katherine. Assim, mesmo que o cônjuge com rendimentos mais baixos esteja sujeito ao imposto sobre os salários durante sua vida profissional, ele ou ela ganhará pouco em benefícios da Previdência Social. Um casal de dois assalariados com rendimentos médios e que vai se aposentar em 2015 pode esperar cerca de US$ 114.000 a menos em benefícios líquidos da Previdência Social, em relação a um casal com um único assalariado que ganha a mesma quantia e se aposenta no mesmo ano.

Esses padrões de redistribuição são desejáveis? Como de costume, a resposta depende, em parte, de juízos de valor. Pode-se argumentar, por exemplo, que as pessoas que sofreram durante a Grande Depressão e a Segunda Guerra Mundial foram tratadas de forma injusta pelo destino e, portanto, merecem ser compensadas pelas gerações mais jovens. Se assim for, as transferências entre gerações mostradas na Figura 11.2 podem ser apropriadas. Por outro lado, não é claro qual princípio da equidade justificaria a distribuição em diferentes tipos de família, como as descritas acima.

A falta de discussão pública sobre as transferências implícitas na Previdência Social é impressionante. As somas envolvidas são enormes. Se valores assim estivessem sendo transferidos por meio de um programa de despesas diretas, provavelmente haveria um grande debate em curso. No entanto, o funcionamento do sistema da Previdência Social é suficientemente obscuro para que o conhecimento do público desta situação seja baixo.

Fundo fiduciário

Na década de 1980, a alíquota de imposto sobre os salários aumentou e benefícios foram cortados. As receitas posteriormente ultrapassaram os pagamentos aos beneficiários, situação que persistiu até 2010. A motivação para as mudanças foi a criação de excedentes em curto prazo que poderiam ser usados para cobrir os benefícios de aposentadoria dos *baby boomers* (nascidos entre 1945 e 1964) nos anos posteriores. Especificamente, a receita excedente foi usada para comprar títulos do governo, que foram "depositados" no **fundo fiduciário da Previdência Social**. A razão para as aspas é que é enganoso pensar no fundo fiduciário como uma conta de poupança gigantesca que pode ser utilizada para pagar os benefícios no futuro. Em vez disso, o fundo fiduciário é basicamente um dispositivo de contabilidade para manter o controle dos excedentes anuais gerados pela parte da Previdência Social no orçamento federal. Por si só, o fundo fiduciário não contribui para a capacidade do governo pagar os benefícios no futuro.

Para ver o motivo, temos de reconhecer um fato fundamental: em qualquer ano no futuro, o consumo dos aposentados e trabalhadores deve sair da produção daquele ano. Assim, o fundo fiduciário pode ajudar a financiar o consumo dos futuros aposentados apenas na medida em que leva a um aumento da produção no futuro. E a única maneira para aumentar

Fundo fiduciário da Previdência Social

Fundo em que os excedentes da Previdência Social são acumulados para fins de pagamento de benefícios no futuro.

a produção no futuro é por meio do aumento do capital social no presente, pois um capital maior aumenta a produtividade dos futuros trabalhadores. Dito de outra forma, a não ser que os valores que se acumulam no fundo fiduciário sejam associados a uma maior poupança nacional, eles nada farão para melhorar a capacidade de pagamento de benefícios futuros.

Imagine que o sistema da Previdência Social administre um superávit de US$ 10 bilhões, que são "depositados" no fundo fiduciário. Se estes US$ 10 bilhões forem para a poupança, a produtividade vai aumentar no futuro, o que gera aumento dos salários, o que gera mais receitas do que fazer pagamentos aos futuros beneficiários da Previdência Social. Suponha que, em vez disso, o superávit de US$ 10 bilhões leve o Congresso a gastar US$ 10 bilhões a mais em outros programas do governo. Há ainda uma entrada de US$ 10 bilhões no fundo fiduciário. Essa entrada representa uma reivindicação de US$ 10 bilhões junto ao Tesouro que, quando resgatada no futuro, terá de ser financiada pelo aumento de impostos, empréstimos junto ao público ou redução de outras despesas. Mas esses US$ 10 bilhões não aumentaram a poupança nacional, pois foram compensados por um aumento nos gastos do governo. Assim, em sentido estrito, a capacidade da sociedade de pagar os benefícios no futuro não aumentou.

Desse modo, a pergunta pertinente é se a receita do montante do fundo fiduciário equivale a uma nova poupança, ou se é compensada pelo aumento dos gastos do governo, sem que seja criada uma nova poupança. A lei diz que o **fundo fiduciário** está fora do orçamento, o que significa que o Congresso não deve considerá-lo como receita disponível na tomada de decisões de gastos. No entanto, o governo também relata o **orçamento unificado** a cada ano, que inclui a receita excedente indo para o fundo fiduciário. Se os políticos pensam em termos de orçamento unificado ao tomar decisões de gastos, o resultado provável é que a receita do fundo fiduciário não seja dedicada para uma nova poupança – eles pensam a Previdência Social como dinheiro para gastar em vários programas, assim como a receita de qualquer outra fonte. Acontece que, apesar de a Previdência Social administrar grandes excedentes, a partir de meados da década de 1980 até recentemente, algumas análises econométricas sugerem que esses superávits foram, na sua maioria (se não completamente), compensados por grandes déficits no resto do orçamento federal (Nataraj e Shoven, 2004). No entanto, é difícil separar o efeito independente do fundo fiduciário sobre os gastos do governo, e esta continua a ser uma questão controversa. Voltaremos ao assunto mais tarde, em nossa discussão de propostas de reforma da Previdência Social.

itens fora do orçamento
Gastos e receitas federais que são excluídos por lei dos números totais do orçamento.

orçamento unificado
Documento que inclui todas as receitas e despesas do governo federal.

▶ EFEITOS DA PREVIDÊNCIA SOCIAL NO COMPORTAMENTO ECONÔMICO

Alguns economistas argumentam que o sistema da Previdência Social distorce o comportamento das pessoas e prejudica a eficiência econômica. A maior parte da discussão tem-se centrado nas decisões sobre poupança e oferta de trabalho, que examinamos agora.

Comportamento de poupança

O ponto de partida para a maioria dos trabalhos da Previdência Social e para a poupança é o **modelo de ciclo de vida**, que afirma que as decisões sobre o consumo e poupança dos indivíduos são baseadas em considerações da vida. Durante a vida profissional, os indivíduos economizam uma parte de suas rendas para acumular riqueza, a partir da qual irão financiar o consumo durante a aposentadoria.[12] Esses recursos ficam aplicados até que sejam neces-

modelo de ciclo de vida
Teoria de que as decisões sobre consumo e poupança dos indivíduos durante um determinado ano são baseadas em um processo de planejamento que considera as circunstâncias da vida.

---
[12] Obviamente, também há poupança por outras razões: para financiar a compra de bens duráveis ou o ensino superior de um filho, por exemplo. Para ver uma discussão mais completa da teoria do ciclo de vida, consulte Modigliani (1986).

sários, aumentando, assim, o capital social da sociedade. Como discutimos anteriormente, uma pessoa com diminuição da utilidade marginal prefere suavizar o consumo ao longo do tempo, tudo o mais constante. Poupar garante um mecanismo para atingir esse objetivo, transferindo o consumo dos anos de trabalho para o período da aposentadoria. A introdução do sistema de Previdência Social pode alterar substancialmente a quantidade de poupança da vida. Essas mudanças são consequências de três efeitos: (1) o efeito substituição da riqueza, (2) o efeito aposentadoria e (3) o efeito legado.

Efeito substituição da riqueza Segundo esta teoria, os trabalhadores percebem que, em troca das contribuições para a Previdência Social, eles receberão uma renda de aposentadoria garantida. Se considerarem os impostos da Previdência Social como um meio de "poupar" para os benefícios futuros, eles tendem a poupar menos por conta própria. Com efeito, a Previdência Social "expulsa" a poupança privada. Esse fenômeno é conhecido como o **efeito substituição de riqueza**. Conforme ressaltado anteriormente, com um sistema *pay-as-you-go* as contribuições são pagas aos beneficiários atuais. Assim, não há aumento da poupança pública para compensar a diminuição da poupança privada, o que significa uma redução na quantidade total de acumulação de capital.

A Figura 11.3 analisa o efeito substituição de riqueza no âmbito do modelo de ciclo de vida. Considere Liang, que espera viver por dois períodos: "agora" (período 0) e no "futuro" (período 1). Liang tem uma renda de I_0 dólares agora e sabe que a sua

efeito substituição de riqueza

Deslocamento da poupança privada, devido à existência da Previdência Social.

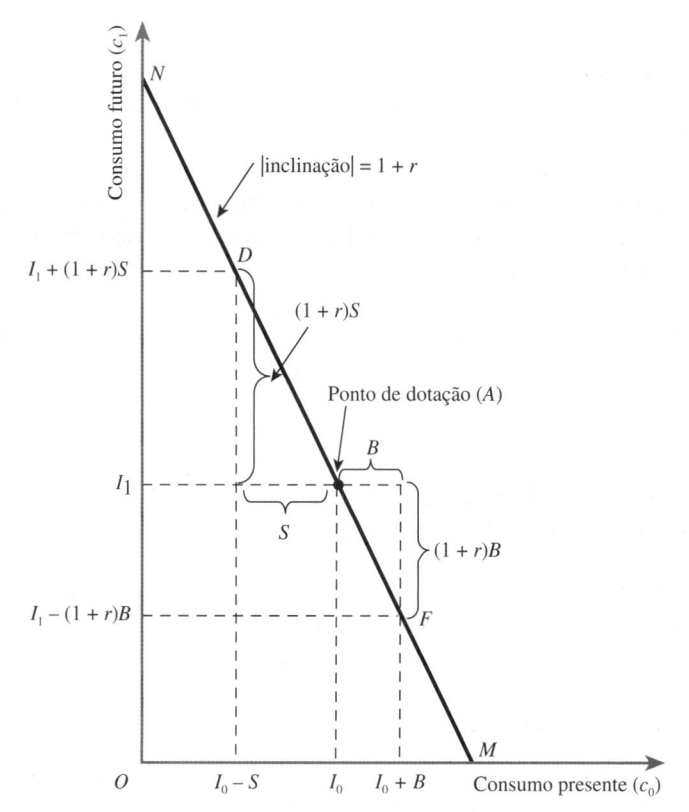

FIGURA 11.3 Restrição orçamentária para o consumo presente e futuro.
A restrição orçamentária *MN* mostra o *trade-off* de Liang entre consumo presente e consumo futuro. Liang pode consumir toda a sua renda à medida que a recebe; isto é, ele pode consumir I_0 no presente e I_1 no futuro. Isso o colocaria no ponto A, que é o seu ponto de dotação. Se em vez disso ele decide consumir $S menos do que sua renda atual, então terá $(1 + r)^S$ mais para consumir no futuro e estará no ponto D. Se, em vez disso, ele decide consumir $B mais do que sua renda no presente, então terá $ (1 + r)^B$ menos para consumir no futuro e estará no ponto F.

renda será de I_1 dólares no futuro (pense em "agora" como "anos de trabalho", quando I_0 corresponde aos rendimentos do trabalho; e no "futuro" como a aposentadoria, quando I_1 é a renda fixa da pensão). O problema dele é decidir quanto consumir em cada período. Quando Liang decide quanto consumir, ele simultaneamente decide quanto poupar ou tomar emprestado. Se o consumo dele nesse período for superior à sua renda atual, ele deverá pedir emprestado. Se o consumo for menor do que a renda atual, ele economizará.

O primeiro passo para analisar a decisão de poupança é descrever as possíveis combinações de consumo presente e futuro disponíveis para Liang – a restrição orçamentária dele. Na Figura 11.3, a quantidade de consumo atual, c_0, é medida no eixo horizontal, e o consumo futuro, c_1, é medido no eixo vertical. Uma opção disponível para Liang é consumir toda a sua renda no momento em que a recebe – consumir I_0 no presente e I_1 no futuro. Esse pacote, chamado de **ponto de dotação**, é indicado por A na Figura 11.3. No ponto de dotação, Liang não economiza nem toma emprestado.

ponto de dotação

Pacote de consumo disponível se um indivíduo não toma emprestado nem economiza.

Outra opção é economizar uma parte da renda atual, a fim de consumir mais no futuro. Suponha que Liang decida economizar S dólares neste período. Se ele investir suas economias em um ativo com taxa de retorno r, poderá aumentar seu consumo futuro em $(1 + r)S$ – o S principal mais os juros rS. Ao diminuir o consumo presente em S, Liang poderá aumentar seu consumo futuro em $(1 + r)S$. Graficamente, essa possibilidade é representada ao se mover S dólares para a esquerda do ponto de dotação A, e $(1 + r)S$ dólares acima dele – o ponto D na Figura 11.3.

Alternativamente, Liang pode consumir mais de I_0 no presente se puder pedir emprestado tendo em conta a sua renda futura. Suponha que Liang possa pedir dinheiro emprestado à mesma taxa de juros, r, que ele pode emprestar. Se ele tomar emprestado B dólares para adicionar ao seu consumo presente, em quanto ele deve reduzir o consumo futuro? Quando o futuro chegar, Liang deverá pagar de volta B acrescido de juros de rB. Assim, Liang poderá aumentar o consumo presente em B somente se estiver disposto a reduzir o consumo futuro em $B + rB = (1 + r)B$. Graficamente, esse processo implica a transferência de B dólares para a direita do ponto de dotação, e, em seguida, $(1 + r)B$ dólares para abaixo dele – o ponto F na Figura 11.3.

Repetindo este procedimento para vários valores de S e B, podemos determinar a quantidade de consumo futuro que é viável, dada uma determinada quantidade de consumo atual. Para fazer isso, traçamos uma linha orçamental MN, que passa pelo ponto de dotação A, e tem uma inclinação no valor absoluto de $1 + r$. Como sempre, a inclinação de uma linha orçamentária representa o custo de oportunidade de um bem em termos de outro. Sua inclinação de $1 + r$ indica que o custo de \$ 1 do consumo no presente é $1 + r$ dólares do consumo renunciado no futuro.[13] MN mostra o *trade-off* entre o consumo ao longo do tempo, por isso é chamada de **restrição orçamentária intertemporal**.

restrição orçamentária intertemporal

Conjunto de níveis de consumo viáveis ao longo do tempo.

Para determinar a escolha ao longo de MN, apresentamos as preferências de Liang entre consumo futuro e presente, que são representados por curvas de indiferença em formato convencional na Figura 11.4. Nessa figura, reproduzimos a restrição orçamentária do Liang, MN, e sobrepomos algumas curvas de indiferença denominadas *i*, *ii* e *iii*. Sob a suposição razoável que mais consumo é preferível a menos consumo, as curvas mais para o nordeste representam maiores níveis de utilidade.

---

[13] Para representar a rubrica orçamental algebricamente, observe que a restrição fundamental enfrentada por Liang é que o valor presente de seu consumo equivale ao valor atual dos seus rendimentos (consulte o Capítulo 8 para ver uma explicação do valor presente). O valor presente do consumo dele é $c_0 + c_1/(1 + r)$, enquanto que o valor presente do seu fluxo de renda é $I_0 + I_1/(1 + r)$. Assim, sua seleção de c_0 e c_1 deve satisfazer $c_0 + c_1/(1 + r) = I_0 + I_1/(1 + r)$. O leitor pode verificar que vista como função de c_0 e c_1, esta é uma linha reta cuja inclinação é $-(1 + r)$ e que passa através do ponto (I_0, I_1).

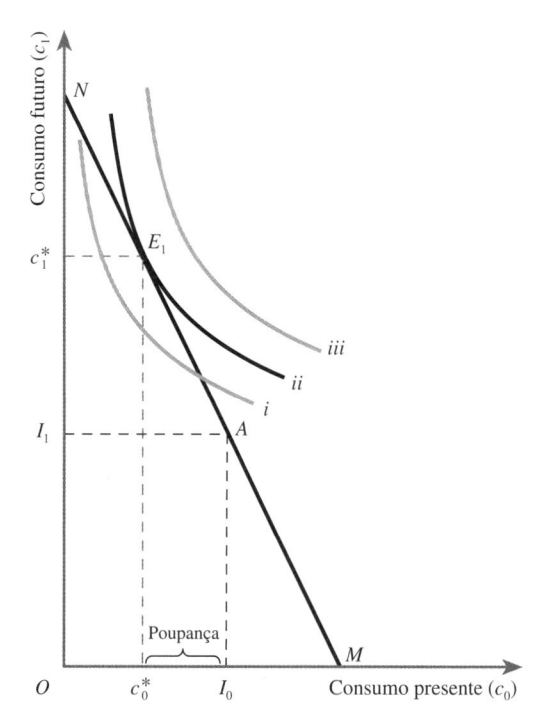

FIGURA 11.4 Escolha de maximização da utilidade do consumo presente e futuro. Liang maximiza a utilidade ao economizar $I_0 - c_0^*$, o que lhe permite consumir c_1^* no período futuro.

Sujeito à restrição orçamentária MN, Liang maximiza a utilidade no ponto E_1, onde consome c_0^* no presente e c_1^* no futuro. Com essa informação, é fácil descobrir quanto Liang economiza. Como a renda atual, I_0, supera o consumo presente, c_0^*, então, por definição, a diferença, $I_0 - c_0^*$ é a poupança. Claro que isso não prova que é sempre racional economizar. Se a curva de indiferença viável mais alta possível fosse tangente à linha orçamental abaixo do ponto A, o consumo presente teria ultrapassado I_0, e Liang teria de tomar empréstimos.

Agora vamos incorporar a Previdência Social no modelo. Para simplificar a análise, vamos supor que o retorno implícito da Previdência Social é igual à taxa de juros de mercado. Ou seja, se Liang pagou $\$T$ em impostos da Previdência Social durante os anos de trabalho, seu benefício da Previdência Social ao se aposentar será de $\$(1 + r)T$ (uma análise interessante e relacionada ao assunto – que fornecemos como questão de discussão ao final do capítulo – examina as consequências de quando a taxa de retorno implícita da Previdência Social difere da taxa de retorno da poupança privada).

Como a adoção do programa da Previdência Social altera o comportamento de poupança de Liang? A Figura 11.5 reproduz a restrição orçamentária MN da Figura 11.4. Partindo do ponto A, o imposto da Previdência Social move T unidades de Liang para a esquerda – o imposto reduz o consumo presente. Mas, ao mesmo tempo, o programa o move para cima por uma distância de $(1 + r)T$, porque o consumo futuro dele aumenta na mesma proporção. Em suma, a combinação do imposto agora juntamente com o benefício no futuro coloca Liang no ponto R da restrição orçamentária MN original. Com efeito, R substituiu A como ponto de dotação. Portanto, enquanto Liang puder continuar a poupar e tomar empréstimos a uma taxa de juros de mercado, a restrição orçamentária ainda será MN. E como a restrição orçamentária permanece a mesma, o mesmo ocorre com o pacote ideal E_1 de Liang. No entanto, mesmo que seu padrão final de consumo ao longo da vida seja o mesmo, há uma diferença fundamental no comportamento de Liang. Para atingir E_1, Liang agora só precisa economizar $I_0^T - c_0^*$, que é menos do que ele estava poupando

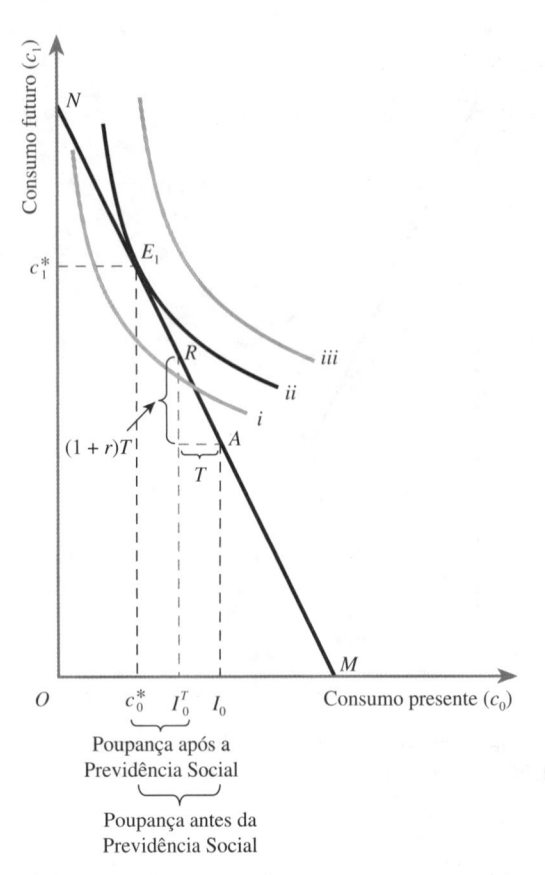

FIGURA 11.5 Deslocamento da poupança privada devido à Previdência Social.
O imposto da Previdência Social reduz o consumo atual de Liang em $\$T$ e aumenta seu consumo futuro em $\$(1+r)T$. Liang agora só precisa economizar $I_0^T + c_0^*$ para obter seu pacote de consumo ideal. Isso é menos do que ele economizava antes da Previdência Social. Assim, a Previdência Social impede a realização de parte da poupança privada.

antes da Previdência Social. Em outras palavras, Liang considera os impostos que paga para a Previdência Social parte de suas economias e, portanto, economiza menos por conta própria. Assim, a Previdência Social impede a realização de parte da poupança privada. É o efeito substituição da riqueza. É importante ressaltar, pois o sistema *pay-as-you-go* não canaliza os impostos para a acumulação de capital, que a poupança pública não compensa essa redução da poupança privada.

efeito aposentadoria

Na medida em que a Previdência Social induz as pessoas a se aposentarem mais cedo, elas podem poupar mais, a fim de financiar a aposentadoria por mais tempo.

Efeito aposentadoria   O próximo efeito da Previdência Social na poupança ocorre porque a instituição pode levar as pessoas a se aposentarem mais cedo do que deveriam. Se a duração do período de aposentadoria do indivíduo aumenta, ele tem mais anos sem trabalho durante os quais seu consumo deve ser financiado, mas menos anos de trabalho para acumular reservas. Este **efeito da aposentadoria** tende a aumentar a poupança.

efeito legado

Teoria de que as pessoas podem economizar mais para financiar um legado maior para os filhos, a fim de compensar a redistribuição intergeracional de renda promovida pela Previdência Social.

Efeito legado   Imagine que uma importante razão para poupar seja o legado: as pessoas querem deixar uma herança para os filhos. Agora recorde-se da Figura 11.2, que mostra que o sistema de Segurança Social tende a redirecionar os rendimentos dos filhos (trabalhadores/contribuintes) para os pais (aposentados/beneficiários). Os pais podem, portanto, economizar mais para aumentar os legados para os filhos, a fim de compensar o efeito distributivo da Previdência Social. Em essência, as pessoas aumentam sua poupança para desfazer o impacto da Previdência Social sobre os rendimentos de seus filhos. Isso é conhecido como **efeito legado**.

> **EVIDÊNCIA EMPÍRICA**
>
> **A Previdência Social reduz a poupança privada?**
>
> Dado que o efeito substituição da riqueza sugere uma diminuição da poupança e os efeitos aposentadoria e legado indicam um aumento da poupança, a teoria por si só não pode dizer se e como a Previdência Social afeta a poupança. É difícil investigar essa questão empiricamente porque o programa foi iniciado nacionalmente ao mesmo tempo. Pode-se analisar a mudança de padrões da poupança privada ao longo do tempo à medida em que o nível de generosidade do programa mudava, mas isso desprezaria a possibilidade de outros fatores que se alteraram ao longo do tempo serem a causa de alguma mudança nos padrões de poupança.
>
> Uma abordagem alternativa é contar com dados transversais para estimar as poupanças pessoais em função da riqueza da Previdência Social. A maioria desses estudos encontrou uma relação negativa entre a riqueza da Previdência Social e a poupança, mas uma minoria constatou um efeito positivo. Não é muito surpreendente que as estimativas transversais variem substancialmente. Como discutimos anteriormente, a riqueza da Previdência Social depende de características individuais, como sexo e estado civil. No entanto, essas mesmas características podem por si mesmas afetar o comportamento da poupança. Por isso, é difícil separar o efeito independente da Previdência Social.[14]
>
> Alguns estudos recentes têm contado com quase-experimentos que ocorreram em outros países, quando foram adotadas reformas para programas que levaram a mudanças bruscas nos benefícios líquidos esperados de algumas pessoas, mas não de outras. Por exemplo, Attanasio e Brugiavini (2003) estudaram o impacto de grandes reformas no sistema de Previdência Social da Itália, em 1992. As reformas reduziram substancialmente os benefícios de aposentadoria; no entanto, o tamanho das reduções variava entre as famílias. Isso permitiu aos autores realizar uma análise de diferenças em diferenças que comparou as mudanças no comportamento de poupança para aqueles que foram muito afetados pelas reformas e para aqueles que não o foram. Eles descobriram que a riqueza da Previdência Social tem um efeito substancial sobre a poupança privada: cada US$ 100 de riqueza da Previdência Social impede a formação de cerca de US$ 40 da poupança privada.[15] Tomando toda a pesquisa empírica em conjunto, parece provável que a Previdência Social tenha reduzido a poupança, embora a magnitude do efeito seja incerta.

Decisões de aposentadoria

Em 1930, 54% dos homens com mais de 65 anos participavam da força de trabalho. Em 1950, a taxa de participação desse grupo era de 45,8%, e em 2011 caiu para 22,8% (Bureau of Labor Statistics, 2012). Vários fatores têm, sem dúvida, contribuído para essa queda: aumento da renda, mudança de expectativa de vida e diferenças nas ocupações. Muitos pesquisadores acreditam também que a Previdência Social tem desempenhado papel fundamental nessa dramática mudança dos padrões de aposentadoria.

Para entender os incentivos à aposentadoria associados à Previdência Social, devemos examinar novamente o conceito de riqueza da Previdência Social – o valor presente esperado dos benefícios líquidos a que um indivíduo tem direito. Lembre-se que uma pessoa se qualifica para os benefícios da Previdência Social aos 62 anos. Suponha que Adiba,

---

[14] O Escritório do Orçamento do Congresso (1998) avalia a literatura sobre o efeito da Previdência Social na poupança.

[15] Uma análise de diferenças em diferenças semelhantes, realizada por Attanasio e Rohwedder (2003) sobre a reforma da Previdência Social no Reino Unido, descobriu um efeito ainda maior sobre a poupança privada.

uma mulher de 62 anos de idade, está decidindo se deve ou não trabalhar por mais um ano. A principal questão é o que acontece com a riqueza da Previdência Social de Adiba se ela adiar a aposentadoria por um ano e continuar a trabalhar. Se a mudança na sua riqueza da Previdência Social for positiva, então essa riqueza se acrescenta aos ganhos dela (depois dos impostos), e o incentivo para trabalhar aumenta. Se a mudança na riqueza for negativa, então o incentivo para trabalhar mais um ano diminui.

Se continuar a trabalhar e deixar de receber os benefícios da Previdência Social, Adiba terá de pagar mais um ano de impostos sobre os salários e de renunciar a um ano de benefícios. As duas ações poderão reduzir a riqueza da Previdência. No entanto, ao trabalhar mais um ano e renunciar aos benefícios previdenciários, ela, presumivelmente, conseguirá incluir um ano de ganhos extras acima da média no cálculo dos salários médios de 35 anos da renda mensal média indexada (AIME); além disso, como discutido anteriormente, esperar outro ano também leva a um aumento dos benefícios mensais. Esses dois últimos fatores tendem a aumentar a riqueza da Previdência Social. Por fim, a vantagem líquida de esperar um ano para solicitar os benefícios também depende de quanto tempo Adiba espera viver – quanto maior for sua expectativa de vida, maior será o incentivo para esperar e receber benefícios mensais mais elevados.

Em suma, do ponto de vista teórico, não fica claro se a Previdência Social dá incentivos positivos ou negativos para alguém com 62 anos se aposentar. Deve-se calcular claramente as diversas mudanças na riqueza da Previdência Social e analisar se a mudança líquida é positiva ou negativa. Com base nesse exercício, Diamond e Gruber (1999) concluem que, em média, não há um incentivo nem um desencorajamento para a aposentadoria e recebimento de benefícios da Previdência Social entre as idades de 62 e 65 anos. Ou seja, o reajuste dos benefícios devidos ao adiamento da aposentadoria são atuarialmente justos nessa faixa etária. No entanto, os autores pensam haver um desincentivo para continuar a trabalhar e abrir mão dos benefícios da Previdência Social após 65 anos, pois o aumento dos subsídios mensais após esse ponto não é suficiente para compensar os anos perdidos de benefícios e os impostos adicionais sobre os salários que devem ser pagos.

Como as decisões sobre a aposentadoria são afetadas por esse desencorajamento para o trabalho? Vários estudos econométricos têm pesquisado a possibilidade de a Previdência Social afetar a idade de aposentadoria. Em um estudo dos sistemas de Previdência Social em 12 países industrializados, por exemplo, Gruber e Wise (2004) descobriram que a idade em que os benefícios tornam-se disponíveis tem um efeito importante sobre a probabilidade da aposentadoria.

Implicações

As evidências disponíveis não são claras, mas sugerem que a Previdência Social provavelmente diminui tanto o esforço de poupança quanto o de trabalho. No entanto, mesmo se distorcer as decisões econômicas, isso não significa necessariamente que a Previdência é um programa ruim. Se a sociedade quer obter algum nível de segurança de renda para os idosos, e essa proteção não está disponível por meio dos mercados privados, então, presumivelmente, ela deve estar disposta a pagar por essa segurança em termos de alguma perda de eficiência. Dito isto, se há maneiras de obter os mesmos benefícios para a sociedade com menos ineficiências, então a reforma do sistema deve ser considerada.

▶ ESGOTAMENTO DE LONGO PRAZO DA PREVIDÊNCIA SOCIAL

Como discutido anteriormente, desde 2010 os benefícios da Previdência Social ultrapassam os impostos sobre salários, com a diferença sendo coberta por resgates dos depósitos acumulados no fundo fiduciário. A fim de obter o dinheiro para resgatar esses depósitos e pagar os benefícios prometidos, o governo tem de aumentar os impostos, cortar outras despesas ou pedir emprestado ao público. Ainda que se considere, por engano, o fundo fiduciário como uma conta poupança gigantesca, a situação não melhora muito: estimativas recentes sugerem que seus fundos estarão esgotadas em 2033 (Administração da Previdência Social, 2012).

A discrepância entre os impostos sobre salários projetados e os pagamentos aos aposentados é ilustrada na Figura 11.6, que mostra as duas medidas em percentual do Produto Interno Bruto para os próximos 75 anos. O déficit que começou em 2010 persiste indefinidamente e aumenta ao longo do tempo. Em suma, dada a sua estrutura atual, a Previdência Social é financeiramente instável.

Para esclarecer a fonte do problema, vamos voltar à Equação (11.1), que reflete o fato de que, sob um sistema *pay-as-you-go*, os benefícios recebidos pelos atuais aposentados se igualam aos impostos pagos pelos trabalhadores atuais. Reorganizar a equação nos dá

$$t = \frac{N_b}{N_w} \times \frac{B}{w} \qquad (11.3)$$

O primeiro termo do lado direito é a **taxa de dependência**, a razão entre o número de beneficiários (N_b) e o número de trabalhadores abrangidos (N_w). O segundo termo é a **taxa de substituição**, a razão média de benefícios (B) em relação à média de salários abrangidos (w). Os problemas de longo prazo com o sistema da Previdência Social surgem porque os Estados Unidos têm uma população em envelhecimento, o que significa que a taxa de dependência é crescente ao longo do tempo. Atualmente, a taxa de dependência é de cerca de 0,35, o que significa que existem cerca de 2,9 trabalhadores para cada aposentado. Em 2030, quando a geração do *baby boom* atingir a idade normal da aposentadoria, a proporção será de 0,48, o que significa que haverá apenas cerca de 2,1 trabalhadores para cada aposentado (Administração da Previdência Social, 2012).

A Equação (11.3) informa que, com uma taxa de dependência crescente, há várias maneiras de manter um sistema *pay-as-you-go* solvente. Uma delas é aumentar os salários abrangidos. No entanto, o principal ator dos aumentos salariais é o aumento da produtividade decorrente dos aumentos do capital social. Dada a taxa de poupança corrente dos

taxa de dependência

Relação de beneficiários da Previdência Social em relação aos trabalhadores abrangidos.

taxa de substituição

Relação da média de benefícios da Previdência Social em relação à média dos salários abrangidos.

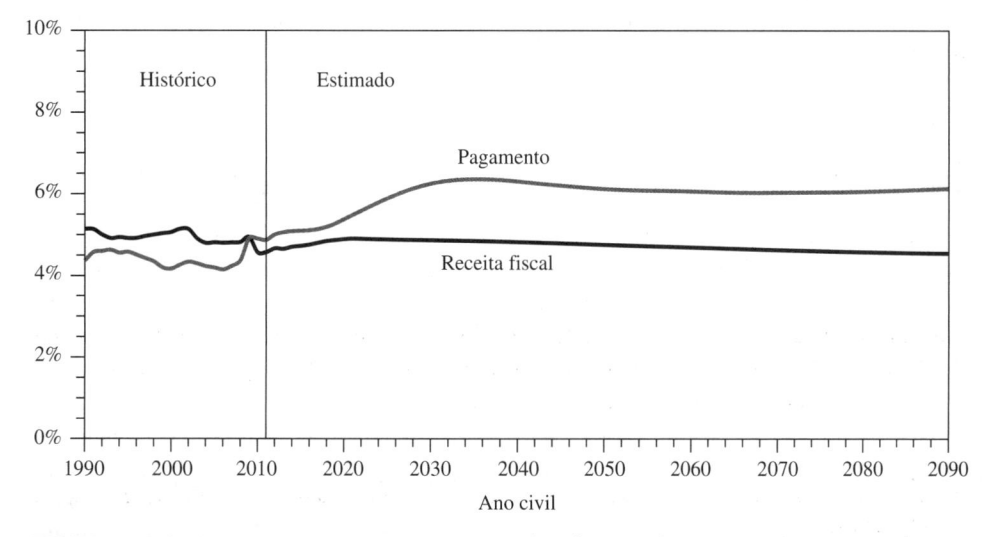

FIGURA 11.6 Receitas e pagamentos projetados da Previdência Social como participação no Produto Interno Bruto.
Os benefícios anuais pagos pela Previdência Social ultrapassam a receita fiscal anual desde 2010. Há uma previsão de que o déficit aumentará e persistirá indefinidamente.

Fonte: Administração da Previdência Social (2012).

Estados Unidos, as projeções razoáveis de crescimento salarial sugerem que isso não será suficiente para cobrir a crescente taxa de dependência. Isso nos deixa com as desagradáveis opções de ou aumentar as taxas dos impostos ou diminuir os benefícios. Muitos outros países enfrentam o mesmo problema. As taxas de dependência estão aumentando na China, no Canadá, na Austrália e na maioria dos países da Europa Ocidental, da América Latina e da Ásia (Escritório de Orçamento do Congresso, 2005a).

▶ REFORMA DA PREVIDÊNCIA SOCIAL

Os problemas financeiros da Previdência Social têm recebido atenção generalizada. Dado que o *status quo* não é sustentável a longo prazo, tem havido um debate vigoroso sobre como a instituição deve ser mudada.

Antes de discutir propostas específicas, uma importante questão deve ser abordada: com que horizonte de tempo a solvência financeira do sistema deve ser procurada? Alguns argumentam que é suficiente planejar durante um período de 75 anos. Isso é o suficiente? Embora 75 anos seja realmente muito tempo, uma mudança da política que obtenha solvência apenas durante esse período "funcionaria" por apenas um ano. Isso porque, como foi mostrado na Figura 11.5, os gastos anuais deverão exceder as receitas anuais indefinidamente no futuro. Assim, quando a janela de 75 anos avançar um ano, o novo $75°$ ano (que anteriormente não foi contado no cálculo da solvência) colocaria o sistema de volta no déficit para a nova janela de 75 anos. Por isso, muitos analistas defendem que qualquer proposta de reforma do programa da Previdência Social deve alcançar solvência sobre o futuro indefinido, uma condição conhecida como **solvência sustentável**.

solvência sustentável
Valores presentes esperados de receitas e despesas são iguais no futuro indefinido.

Em seu romance satírico, *Boomsday*, o escritor Christopher Buckley propõe resolver o problema de solvência da Previdência Social convencendo um quinto dos *baby boomers* a se matar. Felizmente, algumas opções menos radicais estão disponíveis.

Manter o sistema atual

Um ponto de vista é de que a Previdência Social não está realmente passando por uma "crise". Conforme notam Diamond e Orszag (2005, p. 11), "a saúde financeira de longo prazo da Previdência Social pode ser restaurada, quer através de pequenos ajustes ou de cirurgias de grande porte. Em nossa visão, a cirurgia de grande porte não é garantida nem desejável: solvência sustentável e melhoria no seguro social podem ser obtidas por uma reforma progressiva que combine uma pequena redução de benefícios e aumentos da receita". Agora vamos examinar algumas abordagens.

Elevar o imposto sobre os salários De acordo com a Administração da Previdência Social (2012), a solvência sustentável pode ser alcançada com um aumento de 3,9% do imposto sobre os salários. A solvência na janela de 75 anos poderia ser conquistada com um aumento de 2,52% do imposto sobre os salários.

Elevar o lucro tributável ao nível máximo Lembre-se de que os lucros acima de US$ 110.100 (ajustados anualmente pela inflação) não estão sujeitos ao imposto da Previdência Social. Se o limite de contribuição aumentar e o mesmo acontecer com o imposto sobre os salários aplicado a todos os rendimentos, as receitas e os benefícios aumentarão. No entanto, dada a natureza progressiva da estrutura de benefícios, os benefícios futuros aumentariam menos do que as receitas, levando a uma redução líquida do déficit de longo prazo do sistema. Outra ideia no mesmo sentido é acabar com o limite sobre o lucro tributável, mas mantê-lo para o cálculo do benefício. Isso aumentaria as receitas fiscais, sem mudar os benefícios, e geraria tanta receita quanto um aumento de 2,34% no imposto sobre os salários.

Aumentar a idade de aposentadoria A pressão fiscal de longo prazo sobre a Previdência Social se deve, em parte, ao aumento substancial da expectativa de vida desde o início do programa. Por viver mais tempo, as pessoas têm mais anos de aposentadoria e, portanto, recebem mais em benefícios. Como examinado anteriormente, as reformas de 1983 reconheceram esse fenômeno e ordenaram um aumento gradual da idade normal de aposentadoria para 67 anos. O aumento da idade normal de aposentadoria em um mês a cada 2 anos até atingir 68 anos alcançaria o equivalente a um aumento de impostos sobre o salário de 0,32%.[14] Embora substancial, observe que está muito aquém do aumento de 3,9% exigido para a obtenção da solvência sustentável.

Reduzir o ajuste do custo de vida Sob o sistema atual, o benefício de um aposentado aumenta a cada ano pelo custo de vida, medido pelo Índice de Preços ao Consumidor (IPC). Reduzir o ajuste do custo de vida seria reduzir os benefícios, fazendo assim o sistema andar na direção da solvência. Por exemplo, reduzir o ajuste do custo de vida em 1% seria equivalente a um aumento de 1,64% no imposto sobre os salários. Alguns economistas argumentam que o IPC superestima os aumentos de preços enfrentados pelos idosos de modo que, se o objetivo é manter um nível real de consumo constante, seria completamente apropriado um ajuste menor que o IPC (Boskin et al., 1998).

Alterar a fórmula de benefícios Os benefícios podem ser ajustados para baixo, de inúmeras formas. Por exemplo, lembro que a AIME é calculada como a média dos maiores salários de 35 anos de contribuição do trabalhador. Se, em vez disso, usarem os melhores salários de 38 anos de contribuição, o rendimento médio da vida diminuiria, e o mesmo se daria com a média dos benefícios. Essa mudança seria o equivalente a um aumento de cerca de 0,29% na alíquota de imposto sobre os salários.

Lembre-se de que, atualmente, os 35 anos de rendimentos são reajustados pelo crescimento do salário médio, a fim de torná-los comparáveis ao longo dos anos. Como os preços tendem a subir mais lentamente do que os salários, se a indexação se baseasse no Índice de Preços ao Consumidor, os benefícios diminuiriam e as perspectivas orçamentais do sistema iriam melhorar. Incrivelmente, a mudança de indexação dos salários à indexação de preços *por si só* levaria a solvência sustentável. Uma variante dessa ideia é continuar usando a indexação salarial para as pessoas com rendimentos relativamente baixos (digamos que os 30% inferiores da distribuição de AIME) e se valer de uma combinação de indexação de preços e salários para tudo o mais. Isso reduziria os benefícios totais, mas o faria de forma que deixasse aqueles que estão no extremo inferior da distribuição de rendimentos em pior situação (Pozen et al., 2004).

Comparação das opções Alguns cuidados são necessários para comparar essas opções, pois mudanças que têm o mesmo impacto sobre a solvência do sistema podem ter diferentes impactos sobre a economia. Como veremos no capítulo 15, por exemplo, os aumentos de impostos podem distorcer a alocação de recursos mais do que um corte do benefício equivalente à receita. Da mesma forma, as opções que aumentam a mesma quantidade de dinheiro podem ter diferentes efeitos de distribuição. Em suma, o impacto sobre a solvência é apenas um critério para avaliar as propostas de reforma da Previdência.

Privatizar o sistema

Nos últimos anos, os políticos e acadêmicos já pensaram seriamente na possibilidade de privatizar a Previdência Social. A ideia refere-se à *privatização* de uma variedade de planos que compartilham de uma característica comum: as contribuições de empregados e patrões

---

[14] Essas e outras estimativas desta seção são do Gabinete do Escrivão-Chefe da Administração da Previdência Social e podem ser encontradas em www.ssa.gov/OACT/solvency/provisions/index.html.

contas pessoais

Contas de poupança da aposentadoria geridas pelas pessoas como parte de um plano de privatização da Previdência Social. Também são conhecidas como "contas individuais" ou "contas de poupança pessoal".

para a Previdência Social são destinadas a uma **conta pessoal**. Os trabalhadores, então, investem esses fundos em vários ativos financeiros, principalmente fundos de investimento (que são conjuntos de ações e obrigações variadas). Quando os trabalhadores se aposentam, sacam os fundos que acumularam em suas contas. Em princípio, os indivíduos poderiam legar quaisquer fundos não utilizados em suas contas no momento da morte. Com efeito, a privatização da Previdência Social se move na direção de um sistema de pensões totalmente financiado, em oposição à estrutura *pay-as-you-go* atual.

Assim como a mudança incremental sob o *status quo*, há muitas maneiras diferentes de se privatizar a Previdência. De fato, nos últimos anos, inúmeras abordagens para a privatização têm sido experimentadas em vários países, incluindo Reino Unido, Suécia, Chile, Austrália, México e Argentina.

Vamos agora considerar alguns dos prós e dos contras da privatização da Previdência Social.

Efeito sobre a solvência   Muitas pessoas consideram a privatização atraente pois, a longo prazo, as ações tendem a receber uma taxa substancialmente mais elevada de retorno do que a taxa de retorno implícita que a Previdência paga atualmente sobre as contribuições dos indivíduos para o sistema. Se os impostos da Previdência Social fossem investidos no mercado privado, diz esse argumento, essas altas taxas de retorno permitiriam aos aposentados desfrutar de grandes benefícios sem que altos impostos sejam cobrados sobre os salários. A solvência poderia ser obtida de forma indolor.

Para avaliar esse argumento, suponha que um plano de privatização parcial fosse efetivado, permitindo aos trabalhadores retirar parte de seus impostos sobre salário para contas pessoais. Os trabalhadores que direcionam o dinheiro para as contas pessoais, portanto, pagam menos que no sistema previdenciário tradicional. Dado o sistema *pay-as-you-go* existente, haveria menos fundos disponíveis para pagar os benefícios aos aposentados atuais. Para compensar isso, o plano de privatização teria de exigir que cada dólar que um trabalhador direciona para uma conta pessoal fosse compensado por uma redução dos futuros benefícios do trabalhador advindos do programa tradicional da Previdência Social. A melhoria, ou não, da situação fiscal geral da Previdência depende da redução de benefícios a longo prazo ser suficiente para compensar a perda imediata de receita fiscal para o sistema. Se o valor presente esperado da redução dos benefícios for igual à diminuição dos impostos, a solvência do sistema não será afetada. Se o valor presente esperado da redução dos benefícios for menor do que a diminuição de impostos, então a solvência da Previdência Social realmente pioraria.

Assim, não há razão para acreditar que, por si só, a privatização iria melhorar a situação de solvência. Dependeria da velocidade com que os benefícios futuros fossem reduzidos, entre outras características do projeto. Exatamente a mesma lógica sugere que os críticos da privatização, que argumentam que a medida iria necessariamente comprometer a solvência da Previdência Social, também estão enganados. O impacto sobre a solvência depende de como os benefícios futuros serão tratados sob a proposta específica.

Efeito sobre a poupança   Como já salientado anteriormente, o consumo de ambos os aposentados e os trabalhadores em um determinado ano deve sair da produção desse ano, então a única maneira de ajudar a financiar o consumo dos futuros aposentados é aumentar a produção futura. A única maneira de aumentar a produção futura é aumentar a poupança, o que leva à questão de saber se a privatização aumentaria a poupança nacional. Para pensar sobre a questão, observe que o governo tem que financiar seus gastos de uma forma ou de outra. Atualmente, parte do financiamento do orçamento vem do empréstimo de dinheiro do superávit do fundo fiduciário. Ou seja, o fundo fiduciário compra títulos, que é a mesma coisa que empréstimos ao governo, em troca do pagamento de juros nos próximos anos. Se as contas pessoais reduzirem a quantidade de dinheiro no fundo fiduciário, o governo ainda terá de encontrar dinheiro para financiar seus gastos e, portanto, terá de vender seus títulos a investidores privados. Para induzir os investidores privados a aceitar títulos do governo que teriam sido comprados pelo fundo fiduciário, o rendimento desses títulos teria de subir, ou o rendimento em ações cair, ou ambos. No final, tudo o que ocorre é uma troca de títulos públicos e privados entre o fundo fiduciário e os mercados privados – a privatização não cria uma nova poupança.

Alguns economistas argumentam que essa linha de raciocínio ignora importantes considerações da economia política. Eles acreditam que, quando as realidades do processo orçamental são levadas em conta, a privatização provavelmente aumentaria a poupança nacional. A chave desse argumento é que os excedentes da Previdência Social estão incluídos no orçamento unificado do governo. Tirar os excedentes da Previdência do governo e colocá-los em contas pessoais resultaria, desse modo, em um déficit maior no orçamento unificado. Na medida em que os formuladores de políticas baseiam as suas decisões de gastos com a condição do orçamento unificado, iriam reduzir os gastos públicos, o que aumentaria a poupança nacional, tudo o mais constante. Com efeito, de acordo com esse ponto de vista, as contas privadas "bloqueariam" os fundos do restante do governo, reduzindo a capacidade do governo para emprestar esse dinheiro a fim de financiar suas despesas. Na verdade, há alguma evidência de que, no passado, os excedentes da Previdência Social levaram ao aumento da despesa do governo, de modo que essa visão não é inconcebível (Nataraj e Shoven, 2004). No entanto, não está claro se o impacto seria quantitativamente significativo.

Uma vez que o aumento da poupança nacional é a chave para assegurar o financiamento dos futuros aposentados, alguns planos de privatização incluem disposições que exigem que o dinheiro redirecionado do imposto sobre os salários para contas privadas (conhecidas como **dissociadas**) seja equiparado por uma contribuição adicional às custas do trabalhador (conhecida como **suplementar**). Por exemplo, Liebman et al. (2005) propõem a criação de contas pessoais de aposentadoria que seriam financiadas por contribuições anuais iguais a 3% do lucro tributável – em última análise, metade financiada por impostos sobre os salários e metade por contribuições adicionais dos trabalhadores. Seu argumento é que contribuições incorridas são susceptíveis de serem, pelo menos em parte, nova poupança, e que essa nova poupança levaria a aumentos de longo prazo no capital social e na produção futura.

Risco Como discutido anteriormente, a maioria dos planos de privatização exigiria que os futuros benefícios da Previdência Social tradicional fossem reduzidos para cada dólar direcionado para contas pessoais. Os defensores da privatização argumentam que as contas pessoais iriam melhorar os benefícios dos destinatários, pois o dinheiro direcionado para as contas poderia ser investido em ações, que historicamente têm recebido maior retorno do que o retorno implícito da Previdência. No entanto, esses retornos maiores que o esperado estão sujeitos a maior risco. O *crash* dos mercados de ações globais em 2008 e 2009 demonstrou expressivamente que as ações podem tanto subir quanto cair. Assim, uma desvantagem da privatização é que ela iria expor os indivíduos a mais riscos financeiros. Em resposta, os defensores das contas pessoais argumentam que o investimento em carteiras diversificadas permite que as pessoas diminuam o risco a níveis administráveis. De fato, algumas propostas de privatização exigem especificamente que as contas pessoais apliquem apenas em alguns fundos de investimento de base ampla, garantindo um portfólio bastante diversificado.

Os defensores da privatização também argumentam que a certeza aparente do *status quo* é ilusória: os indivíduos enfrentam a possibilidade de que os legisladores futuros, confrontando as consequências inexoráveis da Equação (11.3), irão reduzir os benefícios da aposentadoria. Na verdade, uma série de países, incluindo os Estados Unidos, já fizeram alterações em seus sistemas, cujos efeitos são a redução dos benefícios disponíveis para a atual geração de trabalhadores jovens e de meia-idade quando se aposentarem (Shoven e Slavov, 2006). Com efeito, os defensores da privatização inverteram o argumento de risco

---

contas dissociadas

Contas pessoais que são financiadas pelo redirecionamento de receitas de impostos sobre os salários do sistema previdenciário tradicional.

contas suplementares

Contas pessoais que são financiadas com recursos dos trabalhadores e não por dinheiro retirado de impostos sobre salários.

completamente: com a redução do risco político, a privatização leva a um sistema mais seguro, e não a um mais arriscado.

Administração A administração de qualquer sistema de pensões custa dinheiro. Pessoal deve ser contratado para coletar fundos, manter registros, gerenciar ativos, calcular benefícios, e assim por diante. Alguns temem que esses custos seriam muito elevados na fase de privatização. Uma maneira natural de conhecer a possibilidade disso virar um problema é examinar os custos das instituições que atualmente oferecem contas de poupança de aposentadoria ou fornecem renda para aposentados. O resultado, não muito surpreendentemente, é que os custos dependem muito dos detalhes do sistema. Quanto mais opções e serviços estão disponíveis para os investidores, maiores são os custos administrativos. Por exemplo, quanto mais as pessoas têm a opção de mudar seus investimentos, mais caro custa o programa. Os planos podem reduzir os custos administrativos, restringindo a frequência com que as pessoas podem realocar seus bens, mas à custa de diminuir a flexibilidade. Os custos administrativos também podem ser mantidos a níveis baixos, restringindo a escolha dos ativos e por meio da redução da apresentação de informações aos investidores – de novo, à custa da redução da flexibilidade. O ponto-chave é que, com compromissos razoáveis em relação aos serviços que presta, parece que um sistema privatizado pode ser administrado a um custo relativamente modesto (Escritório de Orçamento do Congresso, 2004a).

Distribuição Como já foi observado, embora a Previdência Social seja chamada de seguro, um dos seus objetivos importantes é a redistribuição de renda. O atual sistema tem, de fato, dois objetivos distintos: forçar as pessoas a fazerem seguros para si mesmas por meio da realocação da renda dos anos de trabalho para os anos de aposentadoria, e distribuir renda para cidadãos idosos que, de outra forma, não teriam um nível adequado de suporte. Muitos dos problemas com a Previdência decorrem do fato de que ela tenta satisfazer ambos os objetivos por meio de uma única estrutura de benefícios e impostos.

Diversos planos de privatização lidam com esses dois objetivos separadamente. O objetivo financeiro da aposentadoria é largamente realizado por acumulações nas contas pessoais dos indivíduos. As contas pessoais geralmente não levam a qualquer redistribuição, pois cada aposentado recebe pagamentos com base em quanto foi colocado na conta e a taxa de retorno estipulada. No entanto, se houver a vontade de se realizar alguma redistribuição por meio de contas pessoais, então o governo poderia fornecer fundos especiais de harmonização para o dinheiro colocado nas contas por pessoas de baixa renda (Feldstein e Samwick, 2002).

O objetivo da redistribuição também pode ser realizado por um sistema separado de transferências para aqueles cujas contas pessoais não seriam suficientes para um nível de suporte considerado adequado pela sociedade. A Supplemental Security Income (examinada no Capítulo 13), que é financiada por receitas gerais, é um mecanismo já existente para a realização dessas transferências. Presumivelmente, poderia ser expandida para permitir o máximo de redistribuição para os idosos pobres, conforme fosse o desejo da sociedade.

Uma importante consequência da privatização é que o *status* da família não teria um grande efeito sobre o valor da riqueza da Segurança Social de uma pessoa. Se um casal de um assalariado e um de dois assalariados pagassem o mesmo valor para o mesmo fundo, receberiam os mesmos benefícios. O problema de sustentar cônjuges que não trabalham poderia ser tratado por meio da concessão de crédito a cada cônjuge de metade do total de contribuições feitas pelo casal. Dessa forma, mesmo em caso de divórcio, cada um dos cônjuges ficaria com um determinado saldo, em que as aposentadorias se baseariam.

Obviamente, o financiamento geral da parte de transferência de Previdência Social iria obrigá-la a competir abertamente com outras prioridades do governo. Os formuladores de políticas e o público teriam de determinar explicitamente o valor das transferências para os idosos em relação a outros objetivos sociais. Os opositores da privatização argumentam que isso acabaria por minar todo o programa (Munnell, 1999), mas os proponentes discordam.

▶ CONCLUSÕES

A Previdência Social é o nosso maior programa exclusivo de gastos domésticos. Do ponto de vista da economia de bem-estar, seu principal objetivo é fornecer um seguro contra o risco de um indivíduo perder a poupança de aposentadoria. O programa provavelmente melhorou significativamente as condições de vida dos idosos. No entanto, teve também, sem dúvida, consequências inesperadas. É difícil imaginar, por exemplo, que os criadores da Previdência Social realmente queriam gerar enormes redistribuições de renda com base no estado civil ou número de assalariados de uma família. Os dados também sugerem que a Previdência tem reduzido a poupança nacional, o que dificulta o crescimento da produtividade.

A Previdência Social atualmente enfrenta problemas financeiros, pois a proporção do número de aposentados em relação ao de trabalhadores está crescendo – é o envelhecimento da América. Tratar do problema depende de corte de benefícios ou aumento de impostos – opções que não são politicamente populares. Essas mudanças são especialmente difíceis, porque o sistema atual, que remonta à década de 1930, tornou-se quase sagrado. Mas as tendências demográficas são implacáveis, por isso os políticos não têm escolha a não ser enfrentar os problemas do sistema, mais cedo ou mais tarde. Por isso, podemos esperar um debate animado nos próximos anos.

Resumo

- A Previdência Social é o maior programa nacional dos EUA. Em 2011, suas despesas foram de aproximadamente US$ 736,1 bilhões, cerca de 4,9% do Produto Interno Bruto.
- A Previdência Social oferece seguro contra a perda da poupança de aposentadoria de um indivíduo. Desta forma, funciona como uma anuidade e melhora o bem-estar, ajudando as pessoas a suavizar seu consumo.
- Uma das justificativas da Previdência Social é que os mercados de anuidade privados não são eficazes por conta da seleção adversa. Outra justificativa é que as pessoas não são prevenidas e poupam menos do que a sociedade considera adequado.
- A Previdência Social é basicamente um sistema de pensões *pay-as-you-go*, em que os benefícios de um indivíduo são pagos com os rendimentos dos trabalhadores atuais. Em contraste, em um sistema de pensões totalmente financiado, os benefícios de um indivíduo são pagos a partir dos depósitos feitos durante a sua vida de trabalho, acrescidos de juros acumulados.
- Os benefícios da Previdência Social são calculados em duas etapas. A renda média mensal indexada (AIME) é derivada do histórico de ganhos do trabalhador e determina o valor do seguro principal (PIA). Para calcular os benefícios reais, o PIA é ajustado por um montante que depende da idade da aposentadoria, da situação familiar e de outros rendimentos.

- A Previdência Social é financiada por um imposto sobre os salários de 12,4% (até o máximo de US$ 110.100), metade do qual é cobrado dos empregadores e metade dos trabalhadores.
- Falando em termos gerais, a Previdência Social redistribui renda de indivíduos de alta renda para os de baixa renda, de homens para mulheres e de jovens para idosos. Casais com um assalariado tendem a ganhar em relação a casais com dois assalariados ou pessoas solteiras.
- Desde o início da década de 1980 até recentemente, a receita fiscal anual da Previdência Social ultrapassou os pagamentos anuais de benefícios, com a diferença indo para o fundo fiduciário. O fundo fiduciário é essencialmente um dispositivo de contabilidade, e por si só não melhora a capacidade da sociedade de cuidar dos aposentados no futuro.
- Com o tempo, a situação econômica dos idosos melhorou. Evidências sugerem que os benefícios da Previdência Social têm desempenhado um papel importante nesse desenvolvimento.
- A Previdência Social pode reduzir a poupança privada, devido ao efeito substituição de riqueza, ou pode aumentar a poupança, devido ao efeito aposentadoria ou ao efeito legado. Uma conclusão razoável baseada em resultados econométricos é que a poupança foi reduzida, mas não se sabe exatamente em que quantidade.

- O percentual de trabalhadores mais velhos aposentados aumentou dramaticamente desde a adoção da Previdência Social. Há alguns sinais de que isso se deve em parte ao sistema previdenciário.
- Os impostos da Previdência atualmente são menores do que os benefícios. O déficit deverá continuar por tempo indeterminado, o que significa que a Previdência Social é financeiramente instável.
- Uma reação possível ao problema financeiro é manter o sistema atual, mas realizar uma combinação de aumentos de impostos e redução de benefícios para a obtenção de solvência.
- Outra resposta possível é a privatização do sistema: permitir que as pessoas invistam uma parte ou a totalidade de suas contribuições previdenciárias em uma conta pessoal. O impacto da privatização sobre a solvência depende da quantidade de benefícios futuros que forem reduzidos para cada dólar redirecionado para uma conta pessoal.
- A fim de ajudar a aliviar a carga do sustento dos idosos no futuro, um plano de reforma teria que levar a um aumento da poupança. A capacidade da privatização aumentar a poupança depende da estrutura do plano específico.

Perguntas para reflexão

1. Em um teste de informação assimétrica no mercado de seguros de automóveis da França, Chiappori e Salanié (2000) procuraram a relação entre a abrangência da apólice de um indivíduo e o custo da cobertura por unidade. O argumento dos autores era que, na presença de informação assimétrica, quanto mais abrangente a cobertura, maior o custo por franco da cobertura. Explique o raciocínio por trás desse argumento (aliás, eles não encontraram evidências de assimetria de informação nesse caso).

2. Como parte do seu plano de privatização para reformar a Previdência Social, o Prêmio Nobel, Edward Prescott, defendeu que as contas pessoais fossem obrigatórias, a fim de impedir que indivíduos racionais deliberadamente deixassem de poupar (Prescott, 2004). Explique como o risco moral poderia levar as pessoas a poupar menos se a Previdência Social fosse substituída por contas pessoais voluntárias.

3. Em 1990, a taxa de pessoas com 65 anos ou mais em relação às pessoas entre 20 e 64 anos no Reino Unido era de 26,7%. No ano de 2050, essa proporção deverá ser de 45,8%. Com um sistema de Segurança Social *pay-as-you-go*, que mudança na alíquota de imposto sobre os salários entre 1990 e 2050 seria necessária para manter a relação de benefícios aos salários de 1990? Se a alíquota de imposto fora constante, o que aconteceria com a taxa de benefícios em relação a salários?

4. No Brasil, a introdução do Viagra tem contribuído para um aumento acentuado no número de homens idosos que se casam com mulheres jovens. Como é o caso nos Estados Unidos, o sistema de Previdência Social brasileiro oferece pensão para cônjuges que não trabalham, mesmo após a morte do beneficiário principal. Use a Equação 11.3 para discutir como o uso do Viagra tem afetado a solvência do sistema público de pensões do Brasil.

5. Em seu romance *Razão e Sensibilidade*, Jane Austen escreveu: "Se você notar, as pessoas sempre vivem para sempre quando há alguma anuidade para receber". Relacione essa citação com a questão da seleção adversa nos mercados de anuidade.

6. A discussão em torno da Equação (11.1) notou que problemas podem surgir para se manter a mesma taxa de substituição de uma população na qual a taxa de dependência é crescente. Suponha que, em vez de manter a taxa de substituição constante ao longo do tempo, o objetivo da política pública seja manter um nível constante de benefícios. Explique como isso muda o ponto de vista de alguém sobre as consequências de uma taxa de dependência crescente, especialmente se os salários estiverem aumentando ao longo do tempo devido a ganhos de produtividade.

7. Examine: "No longo prazo, a taxa de retorno de ações é maior do que a taxa de retorno dos títulos do governo. Portanto, seria mais fácil cuidar dos futuros aposentados se o fundo fiduciário da Previdência Social fosse investido em ações, em vez de títulos do governo."

8. Pense em um modelo em que um indivíduo vive apenas dois períodos. O indivíduo tem utilidade marginal decrescente do consumo e recebe uma renda de US$ 20.000 no período 1 e uma renda de US$ 5.000 no período 2. A taxa de lucro privado é de 10% por período, e a pessoa pode tomar emprestado ou emprestar dinheiro a essa taxa. Considere também que a pessoa tem a intenção de consumir toda a sua renda durante a vida (ou seja, não vai deixar nenhum dinheiro para os herdeiros).

a. Se não há um programa de Previdência Social, qual é o consumo ideal do indivíduo em cada período?

b. Agora vamos supor que há um programa de Previdência Social que retira US$ 3.000 do indivíduo no primeiro período e paga esse valor a ele com juros no segundo período. Qual é o impacto desse sistema sobre a poupança da pessoa?

9. A Figura 11.5 levou em conta que a taxa de retorno implícita da Previdência Social era a mesma que a taxa de retorno privada disponível da poupança privada para Liang. Suponha agora que a Previdência tem uma taxa implícita de retorno menor do que o retorno privado. Como a adoção desse sistema de Previdência Social afeta a restrição orçamentária da Figura 11.5? O que você espera que aconteça com a quantia que Liang poupa?

10. Discuta a seguinte citação: "O esforço contínuo para converter parcialmente a Previdência Social de um financiamento com impostos sobre salário para um financiamento com impostos sobre a renda – por meio do corte do imposto sobre os salários [...] e a substituição dos fundos com receita geral – pode em pouco tempo pôr fim à concepção antiga da Previdência Social como um benefício resultante das contribuições dos trabalhadores" (Blahous, 2011).

11. De acordo com uma proposta de reforma da Previdência Social, os trabalhadores mais jovens seriam capazes de redirecionar até US$ 1.000 de seus impostos sobre salários para uma conta individual. No entanto, esse redirecionamento dos fundos se daria em troca de benefícios inferiores definidos quando se aposentassem. A redução dos benefícios definidos seria igual ao montante direcionado para a conta individual, composto a uma dada taxa de juros (conhecida como a taxa de compensação). Usando a fórmula *pay-as-you-go*, explique o impacto do plano sobre a solvência da Previdência Social. Qual seria a taxa de compensação necessária para esse plano não ter qualquer efeito sobre a solvência? Qual é a relação entre a taxa de compensação escolhida e a riqueza da Segurança Social esperada para os trabalhadores mais jovens?

12 Redistribuição de renda: questões conceituais

> *Uma provisão decente para os pobres é o verdadeiro teste de civilização.*
> — SAMUEL JOHNSON

"Em geral, a arte de governar consiste em tirar tanto dinheiro quanto possível de uma classe de cidadãos para dar à outra". Embora a afirmação de Voltaire seja um exagero, é verdade que praticamente todas as questões políticas importantes envolvem a distribuição de renda. Mesmo quando não são explícitas, questões relacionadas a quem ganha e quem perde subjazem aos debates sobre as políticas públicas. Este capítulo apresenta um quadro para pensar sobre os aspectos normativos e positivos das políticas públicas de redistribuição. Depois, o Capítulo 13 usará esse quadro para analisar os principais programas governamentais para a manutenção da renda dos pobres.

Antes de prosseguir, é preciso discutir se os economistas devem sequer considerar questões de distribuição. Nem todos pensam assim. Noções relacionadas à distribuição de renda "correta" são juízos de valor, e não há maneira "científica" de resolver diferenças em matéria de ética. Por isso, alguns argumentam que discutir questões de distribuição é prejudicial à objetividade em economia e que os economistas deveriam limitar-se a analisar apenas os aspectos de eficiência das questões sociais.

Esse ponto de vista tem dois problemas. Em primeiro lugar, como foi enfatizado no Capítulo 3, a teoria da economia do bem-estar indica que a eficiência por si só é um padrão-normativo inadequado. Outros critérios além da eficiência devem ser considerados quando se compara alocações de recursos alternativas. Naturalmente, pode-se afirmar que apenas a eficiência importa, mas este é um juízo de valor.

Em segundo lugar, os tomadores de decisão se preocupam com os efeitos de políticas sobre a distribuição. Se os economistas ignorarem a distribuição, os políticos irão ignorar os economistas. Os tomadores de decisão políticos podem, então, acabar se concentrando apenas em questões de distribuição, deixando de lado a eficiência. Os economistas que levam a distribuição em conta sistematicamente podem manter os tomadores de decisão políticos conscientes da eficiência e de questões de distribuição. Embora a formação em economia certamente não confira uma capacidade superior para fazer julgamentos éticos, os economistas são hábeis em projetar as implicações de conjuntos de valores alternativos e em medir os custos de alcançar vários objetivos éticos.

Uma questão relacionada é se o governo deve se envolver na mudança da distribuição de renda. Como observamos no Capítulo 1, algumas tradições importantes da filosofia política sugerem que o governo não deve desempenhar papel na redistribuição. No entanto, mesmo o menor governo concebível influencia a distribuição de renda. Por exemplo, quando o governo compra materiais para bens públicos, algumas empresas recebem contratos e outras não; pode-se presumir que os proprietários das empresas que recebem os contratos se beneficiam de aumentos em seus rendimentos relativos. De modo mais geral, as atividades fiscais e os gastos do governo tendem a mudar a distribuição de renda real.

◆ ◆ ◆

▶ DISTRIBUIÇÃO DE RENDA

Comecemos examinando algumas informações sobre a distribuição de renda. A Tabela 12.1 mostra os dados do Censo sobre a distribuição de renda nos EUA para anos selecionados desde o final da década de 1960. A tabela sugere a presença de muita desigualdade. Em 2010, o quinto mais rico da população recebeu cerca de 50% da renda total, enquanto a cota do quinto mais pobre foi de pouco mais de 3%. A tabela também sugere que a desigualdade está aumentando ao longo do tempo. A parcela da renda que vai para os dois quintos das famílias mais pobres é menor agora do que era há algumas décadas. Cabe observar que o aumento da desigualdade não se restringiu aos Estados Unidos. Ele está ocorrendo em todos os países desenvolvidos, embora em menor grau (Glaeser, 2005).

Outra forma de avaliar a distribuição de renda é calcular o número de pessoas abaixo da **linha de pobreza**, um nível fixo de renda real considerado suficiente para fornecer um padrão de vida minimamente adequado.[1] Embora haja arbitrariedade considerável na determinação do que é adequado, o conceito de linha de pobreza ainda fornece uma referência útil. A linha de pobreza para uma família de quatro pessoas em 2011 era de US$ 23.021. Durante o mesmo ano, a renda média – nível no qual metade das famílias estava acima e metade estava abaixo – era de US$ 62.273. Em 2011, 46,2 milhões de pessoas estavam abaixo da linha de pobreza, ou seja, 15,0% da população (US Bureau of the Census, 2012a).

A Tabela 12.2 mostra o percentual de pessoas abaixo da linha de pobreza para vários grupos demográficos. A pobreza é particularmente comum entre famílias chefiadas por mulheres, em que não há marido presente – 31,2% dessas famílias estão abaixo da linha de pobreza. Negros e hispânicos também têm taxas de pobreza substancialmente acima daquela da população em geral.

A Figura 12.1 mostra as mudanças na taxa de pobreza ao longo do tempo. Os números sugerem que a incidência da pobreza nos Estados Unidos é consideravelmente menor do que era há meio século. No entanto, a tendência de queda não foi constante.

> **linha de pobreza**
> Nível fixo de renda real considerado suficiente para fornecer um padrão de vida minimamente adequado.

TABELA 12.1 Distribuição da renda monetária entre as famílias (*anos selecionados*)

Percentual						
Ano	Quinto mais pobre	Segundo quinto	Quinto médio	Quarto Quinto	Quinto mais rico	5% mais ricos
1967	4,0	10,8	17,3	24,2	43,6	17,2
1977	4,2	10,2	16,9	24,7	44,0	16,8
1982	4,0	10,0	16,5	24,5	45,0	17,0
1987	3,8	9,6	16,1	24,3	46,2	18,2
1992	3,8	9,4	15,8	24,2	46,9	18,6
1997	3,6	8,9	15,0	23,2	49,4	21,7
2002	3,5	8,8	14,8	23,3	49,7	21,7
2007	3,4	8,7	14,8	23,4	49,7	21,2
2010	3,3	8,5	14,6	23,4	50,2	23,1

Fonte: US Bureau of the Census (2011a, Tabela H-2).
Observação: estes valores não incluem o valor de transferências em espécie.
A desigualdade de renda vem aumentando com o passar do tempo. Em 1967, o quinto mais rico da população recebeu 43,6% da renda total, enquanto o quinto mais pobre recebeu 4,0% da renda total. Em 2010, o quinto mais rico da população recebeu 50,2% da renda total, enquanto o quinto mais pobre recebeu apenas 3,3% do total.

---

[1] Para calcular a linha de pobreza, o primeiro passo é estimar o custo mínimo de uma dieta que atenda padrões nutricionais adequados. O segundo passo é descobrir a proporção da renda gasta em alimentos por famílias de diferentes tamanhos. A linha de pobreza é então encontrada pela multiplicação do valor dessa proporção pelo custo da dieta "adequada".

TABELA 12.2 Quem é pobre?

Grupo	Taxa de pobreza	Grupo	Taxa de pobreza
Todas as pessoas	15,0%	Menores de 18 anos	21,9%
Brancos	9,8	Maiores de 65 anos	8,7
Negros	27,6	Famílias de mulheres, sem marido presente	31,2
Origem hispânica	25,3		

Fonte: US Bureau of the Census (2012a).
Observação: os números são de 2011.
As taxas de pobreza diferem substancialmente entre grupos demográficos.

FIGURA 12.1 Taxa de pobreza (1959-2011)
A taxa de pobreza é menor do que há 50 anos, mas a tendência de redução não foi constante.
Fonte: US Bureau of the Census (2012a).

O motivo da existência de grandes disparidades de renda por muito tempo ocupou lugar central na economia, e está longe de ser determinado.[2] Nos Estados Unidos e em outros países ocidentais, a razão mais importante para a desigualdade de renda familiar está nas diferenças entre os rendimentos dos chefes de família. Diferenças em renda de propriedade (juros, dividendos, etc.) representam apenas uma pequena parcela da desigualdade de renda. Embora muito importante, esta observação não explica a desigualdade de renda; é preciso, ainda, considerar as grandes diferenças de rendimentos. A renda depende de itens tão diversos como força física, inteligência, esforço, saúde, educação, decisões matrimoniais, existência de discriminação racial e sexual, presença de programas de bem-estar social e sorte. Muitos economistas acreditam que o principal fator determinante do aumento da desigualdade nos últimos anos é um aumento nos retornos financeiros da educação – por causa de mudanças na tecnologia, tais como a introdução generalizada de computadores no local de trabalho, os trabalhadores com educação superior agora estão ganhando relativamente mais do que aqueles com baixa escolaridade. Porém, não há apenas uma explicação que dê conta de todos os casos de pobreza. Como veremos mais adiante, este fato tem complicado tentativas de formulação de políticas sensatas de redistribuição de renda.

---

[2] Hoynes et al. (2006) investigam os vários fatores determinantes da distribuição de renda.

▶ INTERPRETAÇÃO DOS DADOS DE DISTRIBUIÇÃO

Os dados do Censo dos Estados Unidos sobre a distribuição de renda e a taxa de pobreza são alvos de muita discussão pública. Contudo, essas estimativas são controversas. Vários economistas concordam com esta avaliação crítica: "A medida oficial já não corresponde à realidade. Ela não acerta nenhuma das partes da equação – quanto os pobres têm ou de quanto eles precisam. Ninguém confia muito nos dados" (DeParle, Gebeloff e Tavernise, 2011). Por isso, é importante conhecer as convenções usadas para chegar a esses números e suas limitações.

A renda do censo é constituída apenas de recebimentos em dinheiro da família A renda de uma pessoa durante determinado período é a soma do montante consumido durante esse período e do montante poupado (uma discussão mais detalhada da definição de renda está incluída no Capítulo 17). A renda familiar é composta não só do dinheiro que ela recebe, mas também de **transferências em espécie** – pagamentos em bens e serviços em vez de dinheiro. A omissão da renda em espécie da definição oficial pode levar a estimativas enganosas da taxa de pobreza. Imagine, por exemplo, que sua comunidade oferecesse vales às pessoas que lhes permitissem morar no melhor hotel e comer no restaurante mais chique da cidade. A taxa oficial de pobreza não mudaria nada. Embora o governo certamente não ofereça luxos para os pobres, ele fornece vale-alimentação, programas de habitação de baixa renda e assistência médica subsidiada. De acordo com o US Bureau of the Census (2011b), a inclusão de vários benefícios não monetários do governo reduziria a taxa oficial de pobreza de 14,3% para 9,7%.

Uma das principais formas de renda em espécie é o valor do tempo que os adultos dedicam às suas famílias. Os dados oficiais não captam diferenças importantes nos níveis de recursos econômicos disponíveis para famílias monoparentais em comparação com famílias biparentais e entre famílias biparentais em que ambos os pais trabalham em comparação com aquelas em que um dos pais fica em casa. A renda em espécie também é fornecida por bens duráveis. O exemplo mais importante é uma casa, que fornece a seu dono um fluxo de serviços de habitação. O valor desses serviços é o custo para o proprietário de alugar uma casa semelhante. Assim, se uma família é proprietária de uma casa que poderia alugar por US$ 5.000 por ano, esses US$ 5.000 devem ser incluídos em sua renda. A observação é pertinente, uma vez que mais de 30% das famílias com renda inferior a US$ 15.000 têm casa própria (US Bureau of the Census, 2011b).

transferência em espécie

Pagamentos do governo a pessoas físicas sob a forma de bens ou serviços em vez de dinheiro.

A renda do censo ignora impostos Todos os dados de renda são *sem* dedução de impostos. Portanto, o fato de o sistema de imposto de renda levar uma parcela maior da renda das famílias de alta renda do que das famílias de baixa renda não se reflete nos números. Um dos programas mais importantes para promover a redistribuição de renda para os pobres, o crédito fiscal relativo aos rendimentos auferidos (EITC, na sigla em inglês), é executado por meio do imposto de renda (o programa é discutido no Capítulo 13). O EITC transfere quase US$ 60 bilhões ao ano para famílias de baixa renda; essas transferências são ignoradas nas estatísticas de pobreza.

A renda do censo é medida anualmente O conceito de renda só faz sentido se for medido ao longo de um período de tempo. Mas não é óbvio qual deveria ser o prazo. A medida diária ou semanal seria um absurdo, pois mesmo pessoas ricas poderiam ter renda zero durante um período curto. Faz muito mais sentido medir o fluxo de renda ao longo de um ano, como fazem os números oficiais. No entanto, mesmo as medidas anuais podem não refletir a verdadeira situação econômica de uma pessoa. Afinal de contas, a renda pode variar substancialmente de um ano para o outro. Do ponto de vista teórico, a renda ao longo de toda a vida seria o ideal, mas há enormes problemas práticos em sua estimativa.

Embora a distinção entre diferentes períodos possa parecer um mero jogo acadêmico, ela é realmente muito importante. As pessoas tendem a ter baixos rendimentos quando são jovens, maiores quando são de meia-idade e novamente menores quando são idosas e aposentadas. Portanto, pessoas com rendas *idênticas* ao longo da vida, mas que estão em diferentes estágios do ciclo de vida, podem aparecer nos dados anuais como pessoas com rendimentos *desiguais*. Medidas baseadas em renda anual, como as que mostram as Tabelas 12.1 e 12.2, sugerem mais desigualdade do que aquelas construídas com base em toda a vida. Usar uma medida do bem-estar de mais longo prazo do que a renda anual poderia reduzir o número de famílias em situação de pobreza em 3 ou 4 pontos percentuais (Jorgenson, 1998).

Dados de consumo podem fornecer uma melhor avaliação do bem-estar Os dados oficiais sobre taxa de pobreza e distribuição são todos baseados em renda. Algumas pessoas argumentam que as medidas baseadas no consumo são melhores conceitualmente, pois a utilidade das pessoas depende do consumo, e não da renda (Hagopian e Ohanian, 2012). A questão é importante, pois os dados sobre consumo e renda podem resultar em imagens bastante diferentes do padrão de vida entre os pobres. Considere, por exemplo, as distribuições das despesas de consumo e de renda para mães solteiras. Meyer e Sullivan (2009) constatam que o nível de consumo para os 5% mais pobres é 50% mais elevado do que o nível de renda. Por que o consumo e a renda são tão diferentes para as mães solteiras de baixa renda? Os autores atribuem a diferença, em grande parte, à declaração de renda menor que a efetiva, principalmente proveniente de transferência de renda na forma de benefícios como vale-refeição e recebimentos da previdência social.

Considerações semelhantes sugerem que basear inferências sobre mudanças históricas na desigualdade no lucro, e não no consumo, pode ser enganoso. A análise de Meyer e Sullivan (2007) da situação econômica de famílias chefiadas por mães solteiras na década de 1990 mostrou que a renda caiu cerca de 15% para aqueles que estavam no quinto mais baixo da distribuição de renda e aumentou cerca de 15% para aqueles que estavam no quinto mais alto da distribuição de renda. A implicação clara é que a desigualdade aumentou. No entanto, as tendências de consumo mostraram um *aumento* de 5% para o quinto mais baixo da distribuição de renda e igual aumento para o quinto mais alto. Isto é, não houve mudança na desigualdade, conforme medida pela proporção dos níveis de consumo dos quintos mais alto e mais baixo da distribuição.

Não está claro como definir a unidade de observação A maioria das pessoas vive com outras e, pelo menos até certo ponto, toma suas decisões econômicas em conjunto. A distribuição de renda deve ser medida entre indivíduos ou famílias? Se economias são obtidas pela vida em conjunto, elas devem ser levadas em conta no cálculo da renda de um indivíduo? Por exemplo, os membros de uma família de duas pessoas com renda total de US$ 30.000 têm o mesmo nível de vida que um indivíduo solteiro com US$ 15.000? Embora duas pessoas possam não conseguir viver com custos tão baixos quanto uma, elas podem conseguir viver com os custos de uma pessoa e meia. Neste caso, os membros do casal estão em melhor situação em termos reais. Porém, encontrar o fator de ajuste exato não é fácil. Neste contexto, observe na Tabela 12.2 que uma das categorias é "famílias de mulheres, sem marido presente". De acordo com os cálculos de Bauman (1999), incluir as rendas dos membros de um lar que não são legalmente membros da família (como pessoas que vivem juntas sem serem casadas) as reclassificaria de modo a excluir das estatísticas de pobreza cerca de 55% das pessoas pobres, de acordo com a definição oficial.

Um problema relacionado surge quando a estrutura das famílias muda ao longo do tempo. Considere o que acontece quando o aumento da renda permite que um avô se mude para um apartamento próprio em vez de compartilhar a casa com os filhos adultos. Isso cria uma nova unidade econômica, com um nível bastante baixo de renda. De acordo com as estatísticas oficiais, a situação piora – a renda média cai e a desigualdade econômica aumenta. No entanto, pode-se presumir que as novas condições de moradia são melhores para todas as pessoas envolvidas.

Concluímos assim que, embora as medidas-padrão de distribuição de renda e dos níveis de pobreza forneçam informações úteis, elas devem ser interpretadas com cautela. Isso é particularmente verdadeiro no caso de comparações ao longo de períodos.

▶ JUSTIFICATIVAS PARA A REDISTRIBUIÇÃO DE RENDA

Embora a renda seja, sem dúvida, distribuída de forma desigual, as pessoas discordam sobre se o governo deve implementar políticas de redistribuição. Esta seção discute diferentes pontos de vista sobre o tema.

Utilitarismo simples

A economia do bem-estar convencional postula que o bem-estar da sociedade depende do bem-estar de seus membros. Algebricamente, se há n indivíduos na sociedade e a utilidade do indivíduo ith é U_i, o bem-estar social, W, é uma função $F(\cdot)$ das utilidades dos indivíduos:[3]

$$W = F(U_1, U_2, \ldots, U_n) \quad (12.1)$$

A Equação (12.1) é muitas vezes considerada uma **função utilitarista de bem-estar social** em razão de sua associação com os filósofos sociais utilitaristas do século XIX.[4] Supõe-se que um aumento em qualquer uma das U_is, permanecendo outros fatores inalterados, aumenta W. Uma mudança que melhora a situação de alguém sem prejudicar ninguém aumenta o bem-estar social.

O que o utilitarismo diz sobre se o governo deve redistribuir a renda? A resposta é simples, mas não muito informativa – a renda deve ser redistribuída desde que aumente W. Para obter orientações mais específicas, consideraremos um caso especial importante da Equação (12.1):

$$W = U_1 + U_2 + \ldots + U_n \quad (12.2)$$

Aqui, o bem-estar social é simplesmente a soma das utilidades dos indivíduos. Isso é conhecido como **função aditiva de bem-estar social**.

Suponha que o objetivo do governo é maximizar o valor de W dado na Equação (12.2). Esta função de bem-estar social, em conjunto com alguns pressupostos, permite a obtenção de resultados sólidos. Presuma que:

1. Os indivíduos têm funções de utilidade idênticas que dependem somente de suas rendas.
2. Essas funções de utilidade apresentam utilidade marginal de renda decrescente – conforme aumenta a renda dos indivíduos eles melhoram de situação, mas em uma taxa decrescente.
3. O montante total de renda disponível é fixo.

Com essas premissas e com uma função aditiva de bem-estar social, o governo deve redistribuir a renda de modo a obter igualdade completa.

função utilitarista de bem-estar social
Equação que diz que o bem-estar social depende das utilidades dos indivíduos.

função aditiva de bem-estar social
Equação que define bem-estar social como a soma das utilidades dos indivíduos.

---

[3] Esta discussão ignora os problemas que poderão surgir se os membros da sociedade não concordarem sobre uma função de bem-estar social. Consulte "Democracia direta", no Capítulo 6.

[4] Na verdade, os utilitaristas postulavam que o bem-estar social era a soma das utilidades, Equação (12.2), mas a denominação é agora frequentemente utilizada para descrever a formulação mais geral da Equação (12.1).

Para provar isso, imagine que a sociedade é composta por apenas duas pessoas, Peter e Paul (é fácil generalizar o argumento para casos em que há mais pessoas). Na Figura 12.2, a distância horizontal OO' mede a quantidade total de renda disponível na sociedade. A renda de Paul é medida pela distância à direita do ponto O; a renda de Peter é medida pela distância à esquerda do ponto O'. Assim, qualquer ponto ao longo de OO' representa alguma distribuição de renda entre Paul e Peter. O problema é encontrar o "melhor" ponto.

A utilidade marginal da renda de Paul é medida verticalmente, começando no ponto O. De acordo com o pressuposto 2, o gráfico que relaciona a utilidade marginal da renda de Paul ao seu nível de renda tem curva para baixo. Ele é denominado UM_{Paul}. A utilidade marginal da renda de Peter é medida verticalmente, começando no ponto O'. O gráfico de sua utilidade marginal de renda é denominado UM_{Peter} (lembre-se de que movimentos para a esquerda no eixo horizontal representam *aumento* na renda de Peter). Como Peter e Paul têm funções de utilidade idênticas, UM_{Peter} é uma imagem espelhada de UM_{Paul}.

Suponha que inicialmente a renda de Paul é Oa e a renda de Peter é $O'a$. O bem-estar social é tão alto quanto possível ou a soma das utilidades poderia ser aumentada se a renda fosse de alguma forma redistribuída entre Paul e Peter? Suponha que ab dólares são tirados de Peter e dados a Paul. Obviamente, isso prejudica Peter e beneficia Paul. No entanto, a questão crucial é o que acontece com a *soma* de suas utilidades. Como Peter é mais rico do que Paul, a perda de utilidade de Peter é menor do que o ganho de Paul, de modo que a soma de suas utilidades aumenta. Geometricamente, a área no gráfico de utilidade marginal de renda de cada pessoa mede a mudança em sua utilidade induzida pela mudança na renda. Distribuir ab dólares para Paul aumenta sua utilidade na área $abfe$. Tirar os ab dólares de Peter diminui sua utilidade na área $abdc$. A soma de suas utilidades, portanto, aumenta na área sombreada $cefd$.

Um raciocínio semelhante sugere que, quando as rendas são desiguais, as utilidades marginais são desiguais e a *soma* das utilidades pode ser aumentada pela distribuição de renda para o indivíduo mais pobre. Apenas no ponto I^*, onde as rendas e as utilidades mar-

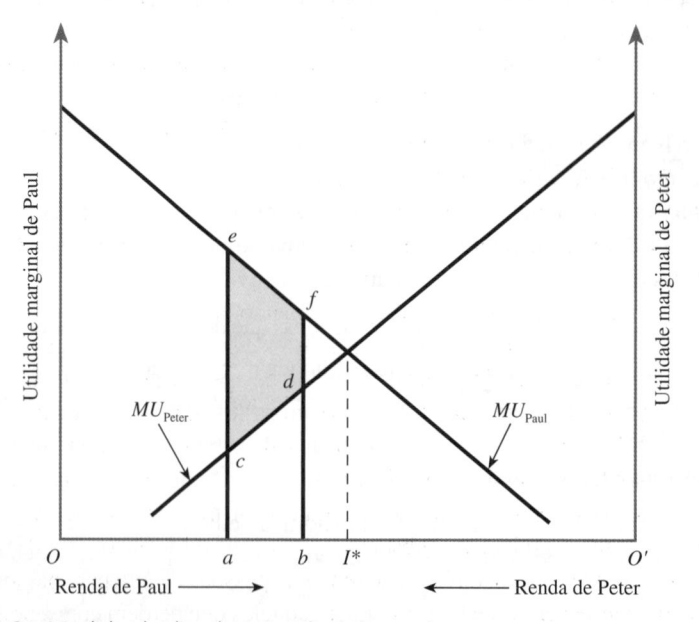

FIGURA 12.2 Modelo da distribuição ideal de renda.
Se Peter e Paul têm funções de utilidade idênticas que dependem somente de suas rendas, se as funções de utilidade apresentam retornos marginais decrescentes e se a renda total é fixa, então a soma das utilidades é maior no ponto em que a renda é dividida igualmente.

ginais são iguais, o bem-estar social é maximizado. Por isso, o governo deve fazer o que for preciso para equalizar as rendas.

As implicações políticas desse resultado são impressionantes e, portanto, os pressupostos por trás dele exigem escrutínio.

Pressuposto 1 É fundamentalmente impossível determinar se os indivíduos têm funções de utilidade idênticas. Simplesmente não podemos saber se as pessoas têm a mesma satisfação pelo consumo de bens, pois a satisfação não pode ser medida objetivamente. Há, entretanto, duas defesas possíveis para o pressuposto.

Em primeiro lugar, embora não possa ser *provado* que as pessoas obtêm a mesma utilidade de quantidades iguais de renda, esta é uma suposição razoável. Afinal, se as pessoas geralmente não variam muito em suas características observáveis – peso, altura, etc. –, por que suas funções de utilidade seriam diferentes? Além disso, como o vencedor do Prêmio Nobel Amartya Sen (1999, p. 358) argumentou: "É difícil imaginar como as pessoas poderiam compreender muita coisa sobre a mente e os sentimentos de outras pessoas sem fazer algumas comparações com a própria mente e sentimentos. Tais comparações podem não ser extremamente precisas, mas . . . comparações interpessoais muito precisas podem não ser necessárias para fazer uso sistemático de comparações interpessoais".

Em segundo lugar, pode-se interpretar o pressuposto não como uma afirmação psicológica, mas como uma questão *ética*. Especificamente, na concepção de uma política de redistribuição, o governo deveria agir como *se* todas as pessoas tivessem as mesmas funções de utilidade, seja isso verdade ou não.

Certamente, nenhuma dessas defesas convenceria um cético, e o pressuposto permanece problemático.

Pressuposto 2 Uma objeção mais técnica, mas igualmente importante, diz respeito ao pressuposto da utilidade marginal decrescente da renda. Embora a utilidade marginal de determinado *bem* possa diminuir com seu consumo, não está claro que isso seja verdade para a *renda* como um todo. Na Figura 12.2, os resultados mudam drasticamente se os gráficos de utilidade marginal da renda não apresentam curva para baixo. Suponha que a utilidade marginal da renda é constante em todos os níveis de renda. Então, UM_{Peter} e UM_{Paul} são representadas por uma linha horizontal idêntica. Sempre que um dólar é tirado de Peter, sua perda de utilidade é exatamente igual ao ganho de Paul. Assim, o valor da soma de suas utilidades é independente da distribuição de renda. A política de redistribuição do governo não pode alterar o bem-estar social.

Pressuposto 3 Este pressuposto significa que o valor total da renda na sociedade, a distância OO', é fixo. O tamanho do bolo não muda quando o governo redistribui suas fatias. Suponha, no entanto, que as utilidades dos indivíduos dependem não só de renda, mas também do lazer. Cada indivíduo escolhe de quanto lazer abrir mão (quanto trabalhar) para aumentar sua utilidade ao máximo. Os impostos e subsídios criados para redistribuir a renda geralmente mudam as decisões de trabalho das pessoas e diminuem a renda total real. Assim, uma sociedade cujo objetivo é maximizar a soma das utilidades enfrenta um dilema inevitável. Por um lado, prefere equalizar a distribuição de renda. No entanto, ao fazê-lo, reduz o montante total da renda disponível. A distribuição de renda ideal deve levar em conta os custos (em renda real perdida) de alcançar mais igualdade. Alguns estudos sugerem que esses custos podem ser substanciais. Cushing e McGarvey (2003) analisaram um programa hipotético de transferência de renda de pessoas de alta para pessoas de baixa renda, estimando que as perdas de bem-estar para aqueles que perdem com a política são de 1,11 a 10,97 vezes maiores do que os ganhos para os beneficiários. No entanto, as pesquisas sobre o tema ainda estão em andamento.

Assim, mesmo o pressuposto de funções de utilidade idênticas não é suficiente para garantir que o objetivo da política de distribuição do governo deve ser a igualdade completa. A resposta depende dos métodos usados para redistribuir a renda e de seus efeitos sobre o comportamento das pessoas.

O critério maximin

No modelo utilitarista, a forma da função de bem-estar social desempenha um papel crucial na determinação da política governamental adequada de redistribuição. Até agora, examinamos a simples função aditiva de bem-estar social da Equação (12.2), de acordo com a qual a sociedade é indiferente à distribuição das utilidades. Se uma unidade de utilidade (ou "util") é tirada de um indivíduo e dada a outro, a soma das utilidades permanece inalterada e, por definição, o mesmo ocorre com o bem-estar social.

Outras funções utilitaristas de bem-estar social não têm essa implicação e, portanto, geram diferentes prescrições políticas. Considere a seguinte função de bem-estar social:

$$W = \text{Mínimo}(U_1, U_2, \ldots, U_n) \tag{12.3}$$

De acordo com a Equação (12.3), o bem-estar social depende apenas da utilidade da pessoa com a menor utilidade. Este objetivo social é muitas vezes chamado de **critério maximin**, porque o objetivo é maximizar a utilidade da pessoa com a utilidade mínima. O critério maximin implica que a distribuição de renda deve ser perfeitamente igualitária, *exceto* na medida em que os desvios da igualdade aumentem o bem-estar da pessoa em pior situação. Considere uma sociedade com uma pessoa rica, Peter, que emprega uma pessoa pobre, Paul. O governo cobra um imposto de Peter e distribui os recursos para Paul. No entanto, quando Peter é tributado, ele corta a produção e demite Paul. Além disso, a renda que Paul recebe do governo é menor do que sua perda de renda do trabalho. Nesta economia hipotética, a satisfação do critério maximin ainda permitiria disparidades de renda.

O critério maximin tem recebido considerável atenção, principalmente em razão da afirmação do filósofo John Rawls (1971) de que ele tem especial validade ética. O argumento de Rawls se baseia em seu conceito de **posição original**, uma situação imaginária em que as pessoas não têm conhecimento de qual será sua posição na sociedade. Como as pessoas ignoram se acabarão por serem ricas ou pobres, Rawls acredita que, na posição original, as opiniões de todos sobre as metas de distribuição são imparciais e justas. Rawls argumenta ainda que, na posição original, as pessoas adotam a função maximin de bem-estar social em função do seguro que oferece contra resultados desastrosos. As pessoas têm medo de que possam acabar na parte inferior da distribuição de renda e, portanto, querem que o nível na parte inferior seja o mais alto possível.

A análise de Rawls é controversa. Uma questão importante é saber se as decisões que as pessoas tomam na posição original têm algum crédito superior por validade ética. Por que os pontos de vista amorais e egoístas de indivíduos na posição original deveriam ser considerados de especial significado moral? Além disso, se aceitarmos o ponto de vista de Rawls sobre a validade ética da posição original, não é óbvio que o interesse próprio racional levaria ao critério maximin. Os tomadores de decisão de Rawls são tão avessos ao risco que não estão dispostos a correr qualquer risco. No entanto, as pessoas podem estar dispostas a aceitar uma pequena probabilidade de serem muito pobres em troca de uma boa chance de receberem um salário alto.

Finalmente, críticos observam que o critério maximin tem algumas implicações peculiares. Feldstein (1976, p. 84) considera o seguinte cenário: "Uma nova oportunidade surge para aumentar levemente o bem-estar dos menos favorecidos, mas quase todas as outras pessoas devem ser substancialmente prejudicadas, com exceção de alguns indivíduos que se tornariam extremamente ricos". Como *tudo* o que importa é o bem-estar da pessoa me-

---

critério maximin

O bem-estar social depende da utilidade do indivíduo que tem a utilidade mínima na sociedade.

posição original

Situação imaginária em que as pessoas não têm conhecimento de qual será sua situação econômica na sociedade.

nos favorecida, o critério maximin indica que a sociedade deve tirar proveito desta oportunidade. Intuitivamente, no entanto, tal procedimento parece pouco atraente.

Redistribuição de renda com eficiência de Pareto

Nossa discussão das funções aditiva e maximin de bem-estar social presumiram que a redistribuição beneficia algumas pessoas e prejudica outras. A redistribuição nunca foi uma melhoria de Pareto – uma mudança que permitisse que todos os indivíduos ficassem pelo menos em situação tão boa quanto no *status quo*. Esta é uma consequência do pressuposto de que a utilidade de cada indivíduo depende apenas de sua renda. Por outro lado, imagine que os indivíduos de alta renda são altruístas, então suas utilidades não dependem apenas de suas próprias rendas, mas também das dos pobres. Sob tais circunstâncias, a redistribuição pode realmente ser uma melhoria de Pareto.

Suponha que se Peter (rico) desse um dólar de renda a Paul (pobre), o aumento da satisfação de Peter por fazer uma boa ação compensaria a perda de seu próprio consumo. Ao mesmo tempo, suponha que a utilidade de Paul aumentaria se ele recebesse o dólar. Ambos os indivíduos ficariam em situação melhor em função da transferência. De fato, a eficiência exige que a renda seja redistribuída até que o ganho de Peter em utilidade por dar um dólar a Paul seja igual à perda de utilidade de Peter causada pelo menor consumo. Suponha que seja difícil para Peter fazer a transferência de renda por conta própria, talvez porque ele não tenha informações suficientes para saber quem é realmente pobre. Então, se o governo faz a transferência para Peter sem custo, a eficiência é aumentada.

Num sentido formal, este é apenas um problema de externalidade. O comportamento de Paul (seu consumo) afeta o bem-estar de Peter de forma externa ao mercado. Como é habitual nestes casos, o governo pode ser capaz de aumentar a eficiência. Levando esta linha de raciocínio a seu extremo lógico, pode-se considerar a distribuição de renda um bem público, pois a utilidade de todos é afetada pelo grau de desigualdade. Suponha que cada pessoa se sentiria melhor se a distribuição de renda fosse mais equilibrada. Nenhum indivíduo que age sozinho, no entanto, está disposto a transferir renda aos pobres. Se o governo usa seu poder de coerção para forçar *todos* os ricos a redistribuirem renda para os pobres, a eficiência econômica aumenta.

Embora o altruísmo sem dúvida desempenhe um papel importante no comportamento humano, não decorre que motivos altruístas expliquem a maior parte dos programas de redistribuição de renda do governo. Este argumento *pressupõe* que, na ausência de coerção, as pessoas contribuirão menos que uma quantidade eficiente para os pobres. Alguns argumentam, porém, que se as pessoas realmente querem dar aos pobres elas o fazem – prova disso são os bilhões de dólares em doações de caridade feitas a cada ano.

Há outras razões que podem favorecer a redistribuição de renda. Por exemplo, há sempre alguma chance de que, por circunstâncias além de seu controle, você fique pobre. Uma política de distribuição de renda se parece um pouco com o seguro. Quando está bem de vida, você paga "prêmios" na forma de pagamentos de impostos para aqueles que atualmente são pobres. Se chega um período ruim, a "apólice" paga e você recebe auxílio. A ideia de que o governo deve fornecer uma rede de segurança é antiga. Thomas Hobbes, filósofo político do século XVII (1963/1651, pp 303-304), observou: "E enquanto muitos homens, por *acidente*, se tornam incapazes de se sustentar por seu trabalho, eles não devem ser deixados à mercê da caridade de indivíduos; em vez disso, devem ser auxiliados, até o ponto em que as necessidades da natureza exigem, pelas leis do Estado" [grifo nosso].

Além disso, alguns acreditam que programas de distribuição de renda ajudam a comprar a estabilidade social. A base desse ponto de vista é que as percepções das disparidades econômicas e sociais contribuem para um aumento da agitação social (Organização Internacional do Trabalho, 2011). No entanto, a ligação entre a estabilidade social e mudanças na distribuição de renda não está totalmente clara. Alguns comentaristas sociais argumentam que nos Estados Unidos, pelo menos, a distribuição de renda vem tendo pouca importância política, talvez em razão de uma corrente individualista no caráter de seus cidadãos (Kristol, 1997).

Pontos de vista não individualistas

Os pontos de vista sobre a distribuição de renda discutidos até agora têm implicações bastante diferentes, mas compartilham uma perspectiva utilitária. Em cada um deles o bem-estar social é alguma função das utilidades dos indivíduos, e as propriedades da política de redistribuição ideal são *derivadas* da função de bem-estar social. Alguns pensadores abordaram a questão especificando como a distribuição de renda deve ser, independentemente de gostos individuais. Por exemplo, Platão argumentou que em uma boa sociedade a relação entre a renda dos mais ricos e a renda dos mais pobres não deve passar de quatro para um. Intimamente relacionada está a ideia de que a desigualdade *em si* é indesejável. Suponha, por exemplo, que a renda dos indivíduos de alta renda aumente, sem qualquer prejuízo para as pessoas de baixa renda. Considerações utilitaristas padrão sugerem que isso seria bom para a sociedade, enquanto aqueles que são avessos à desigualdade consideram isso ruim. Muitos neste grupo acreditam que, como primeiro princípio, a renda deve ser distribuída igualmente.[5]

igualitarismo de *commodity*
A ideia de que algumas *commodities* devem ser disponibilizadas para todos.

A proposta menos radical é que apenas *commodities* especiais devem ser distribuídas igualmente, uma posição às vezes chamada de **igualitarismo de *commodity***. Em alguns casos, este ponto de vista tem apelo considerável. A maioria das pessoas acredita que o direito ao voto deve ser distribuído igualmente para todos, assim como o consumo de determinados alimentos essenciais em tempos de guerra. Outros tipos de igualitarismo de *commodity* são mais controversos. Todas as crianças americanas devem consumir a mesma qualidade de educação primária ou as famílias devem ter liberdade para comprar mais? Todos devem receber o mesmo tipo de atendimento de saúde? Claramente, determinar quais são as *commodities* "especiais" é um problema difícil.

Curiosamente, uma posição que tem pelo menos uma estreita semelhança com o igualitarismo de *commodity* pode ser racionalizada com base na economia do bem-estar convencional. Suponha que Henry se importa com o bem-estar de Catherine. Especificamente, a utilidade de Henry depende de sua própria renda, assim como o nível de *consumo de alimentos* de Catherine, ao contrário de sua *renda*. (Isso pode dever-se ao fato de que Henry não aprova as outras *commodities* que Catherine pode consumir.) Com efeito, portanto, o consumo de alimentos de Catherine gera uma externalidade positiva. Seguindo a lógica desenvolvida no Capítulo 5, a eficiência pode ser melhorada se o consumo de alimentos de Catherine for subsidiado, ou se alimentos forem fornecidos diretamente a ela. Em suma, quando os doadores se preocupam com o consumo de certos produtos dos beneficiários, uma política de redistribuição de renda por meio dessas *commodities* pode ser vista como uma tentativa de corrigir uma externalidade.

Outras considerações

Processos X resultados As posições discutidas anteriormente tomam por certo que as rendas dos indivíduos são propriedade comum que pode ser redistribuída como a "sociedade" julgar melhor. Não é dada qualquer atenção à justiça dos processos pelos quais a distribuição de renda inicial é determinada ou aos procedimentos utilizados para redistribuí-la. Por outro lado, alguns argumentam que uma justa distribuição de renda é definida pelo

---

[5] Este ponto de vista é consideravelmente mais forte do que o de Rawls, que permite a desigualdade desde que esta aumente o bem-estar dos indivíduos em pior situação.

processo que a gerou. Por exemplo, uma crença popular nos Estados Unidos é que se a "igualdade de oportunidades" (definida de alguma forma) estivesse disponível para todos, o resultado seria justo, independentemente da distribuição de renda específica que viesse a acarretar. Portanto, se o processo que gera renda é justo, não há espaço para redistribuição de renda promovida pelo governo.

Argumentando nesse sentido, o filósofo Robert Nozick (1974) atacou o uso de princípios utilitaristas para justificar mudanças na distribuição de renda. Ele argumenta que o modo como a "sociedade" deve redistribuir a renda é uma pergunta sem sentido, pois a "sociedade" em si não tem renda para distribuir. Somente *pessoas* recebem renda, e a única justificativa possível para a atividade de redistribuição do governo é quando o padrão de posse de bens imóveis é de alguma forma impróprio. A abordagem de Nozick desloca a ênfase da busca de uma função de bem-estar social "boa" para um conjunto de regras "bom" que deve reger o funcionamento da sociedade. O problema é a forma de avaliar os processos sociais. É difícil julgar um processo independentemente dos resultados gerados. Se um conjunto de regras "bom" gera sempre resultados indesejáveis, como podem as regras serem consideradas boas? Dito isto, alguns argumentam que a distribuição da renda gerada pelo mercado está, de fato, de acordo com as noções convencionais de justiça: "O mercado recompensa trabalho duro, diligência, honestidade, economia, etc., e isto está bem de acordo com a maioria dos conceitos de justiça. . . . A questão . . . não é se a distribuição de mercado é totalmente justa, mas se, em uma ampla faixa, é provável que esteja mais perto da concepção de justiça da maioria das pessoas do que as alternativas" (Browning, 2002, p. 511).

Mobilidade Um argumento alternativo contra as políticas de redistribuição do governo é que, com suficiente mobilidade social, a distribuição de renda não é de interesse ético particular. Suponha que os que se encontram na parte mais baixa da distribuição de renda (ou seus filhos) ocuparão degraus mais altos da escada econômica nos próximos anos. Ao mesmo tempo, algumas outras pessoas cairão, pelo menos em termos relativos. Portanto, as estatísticas de distribuição que permanecem relativamente constantes ao longo do tempo *escondem* considerável movimentação na distribuição de renda. Mesmo que as pessoas na parte inferior sejam muito pobres, isso pode não ser um grande problema social se as pessoas nessa camada mudarem ao longo do tempo. Curiosamente, esta noção parece estar de acordo com informações de pesquisas sobre as atitudes das pessoas em relação à redistribuição de renda. Na medida em que percebem que têm uma chance de subir na sociedade, mesmo as pessoas relativamente pobres dizem que não apoiam as políticas de redistribuição de renda (Alesina e La Ferrara, 2005).

Vários estudos foram realizados sobre mobilidade de renda. De acordo com cálculos da Auten e Gee (2009), cerca de metade dos contribuintes nos 20% mais pobres da distribuição de renda subiram para um grupo de maior renda dentro de um período de 10 anos. Há também algumas evidências de mobilidade de renda entre gerações. Hertz (2006) descobriu que, das crianças de famílias no quinto de menor renda na década de 1960, quase 60% estavam em uma categoria de renda maior quando adultos, na década de 1990. Os Estados Unidos claramente não são uma sociedade estratificada. Por outro lado, provavelmente não há mobilidade suficiente para convencer os utilitaristas de que a desigualdade de renda não é importante.

Corrupção Um argumento a favor da redistribuição é que a desigualdade extrema pode levar à subversão de instituições jurídicas, políticas e regulatórias. A sociedade não pode prosperar economicamente se os direitos de propriedade não forem garantidos. Isso porque o crescimento requer investimento, e as pessoas não vão investir se temerem que seus bens lhe sejam tirados por outros indivíduos ou pelo governo. A extrema desigualdade entra na história porque, se algumas pessoas forem muito mais ricas do que outras, é possível que elas consigam usar parte de seu dinheiro para corromper os tribunais e o processo político a fim de roubar dos outros impunemente. You e Khagram (2004) constatam uma correlação positiva entre a desigualdade e a corrupção em diferentes países. Glaeser, Scheinkman e Shleifer (2003) encontraram evidências de que, em países onde o Estado de direito é relativamente fraco (como nas economias de transição da Europa Oriental), a desigualdade tem efeito negativo sobre o crescimento econômico.

▶ INCIDÊNCIA DE DESPESAS

Passamos agora de uma discussão sobre se o governo *deveria* redistribuir a renda para problemas analíticos na avaliação dos efeitos de programas reais de redistribuição pelo governo. O impacto da política de despesas sobre a distribuição de renda real é chamado de **incidência de despesas**. O governo influencia a distribuição de renda por meio de tributação e de suas políticas de despesas (discutiremos a questão do imposto no Capítulo 14). A incidência de despesas é difícil de determinar por diversas razões. São elas:

incidência de despesas

Impacto das despesas públicas sobre a distribuição da renda real.

Efeitos de preços relativos

Suponha que o governo decida subsidiar o consumo de habitação para a população de baixa renda. Como isso afeta a distribuição de renda? Uma primeira suposição seria que as pessoas que recebem o subsídio ganham e que aquelas que pagam os impostos perdem. Se as pessoas que pagam os impostos têm renda mais elevada do que os beneficiários de subsídios, a distribuição de renda se torna mais igualitária.

Infelizmente, esta história simples pode ser enganosa. Se o subsídio induzir os pobres a terem maior demanda por habitação, o custo do *pré*-subsídio da habitação pode aumentar. Portanto, os beneficiários de subsídios não se beneficiam totalmente do subsídio; os senhorios ficam com parte dos ganhos. No entanto, somente em termos teóricos, não é possível determinar quanto os preços da habitação são aumentados, se é que isso acontece. Como mostrado no Capítulo 14, isso depende das formas das curvas de oferta e demanda para a habitação.

Um programa de subsídio habitacional também afeta a renda das pessoas que fornecem os insumos utilizados na sua construção. Assim, os salários dos trabalhadores no setor da construção aumentam, assim como os preços dos materiais de construção. Se os proprietários desses insumos forem de classe média e alta, isso tenderá a tornar a distribuição menos igualitária.

De modo mais geral, qualquer programa governamental desencadeia uma série de variações de preços que afetam as rendas das pessoas em seus papéis como consumidoras de bens e fornecedoras de insumos. Um programa de gastos que aumenta o preço relativo de um bem que você consome prejudica você, permanecendo outros fatores inalterados. Da mesma forma, um programa que aumenta o preço relativo de um fator que você fornece beneficia você. O problema é que é muito difícil acompanhar todas as mudanças de preços geradas por uma política específica. Como uma questão prática, os economistas costumam assumir que determinada política beneficia apenas os beneficiários e que os efeitos de outras variações de preços sobre a distribuição de renda são pequenos. Em muitos casos, trata-se de um pressuposto razoável.

Bens públicos

Uma parte substancial das despesas do governo é destinada a bens públicos – bens que podem ser consumidos simultaneamente por mais de uma pessoa. Como observado no Capítulo 4, o mercado não força as pessoas a revelar o quanto valorizam os bens públicos. Porém, se não sabemos o quanto cada família valoriza um bem público, como podemos determinar seu impacto sobre a distribuição de renda? O governo gastou mais de US$ 705 bilhões em defesa em 2011. Quanto, em dólares, isso aumentou a renda real de cada família? Cada uma delas se beneficiou na mesma proporção? Se esse não foi o caso, os pobres se beneficiaram menos do que os ricos ou o contrário?

É impossível responder a perguntas como essas de maneira definitiva. Infelizmente, respostas alternativas baseadas em suposições igualmente plausíveis têm implicações muito diferentes. Chamberlain e Prante (2007) analisaram a distribuição das despesas com bens públicos, como defesa, usando duas hipóteses diferentes: (a) a parte do benefício recebida por uma família é proporcional à sua riqueza e (b) cada família recebe uma parte igual do benefício. Na hipótese (a), o quinto mais rico da população recebe 27,0% do total das despesas do governo em bens públicos, ao passo que sob a hipótese (b) recebe apenas 17,1% das despesas com bens públicos. Os resultados são claramente muito sensíveis às hipóteses.

Valorizando as transferências em espécie

Ao longo das últimas décadas, o Departamento de Agricultura dos Estados Unidos doou mais de 3 bilhões de libras de queijo, manteiga e leite em pó excedentes para os americanos pobres. O programa de redistribuição de alimentos excedentes é apenas um exemplo de política de transferência em espécie. Muitas vezes pensamos em transferências em espécie como direcionadas para indivíduos de baixa renda: vale-refeição, Medicaid e habitação social vêm à mente. No entanto, a população de renda média e alta também se beneficia de transferências em espécie. Basta pensar na educação.

Ao contrário de bens públicos puros, as transferências em espécie não são consumidas por todos. No entanto, estimar seu valor para os beneficiários é difícil. Uma suposição conveniente é que um dólar gasto pelo governo em uma transferência em espécie é equivalente a um aumento de um dólar na renda do beneficiário. Infelizmente, transferências em espécie não são necessariamente valorizadas pelos beneficiários no mesmo valor em dólares.

Para entender por que, considere Briana uma típica beneficiária da previdência social que divide sua renda mensal de US$ 300 entre queijo e "todos os outros bens". O preço de mercado do queijo é de US$ 2 por libra, e as unidades de "todos os outros bens" são medidas de modo que o preço por unidade seja de US$ 1. Na Figura 12.3, o consumo de queijo de Briana é medido no eixo horizontal, e seu consumo de todos os outros produtos é dado no eixo vertical. A restrição orçamentária de Briana é a linha AB.[6] Presumindo que Briana maximize sua utilidade, ela consome o pacote E_1, que consiste de 260 unidades de todos os outros produtos e de 20 libras de queijo.

Agora, suponha que o governo forneça a Briana 60 libras de queijo por mês, as quais ela não pode revender no mercado. Como a introdução do programa do queijo muda sua situação? Em qualquer nível de consumo de todos os outros bens, Briana agora pode consumir 60 libras de queijo mais do que antes. Geometricamente, sua nova restrição orçamentária é encontrada movendo 60 unidades para a direita de cada ponto em AB, resultando em AFD. A curva de indiferença mais alta que ela pode atingir considerando a restrição AFD é a curva U, na Figura 12.3. Ela toca a restrição em seu "canto" – no ponto F, onde o consumo de queijo de Briana é 60 e seu consumo de todos os outros bens é 300.

Comparado ao seu pacote de consumo original, o consumo de Briana de queijo e de todos os outros bens aumentou. Como o governo fornece queijo grátis, Briana pode usar o dinheiro que teria sido gasto com queijo para comprar mais de todos os outros bens.

Agora, suponha que em vez de dar a Briana 60 libras de queijo, o governo dê a ela o dinheiro correspondente ao seu valor de mercado, US$ 120 (= 60 libras × US$ 2 por libra). Um aumento de US$ 120 na renda leva a uma linha orçamentária de exatamente 120 unidades acima de AB em cada ponto, representada na Figura 12.3 como a linha HD.

---

[6] Para obter detalhes sobre como construir linhas orçamentárias, consulte o apêndice no fim do livro.

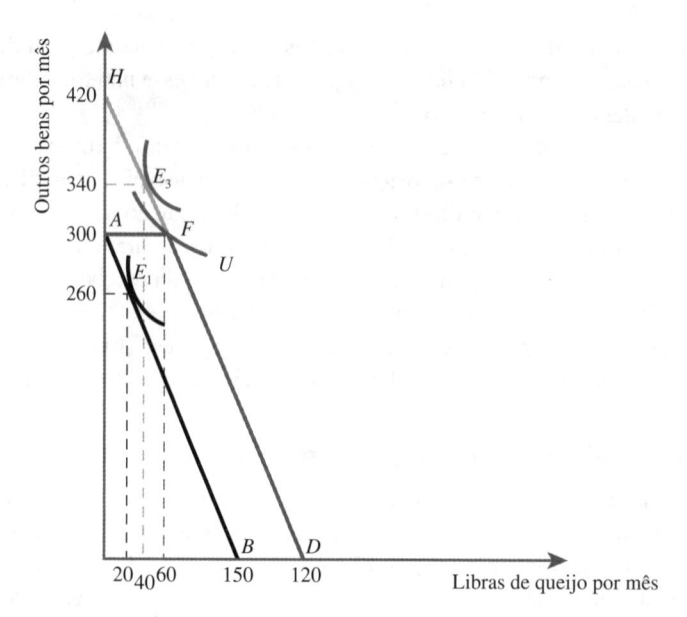

FIGURA 12.3 Uma transferência em espécie resulta em um nível de utilidade menor do que uma transferência de dinheiro

Uma transferência em espécie de 30 libras de queijo dá a Briana a restrição orçamentária *AFD*, e ela maximiza a utilidade com o pacote *F*. Uma transferência em dinheiro de igual valor em dólares (US$ 120) dá a Briana a restrição orçamentária *HD*, e ela maximiza a utilidade com o pacote E_3. Portanto, a transferência em espécie resulta em menor utilidade que a transferência em dinheiro.

Observe que a transferência de dinheiro permite que Briana consuma ao longo do segmento *HF*. Esta oportunidade não estava disponível no âmbito do programa do queijo, pois Briana não tinha permissão de trocar o queijo do governo por quaisquer outros bens.

Diante da linha orçamentária *HD*, Briana maximiza a utilidade no ponto E_3, no qual consome 340 de todos os outros bens e 40 libras de queijo. Comparando pontos E_3 e *F*, podemos concluir que (1) com o programa de transferência em dinheiro, Briana consome menos queijo e mais de todos os outros bens do que com o programa de doação de queijo; e (2) US$ 120 em queijo não beneficiam Briana tanto quanto US$ 120 de renda. Como E_3 está em uma curva de indiferença mais alta do que o ponto *F*, a transferência de renda a *beneficia*. Intuitivamente, o problema com o programa do queijo é que ele obriga Briana a consumir todas as 60 libras de queijo. Ela preferiria vender parte do queijo e gastar o valor obtido em outros bens.

A transferência em espécie é sempre pior do que o equivalente em dinheiro? Não necessariamente. A Figura 12.4 mostra a situação de Giri, cuja renda é idêntica à de Briana e que, portanto, enfrenta exatamente as mesmas restrições orçamentárias (*AB* antes do programa do queijo e *AFD* depois). No entanto, Giri tem gostos diferentes e, por isso, tem um conjunto diferente de curvas de indiferença. Antes do subsídio, ele maximiza a utilidade no ponto E_4, consumindo 136 unidades de todos os outros bens e 82 libras de queijo. Após o subsídio, ele consome 168 unidades de todos os outros bens e 126 libras de queijo. Giri não ficaria em melhor situação com uma transferência em dinheiro, pois seu ponto preferido ao longo de *HD* está disponível com o subsídio de queijo de qualquer maneira. Como Giri consome mais de 60 libras de queijo voluntariamente, a restrição de que ele deve consumir pelo menos 60 libras não lhe faz mal nenhum.

Portanto, não podemos saber com certeza se uma transferência em espécie é menos valorizada do que uma transferência direta de renda. Em última análise, a resposta tem de ser encontrada pela análise empírica. Por exemplo, um estudo estima que um dólar recebi-

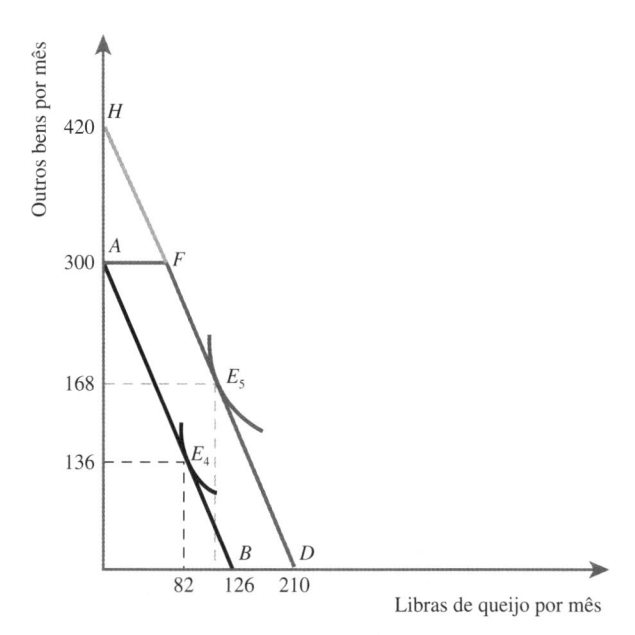

FIGURA 12.4 Um tipo de transferência em espécie também pode resultar no mesmo nível de utilidade que uma transferência em dinheiro.
Dadas as curvas de indiferença de Giri, a transferência em espécie e a transferência em dinheiro resultam no mesmo nível de utilidade.

do em vales-alimentação (*vouchers* que só podem ser usados para comprar alimentos) vale apenas cerca de 80 centavos de dólar recebidos em dinheiro (Whitmore, 2002).

Outro problema com programas de transferência em espécie é que eles muitas vezes geram custos administrativos substanciais. No programa do queijo, que acabamos de discutir, há custos para armazenamento, transporte e distribuição do queijo (os custos são tão grandes que algumas comunidades optam por não participar). Da mesma forma, os custos administrativos do programa de vale-refeição poderiam ser reduzidos se os beneficiários simplesmente recebessem cheques em vez de cupons que podem ser trocados por alimentos.

Razões para transferências em espécie

Como mostraremos no Capítulo 13, as transferências em espécie que envolvem a alimentação, moradia e atendimento médico desempenham um papel importante na política de manutenção de renda dos EUA. Se as transferências em espécie são menos benéficas do que o dinheiro do ponto de vista dos beneficiários *e* geram mais custos administrativos, como podemos explicar sua existência? Há várias explicações possíveis. Muitas delas se relacionam com nossa discussão anterior sobre questões normativas. Em particular, o igualitarismo de *commodity* pode ser um fator importante na política de distribuição. Por exemplo, o Congresso Norte-Americano certa vez definiu explicitamente como objetivo nacional "um lar decente e um ambiente adequado para cada família americana". Observe a distinção entre este objetivo e "renda suficiente para que cada família americana possa viver em um lar decente, se assim desejar".

Além disso, as transferências em espécie também podem ajudar a conter a fraude contra a previdência social. A discussão até agora presumiu que não há problemas na identificação de quem tem direito a receber uma transferência e quem não tem. Na realidade, as pessoas que não preenchem os requisitos às vezes conseguem obter benefícios. As transferências em espécie podem desestimular as pessoas que não têm direito a solicitar o benefício, pois algumas pessoas de classe média podem estar bastante dispostas a mentir para receber dinheiro, mas menos dispostas a mentir para receber um produto que não querem de verdade. Isto é especialmente verdadeiro se o produto for difícil de revender, como um apartamento em um conjunto habitacional de interesse social. Da mesma forma, criar dificuldades para beneficiários da previdência social (esperar na fila, preencher uma série de formulários) pode desestimular aqueles que não estão "verdadeiramente necessitados" a fazerem a solicitação. Portanto, há um impasse. Por um lado, uma pessoa pobre preferiria US$ 500 em dinheiro a US$ 500 em habitação social. Porém, se o programa de transferência em espécie levar a menor fraude, mais recursos poderão ser destinados às pessoas que realmente precisam deles. No entanto, muitos argumentam que o governo criou uma quantidade muito maior que a ideal de obstáculos administrativos para beneficiários da previdência social. Por exemplo, em 2003 a administração Bush propôs que, para receber a merenda escolar gratuita, os alunos teriam de apresentar provas como recibos de pagamento, comprovando que a renda de seus pais era suficientemente baixa. Alguns observadores consideraram isso um peso excessivo para as crianças.

Por fim, as transferências em espécie são atraentes politicamente porque ajudam não só o beneficiário, mas também os produtores da *commodity* favorecida. Um programa de transferência que aumenta a demanda por habitação beneficia a indústria da construção que, portanto, fica disposta a dar seu apoio a uma coalizão política em favor do programa. Da mesma forma, os interesses agrícolas sempre foram apoiadores entusiasmados dos vales-refeição. Quando o Estado de Oregon pediu permissão para converter o vale-refeição em dinheiro para beneficiários da previdência social há vários anos, a ideia foi rejeitada por congressistas de estados agrícolas. Da mesma forma, os funcionários públicos que administram os vários programas de transferência em espécie dão seu apoio político a eles. Os burocratas do Departamento de Habitação e Desenvolvimento Urbano tradicionalmente apresentam vigorosa oposição a propostas para extinguir a habitação subsidiada e substituí-la por subsídios em dinheiro.

Estas explicações para as transferências em espécie não são mutuamente exclusivas e provavelmente todas elas influenciam a formulação de políticas.

► CONCLUSÃO

Examinamos uma grande variedade de opiniões sobre a conveniência de políticas governamentais explícitas para redistribuir a renda. As opiniões sugerem desde a engenharia de completa igualdade até não fazer nada. O escopo da discordância não é surpreendente. Definir um objetivo de distribuição não é nada menos que formalizar um ponto de vista sobre como uma boa sociedade deve ser, e isso é certamente controverso. Teorias sobre a distribuição de renda ideal são normativas, em vez de positivas. Como veremos no Capítulo 13, não está claro se as reais práticas de distribuição de renda dos EUA podem ser racionalizadas por qualquer teoria normativa coerente.

Resumo

- É difícil medir a extensão da pobreza. Os problemas com os números oficiais de pobreza do governo incluem: (a) eles levam em conta apenas recebimentos em dinheiro; (b) eles ignoram os impostos; (c) eles são baseados em medidas de renda anual; (d) eles ignoram mudanças na composição familiar.

- Se (1) o bem-estar social é a soma de funções de utilidade idênticas que dependem apenas da renda; (2) há utilidade marginal de renda decrescente; e (3) o montante total da renda é fixo, a renda deve ser distribuída de forma igual. Estes são pressupostos fortes e enfraquecê-los traz resultados radicalmente diferentes.

- O critério maximin afirma que a melhor distribuição de renda maximiza a utilidade da pessoa que tem a menor utilidade. A validade ética desta proposição é controversa.
- A distribuição de renda pode ser como um bem público – todos derivam utilidade do fato de que a renda é distribuída de forma equitativa, mas a coerção do governo é necessária para realizar a redistribuição. Uma redistribuição com eficiência de Pareto ocorre quando ninguém é prejudicado como resultado de uma transferência.
- Outros pontos de vista sobre a distribuição de renda rejeitam o modelo utilitarista. Alguns acreditam que é um princípio básico que a renda, ou pelo menos certos bens, devem ser distribuídos igualmente. Outros argumentam que a distribuição de renda é irrelevante, desde que a distribuição decorra de um processo "justo".
- Um programa governamental pode mudar os preços relativos, gerando perdas e ganhos para vários indivíduos. É difícil acompanhar todas essas mudanças de preços, de modo que os economistas costumam se concentrar apenas nos preços nos mercados diretamente afetados.
- Como as pessoas não revelam de que forma valorizam os bens públicos, é difícil determinar como esses bens afetam as rendas reais.
- Muitos programas do governo fornecem bens e serviços (transferências em espécie) em vez de dinheiro. Os beneficiários não têm permissão legal para vender os bens e serviços assim recebidos. Se os beneficiários preferem consumir menos, o valor da transferência em espécie é menor que o preço de mercado.
- A prevalência de programas de transferência em espécie pode ser resultado do paternalismo, do igualitarismo de *commodity*, da viabilidade administrativa ou de atração política.

Perguntas para reflexão

1. "Não me importa o quanto são ricos os mais ricos. Me importa se eles enriqueceram de forma antiética, ou se usam suas riquezas de forma particularmente vulgar ou revoltante.... Eu não me importaria se eles perdessem [sua riqueza] ou se ela fosse consumida por impostos. Mas também não me importo se eles puderem mantê-la.... Mas acho a pobreza dos mais pobres desagradável.... Essa condição merece, em minha opinião, nossa atenção mais dedicada. Acredito que a atual ênfase sobre a desigualdade de renda desvia a atenção nacional dessa condição" (Stein, 1996, p. A14). Você concorda com essa afirmação? Ela é compatível com o utilitarismo?

2. Suponha que há apenas duas pessoas na sociedade, Simon e Charity, que devem dividir uma quantia fixa de renda de US$ 100. Para Simon, a utilidade marginal da renda é

$$MU_s = 400 - 2I_s,$$

enquanto para Charity a utilidade marginal é

$$MU_C = 400 - 6I_c$$

onde I_c, I_s são os montantes de renda de Charity e de Simon, respectivamente.

   a. Qual é a distribuição ideal de renda se a função de bem-estar social for aditiva?
   b. Qual é a distribuição ideal se a sociedade valorizar apenas a utilidade de Charity? E se o inverso for verdadeiro? Comente suas respostas.
   c. Por fim, comente sobre como suas respostas mudariam se a utilidade marginal da renda tanto para Simon quanto para Charity fosse constante:

$$MU_c = 400 \quad MU_s = 400$$

3. Vladimir Putin, presidente da Rússia, propôs a substituição dos subsídios em espécie, como transporte público gratuito e apartamentos livres de aluguel para funcionários públicos, por subsídios em dinheiro de valor entre US$ 20 e US$ 120 por mês. A proposta levou a reclamações generalizadas entre os cidadãos russos, que argumentavam que os subsídios em dinheiro não eram suficientes. Um deles teria perguntado: "Quanto vale um privilégio?" (Chivers, 2004). Use uma análise da curva de indiferença para mostrar como converter um subsídio em espécie em um subsídio em dinheiro deixando as pessoas em igual situação.

4. O Census Bureau criou recentemente uma nova medida suplementar de pobreza, que define o limiar de pobreza como a quantidade de dinheiro que o terço mais pobre dos norte-americanos gastam em alimentos, roupas, moradia e serviços públicos. O jornalista Robert Samuelson (2010) propôs o seguinte experimento mental: suponha que todos os americanos duplicassem suas rendas amanhã e suponha que seus gastos com alimentação, vestuário, moradia e serviços públicos dobrassem como resultado. O que aconteceria com o número de pessoas em situação de pobreza de acordo com esta nova medida suplementar? Esta lhe parece uma medida desejável?

5. Nos últimos trinta anos, houve um influxo de imigrantes de baixa renda nos Estados Unidos. Como isso pode afetar as várias medidas de distribuição e de mitigação da pobreza discutidas neste capítulo?

6. Um programa governamental que transferisse renda da classe média para os pobres e para os ricos seria apoiado por alguém com a função maximin de bem-estar social?

7. Uma economia consiste de dois indivíduos, Lynne e Jonathan, cujos níveis de utilidade são dados por U_L e U_J, respectivamente.

   a. Presuma que a função social de bem-estar seja

   $$W = U_L + U_J$$

   Verdadeiro ou falso: a sociedade é indiferente entre dar um dólar para Lynne e dar um dólar para Jonathan.

   b. Agora suponha que, em vez disso, a função de bem-estar social seja

   $$W = U_L + 8U_J$$

   Verdadeiro ou falso: a sociedade valoriza a felicidade de Jonathan mais que a de Lynne.

   c. Agora suponha que, em vez disso, a função de bem-estar social seja

   $$W = \min[U_L, U_J]$$

   Verdadeiro ou falso: nesta sociedade, a distribuição ideal de renda é a igualdade completa.

8. Considere o modelo de uma transferência em espécie na Figura 12.3. Suponha que é ilegal que um beneficiário do programa do queijo o venda. No entanto, existe um mercado negro em que o queijo pode ser vendido por US$ 1 a libra. Mostre como a existência do mercado negro afeta a restrição orçamentária do indivíduo. Ela melhora a situação dessa pessoa?

9. A utilidade de Sherry é U_S e sua renda é R_S. A utilidade de Marsha é U_M e sua renda é R_M. Suponha que:

   $$U_S = 100R_S^{1/2} \quad \text{e} \quad U_M = 100R_M^{1/2} + 0{,}8U_S$$

   Defina a *redistribuição com eficiência de Pareto* e explique por que o conceito é relevante nesta situação. Suponha que, inicialmente, Sherry e Marsha tenham ambas renda de US$ 100. Supondo que a função de bem-estar social é aditiva, o que acontece com o bem-estar social se US$ 36 forem tirados de Marsha e dados a Sherry?

Programas de combate à pobreza   13

E o colocavam aos pés dos apóstolos, que o distribuíam segundo a necessidade de cada um.
—ATOS DOS APÓSTOLOS 4:35

Embora haja um forte consenso entre os americanos de que o governo deve ajudar os pobres, há também uma enorme controvérsia sobre como essa ajuda deve ser. Este capítulo aborda os principais programas de despesas dos EUA com o objetivo de ajudar os pobres.

❖ ❖ ❖

▶ UMA RÁPIDA OLHA NAS DESPESAS DE BEM-ESTAR

"Bem-estar", nos Estados Unidos, é uma colcha de retalhos de dezenas de programas que oferecem benefícios, principalmente para pessoas de baixa renda. Estes programas são **sujeitos à prova**: somente indivíduos cujos recursos financeiros situam-se abaixo de um certo nível podem receber benefícios. Em 2009, a ajuda federal sujeita à prova foi responsável por 5,1% do Produto Interno Bruto (PIB). A ajuda em dinheiro representou 18,3% do total (Spar, 2011). Grande parte do crescimento em programas de transferência do governo tem sido na forma de assistência em espécie. Em 1968, a ajuda em dinheiro era de 44% de todos os benefícios federais sujeitos à prova; agora é de apenas cerca de 18% do total (Spar, 2006 e 2011). Houve também uma mudança na composição dos beneficiários, desde o início da década de 1980. Em termos proporcionais, as famílias de idosos, de deficientes e de pessoa sem filhos recebem mais apoio do que costumavam, enquanto famílias monoparentais e biparentais recebem menos (Moffitt e Scholz, 2009).

A importância das transferências em espécie é mostrada na Tabela 13.1, que lista diversas categorias de gastos sociais federais. Embora a tabela forneça uma visão geral adequada, não é um "orçamento da pobreza" federal abrangente. Isso ocorre porque alguns programas que não são explicitamente de redistribuição acabam transferindo somas consideráveis aos pobres. A Previdência Social geralmente é considerada um programa de seguros, em vez de um programa de distribuição (ver Capítulo 11). No entanto, os pagamentos da Previdência são a única fonte de renda para 20% dos beneficiários. Da mesma forma, os pobres recebem alguns pagamentos de seguro-desemprego e pensões de veteranos. Além disso, muitas famílias que não estão abaixo da linha de pobreza recebem algum tipo de ajuda de programas que são direcionados aos pobres. Por exemplo, 15% das famílias que recebem assistência nutricional suplementar ("food stamps") estão acima do nível de pobreza (Departamento de Agricultura dos EUA, 2011).

sujeito à prova
Programa de despesas cujos benefícios destinam-se somente para aqueles cujos recursos financeiros situam-se abaixo de um certo nível.

Ajuda a famílias com crianças dependentes (AFDC – Aid to Families with Dependent Childrenren)
Programa de transferência de renda em vigor de 1935 a 1996. Qualquer pessoa cuja renda fosse inferior a determinado nível e cumprisse com outras condições tinha direito a um benefício em dinheiro indefinidamente.

▶ TANF

De 1935 a 1996, o principal programa de transferência de renda do governo era a **Ajuda a famílias com crianças dependentes (AFDC)**. Como o nome indica, o programa concentrava-se em famílias com filhos dependentes. Além disso, em geral, apenas as famílias em que não havia um dos pais eram qualificadas. O programa foi administrado conjuntamente

TABELA 13.1 Gastos federais dos principais programas sujeitos à prova (2009)

Programa	Despesas federais
Saúde	US$ 319,3
Auxílio em dinheiro	129,6
Assistência alimentar	77,5
Habitação e desenvolvimento	59,9
Educação	58,2
Serviços sociais	44,3
Assistência para custos de energia	10,3
Emprego e formação	8,6

Fonte: Spar (2011, p. 9)
Observação: os gastos de 2009 poderiam ser temporariamente elevados devido a gastos provenientes da Lei de Recuperação e Reinvestimento (ARRA), que foi a lei de estímulo econômico promulgada em fevereiro de 2009. Dos programas sujeitos à prova, o Medicaid é, de longe, o maior.

pelo governo federal e os estados. Cada estado determinava seus próprios níveis de benefícios e normas de elegibilidade, sujeitas apenas às diretrizes federais gerais. A lei federal exigia que subvenção da AFDC de um indivíduo fosse reduzida em um dólar para cada dólar que o indivíduo recebesse em renda, embora algumas pequenas quantidades de renda fossem desconsideradas para essa finalidade.

Em 1996, a AFDC foi substituída pela passagem da Lei de Responsabilidade Pessoal e Reconciliação da Oportunidade de Trabalho (Personal Responsibility and Work Opportunity Reconciliation Act). Essa legislação criou um novo programa de assistência social chamado TANF (Temporary Assistance for Needy Families): **Assistência Temporária para Famílias Carentes**. Os principais componentes de ATFN incluem.[1]

- **Sem garantia de direitos:** no âmbito da AFDC, qualquer pessoa cuja renda fosse inferior a determinado nível e cumprisse com outras condições tinha *direito* a um benefício em dinheiro indefinidamente. A TANF deu fim à AFDC e a esse direito ao recebimento de dinheiro. O *T* em TANF enfatiza que os benefícios pecuniários agora estão disponíveis apenas em caráter *temporário* e provisório. Cerca de 4 milhões de famílias recebem os benefícios TANF a cada mês.

- **Prazos:** em geral, os indivíduos não podem receber os benefícios em dinheiro por mais de cinco anos (embora os estados possam isentar até 20% de seus beneficiários desta regra). Os estados podem estabelecer um prazo mais curto, se desejarem.

- **Exigência de trabalho:** os estados enfrentam sanções fiscais se pelo menos 50% das beneficiárias mães solteiras e 90% das famílias biparentais não estejam trabalhando ou em programas de qualificação para o trabalho.

- **Montante de recursos para os estados:** no âmbito da AFDC, *não* havia limite fixo para os gastos federais. Com a TANF, cada estado recebe um subsídio do governo federal para financiar gastos sociais. O tamanho da subvenção é fixado previamente. O Estado utiliza o auxílio (complementado com recursos próprios) para administrar o programa de bem-estar como quiser, dentro de limites amplos. Os estados têm agora o controle praticamente total sobre a estrutura dos seus sistemas de bem-estar, incluindo a decisão de quais famílias sustentar. Os estados podem usar seus subsídios para pagar benefícios em dinheiro ou programas de qualificação para o trabalho, ou programas para prevenir a gravidez na adolescência e incentivar o casamento, entre outros (mas os estados não podem abrandar a exigência de trabalho e os limites de pagamento mencionados acima).

---

[1] Para obter detalhes adicionais, consulte Spar (2006).

Assistência Temporária para Famílias Carentes (TANF, Temporary Assistance for Needy Families)

Programa de bem-estar promulgado em 1996, pelo qual pagamentos aos beneficiários estão disponíveis apenas em caráter temporário e provisório.

- **Taxas de redução de benefícios:** como corolário ao poder de controlar a estrutura de seus programas de bem-estar, os estados podem decidir o quanto reduzir dos benefícios, quando os beneficiários da previdência social receberem ganhos. Lembre-se de que, sob a AFDC, a redução era de (aproximadamente) um para um: para cada dólar de salário, os benefícios eram reduzidos em um dólar. Vários estados continuaram com essa política, enquanto outros modificaram as regras. Alguns têm grandes taxas de redução de benefícios. Em Nebraska, por exemplo, para cada dólar de salário, os benefícios são reduzidos em 80 centavos. Por outro lado, em Illinois, a taxa de redução é de apenas 33,3 centavos de dólar. A Califórnia permite que os beneficiários dos programas de bem-estar ganhem US$ 225 por mês antes de diminuir os pagamentos de benefícios, e, em seguida, tira 50 centavos dos benefícios para cada dólar adicional de salário. Os estados variam não só em suas taxas efetivas de imposto, mas também nos benefícios que pagam para uma família sem rendimentos. Para uma família monoparental de três, por exemplo, o valor é de US$ 215 no Alabama e de US$ 1.023 no Maine. Em suma, os rendimentos dos beneficiários dos programas de bem-estar agora estão sujeitos a uma grande variedade de políticas (Escritório de Assistência à Família, 2012).

▶ MANUTENÇÃO DE RENDA E INCENTIVOS AO TRABALHO

A questão de saber se o bem-estar reduz o esforço do trabalho e aumenta a dependência do governo tem dominado as discussões sobre a política de bem-estar durante anos. Nesta seção, vamos discutir como a TANF afeta as decisões de trabalho dos destinatários.

Os impasses básicos

Se abstrairmos muitas das complexidades da TANF, poderemos caracterizar a política estatal em termos de duas variáveis. A primeira é um subsídio básico que o indivíduo recebe se não estiver trabalhando, G. A segunda é a taxa pela qual o subsídio é reduzido quando o beneficiário ganha dinheiro, t. Suponha, por exemplo, que um Estado pague US$ 300 por mês aos beneficiários da Previdência Social, mas esse benefício é reduzido em 25 centavos para cada dólar que o indivíduo ganha. Em seguida, $G = 300$ e $t = 0,25$. Se uma pessoa ganha US$ 500, em seguida, seu benefício é reduzido em US$ 125 (= 0,25 × US$ 500), deixando-a com um auxílio de US$ 175 e com uma renda total de US$ 675. Observe que a taxa de redução do benefício é, na verdade, um imposto sobre os lucros. Note também que, em algum momento, o lucro do beneficiário se tornar alto o suficiente para ele não receber nenhum auxílio. Neste exemplo, quando o indivíduo recebe US$ 1.200, a redução do benefício é exatamente igual ao pagamento básico que ele recebe do programa. Após esse ponto, t já não se aplica, porque o benefício do indivíduo já é zero.

Algebricamente, o benefício recebido (B) está relacionado ao subsídio básico, à alíquota de imposto e ao nível de rendimentos (E) por:

$$B = G - tE$$

Segue-se que o benefício é zero ($B = 0$) quando

$$E = \frac{G}{t}$$

ou qualquer nível mais elevado de E.

Essas duas equações destacam os dilemas fundamentais da concepção de um sistema de manutenção de renda. A primeira equação mostra-nos que, para um determinado custo do programa, quanto maior o subsídio básico, maior deve ser a taxa do imposto. Ou seja, um sistema com bons incentivos ao trabalho (um valor baixo de *t*) consegue fornecer pouco dinheiro para aqueles que são incapazes de trabalhar. A segunda equação nos mostra que, para um determinado subsídio básico, quanto menor a taxa do imposto, maior o nível de equilíbrio dos ganhos. Mas, à medida que aumenta o nível de equilíbrio dos ganhos, também aumenta o número de pessoas que se qualificam para o bem-estar, o que também aumenta os custos do sistema.

Análise dos incentivos ao trabalho

A análise da curva de indiferença da escolha do indivíduo entre lazer e renda fornece uma maneira útil para ver como a TANF afeta a oferta de trabalho. Pense em Marge, que está decidindo quanto tempo dedicar a cada mês ao trabalho e quanto à atividade que não envolve trabalho, que chamamos de *lazer*. Na Figura 13,1, o eixo horizontal mede o número de horas de lazer. Mesmo que Marge não trabalhe, há um limite para a quantidade de lazer que ela pode consumir, porque há um limite de horas no mês. Esse número de horas, chamado de **dotação do tempo**, é a distância *OT* na Figura 13.1. Supomos que todo o tempo não gasto em lazer é dedicado ao trabalho no mercado. Qualquer ponto no eixo horizontal, portanto, indica, simultaneamente, horas de lazer e horas de trabalho. Por exemplo, no ponto *a*, *Oa* horas são dedicadas ao lazer, e a diferença entre isso e a dotação do tempo, *OT*, representa o tempo gasto no trabalho, *aT*.

Nosso primeiro problema é ilustrar como a renda de Marge, que é medida no eixo vertical, varia de acordo com suas horas de trabalho. Suponha que ela possa ganhar um salário de US$*w* por hora. Além disso, para o momento, imagine que não há auxílio disponível. Em seguida, a renda dela para qualquer número de horas trabalhadas é apenas o produto de US$w e o número de horas. Suponha, por exemplo, que Marge não trabalha. Se o trabalho é a única fonte de renda dela, sua renda é simplesmente zero. Essa opção de trabalho zero e renda zero é representada pelo ponto T.

dotação do tempo
Número máximo de horas que um indivíduo pode trabalhar durante um determinado período.

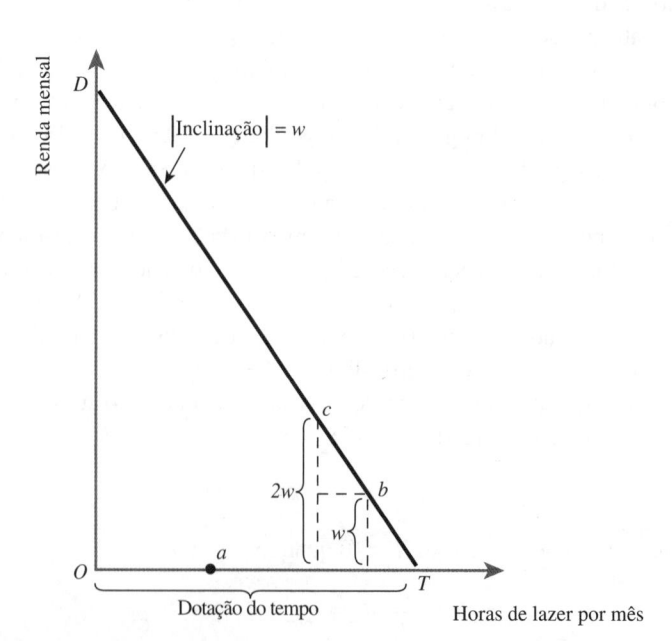

FIGURA 13.1 Restrição orçamentária para a escolha entre lazer e renda.
A restrição orçamentária de Marge mostra seu dilema entre horas de lazer e renda. Na ausência de auxílios de bem-estar, se Marge não trabalhar, sua renda será zero (representada pelo ponto *T*). Para cada hora que trabalha, ela recebe um salário (US$w).

Se Marge trabalha uma hora por semana, seu consumo de lazer é igual a sua dotação do tempo menos uma hora. Este ponto é de uma hora à esquerda de T no eixo horizontal. Trabalhar uma hora dá a ela um total de USw. A combinação de uma hora de trabalho com uma renda total de USw é chamada de ponto b. Se Marge trabalha duas horas – move duas horas para a esquerda de T – sua renda total é de $2 \times$ USw, que é chamada de ponto c. Continuando a calcular o rendimento associado a cada número de horas de trabalho, traçamos todas as combinações de lazer e renda disponíveis para Marge – uma linha reta TD, cuja inclinação, em valor absoluto, é o salário. TD é análoga à restrição orçamentária da análise habitual da escolha entre dois bens (consulte o apêndice no fim do livro). Aqui, no entanto, os produtos são renda e lazer. O preço de uma hora de lazer é o seu custo de oportunidade (a renda perdida por não trabalhar naquela hora), que é o salário.

Para determinar a escolha de Marge ao longo de TD, precisamos de informações sobre seus gostos. Na Figura 13.2, reproduzimos a restrição orçamentária TD. Suponha que as preferências por lazer e renda possam ser representadas por curvas de indiferença normais e abauladas em direção ao seu ponto de origem. Três dessas curvas são chamadas de i, ii, e iii, na Figura 13.2. Marge maximiza a utilidade no ponto E_1, onde ela dedica OF horas ao lazer, trabalha FT horas e ganha um salário OG.

Suponha agora que Marge se qualifica para participar da TANF, e que em seu Estado o subsídio básico é de US$ 100 por mês e a taxa implícita do imposto é de 25%. Como a TANF muda a restrição orçamentária de Marge? A Figura 13.3 ilustra a situação. Como antes, na ausência do bem-estar, Marge trabalha FT horas e ganha OG. No âmbito da TANF, uma opção é o ponto Q, em que nenhum trabalho é fornecido e Marge recebe $ 100 do programa social. Se Marge trabalha uma hora, ela recebe w de seu empregador. Ao mesmo tempo, o subsídio dela é reduzido em ¼ de w, ainda deixando-a à frente por ¾ de w. Assim, outro ponto da restrição orçamentária é L, que é de uma hora para a esquerda de Q, e ¾ de w acima desta. Da mesma forma, Marge continua a receber um salário por hora efetiva de ¾ de w até trabalhar VT horas, ponto em que seus ganhos são altos o suficiente para que ela não mais receba o auxílio de bem-estar. Assim, a restrição orçamentária é a linha torcida QSD. O segmento QS tem uma inclinação em valor absoluto de ¾ de w, segmento SD uma inclinação de w.

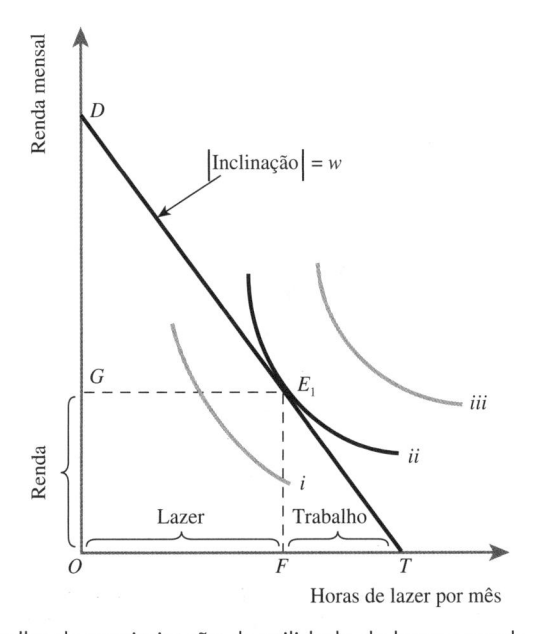

FIGURA 13.2 Escolha de maximização da utilidade de lazer e renda
Marge maximiza a utilidade no ponto E_1, onde ela trabalha FT horas e tem uma renda de OG.

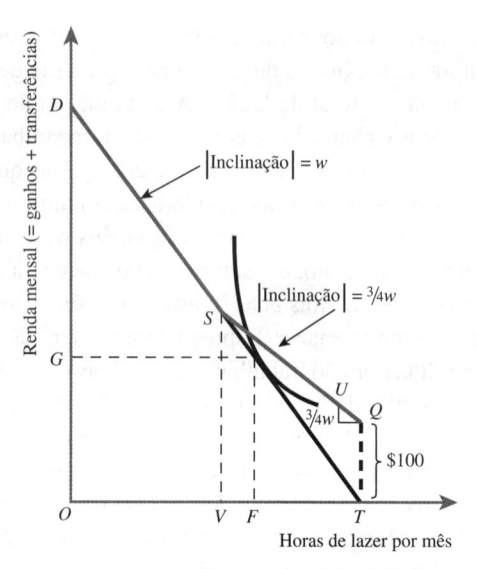

FIGURA 13.3 Restrição orçamentária no âmbito da TANF.
Se Marge está qualificada para US$ 100 por mês de TANF e enfrenta uma taxa implícita de 25%, então sua nova restrição orçamentária é QSD.

Como de costume, a decisão final do trabalho depende dos formatos das curvas de indiferença do indivíduo. Como ilustrado na Figura 13.4, Marge trabalha menos do que trabalhava antes da TANF (*KT* horas, ao contrário de *FT*, de antes).

Como já foi referido, alguns estados, de fato, impõem uma alíquota de imposto de 100% sobre os ganhos dos beneficiários da previdência social. É, portanto, de algum interesse analisar a restrição orçamentária e os incentivos ao trabalho gerados por esse caso especial. Suponha, para dar um exemplo concreto, que um indivíduo operando sob tal sis-

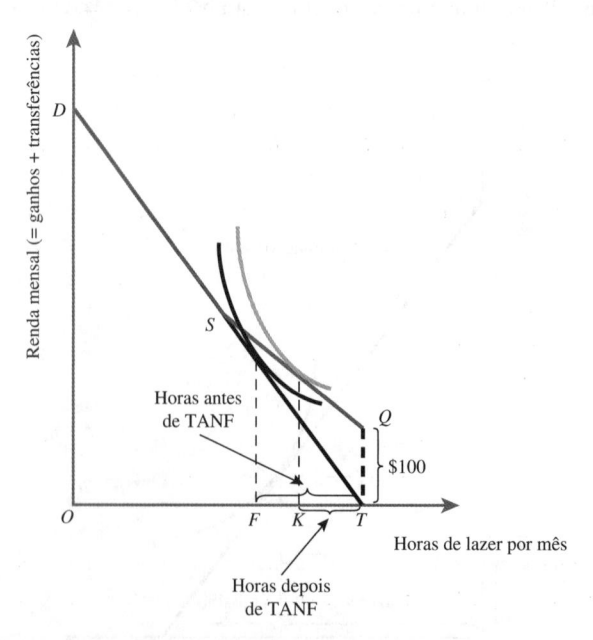

FIGURA 13.4 Decisão de oferta de trabalho no âmbito da TANF.
Dadas as curvas de indiferença de Marge, a adoção da TANF a induz a trabalhar menos. Ela agora trabalha *KT* horas, ao contrário das *FT* horas de antes da TANF.

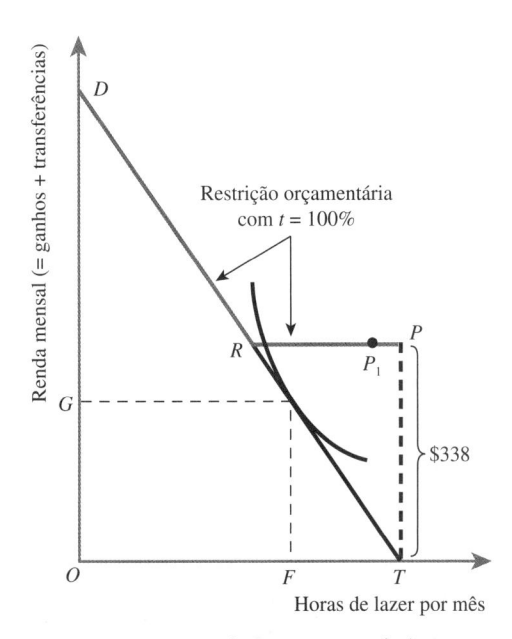

FIGURA 13.5 Restrição orçamentária sob um sistema de bem-estar social, com uma alíquota de imposto de 100% sobre os ganhos adicionais
Um programa de bem-estar com uma alíquota de imposto marginal implícito de 100% resulta na restrição orçamentária *PRD*.

tema tem um subsídio básico de US$ 338.[2] Na Figura 13.5, claramente uma opção que o bem-estar disponibiliza para Marge é o ponto *P*, que está associado a zero horas de trabalho e uma renda de US$ 338 desde o bem-estar. Agora, suponha que Marge trabalhe uma hora. Graficamente, ela se move uma hora para a esquerda a partir de *P*. Quando Marge trabalha uma hora, ela recebe US$$w$ de seu empregador, *mas*, ao mesmo tempo, seu bem-estar é reduzido na mesma proporção. A hora de trabalho rende nada para ela. Sua renda total permanece US$ 338. Isto é representado pelo ponto P_1, onde há uma hora de trabalho e a renda total é de US$ 338. Isso continua até o ponto *R*. Após *R*, cada hora de trabalho aumenta a renda dela em US$$w$.[3] Assim, a restrição orçamentária é a linha torcida *PRD*. O segmento *PR* tem inclinação zero e o segmento *RD* tem uma inclinação cujo valor absoluto é *w*.

Como Marge pode reagir a esses incentivos? A Figura 13.6 mostra uma possibilidade distinta: ela maximiza a utilidade no ponto *P*, onde nenhum trabalho é fornecido. Em nenhum caso uma pessoa racional trabalha entre zero hora e *PR* horas. Por que alguém deveria trabalhar, se pode receber a mesma renda sem estar trabalhando?[4]

É claro que um sistema de bem-estar com *t* = 100% não necessariamente induz uma pessoa a parar de trabalhar. A Figura 13.7 mostra a escolha entre lazer e renda de Jones, que enfrenta exatamente a mesma restrição orçamentária que Marge na Figura 13.5. No entanto, Jones maximiza a utilidade no ponto E_2, onde ela trabalha *MT* horas por mês.

O efeito negativo sobre os incentivos ao trabalho consubstanciados na Figura 13.6 era uma das principais críticas da AFDC. De fato, há evidências consideráveis de que a AFDC

---

[2] Esse era o benefício mensal em 2009 para uma mãe solteira com dois filhos e sem renda no estado de Delaware.

[3] Para simplificar, vamos ignorar o fato de que os ganhos de Marge podem estar sujeitos a impostos sobre os salários e de renda.

[4] Em um modelo mais complicado, uma pessoa pode selecionar um ponto ao longo do segmento *PR* para desenvolver suas habilidades ou para exibir sua qualidade a futuros empregadores por meio da manutenção de um histórico de trabalho contínuo.

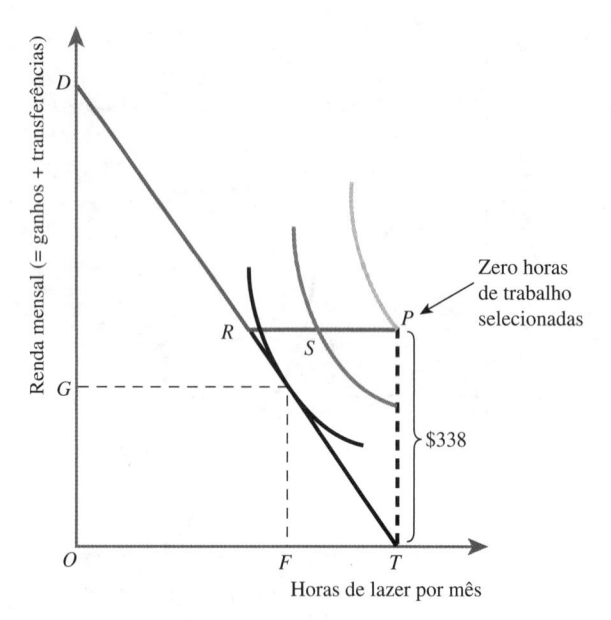

FIGURA 13.6 Decisão de trabalhar ao abrigo de um sistema de bem-estar, com uma alíquota de imposto de 100% sobre os ganhos adicionais.
Dado este conjunto de curvas de indiferença, um programa de bem-estar com taxa implícita de 100% leva a zero horas de trabalho.

reduziu substancialmente a oferta de trabalho dos beneficiários. Em sua pesquisa nessa área, Moffitt (2003) concluiu que a AFDC reduziu a oferta de trabalho entre 10% a 50% entre os beneficiários da previdência social.

Como observado anteriormente, embora vários estados continuassem a impor taxas implícitas de impostos de 100% após a aprovação da TANF em 1996, vários deles agora têm taxas que são consideravelmente menores. Será que essas reduções de alíquotas implícitas tiveram impacto sobre o comportamento da oferta de trabalho dos beneficiários da

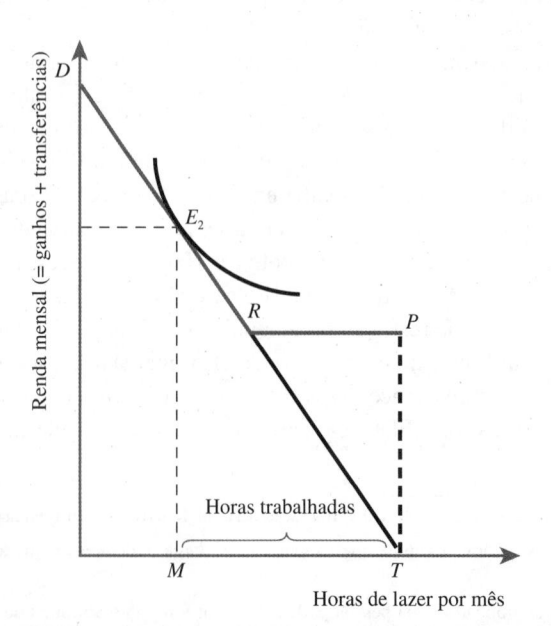

FIGURA 13.7 Um indivíduo opta por trabalhar com uma alíquota de imposto de 100%
Com este conjunto de curvas de indiferença, um programa de bem-estar com uma taxa implícita de 100% deixa a oferta de trabalho inalterada.

previdência social? O emprego entre a população do bem-estar aumentou substancialmente a partir de 1996. Por exemplo, embora as taxas de participação de mães solteiras na força de trabalho não tenham mudado muito desde a década de 1980 até meados da década de 1990, sua participação na força de trabalho aumentou de 44% para 66% entre 1994 e 2001. Em 2001, o número de casos de assistência social era de apenas 40% do nível de 1994 (Blank, 2005). No entanto, é preciso ser cauteloso sobre atribuir essa mudança às diferenças nas taxas marginais de imposto implícitas. Em primeiro lugar, como já indicado, a TANF mudou outros aspectos do sistema de bem-estar, incluindo os requisitos de trabalho. Em segundo lugar, a economia estava experimentando um *boom* sem precedentes no final de 1990, e isso por si só tende a aumentar o emprego entre todos os grupos. Segundo a pesquisa realizada por Blank (2002), as alterações na alíquota de imposto marginal consagradas pela TANF fizeram aumentar o esforço de trabalho, mas não há muito consenso sobre a magnitude.

Requisitos do trabalho

A análise até aqui pressupõe que o destinatário do bem-estar pode escolher suas horas de trabalho. Se o indivíduo escolhe não trabalhar depois de participar do programa de bem-estar, que assim seja. Um esquema alternativo é o *workfare* (**trabalhar para receber**). Indivíduos aptos recebem pagamentos somente se concordam em participar de uma atividade relacionada ao trabalho e aceitar um emprego, se for oferecido. O *workfare* pode ser facilmente interpretado em termos do nosso modelo de escolha de oferta de trabalho. Voltemos à Figura 13.6 para lembrar como demonstramos que um indivíduo sem restrições não *escolhe* voluntariamente qualquer ponto ao longo do segmento *RP*. O *workfare* simplesmente acrescenta um outro constrangimento e diz que, se o indivíduo não escolher um ponto como *S*, onde trabalha *SP* horas, então não recebe nenhum auxílio de bem-estar.

workfare (trabalhar para receber)

Indivíduos aptos que se qualificam para rendimento de subsídio somente o recebem se concordam em participar de uma atividade relacionada ao trabalho.

No âmbito da TANF, a maioria dos beneficiários deve, de fato, participar de algum tipo de atividade de trabalho. Como o trabalho obrigatório afeta os beneficiários da previdência social? Alguns estados realizaram experimentos aleatórios para responder a essa pergunta. Alguns destinatários foram designados para o *workfare*, e outros, o grupo de controle, não foram. A pesquisa conduzida por Blank (2002) indica que quase todos esses programas produziram aumentos significativos no emprego e no salário, e diminuíram o uso do bem-estar. Infelizmente, os programas de trabalho obrigatório pouco fizeram para aumentar os rendimentos totais: os salários dos beneficiários aumentaram, mas apenas um pouco mais do que as reduções em seus benefícios sociais (Blank, 2006). A TANF levou a uma mudança nos padrões de gastos, com os destinatários se voltando para a compra de itens (como transporte e vestuário) que facilitam o trabalho fora de casa (Kaushal, Gao e Waldvogel, 2006).

Essa observação nos obriga a enfrentar a questão de saber se a preocupação pública sobre o quanto os beneficiários da previdência social são capazes de trabalhar pode estar deslocada. De fato, um importante aspecto de qualquer sistema de bem-estar é a estrutura de incentivos que ele cria. E muitas pessoas acreditam que um valor especial deve ser atribuído ao trabalho, pois ajuda a melhorar a dignidade individual. Dito isso, se o objetivo da política de bem-estar era apenas maximizar o esforço do trabalho, o governo poderia simplesmente forçar os pobres a ficarem em asilos, como foi feito no âmbito da English Poor Law (leis inglesas de auxílios aos pobres), de 1834. Projetar bons sistemas de transferência exige um cuidadoso equilíbrio de considerações de incentivo e patrimoniais.

Prazos

Uma das inovações mais significativas da TANF foi a adoção de prazos: os indivíduos só podem receber benefícios no valor de cinco anos durante suas vidas. Será que essa política foi bem sucedida na tarefa de tirar as pessoas dos programas de bem-estar? Qualquer resposta a essa pergunta deve começar por observar o, talvez, dado mais importante associado à TANF: o número de beneficiários caiu mais de 60% entre 1996 e 2007 (Departamento de Saúde e Serviços Humanos, 2008, EUA). Não podemos atribuir essa queda no número de casos inteiramente aos prazos (ou qualquer outro aspecto da TANF), porque durante a década de 1990 a economia estava passando por um *boom*, e isso por si só tende a reduzir o número de beneficiários da previdência social. Ainda assim, a maioria das análises indica que a TANF e seus prazos realmente fizeram a diferença.

Um interessante estudo nesse sentido foi feito por Grogger (2003), que observou que, se os prazos importam, eles devem ter um efeito maior sobre as famílias dos programas de bem-estar com crianças do que as famílias cujos filhos são mais velhos. Por quê? A qualificação para a TANF termina quando o filho mais novo da família completa 18 anos. Se o seu filho tem 13 anos ou mais, você também pode consumir os benefícios, porque eles vão desaparecer em cinco anos de qualquer maneira. No entanto, se o seu filho é menor de 13 anos, faz sentido sair de bem-estar o mais rapidamente possível, para que você possa "zerar" a sua quota de tempo restante e usá-la se precisar do dinheiro em alguma data posterior. A análise dos dados de Grogger sugere que os prazos têm, de fato, sido importantes, representando cerca de 12% da diminuição no número de beneficiários dos programas de bem-estar.

Estrutura familiar

Uma razão importante para a passagem da TANF em 1996, foi a crença de que a AFDC criou incentivos para mulheres de baixa renda terem filhos fora do casamento. A ideia básica era que o direito ao bem-estar permitia às mulheres de baixa renda sobreviver como mães solteiras. Essa tendência foi reforçada pelo fato de que, em muitos Estados, as mulheres perdiam os benefícios sociais quando se casavam. A esperança era de que os prazos da TANF iriam reverter esse comportamento. Ao mesmo tempo, alguns estados desenvolveram programas específicos para desencorajar a maternidade na adolescência. Um exemplo é forçar a mãe adolescente a viver com os pais para se qualificar para os programas sociais.

A TANF afetou a estrutura de famílias de baixa renda? Os resultados empíricos, infelizmente, são confusos. Alguns estudos indicam efeitos positivos da TANF (por exemplo, mais crianças estavam vivendo com pais casados após a vigência da TANF do que antes), enquanto outros não descobriram qualquer impacto. Não é surpreendente que os resultados não sejam conclusivos. É provável que os padrões de casamento e gravidez se ajustem lentamente ao longo do tempo. É muito cedo para saber se a TANF mudou a estrutura familiar.

Administração: Nacional x Estadual

Durante os debates sobre a TANF, foram expressas preocupações quanto a levar o sistema para Estados: isso resultaria em um "nivelamento por baixo", porque qualquer Estado com um sistema de previdência generoso seria invadido por pessoas pobres de outros estados, forçando-o a reduzir benefícios. Isso certamente é possível, e há de fato alguma evidência estatística de que as diferenças nas provisões da TANF influenciaram os padrões de migração de mulheres de baixa escolaridade entre as jurisdições (Kaestner et al., 2003). A evidência preliminar, porém, é que não tem ocorrido um nivelamento por baixo sob a TANF. A maioria dos Estados manteve seus benefícios básicos mais ou menos no mesmo nível; alguns, na verdade, aumentaram esses benefícios (Gallagher et al., 1998). Naturalmente, ocorrem as ressalvas habituais. Em particular, a TANF entrou em vigor durante um *boom*: no caso de uma desaceleração econômica no futuro, os Estados podem se comportar de maneira muito diferente.

Em qualquer caso, alguns analistas percebem o fato de que os Estados podem agora conceber sistemas muito diferentes como uma vantagem real. "Qualquer governo estadual pode não se sair melhor do que Washington, mas a grande variedade do primeiro vai compensar a uniformidade mortal deste último. E dentro dos estados, as agências operacionais serão em nível de cidade e condado, onde a tarefa de melhorar o padrão de vida. . . será municiada pela proximidade do governo às vozes das pessoas comuns "(Wilson, 1994, p. A10).

É claro, o bem-estar dos pobres não depende apenas da TANF, mas também de outros programas de benefícios. Passemos agora para uma discussão desses programas.

▶ O CRÉDITO FISCAL DE RENDIMENTOS AUFERIDOS

Você pode ficar surpreso ao saber que o maior programa de transferências de dinheiro a pessoas de baixa renda não é administrado pela burocracia assistencialista, mas por meio do sistema fiscal. O **crédito fiscal de rendimentos auferidos (EITC)** é um subsídio para os ganhos de famílias de baixa renda. Apenas trabalhadores pobres são qualificados para o EITC; nesse sentido, há uma completa sintonia com a ênfase da TANF na vinculação do bem-estar com o trabalho. Como o próprio nome indica, o subsídio vem na forma de um crédito fiscal, que é simplesmente uma redução do montante do imposto. Por exemplo, se você deve ao governo US$ 1.000 de imposto de renda, mas também tem um crédito fiscal de US$ 600, então você só tem de pagar US$ 400. É importante ressaltar que se o EITC exceder a sua responsabilidade fiscal, a diferença será devolvida a você: o governo envia um cheque. Com efeito, crédito é tão bom quanto dinheiro. O custo anual do EITC agora está em mais de US$ 59 bilhões (Comité Misto da Tributação, 2012).

crédito fiscal de rendimentos auferidos (EITC, *earned income tax credit*)

Crédito fiscal para pessoas de baixa renda.

O montante do subsídio de uma família depende do número de filhos; aqui consideramos o benefício quando há duas crianças. Em 2012, uma família desse tipo tem direito a um crédito fiscal de 40% de todos os ganhos e salários até US$ 13.090. Assim, o crédito máximo é de US$ 5.236 (= 0,40 × US$ 13.090). Para ajudar a garantir que somente os pobres se beneficiem do crédito, elimina-se a renda entre US$ 17.090 e US$ 41.952. Para cada dólar de ganhos nesta faixa de *phase-out*, o crédito é reduzido em 21,06 centavos de dólar; com US$ 41.952, o crédito é consumido totalmente. O sistema encontra-se resumido na figura 13.8, que mostra o tamanho do crédito para cada nível de ganhos.[5]

Uma das justificativas do EITC é melhorar os incentivos ao trabalho para os pobres. Na faixa de *phase-in*, o governo federal acrescenta 40 centavos para cada dólar de ganhos; na verdade, trata-se de alíquota de imposto marginal negativo de 40% do salário (a alíquota de imposto é "marginal", porque é a taxa que se aplica a um dólar adicional de salário). No entanto, o fato de o crédito ser retirado cria uma alíquota de imposto marginal positiva implícita na faixa de *phase-out*: para cada dólar de salário, o crédito cai em 21,06 centavos de dólar; com efeito, é uma alíquota de imposto marginal de 21,06% (ver Figura 13.8B). Esse número é maior do que a alíquota de imposto sobre o rendimento normal de 10% que se aplica à faixa de renda mais baixa.

Assim, os incentivos do EITC dependem das circunstâncias individuais. Uma pessoa que não estava trabalhando antes do EITC agora encara uma alíquota de imposto marginal menor se decide participar do mercado, de modo que o EITC melhora seu incentivo ao trabalho. Uma pessoa de baixa renda que já trabalhava e estava na faixa de *phase-out* do EITC enfrenta uma alíquota de imposto marginal maior, que incentiva a trabalhar menos horas. Os efeitos do incentivo são um pouco mais complicados para uma pessoa de baixa renda que já trabalhava e estava na faixa de *phase-in* do EITC. A alíquota de imposto marginal mais baixa aumenta o custo de oportunidade de lazer, que encoraja a pessoa a substituir o trabalho pelo lazer. Ao mesmo tempo, porém, o subsídio aumenta sua renda, e como o lazer

---

[5] A legislação aprovada em 2009 aumentou o EITC de 40% para 45% para famílias com três ou mais filhos e ampliou a faixa de *phase-out* para servidores de dados comuns. Essas mudanças aconteceram até 2013.

A. Relação entre os ganhos e o EICT

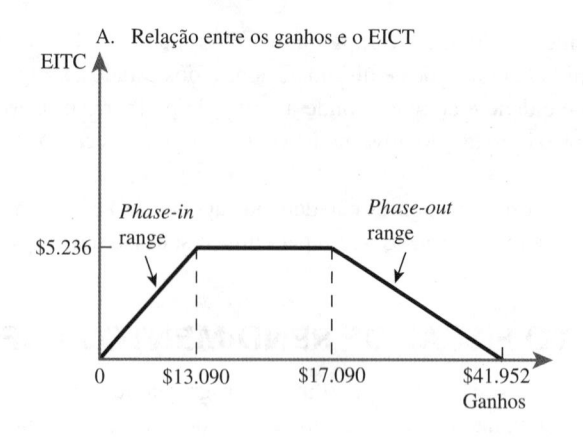

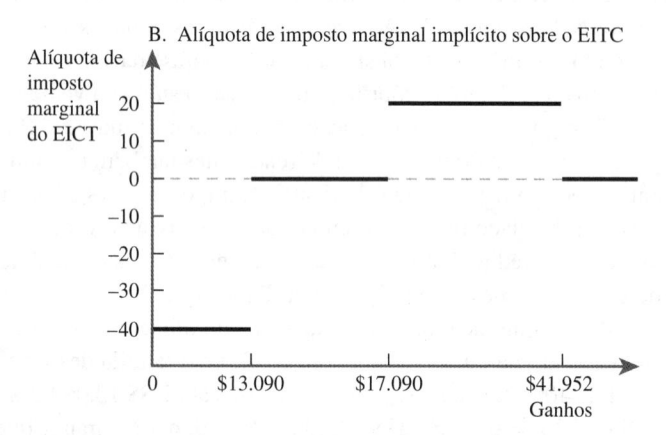

FIGURA 13.8 Crédito fiscal de rendimentos auferidos (EITC)
Este exemplo é válido tendo em conta o ano de 2012, para uma mãe solteira com dois filhos. O painel A mostra o crédito fiscal de rendimentos auferidos para cada nível de rendimentos. O painel B mostra as taxas de impostos marginais implícitas associadas ao crédito fiscal de rendimentos auferidos.

é um bem normal, isso a incentiva a consumir mais lazer – isto é, a trabalhar menos. Sem trabalho empírico, não sabemos que efeito se sobrepõe; portanto, para esta pessoa, o efeito líquido do EITC sobre incentivos de trabalho é ambíguo.[6]

EVIDÊNCIA EMPÍRICA

O efeito do crédito fiscal de renda auferida na oferta de trabalho

A rica literatura empírica estuda o efeito do EITC sobre a participação na força de trabalho e nas horas trabalhadas por pessoas de baixa renda.[7] A fim de estimar os efeitos do EITC, muitos desses estudos se valem da variação dos benefícios do EITC de acordo com as características dos indivíduos (como situação familiar, tamanho da família e

(continua)

---

[6] Em termos mais técnicos, na faixa de *phase-in* do EITC, o efeito de substituição move o indivíduo na direção de mais horas de trabalho e o de efeito renda o move na direção de menos horas de trabalho. Veja um exame mais aprofundado dos efeitos de renda e substituição no apêndice do fim do livro.

[7] Veja uma avaliação dos dados em Hotz e Scholz (2003).

nível de renda). Pode-se então estimar como o comportamento de oferta de trabalho varia de acordo com a magnitude de benefícios do EITC. Além disso, mudanças nas políticas nos anos 1990 geraram um bom experimento natural: os níveis dos benefícios aumentaram fortemente e em valores diferentes para pessoas diferentes. Por exemplo, as famílias com dois ou mais filhos recebem um subsídio do EITC maior do que aquelas com apenas um filho, e essa diferença aumentou durante a década de 1990. Isto permite calcular uma estimativa de diferenças em diferenças. Especificamente, pode-se observar a mudança da situação de emprego nas famílias com dois ou mais filhos antes e depois da mudança da política. Em seguida, comparar com a mudança de emprego nas famílias com apenas um filho. Esse cálculo sugere que, após a mudança da política, as taxas de emprego aumentaram de 1,2% a 3,2% nas famílias com dois ou mais filhos em relação às famílias com apenas um filho (Hotz et al., 2006).

A literatura empírica observa consistentemente que o EITC incentiva mulheres solteiras a entrar no mercado de trabalho, como a teoria prevê. Meyer e Rosenbaum (2001), por exemplo, notaram que 60% do aumento de 8,7% na contratação de mães solteiras entre 1984 e 1996 deveu-se ao EITC. Além disso, 35% do aumento da participação entre 1992 e 1996 deveu-se ao EITC. Por outro lado, o EITC parece ter tido pouco impacto sobre as horas de trabalho das pessoas de baixa renda que já estavam no mercado de trabalho. Essa constatação não é difícil de explicar, se o efeito líquido do EITC na faixa *phase-in* é incentivar o trabalho. Se assim for, isso poderia quase cancelar o efeito negativo sobre o esforço de trabalho daqueles na faixa de *phase-out*, tornando o impacto global próximo de zero.

Embora o EITC incentive mulheres solteiras a participar da força de trabalho, o programa desencoraja as mães casadas. Isso porque o montante de benefício do EITC depende dos *ganhos* da família. Se, por exemplo, o marido já está empregado e a mulher começa a trabalhar, o benefício do EITC da família pode diminuir ao colocar a renda familiar na faixa de *phase-out*. Eissa e Hoynes (2006) usam os dados de antes e depois da expansão do EITC em 1993 para investigar essa questão. Eles descobriram que a expansão do EITC na década de 1990 levou a uma diminuição de 1% na taxa de participação das mães casadas. No entanto, a literatura empírica sugere que o EITC foi capaz de aumentar o emprego global, especialmente no caso de mães solteiras de baixa renda.

▶ SUPPLEMENTAL SECURITY INCOME

O Supplemental Security Income (SSI), promulgado em 1972, é um programa federal que oferece um benefício mensal básico para idosos, cegos e deficientes. Em 2010, o pagamento do benefício mensal médio para idosos era de US$ 400 (Administração da Previdência Social dos EUA, 2012, p. 7.1). Os ativos dos beneficiários da SSI não podem ultrapassar certos limites: US$ 2.000 para um indivíduo e US$ 3.000 para um casal.[8] Os beneficiários da SSI podem ganhar US$ 65 por mês sem que haja qualquer redução em seus pagamentos. Depois disso, os benefícios são reduzidos em 50 centavos para cada dólar ganho.

Existe uma série de contrastes marcantes entre o SSI e os tipos de programas de bem-estar disponíveis para os indivíduos que não são cegos, idosos ou com deficiência. Em primeiro lugar, há uma garantia federal de quantia mínima uniforme no SSI que nenhum outro programa possui.[9] Em segundo lugar, os benefícios do SSI são consideravelmente mais elevadas do que a média dos outros programas. Em terceiro lugar, os incentivos ao trabalho no âmbito do SSI são melhores do que em muitos dos Estados. A alíquota de imposto implícita sobre os ganhos adicionais na SSI é de apenas 50%. Além disso, não há obrigatoriedade de trabalho.

---

[8] Isso exclui pequenas quantias do valor de políticas para casa, automóvel e seguro de vida.

[9] No entanto, a seu critério, os Estados podem complementar os benefícios federais.

▶ MEDICAID

O Medicaid é, de longe, o maior programa do governo para pessoas de baixa renda. O Capítulo 10 fornece mais detalhes sobre a estrutura do Medicaid, além de evidências sobre se o Medicaid acaba ou não com o seguro privado. Uma questão que não foi discutida no Capítulo 10 é o efeito do Medicaid nos incentivos ao trabalho. Logo no início do capítulo observamos que, historicamente, quando as famílias ganhavam dinheiro suficiente para sair dos programas de bem-estar, elas imediatamente perdiam os benefícios do Medicaid. A perda potencial desses benefícios podia levar a taxas de imposto marginais implícitas superiores a 100% e era um motivo importante para desencorajar a saída do programa. No entanto, sob a TANF, as famílias que ganham o suficiente para deixar o bem-estar continuam qualificadas para o Medicaid por 12 meses. Além disso, as expansões do Medicaid nas décadas de 1980 e 1990 ampliaram a cobertura para crianças de baixa renda e mulheres grávidas sem outros vínculos com o sistema de bem-estar. Por exemplo, uma criança com menos de seis anos de idade está qualificada para o Medicaid até que sua família obtenha rendimentos que estejam 33% acima da linha de pobreza.

A possível perda dos benefícios do Medicaid pode criar desincentivos ao trabalho, que analisamos, utilizando nosso modelo de escolha entre renda e lazer. Na Figura 13.9, DT é a restrição orçamentária de Marge antes do Medicaid. Agora vamos supor que o Medicaid é adotado: Marge tem um filho de três anos de idade, que está qualificado para o programa; e o valor da apólice do Medicaid para Marge é de US$ 1.000 por ano. Suponha ainda que, quando a renda dela atingir Z dólares, seu filho não estará mais qualificado para o Medicaid. Ignorando, para simplificar, todas as transferências que Marge receba ou os impostos que ela pague, como o Medicaid afeta a sua restrição orçamentária? Um ponto sobre a nova restrição orçamentária fica exatamente US$ 1.000 acima do ponto T – a zero horas de trabalho, ela tem uma renda em espécie de US$ 1.000. Isso é

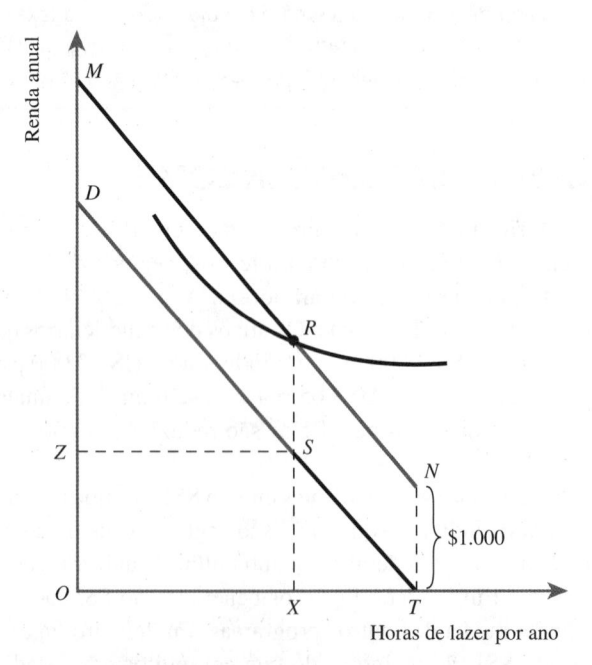

FIGURA 13.9 O recorte do Medicaid.
Sem o Medicaid, a restrição orçamentária de Marge é *DT*. Se Medicaid for adotado e Marge o valorizar em US$ 1.000, a restrição orçamentária muda em US$ 1.000 para a direita de *X*. No entanto, em *XT* horas de trabalho ela perde sua qualificação para o Medicaid e, portanto, move-se do ponto *R* para o ponto *S*. Assim, sua restrição orçamentária com o Medicaid é *NRSD*.

representado pelo ponto *N*. Movendo-se para a esquerda a partir de *N*, o rendimento de Marge aumenta de acordo com a sua taxa de ganhos a cada dólar recebido. O Medicaid não altera a taxa de ganhos de Marge, de modo que a inclinação, na medida em que ela afasta-se de *N*, é a mesma que a inclinação de *DT*. A *XT* horas de trabalho, os ganhos dela são *Z*. Nesse momento, o filho perde a qualificação para o Medicaid e, na verdade, ela perde US$ 1.000. Ou seja, ela se move de *R* para *S*. Ao mover-se para a esquerda de *S*, ela volta a receber a taxa de ganhos para cada hora de trabalho e se move ao longo do segmento *DS*.

Colocando tudo isso junto, na presença de Medicaid, a restrição orçamentária de Marge é *NRSD*. Olhando para essa restrição, é possível ver por que o impacto do Medicaid sobre os incentivos de trabalho caracterizam-se como um "recorte". Quanto Marge trabalha? Uma forte possibilidade é que a curva de indiferença mais alta que ela pode atingir toque na restrição orçamentária logo no recorte, o ponto *R*. Isso faz sentido: ela ganha pouco menos de *Z* dólares, pois se ganhar mais um dólar perde mil! Assim, o Medicaid cria incentivos para uma pessoa manter seus próprios ganhos abaixo do nível de corte.

▶ SEGURO-DESEMPREGO

O Congresso aprovou a legislação que levou os estados a estabelecerem programas de seguro-desemprego (UI, *unemployment insurance*) em 1935, o mesmo ano de instituição da Previdência Social. O objetivo do programa é substituir a renda perdida devido ao desemprego. Praticamente todos os assalariados estão cobertos, e em 2011 cerca de 9,5 milhões de pessoas receberam os primeiros pagamentos. O benefício UI semanal médio foi de cerca de US$ 300 (Ministério do Trabalho dos EUA, 2011).

Por que um seguro contra a possibilidade de desemprego deve ser fornecido pelo governo? Lembre-se do Capítulo 9 que os mercados privados podem deixar de fornecer quantidades adequadas de seguros em situações em que a seleção adversa e o risco moral são importantes. O desemprego satisfaz essas condições. Os trabalhadores que têm a maior probabilidade de ficarem desempregados têm a maior demanda por seguro-desemprego (seleção adversa). Portanto, as empresas privadas que tentam fornecer um seguro desse tipo têm de cobrar prêmios relativamente altos para ter lucro, o que excluiria muitas pessoas de sua clientela. Ao mesmo tempo, os trabalhadores que conseguem obter o seguro podem passar por mais desemprego do que aconteceria de outra forma (risco moral). É difícil para a seguradora determinar se a demissão é culpa do trabalhador, por isso uma empresa privada de seguro-desemprego pode ficar na situação de ter de pagar grandes quantias de dinheiro por conta de falsas alegações. Em suma, é difícil imaginar que o fornecimento do seguro-desemprego seja um empreendimento rentável para empresas de seguros privados. A seleção adversa, de modo semelhante, desencoraja os empregadores a oferecer benefícios de seguro-desemprego aos próprios funcionários, porque oferecê-lo como benefício extra pode atrair trabalhadores que não estavam interessados em relacionamentos de trabalho de longo prazo.

Um programa governamental obrigatório evita o problema da seleção adversa. Por isso, a oferta do governo de UI tem o potencial de aumentar a eficiência. Por outro lado, a oferta governamental *não* elimina o risco moral. Como discutido no Capítulo 9, o risco moral decorrente do seguro pode ser atenuado pela política de incluir uma franquia e uma taxa de cosseguro. No caso do UI, o análogo de uma franquia é a exigência de o indivíduo não receber benefícios nas primeiras semanas em que estiver desempregado. O análogo da taxa de cosseguro é a disposição de os benefícios abrangerem apenas parte dos lucros cessantes. Como veremos, o sistema de UI real adere apenas parcialmente a essa estrutura. Ele não tem franquia, mas inclui o cosseguro.

Benefícios

O número de semanas para um indivíduo poder receber os benefícios é determinado por uma fórmula complicada que depende do histórico de trabalho da pessoa e do Estado em que ela trabalha. Na maioria dos Estados, o prazo máximo regular é de 26 semanas. No entanto, o período pode ser prorrogado em 20 semanas adicionais, caso a taxa de desemprego do Estado ultrapasse determinados níveis. Mas o Congresso frequentemente autoriza extensões adicionais. Por exemplo, a partir de 2008, uma série de extensões do IU levou a duração dos subsídios para até 99 semanas. Na maioria dos Estados, a fórmula do benefício é projetada de modo que a taxa bruta de substituição – a proporção de ganhos antes de incididos os impostos substituídos pelo seguro-desemprego – seja de cerca de 50% (no entanto, existe um limite máximo de benefício que não pode ser ultrapassado). Os benefícios do UI estão sujeitos ao imposto de renda pessoal federal, mas não estão sujeitos ao imposto sobre os salários da Previdência Social.

Financiamento

O seguro-desemprego é financiado por um imposto sobre a folha de pagamento. Ao contrário do sistema de Previdência Social, na maioria dos Estados esse imposto é pago apenas pelos empregadores, e não por empregadores e empregados em conjunto.[10] A responsabilidade fiscal sobre o seguro-desemprego do empregador em relação a um determinado trabalhador é o produto da alíquota de imposto de UI do empregador, t_u, e os ganhos anuais do trabalhador até o limite de imposto do UI. A lei federal determina que a base fiscal do UI inclua, pelo menos, os primeiros US$ 7.000 dos ganhos anuais de cada trabalhador abrangido. Todos os Estados, exceto um, têm uma base fiscal do UI acima da base federal, com ganhos tributados em execução de US$ 38.800 dólares no Havaí.

Uma característica importante do imposto sobre os salários é que a t_u difere entre os empregadores porque UI é um **coeficiente de experiência**: a t_u depende da experiência em demissão da empresa. As empresas que demitem um número relativamente grande de funcionários geram uma grande quantidade de demandas no sistema de UI. Portanto, essas empresas recebem uma t_u relativamente alta. No entanto, se um trabalhador é demitido, geralmente o aumento dos custos ao empregador devido ao valor mais elevado da t_u são menores do que os benefícios de UI recebidos pelo trabalhador. Por esta razão, o sistema de classificação de experiência é descrito como "imperfeito".

coeficiente de experiência
Prática de cobrar diferentes prêmios de seguros com base no risco existente dos compradores de seguros.

Efeitos sobre o desemprego

Desde a sua criação, tem havido preocupações que o IU aumente o desemprego. Uma possível razão é o coeficiente de experiência imperfeito. Para saber o porquê, vamos supor que a demanda pelos produtos de uma empresa esteja temporariamente baixa, por isso a empresa está considerando demissões temporárias de alguns de seus funcionários. Com o coeficiente de experiência imperfeito, o custo do empregador em impostos de UI mais altos é inferior ao benefício de UI ao trabalhador. Por isso, pode ser benéfico desligar o trabalhador temporariamente. Se o sistema fosse caracterizado por um coeficiente de experiência perfeito, o seguro-desemprego não proporcionaria esse incentivo para demissões temporárias.

Grande parte da discussão acadêmica e política sobre os incentivos do seguro-desemprego centram-se no impacto das taxas de substituição relativamente altas sobre o desemprego. Como já foi sugerido, a situação de emprego de um indivíduo está, até certo ponto, sob seu próprio controle. O comportamento do trabalhador no emprego pode influenciar a

---

[10] Como veremos no Capítulo 14, mesmo que o imposto seja pago pelos empregadores, alguns ou todos podem ser transferidos aos funcionários.

probabilidade dele perdê-lo. Da mesma forma, um trabalhador desempregado pode controlar a intensidade com que procura um novo emprego. A existência do seguro-desemprego pode tornar os trabalhadores mais propensos a aceitar empregos em setores onde a probabilidade de futuras demissões é grande. Além disso, o seguro-desemprego pode induzir os desempregados a passar mais tempo à procura de trabalho do que o fariam em outra situação.

Esse problema de risco moral é empiricamente importante? Essa questão tem sido objeto de muitos estudos econométricos, vários dos quais adotam uma abordagem quase-experimental (ver Capítulo 2). Os estudos exploram as diferenças de benefícios de seguro-desemprego entre estados, grupos de renda ou períodos de tempo. Pense, por exemplo, em um grande e inesperado aumento dos benefícios de seguro-desemprego para uma determinada classe de renda, mas não para outra, dentro do mesmo estado. A análise de diferença em diferença seria comparar a mudança na duração do desemprego daqueles que receberam o aumento (grupo de tratamento) com a mudança dos que não o receberam (grupo de controle). Meyer e Mok (2007) usaram este projeto de pesquisa para examinar o impacto de um aumento de 36% em benefícios de seguro-desemprego de pessoas com rendimentos elevados no Estado de Nova York e descobriram que ele levou a um grande aumento no número de pedidos de seguro-desemprego e a um aumento do período de tempo em que as pessoas ficaram desempregadas. Pode-se imaginar, porém, que o impacto do seguro-desemprego irá depender da taxa de desemprego em toda a economia. Especificamente durante um período de recessão, quando a taxa de desemprego é elevada, os indivíduos podem ter pouco controle sobre quando voltar ao trabalho. Consistente com esta noção, o estudo de Rothstein (2009) sobre os efeitos de emprego dos benefícios de seguro-desemprego durante um período de alto desemprego encontrou apenas um pequeno efeito negativo sobre a probabilidade de um desempregado conseguir um emprego.

O fato de o seguro-desemprego se estender pela duração do desemprego não é necessariamente indesejável. Se os trabalhadores levam mais tempo para procurar, eles podem encontrar empregos que são mais apropriados às suas habilidades, o que aumenta a eficiência. Esse argumento pressupõe que, na ausência do seguro, a quantidade de tempo dedicado à pesquisa não seria a ideal. Pode ser esse o caso, se os trabalhadores desempregados não puderem pedir dinheiro emprestado para manter seus níveis de consumo, enquanto procuram emprego. De modo mais geral, uma sociedade que acredita que vale a pena manter os níveis de consumo para os que se encontram em situação de desemprego involuntário pode estar disposta a pagar o preço em termos de algum aumento do desemprego voluntário.

Essa questão assume especial importância durante os períodos de taxas de desemprego nacionais persistentemente altas. Durante esses períodos de recessão, os formuladores de políticas que consideram a prorrogação da duração dos benefícios devem enfrentar o dilema: ajudar o desempregado que está sem trabalhar há muito tempo e agravar o problema do desemprego. Como discutimos anteriormente, a estrutura de seguro ideal seria não fornecer nenhum benefício durante as primeiras semanas de desemprego e, em seguida, substituir parcialmente os salários do indivíduo. Mas por quanto tempo os benefícios devem ser fornecidos? A resposta não é de todo claro. O Prêmio Nobel Gary Becker sugeriu que, durante as recessões, o seguro-desemprego deve ser estendido a fim de cobrir cerca de nove meses de desemprego (Becker, 2010).

▶ PROGRAMA DE ASSISTÊNCIA DE NUTRIÇÃO SUPLEMENTAR (SNAP, SUPPLEMENTAL NUTRITION ASSISTANCE PROGRAM)

O Programa de Assistência de Nutrição Suplementar (SNAP), que anteriormente era conhecido como o Programa Food Stamp, fornece um *voucher* emitido pelo governo que só pode ser utilizado para a compra de alimentos (ração para animais, álcool, tabaco e alimentos importados não são permitidos). Em 2011, aproximadamente 42 milhões de pessoas recebiam os benefícios do SNAP por mês e os benefícios totais foram de cerca de US$ 78 bilhões (Escritório de Orçamento do Congresso, 2012c). O custo direto dos benefícios do SNAP é pago pelo governo federal. No entanto, a administração do programa, inclusive a distribuição dos cupons, é realizada pelos estados.

Praticamente todas as pessoas pobres estão qualificadas para receber os benefícios do SNAP, inclusive famílias pobres sem filhos e homens e mulheres solteiros sem filhos. A distribuição mensal dos benefícios do SNAP de uma família depende de seu tamanho e renda. Em 2010, o benefício médio mensal do SNAP por domicílio foi de cerca de US$ 287 (Escritório de Orçamento do Congresso, 2012c). A concessão é reduzida quando o rendimento do agregado familiar aumenta, mas o imposto implícito sobre os benefícios do SNAP é de apenas 30 centavos de dólar.[11]

Uma vez que os benefícios do SNAP não podem ser usados para comprar nada exceto alimentos, esperamos que eles valham menos para os indivíduos do que a mesma quantidade de dinheiro. Algumas evidências de que isso é verdade vem de um conjunto de experimentos sociais que foram realizados há vários anos. Um grupo de beneficiários recebeu cheques em vez do vale-alimentação, enquanto um grupo de controle continuou a receber os cupons. Quando os dois grupos foram comparados, verificou-se que entre 20% e 30% dos que receberam os cupons reduziram seus gastos em comida quando receberam o valor em dinheiro (Whitmore, 2002).

O fato de os benefícios do SNAP induzirem os destinatários do programa a consumir mais alimentos do que o subsídio é uma boa ou má notícia? Nossa análise das transferências em espécie do Capítulo 12 sugere que esta é uma indicação de que o programa SNAP é ineficiente: os beneficiários poderiam estar melhor, sem despesas adicionais de qualquer tipo, se o programa fosse com dinheiro vivo. Na verdade, Whitmore calculou que os destinatários do comprovante valorizavam seus benefícios totais em apenas 80% do valor do cupom. Por outro lado, na medida em que "a sociedade" acredita que os pobres, abandonados a si mesmos, não consomem alimentos em quantidade suficiente, então induzi-los a consumir mais é desejável. Além disso, do ponto de vista político, pode ser mais fácil gerar apoio para um programa destinado a "acabar com a fome" do que simplesmente pagar em dinheiro. Curiosamente, no entanto, com base em dados de diários alimentares, Whitmore descobriu que a substituição do vale-alimentação por dinheiro, embora reduzindo o consumo de alimentos, parece não ter tido consequências negativas para a nutrição. Grande parte da redução dos gastos com comida correspondia ao consumo de refrigerantes e lanches.

Uma característica interessante do programa SNAP é que apenas cerca de 70% das famílias qualificadas realmente participam. Por que as pessoas não conseguem aproveitar o programa? Uma possibilidade é que as pessoas não sabem que possuem as qualificações para isso. Outra é que há algum estigma associado à participação no programa; isto é, o processo de participação por si causa certa redução na utilidade. De fato, a presença desse estigma pode ser uma das razões pelas quais o governo não fornece os benefícios do SNAP em dinheiro. Se a inscrição no programa constrange as pessoas, então elas podem ficar menos propensas a participar, o que mantém os custos baixos. No entanto, a evidência empírica sugere que o estigma não é a principal causa das baixas taxas de aceitação do programa SNAP (Currie, 2004).

▶ ASSISTÊNCIA PARA HABITAÇÃO

Nos Estados Unidos, os subsídios para proporcionar habitação aos pobres começaram em 1937. Até recentemente, o maior programa era o de habitação pública. As unidades habita-

---

[11] Além disso, a lei permite que certas deduções sejam efetuadas antes da aplicação do imposto de 30%.

cionais públicas são desenvolvidas, de propriedade e dirigidas por autoridades locais que operam no âmbito do município, condado ou de vários municípios em conjunto. O governo federal subsidia os custos de construção e uma parte dos custos operacionais pagos pelos inquilinos. Existem hoje cerca de 1,2 milhão de unidades habitacionais públicas.

O valor médio mensal da habitação pública para um beneficiário foi estimado em cerca de 90% do valor em dinheiro. Os limites de renda para a participação na habitação pública são estabelecidos localmente. Ao contrário de outros programas sociais, passar no teste sujeito à prova não autoriza automaticamente a família a participar do programa de habitação pública. Como já foi referido, existe apenas 1,2 milhão de unidades habitacionais públicas, embora existam cerca de 46 milhões de pessoas cujos rendimentos estejam abaixo da linha de pobreza. Muito mais pessoas querem unidades de habitação pública do que é possível acomodar. Em suma, a habitação pública confere um valor relativamente grande por beneficiário, mas a maioria das pessoas pobres não recebe absolutamente nada do programa. Além disso, a habitação pública ganhou uma reputação como terreno fértil para o crime e outras patologias sociais. Por esta e outras razões, poucas unidades de habitação pública federais têm sido construídas desde o início da década de 1970.

Muitos economistas acreditam que se é para existir subsídios de habitação para os pobres, sua ligação com a provisão pública de habitação deve ser quebrada. Quando são aplicados subsídios à habitação do setor privado, o setor público não tem mais de se envolver na construção e gestão de moradias. Além disso, os beneficiários da ajuda não ficam mais concentrados geograficamente e demarcados publicamente.

Dois programas habitacionais federais organizados mais ou menos segundo esses parâmetros, os chamados programas de certificados e cupons Seção 8, foram fundados em 1974 e 1983, respectivamente.[12] No âmbito desses programas, que atendem cerca de 3 milhões de famílias, os destinatários procuram no mercado privado as unidades habitacionais. Se a habitação atende a determinados padrões de qualidade e se a locação é considerada justa pelo governo, ele subsidia o aluguel com pagamentos diretamente ao proprietário do imóvel (o pagamento do aluguel do inquilino é uma proporção fixa da renda familiar, atualmente fixada em 30%). Ao contrário de habitação pública tradicional, a Seção 8 tenta dar aos pobres acesso ao mercado existente de habitação, em vez de tentar ampliá-lo. No entanto, os beneficiários da Seção 8 são limitados em sua escolha de moradias e não podem gastar mais do que 40% dos seus rendimentos com aluguel.

A moradia de baixa renda fornecida e subsidiada pelo governo realmente aumenta o mercado da habitação? Considerando que essas unidades habitacionais apenas substituem a habitação de baixa renda equivalente que teria sido fornecida pelo setor privado, então os programas de habitação podem ter pouco efeito real sobre o consumo de habitação entre os pobres. Essa é uma outra versão do fenômeno de *crowding-out* que vimos anteriormente. Sinai e Waldfogel (2002) analisaram se as áreas com mais habitação pública e subsidiada têm mais unidades de moradia no total, mantidas as outras variáveis constantes que afetam a demanda habitacional. Eles descobriram que os programas do governo de fato aumentam o mercado total de moradias, mas não na base de um para um. Em vez disso, para cada três unidades de habitação subsidiada pelo governo há duas unidades a menos de habitação que teriam sido fornecidas pelos mercados privados. Em suma, ocorre um pouco de *crowding-out*. Sinai e Waldfogel consideram o *crowding-out* menos importante para programas como a Seção 8 do que para projetos de habitação, o que parece ser mais um ponto a favor do primeiro.

Uma preocupação com a habitação pública é que ela reduz a autossuficiência econômica de seus habitantes. Por exemplo, como as unidades de habitação pública ficam localizadas longe das oportunidades de emprego, os inquilinos podem ter problemas para

---

[12] Os detalhes sobre o funcionamento dos programas são fornecidos em Olsen (2003).

conseguir trabalho. Além disso, a localização de moradias públicas em bairros muito pobres pode privar os jovens moradores de modelos apropriados e contatos para empregos. E o ambiente físico fornecido pela habitação pública pode ser prejudicial à saúde.

Se a habitação pública gera esses efeitos negativos, então outro benefício dos programas de cupons é simplesmente fazer com que as famílias de baixa renda vão para ambientes melhores. Em um experimento social interessante, um grupo aleatório de moradores de conjuntos habitacionais recebeu cupons do programa de habitação Seção 8 e seu *status* social e econômico subsequente foi comparado com os que ficaram para trás na habitação pública. De quatro a sete anos após a atribuição aleatória, não houve melhorias estatisticamente significativas na autossuficiência econômica, resultados de testes das crianças ou na saúde física dos destinatários dos cupons (Sanbonmatsu et al., 2006; Kling et ai. De 2007). No entanto, eles vivem em bairros mais seguros, com taxas de pobreza mais baixas do que aqueles que permaneceram nas unidades de habitação pública (Kling et al., 2007). Assim, as evidências sobre a eficácia global dos planos de cupons é confusa.

▶ PROGRAMAS PARA AUMENTO DE GANHOS

A maior parte dos gastos com os pobres está concebida para aumentar seus níveis de consumo atuais. Em contrapartida, alguns programas foram planejados para melhorar a capacidade dessas pessoas de se sustentar no futuro. São, entre outros, programas educacionais e de treinamento profissional.

Educação

A visão popular é que muita da pobreza nos Estados Unidos se deve ao fraco desenvolvimento das habilidades cognitivas e sociais das crianças de famílias desfavorecidas. Uma pesquisa conduzida pelo Prêmio Nobel James Heckman sugere que as intervenções do governo na vida dos jovens podem melhorar essas habilidades, aprimorando resultados econômicos e de saúde dos destinatários a longo prazo (Heckman, 2008). Na verdade, Heckman acha que os programas direcionados a crianças em famílias desfavorecidas têm retornos econômicos muito maiores do que as intervenções posteriores, como a redução dos índices de aluno-professor ou os programas de treinamento profissional (veja no Capítulo 7 uma discussão mais aprofundada).

De acordo com a legislação aprovada em 1965, o governo federal fornece fundos aos distritos escolares individuais para educação compensatória, nos níveis fundamental e médio, dos estudantes carentes. O exemplo mais famoso é o Head Start, programa que oferece atividades de pré-escola para crianças de quatro e cinco anos de idade, oriundas de meios desfavorecidos. A ideia é garantir que, até começar o jardim de infância, elas possam alcançar o mesmo nível das crianças de famílias mais abastadas. Um levantamento da literatura sobre o Head Start realizado por Ludwig e Phillips (2007) concluiu que o programa oferece benefícios de longo prazo para os beneficiários e que esses benefícios superam os custos.

Emprego e formação para o trabalho

Programas federais de capacitação profissional abordam outra possível causa da pobreza: a falta de competências para o mercado de trabalho. Suponha que as pessoas pobres não sejam capazes de conseguir empregos que oferecem boa formação em função da discriminação, ou porque nenhum desses empregos são próximos de onde elas vivem. O objetivo desses programas é que o governo forneça oportunidades para o desenvolvimento de habilidades para o mercado.

Será que esses programas funcionam? De acordo com os estudos conduzidos por Heckman (2000), eles não são muito eficazes. Para mulheres adultas beneficiárias de *bem-estar*, os programas muitas vezes resultam em ganhos, e esses ganhos excedem os custos dos programas. No entanto, os impactos não são grandes o suficiente para fazerem com que muitos dos participantes saiam da pobreza. Para os homens, os programas que prestam assistência na procura de emprego parecem ser bem sucedidos, no sentido de que os retornos em termos de aumento de salários excedem os custos do programa, mas esses aumentos de ganhos não são suficientemente grandes para trazer uma diferença significativa ao padrão de vida. Em suma, "a melhor evidência disponível indica que os programas de formação são um mecanismo de transferência ineficiente e uma política de investimento ineficiente, por conta da baixa qualificação dos trabalhadores adultos" (Heckman, 2000).

▶ VISÃO GERAL

Uma maneira razoável de se iniciar uma avaliação do sistema de bem-estar é analisar o seu impacto sobre as taxas de pobreza. O impacto é bastante substancial. Os vários programas reduziram a taxa de pobreza em mais de 50% (Ben-Shalom, Moffitt e Scholz, 2011). Esse número, é claro, não leva em conta o fato de que, na ausência de programas de bem-estar, o lucro das pessoas poderia ter sido maior. Ainda assim, em termos de metáfora popular de programas assistenciais do governo como rede de segurança, parece que, embora muitas pessoas tenham escapado pelas brechas, muitas outras acabaram capturadas. Nesse contexto, é interessante notar que, durante a recessão mais recente, o uso de programas que não forneciam benefícios em dinheiro, como os do SNAP, aumentaram, mesmo quando os prazos e as exigências de trabalho limitavam a capacidade de expansão da TANF (Bitler e Hoynes, 2010). Isso é importante porque, durante o debate sobre a TANF, muitos analistas temiam que os prazos e as exigências de trabalho diminuiriam a capacidade do governo em proteger os pobres durante uma recessão nacional.

Uma questão importante nesse contexto é a forma como os incentivos ao trabalho foram afetados no processo de redistribuição de toda essa renda. É uma questão complicada por vários motivos. Em primeiro lugar, o crédito fiscal dos rendimentos auferidos simultaneamente subsidia os ganhos de alguns trabalhadores e tributa os ganhos de outros. Em segundo lugar, tal como foi salientado anteriormente, os estados têm autonomia na determinação das taxas de impostos marginais implícitas associadas a seus programas, e essas taxas variam drasticamente de estado para estado. Em terceiro lugar, embora o nosso foco neste capítulo tenha se detido sobre as taxas de imposto marginais implícita associadas à Previdência Social, os impostos explícitos cobrados sobre os ganhos por parte dos governos estadual e federal também afetam os incentivos. À luz dessas considerações, os incentivos ao trabalho com que um indivíduo se defronta dependem tanto de seu estado de residência quanto de sua posição na distribuição de renda.

Embora não haja, portanto, nenhum beneficiário "típico" da previdência, ainda é útil examinar alguns cálculos ilustrativos. A Figura 13.10 mostra os cálculos de Holt (2005) das taxas de imposto marginais sobre os ganhos de uma mãe solteira com dois filhos em Wisconsin em 2000. A aferição leva em conta todos os impostos federais e estaduais, bem como cupons de alimentação, TANF, redução de benefícios do Medicaid e programas subsidiados de atendimento infantil e de seguros de saúde de Wisconsin. A alíquota de imposto marginal negativo na parte inferior da escala de renda reflete o subsídio EITC. Mas o número deixa claro que ela é logo superada pelas várias taxas de imposto marginais implícitas e explícitas. De fato, a redução do vale-alimentação em conjunto com *phase-out* do EITC contribui para taxas de imposto marginais que, em algumas partes da distribuição de renda, chegam a 100%! Conclui-se que o efeito cumulativo dos vários programas previdenciários e do sistema fiscal não é encorajador para o esforço do trabalho.

O sistema de previdência social dos EUA tem sido impopular por muitos anos por motivos que vão além das questões de incentivo ao trabalho. Economistas acadêmicos –

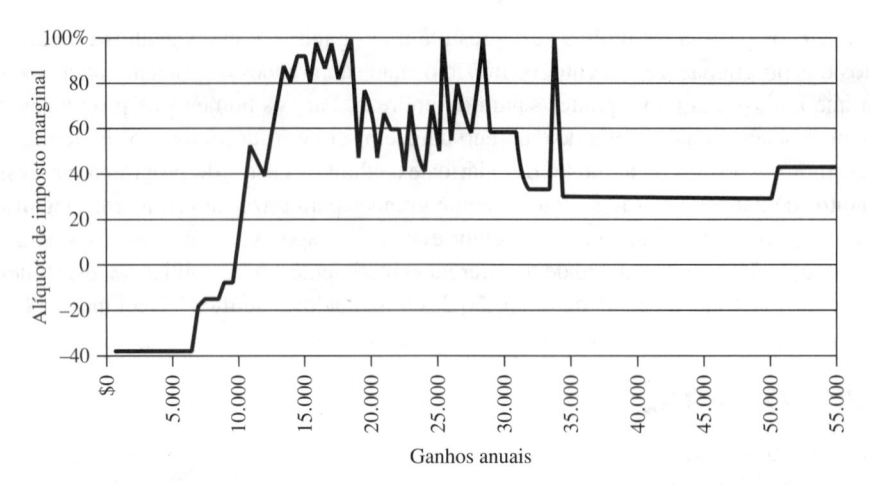

FIGURA 13.10 Taxas de imposto marginais estimadas de um agregado familiar de um pai e dois filhos que reside em Wisconsin (2000)
O efeito cumulativo dos vários programas sociais e impostos federais e estaduais pode levar a altas taxas de imposto marginais eficazes.

Fonte: Holt (2005, parte D, Figura 1).

progressistas e conservadores – concentraram grande parte de suas críticas na desordem do sistema atual. Certamente é uma miscelânea. Alguns programas dão ajuda em dinheiro e outros são em espécie; alguns são direitos e outros não estão disponíveis até mesmo para as pessoas com rendimentos muito abaixo da linha da pobreza. As responsabilidades e financiamentos administrativos são divididos ao acaso entre os governos federal, estaduais e os governos locais, e cada programa opera sob suas próprias regras.

Por que não substituir os vários programas por um único programa de ajuda em dinheiro? Murray (2006) oferece um plano desse tipo para eliminar todos os programas de transferência nas esferas federal, estadual e municipal e, no lugar deles, instituir uma subvenção anual de US$ 10.000 para toda a vida, a partir dos 21 anos de idade. Ele argumenta que esse plano seria mais simples de administrar, reduzir a pobreza efetivamente e aumentar a eficiência.

Propostas assim têm vários problemas. Em primeiro lugar, como foi sugerido no início do capítulo, isso parece ser inviável politicamente. Em segundo lugar, do ponto de vista da eficiência, um sistema de programas categóricos pode ter algum mérito. Se quantidades relativamente grandes de ajuda podem ser dirigidas a grupos para os quais os incentivos ao trabalho não são muito importantes (por exemplo, pessoas com deficiência), a eficiência global do sistema pode ser melhorada. Desse modo, embora o sistema atual não seja de forma alguma o ideal, a sua estrutura categórica não é necessariamente um problema decisivo.

Talvez a questão mais controversa associada ao sistema atual é se os benefícios são altos o suficiente. A economia do bem-estar padrão indica que a resposta correta depende da força das preferências das pessoas em questões de igualdade de renda e as distorções nos incentivos induzidas pelo sistema. Um ponto de vista muito diferente é que a pobreza tem raízes morais e espirituais, e que os programas governamentais convencionais estão condenados ao fracasso porque não conseguem levar isso em conta. Nos últimos anos, tem havido algumas experiências com os serviços sociais de base religiosa, em que o governo oferece dinheiro para igrejas e outras instituições religiosas, que administram os programas. De fato, o aumento do apoio federal a programas baseados na crença foi um elemento importante da agenda legislativa do ex-presidente George W. Bush. Há algumas evidências de que esses programas são eficazes, mas não muitas, em termos de análise sistemática.

Uma crítica extrema do sistema atual, baseada em parte no fato de ele ignorar fatores espirituais, é que "as pessoas não podem realmente ser felizes sem autoestima, e é difícil, se não impossível, adquirir autoestima vivendo de esmola (pelo menos se as pessoas são capazes de se sustentarem)" (Browning, 2002, p. 527). Os proponentes de transferências aos pobres são rápidos em apontar que estes não são os únicos beneficiários da "caridade" pública. Numerosos programas de despesa pública e de impostos beneficiam as pessoas de renda média e superior. Os gastos do governo em pesquisa e desenvolvimento aumentam a renda dos cientistas (Goolsbee, 1998); os subsídios para a produção de energia aumentam a renda dos proprietários de poços de petróleo; e os programas de defesa aumentam os rendimentos dos fabricantes de munições. Às vezes, os programas que servem ostensivamente a outros fins são, na verdade, nada mais do que programas de distribuição de renda que favorecem interesses especiais. A maioria dos economistas, por exemplo, acredita que as cotas de importação de diversos produtos, como açúcar e amendoim, não servem a qualquer finalidade de eficiência e são apenas uma forma velada de transferência de renda ao politicamente poderoso setor agrícola, especialmente aos ricos proprietários de grandes fazendas. No entanto, o "bem-estar para os ricos" não carrega esse rótulo. Talvez seja por isso que ninguém se preocupa com que *eles* percam a sua autoestima.

Resumo

- Os programas sujeitos à prova transferem renda para as pessoas cujos recursos estão abaixo de um certo nível. Os programas sujeitos à prova do governo correspondem a cerca de 5% do PIB.

- O atual programa de assistência financeira, Assistência Temporária para Famílias Carentes (TANF), foi promulgado em 1996. Ele retirou o direito aos benefícios em dinheiro. Em geral, os beneficiários não podem receber transferências em dinheiro por mais de cinco anos e depois de dois anos devem tomar parte em alguma atividade relacionada ao trabalho.

- No âmbito do TANF, os Estados têm o controle praticamente total sobre a estrutura dos seus sistemas de bem-estar. Os Estados variam consideravelmente no que diz respeito a taxas por meio das quais eles reduzem os benefícios quando os destinatários recebem a renda.

- Qualquer sistema de manutenção de renda tem de lidar com várias questões, inclusive o conflito entre o apoio adequado e bons incentivos ao trabalho, a dependência do bem-estar, os requisitos de trabalho e a administração estadual *versus* a federal.

- O crédito fiscal dos rendimentos auferidos (EITC) fornece um subsídio aos salários dos indivíduos qualificados de baixa renda. Se *phase-out* do EITC após ganhos ultrapassar um determinado limiar, impõe-se uma alíquota de imposto marginal implícita sobre o resultado. Embora administrado por meio do sistema fiscal, agora é o programa mais importante para a transferência de dinheiro aos pobres.

- A Supplemental Security Income (SSI) fornece subsídios em dinheiro para os idosos, os cegos ou os deficientes.

- O Medicaid, o maior programa de gastos com os pobres, oferece determinados serviços médicos sem nenhum custo.

- O sistema de seguro-desemprego tem coeficientes de experiência imperfeitos dos empregadores. Além disso, seus benefícios são frequentemente uma parte substancial de ganhos anteriores. Ambos os fatores aumentam o desemprego.

- O benefício SNAP (ou *food stamp*) é um cupom que pode ser usado apenas para a compra de alimentos. Os benefícios SNAP parecem incentivar um maior consumo de alimentos do que uma quantidade equivalente de dinheiro.

- No passado, o auxílio para moradia nos Estados Unidos centrava-se na criação de unidades habitacionais públicas para os pobres. O programa Seção 8 agora oferece a um pequeno número de beneficiários cupons de moradia para o pagamento do aluguel em habitações de sua escolha.

- O objetivo dos programas de educação e de formação profissional é aumentar a capacidade dos pobres de se sustentarem no futuro. A eficácia dos programas de treinamento profissional não parece ser muito importante. No entanto, programas de educação compensatória para as crianças, como o Head Start, resultam em melhorias de longo prazo na capacidade educacional e na instrução.

Perguntas para reflexão

1. Na Califórnia, um beneficiário do bem-estar pode ganhar US$ 225 por mês sem que seus benefícios sejam reduzidos. Ao ultrapassarem os US$ 225, os benefícios são reduzidos em 50 centavos para cada dólar de salário. Imagine Elizabeth, moradora da Califórnia, que pode ganhar US$ 10 por hora. Se não tiver absolutamente nenhum trabalho, ela estará qualificada para benefícios de bem-estar de US$ 645.

    a. Se ela trabalhar 10 horas, quanto serão os seus ganhos, o seu subsídio de bem-estar e a sua renda?

    b. Depois de Elizabeth trabalhar um determinado número de horas, ela não recebe nenhum benefício. Que número de horas é esse?

    c. Use a sua resposta para as partes *a* e *b* para traçar a restrição orçamentária dela.

    d. Desenhe um conjunto de curvas de indiferença consistentes com a participação de Elizabeth no mercado de trabalho.

2. Suponha que você queira realizar um estudo econométrico do impacto da participação no Head Start nos ganhos futuros. Você decide definir seu grupo de tratamento como o das crianças que participaram do Head Start e seu grupo de controle como aquelas com famílias semelhantes, mas que não participaram do Head Start. Por que esse tipo de análise fornece resultados enganosos? Qual seria a forma mais confiável de estimar o impacto?

3. Um analista sugeriu recentemente a seguinte reforma da previdência: "Jogue no lixo os programas de bem-estar que não funcionam. . . . Certifique-se de que todo mundo tenha uma renda básica. Em seguida, simplifique o código tributário para restaurar os incentivos. . . para que todos possam trabalhar duro" (Ferguson, 2012). Avalie essa proposta. (Dica: leve em conta que o subsídio de "renda básica" teria de ser eliminado em etapas, a fim de tornar o programa viável do ponto de vista orçamentário). Como isso afetaria os incentivos para "trabalhar duro?"

4. Na figura a seguir, está a curva de demanda de Philip para habitação (suponha que a quantidade de habitação é medida apenas pelo número de metros quadrados; outros aspectos da qualidade são ignorados). O preço de mercado da habitação é P_1; Philip pode adquirir qualquer habitação que desejar a esse preço. Alternativamente, Philip pode viver em moradias públicas por um preço de P_2 por metro quadrado, mas o único apartamento disponível para ele tem H_2 metros quadrados.

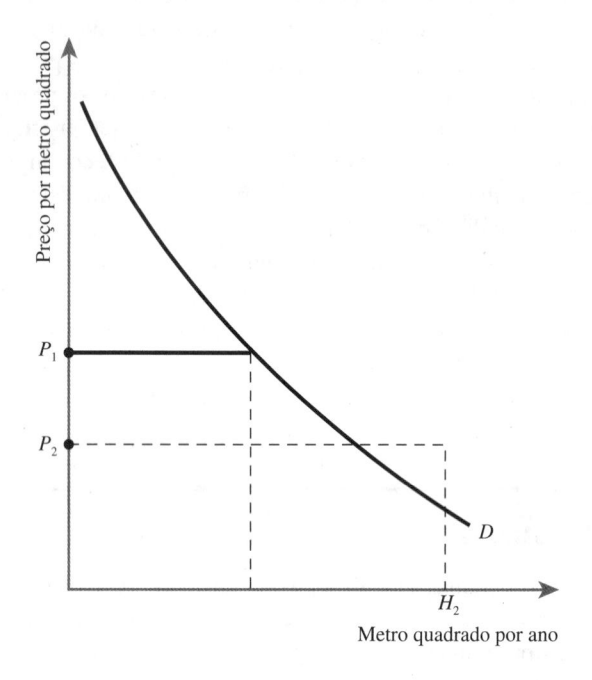

Philip vai escolher a habitação pública ou alugar no mercado privado? Explique com cuidado. (Dica: compare o excedente do consumidor [veja o apêndice no final deste livro] com as duas possibilidades.)

5. Os benefícios do SNAP entram em *phase-out* de modo complicado, que varia de Estado para Estado. No entanto, em algum ponto perto da linha de pobreza, os benefícios SNAP no valor de cerca de US$ 1.250 subitamente desaparecem. Ignorando outros aspectos dos sistemas de impostos e transferências, mostre a restrição orçamentária de renda e lazer associada a essa provisão (não se preocupe com a inclinação específica e a interceptação da restrição: basta fazer o esboço no formato geral).

6. Na análise dos incentivos ao trabalho do TANF da Figura 13.4, o indivíduo continua a trabalhar enquanto recebe auxílio de bem-estar. Reproduza a restrição orçamentária da figura e desenhe um conjunto de curvas de indiferença de um indivíduo que opta por não trabalhar enquanto recebe os benefícios sociais.

7. O programa Seção 8 para assistência à habitação, examinado neste capítulo, com efeito desloca a curva de demanda de habitação de baixa renda em uma determinada comunidade. Desenhe diagramas de

oferta e demanda que sejam consistentes com os seguintes resultados:

a. O preço da habitação de baixa renda sobe, e não há aumento no mercado de moradias de baixa renda.

b. Não há aumento do preço da habitação de baixa renda, e há um aumento no mercado de moradias de baixa renda.

c. Há um aumento no preço da habitação de baixa renda, e também há aumento no mercado de moradias de baixa renda.

Qual desses cenários é mais consistente com a pesquisa realizada por Sinai e Waldvogel examinada no capítulo?

8. Considere Eleanor, que se qualifica ao crédito fiscal rendimentos auferidos, conforme mostrado na Figura 13.8. Suponha que Eleanor pode ganhar US$ 8 por hora. Levando em conta o EITC e ignorando outros aspectos dos sistemas de impostos e transferências:

a. Quanto o salário de Eleanor aumenta quando a sua oferta de trabalho cresce de 0 para 1.000 horas por ano?

b. Quanto o seu salário aumenta quando a oferta de trabalho cresce de 1.000 para 1.500 horas por ano?

c. Quanto o seu salário aumenta quando a oferta de trabalho cresce de 1.500 para 2.000 horas por ano?

Em cada caso, calcule a quantidade de incremento das receitas associadas ao aumento do esforço de trabalho. Relacione sua resposta com as taxas de imposto marginais implícitas incorporadas no EITC.

9. Desde os anos 1980, os benefícios de seguro-desemprego dos indivíduos estão sujeitos ao imposto de renda federal de pessoa física (mas não aos impostos da Previdência Social). No entanto, em 2009, a tributação dos benefícios do seguro-desemprego de certos indivíduos foi temporariamente suspensa. Suponha que os ganhos de Wang sejam tributados a uma taxa de 15% para o imposto de renda de pessoa física e a uma taxa combinada de 7,45% para impostos sobre os salários da Previdência Social e do Medicare. Suponha que se Wang ficar desempregado, o seguro-desemprego substituirá 50% de seus ganhos antes de descontados impostos e os benefícios estarão disponíveis por duas semanas.

a. Antes da legislação de 2009, que percentual da renda de Wang *após* os impostos foi substituído pelo seguro-desemprego? O que aconteceu com a taxa de substituição, como consequência da legislação de 2009? Quais são as implicações dos efeitos do seguro-desemprego sobre o desemprego?

b. Faça um diagrama da restrição orçamentária de Wang, mostrando o *trade-off* entre a renda semanal e as horas de lazer por semana, quando ele está recebendo o seguro-desemprego e quando não está. Quais são as consequências para as horas trabalhadas, se os benefícios do seguro-desemprego forem estendidos além do limite de duas semanas?

10. O Affordable Care Act de 2010 fornece subsídios de seguro de saúde para famílias com rendimentos entre 134% e 400% da linha de pobreza federal. Por exemplo, uma família de quatro pessoas com a pessoa mais velha de 55 anos de idade e que recebe US$ 31.389 (134% da linha de pobreza federal) em uma área de alto custo recebe um subsídio de US$ 22.740. Uma família semelhante que ganha US$ 93.699 (400% da linha de pobreza federal) recebe um subsídio de US$ 14.799. Mas uma família ganhando um dólar mais, US$ 93.700 dólares, não recebe o subsídio. Em um diagrama com horas de lazer no eixo horizontal e consumo no eixo vertical, faça um gráfico da restrição orçamentária que retrate o esquema do subsídio aqui tratado. Discuta as implicações da oferta de trabalho.

PARTE IV

QUADRO DE ANÁLISE DE IMPOSTOS

Em 1899, a Suprema Corte dos EUA declarou: "O poder de tributar é o grande poder sobre o qual todo o tecido nacional se baseia. É tão necessário para a existência e a prosperidade de uma nação quanto o é o ar que se respira para o homem. Não é apenas o poder de destruir, mas também o poder de manter vivo" (Nicol v. Ames, 1899). Políticos e economistas há muito perceberam a importância dos impostos e têm procurado um conjunto de princípios para orientar a política fiscal. Séculos atrás, o estadista francês Jean-Baptiste Colbert sugeriu: "A arte da tributação é a arte de depenar o ganso de modo a obter a maior quantidade possível de penas e fazendo-o gritar o mínimo possível" (Armitage-Smith, 1907, p. 36). A economia moderna tem uma abordagem um pouco menos cínica, enfatizando como os impostos devem ser cobrados para melhorar a eficiência econômica e promover uma distribuição "justa" de renda. Esses são os temas dos próximos três capítulos. Nosso objetivo é criar um quadro teórico para a reflexão sobre a política fiscal. Uma discussão aprofundada das instituições fiscais reais dos EUA fica para a Parte V.

14 Tributação e distribuição de renda

> *Esforçai-vos e inventai o que quiserdes, estabeleçais vossas taxas como vos agradar, os comerciantes livrar-se-ão destas a partir dos próprios ganhos.*
> —JOHN LOCKE

Os debates políticos americanos sobre o sistema tributário são dominados pela questão de saber se o seu peso é distribuído de forma justa. Uma discussão sensata dessa questão normativa requer alguma compreensão da questão positiva de como os impostos afetam a distribuição de renda. Uma maneira simples de determinar como os impostos alteram a distribuição de renda seria a realização de uma pesquisa em que se perguntasse às pessoas quantos dólares elas pagam de impostos a cada ano. Maneira simples, mas geralmente errada. Um exemplo demonstra que avaliar corretamente a carga fiscal é muito mais complicado.

Suponha que o preço de uma garrafa de vinho é de US$ 10. O governo impõe um imposto de US$ 1 por garrafa, para ser recolhido da seguinte forma: toda vez que uma garrafa é comprada, o cobrador de impostos (que está à espreita, na loja) retira um dólar da mão do vendedor do vinho antes que o dinheiro seja colocado na caixa registradora. Um observador casual poderia concluir que o vendedor de vinho está pagando o imposto.

No entanto, suponha que algumas semanas após a sua aplicação, o imposto induza a um aumento de preço para US$ 11 por garrafa. Claramente, o proprietário recebe a mesma quantidade por garrafa que recebia antes do imposto. O imposto aparentemente não o fez lucrar menos. Os consumidores pagam a totalidade do imposto na forma de preços mais altos. Por outro lado, suponha que, após o imposto, o preço sobe para apenas US$ 10,30. Neste caso, o proprietário mantém apenas US$ 9,30 por cada garrafa vendida; ele fica com 70 centavos a menos por garrafa. Os consumidores também estão em pior situação, pois têm de pagar 30 centavos a mais por garrafa.[1] Nesse caso, os produtores e os consumidores partilham o fardo do imposto. Outra possibilidade é, após a instituição do imposto, o preço ficar em US$ 10. Se isso acontecer, o consumidor não paga mais, enquanto o vendedor fica com o ônus total do imposto.

A **incidência legal** de um imposto indica quem é legalmente responsável por esse imposto. Todos os três casos do parágrafo anterior são idênticos, no sentido de que a incidência legal se dá com o vendedor. Mas as situações diferem drasticamente em relação a quem realmente fica com o ônus. Uma vez que os preços podem mudar em reação ao imposto, o conhecimento da incidência legal *nada* diz sobre quem realmente o paga. Em contraste, a **incidência econômica** de um imposto é a mudança na distribuição de renda real privada induzida pelo imposto. Nosso foco neste capítulo se detém nas forças que determinam a medida em que a incidência legal e econômica diferem entre si: a quantidade de **deslocamento da carga fiscal**.

◆ ◆ ◆

---

incidência legal
Indica quem é legalmente responsável por um imposto.

incidência econômica
Mudança na distribuição de renda real induzida por um imposto.

deslocamento da carga fiscal
Diferença entre a incidência legal e a incidência econômica.

---

[1] Na verdade, a mudança nos preços a consumidores e produtores é apenas parte da história. Há também uma sobrecarga devida à distorção induzida pela taxa de escolha. Veja o Capítulo 15.

▶ INCIDÊNCIA DE IMPOSTOS: OBSERVAÇÕES GERAIS

Várias observações devem ser mantidas em mente em qualquer discussão sobre como os impostos afetam a distribuição de renda.

Somente as pessoas podem arcar com impostos

Em uma discussão sobre um projeto de lei fiscal certa vez realizada pelo Congresso, um colunista do Wall Street Journal observou que "o Senado votou para aprovar uma grande reformulação na lei fiscal que incide principalmente sobre as empresas, mas os legisladores também aprovaram mudanças importantes que irão beneficiar muitas pessoas" (Herman, 2004a). Ao traçar uma nítida distinção entre "empresas" e "pessoas", a declaração reflete uma falácia comum: as empresas têm uma capacidade independente de arcar com um imposto. É verdade que o sistema jurídico dos EUA trata certas instituições, como as corporações, como se elas fossem pessoas. Embora para muitos propósitos isso seja uma ficção conveniente, às vezes cria uma confusão. Do ponto de vista de um economista são as pessoas — acionistas, trabalhadores, proprietários, consumidores — que arcam com os impostos. Uma empresa não é capaz de fazer isso.

Tendo em conta que apenas as pessoas podem arcar com impostos, como elas devem ser classificadas para fins de análise de incidência? Muitas vezes, o seu papel na produção — que insumos elas fornecem para o processo de produção — é o elemento utilizado (os insumos geralmente são chamados de *fatores de produção*). O foco incide sobre a forma como o sistema tributário altera a distribuição de renda entre capitalistas, trabalhadores e proprietários. Isso é conhecido como **distribuição funcional da renda**.

Conduzir a análise dessa forma parece um pouco antiquado. Talvez no século 18 os proprietários na Inglaterra nunca trabalhassem, e os trabalhadores jamais possuíssem propriedades. Mas, nos Estados Unidos de hoje, muitas pessoas que retiram a maior parte de sua renda do trabalho também têm contas de poupança e/ou ações ordinárias (muitas vezes esses ativos são detidos por indivíduos na forma de pensões). Da mesma forma, algumas pessoas possuem grandes quantidades de capital e também trabalham em tempo integral. Assim, parece mais relevante estudar como os impostos afetam a maneira pela qual a renda total é distribuída entre as pessoas: **o tamanho da distribuição da renda**. Fornecidas as informações sobre qual a proporção de renda das pessoas é de capital, terra e trabalho, as mudanças na distribuição funcional podem ser traduzidas em alterações na distribuição de tamanho. Por exemplo, um imposto que reduz o retorno relativo do capital tende a prejudicar os que estão no topo da distribuição de renda, porque uma proporção relativamente alta dos rendimentos dos ricos é de capital.[2]

Outros esquemas de classificação podem ser interessantes para problemas específicos. Quando é proposto um aumento do imposto federal sobre os cigarros, a incidência por região recebe uma grande quantidade de atenção (as pessoas dos Estados produtores de tabaco vão sofrer danos desproporcionais?). Por outro lado, quando são feitas propostas para mudar a tributação de terrenos em áreas urbanas, os analistas muitas vezes olham para a incidência por raça. É fácil imaginar outros exemplos com base em sexo, idade e assim por diante.

As fontes e as aplicações da renda devem ser consideradas

No exemplo anterior do imposto sobre o vinho, é natural supor que os efeitos distributivos do imposto dependem crucialmente dos padrões de gastos das pessoas. Na medida em que

---

distribuição funcional da renda

Modo como a renda é distribuída entre as pessoas quando elas são classificadas de acordo com os insumos que fornecem ao processo de produção (por exemplo, proprietários, capitalistas, trabalhadores).

tamanho da distribuição da renda

Modo como a renda total é distribuída entre as classes de renda.

---

[2] No entanto, alguns aposentados de baixa renda também retiram a maior parte de sua renda do capital.

o preço do vinho aumenta, as pessoas que tendem a consumir grandes quantidades de vinho ficam em pior situação. No entanto, se o imposto reduz a demanda por vinho, os fatores empregados na produção de vinho podem sofrer perdas de rendimento. Assim, o imposto também pode alterar a distribuição da renda, afetando as fontes de renda. Suponha que as pessoas pobres gastem uma proporção relativamente grande da sua renda em vinho, mas que os vinhedos tendam a ser de propriedade dos ricos. Quanto às aplicações do lado das receitas, o imposto redistribui a renda para longe dos pobres, mas do lado das fontes redistribui a renda para longe dos ricos. A incidência geral depende de como as fontes e as aplicações da renda são afetadas. Um bom exemplo desta distinção é o debate sobre a proposta do ex-vice-presidente americano Al Gore para limpar o parque Everglades, na Flórida. A ecologia dos Everglades é prejudicada pela enxurrada que vem dos canaviais, por isso Al Gore defendeu que os produtos provenientes do açúcar estivessem sujeitos a um imposto especial, sendo os recursos utilizados para financiar a limpeza. A oposição não veio apenas dos grupos de consumidores que estavam preocupados com o preço dos produtos provenientes do açúcar, mas também de *trabalhadores* da Flórida que perceberam que, ao reduzir a demanda por açúcar, o imposto iria prejudicar seus rendimentos.

Na prática, os economistas geralmente ignoram os efeitos sobre o lado das fontes quando se considera um imposto sobre uma mercadoria e ignoram o lado dos empregos quando se analisa um imposto sobre um insumo. Esse procedimento é apropriado se a maioria dos efeitos *sistemáticos* de um imposto sobre *commodities* incide sobre os usos da renda e aqueles de um imposto de fator sobre as fontes de renda. A suposição simplifica análises, mas sua correção deve ser considerada a cada caso.

A incidência depende de como os preços são determinados

Temos enfatizado que o problema da incidência é fundamentalmente determinar como os impostos alteram os preços. Obviamente, os diferentes modelos de determinação de preços podem dar respostas bem diferentes para a pergunta de quem realmente arca com um imposto. Esse capítulo considera vários modelos diferentes e compara os resultados.

A questão estreitamente relacionada é a dimensão temporal da análise. A incidência depende de mudanças nos preços, mas a mudança leva tempo. Na maioria dos casos, as respostas são maiores no longo prazo do que no curto prazo. Assim, a incidência de um imposto a curto e a longo prazo pode variar, e o período de tempo que é relevante para uma determinada questão política deve ser especificado.

A incidência depende da disposição das receitas fiscais

A *incidência do equilíbrio orçamentário* calcula os efeitos combinados da cobrança de impostos *e* dos gastos governamentais financiados por esses impostos. Em geral, o efeito distributivo de um imposto depende da forma como o governo gasta o dinheiro. Gastos com pesquisa da AIDS têm um impacto distributivo muito diferente do que os gastos com alimentação para alunos de escolas. Alguns estudos supõem que o governo gasta a receita fiscal exatamente como os consumidores o fariam, se tivessem recebido o dinheiro. Isso é equivalente a devolver a receita como um montante fixo e deixar que os consumidores a gastem.

As receitas fiscais geralmente não se destinam a despesas particulares. É, portanto, desejável ser capaz de abstrair a questão de como o governo gasta o dinheiro. A ideia é examinar como a incidência difere quando um imposto é substituído por outro, mantendo a constante do orçamento do governo. Isso é chamado de *incidência tributária diferencial*. A aparência da incidência diferencial muda de acordo com os impostos, por isso é necessário um ponto de referência. O hipotético "outro imposto" usado como base de comparação é muitas vezes assumido como um **imposto de montante fixo** — o imposto para o qual a responsabilidade do indivíduo não depende do comportamento (por exemplo, um imposto de renda de 10% *não* é um imposto de montante fixo, pois depende de quanto a pessoa ganha; mas um imposto por cabeça de US$ 500 independente de lucros é um imposto de montante fixo).

Por fim, a incidência absoluta de imposto examina os efeitos de um imposto quando não há nenhuma mudança em quaisquer outros impostos ou despesas públicas. Esse tipo de incidência é de maior interesse nos modelos macroeconômicos em que os níveis de tributação são em função de objetivos de estabilização econômica.

imposto de montante fixo
Imposto cujo valor é independente do comportamento do indivíduo.

A progressividade da tributação pode ser medida de várias maneiras

Suponha que um pesquisador conseguiu calcular a cota real de um imposto em particular de cada pessoa — a incidência econômica, como definida anteriormente. O resultado final de um exercício assim é muitas vezes uma caracterização do imposto como proporcional, progressivo ou regressivo. A definição de **proporcional** é simples: descreve uma situação em que a proporção de impostos pagos sobre a renda é constante, independentemente do nível de renda.[3]

Definir progressivo e regressivo não é fácil e, infelizmente, ambiguidades na definição por vezes confundem o debate público. Uma maneira natural de definir essas palavras é em termos da **taxa média de imposto**, a relação entre os impostos pagos e a renda. Se a taxa média de imposto aumenta com a renda, o sistema é **progressivo**; se cai, o imposto é **regressivo**.

O cenário torna-se confuso porque algumas pessoas consideram a progressividade em termos de **alíquota marginal** — a *mudança* nos impostos pagos com relação a uma mudança na renda. Para ilustrar a diferença, considere a seguinte estrutura de imposto de renda muito simples. Cada indivíduo calcula seu imposto devido subtraindo 3.000 dólares da renda e pagando um montante igual a 20% do restante (se a diferença for negativa, o indivíduo tem um subsídio igual a 20% do valor). A Tabela 14.1 mostra o montante do imposto pago, a alíquota média e a alíquota marginal de cada um dos vários níveis de renda. As taxas médias aumentam com a renda. No entanto, a alíquota marginal é constante em 0,2, pois para cada dólar adicional ganho, o indivíduo paga um adicional de 20 centavos, independentemente do nível de renda. As pessoas poderiam discordar sobre a progressividade do sistema fiscal e cada um estar certo de acordo com as próprias definições. Por isso é muito importante ter uma definição clara ao usar os termos *regressivo* e *progressivo*. De agora em diante, vamos supor que são definidos em termos de alíquotas.

Sob este sistema fiscal hipotético, cada indivíduo calcula seu imposto devido, subtraindo US$ 3.000 da renda e pagando um montante igual a 20% do restante. Enquanto a

proporcional
Sistema tributário sob o qual o imposto médio de um indivíduo é o mesmo em todos os níveis de renda.

taxa média de imposto
Fração do imposto pago sobre a renda.

progressivo
Sistema fiscal em que o imposto médio do indivíduo aumenta com a renda.

regressivo
Sistema fiscal em que o imposto médio do indivíduo diminui com a renda.

alíquota marginal
Proporção do último dólar de rendimentos tributado pelo governo.

TABELA 14.1 Responsabilidades fiscais em um sistema tributário hipotético

Renda	Responsabilidade fiscal	Alíquota média	Alíquota marginal
US$ 2.000	US$ −200	−0,10	0,2
3.000	0	0	0,2
5.000	400	0,08	0,2
10.000	1.400	0,14	0,2
30.000	5.400	0,18	0,2

[3] No entanto, a definição de *renda* não é simples: consulte o Capítulo 17.

alíquota marginal é constante em 20%, a alíquota média aumenta à medida que cresce a renda, o que significa que o imposto é progressivo.

Medir *o quanto* um sistema é progressivo mostra-se uma tarefa ainda mais difícil do que definir a progressividade. Muitas alternativas razoáveis têm sido propostas, e consideramos duas simples. A primeira diz que quanto maior o aumento das alíquotas médias enquanto a renda aumenta, mais progressista será o sistema. Algebricamente, tomemos T_0 e T_1 como as verdadeiras (em oposição às legais) responsabilidades fiscais nos níveis de renda I_0 e I_1, respectivamente (I_1 é maior que I_0). A medição da progressividade, v_1, é:

$$v_1 = \frac{\frac{T_1}{I_1} - \frac{T_0}{I_0}}{I_1 - I_0} \tag{14.1}$$

Assim que o analista calcula os valores de T_1 e T_0 e substitui na Equação (14.1), o sistema fiscal com o valor mais elevado de v_1 é considerado o mais progressivo.

A segunda possibilidade é nomear um sistema tributário como mais progressivo do que o outro, se a sua elasticidade das receitas fiscais em relação à renda (ou seja, a variação percentual das receitas fiscais dividida pela mudança percentual na renda) for maior. Aqui, a expressão a ser avaliada é v_2, definida com:

$$v_2 = \frac{T_1 - T_0}{T_0} \div \frac{I_1 - I_0}{I_0} \tag{14.2}$$

Agora, considere a seguinte proposta: a responsabilidade fiscal de cada um terá um acréscimo de 20% do montante do imposto que a pessoa paga atualmente. Essa proposta aumentaria a responsabilidade fiscal de uma pessoa que anteriormente pagava T_0 para $1,2 \times T_0$, e a responsabilidade que antes era T_1 para $1,2 \times T_1$. O membro do Congresso A diz que a proposta irá tornar o sistema fiscal mais progressivo, enquanto o membro do Congresso B diz que não terá qualquer efeito sobre a progressividade. Quem está certo? Depende da medida da progressividade. Ao se substituir as expressões $1,2 \times T_0$ e $1,2 \times T_1$ para T_0 e T_1, respectivamente, na Equação (14.1), v_1 aumentará em 20%. A proposta, portanto, aumenta progressividade. Por outro lado, se a mesma substituição for realizada na Equação (14.2), o valor de v_2 segue inalterado (o numerador e o denominador são multiplicados por 1,2, o que anula o efeito). A lição aqui é que mesmo medidas aparentemente muito atraentes de progressividade podem dar respostas diferentes.[4] Mais uma vez, o debate público inteligente requer que as pessoas tornem suas definições claras.

▶ MODELOS DE EQUILÍBRIO PARCIAL

Com as noções preliminares já examinadas, agora voltamos nossa atenção para a questão fundamental deste capítulo: como os impostos afetam a distribuição de renda. Lembre-se de que a essência do problema é que os impostos induzem mudanças nos preços relativos. Saber como os preços são determinados, portanto, é fundamental para a análise. Nesta seção, vamos analisar **modelos de equilíbrio parcial** de determinação de preços – modelos que examinam apenas o mercado em que o imposto é aplicado e ignoram as ramificações em outros mercados. Esse tipo de análise é mais apropriada quando o mercado do produto tributado é relativamente pequeno, em comparação com a economia como um todo. O veículo para a nossa análise é o modelo de oferta e demanda de concorrência perfeita.

modelos de equilíbrio parcial
Modelos que estudam apenas um mercado e ignoram os efeitos eventuais em outros.

---

[4] Observe também que v_1 e v_2, em geral, dependem do nível de renda. Ou seja, mesmo um único sistema fiscal não costuma ter uma constante v_1 e v_2. Isso complica ainda mais as discussões sobre o grau de progressividade.

Impostos unitários sobre *commodities*

Estudamos primeiro a incidência de um **imposto unitário**, assim chamado porque é cobrado como quantia fixa por unidade de uma *commodity* vendida. Por exemplo, o governo federal impõe um imposto sobre o champanhe de US$ 3,40 por *wine gallon* (galão de vinho, uma medida de 3,78 litros) e um sobre os cigarros de US$ 1,01 por maço. Suponha que o preço e a quantidade de champanhe sejam determinados competitivamente pela oferta (S_c) e pela demanda (D_C), como na Figura 14.1. Antes da aplicação do imposto, a quantidade demandada e o preço são Q_0 e P_0, respectivamente.

Agora, suponha que um imposto unitário de u por galão é imposto em cada compra, e a incidência legal recai sobre os compradores. Um passo fundamental na análise de incidência é reconhecer que, na presença de um imposto, o preço pago pelos consumidores e o preço recebido pelos fornecedores são diferentes. Anteriormente, era possível usar uma análise de oferta e demanda para determinar o preço *único* de mercado. Agora, essa análise deve ser modificada, a fim de acomodar dois preços diferentes, um para compradores e outro para vendedores.

Comecemos por determinar como o imposto afeta a programação de demanda. Considere um ponto *a* rbitrário em uma curva de demanda. Esse ponto indica que o preço *máximo* por galão que as pessoas estariam dispostas a pagar por Q_a galões é P_a. Após a aplicação do imposto unitário u, o máximo que as pessoas estariam dispostas a gastar em Q_a ainda é P_a. Não há qualquer razão para acreditar que o imposto afete a avaliação subjacente das pessoas quanto à champanhe. No entanto, quando as pessoas pagam P_a por galão, os produtores deixam de receber o valor integral. Em vez disso, recebem apenas ($P_a - u$), valor que é chamado de ponto *b* na Figura 14.1. Em outras palavras, após a aplicação do imposto unitário, *a* não é mais um ponto na curva de demanda *observado pelos fornecedores*. O ponto *b* está na curva de demanda como ponto observado pelos fornecedores, porque eles percebem que se Q_a for fornecido, receberão apenas ($P_a - u$) por galão. É irrelevante para

> **imposto unitário**
>
> Imposto cobrado como quantia fixa por unidade de *commodity* comprada.

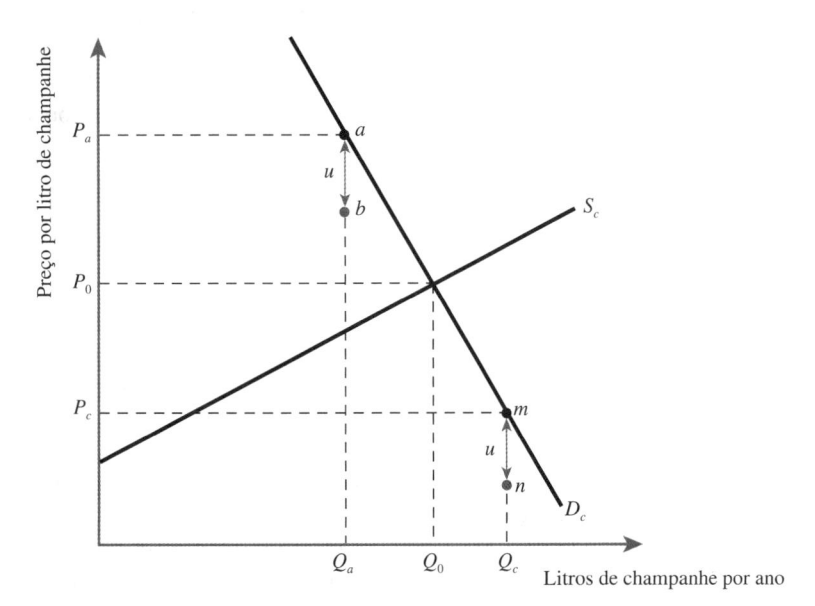

FIGURA 14.1 Preço e quantidade antes dos impostos.
Um imposto unitário de u por galão muda a curva de demanda percebida pelos fornecedores. O preço máximo por galão, por exemplo, que as pessoas estão dispostas a pagar por Q_a é P_a. Após o imposto, quando as pessoas pagam P_a por galão, os produtores só recebem $P_a - u$ (que corresponde ao ponto *b*). A nova curva de demanda fica localizada exatamente u dólares abaixo da antiga.

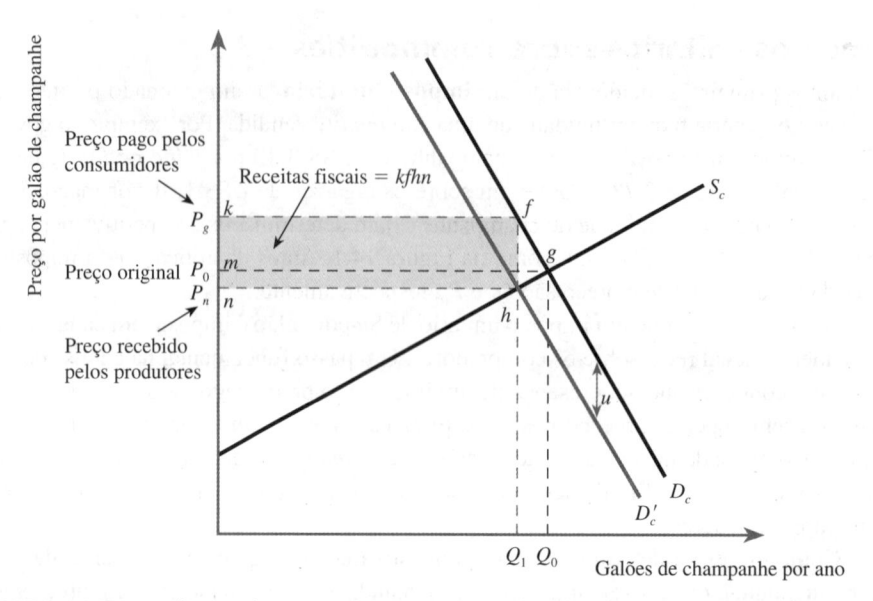

FIGURA 14.2 Incidência de um imposto unitário aplicado no lado da demanda. Após a instituição do imposto unitário sobre os consumidores, a nova quantidade de equilíbrio é Q_1. O preço recebido pelos produtores é P_n, e o preço pago pelos consumidores é P_n mais u, que é P_g.

os fornecedores quanto os consumidores pagam por galão; tudo o que importa para eles é o montante que recebem por galão.

É claro que o ponto a foi escolhido arbitrariamente. Em qualquer outro ponto da curva de demanda, a história será a mesma. Assim, por exemplo, depois que o imposto é instituído, o recebido pelos fornecedores pelo produto Q_c fica no ponto n, que é encontrado por meio da subtração da distância u do ponto m. Ao repetir esse processo em todos os pontos ao longo da curva de demanda, geramos uma nova curva de demanda localizada exatamente u dólares abaixo da antiga. Na Figura 14.2, a curva de demanda assim construída é chamada de D_c'. A programação D_c' é relevante para os fornecedores, porque mostra o quanto eles recebem por cada unidade vendida.

Estamos agora em posição para encontrar a quantidade de equilíbrio de champanhe após o imposto unitário ser aplicado. O equilíbrio ficará onde a oferta é igual à demanda percebida pelos fornecedores, o resultado Q_1 na Figura 14.2. Assim, o imposto reduz a quantidade vendida de Q_0 para Q_1.

O próximo passo é encontrar o novo preço de equilíbrio. Como observado anteriormente, há realmente dois preços no novo equilíbrio: o preço recebido pelos produtores e o preço pago pelos consumidores. O preço recebido pelos produtores fica na interseção de suas curvas de demanda e oferta eficazes, que ocorre em P_n. O preço pago pelos consumidores é P_n mais u, o imposto unitário. Para encontrar este preço geometricamente, devemos subir a partir de P_n por uma distância vertical exatamente igual a u. Mas, por construção, a distância entre as programações D_c e D_c' é igual a u. Assim, para encontrar o preço pago pelos consumidores, simplesmente subimos a partir do cruzamento de D_c' e S_c até a curva de demanda original D_c. O preço assim determinado é P_g. Como P_g inclui o imposto, é muitas vezes chamado de preço *bruto* do imposto. Por outro lado, P_n é o preço *líquido* do imposto.

O imposto tira mais dos consumidores, porque P_g, o novo preço que enfrentam, é maior do que o preço original P_0. Mas o preço dos consumidores não aumenta segundo o valor total do imposto – $(P_g - P_0)$ é menos que u. Os produtores também pagam parte do imposto sob a forma de um preço mais baixo recebido por galão. Eles agora recebem apenas P_n, enquanto que antes do imposto recebiam P_0. Assim, o imposto piora a situação de produtores e consumidores.[5] Observe que os consumidores e os produtores "dividem" o imposto, no sentido de que o aumento do preço ao consumidor ($P_g - P_0$) e a diminuição do preço do produtor ($P_0 - P_n$) apenas chega a u.

Por definição, as receitas arrecadadas são o produto do número de unidades adquiridas, Q_1, e do imposto unitário, u. Geometricamente, Q_1 é a largura do retângulo $kfhn$ e u é a sua altura, de modo que as receitas fiscais são a área do retângulo.

Essa análise tem duas implicações importantes.

A incidência de um imposto unitário é independente do que é cobrado de consumidores ou produtores.
Suponha que o mesmo imposto u tenha sido cobrado de fornecedores de champanhe, em vez dos consumidores. Considere um preço arbitrário P_i na curva de oferta original da Figura 14.3. A curva de oferta indica que para os fornecedores produzirem Q_i unidades, eles devem receber, pelo menos, P_i por unidade. Após o imposto unitário, os fornecedores ainda precisam receber P_i por unidade. Para isso acontecer, no entanto, os consumidores devem pagar o preço $P_i + u$ por unidade, o que é mostrado geometricamente como ponto j. Agora deve estar claro para onde o argumento está se dirigindo. Para encontrar a curva de oferta como ela é percebida pelos consumidores, S_c deve ser deslocado pelo montante do imposto unitário. Essa nova curva de oferta é chamada S'_c. O equilíbrio após o imposto fica em Q'_1, onde as programações S'_c e D_C se cruzam. O preço no cruzamento, P'_g, é o preço pago pelos consumidores. Para encontrar o preço recebido

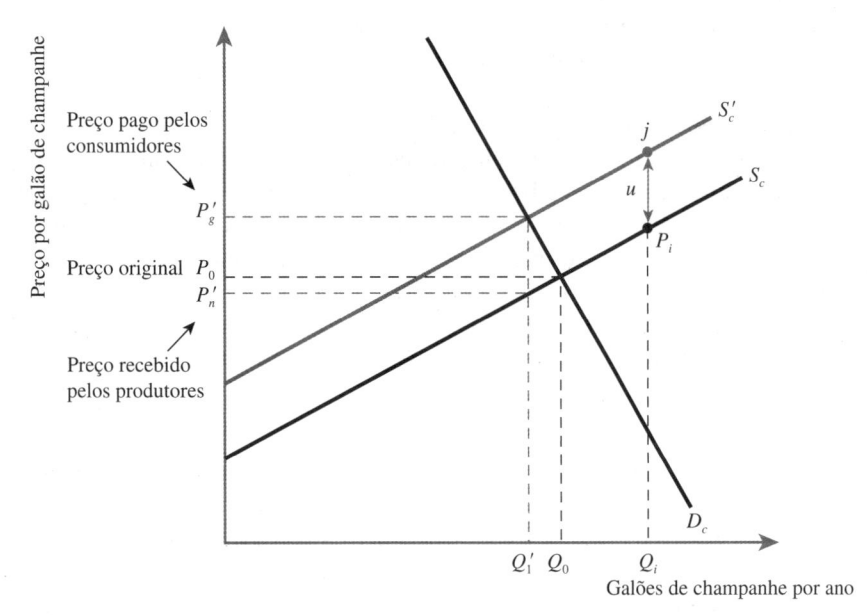

FIGURA 14.3 Incidência de um imposto unitário calculado no lado da oferta.
Um imposto unitário aplicado aos fornecedores desloca para cima a curva de oferta de acordo com o montante do imposto. A quantidade de equilíbrio após o imposto, o preço para os consumidores e o preço para os fornecedores são os mesmos de quando a incidência legal é sobre os consumidores.

---

[5] Em termos de medidas de excedente, os consumidores estão em situação pior pela área *mkfg*, e os produtores estão em situação pior por *mghn*. A perda do excedente total ultrapassa as receitas fiscais pelo triângulo *fhg*; este é o *ônus em excesso* do imposto, conforme explicado no Capítulo 15. Para rever o tema, consulte o apêndice no fim do livro.

pelos produtores, temos de subtrair u de P'_g, o que nos dá P'_n. Uma olhada na Figura 14.2 indica que $Q'_1 = Q_1$, $P'_g = P_g$, e $P'_n = P_n$. Assim, a incidência da unidade tributária é independente do lado do mercado em que é aplicada.

Isso é igual à nossa afirmação de que a incidência legal de um imposto não nos diz nada sobre a incidência econômica do imposto. É irrelevante se o cobrador de impostos (em sentido figurado) está ao lado dos consumidores e leva u dólares cada vez que eles pagam por um galão de champanhe ou ao lado dos vendedores e coleta u dólares sempre que eles vendem o galão. As Figuras 14.2 e 14.3 provam que o que importa é o tamanho da disparidade que o imposto introduz entre o preço pago pelos consumidores e o preço recebido pelos produtores – e não de que lado do mercado a disparidade é inserida. A diferença induzida pelo imposto entre o preço pago pelos consumidores e o preço recebido pelos produtores é conhecida como **carga tributária**.

carga tributária
Diferença induzida pelo imposto entre o preço pago pelos consumidores e o preço recebido pelos produtores.

A incidência de um imposto unitário depende das elasticidades de oferta e demanda Na Figura 14.2, os consumidores arcam com o impacto do imposto: o montante que pagam sobe muito mais do que o montante recebido pelos produtores desce. Esse resultado é estritamente determinado pelos formatos das curvas de oferta e demanda. Em geral, quanto mais elástica a curva de demanda, menor o imposto com que arcam os consumidores, tudo o mais constante. Da mesma forma, quanto mais elástica a curva de oferta, menor o imposto a cargo dos produtores, tudo o mais constante. Intuitivamente, a elasticidade fornece uma medida aproximada da capacidade de um agente econômico em escapar do imposto. Quanto mais elástica a demanda, mais fácil é para os consumidores recorrer a outros produtos quando o preço sobe, e, portanto, mais do imposto deve ser arcado por produtores. Por outro lado, se o consumidor comprar a mesma quantidade, independentemente do preço, toda a carga pode ser transferida para ele. Considerações semelhantes aplicam-se para o lado da oferta.

Há ilustrações de casos extremos nas Figuras 14.4 e 14.5. Na Figura 14.4, a *commodity X* é fornecida de modo perfeitamente inelástico. Quando um imposto unitário é aplicado, a curva de demanda efetiva se torna D'_X. Como antes, o preço recebido pelos produtores (P_n) fica no cruzamento da S_X e D'_X. Observe que P_n é exatamente u menos que P_0. Assim, o preço recebido pelos produtores cai exatamente o montante do imposto. Ao mesmo tempo, o preço pago pelos consumidores, $P_g (= P_n + u)$, permanece em P_0. Quando a oferta é perfeitamente inelástica, os produtores arcam com todo o peso. A Figura 14.5 representa um extremo oposto. O fornecimento da *commodity Z* é perfeitamente elástico. A aplicação de um imposto unitário resulta na curva de demanda D'_Z. No novo equilíbrio,

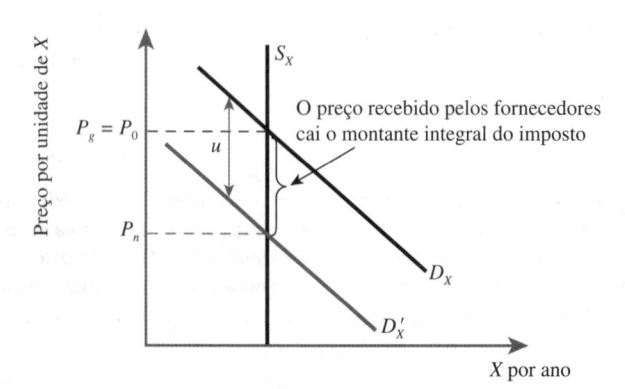

FIGURA 14.4 Incidência tributária quando a oferta é perfeitamente inelástica.
O imposto unitário de um bem cuja oferta é perfeitamente inelástica faz com que o preço recebido pelos produtores caia exatamente o montante do imposto. Os produtores, portanto, ficam com todo o peso do imposto.

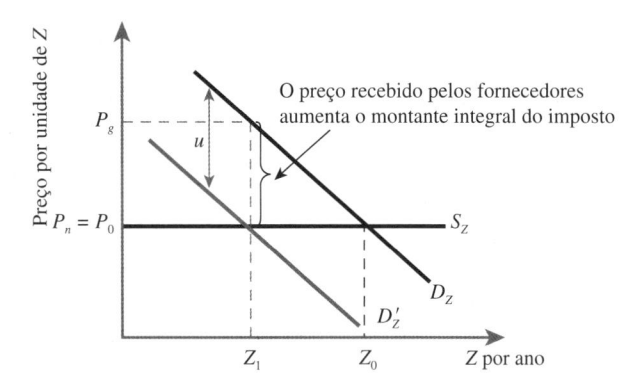

FIGURA 14.5 Incidência tributária quando a oferta é perfeitamente elástica.
O imposto unitário de um bem cuja oferta é perfeitamente inelástica faz com que o preço recebido pelos consumidores aumente exatamente o montante do imposto. Os consumidores, portanto, arcam com todo o peso do imposto.

a quantidade demandada é Z_1, e o preço recebido pelos produtores, P_n, ainda é P_0. O preço pago pelos consumidores, P_g, é, portanto, $P_0 + u$. Neste caso, o consumidor arca com a totalidade do imposto.[6]

Uma suposição importante por trás dessa análise é que os consumidores compreendem corretamente a alíquota que estão assumindo. Há, no entanto, algumas evidências de que a percepção de um imposto pelos consumidores pode depender do destaque ou **relevância** da alíquota. Considere, por exemplo, um imposto cobrado sobre um item em uma loja de conveniência. Chetty, Looney e Kroft (2009) descobriram que esse imposto tem um efeito maior sobre a quantidade demandada quando é exibido na prateleira (de modo que os consumidores o vejam quando estiverem fazendo compras) do que quando é adicionado ao preço no momento do pagamento. Na medida em que exemplos assim se generalizam, o efeito dos impostos não salientes sobre a elasticidade de demanda deve ser levado em conta, quando se avalia a incidência de um imposto.

relevância fiscal
A medida em que a alíquota torna-se proeminente ou visível para o contribuinte.

O imposto sobre o cigarro Os Estados Unidos aplicam um imposto unitário federal sobre os cigarros. Em 2009, o imposto federal de 39 centavos de dólar por pacote foi elevado para 1,01 dólar. Alguns defensores do imposto mais elevado parecem estar interessados principalmente em desestimular o tabagismo, enquanto outros se preocupam mais com punir os produtores de tabaco. Aqueles que querem desencorajar o fumo estão implicitamente supondo que o imposto vai elevar o preço pago pelos consumidores, e aqueles que querem prejudicar os produtores de tabaco esperam que o preço que eles recebem caia. Como se pode determinar que efeito irá prevalecer? Nosso modelo de incidência tributária nos diz o que precisamos descobrir: as elasticidades de oferta e demanda do mercado de cigarros.

Impostos *ad valorem*

Passamos agora para a incidência de um **imposto *ad valorem***, imposto com uma taxa dada como *proporção* do preço. Por exemplo, o Estado do Tennessee aplica um imposto de 5,5% sobre as compras de alimentos. Praticamente todos os impostos estaduais e locais de refeições em restaurantes e roupas são *ad valorem*.

imposto *ad valorem*
Imposto calculado como uma porcentagem do valor da compra.

---

[6] Note-se que, desde que os custos dos insumos sejam constantes, a curva de oferta de *longo prazo* para um mercado competitivo é horizontal, como na Figura 14.5. Assim, sob essas condições, a longo prazo os consumidores arcam com todo o peso do imposto.

Felizmente, a análise dos impostos *ad valorem* é muito semelhante ao de impostos unitários. A estratégia básica ainda é descobrir como o imposto muda a curva de demanda efetiva e calcular o novo equilíbrio. No entanto, em vez de mover a curva para baixo pelo mesmo valor absoluto para cada quantidade, o imposto *ad valorem* a abaixa na mesma *proporção*. Para mostrar isso, considere as curvas de demanda (D_f) e oferta (S_f) para alimentos na Figura 14.6. Na ausência de tributação, o preço e a quantidade de equilíbrio são P_0 e Q_0, respectivamente. Agora, suponha que um imposto de 25% do preço total seja cobrado sobre o consumo de alimentos.[7] Considere o ponto *m* em D_f. Depois que o imposto é aplicado, P_m é ainda o máximo que os consumidores vão pagar por Q_m quilos de alimentos; a quantia que os produtores receberão é de 75% da distância vertical entre o ponto *m* e o eixo horizontal, em que está marcado o ponto *n*. Por isso, o ponto *n* é um ponto da curva de demanda observada pelos produtores. Do mesmo modo, o preço no ponto r migra para baixo um quarto da distância entre ele e o eixo horizontal até o ponto *s*. Repetindo este exercício para cada ponto em D_f, a curva de demanda efetiva voltada para os produtores é determinada como D_f' na Figura 14.7. A partir daqui, a análise procede exatamente como a do imposto unitário: o equilíbrio é onde S_f e D_f' se cruzam, com a quantidade trocada Q_1, o preço recebido pelos produtores de alimentos P_n e o preço pago pelos consumidores P_g. Como antes, a incidência do imposto é determinada pelas elasticidades da oferta e da procura.

Esta análise pode ser aplicada a inúmeras situações. Suponha que na Figura 14.7 os itens foram renomeados, de modo que agora representam o mercado de locação de moradias, em vez do setor de alimentos. Então, poderíamos mostrar que o peso do imposto sobre a propriedade não depende de os proprietários ou inquilinos pagarem o imposto sobre a propriedade. Isto é contra a percepção habitual que os locatários arcam com o ônus simplesmente porque assinam o cheque.

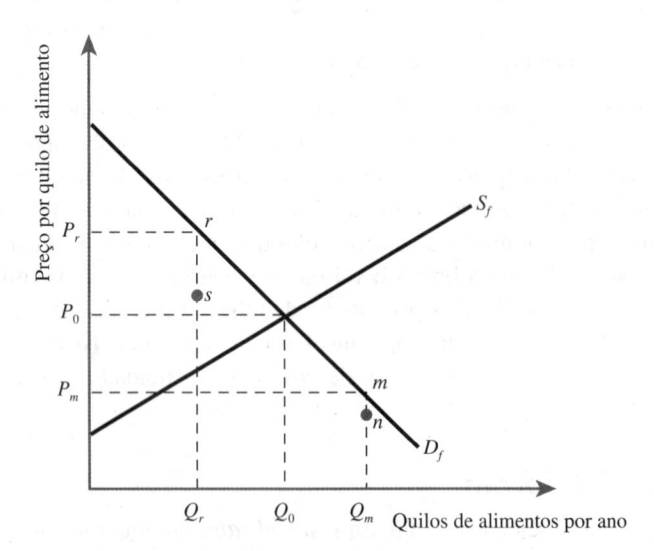

FIGURA 14.6 Apresentação do imposto *ad valorem*.
Um imposto *ad valorem* sobre os consumidores desloca a curva de demanda para baixo, na mesma proporção em cada nível de produção.

---

[7] Medir as alíquotas de imposto *ad valorem* envolve uma ambiguidade fundamental. O imposto é medido como percentagem do preço líquido ou bruto? Neste exemplo, o imposto é de 25% do preço total, o que equivale a uma taxa de 33% do preço líquido. Se o preço pago pelo consumidor foi de US$ 1, o imposto pago seria de 25 centavos de dólar, e o preço recebido pelos produtores seria de 75 centavos. Mostrar o imposto de 25 centavos como uma fração dos 75 centavos nos dá uma taxa de 33%, em termos de proporção do preço líquido.

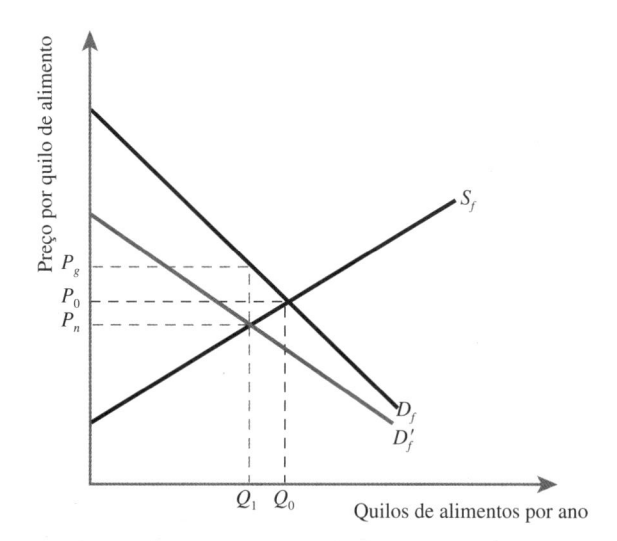

FIGURA 14.7 A incidência de um imposto *ad valorem*.
Após a instituição de um imposto *ad valorem*, a nova quantidade de equilíbrio é Q_1, o preço recebido pelos produtores é P_n e o preço pago pelos consumidores é P_g.

Impostos sobre fatores

Até agora examinamos impostos sobre bens, mas a análise também pode ser aplicada aos fatores de produção.

Imposto sobre salários Considere o imposto sobre os salários utilizado para financiar o sistema de Previdência Social. Como observado no Capítulo 11, um imposto igual a 7,65% do salário dos trabalhadores deve ser pago pelos empregadores, e um imposto com a mesma taxa, paga pelos próprios trabalhadores – um total de 15,3%.[8] Esta divisão tem uma longa história e é uma consequência da crença de nossos legisladores de que o imposto sobre os salários deve ser compartilhado igualmente entre empregadores e empregados. Mas *a distinção legal entre trabalhadores e patrões é irrelevante*. Como sugerido anteriormente, a incidência desse imposto sobre o trabalho é determinada apenas pela carga que o imposto coloca entre o que os funcionários recebem e o que os empregadores pagam.

Este ponto é ilustrado na Figura 14.8, onde D_L é a demanda de trabalho e S_L é a oferta de trabalho. Para fins de ilustração, vamos supor que S_L seja perfeitamente inelástica. Antes de impostos, o salário é w_0. O imposto *ad valorem* sobre o trabalho desloca a curva de demanda efetiva para D'_L. Como de costume, a distância entre D'_L e D_L é a carga entre o que é pago por um item e o que é recebido por quem fornece esse item. Depois que o imposto é aplicado, o salário recebido pelos trabalhadores cai para w_n. Por outro lado, w_g, o preço pago pelos empregadores, permanece em w_0. Neste exemplo, apesar da divisão legal do imposto, a taxa do salário recebido pelos trabalhadores cai exatamente o montante do imposto – eles arcam com todo o peso.

É claro que poderíamos ter obtido o resultado oposto, desenhando a curva de oferta como perfeitamente elástica. O ponto-chave para se lembrar é que nada sobre a incidência de um imposto pode ser conhecido sem informações sobre as elasticidades comportamentais relevantes. De fato, embora as estimativas de elasticidade da oferta de trabalho variem, muitos economistas acreditam que é próximo de zero [Fuchs et al., 1998]. Pelo menos no curto prazo, o trabalho provavelmente arca com a maior parte do imposto sobre os salários, apesar da tentativa do Congresso em dividir a carga uniformemente.

---

[8] Depois de os rendimentos excederem um certo nível, a alíquota do imposto sobre os salários cai. Consulte o Capítulo 11.

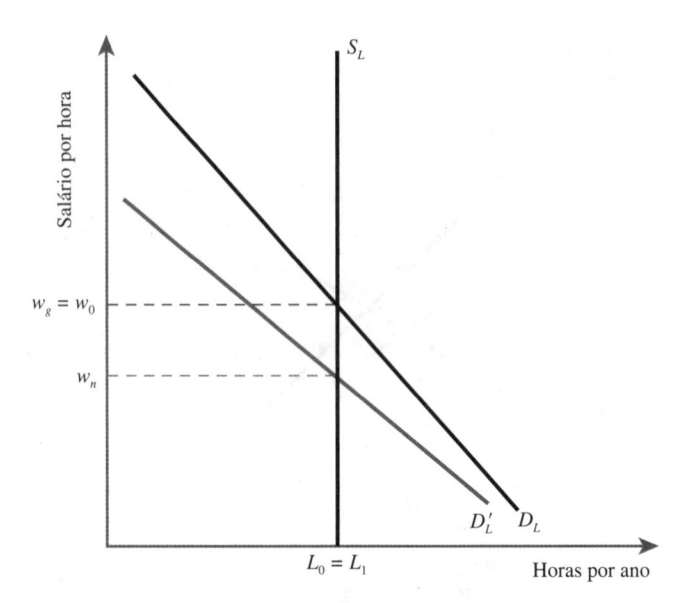

FIGURA 14.8 Incidência de um imposto sobre os salários, com oferta inelástica de mão de obra.
Se a oferta de trabalho é perfeitamente inelástica, um imposto sobre os salários faz com que o ordenado recebido pelos trabalhadores caia o valor exato do imposto. Os trabalhadores, portanto, suportam todo o peso do imposto.

Tributação de capital na economia global A estratégia para a análise de um imposto sobre o capital é essencialmente a mesma que para a análise de um imposto sobre o trabalho: desenhar as curvas de oferta e demanda, deslocar ou girar a curva relevante por um valor de acordo com a alíquota e ver como o equilíbrio após os impostos se compara com o original. Em uma economia fechada ao comércio, é razoável supor que a curva de demanda se inclina para baixo (as empresas exigem menos capital quando seu preço sobe), e que a oferta de capital inclina-se para cima (as pessoas fornecem mais capital – economizam mais – quando o retorno da poupança aumenta).[9] Neste caso, os donos do capital suportam parte da carga do imposto, o montante exato, dependendo das elasticidades da oferta e da demanda.

Suponha agora que a economia é aberta e o capital é perfeitamente móvel pelos países. Com efeito, há um mercado global único para o capital, e se os fornecedores de capital não podem receber a alíquota mundial atual em um determinado país, eles vão tirá-lo de lá e investir em outro. Em termos de um diagrama de oferta e demanda, a oferta de capital para um país em particular é perfeitamente elástica: seus cidadãos podem adquirir todo o capital que quiserem pela taxa de retorno em vigor, mas nenhum a uma taxa inferior. As implicações para a incidência de um imposto sobre o capital são impressionantes. Como na Figura 14.5, o preço antes de impostos pagos pelos usuários de capital aumenta exatamente o montante do imposto, e os fornecedores de capitais não têm qualquer ônus. Intuitivamente, o capital simplesmente se transfere para fora, se tem de arcar com algum imposto. Assim, a taxa de retorno antes dos impostos tem de subir.

Mesmo na economia mundial altamente integrada de hoje, o capital não é perfeitamente móvel pelos países. Além disso, para um país como os Estados Unidos, cujo mercado de capitais é grande em relação ao mercado mundial, é duvidoso que a curva de oferta seja perfeitamente horizontal. No entanto, os políticos que ignoram a globalização irão superestimar sua capacidade de colocar a carga fiscal sobre os proprietários de capital. Na

---

[9] No entanto, a poupança não precisa aumentar com a taxa de retorno. Consulte o Capítulo 18.

medida em que o capital é internacionalmente móvel, os impostos sobre os capitalistas são deslocados para outros, e a progressividade aparente de impostos sobre o capital próprio é uma ilusão.

Tributação de *commodity* sem concorrência

O pressuposto de mercados competitivos tem desempenhado um papel importante na nossa análise. Vamos agora discutir como os resultados podem mudar sob estruturas de mercado alternativas.

Monopólio O oposto da concorrência é o monopólio – um único vendedor. A Figura 14.9 mostra um monopolista que produz as *commodities* X. Antes de qualquer tributação, a curva de demanda do monopolista é D_X, e a curva de renda marginal associada é MR_X. A curva de custo marginal para a produção de X é MC_X, e a curva de custo total médio, ATC_X. Como de costume, a condição para a maximização do lucro é que a produção seja realizada até o ponto em que a receita marginal é igual ao custo marginal, no resultado X_0 em que o preço cobrado é P_0. O lucro econômico por unidade é a diferença entre a receita média e o custo total médio, a distância ab. O número de unidades vendidas é db. Assim, o lucro total é ab vezes db, que é a área do retângulo $abdc$.

Agora, suponha que um imposto unitário de u é cobrado sobre X. Pelas mesmíssimas razões anteriores, a curva de demanda efetiva do produtor se desloca para baixo a uma distância vertical igual a u.[10] Na Figura 14.10, essa curva de demanda é chamada D'_X. Ao mesmo tempo, a curva de receita marginal da empresa também se desloca para baixo pela distância u, porque o imposto reduz a receita incremental da empresa para cada unidade vendida. A nova curva de receita marginal eficaz é batizada como MR'_X.

O resultado de maximização do lucro, X_1, encontra-se no cruzamento de MR'_X e MC_X. Ao utilizar o resultado X_1, encontramos o preço recebido pelo monopolista, indo até D'_X, a

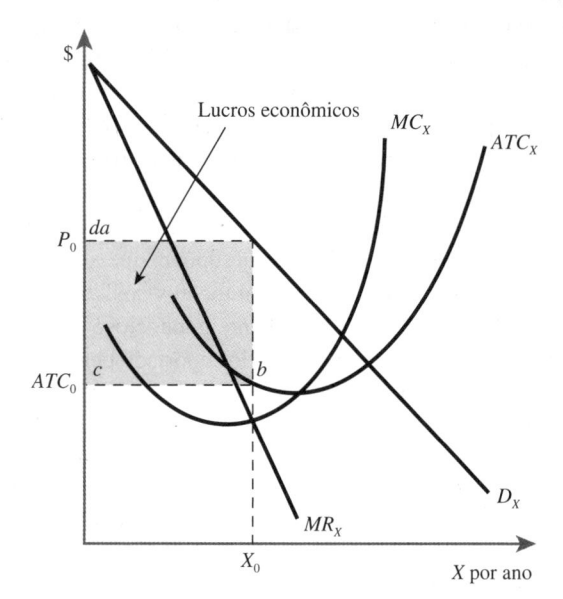

FIGURA 14.9 Equilíbrio de um monopolista.
O monopolista produz X_0 por ano, cobra um preço de P_0 e recebe lucros correspondentes à área *abcd*.

---

[10] Como alternativa, poderíamos deslocar para *cima* a curva de custo marginal por u. Os resultados finais são idênticos.

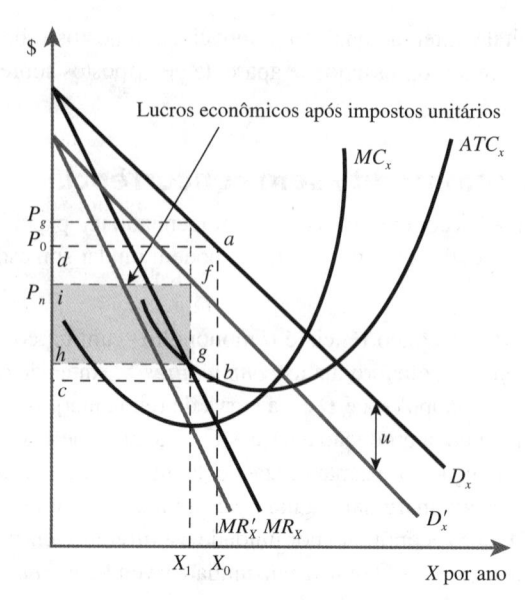

FIGURA 14.10 Aplicação de um imposto unitário em um monopolista.
A aplicação de um imposto unitário em um bem produzido por monopólio desloca para baixo a curva de demanda efetiva e a curva de receita marginal pelo montante do imposto. O imposto reduz a quantidade de equilíbrio de X_0 para X_1, aumenta o preço pago pelos consumidores de P_0 para P_g, diminui o preço recebido pelo produtor de P_0 para P_n e diminui os lucros do monopolista da área *abcd* para a área *fghi*.

curva de demanda de frente para ele, e localizamos o preço P_n. O preço pago pelos consumidores é determinado pela soma de u e P_n, que é apresentada como preço P_g no diagrama. O lucro por unidade após descontados os impostos é a diferença entre o preço *recebido pelo monopolista* e o custo total médio, a distância f_g. O número de unidades vendidas é *if*. Portanto, o lucro econômico do monopólio após os impostos é medido pela área *fghi*.

Quais são os efeitos do imposto? A quantidade demandada diminui ($X_1 < X_0$), o preço pago pelos consumidores aumenta ($P_g > P_0$) e o preço recebido pelo monopolista diminui ($P_n < P_0$). Observe que os lucros de monopólio são menores sob o imposto: a área *fghi* na Figura 14.10 é menor do que a *abdc* na Figura 14.9. Apesar de seu poder de mercado, um monopolista geralmente fica em pior situação por conta do imposto unitário sobre o produto que vende. Os debates públicos muitas vezes supõem que uma empresa com poder de mercado pode simplesmente repassar todos os impostos aos consumidores. Esta análise mostra que mesmo um monopolista incrivelmente ganancioso e egoísta deve arcar com parte da carga. Como antes, a fatia precisa do fardo suportado pelos consumidores depende da elasticidade da curva de demanda.

É simples repetir o exercício do imposto *ad valorem* sobre o monopolista (D_X e MR_X se articulam, em vez de moverem-se em paralelo). Deixamos isso como exercício para o leitor.

Oligopólio   Entre os dois extremos da concorrência perfeita e do monopólio fica a estrutura de mercado de oligopólio, em que há "poucos" vendedores. Infelizmente, não existe uma teoria bem desenvolvida da incidência tributária nos oligopólios. A razão para esse fato é escandalosamente simples: a incidência depende principalmente de como os preços relativos mudam quando os impostos são aplicados, mas não há nenhuma teoria geralmente aceita sobre a determinação de preços dos oligopólios.

Ainda assim, podemos ter uma noção das questões envolvidas, imaginando o problema enfrentado pelas empresas em um mercado oligopolista. Do ponto de vista das empresas, a situação ideal seria conspirar e produzir em conjunto, de modo a maximizar os lucros de todo o setor. Esse nível de produção é chamado de *solução de cartel* (cartel é um grupo de produtores que atua em conjunto para maximizar os lucros; o cartel internacional do petróleo da OPEP é o exemplo mais conhecido). A solução de cartel exige que cada empresa diminua sua produção para forçar o preço de mercado. O problema para as empresas é ser muito difícil de se obter a solução de cartel. Por quê? Uma vez que se faz um acordo sobre o quanto cada empresa deve produzir, cada uma delas tem um incentivo para trapacear, aproveitar o preço mais elevado e fazer mais do que a sua quota de produção (mais uma vez, pense na OPEP e os problemas que essa organização tem em evitar que seus membros produzam petróleo "demais"). Consequentemente, a produção em um mercado oligopolista geralmente é maior do que a solução de cartel. As empresas se sairiam melhor se houvesse algum mecanismo para forçar todas elas a reduzir sua produção.

O que acontece quando a produção desse setor fica sujeita a um imposto? Como é o caso para as modalidades de concorrência e de monopólio, as empresas reduzem sua produção. No entanto, ao contrário das outras estruturas de mercado, isso não é necessariamente ruim para as empresas oligopolistas. Isso se comprova, pois, para qualquer nível de lucros antes dos impostos, as empresas estão em situação pior, porque têm que pagar o imposto. No entanto, à medida que as empresas diminuem os resultados, elas se aproximam da solução de cartel, de modo que os seus lucros antes dos impostos aumentam. É teoricamente possível que os lucros antes dos impostos aumentem tanto que mesmo após o pagamento as empresas fiquem em melhor situação [Delipalla e O'Donnell, 2001]. Naturalmente, também é possível que as empresas fiquem em pior situação. É necessário mais informações sobre o quanto as empresas diminuem sua produção para se obter uma resposta definitiva.

Na medida em que o comportamento econômico sob oligopólios tornar-se melhor compreendido, serão desenvolvidos modelos melhorados de incidência. Entretanto, a maioria dos economistas sente-se bastante confortável em confiar nas previsões produzidas por modelos competitivos, embora estejam conscientes de que são apenas aproximações.

Impostos sobre lucros

Até agora, estivemos examinando os impostos com base nas vendas. As empresas também podem ser tributadas sobre os seus **lucros econômicos**, definidos como o retorno, aos acionistas das empresas, que excede os custos de oportunidade dos fatores utilizados na produção (os lucros econômicos também são chamados lucros *supranormais* ou *excessivos*). Vamos agora mostrar que, para as empresas que maximizam os lucros, impostos sobre lucros econômicos não podem ser deslocados – são suportados apenas pelos proprietários da empresa.

Considere-se em primeiro lugar uma empresa perfeitamente competitiva em equilíbrio de curto prazo. Os resultados da empresa são determinados pela intersecção do seu custo marginal e as curvas de receita marginal. Um imposto proporcional sobre lucros econômicos não muda o custo marginal nem a receita marginal. Portanto, nenhuma empresa tem incentivo para mudar sua decisão quanto a resultados. Como o resultado não muda, o preço pago pelos consumidores também não; logo, ambos não ficam em pior situação. O imposto é completamente absorvido pelas empresas. Aqui está outra maneira de chegar ao mesmo resultado: se a alíquota sobre os lucros econômicos é t_p, o objetivo da empresa é maximizar os lucros após impostos, $(1 - t_p)\Pi$, onde Π é o nível dos lucros econômicos antes dos impostos. Mas é apenas uma questão de aritmética que qualquer estratégia que maximize Π seja idêntica a que maximiza $(1 - t_p)\Pi$. Assim, o resultado e os preços enfrentados pelos consumidores permanecem os mesmos, e a empresa arca com todo o imposto.

Em equilíbrio competitivo de longo prazo, um imposto sobre lucros econômicos não tem rendimento, porque os lucros econômicos são iguais a zero – todos os lucros desaparecem por causa da competição. Para um monopolista, pode haver lucros econômicos, mesmo a longo prazo. Mas, pelas mesmas razões apontadas no parágrafo anterior, o imposto é

lucro econômico

Retorno aos proprietários de uma empresa acima dos custos de oportunidade de todos os fatores utilizados na produção. Também chamado de lucro *supranormal* ou *excessivo*.

suportado pelos proprietários do monopólio. Se uma empresa maximiza os lucros antes da aplicação do imposto sobre os lucros, o imposto não pode ser deslocado.[11]

Por não distorcerem as decisões econômicas de qualquer tipo, os impostos sobre os lucros econômicos podem parecer políticas alternativas muito atraentes. Em 2008, por exemplo, certos membros dos dois partidos políticos pediram um "imposto sobre lucros" das companhias petrolíferas. No entanto, esses impostos recebem muito pouco apoio de especialistas em finanças públicas. A principal razão constitui-se nos enormes problemas em tornar operacional a noção teórica de lucros econômicos. Os lucros econômicos são frequentemente calculados pela análise da taxa de retorno que uma empresa ganha de seu capital social e comparando-a com alguma taxa de retorno "básica" definida pelo governo. É claro que o capital social medido é importante. Será utilizado o custo original ou o custo de substitui-lo? E se a taxa de retorno for alta não em razão dos lucros excessivos, mas porque a empresa é muito arriscada e os investidores têm de ser compensados por este risco? Considerações como estas levam a grandes dificuldades na administração e conformidade.

Incidência fiscal e capitalização

Vários anos atrás, a cidade costeira de Port Hueneme, na Califórnia, cobrava um imposto especial sobre as propriedades na praia. O imposto foi determinado em parte pela proximidade das propriedades com o oceano. Para donos de posses perto da água, o imposto extra era de US$ 192 por ano. Os proprietários de imóveis à beira-mar reclamaram veementemente.

Esse episódio nos leva a pensar nas questões especiais que surgem quando o terreno é tributado. Para esses efeitos, as características distintivas do terreno são seu fornecimento fixo e sua durabilidade. Suponha que a taxa de aluguel anual sobre o terreno seja de US$ R_0 este ano. Sabe-se que o aluguel será de US$ R_1 no próximo ano, US$ R_2 daqui a dois anos, e assim por diante. Quanto alguém deveria estar disposto a pagar pela terra? Se o mercado de terras é competitivo, o preço é igual ao valor presente descontado do fluxo dos aluguéis. Assim, se a taxa de juros é r, o preço da terra (P_R) é:

$$P_R = \$R_0 + \frac{\$R_1}{1+r} + \frac{\$R_2}{(1+r)^2} + \cdots + \frac{\$R_T}{(1+r)^T} \qquad (14.3)$$

onde T é o último ano em que a terra produz os seus serviços (possivelmente infinitos).

Anunciou-se que um imposto de US$$u_0$ será aplicado aos terrenos agora, US$$u_1$ no próximo ano, US$$u_2$ daqui a dois anos, e assim por diante. Graças à Figura 14.4 sabemos que, por causa da oferta fixa da terra, o aluguel anual recebido pelo proprietário cai no valor total do imposto. Assim, o retorno do proprietário diminui inicialmente para US$ ($R_0 - u_0$), no ano 1 para US$ ($R_1 - u_1$), no ano 2 para US$ ($R_2 - u_2$), e assim por diante. Os potenciais compradores da terra levam em conta o fato de que, se a comprarem, comprarão um fluxo futuro de obrigações fiscais, bem como um fluxo futuro de retornos. Portanto, o máximo que um comprador estará disposto a pagar pela terra após o imposto ser anunciado (P'_R) é:

$$P'_R = \$(R_0 - u_0) + \frac{\$(R_1 - u_1)}{1-r} + \frac{\$(R_2 - u_2)}{(1+r)^2} + \cdots + \frac{\$(R_T - u_T)}{(1+r)^T} \qquad (14.4)$$

Ao comparar as Equações (14.4) e (14.3), vemos que, como consequência do imposto, o preço da terra cai por:

$$u_0 + \frac{u_1}{1+r} + \frac{u_2}{(1+r)^2} + \cdots + \frac{u_T}{(1+r)^T}$$

---

[11] Por outro lado, se a empresa está buscando outro objetivo, pode aumentar o preço em reação a um imposto sobre os lucros. Uma alternativa para a maximização do lucro é a maximização das receitas: as empresas tentam aumentar ao máximo suas vendas, sujeitas à restrição de ganharem uma taxa de retorno "razoável".

Assim, no momento em que o imposto é aplicado, o preço da terra cai pelo valor presente de *todos os pagamentos futuros de imposto*. Esse processo pelo qual um fluxo de impostos é incorporado ao preço de um ativo é conhecido como **capitalização**.

Em razão da capitalização, a pessoa que tem o ônus total do imposto *para sempre* é o proprietário no momento em que o imposto é cobrado. Para fins de certeza, os *futuros* proprietários assinam cheques para as autoridades fiscais, mas os pagamentos não são realmente um "fardo", porque simplesmente equilibram o preço mais baixo pago na compra. A capitalização complica as tentativas de avaliação da incidência de imposto sobre qualquer item durável cujo fornecimento é fixo. Conhecer as identidades dos proprietários atuais não é suficiente: é preciso saber quem *são* os proprietários no momento em que o imposto foi aplicado. Não é de admirar que os proprietários de imóveis de praia em Port Hueneme ficaram tão chateados![12]

capitalização

Processo pelo qual uma série de obrigações tributárias é incorporada ao preço de um ativo.

▶ MODELOS DE EQUILÍBRIO GERAL

A grande atração dos modelos de equilíbrio parcial é sua simplicidade: examinar um mercado por vez é relativamente simples. Em alguns casos, no entanto, ignorar o *feedback* de outros mercados leva a uma avaliação incompleta da incidência do imposto. Suponha, por exemplo, que a alíquota de imposto sobre os cigarros aumentou. Na medida em que a demanda por cigarros diminui, o mesmo acontece com a demanda pelo tabaco. Os agricultores que anteriormente produziam tabaco em suas terras podem voltar-se para outras culturas – de algodão, talvez. Conforme aumenta a oferta do algodão, o preço cai, prejudicando as pessoas que já o cultivavam. Assim, os seus produtores acabam tendo de arcar com parte da carga do imposto sobre o cigarro.

De forma mais geral, quando um imposto incide sobre um setor que é "grande" em relação à economia, cuidar apenas desse mercado específico pode não ser suficiente. A **análise de equilíbrio geral** leva em conta as formas por meio das quais os vários mercados estão interligados.

análise de equilíbrio geral

Estudo de como os vários mercados estão interligados.

Outro problema com a análise de equilíbrio parcial é que ela não dá atenção suficiente à questão de quem são os "produtores" de uma mercadoria tributada. Pense outra vez no imposto sobre o cigarro e no desejo de alguns políticos de usá-lo como um instrumento para punir "a indústria do tabaco". Somente as pessoas são capazes de pagar impostos, e entre os produtores de tabaco incluem-se os acionistas que financiam a compra de máquinas, os agricultores que possuem a terra em que o tabaco é cultivado, os trabalhadores das fábricas e assim por diante. A divisão da carga tributária entre esses grupos muitas vezes é importante. A análise de equilíbrio geral fornece uma estrutura para investigá-la.

Antes de passar para as especificidades da análise de equilíbrio geral, note que a lição fundamental de modelos de equilíbrio parcial ainda se mantém: por causa dos ajustes de preços relativos, a incidência legal de um imposto geralmente não diz nada sobre quem realmente arca com ele.

Relações de equivalência fiscal

A ideia de lidar com a incidência do imposto em um quadro de equilíbrio geral parece difícil à primeira vista. Afinal, milhares de diferentes matérias-primas e insumos são negociados na economia. Como podemos manter o controle de todas as suas complicadas interrelações? Felizmente, para muitos propósitos, é possível obter úteis resultados de equilíbrio geral a partir de modelos em que há apenas dois produtos, dois fatores de produção e

---

[12] Quando um imposto sobre a terra é antecipado antes de cobrado, provavelmente quem arca com ele, pelo menos em parte, é o proprietário, no momento em que a antecipação torna-se generalizada. Se assim for, até mesmo descobrir a identidade do proprietário do terreno no momento que o imposto foi aplicado pode não ser suficiente.

nenhuma poupança. Para mostrar isso, temos duas *commodities*, de alimentos (F) e manufaturas (M), e dois fatores, de capital (K) e de trabalho (L). Há nove possíveis impostos *ad valorem* nesse modelo:

t_{KF} = imposto sobre o capital utilizado na produção de alimentos
t_{KM} = imposto sobre o capital utilizado na produção de manufaturas
t_{LF} = imposto sobre o trabalho utilizado na produção de alimentos
t_{LM} = imposto sobre o trabalho utilizado na produção de manufaturas
t_F = imposto sobre o consumo de alimentos
t_M = imposto sobre o consumo de manufaturas
t_K = imposto sobre o capital nos dois setores
t_L = imposto sobre o trabalho nos dois setores
t = imposto de renda geral

Os quatro primeiros impostos, que são cobrados sobre um fator em apenas alguns de seus usos, são chamados **impostos parciais sobre fator de produção**.

imposto parcial sobre fator de produção

Imposto cobrado sobre um insumo somente em alguns de seus usos.

Certas combinações desses impostos são equivalentes a outras. Uma dessas equivalências já é familiar a partir da teoria do consumidor.[13] Os impostos sobre alimentos (t_F) e manufaturas (t_M) com a mesma taxa são equivalentes a um imposto sobre renda (t).[14] Para ver isso, basta notar que os impostos equiproporcionais sobre todas as mercadorias têm o mesmo efeito sobre a restrição orçamentária do consumidor de um imposto de renda proporcional. Ambos criam um deslocamento paralelo para dentro.

Agora considere um imposto proporcional sobre o capital (t_K) e o trabalho (t_L). Neste modelo, toda a renda é derivada do capital ou do trabalho, por isso é uma simples questão de aritmética saber que tributar os dois fatores com a mesma taxa também é equivalente a um imposto sobre a renda (t).

Talvez não tão óbvio é o fato de que os impostos parciais sobre o capital e o trabalho no setor de alimentos a uma determinada taxa ($t_{KF} = t_{LF}$) sejam equivalentes a um imposto sobre alimentos (t_F) com a mesma taxa. Como o capital e o trabalho são os únicos insumos da produção de alimentos, torná-los mais caros em uma certa proporção é equivalente a tornar a comida mais cara na mesma proporção.

De modo mais geral, os dois conjuntos de impostos que geram as mesmas alterações nos preços relativos têm efeitos de incidência equivalentes. Todas as relações de equivalência que podem ser obtidas por meio de uma lógica semelhante encontram-se resumidas na Tabela 14.2. Para uma alíquota *ad valorem* determinada, as equivalências são mostradas nas linhas ou colunas. Para determinar a incidência de todos os três impostos em qualquer linha ou coluna, apenas duas têm de ser analisadas em detalhe. A terceira pode ser determinada por adição ou subtração. Por exemplo, na terceira fila, se conhecemos a incidência de impostos sobre o capital e o trabalho, então também sabemos a incidência de um imposto sobre a renda.

Na próxima seção examinaremos a incidência de quatro impostos: um imposto sobre alimentos (t_F), um imposto sobre a renda (t), um imposto geral sobre o trabalho (t_L) e um imposto parcial sobre o capital de manufatura (t_{KM}). Com os resultados desses quatro impostos em mãos, a incidência dos outros cinco pode ser determinada por meio da Tabela 14.2.

---

[13] A teoria do consumidor é destacada no apêndice no fim deste livro.

[14] Observe que, dada a suposição de que toda a renda é consumida, um imposto de renda também é equivalente a um imposto sobre as despesas de consumo.

TABELA 14.2 Relações de equivalência fiscal

t_{KF}	e	t_{LF}	são equivalentes a	t_F
e		e		e
t_{KM}	e	t_{LM}	são equivalentes a	t_M
são equivalentes a		são equivalentes a		são equivalentes a
t_K	e	t_L	são equivalentes a	t

Fonte: McLure [1971, p. 29].
Quaisquer dois conjuntos de impostos que geram as mesmas alterações nos preços relativos têm efeitos de incidência equivalentes. Por exemplo, um imposto proporcional sobre o capital (tK) e trabalho (TL) é equivalente a um imposto sobre a renda (t).

O modelo de Harberger

Harberger [1974] foi pioneiro na aplicação de modelos de equilíbrio geral de incidência de impostos. As principais premissas de seu modelo são as seguintes:

1. *Tecnologia*. As empresas de cada setor usam o capital e o trabalho para produzir os seus resultados. Em cada setor, a duplicação simultânea dos dois insumos leva a uma duplicação da produção e *retornos constantes de escala*. No entanto, as tecnologias de produção podem ser diferentes nos vários setores. Em geral, as técnicas de produção são diferentes no que diz respeito à facilidade com que o capital pode ser substituído por trabalho (a **elasticidade de substituição**) e as proporções em que o capital e trabalho são empregados. Por exemplo, a relação capital-trabalho na produção de alimentos é cerca de duas vezes a utilizada na produção de têxteis [Escritório de Orçamento do Congresso, 1997]. A indústria em que a relação capital-trabalho é relativamente alta é caracterizada como de **capital intensivo**; a outra, de **trabalho intensivo**.

2. *Comportamento dos fornecedores de fatores*. Os fornecedores de capital e de trabalho maximizam os retornos totais. Além disso, o capital e o trabalho são perfeitamente móveis: podem se mover livremente entre os setores, de acordo com os desejos de seus proprietários. Consequentemente, o retorno marginal líquido para o capital deve ser o mesmo em cada setor, e assim deve ser o retorno marginal líquido para o trabalho. Caso contrário, seria possível realocar o capital e o trabalho de tal forma que os retornos líquidos totais poderiam ser aumentados.[15]

3. *Estrutura do mercado*. As empresas são competitivas e maximizam os lucros, e todos os preços (incluindo salários) são perfeitamente flexíveis. Portanto, os fatores são totalmente utilizados, e o retorno pago a cada fator de produção é o valor do seu produto marginal – o valor, para a empresa, do resultado produzido pela última unidade do insumo.

4. *Ofertas totais de fatores de produção*. Os montantes totais de capital e de trabalho na economia são fixos. Mas, como mencionado acima, ambos os fatores são perfeitamente livres para se mover entre os setores.

5. *Preferências dos consumidores*. Todos os consumidores têm preferências idênticas. Um imposto, portanto, não pode gerar nenhum efeito distributivo ao afetar os usos que as pessoas fazem da renda. Essa hipótese permite que nos concentremos no efeito dos impostos sobre as fontes de renda.

elasticidade da substituição

Medida da facilidade com que um fator de produção pode ser substituído por outro.

capital intensivo

Indústria em que a relação entre os insumos de capital e de trabalho é relativamente alta.

trabalho intensivo

Indústria em que a relação entre os insumos de capital e de trabalho é relativamente baixa.

---

[15] O apêndice no final deste livro explica por que o comportamento de maximização resulta em uma alocação em que retornos marginais são iguais.

6. *Quadro de incidência tributária.* O quadro para a análise é a incidência do imposto diferencial: consideramos a substituição de um imposto por outro. Portanto, aproximadamente a mesma quantidade de renda fica disponível antes e depois do imposto, por isso não é necessário analisar como as mudanças na renda agregada podem mudar os preços de demanda e de fatores de produção.

Claramente, esses pressupostos são um pouco restritivos, mas simplificam consideravelmente a análise. Mais adiante neste capítulo, consideramos as consequências de abandonar alguns deles. Agora vamos empregar o modelo de Harberger para analisar vários impostos diferentes.

Análise de vários impostos

Imposto sobre *commodity* (t_F) Quando um imposto sobre alimentos é aplicado, seu preço relativo aumenta (embora não necessariamente pelo montante do imposto). Os consumidores, assim, substituem as manufaturas por alimento. Consequentemente, menos comida e mais manufaturas são produzidas. Como a produção de alimentos cai, parte do capital e do trabalho anteriormente utilizados na sua produção são obrigados a encontrar emprego no setor de manufatura. Como as proporções de capital e trabalho provavelmente diferem entre os dois setores, os seus preços relativos têm de mudar para que a fabricação possa absorver os fatores desempregados da produção de alimentos. Suponha, por exemplo, que o alimento é o setor de capital intensivo (a agricultura dos EUA, de fato, usa relativamente mais equipamentos de capital – tratores, colheitadeiras e assim por diante – do que muitos tipos de produção). Portanto, quantidades relativamente grandes de capital devem ser absorvidas na fabricação. A única maneira de todo esse capital ser empregado no setor de manufatura é com a queda do preço relativo do capital – incluindo o capital já em uso no setor manufatureiro. No novo equilíbrio, então, *todo* o capital estará, relativamente, em pior situação, não apenas o capital do setor de alimentos. De modo mais geral, um imposto sobre a *produção* de um determinado setor provoca a queda do preço relativo do *insumo* usado intensivamente nesse setor.

Para ir além dessas afirmações qualitativas, são necessárias informações adicionais. Quanto maior a elasticidade da demanda por alimentos, mais dramática será a mudança no consumo de alimentos por manufaturas, o que acaba por induzir um maior declínio no retorno para o capital. Quanto maior a diferença em proporções de fator entre alimentos e manufaturas, maior deverá ser a diminuição do preço do capital para que possa ser absorvido no setor manufatureiro (se as proporções de capital e trabalho de alimentos e bens manufaturados forem idênticas, nenhum fator sofreria em relação ao outro). Por fim, quanto mais difícil é substituir o trabalho pelo capital na produção de manufaturas, maior o declínio na taxa de retorno do capital necessário para absorver o capital adicional.

Assim, no lado das fontes do orçamento, o imposto sobre alimentos tende a prejudicar as pessoas que recebem uma parte proporcionalmente grande dos seus rendimentos do capital. Dado que todos os indivíduos são idênticos (pressuposto 5), não há efeitos interessantes no lado dos usos. No entanto, estávamos prestes a abandonar este pressuposto, então é claro que as pessoas que consumiam quantidades de alimentos proporcionalmente grandes tendem a arcar com cargas relativamente maiores. A incidência total do imposto sobre alimentos depende, então, dos lados de fonte e de uso. Um capitalista que come muito, por exemplo, fica em pior situação em ambos os casos. Por outro lado, um trabalhador que come muito fica melhor do ponto de vista das fontes de renda, mas pior no lado dos usos.

Imposto de renda (t) Como já mencionado, um imposto sobre a renda é equivalente a um conjunto de impostos sobre o capital e trabalho, na mesma proporção. Uma vez que as ofertas de fatores são completamente fixas (pressuposto 4), este imposto não pode ser deslocado. Ele é suportado na proporção dos rendimentos iniciais das pessoas. A ideia por trás desse resultado é semelhante ao caso análogo do modelo de equilíbrio parcial: uma vez que os fatores não podem "escapar" do imposto (saindo da produção), eles carregam o fardo inteiro.

Imposto geral sobre o trabalho (t_L) Um imposto geral sobre o trabalho é um imposto sobre o trabalho em *todas* as suas utilizações, na produção de alimentos e de produtos manufaturados. Como resultado, não há incentivos para mudar o uso do trabalho entre os setores. Além disso, a hipótese de oferta de fatores de produção fixos implica que o trabalho deve suportar toda a carga.

Imposto parcial fatores de produção (t_{KM}) Quando *apenas* o capital utilizado no setor manufatureiro é tributado, há dois efeitos iniciais:

1. *Efeito da produção*. O preço das manufaturas tende a aumentar, o que diminui a quantidade demandada pelos consumidores.
2. *Efeito de substituição dos fatores de produção*. Como o capital se torna mais caro no setor manufatureiro, os produtores utilizam menos capital e mais trabalho.

O fluxograma da Figura 14.11 traça as consequências destes dois efeitos.

O efeito da produção é descrito no lado esquerdo. Como o próprio nome sugere, o efeito da produção surge de redução da produção no setor manufatureiro. Quando o preço desses bens aumenta e a demanda diminui, o capital e o trabalho são liberados da fabrica-

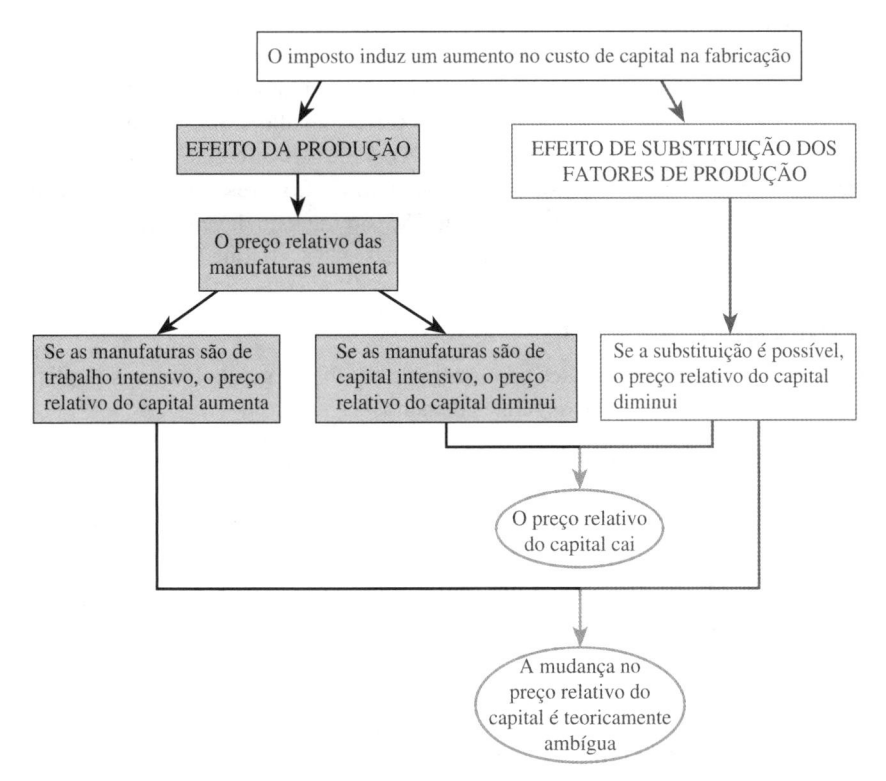

FIGURA 14.11 Incidência de um imposto parcial sobre fator de produção em um modelo de equilíbrio geral.
Um imposto sobre o capital no setor manufatureiro leva a um efeito de produção e a um efeito de substituição dos fatores de produção. O efeito da produção leva a um aumento no preço de produtos manufaturados, o que diminui a quantidade de capital e de mão de obra utilizados na fabricação. Se o setor industrial é de capital intensivo, o preço relativo do capital cai. Se é de trabalho intensivo, o preço relativo do capital aumenta. O efeito de substituição dos fatores de produção leva os produtores a usar menos capital e mais trabalho, resultando em uma queda no preço relativo do capital.

ção e devem encontrar emprego na produção de alimentos. Se o setor manufatureiro é de trabalho intensivo, então grandes (relativamente) quantidades de trabalho têm de ser absorvidas no setor de alimentos, e o preço relativo do capital aumenta. Se, por outro lado, o setor manufatureiro é de capital intensivo, o preço relativo do capital cai. Assim, o efeito da produção é ambíguo no que diz respeito ao efeito final sobre os preços relativos do capital e do trabalho.

Essa ambiguidade não está presente com o efeito de substituição dos fatores de produção, como ilustrado no lado direito da Figura 14.11. Enquanto substituição entre capital e trabalho for possível, um aumento no preço do capital induzirá os fabricantes a usarem menos capital e mais trabalho, o que tende a diminuir a demanda por capital e seu preço relativo.

Unindo os dois efeitos vemos que, se a manufatura é de capital intensivo, ambos os efeitos funcionam do mesmo modo, e o preço relativo do capital deve cair. Mas se o setor manufatureiro é de trabalho intensivo, o resultado final é teoricamente ambíguo. Mesmo que o imposto seja cobrado sobre o capital, ele pode ficar em pior situação! De modo mais geral, enquanto fatores forem móveis entre os usos, um imposto sobre um determinado fator de produção em *um* setor acaba afetando o retorno para *ambos* os fatores nos *dois* setores. Essas percepções não podem ser obtidas com os modelos de equilíbrio parcial examinados anteriormente neste capítulo.

Grande parte da pesquisa aplicada sobre a incidência em modelos de equilíbrio geral tem-se centrado sobre o imposto de renda de pessoa jurídica. Esse trabalho parte do princípio que os dois setores são "corporativos" e "não corporativos", e que o imposto de renda de pessoa jurídica é um imposto *ad valorem* sobre o capital apenas em seu uso no setor corporativo. Dada a ambiguidade teórica do efeito de um imposto parcial sobre fatores de produção na demanda por capital, é necessário certo trabalho empírico para encontrar a sua incidência. Diferentes estudos têm chegado a conclusões diferentes. Com base em um levantamento na matéria, o Escritório de Orçamento do Congresso [2012a] concluiu recentemente que uma estimativa razoável é que 75% do imposto de renda federal de pessoa jurídica se origina nos proprietários de todo o capital e 25% do trabalho.

Algumas qualificações

Alterar os pressupostos subjacentes ao modelo de equilíbrio geral afeta suas implicações para a incidência do imposto das seguintes maneiras:

As diferenças de gostos dos indivíduos Pelo pressuposto 5, todos os consumidores têm as mesmas preferências em relação aos dois produtos. Quando não é assim, as mudanças induzidas pelos impostos na distribuição de renda alteram decisões de gastos agregados e, consequentemente, preços relativos e rendimentos. Considere, por exemplo, um imposto sobre o capital no setor corporativo. Como observado anteriormente, a maioria das análises sugere que esse imposto é em grande parte transferido aos proprietários de todo o capital. E como o capital tende a ser uma fonte relativamente importante de renda para pessoas de alto poder aquisitivo, o imposto parece ser progressivo. No entanto, o imposto também aumenta os preços relativos dos bens produzidos em setores de capital intensivo, como a agricultura e refino de petróleo, cujos produtos (alimentos e gasolina) são comprados em altas proporções por famílias na extremidade inferior da escala de renda [Fullerton e Rogers, 1997]. Assim, quando permitimos as diferenças de usos entre famílias de alta e de baixa renda, o imposto torna-se menos progressivo do que parece à primeira vista.

Fatores de produção imóveis Pelo pressuposto 2, os recursos são livres para fluir entre os setores, buscando a maior taxa de retorno possível. No entanto, por razões institucionais ou tecnológicas, alguns fatores podem ser imóveis. Por exemplo, se um terreno determinado for dividido para uso residencial, não pode ser usado na atividade manufatureira, qualquer que seja a taxa de retorno. Abandonar a mobilidade perfeita pode afetar drasticamente a incidência de um imposto. Por exemplo, mais cedo mostramos que, se os fatores são móveis, a incidência de um imposto parcial sobre fator de produção é ambígua, dependendo do resultado de vários efeitos conflitantes. Se o fator de produção é imóvel, no entanto, o resultado da incidência é claro: Os fatores tributados ficam com todo o fardo. Intuitivamente, isso ocorre porque o fator não pode "escapar" da tributação ao migrar para outro setor. Observe também que uma vez que o retorno do fator imóvel tributado diminui apenas o montante do imposto, os preços do capital e do trabalho nos setores não tributados mantêm-se inalterados, como se dá com o preço do bem no setor tributado.

Oferta de fatores variáveis Pelo pressuposto 4, as ofertas totais de ambos os fatores são fixos. No longo prazo, no entanto, as ofertas de capital e de trabalho para a economia são variáveis. Permitir o crescimento pode levar a conclusões totalmente equivocadas sobre o modelo estático. Imagine um imposto de fator geral sobre o capital. Quando o capital social é fixo, esse imposto é inteiramente suportado pelos proprietários do capital. No longo prazo, no entanto, menos capital pode ser fornecido devido ao imposto.[16] Na medida em que isso ocorre, a proporção de capital e trabalho da economia diminui, e o retorno do trabalho cai (o salário cai porque o trabalho tem menos capital com o qual trabalhar e, portanto, é menos produtivo, tudo o mais constante). Assim, um imposto geral sobre o capital pode prejudicar o trabalho.

Uma vez que a quantidade de tempo do calendário que deve decorrer antes que o longo prazo seja alcançado pode ser substancial, os efeitos de curto prazo são importantes. Por outro lado, a política inteligente também exige a consideração das consequências da tributação a longo prazo.

Um estudo de incidência aplicado

A teoria da incidência tributária tem servido como estrutura de uma série de tentativas para estimar como o sistema tributário dos EUA afeta a distribuição de renda. A Tabela 14.3 informa os resultados de um estudo recente do Escritório de Orçamento do Congresso [2012a]. O estudo estima a incidência de todos os impostos federais. A alíquota média de imposto varia de 1,0% para as famílias no quintil de renda mais baixo até 28,9% para as famílias no 1% principal da população. Esse 1% principal paga 22,3% de todos os impostos federais. Estes números sugerem que o sistema tributário federal é bastante progressivo.

TABELA 14.3 Alíquotas federais médias e quotas de imposto federal por quintil de renda (2009)

Categoria de renda	Alíquota federal média	Quota de impostos federais
Quintil mais baixo	1,0%	0,3%
Segundo quintil	6,8	3,8
Terceiro quintil	11,1	9,4
Quarto quintil	15,1	18,3
Quintil mais alto	23,2	67,9
Todos os quintis	17,4	100,0
1% principal	28,9	22,3

Fonte: Escritório de Orçamento do Congresso [2012a].
De acordo com este estudo de incidência aplicado, as alíquotas federais médias de 1,0% para as famílias no quintil mais baixo de 28,9% para as famílias no 1% principal da distribuição de renda. O 1% principal paga 22,3% de todos os impostos federais.

---

[16] No entanto, a oferta de capital não diminui necessariamente. Consulte o Capítulo 18.

No entanto, deve estar claro agora que todos os resultados de incidência dependerão fundamentalmente dos pressupostos subjacentes. Esse estudo admite que não há deslocamento do imposto de renda pessoal, que os impostos sobre salário são suportados pelos trabalhadores e que os impostos de *commodities* são pagos pelos consumidores em proporção ao seu consumo de itens tributados. Esses pressupostos ajudam a simplificar consideravelmente o problema. Mas a teoria de incidência tributária sugere que eles são questionáveis, especialmente a longo prazo.

Outra limitação da análise é que ela é baseada em rendimentos anuais. Usar alguma medida de renda vitalícia seria mais apropriado e poderia mudar os resultados de forma decisiva. Para saber por que, começamos observando que uma quantidade substancial de pesquisa empírica sugere que as decisões pessoais de consumo são mais estreitamente relacionadas a alguma medida de renda vitalícia que o valor do rendimento em qualquer ano. O fato da renda de uma pessoa estar *temporariamente* alta ou baixa em um ano não tem, por si só, grande impacto sobre o quanto ela consome.

Suponha que o consumo de mercadoria X é proporcional à renda vitalícia. Suponha ainda que a curva de oferta de X é horizontal, de modo que os consumidores arquem com todo o peso de qualquer imposto sobre X. Então um imposto sobre X seria proporcional com relação à renda vitalícia. No entanto, em qualquer ano, algumas pessoas têm rendimentos que são temporariamente mais elevados do que os seus valores permanentes, e alguns menos elevados. Uma pessoa com renda temporária alta gasta uma proporção relativamente pequena de sua renda anual em X, porque não aumenta seu consumo de X devido ao aumento temporário da renda. Da mesma forma, uma pessoa com renda temporária baixa dedica uma proporção relativamente elevada de sua renda para o produto X. Em suma, com base na renda anual, parte do orçamento do produto X parece cair com a renda, e um imposto sobre o X parece regressivo. Consistente com essa teoria, vários investigadores descobriram que os resultados de incidência são muito afetados, se forem utilizadas medidas vitalícias ou anuais. Por exemplo, Hassett, Mathur e Metcalf [2007] acham que um imposto sobre o carbono é mais regressivo em relação a uma medida anual de renda do que a uma medida vitalícia. Conclui-se que, apesar de estudos com base no rendimento anual serem sugestivos, os resultados devem ser vistos com certa cautela.

▶ CONCLUSÕES

Começamos este capítulo com uma pergunta inocente: quem arca com o imposto? Vimos que as mudanças de preços são a chave para encontrar o ônus de um imposto, mas que as mudanças dos preços dependem de uma porção de coisas: estrutura do mercado, elasticidades da oferta e da procura, mobilidade dos fatores de produção, e assim por diante. Nesta fase, uma pergunta óbvia é: o que nós sabemos realmente?

No caso dos impostos que possam, de forma razoável, ser analisados isoladamente, a resposta é "pouca coisa". A análise da incidência de equilíbrio parcial requer apenas informações sobre a estrutura do mercado e os formatos das curvas de oferta e demanda. Em outros casos que não sejam de monopólio claro, o paradigma do mercado competitivo fornece um ponto de partida razoável. As estimativas de curvas de oferta e demanda podem ser obtidas com os métodos empíricos examinados no Capítulo 2. A análise de incidência se dá em terreno sólido.

Mesmo em modelos de equilíbrio geral, a análise de incidência é simples para um imposto sobre um fator de produção imóvel – a incidência é inteiramente sobre o fator tributado. De modo mais geral, no entanto, se um imposto afeta muitos mercados a incidência depende das reações de numerosas curvas de oferta e demanda de bens e insumos. As respostas são proporcionalmente menos claras.

Infelizmente, parece que muitos impostos importantes, como o corporativo, se enquadram na última categoria. Por que isso? Pode ser pela simples razão de que é difícil de se encontrar a incidência (quais são as chances políticas de um imposto que claramente prejudica um grupo importante da população?). Impostos complicados podem realmente ser mais simples para um político, pois ninguém tem certeza de quem realmente acaba pagando por eles.

Em qualquer caso, os modelos deste capítulo informam quais as informações que são necessárias para entender a incidência dos impostos, mesmo muito complexos. Na medida em que esta informação está disponível no momento, os modelos servem como uma medida de nossa ignorância. Isso não é de todo indesejável. Como São Jerônimo observou: "É ainda pior ser ignorante da própria ignorância".

Resumo

- Incidência legal é a responsabilidade legal de um imposto, enquanto que a incidência econômica é o peso real do imposto. Conhecer a incidência legal geralmente nos diz pouco sobre a incidência econômica.

- A incidência econômica é determinada pelas mudanças de preço induzidas por um imposto e depende das fontes e usos de renda por parte do indivíduo.

- Dependendo da política a ser considerada, pode ser apropriado examinar o orçamento equilibrado e a incidência diferencial ou absoluta.

- Em modelos competitivos de equilíbrio parcial, a incidência do imposto depende das elasticidades da oferta e da procura. A mesma abordagem geral pode ser utilizada para estudar a incidência de um mercado monopolizado. No caso do oligopólio, no entanto, não existe uma única estrutura aceita para a análise fiscal.

- Devido à capitalização, a carga dos impostos futuros pode ser suportada pelos *atuais* proprietários de uma *commodity* durável inelasticamente fornecida, como a terra.

- A análise de incidência de equilíbrio geral muitas vezes emprega um modelo de dois setores e de dois fatores de produção. Este quadro permite nove impostos possíveis. Certas combinações desses impostos são equivalentes a outras.

- Em um modelo de equilíbrio geral, um imposto sobre um único fator para seu uso em apenas um determinado setor pode afetar os retornos de todos os fatores em todos os setores.

- Os estudos aplicados de incidência fiscal indicam que o sistema tributário federal é bastante progressivo. Mas esses estudos se valem de pressupostos possivelmente problemáticos.

Perguntas para reflexão

1. O Estado do Texas recentemente promulgou um imposto de US$ 5 por cliente em clubes de *strip* [Fernandez 2011]. Discuta a incidência provável desse imposto. Use um diagrama apropriado como base para o seu exame.

2. Imagine uma sociedade com apenas duas pessoas – uma rica e uma pobre – que têm as mesmas funções de utilidade. Essas funções utilitárias exibem utilidade marginal decrescente. Suponha que os impostos sejam definidos de modo que a quantidade *total* de utilidade que cada pessoa perde é a mesma. Daí resulta que o imposto será progressivo? Explique.

3. Para a *commodity X*, o custo médio é igual ao custo marginal em todos os níveis da produção. Supondo-se que o mercado de *X* é competitivo e a curva de demanda é linear, analise os efeitos quando um imposto unitário de *u* dólares é aplicado. Agora analise os efeitos do mesmo imposto, pressupondo que o mercado de *X* é um monopólio. Examine as diferenças.

4. Em um editorial intitulado "Verdade e mentiras sobre o Medicare", o *New York Times* (edição de 19 de agosto de 2012, p. SR10) examinou o financiamento do Affordable Care Act de 2010, e afirmou: "E mais um pedaço [da receita] virá de taxas ou impostos incidentes sobre os fabricantes de remédios, fabricantes de aparelhos e seguradoras – taxas que eles podem certamente pagar, uma vez que a cobertura ampliada

para as pessoas não abrangidas pelo programa aumentará seus mercados e suas receitas".

a. Considere uma empresa que tem o monopólio sobre a produção de um dispositivo médico particular. Um imposto de 10% é cobrado sobre as suas vendas. O que o editorial assume implicitamente sobre a incidência desse imposto?

b. Suponha que a empresa tenha uma receita média linear e curvas de receita marginal padrão e produza com custos marginais constantes e positivos. Mostre os lucros da empresa e o preço pago pelos consumidores dos aparelhos médicos antes e depois da aplicação do imposto. [Dica: um imposto de 10% move ambas as curvas AR e MR. Articule as curvas de forma adequada e encontre a interseção da curva MR após impostos com a curva de custo marginal.]

c. Se fez a parte b corretamente, você mostrou que o editorialista não sabia como raciocinar sobre a incidência de um imposto. Explique o erro brevemente.

5. Em um esforço para reduzir o consumo de álcool, o governo está considerando a aplicação de um imposto de US$ 1 em cada galão de bebida alcoólica vendida (o imposto será cobrado dos produtores). Suponha que a curva de demanda é $Q^D = 500.000 - 20.000P$ (onde Q^D é o número de galões de bebida demandados e P é o preço por galão), e a curva de oferta de bebidas alcoólicas é $Q^S = 30.000P$ (onde Q^S é o número de galões fornecidos).

a. Calcule como o imposto afeta o preço pago pelos consumidores e o preço recebido pelos produtores.

b. Quanta receita o imposto gera para o governo? Qual parte da receita vem dos consumidores e qual dos produtores?

c. Suponha que a demanda pela bebida é mais elástica para os consumidores mais jovens do que para os mais velhos. O imposto sobre bebidas alcoólicas será mais, menos ou igualmente eficaz na redução de consumo de bebidas alcoólicas entre os jovens que bebem? Explique.

6. Suponha que a curva de demanda por um determinado produto é $Q^D = a - bP$, onde Q^D é a quantidade demandada, P é o preço, e a e b são constantes. A curva de oferta da *commodity* é $Q^S = c + dP$, onde Q^S é a quantidade ofertada e c e d são constantes. Encontre o preço de equilíbrio e de produção como funções das constantes a, b, c, e d.

Suponhamos agora que um imposto unitário de u dólares é aplicado sobre a *commodity*. Mostre que o novo equilíbrio é o mesmo, independentemente de o imposto incidir sobre os produtores ou compradores da *commodity*.

7. Suponha-se que o imposto de renda em uma determinada nação é calculado como uma taxa fixa de 5%, mas nenhum imposto é cobrado acima de US$ 50.000 em rendimentos tributáveis. O lucro tributável, por sua vez, é calculado como renda do indivíduo menos US$ 10.000; ou seja, todos recebem uma dedução de US$ 10.000. Quais são as taxas de imposto marginal e médio para cada um dos três trabalhadores a seguir? Avalie a alíquota de imposto marginal no nível de renda atual de cada pessoa.

a. Um trabalhador de meio expediente com renda anual de US$ 9.000.

b. Um vendedor de varejo com renda anual de US$ 45.000.

c. Um executivo de publicidade com renda anual de US$ 600.000.

O imposto é progressivo, proporcional ou regressivo em relação à renda?

8. Suponha que em um determinado país, as receitas fiscais, T, dependem da renda, I, de acordo com a fórmula

$$T = -4.000 + 0{,}2I$$

Assim, por exemplo, quando uma família tem uma renda de US$ 50.000, a sua carga tributária é de $4.000 + 0{,}2 \times 50.000$, ou US$ 6.000. Trata-se de uma tabela de imposto progressivo? Dica: calcule as alíquotas médias do imposto em vários níveis diferentes de renda.

Agora vamos generalizar a tabela de imposto neste problema:

$$T = a + tI$$

em que a e t são números (por exemplo, na tabela de imposto acima, $a = 4.000$ e $t = 0{,}2$). Escreva uma fórmula para a alíquota média de imposto em função do nível de renda. Mostre que o sistema tributário é progressivo se a é negativo, e regressivo se a é positivo. Dica: a alíquota média é de T/I.

9. A fim de sediar os Jogos Olímpicos de Inverno, a cidade de Vancouver contraiu uma grande dívida, que terá de ser reembolsada ao longo do tempo. Refletindo sobre este fato, um morador de Vancouver reclamou: "O cidadão médio vai ver seus impostos aumentarem" [Austen, 2010]. Quem vai arcar com o ônus desses impostos futuros? Dica: aproveite a teoria da capitalização.

10. Em 2011, o governo cubano decretou um imposto de 8% na compra de imóveis, com o imposto "dividido entre comprador e vendedor" [Cave, 2011]. É provável que o imposto será realmente dividido meio a meio entre compradores e vendedores? Use um diagrama apropriado como base para o seu exame.

11. De acordo com um estudo recente da Kleven, Landais e Saez [2010], as decisões de migração internacional dos jogadores de futebol europeus de maior remuneração é muito sensível às taxas de imposto de renda: quando as taxas de tributação que enfrentam em seus próprios países aumentam substancialmente, eles vão para outro. Quais são as implicações dessa descoberta para a incidência de imposto de renda sobre esses jogadores? Justifique sua resposta com um gráfico.

12. Políticos americanos de ambos os partidos ocasionalmente propõem o corte do imposto federal sobre a gasolina (que é um imposto unitário) apenas durante os meses de verão, quando os preços tendem a aumentar. Suponha que as refinarias de gasolina funcionem em plena capacidade durante essa estação, de modo que não sejam capazes de aumentar a oferta no curto prazo. Também imagine que os consumidores de gasolina tenham uma certa capacidade para substituir esse combustível (por exemplo, dirigindo por menos milhas). Se essa proposta for implementada, como o benefício da redução de impostos será dividido entre consumidores e fornecedores de gasolina? Use um diagrama para sua resposta.

13. Considere uma sociedade com apenas duas pessoas, uma com renda de US$ 200.000 e uma com renda de US$ 20.000. Suponha que, no sistema fiscal em vigor, a pessoa rica pague US$ 50.000 em impostos e a pobre pague US$ 1.000. Suponha que o Congresso aprove uma lei que diminui o imposto da pessoa rica em US$ 2.000 e o imposto da pobre em US$ 200. Usando as Equações (14.1) e (14.2), avalie se essa mudança no imposto aumenta ou diminui a progressividade.

15 Tributação e eficiência

> *O desperdício sempre me irrita.*
>
> — RHETT BUTLER EM *E O VENTO LEVOU*

Os impostos impõem um custo para o contribuinte. É tentador ver o custo simplesmente como a quantidade de dinheiro que o contribuinte entrega para o cobrador de impostos. No entanto, um exemplo indica que esta é apenas uma parte da história.

Considere Breyer Dazs, um cidadão que normalmente consome 10 casquinhas de sorvete por semana, a um preço de US$ 1 por casquinha. O governo aplica um imposto de 25% sobre seu consumo de casquinhas de sorvete, então agora Dazs precisa arcar com um preço de US$ 1,25.[1] Em resposta ao aumento dos preços, Dazs reduz seu consumo de casquinhas de sorvete para zero e gasta US$ 10 por semana em outros bens e serviços. Obviamente, como Dazs não consome casquinhas de sorvete, o imposto sobre o sorvete gera receita zero. Estamos dizendo que Dazs não é afetado pelo imposto? A resposta é não. Dazs é prejudicado porque o imposto induziu-o a consumir uma cesta de bens menos desejável que antes. Sabemos que a cesta com os impostos é menos desejável porque, antes do imposto, Dazs tinha a opção de não consumir casquinhas de sorvete. Como ele escolhia comprar 10 casquinhas por semana, esta era provavelmente uma opção que preferia a gastar o dinheiro em outros itens. Assim, apesar do fato de o imposto ter gerado receita zero, ele prejudicou Dazs.

Uma variedade de impostos do mundo real ilustra este ponto. Por exemplo, muitas cidades cobram altos impostos sobre carros de aluguel no aeroporto como forma de arrecadação de receitas de pessoas de fora da cidade [Johnson, 2005]. Um viajante frequente explicou que parou de voar para Boston para evitar o imposto de US$ 10 cobrado pela cidade sobre o aluguel de carros; em vez disso, ele voa para além de Chicago, até Manchester, New Hampshire. Outro viajante com destino a Medford, Oregon, afirmou que evita o imposto sobre aluguel de veículos no aeroporto tomando um táxi até o centro e alugando um carro lá (onde não há impostos). Claramente, embora esses viajantes não estejam pagando diretamente o imposto sobre o aluguel de carros no aeroporto, eles ainda são prejudicados.

Esses exemplos são um pouco extremos. Normalmente, espera-se que um aumento no preço diminua a quantidade demandada, mas não tanto que esta chegue a zero. No entanto, o resultado básico se mantém: como um imposto distorce as decisões econômicas, ele cria um **encargo excessivo** – uma perda de bem-estar acima e além das receitas de impostos recolhidos. O encargo excessivo é muitas vezes referido como *custo de bem-estar ou peso morto*.[2] Este capítulo aborda a teoria e a medida do encargo excessivo e explica sua importância para a avaliação de sistemas fiscais reais.

◆ ◆ ◆

encargo excessivo

Perda de bem-estar acima e além dos impostos recolhidos. Também chamado de *custo do bem-estar* ou *peso morto*.

---

[1] Conforme ressaltado no Capítulo 14, o preço pago pelo consumidor geralmente não aumenta o valor total do imposto. Para este exemplo, vamos supor que a curva de oferta é horizontal.

[2] Consulte os Capítulos 6 e 9 para uma discussão sobre o peso morto de alguns programas de despesas.

▶ DEFINIÇÃO DE ENCARGO EXCESSIVO

Ruth tem uma renda fixa de I dólares, que ela gasta em apenas duas *commodities*: cevada e milho. O preço por libra de cevada é P_b e o preço por libra de milho é P_c. Não há impostos ou "distorções", como externalidades ou monopólio na economia, de modo que os preços dos bens refletem seus custos marginais sociais. Para fins de conveniência, presume-se que os custos marginais sociais são constantes em relação à produção. Na Figura 15.1, o consumo de cevada de Ruth é medido no eixo horizontal, enquanto seu consumo de milho é dado no eixo vertical. Sua restrição orçamentária é a linha AD, que tem inclinação P_b/P_c e intercepção horizontal I/P_b.[3] Supondo que Ruth deseja maximizar sua utilidade, ela escolhe um ponto como E_1 na curva de indiferença i, no qual ela consome B_1 quilos de cevada e C_1 quilos de milho.

Agora, suponha que o governo imponha um imposto a uma alíquota de percentual t_b sobre a cevada, de modo que o preço pago por Ruth torna-se $(1 + t_b)P_b$ (o preço antes do imposto mantém-se inalterado em função de nosso pressuposto de custos marginais sociais constantes). O imposto muda a restrição orçamentária de Ruth. Ela agora tem uma curva de $-[(1 + t_b) P_b/P_c]$ e intercepção horizontal $I/[(1 + t_b) P_b]$. Isso é mostrado na Figura 15.1 como a linha AF (como o preço do milho ainda é P_c, as linhas AF e AD têm a mesma intercepção vertical).

Observe que, em cada nível de consumo de cevada, a distância vertical entre AD e AF mostra os pagamentos de impostos de Ruth medidos em milho. Para entender isso, considere uma quantidade arbitrária de cevada B_a no eixo horizontal. Antes da cobrança do imposto, Ruth podia adquirir B_a libras de cevada e C_a libras de milho. Depois do imposto, no entanto, se ela consumisse B_a libras de cevada, o máximo de milho que ela poderia comprar seria C_b libras. A diferença (distância) entre C_a e C_b deve, portanto, representar o valor do imposto cobrado pelo governo medido em libras de milho. Podemos converter as receitas

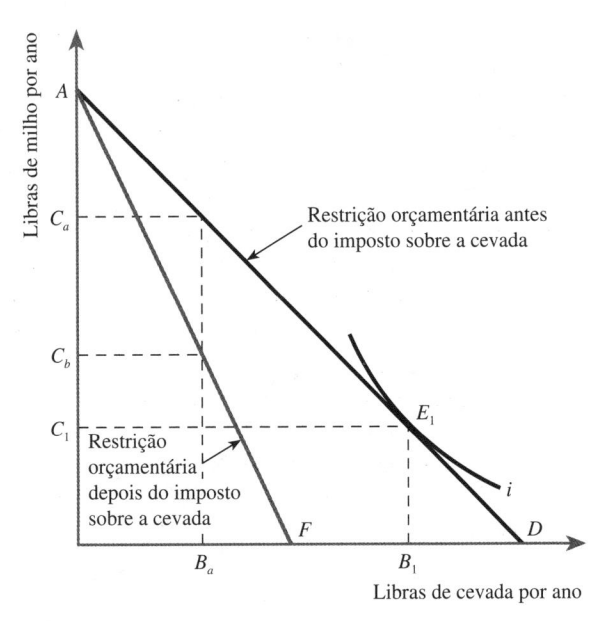

FIGURA 15.1 Efeito de um imposto sobre a restrição orçamentária.
Com a restrição orçamentária AD, Ruth maximiza a utilidade em E_1. O imposto sobre a cevada aumenta o preço da cevada e muda sua restrição orçamentária para a linha AF.

---

[3] A construção de restrições orçamentárias e a interpretação de suas curvas e intercepções são discutidas no apêndice no final deste livro.

fiscais para dólares multiplicando a distância C_aC_b pelo preço por libra de milho, P_c. Por conveniência, medimos o milho em unidades de forma que $P_c = 1$. Neste caso, a distância C_aC_b mede as receitas fiscais em milho *ou* em dólares.

Até agora, não indicamos a escolha de Ruth em sua nova restrição orçamentária, AF. A Figura 15.2 mostra que seu pacote preferido está no ponto E_2 na curva de indiferença *ii*, em que seu consumo de cevada é B_2, seu consumo de milho é C_2 e seus impostos são a distância vertical associada entre AD e AF, GE_2. Claramente, Ruth está em pior situação em E_2 do que estava em E_1. No entanto, *qualquer* imposto a teria colocado em uma curva de indiferença inferior.[4] A questão importante é se o imposto sobre a cevada inflige uma perda de utilidade maior do que o necessário para gerar a receita GE_2. Como alternativa, há alguma outra maneira de gerar a receita GE_2 que causaria perda de utilidade menor para Ruth? Se houver, o imposto sobre a cevada tem um encargo excessivo.

Para investigar esta questão, temos de encontrar um equivalente em dólares da perda que Ruth sofre por precisar se deslocar da curva de indiferença *i* para a *ii*. Uma forma de medir isso é a **variação equivalente** – quantidade de renda que teríamos de tirar de Ruth (antes da cobrança do imposto sobre a cevada) para induzi-la a passar de *i* para *ii*. A variação equivalente mede a perda causada pelo imposto como o tamanho da redução da renda que causaria a mesma diminuição em utilidade que o imposto.

Para retratar a variação equivalente graficamente, lembre-se de que tirar renda de um indivíduo leva a um movimento paralelo para dentro de sua linha de orçamento. Assim, para encontrar a variação equivalente, tudo o que temos de fazer é mover AD para dentro, até que esteja tangente à curva de indiferença *ii*. O quanto precisamos mover AD é a variação equivalente. Na Figura 15.3, a linha orçamentária HI é paralela a AD e tangente à curva de indiferença *ii*. Assim, a distância vertical entre AD e HI, ME_3, é a variação equivalente. Ruth é indiferente entre perder ME_3 dólares e pagar o imposto sobre a cevada.

Observe que a variação equivalente ME_3 excede as receitas fiscais da cevada GE_2. Para entender a razão, basta observar que ME_3 é igual a GN, pois ambos medem a distância

> **variação equivalente**
> Mudança na renda com o mesmo efeito sobre a utilidade que uma mudança no preço de uma mercadoria.

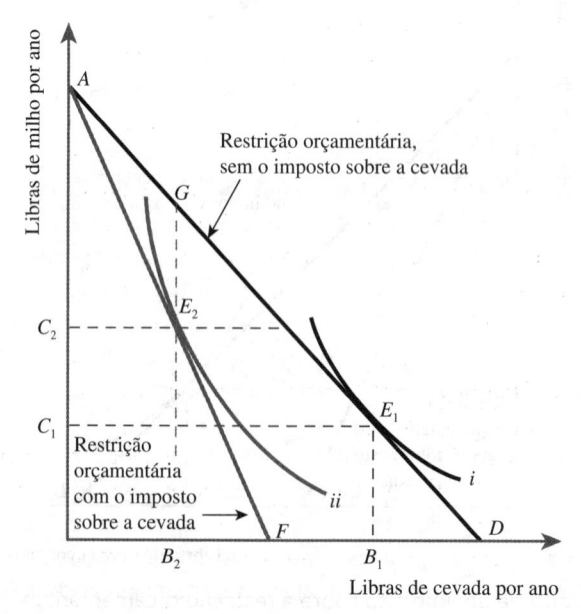

FIGURA 15.2 Efeito de um imposto sobre a cesta de consumo.
Depois do imposto, Ruth maximiza a utilidade em E_2. Seus impostos são a distância vertical entre AD e AF, que é GE_2.

---

[4] Isto ignora os benefícios que podem ser obtidos a partir das despesas financiadas pelo imposto.

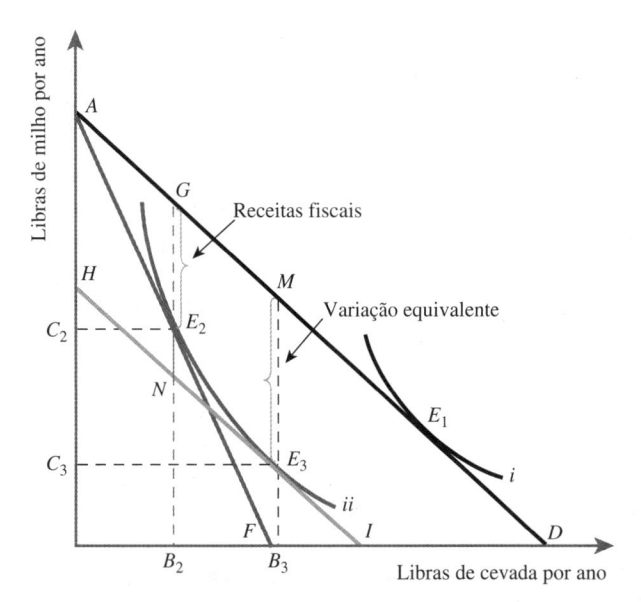

FIGURA 15.3 Encargo excessivo do imposto sobre a cevada.
A distância vertical ME_3 é a variação equivalente do imposto sobre a cevada. Ruth é indiferente entre perder ME_3 dólares e pagar o imposto sobre a cevada. O encargo excessivo é E_2N, que é a diferença entre a variação equivalente e as receitas fiscais da cevada.

entre as linhas paralelas AD e HI. Assim, ME_3 excede GE_2 pela distância E_2N. Este é um resultado realmente notável. Isso significa que o imposto sobre a cevada piora a situação de Ruth em um valor que de fato excede as receitas que gera. Na Figura 15.3, a quantia em que a perda de bem-estar (medida pela variação equivalente) excede os impostos arrecadados – o encargo excessivo – é a distância E_2N.

Será que *todo* imposto implica um encargo excessivo? Definir um **imposto de montante fixo**, como uma certa quantia que deve ser paga independentemente do comportamento do contribuinte. Se o governo cobra um imposto de montante fixo de US$ 100 de Ruth, não há nada que ela possa fazer para evitar o pagamento de US$ 100, a não ser deixar o país ou morrer. Em contraste, o imposto sobre a cevada não é um imposto de montante fixo, pois o valor arrecadado depende do consumo de cevada de Ruth.

Analisemos um imposto de montante fixo que deixa Ruth na mesma situação que o imposto sobre a cevada. Para começar, devemos esboçar a linha orçamentária associada. Ela deve ter duas características. Em primeiro lugar, tem de ser paralela a AD (como um imposto de montante fixo simplesmente tira dinheiro de Ruth, ele não muda os preços relativos da cevada e do milho; duas linhas orçamentárias que incorporam a mesma razão de preço devem ser paralelas). Em segundo lugar, devido à determinação de que Ruth deve atingir o mesmo nível de utilidade que com o imposto sobre a cevada, a linha orçamentária deve ser tangente à curva de indiferença *ii*.

A linha orçamentária HI na Figura 15.3, que é tangente à curva de indiferença *ii* no ponto E_3, satisfaz esses dois critérios. Se estivesse diante dessa linha orçamentária, Ruth consumiria B_3 libras de cevada e C_3 libras de milho. A arrecadação do imposto de montante fixo é a distância vertical entre E_3 e a restrição orçamentária antes do imposto, ou a distância ME_3. Porém, mostramos anteriormente que ME_3 é também a variação equivalente do movimento da curva de indiferença *i* para *ii*. Isso não é nenhuma surpresa, uma vez que um imposto de montante fixo é apenas um deslocamento paralelo da linha orçamentária. Como a arrecadação de um imposto de montante fixo é igual a sua variação equivalente, *um imposto de montante fixo não tem encargo excessivo*.

> **imposto de montante fixo**
> Imposto cujo valor é independente do comportamento do indivíduo.

Em suma, um imposto de montante fixo que deixa Ruth na *mesma curva de indiferença* que o imposto sobre a cevada gera mais receitas para o governo. Por outro lado, se comparássemos um imposto de montante fixo e um imposto sobre a cevada que gerasse a *mesma receita*, o imposto de montante fixo deixaria Ruth em uma curva de indiferença mais alta.

O leitor cético pode suspeitar que este resultado é apenas um artefato de uma forma particular de desenhar as curvas de indiferença na Figura 15.3. Este não é o caso. Pode-se provar que, enquanto as curvas de indiferença tiverem a forma usual, um imposto que muda os preços relativos irá gerar um encargo excessivo.[5] Por outro lado, um imposto que muda os preços relativos é ineficiente no sentido de que reduz a utilidade individual mais do que o necessário para gerar uma determinada quantidade de receita.

Perguntas e respostas

A discussão do capítulo anterior sobre o encargo excessivo levanta algumas questões importantes.

Se impostos de montante fixo são tão eficientes, por que os governos não os utilizam? O imposto de montante fixo é uma ferramenta política pouco atraente por vários motivos. Suponhamos que o governo anunciasse que a responsabilidade fiscal de cada pessoa fosse de US$ 2.000 por ano. Este é um imposto de montante fixo, mas a maioria das pessoas julga que seria injusto, pois pode-se presumir que a perda de US$ 2.000 prejudica mais uma família pobre que uma família rica. Um exemplo histórico interessante é fornecido pelo governo da primeira-ministra britânica Margaret Thatcher, que implementou um imposto que, de certa forma, se assemelhava a um imposto de montante fixo. O imposto sobre a propriedade que antes financiava o governo local foi substituído por um imposto per capita (*head tax*); em cada jurisdição local, o valor depende das necessidades de receita per capita da jurisdição. O imposto era fixo no sentido de que a responsabilidade fiscal de uma pessoa não variava com o valor dos rendimentos ou da propriedade; ele variava, no entanto, de acordo com o local escolhido por uma pessoa para morar. A opinião de que esse imposto era injusto foi um dos fatores que levaram à queda da primeira-ministra Thatcher, em 1990, e ele foi revogado em 1991 por seu sucessor, o primeiro-ministro John Major. Os políticos parecem ter entendido a mensagem deste episódio: desde então, não houve grandes instâncias governamentais que tenham implementado impostos de montante fixo.

Como uma maneira de produzir resultados mais equitativos, pode-se considerar a possibilidade de fazer com que as pessoas paguem impostos de montante fixo diferentes com base em seus rendimentos. Uma pessoa rica poderia ter de pagar US$ 20.000 por ano, independentemente de suas decisões econômicas, enquanto uma pessoa pobre pagaria apenas US$ 500. O problema é que as pessoas que entrassem no mercado de trabalho logo perceberiam que sua eventual carga tributária dependeria de suas rendas e ajustariam suas decisões de trabalho e de poupança. Em suma, como a quantidade de renda que as pessoas ganham está pelo menos parcialmente sob seu controle, o imposto baseado em renda não é um imposto de montante fixo.

Em última análise, para atingir um sistema equitativo de impostos de montante fixo, seria necessário basear o imposto em alguma característica subjacente de "habilidade" que medisse o *potencial* dos indivíduos de ganhar renda. Desta forma, pessoas de alto e de baixo potencial poderiam ser tributadas de forma diferente. Como a base é o potencial, a carga tributária de um indivíduo não dependeria do comportamento. No entanto, mesmo se tal medida de capacidade existisse, seria difícil para a autoridade tributária observá-la.

---

[5] Como observado, isto pressupõe que não há outras distorções na economia. Para ver comprovação disso, consulte Kaplow [2008b].

Curiosamente, uma das características observáveis que tem correlação surpreendentemente alta com a renda é a altura – as pessoas mais altas tendem a ter rendas maiores. Com base nisso, Mankiw e Weinzierl [2010] argumentaram que um imposto baseado na altura seria progressivo e eficiente – progressivo porque arrecadaria uma quantidade desproporcional de dinheiro de pessoas com renda alta e eficiente porque não distorceria o comportamento (as pessoas não podem mudar sua altura em resposta a um imposto). Este argumento, é claro, é feito em tom cômico. Mankiw e Weinzierl não estão realmente defendendo um sistema fiscal baseado na altura; em vez disso, eles sustentam esse argumento para esclarecer nosso pensamento sobre as implicações políticas da teoria fiscal ideal.

Há algum resultado da economia de bem-estar que nos ajudaria a entender por que surgem encargos excessivos? Como discutimos no Capítulo 3, uma condição necessária para uma alocação de recursos com eficiência de Pareto é que a taxa marginal de substituição de cevada por milho no consumo (MRS_{bc}) seja igual à taxa marginal de transformação da cevada em milho na produção (MRT_{bc}). Com o imposto sobre a cevada, os consumidores arcam com um preço da cevada de $(1 + t_b)P_b$. Por isso, eles estabelecem

$$MRS_{bc} = \frac{(1+t_b)P_b}{P_c} \quad (15.1)$$

A Equação (15.1) é a representação algébrica do ponto de equilíbrio E_2 na Figura 15.3.

Os produtores tomam suas decisões definindo a taxa marginal de transformação como igual à razão dos preços *que recebem*. Mesmo que Ruth pague $(1 + t_b)P_b$ por libra de cevada, os produtores de cevada recebem apenas P_b – a diferença vai para quem cobra os impostos. Assim, os produtores que buscam a maximização do lucro estabelecem

$$MRT_{bc} = \frac{P_b}{P_c} \quad (15.2)$$

Claramente, desde que t_b não seja zero, MRS_{bc} excede MRT_{bc} e a condição necessária para uma alocação eficiente dos recursos não é cumprida.

Intuitivamente, quando MRS_{bc} é maior do que MRT_{bc}, a utilidade marginal de substituir o consumo de cevada pelo consumo de milho excede a mudança nos custos de produção necessária para que isso ocorra. Assim, a utilidade seria aumentada se tal ajuste fosse feito. No entanto, na presença do imposto sobre a cevada não há incentivo *financeiro* para fazê-lo. O encargo excessivo é apenas uma medida da perda de utilidade. A perda surge porque o imposto sobre a cevada cria uma lacuna entre quanto o consumidor paga e quanto o produtor recebe. Por outro lado, com um imposto de montante fixo, os índices de preços para os consumidores e produtores são iguais. Não há lacuna, então as condições necessárias para a eficiência de Pareto são satisfeitas.

O imposto de renda implica um encargo excessivo? A resposta geralmente é sim, mas é preciso pensar um pouco para entender o porquê. A Figura 15.3 mostra a aplicação de um imposto de montante fixo como um movimento paralelo para baixo de *AD* para *HI*. Esse movimento poderia bem ter decorrido de um imposto que tirasse parte da renda de Ruth. Como o imposto de montante fixo, uma redução de renda aproxima as intercepções da restrição orçamentária da origem, mas deixa sua inclinação inalterada. Talvez, então, a cobrança de imposto de montante fixo e de imposto de renda sejam equivalentes. Se a renda fosse fixa, o imposto de renda *seria* um imposto de montante fixo. No entanto, quando as escolhas das pessoas afetam seus rendimentos, o imposto de renda geralmente *não* é equivalente a um imposto de montante fixo.

Imagine que Ruth consome *três commodities*: cevada, milho e lazer, *l*. Ruth abre mão de lazer (ou seja, ela fornece trabalho) para obter a renda que ela gasta com cevada e milho. No setor de produção, o lazer de Ruth é um insumo para a produção dos dois bens. A taxa na qual seu tempo de lazer pode ser transformado em cevada é MRT_{lb} e em milho é MRT_{lc}. Assim como um indivíduo que maximiza a utilidade define a taxa marginal de substituição entre duas *commodities* de modo igual a sua relação de preço, a *MRS* entre lazer e determinada *commodity* é definida como igual à relação entre o salário (o preço do lazer) e o preço da *commodity*.

Apelando novamente para a teoria da economia do bem-estar, as condições necessárias para uma alocação dos recursos com eficiência de Pareto, no caso destas três *commodities* são:

$$MRS_{lb} = MRT_{lb}$$

$$MRS_{lc} = MRT_{lc}$$

$$MRS_{bc} = MRT_{bc}$$

Um imposto de renda proporcional, equivalente a um imposto com a mesma taxa sobre a cevada e o milho, deixa a terceira igualdade inalterada, pois os produtores e os consumidores ainda arcam com os mesmos preços *relativos* da cevada e do milho (o imposto aumenta ambos os preços na mesma proporção, de modo que sua relação não é alterada). No entanto, ele introduz uma carga fiscal nas duas primeiras condições. Para entender a razão disso, suponha que o empregador de Ruth lhe paga um salário bruto w e que a alíquota de imposto de renda é t. As decisões de Ruth dependem de seu salário depois da dedução de impostos, $(1-t)w$. Por isso, ela define $MRS_{lb} = (1-t)w/P_b$. Por outro lado, as decisões do produtor são baseadas no salário que paga, o salário sem dedução de impostos, w. Assim, o produtor define $MRT_{lb} = w/P_b$. Consequentemente, $MRS_{lb} \neq MRT_{lb}$. Da mesma forma, $MRS_{lc} \neq MRT_{lc}$. Em contraste, um imposto de montante fixo deixa todas as três igualdades intactas. Assim, os impostos de renda e de montante fixo geralmente não são equivalentes.

O fato de que o imposto de renda desfaz duas igualdades enquanto os impostos sobre a cevada e o milho com alíquotas diferentes desfaz todas as três é irrelevante para determinar qual sistema é mais eficiente. Quando *qualquer* das igualdades não se mantém, o resultado é uma perda de eficiência e os tamanhos das perdas de bem-estar não podem ser comparados apenas contando cargas fiscais. Em vez disso, os encargos excessivos associados a cada regime fiscal devem ser calculados e comparados. Não existe pressuposto de que o imposto de renda seja mais eficiente do que um sistema de impostos sobre *commodities* com alíquotas diferentes, conhecido como *tributação diferenciada de commodities*. Pode ser verdade, mas esta é uma questão empírica que não pode ser respondida somente com base na teoria.

Se a demanda por uma *commodity* não muda quando ela é tributada, isso significa que não há encargos excessivos? A intuição por trás do encargo excessivo é que ele resulta de decisões distorcidas. Se não houver mudança na demanda pelo bem tributado, pode-se concluir que não há encargo excessivo. Esta conjectura é examinada na Figura 15.4. Naomi, a pessoa em questão, começa com a mesma renda que Ruth e paga os mesmos preços e impostos. Por isso, sua restrição orçamentária inicial é AD e, depois do imposto sobre a cevada, é AF. No entanto, ao contrário de Ruth, Naomi não muda seu consumo de cevada depois da implementação do imposto sobre a cevada; ou seja, $B_1 = B_2$. As receitas fiscais da cevada são E_1E_2. Existe um encargo excessivo? A variação equivalente do imposto sobre a cevada é RE_3. Isso excede as receitas fiscais da cevada de E_1E_2 em E_2S. Assim, embora o consumo de cevada de Naomi não seja alterado pelo imposto sobre a cevada, este ainda cria um encargo excessivo de E_2S.

A explicação exige que façamos distinção entre dois tipos de resposta ao imposto sobre a cevada. O movimento de E_1 para E_2 é a *resposta não compensada*. Ele mostra como o consumo muda em decorrência do imposto e incorpora efeitos devido à perda de renda e

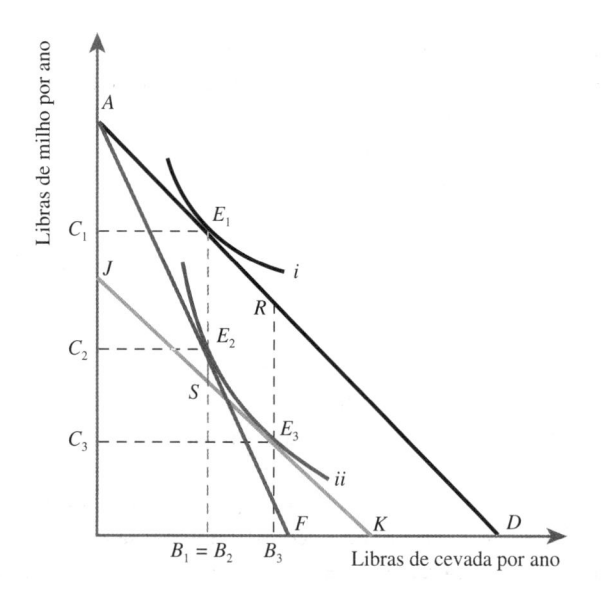

FIGURA 15.4 Encargo excessivo de um imposto sobre uma *commodity* cuja curva de demanda comum é perfeitamente inelástica.
Naomi compra a mesma quantidade de cevada depois do imposto que comprava antes do imposto. No entanto, o imposto ainda produz um encargo excessivo de E_2S.

à mudança induzida pelo imposto nos preços relativos. Agora, podemos imaginar a decomposição do movimento de E_1 para E_2 em um movimento de E_1 a E_3 e, depois, de E_3 para E_2. O movimento de E_1 para E_3 mostra o efeito sobre o consumo de um imposto de montante fixo. Esta mudança, chamada de **efeito renda**, deve-se exclusivamente à perda de renda, pois os preços relativos não são afetados. Com efeito, então, o movimento de E_3 para E_2 deve-se estritamente à mudança nos preços relativos. Ele é gerado por dar a Naomi renda suficiente para permanecer na curva de indiferença *ii* ainda que o preço da cevada aumente em função do imposto. Como Naomi é compensada pelo aumento do preço da cevada com renda adicional, o movimento de E_3 para E_2 é chamado de *resposta compensada*, também por vezes chamada de **efeito de substituição**.[6]

A resposta compensada é a mais importante para o cálculo do encargo excessivo. Por quê? Por construção, o cálculo do encargo excessivo consiste em comparar a arrecadação de impostos nos pontos E_2 e E_3 na curva de indiferença *ii*. Porém, o movimento de E_3 para E_2 ao longo da curva de indiferença *ii* é precisamente a resposta compensada. Observe também que é apenas na passagem de E_3 para E_2 que a taxa marginal de substituição é afetada. Como mostrado anteriormente, essa mudança viola as condições necessárias para uma alocação de *commodities* com eficiência de Pareto.

Uma curva de demanda comum retrata a mudança não compensada na quantidade de uma *commodity* demandada quando muda o preço. Uma **curva de demanda compensada** mostra como a quantidade demandada muda quando o preço muda *e*, simultaneamente, a renda é compensada para que a cesta de *commodities* do indivíduo permaneça na mesma curva de indiferença. Uma maneira de resumir esta discussão é dizer que o encargo excessivo depende de movimentos ao longo da curva de demanda compensada e não da curva de demanda comum.

Embora estas observações possam parecer picuinhas teóricas, elas são realmente muito importantes. As discussões sobre políticas muitas vezes se concentram em se determinado imposto influencia ou não o comportamento observado, com o pressuposto de que,

efeito de renda

Efeito de uma mudança de preço sobre a quantidade demandada exclusivamente em função do fato de que a renda do consumidor mudou.

efeito de substituição

A tendência de um indivíduo a consumir mais de um bem e menos de outro devido a uma diminuição no preço do primeiro em relação ao segundo.

curva de demanda compensada

Curva de demanda que mostra como a quantidade demandada varia de acordo com o preço, mantendo a utilidade constante.

---

[6] Consulte o apêndice do fim do livro para uma discussão mais aprofundada do efeito renda, do efeito de substituição e das curvas de demanda compensada.

se isso não acontecer, não há problema de eficiência grave. Por exemplo, alguns argumentam que, se as horas de trabalho não mudam quando um imposto de renda é implementado, o imposto não tem consequências adversas sobre a eficiência. Mostramos que tal noção é falaciosa. Um encargo excessivo substancial pode ocorrer mesmo que a resposta não compensada da *commodity* tributada seja zero.

▶ MEDIDA DE ENCARGO EXCESSIVO COM CURVAS DE DEMANDA

O conceito de encargo excessivo pode ser reinterpretado usando curvas de demanda (compensadas). Esta interpretação baseia-se fortemente no conceito de excedente do consumidor – a diferença entre o que as pessoas estariam *dispostas* a pagar por uma *commodity* e o valor que realmente precisam pagar. Como mostrado no apêndice deste livro, o excedente do consumidor é medido pela área entre a curva de demanda e a linha horizontal com o preço de mercado. Suponha que a curva de demanda compensada da cevada seja a linha D_b na Figura 15.5. Por conveniência, continuamos pressupondo que o custo marginal social da cevada é constante em P_b, de modo que a curva de oferta é a linha horizontal S_b.[7] No equilíbrio, q_1 libras de cevada são consumidas. O excedente do consumidor, a área entre o preço e a curva de demanda, é *aih*.

Novamente, suponha que um imposto com o percentual t_b é cobrado sobre a cevada, de modo que o novo preço, $(1 + t_b)P_b$, está associado à curva de oferta S_b'. Oferta e demanda agora se cruzam no produto q_2. Observe as seguintes características do novo equilíbrio:

- O excedente do consumidor cai para a área entre a curva de demanda e S_b', *agf*.
- A receita do imposto sobre a cevada é o retângulo *gfdh*. Isso ocorre porque as receitas fiscais são iguais ao produto do número de unidades compradas (*hd*) pelo imposto

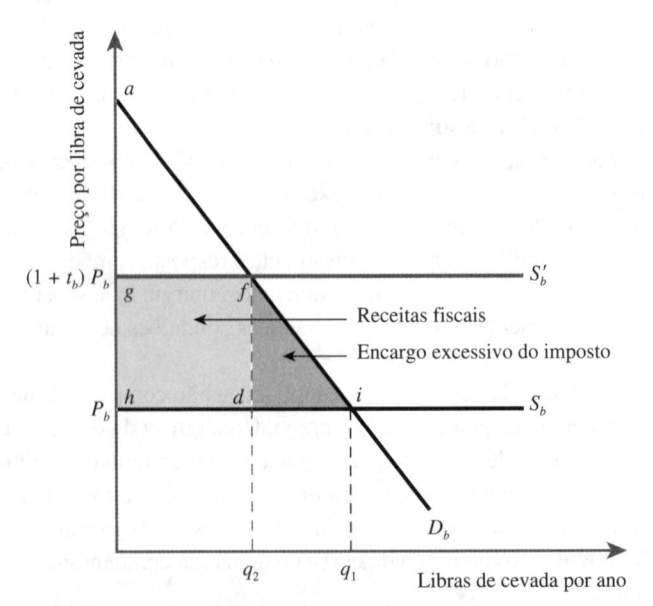

FIGURA 15.5 Encargo excessivo de um imposto de *commodities*.
O imposto faz com que o excedente do consumidor caia *gfih*, mas aumente apenas *gfdh* em receitas fiscais. A diferença, *fid*, é o encargo excessivo do imposto.

---

[7] A análise pode ser facilmente generalizada para o caso em que a curva de oferta se inclina para cima. Ver nota de rodapé 8.

pago sobre cada unidade: $(1 + t_b)P_b - P_b = gh$. Porém, *hd* e *gh* são apenas a base e a altura, respectivamente, do retângulo *gfdh* e, portanto, seu produto é a sua área.

- A soma dos excedentes do consumidor e das receitas fiscais depois do imposto (área *hafd*) é menor que o excedente do consumidor original (*ahi*) pela área *fid*. Com efeito, mesmo que devolvêssemos as receitas fiscais para os consumidores de cevada como um montante fixo, eles ainda seriam prejudicados pelo triângulo *fid*. O triângulo, então, é o encargo excessivo do imposto.

Esta análise fornece um marco conveniente para o cálculo de uma medida real em dólares do encargo excessivo. A área do triângulo *fid* é metade do produto de sua base (a mudança induzida pelo imposto na quantidade de cevada) por sua altura (o imposto por libra). Um cálculo simples revela que este produto equivale a

$$\tfrac{1}{2}\eta P_b q_1 t_b^2 \qquad (15.3)$$

em que η (*eta* grego) é o valor absoluto da elasticidade-preço compensada da demanda por cevada[8] (uma comprovação é apresentada no Apêndice A, no final do capítulo).

A Equação (15.3) tem várias implicações importantes. Em primeiro lugar, isso indica que o encargo excessivo é superior a um imposto aplicado sobre um bem com uma elasticidade-preço compensada da demanda mais alta. Um valor (absoluto) elevado de η indica que a quantidade compensada demandada é bastante sensível a variações de preço. Assim, a presença de η na Equação (15.3) faz sentido intuitivo – quanto mais o imposto distorce a decisão de consumo (compensada), maior o encargo excessivo. $P_b \times q_1$ é a receita total gasta em cevada inicialmente. Sua inclusão na fórmula mostra que quanto maior a despesa inicial com a *commodity* tributada, maior o encargo excessivo.

A Equação (15.3) também indica que é melhor tributar muitas *commodities* a uma taxa menor do que tributar algumas *commodities* a uma taxa mais alta. Em outras palavras, um imposto mais amplo tem menos encargo excessivo do que um imposto estreito. Isso se deve à presença de *t2b*, que implica que, conforme aumenta a alíquota de imposto, o encargo excessivo aumenta o mesmo valor ao quadrado. Dobrar um imposto quadruplica seu encargo excessivo, permanecendo outros fatores iguais. Portanto, dois impostos relativamente pequenos terão um encargo excessivo menor do que um imposto grande que arrecade a mesma quantidade de receitas, permanecendo outros fatores inalterados. Como o encargo excessivo aumenta o quadrado da alíquota de imposto, o encargo excessivo *marginal* de arrecadar mais um dólar de receita excede o encargo excessivo *médio*. Ou seja, o encargo excessivo adicional de arrecadar *mais* um dólar de receita excede a razão do encargo excessivo total para a receita total. Este fato tem implicações importantes para a análise de custo-benefício. Suponha, por exemplo, que o encargo excessivo médio por dólar de receita fiscal é de 12 centavos, mas o encargo excessivo marginal por dólar adicional de receitas fiscais é de 27 centavos [Jorgenson e Yun, 2001, p. 302]. O custo social de cada dólar arrecadado para determinado projeto público é o dólar mais o encargo excessivo adicional de 27 centavos. Assim, um projeto

---

[8] A fórmula é uma aproximação que vale estritamente apenas para um imposto infinitamente pequeno cobrado na ausência de quaisquer outras distorções. Quando a curva de oferta é inclinada para cima em vez de horizontal, o triângulo do encargo excessivo contém algum excedente do produtor, bem como o excedente do consumidor. A fórmula para o encargo excessivo, portanto, depende da elasticidade da oferta, bem como da elasticidade da demanda. Neste caso, o encargo excessivo é

$$\tfrac{1}{2}\frac{P_b q}{\frac{1}{\eta}+\frac{1}{\varepsilon}}t_b^2$$

em que ε é a elasticidade da oferta. Observe que, conforme ε se aproxima do infinito, esta expressão recai para a Equação (15.3). Isso porque um ε infinito corresponde a uma curva de oferta horizontal, como na Figura 15.5.

público deve produzir benefícios marginais de mais de US$ 1,27 por dólar de custo explícito para melhorar o bem-estar.

Tributação de passagens aéreas Ilustremos a Equação (15.3) com um exemplo do mundo real. As passagens aéreas são tributadas pelo governo federal a uma taxa de 10%. Qual é o encargo excessivo deste imposto? A equação diz que temos de conhecer a elasticidade-preço da demanda. De acordo com Yan e Winston [2012], uma estimativa razoável é cerca de 1.1. Precisamos também do produto do preço por passagem e do número de passagens vendidas – as receitas das passagens aéreas. Este valor é cerca de US$ 91 bilhões ao ano [US Bureau of the Census, 2012c, p. 677]. Inserir todas essas informações na Equação (15.3) nos diz que o imposto sobre passagens aéreas impõe um encargo excessivo anual de $½ \times 1,1 \times 91 \times (0,10)^2$ bilhões, ou US$ 501 milhões.

Distorções pré-existentes

Esta análise presumiu que não há distorções na economia além do imposto em questão. Na realidade, quando um novo imposto é introduzido já há outras distorções: monopólios, externalidades e impostos pré-existentes. Isso dificulta a análise do encargo excessivo.

Suponha que os consumidores consideram o gim e o rum como substitutos. Suponha ainda que o rum está sendo tributado, gerando um "triângulo" de encargo excessivo, como na Figura 15.5. Agora, o governo decide impor um imposto sobre o gim. Qual é o encargo excessivo do imposto sobre o gim? No mercado de gim, o imposto sobre o gim cria uma lacuna entre o que os consumidores de gim pagam e o que os produtores de gim recebem. Como de costume, isso cria um encargo excessivo. Mas não é só isso. Se o gim e o rum são substitutos, o aumento no preço do gim aos consumidores induzido pelo imposto sobre o gim aumenta a demanda por rum. Consequentemente, a quantidade de rum demandada aumenta. Agora, como o rum era tributado sob o *status quo*, "muito pouco" estava sendo consumido. O aumento no consumo de rum induzido pelo imposto sobre o gim ajuda a mover o consumo de rum de volta para seu nível eficiente. Há, portanto, um ganho de eficiência no mercado de rum que ajuda a compensar o encargo excessivo imposto no mercado de gim. Em teoria, o imposto sobre o gim pode de fato diminuir o encargo excessivo geral. Este é um exemplo da **teoria do segundo melhor**: na presença das distorções existentes, as políticas que isoladamente aumentariam a eficiência podem reduzi-la e vice-versa (o Apêndice B, no final do capítulo, apresenta uma demonstração gráfica deste fenômeno).

Assim, o impacto de um imposto ou subsídio sobre a eficiência não pode ser considerado isoladamente. Na medida em que existem outros mercados com distorções e que os produtos nesses mercados estão relacionados (como substitutos ou como complementos), o impacto global sobre a eficiência depende do que está acontecendo em todos os mercados. Para calcular o impacto global sobre a eficiência de um conjunto de impostos e subsídios, geralmente não é correto calcular separadamente os encargos excessivos em cada mercado e, em seguida, somá-los. A perda de eficiência total não é igual à "soma de suas partes".

Este resultado pode ser bastante desconcertante pois, estritamente falando, isso significa que *todos* os mercados na economia devem ser estudados para avaliar as implicações de eficiência de *qualquer* imposto ou subsídio. Na maioria dos casos, simplesmente pressupõe-se que a inter-relação entre o mercado em questão e os outros mercados é suficientemente pequena para que efeitos cruzados possam ser ignorados. Embora esta seja claramente uma suposição conveniente, sua razoabilidade deve ser avaliada em cada caso particular.

O campo da economia ambiental fornece um exemplo em que ter em conta distorções pré-existentes é importante. No Capítulo 5 vimos que, na presença de uma externalidade, um conjunto de impostos igual ao custo marginal externo (um "imposto Pigouviano") leva a um resultado eficiente. Porém, este resultado considera apenas o mercado em que a externalidade ocorre e ignora as consequências de eficiência no mercado de trabalho. O

---

teoria do segundo melhor
Na presença das distorções existentes, as políticas que isoladamente aumentariam a eficiência podem reduzi-la e vice-versa.

imposto Pigouviano está ligado ao mercado de trabalho pois, pelo aumento dos preços de bens como energia e transporte, o imposto efetivamente reduz os salários reais dos trabalhadores. Lembre-se de que o sistema de imposto de renda dos EUA é altamente ineficiente porque distorce os incentivos ao trabalho. Ligando essas duas observações, é claro que o imposto Pigouviano amplia o encargo excessivo no mercado de trabalho, e este **efeito de interação do imposto** reduz a eficiência global do imposto. Em suma, um imposto Pigouviano melhora uma ineficiência, mas piora outra. Infelizmente, os economistas não sabem qual efeito é mais importante.

A ineficiência gerada pelo efeito de interação do imposto pode ser reduzida pelo uso da receita fiscal do imposto Pigouviano a fim de baixar alíquotas de impostos ineficientes, tais como aquelas associadas à tributação da renda. Esse é o chamado **efeito de duplo dividendo**. Por exemplo, Metcalf [2007] propôs aplicar um imposto sobre as emissões de carbono e utilizar as receitas para reduzir os impostos sobre a folha de pagamento. A eficiência global de um imposto Pigouviano, com efeito de duplo dividendo, consistiria no ganho de eficiência no mercado para o bem poluente na perda de eficiência, devido ao efeito de interação do imposto no mercado de trabalho e em ganhos de eficiência pelo uso da receita para diminuir as alíquotas de impostos que causam a distorção.

efeito de interação do imposto

Aumento do encargo excessivo no mercado de trabalho decorrente da redução dos salários reais causada por um imposto Pigouviano.

efeito de duplo dividendo

Usar os recursos de um imposto Pigouviano para reduzir alíquotas de impostos ineficientes.

Carga excessiva de um subsídio

Subsídios de *commodities* são importantes componentes dos sistemas fiscais de muitos países. Com efeito, um subsídio é apenas um imposto negativo e, como um imposto, está associado a um encargo excessivo. Para ilustrar o cálculo do encargo excessivo de um subsídio, consideremos o subsídio para habitação própria fornecido pelo governo federal por meio de algumas provisões do imposto de renda pessoal (consulte o Capítulo 18 para obter detalhes da lei). Este subsídio é de particular interesse porque alguns acreditam que a crise financeira de 2008 e 2009 foi causada por pessoas que compram muita habitação, o que pode ter ocorrido em parte por causa do subsídio.

Suponha que a demanda por serviços de habitação ocupada pelo proprietário é a linha reta D_h na Figura 15.6. A oferta é horizontal no preço P_h, que mede o custo social marginal de produzir serviços de habitação. Inicialmente, a quantidade de equilíbrio é h_1. Agora, suponha que o governo forneça um subsídio de s% para os produtores de habitação. O novo preço para os serviços de habitação é então $(1-s)P_h$ e a curva de oferta associada é S'_h. O subsídio aumenta a quantidade de serviços de habitação consumidos para h_2. Se a finalidade do subsídio era aumentar o consumo de habitação em seguida, ele foi bem sucedido. Se seu objetivo, porém, era maximizar o bem-estar social, esta é uma política adequada?

Antes do subsídio, o excedente do consumidor era a área *mno*. Após o subsídio, o excedente do consumidor é *mqu*. O benefício para os consumidores de habitação é o aumento de seu excedente, a área *nouq*. Mas a que custo esse benefício é obtido? O custo do programa de subsídio é a quantidade de serviços de habitação consumidos, *qu*, vezes o subsídio por unidade, *nq*, ou o retângulo *nvuq*. Assim, o custo do subsídio realmente ultrapassa o benefício – existe um encargo excessivo igual à diferença entre as áreas *nvuq* e *nouq*, que é a área sombreada *ovu*. Para o proprietário de uma casa de US$ 500.000, uma estimativa aproximada do encargo excessivo é de US$ 1.600 por ano.[9]

Como o subsídio para algo bom como a habitação pode ser ineficiente? Lembre-se de que qualquer ponto na curva de demanda para serviços de habitação mede quanto as pessoas valorizam aquele nível determinado de consumo. À direita de h_1, embora os indi-

---
[9] Este valor baseia-se no pressuposto de que a taxa marginal de imposto é de 0,35, a elasticidade-preço compensada é de 0,8, a taxa nominal de juros é de 5%, o imposto sobre a propriedade é de 2,5% do valor da casa, o prêmio de risco para investimentos habitacionais é de 4% do valor da casa e os custos de manutenção e depreciação são ambos de 2% do valor da casa.

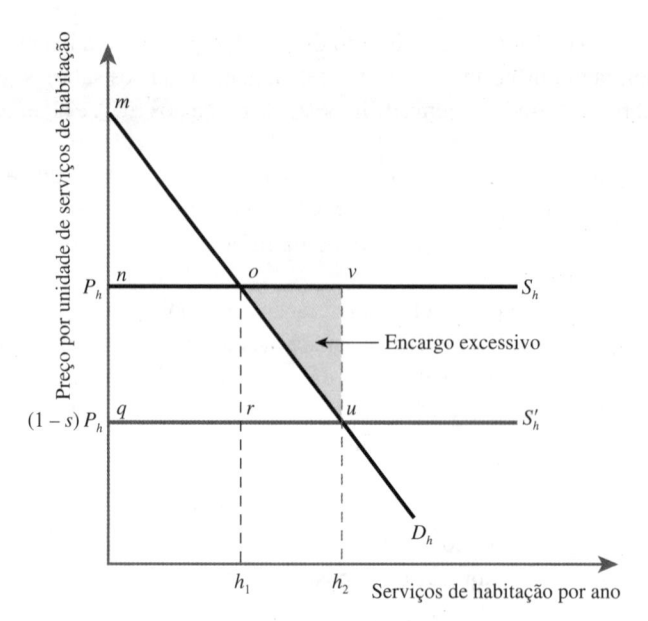

FIGURA 15.6 Encargo excessivo de um subsídio para a habitação.
O subsídio para a habitação aumenta o excedente do consumidor em *nouq*. No entanto, isso é ultrapassado pelo custo do subsídio para o governo, que é *nvuq*. A diferença, *ovu*, é o encargo excessivo gerado pelo subsídio.

víduos de fato derivem utilidade de consumir mais habitação, seu valor é inferior a P_h, o custo marginal de seu fornecimento para a sociedade. Em outras palavras, o subsídio induz as pessoas a consumirem serviços de habitação que são menos valorizados que seu custo, daí a ineficiência.[10]

Uma implicação política muito importante decorre desta análise. É comum ouvir propostas para ajudar algum grupo de indivíduos pelo subsídio a uma *commodity* que consomem muito. Demonstramos que esta é uma maneira ineficiente de ajudar as pessoas. Menos dinheiro poderia deixá-los na mesma situação, caso lhes fosse dado como uma subvenção direta. Na Figura 15.6, as pessoas seriam indiferentes entre um programa de subsídio habitacional custando *nvuq* e uma subvenção direta *nouq*, mesmo que o programa de subsídios custe ao governo mais dinheiro.[11] Esta é uma das razões porque muitos economistas preferem transferências diretas de renda aos subsídios de *commodities*.

Encargo excessivo da tributação de renda

A teoria do encargo excessivo se aplica tão bem para insumos quanto para *commodities*. Na Figura 15.7, as horas de trabalho de Jacob são traçadas no eixo horizontal, e seu salário por hora na vertical. A curva de oferta de trabalho compensada de Jacob, que mostra o menor salário que seria necessário para induzi-lo a trabalhar cada hora adicional, é denominada O_T. Inicialmente, o salário de Jacob é w e as horas de trabalho associadas são L_1. Da mesma forma que o excedente do consumidor é a área entre a curva de demanda e o preço de mercado, o excedente do trabalhador é a área entre a curva de oferta e o salário de mercado. Quando o salário é w, o superávit de Jacob é, portanto, a área *adf*.

---

[10] Alternativamente, após o subsídio, a taxa marginal de substituição no consumo depende de $(1-s)P_h$, enquanto a taxa marginal de transformação da produção depende de P_h. Assim, a taxa marginal de transformação não é igual à taxa marginal de substituição e a alocação de recursos não pode ser eficiente.

[11] Este resultado é muito semelhante ao obtido quando examinamos programas de subsídios em espécie no Capítulo 12. Este capítulo também discute por que os subsídios de *commodities* permanecem, no entanto, politicamente populares.

O LADO MAIS LEVE DAS FINANÇAS PÚBLICAS

American Way of Tax*

O humorista Russell Baker nunca usa o termo encargo excessivo na coluna reproduzida abaixo. No entanto, ele fornece uma excelente descrição do fenômeno.

NEW YORK – O cobrador de impostos estava muito incomodado com Figg. O modo de vida de Figg não se conformava com o modo de vida que vários governos queriam que Figg adotasse. Nada irritava mais o cobrador de impostos que o desprezo insolente e caprichoso aos desejos do governo. Ele convocou Figg ao templo de tributação.

"Qual é a ideia de viver em um apartamento alugado em vez de ter uma *delicatessen* na cidade, Figg?", perguntou. Figg explicou que gostava da vida urbana. Neste caso, disse o cobrador de impostos, ele ia aumentar os impostos sobre as vendas e a renda de Figg na cidade. "Se quiser que eles diminuam, você terá de se mudar para os subúrbios", disse ele.

Para satisfazer seu governo local, Figg saiu da cidade e alugou uma casa no subúrbio. O cobrador de impostos chamou-o de volta ao templo.

"Figg", ele disse, "você me deixou muito irado com seu modo de vida. Portanto, vou arrancar mais imposto de renda federal de você". Então, ele espremeu Figg até que gotas de sangue saíram das costuras da carteira de Figg.

"Misericórdia, bom cobrador de impostos", Figg suspirou. "Diga-me como viver para que eu possa agradar meu governo e vou obedecer".

O cobrador de impostos disse que Figg devia deixar de alugar e comprar uma casa. O governo queria que todos aceitassem grandes empréstimos hipotecários de banqueiros. Se Figg aceitasse, ele cortaria seus impostos.

Figg comprou uma casa que ele não queria, em um subúrbio onde ele não queria viver, e convidou seus amigos e parentes para participar de uma festa comemorando sua entrega a um modo de vida que agradava seu governo.

O cobrador de impostos ficou tão furioso que apareceu na festa com os olhos injetados de sangue. "Cansei disto, Figg", declarou ele. "Seu governo não quer que você receba amigos e parentes. Isso vai custar caro."

Figg expulsou imediatamente todos os seus amigos e parentes e, em seguida, perguntou ao cobrador de impostos que tipo de pessoas seu governo queria que ele convidasse. "Parceiros de negócios", disse o cobrador de impostos. "Convide muitos parceiros de negócios e eu vou cortar seus impostos".

Para agradar o cobrador de impostos e seu governo, Figg começou a receber pessoas que não gostava, na casa que ele não queria, no subúrbio onde ele não queria morar.

Então, o cobrador de impostos ficou realmente enfurecido. "Figg", ele bradou: "Não vou cortar seus impostos por receber supervisores, motoristas de caminhão e tapadores de buracos".

"Por que não?", disse Figg. "Estas são as pessoas com quem me associo em meu negócio".

"E qual é ele?", perguntou o cobrador de impostos.

"Ganhar meu salário com o suor do meu rosto", disse Figg.

"Seu governo não vai suborná-lo para realizar trabalho assalariado", disse o cobrador de impostos. "Você não sabe, seu imbecil, que as taxas de imposto sobre a renda assalariada são maiores do que qualquer outro tipo?"

E ele tributou o suor do rosto de Figg a uma taxa que arrancou intensos gritos de agonia de Figg e gritinhos de alegria de Washington, que já tinha mais rostos suados do que precisava para sustentar o modo de vida aprovado pelo governo.

"Entre nos negócios, ou em minerais ou em petróleo internacional", advertiu o cobrador de impostos" ou tornarei seus impostos iguais aos de 10".

Figg entrou nos negócios que ele odiava, e recebeu pessoas que não gostava, na casa que ele não queria, no subúrbio onde ele não queria morar.

Por fim, o cobrador de impostos convocou Figg para um discurso irado. Ele exigiu saber por que Figg não tinha comprado uma nova fábrica de plásticos para substituir sua antiga fábrica para processamento de metal e madeira. "Eu odeio plástico", disse Figg. "Seu governo está cansado de metal, madeira e de tudo o que cheira a coisas reais, Figg", gritou o cobrador de impostos, agarrando a bolsa de Figg. "Sua depreciação está completamente esgotada".

Não havia nada que Figg pudesse fazer a não ser passar para o setor de plásticos, e o cobrador de impostos recompensou-o com um novo cronograma de depreciação e com uma dedução de crédito de investimento do resultado financeiro final.

---

* Por Russell Baker, *International Herald Tribune*, 13 de abril de 1977, página 14.
© 1977 por The New York Times Company. Reproduzido com permissão.

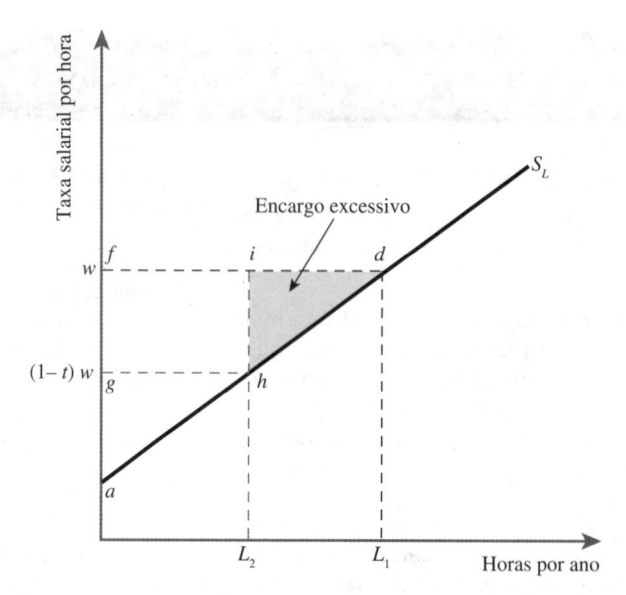

FIGURA 15.7 Encargo excessivo de um imposto sobre o trabalho.
Neste exemplo, um imposto sobre o trabalho gera um encargo excessivo *hid*.

Agora, suponha que um imposto de renda com alíquota t seja implementado. O salário após impostos é então $(1 - t)w$ e, considerando a curva de oferta S_L, a quantidade de trabalho fornecida cai para L_2 horas. O excedente de Jacob depois do imposto é *agh* e o governo arrecada receitas iguais a *fihg*. O encargo excessivo devido à distorção induzida pelo imposto da escolha de trabalho é o valor no qual a perda de bem-estar de Jacob (*fdhg*) excede o imposto cobrado: a área *hid* ($=$ *fdhg* $-$ *fihg*). Em analogia com a Equação (15.3), a área *hid* é aproximadamente:

$$½ \varepsilon \omega L_1 t^2 \tag{15.4}$$

em que ε é a elasticidade compensada de horas de trabalho no que diz respeito ao salário.

Uma estimativa razoável de ε para um homem americano é cerca de 0,2. Para fins ilustrativos, suponha que, antes dos impostos, Jacob trabalhe 2.000 horas por ano, com um salário de US$ 20 por hora. Um imposto sobre os rendimentos de 40% é, então, imposto. Substituindo esses valores na Equação (15.4), o encargo excessivo do imposto é de cerca de US$ 640 por ano. Uma maneira de colocar esse número em perspectiva é observar que é cerca de 4% das receitas fiscais. Assim, em média, cada dólar de imposto arrecadado cria um encargo excessivo de 4 centavos.

É claro, as taxas salariais, as taxas de imposto e as elasticidades variam entre os membros da população, de modo que pessoas diferentes estão sujeitas a diferentes encargos excessivos. Além disso, o encargo excessivo da tributação do trabalho também depende de alíquotas de impostos sobre outros fatores de produção. Feldstein [2006a] estimou que um aumento geral nas taxas de imposto de renda pessoal levaria a um encargo excessivo de 76 centavos por dólar de receita. Como mostramos no Capítulo 18, no entanto, há considerável incerteza sobre os valores de algumas das principais elasticidades. Portanto, esta estimativa específica deve ser considerada com cautela. Ainda assim, ela provavelmente fornece uma boa ideia das magnitudes envolvidas.

▶ TRIBUTAÇÃO DIFERENCIADA DE INSUMOS

No exemplo do imposto de renda que acabamos de discutir, pressupomos que a renda do trabalho era tributada à mesma taxa, independentemente do local de fornecimento do trabalho. Porém, às vezes o imposto sobre um insumo depende de onde ele é empregado. Por exemplo, por causa do imposto de renda de pessoa jurídica, o capital utilizado pelas corporações é tributado a uma taxa mais alta do que o capital usado por empresas não corporativas. Outro exemplo é a tributação diferenciada do trabalho nos setores doméstico e de mercado. Se uma pessoa faz trabalho doméstico, serviços valiosos são produzidos, mas não tributados[12] (o valor da produção doméstica é enorme; de acordo com Bridgman et al. [2012], isso equivale a cerca de um quarto do PIB). Por outro lado, se o mesmo indivíduo trabalha no mercado, os serviços estão sujeitos a impostos sobre renda e folha de pagamento. O fato de o trabalho ser tributado em um setor e não tributado em outro distorce as escolhas das pessoas entre eles.

Para medir a eficiência de custos, considere a Figura 15.8. A distância horizontal OO' mede a quantidade total de trabalho disponível na sociedade. A quantidade de trabalho dedicada ao trabalho doméstico é medida pela distância à direita do ponto O; a quantidade de trabalho dedicada ao trabalho no mercado é medida pela distância à esquerda do ponto O'. Assim, qualquer ponto ao longo de OO' representa alguma alocação do trabalho entre o lar e o mercado.

Agora, defina o *valor do produto marginal* (*VMP*) de horas trabalhadas no setor doméstico como o valor em dólares da produção *adicional* para cada hora trabalhada. O gráfico (VMP_{home}) na Figura 15.8 representa o valor do produto marginal do trabalho doméstico. Seu desenho é inclinado para baixo, refletindo a suposição razoável de que, à medida que mais horas são passadas em casa, o valor incremental dessas horas

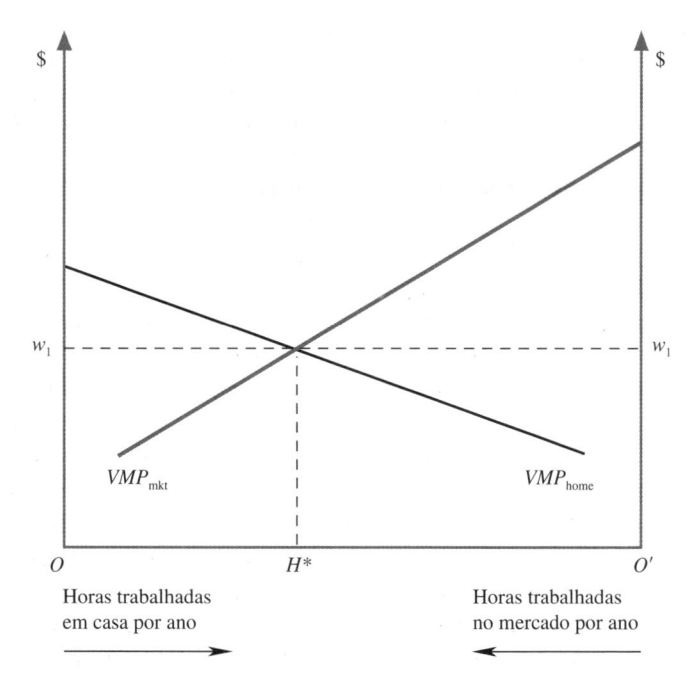

FIGURA 15.8 Alocação de tempo entre trabalho doméstico e o mercado de trabalho. A distância horizontal OO' mede a quantidade total de trabalho disponível na sociedade. Os indivíduos dividem o trabalho entre o trabalho doméstico e o mercado de trabalho para que o valor do produto marginal do trabalho seja o mesmo em ambos os setores, o que ocorre em H^*.

---

[12] O valor do trabalho doméstico foi expresso muito bem por um autor bíblico que escreveu em uma época em que se pressupunha que os lares eram administrados apenas por mulheres. Em Provérbios 31, ele discute em detalhes as muitas tarefas desempenhadas pela mulher "atenta ao governo de sua casa" (v. 27). Sua conclusão geral é que "seu valor em muito excede o dos rubis" (v. 10). Infelizmente, os dados sobre os preços de rubis durante a era bíblica não estão disponíveis.

diminui. Esta é apenas uma manifestação da lei de retornos marginais decrescentes. Da mesma forma, VMP_{mkt} mostra o valor do produto marginal das horas trabalhadas no setor do mercado (lembre-se de que movimentos para a esquerda no eixo horizontal representam *aumento* na quantidade de trabalho alocada para o mercado de trabalho). Embora seja esperado que ambos os gráficos sejam decrescentes com relação à quantidade de trabalho empregada nos respectivos setores, não há razão para esperar que os gráficos tenham a mesma forma, de modo que eles não são desenhados como imagens espelhadas um do outro.

Como é determinada a distribuição do trabalho entre os dois setores? Suponha que os indivíduos dividem seu tempo entre trabalho doméstico e o mercado de trabalho para maximizar sua renda total. Consequentemente, o valor do produto marginal do trabalho é o mesmo em ambos os setores. Se não fosse, seria possível que as pessoas passassem de um setor para outro a fim de aumentar suas rendas.[13] Na Figura 15.8, o equilíbrio ocorre quando OH^* horas são dedicadas ao trabalho doméstico e $O'H^*$ horas são dedicadas ao mercado de trabalho. O valor do produto marginal do trabalho em ambos os setores é w_1 dólares. Preços competitivos garantem que o salário no setor de mercado seja igual ao valor do produto marginal.

Agora, suponha que um imposto t é cobrado sobre a renda do trabalho no mercado, mas o trabalho doméstico não é tributado. Com qualquer quantidade de trabalho empregada no mercado, o imposto cria uma lacuna entre VMP e a taxa salarial associada. Por exemplo, se o valor do produto marginal é US$ 10 e a alíquota de imposto é de 25%, então a taxa salarial será de apenas US$ 7,50. De modo mais geral, a imposição de um imposto sobre os salários do mercado a uma taxa t reduz a taxa salarial de VMP_{mkt} para $(1-t)VMP_{mkt}$. Geometricamente, isto equivale a mover todos os pontos em VMP_{mkt} para baixo em $t\%$, como ilustrado na Figura 15.9. Claramente, a alocação original já não é um equilíbrio, pois em H^* o retorno ao trabalho no lar excede a taxa no mercado. Isto é, em H^*, VMP_{home} é maior que $(1-t)VMP_{mkt}$. Como resultado, as pessoas começam a trabalhar menos no mercado e mais em casa, o que move a economia para a direita de H^*. O equilíbrio é atingido quando o valor após impostos do produto marginal no setor de mercado é igual ao valor do produto marginal no setor doméstico. Na Figura 15.9, isso ocorre quando as pessoas trabalham OH_t horas em casa e $O'H_t$ horas no mercado.

No novo equilíbrio, os VMPs após impostos nos dois setores são ambos iguais a $(1-t)w_2$. No entanto, o *VMP antes do imposto* no setor do mercado, w_2, é maior que o VMP no setor doméstico, $(1-t)w_2$. Isto significa que, se mais trabalho fosse fornecido ao setor do mercado, o aumento da renda no setor (w_2) seria superior à perda de renda no setor doméstico, $(1-t)w_2$. Não há, porém, incentivo para que ocorra essa realocação, pois as pessoas são sensíveis aos retornos que recebem *depois dos impostos*, e estes já são iguais. O imposto cria, assim, uma situação em que há "muito" trabalho doméstico e trabalho no mercado "insuficiente". Em suma, o imposto é ineficiente no sentido em que distorce os incentivos para empregar insumos em seus usos mais produtivos. A diminuição da renda real resultante é o encargo excessivo do imposto.

Para medir o encargo excessivo, devemos analisar a Figura 15.9 em detalhe. Observe primeiramente que, como resultado do êxodo de mão de obra do mercado, o valor de sua produção cai *abcd*, a área em VMP_{mkt} entre H^* e H_t.[14] Por outro lado, conforme a mão de obra entra no setor doméstico o valor de produção aumenta *aecd*, a área sob a curva VMP_{home} entre H^* e H_t. Portanto, a sociedade perde a área *abcd* menos a área *aecd*, ou

---

[13] Para uma discussão mais aprofundada sobre por que isso deve ser verdade, consulte o apêndice no final deste livro.

[14] A distância vertical entre VMP e o eixo horizontal, em qualquer nível de insumo, dá o valor do produto *marginal* para esse nível de insumo. A soma de todas essas distâncias fornece o valor do produto *total*. Assim, a área em VMP fornece o valor do produto total.

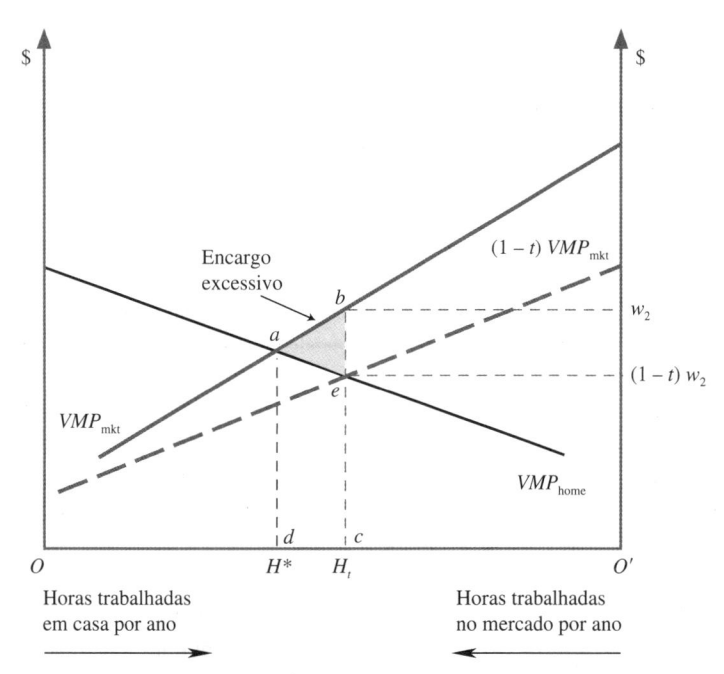

FIGURA 15.9 Encargo excessivo da tributação diferenciada de insumos.
Um imposto sobre os salários de mercado a uma taxa t reduz a taxa salarial de VMP_{mkt} para $(1-t)\,VMP_{mkt}$. Como resultado, as pessoas começam a trabalhar menos no mercado e mais em casa, o que move a economia para H_t. O encargo excessivo associado é abe.

o triângulo abe, que é o encargo excessivo do imposto. A base desse triângulo é apenas o tamanho da carga fiscal, $w_2[(1-t)w_2]$ ou tw_2. Sua altura é o aumento na quantidade de tempo dedicada ao trabalho em casa, a distância H^*H_t, que representamos como ΔH. Aproveitando a fórmula para a área de um triângulo podemos, então, representar o encargo excessivo como:

$$\tfrac{1}{2}(\Delta H)tw_2$$

Quanto maior a mudança na alocação de mão de obra (ΔH) e quanto maior a carga fiscal (tw_2), maior o encargo excessivo. Em geral, sempre que um fator é tributado de forma diferente em diferentes usos, isso leva a uma má alocação de fatores entre os setores e, portanto, a um encargo excessivo.

▶ A TRIBUTAÇÃO EFICIENTE IMPORTA?

Todo ano, dezenas de documentos contendo detalhes sobre os gastos do governo e a tributação são publicados. Você procuraria em vão, porém, por um "orçamento de encargo excessivo" documentando o impacto distorsivo das políticas fiscais do governo. Não é difícil entender a razão. O encargo excessivo não aparece em nenhum sistema de contabilidade. É uma noção conceitualmente bastante sutil e não é fácil de calcular. No entanto, embora as perdas de renda real associadas a mudanças induzidas por mudanças de comportamento estejam ocultas, elas são reais e, de acordo com algumas estimativas, são muito grandes. Enfatizamos repetidamente que apenas considerações de eficiência nunca são suficientes para determinar a política. Como o Presidente do Supremo Tribunal Warren Burger observou em um contexto diferente: "Conveniência e eficiência não são os principais objetivos – ou as marcas – do governo democrático". Ainda assim, é lamentável que os decisores políticos muitas vezes ignorem completamente a eficiência.

O fato de um imposto gerar um encargo excessivo não significa que o imposto é ruim. Espera-se, afinal, que ele seja usado para obter algo benéfico para a sociedade em termos de maior eficiência ou justiça. Entretanto, para determinar se os supostos benefícios são grandes o suficiente para justificar os custos, uma política inteligente exige que o encargo excessivo seja incluído no cálculo como um custo social. Além disso, como veremos no Capítulo 16, o encargo excessivo é extremamente útil na comparação de sistemas fiscais alternativos. Fornecer estimativas de encargo excessivo é uma tarefa importante para os economistas.

Resumo

- Os impostos geralmente impõem um encargo excessivo – um custo além da receita fiscal arrecadada.
- O encargo excessivo é causado por distorções de comportamento induzidas pelo imposto. Ele pode ser examinado usando curvas de indiferença ou curvas de demanda compensadas.
- Impostos de montante fixo não distorcem o comportamento, mas são pouco atraentes como ferramentas políticas. No entanto, constituem-se em um importante padrão em relação ao qual comparar os encargos excessivos de outros impostos.
- O encargo excessivo pode ocorrer mesmo que o comportamento observado não seja afetado, pois é a resposta compensada a um imposto que determina seu encargo excessivo.

- Quando um único imposto é cobrado, o encargo excessivo é proporcional à elasticidade compensada da demanda e ao quadrado da alíquota de imposto.
- Cálculos do encargo excessivo normalmente não pressupõem outras distorções. Se houver outras distorções, o encargo excessivo adicional de um novo imposto dependerá de seus efeitos em outros mercados.
- Os subsídios também criam encargos excessivos porque incentivam as pessoas a consumir bens de valor inferior ao custo marginal social da produção.
- A tributação diferenciada de insumos cria um encargo excessivo. Esses insumos são "muito pouco" usados em atividades tributadas e "muito" usados em atividades não tributadas.

Perguntas para reflexão

1. Qual dos seguintes impostos provavelmente irá impor um grande encargo excessivo?

    a. Um imposto sobre a terra.

    b. Um imposto de 24% sobre o uso de telefones celulares (esta é a soma aproximada das alíquotas de impostos federais e estaduais na Califórnia, em Nova York e na Flórida).

    c. Um subsídio para investimento em empresas de alta tecnologia.

    d. Um imposto sobre refrigerantes comprados em copo, mas não sobre aqueles comprados em garrafas ou latas (tal imposto existe em Chicago).

    e. Um imposto de 10 centavos sobre baralhos de cartas contendo não mais que 54 cartas (tal imposto existe, no Alabama).

    f. Um imposto sobre o mirtilo (tal imposto existe, no Maine).

2. Suponha que sua vizinha está disposta a pagar US$ 100 para que você faça alguns consertos na casa dela. Você estaria disposto a fazer o trabalho por US$ 80, então vocês chegam a um acordo. Agora, suponha que o governo cobre um imposto de US$ 25 sobre todas as operações de consertos em casa. Você junta seus materiais e sai da casa de sua vizinha, porque não vale mais a pena para você fazer o trabalho. Como resultado de deixar o trabalho, você não precisa pagar o imposto de US$ 25. Relacione este cenário ao conceito de encargo excessivo.

3. Respondendo a uma proposta do Congresso de aplicar um imposto de 5% sobre a cirurgia plástica eletiva, o porta-voz de uma empresa que produz Botox disse que tal imposto resultaria em um aumento "muito marginal" no custo de um procedimento de aplicação de Botox de US$ 440, mas poderia ter um efeito maior sobre os procedimentos de implante mamário que custam mais de US$ 5.000 [Richwine, 2009]. Se isso está correto, o imposto teria maior encargo excessivo no mercado para procedimentos de aplicação de Botox ou no mercado de implantes ma-

mários? Organize a sua resposta em torno da Equação (15.3).

4. "Na fórmula para o encargo excessivo dada na Equação (15.3), o imposto é inferior a 1. Quando ele é elevado ao quadrado, o resultado é menor, não maior. Assim, ter t^2 em vez de t na fórmula torna o imposto menos importante". Comente.

5. Em 2012, o governo Obama propôs um conjunto de políticas que aumentariam a alíquota de imposto de renda máxima de 35% para cerca de 44%. Em que proporção isso aumentaria o encargo excessivo do imposto de renda para as pessoas nessa faixa de imposto?

6. Em 2006, vários membros do Congresso defenderam a eliminação da maior parte das reduções de impostos que haviam sido promulgadas nos cinco anos anteriores. No entanto, quase ninguém foi a favor de eliminar o "crédito de imposto da criança", que cortava os impostos da maioria das famílias em US$ 1.000 por filho. Um economista argumentou que manter o crédito de imposto da criança "poderia ser bom para fins sociais, mas não há justificativa econômica para isso" [Ip, 2006]. Explique o que este economista quis dizer usando o conceito de encargo excessivo.

7. O ex-secretário do Trabalho Robert Reich defende um programa de *cap-and-trade* para gases causadores de efeito estufa. Segundo a proposta de Reich, o governo leiloaria as licenças e distribuiria as receitas na forma de um montante fixo para cada cidadão adulto [Reich, 2008]. Quais são as implicações deste plano para o encargo excessivo? Se você estivesse interessado em reduzir o encargo excessivo, como distribuiria as receitas?

8. Em 2012, o governo nigeriano retirou um subsídio do combustível. Um crítico da retirada do subsídio argumentou que o governo não foi capaz de articular claramente como isso beneficiaria os nigerianos, afirmando: "Eles usaram argumentos econômicos que eram abstratos, na melhor hipótese, e sem sentido, na pior hipótese" [Adichie, 2012]. Veja se você consegue dar uma melhor explicação para as razões da remoção de tal subsídio.

9. No Reino Unido, cada família que é proprietária de uma televisão paga uma taxa obrigatória equivalente a US$ 233 ao ano. A receita total arrecadada, que é mais de 7 bilhões de dólares ao ano, vai para a British Broadcasting Corporation. Você acha que esse imposto provavelmente terá encargo excessivo substancial em relação às receitas arrecadadas?

10. Durante a campanha Republicana das eleições primárias de 2012 para a presidência dos Estados Unidos, o senador Rick Santorum propôs reduzir a alíquota do imposto de pessoa jurídica de 35% para zero para fabricantes, mas apenas para 17,5% para outras empresas. Use a discussão em torno da Figura 15.9 para avaliar as consequências de eficiência desta proposta.

11. No sistema fiscal dos EUA, o capital empregado no setor corporativo é tributado com uma alíquota superior à do capital no setor não corporativo. Este problema irá analisar o encargo excessivo da tributação diferenciada de capital.

    Suponha que existem dois setores, corporativo e não corporativo. O valor do produto marginal do capital no setor corporativo, VMP_c, é dado por $VMP_c = 100 - K_c$, onde K_c é a quantidade de capital no setor corporativo e o valor do produto marginal do capital no setor não corporativo, K_n, é dado por $VMP_n = 80 - 2K_n$, onde K_n é a quantidade de capital no setor não corporativo. Ao todo, são 50 unidades de capital na sociedade.

    a. Na ausência de quaisquer impostos, quanto capital está no setor corporativo e quanto está no setor não corporativo? dica: desenhe um esboço semelhante ao da Figura 15.9 para organizar seus pensamentos.

    b. Suponha que um imposto unitário de 6 seja aplicado sobre o capital empregado no setor corporativo. Depois do imposto, quanto capital é empregado em cada setor? Qual é o encargo excessivo do imposto?

12. Em um esforço para reduzir o consumo de álcool, o governo está considerando um imposto de US$ 1 sobre cada galão de bebida alcoólica vendido (o imposto é cobrado dos produtores). Suponha que a curva de oferta de bebidas alcoólicas é inclinada positivamente e que sua equação é $Q = 30.000P$ (onde Q é o número de galões de bebida alcoólica e P é o preço por galão). A curva de demanda para a bebida alcoólica é $Q = 500.000 - 20.000P$.

    a. Faça um esboço para ilustrar o encargo excessivo do imposto. Depois, use álgebra para calcular o encargo excessivo. Mostre graficamente o encargo excessivo gerado pelo imposto unitário de US$ 1. Dica: compare as perdas dos excedentes do consumidor e do produtor para as receitas fiscais.

    b. Suponha-se que cada galão de bebida alcoólica consumida gera um custo externo negativo de US$ 0,50. Como isso afeta o encargo excessivo associado ao imposto unitário sobre as bebidas?

Apêndice A

▶ FÓRMULA PARA ENCARGO EXCESSIVO

Este apêndice mostra como o triângulo de encargo excessivo *fdi* da Figura 15.5 pode ser escrito em termos da elasticidade da demanda compensada. A área do triângulo, *A*, é dada pela fórmula:

$$A = \tfrac{1}{2} \times \text{base} \times \text{altura}$$
$$= \tfrac{1}{2} \times (di) \times (fi) \qquad (15A.1)$$

fd é apenas a diferença entre os preços bruto e líquido (ΔP_b):

$$fd = \Delta P_b = (1 + t_b) \times P_b - P_b = t_b \times P_b \qquad (15A.2)$$

di é a mudança na quantidade (Δq) induzida pelo aumento dos preços:

$$di = (\Delta q) \qquad (15A.3)$$

Agora, observe que a definição da elasticidade-preço, η, é:

$$\eta = \frac{\Delta q P_b}{\Delta P_b q}$$

de modo que:

$$\Delta q = \eta \left(\frac{q}{P_b}\right) \Delta P_b \qquad (15A.4)$$

Vimos em (15A.2) que $\Delta P_b = t_b \times P_b$, de modo que (15A.4) resulta em:

$$\Delta q = \eta \times \frac{q}{P_b} \times (t_b P_b) = \eta \times q \times t_b \qquad (15A.5)$$

Finalmente, lembre-se de que $di = \Delta q$ e substitua (15A.5) e (15A.2) em (15A.1) para obter:

$$A = \tfrac{1}{2} \times (di)(fd)$$
$$= \tfrac{1}{2} \times (\eta q t_b) \times (t_b P_b)$$
$$= \tfrac{1}{2} \times \eta \times P_b \times q \times (t_b)^2$$

como no texto.

Apêndice B

▶ IMPOSTOS MÚLTIPLOS E A TEORIA DO SEGUNDO MELHOR

Este apêndice aborda a medição do encargo excessivo quando um imposto é aplicado na presença de uma distorção pré-existente.

Na Figura 15.B, consideramos dois bens, gim e rum, cujos cronogramas de demanda são D_g e D_r, e cujos preços antes dos impostos são P_g e P_r, respectivamente (os preços representam os custos sociais marginais e são considerados constantes). O rum é atualmente tributado a uma taxa t_r, por isso seu preço é $(1 + t_r)P_r$. Isso cria um encargo excessivo no mercado de rum, o triângulo *abc*. Agora, suponha que um imposto sobre o gim com a alíquota t_g é introduzido, criando uma lacuna entre o que os consumidores pagam pelo gim e o que os produtores recebem pelo gim. Isso cria um encargo excessivo *efd* no mercado de gim. Mas isso não é tudo. Se o gim e o rum são substitutos, o aumento no preço do gim para o consumidor induzido pelo imposto sobre o gim desloca a curva de demanda do rum para a direita, para, digamos, D'_r. Consequentemente, a quantidade de rum demandada aumenta de r_2 para r_3, a distância *cg*. Para cada garrafa de rum comprada entre r_2 e r_3, o valor que as pessoas pagam $[(1 + t_r)P_r]$ excede o custo social (P_r) pela distância *cb*. Por isso, há um ganho social *cb* por garrafa de rum vezes *cg* garrafas ou a área *cbhg*.

Para resumir: dado que o imposto sobre o rum já estava em vigor, o imposto sobre o gim cria um encargo excessivo *efd* no mercado de gim *e* ao mesmo tempo diminui o encargo excessivo em *cbhg* no mercado de rum. Se *cbhg* for suficientemente grande, o imposto pode realmente reduzir o encargo excessivo geral. Este é um exemplo da teoria do segundo

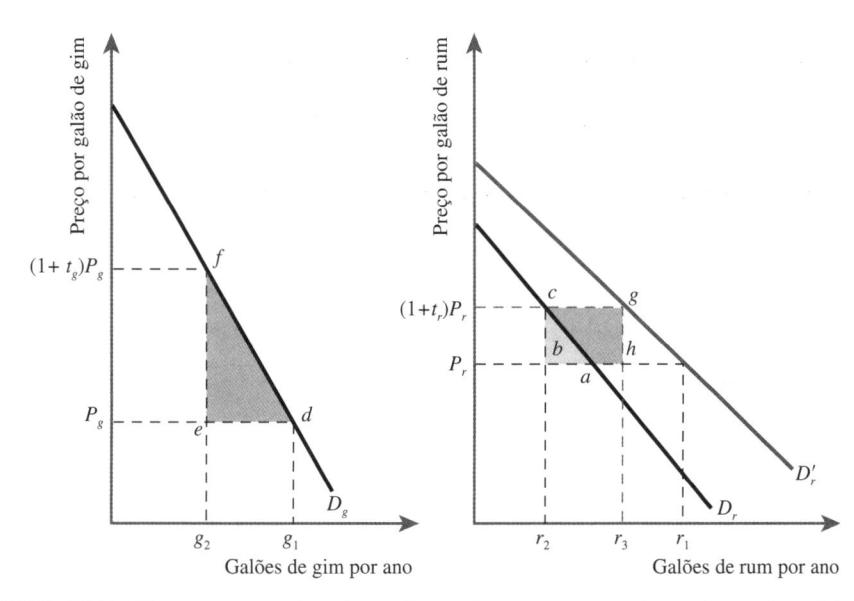

FIGURA 15.B Encargo excessivo de um imposto na presença de um imposto existente. Um imposto sobre o gim cria um encargo excessivo *efd*. O aumento no preço do gim desloca a curva de demanda do rum para a direita, pois os bens são substitutos. O aumento na demanda por rum reduz o encargo excessivo associado ao imposto pré-existente sobre o rum em *cbhg*.

melhor, que afirma que, na presença de distorções existentes, as políticas que isoladamente aumentariam a eficiência podem diminui-la e vice-versa.

Esta discussão trata de um caso especial mostrando que o encargo excessivo de um *conjunto* de impostos geralmente depende de todo o conjunto de alíquotas de imposto, bem como do grau de substituibilidade e complementaridade entre as várias *commodities*. Especificamente, suponha que *n commodities* estão sujeitas à tributação. Considere que P_i é o preço antes de impostos da *commodity* ith; t_i é o imposto *ad valorem* sobre a *commodity* ith; e S_{ij} é a resposta compensada na demanda pelo bem ith em relação a uma mudança no preço do bem jth. Assim, o encargo excessivo geral é:

$$-\tfrac{1}{2} \sum_{i=1}^{n} \sum_{j=1}^{n} t_i P_i t_j P_j S_{ij}$$

Por exemplo, no caso de dois bens discutido acima, em que os bens são g e r, o encargo excessivo geral é:

$$-\tfrac{1}{2}(t_r^2 P_r^2 S_{rr} + 2 t_r P_r t_g P_g S_{rg} + t_g^2 P_g^2 S_{gg})$$

Tributação eficiente e equitativa 16

> *Uma nação pode cair em decadência por meio da tributação de duas maneiras. No primeiro caso, quando o valor dos impostos excede os poderes da nação e não é proporcional à riqueza geral. No segundo caso, quando o montante da tributação, proporcional de modo geral aos poderes da nação, é mal distribuído.*
>
> —PIETRO VERRI

O sistema de imposto de renda dos Estados Unidos está sob ataque. Seus críticos afirmam que é ineficiente, injusto e excessivamente complicado. Mas quando esses críticos apresentam propostas de reforma, suas ideias são geralmente atacadas pelos mesmos motivos. Como devemos escolher? Nosso objetivo neste capítulo é estabelecer um conjunto de critérios para a avaliação de sistemas tributários do mundo real. Começamos examinando considerações sobre eficiência e distribuição que se encaixam perfeitamente no modelo convencional de economia do bem-estar. Em seguida, analisamos outros critérios que não se encaixam tão bem, mas que também têm importância e apelo considerável.

❖ ❖ ❖

▶ TRIBUTAÇÃO ÓTIMA DE *COMMODITIES*

Na Flórida, as contas de telefone sem fio são tributadas a uma alíquota de 16,23%; a maioria das outras *commodities* (com exceção dos alimentos, que são isentos) é tributada a uma alíquota de 6%. O serviço de telefone sem fio deve ser tributado com uma alíquota mais alta que o restante? Este é apenas um exemplo de questão de política econômica muito geral e muito importante: qual alíquota de impostos deve ser usada para diferentes bens e serviços? O objetivo da teoria da tributação ótima de *commodities* é fornecer um marco para responder a esta pergunta.

É claro que não é possível encontrar o conjunto "certo" de impostos sem conhecer o objetivo do governo. No início, supomos que o único objetivo é financiar as despesas do Estado com um mínimo de encargo excessivo e sem o uso de impostos de montante fixo. Voltamos, depois, para questões que surgem quando, além da eficiência, importa a distribuição.

Para começar, considere a situação de Stella, uma cidadã típica que consome apenas duas *commodities*, X e Y, bem como lazer, l. O preço de X é P_x, o preço de Y é P_y e o salário (que é o preço do lazer) é w. O número máximo de horas por ano que Stella pode trabalhar – sua **dotação de tempo** – mantém-se fixo em $\bar{T}$. Considere $\bar{T}$ a quantidade de tempo que sobra depois de dormir. Portanto, as horas de trabalho são $(\bar{T} - l)$ – todo o tempo não gasto em lazer é dedicado ao trabalho. A renda é o produto do salário vezes as horas de trabalho – $w(\bar{T} - l)$. Supondo que Stella gasta toda a sua renda nas *commodities* X e Y (não há poupança), sua restrição orçamentária é:

$$w(T - l) = P_x X = P_y Y \tag{16.1}$$

dotação de tempo

Número máximo de horas que um indivíduo pode trabalhar durante determinado período.

O lado esquerdo mostra os ganhos totais e o lado direito mostra como os rendimentos são gastos.

A Equação (16.1) pode ser reescrita como:

$$w\overline{T} = P_x X + P_y Y + wl \qquad (16.2)$$

O lado esquerdo de (16.2) é o valor da dotação de tempo. Ele mostra a renda que Stella poderia ganhar se trabalhasse todas as horas em que está acordada.

Agora, suponha que é possível tributar X, Y e l com a mesma taxa ad valorem, t. O imposto aumenta o preço efetivo de X para $(1 + t)P_x$, de Y para $(1 + t)P_y$ e de l para $(1 + t)w$. Assim, a restrição orçamentária depois de impostos de Stella é:

$$w\overline{T} = (1 + t) P_x X + (1 + t)P_y Y + (1 + t)wl \qquad (16.3)$$

Dividindo a equação (16.3) por $(1 + t)$, temos:

$$\frac{1}{1+t} w\overline{T} = P_x X + P_y Y + wl \qquad (16.4)$$

A comparação entre (16.3) e (16.4) aponta para o seguinte fato: Um imposto sobre todas as *commodities*, incluindo o lazer, com a mesma taxa percentual, t, é equivalente a reduzir o valor da dotação de tempo de $w\overline{T}$ para $[1/(1 + t)] \times w\overline{T}$. Por exemplo, uma alíquota de 25% sobre X, Y, e l é equivalente a uma redução do valor da dotação de tempo em 20%. No entanto, como w e $\overline{T}$ são fixos, seu produto, $w\overline{T}$, também é fixo; para qualquer valor da taxa salarial, um indivíduo não pode mudar o valor de sua dotação de tempo. Portanto, um imposto proporcional sobre a dotação de tempo é equivalente a um imposto de montante fixo. No Capítulo 15, vimos que os impostos de montante fixo não têm encargo excessivo. Conclui-se que um imposto com a mesma alíquota sobre todas as *commodities*, incluindo o lazer, é equivalente a um imposto de montante fixo e não tem encargo excessivo.

Parece bom, mas há um problema – estabelecer um imposto sobre o tempo de lazer é impossível. Os únicos instrumentos fiscais disponíveis são os impostos sobre as *commodities X* e *Y*. Por isso, algum encargo excessivo geralmente é inevitável. O objetivo da tributação ótima de *commodities* é selecionar as alíquotas de imposto sobre X e Y, de modo que o encargo excessivo de arrecadar a receita tributária necessária seja o mais baixo possível. Pode parecer que a solução para este problema é tributar X e Y com a mesma taxa, a chamada tributação neutra. Veremos que, em geral, a **tributação neutra** não é eficiente.

tributação neutra

Tributar todos os bens com a mesma taxa.

Regra de Ramsey

Para arrecadar a receita com o mínimo encargo excessivo possível, como devem ser definidas as alíquotas de imposto sobre X e Y? Para minimizar o encargo excessivo geral, o encargo excessivo marginal do último dólar de receita arrecadada de cada *commodity* deve ser o mesmo. Caso contrário, seria possível diminuir o encargo excessivo global aumentando a taxa sobre a *commodity* com o menor encargo excessivo marginal e diminuindo a taxa sobre a *commodity* com o maior encargo excessivo marginal.

Para explorar as consequências deste exemplo típico de análise marginal suponha, para simplificar, que para nosso consumidor representativo X e Y são *commodities* independentes – não são nem substitutas, nem complementares. Por isso, uma mudança no preço de qualquer *commodity* afeta sua própria demanda e não a demanda do outro bem. A Figura 16.1 mostra a demanda compensada de Stella para X, D_x. Suponha que ela pode comprar tanto X quanto quiser pelo preço P_0, de modo que a curva de oferta de X é horizontal.

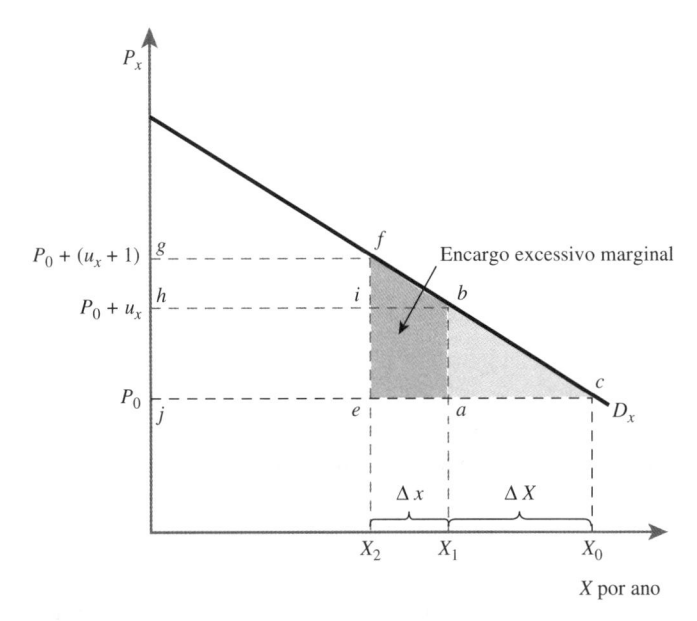

FIGURA 16.1 Encargo excessivo marginal
Aumentar o imposto unitário de u_x em um dólar leva a um encargo excessivo marginal *fbae* e a um aumento das receitas fiscais de *gfih bae*.

Suponha que um imposto unitário u_x seja cobrado sobre X, reduzindo a quantidade demandada de X_0 para X_1, ΔX na figura. Como provado no Capítulo 15, o encargo excessivo do imposto é a área do triângulo abc. Agora, suponha que aumentemos o imposto em um, de modo que se torne $(u_x + 1)$. O preço total é $P_0 + (u_x + 1)$; quantidade demandada cai em Δx para X_2; o encargo excessivo associado é o triângulo *fec*. O encargo excessivo marginal é a diferença entre os dois triângulos, o trapezoide fbae. A área do trapezoide é metade de sua altura (Δx) vezes a soma de suas bases $[u_x + (u_x + 1)]$. Portanto, o encargo excessivo marginal é ½ $\Delta x[u_x + (u_x + 1)]$.

Usando um pouco de álgebra[1], podemos simplificar esta expressão para descobrir que o encargo excessivo marginal é de aproximadamente ΔX:

$$\Delta X = \text{encargo excessivo marginal} \quad (16.5)$$

Lembre-se de que a minimização do encargo excessivo requer informações sobre o encargo excessivo marginal sobre o último dólar das receitas arrecadadas. Agora que conhecemos o encargo excessivo marginal induzido pelo aumento dos impostos, devemos calcular o aumento associado na receita. Para tanto, tudo o que precisamos fazer é dividir o encargo excessivo marginal pela mudança na receita. Por definição, este quociente é o encargo excessivo marginal por dólar adicional da receita arrecadada.

Para calcular a variação das receitas fiscais associadas com o aumento da taxa de u_x para $(u_x + 1)$ observe que, quando a alíquota de imposto é u_x, as receitas fiscais são $u_x X_1$ (o imposto por unidade vezes o número de unidades vendidas). Na Figura 16.1, isto é o retângulo *hbaj*. Da mesma forma, quando a alíquota de imposto é $(u_x + 1)$ as receitas fiscais

---

[1] A área do trapezoide é ½$\Delta x(2u_x + 1)$ ou $\Delta x u_x + (½)\Delta x$, que podemos considerar aproximadamente $\Delta x u_x$, pois o segundo termo, que corresponde ao triângulo fib, é relativamente pequeno e pode ser ignorado. Agora, observe que $1/\Delta x$ e $u_x/\Delta X$ são iguais porque ambos medem a inclinação (em valor absoluto) de D_x. Assim, $\Delta x u_x = \Delta X$, que é o encargo excessivo marginal.

são *gfej*. Comparando esses dois retângulos percebemos que, quando o imposto sobe, o governo ganha a área *gfih*, mas perde *ibae*. Assim, a variação da receita é *gfih ibae*. Usando álgebra, esta é $X_2 - (X_1 - X_2)u_x$. Um pouco de manipulação matemática[2] nos leva à seguinte aproximação para a variação da receita fiscal:

$$X_1 - \Delta X = \text{receita fiscal marginal} \qquad (16.6)$$

O encargo excessivo marginal por dólar adicional de receitas fiscais é a Equação (16.6) dividida por (16.5), ou

$$\frac{\Delta X}{X_1 - \Delta X}$$

Exatamente o mesmo raciocínio indica que, se um imposto unitário u_y for cobrado sobre Y, o encargo excessivo marginal pelo último dólar de receita será:

$$\frac{\Delta Y}{Y_1 - \Delta Y}$$

Como a condição para minimizar o encargo excessivo geral é que o encargo excessivo marginal pelo último dólar de receita seja igual para todas as mercadorias, devemos definir

$$\frac{\Delta X}{X_1 - \Delta X} = \frac{\Delta Y}{Y_1 - \Delta Y}$$

Isto implica,

$$\frac{\Delta X}{X_1} = \frac{\Delta Y}{Y_1} \qquad (16.7)$$

Para interpretar a Equação (16.7), observe que a mudança em uma variável dividida por seu valor total é apenas a variação percentual da variável. Assim, a Equação (16.7) diz que para minimizar o encargo excessivo total, as taxas de imposto devem ser definidas de modo que a redução percentual na quantidade demandada de cada produto seja a mesma. Este resultado, conhecido como **Regra de Ramsey** (em homenagem a seu descobridor, Frank Ramsey [1927]), também se mantém para casos em que X, Y e l são bens relacionados – substitutos ou complementos.

Mas por que a tributação eficiente induziria mudanças proporcionais iguais nas quantidades demandadas em vez de mudanças proporcionais iguais nos preços? Porque o encargo excessivo é consequência de distorções nas quantidades. Minimizar o encargo excessivo total requer que todas essas mudanças ocorram na mesma proporção.

Uma reinterpretação da regra de Ramsey É útil explorar a relação entre a regra de Ramsey e a elasticidade da demanda. Determinemos que η_x é a elasticidade compensada da demanda por X. Além disso, t_x é a alíquota de imposto sobre X, desta vez expressa como uma taxa *ad valorem*, em vez de um imposto unitário[3]. Por definição de um imposto ad valorem, tx é o percentual de aumento no preço induzido pelo imposto. Portanto, $t_x \eta_x$ é a

Regra de Ramsey

Para minimizar o encargo excessivo total, as alíquotas de imposto devem ser definidas de modo que o percentual de redução induzido pelo imposto na quantidade demandada de cada *commodity* seja o mesmo.

---

[2] Observe que a expressão para a receita fiscal marginal é equivalente a $X_2(u_x + 1) - X_1 u_x = X_2 + u_x(X_2 - X_1)$. A partir da Figura 16.1, $X_2 = X_1 - \Delta x$. Substituindo, isso resulta em $X_1 - \Delta x - u_x \Delta x$. Porém, $\Delta x = \Delta x/u_x$ (ver nota de rodapé 1), resultando em $X_1 - \Delta x(1 + u_x)/u_x$. Considerando que u_x é grande em relação a 1, isso pode ser considerado equivalente aproximado de $X_1 - \Delta x$, a expressão no texto para a receita fiscal marginal.

[3] Em um mercado competitivo, qualquer imposto unitário pode ser representado por um imposto ad valorem adequadamente escolhido e vice-versa. Por exemplo, suponha que uma *commodity* está sujeita a um imposto unitário de 5 centavos e que o preço pago pelos consumidores é 50 centavos. Então, o encargo excessivo resultante é igual àquele associado a uma taxa ad valorem igual a 10% do preço após impostos.

variação percentual no preço vezes a variação percentual na quantidade demandada quando o preço aumenta 1%. Este é apenas o percentual de redução na demanda por X induzida pelo imposto. Definindo t_y e η_y de maneira análoga, $t_y\eta_y$ é a redução proporcional em Y. A regra de Ramsey diz que, para minimizar o encargo excessivo, esses percentuais de redução na quantidade demandada devem ser iguais:

$$t_x\eta_x = t_y\eta_y \qquad (16.8)$$

Agora, divida os dois lados da equação por tyηx para obter

$$\frac{t_x}{t_y} = \frac{\eta_y}{\eta_x} \qquad (16.9)$$

A Equação (16.9) é a **regra de elasticidade inversa**: Enquanto os bens forem independentes em consumo, as taxas de imposto serão inversamente proporcionais às elasticidades. Isto é, quanto maior é η_y em relação a η_x, menor será t_y em relação a t_x.[4] A eficiência não exige que todas as taxas sejam definidas de maneira uniforme.

A intuição por trás da regra de elasticidade inversa é simples. Impostos eficientes distorcem as decisões o mínimo possível. O potencial de distorção aumenta conforme cresce a elasticidade da demanda por uma *commodity*. Portanto, a tributação eficiente exige que alíquotas de impostos relativamente altas sejam cobradas sobre bens relativamente inelásticos.

Regra de Corlett-Hague Corlett e Hague [1953] demonstraram uma implicação interessante da regra de Ramsey: Quando há duas *commodities*, a tributação eficiente requer a tributação da *commodity* que é complementar ao lazer a uma taxa relativamente alta. Para entender esse resultado intuitivamente lembre-se de que, *se* fosse possível tributar o lazer, um resultado "primeiro melhor" seria possível – a receita poderia ser arrecadada sem encargo excessivo. Embora as autoridades fiscais não possam tributar o lazer, elas *podem* tributar produtos que tendem a ser consumidos em conjunto *com* o lazer, indiretamente reduzindo a demanda por lazer. Se os jogos de vídeo são tributados a uma taxa muito elevada, as pessoas compram menos deles e gastam menos tempo com lazer. Com efeito, então, os altos impostos sobre os complementos do lazer fornecem uma maneira indireta de "alcançar" o lazer e, portanto, aproximar-se do resultado perfeitamente eficiente que seria possível se o lazer fosse tributável.

Considerações de equidade

Neste momento, você pode suspeitar que a teoria fiscal eficiente tem implicações políticas desagradáveis. Por exemplo, a regra de elasticidade inversa diz que bens com demanda inelástica devem ser tributados com alíquotas relativamente elevadas. Isso é justo? Queremos mesmo um sistema fiscal que recolha a maior parte de sua receita de impostos sobre a insulina?

> **regra de elasticidade inversa**
>
> No caso de *commodities* não relacionadas no consumo, a eficiência exige que as alíquotas de imposto sejam inversamente proporcionais à elasticidade.

---

[4] Uma demonstração mais cuidadosa requer um pouco de cálculo. Lembre-se da Equação (15.3), em que os encargos excessivos sobre as *commodities* X e Y são ½$\eta_x P_x X t_x^2$ e ½$\eta_y P_y Y t_y^2$, respectivamente. Portanto, o encargo excessivo total é ½$\eta_x P_x X t_x^2$ + ½$\eta_y P_y Y t_y^2$ (podemos apenas somar as duas expressões pois, por pressuposto, X e Y são independentes). Agora, suponha que a receita tributária necessária é R. Então, tx e ty devem satisfazer a relação $P_x X t_x + P_y Y t_y = R$. Nosso problema é escolher tx e ty para minimizar ½$\eta_x P_x X t_x^2$ + ½$\eta_y P_y Y t_y^2$ sujeitos a $R - P_x X t_x + P_y Y t_y = 0$. Utilize a expressão de Lagrange

$$\mathcal{L} = ½\eta_x P_x X t_x^2 + + ½\eta_y P_y Y t_y^2 + \lambda\ [R - P_x X t_x - P_y Y t_y]$$

em que λ é o multiplicador de Lagrange (o método de multiplicadores de Lagrange é abordado em qualquer livro de cálculo intermediário). Tomar $\partial L/\partial t_x$ resulta em $\eta_x t_x = \lambda$ e $\partial L/\partial t_y$ resulta em $\eta_y t_y = \lambda$. Assim, $\eta_x t_x = \eta_y t_y$ e a Equação (16.9) segue-se imediatamente.

Claro que não. A eficiência é apenas um critério para avaliar um sistema fiscal; a justiça também é importante. Em particular, é amplamente aceito que um sistema fiscal deve ter **equidade vertical**: deve distribuir os encargos de maneira justa entre pessoas com diferentes capacidades de pagar. A regra de Ramsey foi modificada para dar conta das consequências de distribuição dos impostos. Suponha, por exemplo, que os pobres gastam uma proporção maior de sua renda na *commodity X* do que os ricos e vice-versa para a *commodity Y*. *X* pode ser pão e *Y*, caviar. Suponha ainda que a função de bem-estar social dá um peso maior às utilidades dos pobres do que às dos ricos. Portanto, mesmo que *X* seja demandada de maneira mais inelástica que *Y*, a tributação ótima pode exigir uma maior alíquota de imposto sobre *Y* do que *X*. Por certo, uma taxa fiscal alta sobre *Y* cria um encargo excessivo relativamente grande, mas também tende a redistribuir a renda para os pobres. A sociedade pode estar disposta a pagar o preço de um encargo excessivo maior em troca de uma distribuição mais equitativa da renda.

> **equidade vertical**
> Distribuir a carga tributária de maneira justa entre pessoas com diferentes capacidades de pagar.

Em geral, o desvio ótimo da regra de Ramsey depende de duas considerações. A primeira é o quanto a sociedade se preocupa com a igualdade. Se a sociedade se preocupa apenas com a eficiência – um dólar para uma pessoa é o mesmo que um dólar para outra, rica ou pobre –, então ela pode muito bem seguir estritamente a regra de Ramsey. A segunda é o nível de diferença entre os padrões de consumo dos ricos e dos pobres. Se os ricos e os pobres consomem ambos os bens na mesma proporção, a tributação dos bens com taxas diferentes não pode afetar a distribuição de renda. Mesmo que a sociedade tenha uma meta de distribuição, esta não pode ser alcançada pela tributação diferencial de *commodities*.

Resumo

Se a tributação de montante fixo estivesse disponível, os impostos poderiam ser aumentados sem qualquer encargo excessivo. A tributação ótima precisaria se concentrar apenas em questões de distribuição. Porém, impostos de montante fixo não estão disponíveis, então o problema é como gerar receita fiscal com o menor encargo excessivo possível. Em geral, minimizar o encargo excessivo exige que os impostos sejam definidos de modo que as demandas (compensadas) de todas as *commodities* sejam reduzidas na mesma proporção. Para bens independentes, isto implica que as taxas de imposto devem ser definidas em proporção inversa às elasticidades de demanda. No entanto, se a sociedade tem objetivos de distribuição, desvios de regras de tributação eficientes podem ser apropriados.

Aplicação: Tributação da família

Sob a atual lei federal de imposto de renda, a unidade fundamental da tributação de renda é a família[5]. Marido e mulher são tributados sobre a soma de seus rendimentos. Independentemente de qual deles ganha um dólar a mais, este é tributado com a mesma alíquota. Isso é eficiente? Em outras palavras, o encargo excessivo da família é minimizado através da tributação dos rendimentos de cada cônjuge com a mesma taxa?

Imagine a família como uma unidade cuja utilidade depende das quantidades de três "*commodities*": consumo total da família, horas de trabalho do marido e horas de trabalho da esposa. A utilidade da família aumenta com o consumo da família, mas diminui com as horas de trabalho de cada cônjuge. As horas de trabalho de cada cônjuge dependem de seu salário, entre outras variáveis. Um imposto sobre os rendimentos distorce a decisão de trabalho, criando um encargo excessivo (ver Capítulo 15, Figura 15.7). Como as taxas de imposto devem ser definidas para que o encargo excessivo da família seja o menor possível?

---

[5] Esta seção é baseada em Boskin e Sheshinski [1983].

Suponha, para simplificar, que as horas de trabalho do marido e da esposa são aproximadamente "bens independentes" – um aumento no salário do marido tem muito pouco impacto sobre a decisão de trabalho da esposa e vice-versa. Esta hipótese está de acordo com muitas pesquisas empíricas. Portanto, a aplicação da regra de elasticidade inversa sugere que um imposto mais elevado deveria ser cobrado sobre a *commodity* que é fornecida de modo relativamente inelástico. Para aumentar a eficiência, aquele cuja oferta de trabalho é relativamente inelástica deve ter uma alíquota de imposto relativamente alta. Muitos estudos econométricos sugerem que as ofertas de trabalho dos maridos são consideravelmente menos elásticas do que as das esposas. A eficiência poderia, portanto, aumentar se a lei fiscal atual fosse modificada para dar aos maridos taxas marginais de imposto mais elevadas do que às esposas[6].

Mais uma vez, ressaltamos que a eficiência é apenas uma consideração na definição de impostos. No entanto, é interessante notar que este resultado é consistente com afirmações de que, por razões de equidade, a alíquota relativa sobre os ganhos das esposas que trabalham deve ser reduzida. O Capítulo 17 traz uma discussão sobre o tratamento fiscal efetivo de casais nos termos da lei dos EUA.

▶ TAXAS DE UTILIZAÇÃO ÓTIMAS

Até agora, presumimos que toda a produção ocorre no setor privado. O único problema do governo é definir as alíquotas de impostos que determinam os preços ao consumidor. Às vezes, o governo é o produtor de um bem ou serviço. Nesses casos, o governo deve escolher diretamente uma **taxa de utilização** – preço pago pelos usuários de um bem ou serviço fornecido pelo governo. Como de costume, gostaríamos de determinar a "melhor" taxa de utilização possível. Analiticamente, os problemas de imposto e taxa de utilização ótima estão intimamente relacionados. Em ambos os casos, o governo define o preço final pago pelos consumidores. No problema da tributação ótima isso é feito indiretamente pela escolha da alíquota de imposto, enquanto no problema da taxa de utilização ótima isso é feito diretamente.

taxa de utilização
Preço pago pelos usuários de um bem ou serviço fornecido pelo governo.

Quando o governo deve escolher produzir um bem em vez de comprá-lo do setor privado? A produção pelo governo pode ser apropriada quando o uso de um bem ou serviço estiver sujeito a custos médios continuamente decrescentes – quanto maior o nível de produção, menor o custo por unidade. Sob tais circunstâncias, é pouco provável que o mercado para o serviço seja competitivo. Uma única empresa pode tirar proveito de economias de escala e fornecer toda a produção do setor, pelo menos para uma região de tamanho considerável. Este fenômeno é muitas vezes chamado de **monopólio natural**. Alguns exemplos são pontes, eletricidade e TV a cabo. Em alguns casos, estes produtos são produzidos pelo setor privado e regulados pelo governo (energia elétrica); em outros, são produzidos pelo setor público (pontes). Embora estudemos a produção pública neste livro, muitos pontos importantes se aplicam à regulamentação de monopólios privados.

monopólio natural
Situação em que fatores inerentes ao processo de produção fazem com que uma única empresa forneça toda a produção do setor.

A Figura 16.2 mede a produção do monopólio natural, Z, no eixo horizontal, e os dólares no eixo vertical. A curva de custo médio é AC_Z. Por hipótese, ele diminui continuamente ao longo de todas as faixas de produção relevantes. Como o custo médio é decrescente, o custo marginal deve ser menor do que a média. Portanto, a curva de custo marginal (MC_Z), que mostra o custo incremental de fornecer cada unidade de Z, encontra-se abaixo de AC_Z. A curva de demanda para Z é representada por D_Z. A curva de receita marginal associada é MR_Z. Ela mostra a receita incremental associada a cada nível de produção de Z.

---

[6] A distinção importante aqui não é entre marido e mulher, mas entre quem tem a renda primária e quem tem a renda secundária. Nas famílias em que a mulher tem a elasticidade de oferta mais baixa, a eficiência exige que ela tenha a alíquota de imposto mais elevada.

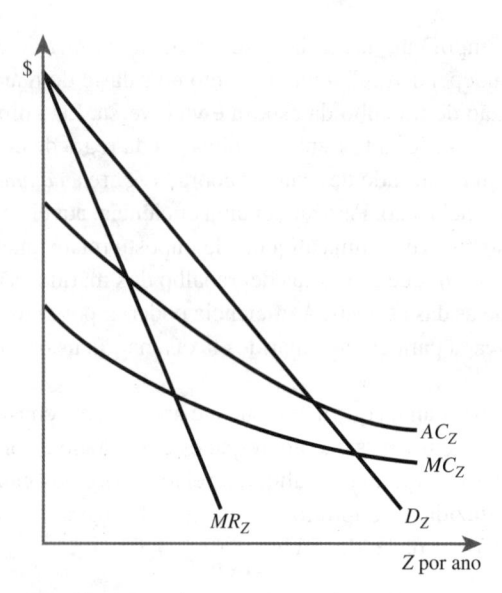

FIGURA 16.2 Um monopólio natural.
A tabela de custo médio de um monopólio natural diminui continuamente. Isso significa que o custo marginal encontra-se abaixo do custo médio em todos os níveis de produção.

Para ilustrar por que a diminuição dos custos médios muitas vezes leva à produção pelo setor público ou à produção pelo setor privado regulada, considere o que aconteceria se Z fosse produzido por um monopolista não regulamentado. Um monopolista que procura maximizar os lucros produz até o ponto em que a receita marginal é igual ao custo marginal, nível de produção Z_m na Figura 16.3. O preço associado, P_m, é encontrado subindo até a curva de demanda, D_Z. Os lucros do monopólio são iguais ao produto do número de unidades vendidas vezes o lucro por unidade e são representados geometricamente pelo retângulo de cor clara.

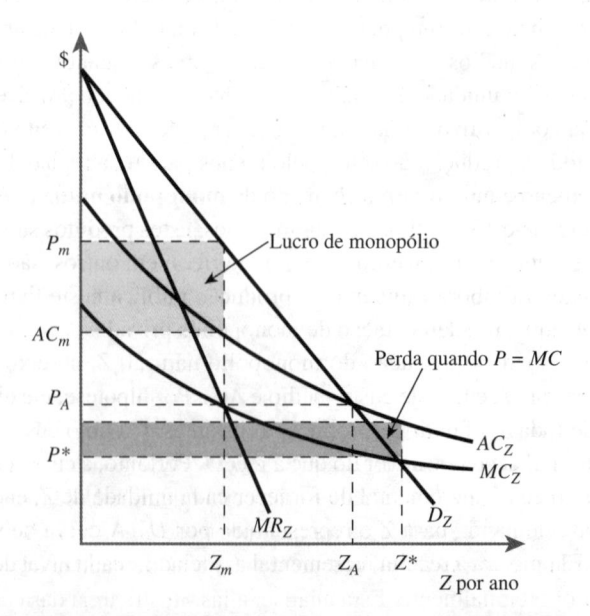

FIGURA 16.3 Esquemas de preços alternativos para um monopólio natural.
O monopolista natural maximiza o lucro em Z_m com o preço associado P_m, que é ineficiente. No entanto, na produção eficiente Z^*, o preço é tão baixo que a empresa não consegue cobrir seus custos.

A produção Z_m é eficiente? De acordo com a teoria da economia do bem-estar, a eficiência exige que o preço seja igual ao custo marginal – o valor que as pessoas atribuem ao bem deve ser igual ao custo incremental para a sociedade de produzi-lo. Em Z_m, o preço é maior que o custo marginal. Assim, Z_m é ineficiente. Essa ineficiência somada ao fato de que a sociedade pode não aprovar a existência dos lucros monopolistas fornece uma justificativa possível para que o governo assuma a produção de Z.

A prescrição de política óbvia parece ser que o governo produza até o ponto em que o preço é igual ao custo marginal. Na Figura 16.3, a produção na qual $P = MC$ é representada por Z^*, e o preço associado é P^*. Há um problema, no entanto: Na produção Z^*, o preço é menor do que o custo médio. O preço P^* é tão baixo que a operação pode não cobrir seus custos e sofre perdas. A perda total é igual ao produto do número de unidades vendidas, Z^*, vezes a perda por unidade, medida como a distância vertical entre a curva de demanda e AC_Z em Z^*. Geometricamente, a perda é o retângulo de cor mais escura na Figura 16.3.

Como o governo deve enfrentar esse dilema? Várias soluções foram propostas.

Preço de custo médio Por definição, quando o preço é igual ao custo médio não há nem lucros nem perdas – a empresa apenas atinge o ponto de equilíbrio. A operação não tem mais que se preocupar com um déficit. Geometricamente, isso corresponde à intersecção da demanda e dos cronogramas de custo médio na Figura 16.3, na qual a produção é Z_A e o preço é P_A. No entanto, observe que Z_A é inferior a Z^*. Embora o preço de custo médio leve a mais produção do que no nível de maximização do lucro, esta ainda fica aquém da quantidade eficiente.

Preço de custo marginal com impostos de montante fixo Cobrar $P = MC$ e compensar o déficit por meio de impostos de montante fixo. Cobrar $P = MC$ garante eficiência no mercado de Z; financiar o déficit com impostos de montante fixo sobre o restante da sociedade garante que novas ineficiências não serão geradas para compensar o déficit. No entanto, existem dois problemas nesta solução:

Primeiro, como mencionado anteriormente, os impostos de montante fixo geralmente não estão disponíveis. O déficit tem de ser financiado por impostos distorcivos, como imposto de renda ou sobre *commodities*. Se assim for, a distorção em função do imposto pode mais do que compensar o ganho de eficiência no mercado de Z.

Em segundo lugar, há uma crença generalizada de que a justiça exige que os consumidores de um serviço público paguem por ele – o chamado **princípio dos benefícios recebidos**. Se este princípio for levado a sério, é injusto compensar o déficit pela tributação geral. Se a guarda costeira me resgata de um mar tempestuoso, por que você deve pagar por isso?

princípio dos benefícios recebidos

Os consumidores de um serviço público devem ser os que pagam por ele.

Uma solução de Ramsey Até agora, analisamos uma empresa pública de forma isolada. Suponhamos que o governo administre várias empresas e que, como um grupo, elas não possam perder dinheiro, embora qualquer empresa individual possa. Suponha ainda que o governo deseja que o financiamento venha de usuários dos serviços produzidos pelas empresas. Em quanto a taxa de utilização de cada serviço deve exceder seu custo marginal?

Essa pergunta soa familiar? Deveria, porque é essencialmente igual ao problema da tributação ótima. Com efeito, a diferença entre o custo marginal e a taxa de utilização é apenas o "imposto" que o governo cobra sobre a *commodity*. Assim como no problema da tributação ideal, o governo tem de arrecadar uma certa quantidade de receita – neste caso, suficiente para que o grupo de empresas atinja o ponto de equilíbrio. A regra de Ramsey dá a resposta – definir as taxas de utilização para que as demandas de cada *commodity* sejam reduzidas proporcionalmente. Esta análise, aliás, ilustra uma das características interessantes da teoria econômica. Muitas vezes, um modelo desenvolvido para estudar um problema pode ser proveitosamente aplicado a um outro problema que parece ser bem diferente.

Visão geral

Dentre as várias possibilidades para lidar com monopólios naturais, qual os Estados Unidos escolheram? Na maioria dos casos, tanto empresas públicas quanto empresas privadas regulamentadas escolheram o preço de custo médio. Embora os preços de custo médio sejam ineficientes, eles são provavelmente um meio-termo razoável. Eles têm a virtude de ser bastante simples e seguem o popular princípio dos benefícios recebidos. Alguns economistas, no entanto, argumentam que seria desejável basear-se mais em preços seguindo a regra de Ramsey.

▶ IMPOSTO DE RENDA ÓTIMO

Até o momento, presumimos que um governo pode cobrar impostos sobre todas as mercadorias e insumos. Passamos agora para a questão de como projetar sistemas em que as responsabilidades fiscais são baseadas na renda das pessoas. Para entender a questão, considere o debate que aconteceu em 2012, quando o governo Obama propôs o aumento dos impostos para as famílias com renda de mais de US$ 250.000. Os defensores da ideia argumentaram que isso melhoraria a equidade; os oponentes diziam que era injusto e ineficiente. Qual deve ser o nível de progressividade do imposto de renda? Como o debate em torno da proposta do presidente Obama demonstrou, esta é provavelmente a questão mais controversa em finanças públicas. John McCulloch, economista do século XIX que se opunha à tributação progressiva, argumentou que uma vez que você abandona a tributação proporcional, "você está no mar sem leme ou bússola e não há qualquer injustiça ou loucura que você não possa cometer". O objetivo da teoria do imposto de renda ótimo é fornecer um leme, ou seja, fornecer uma maneira sistemática de pensar sobre o ponto de equilíbrio "certo" entre equidade e eficiência.

Modelo de Edgeworth

No final do século 19, Edgeworth [1959/1897] analisou a questão da tributação do imposto de renda ótimo usando um modelo simples com base nos seguintes pressupostos:

1. Sem prejuízo das receitas necessárias, o objetivo é fazer com que a soma das utilidades dos indivíduos seja a mais alta possível. Algebricamente, se U_i é a utilidade do indivíduo i-ésimo e W é o bem-estar social, o sistema fiscal deve maximizar

$$W = U_1 + U_2 + ... + U_n \qquad (16.10)$$

em que, n é o número de pessoas na sociedade.

2. Os indivíduos têm funções de utilidade idênticas que dependem somente de suas rendas. Essas funções de utilidade apresentam utilidade marginal de renda decrescente – conforme aumenta a renda o indivíduo melhora de situação, mas em uma taxa decrescente.

3. O montante total de renda disponível é fixo.

Os pressupostos de Edgeworth são praticamente idênticos aos pressupostos por trás do modelo de distribuição de renda ótima apresentado no Capítulo 12 em "Justificativas para a redistribuição de renda". Nessa seção mostramos que, com estes pressupostos, a maximização do bem-estar social exige que a utilidade marginal da renda de cada pessoa seja a mesma. Quando as funções de utilidade são idênticas, as utilidades marginais são iguais somente se as rendas forem iguais. As implicações para a política fiscal são claras: Os impostos devem ser definidos de modo que a distribuição de renda após impostos seja tão igualitária quanto possível. Em particular, a renda deve ser tirada primeiramente dos ricos, pois a utilidade marginal perdida é menor do que a dos pobres. Se o governo precisar de mais receita, mesmo após a obtenção de igualdade completa, a carga tributária adicional deverá ser uniformemente distribuída.

O modelo de Edgeworth, portanto, implica em uma estrutura fiscal radicalmente progressiva – as rendas são niveladas a partir do topo até que a completa igualdade seja atingida. Com efeito, as taxas marginais de imposto sobre indivíduos de alta renda são 100%. No entanto, como salientamos no Capítulo 12, cada um dos pressupostos subjacentes a esta análise é questionável. Nas últimas décadas, os economistas investigaram como os resultados de Edgeworth mudam quando alguns dos pressupostos são relaxados.

Estudos modernos

Um dos problemas mais complicados com a análise de Edgeworth é o pressuposto de que o montante total da renda disponível para a sociedade é fixo. De acordo com esta hipótese, as alíquotas confiscatórias não têm efeito sobre a quantidade produzida. Suponha, de modo mais realista, que as utilidades dos indivíduos dependem não só de renda, mas também do lazer. Então, o imposto de renda distorce as decisões de trabalho e criar encargos excessivos (ver Capítulo 15). Uma sociedade com função aditiva de bem-estar social enfrenta, pois, um dilema inevitável. Por um lado, deseja alocar a carga tributária de modo a equalizar a distribuição de renda após o imposto. No entanto, ao fazê-lo reduz o montante total da renda real disponível. Um sistema de imposto de renda ótimo – que maximiza o bem-estar social – deve levar em conta os custos (em encargo excessivo) de alcançar mais igualdade. No modelo de Edgeworth, o custo de obter mais igualdade é zero, o que explica a prescrição para um resultado perfeitamente igualitário.

Como o resultado de Edgeworth muda quando os incentivos ao trabalho são tomados em conta? Mankiw, Weinzierl e Yagan [2009] estudaram um modelo semelhante ao de Edgeworth, com a diferença de que os indivíduos escolhem entre renda e lazer. Para simplificar a análise, presumiram que os impostos coletados de uma pessoa são dados por

$$\text{Receita} = -\alpha + t \times \text{Renda} \qquad (16.11)$$

em que, α e t são números positivos. Por exemplo, suponha que $\alpha = $ US\$ 3.000 e $t = 0{,}25$. Portanto, uma pessoa com uma renda de US\$ 20.000 teria uma dívida fiscal de US\$ 2.000 ($= -$US\$ 3.000 $+$ 0,25 $\times$ US\$ 20.000). Uma pessoa com renda de US\$ 6.000 teria uma dívida fiscal de *menos* US\$ 1.500 ($= -$US\$ 3.000 $+$ 0,25 $\times$ US\$ 6.000). Tal pessoa receberia um subsídio de US\$ 1.500 do governo.

Na Figura 16.4, podemos representar graficamente a Equação (16.11) em um diagrama com a renda medida no eixo horizontal e as receitas fiscais no eixo vertical. Quando a renda é zero, a carga tributária é negativa – o indivíduo recebe um subsídio do governo em dólares. Então, para cada dólar de renda, o indivíduo deve pagar t dólares para o governo. Assim, t é a alíquota de imposto marginal, o percentual de um dólar adicional que deve ser pago em impostos. Como a interpretação geométrica de (16.11) é uma linha reta, ela é conhecida como curva de **imposto de renda linear**. Em discussões populares, uma curva de imposto de renda linear é frequentemente chamada de **imposto de renda fixa**. Observe que embora a alíquota de imposto marginal de uma curva de imposto linear seja constante, a tabela é progressiva no sentido de que, quanto maior a renda do indivíduo, maior o percentual de renda pago em impostos (veja o Capítulo 14). O nível de progressividade depende dos valores precisos de α e t. Maiores valores de t estão associados com sistemas fiscais mais progressivos. No entanto, ao mesmo tempo em que os altos valores de t levam a mais progressividade, eles criam maiores encargos excessivos. O problema do imposto de renda ótimo é encontrar a "melhor" combinação de α e t – os valores que maximizam o bem-estar

tabela de imposto de renda linear
Ver imposto de renda fixa.

imposto de renda fixa
Tabela de imposto para a qual a alíquota de imposto marginal é constante para todas as rendas.

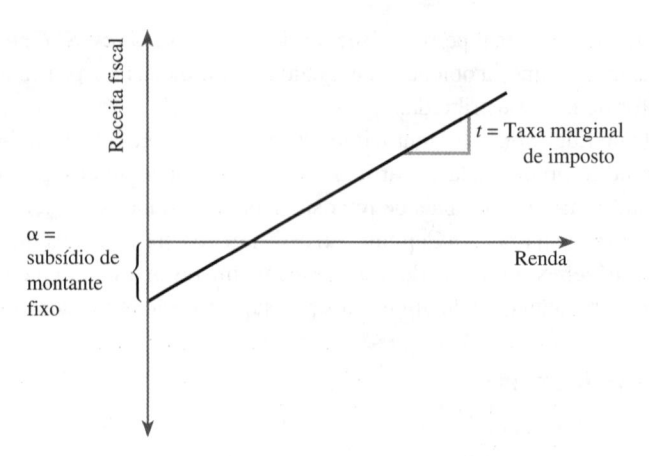

FIGURA 16.4 Imposto de renda linear.
Com um imposto de renda linear, as receitas fiscais são α quando a renda é zero e as receitas fiscais aumentam *t* para cada dólar de aumento na renda.

social [Equação (16.10)], considerando a restrição de que determinada quantidade de receita deverá ser recolhida.

Mankiw, Weinzierl e Yagan [2009] constatam que a alíquota de imposto marginal ótima fica entre 48% e 50%. Isso é consideravelmente menor que o valor de 100% implicado pela análise de Edgeworth. Assim, mesmo os efeitos de incentivos bastante modestos parecem ter implicações importantes para as taxas ótimas de imposto marginal. Eles também observam que o subsídio de montante fixo ótimo para os trabalhadores de baixa capacidade (α em nosso modelo) é pouco mais de 60% da renda média por trabalhador na economia dos Estados Unidos.

Este conjunto de resultados pode dar uma sensação um pouco falsa de precisão sobre o que os economistas realmente sabem a respeito do sistema tributário ideal. Afinal, há muitos juízos de valor controversos por trás da função aditiva de bem-estar social que o sistema tributário ótimo visa a maximizar. Além disso, como explicado no Capítulo 18, há uma incerteza significativa sobre as elasticidades de comportamento que são cruciais para analisar o impasse entre eficiência e equidade. No entanto, o cálculo das taxas de imposto ótimas considerando diferentes conjuntos de pressupostos é extremamente informativo. A literatura sobre tributação ótima revela as implicações de diferentes premissas éticas e comportamentais e, assim, promove discussões coerentes sobre política fiscal.

▶ POLÍTICA E O PROBLEMA DA INCONSISTÊNCIA TEMPORAL

A tributação ótima é uma teoria puramente normativa. Ela não pretende prever como serão os sistemas fiscais do mundo real, nem para explicar como esses sistemas fiscais surgem. A teoria dá pouca atenção ao ambiente institucional e político em que a política fiscal é criada. Holcombe [2002] argumenta que, na presença de instituições políticas do mundo real, recomendações de políticas baseadas na lógica da tributação ótima podem realmente reduzir o bem-estar.

Suponha que em determinada sociedade existem três *commodities*, *X*, *Y* e lazer. O trabalho é totalmente fixo na oferta e, portanto, a renda é fixa. Atualmente, essa sociedade cobra um imposto sobre *X*, mas sua constituição proíbe a tributação de *Y*. Em vista desta situação, um estudante da teoria da tributação ótima poderia dizer algo como: "Você está utilizando um sistema fiscal ineficiente. Como o trabalho é totalmente fixo na oferta, você poderia eliminar o encargo excessivo se tributasse *X* e *Y* com iguais alíquotas – um imposto de renda. Recomendo que você baixe o imposto sobre *X* e cobre um imposto com o mesmo percentual sobre *Y*. Defina as taxas de modo que a mesma quantidade de receita continue a ser recolhida".

Suponha, porém, que os cidadãos suspeitem que se permitirem a tributação de *Y*, seus políticos não diminuirão a alíquota de imposto sobre *X*. Em vez disso, eles simplesmente aproveitarão a oportunidade para cobrar impostos sobre mais um produto a fim de aumentarem as receitas fiscais tanto quanto possível. Como vimos no Capítulo 6, algumas teorias do setor público sugerem que os governantes podem e irão maximizar as receitas fiscais, ainda que os cidadãos desejem o contrário. Portanto, excluindo constitucionalmente a tributação de *Y*, os cidadãos podem estar se protegendo racionalmente contra um setor público ineficientemente grande. Em outras palavras, se os cidadãos não confiam no governo, o que parece ineficiente do ponto de vista da tributação ótima de *commodities* pode ser eficiente em um cenário mais amplo[7]. Há, de fato, evidências de que os governos com sistemas fiscais que geram grandes encargos excessivos tendem a crescer mais lentamente que os governos com sistemas fiscais eficientes [Becker e Mulligan, 2003].

Questões relacionadas com estas considerações podem ajudar a explicar, em parte, a polêmica atual sobre o tratamento fiscal das compras feitas pela internet. Os defensores da tributação da internet argumentam que um bem comprado em uma loja é essencialmente a mesma *commodity* que o mesmo bem adquirido pela internet. Tributar aquele, mas não este, distorce as escolhas dos consumidores entre os dois modos de compra e, portanto, cria um encargo excessivo. Os opositores argumentam que a tributação de vendas pela internet simplesmente desencadearia aumentos no tamanho do setor público, que já é ineficientemente grande.

Esta discussão está relacionada com a **inconsistência temporal da política ótima**, que ocorre quando o governo não pode implementar uma política de tributação ótima porque tal política é inconsistente com os incentivos do governo ao longo do tempo. Considere uma proposta feita pelo vice-primeiro-ministro do Reino Unido, em 2012. A fim de ajudar a reduzir o déficit do país, ele propôs um imposto sobre a fortuna dos cidadãos britânicos ricos [Frank, 2012]. É importante ressaltar que o imposto seria aplicado apenas uma vez; ele não se repetiria no futuro. Embora os britânicos ricos provavelmente não fossem ficar felizes de pagar o imposto, ele não pareceria ter impacto sobre os atuais incentivos para poupar para o futuro. Tal imposto é efetivamente um imposto de montante fixo e, portanto, totalmente eficiente.

Há um problema, no entanto. O governo britânico teria um incentivo para descumprir sua promessa de que o imposto só seria cobrado uma vez e usar exatamente o mesmo truque no ano seguinte, recolhendo ainda mais receita sem um encargo excessivo. Portanto, a política fiscal declarada é inconsistente com os incentivos do governo ao longo do tempo. Ainda pior, os capitalistas percebem que o governo tem um incentivo para descumprir. Eles mudarão seu comportamento de poupança para refletir a expectativa de que quanto mais economizarem agora, mais serão tributados no próximo ano. Como o imposto esperado muda o comportamento, ele introduz uma ineficiência.

Em suma, a menos que o governo possa prometer com credibilidade que não voltará atrás, ele não pode aplicar uma política fiscal totalmente eficiente. Para evitar este problema de inconsistência temporal, o governo deve ser capaz de comprometer-se a manter determinados comportamentos no futuro. Como isso pode ser feito? Uma abordagem possível é promulgar disposições constitucionais que proíbam o governo de voltar atrás em suas promessas. No entanto, como o governo tem um incentivo subjacente para descumprir a promessa, suspeitas permanecerão, frustrando tentativas de implementar uma política

inconsistência temporal da política ótima

Quando o governo não pode implementar uma política fiscal ótima porque a política é incompatível com os incentivos do governo ao longo do tempo e os contribuintes percebem esse fato.

---

[7] Winer e Hettich [2004] fornecem mais comparações entre teoria da tributação ótima e uma abordagem que tenha em conta a política.

eficiente. Estas considerações sugerem que a credibilidade do sistema político deva ser considerada antes de fazer recomendações com base na teoria do imposto ótimo.

▶ OUTROS CRITÉRIOS PARA O PROJETO DE IMPOSTOS

Como vimos, a tributação ótima depende do impasse entre "eficiência" e "justiça". No entanto, o uso destes conceitos na teoria da tributação ótima nem sempre corresponde a estabelecer o uso. No contexto da teoria da tributação ótima, imposto justo é aquele que garante uma distribuição socialmente desejável da carga tributária; imposto eficiente é aquele com um pequeno encargo excessivo. Nos debates públicos, por outro lado, imposto justo é muitas vezes aquele que impõe responsabilidades iguais a pessoas com a mesma capacidade de pagar, enquanto um sistema fiscal eficiente é aquele que mantém baixas as despesas administrativas e de conformidade. Esses diferentes conceitos de justiça e eficiência na tributação são o tema desta seção.

Equidade horizontal

O humorista americano Will Rogers disse certa vez: "As pessoas querem impostos justos mais do que querem impostos mais baixos. Elas querem saber que cada pessoa está pagando sua cota proporcional de acordo com sua riqueza". Este critério para a avaliação de sistemas fiscais está incorporado no conceito do economista de **equidade horizontal**: pessoas em posições iguais devem ser tratadas igualmente. Para tornar a equidade horizontal uma ideia funcional, deve-se definir "posições iguais". Rogers sugere a riqueza como um índice da capacidade de pagar, mas a renda e as despesas também podem ser usadas.

> **equidade horizontal**
> Pessoas em posições iguais devem ser tratadas igualmente.

Infelizmente, todas essas medidas representam os resultados das decisões das pessoas e não são realmente medidas adequadas da igualdade de posição. Considere dois indivíduos que podem ambos ganhar US$ 10 por hora. O Sr. A opta por trabalhar 1.500 horas por ano, enquanto a Sra. B trabalha 2.200 horas por ano. A renda de A é US$ 15.000 e a renda de B é US$ 22.000, de modo que, em termos de renda, A e B não estão em "posições iguais". Em um sentido importante, no entanto, A e B são iguais, pois suas capacidades de renda são idênticas – B simplesmente trabalha mais. Assim, como o esforço de trabalho está pelo menos parcialmente sob controle das pessoas, os dois indivíduos com diferentes rendimentos podem realmente estar em posições iguais. Críticas semelhantes se aplicariam ao uso das despesas ou da riqueza como critério para medir a igualdade de posições.

Estes argumentos sugerem que a taxa salarial do indivíduo e não a renda deve ser considerada para medir a igualdade de posições, mas esta ideia também apresenta problemas. Em primeiro lugar, os investimentos em capital humano – educação, treinamento no ambiente de trabalho e atendimento de saúde – podem influenciar a taxa salarial. Se o Sr. A precisou cursar uma faculdade para ganhar o mesmo salário que a Sra. B consegue ganhar apenas com um diploma do ensino médio, é justo tratá-los da mesma maneira? Em segundo lugar, o cálculo da taxa salarial exige a divisão das receitas totais pelas horas de trabalho, mas estas não são fáceis de medir (como deve ser contado o tempo gasto acessando o Facebook?). De fato, para determinada renda, seria útil para um trabalhador exagerar as horas de trabalho para conseguir relatar uma taxa salarial mais baixa e pagar menos impostos. Os patrões poderiam ser induzidos a colaborar com seus funcionários em troca de uma parte do valor não pago em impostos.

> **definição de utilidade da equidade horizontal**
> Um método para classificar as pessoas de "posições iguais" em termos de seus níveis de utilidade.

Como alternativa para medir a igualdade de posição em renda ou salário, Feldstein [1976] sugere que esta seja definida em utilidade. Assim, a **definição de utilidade da equidade horizontal** seria: (a) Se dois indivíduos estivessem na mesma situação (com o mesmo nível de utilidade) na ausência de tributação, eles também deveriam ficar em igual situação se houver tributação; e (b) os impostos não devem alterar a ordem de utilidades – se A está em melhor situação que B antes dos impostos, ele deve continuar melhor depois.

Para avaliar as implicações da definição de Feldstein, primeiro suponha que todos os indivíduos têm as mesmas preferências, ou seja, funções de utilidade idênticas. Neste caso, indivíduos que consomem as mesmas *commodities* (incluindo lazer) devem pagar o mesmo imposto, ou, de forma equivalente, todos os indivíduos devem estar sujeitos à mesma tabela de impostos. Caso contrário, indivíduos com iguais níveis de utilidade antes dos impostos teriam diferentes utilidades depois dos impostos.

Agora, suponha que as pessoas tenham gostos diversos. Por exemplo, suponha que há dois tipos de indivíduos: gourmets e veranistas. Ambos os grupos consomem alimentos (que são comprados usando renda) e lazer, mas os gourmets atribuem um valor relativamente alto aos alimentos, enquanto os veranistas dão mais valor ao lazer. Suponha ainda que, antes de qualquer tributação, os gourmets e os veranistas têm níveis de utilidade idênticas. Se o mesmo imposto de renda proporcional for cobrado de todos, os gourmets serão necessariamente mais prejudicados do que os veranistas, pois precisam de quantidades de renda relativamente grandes para sustentar seus hábitos alimentares. Assim, mesmo que este imposto de renda seja perfeitamente justo do ponto de vista da definição tradicional de equidade horizontal, ele não é justo de acordo com a definição de utilidade. De fato, se os gostos de lazer forem diferentes, qualquer imposto de renda violará a definição de utilidade da equidade horizontal.

É claro que as dificuldades práticas envolvidas na medição das utilidades dos indivíduos excluem a possibilidade de ter um imposto sobre a utilidade. No entanto, a definição de utilidade da equidade horizontal tem algumas implicações políticas instigantes. Suponha novamente que todos os indivíduos têm as mesmas preferências. Assim, pode-se demonstrar que qualquer estrutura tributária existente não viola a definição de utilidade da equidade horizontal se os indivíduos tiverem liberdade para escolher suas atividades e despesas.

Para entender por que, suponha que em um tipo de trabalho grande parte da compensação consiste em vantagens que não são tributáveis – escritórios agradáveis, acesso a uma piscina, etc. Em outro trabalho, a remuneração é exclusivamente monetária, estando integralmente sujeita ao imposto de renda. De acordo com a definição tradicional, esta situação é uma violação da equidade horizontal, pois uma pessoa no trabalho com muitas vantagens tem uma carga tributária muito pequena. Porém, se ambas as modalidades coexistem e os indivíduos têm liberdade para escolher, então a compensação líquida após impostos (incluindo vantagens não monetárias) deve ser igual em ambos os trabalhos. Por quê? Suponha-se que a remuneração líquida após impostos é maior nos postos de trabalho com vantagens não monetárias. Portanto, os indivíduos migram para esses empregos para aproveitá-las. O aumento da oferta de trabalhadores nestes empregos, porém, reduz seus salários. O processo continua até que os retornos líquidos sejam iguais. Em suma, embora as pessoas nas diferentes profissões paguem impostos desiguais, não há desigualdade horizontal por causa de ajustes no salário antes dos impostos.

Alguns sugerem que certas vantagens fiscais disponíveis apenas para os ricos são fontes de desigualdade horizontal. De acordo com a definição de utilidade, essa ideia está errada. Se essas vantagens estão disponíveis para todas as pessoas com alta renda, e todas as pessoas de alta renda têm gostos idênticos, as vantagens podem de fato reduzir a progressividade da tributação, mas não têm qualquer efeito sobre a equidade horizontal.

Isso leva a uma conclusão impressionante: considerando gostos comuns, uma estrutura tributária preexistente não pode envolver desigualdade horizontal. Em vez disso, todas as desigualdades horizontais resultam de mudanças na legislação tributária. Isso ocorre porque os indivíduos assumem compromissos com base nas leis tributárias existentes que são difíceis ou impossíveis de reverter. Por exemplo, as pessoas podem comprar grandes casas por causa do tratamento fiscal preferencial para habitação própria. Quando as leis fiscais mudam, seu bem-estar diminui e a equidade horizontal é violada. Como um congressista disse, "Não me parece justo com as pessoas que fizeram algo de boa fé mudar a lei"[8]. Estas observações dão novo significado ao lema: "O único bom imposto é um imposto antigo".

O fato de que mudanças nos impostos podem gerar desigualdades horizontais não implica, necessariamente, que elas não devem ser realizadas. Afinal de contas, mudanças na tributação podem melhorar a eficiência e/ou a equidade vertical. No entanto, os argumentos sugerem que pode ser apropriado implementar gradualmente a transição para o novo sistema tributário. Por exemplo, se for anunciado que determinada reforma tributária não deve entrar em vigor até alguns anos depois de sua aprovação, as pessoas que basearam seu comportamento na estrutura tributária antiga poderão pelo menos fazer alguns ajustes para o novo regime. O problema de encontrar processos justos para mudar regimes fiscais – conhecido como **equidade de transição** – é muito complicado, e há poucos resultados disponíveis sobre o tema.

equidade de transição

Equidade na mudança de regimes fiscais.

As implicações muito conservadoras da definição de utilidade da equidade horizontal não devem ser grande surpresa, pois está implícita na definição a noção de que o status quo antes dos impostos tem validade ética especial (caso contrário, por que se preocupar com mudanças na ordenação de utilidades?). No entanto, não é de todo óbvio por que o status quo merece ser defendido. Uma característica mais geral da definição de utilidade é seu foco nos resultados da tributação. Por outro lado, alguns sugerem que a essência da equidade horizontal é impor restrições sobre as regras que regem a escolha de impostos, em vez de estabelecer critérios para julgar seus efeitos. Assim, a equidade horizontal exclui impostos caprichosos, ou impostos baseados em características irrelevantes. Por exemplo, podemos imaginar que o governo poderia cobrar impostos de montante fixo especiais de pessoas com cabelo ruivo ou impor impostos muito diferentes para pão-de-ló e bolo de chocolate. A **definição da regra de equidade horizontal** presumivelmente não consideraria tais impostos, mesmo que tivessem efeitos de eficiência ou distribuição desejáveis. Neste sentido, as disposições da Constituição dos Estados Unidos que excluem certos tipos de impostos podem ser interpretadas como uma tentativa de garantir a equidade horizontal (Veja o Capítulo 1).

definição da regra de equidade horizontal

As regras que regem a seleção de impostos são mais importantes para julgar a justiça do que os próprios resultados.

No entanto, identificar o conjunto admissível de características sobre o qual basear a tributação é um problema. A maioria das pessoas concordaria que religião e raça devem ser irrelevantes para determinar responsabilidades fiscais. Por outro lado, há discordância considerável sobre se o estado civil deve ou não influenciar a carga fiscal (ver Capítulo 17). E mesmo concordando que certas características são argumentos legítimos para justificar a diferenciação, o problema da quantidade de diferenciação apropriada ainda permanece. Todos concordam que a deficiência física grave deve ser levada em conta para determinar a carga tributária de indivíduos. Mas qual deve ser seu nível de deficiência visual para que receba tratamento fiscal especial como cego? E em quanto seus impostos devem ser reduzidos?

Somos levados a concluir que a equidade horizontal, como quer que seja definida, é um conceito bastante amorfo. No entanto, ela tem enorme apelo como princípio de projeto tributário. Noções de justiça entre iguais, independentemente de sua imprecisão, continuarão a desempenhar um papel importante no desenvolvimento da política fiscal.

Custos de operação do sistema tributário

Uma suposição implícita nos modelos que estamos estudando é que a cobrança de impostos não envolve custos. Isso é claramente falso. As autoridades fiscais precisam de recursos para fazer seu trabalho. Os contribuintes também têm custos, incluindo gastos com contadores e advogados tributaristas, bem como o valor de tempo gasto preenchendo declarações de imposto e mantendo registros.

---

[8] Ver Rosenbaum [1986].

Os custos de administração do imposto de renda nos Estados Unidos são bastante baixos. Por exemplo, o Internal Revenue Service gasta apenas cerca de 44 centavos de dólar para cada US$ 100 em impostos arrecadados. No entanto, os custos de conformidade com o imposto de renda pessoal são bastante substanciais. Esses custos de conformidade incluem o tempo gasto na preparação de declarações de impostos e o custo de itens como assessoria profissional e manuais de preparação. Dados de pesquisas sugerem que o custo total da conformidade com o imposto de renda é de cerca de 10% das receitas [Kaplow, 2008a], ou cerca de US$ 122 bilhões em 2008.

Claramente, a escolha dos sistemas de impostos e de subsídios devem ter em conta os custos administrativos e de conformidade. Mesmo os sistemas que parecem justos e eficientes (no sentido do encargo excessivo) podem ser indesejáveis porque são excessivamente complicados e caros de administrar. Considere a possibilidade de tributar a produção doméstica – limpar a casa, cuidar das crianças, e assim por diante. Como sugerido no Capítulo 15, o fato de que o trabalho no mercado é tributado mas o trabalho doméstico não é cria uma distorção considerável na alocação de mão de obra. Além disso, a tributação diferenciada em função da escolha do local de trabalho viola algumas noções de equidade horizontal. No entanto, as dificuldades em valorar a produção doméstica acarretariam custos administrativos tão grandes que tornam a ideia inviável.

Infelizmente, os problemas administrativos muitas vezes recebem pouca atenção. Um caso clássico foi o imposto federal do luxo, cobrado sobre novas jóias, promulgado há vários anos. O imposto se aplicava apenas à parte do preço que ultrapassava US$ 10.000 e apenas os itens usados para adorno estavam sujeitos a impostos. Como um comentarista observou, o imposto era um pesadelo administrativo: "pedras preciosas soltas e reparos não são tributados; o valor de mercado após uma grande modificação é. Portanto, você pode ser tributado se mandar colocar as pedras do broche da sua avó em uma nova joia. Mas você não pagará impostos se substituir um diamante de US$ 30.000 que perdeu de um anel; isso é um conserto"[9]. Os custos para a Receita Federal de cobrar o imposto sobre o luxo pode ter excedido as receitas arrecadadas! O imposto foi eventualmente revogado.

Obviamente, nenhum sistema fiscal é livre de custos administrativos; o truque é encontrar o melhor ponto de equilíbrio entre o encargo excessivo e os custos administrativos. Por exemplo, a administração de um sistema de impostos sobre vendas em que cada *commodity* tem sua própria taxa pode ser muito complicada, embora esta seja a orientação geral prescrita pela regra de Ramsey. Qualquer redução no encargo excessivo resultante da diferenciação das alíquotas deve ser comparada com os custos administrativos adicionais.

Evasão fiscal

Passamos agora a um dos problemas mais importantes para qualquer administração de impostos – a fraude. Para começar, é preciso distinguir entre **elisão fiscal** e evasão fiscal. A elisão fiscal, que John Maynard Keynes chamou uma vez de "o único empreendimento intelectual que traz alguma recompensa", é mudar seu comportamento de forma a reduzir sua responsabilidade fiscal. Não há nada de ilegal na elisão fiscal:

> Muitas e muitas vezes os tribunais já disseram que não há nada de errado em organizar seus negócios de forma a manter os impostos tão baixos quanto possível. Todos fazem isso, ricos ou pobres; e todos fazem bem, pois ninguém tem qualquer dever público de pagar mais do que a lei exige.... Exigir mais em nome da moral é mera hipocrisia [Juiz Learned Hand, *Comissioner v. Newman*, 1947].

elisão fiscal

Mudar o comportamento de modo a reduzir sua responsabilidade fiscal legal.

---

[9] Ver Schmedel [1991].

PERSPECTIVA DE POLÍTICA

Elisão fiscal na arquitetura

As pessoas sempre foram muito criativas em se tratando de evitar impostos. Considere, por exemplo, os eventos que ocorreram em 1696, quando o Rei William III da Inglaterra decidiu que precisava arrecadar mais dinheiro. Ele não podia usar um imposto de renda, porque isso considerado uma violação da liberdade pessoal. Em vez disso, ele optou por um imposto sobre as janelas. Como as pessoas mais ricas têm casas maiores, e as casas maiores têm mais janelas, este imposto tenderia a atingir os abastados. O rei William pode não ter previsto uma forma simples de evitar o imposto: cobrir com tijolos as janelas de casa. Este antigo exemplo de elisão fiscal ainda pode ser visto em algumas casas na Inglaterra (ver a foto abaixo).

Outras peculiaridades arquitetônicas também são produtos de elisão fiscal. Por exemplo, no século 18, o governo do Brasil cobrava um imposto sobre igrejas acabadas. Para evitar o imposto, algumas igrejas na época foram construídas com uma das torres faltando (ver a primeira imagem da próxima página). Consequências também estranhas – mas previsíveis – resultaram de uma lei do século XVII na Holanda, que cobrava um imposto com base na largura das casas: quanto mais larga a casa, maiores os impostos. O povo de Amsterdam reagiu construindo casas que eram altas, profundas e estreitas (ver a segunda imagem da próxima página).

Embora estes exemplos arquitetônicos possam parecer estranhos, eles ilustram uma importante verdade: as pessoas não reagem passivamente à tributação. Em vez disso, elas buscam maneiras criativas de evitar ou pelo menos reduzir sua carga tributária. Por exemplo, as pessoas que importam carros na Ucrânia às vezes cortam os carros em duas partes separadas antes de passá-los pela alfândega. O que poderia explicar esse comportamento peculiar? Peças de reposição estão sujeitas a um imposto mais baixo do que os carros. Um carro transportado em duas partes é visto pelas autoridades fiscais como "peças de reposição", então cortar o carro proporciona uma excelente oportunidade de elisão fiscal.

Foto cedida por Age Fotostock

Foto cedida por Jonathan Meer

IMS Communications Ltd./Capstone Design/FlatEarth Images

Diferente da elisão fiscal, a **evasão fiscal** é deixar de pagar impostos legalmente devidos. Por exemplo, se uma pessoa deixar de informar renda para o governo, isso é evasão fiscal. Um caso de evasão fiscal que recebeu atenção internacional foi o do ator Wesley Snipes. Em 2008, ele foi considerado culpado de evasão fiscal e condenado a pagar cerca de US$ 17 milhões em impostos atrasados, além de multas e juros [Johnston, 2008]. Em contrapartida, se alguém se muda para outro país a fim de pagar menos imposto de renda, isso é elisão fiscal. Um bom exemplo é Bono Vox, astro do rock, que transferiu parte dos negócios de sua banda para a Holanda quando o imposto de renda aumentou na Irlanda.

A sonegação fiscal é extremamente difícil de medir. O Internal Revenue Service estima que os contribuintes voluntariamente pagam apenas cerca de 80% de seu imposto de renda real. Se essa estimativa está ao menos aproximadamente correta, sugere que a evasão é uma questão muito importante.

evasão fiscal

Não pagar impostos legalmente devidos.

As pessoas cometem fraude fiscal em uma variedade de maneiras:

- Manter dois conjuntos de livros contábeis para registrar transações comerciais. Um registra os negócios reais e o outro é apresentado às autoridades fiscais. Alguns sonegadores usam dois registros de caixas.
- Fazer "bicos" para ganhar dinheiro. É claro que ter um segundo trabalho é perfeitamente legal. No entanto, a renda recebida nesse tipo de trabalho é muitas vezes paga em dinheiro, e não em contracheque. Portanto, não existe registro legal, e a renda não é comunicada às autoridades fiscais.
- Declaração de renda menor que a real. Deixar de declarar renda é um tipo comum de evasão fiscal. De acordo com o Government Accountability Office, a declaração de renda menor que a real ocorre principalmente entre as pessoas que têm suas próprias empresas [Herman, 2007].
- Negócios em dinheiro. Pagamento de bens e serviços com dinheiro e cheques a serem descontados torna o acompanhamento de transações muito difícil para o Internal Revenue Service.

Houve um tempo em que a evasão fiscal era associada a milionários que escondiam seus capitais em contas bancárias na Suíça. A imagem atual de um sonegador de impostos pode muito bem ser a de alguém que faz consertos cuja renda vem de trabalho "não oficial" não informado à receita federal ou a de um pai que não paga impostos sobre os salários de uma babá. Na verdade, as pessoas que pagam a empregadas domésticas, babás e outros empregados domésticos mais do que cerca de US$ 1.500 por ano são obrigadas a pagar taxas de Previdência Social para eles, mas menos de 0,25% de todos os lares pagam este "imposto de babá" [Herman, 2004b]. O sentimento de que "todos fazem isso" é generalizado.

Primeiro discutiremos a teoria positiva da evasão fiscal e, em seguida, trataremos da questão normativa de como as políticas públicas devem lidar com isso.

Análise positiva da evasão fiscal Suponha que Al só se preocupa com a maximização de sua renda esperada. Ele tem determinada quantidade de rendimentos e está tentando escolher R, a quantia que esconde das autoridades fiscais. Suponha que a alíquota de imposto de renda marginal de Al é 0,3%; para cada dólar sonegado da renda tributável, sua conta de imposto cai 30 centavos. Este é o benefício marginal para ele de esconder um dólar de renda das autoridades fiscais. De forma mais geral, quando Al enfrenta uma alíquota de imposto de renda marginal t, o benefício marginal de cada dólar sonegado é t.

A autoridade fiscal não conhece a verdadeira renda de Al, mas audita aleatoriamente os retornos de todos os contribuintes. Como resultado, há alguma probabilidade, ρ, de que Al seja auditado (nos Estados Unidos, apenas cerca de 0,77% das declarações de imposto de renda federal são auditadas). Se ele for pego sonegando, Al paga uma multa que aumenta com R a uma taxa crescente. Observe que se não houvesse custos para monitorar Al a cada segundo de cada dia, as oportunidades de evasão não existiriam. O fato de que esse monitoramento é inviável é a fonte fundamental do problema.

Supondo que Al sabe o valor de ρ e a tabela de multas, ele toma sua decisão comparando os custos e benefícios marginais de sonegar. Na Figura 16.5, a quantidade de renda não declarada é medida no eixo horizontal e os dólares são medidos no eixo vertical. O benefício marginal (MB) para cada dólar não declarado é t, o montante dos impostos economizados. O custo marginal esperado (MC) é o valor do aumento da multa para cada dólar sonegado (a penalidade marginal) vezes a probabilidade de detecção. Por exemplo, se a penalidade adicional por sonegar o milésimo dólar é de US$ 1,50 e a probabilidade de detecção é de 1 em 3, a penalidade marginal *esperada* é de 50 centavos. A quantidade "ótima" de sonegação é o ponto em que as duas curvas se cruzam, em R^*. R^* é ótimo no sentido de que, *em média*, é a política que maximiza a renda de Al. Em um mundo de incertezas, en-

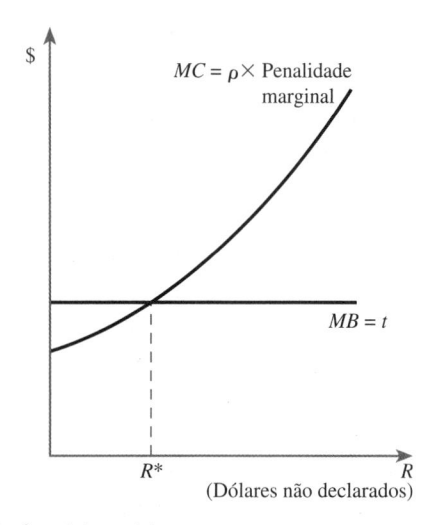

FIGURA 16.5 A evasão fiscal é positiva.
Dadas esta alíquota de imposto, a probabilidade de ser auditado e a penalidade marginal se apanhado sonegando, a quantidade ótima de sonegação é R^*, que é positiva.

contrar a melhor política neste sentido de "valor esperado" é uma forma razoável de proceder. É possível, é claro, que não sonegar nada seja o ideal. Para o indivíduo na Figura 16.6, o custo marginal de sonegar excede o benefício marginal para todos os valores positivos de R, de modo que o ótimo é igual a zero.

O modelo prevê que a sonegação diminui quando as taxas de impostos marginais caem. Isso ocorre porque um menor valor de t diminui o benefício marginal da evasão, deslocando a curva de benefício marginal de modo que a intersecção com o custo marginal ocorre em um valor mais baixo de R. Esta previsão está em consonância com evidências anedóticas. Considere, por exemplo, o caso da República Báltica da Estônia, que substituiu recentemente o seu sistema de taxas marginais de imposto elevadas e crescentes por um imposto de renda fixo de 26%. O ex-primeiro-ministro Mart Laar disse que esta reforma reduziu drasticamente a evasão, pois "no mundo real, as pessoas ricas encontram uma maneira de evitar os altos impostos. Com um imposto fixo, elas param de se preocupar com

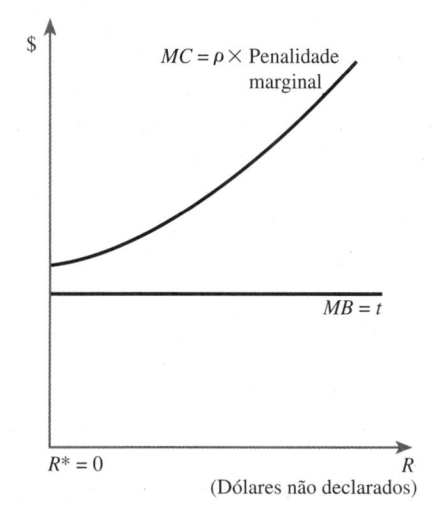

FIGURA 16.6 A evasão fiscal é zero.
Dadas esta alíquota de imposto, a probabilidade de ser auditado e a penalidade marginal se apanhado sonegando, a quantidade ótima de sonegação é zero.

proteger sua renda ou trabalhar na economia paralela" [Tierney, 2006]. A previsão do modelo também é confirmada por estudos econométricos. Por exemplo, Fisman e Wei [2004], constatam que tarifas altas na China levam a uma considerável evasão fiscal. De acordo com suas estimativas, um aumento de 1% na alíquota de imposto sobre as importações induz os importadores a aumentar a quantidade de impostos que sonegam em 3%.

Embora este modelo gere informações úteis, ele ignora algumas considerações que podem ser importantes.

Custos psíquicos de sonegar Simplificando, a evasão fiscal pode fazer as pessoas se sentirem culpadas. Uma maneira de construir um modelo deste fenômeno é somar os custos psíquicos à curva de custo marginal. Para as pessoas muito honestas, os custos psíquicos são tão altos que elas não sonegariam, mesmo que a penalidade marginal esperada fosse zero.

Aversão ao risco As Figuras 16.5 e 16.6 supõem que as pessoas se preocupam apenas com a renda esperada e que o risco em si não as incomoda. Na medida em que os indivíduos são avessos ao risco, suas decisões de fazer o que é essencialmente uma aposta podem ser modificadas (o Capítulo 9 discute a escolha em situações de incerteza).

Escolhas de trabalho O modelo supõe que a única decisão é quanta renda declarar. O tipo de trabalho e a quantidade de lucro antes dos impostos são tomados como dados. Na realidade, o sistema fiscal pode afetar as horas de trabalho e as escolhas de emprego. Por exemplo, altas taxas marginais de imposto podem induzir as pessoas a escolher profissões que oferecem maiores oportunidades de evasão fiscal, a chamada **economia subterrânea**. Isso inclui atividades econômicas que são legais, mas fáceis de esconder das autoridades fiscais (consertos em casas), bem como trabalhos que são criminosos em si (prostituição, venda de drogas). O tamanho da economia subterrânea é inerentemente muito difícil de medir. As estimativas apresentadas por Friedman et al. [2000] sugerem que é cerca de 14% do Produto Interno Bruto dos Estados Unidos. Para a Grã-Bretanha, o número é 7% e, para a Rússia, 42%. Davis e Henrekson [2004] examinaram dados de um grupo de países desenvolvidos na década de 1990 e descobriram que, quando as taxas marginais de imposto aumentam, o mesmo acontece com a probabilidade de participação no setor subterrâneo. Este resultado vai ao encontro de relatórios jornalísticos do que aconteceu em Nova York depois que a cidade aumentou os impostos sobre cigarros para cerca de US$ 7,50 por maço. O aumento dos impostos alimentou um próspero mercado negro de cigarros com baixos impostos de outros estados. De acordo com o prefeito de Nova York, Michael Bloomberg, "os cigarros ilegais custam a nossa cidade e ao estado bilhões de dólares" [Parker, 2011].

economia subterrânea
Atividades econômicas que são ilegais ou legais, mas escondidas das autoridades fiscais.

Probabilidades variáveis de auditoria Em nossa análise simples, a probabilidade de uma auditoria é independente do montante sonegado e do tamanho da renda declarada. No entanto, nos Estados Unidos, as probabilidades de auditoria dependem da profissão e do tamanho da renda declarada. Isso complica o modelo, mas não altera seus aspectos essenciais.

Claramente, a fraude é um fenômeno mais complexo do que sugerem as Figuras 16.5 e 16.6. No entanto, o modelo nos fornece uma estrutura útil para a reflexão sobre os fatores que influenciam as decisões de evasão. Como já foi sugerido, é difícil fazer um trabalho empírico sobre a evasão fiscal. Consequentemente, não se sabe se multas elevadas ou auditorias frequentes seriam maneiras mais eficazes de evitar a sonegação. Um resultado experimental de vários estudos econométricos é que, para a maioria dos grupos, um maior risco de auditoria aumenta a renda declarada, mas a magnitude do efeito é pequena [Blumenthal et al., 2001].

Análise normativa da evasão fiscal A maioria das discussões públicas sobre a economia subterrânea supõem que ela é algo ruim e que políticas devem ser projetadas para reduzir seu tamanho. Embora possivelmente correta, essa proposição merece ser analisada em detalhes.

Uma questão importante neste contexto é se vamos ou não considerar o bem-estar dos sonegadores. No jargão da economia do bem-estar, as utilidades dos participantes da economia subterrânea são incluídas na função de bem-estar social? Suponha por um momento que sim. Então, sob certas condições, a existência de uma economia subterrânea aumenta o bem-estar social. Por exemplo, se a oferta de trabalho é mais elástica para a economia subterrânea do que para a economia regular, a teoria da tributação ótima sugere que a primeira deve ser tributada a uma taxa relativamente baixa. Isto é simplesmente uma aplicação da regra de elasticidade inversa, a Equação (16.9). Por outro lado, suponha que os participantes da economia subterrânea tendem a ser mais pobres que os da economia regular. Na verdade, muitos observadores acreditam que a economia subterrânea é uma parte crucial da vida em cidades do interior dos Estados Unidos. Na medida em que a sociedade tem objetivos de redistribuição de renda igualitária, deixar intacta a economia subterrânea pode ser desejável.

Considere agora as implicações políticas quando os sonegadores não têm peso na função de bem-estar social e o objetivo é simplesmente eliminar a sonegação com o menor custo administrativo possível. A Figura 16.5 sugere uma maneira simples de alcançar esse objetivo. O custo marginal esperado da fraude é o produto da taxa de penalidade vezes a probabilidade de detecção. A probabilidade de detecção depende da quantidade de recursos destinados à administração tributária. Se a Receita Federal tem um orçamento grande, ela pode pegar muitos sonegadores. No entanto, mesmo que as autoridades fiscais tenham um orçamento pequeno, de modo que a probabilidade de detecção seja baixa, o custo marginal da fraude ainda poderá ser tornado arbitrariamente alto, se a pena for grande o suficiente. Se apenas um sonegador de impostos fosse pego a cada ano, mas fosse enforcado em praça pública pelo crime, o custo esperado da evasão fiscal dissuadiria muitas pessoas. O fato de que tal política draconiana nunca foi seriamente proposta nos Estados Unidos indica que os sistemas de sanções existentes tentam incorporar um *castigo justo*. Em oposição aos pressupostos do modelo utilitarista, a sociedade se preocupa não só com o resultado final (livrar-se dos sonegadores), mas também com os processos pelos quais o resultado é alcançado.

▶ VISÃO GERAL

A análise tradicional dos sistemas fiscais elucidou vários "princípios" do projeto de modelos tributários: os impostos devem ter equidade horizontal e vertical, ser "neutros" em relação a incentivos econômicos, ser fáceis de administrar, etc. Os economistas das finanças públicas já integraram essas diretrizes *ad hoc* aos princípios da economia do bem-estar. A literatura sobre a tributação ótima *deriva* os critérios para um bom imposto usando uma função de bem-estar social subjacente.

Em algumas ocasiões, a análise da tributação ótima corrige erros anteriores. Por exemplo, pode *não* ser eficiente que todas as taxas de imposto sejam iguais (neutras). Além disso, a teoria da tributação ótima esclarece os impasses entre eficiência e equidade na concepção de impostos. Como subproduto, as diversas definições de "equidade" foram analisadas.

O resultado deste trabalho não é um roteiro para a construção de um sistema fiscal, antes de tudo porque a teoria econômica na qual se baseia a teoria da tributação ótima tem seus próprios problemas (ver Capítulo 3). Neste contexto, dois comentários são convincentes: (1) A teoria da tributação ótima geralmente ignora as instituições políticas e sociais. Um imposto "ótimo" pode facilmente ser arruinado por políticos ou ter administração excessivamente onerosa. (2) Embora a abordagem da tributação ótima indique que o conceito de equidade horizontal é difícil de operacionalizar, a verdade é que *a igualdade de tratamento entre iguais* é um conceito ético atraente. É difícil integrar a equidade horizontal com a teoria da tributação ótima por causa de foco desta nos resultados em vez dos processos.

Portanto, a teoria da tributação ótima usa as ferramentas da economia do bem-estar para adicionar força analítica à discussão tradicional de modelos de tributação. No entanto, ela é associada com a abordagem utilitarista do bem-estar na economia. Assim, está aberta a críticas sobre a adequação desse sistema ético.

RESUMO

- A teoria da tributação eficiente de *commodities* mostra como arrecadar determinada quantidade de receita com um mínimo de encargo excessivo.

- A regra de Ramsey estipula que, para minimizar o encargo excessivo, as alíquotas de impostos devem ser definidas de modo que a redução proporcional na quantidade demandada de cada bem seja a mesma.

- Quando os bens são independentes no consumo, a regra de Ramsey implica que as alíquotas de impostos relativas devem ser inversamente relacionadas com as elasticidades da demanda compensada.

- A escolha de taxas de utilização ótimas para os serviços produzidos pelo governo é bastante semelhante à escolha de impostos ótimos.

- O imposto de renda é uma importante fonte de receitas em países desenvolvidos. A pesquisa de Edgeworth sobre impostos de renda ótimos indicou que as rendas depois dos impostos devem ser iguais. No entanto, quando o encargo excessivo de distorcer a relação renda-lazer está incluído, taxas marginais de impostos muito menores do que 100% são ótimas.

- Os sistemas fiscais podem ser avaliados de acordo com outros padrões além da teoria da tributação ótima. Fatores como equidade horizontal, custos de administração, incentivos para a evasão fiscal e restrições políticas afetam o projeto de sistemas fiscais.

- As definições tradicionais de equidade horizontal dependem da renda como uma medida de "posição igual" na sociedade. No entanto, a renda como convencionalmente medida é inadequada neste contexto. A definição de utilidade é mais precisa, mas tem implicações políticas radicalmente diferentes e tem uma tendência inerente em direção ao status quo antes dos impostos. Outras definições de equidade horizontal concentram-se nas regras de acordo com as quais os impostos são escolhidos.

- Os custos de administração de um sistema fiscal são ignorados na maioria das análises teóricas. No entanto, custos administrativos e de conformidade afetam a escolha da base de cálculo, das alíquotas de impostos e a quantidade de evasão fiscal.

Perguntas para reflexão

1. De acordo com estimativas de Goolsbee e Petrin [2004], a elasticidade da demanda por serviços básicos de tv a cabo é de 0,51 e a elasticidade da demanda por os satélites de transmissão direta é 7,40. Suponha que uma comunidade quer arrecadar determinado montante de receita através da tributação do serviço de tv a cabo e do uso de satélites de transmissão direta. Se o objetivo da comunidade é arrecadar o dinheiro da forma mais eficiente possível, qual deve ser a relação entre o imposto de tv a cabo e o imposto de satélite? Discuta brevemente as premissas por trás de seu cálculo.

2. Em 2002, o governo federal dos EUA cobrou um imposto de 3% sobre a parte do preço de carros superior a US$ 40.000 [por exemplo, a responsabilidade fiscal sobre um carro de US$ 50.000 seria 0,03 × (US$ 50.000 − US$ 40.000), ou US$ 300.]. Discuta a eficiência, a equidade e a administrabilidade deste "imposto sobre automóveis de luxo".

3. "Pedro, o Grande, em uma época cobrou um imposto sobre barbas. Ele considerava que a barba era um ornamento supérfluo e inútil. Dizem que o imposto era proporcional, de acordo com o comprimento da

barba, e progressivo, de acordo com a posição social de seu possuidor" [Groves, 1946, p. 51]. Avalie o imposto sobre a barba de Pedro do ponto de vista da teoria da tributação ótima e do ponto de vista da equidade horizontal.

4. Em 2008, o imposto sobre vendas no Condado de Cook, Illinois, foi duplicado. Um jornalista especulou que o aumento do imposto foi instituído porque os funcionários do governo acreditavam que a base de cálculo era mais restrita do que o habitual, uma vez que a queda dos preços imobiliários e um mercado de trabalho complicado tornavam difícil que os cidadãos se mudassem. Examine esta situação do ponto de vista da teoria da tributação ótima. O aumento do imposto sobre vendas é eficiente? Ele é justo?

5. Suponha que uma cidade está considerando um projeto de instalação de novas tubulações subterrâneas de água. Alguns dos custos são fixos, no sentido de que não aumentam com o aumento da quantidade de água consumida. Por exemplo, os tubos se deterioram com o tempo, independentemente do volume de água que passa por eles. Por isso, é impossível pagar o investimento nas tubulações cobrando dos consumidores um valor baseado no custo marginal da água que consomem. Nestas circunstâncias, como poderia ser um sistema de tarifação eficiente?

6. Em 2008, o Estado de Nova York aumentou o imposto sobre cigarros em US$ 1,25 por maço. Um comentarista observou que "a maioria dos cigarros vendidos [em Nova York] vai na verdade ser transportada de caminhão da Virgínia ou enviada da China por contrabandistas que podem ganhar mais de US$ 1 milhão sobre cada carregamento de cigarros contrabandeados" [Fleenor, 2008]. Use a Figura 16.5 para mostrar como esse comportamento poderia ter sido previsto.

7. O governo fornece patentes às empresas farmacêuticas que lhes permitem cobrar preços elevados pelos medicamentos que desenvolvem por alguns anos. Se uma empresa consegue desenvolver um medicamento eficaz, a proteção de patente pode resultar em lucros elevados, especialmente porque o custo marginal de produção de medicamentos é baixo. Alguns propõem que o governo deve aumentar a arrecadação cobrando um imposto apenas uma vez sobre esses lucros. Essa seria uma forma eficiente de aumentar a receita fiscal? Inclua em sua resposta o conceito de "inconsistência temporal da política ótima".

8. Indique se cada uma das seguintes afirmações é verdadeira, falsa ou incerta e justifique sua resposta.

    a. Um imposto proporcional sobre todas as mercadorias, incluindo o lazer, é equivalente a um imposto de montante fixo.

    b. A eficiência é maximizada quando todas as mercadorias são tributadas com a mesma alíquota.

    c. O preço de custo médio para um monopólio natural permite que a empresa atinja o ponto de equilíbrio, mas o resultado é ineficiente.

    d. O local de trabalho de Tom oferece acesso gratuito a uma sala de ginástica; o de Jerry, não. A equidade horizontal exige que Tom pague um imposto sobre o valor de ter acesso à sala de ginástica.

9. Nova York processou recentemente duas lojas de cigarros. As lojas não vendem cigarros embalados. Em vez disso, vendem tabaco solto e papel de cigarro e oferecem acesso a máquinas de enrolar cigarros. Essas lojas argumentam que não precisam recolher os US$ 5,85 por maço de cigarros em impostos estaduais e locais; a cidade discorda. As lojas afirmam que estão *evitando* impostos, enquanto a cidade argumenta que as lojas estão *sonegando* impostos. Defina os termos em itálico. Você acha que as lojas estão evitando ou sonegando impostos?

PARTE V
O SISTEMA DE RECEITAS DOS ESTADOS UNIDOS

Os próximos cinco capítulos descrevem e analisam as principais fontes de receita do sistema fiscal dos EUA. Isso traz uma má notícia e uma boa notícia. A má notícia é que é difícil saber por quanto tempo o material descritivo estará correto. Apesar do fato de terem acontecido grandes mudanças no sistema tributário em 1986, 1990, 1993, 1997, 2001, 2003, 2009 e 2013, importantes mudanças estão sob consideração, e mais alterações certamente virão. A boa notícia é que depois de ver as ferramentas de finanças públicas aplicadas às instituições fiscais existentes, o leitor será capaz de analisar os novos impostos que possam surgir. Além disso, examinamos algumas das principais revisões propostas para cada um dos tributos existentes.

17 O imposto de renda de pessoa física

> *É hora do imposto de renda novamente, americanos: tempo de reunir os recibos, encontrar os formulários de impostos, afiar o lápis e enfiar uma faca na aorta.*
>
> —DAVE BARRY

Vários anos atrás, o presidente do Comitê de Recursos da Câmara, Bill Archer, declarou que queria "arrancar o código de imposto de renda atual pela raiz e jogá-lo fora para que nunca voltasse a crescer". O imposto de renda que tanto irritava Archer (e milhões de outros americanos) é o carro-chefe do sistema federal de receitas. Em 2011, quase 167 milhões de declarações de imposto de renda foram recebidas, o que gerou US$ 1,092 trilhão de dólares em receita, cerca de 47% das receitas federais [Escritório de Orçamento do Congresso, 2012b]. Este capítulo discute os problemas associados com a criação de um sistema de imposto sobre o rendimento pessoal, a eficiência e a equidade do sistema norte-americano e por que tantas pessoas querem substituí-lo.

Desde a sua criação em 1913, o código de imposto de renda foi revisto várias vezes, e mais mudanças estão previstas. Diante dessa incerteza sobre o futuro do sistema fiscal, o material institucional deste capítulo se concentra na lei tal como se apresentava no início de 2013.

▶ ESTRUTURA BÁSICA

renda bruta ajustada (AGI – adjusted gross income)
Rendimento total de todas as fontes tributáveis menos determinadas despesas incorridas na obtenção dessa renda.

lucro tributável
Valor da renda sujeito a imposto.

isenção
Ao calcular o lucro tributável, uma quantidade por membro da família que pode ser deduzida de renda bruta ajustada.

deduções
Certas despesas que podem ser subtraídas da renda bruta ajustada na apuração do lucro tributável.

tabela de alíquotas
Mostra a responsabilidade fiscal associada a cada nível de renda tributável.

Os americanos apresentam uma declaração anual de imposto que calcula a responsabilidade fiscal do ano anterior. O retorno é devido a cada 15 de abril. O cálculo da responsabilidade fiscal exige uma série de passos resumidos na Figura 17.1. O primeiro passo é calcular a **renda bruta ajustada (AGI)**, definida como o rendimento total de todas as fontes tributáveis menos certas despesas (as deduções "acima da linha") incorridas na obtenção dessa renda. Fontes tributáveis incluem (entre outras) salários, dividendos, juros, lucros empresariais e agrícolas, aluguéis, royalties, prêmios e até mesmo receitas de peculato.

Nem todas as AGI são tributadas. O segundo passo é converter a AGI em uma **renda tributável** – o valor da renda sujeito a imposto. Isso é feito subtraindo-se várias quantidades, chamadas **isenções** e **deduções** da AGI. As deduções e isenções serão examinadas com mais cuidado posteriormente.

O próximo passo é calcular o montante do imposto devido, por meio da aplicação das alíquotas fiscais aos rendimentos tributáveis. A **tabela de alíquotas** indica a responsabilidade fiscal associada a cada nível de renda tributável. Diferentes tipos de contribuintes têm diferentes tabelas de alíquotas de imposto. Por exemplo, maridos e esposas que apresentam o imposto em conjunto – declaração conjunta – têm alíquotas diferentes das pessoas solteiras. O passo final é subtrair os créditos tributários (examinados mais tarde) para chegar à responsabilidade fiscal regular.

No caso da maioria dos contribuintes, um pouco do imposto é retido de cada salário durante o ano. O montante que realmente é pago em 15 de abril é a diferença entre o passivo fiscal e os pagamentos acumulados retidos na fonte. Se mais foi retido do que é devido, o contribuinte recebe um reembolso.

Despesas comerciais ou de negócios, despesas de mudanças, despesas com educação, pagamentos de prêmios de seguro de saúde por atividade autônoma, pagamentos de empréstimo estudantil, mensalidades e taxas de pensão alimentícia etc.

Contribuição de caridade, juros de hipoteca de imóvel, impostos estaduais e locais, despesas médicas superiores a 10% da AGI, perdas devidas a acidentes e roubos, despesas não reembolsadas com funcionários

Phaseout com renda

Crédito de imposto da criança, crédito de imposto da criança adicional, EITC, créditos HOPE e de aprendizagem ao longo da vida, crédito de veículos elétricos, créditos de imposto estrangeiro, crédito de imposto de cobertura de saúde, crédito de adoção, crédito de juros de hipotecas, crédito por contribuição à poupança de aposentadoria, crédito para atendimento a crianças e dependentes, crédito para idosos ou deficientes, crédito de mutuários DC First-Time etc.

IMPOSTO BÁSICO
Incluir salários e indenizações, juros, dividendos, ganhos (ou perda) de capital, rendimento (ou prejuízo) de empresas, pensões, rendimento (ou prejuízo) de atividade agrícola, aluguéis, royalties, benefícios da Previdência Social etc.

Substrato
Deduções "acima da linha"

RENDA BRUTA AJUSTADA

Isenções do substrato

Comparar a maior parte de:
Dedução padrão
ou
Deduções discriminadas

RENDA TRIBUTÁVEL

Aplicar alíquotas

RESPONSABILIDADE FISCAL ANTES DOS CRÉDITOS

Subtrair créditos fiscais

RESPONSABILIDADE FISCAL NORMAL
(Começar de novo para determinar a responsabilidade fiscal do AMT usando a base do AMT. Compensar a responsabilidade de AMT provisória em excesso da responsabilidade fiscal regular.)

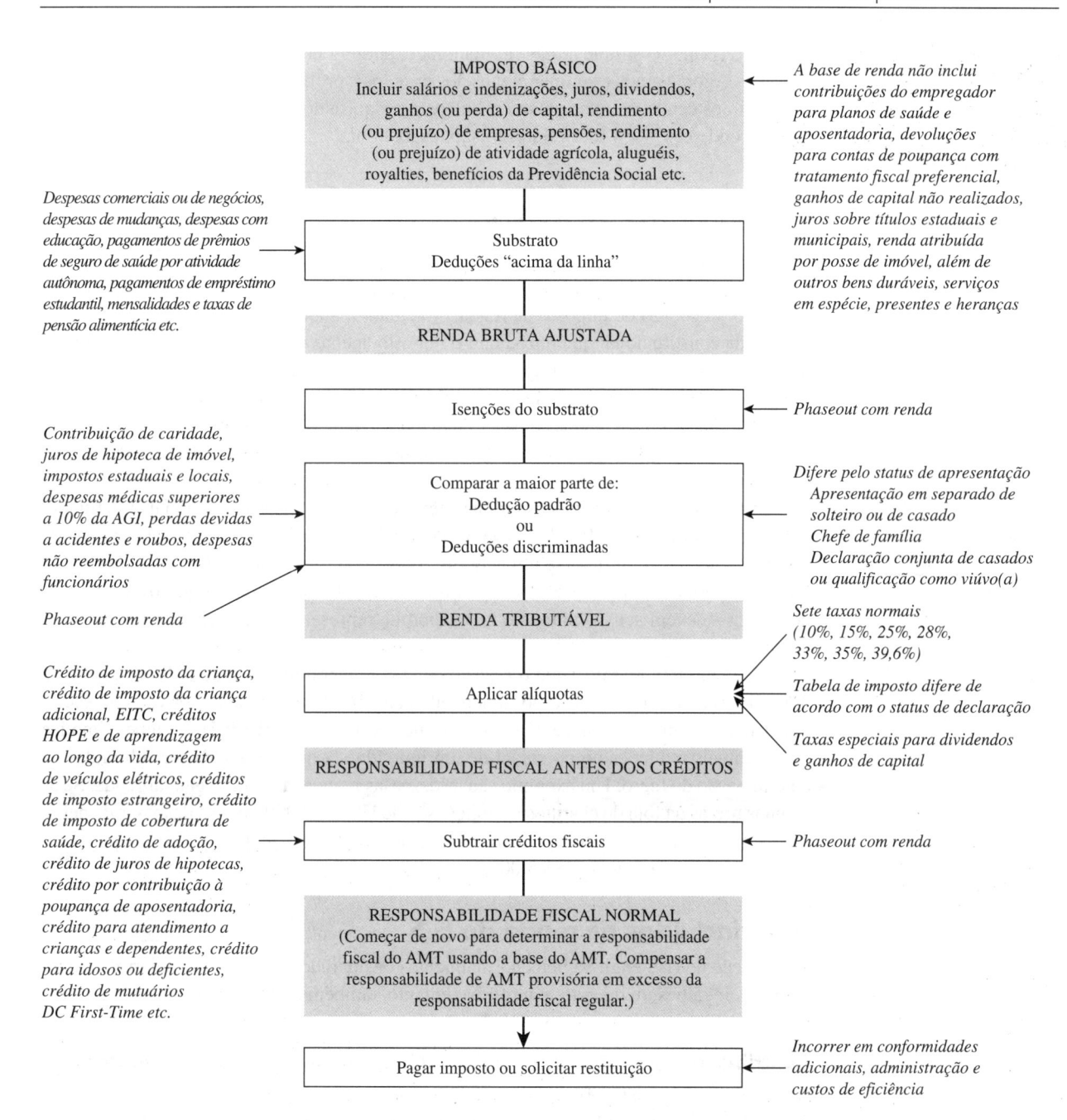

Pagar imposto ou solicitar restituição

A base de renda não inclui contribuições do empregador para planos de saúde e aposentadoria, devoluções para contas de poupança com tratamento fiscal preferencial, ganhos de capital não realizados, juros sobre títulos estaduais e municipais, renda atribuída por posse de imóvel, além de outros bens duráveis, serviços em espécie, presentes e heranças

Phaseout com renda

Difere pelo status de apresentação
Apresentação em separado de solteiro ou de casado
Chefe de família
Declaração conjunta de casados ou qualificação como viúvo(a)

Sete taxas normais (10%, 15%, 25%, 28%, 33%, 35%, 39,6%)

Tabela de imposto difere de acordo com o status de declaração

Taxas especiais para dividendos e ganhos de capital

Phaseout com renda

Incorrer em conformidades adicionais, administração e custos de eficiência

FIGURA 17.1 Cálculo de responsabilidade fiscal do imposto de renda federal de pessoa física
Os contribuintes devem seguir um complicado conjunto de passos para o cálculo das obrigações fiscais.

Fonte: Painel Consultivo do Presidente sobre Reforma Tributária Federal [2005, p. 24].

Parece muito simples, mas, na realidade, surgem complicações em cada etapa do processo. Agora vamos examinar alguns dos principais problemas. Se você está interessado nos mínimos detalhes, uma versão on-line para pesquisa do código de imposto está disponível no endereço www.fourmilab.ch/ustax/ustax.html.

▶ DEFINIÇÃO DE RENDA

Claramente, é necessário haver uma capacidade de identificar a "renda" para que o imposto de renda funcione. Uma maneira natural de começar esta seção seria discutir e avaliar a definição do código de imposto de renda. No entanto, a lei não prevê qualquer definição. A emenda constitucional que introduziu o imposto apenas diz: "O Congresso terá competência para lançar e arrecadar impostos sobre a renda, a partir de qualquer fonte derivada". Embora a lei tributária não forneça exemplos de renda – salários, aluguéis, dividendos e assim por diante -, as palavras "a partir de qualquer fonte derivada" realmente não oferece um padrão útil para decidir se a exclusão ou não de determinados itens de tributação é apropriado.

Os economistas de finanças públicas têm seu próprio padrão tradicional, a **definição de Haig-Simons (H-S)**: Renda é o valor monetário do aumento líquido na capacidade de um indivíduo consumir durante um período[1]. Isso é igual ao valor efetivamente consumido durante o período mais acréscimos líquidos à riqueza. Os acréscimos líquidos à riqueza – poupança – devem ser incluídos no lucro, porque representam um aumento no consumo *potencial*.

É importante ressaltar que o critério de H-S requer a inclusão de todas as fontes de potenciais aumentos no consumo, independentemente de o consumo efetivo acontecer e independentemente da forma em que o consumo ocorrer. O critério de H-S também implica que eventuais reduções no potencial de um indivíduo consumir devem ser subtraídas na determinação do lucro. Um exemplo são as despesas realizadas para se ganhar renda. Se as receitas brutas da loja de charutos de Julieta são de US$ 100.000, mas as despesas de negócio (como aluguel e o custo dos charutos) são de US$ 95.000, então o consumo potencial de Julieta só aumentou em US$ 5.000.

Itens incluídos na renda de H-S

A definição de H-S engloba itens normalmente considerados como renda: salários, lucros, aluguéis, royalties, dividendos e juros. No entanto, também inclui alguns itens não convencionais:

Contribuições patronais para a Previdência e contratações de seguros As contribuições previdenciárias feitas em nome de um empregado representam um aumento no potencial de consumo. Da mesma forma, mesmo que a compensação é paga ao empregado na forma de um determinado produto (por exemplo, uma apólice de seguro) em vez de dinheiro, ainda é lucro.

Pagamentos de transmissão, incluindo benefícios de aposentadoria da Previdência Social, compensação por desemprego e bem-estar Qualquer recibo, seja do governo ou de um empregador, é renda.

> **Definição do rendimento de Haig-Simons (HS)**
>
> Valor em dinheiro do aumento líquido na capacidade de um indivíduo para consumir durante um período.

---

[1] Leva o nome de Robert M. Haig e Henry C. Simons, os economistas que conceberam a definição na primeira metade do século XX.

Ganhos de capital Aumentos no valor de um ativo são chamados de **ganhos de capital**; as diminuições, de **perdas de capital**. Suponha que Bruto possui algumas ações da Microsoft que aumentam de valor de US$ 10.000 para US$ 12.500, ao longo de um ano. Assim, ele tem desfrutado de um ganho de capital de US$ 2.500. Esses US$ 2.500 representam um aumento no potencial de consumo e, portanto, pertence à renda[2]. Se Bruto vende as ações da Microsoft no final do ano, o ganho de capital geralmente é **realizado**; caso contrário, **não é realizado**. Do ponto de vista da H-S, é irrelevante saber se um ganho de capital é realizado ou não. Ambos representam potencial para consumir e, portanto, são renda. Se Bruto não vender suas ações da Microsoft, na verdade ele escolherá economizar, reinvestindo o ganho de capital na Microsoft. Porque o critério H-S não faz distinção entre os diferentes usos do resultado, o fato de Bruto reinvestir é irrelevante. Todos os argumentos para o acréscimo em ganhos de capital se aplicam à subtração de perdas de capital. Se as ações da Disney de Casca diminuem no valor de US$ 4.200 durante um determinado ano, esse valor deve ser subtraído de outras fontes de renda.

ganho de capital realizado
Ganho de capital resultante da venda de um ativo.

ganho (perda) de capital
Aumento (redução) no valor de um ativo.

ganho de capital não realizado
Ganho de capital em um ativo ainda não vendido.

Renda em espécie Algumas pessoas recebem parte ou a totalidade dos seus rendimentos em espécie, sob a forma de bens e serviços, em vez de dinheiro. Os agricultores, por exemplo, fornecem alimentos à mão de obra que atua no campo, e algumas famílias dão hospedagem e alimentação às babás. O Google dá a seus funcionários almoços subsidiados e acesso a centros de fitness. Em todos esses casos, do ponto de vista de H-S, não faz diferença se os benefícios são recebidos em forma monetária ou sob a forma de produtos e serviços. Todos eles são renda.

Alguns problemas práticos e conceituais

Surge uma série de dificuldades nas tentativas de usar o critério de Haig-Simons como base para a criação de um sistema fiscal.

- Claramente, só o lucro líquido de despesas de negócio aumenta a capacidade de consumo potencial. Mas a distinção entre despesas de consumo e os custos de obtenção de renda pode ser difícil. Se Calpúrnia compra uma mesa para usar durante o trabalho em casa, mas a mesa também é uma bela peça de mobiliário, até que ponto o móvel é uma despesa de negócio? Que parte de um "almoço de três martinis", projetado para atrair um cliente, é de consumo e que parte é de negócios (de acordo com a lei atual, a resposta a esta última pergunta é de 50%: metade das despesas com refeições de negócios são dedutíveis)?

- Ganhos e perdas de capital podem ser difíceis de medir, especialmente quando ainda não foram realizados. Para os ativos que são negociados em mercados ativos, o problema é bastante gerenciável. Mesmo que Brutus não venda suas ações da Microsoft, é fácil determinar o valor a qualquer momento, por meio de uma consulta à seção financeira do jornal. Não é tão simples medir o ganho de capital em um prédio de escritórios, que se valorizou.

- Não é fácil estimar o valor dos serviços em espécie. Um exemplo importante é o rendimento produzido por pessoas que fazem trabalho doméstico, em vez de participar do mercado. Os serviços de faxina, cozinhar, cuidar das crianças, entre outros, são claramente valiosos. No entanto, embora existam mercados para a compra desses

---

[2] Apenas o valor real de ganhos de capital constitui renda, e não apenas os ganhos devido à inflação. Essa questão será discutida mais tarde.

serviços, seria difícil estimar se os serviços de uma determinada dona de casa são iguais ao valor de mercado.

Avaliação do critério de H-S

Poderíamos listar inúmeras outras dificuldades de aplicação do critério de H-S, mas o ponto principal está claro. Não haver definição de renda pode tornar a administração de um imposto de renda simples e direta. Decisões arbitrárias sobre o que deve ser incluído nos rendimentos são inevitáveis. No entanto, o critério de Haig-Simons é frequentemente considerado como o ideal que os responsáveis políticos devem ter como meta: a renda deve ser definida de forma tão ampla quanto possível, e todas as fontes de rendimento recebidas por uma pessoa em particular devem ser tributadas pela mesma taxa.

Por que o critério de H-S é tão atraente? Há duas razões.

Justiça Lembre-se da definição tradicional de equidade horizontal do Capítulo 16: pessoas com rendimentos iguais devem pagar impostos iguais. Para essa afirmação fazer algum sentido, a base fiscal deve incluir todas as fontes de renda. Caso contrário, duas pessoas com capacidades iguais de pagamento podem acabar com diferentes obrigações fiscais.

Por outro lado, pode-se argumentar que, uma vez que a capacidade das pessoas de ganhar renda é diferente, o critério de H-S não pode produzir resultados justos. Suponha que Popeye seja dotado de muita inteligência, e Brutus tenha muita força. Imagine também que o trabalho feito por pessoas fortes é menos agradável do que o feito por gente inteligente. Nesse caso, se Brutus e Popeye tem o mesmo rendimento, então Popeye tem mais utilidade. É justo taxá-los como iguais?

Eficiência Os defensores do critério argumentam que ele tem a virtude da neutralidade: trata todas as formas de renda da mesma maneira e, portanto, não distorce o padrão da atividade econômica. Assim, por exemplo, argumenta-se que a incapacidade de tributar benefícios fornecidos pelo empregador, como o seguro de saúde, leva a uma compensação excessiva na forma de benefícios, tudo o mais constante.

Sem dúvida, é verdade que muitos desvios do critério de Haig-Simons criam ineficiências. Mas isso não significa que alíquotas de imposto iguais sobre todos os rendimentos, independentemente da fonte, seriam mais eficientes. Considere os rendimentos de aluguel em terrenos sem infraestrutura. O fornecimento dessas terras é perfeitamente inelástico e, portanto, a tributação a uma taxa muito elevada não criaria qualquer excesso de carga. Um sistema tributário eficiente tributaria os retornos de terras assim a taxas mais elevadas do que outras fontes de renda – e não tributaria todas as fontes à mesma taxa, segundo o critério de H-S. De modo mais geral, a literatura fiscal ideal discutida no Capítulo 16 sugere que, enquanto os impostos de montante fixo são descartados, a eficiência é melhorada quando as alíquotas de impostos relativamente altas são impostas a essas atividades com oferta relativamente inelástica. A "neutralidade", no sentido de alíquotas iguais em todos os tipos de renda, em geral não minimiza o excesso da carga.

Onde isso nos deixa? McLure [2002] ressalta que não se pode ser otimista sobre a utilidade da teoria fiscal ideal como estrutura para a concepção da base tributária, lembrando que as regras fiscais ideais "geralmente ignoram a dificuldade administrativa da execução, bem como o fato de que uma grande quantidade de informações é necessária para colocá-las em prática". Não seria sensato, portanto, abandonar o critério de Haig-Simons completamente. Por outro lado, não há nenhuma razão para considerar o critério como sagrado. Desvios do critério devem ser examinados por seus méritos e não vistos *prima facie* como injustos e ineficientes.

▶ FORMAS SUPRIMIDAS DE RENDA MONETÁRIA

Temos visto que algumas fontes de renda passíveis de tributação de acordo com o critério de Haig-Simons são omitidas da base tributável por razões práticas. Além disso, várias formas de renda que seriam fáceis de tributar do ponto de vista administrativo são parcial ou totalmente excluídas da renda bruta ajustada.

Juros de obrigações estaduais e locais

Os juros auferidos por pessoas físicas em obrigações emitidas por estados e municípios não estão sujeitos ao imposto federal. Do ponto de vista do H-S, esta exclusão não faz sentido – o lucro dessas obrigações é uma adição ao consumo potencial tanto quanto qualquer outra forma de renda. O motivo original da exclusão é de que seria inconstitucional para um nível de governo cobrar impostos sobre os valores mobiliários emitidos por outro nível de governo. No entanto, muitos especialistas em matéria constitucional agora acreditam que essa tributação seria permitida.

Na ausência de restrições legais, a exclusão de juros estaduais e locais pode ser justificada como uma ferramenta poderosa para ajudar os estados e municípios a aumentar receitas. Se os investidores não têm de pagar o imposto federal sobre juros de obrigações estaduais e locais, devem estar dispostos a aceitar uma taxa de retorno antes de impostos menor do que recebem em obrigações tributáveis. Suponha que César se defronte com uma alíquota de imposto de 35% sobre o lucro adicional e que a taxa de retorno das obrigações tributáveis seja de 15%. Então, enquanto a taxa de retorno das obrigações estaduais e locais exceder 9,75%, César as preferirá a obrigações tributáveis, tudo o mais constante.[3] De modo mais geral, se t é a alíquota de imposto marginal de um indivíduo e r é a taxa de retorno das obrigações tributáveis, ele está disposto a comprar obrigações não tributáveis, desde que o seu retorno seja superior a $(1 - t)r$. Por isso, os governos estaduais e locais podem contrair empréstimos a taxas mais baixas do que as praticadas no mercado. Com efeito, a receita perdida pelo Tesouro subsidia os empréstimos realizados por estados e municípios.

Infelizmente, obrigações isentas de impostos são uma maneira cara de ajudar governos estaduais e locais. Para saber o porquê, suponha que há dois contribuintes, César – que encara uma alíquota de imposto de 35% sobre o lucro adicional – e Brutus – que se defronta com uma taxa de 15%. Se a taxa de retorno das obrigações tributáveis de mercado é de 15%, o retorno de César depois de impostos é de 9,75% e o de Brutus é de 12,75%. Para fazer com que César e Brutus comprem algo diferente das obrigações fiscais, a taxa líquida de retorno deve, portanto, ser de pelo menos 12,75%. Suponha que uma cidade emite obrigações isentas de impostos, gerando apenas pouco mais de 12,75%, e César e Brutus compram esses títulos. Parte da redução de impostos é "desperdiçada" com César – ele estaria disposto a comprar as obrigações por qualquer rendimento superior a 9,75%, mas recebe 12,75%.

Qual é o efeito líquido sobre as receitas do governo? Suponha que o município toma emprestado US$ 100 de Brutus à taxa de juro de 12,75%, em vez dos 15% do mercado. Isso economiza US$ 2,25 no pagamento de juros. Por outro lado, o Tesouro dos EUA perde US$ 2,25 (= 0,15 × 15) em receitas do imposto de renda. Com efeito, o Tesouro proporcionou um subsídio de US$ 2,25 ao município. Agora, se a cidade emprestar US$ 100 de

---
[3] Em particular, supõe-se que os dois tipos de títulos são tidos como sendo igualmente arriscados. A demanda por ativos cujos riscos diferem é examinada no Capítulo 18.

César, também economizará US$ 2,25. Mas o Tesouro perderá US$ 5,25 (= 0,35 × 15) em receitas fiscais. Assim, cerca de US$ 3,00 da redução de impostos não se traduz em ganhos para a cidade.

Em suma, o efeito líquido das obrigações isentas de impostos é zero apenas para os investidores que estão justamente na margem de escolha de isenção fiscal em relação aos valores mobiliários tributáveis. Para todos os demais, o subsídio ao mutuário estadual e local é compensado pela receita perdida em nível federal.

Por que não eliminar a exclusão de juros e subsidiar estados e municípios com subsídios diretos do governo federal? A principal razão é política. Um subsídio direto a estados e municípios seria apenas mais um item no orçamento federal, um item cuja existência pode ser comprometida pelos caprichos do clima político. De fato, se o subsídio for explícito, em vez de emaranhado na legislação tributária, os eleitores podem decidir que não vale a pena. Por isso, as autoridades estaduais e locais têm pressionado intensamente – e com sucesso – para manter essa exclusão.

Alguns dividendos

Os dividendos são tributados a uma taxa máxima de 23,8%, que é menor do que a taxa sobre o lucro ordinário.[4] A justificativa para a exclusão parcial é que os dividendos são pagos por corporações, que estão sujeitas a um imposto específico sobre os seus rendimentos. Assim, na ausência de uma isenção, os dividendos são tributados duas vezes, uma no nível individual e outra no nível corporativo. A noção por trás da tributação dos dividendos a uma taxa menor para os indivíduos é melhorar essa dupla tributação, até certo ponto. As questões relacionadas com a tributação dos dividendos serão examinadas no Capítulo 19.

Ganhos de capital

Como veremos mais adiante neste capítulo, as taxas marginais de imposto legais sobre o lucro ordinário (por exemplo, salários e juros) chegam a um teto de 39,6%. No entanto, a taxa máxima de ganhos de capital é de 23,8%, desde que o ativo seja mantido por mais de um ano.[5] Os ganhos de capital sobre ativos mantidos por menos de um ano são tributados como receita ordinária. As perdas de capital – diminuições no valor de um ativo – podem ser compensadas com os ganhos de capital. Imagine que Antony realiza um ganho de US$ 6.000 no ativo *A*, mas tem uma perda de US$ 2.000 no *B*. Desse modo, Antony é tratado como se os seus ganhos de capital fossem de apenas US$ 4.000. Além disso, as perdas de capital que ultrapassam os ganhos de capital (até um limite de US$ 3.000) podem ser subtraídas do lucro ordinário. Suponha que, no exemplo dado, o ativo *B* tivesse perdido US$ 8.200. Antony poderia reduzir sua responsabilidade por ganhos de capital a zero e ainda teria US$ 2.200 em perdas que sobraram. Ele pode reduzir o seu rendimento tributável comum na medida desse valor.

Além da alíquota de tributação preferencial, o tratamento dos ganhos de capital se afasta do critério de H-S em vários aspectos importantes.

---

[4] Os indivíduos nas categorias fiscais mais baixas são tributados a 0 % sobre os ganhos de capital. A taxa máxima de 23,8% é a soma da taxa de 20% do imposto de renda, mais uma cobrança de 3,8% aplicada pelo Affordable Care Act.

[5] Em 2013, o imposto sobre ganhos de capital foi fixado em 0% para as duas categorias de imposto mais baixas, 20% para rendimentos na categoria mais elevada e 15% para as demais. Além disso, como parte do Affordable Care Act, cobram-se 3,8% sobre ganhos de capital daqueles nas duas maiores faixas de tributação.

Somente realizações tributadas A menos que um ganho de capital seja de fato realizado – o ativo seja vendido -, nenhum imposto é cobrado. Com efeito, o imposto sobre ganhos de capital é adiado até que o ganho seja realizado. A mera possibilidade de adiar impostos pode não parecer tão importante, mas suas conseqüências são enormes.[6] Pense em Cássio, que compra um ativo de US$ 100.000, cujo valor aumenta 12% a cada ano. Após o primeiro ano, o valor do ativo é de US$ 100.000 $\times$ (1 + 0,12) = US$ 112.000. Após o segundo ano, ele vale US$ 112.000 $\times$ (1 + 0,12) = US$ 100.000 $\times$ (1 + 0,12)^2 = US$ 125.440. Da mesma forma, ao final de 20 anos, o valor será de US$ 100.000 $\times$ (1 + 0,12)^{20} = US$ 964.629. Se o ativo for vendido ao final de 20 anos, Cássio realizará um ganho de capital de US$ 864.629 (= US$ 964.629 − US$ 100.000). Suponha que a alíquota aplicada aos ganhos de capital realizados é de 15%. Assim, a responsabilidade fiscal de Cássio é de US$ 129.694 (= US$ 864.629 $\times$ 0,15), e seu ganho líquido (medido em dólares daqui a 20 anos) é de US$ 734.935 (= US$ 864.629 − US$ 129.694).

Agora vamos supor que o imposto de 15% sobre os ganhos de capital é cobrado enquanto esses ganhos decorrem, independentemente de serem ou não realizados. No final do primeiro ano, Cássio tem US$ 110.200 [= US$ 100.000 $\times$ (1 + 0,102)]. (Lembre-se de que US$ 1.800 do ganho de US$ 12.000 vai para o coletor de impostos, restando apenas um ganho de 10,2%.) Supondo que o ganho de US$ 10.200 após impostos seja reinvestido no ativo, ao final de dois anos Cássio terá US$ 110.200 $\times$ (1 + 0,102) = US$ 100.000 $\times$ $(1,102)^2$ = US$ 121.440. Da mesma forma, ao final de 20 anos, ele terá US$ 100.000 $\times$ $(1,102)^{20}$ = US$ 697.641. O ganho de capital de Cássio depois de descontados os impostos é de US$ 597.641 (= US$ 697.641 − US$ 100.000). A comparação com o valor anterior de US$ 734.935 deixa claro que o dispositivo aparentemente inocente de deixar os ganhos acumulados sem a tributação faz uma grande diferença. Isso ocorre porque o diferimento permite que o investimento cresça geometricamente na modalidade antes do desconto do imposto, e não a taxa de juros após impostos. Com efeito, o governo dá ao investidor um empréstimo sem juros dos impostos devidos.

Agora deve estar claro por que um slogan favorito entre os auditores fiscais é "impostos diferidos são impostos economizados". Muitos dos planos de cobertura fiscal bastante complicados não passam de dispositivos para adiar o pagamento de impostos.

Como os ganhos de capital realizados estão sujeitos ao imposto, os contribuintes que pensam em alternar ou vender ativos de capital devem levar em conta que isso irá criar uma responsabilidade fiscal. Consequentemente, podem ficar menos propensos a mudar seus portfólios. Isso é conhecido como o **efeito de *lock-in***, porque o sistema fiscal tende a bloquear os investidores em seus portfólios atuais. Isso os leva a uma má alocação do capital, porque ele já não flui para onde o seu retorno é mais elevado. Vários estudos econométricos têm examinado o tratamento fiscal dos ganhos de capital, e uma descoberta comum é que o sistema baseado na realização da tributação dos ganhos de capital de fato produz um efeito de lock-in [Ivkovich et al., 2005].

efeito de *lock-in*

Desincentivo para mudar portfólios que surgem porque um indivíduo incorre em um imposto sobre ganhos de capital realizados.

Ganhos não realizados em morte Os ganhos de capital não são tributados no momento da morte. Suponha que Otávio adquira um ativo por US$ 1.000. Durante a sua vida, ele jamais vende o ativo, que, quando Otávio morre, vale US$ 1.200. Sob a lei atual dos EUA, o ganho de capital de US$ 200 não está sujeito ao imposto de renda quando Otávio morre. No entanto, quando Otávio Jr. (herdeiro de Otávio) quiser vender o ativo, seu cálculo de ganhos de capital é feito como se o preço de compra fosse de US$ 1.200, e não US$ 1.000. Com efeito, os ganhos de capital sobre ativos mantidos até a morte do proprietário

---

[6] Neste ponto, pode ser útil rever a discussão da composição de juros do Capítulo 8, em "Valor presente".

nunca estão sujeitos ao imposto de renda. Esta disposição é caprichosamente conhecida como a *brecha do Anjo da Morte*.

Avaliação das regras dos ganhos de capital Conclui-se que, nos termos dos critérios de Haig-Simons, o tratamento fiscal dos ganhos de capital é insatisfatório. O critério exige que todos esses ganhos sejam tributados, quer realizados ou não. Em contraste, o sistema geralmente tributa ganhos realizados preferencialmente, e os ganhos de capital não realizados acumulam-se sem tributação. Se o ativo for mantido até a morte do proprietário, os ganhos de capital tornam-se isentos de qualquer tributação. Enquanto o tratamento fiscal dos ganhos de capital nos EUA possa parecer leve pela norma do critério de H-S, é muito pesado em comparação com vários outros países. Na Holanda e na Alemanha, por exemplo, ganhos de capital em títulos geralmente são 100% isentos de tributação.

A literatura tributária ideal não fornece mais justificativa para tratamento preferencial dos ganhos de capital do que o critério de Haig-Simons.[7] No entanto, várias justificativas têm sido propostas para o tratamento preferencial desse tipo de rendimento de capital. Alguns argumentam que os ganhos de capital não são renda regular, mas sim golpes de sorte que ocorrem de forma inesperada. A justiça exige que esses ganhos inesperados não criem responsabilidade fiscal. Além disso, como o investimento requer o desprendimento de abster-se do consumo, é justo recompensar esse sacrifício. No entanto, pode-se muito bem afirmar que o rendimento do *trabalho* deve ser tratado preferencialmente, pois envolve o dissabor do trabalho, enquanto os que recebem ganhos de capital precisam nada mais que relaxar e esperar para o dinheiro fluir. Em última análise, é impossível argumentar de forma convincente que a produção de uma fonte de renda ou de outra exige mais sacrifício e deve, portanto, ser tratada preferencialmente.

Outra justificativa para a tributação dos ganhos de capital preferenciais é que são necessários para estimular a acumulação de capital e a assunção de riscos: "O que torna tão vibrante a economia deste país é a vontade dos seus participantes de se arriscar, inovar, adquirir financiamento, contratar novas pessoas e quebrar velhos moldes. Cada aumento nos impostos sobre ganhos de capital... é um imposto direto sobre essa vitalidade "[Prescott, 2005b, p. A14]. No Capítulo 18, lidamos de certa maneira com a questão de como a tributação afeta a economia e os incentivos à assunção de riscos. Por enquanto apenas notamos que, embora haja alguma evidência de que diminuições nas alíquotas de ganhos de capital induzam mais pessoas a se tornarem empresárias [Gompers e Lerner, 1999], não está claro que o tratamento especial para esses ganhos resulta em aumento da poupança e em tomada de risco.

Alguns promovem o tratamento preferencial dos ganhos de capital porque isso ajuda a contrabalançar a tendência da inflação de aumentar a alíquota real sobre esses ganhos. Como veremos mais tarde, sobre as regras fiscais existentes, a inflação não produz uma carga especialmente pesada sobre os rendimentos de capital. Mas tributar ganhos de capital arbitrariamente a uma taxa diferente não é a melhor solução para o problema.

Também há complicações legais e administrativas relacionadas com a tributação dos ganhos de capital. Considere, por exemplo, a distinção que a lei faz entre alguém que é um "investidor" e alguém que é um "negociante". Um negociante é alguém cujo negócio é a compra e venda de algum tipo de ativos – obras de arte, por exemplo. Isso não é considerado pela lei como uma atividade de risco. Portanto, se um negociante de arte compra um

---

[7] No entanto, em certas condições, a teoria fiscal ideal sugere que nenhuma forma de rendimento de capital deve ser tributada. Veja o Capítulo 21.

Rembrandt por US$ 50 milhões e vende por US$ 60 milhões, o ganho de capital de US$ 10 milhões é tributado como renda ordinária. Um investidor, por outro lado, é visto como alguém que está envolvido em uma atividade de longo prazo e de risco. Se você não é um negociante de arte e compra o mesmo Rembrandt de US$ 50 milhões e também o vende por US$ 60 milhões, então o ganho de capital recebe uma taxa preferencial mais baixa. Se comprar e vender 10 quadros por ano, mas não fizer qualquer tipo de publicidade e não trabalhar muito duro para clientes exigentes, você é negociante ou investidor? Claramente, a linha entre os dois tipos de atividades é tênue, o que torna a administração da lei extremamente complicada.

Por fim, destacamos que um panorama completo do tratamento fiscal dos rendimentos do capital requer levar em conta que grande parte dessa renda é gerada por corporações, que estão sujeitas a um regime fiscal distinto próprio. A alíquota geral sobre os rendimentos de capital depende, assim, das alíquotas de pessoas físicas *e* jurídicas. Voltaremos a este assunto no Capítulo 19.

Contribuições patronais para planos de benefícios

As contribuições de patrões para os fundos de aposentadoria dos seus empregados não estão sujeitas a imposto. O governo também não tributa os juros acumulados sobre as contribuições previdenciárias ao longo do tempo. Somente com o pagamento da pensão no momento da aposentadoria o montante principal e os juros ficam sujeitos à tributação. Da mesma forma, as contribuições do empregador para planos de saúde não são incluídas na renda.

Como já foi discutido, pensões e assistência médica devem ser contadas como renda, de acordo com o critério de Haig-Simons. Igualmente, os juros sobre os fundos de pensão devem ser tributados no vencimento. No entanto, incluir itens desse tipo na base de cálculo é difícil do ponto de vista político. Um passo nesse sentido ocorreu em 2010, quando o Affordable Care Act sujeitou à tributação uma parte do valor de planos de saúde relativamente caros fornecidos pelo empregador.

Alguns tipos de poupança

Em determinadas circunstâncias, as pessoas podem economizar de várias formas com benefício fiscal para a aposentadoria ou para outros fins específicos. Nesta seção, listamos e descrevemos os principais planos.

Ao utilizar uma **conta individual de aposentadoria (IRA)**, um indivíduo sem aposentadoria no trabalho pode depositar até US$ 5.500 dólares por ano em uma *conta especial* (essa conta qualificada inclui a maioria das formas habituais de poupança: contas de poupança, fundos do mercado monetário etc.). O dinheiro depositado é dedutível da renda bruta ajustada. Além disso, os trabalhadores solteiros com pensões do trabalho podem fazer contribuições totalmente dedutíveis para IRAs. Em 2013, o phaseout dessas contribuições começou em US$ 59.000 dólares para solteiros e US$ 95.000 para casais. Assim como em fundos de pensão geridos pelo empregador, os juros acumulados não são tributados. O imposto é devido apenas quando o dinheiro é pago no momento da aposentadoria. São impostas penalidades, em caso de retirada prematura do dinheiro, a menos que seja para gastos em determinados artigos aprovados, como despesas de educação. Em 2010, as contribuições dedutíveis de imposto de IRA foram de US$ 11,4 bilhões.

Como uma IRA convencional, o **Roth IRA** (batizado em homenagem ao ex-senador William Roth) permite uma contribuição anual de US$ 5.500. A contribuição *não* é dedu-

---

Conta individual de aposentadoria (IRA – Individual Retirement Account)

Para indivíduos qualificados, uma conta de poupança em que as contribuições são dedutíveis e os juros são isentos de impostos, desde que os fundos sejam mantidos até a aposentadoria. Na retirada, as contribuições e os juros acumulados estão sujeitos ao imposto.

Roth IRA

Veículo de poupança com tratamento fiscal preferencial. As contribuições não são dedutíveis, mas o acúmulo dos juros é livre de impostos.

tível. No entanto, os fundos acumulados na conta são livres de impostos e, ao contrário da IRA convencional, não há incidência quando o dinheiro é retirado. Em 2013, o phaseout do Roth IRA começou em US$ 112.000 para solteiros e US$ 178.000 para casais.

Com um **plano 401(k)**, que recebeu esse nome por causa da seção do Código da Receita Federal que o autoriza, um empregado pode destinar parte de seu salário a cada ano, e não há imposto de renda que incorra nessa porção. O limite das contribuições foi de US$ 17.000 em 2012.

Um **plano Keogh** está disponível apenas para indivíduos independentes. Esses indivíduos podem excluir da tributação 20% de sua renda líquida empresarial até uma contribuição máxima de US$ 50.000. Mais uma vez, os participantes usufruem da poderosa vantagem de acumulação de juros livre de impostos.

Uma **conta-poupança de educação** permite às famílias qualificadas fazer uma contribuição não dedutível de US$ 2.000 por ano por filho; os fundos se acumulam livre de impostos e os phaseouts são os mesmas que do Roth IRA. Quando o dinheiro é retirado, pode ser usado apenas para pagar despesas específicas de ensino superior do filho.

Um importante motivo para haver várias opções com benefício fiscal é estimular a poupança. No entanto, o impacto sobre a poupança agregada não é claro. As pessoas podem simplesmente embaralhar seus portfólios, reduzindo suas participações de alguns bens e depositá-los em contas de aposentadoria. No entanto, alguns estudos favorecem a visão de que as opções de poupança com benefício fiscal estimulam pelo menos um pouco de poupança nova (ver, por exemplo, Benjamin [2003]). Em qualquer caso, é evidente que a existência de planos para o tratamento preferencial da poupança de aposentadoria representa outro desvio do critério de H-S. E é um desvio importante: quase US$ 11 trilhões de ativos financeiros das famílias agora estão sendo mantidos em contas de poupança com tratamento fiscal preferencial.[8]

Mesmo os defensores de opções de poupança com benefício fiscal estão consternados com a complexidade associada à existência de inúmeros planos, cada um com as suas próprias regras de elegibilidade e limites de contribuição, entre outros detalhes. Várias propostas de simplificação do sistema têm avançado, mas nenhuma tem recebido muito apoio político.

Doações e heranças

Apesar de doações e heranças representarem aumentos no consumo potencial dos beneficiários, esses itens não estão sujeitos ao imposto de renda federal. Em vez disso, os sistemas fiscais separados tratam de doações e propriedades (ver Capítulo 21).

▶ ISENÇÕES E DEDUÇÕES

Nos termos da Figura 17.1, acabamos de completar o cálculo da renda bruta ajustada. Uma vez que a AGI é determinada, certas subtrações são feitas para se encontrar o lucro tributável. As duas principais subtrações são isenções e deduções, que vamos examinar.

Isenções

Uma família pode aproveitar uma isenção para cada um de seus membros. A isenção – de US$ 3.900 em 2013 – é reajustada anualmente pela inflação. Por exemplo, em 2013, um casal com três filhos dependentes poderia reivindicar cinco isenções e subtrair US$ 19.500

Plano 401(k)
Plano de poupança por meio do qual um funcionário pode destinar parte de seu salário a cada ano, sem imposto de renda incidente sobre a parcela.

Plano Keogh
Plano de poupança que permite a indivíduos autônomos excluir uma parte percentual da renda líquida da renda empresarial da tributação, caso o dinheiro seja depositado em uma conta especial.

Conta-poupança de educação
Veículo de poupança com tratamento fiscal preferencial. As contribuições não são dedutíveis, mas os fundos acumulados são livres de impostos. Os fundos podem ser retirados para pagamento das despesas de ensino superior de um filho.

---

[8] Essa é a soma de benefícios definidos e planos de pensões de contribuição definida e de contas individuais de aposentadoria. Calculado pelos autores com dados do Fluxo de contas de fundos dos Estados Unidos do Conselho do Federal Reserve, em 20 de setembro de 2012.

da AGI. No entanto, as isenções são eliminadas para pessoas com AGIs acima de determinados níveis. No caso de declarações conjuntas, as isenções pessoais são reduzidas em 2% para cada US$ 2.500 (ou fração) em que a AGI ultrapassar US$ 300.000. Suponha, por exemplo, que a nossa família de cinco pessoas tenha uma AGI de US$ 350.000. Subtraindo US$ 300.000 de US$ 350.000 e dividindo o resultado por US$ 2.500, temos 20. Desse modo, a família perde 40% (= 20 × 2%) de suas isenções. 40% de US$ 19.500 é US$ 7800, portanto a família pode subtrair apenas US$ 11.700 ao determinar o seu lucro tributável.

As isenções fazem sentido? Alguns argumentam que elas ajustam a capacidade de pagamento na presença de crianças. Criar os filhos envolve algumas despesas não discricionárias, e o lucro tributável deve ser ajustado de acordo com esse cenário. No entanto, como a maioria dos pais podem comprovar, se a isenção de fato se destinar a compensar as despesas com educação dos filhos, US$ 3.900 é muito pouco. Além disso, por que as despesas que envolvem crianças devem ser consideradas não discricionárias? Dada a ampla disponibilidade de métodos contraceptivos, muitos argumentam que a educação dos filhos é o resultado de uma escolha consciente. Se um casal deseja gastar seu dinheiro em férias na Europa, enquanto outro escolhe ter uma família, por que o sistema fiscal recompensa este último?[9] Por outro lado, as religiões de algumas pessoas descartam métodos anticoncepcionais eficazes, e para essas pessoas as crianças não são uma opção, como o termo é definido convencionalmente.

As isenções também podem ser consideradas um método de alívio fiscal para famílias de baixa renda. Quanto maior for a isenção, maior deverá ser a renda bruta ajustada antes da cobrança de qualquer imposto de renda. Pense em uma família de quatro pessoas com uma AGI de US$ 15.600 ou menos. Quando são subtraídos dessa família os US$ 15.600 em isenções da AGI, a família fica com o lucro tributável de zero e, portanto, não há imposto de renda. De modo mais geral, quanto maior for o nível da isenção, maior será a progressividade com respeito às alíquotas médias. Esse efeito é reforçado quando as isenções são eliminadas no caso das famílias de alta renda.

Deduções

A outra subtração permitida da AGI é uma dedução. Existem dois tipos: as **deduções detalhadas** são subtrações para gastos específicos previstos em lei. O contribuinte deve listar cada item separadamente na declaração de renda e ser capaz de provar (pelo menos em princípio) que os gastos foram feitos. Em vez de deduções detalhadas, o contribuinte pode ter uma **dedução padrão**, que é um valor fixo que não requer nenhuma documentação. Os contribuintes podem escolher qualquer dedução que minimize sua responsabilidade fiscal.

Dedutibilidade e preços relativos Antes de listar os gastos especificáveis, vamos considerar a relação entre a dedutibilidade dos gastos em um item e seu preço relativo. Imagine que os gastos com a *commodity* Z são dedutíveis. O preço de Z é de US$ 10 por unidade. Suponha também que a alíquota de imposto marginal de Cleópatra é de 35%. Sempre que Cleópatra adquire uma unidade de Z, custa somente US$ 6,50 a ela. Por quê? Os gastos com Z são dedutíveis, por isso a compra de uma unidade reduz o lucro tributável de Cleópatra em US$ 10. Dada uma alíquota de imposto marginal de 35%, 10 dólares a menos do lucro tributável economiza a Cleópatra US$ 3,50 em impostos. Por isso, o preço efetivo de uma unidade Z para ela é de US$ 10 menos US$ 3,50, ou US$ 6,50.

dedução detalhada

Tipo específico de despesa que pode ser subtraída do rendimento bruto ajustado na apuração do lucro real.

dedução padrão

Subtração de uma quantidade fixa da renda bruta ajustada que não necessita de documentação.

---

[9] Se há externalidades positivas envolvidas na criação dos filhos, então um subsídio pode ser apropriado (veja o Capítulo 5).

De modo mais geral, se o preço de Z é PZ e a alíquota de imposto marginal do indivíduo é t, possibilitar a dedução das despesas com Z reduz o preço efetivo de PZ para $(1 - t)$ PZ. Essa análise traz dois fatos importantes:

- Uma vez que a dedutibilidade muda o preço relativo da *commodity* envolvida, em geral esperamos que a quantidade demandada mude.
- Quanto maior o valor individual de t, maior será o valor para ela de um determinado valor em dólar das deduções e menor o preço efetivo do bem.[10]

Deduções detalhadas Agora vamos examinar algumas das principais deduções. A lista está longe de ser exaustiva. Consulte um guia fiscal para obter mais detalhes.

Despesas médicas sem direito a reembolso que excedam 10% da AGI A justificativa é que as despesas médicas de grande porte são não discricionárias e, portanto, reduzem a capacidade de pagamento de um indivíduo. É difícil dizer em que medida as despesas de saúde estão sob o controle de um indivíduo. Uma pessoa que sofre um ataque cardíaco não tem muita escolha. Por outro lado, as pessoas podem escolher a frequência com que vão ao médico e se devem ou não fazer uma cirurgia eletiva. Além disso, os indivíduos podem substituir serviços médicos formais por cuidados preventivos de saúde (boa dieta, exercícios, etc).

Por fim, a maioria das pessoas pode precaver-se contra grandes despesas médicas (ver Capítulo 9). Em alguns planos de seguro, a primeira parcela das despesas médicas é de responsabilidade integral do segurado, mas depois alguma proporção é paga pela companhia de seguros e o restante pelo indivíduo. Com efeito, ao permitir a dedução de algumas despesas médicas, o sistema fiscal oferece um tipo de seguro de saúde social para os participantes. Os termos dessa "apólice" são que a quantidade que o indivíduo paga totalmente por si mesmo é de 10% da AGI, após o que o Tesouro paga uma parte igual à alíquota de imposto marginal. Os prós e contras de prestação de seguro social de saúde foram discutidos nos capítulos 9 e 10.

Impostos de renda e de propriedade estaduais e municipais Sob a lei atual, os impostos de renda e de propriedade estaduais e municipais são dedutíveis. Em 2011, essas deduções levaram a uma perda de receitas fiscais de US$ 42,4 bilhões [Joint Committee on Taxation, 2012].

Os defensores da dedutibilidade argumentam que os impostos estaduais e municipais representam reduções não discricionárias da capacidade de pagamento. Uma visão alternativa é que eles são simplesmente tarifas de utilização. A pessoa paga impostos estaduais e municipais em troca de benefícios, como escolas públicas e proteção policial. Algumas pessoas optam por viver em jurisdições que oferecem grande quantidade desses serviços e pagam quantidades relativamente altas de impostos; outras optam por jurisdições com níveis menores de serviços e de tributação. Na medida em que essa descrição é precisa, não há nenhuma razão especial para permitir a dedução de impostos estaduais e locais.

Por outro lado, se os impostos estaduais e municipais não são tarifas de utilização, pode ser adequado considerá-los como uma diminuição na capacidade de pagar.[11] Infelizmente, é difícil determinar qual a proporção dos impostos estaduais e municipais que correspondem a tarifas de utilização.

---

[10] Note que essas observações se aplicam de forma mais geral a gastos em quaisquer itens excluídos da base de cálculo, e não apenas às deduções. Por exemplo, o valor da exclusão dos juros de títulos municipais aumenta com a alíquota de imposto marginal, tudo o mais constante. O mesmo vale para os valores de benefícios adicionais não tributados, como o seguro de saúde oferecido pelo empregador.

[11] Mas não necessariamente! Se os impostos são capitalizados no valor da propriedade, os proprietários atuais não podem ser responsáveis pelos encargos (Veja o Capítulo 14).

Essa dedução também pode ser considerada uma forma de ajudar os governos estaduais e municipais a se financiarem. Para as pessoas que detalham suas declarações de impostos federais, a dedução reduz o custo efetivo de pagamentos de impostos estaduais e municipais. Isso pode aumentar o apoio político ao aumento de impostos nos níveis estaduais e municipais. Na verdade, de acordo com uma análise de Metcalf [2011], essa disposição tem um impacto substancial sobre o uso de impostos dedutíveis nos níveis estadual e local. Por que não é usado um método mais direto de subsídio? Como ocorreu com a isenção de juros para títulos estaduais e municipais, as considerações políticas são uma razão importante. Um subsídio oculto no código tributário pode ser mais fácil de se manter do que um subsídio explícito.

Determinadas despesas com juros Alguns pagamentos de juros são dedutíveis e outros não:

- Os juros pagos sobre dívidas de consumidor, como taxas de cartão de crédito e empréstimos para pagamento de automóvel, não são dedutíveis.
- Algumas pessoas que pagaram juros sobre empréstimos de educação qualificados podem deduzir até US$ 2.500 dessas despesas de juros[12]. Essa dedução está disponível até mesmo para os contribuintes que não apresentaram o modelo detalhado.
- As deduções de juros sobre a dívida contraída para compra de ativos financeiros não podem exceder o montante dos rendimentos desses ativos. Suponha, por exemplo, que o seu rendimento do investimento foi de US$ 10.000, mas as despesas de juros associadas foram de US$ 25.000. Tudo o que você pode deduzir em sua declaração de imposto é US$ 10.000. Os US$ 15.000 restantes não podem ser usados para abrigar outras fontes de receitas fiscais.
- Os juros sobre hipotecas residenciais estão sujeitos a tratamento especial. Os juros de hipotecas para a compra de até duas residências são dedutíveis, até o limite dos juros sobre uma compra ou melhoria de US$ 1 milhão. Também são dedutíveis juros sobre *empréstimo hipotecário* – empréstimo em que a residência serve como garantia e cujos recursos podem ser utilizados para financiar qualquer compra (exceto títulos que gerem renda livre de impostos). Por exemplo, pode-se obter um empréstimo hipotecário e usar o dinheiro para comprar um carro. Com efeito, a lei permite que os proprietários de imóvel tenham dedução dos juros sobre empréstimos ao consumidor, mas nega esse privilégio a locatários. Há, de fato, evidências de que alguns consumidores misturam dívidas de consumo com dívidas hipotecárias para aproveitar essa disposição [Maki, 2001]. No entanto, a dedução de juros sobre empréstimos hipotecários é limitada a US$ 100.000 de juros sobre a dívida.

Essas regras fazem sentido em termos do critério de Haig-Simons? Para um investimento de negócio, é bastante claro que os juros devem ser dedutíveis, como a lei prevê. É o custo de se fazer negócios e, portanto, não deve estar sujeito a imposto de renda. Da mesma forma, é conveniente permitir a dedução de pagamentos de juros ao consumidor, porque representam reduções no consumo potencial de um indivíduo (assim como o recebimento de juros deve ser tributado, pois representam um aumento no potencial de consumo). Mas os pagamentos de juros ao consumidor em geral não são dedutíveis – ao contrário, a possibilidade de deduzir o juro do consumidor depende arbitrariamente de seu status de proprietário. É difícil discernir uma base racional para essa política.

Arbitragem tributária A dedutibilidade dos juros, juntamente com a isenção de determinados tipos de rendimentos de capital da tributação, pode resultar em oportunidades

---
[12] A dedução é eliminada a partir de uma AGI de US$ 150.000 para casais.

lucrativas para investidores inteligentes. Suponha que César, que tem uma alíquota de 35%, pode tomar emprestado todo o dinheiro que quiser do banco a uma taxa de 15%. Supondo que César satisfaça os critérios para dedutibilidade dos juros, para cada dólar de juros pagos seu imposto diminui 35 centavos. Assim, a taxa de empréstimo real de César é de apenas 9,75%. Suponha que a taxa de retorno atual dos títulos estaduais e municipais isentos de impostos seja de 11%. Então César pode tomar emprestado do banco a uma taxa efetiva de 9,75% e emprestar aos estados e municípios por 11%. O sistema fiscal parece ter criado uma "máquina de fazer dinheiro", que pode ser disposta para gerar quantidades infinitas de renda. O processo de aproveitar essas oportunidades é conhecido como *arbitragem tributária*.

O presente exemplo exagera os retornos potenciais da arbitragem tributária, pois nos mercados de capitais do mundo real as pessoas não podem tomar emprestado arbitrariamente grandes somas de dinheiro. Além disso, a concorrência entre aqueles que se dedicam a arbitragem tributária tende a reduzir o retorno dessa atividade. Por exemplo, à medida que mais e mais arbitradores compram títulos municipais, a taxa de retorno de que usufruem decresce. Se todos tivessem uma alíquota de imposto marginal de 35%, em equilíbrio seria de se esperar que o retorno dos municípios caísse até exatamente 65% da taxa sobre obrigações fiscais. Nesse ponto, não haveria vantagem líquida de possuir títulos municipais. Ainda assim, algumas oportunidades de ganho estão presentes. As autoridades fiscais perceberam isso há muitos anos e tornaram ilegal a dedução de juros de empréstimos cujos recursos são usados para comprar títulos isentos de impostos. Mas não é fácil provar que alguém está quebrando essa regra. Dado que o dinheiro pode ser usado para muitas finalidades diferentes, como provar que um determinado empréstimo era "para" compras de títulos municipais e não para outros fins? Esse golpe bastante simples ilustra algumas lições gerais importantes:

- A dedutibilidade de juros em conjunto com o tratamento preferencial de certos rendimentos de capital pode criar grandes oportunidades de se fazer dinheiro. Essa é uma razão pela qual países como o Canadá não permitem a dedutibilidade dos juros de hipotecas.
- Indivíduos de alta renda são particularmente suscetíveis de se beneficiar dessas oportunidades, pois tendem a arcar com taxas de impostos relativamente altas, além de terem bom acesso a empréstimos.
- As autoridades fiscais podem, certamente, declarar vários esquemas de arbitragem tributária ilegais, mas fazer cumprir essas regras é um desafio. Além disso, advogados e contadores inteligentes estão sempre à procura de novas oportunidades de arbitragem tributária. O Internal Revenue Service geralmente está logo atrás deles, tentando juntar as peças. No processo, muitos investimentos ineficientes são feitos, e um monte de recursos são gastos com evasão fiscal e administração tributária.

Contribuições de caridade Os indivíduos podem deduzir o valor das contribuições feitas a organizações religiosas, beneficentes, educacionais, científicas ou literárias. As transferências de propriedade são dedutíveis, mas os serviços pessoais não são. Na maioria dos casos, o total de deduções de caridade não pode exceder 50% do rendimento bruto. Em 2010, foram apresentadas por pessoas físicas deduções de caridade no valor de US$ 170 bilhões [Internal Revenue Service, 2012].

Alguns argumentam que essas doações constituem uma redução na capacidade contributiva e, portanto, devem ser excluídas do lucro tributável. No entanto, desde que as contribuições sejam voluntárias, esse argumento não é convincente. Se as pessoas não recebem tanta satisfação com a caridade quanto com o próprio consumo, por que fazer as doações?

Provavelmente a melhor maneira de compreender a presença da dedução é como uma tentativa do governo para incentivar doações.

A dedução conseguiu fazer isso? A provisão de dedutibilidade muda o "preço" de um indivíduo para um valor em dólares da caridade de US$ 1 para US$ $(1 - t)$, em que t é a alíquota de imposto marginal do contribuinte. A eficácia da dedução no incentivo que dá, portanto, depende da elasticidade de preço da demanda por contribuições de caridade. Se a elasticidade do preço é zero, as doações de caridade não são afetadas. A dedução é apenas um bônus para aqueles que doariam de qualquer maneira. Se a elasticidade do preço for superior a zero, então há incentivo para doar.

Muitos estudos econométricos estimam a elasticidade das doações de caridade em relação ao seu preço após os impostos. Normalmente, estima-se uma regressão em que a variável dependente é a quantidade de doações de caridade e as variáveis explicativas são: (1) o "preço" das doações de caridade (um menos a alíquota de imposto marginal); (2) renda; e (3) características pessoais dos indivíduos que podem influenciar suas decisões de doar, como idade e estado civil. Estudos recentes indicam que a elasticidade do preço da demanda por doações é maior do que 1 [Bakija e Heim, 2011]. Se estiver correto, esse número sugere que a dedução tem um efeito substancial na doação. Considere um indivíduo com taxa marginal de imposto de 35%. A dedutibilidade das doações de caridade diminui o preço de doar de US$ 1 para 65 centavos, uma redução de 35%. Com elasticidade de 1,1, isso aumenta as doações de caridade em 38,5%. Observe que as contribuições que as instituições de caridade recebem ultrapassam as receitas que o Tesouro perde.

A dedução é controversa para além da sua eficácia em estimular doações. Os opositores argumentam que permitir a dedução das contribuições para igrejas, sinagogas e mesquitas constitui uma violação do princípio da separação de igreja e estado. Por outro lado, os defensores acreditam que, na ausência da dedução, muitas instituições que agora contam com financiamento privado seriam forçadas a recuar em suas atividades, ou estariam próximas disso. O atual sistema descentralizado estimula inúmeras atividades e, portanto, promove o objetivo de uma sociedade pluralista.

Deduções e complexidade Cada dedução requer regras para determinar quais despesas se qualificam e quais não. Conceber essas regras é difícil mesmo para deduções aparentemente simples, como despesas médicas. Considere o caso de uma mulher com obesidade mórbida que perdeu mais de 100 quilos e desenvolveu "uma massa de pele frouxa e solta que vem do abdômen e se espalha até os quadris". Ela passou por uma cirurgia para corrigir o problema e deduziu a despesa. O Internal Revenue Service não permitiu a dedução, alegando que era de natureza estética. Mas o Tribunal Fiscal decidiu em favor da mulher, alegando que a flacidez da pele era um efeito colateral da doença [Herman, 2002, p. A1].

A dedução de caridade fornece mais exemplos. Doações para fraternidades e irmandades não são dedutíveis. Doações para universidades são dedutíveis. Qual é o tratamento adequado de uma doação para uma universidade que é destinada à construção de uma instalação para reuniões do grêmio (sob a lei atual, é dedutível)? Outro exemplo: quando o Museu do Sexo, situado em Nova York, recebeu uma doação de apetrechos eróticos pelos quais o doador teve uma dedução de impostos [Pogrebin, 2010]. A questão que surgiu foi saber se essa contribuição deveria ser dedutível e, em caso afirmativo, como deveria ser calculada para efeitos fiscais.

O fato de deduções detalhadas aumentarem a complexidade não significa necessariamente que seja ruim. No entanto, a complexidade é um fator que precisa ser levado em conta na avaliação dos custos e benefícios de qualquer dedução em particular.

Deduções X Créditos Como já mencionado, quanto maior a taxa marginal de imposto de um indivíduo maior será o valor de uma dedução de um determinado valor em dólar. Em contraste, um **crédito fiscal** é uma subtração da responsabilidade fiscal (rendas *não* tributáveis) e, portanto, o seu valor é independente da taxa marginal de imposto do indivíduo. Um crédito fiscal de US$ 100 reduz a responsabilidade fiscal em US$ 100, seja a alíquota de imposto do indivíduo de 15% ou de 35%. Subtrair os créditos fiscais é a última etapa no cálculo da responsabilidade fiscal (veja a Figura 17.1).

crédito fiscal
Subtração da responsabilidade fiscal (em oposição à subtração da renda tributável).

A lei atual permite uma variedade de créditos fiscais. Uma família recebe US$ 1.000 por crédito fiscal de criança.[13] Os créditos também são permitidos para algumas despesas da faculdade. Por exemplo, para os dois primeiros anos de faculdade, há um crédito de até US$ 1.800 por aluno, conhecida como o crédito Hope. Há também um crédito de aprendizagem ao longo da vida de até US$ 2.000 por retorno de imposto para todos os anos de faculdade. Todos esses créditos estão sujeitos a phaseouts. Em termos de dólares envolvidos, o crédito de imposto mais importante é o crédito fiscal dos rendimentos auferidos, que foi descrito no Capítulo 13.

Alguns argumentam que as deduções e isenções devem ser convertidas em créditos. A dedução de pagamentos de juros de hipotecas, por exemplo, pode ser mudada para um crédito por alguma percentagem do valor dos juros pagos. Com um crédito de juros de 20%, os indivíduos poderiam subtrair do imposto um montante igual a um quinto de seus pagamentos de juros. Os proponentes do crédito argumentam que eles são mais justos do que deduções. Sob um regime de deduções fiscais, uma pessoa pobre (com baixa alíquota de imposto marginal) se beneficia menos que uma rica (com alta alíquota de imposto marginal), mesmo que ambas tenham despesas com juros idênticas. Com um crédito, o benefício em dólar é o mesmo.

A escolha entre as deduções e créditos deve depender, pelo menos em parte, do efeito da preferência. Se a motivação é corrigir o fato de que uma determinada despesa reduz a capacidade de pagamento, a dedução é apropriada. Se o objetivo é principalmente incentivar determinados comportamentos, não está claro o que é melhor, créditos ou deduções. O crédito reduz o preço efetivo do bem favorecido pelo *mesmo* percentual para todos os indivíduos; uma dedução reduz o preço em percentuais *diferenciados* para pessoas diferentes. Se a elasticidade de demanda das pessoas for diferente, pode fazer sentido brindá-las com diferentes preços efetivos. Por exemplo, é ineficaz dar *qualquer* subvenção a alguém cuja elasticidade de demanda para o bem favorecido é zero.

Phaseout de dedução detalhada De modo diverso, as deduções permitidas são reduzidas em 3% do valor pelo qual a AGI ultrapassa os limites especificados (US$ 250.000 para pessoas solteiras e US$ 300.000 para casais). No entanto, a redução não pode ser mais de 80% do total de deduções. Considere, por exemplo, uma família com AGI de US$ 350.000, juros de hipoteca de US$ 15.000 e impostos municipais sobre propriedade de US$ 5.000. Na ausência do phaseout, a família poderia deduzir US$ 20.000. Como a AGI ultrapassa US$ 300.000 em US$ 50.000, a sua dedução detalhada deve ser reduzida em US$ 1.500 (= US$ 50.000 × 3%). Assim, apenas US$ 18.500 de deduções é permitido.

A dedução padrão As deduções detalhadas são listadas separadamente na declaração de imposto do indivíduo e, em princípio, cada item requer documentação (como recibos) para provar que a despesa foi feita de fato. Toda essa manutenção de registros aumenta o custo administrativo do sistema. Para simplificar as declarações de imposto, foi adotada a dedução padrão em 1944. É um valor fixo disponível para todos os contribuintes. Cada família pode escolher entre realizar a dedução padrão ou a detalhada, dependendo de qual

---

[13] No caso de casais, o crédito é extinto a partir de uma AGI de US$ 110.000. Para solteiros, é extinto a partir de uma AGI de US$ 75.000.

oferece a maior vantagem. A dedução padrão em 2013 foi de US$ 12.200 para declarantes casados e US$ 6.100 para solteiros. Essa dedução é reajustada anualmente pela inflação. Cerca de 63% das declarações de imposto atualmente se valem da dedução padrão.

Impacto na base tributável

Como a presença de isenções e deduções influencia o tamanho da base tributável? Em 2009, a AGI foi de cerca de US$ 7,8 trilhões. Depois de concluir todas as subtrações de AGI, o lucro tributável foi de apenas US$ 5,1 trilhões, uma redução de cerca de 35% [Internal Revenue Service, 2012]. Assim, as deduções e isenções são grandes em relação ao tamanho da base tributária potencial.

Renúncias fiscais

Não inclusão de um item em particular na base tributária resulta em uma perda para o Tesouro. Suponha que, como consequência da não tributação do item Z, o Tesouro perde US$ 1 bilhão. Compare isso com uma situação em que o governo simplesmente cede US$ 1 bilhão em receitas gerais aos compradores do artigo Z. Em um certo sentido essas atividades são equivalentes, pois ambas subsidiam a compra de Z. No entanto, uma transação ocorre no lado da receita do orçamento e a outra do lado da despesa. A primeira é uma **renúncia fiscal**, a perda de receita causada pela exclusão de um item da base tributária. A lista de renúncias fiscais tem cerca de 140 itens. As estimativas de perda de receita total a partir de renúncias fiscais para 2011 ultrapassam US$ 1 trilhão [Joint Committee on Taxation, 2012].

A lei exige que o Escritório de Orçamento do Congresso elabore um orçamento anual de renúncias. Uma das principais intenções da lei é aumentar a consciência pública sobre a simetria entre um subsídio *direto* para uma atividade por meio de uma renúncia e um subsídio *implícito* por meio do sistema fiscal. No entanto, a noção de um orçamento de renúncias de impostos tem sido alvo de várias críticas.

Em primeiro lugar, surge um problema técnico grave na forma como os cálculos são feitos. Supõe-se que, na ausência da dedução de um determinado item, todas as despesas feitas atualmente sobre ele fluiriam para a renda tributável. Dado que as pessoas provavelmente ajustam seu comportamento em resposta a mudanças no sistema tributário, não se trata de uma boa hipótese, de modo que as estimativas de renúncias de impostos podem estar muito longe da verdade.

Em segundo lugar, o orçamento de renúncias fiscais é simplesmente uma lista de itens isentos de tributação. No entanto, para caracterizar um item como isento, primeiramente você deve ter algum tipo de critério para decidir o que deve ser incluído. Como vimos, não existe um conjunto rigoroso de princípios para determinar o que pertence à renda. A "brecha" de alguém é o ajuste apropriado da base tributária de outra pessoa. Assim, inevitavelmente envolve-se certa dose de arbitrariedade na decisão sobre o que incluir no orçamento de renúncias fiscais.

Uma crítica relacionada baseia-se na observação de que há muitas coisas que o governo não tributa, então a decisão de não tributar algo não é o equivalente a uma renúncia por parte do governo. O economista Steven Landsburg, por exemplo, observou ironicamente que o governo não cobra imposto de US$ 1.000 no aniversário das pessoas, o que poderia, portanto, ser interpretado como uma renúncia fiscal anual de US$ 300 bilhões. Ele também diz que "é muito importante fazer a distinção entre gastar de um lado e não tributar por outro. Gastos consomem recursos, que tornam-se então indisponíveis aos membros da próxima geração. A não tributação não faz isso "[Landsburg, 2010a].

Os defensores do conceito de renúncia fiscal argumentam que o conceito realmente não carrega essa bagagem ideológica. É apenas uma tentativa de forçar o reconhecimento do fato de que o sistema fiscal é um importante método para subsidiar várias atividades.

---

renúncia fiscal

Perda de receitas fiscais porque algum item é excluído da base de cálculo ou recebe algum outro tratamento preferencial.

Além disso, o fato de que as estimativas não são exatas não significa que são inúteis para avaliar as implicações da política fiscal.

Por que as renúncias fiscais são tão populares? A "redução de impostos" na forma de renúncia pode ser politicamente mais atraente que um aumento nos gastos do governo, mesmo se forem medidas economicamente equivalentes. Por exemplo, a lei prevê um crédito fiscal para a utilização de combustíveis à base de álcool. Claramente não é nada diferente de um programa de gastos para subsidiar o etanol, mas aqueles que querem eliminar o subsídio tem de lidar com as críticas de que estão "aumentando os impostos."

A questão da simplicidade

A lei do imposto de renda tem sido complicada por muito tempo. O presidente Franklin Roosevelt nem sequer se preocupou em ler a parte principal da legislação fiscal de seu governo, o Revenue Act de 1942. Roosevelt observou que "poderia muito bem ter sido escrita em uma língua estrangeira" [Samuelson, 1986].

De acordo com uma pesquisa recente, um terço dos norte-americanos acha que preencher a declaração anual de imposto é mais oneroso do que fazer grandes pagamentos de impostos. Além disso, mais de dois terços dos contribuintes responderam incorretamente a questões básicas sobre as suas declarações [Painel Consultivo do Presidente sobre Reforma Tributária Federal, 2005, pp. 2-3]. Houve 3.000 alterações legislativas no código tributário desde 2000 [Godfrey, 2011]. Até 2011, as instruções do formulário 1040 tinham 100 páginas, e o Internal Revenue Code continha cerca de 3.400.000 palavras. Em um artigo intitulado "O labirinto de impostos começa aqui", um jornalista observou: "Pessoas com doutorado e até mesmo alguns advogados tributaristas e contadores dizem que ficam perplexos quando se trata de preencher as declarações de imposto atuais" [Johnston 2000, p. BU1]. O cartum (ou cartoon?) a seguir reflete a visão predominante de que o sistema é complexo e praticamente incompreensível.

Nos últimos anos, revelou-se um novo tipo de complexidade para os contribuintes. As leis tributárias promulgadas em 2001, 2003, 2009 e 2010 continham inúmeras disposições "de vencimento". Essas disposições exigem que uma determinada mudança na legislação tributária perca a validade em uma data futura específica. Por exemplo, a legislação fiscal instituiu, em 2001, alíquotas de imposto marginal reduzidas, mas estipulou que em 2011 elas voltariam a seus níveis de 2000. Em 2010, as alíquotas de imposto mais baixas foram prorrogadas, mas só até 2013. Isso criou uma grande incerteza sobre se o Congresso realmente permitirá que o aumento ocorra (para a maioria dos contribuintes, as alíquotas do imposto de renda não subiram). A incerteza associada com as disposições de vencimento complica a vida das pessoas que estão tentando fazer um planejamento financeiro. Por exemplo, em 2012 um indivíduo que estava pensando em comprar ações não sabia se os dividendos seriam tributados a uma taxa de 15% ou de quase 40%. Alguns economistas argumentam que as mudanças frequentes e imprevisíveis na política fiscal têm sido prejudiciais ao crescimento econômico [Baker, Bloom e Davis, 2011].

▶ ESTRUTURA DE COBRANÇA

Na Figura 17.1, estamos agora no ponto de determinar a alíquota de imposto que é aplicada aos rendimentos tributáveis. Usamos um sistema de faixas de tributação para definir as alíquotas. A escala de renda tributável é dividida em segmentos, e a lei especifica a taxa marginal de imposto que se aplica à renda em cada segmento. Na verdade, existem quatro tabelas de imposto diferentes, uma para casais que declaram em conjunto (declarações conjuntas), pessoas casadas que declaram separadamente, pessoas solteiras e pessoas solteiras que são chefes de família (um chefe de família mantém uma casa que inclui um dependente).

© 2003 Thaves/Dist. por NEA, Inc. Reimpressão com permissão de Tom Thaves.

Quando o imposto de renda federal foi adotado em 1913, as faixas de tributação variavam de 1% a 7%. Até 1939, metade dos contribuintes pagava taxas marginais abaixo de 4%. Com o advento da II Guerra Mundial, as taxas subiram substancialmente. Em 1945, a faixa mais baixa era de 23%, e a mais alta, de 94%. Pouco depois da guerra, os limites caíram. Desde então, as faixas têm sido tudo menos estáveis; subiram e desceram, dependendo dos ambientes político/econômico. Atualmente, a alíquota marginal máxima é de 39,6%. As tabelas de alíquotas para declarações individuais e conjuntas, em 2013, são apresentadas na Tabela 17.1.

Infelizmente, essas alíquotas marginais oficiais de imposto legais não correspondem necessariamente às taxas marginais de imposto eficazes. Os phaseouts de várias deduções e créditos examinados anteriormente podem levar a taxas marginais de imposto mais elevadas do que as da tabela. Considere-se, por exemplo, um indivíduo na faixa de phaseout da IRA. Ao ganhar um dólar a mais, acontece um aumento direto da sua responsabilidade fiscal no valor ditado pelo imposto da sua faixa de tributação. Além disso, há um efeito indireto desencadeado pelo fato de que as suas deduções diminuem, de modo que seu rendimento tributável aumenta. O resultado é uma alíquota de imposto marginal efetiva que excede a taxa legal. Histórias semelhantes aplicam-se ao phaseout do crédito de imposto da criança e o crédito de imposto da educação, entre outros. Na parte inferior da escala de rendimentos, as taxas marginais de imposto podem ser negativas, porque o crédito fiscal dos rendimentos auferidos (EITC) subsidia os salários (ver Capítulo 13). No entanto, dentro do intervalo de phaseout do EITC, as taxas reais excedem as alíquotas legais substancialmente.

TABELA 17.1 Tabela oficial de alíquotas legais (2013)

Devoluções individuais		Devoluções conjuntas	
Rendimento tributável	Alíquota marginal	Rendimento tributável	Alíquota marginal
US$ 0 – 8.925	10%	US$ 0 – 17.850	10%
US$ 8.926- US$ 36.250	15	US$ 17.851- US$ 72.500	15
US$ 36.251 – US$ 87.850	25	US$ 72.501- US$ 146.400	25
US$ 87.851- US$ 183.250	28	US$ 146.401- US$ 223.050	28
US$ 183.251- US$ 398.350	33	US$ 223.051- US$ 398.350	33
US$ 398,351- US$ 400.000	35	US$ 398.351- US$ 450.000	35
US$ 400.001 e além	39,6	US$ 450,001 e além	39,6

Fonte: www.irs.gov.

Sob a lei atual, as taxas marginais de imposto legais variam de 10% a 39,6%.

Taxa efetiva X Taxa legal

Agora é um bom momento para recordar a distinção entre taxa efetiva e taxa legal. Nesta seção examinamos as primeiras, as taxas legais estabelecidas pela lei. Em geral estas diferem das taxas efetivas por, pelo menos, três razões:

- Como o sistema tributário trata certos tipos de renda preferencialmente, o lucro tributável pode ser consideravelmente menor do que algumas medidas mais abrangentes de renda. O fato de que as taxas de imposto sobem rapidamente com o lucro tributável por si só não nos diz muito sobre como os impostos variam de acordo com rendas abrangentes.

- Mesmo na ausência de brechas, a ligação entre taxas legais e efetivas é fraca. Como o Capítulo 14 enfatizou, os impostos podem ser deslocados, de modo que o imposto de renda não precisa ser suportado pelas pessoas que pagam para o governo. A incidência econômica do imposto de renda é determinada por respostas do mercado quando o imposto é cobrado, e o verdadeiro padrão da carga não é conhecido.

- O sistema tributário impõe reduções no utilitário que excedem as receitas. Surgem encargos em excesso porque os impostos distorcem o comportamento fora dos padrões que de outra forma teria ocorrido (ver Capítulo 15). Da mesma forma, os custos de conformidade com o código fiscal no tempo livre dos contribuintes, bem como os pagamentos explícitos a contadores e advogados, devem ser considerados.

A este respeito note que, ao contrário da impressão que às vezes surge nos debates populares, itens como títulos isentos de impostos não permitem, em geral, que os ricos escapem totalmente da carga fiscal. Pense novamente em César, cuja alíquota de imposto marginal é de 35% e que pode comprar ativos tributáveis que pagam um retorno de 15%. Suponha que a taxa atual de obrigações municipais é de 11%. Esperamos que, tudo o mais constante, César vá comprar os títulos de municípios, porque os 11% de retorno excedem o retorno após impostos de 9,75% em títulos tributáveis. Para ter certeza, César não faz nenhum cheque para o governo. Mas o sistema tributário, no entanto, faz com que a situação dele piore, pois sem isso ele teria sido capaz de ganhar um retorno de 15%. Em geral, a taxa de retorno sobre os itens com tratamento fiscal preferencial tende a cair por um montante que reflita o benefício fiscal. Devido a essa tendência, indivíduos de alta renda têm alíquotas de impostos mais altas sobre os seus rendimentos de capital que seus impostos poderiam indicar. Eles são tributados *implicitamente* na forma de taxas de retorno menores.

Assim, as taxas legais apenas provavelmente dizem-nos pouco sobre a progressividade do sistema atual. É concebível que um estatuto com taxas marginais de imposto mais baixas, mas uma base mais ampla, levaria a um sistema com incidência tão progressiva quanto a do sistema atual, e talvez até mais. Ao mesmo tempo, um sistema com taxas marginais de imposto mais baixas reduziria a carga fiscal e, talvez, diminuísse a evasão. Na verdade, a Comissão Nacional de Responsabilidade Fiscal e Reforma (por vezes chamada Comissão Simpson-Bowles, em homenagem a seus co-presidentes) recentemente propôs uma reforma fiscal desse tipo, que combina uma redução acentuada das taxas marginais de imposto com uma ampliação da base tributária, o que seria obtido por meio da redução das renúncias fiscais. Um sistema tributário que avançasse mais nessa direção é chamado de imposto de renda de alíquota única.[14] Esse imposto tem dois atributos:

- Aplica-se a mesma alíquota a todos e para cada um dos componentes da renda.
- Permite o cálculo da base tributária sem deduções da renda total, exceto isenções pessoais e despesas de negócio rigorosamente definidas.

---

[14] Outra reforma bem diferente, o *imposto único sobre o consumo*, tem sido proposta por vários políticos, como o ex-candidato à presidência Steve Forbes. Isso é explicado no Capítulo 21.

Supondo-se que uma certa quantidade de receitas fiscais deve ser recolhida, o principal dilema no âmbito de um imposto sobre a renda é entre o tamanho da isenção pessoal e a alíquota de imposto marginal. Uma isenção maior pode ser desejável para garantir o alívio daqueles na parte inferior da tabela de renda e para aumentar a progressividade (no que diz respeito às taxas de imposto médias). Mas uma isenção maior significa que uma alíquota de imposto marginal mais alta deve ser aplicada para se manter as receitas. Uma alíquota de cerca de 16%, juntamente com uma isenção pessoal no nível atual, iria satisfazer os requisitos de receita.[15]

Os defensores do imposto de renda de alíquota única alegam que baixar as taxas marginais de imposto reduziria o excesso de carga do sistema fiscal e o incentivo para trapacear. Além disso, a simplicidade obtida reduziria os custos administrativos e melhoraria o ânimo do contribuinte. E tudo isso poderia ser conseguido sem um custo significativo sobre o patrimônio pois, como foi dito acima, o imposto de renda de alíquota única pode ser bastante progressivo graças a uma escolha adequada do nível de isenção.

Os opositores desse imposto fixo acreditam que ele provavelmente iria redistribuir mais da carga tributária dos ricos para as classes médias. É difícil avaliar essa afirmação por causa das dificuldades usuais envolvidas em se fazer uma análise de incidência de impostos (ver Capítulo 14). Os críticos também notam que toda a gama de problemas conceituais e administrativos envolvidos na definição da renda não desaparecerá simplesmente ao se declarar que as despesas comerciais devem ser "rigorosamente definidas". Como foi apontado anteriormente, *nunca* haverá um código de imposto de renda simples.

A análise de Altig et al. [2001] de um imposto de renda de alíquota única sustenta as posições de defensores e opositores. Eles estudaram uma variante bastante extrema – sem deduções ou isenções de qualquer tipo, apenas uma taxa fixa sobre o total de renda – e descobriram que esse imposto fixo iria melhorar substancialmente a eficiência, aumentando o nível de longo prazo dos resultados em cerca de 5%. No entanto, a reforma iria prejudicar os indivíduos de baixa renda, que se beneficiam das baixas taxas efetivas em vigor.

A noção de um imposto fixo usufruiu de certa popularidade na década de 1980, e se pode pensar na parte principal da legislação, a Lei de Reforma Tributária de 1986, como um movimento nesse sentido: a lei baixou a taxa máxima legal de 50% para 28% e ampliou a base, não permitindo certas deduções (como aquelas para impostos sobre as vendas estaduais e municipais) e incluindo todos os ganhos de capital realizados na AGI. No entanto, esse sistema não é estável do ponto de vista político. Com o tempo, várias novas preferências fiscais têm provocado grandes lacunas na base tributária e as taxas de imposto marginais aumentaram substancialmente.

▶ IMPOSTOS E INFLAÇÃO

A isenção pessoal, a dedução padrão, os valores mínimo e máximo de dólar de cada faixa de tributação, o crédito dos rendimentos auferidos e os limites para a dedução e phaseouts de isenção são ajustados anualmente para compensar os efeitos da inflação. O objetivo desse processo, conhecido como **indexação de impostos**, é remover automaticamente a influência da inflação sobre as obrigações fiscais reais. Essa seção discute as motivações da indexação de impostos e se o sistema norte-americano de indexação é adequado.

> **indexação fiscal**
>
> Ajuste automático da tabela de impostos para compensar a inflação de modo que a carga tributária real de uma pessoa seja independente da inflação.

---

[15] Cálculo dos autores. Não leva em conta as reações de comportamento para a mudança.

Como a inflação afeta os impostos

Os economistas costumam distinguir entre a inflação "esperada" e a "inesperada". Esta última geralmente é considerada como sendo pior para a eficiência, porque não permite às pessoas ajustar seu comportamento de forma ideal às mudanças de preços. No entanto, com um sistema de imposto de renda não indexado, mesmo a inflação perfeitamente antecipada gera distorções.

A distorção mais bem compreendida é o fenômeno conhecido como **ajuste da faixa de tributação**. Imagine que os ganhos de Gertrude e o nível de preços aumentam no mesmo ritmo ao longo do tempo. E também imagine que a **renda real** de Gertrude (a quantidade de poder de compra real) mantém-se inalterada. No entanto, um sistema fiscal não indexado é baseado na **renda nominal** dela – a quantia de dólares recebidos. Com o aumento da renda nominal, Gertrude é colocada nas faixas de tributação com taxas marginais de imposto mais elevadas. Assim, a proporção da renda que é tributada aumenta, apesar do fato de a renda real permanecer a mesma. Mesmo pessoas que não são colocadas em faixas de tributação mais elevadas têm mais dos seus rendimentos tributados a taxas mais elevadas do que a que estão sujeitas normalmente. A inflação provoca um aumento automático dos encargos fiscais reais, sem qualquer ação legislativa.

Outro efeito da inflação ocorre quando isenções e a dedução padrão são definidas em termos nominais. Em um sistema não indexado, o aumento no nível de preços diminui o seu valor das isenções e da dedução. Mais uma vez, a inflação aumenta a taxa efetiva do imposto.

Acontece porém que, mesmo com um imposto de renda proporcional simples, sem isenções ou deduções, a inflação distorce a carga tributária. Isso se comprova, sob tal sistema, pelo fato de a inflação geral não afetar a carga tributária real sobre os rendimentos salariais. Se os ganhos do trabalhador se duplicam no período de um ano, o mesmo acontece com os impostos, e não há efeitos reais. Mas a inflação muda a carga tributária real sobre os rendimentos de *capital*.

Digamos que Calpúrnia compra algumas ações por US$ 5.000. Três anos depois, ela vende as ações por US$ 10.000. Digamos também que, durante os três anos, o nível geral de preços dobrou. Em termos reais, a venda das ações não rende nada para Calpúrnia. No entanto, as responsabilidades dos ganhos de capital são baseadas na diferença entre os preços *nominais* de venda e de compra. Assim, Calpúrnia incorre em responsabilidade fiscal em US$ 5.000 de ganhos de capital ilusórios. Em suma, pelo componente inflacionário dos ganhos de capital estar sujeito a imposto, a carga tributária real depende da taxa de inflação.

Aqueles que recebem rendimentos de juros tributados são igualmente afetados. Suponha que a **taxa de juros nominal** (a taxa observada no mercado) é de 16%. Suponha ainda que a taxa esperada de inflação é de 12%. Então para alguém que empresta à taxa nominal de 16%, a **taxa real de juros** é de apenas 4%, porque esse é o percentual em que o poder de compra real do credor aumenta. No entanto, os impostos são cobrados sobre pagamentos nominais, não reais, de juros. Assim, o imposto deve ser pago pelos recibos que não representam qualquer ganho de renda real.

Vamos considerar esse argumento algebricamente. Vamos chamar a taxa nominal de juros de i. O retorno nominal após os impostos para empréstimos para um indivíduo com alíquota de imposto marginal de t é $(1-t)i$. Para encontrar a taxa de retorno real após impostos, devemos subtrair a taxa de inflação esperada, π. Assim, a taxa de retorno real após impostos r é

---

ajuste da faixa de tributação

Quando o aumento na renda nominal de um indivíduo o coloca em uma faixa de imposto mais elevada, apesar do fato de sua renda real manter-se inalterada. Veja também indexação de impostos.

renda real

Medida da renda que responde por mudanças no nível geral de preços.

rendimento nominal

Rendimento medido em termos de preços correntes.

taxa de juros nominal

Taxa de juros observada no mercado.

taxa real de juros

Taxa nominal de juros corrigida pelas mudanças no nível de preços, subtraindo-se a taxa de inflação esperada.

$$r = (1 - t)i - \pi \qquad (17.1)$$

Suponha que $t = 25\%$, $i = 16\%$ e $\pi = 10\%$. Assim, embora a taxa nominal de juros seja de 16%, o retorno real após os impostos é de apenas 2%.

Agora suponha, para simplificar, que qualquer aumento na taxa de inflação esperada aumenta a taxa nominal de juros no mesmo valor; se a inflação aumentar 4%, a taxa nominal aumenta 4%. Pode-se supor que os dois aumentos iriam se equivaler, deixando a taxa real de retorno após impostos inalterada em 2%. Mas a equação (17.1) contradiz essa previsão. Se π vai de 10% a 14% e i vai de 16% a 20%, então, com t igual a 25%, r diminui para 1%. A inflação, embora seja perfeitamente antecipada, não é "neutra". Essa é uma consequência direta do fato de os pagamentos nominais, ao invés de reais, de juros serem tributados.

Até agora, examinamos a questão do ponto de vista dos credores. As coisas são exatamente o oposto para os devedores. Na ausência de impostos, a taxa real paga pelos devedores é a taxa nominal menos a taxa de inflação prevista. No entanto, supondo que o contribuinte satisfaça determinados critérios, a legislação tributária permite a dedução de pagamentos de juros nominais de rendimentos tributáveis. Assim, os devedores podem subtrair dos rendimentos tributáveis os pagamentos que não representam qualquer diminuição em seus rendimentos reais. A inflação diminui a carga fiscal sobre os devedores.

Indexação fiscal

À medida que as taxas de inflação começaram a aumentar no final dos anos 1960, as pessoas se conscientizaram de que a inflação leva a um aumento ilícito da carga fiscal sobre o rendimento real. A resposta inicial foi para mitigar esses efeitos, por meio de uma série de reduções pontuais nas taxas legais. Foram promulgados alguns cortes de impostos do tipo entre 1969 e 1981, que foram parcialmente bem sucedidos em desfazer alguns efeitos da inflação.

No entanto, o processo foi impopular. Cada corte de impostos compensava a inflação apenas por um curto período de tempo. Depois de um certo prazo, tornava-se necessário fazer mais mudanças. O processo como um todo aumentou o ceticismo público quanto ao processo de instituição de impostos. Muitos cidadãos aprenderam que as "reduções" fiscais das quais seus legisladores se vangloriavam não eram nada disso, quando medidas em termos *reais*. Atribui-se a Lênin a frase "o caminho para acabar com a burguesia é triturá-la entre as mós da tributação e da inflação". Embora a interação de impostos e inflação nos Estados Unidos não tenha criado efeitos tão drásticos, certamente produziu graves distorções.

Em 1981, a insatisfação com a abordagem levou à promulgação de leis que obrigam a indexação de determinadas partes do código fiscal. Atualmente, a isenção pessoal, a dedução padrão, a extensão das faixas de tributação e o crédito fiscal dos rendimentos auferidos estão indexados. Essas disposições acabaram efetivamente com o ajuste das faixas de tributação. No entanto, não houve qualquer movimento para se indexar os rendimentos de capital. Isso se deve, em parte, à complexidade administrativa que um estatuto desses implicaria. Por exemplo, como sugerido anteriormente, o aumento da inflação gera ganhos reais para os devedores, porque o valor real dos montantes que eles têm de reembolsar diminui. Em um sistema totalmente indexado, esses ganhos teriam de ser medidos e tributados, uma tarefa que certamente seria complexa.

A indexação deve ser mantida? Os opositores da indexação argumentam que um sistema de ajustes *ad hoc* periódicos é uma coisa boa, pois permite ao legislador examinar e rever outros aspectos do código fiscal que podem precisar de mudanças.[16] Os defensores da indexação argumentam que reduzir as oportunidades para a revisão do código pode ser um benefício por si só, uma vez que a lei fiscal deve ser estável e previsível. Além disso, menos oportunidades de mudar a lei também significa menos chances de travessuras do poder legislativo. O argumento mais importante daqueles que são a favor de indexação é que elimina os aumentos ilícitos nas taxas reais de imposto. Eles acreditam que permitir que a tabela de imposto real seja mudada sistematicamente por um processo não legislativo é contrário aos valores democráticos.

▶ O IMPOSTO MÍNIMO ALTERNATIVO

Como observado anteriormente, certos tipos de renda, como juros sobre títulos estaduais e municipais, são tratados de forma preferencial pelo sistema tributário. Isso torna possível para algumas famílias de alta renda ter pouca ou nenhuma responsabilidade fiscal. Em 1969, o secretário do Tesouro desencadeou uma tempestade política quando anunciou que 155 indivíduos com renda acima de US$ 200.000 não haviam pago nenhum imposto de renda federal dos EUA havia vários anos. O **imposto mínimo alternativo (AMT)**, promulgado em 1969 e várias vezes alterado desde então, foi uma tentativa de garantir que as pessoas ricas que se beneficiavam de vários paraísos fiscais pagassem pelo menos um pouco de imposto.

O AMT é essencialmente um sistema fiscal secundário, com suas próprias regras para o cálculo da base de tributação e sua própria tabela de alíquotas. O primeiro passo para o cálculo é levar o lucro tributável regular e adicionar-lhe itens chamados *preferências do AMT*. Esses itens incluem (entre outros) isenções pessoais, a dedução padrão e deduções detalhadas para impostos estaduais. O próximo passo é subtrair a isenção do AMT – em 2013, foi de US$ 80.800 para casais e de US$ 51.900 para solteiros. Isso nos dá a renda do *imposto mínimo alternativo* (AMTI – alternative minimum tax income). A isenção é a mesma, independentemente do número de dependentes, e é eliminada para indivíduos de alta renda. A AMTI está sujeita a alíquotas de 26% nos primeiros US$ 179.500 e de 28% sobre o restante.

A responsabilidade fiscal calculada por meio da aplicação dessa tabela de alíquotas relativamente fixa para a AMTI é chamada de *AMT provisório*. Para concluir o processo, compare o AMT provisório com a responsabilidade fiscal no âmbito do imposto de renda regular. Se o AMT provisório for maior do que o imposto de renda regular, a diferença é o AMT do contribuinte, e o contribuinte deve pagar o AMT em cima do seu imposto de renda regular.

Notamos desde o início que o propósito original do AMT era pegar uns poucos indivíduos de alta renda que ocultavam a maior parte ou a totalidade de seus rendimentos. Nunca foi destinado a ser um imposto de massa. No entanto, mais de quatro milhões de lares pagam o AMT a cada ano, muitos dos quais não são "ricos". Para saber por que, lembre-se que o AMT vigora apenas quando a responsabilidade fiscal sob o AMT é maior do que a responsabilidade fiscal no âmbito do imposto de renda regular. Por isso, tudo o que reduz

---

imposto mínimo alternativo (AMT – alternative minimum tax)

Responsabilidade fiscal calculada por um conjunto alternativo de regras destinadas a forçar os indivíduos com renda prioritária substancial a incorrer em pelo menos alguma responsabilidade fiscal.

---

[16] Temos lidado com esse debate a partir de um ponto de vista microeconômico. As pessoas também discordam sobre as consequências macroeconômicas da indexação. Os opositores argumentam que remove uma importante ferramenta para a condução da política macroeconômica. Se, por exemplo, é necessária maior contenção fiscal durante um período inflacionário, isto é gerado automaticamente pelo aumento das receitas fiscais. Em contraste, a votação de aumentos de impostos e/ou cortes nas despesas leva tempo. Por outro lado, os defensores de indexação argumentam que o aumento automático das receitas federais pode simplesmente incentivar os legisladores a gastar mais e, portanto, não têm nenhum efeito estabilizador. Na verdade, eles alegam que um sistema não indexado cria incentivos para os legisladores prosseguirem com políticas inflacionárias, pois essas políticas tendem a aumentar a quantidade real dos recursos disponíveis para o setor público.

a responsabilidade fiscal sob a regularidade fiscal em relação ao AMT tende a aumentar o número de contribuintes AMT. Em 2001, o imposto de renda ordinário foi cortado para a maioria dos contribuintes, sem que houvesse alterações substanciais no AMT, trazendo assim mais famílias para esse imposto.

Devemos nos preocupar com o fato de o AMT atingir tantos contribuintes? A resposta é sim, pois trata-se de uma política fiscal ruim sob praticamente todas as perspectivas. Do ponto de vista da equidade, o AMT retira preferências – isenções pessoais, dedução padrão e deduções detalhadas para impostos estaduais – que são da maior importância para os contribuintes de renda média. Do ponto de vista da eficiência, lembre-se do Capítulo 15, em que o excesso de peso de um imposto de renda varia de acordo com o quadrado da alíquota de imposto marginal. A taxa mínima sob o AMT é de 26%, consideravelmente maior do que as alíquotas de imposto de renda regulares de muitas famílias que são jogadas no AMT. Por fim, o AMT é notoriamente complicado. Um dos principais problemas é que a única maneira de descobrir se você tem de pagar o AMT é fazer todo o trabalhoso cálculo desse imposto. Assim, mesmo as famílias que eventualmente não teriam de pagar o imposto ainda têm de preencher a declaração, aumentando substancialmente a carga de cumprimento das obrigações fiscais. Ao mesmo tempo, muitas famílias que são obrigadas a pagar o AMT nem mesmo se dão conta disso.

Alguns comentaristas têm sugerido que o AMT deve ser eliminado. Abstraindo-se os custos de receita, a revogação total tem uma atração considerável. Se o Congresso não quer que as pessoas se beneficiem de certas preferências, faz mais sentido simplesmente eliminar as preferências do imposto de renda regular, em vez de inventar um novo sistema tributário inteiro para chegar até elas. Em suma, o AMT é mais uma demonstração da falta de coerência do sistema de imposto de renda. Como o ex-senador Bill Bradley colocou de forma mordaz, "um imposto mínimo é uma admissão de fracasso. Demonstra não só que o sistema está falido, mas também que o Congresso não tem a coragem de corrigi-lo".

▶ ESCOLHA DA UNIDADE E O IMPOSTO DO CASAMENTO

Em 2012, o Tribunal Constitucional francês rejeitou uma mudança no código tributário do país que teria tributado rendimentos de mais de US$ 1,32 milhão a uma taxa marginal de 75%. O tribunal julgou o chamado "superimposto" injusto, pois se aplica a indivíduos que ganhavam mais do que o valor mencionado, mas não a famílias. Assim, por exemplo, uma família em que cada um dos cônjuges ganhasse pouco menos de US$ 1.320.000 não teria que pagar o superimposto, mas outra família em que apenas um dos cônjuges ganhasse acima desse valor teria. Esse episódio levantou de modo significativo uma questão fundamental na concepção de um sistema fiscal: cada pessoa deve ser tributada separadamente em sua própria renda? Ou os indivíduos que vivem juntos em uma unidade familiar devem ser tributados em seus rendimentos conjuntos? Nesta seção, examinaremos essa matéria controversa.[17]

Antecedentes

Para começar, considere três princípios:

1. O imposto de renda deve incorporar o aumento das taxas marginais de imposto.
2. Famílias com rendimentos iguais devem, tudo o mais constante, pagar impostos iguais.

---
[17] Para ver mais detalhes, consulte as referências em Carasso e Steuerle [2002].

neutralidade em relação ao casamento

Obrigações fiscais dos indivíduos que são independentes do seu estado civil.

3. As cargas tributárias de dois indivíduos não devem mudar quando eles se casam; o sistema fiscal deve ser **neutro em relação ao casamento**.

O segundo e terceiro princípios são um pouco controversos, mas provavelmente é justo afirmar que eles são amplamente aceitos como características desejáveis de um sistema fiscal. Embora um acordo sobre o primeiro princípio não seja tão sólido, o aumento das taxas de imposto marginais parece ter amplo apoio político.

Apesar do apelo desses princípios, surge um problema quando se trata de implementá-los: em geral, *nenhum sistema fiscal pode aderir a todos os três simultaneamente*. É fácil demonstrar esse ponto com um exemplo aritmético. Considere a seguinte tabela de imposto progressivo simples: uma unidade tributável paga em imposto 10% de toda a renda até US$ 6.000 e 50% de toda a renda de mais de US$ 6.000. As duas primeiras colunas da Tabela 17.2 mostram os rendimentos e responsabilidades fiscais de quatro pessoas, Lucy, Ricky, Fred e Ethel [a responsabilidade fiscal de Ricky, por exemplo, é US$ 12.100 (= 0,10 × US$ 6.000 + 0,50 × US$ 23.000)]. Agora vamos supor que o romance surja no ar: Lucy se casa com Ricky, e Ethel se casa com Fred. Na ausência da declaração conjunta, a responsabilidade fiscal de cada indivíduo mantém-se inalterada. No entanto, duas famílias com a mesma renda (US$ 30.000) pagam quantidades diferentes de impostos (a de Lucy e Ricky pagam US$ 12.200, enquanto que a de Ethel e Fred paga apenas US$ 10.200, conforme indicado na terceira coluna). Suponha, como alternativa, que a lei considere a família como uma unidade tributável, de modo que a tabela de imposto se aplique a rendimentos conjuntos. Nesse caso, as duas famílias pagam a mesma quantidade de impostos, mas agora a carga tributária foi alterada pelo casamento. É claro que a mudança real da carga fiscal depende da diferença entre as tabelas de imposto aplicadas às declarações individuais e conjuntas. Este exemplo assume, para fins de simplicidade, que a tabela permanece inalterada. Mas o ponto principal fica demonstrado: dado o aumento das taxas marginais de imposto, não podemos aplicar os princípios 2 e 3.

Que escolha os Estados Unidos fizeram? Ao longo do tempo, a escolha mudou. Antes de 1948, a unidade tributável era o indivíduo, e o princípio 2 era violado. Em 1948, a família tornou-se a unidade tributável, e, simultaneamente, a **divisão de renda** foi adotada. De acordo com a divisão de renda, uma família com, por exemplo, renda de US$ 50.000, é tributada como se fossem duas pessoas com renda de US$ 25.000. Claramente, com o aumento das taxas marginais de imposto, isso pode ser uma grande vantagem. Note também que, sob esse regime, uma pessoa solteira com um determinado rendimento tem sua obrigação fiscal reduzida substancialmente ao se casar com uma pessoa com pouca ou nenhuma renda. Com efeito, nos termos da lei de 1948, era possível que a responsabilidade fiscal de uma pessoa caísse drasticamente quando ela se casasse – uma violação do princípio 3.

divisão de renda

Usar metade da renda familiar para determinar o lucro tributável de cada membro da família, independentemente de quem seja a renda.

TABELA 17.2 Responsabilidades fiscais em um sistema tributário hipotético

	Rendimento individual	Imposto Individual	Imposto de família com declaração individual	Renda conjunta	Imposto conjunto
Lucy	$ 1.000	$ 100	$ 12.200	$ 30.000	$ 12.600
Ricky	29.000	12.100			
Ethel	15.000	5.100	10.200	30.000	12.600
Fred	15.000	5.100			

Se o imposto de renda incide sobre os indivíduos, então Lucy e Ricky pagam impostos mais altos, como uma família, do que Ethel e Fred, violando o princípio de que as famílias com rendimentos iguais devem pagar impostos iguais. Se, em vez disso, a família é a unidade tributável, então as duas famílias pagam o mesmo imposto, mas a carga fiscal dependerá do estado civil.

"E vocês prometem amar, honrar, cuidar um do outro e pagar para o governo dos Estados Unidos mais impostos como casal do que pagariam se tivessem apenas continuado a viver juntos?"
© The New Yorker Collection 1993 Arnie Levin do cartoonbank.com. Todos os direitos reservados.

O diferencial entre a responsabilidade fiscal de uma pessoa solteira e a de um casal com o mesmo rendimento era tão grande que o Congresso criou uma nova tabela para pessoas solteiras, em 1969. De acordo com este calendário, a responsabilidade fiscal de um solteiro nunca poderia ser superior a 20% que a de um casal com o mesmo rendimento tributável (sob o antigo regime, eram possíveis diferenciais de até 40%).

Infelizmente, essa diminuição do diferencial entre solteiros e casado foi imposta graças a uma violação do princípio 3 na direção oposta: agora era possível que as obrigações fiscais das pessoas aumentassem com o casamento. Com efeito, o imposto de renda pessoal taxou o casamento. Em 1981, o Congresso tentou reduzir o "imposto do casamento" através da introdução de uma nova dedução para casais com dois assalariados. As famílias com dois assalariados receberam uma dedução igual a 10% da renda do salário do cônjuge de menor ganho, mas não mais do que US$ 3.000. No entanto, a dedução de dois assalariados foi eliminada em 1986.

A lei fiscal de 2001 reduziu o imposto do casamento, expandindo a dedução padrão somente para casais e aumentando a faixa de tributação de 15%, novamente apenas para casais. No entanto, as penalidades para os casados ainda existem e tendem a ser mais altas quando os cônjuges têm rendimentos semelhantes.

Análise do imposto do casamento

O economista que analisa esse panorama provavelmente fará as duas perguntas habituais: é justo e é eficiente? Grande parte do debate público centra-se na questão de equidade: é mais justo tributar indivíduos ou famílias? Um argumento que favorece a família é que se permite um tratamento mais justo da renda não proveniente do trabalho (dividendos, juros, lucros). Há temores de que, com a declaração individual, cônjuges com altos ganhos transfeririam patrimônio a seus companheiros a fim de reduzir os impostos devidos pela família (as chamadas transferências de dormitório das propriedades). É difícil prever o grau em que isso aconteceria. A visão implícita nesses temores é de que os direitos de propriedade no seio das famílias são irrelevantes. No entanto, dadas as altas taxas atuais de divórcio, transferir patrimônio ao cônjuge apenas para fins fiscais pode ser uma estratégia arriscada, e não há evidências sólidas de que essas transferências ocorreriam maciçamente.

A família também pode ser defendida, em um nível mais filosófico, como a unidade de tributação apropriada. Como disse o falecido Cardeal John O'Connor, "o casamento importa soberanamente para cada pessoa e cada instituição em nossa sociedade" [Allen, 1998, p. A1]. No entanto, os opositores da tributação de base familiar argumentam que isso leva a sérios problemas conceituais, se não por outra razão que a de que é difícil determinar o que constitui uma família. Por exemplo, se casais casados são tributados em sua renda conjunta, a mesma abordagem deve ser aplicada a dois irmãos que compartilham uma casa ou a uma filha que cuida de um pai idoso? O relacionamento deve ser definido por parentesco ou casamento de modo que, por exemplo, os membros de uma comunidade sejam excluídos?

Claramente, as crenças relativas à escolha da unidade tributável mais justa são influenciadas por juízos de valor e atitudes em relação ao papel da família na sociedade. O debate continua animado. De fato, a tributação de renda familiar recentemente foi submetida a um desafio legal. Um homem entrou com uma ação no tribunal fiscal federal, argumentando que tinha o direito de apresentar uma declaração conjunta com outro homem, com quem teve uma "parceria econômica". O juiz determinou que o uso do casamento como um critério para determinar a responsabilidade fiscal é "constitucionalmente válido" [Herman, 2000, p. A1].

Quando nos voltamos para os aspectos de eficiência do problema, uma questão é se o imposto sobre o casamento distorce o comportamento dos indivíduos. O sistema tributário muda o "preço do casamento", e histórias sobre casamentos adiados, divórcios ou separações por motivos fiscais são comuns. De um ponto de vista estatístico, no entanto, é difícil apontar a importância do imposto sobre o casamento na distorção substancial das decisões relacionadas ao matrimônio. Alm e Whittington [2003] encontram uma relação negativa entre a probabilidade de um casal em coabitação se casar e o tamanho de sua penalidade posterior por conta do casamento, mas a magnitude do efeito é muito pequena.

Uma preocupação de eficiência que é mais fácil de documentar envolve o impacto da apresentação conjunta sobre as decisões de oferta de trabalho. O Capítulo 16 afirmou que porque as mulheres casadas tendem a ter horários de oferta de trabalho mais elásticos do que seus maridos, a tributação eficiente requer que tenham uma tributação mais baixa. No âmbito da declaração conjunta, os dois cônjuges enfrentam taxas marginais de imposto idênticas nos últimos dólares de renda. Desse modo, a declaração conjunta torna-se ineficiente.

É difícil imaginar o Congresso implementando tabelas de imposto de renda separadas para maridos e mulheres. Isso não significa, porém, que é impossível tornar a tributação da família mais eficiente. Uma reforma possível seria a de simplesmente eliminar a declaração conjunta e permitir que todos declarassem individualmente. Isto não só aumenta a eficiência, mas também seria mais neutro em relação ao casamento do que o sistema atual. Uma série de outros países, inclusive o Canadá, optou por esta abordagem.[18]

---

[18] No entanto, no sistema canadense, o trabalhador com a renda principal da família pode receber um crédito de imposto não reembolsável pelo cônjuge que ganhou pouca ou nenhuma renda.

Infelizmente, a declaração individual levaria a uma violação do princípio 2: tributação igual para famílias com rendimentos iguais. Isso nos traz de volta ao ponto de partida. Nenhum sistema fiscal pode satisfazer todos os três critérios, por isso a sociedade deve decidir qual tem prioridade.

▶ TRATAMENTO DE RENDA INTERNACIONAL

Passamos agora para o tratamento fiscal de renda da pessoa física que é ganha no exterior. Essa renda é potencialmente de interesse para as autoridades fiscais dos governos de origem e de acolhimento do cidadão. A lei dos EUA reconhece o princípio de que o país anfitrião tem o direito primário de tributar os rendimentos auferidos dentro de suas fronteiras. Ao mesmo tempo, os Estados Unidos aderem à ideia de que um cidadão americano, onde quer que ganhe dinheiro, tem uma obrigação fiscal para com a terra natal. Para evitar a dupla tributação dos rendimentos de fonte estrangeira, os Estados Unidos tributam ganhos auferidos no exterior, mas permitem um crédito de imposto pago a governos estrangeiros.[19] Suponha que a responsabilidade fiscal dos EUA de Ofélia sobre seus rendimentos auferidos na Alemanha é de 7.000 e ela pagou US$ 5.500 no imposto de renda desse país. Consequentemente, Ofélia pode ter um crédito de US$ 5.500 na sua declaração de imposto dos EUA, de modo que ela precisa pagar apenas US$ 1.500 à Receita Federal. A responsabilidade total do imposto de um cidadão dos EUA, então, é baseada na renda global.

Sistemas globais X Sistemas territoriais A premissa filosófica do sistema norte-americano é de que a equidade na tributação é definida pela cidadania. Se você é cidadão dos EUA, sua responsabilidade fiscal total deve ser mais ou menos independente de ganhar seus rendimentos no país ou no exterior. Nós chamamos isso de **sistema global**. Por outro lado, praticamente todos os outros países aderem a um **sistema territorial**: um cidadão que recebe seus rendimentos no exterior precisa pagar imposto apenas para o governo anfitrião. Qual sistema é o melhor? É difícil dizer qual é superior por conta da equidade ou da eficiência. Vamos agora expandir o problema.

Equidade John, cidadão do Reino Unido, e Sam, cidadão norte-americano, trabalham em Hong Kong e têm rendimentos idênticos. Como o Reino Unido tem um sistema territorial, John paga impostos apenas para Hong Kong. Sam, por outro lado, também deve dinheiro para os Estados Unidos (desde que os impostos devidos na terra natal sejam maiores do quanto ele paga a Hong Kong). Assim, Sam paga mais imposto do que John, mesmo que tenham o mesmo rendimento. Apesar de um sistema global produzir igualdade de tratamento entre os cidadãos de um mesmo país, pode levar a tratamentos diferentes para cidadãos de diferentes países. A equidade horizontal deve ser definida em nível nacional ou mundial? Cada princípio tem algum mérito, mas, em geral, nenhum sistema de coordenação fiscal internacional pode satisfazer a ambos.

Eficiência Um sistema global pode distorcer as decisões de produção internacionais. Suponha que as empresas americanas que operam no exterior tenham de pagar o imposto de renda dos EUA por seus empregados americanos. As empresas holandesas, que operam sob o sistema territorial, não têm obrigação análoga. Tudo o mais constante, então, as empresas dos EUA podem acabar pagando mais pelo trabalho dos funcionários, e, portanto, ficarem

sistema global
Sistema no qual um indivíduo é tributado sobre o lucro, seja auferido no país ou no exterior.

sistema territorial
Sistema em que o indivíduo cuja renda é ganha em país estrangeiro deve impostos apenas para o governo anfitrião.

---

[19] O crédito não pode ultrapassar o quanto seria a tributação dos EUA sobre o rendimento estrangeiro.

em desvantagem na questão de custos.[20] As empresas holandesas podem conseguir ganhar mais contratos do que as norte-americanas, mesmo que estas sejam tecnologicamente mais eficientes.

Por outro lado, um sistema territorial pode distorcer uma decisão diferente – onde as pessoas estão. Os cidadãos de um determinado país podem ter a sua decisão de trabalhar no exterior influenciada pelo fato de que sua responsabilidade fiscal depende de onde vivem. Sob um regime global, você não pode escapar do cobrador de impostos do seu país, a menos que mude a cidadania. Por isso, há menos incentivo para relocação apenas para efeitos fiscais.

Assim, o sistema global pode distorcer as decisões de produção, e o sistema territorial, as decisões de residência. É difícil saber qual a distorção cria um custo de eficiência maior.

▶ IMPOSTOS DE RENDA ESTADUAIS

O papel dos impostos de renda individuais em sistemas de receitas estaduais vem crescendo rapidamente.[21] Em 1960, 12,2% da arrecadação de impostos estaduais era sobre os rendimentos individuais; até 2008, o valor era de 36% [US Bureau of the Census, 2012c, p. 286]. Atualmente, 41 estados e o Distrito de Colúmbia têm impostos de renda individuais amplos que incluem salários. Dois outros estados tributam impostos e dividendos, mas não salários.

Os impostos estaduais tendem a ser semelhantes, em estrutura, ao imposto federal. A base tributável é encontrada subtraindo-se várias deduções e isenções da renda bruta, e a responsabilidade fiscal é determinada pela associação de uma alíquota de imposto marginal com cada uma das várias faixas de renda. As taxas marginais são muito mais baixas do que as do sistema federal. Entre os estados que aplicaram impostos de renda em 2012, as maiores faixas de tributação eram, em sua maioria, entre 8% e 10%. (a máxima foi de 11%, no Havaí). Os estados diferem consideravelmente no que diz respeito ao regime de deduções e isenções. Alguns descartam praticamente todas as deduções, enquanto outros seguem regras semelhantes às do sistema federal.

É preciso levar em conta os impostos estaduais ao se avaliar as taxas de imposto marginais gerais. A alíquota de imposto marginal para um californiano na faixa de tributação mais alta é de 35% do imposto federal e outros 10,3% do imposto de renda da Califórnia, ou um total de 45,3%. Se o indivíduo relaciona suas deduções e subtrai os impostos estaduais e municipais, o efeito diminui um pouco, mas o fato é que as taxas marginais de imposto cumulativas em estados com impostos elevados se aproximam dos 50%.

---

[20] Isso pressupõe que (a) a incidência do imposto norte-americano recaia sobre os empregadores, em vez de sobre os funcionários, e (b) as empresas americanas não possam reagir por meio da simples contratação de trabalhadores estrangeiros. A validade da hipótese (a) depende da elasticidade da oferta de trabalhadores norte-americanos para empresas americanas no exterior. Na medida em que a curva de oferta não é horizontal, os funcionários arcam com uma parte do imposto (veja o Capítulo 14).

[21] Os impostos de renda geralmente não são de muita importância para os governos locais, embora em algumas cidades maiores desempenhem um papel significativo.

Resumo

- O cálculo de responsabilidade fiscal do imposto de renda federal de pessoa física tem três etapas principais: medição de rendimento total (renda bruta ajustada), conversão da renda total para o lucro tributável e cálculo do imposto devido.
- A medida de referência tradicional de renda é a definição de Haig-Simons: a renda durante um determinado período é a mudança líquida na capacidade de consumo do indivíduo.
- A implementação do critério de Haig-Simons enfrenta várias dificuldades: (1) O rendimento deve ser medido líquido das despesas de alcançá-lo. (2) Os ganhos de capital não realizados e a renda imputada de bens duráveis não são facilmente aferidos. (3) É difícil medir o valor dos recebimentos em espécie.
- Críticos do critério Haig-Simons argumentam que ele não garante resultados justos nem eficientes.
- A base do imposto de renda norte-americano geralmente exclui (1) juros de títulos estaduais e municipais, (2) contribuições patronais para pensões e planos de saúde, (3) doações e heranças.
- As isenções são valores fixos por membro da família. As isenções são subtraídas da renda bruta ajustada (AGI) e eliminadas nas faixas de alta renda.
- As deduções são padrão ou detalhadas. A dedução padrão reduz o lucro tributável por um valor fixo.
- As deduções detalhadas são permitidas para gastos com produtos e serviços específicos. As deduções detalhadas alteram os preços relativos após impostos, o que muitas vezes afeta o comportamento econômico. As deduções detalhadas são eliminadas nas faixas de alta renda.
- As principais deduções discriminadas no código tributário norte-americano incluem (1) despesas médicas não reembolsadas superiores a 10% da AGI, (2) impostos de renda e de propriedade estaduais e municipais, (3) despesas de juros determinadas, (4) contribuições de caridade.
- As despesas fiscais são receitas não cobradas devido a um tratamento fiscal preferencial.
- O passo final para determinar a responsabilidade fiscal é aplicar uma tabela de alíquotas ao lucro tributável. Em razão de vários phaseouts, as taxas marginais de imposto efetivas são superiores às taxas oficiais.
- O imposto mínimo alternativo (AMT) foi concebido para assegurar que os contribuintes com alta renda que utilizam frequentemente paraísos fiscais paguem pelo menos um pouco de imposto de renda federal. No entanto, devido a algumas falhas estruturais, esse imposto atinge milhões de contribuintes da classe média.
- As faixas de tributação, as isenções pessoais, a dedução padrão e o crédito dos rendimentos auferidos estão indexados à inflação. No entanto, não existem disposições para correção do efeito da inflação sobre a tributação dos rendimentos de capital.
- Nenhum sistema de tributação da família pode assegurar simultaneamente o aumento das taxas marginais de impostos, a neutralidade em relação ao casamento e impostos iguais para famílias com renda igual. Sob a lei atual, as obrigações fiscais conjuntas podem aumentar ou diminuir em relação ao casamento, dependendo das circunstâncias do casal.
- Os Estados Unidos seguem um sistema global no que diz respeito ao tratamento fiscal dos rendimentos obtidos em outros países. O montante total do imposto devido deve ser mais ou menos independente de o rendimento ser ganho na terra natal ou no exterior.
- Os sistemas de imposto de renda são importantes como criadores de receita para os estados. Os impostos estaduais têm taxas mais baixas do que o sistema federal e variam muito em suas disposições exatas.

Perguntas para reflexão

1. Sob a lei atual, se as suas perdas de capital excederem os ganhos, você pode deduzir até US$ 3.000 dos prejuízos em relação a outras formas de renda. Na esteira do declínio massivo do mercado de ações, em 2009 o senador Orrin Hatch sugeriu que o valor fosse aumentado. Avalie essa proposta do ponto de vista do critério de Haig-Simons. Ou seja, a proposta resultaria numa base de imposto de renda mais próxima ou mais distante da ideal de Haig-Simons do que a situação atual?

2. O *New York Times* publicou um artigo sobre um homem que afirmou que sua alíquota de imposto era de 102% de sua renda [Stewart, 2012]. Ele calculou esse valor por meio da relação de seus pagamentos de impostos com seu lucro tributável. Comente se essa é uma maneira correta de medir a alíquota média de

imposto. Inclua no seu exame uma definição cuidadosa da expressão *lucro tributável*.

*3. Singh, cuja alíquota do imposto de renda federal é de 28%, tem ações de petróleo que se valorizam em 10% a cada ano. Ele comprou as ações um ano atrás. O corretor de Singh agora quer que ele mude as ações de petróleo por ações de ouro, o que é igualmente arriscado. Singh decidiu que se mantiver as ações de petróleo será por apenas mais um ano e, em seguida, vai vendê-las. Caso se desfaça delas agora, ele investirá todas as receitas da venda (após os impostos) nas ações de ouro, que depois venderá no prazo de um ano. Qual é a taxa mínima de retorno que as ações de ouro devem pagar a Singh para ele fazer a troca? Relacione sua resposta com o efeito de lock-in.

* Difícil

4. Se você pedir dinheiro emprestado a alguém e a pessoa diz que você não tem de pagar o empréstimo de volta, dizemos que a dívida foi "perdoada". A lei de 2007 fez a dívida hipotecária perdoada por um credor passível de exclusão da renda tributável do mutuário. Avalie essa lei à luz do critério de Haig-Simons.

5. A alíquota de imposto marginal de Li é 35%, e ele faz uma lista de suas deduções fiscais. Quanto vale uma dedução de US$ 500 para ele? Quanto vale um crédito fiscal de US$ 500 para ele?

6. Suponha-se que um contribuinte típico tenha uma alíquota de imposto de renda marginal de 35%. A taxa nominal de juros é de 13%, e a taxa de inflação esperada é de 8%.

   a. Qual é a taxa real após os impostos dos juros?
   b. Suponha que a taxa de inflação esperada aumente 3%, para 11%, e as taxas de juros nominais aumentem na mesma proporção. O que acontece com a taxa de retorno real após descontados os impostos?
   *c. Se a taxa de inflação aumenta como na parte b, em quanto a taxa nominal de juros tem de aumentar para manter a taxa de juros real após os impostos no mesmo nível da parte a? Você pode generalizar a sua resposta usando uma fórmula algébrica?

   * Difícil.

7. Os atletas que ganham medalhas de ouro olímpicas também recebem um prêmio de US$ 25.000 em dinheiro. Em 2012, o presidente Obama apoiou a legislação proposta pelo senador Marco Rubio para isentar esses ganhos dos impostos federais [Parnes, 2012]. Essa proposta é coerente com a tributação baseada no critério de Haig-Simons?

8. Em 2012, o candidato presidencial republicano Mitt Romney propôs uma redução das alíquotas sobre dividendos e ganhos de capital para a maioria dos contribuintes. Essas mudanças fazem sentido nos termos da definição de renda de Haig-Simons? Que efeitos você acha que essas mudanças terão no comportamento?

9. Em 1968, a Suprema Corte decidiu que os cidadãos podem abrir processos para impedir que o governo faça gastos que violem a Constituição. Em recente decisão de 5 a 4, o tribunal decidiu que um crédito de imposto que pode ser utilizado para pagamentos de matrícula em escolas religiosas não era objeto de impugnação, porque um crédito fiscal não é gasto do governo. Você concorda com essa decisão? Sua resposta deve aproveitar o conceito de despesas fiscais.

10. A lei da Califórnia exige que participantes de uniões estáveis registradas tratem seus ganhos como propriedade comum, para efeitos fiscais estaduais. Como a lei de imposto federal geralmente respeita o direito de propriedade do Estado, a Secretaria da Receita Federal determinou que os parceiros nacionais na Califórnia devem cada um informar metade de seu rendimento combinado de lucros nas suas declarações fiscais federais individuais. De acordo com essa decisão, quem paga mais imposto de renda federal? Um casal com um único assalariado em um casamento tradicional, ou um casal com um único assalariado em união estável registrada?

11. Você vai precisar de uma calculadora para este problema. Sanchez ganha US$ 4.000 e quer guardar o dinheiro para a aposentadoria, prevista para daqui a dez anos. Ela quer economizar essa quantia em uma conta tributável ou colocá-la em uma Roth IRA. Suponha que Sanchez possa receber uma taxa de retorno anual de 8% e sua taxa marginal de imposto é de 25%. No momento da aposentadoria, quanto dinheiro ela terá em uma ou outra opção? Nota: Sanchez tem de pagar imposto sobre os US$ 4.000, de modo que não pode colocar o valor integral nem na conta tributável, nem na Roth IRA.

Tributação pessoal e comportamento

18

Se vais sair à frente para descrever a verdade, deixa a elegância para o alfaiate.
—ALBERT EINSTEIN

Durante a década de 1980, a taxa marginal máxima legal de imposto de renda nos Estados Unidos caiu de 70% para 28%. Durante a década de 1990, subiu novamente para 39,6%, mas, em 2001, foi reduzida para 35%. Em 2012, houve um debate acirrado sobre se os cortes fiscais de 2001 deveriam ser tornados permanentes ou se os valores mais altos anteriores deveriam voltar a ser praticados. A questão de como os impostos afetam o comportamento econômico é central para esse tipo de debate. Aqueles que defendem impostos mais baixos argumentam que alíquotas de imposto de renda elevadas são maus incentivos para trabalhar, poupar e assumir riscos:

> "As pessoas respondem a incentivos. Não se faz uma política econômica para os países, mas para as pessoas.... Não podemos esperar que uma economia cresça quando as pessoas não têm incentivo para o trabalho, ou quando os empresários não têm incentivo para arriscar" [Prescott, 2005a, p. A10].

Os proponentes de impostos mais altos respondem que tais acusações são exageradas. Os impostos são como o clima: as pessoas falam muito sobre o assunto, mas não fazem nada a respeito.

Os economistas estão tão interessados nesta questão quanto os políticos. A teoria da tributação postula, afinal, que tanto a incidência quanto a eficiência de um sistema tributário dependem de como ele afeta o comportamento. Como mostrado no Capítulo 17, o imposto de renda afeta os incentivos para decisões sobre uma variedade de temas – desde a compra de serviços médicos até a quantidade de doações de caridade. Nos concentramos em quatro temas particularmente importantes que têm sido muito estudados: os efeitos da tributação sobre oferta de trabalho, poupança, consumo de habitação e decisões de carteira.

▶ OFERTA DE TRABALHO

Em 2010, cerca de 139 milhões de americanos trabalhavam uma média de cerca de 33 horas semanais e recebiam uma remuneração total de cerca de US$ 8,0 trilhões, aproximadamente 62% da renda nacional [Relatório Econômico do Presidente, 2012, pp. 350, 361, 374]. Agora, trataremos das questões de como a oferta de trabalho é determinada e se os impostos a afetam.

Considerações teóricas

Hércules está decidindo o quanto de seu tempo deve dedicar por semana ao trabalho e quanto ao lazer. O Capítulo 13 mostrou como analisar esta escolha graficamente. Para revisar os pontos principais da discussão:

- O número de horas disponíveis para o trabalho no mercado e usos fora do mercado ("lazer") é referido como **dotação de tempo**. Na Figura 18.1, é a distancia OT, no eixo horizontal. Supondo que todo o tempo não gasto em lazer seja dedicado a traba-

dotação de tempo

Número máximo de horas que um indivíduo pode trabalhar durante determinado período.

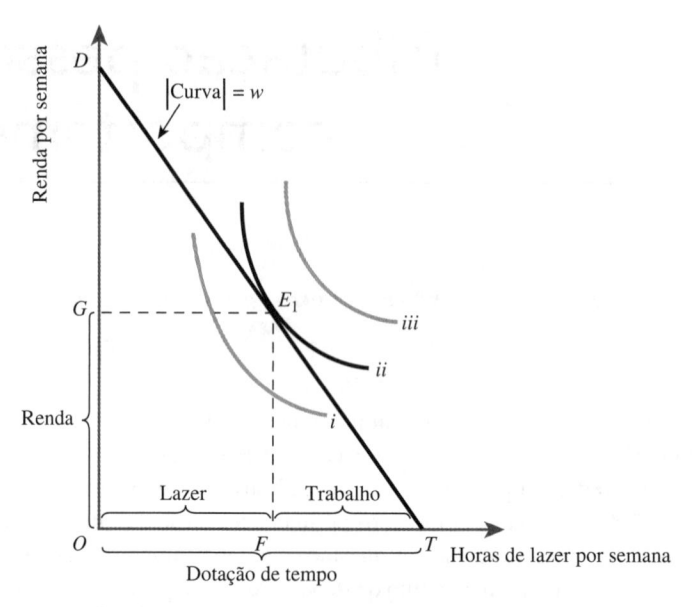

FIGURA 18.1 Escolha de maximização da utilidade de lazer e renda.
Este indivíduo maximiza a utilidade no ponto E1, em que trabalha FT horas e tem uma renda de OG.

lho no mercado, qualquer ponto no eixo horizontal indica simultaneamente horas de lazer e horas de trabalho.

- A restrição orçamentária mostra as combinações de lazer e renda disponíveis para um indivíduo de acordo com seu salário. Se a taxa salarial de Hércules for de US$ w por hora, sua restrição orçamentária será uma linha reta cuja inclinação em valor absoluto é w. Na Figura 18.1, isso é representado pela linha TD.

- A cesta ideal com a restrição orçamentária depende do gosto de cada pessoa. Suponha que as preferências por lazer e renda possam ser representadas por curvas de indiferença normais e abauladas em direção ao seu ponto de origem. Três destas curvas são chamadas i, ii, e iii na Figura 18.1. Hércules maximiza a utilidade no ponto E_1, onde dedica OF horas ao lazer, trabalha FT horas e ganha um salário OG.

Estamos agora em condições de analisar os efeitos da tributação. Suponha que o governo aplica um imposto sobre os ganhos com a alíquota t. O imposto reduz a remuneração por trabalhar uma hora de US$ w para US$ $(1-t)w$. Quando Hércules consome uma hora de lazer, ele agora abre mão de apenas US$ $(1-t)w$, e não de US$ w. Com efeito, o imposto reduz o custo de oportunidade de uma hora de lazer. Na Figura 18.2, a restrição orçamentária de Hércules já não é TD. Pelo contrário, é a linha mais plana, TH, cuja inclinação em valor absoluto é $(1-t)w$. A escolha original de renda-lazer, E_1, já não é possível. Hércules deve escolher um ponto em algum lugar ao longo da restrição orçamentária após impostos TH. Na Figura 18.2, isso é E_2, em que ele consome OI horas de lazer, trabalha IT horas e tem uma renda após impostos de OG'. O imposto reduz a oferta de trabalho de Hércules de FT horas para IT horas.

Podemos, portanto, concluir que um indivíduo "racional" sempre reduz a oferta de trabalho em resposta a um imposto proporcional? Para responder a esta questão, considere Poseidon, que enfrenta exatamente as mesmas restrições orçamentárias antes e depois de impostos que Hércules e que opta por trabalhar o mesmo número de horas (FT) antes da instituição do imposto. Como indicado na Figura 18.3, quando Poseidon é tributado, ele

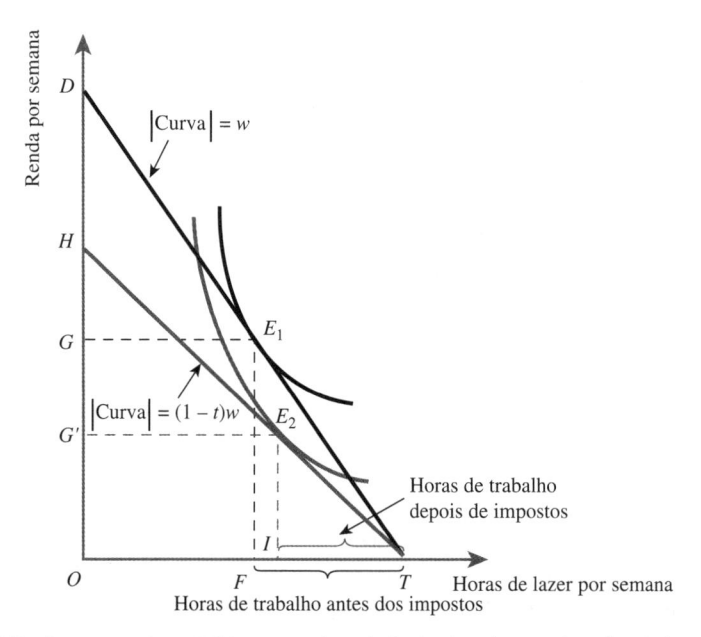

FIGURA 18.2 Imposto de renda proporcional diminui as horas de oferta de trabalho. Um imposto sobre os lucros com alíquota t reduz o custo de oportunidade do lazer e gira a restrição orçamentária para TH. Para este indivíduo, o efeito de substituição domina o efeito renda – o imposto diminui as horas de trabalho de FT para IT. A renda depois do imposto é OG'.

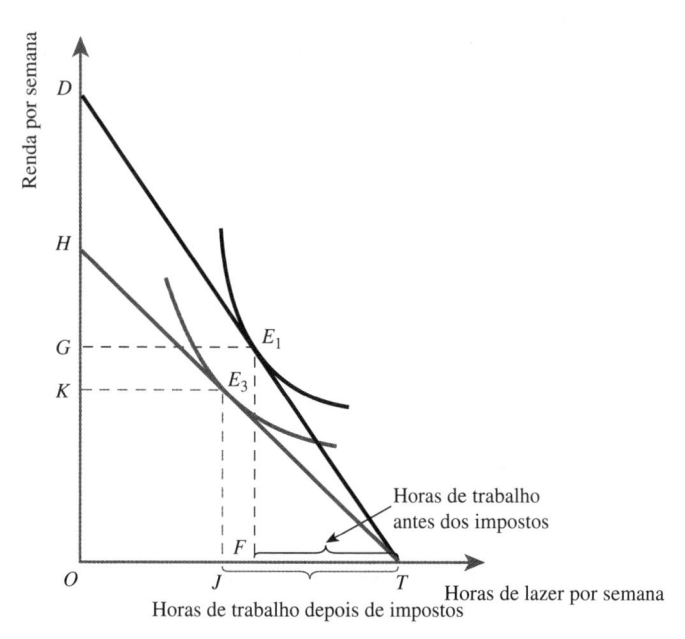

FIGURA 18.3 Imposto de renda proporcional aumenta as horas de oferta de trabalho. Para este indivíduo, o efeito renda prevalece sobre o efeito de substituição – o imposto aumenta o trabalho de FT para JT horas. A renda depois do imposto é OK.

aumenta suas horas de trabalho de FT para JT. Isso não é "irracional." Dependendo do gosto de uma pessoa, ela pode querer trabalhar mais, menos ou a mesma quantidade de horas depois da instituição de um imposto.

efeito de substituição

Tendência de um indivíduo a consumir mais de um bem e menos de outro devido a uma diminuição no preço do primeiro em relação ao segundo.

efeito renda

Efeito de uma mudança de preço sobre a quantidade demandada exclusivamente em função do fato de que a renda do consumidor mudou.

A fonte da ambiguidade é o conflito entre dois efeitos gerados pelo imposto, o **efeito de substituição** e o **efeito renda**. Quando o imposto reduz o salário que se leva para casa, o custo de oportunidade do lazer cai e há uma tendência a substituir lazer por trabalho. Este é o efeito de substituição, e ele tende a diminuir a oferta de trabalho. Ao mesmo tempo, para qualquer número de horas trabalhadas, o imposto reduz a renda do indivíduo. Supondo que o lazer é um bem normal, para qualquer número de horas trabalhadas, esta perda de renda reduz o consumo de lazer, permanecendo outros fatores inalterados. Uma diminuição no lazer, porém, significa um aumento no trabalho. Por isso, o efeito renda tende a induzir os indivíduos a trabalhar mais. Assim, os dois efeitos funcionam em direções opostas. É simplesmente impossível saber, com base somente em teoria, se o efeito renda ou o efeito de substituição prevalece. Para Hércules, mostrado na Figura 18.2, prevalece o efeito de substituição. Para Poseidon, mostrado na Figura 18.3, o efeito renda é mais importante. Para uma discussão mais geral do efeito renda e do efeito de substituição, consulte o apêndice no fim do livro.

A análise dos impostos progressivos é muito semelhante à dos impostos proporcionais. Suponha que Hércules agora enfrenta crescentes taxas marginais de imposto: t_1 sobre seus primeiros US\$ 5.000 de renda, t_2 sobre os US\$ 5.000 de renda seguintes e t_3 sobre todos os rendimentos acima de US\$ 10.000 (observe a semelhança com o imposto de renda norte-americano, que atribui uma alíquota de imposto marginal para cada faixa de renda). Mais uma vez, a linha orçamentária antes dos impostos é TD, que é mostrada na Figura 18.4. Depois dos impostos, a restrição orçamentária é a linha torcida $TLMN$. Até US\$ 5.000 de renda antes de impostos, o custo de oportunidade de uma hora de lazer é $(1 - t_1)w$, que é a curva (em valor absoluto) do segmento TL. No ponto L, a renda de Hércules é $(1 - t_1) \times$ US\$ 5.000. No segmento ML, o valor absoluto da curva é $(1 - t_2)w$. ML é mais plano que TL porque t_2 é maior que t_1. No ponto M, a renda depois do imposto é $(1 - t_1) \times$ US\$ 5.000 $+ (1 - t_2) \times$ US\$ 5.000; esta é a renda depois do imposto no ponto L, mais o incremento

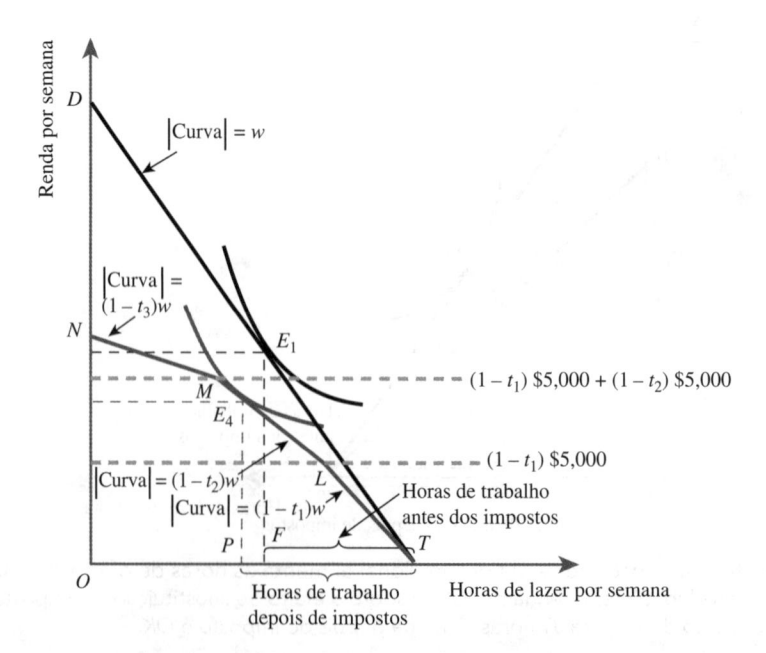

FIGURA 18.4 Escolha de renda-lazer sob um imposto de renda progressivo.

Este imposto progressivo aplica um imposto de t_1 sobre os primeiros US\$ 5.000 de rendimentos, t_2 sobre os próximos US\$ 5.000 e t_3 sobre todos os rendimentos acima de US\$ 10.000. A restrição orçamentária muda de TD para $TLMN$. Dado este sistema fiscal, Hércules maximiza a utilidade em E_4, onde trabalha PT horas.

de renda depois de receber mais US$ 5.000 que são tributados com a taxa t_2. Por fim, no segmento *MN*, a curva é $(1 - t_3)w$, que é ainda mais plana. Dependendo de suas preferências, Hércules pode acabar em qualquer ponto de *TLMN*. Na Figura 18.4, ele maximiza a utilidade em E_4, onde trabalha *PT* horas.

> ### EVIDÊNCIA EMPÍRICA
> #### Como a oferta de trabalho responde aos impostos?
> Conhecer a elasticidade da oferta de trabalho no que diz respeito ao salário depois de impostos é fundamental para avaliar o impacto dos impostos sobre o esforço de trabalho. Se a oferta de trabalho é muito elástica, um aumento na alíquota de imposto reduz substancialmente as horas de trabalho. Se é inelástica, as horas de trabalho não mudam muito. De fato, nossa análise teórica indica que é mesmo possível que um imposto sobre os redimentos aumente as horas de trabalho. Apenas trabalhos empíricos podem resolver esta ambiguidade teórica.
>
> Eissa [2001] utilizou uma análise quase-experimental para estimar a elasticidade da oferta de trabalho para um grupo particularmente importante de trabalhadores, as mulheres casadas. O Tax Reform Act (Lei de Reforma Tributária) de 1986 (TRA86) reduziu a alíquota marginal máxima em 44%, mas reduziu as taxas marginais de imposto na extremidade inferior da distribuição de renda em muito menos. Como vimos no Capítulo 17, a alíquota de imposto marginal de uma pessoa casada depende da renda familiar total, incluindo os rendimentos do cônjuge. Com efeito, portanto, o TRA86 gerou um experimento natural em que o grupo de tratamento consistia de mulheres casadas com homens de salários muito altos (que tiveram uma queda substancial em suas taxas de imposto) e o grupo controle era composto por mulheres casadas com homens que tinham salários médios (que tiveram pouca ou nenhuma redução em suas taxas de imposto). Eissa descobriu que, depois que o TRA86 entrou em vigor, as mulheres do grupo de tratamento de fato aumentaram suas horas de trabalho em relação às mulheres do grupo de controle. Usando uma abordagem de diferença em diferenças, estimou uma elasticidade da oferta de trabalho de 0,8. Nos termos de nosso modelo teórico, isso implica que, para as mulheres casadas, o efeito de substituição de um aumento nos salários depois de impostos prevalece sobre o efeito renda.
>
> De modo geral, a literatura empírica sugere o seguinte:
>
> - Para homens com idades aproximadas entre 20 e 60 anos, o efeito das mudanças no salário líquido sobre as horas de trabalho é pequeno em valor absoluto e muitas vezes estatisticamente insignificante. Uma elasticidade de cerca de 0,05 parece ser uma estimativa razoável.
> - As horas de trabalho e as decisões de participação na força de trabalho de mulheres casadas parecem ser bastante sensíveis a mudanças no salário líquido, embora o grau de resposta venha se tornando cada vez menor. Uma estimativa razoável de sua elasticidade da oferta de trabalho seria de cerca de 0,4 [Blau e Kahn, 2005].

Algumas advertências

Os resultados teóricos e empíricos que acabamos de descrever são certamente mais úteis do que os palpites desinformados ouvidos muitas vezes em debates políticos. No entanto, devemos estar cientes de algumas qualificações importantes.

Considerações do lado da demanda As análises anteriores ignoram os efeitos que as mudanças na oferta de trabalho podem ter sobre o lado da demanda do mercado. Suponha que os impostos sobre as mulheres casadas fossem reduzidos de tal forma que seus salários líquidos aumentassem em 10%. Com uma elasticidade da oferta de trabalho de 0,4, suas horas de trabalho aumentariam em 4%. Se as empresas pudessem absorver todas essas horas com o novo salário líquido, este seria o fim da história. Mais tipicamente, tal aumento na oferta de trabalho reduz o salário antes dos impostos. Isso reduz o aumento original no salário depois de impostos, de modo que o aumento final em horas de trabalho é menor do que o inicialmente imaginado.

A situação se torna ainda mais complicada quando percebemos que grandes mudanças em decisões de trabalho podem influenciar padrões de consumo em outros mercados. Por exemplo, se as mulheres casadas aumentassem suas horas de trabalho, a demanda por cuidadores de crianças provavelmente aumentaria. Na medida em que isso aumentaria o preço de cuidadores de crianças, poderia desestimular alguns pais de crianças pequenas a trabalhar, pelo menos no curto prazo. Claramente, é complicado fazer uma análise de "equilíbrio geral" que trace as implicações para todos os mercados. A maioria dos pesquisadores está disposta a supor que os efeitos de primeira ordem são uma aproximação razoável do resultado final.

Efeitos individuais X efeitos grupais Nosso foco é quanto trabalha um indivíduo sob diferentes regimes tributários. É difícil usar esses resultados para prever como mudará o total de horas de trabalho fornecido por um grupo de trabalhadores. Quando a tabela de imposto muda, os incentivos mudam de forma diferente para diferentes pessoas. Por exemplo, na mudança de um imposto proporcional para um imposto progressivo, os trabalhadores de baixa renda podem se ver enfrentando baixas taxas marginais de imposto, ao passo que o oposto é verdadeiro para aqueles com alta renda. As ofertas de trabalho dos dois grupos poderiam se mover em direções opostas, tornando o resultado global difícil de prever. Uma complicação adicional é que a elasticidade da oferta de trabalho pode variar de acordo com o nível de renda.

Capital humano O número de horas trabalhadas por ano é um indicador importante e interessante da oferta de trabalho. Porém, a quantidade efetiva de trabalho fornecido por um indivíduo depende de mais fatores além do número de horas passadas no local de trabalho. Um trabalhador com alto nível educacional, saudável e motivado presumivelmente é mais produtivo do que um colega que não tem essas qualidades, mesmo que ambos trabalhem o mesmo número de horas. Alguns analistas já manifestaram temores de que os impostos possam induzir as pessoas a investir muito pouco na aquisição de habilidades. A teoria econômica produz ideias surpreendentes sobre como os impostos podem afetar o acúmulo de **capital humano** – investimentos que as pessoas fazem em si mesmas para aumentar sua produtividade.

> **capital humano**
> Investimentos que indivíduos fazem em educação, formação e saúde que aumentam sua capacidade produtiva.

Considere Hera, que está avaliando entrar em um programa de treinamento no trabalho. Suponha que, ao longo de sua vida, o programa aumente os rendimentos de Hera em um montante cujo valor presente é B. No entanto, a participação no programa reduz o tempo atualmente disponível de Hera para a atividade de produção de renda, que lhe custa C em salários não recebidos. Se for sensata, Hera tomará sua decisão utilizando o critério de investimento descrito no Capítulo 8 e entrará no programa somente se os benefícios excederem os custos:

$$B - C > 0 \tag{18.1}$$

Agora, suponha que os rendimentos de Hera são tributados a uma taxa proporcional t. O imposto tira parte do salário mais alto recebido porque ela participou do programa de treinamento. Pode-se supor que o imposto, portanto, reduz a probabilidade de sua participação. Este raciocínio é enganoso. Para entender por que, suponha por um momento que, depois do imposto, Hera continua a trabalhar o mesmo número de horas que antes. O imposto, de fato, reduz os benefícios do programa de treinamento de *B* para (1 *t*)*B*. Ao mesmo tempo, porém, reduz os custos. Lembre-se de que os custos do programa são os salários não recebidos. Como esses salários teriam sido tributados, Hera não abre mão de *C*, mas apenas de (1 *t*)*C*. A decisão de entrar no programa é baseada em se os benefícios depois dos impostos excedem os custos após impostos:

$$(1 - t)B - (1 - t)C = (1 - t)(B - C) > 0 \qquad (18.2)$$

A equação (18.2) indica que é exatamente equivalente a (18.1). Qualquer combinação de benefícios e custos que era aceitável antes do imposto sobre rendimentos é aceitável depois. Neste modelo, um imposto proporcional sobre os rendimentos reduz os benefícios e os custos na mesma proporção e, portanto, não tem efeito sobre o investimento em capital humano.

A premissa aqui é que a oferta de trabalho não muda após a implementação do imposto. Suponha, por outro lado, que Hera aumenta sua oferta de trabalho (o efeito renda prevalece). Neste caso, o imposto leva a um aumento na acumulação de capital humano. Com efeito, a oferta de trabalho é a taxa de utilização do investimento em capital humano. Quanto mais horas uma pessoa trabalha, maior é a recompensa para um aumento na taxa salarial de um investimento em capital humano. Portanto, se o imposto induz mais trabalho, ele torna os investimentos em capital humano mais atraentes, permanecendo outros fatores inalterados. Por outro lado, se o efeito de substituição prevalece, de modo que a oferta de trabalho diminui, a acumulação de capital humano é desestimulada.

Este modelo simples ignora várias considerações:

- O retorno para um investimento em capital humano não é conhecido com precisão. Como será mostrado posteriormente neste capítulo, os retornos de risco complicam a análise da tributação.
- Alguns investimentos em capital humano envolvem outros custos além dos salário não recebidos. Mensalidades de faculdades, que não são dedutíveis, são um exemplo óbvio.
- Outros aspectos do sistema fiscal podem afetar investimentos em capital humano. Por exemplo, impostos mais altos sobre os retornos de investimentos físicos (por exemplo, juros e dividendos) tendem a aumentar o investimento em capital humano. Com efeito, pode-se entender os capitais físico e humano como dois veículos de investimento alternativos; aumentar o imposto sobre um aumenta a atratividade relativa do outro.
- A Equação (18.2) presume um imposto proporcional. Quando o sistema tributário é progressivo, os benefícios e os custos de investimentos em capital humano podem ser tributados com alíquotas diferentes.

No entanto, complicar o modelo levando em conta tais considerações apenas confirma o resultado básico – do ponto de vista teórico, o efeito da tributação de rendimentos sobre a acumulação de capital humano é ambíguo. Infelizmente, poucos trabalhos empíricos sobre esta importante questão estão disponíveis.

Pacote de remuneração A teoria básica da oferta de trabalho assume que o salário por hora é a única recompensa pelo trabalho. Na realidade, muitas vezes os empregadores oferecem aos funcionários um pacote de remuneração que inclui não apenas os salários, mas também benefícios de saúde, pensões, "regalias" como acesso a um carro da empresa, instalações para a prática de esportes na empresa, etc. Como observamos no Capítulo 17, a maioria dos componentes não salariais da remuneração não é tributada. Quando as

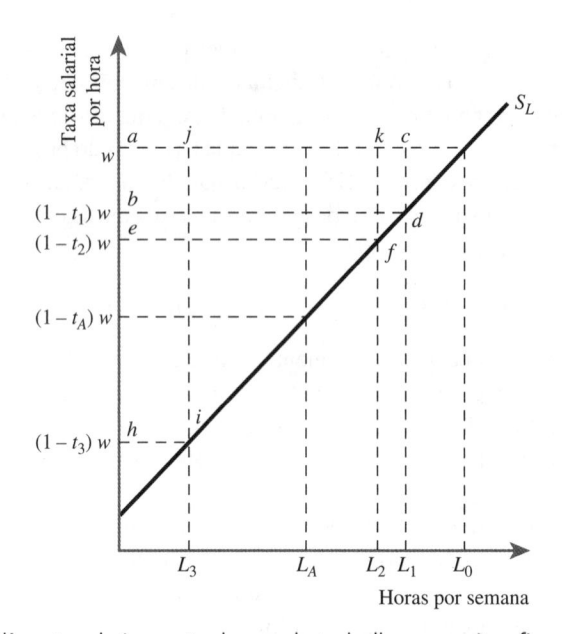

FIGURA 18.5 Alíquotas de imposto, horas de trabalho e receitas fiscais.
Dada a curva de oferta de trabalho S_L, as receitas fiscais primeiro aumentam e depois diminuem, conforme aumenta a alíquota de imposto.

taxas marginais de imposto caem, a atratividade relativa de formas de renda não tributadas cai e vice-versa. Assim, mudanças nos impostos podem afetar a composição do pacote de remuneração. Existem algumas evidências de que este é o caso. Por exemplo, de acordo com Gruber e Lettau [2004], para cada aumento de 10% no subsídio fiscal para o seguro de saúde, o número de empresas que oferecem cobertura de seguro aumenta em cerca de 3%.

O lado da despesa A análise padrão da oferta de trabalho e da tributação ignora o uso das receitas fiscais. No entanto, pelo menos algumas das receitas são usadas para comprar bens públicos, cuja disponibilidade pode afetar as decisões de trabalho. Se o dinheiro dos impostos é usado para fornecer instalações de lazer como parques nacionais, podemos esperar que a demanda por lazer aumente, permanecendo outros fatores inalterados. Por outro lado, as despesas com creches para os pais que trabalham podem aumentar a oferta de trabalho. Idealmente, devemos examinar as consequências sobre a oferta de trabalho de todo o orçamento, e não apenas o lado dos impostos. Por exemplo, Rogerson [2007] observa que, embora as taxas de imposto sejam mais altas nos países escandinavos do que no resto da Europa, a oferta de trabalho também é maior. Ele argumenta que isso ocorre porque os governos escandinavos gastam relativamente mais em itens como serviços familiares.

Oferta de trabalho e receitas fiscais

Até agora, concentramo-nos em encontrar a oferta de trabalho associada a qualquer regime fiscal específico. Vamos agora analisar a questão relacionada de como a arrecadação de impostos varia de acordo com a alíquota de imposto.

Considere a curva de oferta de trabalho S_L representada na Figura 18.5. Ela mostra a quantidade ideal de trabalho para cada salário depois de impostos, permanecendo outros fatores inalterados. Como é desenhada, as horas de trabalho aumentam com o salário líquido – o efeito substituição prevalece. O salário antes de impostos, w, está associado a L_0 horas de trabalho. Obviamente, uma vez que a alíquota de imposto é zero, nenhuma receita é arrecadada. Agora, suponha que um imposto proporcional com alíquota t_1 seja implementado. O salário líquido é $(1 - t_1)w$, e oferta de trabalho é L_1 horas. A arrecadação de

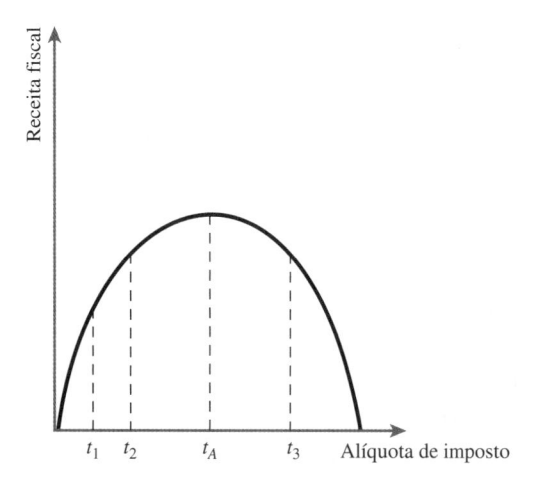

FIGURA 18.6 Alíquotas de imposto X receitas fiscais.
As receitas fiscais aumentam com a alíquota de imposto até atingirem um máximo na alíquota t_A. Depois de t_A, as receitas começam a cair, chegando eventualmente a zero.

impostos é igual ao imposto por hora trabalhada (*ab*) vezes o número de horas trabalhadas (*ac*), ou o retângulo *abdc*. Um raciocínio semelhante indica que, se a alíquota de imposto fosse aumentada para t_2, as receitas fiscais seriam *eakf*. A área *eakf* é maior que *abdc* – uma alíquota de imposto mais alta leva a uma maior arrecadação de receitas. As receitas do governo sempre aumentam quando a alíquota sobe? Não. Por exemplo, com a alíquota de imposto t_3, as receitas *haji* são menores do que aquelas com a alíquota menor t_2. Embora o imposto cobrado *por hora* seja muito alto em t_3, o número de horas cai tanto que o produto da alíquota de imposto vezes as horas é bastante baixo. De fato, como a alíquota de imposto se aproxima de 100%, as pessoas param de trabalhar por completo e as receitas fiscais caem a zero.

Tudo isso é resumido de forma compacta na Figura 18.6, que mostra a alíquota de imposto sobre o eixo horizontal e as receitas fiscais no eixo vertical. Com alíquotas de impostos muito baixas, as receitas arrecadadas são baixas. Conforme as alíquotas de imposto aumentam, as receitas aumentam, atingindo um máximo na taxa t_A. Para alíquotas superiores a t_A, as receitas começam a cair, chegando eventualmente a zero. Observe que seria um absurdo que o governo impusesse qualquer alíquota de imposto superior a t_A, pois as alíquotas de imposto poderiam ser reduzidas sem que o governo perdesse receita.

Por mais difícil que seja de acreditar, a Figura 18.6 está no centro de uma controvérsia política. Isso se deve principalmente à conhecida afirmação do economista Arthur B. Laffer [1979] de que os Estados Unidos funcionam à direita de t_A. Na imprensa popular, a relação entre alíquota de imposto e receita fiscal é conhecida como **curva de Laffer**. A afirmação de que a redução da alíquota de imposto não gere qualquer perda de receita desempenha um papel importante nos debates políticos. Por exemplo, na eleição presidencial de 2008, o senador John McCain disse: "Os cortes nos impostos [...] como todos sabemos, aumentam as receitas".

O debate popular sobre a curva de Laffer tem sido confuso. Alguns pontos devem ser notados:

- Em nosso modelo simples, se as receitas fiscais aumentam ou diminuem quando muda a alíquota de imposto é determinado pela medida em que as mudanças em horas trabalhadas compensam a mudança na alíquota de imposto. Esta é precisamente a questão da elasticidade da oferta de trabalho estudada pelos economistas das finanças públicas. Assim, a forma de uma curva de Laffer é determinada pela elasticidade do trabalho no que diz respeito ao salário líquido.

Curva de Laffer

Gráfico da relação alíquota de imposto-receita fiscal.

- Alguns críticos da economia do lado da oferta argumentam que a própria ideia de que a redução da alíquota de imposto pode levar a um aumento das receitas é um absurdo. No entanto, a discussão em torno da Figura 18.6 sugere que, em princípio, as taxas de imposto mais baixas podem realmente levar à arrecadação de receitas mais elevadas.

- Por isso, é uma questão empírica se a economia está realmente operando à direita de t_A. Como observado anteriormente, o consenso entre os economistas que estudam os impostos e a oferta de trabalho é que as elasticidades totais são de tamanhos modestos. É seguro concluir que a economia dos EUA não está funcionando à direita da t_A. É improvável que reduções gerais nas alíquotas de impostos financiassem a si mesmas no sentido de desencadear tanta oferta de trabalho que as receitas fiscais não caíssem. No entanto, alguns economistas estimam que os países europeus estão realmente muito perto do pico da curva de Laffer [Uhlig e Trabandt, 2006].

- Mudanças na oferta de trabalho não são a única maneira como o aumento das taxas de impostos pode afetar as receitas fiscais. Como se observa, as pessoas podem substituir as formas não tributáveis de renda por salários quando as alíquotas de impostos sobem, de modo que, mesmo com uma oferta fixa de mão de obra, as receitas fiscais podem cair. Da mesma forma, as pessoas (especialmente aquelas com rendimentos elevados) podem substituir as formas não tributáveis de renda de capital, como juros de títulos municipais, por formas tributáveis de renda de capital. As pessoas podem, ainda, sonegar mais quando as taxas de imposto aumentam. Com base em um levantamento da literatura, Feldstein [2008a] conclui que as taxas de imposto têm impacto substancial sobre a renda tributável. Para os contribuintes com renda média e alta, ele estima que a elasticidade da renda tributável no que diz respeito à alíquota de imposto é de cerca de 0,5. Essa estimativa implica, por exemplo, que a redução da alíquota de imposto marginal típica para um indivíduo de alta renda de 40% para 30% aumentaria seus rendimentos tributáveis em mais de 12%. Assim, a diminuição na renda seria menor do que se não houvesse resposta comportamental. Por outro lado, a redução do imposto não financiaria a si mesma.

- Discussões públicas sobre a curva de Laffer às vezes parecem presumir que o objetivo do sistema fiscal é maximizar a receita do governo – aplicar a taxa t_A na Figura 18.6. No entanto, o modelo desenvolvido nos capítulos anteriores sugere que não há nenhuma razão para pensar que a maximização das receitas fiscais é necessariamente um objetivo válido. Isso porque não se pode pensar na melhor alíquota de imposto de forma isolada. Pelo contrário, ela depende do tamanho ideal do governo, e isso depende de uma série de considerações sociais, políticas e econômicas. Como o economista Steven Landsburg incisivamente observou: "Perguntar qual alíquota de imposto maximiza a receita do governo é como perguntar qual taxa de recrutamento maximiza o tamanho do exército. Quem se importa? A pergunta certa é: qual alíquota de imposto... nos fará mais felizes no longo prazo?" [Landsburg, 2010b].

▶ POUPANÇA

Um segundo tipo de comportamento que pode ser afetado pela tributação é a poupança. Análises mais modernas das decisões de poupança baseiam-se no **modelo de ciclo de vida**, que foi apresentado no Capítulo 11 e dizem que as decisões de consumo e poupança dos indivíduos durante um determinado ano são resultado de um processo de planejamento que leva em consideração sua situação econômica ao longo da vida. O montante que você poupa a cada ano depende não só de sua renda anual, mas também da renda que você espera no futuro e da renda que você recebeu no passado. Esta seção usa o modelo de ciclo de vida para explorar o impacto dos impostos sobre as decisões de poupança.

---

modelo de ciclo de vida

Teoria de que as decisões sobre consumo e poupança dos indivíduos durante determinado ano são baseadas em um processo de planejamento que considera as circunstâncias da vida.

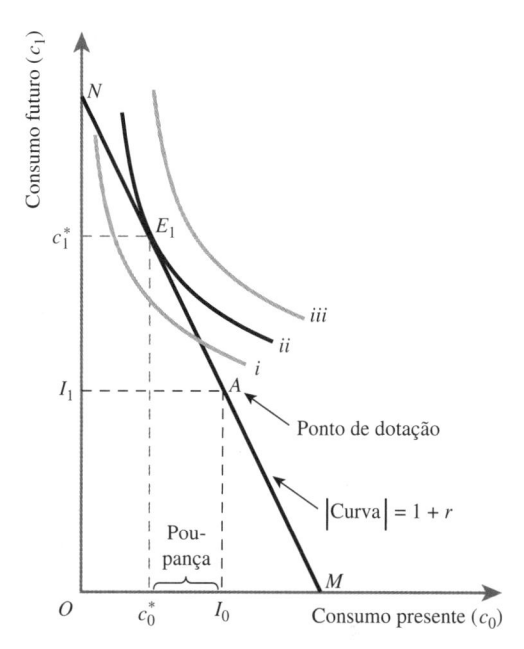

FIGURA 18.7 Escolha de maximização da utilidade para consumo presente e futuro. Midas maximiza a utilidade ao economizar $I_0 - c_0^*$, o que lhe permite consumir c_1^* no futuro.

Considere Midas, que espera viver por dois períodos: "agora" (período 0) e no "futuro" (período 1). Midas tem uma renda de I_0 dólares agora e sabe que a sua renda será de I_1 dólares no futuro (pense em "agora" como "anos de trabalho", quando I_0 corresponde aos rendimentos do trabalho; e no "futuro" como a aposentadoria, quando I_1 é a renda fixa da pensão). O problema dele é decidir quanto consumir em cada período. Quando Midas decide quanto consumir, ele simultaneamente decide quanto poupar ou tomar emprestado. Se o consumo dele nesse período for superior à sua renda atual, ele deverá pedir emprestado. Se o consumo for menor do que a renda atual, ele economizará.

O primeiro passo para analisar a decisão de poupança é descrever as possíveis combinações de consumo presente (c_0) e futuro (c_1) disponíveis para Midas – a restrição orçamentária intertemporal dele. No Capítulo 11, fizemos as seguintes observações sobre a restrição orçamentária intertemporal:

- Uma opção disponível para Midas é consumir toda a sua renda no momento em que a recebe – consumir I_0 no presente e I_1 no futuro. Este pacote é chamado de ponto de dotação. A restrição orçamentária intertemporal deve passar pelo ponto de dotação.

- Desde que o indivíduo possa tomar emprestado e emprestar a uma taxa de juros r, a restrição é uma linha reta cuja curva em valor absoluto é $1 + r$.[1]

A restrição orçamentária de Midas é desenhada como MN na Figura 18.7. Observe que ela passa pelo ponto de dotação, A. Para determinar a escolha ao longo de MN, introduzimos as preferências de Midas entre consumo futuro e consumo presente, que são representadas por curvas de indiferença de forma convencional na Figura 18.7. Sob a supo-

---

[1] Para representar a rubrica orçamental algebricamente, observe que a restrição fundamental enfrentada por Midas é que o valor presente de seu consumo equivale ao valor atual dos seus rendimentos (consulte o Capítulo 8 para ver uma explicação do valor presente). O valor presente do consumo dele é $c_0 + c_1/(1 + r)$, enquanto que o valor presente do seu fluxo de renda é $I_0 + I_1/(1 + r)$. Assim, suas escolhas de c_0 e c_1 devem satisfazer $c_0 + c_1/(1 + r) = I_0 + I_1/(1 + r)$. O leitor pode verificar que, vista como função de c_0 e c_1, esta é uma linha reta cuja inclinação é $-(1 + r)$ e que passa através do ponto (I_0, I_1).

sição razoável de que mais consumo é preferível a menos consumo, as curvas mais para o nordeste representam maiores níveis de utilidade.

Sujeito à restrição orçamentária MN, Midas maximiza a utilidade no ponto E_1, onde consome c_0^* no presente e c_1^* no futuro. Com essa informação, é fácil descobrir quanto Midas economiza. Como a renda atual, I_0, supera o consumo presente, c_0^*, então, por definição, a diferença, $I_0 - c_0^*$, é a poupança.

Claro que isso não prova que é sempre racional economizar. Se a curva de indiferença viável mais alta possível fosse tangente à linha orçamental abaixo do ponto A, o consumo presente teria ultrapassado I_0, e Midas teria de tomar empréstimos. Embora a seguinte análise da tributação presuma que Midas é um poupador, as mesmas técnicas podem ser aplicadas se ele for um tomador de empréstimo.

Consideremos como o valor poupado muda quando um imposto proporcional sobre a renda de juros é introduzido[2]. Neste contexto, é importante especificar se os pagamentos de juros dos tomadores de empréstimo são dedutíveis da renda tributável. Sob a lei atual, a permissão para que um contribuinte específico deduza pagamento de juros depende de uma série de fatores (ver Capítulo 17 para obter detalhes). Portanto, analisamos o efeito sobre a poupança com e sem direito à dedução.

Caso I: Pagamentos de juros dedutíveis e recebimento de juros tributáveis

Como a linha orçamental na Figura 18.7 muda quando os juros estão sujeitos a um imposto proporcional com a alíquota t e os pagamentos de juros dos tomadores de empréstimo são dedutíveis? A Figura 18.8 reproduz a restrição antes dos impostos MN da Figura 18.7. O primeiro ponto a observar é que a restrição orçamentária depois de impostos também deve passar pelo ponto de dotação (I_0, I_1), pois com ou sem taxa de juros, Midas tem sempre a opção de não fornecer ou tomar empréstimo.

Em seguida, observe que o imposto reduz a taxa de juros recebidos por poupadores de r para $(1 - t)r$. Portanto, o custo de oportunidade de consumir um dólar no presente é de apenas $[1 + (1 - t)r]$ dólares no futuro. Ao mesmo tempo, para cada dólar de juros que Midas paga, ele pode deduzir US$ 1 de sua renda tributável. Isso vale US$ t para ele em redução de impostos. Assim, a taxa efetiva que tem de ser paga pelo empréstimo é $(1 - t)r$. Portanto, o custo de aumentar o consumo atual em um dólar, em termos de consumo futuro, é apenas $[1 + (1 - t)r]$ dólares. Juntos, esses fatos implicam que a linha orçamental depois dos impostos tem uma curva (em valor absoluto) de $[1 + (1 - t)r]$.

A linha orçamental que passa por (I_0, I_1) e tem uma curva $[1 + (1 - t)r]$ é PQ na Figura 18.8. Se a alíquota de imposto for positiva, é mais plana do que a linha orçamental antes de impostos MN.

Para completar a análise, traçamos curvas de indiferença. O novo ponto ótimo está em E_t, em que o consumo atual é c_0^t e o consumo futuro é c_1^t. Como antes, a economia é a diferença entre o consumo presente e renda presente, a distância $c_0^t I_0$. Observe que $c_0^t I_0$ é menor do que $c_0^* I_0$, o valor antes de impostos que foi poupado. A taxa de juros reduz, portanto, a economia pela distância $c_0^* c_0^t$.

No entanto, a economia nem sempre cai. Como exemplo inverso, considere a Figura 18.9. As linhas orçamentais antes e depois de impostos são idênticas às que aparecem na Figura 18.8, assim como o equilíbrio antes de impostos no ponto E_1. Mas o novo ponto de tangência ocorre em $\tilde{E}$, à esquerda de E_1. O consumo no presente é $\tilde{c}_0$ e, no futuro, $\tilde{c}_1$. Neste caso, um imposto sobre os juros de fato aumenta a poupança, de $c_0^* I_0$ para $\tilde{c}_0^* I_0$. Assim, dependendo das preferências do indivíduo, a tributação de juros pode aumentar ou diminuir a poupança.

---

[2] Poderíamos considerar um imposto de *renda* que inclui salários, bem como juros, mas isso complicaria as coisas sem acrescentar esclarecimentos importantes.

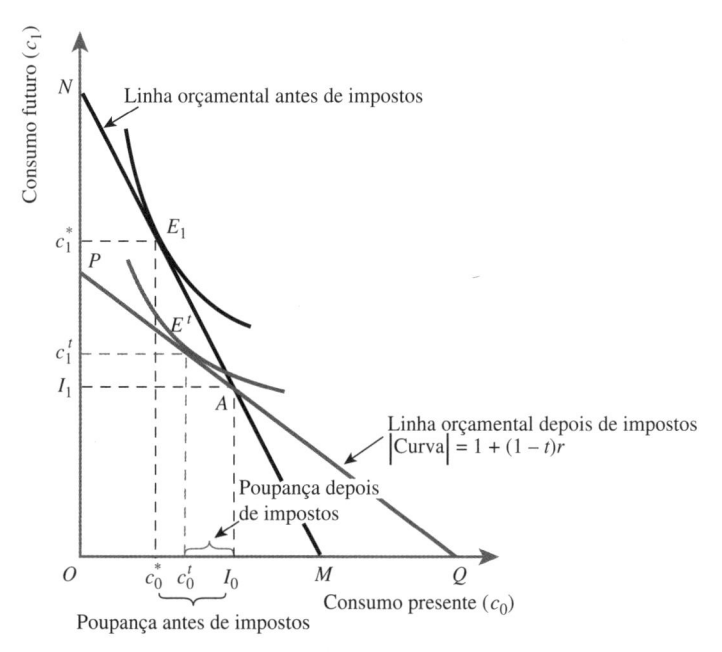

FIGURA 18.8 Receitas de juros tributadas e os pagamentos de juros dedutíveis: poupança diminui.

Se as receitas de juros são tributadas e os pagamentos de juros são dedutíveis, a restrição orçamentária passa de *MN* para *PQ*. Neste exemplo, o imposto reduz a poupança, o que significa que o efeito de substituição prevalece sobre o efeito renda.

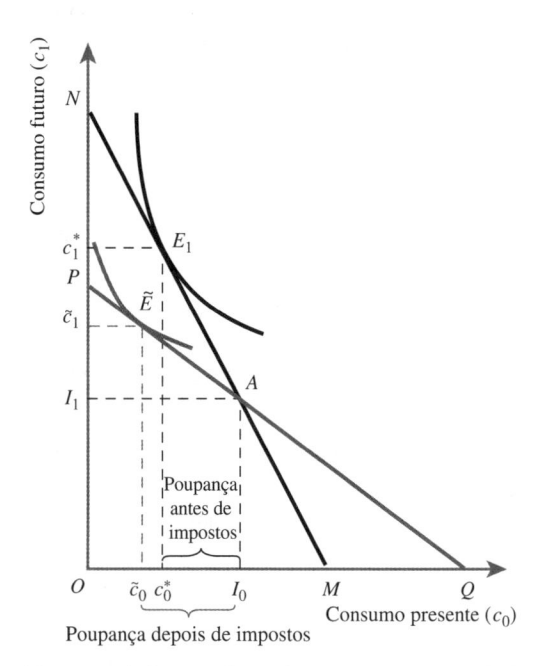

FIGURA 18.9 Recebimento de juros tributados e pagamentos de juros dedutíveis: a poupança aumenta.

Neste exemplo, o efeito renda prevalece sobre o efeito de substituição, de modo que o imposto aumenta a poupança.

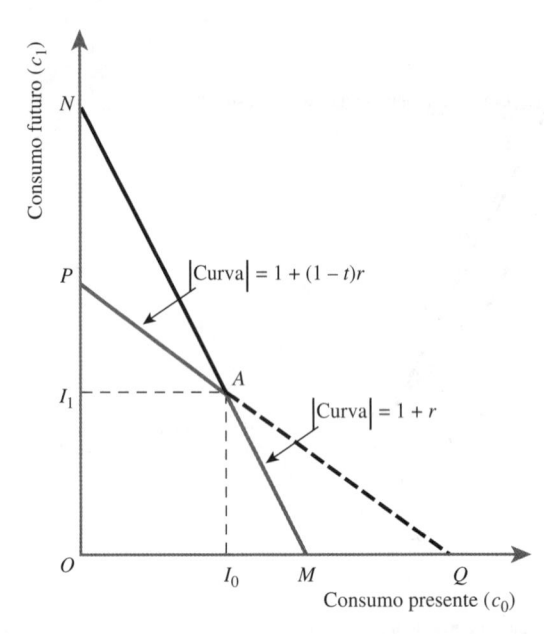

FIGURA 18.10 Receitas de juros tributadas e pagamentos de juros não dedutíveis.
Se as receitas de juros são tributadas mas os pagamentos de juros não são dedutíveis, a restrição orçamentária muda de *MN* para *PAM*.

A ambiguidade surge em razão do conflito entre dois efeitos diferentes. Por um lado, a tributação de juros reduz o custo de oportunidade do consumo presente, o que tende a aumentar c_0 e diminuir a poupança. Este é o efeito de substituição, que acontece porque o imposto muda o preço de c_0 em termos de c_1. Por outro lado, o fato de que os juros estão sendo tributados torna mais difícil para um credor alcançar qualquer objetivo de consumo futuro. Este é o efeito renda, que surge porque o imposto diminui a renda real. Se o consumo atual é um bem normal, uma diminuição na renda diminui c_0 e, portanto, aumenta a poupança. Assim como no caso da oferta de trabalho, se domina o efeito de substituição ou o efeito renda não pode ser determinado com base apenas na teoria.

Se a ideia de que uma pessoa racional pode realmente aumentar sua poupança em resposta a um aumento de imposto sobre os juros parece bizarra para você, considere o caso extremo de um "poupador com meta", cujo único objetivo é ter determinada quantidade de consumo no futuro – nem mais nem menos (talvez ele queira economizar apenas o suficiente para pagar as mensalidades da faculdade de seus filhos no futuro). Se a alíquota de imposto sobe, a única maneira para que ele alcance sua meta é aumentar a poupança, e vice-versa. Assim, para o poupador com meta, a poupança e a taxa de juros depois de impostos se movem em direções opostas.

Caso II: Pagamentos de juros não dedutíveis e recebimento de juros tributáveis

Consideremos agora como a restrição orçamentária muda quando os juros são tributados à taxa t, mas os tomadores de empréstimo não podem deduzir os pagamentos de juros da renda tributável. A Figura 18.10 reproduz a restrição orçamentária antes do imposto *MN* da Figura 18.7. Como no Caso I, a restrição orçamentária depois dos impostos deve incluir o ponto de dotação (I_0, I_1). Agora, partindo do ponto de dotação, suponha que Midas decide economizar US$ 1, ou seja, mover US$ 1 *para a esquerda do ponto A*. Como os juros são tributados, isso lhe permite aumentar seu consumo no próximo período em $[1 + (1 - t)r]$ dólares. À *esquerda do ponto A*, então, o custo de oportunidade de aumentar o consumo atual em US$ 1 é $[1 + (1 - t)r]$ dólares de consumo futuro. Por conseguinte, o valor absoluto da curva da restrição orçamentária à esquerda do ponto A é $[1 + (1 - t)r]$.

Isso coincide com o segmento *PA* da restrição orçamentária depois do imposto na Figura 18.9.

Agora suponha que, partindo do ponto dotação, Midas decide tomar US$ 1 de empréstimo, ou seja, passar US$ 1 para a direita do ponto *A*. Como os juros não são dedutíveis, o sistema fiscal não afeta o custo do empréstimo. Assim, o custo para Midas de tomar um empréstimo de US$ 1 agora é $(1 + r)$ dólares de consumo futuro, exatamente como era antes da taxa de juros. Assim, à direita do ponto *A* o custo de oportunidade de aumentar o consumo presente em um dólar é $(1 + r)$ dólares. Isso coincide com o segmento *AM* da restrição orçamentária antes de impostos *MN*.

Considerando todos esses fatores percebemos que, quando as receitas de juros são tributáveis mas os pagamentos de juros não são dedutíveis, a restrição orçamentária intertemporal tem uma torção no ponto de dotação. À esquerda do ponto de dotação, o valor absoluto da curva é $[1 + (1 - t)r]$; à direita, é $(1 + r)$. Qual é o impacto sobre a poupança? Se Midas era um tomador de empréstimo antes da aplicação do imposto, ele não é afetado. Ou seja, se Midas maximizava a utilidade ao longo do segmento *AM* antes da aplicação do imposto, isso também ocorre depois. Por outro lado, se Midas era um poupador antes do imposto, sua escolha entre consumo presente e futuro deve mudar, porque os pontos no segmento *NA* não estão mais disponíveis para ele. No entanto, assim como na discussão sobre as Figuras 18.8 e 18.9, não podemos prever se Midas irá economizar mais ou menos. Isso depende das forças relativas do efeito renda e do efeito de substituição.

Algumas considerações adicionais Este modelo de dois períodos simples ignora algumas complicações importantes do mundo real:

- A análise, como de costume, é baseada em termos *reais* – é a taxa líquida de retorno real que rege o comportamento. Como foi enfatizado no Capítulo 8, deve-se tomar cuidado para corrigir as taxas *nominais* de retorno observadas no mercado com relação à inflação.

- No modelo há um ativo para a poupança, e os retornos da poupança são tributados a uma taxa única. Na realidade, existem inúmeros ativos, cada um com sua própria taxa de retorno antes dos impostos. Além disso, como observado no Capítulo 17, os retornos de diferentes ativos são tributados com taxas diferentes. É, portanto, uma simplificação falar de como mudar "a" taxa de retorno depois dos impostos influencia a poupança.

- O modelo se concentra apenas na poupança privada. Para muitos propósitos, a variável importante é a poupança social, definida como a soma das poupanças privada e do governo. Por exemplo, se o governo economizasse uma proporção suficientemente elevada das receitas fiscais de uma taxa de juros, a poupança social poderia aumentar mesmo se a poupança privada diminuísse.

- Alguns pesquisadores questionam a validade do próprio modelo de ciclo de vida. A hipótese do ciclo de vida pressupõe que as pessoas olham para o futuro; os críticos argumentam que uma hipótese mais realista é que as pessoas são míopes. O modelo de ciclo de vida também presume que as pessoas podem tomar e fazer empréstimos livremente com a taxa de juros corrente; os críticos apontam que muitas pessoas não conseguem receber empréstimos. Por certo, nem os proponentes do modelo de ciclo de vida nem seus críticos precisam estar 100 % certos. Em determinado momento, o comportamento de poupança de algumas famílias pode ser explicado pelo modelo, enquanto em outros o comportamento de poupança de outras pode ser míope ou restrito.

Apesar das controvérsias em torno da hipótese do ciclo de vida, a maioria dos economistas está disposta a aceitá-la como uma boa aproximação da realidade.

> **EVIDÊNCIA EMPÍRICA**
>
> **Efeito dos impostos sobre a poupança**
>
> O resultado básico de nossa análise teórica é que o efeito da tributação sobre a poupança individual é ambíguo e que deve, portanto, ser avaliado com estudos empíricos. Para tanto, os pesquisadores geralmente precisam confiar em estudos observacionais em que a quantidade de poupança é a variável dependente e as variáveis independentes são a taxa de retorno à poupança após impostos, a renda disponível e outras variáveis que poderiam plausivelmente afetar a poupança. Se o coeficiente da taxa de retorno for positivo, a conclusão é que o aumento dos impostos reduz a poupança e vice-versa.
>
> Infelizmente, esta abordagem enfrenta muitos desafios. Por exemplo, é provável que mudanças na taxa de retorno estejam correlacionadas com as mudanças nas expectativas das pessoas sobre as condições econômicas futuras, que não são fáceis de medir. No entanto, mudanças nas condições econômicas esperadas poderiam muito bem exercer um efeito independente sobre a quantia que as pessoas economizam. Por isso, qualquer relação nos dados entre poupança e a taxa de retorno depois de impostos pode ser impulsionada por expectativas quanto à atividade econômica futura e não nos diz nada, de fato, sobre o impacto dos impostos.
>
> Outro problema com os estudos observacionais está relacionado com a medição da variável de taxa de retorno. As pessoas são motivadas pela taxa de retorno real, não pela taxa de retorno nominal. Calcular o retorno real de mercado exige, portanto, subtrair a taxa de inflação esperada da taxa de mercado nominal observada. Pode-se presumir que as expectativas das pessoas são baseadas na experiência passada e na previsão do futuro, mas ninguém sabe exatamente como as expectativas são formadas. Estudos utilizando métodos alternativos para o cálculo de taxas de inflação esperadas podem chegar a conclusões diferentes.
>
> Estes e outros problemas impedem que os economistas cheguem a um consenso sobre como os impostos afetam a poupança. Dadas essas ressalvas, a pesquisa apresentada pela Comissão Mista sobre Tributação [2005] sugere que uma estimativa razoável da elasticidade da poupança de longo prazo é de cerca de 0,29.

Conta-poupança com tratamento fiscal preferencial

Como observado no Capítulo 17, alguns contribuintes têm autorização para poupar em uma variedade de contas-poupança com tratamento fiscal preferencial. Embora as contas Keogh, os planos 401(k), e as tradicionais contas de aposentadoria individual (IRAs) apresentem diferenças em seus detalhes, elas compartilham algumas características fundamentais: os recursos depositados nessas contas rendem de acordo com uma taxa de juros antes de impostos, e os montantes máximos que podem ser depositados em um ano são limitados pela lei. Uma eterna questão nos debates sobre políticas fiscais é se os limites de contribuição devem ser aumentados: as pessoas devem ter autorização para economizar mais em contas com tratamento fiscal preferencial?

A questão central nos debates sobre tais propostas é se os depósitos nessas contas representam nova poupança, ou se as pessoas simplesmente depositam dinheiro que também teria sido economizado de outra forma. Diferentes pesquisadores chegam a conclusões muito diferentes sobre esta questão. O problema básico é que é difícil determinar se as diferenças no comportamento de poupança das pessoas se devem a diferenças de gostos ou à presença de contas-poupança com tratamento fiscal preferencial. Suponha, por exemplo, que, ao longo do tempo, observemos que algumas pessoas aumentam tanto seus ativos com tratamento fiscal preferencial quanto seus outros ativos. Um pesquisador pode dizer: "Isso prova que as contas com tratamento fiscal preferencial representam nova poupança, pois os ativos com tratamento fiscal preferencial cresceram sem diminuir outros ativos". Outro pesquisador poderia responder: "Não. Tudo o que está acontecendo é que essas pessoas têm forte propensão a economizar e, com o passar do tempo, aumentam suas posses de todos os tipos de ativos". Ainda que a literatura empírica apresente pontos de vista variados, um estudo realizado por Benjamin [2003] sugere que as opções de poupança com benefício fiscal estimulam pelo menos alguma quantidade de nova economia.

A discussão até agora presumiu que os detalhes administrativos das contas-poupança com tratamento fiscal preferencial são irrelevantes. Considere dois cenários possíveis. No primeiro, seu chefe diz que vai abrir uma conta 401(k) para você (no Capítulo 17, vimos que um plano 401(k) é uma espécie de conta-poupança com tratamento fiscal preferencial semelhante a uma IRA tradicional). Tudo que você precisa fazer é preencher um formulário solicitando que isso seja feito. No segundo cenário, seu chefe diz que vai abrir uma conta 401(k) para você a menos que você preencha um formulário solicitando que isso não seja feito. A teoria econômica convencional sugere que os resultados nos dois cenários devem ser idênticos: você decide se quer ou não a conta 401(k) e toma a sua decisão. A opção padrão é irrelevante. No entanto, um estudo de Beshears et al. [2006] sugere que o modo de apresentação das opções tem um efeito importante. Em uma empresa, por exemplo, quando os funcionários elegíveis foram automaticamente inscritos em um plano 401(k), a participação após três meses era 35% maior do que quando os funcionários tiveram de solicitar inclusão no plano. Depois de dois anos, a participação era 25% maior com a inscrição automática do que com a inscrição mediante solicitação. Assim, os padrões parecem exercer um efeito importante sobre o comportamento de poupança, e isso deve ser tomado em conta na concepção de incentivos para a poupança. De fato, em 2009, o governo Obama propôs uma exigência para os empregadores que não oferecessem um plano 401(k) inscrevessem seus funcionários automaticamente em contas individuais de aposentadoria [Reddy, 2009].

Impostos e escassez de capital

A tributação dos rendimentos de capital é uma importante questão política. Grande parte do debate gira em torno da afirmação de que, desencorajando a poupança, o sistema fiscal levou a uma *escassez de capital* – capital insuficiente para atender às nossas "necessidades" nacionais.

Um grande problema com essa linha de raciocínio é que, como acabamos de mostrar, não é de todo evidente que a tributação reduz a oferta de poupança. Vamos supor, para fins de argumentação, que a poupança realmente diminui por causa dos impostos. No entanto, desde que o mercado de capitais seja competitivo, uma diminuição na poupança não cria uma lacuna entre a demanda por fundos de investimento e seu fornecimento. Em vez disso, a taxa de juros faz ajustes para igualar as quantidades de oferta e demanda. No entanto, é verdade que, permanecendo outros fatores inalterados, o novo equilíbrio irá envolver uma menor taxa de investimento, possivelmente levando a menor crescimento da produtividade.

Porém, analisar apenas estas questões é enganoso. A tributação de *qualquer* fator pode reduzir a quantidade de equilíbrio. A questão importante sobre a eficiência é se a tributação dos rendimentos de capital leva a maiores encargos excessivos do que outras formas de aumentar as receitas fiscais. Adiamos para o Capítulo 21 uma discussão sobre se a eficiência econômica seria aumentada se os impostos sobre o capital fossem eliminados. Por ora, observamos que não há razão para que uma alta taxa de investimento por si só seja um objetivo desejável. Em um modelo utilitarista, pelo menos, a acumulação de capital é um meio de melhorar o bem-estar individual, não um fim em si.

Além disso, todo o argumento de que incentivos para a poupança podem aumentar o capital social se baseia na premissa de que o investimento na economia depende de sua própria taxa de poupança: toda poupança nacional é canalizada para o investimento nacional. Isso é verdade em uma economia fechada para o comércio internacional. Em uma economia aberta, no entanto, a poupança interna pode ser investida no exterior. Isso significa que uma política fiscal destinada a estimular a poupança pode não levar a mais investimentos domésticos. Na medida em que a poupança atravessa livremente as fronteiras nacionais para as oportunidades de investimento que parecem mais atraentes, a capacidade da política fiscal de estimular o investimento por meio da poupança é muito reduzida.

Estudos empíricos indicam que os países com alta taxa de poupança doméstica tendem a ter altas taxas de investimento interno, e vice-versa. Embora os dados estejam abertos a outras interpretações, isto sugere que a poupança pode não fluir para dentro e para fora da economia tão livremente quanto se poderia esperar em um mercado global de capitais completamente integrado [Kho et al., 2006]. Como existe uma correlação entre a poupança e o investimento doméstico, pode-se esperar que políticas fiscais que afetam a economia geralmente afetem também o investimento. O tamanho do efeito, no entanto, é menor do que poderíamos encontrar em uma economia totalmente fechada.

▶ DECISÕES DE HABITAÇÃO

Quando as pessoas falam de escassez de capital, geralmente estão preocupadas com a quantidade de capital disponível para as empresas de produção de bens. Outro tipo muito importante de capital é a habitação própria. Um código de imposto pode ter pouco impacto sobre o nível geral de poupança mas, ainda assim, afetar significativamente a alocação da poupança em diferentes tipos de investimento. Esta seção descreve como o código fiscal favorece o investimento em habitação. Esta questão é de particular importância, considerando que alguns acreditam que a crise financeira que começou em 2008 foi causada, em parte, pelo excesso de investimento em habitação induzido por imposto.

Ilustremos os efeitos do imposto de renda sobre o investimento em habitação com um exemplo. Macbeth é dono de uma casa e decide alugá-la. Qual é o seu lucro líquido? Ele recebe aluguel de seus inquilinos, mas também tem de arcar com alguns custos operacionais, como fazer reparos. Chamemos de R o valor do aluguel menos essas despesas operacionais. Suponha que Macbeth tirou uma hipoteca para comprar a casa e que seus pagamentos de juros anuais são I. Esses pagamentos de juros são uma despesa de negócio e precisam ser subtraídos de R para descobrirmos o lucro líquido. Por fim, suponha que a casa aumenta de valor em ΔV durante o curso do ano. Este é um ganho de capital, que também é um componente da renda. Se o valor da casa cai, ΔV é negativo (ou seja, uma perda de capital reduz a renda). Juntando todos esses fatores, o lucro líquido de Macbeth como senhorio, R_{net}, é

$$R_{net} = R - I + \Delta V$$

Sob um sistema fiscal baseado nos princípios convencionais de Haig-Simons, R_{net} é somado à renda tributável de Macbeth.

Agora suponha que, em vez de alugar a casa, Macbeth e sua esposa vão morar nela. Por morar na casa, eles recebem um benefício igual ao valor de mercado do aluguel da casa, embora ainda arquem com as despesas operacionais e com os pagamentos de juros de hipotecas e obtenham o ganho de capital. Ou seja, eles recebem uma renda líquida imputada sobre a casa igual a R_{net}. Morando ou não na casa, eles recebem um benefício líquido de R_{net}; a única diferença é que, quando alugam a casa, recebem explicitamente o aluguel em dinheiro, enquanto que, se moram na casa, efetivamente pagam a si mesmos. Implícita ou não, esta ainda é uma renda e, no âmbito de um imposto de renda de Haig-Simons, deve ser tributada. No entanto, sob a lei dos EUA, o aluguel implícito que as pessoas recebem sobre suas casas não está incluído na base de cálculo e, para a maioria das famílias, os ganhos de capital com habitação estão isentos de tributação.[3] Ao excluir a renda imputada da propriedade de imóveis da base de cálculo, o sistema fiscal efetivamente subsidia a habitação própria.

---

[3] A lei prevê a exclusão de US$ 250.000 sobres os ganhos de capital na venda de uma residência principal (US$ 500.000 no caso de uma declaração conjunta).

No Capítulo 17, vimos que os proprietários de imóveis que especificam suas deduções podem deduzir juros de hipoteca e pagamentos de impostos de propriedade em suas declarações de impostos. Essas deduções reduziram as receitas fiscais em cerca de US$ 102 bilhões em 2011 [Comissão Mista sobre Tributação, 2012]. No entanto, a dedutibilidade dos juros de hipotecas e de impostos sobre a propriedade não é a fonte fundamental do subsídio para a habitação própria. De fato, se a renda imputada fosse incluída na base de cálculo, os juros da hipoteca e os impostos sobre a propriedade seriam deduções legítimas, pois seriam interpretados como despesas de ganhar essa renda de aluguel. A questão básica é a não inclusão de renda imputada na base de cálculo, em primeiro lugar.

Ao excluir a renda imputada líquida dos impostos, o código fiscal virtualmente reduz o preço de possuir uma casa e aumenta a demanda por habitação própria. Com base em cálculos de Poterba e Sinai [2008], eliminar a exclusão da renda líquida imputada dos impostos aumentaria o custo da habitação ocupada pelo proprietário em cerca de 12,5% para as famílias de renda média. Supondo que a elasticidade-preço de longo prazo da demanda por habitação é de cerca de 1,0, isso induziria uma diminuição de 12,5% na quantidade consumida.

O subsídio implícito afeta não só o quanto as pessoas compram habitação, mas também se tornam-se proprietárias ou locatárias em primeiro lugar. No final da II Guerra Mundial, 48% dos lares americanos constituía-se de habitação própria; o número agora é cerca de 68% [Departamento de Habitação e Desenvolvimento Urbano e Departamento de Comércio dos EUA, 2008]. Ao longo desse período, muitos contribuintes passaram para suportes de imposto mais elevados, aumentando a atratividade do subsídio implícito à ocupação pelo proprietário. É claro que outros fatores estavam mudando que podem ter influenciado os padrões de habitação; por exemplo, a renda aumentou consideravelmente. No entanto, vários estudos indicam que as considerações tributárias tiveram um papel importante no crescimento da casa própria [Gervais, 2002].

Propostas de mudança

No Capítulo 5, em "Externalidades positivas", discutimos os prós e contras de conceder um subsídio para a habitação própria. O argumento apresentado foi que, do ponto de vista da externalidade, o subsídio não tem uma justificativa forte. Embora haja evidências de que os proprietários são mais propensos do que os locatários a cuidar de suas propriedades, de seus jardins, etc., as externalidades positivas de viver perto de proprietários não são grandes o suficiente para justificar o subsídio [Glaeser e Shapiro, 2003]. No entanto, não está claro se a casa própria realmente gera externalidades positivas. Como observado pelo economista James Poterba, "Há um problema generalizado na tentativa de determinar se há algo intrínseco à casa própria que cause essas externalidades ou se as pessoas que se tornam proprietárias são o tipo de pessoa que gera essas externalidades" [citado em Porter, 2005].

Além disso, o valor do subsídio aumenta de acordo com a renda — 78% das despesas tributárias associadas com a dedução de juros de hipotecas vão para famílias cuja renda ultrapassa US$ 100.000 [Comitê Conjunto sobre a Tributação, 2012, p. 53]. Por isso, dificilmente se pode afirmar que equaliza a distribuição de renda. O subsídio também está concentrado geograficamente – os proprietários da Califórnia recebem entre 19% e 22% dos benefícios brutos da tributação preferencial agregada [Sinai e Gyourko, 2004]. Além disso, alguns argumentam que as vantagens fiscais para a casa própria incentivaram famílias a assumir hipotecas de risco e, assim, contribuíram para a crise imobiliária e financeira de 2008 e 2009. À luz desses fatos, foi apresentada uma série de propostas para reformar o tratamento fiscal federal à habitação. A mudança mais radical provavelmente seria incluir a renda imputada líquida na renda tributável. Tal mudança poderia criar problemas administrativos, pois as autoridades teriam de determinar o valor de mercado potencial para o aluguel de cada casa. No entanto, uma parte da renda imputada é tributada em alguns países europeus, como Bélgica e Holanda.

Tributar a renda imputada não parece politicamente viável. Os proprietários são mais propensos a perceber suas casas como escoadouros intermináveis de seus recursos financeiros do que como geradoras de receita. Não seria fácil convencer os proprietários – que representam mais de metade do eleitorado – de que tributar a renda imputada é uma boa ideia.

Várias propostas de reforma concentram-se na redução do valor dos juros de hipotecas e em deduções de impostos sobre propriedade para indivíduos de alta renda. Uma possibilidade seria simplesmente não permitir essas deduções. Embora a eliminação da dedução do imposto de propriedade já tenha aparecido na agenda legislativa no passado, ela nunca passou perto de ser promulgada. Além disso, nenhum político sério sequer sussurrou sobre a possibilidade de remover completamente o subsídio para juros de hipoteca.

Uma alternativa à eliminação do imposto sobre a propriedade e às deduções de juros de hipoteca seria estabelecer limites máximos para os valores em dólares que podem ser deduzidos. Outra possibilidade, que foi proposta pela Comissão Nacional bipartidária sobre Responsabilidade Fiscal e Reforma [2010], seria converter a dedução de juros de hipotecas em crédito: cada proprietário teria autorização para receber um crédito fiscal não--reembolsável de 12% dos pagamentos de juros de hipotecas. Embora a dedução tenha um valor maior para cada lar quanto maior for sua taxa marginal de imposto, com um crédito, aqueles que têm taxas marginais de imposto mais altas não desfrutariam de vantagem, permanecendo outros fatores inalterados. Por exemplo, no sistema atual, uma pessoa que paga US$ 1.000 em juros de hipoteca reduz sua responsabilidade fiscal em US$ 350 se estiver no suporte de imposto de 35%, enquanto uma pessoa no suporte de 10% com o mesmo pagamento de hipoteca reduz sua responsabilidade fiscal em apenas US$ 100. Substituir a dedução por um crédito de 12% significa que estes dois indivíduos reduziriam sua responsabilidade fiscal pelo mesmo valor, US$ 120.

Avaliar estas propostas é difícil, pois não está claro quais são seus objetivos e que outros instrumentos políticos presume-se estarem disponíveis. Por exemplo, se uma distribuição de renda mais igualitária é a meta, por que se preocupar em transformar deduções em créditos? Faria mais sentido simplesmente ajustar a tabela de impostos adequadamente.

Por fim, observamos que grande parte do debate sobre o tratamento tributário da habitação assume implicitamente que a tributação integral da renda imputada seria a solução mais eficiente. Lembre-se da teoria da tributação ótima (ver Capítulo 16) que, se os impostos de montante fixo são excluídos, o conjunto de alíquotas de imposto que maximiza a eficiência é geralmente uma função das elasticidades da demanda e da oferta para todas as *commodities*. Apenas em casos muito específicos esperamos que a eficiência exija taxas iguais para todas as fontes de renda. Por outro lado, também é altamente improvável que a alíquota de imposto eficiente sobre a renda imputada seja zero. Determinar a taxa adequada é um tópico importante para futuras pesquisas.

▶ COMPOSIÇÃO DA CARTEIRA

Os impostos podem afetar não só o montante total de riqueza que as pessoas acumulam, mas também os ativos em que a riqueza é acumulada. Um argumento popular é que impostos baixos (especialmente sobre os ganhos de capital) incentivam o investimento em ativos de risco. Como um editorial do *Wall Street Journal* [2001, p. A18] argumentou, "altas taxas marginais de imposto... desencorajam incentivos... para assumir riscos". Esta proposição parece plausível. Por que apostar em um investimento de risco se seus ganhos serão tomados pelo cobrador de impostos? No entanto, o problema é consideravelmente mais complicado do que sugere esta linha de raciocínio.

Os estudos teóricos mais modernos sobre a relação entre impostos e composição de carteira baseiam-se na análise inovadora de Tobin [1958]. No modelo de Tobin, os indivíduos tomam suas decisões sobre a possibilidade de investir em um ativo com base em duas características – o retorno esperado sobre o ativo e o nível de risco desse retorno. Permanecendo outros fatores inalterados, os investidores preferem ativos que tendem a gerar retornos elevados. Ao mesmo tempo, os investidores não gostam de risco; permanecendo outros fatores inalterados, os investidores preferem ativos mais seguros.

Suponha que há dois ativos. O primeiro é perfeitamente seguro, mas rende uma taxa de remuneração zero (imagine ter dinheiro em um mundo sem inflação). O segundo é um título que, *em média*, gera uma taxa de retorno positiva, mas que é arriscado – há alguma chance de que o preço caia, gerando perda para o investidor.

O investidor pode ajustar o retorno e o risco em toda a carteira mantendo diferentes combinações dos dois ativos. Em um caso extremo, poderia ficar apenas com o ativo seguro – não há retorno, mas não há risco. Por outro lado, o investidor poderia ficar apenas com o ativo de risco – seu retorno esperado aumenta, mas também aumenta o risco envolvido. O investidor típico fica com uma combinação dos ativos seguro e de risco para agradar os gostos em matéria de risco e retorno.

Agora, suponha que um imposto proporcional é cobrado sobre o retorno dos bens de capital. Suponha também que o imposto permite a **compensação total de perdas** – os indivíduos podem deduzir todas as perdas da renda tributável (até certo ponto, isso reflete a prática real nos Estados Unidos; ver Capítulo 17). Como o ativo seguro tem rendimento zero, o imposto não tem efeito sobre sua taxa de retorno – o retorno ainda é zero. Por outro lado, o ativo arriscado tem uma taxa esperada de retorno positiva, que é reduzida pela presença do imposto. O imposto parece reduzir a atratividade do ativo de risco em relação ao ativo seguro.

> **compensação total de perdas**
>
> Permitir que os indivíduos deduzam do lucro tributável todas as perdas sobre bens de capital.

No entanto, ao mesmo tempo que o imposto reduz o retorno do ativo arriscado, também diminui seu risco. Por quê? Com efeito, a introdução do imposto transforma o governo em sócio silencioso do investidor. Se o investidor ganha (no sentido de receber um retorno positivo), o governo partilha do ganho. Mas por causa da disposição de compensação de perdas, se o indivíduo perde, o governo também partilha da perda. Suponha, por exemplo, que um indivíduo perca US$ 100 em um investimento. Se a alíquota de imposto é de 35%, subtraindo US$ 100 da renda tributável, ele reduz a conta de imposto em 35 dólares. Mesmo que o investimento perdido seja US$ 100, o investidor perde apenas US$ 65. Em suma, a introdução do imposto restringe a dispersão dos retornos – os altos são menos altos e os baixos são menos baixos – e, portanto, reduz o risco. Assim, embora o imposto torne o ativo arriscado *menos* atraente, ao reduzir seu retorno esperado, simultaneamente o torna *mais* atraente pela diminuição de seu risco. Se o segundo efeito predomina, a tributação pode tornar o ativo arriscado mais desejável.

Resolver essa ambiguidade econometricamente é muito difícil. Um grande problema é que é difícil obter informações confiáveis sobre quais os ativos que as pessoas possuem. As pessoas podem não relatar com precisão suas posses para os pesquisadores, pois não têm certeza de seus verdadeiros valores em dado momento. Além disso, as pessoas podem propositadamente deturpar a descrição dos ativos que têm por temer que as informações sejam comunicadas às autoridades fiscais. Em um estudo utilizando um conjunto de dados bastante confiável, Poterba e Samwick [2003] descobriram que outros fatores (incluindo a riqueza total) permanecendo inalterados, as pessoas em suportes de imposto mais elevados têm maior probabilidade de possuir ações ordinárias, que são bastante arriscadas. Esta constatação sustenta ao menos de modo preliminar a ideia de que a tributação aumenta os riscos assumidos. Mas a questão está longe de ser resolvida.

▶ UMA NOTA SOBRE POLÍTICA E ELASTICIDADES

Embora haja muita pesquisa sobre o tema, o efeito do imposto de renda sobre vários tipos importantes de comportamento não é conhecido ao certo. Por isso, diferentes especialistas tendem a dar aos legisladores diferentes conselhos. Nesta situação, é quase inevitável que os formuladores de políticas adotem os pressupostos comportamentais que estejam mais de acordo com seus objetivos. Embora seja perigoso generalizar, os liberais tendem a acreditar que o comportamento não muda muito de acordo com o sistema tributário, enquanto os conservadores têm opinião contrária. Os liberais presumem baixas elasticidades, porque eles podem arrecadar grandes quantias de dinheiro para a atividade do setor público sem ter de se preocupar muito com as acusações de que estão "matando a galinha dos ovos de ouro". Em contraste, os conservadores presumem elasticidades altas, porque isso limita o volume de impostos que podem ser arrecadados antes que sérios custos de eficiência sejam impostos sobre a economia. Assim, quando jornalistas, políticos e economistas fazem afirmações sobre como os impostos afetam os incentivos, deve-se avaliar seus argumentos à luz dos objetivos ocultos que podem ter.

Resumo

- O imposto de renda pessoal dos EUA afeta muitas decisões econômicas, incluindo oferta de trabalho, poupança, consumo de habitação e escolha de carteira. A análise dos efeitos comportamentais da tributação é uma das áreas mais controversas das políticas públicas.
- Estudos econométricos de oferta de trabalho indicam que homens no auge da idade têm variações muito pequenas em suas horas de trabalho, se alguma, em resposta a mudanças na tributação, enquanto as horas de mulheres casadas são mais sensíveis a variações no salário depois de impostos.
- Os impostos sobre ganhos podem aumentar, diminuir ou manter inalterada a quantidade de investimentos em capital humano. O resultado depende em parte de como os impostos afetam as horas de trabalho.
- O efeito das taxas de imposto sobre as receitas fiscais depende do nível de resposta da oferta de trabalho às mudanças nas taxas de imposto e do grau de substituição entre formas de renda tributáveis e não tributáveis.
- O efeito dos impostos sobre a poupança pode ser analisado usando o modelo de ciclo de vida, que pressupõe que as decisões anuais de consumo e de poupança das pessoas são influenciadas por seus recursos ao longo de toda a vida. A tributação dos rendimentos de juros reduz o custo de oportunidade do consumo presente e, assim, cria incentivos para a diminuição da poupança. No entanto, tal imposto reduz os recursos totais ao longo da vida, o que tende a reduzir o consumo presente, ou seja, aumentar a poupança. O efeito líquido sobre a poupança é uma questão empírica.
- Estudos econométricos de comportamento de poupança esbarram em dificuldades conceituais e práticas. Como resultado, não há um consenso sólido nas opiniões sobre os efeitos da tributação sobre a poupança.
- O imposto de renda pessoal exclui a renda imputada da habitação própria dos impostos. Isso aumenta tanto o percentual dos que escolhem ser proprietários de suas casas quanto a quantidade de habitações ocupadas pelos proprietários.
- Os efeitos teóricos da tributação sobre composição da carteira são ambíguos. Os impostos reduzem o retorno esperado sobre um ativo de risco, mas também diminuem seu grau de risco. O efeito líquido dessas tendências opostas não foi resolvido de forma empírica.

Perguntas para reflexão

1. A maioria dos economistas acredita que a redução de todas as taxas legais de imposto de renda federal nos Estados Unidos provavelmente não geraria um aumento nas receitas fiscais. No entanto, um estudo recente sugere que este pode não ser o caso dos sistemas fiscais em algumas cidades [ver Haughwout et al., 2004]. Por que uma redução das taxas de imposto poderia mais provavelmente aumentar as receitas em nível municipal do que em nível federal?

2. Suponha que os indivíduos considerem que sua perda de receitas por impostos sobre a renda é compensada pelos benefícios dos serviços públicos adquiridos com as receitas. Como suas decisões de oferta de trabalho são afetadas? Dica: decomponha a variação nas

horas trabalhadas em efeito-renda e efeito de substituição.

3. Sob a lei atual, os benefícios de saúde fornecidos pelo empregador são isentos de tributação. Use uma análise da curva de indiferença para criar um modelo do impacto de eliminar a exclusão sobre a quantidade de benefícios de saúde. Dica: pense em um indivíduo como consumidor de duas *commodities*, "benefícios de assistência à saúde" e "todos os outros bens".

4. De acordo com um estudo econométrico, "a Dinamarca e a Suécia estão no lado errado da curva de Laffer para a tributação da renda de capital" [Trabandt e Uhlig, 2009]. Explique o que as palavras "lado errado" significam neste contexto.

5. De acordo com Feldstein [2008b], "apenas cerca de 10% a 20%" de um abatimento de imposto único dado aos contribuintes em 2008 foram gastos imediatamente. Usando o modelo de ciclo de vida da Figura 18.7, explique por que esse resultado poderia ter sido previsto. Dica: pense sobre como um desconto dado apenas uma vez afeta o ponto de dotação e a restrição orçamentária na Figura 18.7. Compare isso com como um desconto permanente atinge o ponto de dotação e a restrição orçamentária.

6. A alíquota de imposto marginal máxima foi reduzida de 90% para 70% em 1964. Depois dessa mudança, o número de combates anuais do campeonato de boxe aumentou substancialmente [Fetter, 2010]. Explique esse fenômeno usando a teoria da oferta de trabalho. Para os lutadores de boxe profissionais, prevaleceu o efeito-renda ou o efeito de substituição?

7. Diante de taxas de juros reduzidas, um colunista financeiro deu o seguinte conselho: "Para compensar retornos tão modestos, tente economizar ainda mais a cada mês" [Clements, 2003]. Use o modelo de ciclo de vida para avaliar se uma pessoa racional seguiria esse conselho. Se assim for, o que ele implica sobre a forma da curva de oferta de poupança do indivíduo?

8. Um dos autores recebeu a seguinte mensagem em um e-mail de um aluno: "Um indivíduo que é dono da casa em que mora abre mão de receber aluguel de um inquilino. Esta renda renunciada representa um custo de oportunidade para o proprietário da casa e, portanto, não deve ser tributado com base na definição de renda de Haig-Simons". Avalie essa afirmação.

9. Defina a "cota depois dos impostos" como 1 menos a taxa marginal de imposto. Heim [2009] estimou recentemente que a elasticidade da renda tributável no que diz respeito à cota após impostos é de 1,2 para as pessoas com renda acima de US$ 500.000. Se esta estimativa estiver correta, quais são as consequências para as receitas de aumentar a taxa marginal de imposto para as pessoas com renda muito alta de 35% para 40%?

10. Em uma economia, a curva de oferta de trabalho, S, é dada por

$$S = -100 + 200w_n$$

em que w_n é a taxa salarial depois de impostos. Suponha que a taxa salarial antes de impostos é fixa em 10.

a. Escreva uma fórmula para as receitas fiscais como função da alíquota de imposto e esboce a função em um diagrama com a alíquota de imposto no eixo horizontal e as receitas fiscais no eixo vertical. Dica: observe que $w_n = (1 - t)10$, em que t é a alíquota de imposto, e que as receitas fiscais são o produto das horas trabalhadas, do salário bruto e da alíquota de imposto. Suponha que o governo impõe atualmente uma alíquota de imposto de 70%. Que conselho você daria a ele?

b. Tente resolver este problema se você souber um pouco de cálculo: com qual alíquota de imposto as receitas fiscais são maximizadas nessa economia?

19 Impostos sobre as empresas

> *Provavelmente vou me arrepender de dizer isto, mas quando vamos ter a coragem de reconhecer que, na nossa estrutura tributária, o imposto sobre as corporações não tem nenhuma desculpa para existir?*
>
> —PRESIDENTE RONALD W. REAGAN

corporação
Forma de organização empresarial autorizada pelo Estado, geralmente com responsabilidade limitada para os acionistas (proprietários) e estatuto jurídico independente.

Em 2010, cerca de US$ 7 trilhões, ou 48% do Produto Interno Bruto, se deveram às corporações [Relatório Econômico do Presidente, 2012, p. 336]. A **corporação** é uma forma de organização empresarial em que a propriedade normalmente é representada por certificados de ações negociáveis. Os acionistas têm responsabilidade limitada pelos atos da corporação. Isso significa que a responsabilidade deles para com os credores da empresa é limitada ao montante que investiram.

As corporações são entidades jurídicas independentes e, como tal, são muitas vezes chamadas de pessoas jurídicas artificiais. Uma corporação pode fazer contratos, possuir propriedades, incorrer em dívidas, processar e ser processada. E, assim como qualquer pessoa, uma corporação deve pagar o imposto sobre os seus rendimentos. As receitas de imposto de renda das corporações correspondem a cerca de 8% da arrecadação de impostos federais [Relatório Econômico do Presidente, 2012, p. 413]. Este capítulo explica a estrutura do imposto de renda federal das corporações e analisa os seus efeitos sobre a alocação de recursos.

▶ POR QUE TAXAR AS CORPORAÇÕES?

Vamos começar abordando a questão levantada pela frase do presidente Reagan no início do capítulo: faz sentido ter um sistema especial de tributação para as corporações? Para começar, do ponto de vista jurídico, as corporações são pessoas. Mas do ponto de vista econômico, essa noção não faz sentido. Como salientamos no Capítulo 14, apenas pessoas reais podem pagar um imposto. Assim sendo, por que a atividade corporativa deve estar sujeita a um imposto especial? Por que não simplesmente tributar os rendimentos dos proprietários da corporação por meio do imposto de renda de pessoa física?

Inúmeras justificativas para um imposto em separado sobre as corporações foram propostas: em primeiro lugar, ao contrário da noção que ouvimos, as corporações – especialmente as muito grandes – realmente são entidades distintas. As grandes corporações têm milhares de acionistas, e o controle de acionistas-proprietários sobre os gestores dessas companhias é, se tanto, bastante frouxo. A maioria dos economistas certamente concordaria que a propriedade e o controle são distintos nas grandes corporações, e isso cria problemas importantes para a compreensão de como as empresas funcionam. No entanto, isso não significa que uma corporação deve ser tributada como entidade separada.

A segunda justificativa para a tributação é que a corporação recebe uma série de privilégios especiais da sociedade, sendo o mais importante deles a responsabilidade limitada dos acionistas. O imposto corporativo pode ser considerado uma taxa de utilização desse benefício. No entanto, não há nenhuma razão para acreditar que as receitas pagas se aproximem dos benefícios recebidos. Em qualquer caso, por que deveríamos considerar leis que permitem maneiras eficientes de os indivíduos acumularem capital como um benefício que exige pagamento? As leis que permitem outros tipos de contratos não são vistas dessa forma.

Por fim, o imposto sobre as corporações protege a integridade do imposto de renda de pessoa física. Imagine que a participação de Karl no lucro de uma empresa durante um determinado ano é de US$ 10.000. De acordo com a convenção padrão dos economistas do que é renda, essa quantia é renda, quer o dinheiro seja retido pela corporação ou pago a Karl. Se os US$ 10.000 forem pagos, serão tributados em um montante que dependerá da alíquota do imposto de renda de Karl. Na ausência de um imposto corporativo, os US$ 10.000 não criam nenhuma obrigação fiscal, se retidos pela corporação. Assim, a menos que a renda da corporação seja tributada, Karl pode reduzir sua responsabilidade fiscal ao acumular rendimentos no âmbito da corporação. Claro, o dinheiro será tributado quando for eventualmente pago, mas, enquanto isso, o total de US$ 10.000 crescerá a uma taxa de juros antes de impostos. Lembre-se de que, conforme o que está no Capítulo 17, os impostos diferidos são impostos poupados.

Certamente é verdade que não tributar o rendimento das corporações cria oportunidades de evasão fiscal pessoal. Mas um imposto especial sobre elas não é a única maneira de incluir lucros acumulados nas corporações. Discutimos um método alternativo que muitos economistas consideram superior, no final deste capítulo.

▶ ESTRUTURA

A estrutura do imposto corporativo é ordenada em categorias. A faixa mais baixa é de 15%, e a mais alta, que começa em US$ 10 milhões de lucro tributável, é de 35%.[1] A maior parte da renda corporativa é tributada à taxa de 35%, portanto, para os nossos propósitos, o sistema pode ser apresentado com segurança como uma taxa fixa de 35%. Essa taxa é elevada em comparação com outros países, mas baixa pelos padrões históricos dos EUA. Antes da Lei da Reforma Tributária de 1986, era de 46%. A lei baixou a taxa para 34%, percentual que subiu um ponto em 1993.

No entanto, como no caso do imposto de renda de pessoa física, a taxa legal, por si só, dá relativamente pouca informação sobre a carga fiscal efetiva. Devemos saber que deduções do rendimento corporativo antes de impostos são permitidas. Dessa maneira, podemos examinar as regras para a definição de renda corporativa tributável.[2]

Compensação deduzida por funcionário

Como vimos no capítulo 17, um princípio fundamental na definição de renda pessoal é que o rendimento deve ser medido líquido das despesas incorridas em ganhá-lo. A mesma lógica aplica-se à medição do rendimento corporativo. Uma despesa de negócio importante é o trabalho, e a remuneração paga aos trabalhadores (salários e benefícios) é excluída do lucro tributável.

Juros, mas não dividendos, deduzidos

Quando as corporações tomam emprestado, os pagamentos de juros a credores são excluídos do lucro tributável. Mais uma vez, a justificativa é que os custos das empresas devem ser dedutíveis. No entanto, quando as firmas financiam suas atividades por meio da emissão de ações, os dividendos pagos aos acionistas *não* são dedutíveis dos lucros das empresas. Discutiremos as consequências dessa assimetria mais tarde.

---

[1] Em certos tipos, a taxa efetiva de imposto marginal pode exceder 35%.

[2] Veja também que muitas dessas regras se aplicam a empresas não corporativas. Além disso, um imposto mínimo alternativo corporativo se aplica em determinados casos.

Depreciação deduzida

Suponha que, durante um determinado ano, a corporação XYZ faz duas compras: (1) US$ 1.000 em artigos de papelaria, que são usados no período de um ano; e (2) um aparelho de ar-condicionado de US$ 1.000, que vai durar dez anos. Como esses dois itens devem ser tratados para fins de determinação do lucro tributável da XYZ? O caso dos artigos de papelaria é bastante simples. Como são totalmente consumidos no ano da compra, todo o seu valor deve ser dedutível do rendimento da corporação do ano, e a lei fiscal de fato permite essa dedução. O ar-condicionado é mais complicado, pois é um bem durável. Quando o aparelho é comprado, a transação é apenas uma troca de ativos: a empresa entrega dinheiro em troca do utensílio. A compra do bem, *por si só*, não é um custo econômico. No entanto, à medida que o ar-condicionado é utilizado, torna-se sujeito a desgaste, o que diminui o seu valor. Essa diminuição no valor, chamada de **depreciação econômica**, é um custo econômico para a empresa.

> **depreciação econômica**
> A medida em que um ativo diminui de valor durante um período de tempo.

Segue-se que durante o primeiro ano de vida do ar condicionado, uma definição consistente de renda requer que somente a depreciação econômica vivida naquele ano seja subtraída do lucro antes de descontados os impostos da empresa. Da mesma forma, a desvalorização econômica da máquina durante o seu segundo ano de uso deve ser dedutível do rendimento bruto desse ano – e assim por diante, enquanto a máquina estiver em serviço.

É muito mais fácil afirmar esse princípio do que aplicá-lo. Na prática, as autoridades fiscais não sabem exatamente o quanto um determinado ativo de investimento se desvaloriza a cada ano, ou até mesmo qual é a sua vida útil. A lei fiscal tem regras que indicam para cada tipo de ativo que proporção do seu valor de aquisição pode ser depreciada a cada ano, e a **vida fiscal** do ativo, que é o número de anos em que a depreciação pode ser considerada. Essas regras muitas vezes não refletem a verdadeira depreciação econômica. Por exemplo, há evidências de que os computadores pessoais têm seu valor depreciado mais rapidamente do que o permitido pelas regras fiscais [Doms et al., 2004].

> **vida fiscal**
> O número de anos que um ativo pode ser depreciado.

Cálculo do valor das amortizações Quanto vale para uma empresa ser capaz de depreciar um ativo? Suponha que a vida fiscal do ar-condicionado de US$ 1.000 é de dez anos e que uma empresa tem permissão para depreciar um décimo do valor da máquina a cada ano. Quanto esse fluxo de amortizações vale para a corporação XYZ?

No final do primeiro ano, a XYZ pode subtrair um décimo do valor de aquisição, ou US$ 100, de sua renda tributável. Com uma alíquota de imposto de renda corporativo de 35%, essa dedução de US$ 100 economiza à empresa US$ 35. Note, entretanto, que a XYZ recebe o benefício um ano após a compra do aparelho. Encontra-se o valor presente de US$ 35 dividindo-o por $(1 + r)$, onde r é o custo de oportunidade dos recursos para a empresa (consulte o Capítulo 8, se precisar rever o conceito de valor presente).

No final do segundo ano, XYZ tem novamente o direito de subtrair US$ 100 do lucro tributável, o que gera uma economia de US$ 35 naquele ano. Como essa economia chega dois anos depois, o seu valor presente é de US$ $35/(1 + r)^2$. Da mesma forma, o valor presente da depreciação ocorrida durante o terceiro ano é de US$ $35/(1 + r)^3$, durante o quarto ano, US$ $35/(1 + r)^4$, e assim por diante. O valor presente de todo o fluxo de amortizações é

$$\frac{\$35}{1+r} + \frac{\$35}{(1+r)^2} + \frac{\$35}{(1+r)^3} + \cdots + \frac{\$35}{(1+r)^{10}}$$

Por exemplo, se $r = 10\%$, esta expressão é igual a US$ 215,10. Com efeito, então, as amortizações baixam o preço do ar condicionado após impostos de US$ 1.000 para US$ 784,90 (= US$ 1.000 − US$ 215,10). Intuitivamente, o preço real é inferior ao preço de aquisição, porque a compra leva a um fluxo de poupança de impostos no futuro.

Em amplo sentido, suponha que a legislação tributária permite a uma empresa depreciar um ativo ao longo de T anos, e a proporção do ativo que pode ser amortizada em relação aos lucros tributáveis no enésimo ano é $D(n)$. Os termos $D(n)$ se somam a 1, o que significa que a lei tributária eventualmente permite que todo o preço de compra do ativo seja anulado [No exemplo anterior, T era 10, e $D(n)$ era igual a $1/10$ a cada ano. Alguns esquemas de depreciação, no entanto, permitem que $D(n)$ varie por ano]. Considere a compra de um bem de investimento que custa US$ 1. O montante que pode ser depreciado no final do primeiro ano é $D(1)$ dólares, cujo valor para a empresa é $\theta \times D(1)$ dólares, em que θ é a alíquota corporativa [Como o ativo custa US$ 1, $D(1)$ é uma fração]. Da mesma forma, o valor para a empresa das amortizações no segundo ano é $\theta \times D(2)$. O valor presente de todas as poupanças fiscais, gerado pelas amortizações da compra de US$ 1, que chamamos ψ, é

$$\psi = \frac{\theta \times D(1)}{1+r} + \frac{\theta \times D(2)}{(1+r)^2} + \cdots + \frac{\theta \times D(T)}{(1+r)^T} \tag{19.1}$$

Como ψ é a economia de imposto por um dólar de despesas, segue-se que, se o preço de aquisição de um ativo é de $\$q$, a presença das amortizações reduz o preço efetivo para $(1 - \psi)q$. Um valor de $\psi = 0,25$, por exemplo, indica que para cada dólar gasto em um ativo, 25 centavos de poupança fiscal são produzidos. Assim, se a máquina custa US$ 1.000 ($q = \$ 1.000$), o preço efetivo é de apenas 75% da compra, ou US$ 750.

A Equação (19.1) sugere que a poupança fiscal da depreciação depende fundamentalmente do valor de T e da função $D(n)$. Em particular, os benefícios fiscais são maiores: (1) quanto menor o período de tempo durante o qual a máquina é depreciada – o mais baixo é T; e (2) quanto maior for a proporção do valor da máquina que é depreciado no início da sua vida útil – quanto maior for o valor de $D(n)$ quando n é pequeno. Os esquemas que permitem às empresas amortizar ativos mais rapidamente do que a verdadeira depreciação econômica são conhecidos como **depreciação acelerada**. Uma possibilidade extrema é permitir à empresa deduzir do lucro tributável o custo integral do ativo no momento da aquisição. Isso é conhecido como **expensing**.

Sob a lei atual, a cada ativo depreciável é atribuída uma das oito possíveis vidas fiscais (isto é, valores de T). As vidas fiscais variam de 3 a 39 anos. Por exemplo, alguns cavalos de corrida são propriedade de três anos; a maioria dos computadores e equipamentos profissionais estão na classe de cinco anos, enquanto a maioria das estruturas não residenciais têm vida fiscal de 31½ anos. Geralmente, as vidas fiscais são mais curtas do que as vidas úteis reais. Isto tem consequências possíveis para o comportamento do investimento das empresas, que discutiremos mais tarde.

Ativos intangíveis: vamos assistir o jogo Nossa discussão sobre depreciação supôs que o ativo envolvido é tangível, como uma impressora ou um caminhão. Surgem questões semelhantes no contexto dos ativos intangíveis. Suponha que uma empresa gasta dinheiro em uma campanha publicitária. Segundo as previsões dessa campanha, as vendas vão aumentar ao longo dos anos. Pode-se conceituar a publicidade como um ativo que está produzindo um fluxo de receitas ao longo do tempo, assim como uma máquina. Por analogia, então, a empresa deve ter permissão de deduzir apenas a depreciação do "ativo" da publicidade a cada ano. Determinar as tabelas de depreciação apropriadas para ativos desse tipo é uma grande dor de cabeça para os administradores tributários.

Um bom exemplo relaciona-se com a aquisição de franquias de beisebol. Se comprar um time, parte do que você está adquirindo são os contratos dos jogadores. As autoridades fiscais decidiram que o componente do custo de aquisição que é atribuível a contratos dos jogadores é um ativo depreciável e pode ser amortizado por um período de cinco anos (em proporções iguais a cada ano). Por outro lado, outros componentes do valor da franquia, como os contratos de televisão, não são passíveis de amortização. Previsivelmente, os proprietários dos clubes travam uma guerra sem fim com o Internal Revenue Service sobre o valor do componente jogador dos custos de aquisição – eles querem que uma grande

depreciação acelerada
Permissão para que empresas recebam descontos de depreciação mais rapidamente que a depreciação econômica verdadeira.

expensing
Dedução de todo o valor de um ativo na apuração do lucro real.

proporção do custo seja alocado nos contratos dos jogadores, enquanto o IRS quer que seja uma pequena parte. Além disso, o IRS observa que a maioria dos outros intangíveis é depreciada ao longo de um período de 15 anos, em vez dos cinco anos dos contratos dos jogadores, e deseja que o ramo do beisebol seja tratado como as outras empresas. Essas disputas ocorrem em um ambiente em que é difícil determinar os méritos dos diferentes argumentos. Em suma, há complexidades difíceis envolvidas na administração das regras de depreciação. No entanto, lidar com a depreciação é inevitável, quando se trata de um imposto com base no lucro.

Créditos fiscais para investimento

> **crédito fiscal para investimento (ITC – investment tax credit)**
> Redução da responsabilidade fiscal igual a uma parte do preço de compra de um ativo.

Por muitos anos, o código tributário incluiu um **crédito fiscal para investimento (ITC)**, o que permitia às empresas subtrair parte do preço de um ativo da sua responsabilidade fiscal de compra no momento em que o ativo era adquirido. Se um ar-condicionado custa US$ 1.000 e se a empresa XYZ recebesse permissão de um crédito fiscal para investimento de 10%, o imposto na compra do aparelho baixava em US$ 100 para a XYZ. O preço efetivo do utensílio (antes das amortizações) foi, assim, de US$ 900. De modo mais geral, se o crédito fiscal para investimento foi de k e o preço de aquisição foi de q, o preço efetivo do ativo foi $(1 - k)q$. Ao contrário das amortizações, o valor para a empresa de um ITC não depende da alíquota de imposto sobre a corporação. Isso é assim porque o crédito foi subtraído da responsabilidade fiscal, em vez do lucro tributável. No início dos anos 1980, o crédito para equipamentos era de 6% ou 10% (em função da vida fiscal).

A Lei de Reforma Tributária de 1986 eliminou o ITC para a maioria dos investimentos. Uma exceção atual é os investimentos em tecnologias de energias renováveis, que se qualificam ao crédito. Assim, k é agora igual a zero para a maioria, mas não todos, dos investimentos.

Tratamento de dividendos X Lucros retidos

Até agora, concentramo-nos nos impostos que são pagos diretamente pela corporação. Para muitos propósitos, no entanto, a questão importante não é a responsabilidade fiscal da corporação, por si só, mas sim a taxa total de imposto sobre a renda gerada no setor corporativo. Compreender como as estruturas fiscais corporativas e pessoais interagem é importante.

Os lucros das empresas tanto podem ser retidos pela empresa ou pagos aos acionistas na forma de dividendos. Os dividendos pagos não são dedutíveis do lucro da corporação e, portanto, estão sujeitos ao imposto de renda de pessoa jurídica. Além disso, até recentemente os dividendos recebidos pelos acionistas eram tratados como receita ordinária e tributados à taxa marginal de imposto de renda de pessoa física. Com efeito, esses pagamentos eram bitributados: uma no nível da corporação e, novamente, quando distribuídos ao acionista. Certas iniciativas no sentido de acabar com essa **dupla tributação** dos dividendos foram incluídas na legislação aprovada em 2003, que estabeleceu uma taxa máxima de 15% sobre os dividendos recebidos no nível individual. Em 2013, a taxa máxima foi aumentada para 23,8% para as famílias de alta renda.

> **dupla tributação**
> Tributar o rendimento das corporações primeiramente no nível corporativo e novamente quando é distribuído aos acionistas.

Avaliar as consequências fiscais dos lucros retidos para o acionista é um pouco mais complicado. Suponha que a XYZ retenha US$ 1 dos ganhos. Na medida em que o mercado de ações avalia com precisão as empresas, o fato de XYZ ter agora mais um dólar faz com que o valor de suas ações XYZ aumente US$ 1. Mas, como vimos no Capítulo 17, a renda gerada pelo aumento do valor acionário – ganho de capital – é tratada preferencialmente, para efeitos fiscais. Isso acontece porque o ganho recebido por um acionista típico da XYZ não é taxado até que seja realizado. O sistema tributário cria, assim, incentivos para que as empresas retenham lucros, em vez de pagá-los como dividendos.

Taxa efetiva de imposto sobre o capital corporativo

Começamos esta seção observando que a taxa legal de imposto sobre os rendimentos de capital no setor corporativo dos EUA é atualmente de 35%. Claramente, seria mais surpreendente se esta também fosse a taxa efetiva. No nível corporativo, o cálculo da taxa efetiva requer a consideração dos efeitos de dedutibilidade de juros, amortizações e inflação. Além disso, como dito acima, o lucro das empresas sob a forma de dividendos e ganhos de capital realizados também são tributados no nível pessoal. Levando em conta todas essas considerações, um relatório emitido pela Casa Branca e pelo Departamento do Tesouro em 2012 estimou a taxa efetiva de imposto sobre o rendimento do capital corporativo em 29,2%. Segundo o estudo, os Estados Unidos não é um extremo, em comparação com outras nações. Por exemplo, a taxa efetiva no Reino Unido é de 32,3%. Na Alemanha, é de 23,3%, e no Japão, 42,9%.

É claro que qualquer cálculo exige fazer hipóteses sobre os itens, como a escolha apropriada da taxa de desconto [r da Equação (19.1)], taxa de inflação esperada e validade da estimativa da depreciação econômica, entre outros fatores. Além disso, como veremos na próxima seção, a carga efetiva do imposto sobre as corporações depende, em parte, de como os investimentos são financiados – por empréstimos, por meio da emissão de ações ou com recursos internos. Os pesquisadores que usam outras hipóteses podem chegar a taxas de imposto efetivas um pouco diferentes. É improvável, entretanto, que métodos alternativos modifiquem muito a diferença entre as taxas marginais de imposto nominal e efetiva.

▶ INCIDÊNCIA E CARGA EM EXCESSO

Compreender as regras fiscais e calcular as taxas efetivas de imposto é apenas o primeiro passo na análise fiscal das corporações. Ainda devemos determinar quem, em última análise, tem o ônus do imposto, e medir os custos de eventuais ineficiências que isso provoca. As consequências econômicas do imposto corporativo estão entre os assuntos mais polêmicos das finanças públicas. Uma razão importante para a controvérsia é o desacordo sobre que tipo de imposto se trata. Podemos identificar vários pontos de vista.

Imposto sobre o capital da corporação

Lembre-se de nossa discussão sobre a estrutura do imposto corporativo, que a empresa não está autorizada a deduzir da renda tributável o custo de oportunidade do capital fornecido pelos acionistas. Como o custo de oportunidade do capital é incluído na base de cálculo, parece razoável considerar o imposto corporativo como um imposto sobre o capital utilizado nesse setor. No sistema de classificação desenvolvido no Capítulo 14, o imposto sobre as corporações é um imposto parcial sobre fatores de produção. Esta é a visão que predomina na maior parte da literatura sobre o assunto.

Em um modelo que examina os efeitos em todos os mercados ("equilíbrio geral"), o imposto sobre o capital das empresas leva a uma migração do capital do setor corporativo até que as taxas de retorno após impostos sejam iguais em toda a economia. A prova de que o imposto corporativo de fato leva a uma menor atividade econômica realizada pelas corporações é fornecida por Goolsbee [2004], que observa que, em estados com alíquotas de imposto corporativo relativamente altas, o número de empresas que fazem negócios como corporações é relativamente baixo, tudo o mais constante. À medida que o capital se transfere para o setor não corporativo, a taxa de retorno do capital nesse setor não se reduz, de modo que, por fim, *todos* os donos do capital, e não apenas aqueles no setor corporativo, são afetados. A realocação de capitais entre os dois setores também afeta o retorno ao trabalho. A medida em que o capital e o trabalho suportam a carga final do imposto depende das tecnologias utilizadas na produção de cada um dos setores, bem como da estrutura da demanda dos consumidores por produtos corporativos e não corporativos. Em sua pesquisa de economistas das finanças públicas, Fuchs et al. [1998] descobriu que praticamente todos eles acreditam que a carga do imposto corporativo é compartilhada pelo capital e pelo trabalho, "mas existe uma discordância significativa sobre a divisão exata".

Passando agora aos aspectos de eficiência do problema, examinamos o cálculo do excesso de carga de um imposto parcial sobre fator de produção do Capítulo 15. Ao induzir menor acumulação de capital no setor corporativo do que de outra forma teria sido o caso, o imposto desvia capital de seus usos mais produtivos e cria um excesso de carga. De acordo com as estimativas de Jorgenson e Yun [2001, p. 302], a carga tributária sobre as corporações é muito alta, chegando a cerca de 24% das receitas arrecadadas.

Imposto sobre os lucros econômicos

Uma visão alternativa é que o imposto sobre as corporações é um imposto sobre os lucros econômicos. Essa visão é baseada na observação de que a base tributável é determinada por meio da subtração dos custos de produção de renda de pessoa jurídica bruta, restando apenas "lucros". Como explicamos no Capítulo 14, analisar a incidência de um imposto sobre os lucros econômicos é simples. Enquanto uma empresa maximizar os lucros econômicos, um imposto sobre eles não provocará ajustes no comportamento dessa empresa – todas as decisões a respeito de preços e produção manter-se-ão inalteradas. Assim, não há nenhuma maneira de mudar o imposto, e ele será suportado pelos proprietários da empresa no momento da sua cobrança. Além disso, em virtude do imposto manter o comportamento inalterado, ele não produz má alocação de recursos. Assim, o excesso de carga é zero.

A modelagem desse imposto como um simples imposto sobre os lucros econômicos é quase certamente um erro. A base de um imposto sobre os lucros puro é calculada subtraindo-se dos ganhos brutos do valor de todos os insumos, *incluindo* o custo de oportunidade dos insumos fornecidos pelos proprietários. Como observado anteriormente, não é permitida qualquer dedução para o capital fornecido pelos acionistas, por isso a base do imposto inclui outros elementos além dos lucros econômicos.

No entanto, há circunstâncias em que o imposto corporativo torna-se *equivalente* a um imposto sobre os lucros econômicos. Stiglitz [1973] mostrou que, sob certas condições, desde que a empresa esteja autorizada a deduzir os juros pagos aos seus credores, os impostos corporativos equivalem a um imposto sobre os lucros econômicos.

Para entender o raciocínio por trás desse resultado, considere uma empresa que está planejando a compra de uma máquina que custa US$ 1. Suponha que o valor antes de impostos da produção da máquina é conhecido com certeza e é de G dólares. Suponha também que a empresa financia a compra por meio de uma dívida – toma emprestado US$ 1 e deve pagar uma taxa de juros de r dólares. Na ausência de quaisquer impostos, a empresa compra a máquina se o retorno líquido (receita total menos depreciação menos lucro) for positivo. Algebricamente, a empresa adquire a máquina se

$$G - r > 0 \qquad (19.2)$$

Agora vamos supor que é cobrado um imposto corporativo com as seguintes características: (1) O lucro líquido é tributado à taxa de θ; e (2) o lucro líquido é calculado subtraindo-se os custos dos juros da receita total. Qual é o efeito sobre a decisão da empresa? Claramente, a empresa deve escolher em função da rentabilidade líquida de impostos do projeto. À luz da característica 2, o lucro tributável da empresa é $G - r$. Dada a característica 1, o projeto, portanto, cria uma dívida fiscal de $\theta(G - r)$, de modo que o lucro após impostos do projeto é $(1 - \theta)(G - r)$. A empresa compromete-se com o projeto somente se o lucro *após* impostos for positivo, isto é, se

$$(1 - \theta)(G - r) > 0 \qquad (19.3)$$

Agora note que qualquer projeto que atenda ao critério após impostos (19.3) também satisfaz o critério antes de impostos (19.2) [Basta dividir a equação (19.3) por $(1 - \theta)$ para obter a equação (19.2)]. Assim, o imposto mantém a decisão de investimento da empresa inalterada– o que quer que fosse feito antes do imposto será feito depois. Os proprietários da empresa continuam a se comportar exatamente como faziam antes do imposto; simplesmente abrem mão de parte de seu lucro sobre o investimento para o governo. Nesse sentido, o imposto é equivalente a um imposto sobre os lucros econômicos. E, como um imposto sobre os lucros econômicos, sua incidência é sobre os proprietários da empresa, e não cria excesso de carga.

Essa conclusão depende fundamentalmente dos pressupostos subjacentes, que podem ser facilmente questionados. Lembre-se de que o argumento pressupõe que as empresas financiam seus projetos adicionais por meio de empréstimos. Existem várias razões pelas quais elas poderiam, em vez disso, arrecadar dinheiro com a venda de ações ou usar os lucros acumulados. Por exemplo, as empresas podem enfrentar restrições no mercado de capitais e não serem capazes de tomar emprestado tudo o que querem. Alternativamente, se uma empresa está incerta quanto ao retorno do projeto, pode ficar relutante em financiá-lo por meio de empréstimos. Se as coisas vão mal, quanto maior a dívida da empresa maior será a probabilidade de falência, tudo o mais constante.

Assim, a principal contribuição de Stiglitz não é a conclusão de que o imposto corporativo não resulta em excesso de carga. Pelo contrário, o aspecto chave é que o impacto do imposto sobre as corporações depende, de modo importante, da estrutura de financiamento das empresas.

▶ EFEITOS SOBRE O COMPORTAMENTO

Esta seção discute três tipos importantes de decisões que o imposto sobre as corporações pode afetar: (1) O valor total do investimento físico (equipamentos e estruturas) para empreender; (2) os tipos de ativos físicos para comprar; e (3) a forma de financiar esses investimentos. Com a finalidade de facilitar a exposição, vamos examinar essas decisões separadamente, mesmo que a empresa as execute de forma simultânea.

Investimento físico total

O investimento líquido da empresa durante um determinado período é o aumento dos ativos físicos durante esse tempo. A principal questão política é se características como depreciação acelerada e crédito fiscal para investimento estimulam a demanda de investimento. É uma questão importante. Quando, por exemplo, o Congresso tornou as amortizações mais generosas em 2009, o objetivo era aumentar o investimento. Os opositores afirmaram que a medida não teria muito efeito. Quem estava certo?

A resposta depende, em parte, da visão de como as empresas tomam as decisões de investimento. Muitos modelos diferentes foram propostos, e não há acordo sobre qual é o melhor.[3] Discutimos três modelos de investimento que têm recebido atenção considerável.

---

[3] Consulte Stavins [2002] para obter uma discussão cuidadosa de várias alternativas.

Modelo acelerador Suponha que o índice de capital para a geração de produção seja fixo. Por exemplo, a produção de cada unidade de produto requer três unidades de capital. Então, para cada aumento de uma unidade na produção, a empresa deve aumentar o seu capital social – investir – em três unidades de capital. Assim, o principal determinante da quantidade de investimento é a mudança no nível de produção exigido.

Essa teoria, por vezes chamada de modelo acelerador, implica que as amortizações e o ITC são basicamente *irrelevantes* quando se trata de influenciar o investimento físico. É apenas a quantidade de produção que influencia o valor do investimento, pois a tecnologia dita a proporção em que o capital e o produto devem ser utilizados. Em outras palavras, os benefícios fiscais para o capital podem torná-lo mais barato, mas no modelo acelerador isso não importa, pois a demanda por capital não depende de seu preço.

Modelo neoclássico Uma visão menos radical do processo de investimento é a em que o índice de capital para produção não é fixado tecnologicamente. Em vez disso, a empresa pode escolher entre tecnologias alternativas. Mas como escolher? De acordo com o modelo neoclássico de Jorgenson [1963], uma variável chave é o custo de utilização de capital da empresa – o custo em que a empresa incorre como consequência de possuir um ativo. Como mostraremos mais adiante, o **custo de utilização do capital** inclui o custo de oportunidade de abrir mão de outros investimentos e custos diretos, como a depreciação e os impostos. O custo de utilização do capital indica a taxa de retorno que um projeto deve atingir para ser rentável. Por exemplo, se o custo de utilização do capital em um projeto é de 15%, a empresa somente o realiza se a taxa de retorno for superior a 15%. Quanto maior o custo de utilização do capital, menor é o número de projetos rentáveis, e menor o estoque desejado de capital da empresa. No modelo neoclássico, quando o custo de capital aumenta as empresas escolhem tecnologias com menos concentração de capital – e vice-versa. Na medida em que a política fiscal aumenta o custo do capital ela pode diminuir a quantidade de capital que as empresas desejam e, consequentemente, diminuir o investimento.

Tudo isso deixa em aberto duas questões importantes: (1) como as mudanças no sistema tributário afetam o custo de utilização do capital? e (2) quão sensível é o investimento a mudanças no custo de utilização do capital? Vamos examinar estas questões.

Custo de utilização do capital Considere Leona, uma empresária que pode emprestar dinheiro e receber uma taxa de retorno de 10% depois de impostos. Leona é a única acionista em uma empresa que administra uma cadeia de hotéis. Uma vez que sempre pode ganhar 10% apenas ao emprestar no mercado de capitais, ela não vai fazer nenhum investimento no hotel que renda menos do que esse valor. Suponha que Leona esteja pensando na aquisição de um aspirador de pó que sofreria uma depreciação econômica de 2% ao ano. Ignorando os impostos por enquanto, o custo de utilização do capital do aparelho seria de 12%, pois o aspirador de pó teria de gerar um retorno de 12% para recompensar Leona com os 10% de retorno que ela poderia receber simplesmente emprestando dinheiro. Algebricamente, se r é a taxa de retorno após os impostos e δ é a taxa de depreciação econômica, o custo de utilização do capital é $(r + \delta)$. Se o aspirador não pode valer $(r + \delta)$ (ou 12%) após impostos, não há nenhuma razão para adquiri-lo.

Agora vamos supor que a alíquota de imposto corporativo é de 35%, que a alíquota de imposto marginal de Leona sobre dividendos é de 15% e que todos os lucros da corporação são pagos para Leona como dividendos. Então, se a empresa ganha US$ 1, um imposto corporativo de US$ 0,35 (= 0,35 × US$ 1) é devido, deixando US$ 0,65 disponíveis para distribuir para Leona. Quando Leona recebe os US$ 0,65 a título de dividendos, paga um imposto individual a uma taxa de 15%, gerando uma dívida fiscal de US$ 0,098 (= 0,15 × 0,65), o que a deixa com US$ 0,552. Algebricamente, se θ é o imposto sobre as corporações e t é a alíquota individual sobre os rendimentos de dividendos, o retorno após impostos do US$ 1 de lucros corporativos é $(1 - \theta) \times (1 - t)$.

---

custo de utilização do capital

O custo de oportunidade para uma empresa de possuir uma porção de capital.

Como esses impostos afetam o custo do capital? Temos de encontrar um retorno antes de impostos que, após os impostos de renda corporativos e individuais, permita a Leona receber 12%. Denominando o custo de utilização do capital C, então C deve ser a solução para a equação $(1 - 0,35) \times (1 - 0,15) \times C = 12\%$, ou $C = 21,7\%$. Assim, Leona não está disposta a comprar o aspirador de pó, a menos que seu retorno antes de impostos seja de 21,7% ou mais. Usando a nossa notação algébrica, o custo de utilização do capital é o valor de C que resolve a equação $(1 - \theta) \times (1 - t) \times C = (r + \delta)$, ou

$$C = \frac{r + \delta}{(1-\theta) \times (1-t)} \quad (19.4)$$

Até agora, mostramos como alíquotas corporativas e individuais aumentam o custo de utilização do capital. No entanto, outras disposições do código fiscal, como a depreciação acelerada, diminuem o custo do capital. Na equação (19.1), definimos ψ como o valor presente das amortizações que fluem a partir do investimento de US$ 1. Suponha que ψ para o aspirador de pó é de US$ 0,25. Com efeito, então, as amortizações reduzem o custo de aquisição do aparelho em 1/4 e, portanto, diminuem em um quarto o retorno antes de impostos que a empresa tem de ganhar para atingir um determinado retorno após impostos. No nosso exemplo, em vez de ter de ganhar 21,7%, o aspirador de pó agora só tem de ganhar 16,3% [21,7 × (1 − 0,25)]. Algebricamente, as amortizações reduzem o custo de capital por um fator de $(1 - \psi)$. Da mesma forma, mostramos que um crédito fiscal para investimento a uma taxa k reduz o custo de uma aquisição de US$ 1 para $(1 - k)$ dólares. Na presença de ambas as amortizações e um crédito fiscal para investimento, o custo de capital cai por um fator de $(1 - \psi - k)$.[4] Assim, a expressão para C na Equação (19.4) deve ser multiplicada por $(1 - \psi - k)$ para ajustar a depreciação acelerada e os créditos fiscais para investimento:

$$C = \frac{(r + \delta) \times (1 - \psi - k)}{(1-\theta) \times (1-t)} \quad (19.5)$$

A Equação (19.5) resume como o sistema de tributação das empresas influencia o custo de utilização do capital da empresa. Ao tributar o rendimento corporativo o imposto torna o investimento de capital mais caro, tudo o mais constante. No entanto, amortizações e ITCs tendem a reduzir o custo de utilização. Qualquer mudança no sistema de imposto sobre corporações influencia alguma combinação de θ, ψ e k e, portanto, muda o custo de utilização do capital.

Efeito do custo de utilização nos investimento Uma vez que sabemos como o sistema tributário afeta o custo de utilização do capital, o próximo passo é determinar como as mudanças nesse custo de utilização influenciam o investimento. Se o modelo acelerador estiver correto, mesmo reduções drásticas no custo de utilização não geram impacto sobre o investimento. Por outro lado, se o investimento reage ao custo de utilização do capital, amortizações e ITCs podem ser ferramentas poderosas para influenciar o investimento. Embora existam diferenças no material a respeito, uma elasticidade de investimento no que diz respeito ao custo de utilização de 0,4 é plausível [Chirinko, 2002].

Uma importante suposição implícita nessa discussão é a de que o preço antes de impostos dos bens de capital não é afetado pelas mudanças induzidas por impostos no custo de utilização do capital. Se, por exemplo, as empresas começam a comprar mais bens de capital em resposta à introdução de um crédito fiscal para investimento, isso não aumenta o preço dos bens de capital. Em termos mais técnicos, a curva de oferta dos bens de capital é perfeitamente horizontal. No entanto, Goolsbee [2003] descobriu que a adoção de um cré-

---

[4] Isso pressupõe que a base usada para calcular as amortizações não é reduzida quando a empresa toma o ITC.

dito fiscal para investimento aumenta os salários relativos dos trabalhadores que produzem bens de capital, o que tenderia a aumentar o preço desses bens. Assim, parte do aumento do investimento estimulado pelo crédito é atenuado por um aumento no preço antes de impostos dos bens de capital.

Por fim, devemos lembrar que os Estados Unidos é, em grande medida, uma economia aberta. Se o código fiscal torna o investimento no país mais atraente para os estrangeiros, poupar desde o exterior pode financiar o investimento nos EUA. A consequência para a política fiscal para investimento é o outro lado da relação que vimos no Capítulo 18 entre a política fiscal e a poupança: a possibilidade de poupança interna fluir para fora do país faz com que seja mais difícil estimular o investimento interno indiretamente por meio da manipulação da poupança, mas a possibilidade de atrair capital estrangeiro torna mais fácil estimular o investimento pela manipulação direta do custo de utilização do capital.

Modelo fluxo de caixa Se você perguntar às pessoas no mundo dos negócios o que determina suas decisões de investimento, provavelmente elas mencionarão o **fluxo de caixa** – a diferença entre as receitas e os gastos com insumos. Quanto mais dinheiro em mãos, maior a capacidade de investimento. Em contraste, o fluxo de caixa é irrelevante no modelo neoclássico de investimento. Nesse modelo, os recursos internos e o dinheiro emprestado têm o mesmo custo de oportunidade – a taxa atual de retorno na economia. Além disso, a empresa pode pedir dinheiro à taxa de retorno atual da forma que desejar. Sob essas condições, se o retorno na produção de um novo tipo de chip de computador excede o custo de oportunidade, a empresa fabricará o chip, quer tenha de pedir emprestado o dinheiro ou utilizar fontes internas.

Um pressuposto fundamental por trás do esquema neoclássico é que o custo para a empresa de recursos internos e externos é o mesmo. Muitos economistas acreditam que essa é uma suposição ruim. Para ver por que isso é assim, vamos supor que os gestores da empresa têm melhores informações sobre as perspectivas para o chip de computador do que os potenciais financiadores. Em particular, os credores podem considerar o projeto mais incerto do que a gestão e, assim, cobrar uma elevada taxa de juros sobre o empréstimo. Ou podem não estar dispostos a emprestar soma alguma. Assim, o custo dos fundos internos é menor do que o custo dos fundos externos, de modo que o montante do investimento depende do volume desses recursos internos, o fluxo de caixa.

De fato, parece haver uma relação estatística entre o fluxo de caixa e o investimento [Stein, 2003]. No entanto, a interpretação dessa descoberta não é clara: as empresas investem porque o seu fluxo de caixa é alto, ou as bem-sucedidas têm fluxos de caixa e investimentos elevados? Qualquer que seja o caso, se a teoria do fluxo de caixa está correta, tem implicações importantes sobre o impacto dos impostos no comportamento de investimento. Por exemplo, no modelo neoclássico um imposto de montante fixo sobre a corporação não tem qualquer efeito sobre o investimento. Em contraste, em um modelo de fluxo de caixa o investimento cai. Atualmente, os modelos de fluxo de caixa são matéria de pesquisa constante.

Tipos de ativos

O sistema tributário afeta os tipos de bens adquiridos pelas empresas, bem como o volume total de investimento. O sistema incentiva, por exemplo, a compra de ativos que recebem subsídios de depreciação relativamente generosos. Há grandes disparidades nas alíquotas de imposto efetivas sobre corporações em todos os setores, variando de 14% para as empresas de serviços públicos a 31% para os setores de construção, atacado e varejo [Casa Branca e Departamento do Tesouro, 2012]. É difícil imaginar que essas disparidades façam sentido, do ponto de vista da eficiência.

---

fluxo de caixa

Diferença entre receitas e despesas.

Finanças corporativas

Além de decisões relativas à quantidade de investimento físico, os proprietários de empresas devem determinar a forma de financiamento das operações e se desejam distribuir ou manter os lucros. Agora examinaremos os efeitos dos impostos sobre essas decisões financeiras.

Por que as empresas pagam dividendos? Os lucros auferidos por uma empresa podem ser ou distribuído aos acionistas na forma de dividendos ou permanecerem retidos. Supondo que (1) os resultados de todos os investimentos são conhecidos com antecedência com certeza e (2) não há impostos, então os proprietários de uma empresa permanecem indiferentes entre um dólar de dividendos e um dólar de lucros acumulados. Desde que o mercado de ações reflita com precisão o valor da empresa, US$ 1 de lucros acumulados aumenta o valor das ações da empresa em US$ 1. Esse ganho de capital de US$ 1 é renda da mesma forma que um dividendo de US$ 1. Com base nos pressupostos anteriores, os acionistas não se importam se os lucros são distribuídos.

É claro que, na realidade, uma considerável incerteza rodeia os resultados das decisões de investimento, e a renda das empresas está sujeita a vários impostos. Como já mencionado, quando os dividendos são pagos o acionista incorre em responsabilidade fiscal, embora os lucros acumulados não gerem nenhuma responsabilidade fiscal simultânea. De fato, a retenção cria um ganho de capital para o acionista, mas nenhum imposto é devido até que o ganho seja realizado.

Com base nessas observações, parece que o pagamento de dividendos é mais ou menos equivalente a doar dinheiro ao cobrador de impostos – e seria de se esperar que as empresas retivessem praticamente todos os seus ganhos. Surpresa! Em um ano típico, mais de 50% dos lucros corporativos após impostos são pagos como dividendos [Relatório Econômico do Presidente, 2012, p. 423]. Esse fenômeno é um enigma para os estudantes de finanças corporativas.

Uma possível explicação é que o pagamento de dividendos sinaliza a solidez financeira da empresa. Se os investidores consideram as empresas que pagam dividendos regularmente como "sólidas", então pagar dividendos aumenta o valor das ações delas. Da mesma forma, uma empresa que reduz os seus pagamentos de dividendos pode ser tida como uma firma que atravessa dificuldades financeiras. No entanto, embora seja possível que os proprietários de uma empresa estejam dispostos a pagar alguns impostos extras para fornecer um sinal positivo a potenciais acionistas, é difícil imaginar que os benefícios obtidos valem as enormes somas sacrificadas.

Outra explicação centra-se no fato de que nem todos os investidores têm a mesma alíquota de imposto marginal. Em particular, instituições com isenção (como fundos de pensão e universidades) contam com uma taxa de zero. Aquelas com taxas marginais de imposto baixas tendem a atribuir um valor relativamente alto aos dividendos, e pode-se imaginar que algumas empresas "se especializem" em atrair esses investidores, pagando dividendos. Chama-se a isso de efeito clientela, pois as empresas definem suas políticas financeiras para atender a diferentes clientelas. Os estudos econométricos do **efeito clientela** são prejudicados pela falta de dados sobre quem possui ações em quais empresas. No entanto, há alguma evidência de que os fundos de investimento, cujos acionistas são tributáveis, tendem a manter ações com rendimentos baixos de dividendos, enquanto instituições isentas não mostram nenhuma preferência entre ações com dividendos baixos ou altos [Graham, 2003].

efeito clientela

As empresas estruturam suas políticas financeiras para atender às necessidades das diferentes clientelas. Aqueles com baixos pagamentos de dividendos atraem acionistas com elevadas taxas marginais de imposto, e vice-versa.

Efeito dos impostos sobre a política de dividendos: como o sistema fiscal parece predispor as empresas contra o pagamento de dividendos (embora de maneira alguma as desencoraje completamente), a dúvida natural é como a política financeira das empresas mudaria se o tratamento fiscal de dividendos dos lucros acumulados fossem modificados.

Suponha que, por qualquer motivo, as empresas querem pagar um pouco de dividendos, bem como manter os ganhos. Um fator que determina a quantidade desejada de lucros acumulados é o custo de oportunidade em termos de dividendos após impostos pagos aos acionistas. Por exemplo, se não houvesse impostos, o custo de oportunidade de US$ 1 dos lucros acumulados seria de US$ 1 de dividendos. Por outro lado, se o acionista enfrenta uma alíquota de imposto de renda marginal de 15% sobre os dividendos, o custo de oportunidade de manter um dólar na empresa é de apenas 85 centavos dos dividendos.[5] Com efeito, o atual sistema de impostos reduz o custo de oportunidade dos lucros acumulados.

> ### EVIDÊNCIA EMPÍRICA
> #### O efeito de impostos sobre dividendos em pagamento de dividendos
>
> A teoria econômica sugere que os pagamentos de dividendos devem aumentar quando o custo de oportunidade de ganhos acumulados aumenta. Em 2003, a alíquota de imposto mais alta paga sobre dividendos auferidos por pessoas físicas foi reduzida drasticamente, passando de 35% para apenas 15%. Essa forte queda na alíquota de imposto proporciona uma oportunidade para avaliar de forma segura como os pagamentos de dividendos reagem ao tratamento fiscal que recebem.
>
> Usando dados que cobrem mais de 20 anos, Chetty e Saez [2004] descobriram que os pagamentos de dividendos subiram imediatamente após o corte de impostos. O número de empresas que pagam dividendos aumentou, revertendo duas décadas de declínio, e as corporações que historicamente já pagavam dividendos subiram o nível de seus pagamentos de forma significativa. A fim de descartar outras causas para o aumento dos dividendos, os autores mostraram que os dividendos não aumentaram para as empresas cujos maiores acionistas eram instituições não tributáveis. Concluíram que o corte de impostos levou a um aumento nos dividendos de cerca de 20%. Juntando essa constatação com outros dados, eles calcularam que a elasticidade do pagamento de dividendos no que diz respeito à alíquota de imposto marginal sobre o rendimento de dividendos é cerca de 0,5. Parece, desse modo, que o sistema fiscal de fato afeta a taxa de lucros acumulados da corporação.

Alguns argumentam que uma predisposição induzida por impostos contra o pagamento de dividendos é desejável, porque aumentar os lucros acumulados aumenta o dinheiro disponível para investimento. É verdade que os lucros acumulados representam poupança. No entanto, pode ser que os acionistas levem em consideração a poupança das empresas ao tomarem decisões financeiras pessoais. Especificamente, se os donos da empresa percebem que a corporação está poupando um dólar em nome deles, podem simplesmente reduzir sua poupança pessoal na mesma proporção. Assim, embora a composição geral da poupança tenha mudado, o montante total é o mesmo que antes da retenção. Há, de fato, alguma evidência econométrica de que a poupança pessoal e a corporativa são, em certa medida, equivalentes [Poterba, 1991]. Esta análise ilustra mais uma vez as armadilhas de considerar a empresa como uma pessoa separada, com existência independente dos acionistas.

Dívida X Financiamento por emissão de ações Outra decisão financeira importante para uma empresa é a forma de arrecadar dinheiro. A empresa tem basicamente duas opções. Ela pode tomar dinheiro emprestado (incorrer em débito). Deve pagar juros sobre sua dívida, e a incapacidade de cumprir os pagamentos dos juros ou reembolsar o capital

---

[5] Um cálculo mais cuidadoso levaria em conta a responsabilidade fiscal efetiva dos ganhos de capital que é eventualmente gerada pela retenção. Aqui isso é ignorado, para fins de ilustração.

pode ter consequências graves. A empresa também pode emitir ações (equity), e os acionistas poderão receber dividendos de suas ações.

Lembre-se de que, no sistema fiscal dos EUA, as empresas podem deduzir os pagamentos de juros da renda tributável, mas não estão autorizadas a deduzir os dividendos. Por isso, a lei fiscal cria uma predisposição para o financiamento da dívida. Na verdade, podemos nos perguntar por que as empresas não usam exclusivamente o financiamento de dívida. Parte da resposta está na incerteza que as empresas enfrentam. Há sempre a possibilidade de um resultado muito ruim e falência. Quanto mais uma empresa toma emprestado, maiores são os seus pagamentos de dívida e maior a probabilidade de falência, tudo o mais constante. A forte dependência do financiamento da dívida tem, de fato, levado algumas grandes empresas a declarar falência, incluindo K-Mart, Enron e WorldCom. Há quem argumente que, incentivando a utilização da dívida, o sistema tributário tem o efeito indesejável de aumentar as probabilidades de falência acima dos níveis que, de outra forma, teriam prevalecido.

Dito isto, é difícil estimar com precisão o impacto que o sistema tributário tem sobre a escolha do endividamento. Em um estudo econométrico, Gordon e Lee [2001] notam que se os impostos afetam as relações entre débito e patrimônio, por isso as empresas com alíquotas de imposto mais baixas devem usar menos dívida, tudo o mais constante. Isso ocorre porque a vantagem de ser capaz de deduzir os juros da renda tributável das empresas é menor quando a alíquota é mais baixa. A análise de Gordon e Lee das empresas dos EUA é consistente com essa hipótese. Os autores descobriram que a redução da taxa corporativa em 10% reduz o percentual de ativos financiados da empresa por dívida em 4%.

▶ TRIBUTOS ESTADUAIS SOBRE AS CORPORAÇÕES

Quase todos os estados cobram os seus próprios impostos sobre corporações, e as receitas fiscais dessa origem respondem por cerca de 4% do total de impostos estaduais e municipais [Relatório Econômico do Presidente, 2012, p. 418]. Do mesmo modo que os impostos de renda de pessoa física estaduais, os sistemas fiscais estaduais de empresas diferem substancialmente com relação a estruturas e regras de alíquotas para a definição de rendimento tributável.

Todas as complicações que surgem em analisar os efeitos de incidência e eficiência do imposto de renda corporativo federal também prejudicam as tentativas de entender os sistemas estaduais. A variação das alíquotas nos estados faz surgir um conjunto de perguntas ainda mais difíceis. Se um determinado Estado cobra um imposto sobre as corporações, como grande parte da carga é exportada para os cidadãos de outros Estados? Como a parte que não é exportada é compartilhada pelos moradores do Estado?

As primeiras respostas a essas perguntas podem ser obtidas por meio da aplicação da teoria da incidência tributária (Capítulo 14). Lembre-se da proposição intuitiva geral de que os fatores imóveis de produção são mais propensos a acabar tendo um imposto que os fatores móveis, tudo o mais constante. Isso significa, por exemplo, que se é mais fácil para o capital mudar para outro Estado do que para o trabalho, a incidência de um imposto estadual sobre corporações tende a cair sobre o trabalho. Assim, a análise de um sistema de alíquotas variáveis sobre empresas exige que os efeitos da mobilidade interestadual sejam adicionados à lista já formidável de fatores que entram em jogo quando se estuda o imposto federal sobre as corporações. A pesquisa sobre esta questão está em estágio formativo.

▶ TRIBUTAÇÃO DAS CORPORAÇÕES MULTINACIONAIS

As empresas americanas realizam uma quantidade substancial de investimentos no exterior. Em 2007, o valor do estoque de ativos diretamente investido em países estrangeiros era superior a US$ 20 trilhões [Relatório Econômico do Presidente, 2012, p. 441]. O tratamento fiscal dos rendimentos de fonte estrangeira é de importância crescente.

As corporações multinacionais norte-americanas estão sujeitas a imposto à taxa normal sobre o seu rendimento tributável global, incluindo os rendimentos auferidos no exterior. Permite-se, posteriormente, a emissão de um crédito pelos impostos estrangeiros pagos. O crédito não pode exceder o montante que teria sido devido ao abrigo da legislação fiscal dos Estados Unidos. Suponha, por exemplo, que uma empresa dos EUA ganhe US$ 100 em um país estrangeiro, com alíquota de imposto de 15%. A empresa paga US$ 15 ao país estrangeiro. Na ausência do crédito fiscal estrangeiro, ela deveria US$ 35 ao Tesouro dos EUA (pois a alíquota de imposto sobre corporações dos Estados Unidos é de 35%). No entanto, a empresa pode tomar um crédito de US$ 15 em relação à responsabilidade de US$ 35 e ter de pagar aos Estados Unidos apenas US$ 20. Em 2006, as empresas que apresentaram declaração de imposto dos EUA solicitaram US$ 78,2 bilhões em créditos fiscais estrangeiros, reduzindo sua dívida fiscal em 26,4% [McGrath, 2010].

Inúmeras disposições complicam a tributação dos rendimentos de origem estrangeira das empresas.

Status de subsidiária A tributação dos rendimentos de uma empresa estrangeira pode ser adiada se a operação é de uma **subsidiária** (a subsidiária no exterior é uma empresa de propriedade de empresa norte-americana, mas com sede no exterior e, portanto, separada do ponto de vista legal). Os lucros auferidos pela controlada são tributados somente se voltam (são **repatriados**) para a controladora na forma de dividendos. Assim, pelo período em que existir a filial, os lucros acumulados no exterior podem ser mantidos fora do alcance do sistema fiscal dos EUA. É difícil estimar a quantidade de receita fiscal perdida por causa do adiamento. Dado o sistema de crédito, a resposta depende da alíquota de imposto cobrada no exterior. Se todos os países estrangeiros tiverem alíquotas maiores que as dos Estados Unidos, então o diferimento não reduz as receitas fiscais do país. No entanto, na medida em que um país estrangeiro tributa de modo menos intenso do que os EUA a renda corporativa, o adiamento torna esse país atraente para as empresas norte-americanas como um "paraíso fiscal" e leva à cobrança de receitas mais baixas nos Estados Unidos.[6]

Alocação de renda Muitas vezes, é difícil saber o quanto da renda total de uma empresa multinacional alocar às operações dessa empresa em um determinado país. O procedimento usado agora para a atribuição de renda entre as operações nacionais e estrangeiras é um sistema de plena concorrência. Essencialmente, as operações nacionais e estrangeiras são tratadas como empresas separadas que fazem negócios de forma independente (**sistema de partes independentes**). O lucro tributável de cada entidade é computado como suas próprias vendas menos suas despesas.

O problema é que nem sempre é claro como alocar custos para vários locais, e isso pode gerar grandes oportunidades de evasão fiscal. Para ver por que, considere uma empresa multinacional que detém a patente de um processo de engenharia genética. Uma das subsidiárias detém a patente, e as outras pagam royalties a ela pelo privilégio de usar o processo. A empresa tem um incentivo para atribuir a patente a uma de suas subsidiárias em países com impostos baixos, de modo que os royalties recebidos das outras subsidiárias sejam tributados a uma taxa relativamente baixa. Ao mesmo tempo, quer que as subsidiárias que utilizam a patente estejam em países com alíquotas de impostos relativamente altas – alíquotas altas significam que o valor das deduções associadas aos pagamentos de royalties é maximizado. De fato, uma vez que a transação é totalmente interna à empresa, o pagamento de royalties será o maior possível a fim de maximizar o benefício fiscal desse arranjo. E se não há mercado ativo para os direitos à patente fora da empresa, então as autoridades fiscais têm pouca base para decidir se o pagamento de royalties é ou não excessivo.

---

subsidiária
Empresa de propriedade de uma corporação, mas contratada separadamente da empresa-mãe.

repatriar
Devolver os ganhos de uma subsidiária à sua sociedade controladora.

sistema de partes independentes
Método de cálculo dos impostos para corporações multinacionais, tratando as transações entre as operações nacionais e estrangeiras como se fossem de empresas distintas.

---

[6] Alguns países, como as Bahamas, estruturaram intencionalmente suas leis para permitir que empresas norte-americanas reduzissem a carga fiscal por meio do diferimento. Existem algumas disposições para limitar a poupança fiscal a partir desses verdadeiros paraísos fiscais, mas não tiveram muito impacto.

Isso é chamado de problema de **preço da transferência**, pois refere-se ao preço que uma parte da empresa utiliza para a transferência de recursos para outra. Dado que é essencialmente arbitrário o modo como os custos de muitos itens são atribuídos a várias subsidiárias, as empresas multinacionais e as autoridades fiscais estão constantemente em desacordo sobre o fato de as empresas estabelecerem o preço da transferência de forma adequada. Isso tornou-se uma das áreas mais complicadas do direito fiscal.

> **preço de transferência**
> Preço que uma subsidiária cobra de outra por insumo.

Tributação global X Tributação territorial

Nos últimos anos, tem havido um intenso debate sobre se o sistema norte-americano para a tributação de suas firmas multinacionais as prejudica em termos de concorrência com empresas de outros países. Esta seção discute o sistema atual e uma abordagem alternativa que tem atraído muita atenção.

Tributação global Como observado acima, o sistema norte-americano é baseado na **tributação global da renda**, o que significa que os lucros das empresas multinacionais norte-americanas são tributados à taxa do país, independentemente de onde são auferidos. Os defensores dessa abordagem apontam que, em determinadas hipóteses, ela maximiza a renda mundial das empresas multinacionais norte-americanas. Isso ocorre porque a maximização da renda mundial requer que a taxa de retorno antes de impostos sobre o último dólar investido em cada país – a taxa marginal de retorno – seja a mesma.[7] Para saber o porquê, imagine uma situação em que os retornos marginais sobre o investimento não são iguais, devido à tributação. Em seguida, pode-se aumentar a renda mundial simplesmente tomando o capital de um país onde seu retorno marginal é baixo e transferindo-o para um em que o retorno marginal é elevado.[8] Algebricamente, se r_{US} é a taxa marginal de retorno nos Estados Unidos e r_f é a taxa marginal de retorno em um determinado país estrangeiro, então a eficiência em todo o mundo requer

$$r_f = r_{US} \qquad (19.6)$$

> **tributação global de renda**
> Sistema que tributa os rendimentos de uma empresa multinacional à taxa do seu país de origem, independentemente da nação em que o rendimento é ganho.

Que tipo de sistema tributário induz empresas que maximizam o lucro a alocar seu capital de modo que o resultado fique consistente com a Equação (19.6)? A resposta depende do fato de que os investidores tomam suas decisões com base em retornos após os impostos. Eles, portanto, alocam seu capital entre os países, de modo que o retorno marginal após impostos em cada país seja igual. Se t_{US} é a alíquota de imposto dos EUA e t_f é a alíquota de imposto estrangeiro, uma empresa aloca o seu capital de modo que

$$(1 - t_f)r_f = (1 - t_{US})r_{US} \qquad (19.7)$$

A Condição (19.7) nos diz que a eficiência é atingida se e somente se t_f for igual a t_{US}. Intuitivamente, se queremos que o capital seja alocado de forma eficiente do ponto de vista global, ele deve ser tributado à mesma taxa de onde está localizado.

A implicação política parece ser a de que se os Estados Unidos se preocupam com a maximização do rendimento mundial, devem conceder um sistema que torne as obrigações tributárias de suas empresas independentes da localização. Um crédito *total* contra impostos estrangeiros pagos daria conta do serviço. No entanto, como já foi mencionado, o sistema americano permite um crédito fiscal *somente* até o montante de imposto dos EUA sobre os lucros no exterior.

Por que o crédito é limitado? Nosso modelo assume implicitamente o comportamento de que os governos estrangeiros são independentes das ações do governo norte-americano. Suponha que os Estados Unidos anuncie que prosseguirá com a política de permitir créditos

---

[7] Como de costume, estamos nos referindo a taxas de retorno após as diferenças de risco serem levadas em conta.

[8] Para uma discussão mais aprofundada deste princípio, consulte o apêndice no final deste livro.

de imposto estrangeiro integrais para suas empresas multinacionais. Em seguida, os governos estrangeiros terão um incentivo para aumentar as suas próprias taxas de imposto sobre as empresas norte-americanas, praticamente sem limites. Fazer isso não vai expulsar as empresas americanas dos países estrangeiros, porque a responsabilidade fiscal de suas operações domésticas é reduzida em um dólar para cada dólar de aumento dos impostos estrangeiros.[9] Essencialmente, o programa se transforma em uma transferência dos Estados Unidos para tesouros estrangeiros. Limitar o crédito é uma forma óbvia de impedir que isso aconteça.

Tributação territorial Uma alternativa ao sistema global é a **tributação territorial da renda**, em que os lucros auferidos em um país estrangeiro são tributados somente na taxa daquele país. Muitos países, incluindo Alemanha, França, Canadá e Holanda, operam sistemas territoriais. Para vislumbrar os problemas que isso causa às empresas multinacionais dos EUA, imagine que uma empresa alemã e uma empresa norte-americana estejam planejando abrir fábricas idênticas na Irlanda, país com um alíquota de imposto corporativo relativamente baixa (12,5%). Independentemente da alíquota de imposto sobre corporações na Alemanha, a empresa desse país paga somente o imposto de 12,5% devido à Irlanda. A empresa norte-americana, por outro lado, tem de pagar a taxa norte-americana de 35% (da qual parte vai para o governo irlandês e o restante para o governo dos EUA). Essa situação dificulta a capacidade de multinacionais norte-americanas em competir no exterior. Os defensores da tributação territorial para os Estados Unidos argumentam que, a fim de manter-se competitivo no mercado internacional, o país também deve adotar um sistema territorial.

Uma objeção imediata a essa proposta é que, com menores taxas de tributação no exterior do que em casa, as empresas americanas investirão menos em casa e mais em países estrangeiros. Sob esse ponto de vista, o investimento em países estrangeiros reduz a atividade econômica doméstica. O pressuposto implícito por trás desse argumento é que o volume de investimento é fixo; o único problema é a forma de repartição: em casa e no exterior. No entanto, Desai, Foley e Hines [2009], além de outros economistas, desafiaram essa suposição. Eles argumentam que o investimento estrangeiro gera maiores níveis de atividade econômica interna, melhorando a rentabilidade e a competitividade da empresa. As empresas podem pensar, por exemplo, que "operações estrangeiras fornecem insumos intermediários valiosos a baixo custo" ou que "filiais estrangeiras ficam a postos para comprar bens corpóreos e incorpóreos produzidos nos Estados Unidos" (p. 182). De fato, a análise de dados sobre os fluxos internacionais de investimento sugere que cada 10% de aumento do investimento estrangeiro está associado a 2,6% de mais investimento em casa (181 p.). Essa descoberta enfraquece o argumento contra o sistema territorial.

A noção de passar para um sistema territorial parece ter chamado pelo menos um pouco a atenção na arena política: o candidato presidencial republicano Mitt Romney propôs uma reforma desse tipo durante a eleição de 2012. No entanto, até o momento, as futuras orientações da tributação internacional das empresas estão longe de serem claras.

▶ REFORMA DOS IMPOSTOS CORPORATIVOS

Observamos anteriormente que se o rendimento das corporações não fosse tributado, os indivíduos poderiam evitar os impostos de renda pessoais, acumulando renda nas corporações. Evidentemente, isso levaria a problemas de equidade e eficiência graves. A reação

---

tributação territorial da renda

Sistema que tributa a renda de uma empresa multinacional à taxa da nação em que o rendimento é auferido.

---

[9] O montante que o governo estrangeiro pode obter, dessa forma, limita-se à responsabilidade fiscal da empresa para com os Estados Unidos em suas operações domésticas. Suponha que a responsabilidade fiscal da empresa em suas operações nos EUA é de US$ 1.000. Se o governo estrangeiro cobra uma taxa de US$ 1.000, de acordo com o crédito total, a responsabilidade fiscal dos EUA da empresa é zero. Se o governo estrangeiro aumenta o imposto para US$ 1.001, a responsabilidade fiscal interna da empresa não pode diminuir mais (pois não há imposto de renda negativo para as empresas).

dos EUA tem sido a de criar um sistema que tributa o rendimento das sociedades duas vezes: primeiro no nível corporativo, em que a alíquota de imposto legal é atualmente de 35%, e novamente no nível pessoal, onde as distribuições de dividendos são atualmente tributadas à taxa legal máxima de 23,8%.

Foram feitas uma série de propostas para integrar os impostos de renda pessoais e corporativos em um único sistema. Agora vamos discutir duas delas, a integração plena e o auxílio a dividendos.

Integração plena

A abordagem mais radical é o **método de parceria**, por vezes chamado de **integração plena**. Nessa abordagem, todos os ganhos da corporação durante um determinado ano, sejam distribuídos ou não, são atribuídos aos acionistas como se a corporação fosse uma parceria. Cada acionista fica, então, sujeito ao imposto sobre o rendimento pessoal em sua parte dos lucros. Assim, se Karl é dono de 2% das ações da Microsoft, a cada ano o seu rendimento tributável inclui 2% dos rendimentos tributáveis da Microsoft. O imposto sobre as corporações, como entidade separada, é eliminado.

O debate nos Estados Unidos sobre o método de parceria tem-se centrado sobre várias questões:

Natureza da corporação Aqueles que favorecem a integração plena enfatizam que uma corporação é, na verdade, apenas um canal para a transmissão de lucros aos acionistas. Faz mais sentido tributar as pessoas que recebem a renda do que a instituição que a transmite. Os que se opõem à integração plena argumentam que, em grandes corporações modernas, é ridículo pensar nos acionistas como sócios, e que a corporação é mais bem considerada como entidade separada.

Viabilidade administrativa Os opositores da integração plena salientam as dificuldades administrativas que seriam criadas. Como os lucros das empresas são lançados a indivíduos que possuem ações por período inferior a um ano? Os acionistas podem deduzir perdas operacionais da empresa a partir de sua renda tributável pessoal? Os defensores da integração plena argumentam que um certo número de decisões bastante arbitrárias deve ser tomado para administrar qualquer sistema tributário complicado. Os problemas administrativos aqui não são piores do que os de outras partes do código fiscal e, provavelmente, podem ser tratados de forma satisfatória.

Efeitos sobre a eficiência Aqueles que favorecem a integração apontam que o atual sistema de tributação das empresas impõe grandes cargas em excesso na economia, muitas das quais seriam eliminadas ou pelo menos diminuídas com a vigência da integração plena. A economia se beneficiaria de quatro tipos de ganhos de eficiência:

- A má alocação de recursos entre os setores empresariais e não empresariais seria eliminada.
- Na medida em que a integração reduzisse a taxa de tributação sobre o rendimento do capital, as distorções induzidas por impostos nas decisões de poupança diminuíram.
- A integração iria eliminar os incentivos para lucros acumulados "excessivos" que caracterizam o sistema atual. As empresas com lucros acumulados significativos não são obrigadas a convencer os investidores a financiar novos projetos. Sem a disciplina oriunda de ter de convencer os de que projetos valem a pena, essas empresas correm o risco de investir de forma ineficiente. Por exemplo, alguns observadores acreditam que a entrada imprudente da Microsoft na televisão por cabo não teria ocorrido se a empresa não dispusesse de enormes quantidades de dinheiro (cerca de US$ 40 bilhões!) a mão [Economist, 2003].

---

método parceria

Cada acionista incorre em responsabilidade fiscal sobre a sua parte dos lucros da corporação, sejam ou não os lucros distribuídos.

integração plena

Ver método parceria.

- A integração acabaria com a predisposição do atual sistema para financiar dívida, pois não haveria base tributária das empresas em separado a partir da qual fazer a dedução do pagamento de juros. Altos índices de dívida em capital aumentam a probabilidade de falência. Esse risco aumentado e as falências reais que ocorrem diminuem o bem-estar, sem qualquer ganho concomitante à sociedade.

Embora seja difícil determinar o valor de todos estes ganhos de eficiência, algumas estimativas sugerem que são bastante elevados. Jorgenson e Yun [2001] descobriram que o valor presente do ganho de eficiência ao longo da vida da integração plena seria superior a US$ 250 bilhões.

Os opositores da integração plena ressaltam que, dadas todas as incertezas relativas ao funcionamento do imposto sobre as sociedades, os supostos ganhos de eficiência podem não existir. Por exemplo, como discutido anteriormente, a medida em que a visão de Stiglitz do imposto como equivalente a taxa sobre os lucros puros estiver correta, o imposto não provoca quaisquer distorções entre os setores empresariais e não empresariais. Da mesma forma, não há nenhuma evidência sólida de que as empresas investem recursos internos de forma menos eficiente do que aqueles criados externamente.

Efeitos sobre a poupança Alguns argumentam que a integração plena reduziria a taxa efetiva de imposto sobre o capital e, portanto, levaria a uma maior poupança. Como vimos no Capítulo 18, trata-se de um. Teoricamente, o volume de poupança pode aumentar, diminuir ou permanecer o mesmo quando a alíquota do rendimento de capital diminui. A pesquisa econométrica ainda não forneceu uma resposta definitiva.

Efeito sobre a distribuição de renda Se os argumentos de eficiência em favor da integração plena estão corretos, então, em princípio, todos os contribuintes poderiam se beneficiar, se fosse instituído. Ainda assim, pessoas de diferentes grupos seriam afetadas de forma diversa. Por exemplo, os acionistas com taxas relativamente elevadas de imposto de renda de pessoa física tendem a ganhar menos da integração do que aqueles com alíquotas baixas. Ao mesmo tempo, a integração tende a beneficiar os indivíduos que recebem uma parte relativamente grande dos seus rendimentos do capital. Tomando esses efeitos em conjunto, pode haver um padrão mais ou menos em forma de U para a distribuição dos benefícios da integração – pessoas nas extremidades superior e inferior da distribuição de renda ganham um pouco mais do que aqueles no meio.[10]

Visão geral Claramente, há uma considerável incerteza em torno do impacto provável de integração plena. Isso apenas reflete nosso conhecimento imperfeito do funcionamento do atual sistema de tributação das empresas. Não existe, de modo algum, qualquer acordo unânime de que a adoção do método de parceria seria algo bom. No entanto, com base em elementos de prova existentes e reconhecidamente imperfeitos, muitos economistas concluíram que tanto a eficiência quanto a equidade poderiam aumentar, caso os impostos pessoais e corporativos fossem integrados.

Auxílio a dividendos

Uma abordagem menos extrema para a integração tem em seu ponto de partida a noção de que a origem de muitos dos problemas com o status quo é que os dividendos são tributados duas vezes, uma no nível de corporação e, novamente, no nível individual. A ideia de auxílio a dividendos é eliminar a dupla tributação, mantendo o imposto sobre as sociedades como um sistema separado. Existem basicamente duas abordagens. Uma delas é permitir que a corporação deduza os dividendos pagos aos acionistas da mesma forma que agora desconta os pagamentos de juros aos detentores de obrigações. A vantagem desse sistema é

---
[10] Ver, por exemplo, Fullerton e Rogers [1997].

que remove o tratamento fiscal assimétrico de dívida e equidade. Além disso, os dividendos acabam sendo tributados à taxa marginal de imposto do indivíduo, o que faz sentido do ponto de vista da definição Haig-Simons da renda.

Uma abordagem alternativa é simplesmente excluir os dividendos da tributação em nível individual. Segundo essa abordagem, os dividendos são tributados apenas uma vez, mas à taxa da corporação, em vez da alíquota de pessoa física. Do ponto de vista da eficiência, essa abordagem é provavelmente menos satisfatória do que uma dedução corporativa de dividendos – onde permanece certa falta de neutralidade no tratamento de dívida e equidade. Mas ela provavelmente aumenta a eficiência em relação ao status quo, e é relativamente fácil de administrar. Como mencionado anteriormente, a legislação aprovada em 2003 passou a tratar da exclusão de dividendos, diminuindo a alíquota de imposto aplicada aos dividendos a nível individual a um máximo de 15%. No entanto, em 2013 a taxa aumentou para 23,8% para as famílias de alta renda.

Resumo

- As corporações estão sujeitas a um imposto de renda federal separado. O imposto representa cerca de 10% de todas as receitas federais.
- Antes de aplicar a alíquota de imposto de 35%, as empresas podem deduzir a remuneração de funcionários, os pagamentos de juros e as amortizações. Estes são destinados a medir o custo de produção de receita. Os dividendos – o custo de aquisição de fundos de equidade – não são dedutíveis. No entanto, os dividendos são tributados preferencialmente ao nível individual.
- Os créditos fiscais para investimento (ITC) são deduzidos dos impostos da empresa quando determinados bens de capital físicos são comprados. Hoje, o ITC só se aplica a alguns tipos de investimentos.
- O imposto sobre corporações foi tido como imposto sobre os lucros econômicos ou como um imposto sobre fator de produção parcial. No primeiro caso, o imposto é inteiramente suportado pelos proprietários das empresas, enquanto que no segundo a incidência depende da mobilidade de capitais entre os setores, a substituibilidade dos fatores de produção, a estrutura da demanda do consumidor e a sensibilidade de acumulação de capital para a taxa líquida de retorno.
- O efeito do sistema de tributação das empresas em investimento físico depende (1) do seu efeito sobre o custo de utilização do capital e (2) da sensibilidade do investimento a mudanças no custo de utilização.
- No modelo acelerador, o investimento depende apenas da produção, tornando o custo de utilização irrelevante. O modelo neoclássico supõe que a demanda de capital depende do custo de utilização. No modelo fluxo de cai-

xa, fundos internos desempenham um papel fundamental na determinação do investimento.

- No modelo neoclássico de investimento, o custo de utilização do capital (C) é

$$C = \frac{(r+\Delta) \times 1 - \psi - k)}{(1-\theta) \times (1-t)}$$

em que r é a taxa de juros após impostos, Δ a taxa de depreciação econômica, θ a alíquota de imposto sobre corporações, k o ITC e ψ o valor presente das amortizações por dólar.

- As estimativas do efeito do custo de utilização sobre investimento variam muito, mas a pesquisa mais recente sugere que existe uma resposta.
- Devido à dupla tributação dos dividendos, é intrigante que as empresas paguem por isso. Os dividendos podem servir como sinal de força financeira da empresa ou serem utilizados para atender a clientelas específicas.
- A dedutibilidade de juros constitui um forte incentivo para o financiamento da dívida. No entanto, o aumento da proporção da dívida pode levar a custos de falência maiores.
- A maioria dos estados têm impostos de renda corporativos. As possibilidades de exportação de tributos e mobilidade interestadual de fatores de produção complicam a análise desses impostos.
- Às corporações multinacionais dos EUA são permitidos créditos fiscais para impostos pagos a governos estrangeiros. As complicações surgem devido ao diferimento do imposto, utilizando subsidiárias estrangeiras e opor-

tunidades de evasão fiscal por meio de preços de transferência.
- Uma reforma tributária corporativa possível é a integração total dos impostos de renda corporativos e pessoais. Os proprietários de ações seriam tributados em sua parcela de renda de pessoa jurídica como se fossem sócios.

O imposto sobre corporações como entidade separada deixaria de existir.
- Outra abordagem para a integração é o auxílio a dividendos, em que os dividendos são tributados apenas uma vez, seja permitindo-se uma dedução no nível corporativo ou uma exclusão no nível individual.

Perguntas para reflexão

1. O CEO da Caterpillar Inc., Jim Owen, observou: "Sentar sobre um grande maço de dinheiro não faz nenhum sentido para os acionistas [porque] isso tende a promover uma prática ruim entre gestão.... Você tem mais [dinheiro] do que sabe o que fazer com ele e se considera tão especial que pode comprar qualquer coisa e ficar ainda melhor "[Brat e Gruley, 2007]. Se essa visão estiver correta, o que isso implica sobre as consequências de eficiência do tratamento dos impostos corporativos de dividendos em relação a lucros acumulados?

2. Durante a campanha presidencial de 2012, Mitt Romney argumentou que mesmo pagando apenas cerca de 14% em impostos sobre a renda de investimentos, a sua carga fiscal total foi muito maior, porque a renda também é tributada pelo imposto de renda das corporações. Um blogueiro do talkingpointsmemo.com criticou esse raciocínio, afirmando: "Essa é uma explicação absurda em muitos níveis. Os funcionários da TPM pagam imposto. Eles também pagam o imposto que a TPM Media LLC paga? " [Marshall, 2012]. Explique o erro no raciocínio do blogueiro.

3. Sob a lei dos EUA, amortizações são baseadas no custo original de aquisição do ativo. Não são levadas em consideração os efeitos da inflação sobre o nível de preços ao longo do tempo.
    a. Como a inflação afeta o valor real das amortizações? Organize a sua resposta em torno da Equação (19.1).
    b. Quando a inflação aumenta, qual é o impacto sobre o custo de utilização do capital? Organize a sua resposta em torno da Equação (19.5).
    c. Sugira uma política capaz de desfazer os efeitos da inflação a partir de parte b.

4. Clausing [2007] descobriu que as receitas fiscais das empresas aumentam e, em seguida, caem com o aumento da alíquota de imposto sobre as corporações. Ela também descobriu que "as economias menores e mais abertas têm taxas de imposto de maximização de receita mais baixas do que economias maiores ou mais fechadas." Aponte o que pode explicar esse resultado.

5. Vários anos atrás, a RJR Nabisco incorreu em US$ 2 milhões em custos para o projeto do pacote – a construção física de um pacote e seu design gráfico. A Nabisco queria deduzir o valor integral de US$ 2 milhões no ano em que o montante foi gasto; a Secretaria da Receita Federal insistiu que o valor seria tratado como uma despesa de capital e depreciado ao longo do tempo. Por fim, o tribunal fiscal ficou ao lado da Nabisco.
    a. Explique cuidadosamente por que a Nabisco prefere ter US$ 2 milhões tratados como despesa corrente em vez de despesa de capital.
    b. Você concorda com a decisão do tribunal de impostos?

6. Durante a campanha presidencial de 2012, o presidente Barack Obama propôs a redução da alíquota de imposto corporativo de 35% para 28%. Avalie o efeito da proposta sobre a eficiência, equidade e montante de investimentos.

7. Uma carta ao editor do *Wall Street Journal* fez a seguinte afirmação: "O imposto individual mais regressivo e injusto do código fical é – adivinhem? – o imposto de renda sobre as corporações! Todos os produtos e serviços adquiridos pelos contribuintes individuais e os pobres devem ter o preço fixado a fim de pagar os impostos federais de todas as empresas envolvidas na cadeia de produção/distribuição/varejo. Assim, não só o imposto de renda corporativo impõe uma carga fiscal incremental e invisível de 40% sobre a grande maioria dos contribuintes individuais, mas também reduz o poder de compra das pessoas pobres demais para pagar imposto de renda" [Christy, 2006, p. A17]. Discuta os pressupostos sobre a natureza do imposto sobre corporações implícito nessa declaração, utilizando as relações de equivalência fiscal fornecidas na Tabela 14.2.

8. Um estudo recente estima a elasticidade do investimento em energia eólica no que diz respeito ao cus-

to de utilização do capital como sendo de cerca de -1,5 [Metcalf, 2009]. Em 2013, a maior alíquota de imposto sobre dividendos nos investimentos em energia eólica aumentou de 15% para 23,8%. Como esse aumento de impostos afeta o investimento na indústria de energia eólica? Dica: use a Equação 19.5 para calcular o custo de utilização do capital para cada alíquota de imposto; em seguida, use a relação e subtraia 1 para obter a mudança percentual no custo de utilização do capital.

9. Quando um fazendeiro compra uma vaca, ele recebe uma autorização para deduzir 50% do preço no primeiro ano como forma de depreciação acelerada. Como você determinaria o cronograma de amortização apropriado de uma vaca leiteira? Como a depreciação acelerada descrita acima afeta o custo de utilização do capital de uma vaca leiteira?

10. Uma lei aprovada em 2009 permitiu que as construtoras compensassem suas perdas nos mercados imobiliários enfraquecidos de 2008 e 2009 em relação aos lucros que as empresas registraram em 2004 (quando o setor habitacional estava passando por um). Antes dessa lei, as empresas podiam usar as perdas para compensar apenas os dois últimos anos de lucros [Morgenson, 2009]. Explique como a lei afetaria o investimento das empresas no caso das construtoras, usando os modelos de tomada de decisões de investimento das empresas examinadas neste capítulo.

11. A empresa ABC está planejando a compra de um novo sistema de computador que renderia um retorno antes de impostos de 30%. O sistema sofreria uma depreciação a uma taxa de 1% ao ano. A taxa de juros após impostos é de 8%, a alíquota de imposto sobre corporações é de 35% e um acionista típico da ABC tem uma alíquota de imposto marginal de 30%. Suponha, para simplificar, que não existem amortizações ou créditos fiscais para investimento. Você espera que ABC compre o novo sistema de computador? Explique sua resposta. Dica: use a Equação (19.4).

12. Em 2012, o governo do presidente francês François Hollande aumentou as taxas de impostos pessoais e corporativos. O primeiro-ministro de Hollande "insistiu que a carga iria recair principalmente sobre as empresas" [Erlanger, 2012]. Discuta o ponto de vista da natureza da corporação implícito nessa declaração e compare-a com a visão dos economistas convencionais.

20 Finanças do déficit

> *Como uma fonte muito importante de força e segurança, valorize o crédito público.*
> —GEORGE WASHINGTON

"Roubo geracional". É assim que os críticos têm caracterizado a recente explosão de déficits anuais de mais de um trilhão de dólares [Escritório de Orçamento do Congresso, 2012d]. Debates acalorados sobre o déficit não são novidade; a questão permeia as discussões de política econômica há muitos anos. Este capítulo discute problemas na medição do tamanho do déficit, quem arca com ele e quando é uma forma adequada para financiar os gastos do governo.

▶ QUAL O TAMANHO DA DÍVIDA?

Precisamos de algumas definições para começar nossa discussão. O **déficit** durante um período é o excesso de despesas sobre a receita; se as receitas excedem as despesas, há um **superávit**. Isso parece simples até que nos lembremos do Capítulo 1, onde vimos que o governo federal não inclui todas as suas atividades em seu orçamento oficial. De acordo com as regras atuais, por exemplo, as receitas e despesas associadas com a Previdência Social estão fora do orçamento. Apesar desta distinção legal, uma medida adequada do grau de endividamento do governo exige que todas as receitas e despesas sejam levadas em conta. Por isso, é útil considerar a soma do **déficit** (ou **superávit**) **dentro do orçamento** (que considera apenas as atividades no orçamento) e o **déficit** (ou **superávit**) **fora do orçamento** (que leva em conta apenas as atividades fora do orçamento) para chegar ao déficit ou superávit total. Por exemplo, em 2011, o déficit dentro do orçamento era de US$ 1,367 trilhões, mas a adição de um superávit fora do orçamento de US$ 67.000 milhões resultava em um déficit total de US$ 1,300 trilhões [Escritório de Orçamento do Congresso, 2012d].

A Figura 20.1 mostra os déficits federais totais (ou seja, incluindo receitas e despesas fora do orçamento) de 1965 a 2011. Para colocar estes números em perspectiva, também mostramos seu tamanho em relação ao Produto Interno Bruto (PIB). O orçamento teve superávit de 1998 a 2001 mas, de modo geral, os déficits têm sido a regra.

Deve-se distinguir entre os conceitos de déficit e **dívida**. A dívida em determinado momento é a soma de todos os déficits orçamentais anteriores. Ou seja, a dívida é o excesso acumulado de despesas passadas sobre as receitas passadas. Assim, em um ano com déficit, a dívida sobe; em um ano com superávit, a dívida cai. No jargão da economia, a dívida é uma "variável de estoque" (medida em um ponto no tempo), enquanto déficits e superávits são "variáveis de fluxo" (medidas durante um período de tempo). Conforme relatado nas estatísticas oficiais do governo, a dívida federal no final de 2011 era de cerca de US$ 10,1 *trilhões*, um número tão grande que é difícil de compreender. Como o humorista Russell Baker [1985] observou: "Como o ano-luz, o trilhão é uma idéia filosófica obscura que só pode interessar as pessoas com interesse mórbido em matemática. Isso explica por que a maioria das pessoas fica tomada de tédio quando dizem a elas que a dívida nacional em

---

déficit
Excesso de despesas acima das receitas durante um período.

superávit
Excesso de receitas acima das despesas durante um período.

déficit dentro do orçamento
Déficit resultante de despesas e receitas no orçamento.

déficit fora do orçamento
Déficit resultante de despesas e receitas fora do orçamento.

dívida
Montante total devido em determinado momento; a soma de todos os déficits passados.

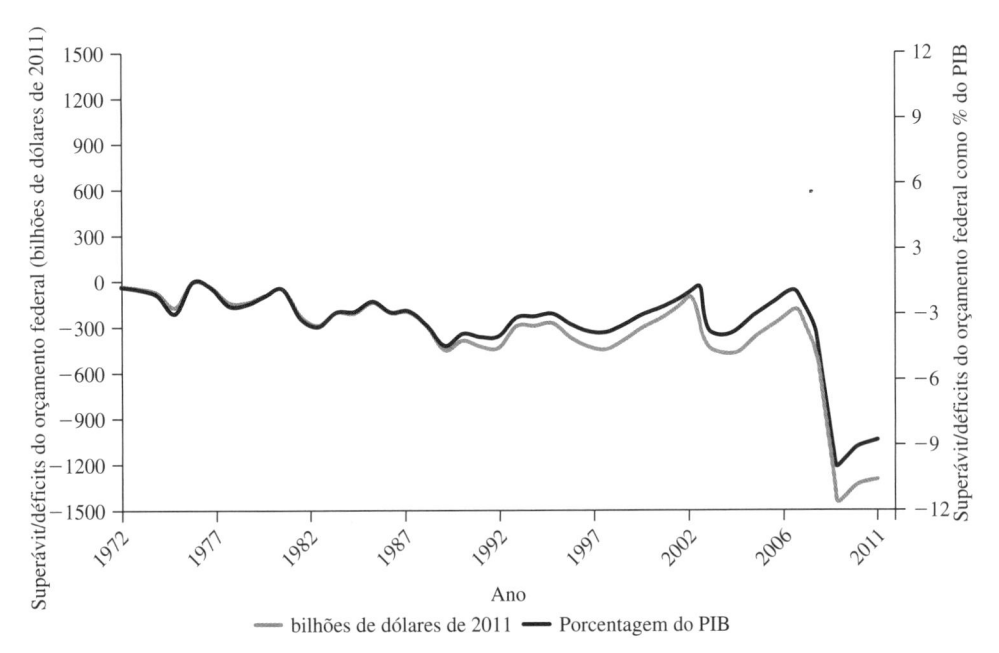

FIGURA 20.1 Déficits e superávits do governo federal (1972-2011).
Para a maior parte dos últimos 40 anos, o orçamento foi deficitário. Em 2011, o déficit foi de US$ 1,3 trilhões, que correspondia a 8,7% do Produto Interno Bruto.

Fonte: Escritório de Orçamento do Congresso [2012a].

breve será de US$ 2 trilhões, US$ 20 trilhões ou 200 trilhões. O incompreensível é incompreensível, não importa o número que você atribua a ele".

Apesar da advertência de Baker, vamos tentar colocar a dívida em perspectiva, comparando-a novamente ao PIB. A dívida federal de 2011, de US$ 10,1 trilhões, representava cerca de 68% do PIB daquele ano – 68 centavos de cada dólar produzido seriam necessários para liquidar a dívida. A Figura 20.2 relata a dívida do governo federal de 1965 a 2011.

Assim como um mutuário privado, o governo deve pagar juros a seus credores. Em 2008, os pagamentos de juros foram de US$ 249 bilhões, ou 8,4% dos gastos federais [Escritório de Orçamento do Congresso, 2012d, p. 16].

Interpretando números de déficit e dívida

É difícil superestimar a importância política de números como os relatados nas Figuras 20.1 e 20.2. Funcionários públicos e jornalistas concentram-se quase que exclusivamente neles ao avaliar o estado das finanças públicas. Todos os debates presidenciais sobre questões domésticas em 2012 incluíram discussões sobre as consequências da dívida e sobre como lidar com elas. No entanto, as medidas-padrão de déficits e dívidas citadas em discussões públicas não contam toda a história. Nesta seção, explicamos por quê.

Dívida pública em poder do Federal Reserve Bank Ao realizar suas operações monetárias, o Federal Reserve Bank compra títulos do governo norte-americano.[1] Suas participações em 2011 eram de 1,7 trilhões de dólares [Relatório Econômico do Presidente, 2012, p. 414]. Como estatutariamente o Federal Reserve Bank é uma agência independen-

---

[1] Algumas agências do governo federal emprestam ao Tesouro mas, ao contrário do Federal Reserve Bank, suas participações não estão incluídas nos números da dívida em poder do público.

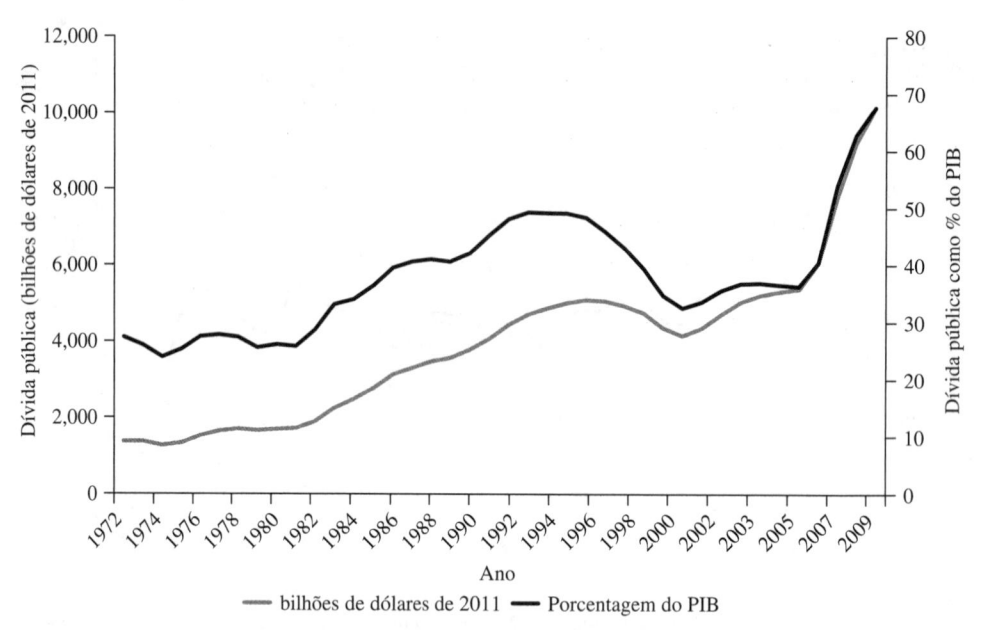

FIGURA 20.2 Dívida federal pública (1972-2011).
A dívida federal vem crescendo constantemente principalmente ao longo dos últimos 40 anos. Em 2011, a dívida era de US$ 10,1 trilhões, correspondendo a 68% do Produto Interno Bruto.

Fonte: Escritório de Orçamento do Congresso [2012a].

te, suas participações são contabilizadas como dívida em poder do público; o montante da dívida realizada por agências não governamentais é mais relevante para a maioria dos propósitos.

Dívida dos governos estaduais e locais Embora muitas vezes pensemos na dívida como um problema do governo federal, os governos estaduais e municipais também tomam empréstimos. Em 2008, as dívidas estaduais e locais a pagar eram de US$ 2,6 trilhões [US Bureau of the Census, 2012, p. 276]. O montante federal para esse ano era de US$ 5,8 trilhões; a soma dos dois números é relevante se desejarmos avaliar a pressão que o governo como um todo exerceu sobre os mercados de crédito.

Efeitos da inflação Cálculos padrão do déficit consideram os impostos como a única fonte de receita do governo. No entanto, quando o governo é devedor e o nível de preço muda, as mudanças no valor real da dívida podem ser uma importante fonte de receita. Para entender por que, suponha que, no início do ano, você deva a um credor US$ 1.000, e que esse valor não precisa ser reembolsado até o final do ano. Suponha ainda que, ao longo do ano, os preços aumentem 10%. Assim, os dólares que você usa para pagar seu credor valem 10% menos do que aqueles que você pediu a ele. Com efeito, a inflação reduziu o valor real de sua dívida em 100 dólares (10% de US$ 1.000). Alternativamente, seu rendimento real aumentou em 100 dólares como consequência da inflação. É claro que, ao mesmo tempo, a renda real de seu credor caiu em US$ 100.[2]

Apliquemos esta lógica a uma análise do déficit federal em 2011. No início do ano fiscal de 2011, a dívida do governo federal era de cerca de US$ 9,0 trilhões. Em 2011, a taxa de inflação foi de cerca de 3,2%. Portanto, a inflação reduziu o valor real da dívida federal em US$ 288 bilhões (= US$ 9,0 trilhões x 0,032). Com efeito, isso é uma receita

---

[2] Se a inflação é prevista por aqueles que tomam e fornecem empréstimos, espera-se que a taxa de juros tenha um aumento igual à taxa de inflação esperada. Este fenômeno foi discutido no Capítulo 17.

para o governo, assim como qualquer imposto convencional. Se tomarmos em conta este "imposto inflacionário", o déficit convencionalmente medido de US$ 1,300 trilhões será reduzido para US$ 288 bilhões. No entanto, os procedimentos contábeis do governo não permitem a inserção de ganhos devido à erosão da dívida pela inflação. Isso gera uma tendência a superestimar o tamanho do déficit real.

Contabilidade capital x corrente O governo federal agrupa todas as despesas que devem, por lei, ser incluídas no orçamento. Não há nenhuma tentativa de distinguir entre *despesas correntes* e *despesas de capital*. Despesa corrente refere-se a gastos com serviços que são consumidos dentro do ano – manutenção no Monumento a Washington ou salários para fuzileiros navais, por exemplo. As despesas de capital, por outro lado, referem-se a gastos em itens duráveis que produzem serviços por um longo período de tempo, tais como barragens, estações de radar e porta-aviões. O estoque de capital físico financiado pelo governo federal é de cerca de US$ 3,1 trilhões de dólares, dos quais cerca de US$ 925 bilhões estão relacionados à defesa nacional [Escritório de Administração e Orçamento dos EUA, 2012, p. 361].

Em contraste com a prática do governo federal, tanto as empresas norte-americanas quanto muitos governos estaduais e locais geralmente mantêm orçamentos separados para despesas correntes e de capital. Manter um orçamento de capital separado fornece uma visão mais precisa da situação financeira de uma organização. Por quê? A compra de um bem durável geralmente não representa uma "perda". É apenas a troca de um ativo (dinheiro) por outro (o bem durável). Assim, o ativo não contribui para o déficit de uma organização. Claro que, conforme o bem de capital é usado, ele se desgasta (depreciação), e isso constitui uma perda. Assim, procedimentos contábeis padrão exigem que somente a depreciação anual de bens duráveis seja incluída no orçamento atual, não a totalidade de seu preço de compra.

A ideia do governo federal de adotar o orçamento de capital é controversa. Os defensores do orçamento de capital observam que sua ausência pode levar a programas ineficientes [Bassetto e Sargent, 2006] e, às vezes, até mesmo a decisões governamentais bizarras. Por exemplo, os políticos podem realizar "vendas de garagem" em que vendem ativos públicos para o setor privado e afirmar que estão reduzindo o déficit.

Os opositores do orçamento de capital apontam que, para os governos, é particularmente difícil distinguir entre despesas correntes e de capital. Os programas educacionais e de treinamento profissional são despesa corrente ou um investimento no capital humano que vai render retornos futuros? Um míssil é um investimento (porque vai durar um longo tempo) ou uma despesa corrente (porque não é reutilizável)? Essas ambiguidades poderiam levar a má conduta política, com cada proponente de um novo programa de gastos alegando ser um investimento e, portanto, pertencer ao orçamento de capital.

Ativos tangíveis Suponha que uma família possui ativos tangíveis (iates, casas, Rembrandts) no valor de US$ 15 milhões, deve ao banco local US$ 25.000 referentes a compras com cartão de crédito e não tem outros ativos ou passivos. Seria muito bobo caracterizar a situação geral da família como tendo uma dívida de US$ 25.000. Todos os ativos e passivos devem ser considerados para avaliar a situação financeira global.

O governo federal não apenas tem passivos financeiros imensos (como mostra a Figura 20.2), mas também ativos tangíveis no valor de quase US$ 3 trilhões [Marron, 2012]. Isso inclui edifícios residenciais e não residenciais, equipamentos, ouro e direitos minerais. No entanto, as discussões públicas se concentram quase exclusivamente nos passivos financeiros do governo, e não em seus ativos tangíveis. Alguns argumentam que a omissão de bens tangíveis leva a uma imagem altamente enganosa da situação financeira do governo.

Obrigações implícitas Um título é simplesmente uma promessa de fazer certos pagamentos em dinheiro no futuro. O valor presente dos pagamentos é o valor com que o título contribui para a dívida. Porém, os títulos não constituem-se no único método que o governo federal usa para prometer dinheiro no futuro. Ele pode fazê-lo por lei. Dois exemplos importantes são a Previdência Social e o Medicare, que prometem benefícios para os futuros aposentados que deverão ser pagos usando receitas fiscais futuras. O valor exato é difícil de calcular, mas o passivo futuro não financiado da Previdência Social e do seguro hospitalar do Medicare é estimado em cerca de US$ 26 trilhões. Os passivos com pensões federais são de cerca de US$ 5,7 trilhões [Escritório de Administração e Orçamento dos EUA, 2012, p. 491].

É claro que promessas legislativas e dívida pública não são exatamente equivalentes. Seu status legal é bem diferente; formas explícitas de dívida representam compromissos jurídicos, ao passo que os pagamentos da Previdência Social e do Medicare podem ser reduzidos por medidas legislativas, pelo menos em princípio. No entanto, o apoio político para esses programas é forte, e seria surpreendente ver o governo renegar substancialmente essas promessas. Neste contexto, vários economistas argumentam que o valor presente dos benefícios prometidos através dos programas de Previdência Social, Medicare e outros benefícios de direitos do cidadão devem ser incluídos na dívida nacional.

Resumindo

Qual o tamanho da dívida nacional? A resposta depende de quais ativos e passivos são incluídos no cálculo e de como eles são valorizados. Como em situações semelhantes, a resposta "correta" depende de suas finalidades. Por exemplo, se o objetivo é obter alguma ideia de todas as obrigações que devem ser cumpridas pelos contribuintes futuros, então medidas incluindo obrigações implícitas, como a Previdência Social, são adequadas. Mas se o objetivo é avaliar o efeito da política fiscal sobre os mercados de crédito (discutidos mais tarde), é mais adequado usar medidas de déficit convencionais que incluam apenas passivos oficiais. Deve-se tomar muito cuidado na interpretação de dados sobre dívidas, déficits e superávits.

▶ O PESO DA DÍVIDA

Praticamente todos concordam que a redução da dívida nacional seria uma coisa boa. Mas por que devemos nos importar com a dívida nacional e com o fato de ela estar aumentando ou diminuindo? É uma pergunta difícil, e respondê-la exige que pensemos muito sobre os custos de financiamento da dívida e sobre quem arca com eles.

Começamos por observar que as gerações futuras têm de quitar a dívida ou refinanciá-la (refinanciar significa simplesmente tomar novos empréstimos para pagar os credores existentes). Em ambos os casos há uma transferência de futuros contribuintes para os obrigacionistas, pois mesmo que a dívida seja refinanciada os pagamentos de juros deverão ser feitos para novos obrigacionistas. Parece, então, que as gerações futuras devem arcar com o ônus da dívida. O humorista Dave Barry expressou esta opinião comparando a dívida com "ir a um restaurante chique e pedir tudo que está no menu, com a certeza de que, quando a conta chegar, você vai estar morto" [Barry, 2004].

Mas a teoria da incidência (ver Capítulo 14) diz que devemos desconfiar dessa linha de raciocínio. Simplesmente porque o encargo legal recai sobre as futuras gerações não significa que elas arcam com o ônus real. Assim como no caso da incidência de impostos, a cadeia de acontecimentos desencadeada quando se toma um empréstimo pode tornar a incidência econômica bastante diferente da incidência legal. Tal como acontece com outros problemas de incidência, a resposta depende das suposições feitas sobre o comportamento econômico.

Uma mão pega emprestado da outra

Suponha que o governo tome emprestado de seus próprios cidadãos – a obrigação é uma dívida interna. De acordo com Lerner [1948], uma **dívida interna** não cria qualquer ônus para a geração futura. Os membros da futura geração simplesmente devem uns aos outros. Quando a dívida é paga, há uma transferência de renda de um grupo de cidadãos (aqueles que não possuem títulos) para outro (os obrigacionistas). No entanto, a futura geração como um todo não fica em pior situação no sentido de que seu nível de consumo é o mesmo que teria sido. Como um escritor do século 18 chamado Melon descreveu: "a mão direita deve à esquerda" [Musgrave, 1985, p. 49].

dívida interna

Valor que um governo deve para seus próprios cidadãos.

A história é bem diferente quando um país toma empréstimos no exterior para financiar despesas correntes. Isso é conhecido como **dívida externa**. Nos Estados Unidos, cerca de 55% da dívida federal em poder privado é detida por investidores estrangeiros, por isso esta é uma questão consequente [Relatório Econômico do Presidente, 2012, p. 422]. Suponha que o dinheiro emprestado do exterior é usado para financiar o consumo atual. Neste caso, a futura geração certamente arca com o ônus, pois seu nível de consumo é reduzido de um montante igual ao empréstimo mais os juros acumulados que devem ser enviados aos credores estrangeiros.[3] Se, por outro lado, o empréstimo é utilizado para financiar a acumulação de capital, o resultado depende da produtividade do projeto. Se o retorno marginal do investimento for maior que o custo marginal de recursos obtidos no exterior, a combinação da dívida e das despesas de capital efetivamente melhora a situação da geração futura. Na medida em que o retorno do projeto é inferior ao custo marginal, a geração futura é prejudicada.

dívida externa

Valor que um governo deve para estrangeiros.

O ponto de vista de que uma dívida detida internamente não onera as gerações futuras prevaleceu entre os economistas nas décadas de 1940 e 1950. Os economistas acreditam agora que as coisas são muito mais complicadas.

Um modelo de gerações sobrepostas

No modelo de Lerner, uma "geração" é composta por todos os que estão vivos em determinado momento. Uma maneira mais sensata de definir uma geração é todos aqueles que nasceram mais ou menos ao mesmo tempo. Usando esta definição, em qualquer época várias gerações coexistem ao mesmo tempo, um fenômeno que é fundamental para um modelo de gerações sobrepostas. A análise de um **modelo de gerações sobrepostas** simples mostra como o ônus de uma dívida pode ser transferido através das gerações.

modelo de gerações sobrepostas

Modelo que leva em conta o fato de que várias gerações diferentes coexistem simultaneamente.

Suponha que a população é constituída por igual número de jovens, pessoas de meia-idade e idosos. Cada geração é de 20 anos, e cada pessoa tem uma renda fixa de US$ 12.000 ao longo do período de 20 anos. Não há economia privada – todos consomem toda a sua renda. Esta situação deve continuar para sempre. Os níveis de renda para três pessoas representativas para o período de 2010 a 2030 estão representados na linha 1 da Tabela 20.1.

Agora suponha que o governo decide tomar um empréstimo de US$ 12.000 para financiar o consumo público. O empréstimo deve ser reembolsado no ano de 2030. Apenas o jovem e a pessoa de meia-idade estão dispostos a emprestar para o governo – o idoso não está disposto, pois não estará por aqui em 20 anos para obter o reembolso. Suponha que a

---

[3] Se o empréstimo for refinanciado, apenas os juros deverão ser pagos.

TABELA 20.1 Modelo de gerações sobrepostas

		Período de 2010-2030		
		Jovem	Meia idade	Idoso
(1) Renda		US$ 12.000	US$ 12.000	US$ 12.000
(2) Empréstimo tomado pelo governo		−6.000	−6.000	
(3) Consumo fornecido pelo Governo		4.000	4.000	4.000
			Ano de 2030	
	Jovem	Meia idade	Idoso	
(4) O governo aumenta os impostos para pagar a dívida	US$ −4.000	US$ −4.000	US$ −4.000	
(5) O governo paga a dívida		+6.000	+6.000	

Este modelo de gerações sobrepostas mostra como o endividamento público pode transferir renda da geração mais jovem para a geração mais velha.

metade do empréstimo é feito pelo jovem e metade pela pessoa de meia-idade, de modo que o consumo de cada pessoa é reduzido em 6.000 dólares durante o período de 2010 a 2030. Este fato está registrado na linha 2 da Tabela 20.1. No entanto, com o dinheiro obtido do empréstimo o governo oferece uma quantidade igual de consumo para todos – cada pessoa recebe US$ 4.000. Isso está registrado na linha 3.

O tempo passa, e chega o ano de 2030. A geração que era idosa em 2010 saiu de cena. As pessoas que eram de meia-idade agora são idosas, os jovens são agora de meia-idade, e uma nova geração jovem nasceu. O governo precisa arrecadar US$ 12.000 para pagar a dívida. Ele faz isso cobrando um imposto de US$ 4.000 de cada pessoa. Isso está registrado na linha 4. Com as receitas fiscais em mãos, o governo pode pagar os seus credores, as pessoas que agora são de meia-idade e os idosos (linha 5). Presumimos, para simplificar, que a taxa de juros é zero, então tudo que o governo tem de pagar é o valor básico. A introdução de uma taxa de juros positiva não mudaria o resultado substantivo e significa que não há necessidade de descontar o consumo futuro para descobrir seu valor atual.

Os seguintes resultados agora surgem da Tabela 20.1:

1. Como consequência da dívida e das políticas fiscais relacionadas, a geração que era idosa em 2010-2030 tem um nível de consumo ao longo da vida US$ 4.000 maior do que teria em outra situação.

2. Aqueles que eram jovens e de meia-idade em 2010-2030 não estão em melhores ou piores condições do ponto de vista do consumo ao longo da vida.

3. A geração jovem em 2030 tem um fluxo de consumo ao longo da vida que é US$ 4.000 menor do que teria sido na ausência da dívida e das políticas fiscais associadas.

Com efeito, os US$ 4.000 foram transferidos dos jovens de 2030 para os idosos de 2010. Certamente, o pagamento da dívida em 2030 envolve uma transferência entre pessoas que estão vivas no momento, mas os jovens estão na extremidade curta da transferência, porque eles têm de contribuir para pagar uma dívida da qual jamais se beneficiaram. Observe também que a distinção interno-externo, que era fundamental no modelo de Lerner, é irrelevante aqui; mesmo que a dívida seja toda interna, cria-se um ônus para a geração futura.

O modelo na Tabela 20.1 sugere um modelo natural para comparar entre gerações os ônus (e benefícios) de políticas fiscais do governo. Esse modelo, chamado de **contabilidade geracional**, envolve as seguintes etapas. Primeiro, pegue uma pessoa representante em cada geração e calcule o valor presente de todos os impostos que paga ao governo. Em seguida, calcule o valor presente de todas as transferências recebidas do governo, incluindo Previdência Social, Medicare, etc. A diferença entre o valor presente dos impostos e das transferências é o "imposto líquido" pago por um membro daquela geração. Ao comparar os valores líquidos de impostos pagos por diferentes gerações, pode-se ter uma noção de como a política do governo redistribui a renda através das gerações.

Os cálculos que utilizam este modelo sugerem que as gerações atuais se beneficiam às custas das gerações futuras. Kotlikoff [2002] estima que, se as políticas atuais permanecerem vigentes, as gerações futuras terão de enfrentar uma alíquota de imposto líquido ao longo da vida 41,6% maior do que aquela que pagam as pessoas nascidas atualmente. É claro que tais cálculos baseiam-se amplamente em suposições sobre futuras taxas de impostos, taxas de juros e assim por diante. Além disso, eles não consideram a possibilidade de que indivíduos de determinada geração possam se preocupar com seus descendentes e tomar medidas para reduzir o ônus que irão enfrentar (veja abaixo). Assim, a principal contribuição do modelo de contas geracionais é concentrar a nossa atenção nas consequências ao longo de toda a vida (e não apenas anuais) das políticas fiscais do governo. As alíquotas líquidas específicas desses impostos devem ser consideradas com cautela.

> **contabilidade geracional**
>
> Método para medir as consequências da política fiscal do governo que leva em conta o valor presente de todos os impostos e benefícios recebidos pelos membros de cada geração.

Modelo neoclássico

Os modelos intergeracionais discutidos até agora supõem que os impostos cobrados para pagar a dívida não afetam os comportamentos de trabalho ou de poupança. Se os impostos distorcem essas decisões, há custos reais para a economia.

Também ignoramos o efeito potencialmente importante do financiamento da dívida sobre a formação de capital. O modelo neoclássico da dívida salienta que quando o governo inicia um projeto, seja financiado por impostos ou por empréstimos, recursos são retirados do setor privado. Geralmente, supõe-se que quando fundos de impostos são utilizados, a maior parte dos recursos removidos vêm às custas de consumo. Por outro lado, quando o governo toma empréstimos, ele compete por recursos com pessoas físicas e empresas que querem o dinheiro para os seus próprios projetos de investimento. Sendo assim, a dívida tem a maior parte de seu efeito sobre o investimento privado. Na medida em que estas suposições estão corretas, o financiamento da dívida deixa a futura geração com um capital social menor, permanecendo outros fatores inalterados. Portanto, seus membros são menos produtivos e têm renda real menor do que em outra situação. Assim, a dívida impõe um ônus às gerações futuras em função de seu impacto sobre a formação de capital. Observe, no entanto, que um dos fatores que permanecem iguais aqui é o estoque de capital do setor público. Como sugerido anteriormente, na medida em que o setor público realiza investimento produtivo com os recursos que extrai do setor privado, o capital social total aumenta.

A suposição de que os empréstimos tomados pelo governo reduzem o investimento privado desempenha um papel fundamental na análise neoclássica. É chamada de **hipótese do crowding-out**, quando o setor público faz uso de recursos disponíveis para investimento, o investimento privado sofre efeito de crowding-out. O crowding-out resulta de mudanças na taxa de juros. Quando o governo aumenta sua demanda por crédito, a taxa

> **hipótese do crowding-out**
>
> Empréstimos tomados pelo governo diminuem o investimento privado, elevando a taxa de juros de mercado.

de juros, que é simplesmente o preço do crédito, sobe. Mas se a taxa de juros aumenta, o investimento privado se torna mais caro e é realizado com menor frequência.[4]

Quando colocada desta maneira, a hipótese do crowding-out parece simples de testar. Basta examinar a relação histórica entre as taxas de juros e os déficits do governo (como proporção do Produto Interno Bruto). A correlação positiva entre as duas variáveis sustentaria a hipótese do crowding-out. A questão de como os déficits afetam as taxas de juros é tema de debates políticos acalorados. Por exemplo, alguns oponentes da proposta de orçamento do governo Obama, que incluía aumentos substanciais na dívida, argumentaram que ela levaria a um aumento nas taxas de juros.

Infelizmente, resolver esta controvérsia é complicado porque outras variáveis também afetam as taxas de juros. Por exemplo, durante uma recessão, o investimento diminui e, consequentemente, a taxa de juros cai. Ao mesmo tempo, condições de negócios menos favoráveis levam à arrecadação de menos impostos, o que aumenta o déficit, permanecendo outros fatores inalterados. Assim, os dados podem mostrar uma relação inversa entre taxas de juros e déficits, embora isso não diga nada em um sentido ou outro sobre o crowding-out. Isso ocorreu durante a recessão mais recente, quando as taxas de juros estavam muito baixas, embora os déficits tivessem aumentado dramaticamente. Como de costume, o problema é compreender o efeito independente dos déficits sobre as taxas de juros e, como mostramos no Capítulo 2, este tipo de problema pode ser bastante difícil. Várias décadas de intensa pesquisa econométrica sobre esta questão não conseguiram levar a resultados conclusivos. Uma estimativa razoável baseada em estudos recentes é que um aumento no déficit federal no montante de 1% do PIB eleva as taxas de juros em cerca de 0,3 pontos percentuais [Congressional Budget Office, 2005b, p. 4].

Embora as evidências econométricas sejam obscuras, o argumento teórico que diz que ocorre pelo menos crowding-out parcial é tão forte que a maioria dos economistas concorda que grandes déficits causam alguma redução no capital social.[5] No entanto, o tamanho exato desta redução, e consequentemente a diminuição do bem-estar para as gerações futuras, não é conhecido com precisão.

Modelo ricardiano

Nossa discussão até agora tem ignorado a possível importância de transferências intencionais de indivíduos ao longo das gerações. Barro [1974] argumenta que, quando o governo toma empréstimos, membros da geração "velha" percebem que seus herdeiros ficarão em pior situação. Suponha ainda que os idosos se preocupam com o bem-estar de seus descendentes e, portanto, não querem que os níveis de consumo de seus descendentes sejam reduzidos. O que os idosos podem fazer a respeito disso? Uma possibilidade é simplesmente aumentar suas heranças em um valor suficiente para pagar os impostos extras que serão devidos no futuro. O resultado é que nada muda. Cada geração consome exatamente a mesma quantidade que antes do governo tomar o empréstimo. Em termos do modelo na Tabela 20.1, a geração idosa economiza US$ 4.000 em 2010 para dar aos jovens de 2030, de modo que o consumo de cada geração permanece inalterado.

---

[4] Quando o capital é internacionalmente móvel, o aumento induzido pela dívida na taxa de juros leva a uma entrada de recursos do exterior. Isso aumenta a demanda por dólares, fazendo com que o dólar se valorize, o que aumenta, por sua vez, o preço relativo das exportações americanas. Por isso, as exportações líquidas sofrem efeito de crowding-out em vez do investimento doméstico. Na economia americana, provavelmente parte do investimento interno e das exportações sofrerão efeito de crowding-out.

[5] Na medida em que taxas de juros mais altas atraem investimentos estrangeiros, ocorre menos crowding-out. No entanto, o ônus para as gerações futuras é praticamente inalterado por causa dos juros que têm de pagar aos estrangeiros.

Com efeito, portanto, pessoas privadas desfazem os efeitos intergeracionais da política da dívida pública para que impostos e financiamento da dívida sejam essencialmente equivalentes. Este ponto de vista, de que a forma de financiamento do governo é irrelevante, é muitas vezes chamado de modelo ricardiano, porque seus antecedentes apareceram no trabalho do economista britânico do século XIX, David Ricardo (no entanto, Ricardo era cético sobre a teoria que hoje leva seu nome).

A hipótese provocativa de Barro sobre a irrelevância da política fiscal do governo é tema de muita discussão. Alguns rejeitam a ideia julgando ser baseada em suposições pouco plausíveis, como o fato de as pessoas entenderem exatamente como os déficits atuais levarão a encargos fiscais futuros. De fato, como enfatizado no início deste capítulo, nem mesmo está claro o tamanho da dívida! Outra crítica é que as pessoas não são tão clarividentes quanto o modelo supõe.

Por outro lado, pode-se argumentar que o teste definitivo para a teoria não é a plausibilidade de suas hipóteses, mas se ou não suas previsões são confirmadas pelos dados. Os céticos notam que, no início da década de 1980, houve um grande aumento no déficit federal. Se o modelo ricardiano estivesse correto, seria de esperar que a poupança privada aumentasse proporcionalmente. No entanto, a poupança privada (em relação ao produto nacional líquido) em verdade caiu. Embora esta constatação seja sugestiva, ela não é conclusiva, pois outros fatores além do déficit afetam a taxa de poupança. Uma série de estudos econométricos analisam a relação entre os déficits orçamentários e a poupança (ver Congressional Budget Office [2005b]). As evidências são bastante variadas, e o modelo ricardiano tem críticos e adeptos entre os economistas profissionais.

Visão geral

O ônus da dívida é essencialmente um problema de incidência tributária em um cenário intergeracional. Como muitos outros problemas de incidência, o ônus da dívida é difícil de definir. Em primeiro lugar, não é óbvio como o ônus deve ser definido. Uma possibilidade é medi-lo em termos das possibilidades de consumo ao longo da vida de um grupo de pessoas da mesma idade. Outra é medi-lo em termos do consumo disponível para todas as pessoas vivas em determinado momento. Mesmo quando escolhemos uma definição, a existência de um ônus depende das respostas a várias perguntas: A dívida é interna ou externa? Como várias decisões econômicas são afetadas pela política de dívida? Que tipo de projetos são financiados pela dívida? Tentou-se examinar empiricamente algumas dessas decisões, mas até agora não há consenso.

▶ TRIBUTAR OU TOMAR EMPRÉSTIMOS?

Durante sua campanha para ser a candidata do Partido Democrata à presidência em 2008, perguntaram à então senadora Hillary Clinton se ela apoiaria um imposto para ajudar a financiar as guerras no Iraque e no Afeganistão. Ela respondeu com um inequívoco não. Isso desencadeou um debate sobre se era apropriado deixar as gerações futuras responsáveis pelo financiamento das guerras atuais. A escolha entre dívida e impostos é uma das questões mais fundamentais em matéria de finanças públicas. Com os resultados de nossa discussão sobre o ônus da dívida, estamos em uma boa situação para avaliar várias abordagens para responder à pergunta.

Princípio dos benefícios recebidos

Este princípio normativo estabelece que os beneficiários de um programa do governo deveriam ter de pagar por ele. Assim, na medida em que o programa cria benefícios para as gerações futuras, é adequado transferir o ônus para as gerações futuras através do financiamento da dívida. Um exemplo possível é o empréstimo para pagar escolas que beneficiam os alunos pelo aumento de seus ganhos futuros.

Equidade intergeracional

Suponha que, devido ao progresso tecnológico, os nossos netos serão mais ricos do que nós. Se faz sentido transferir renda dos ricos para os pobres dentro de uma geração, por que não transferir renda das gerações ricas para as pobres? Claro que, se esperamos que as gerações futuras sejam mais pobres do que nós (devido, por exemplo, a aumentos nos preços de determinados recursos naturais), então esta lógica leva exatamente à conclusão oposta.

Considerações de eficiência

Do ponto de vista da eficiência, a questão é se a dívida ou o financiamento por impostos gera maior encargo excessivo. A chave para analisar esta questão é perceber que cada aumento nos gastos do governo deve finalmente ser financiado por um aumento de impostos. A escolha entre financiamento por impostos ou dívida é apenas uma escolha de quando cobrar os impostos. Com o financiamento por imposto, um grande pagamento é feito no momento em que a despesa é realizada. Com o financiamento por dívida, muitos pequenos pagamentos são feitos ao longo do tempo para financiar os juros devidos sobre a dívida. Os atuais valores das cobranças de impostos devem ser iguais em ambos os casos.

Se os atuais valores dos impostos arrecadados pelos dois métodos são os mesmos, não há qualquer razão para preferir um ou outro em termos de eficiência? Suponha, para simplificar, que todas as receitas para financiar a dívida sejam arrecadadas por um imposto sobre a renda do trabalho. Como mostrado no Capítulo 15 [Equação (15.4)], tal imposto distorce as decisões de oferta de trabalho, criando um encargo excessivo

$$\tfrac{1}{2}\epsilon w L t_2$$

em que ϵ é a elasticidade compensada de horas de trabalho no que diz respeito ao salário, w é o salário antes de impostos, L é o número de horas trabalhadas e t é a alíquota de imposto *ad valorem*. Observe que o aumento do encargo excessivo é o quadrado da alíquota de imposto – quando a alíquota do imposto dobra, o encargo excessivo quadruplica. Assim, do ponto de vista do encargo excessivo, dois pequenos impostos são preferíveis a um grande imposto.

Este ponto é ilustrado na Figura 20.3, que retrata a relação quadrática entre o encargo excessivo e a alíquota de imposto. O encargo excessivo associado com a alíquota de imposto baixa, t_1, é X_1 e o encargo excessivo associado com a taxa mais elevada, t_2, é X_2. Do ponto de vista da eficiência, é melhor ser tributado duas vezes com a taxa t_1 do que uma vez com a taxa t_2. A implicação é que o financiamento por dívida, que resulta em uma série de taxas de imposto relativamente pequenas, é superior ao financiamento por imposto, em termos de eficiência.

Este argumento ignora uma importante consideração – na medida em que o aumento da dívida reduz o capital social, cria-se um encargo excessivo adicional.[6] Assim, embora o financiamento por dívida possa ser mais eficiente do ponto de vista das escolhas da oferta

---

[6] Mais precisamente, um encargo excessivo adicional é criado se o capital social começa abaixo do nível ótimo por causa de, por exemplo, impostos sobre a renda de capital (ver Feldstein [1985, p. 234]).

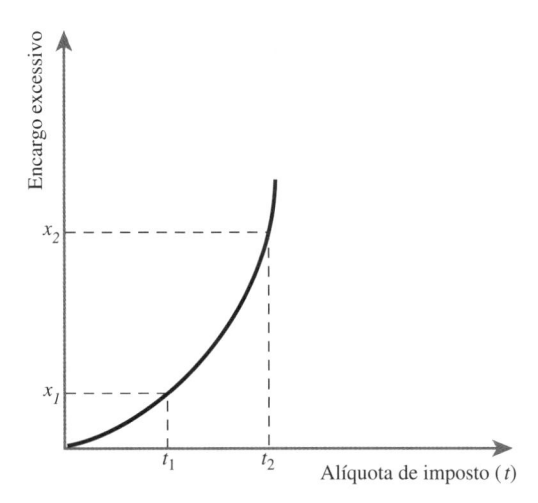

FIGURA 20.3 Relação entre a alíquota de imposto e o encargo excessivo. O aumento do encargo excessivo é o quadrado da alíquota de imposto.

de trabalho, ele será menos eficiente do ponto de vista das decisões de alocação de capital. A priori, não está claro qual efeito é mais importante, por isso não podemos saber se o financiamento por dívida ou imposto é mais eficiente.

Assim, o "crowding out", que era tão importante em nossa discussão sobre o ônus intergeracional da dívida, também é central para a questão da eficiência. Lembre-se de que, de acordo com o modelo ricardiano, não há crowding-out. Assim, os impostos distorcem somente as opções de oferta de trabalho, e o financiamento por dívida é inequivocamente superior em termos de eficiência. No entanto, na medida em que ocorre crowding-out, o financiamento por imposto se torna mais atraente. Claramente, como as evidências empíricas sobre crowding-out não são conclusivas, não podemos saber com certeza o mérito relativo de eficiência do financiamento por dívida em comparação com o financiamento por impostos.

Déficits e finanças funcionais

Até agora, trabalhamos com nossa hipótese habitual de que todos os recursos são plenamente empregados. Lembre-se do Capítulo 8 que isto implica em que os gastos do governo desviam recursos do setor privado e, portanto, impõem custos para a sociedade (que devem ser comparados com os benefícios da despesa do governo). Esse modelo é adequado para caracterizar as tendências de longo prazo na economia. No entanto, quando a economia não opera em sua capacidade plena, os gastos do governo podem recorrer a trabalho e capital não empregados para ajudar a restabelecer o pleno emprego na economia. Sendo este o caso, o financiamento por déficit pode ser desejável por causa do baixo custo de oportunidade dos recursos desviados do setor privado. Esta abordagem é muitas vezes referida como **finanças funcionais** – uso de impostos e déficits para manter a demanda agregada no nível certo, sem se preocupar com o equilíbrio do orçamento em si.

Há considerável controvérsia sobre as finanças funcionais, em parte com base em divergências sobre o grau em que os gastos do governo realmente colocam para trabalhar recursos que de outra forma não teriam sido empregados. Uma discussão aprofundada dos aspectos relevantes da macroeconomia exigiria que nos distanciássemos muito de nosso tema; porém, vale destacar alguns pontos:

> **finanças funcionais**
>
> Usar a política fiscal para manter a demanda agregada no nível desejado, independentemente do impacto sobre o déficit.

- Se o modelo de altruísmo intergeracional de Barro está correto, as pessoas podem anular os efeitos da política de dívida pública. O governo não pode estabilizar a economia.[7]
- Existe muita incerteza sobre o tempo necessário para que mudanças na política fiscal se traduzam em mudanças no emprego. Porém, para que uma política de combate ao desemprego seja bem-sucedida, o momento precisa ser certo. Caso contrário, pode-se acabar estimulando a economia quando isso não é mais necessário, contribuindo potencialmente para a inflação. Este problema de tempo oportuno foi importante no debate durante a eleição presidencial de 2012 sobre se os gastos do governo deveriam ou não ser aumentados.

Dívida federal e o risco de uma crise fiscal

Embora o modelo de finanças funcionais veja um papel útil para os empréstimos tomados pelo governo para apoiar a macroeconomia, alguns economistas acreditam que, quando a dívida se torna "muito alta", os efeitos podem ser prejudiciais. Por exemplo, Reinhart, Reinhart e Rogoff [2012] observam que os países com os encargos de dívida relativamente altos tendem a crescer mais lentamente.

Níveis de dívida excessivamente elevados também podem levar a crises fiscais se os credores do governo deixam de confiar que serão pagos. Neste cenário, o governo tem de pagar taxas de juros mais altas para compensar o aumento do risco percebido por seus credores. O governo grego, por exemplo, precisou pagar taxas de até 20% em 2012, em parte por causa de temores de um default.

É de se esperar que as taxas de juros subam gradualmente à medida que os temores de inadimplência aumentam. Mas a experiência de outros países com dívidas altas mostra que a perda de confiança pode ocorrer de forma abrupta, causando um aumento repentino e acentuado nas taxas de juros. Taxas de juros muito mais altas, por sua vez, podem levar a menor investimento e a crescimento mais lento da produção e dos salários [Escritório de Orçamento do Congresso, 2010]. Ao mesmo tempo, os governos que têm custos de juros mais altos enfrentam a desagradável escolha entre cortar gastos, aumentar impostos ou emitir ainda mais dívida.

Como salientamos anteriormente, é preciso ter cautela ao tirar conclusões sobre a causalidade das correlações de variáveis macroeconômicas. Poderíamos perguntar, por exemplo, se a dívida elevada retarda o crescimento, ou se os países que crescem lentamente acumulam mais dívida, talvez para aumentar os pagamentos de transferência para compensar a queda na renda. Além disso, não há nenhuma razão para confiar muito em qualquer estimativa específica do nível de endividamento que desencadeia uma crise fiscal. Ainda assim, muitos economistas aceitam a ideia de que, pelo menos em certa medida, uma proporção elevada da dívida em relação ao PIB tende a ser pouco saudável para a macroeconomia, permanecendo outros fatores inalterados.

Considerações morais e políticas

Alguns sugerem que a decisão entre financiamento por impostos e por dívida é uma questão moral. Como o presidente Thomas Jefferson expressou em 1813, "Eu confio que... devemos todos nos considerar não autorizados a comprometer a posteridade com as nossas dívidas e moralmente obrigados a pagá-las nós mesmos". A moralidade exige autodomínio; déficits são indicativos da falta de contenção, portanto, os déficits são

---

[7] Mais precisamente, as mudanças *previstas* na política não têm impacto. Mudanças inesperadas podem ter efeito pois, por definição, as pessoas não podem mudar seu comportamento para neutralizá-las.

imorais. O pressuposto implícito de que a dívida é imoral é uma característica dos debates políticos.

Como enfatizado ao longo deste texto, as questões éticas são fundamentais para a formulação de políticas públicas, de modo que afirmações de que os déficits são imorais merecem séria consideração. Observe, no entanto, que este ponto de vista *normativo* parece basear-se fortemente na hipótese *positiva* não comprovada de que o ônus da dívida é deslocado para as gerações futuras. Além disso, não está claro por que este ponto de vista normativo específico é superior a, por exemplo, o princípio dos benefícios recebidos, que implica que, por vezes, o empréstimo é moralmente a coisa certa a fazer.

Outro argumento contra o déficit é político. Como observado no Capítulo 6, alguns acreditam que o processo político tende a subestimar os custos de gastos do governo e a superestimar seus benefícios. A disciplina de um orçamento equilibrado pode produzir uma ponderação mais cuidadosa dos custos e dos benefícios, evitando assim que o setor público cresça além de seu tamanho ideal.

No entanto, alguns daqueles que pensam que o governo gasta demais têm um ponto de vista diferente, argumentando que os déficits podem servir como freio eficaz para os gastos do governo. De acordo com o vencedor do Prêmio Nobel Milton Friedman [2003, p. A10], o ponto de vista convencional é que o nível de gastos do governo é fixo, independentemente da existência de déficit. Se isso é verdade, aumentar os impostos pode eliminar o déficit. Mas Friedman argumenta que um modelo melhor é que os gastos não são fixos – se o governo receber mais dinheiro em impostos, ele simplesmente irá gastar o dinheiro. "O que é pré-determinado não é o gasto, mas o déficit politicamente tolerável. Aumente os impostos o suficiente para eliminar o déficit existente e os gastos irão subir para restaurar o déficit tolerável". A melhor estratégia para restringir o governo é cortar impostos. "Os déficits resultantes serão uma restrição eficaz... sobre as propensões ao gasto do Poder Executivo e do Legislativo". Como enfatizado no Capítulo 6, é muito difícil avaliar a validade de teorias sobre os gastos do governo. De fato, outros pesquisadores acreditam que os cortes de impostos não levam a uma redução nos gastos do governo [Romer e Romer, 2007]. Em qualquer caso, esta questão nos lembra da importância de considerar o ambiente político ao fazer recomendações de política.

Controle do déficit

Há muitos anos os formuladores de políticas se esforçam para reduzir os déficits. O foco principal é o processo de elaboração do orçamento. Ao longo dos anos, os críticos do processo argumentaram que a formulação do orçamento federal é indisciplinada. Em resposta, o Congresso aprovou várias leis cujo objetivo era impor alguma disciplina, estabelecendo metas de gastos e receita. O orçamento aprovado em 1997, por exemplo, estabeleceu um limite para as despesas discricionárias anuais de 1998 a 2002 (despesa discricionária refere-se a gastos sobre os quais o Congresso vota, incluindo desde a construção de tanques até o pagamento de funcionários públicos). Um elaborado conjunto de regras parlamentares determinou as circunstâncias em que o limite poderia ser ultrapassado em caso de emergências.

O problema é que o Congresso mostrou ser bastante criativo em se tratando de burlar as regras. Por exemplo, os gastos de quase US$ 90 bilhões para as guerras no Afeganistão e no Iraque foram classificados como emergências e, portanto, não estavam sujeitos a esses limites. Considerando casos como este, é natural perguntar se as instituições fiscais têm alguma importância. Se o presidente e o Congresso querem gastar certa quantia de dinheiro, eles não vão simplesmente conspirar para contornar quaisquer que sejam as regras em vigor? De fato, demorou apenas um ano para que o Congresso violasse sua regra de "pay-as-you-go" (aprovada em 2007), que exige que novos gastos ou cortes nos impostos sejam compensados por outras reduções de gastos ou aumentos de impostos. Dito isto, não se pode descartar a possibilidade de que as regras de orçamento do Congresso tenham reduzido o déficit, pois não se sabe como teriam sidos os gastos na ausência de tais regras.

Outra forma de tentar estudar a importância das instituições fiscais é analisar a experiência dos estados, a maioria dos quais tem regras em suas constituições que proíbem déficits em seus orçamentos operacionais (o orçamento operacional paga as despesas correntes, em oposição ao orçamento de capital, que financia investimentos de longo prazo, como estradas e edifícios). É importante ressaltar que as regras diferem em seu escopo e severidade. Em alguns estados, a única exigência é que o governador apresente um orçamento equilibrado. Se for verificado que as projeções do governador estão incorretas, resultando em déficit, não há exigência de que o Estado aumente os impostos ou corte gastos – o Estado pode tomar empréstimos para financiar o déficit e levá-lo para o próximo ano. Outros estados não permitem esse tipo de comportamento – os déficits não podem ser levados adiante. Truques contábeis como os descritos acima são por vezes usados para lidar com a presença de déficits nesses estados.

Uma estratégia de pesquisa natural é investigar se os estados com regras orçamentais rigorosas têm déficits menores e reagem mais rapidamente a reduções imprevistas na receita em comparação com estados com regras brandas. Há algumas evidências de que, de fato, é isso que acontece. A interpretação de tais evidências é um pouco complicada, pois não sabemos se os resultados nos estados com regras rígidas se devem realmente a essas regras. É possível, por exemplo, que regras rígidas sejam aprovadas por legisladores fiscalmente conservadores, que tenderiam a tratar de déficits de forma agressiva, mesmo sem obrigação legal. Vários estudos econométricos concluíram que, mesmo depois de tomar tais complicações em conta, as instituições fiscais importam. Em uma análise das regras do orçamento federal, o economista Alan Auerbach constatou que "as regras tinham mesmo algum efeito, e não eram simples declarações de intenções políticas. As regras também podem ter tido algum sucesso no controle do déficit" [Auerbach, 2008].

Alguns argumentam que o problema com regras orçamentárias aprovadas pelo Congresso é que elas são simplesmente peças de legislação e que, como tal, podem ser facilmente alteradas, suspensas ou revogadas pelo voto da maioria das duas casas do Congresso. Alguns iriam mais longe e colocariam as regras orçamentais na própria Constituição. Várias emendas constitucionais foram propostas; disposições como estas são típicas:

1. Congresso deve aprovar uma declaração de orçamento "em que o total de despesas não seja maior que as receitas totais".
2. O total das receitas não pode aumentar "a uma taxa maior do que a taxa de aumento da renda nacional".
3. "O Congresso e o presidente deverão... garantir que os gastos reais não excedam os desembolsos previstos na declaração de orçamento".
4. As disposições podem ser anuladas em tempo de guerra.

A maioria dos economistas – tanto liberais quanto conservadores – acredita que uma emenda de orçamento equilibrado é uma ideia mal concebida por várias razões.[8]

Em primeiro lugar, a adoção de uma declaração de despesas e receitas exige que sejam feitas previsões sobre o futuro desempenho da economia. Este problema é tão difícil que analistas com total integridade podem produzir estimativas muito diferentes. Como é que o Congresso escolhe entre essas previsões? Se uma previsão incorreta for escolhida, o Congresso poderá violar a lei sem perceber! As coisas tornam-se ainda mais complicadas quando percebemos que algumas previsões serão influenciadas por considerações políticas.

---

[8] Ver Schultze [1995] para argumentos contra uma emenda e Buchanan [1995] para argumentos a favor.

Aqueles que querem expandir os gastos, por exemplo, encorajariam previsões que superestimassem as receitas fiscais durante o ano seguinte e vice-versa.

Em segundo lugar, a emenda não define "gastos" e "receitas". Utilizando métodos de contabilidade adequados, o Congresso poderia facilmente burlar a lei. Uma maneira de fazer isso é criar empresas autorizadas a fazer investimentos e empréstimos, mas que não façam parte do governo oficialmente. Por exemplo, antes de 1968 a Federal National Mortgage Association (Fannie Mae) era uma entidade do governo que comprava hipotecas, juntava-as em pacotes de "títulos lastreados em hipotecas" e as revendia para o setor privado. A Fannie Mae foi privatizada em 1968, em parte para tirar suas dívidas do orçamento federal e para tornar politicamente mais fácil para o governo aumentar os gastos com a Guerra do Vietnã. Durante a crise financeira de 2008 a Fannie Mae desabou e, assim que isso aconteceu, o governo reassumiu seu controle. Assim, a Fannie pode ter sido "privatizada" no sentido contábil, mas, em um sentido real, suas atividades de despesas e empréstimos faziam parte do orçamento federal. Tal atividade fora do orçamento continua a ser uma importante forma de esconder o tamanho real do orçamento, e provavelmente aumentaria se houvesse uma emenda de orçamento equilibrado. Como alternativa, os legisladores podem tentar realizar com a regulação o que poderiam ter alcançado pelo aumento das despesas.

Finalmente, os juristas destacam algumas questões importantes. O que acontece se existe déficit? Todo o congresso vai para a cadeia? O Congresso poderia ser processado por gastar demais? Os juízes federais acabariam fazendo política econômica? Poderia um único cidadão ir a tribunal e obter uma liminar para parar todas as atividades do governo em caso de déficit? Um jurista opinou: "Não consigo pensar em nenhuma outra lei que pudesse dar aos juízes a capacidade de exercer mais poder discricionário de decisão política do que uma emenda de orçamento equilibrado" [Schuck, 2011]. No entanto, as limitações constitucionais sobre gastos e déficits ainda são populares. Uma emenda de orçamento equilibrado foi derrotada no Congresso em 1997. Porém, é provável que a proposta volte a ser apresentada novamente no futuro.

▶ VISÃO GERAL

A dívida nacional é um tema complicado e emocional. A análise deste capítulo traz as seguintes perspectivas para apoiar o debate:

- O tamanho do déficit durante determinado ano depende de convenções contábeis. Este fato ressalta a arbitrariedade de qualquer número definido para *o* déficit, *o* superávit ou *a* dívida.

- As consequências de déficits e superávits, embora potencialmente importantes, são difíceis de medir. E mesmo que conhecêssemos seus efeitos exatos, as implicações para a condução da política da dívida ainda dependeriam de pontos de vista éticos em relação à distribuição intergeracional da renda.

À luz de todas estas considerações, não faz muito sentido avaliar o funcionamento econômico do setor público apenas com base no tamanho do déficit ou superávit oficial. Um déficit não é necessariamente ruim, e um superávit não é necessariamente bom. Mais importante é saber se os níveis de serviços do governo são ideais, especialmente considerando os custos de garantir os recursos necessários para a prestação desses serviços. Um debate intenso sobre as atividades de gastos e de financiamento do governo é importante em uma democracia. As consequências do déficit em relação a outras formas de financiamento são importantes e dignas de consideração pública. No entanto, a tendência tanto de liberais quanto de conservadores a avaliar o estado das finanças públicas unicamente com base no déficit tende a obscurecer e confundir o debate.

Resumo

- O empréstimo é um importante método de financiamento do governo. O déficit durante um período de tempo é o excesso de despesas sobre as receitas; o superávit é o excesso de receitas sobre as despesas; a dívida em determinado momento é a soma algébrica dos déficits e superávits passados.

- Os números oficiais sobre o tamanho dos déficits, dos superávits e das dívidas do governo federal devem ser vistos com cautela por várias razões:

  Os governos estaduais e locais também têm grandes quantidades de dívida.

  A inflação corrói o valor real da dívida; o déficit ou superávit oficial não reflete esse fato.

  O governo federal não faz distinção entre despesas de capital e despesas correntes. No entanto, as tentativas de criar um orçamento de capital para o governo federal podem falhar em função de problemas conceituais e políticos.

  Os ativos tangíveis de propriedade do governo devem ser levados em conta, bem como as obrigações implícitas do governo (como promessas de pagamento de benefícios de Previdência Social e do programa Medicare).

- Se o ônus da dívida deve ou não recair sobre as gerações futuras é uma questão controversa. Um ponto de vista é que a dívida interna não cria qualquer ônus líquido para a geração futura, pois é simplesmente uma transferência entre ferações. No entanto, em um modelo de gerações sobrepostas, o financiamento por dívida pode produzir um verdadeiro fardo para as gerações futuras.

- O ônus da dívida também depende do fato de o financiamento por dívida causar ou não efeito de crowding-out no investimento privado. Se isso acontecer, as gerações futuras terão um menor estoque de capital e, consequentemente, rendas reais mais baixas, permanecendo outros fatores inalterados. Em um modelo ricardiano, transferências voluntárias entre gerações desfazem os efeitos da política da dívida, de modo que não ocorre crowding-out.

- Vários fatores influenciam se determinada despesa pública deverá ser financiada por impostos ou por dívida. O princípio dos benefícios recebidos sugere que, se o projeto beneficia as gerações futuras, é apropriado fazer com que paguem por ele através de financiamento por empréstimo. Além disso, se há previsão de que as gerações futuras serão mais ricas do que a atual, alguns princípios de equidade sugerem que é justo impor-lhes o ônus.

- Do ponto de vista da eficiência, deve-se comparar os encargos excessivos do financiamento por impostos e por dívida. Se não houver crowding-out, o financiamento por dívida terá menos encargo excessivo, pois uma série de pequenos aumentos de impostos gera um encargo excessivo menor do que um grande aumento de impostos. No entanto, se ocorrer crowding-out, esta conclusão pode ser revertida.

Perguntas para reflexão

1. Como cada um dos seguintes fatos afetaria a dívida nacional, conforme medida atualmente?

   a. O governo toma um empréstimo para financiar um desfile do Memorial Day.

   b. A Estátua da Liberdade é vendida a um grupo de empresários privados.

   c. Uma lei é aprovada prometendo assistência médica gratuita a todas as crianças menores de cinco anos de idade.

   d. O governo cobra um imposto de US$ 100 de Lynne este ano, mas promete pagar-lhe US$ 105 no próximo ano.

   e. O governo toma um empréstimo de US$ 100 de Lynne este ano e paga os US$ 100 com 5% de juros no próximo ano.

   Se você estivesse projetando um sistema de contabilidade para o governo, como você trataria cada um desses itens?

2. Em 2010, o governo grego considerou vender suas participações em um banco, uma empresa de apostas e uma empresa de telecomunicações para reduzir o seu déficit orçamental. Você acha que esta é uma abordagem sensata para reduzir o déficit grego? Explique.

3. De acordo com Schick [2002, p. 46], "A chegada de um superávit [no final da década de 1990] desencadeou um frenesi de gastos que corrompeu os limites de gastos discricionários estabelecidos pela Budget Enforcement Act de 1990 e zombou da exigência do BEA de que o aumento dos gastos fosse compensado por cortes em outros gastos ou pelo aumento da receita". Discuta a relação deste episódio com a abordagem de Milton Friedman para pensar sobre a relação entre os déficits e os gastos do governo.

4. Suponha que a elasticidade compensada da oferta de trabalho em relação ao salário é zero. Por razões de eficiência, quais são as consequências para a escolha ideal entre financiamento por dívida e por impostos para um aumento temporário nos gastos do governo?

5. Os críticos de passivos não financiados do governo, tais como os decorrentes da Previdência Social e do programa Medicare, tratam essas políticas como "abuso infantil fiscal". Sob que condições esses passivos de fato prejudicam as gerações futuras?

6. Em 2012, um repórter parafraseou o ponto de vista do ganhador do prêmio Nobel Paul Krugman, dizendo: "A fim de evitar uma completa depressão, o governo dos EUA precisa ignorar o tamanho do déficit e começar a gastar para estimular a economia" [Weisenthal, 2012]. Sob que condições é sensato usar um déficit para financiar os gastos do governo?

7. O colunista do *New York Times* David Brooks escreveu que "Na esfera privada,..., os idosos dão presentes maravilhosos para seus netos, atenção amorosa que irá permanecer na mente dos jovens, fornecendo apoio para as décadas que virão. Na esfera pública, eles os tiram" [Brooks, 2010]. Como esta observação se relaciona com o modelo ricardiano de equivalência?

21 Impostos sobre o consumo e a riqueza

> *Mas quando os impostos incidem sobre aquelas coisas que os homens consomem, todos os homens pagam igualmente por aquilo que usam e o Estado também não é defraudado pelo desperdício luxurioso dos particulares.*
>
> —THOMAS HOBBES

Existe uma insatisfação considerável com os sistemas federais de imposto de renda pessoal e corporativo. Como um painel presidencial bipartidário sobre a reforma do sistema fiscal observou: "O código tributário está repleto de ineficiências, lacunas, incentivos, destinações fiscais e complexidades desconcertantes" [Comissão Nacional de Responsabilidade Fiscal e Reforma, 2010, p. 12].

Discutimos algumas opções para aperfeiçoar o imposto de renda pessoal e corporativo nos Capítulos 17 e 19, respectivamente. Neste capítulo, vamos analisar uma reforma mais profunda do sistema fiscal: mudar a base do sistema da renda para o consumo. Com um imposto sobre o consumo, a base de cálculo é o valor (ou a quantidade) das *commodities* vendidas a uma pessoa para consumo *real*, enquanto que para um imposto de renda, a base é a mudança no *potencial* de consumo.

Há uma rica literatura em economia sobre os prós e contras de substituir o imposto de renda por um imposto sobre o consumo. Uma questão polêmica que surge com o imposto sobre o consumo é o que fazer com as pessoas que têm grandes rendas e consomem pouco, pagando assim poucos impostos e acumulando grandes quantidades de riqueza, que podem ser passadas para seus herdeiros. Portanto, dedicamos parte deste capítulo a analisar o tratamento fiscal atual e proposto para a riqueza, especialmente de legados.

◆ ◆ ◆

▶ EFICIÊNCIA E EQUIDADE DOS IMPOSTOS SOBRE O CONSUMO PESSOAL

Os defensores da substituição do imposto de renda por um imposto sobre o consumo argumentam que a eficiência, a equidade e a simplicidade administrativa seriam aumentadas. Os defensores do imposto de renda argumentam que o argumento em favor de um imposto sobre o consumo pessoal é altamente falho. Discutiremos agora a polêmica.

Questões de eficiência

A eficiência de um imposto sobre o consumo versus um imposto de renda pode ser examinada usando o modelo de ciclo de vida para consumo e poupança discutido nos Capítulos 11 e 18. Nesse modelo, a oferta de trabalho de um indivíduo em cada período é fixa. As duas *commodities* que compram são o consumo presente, c_0, e o consumo futuro, c_1. Se r é a taxa de juros, cada dólar adicional de consumo de hoje significa que o consumo futuro do indivíduo será reduzido em $(1 + r)$. Assim, o preço relativo de c_0 – seu custo de oportunidade – é $(1 + r)$.

Considere agora o caso de Julieta, de quem é cobrado um imposto de renda de 30%. Supondo que o imposto permite a dedução de pagamentos de juros, como isso afeta o preço relativo de c_0?[1] Se Julieta economiza um dólar e este rende um retorno r, o governo recolhe 30% do retorno em impostos, deixando-a com apenas $0,70 \times r$. Se ela toma um empréstimo de um dólar, os pagamentos de juros são dedutíveis, de modo que o custo dos empréstimos é reduzido para $0,70 \times r$. Em suma, o imposto de renda reduz o preço relativo do consumo presente de $(1 + r)$ para $(1 + 0,70r)$. É inserida uma carga entre o valor que o mutuário paga e o valor que o credor recebe. Como mostramos no Capítulo 15, a carga fiscal cria encargos excessivos. Concluímos que o imposto de renda gera encargo excessivo.

Agora, considere um imposto sobre o consumo que gera a mesma quantidade de receita que o imposto de renda. O principal fator a observar é que, com o imposto sobre o consumo, a taxa de retorno de mercado disponível para Julieta não é tributada. Assim, depois do imposto sobre o consumo, o preço relativo de c_0 ainda é $(1 + r)$. Ao contrário do imposto de renda, não há qualquer carga fiscal e, portanto, também não há encargo excessivo. Este tratamento neutro de poupança é frequentemente citado como a principal vantagem de um imposto sobre o consumo. Como Lazear e Poterba [2006, p. 4] escrevem: "Ao eliminar o tratamento que favorece o consumo presente em relação ao consumo futuro que resulta da tributação da poupança em um imposto de renda, um imposto sobre o consumo remove o desestímulo para a poupança".

Enquanto o imposto sobre o consumo, diferentemente do imposto de renda, deixa inalterada a taxa em que Julieta pode distribuir o consumo entre os dois períodos, em geral ele não distorce a taxa em que ela pode balancear consumo e lazer. Lembre-se do Capítulo 15 que mesmo um imposto com a mesma taxa sobre todas as *commodities* distorce a escolha entre o lazer e cada uma das *commodities* tributadas e, portanto, não está claro que tributar todas as mercadorias com a mesma taxa seja eficiente. A ideia principal é que o imposto sobre o consumo distorce a escolha entre consumo e lazer. Para entender por que, suponha que Julieta tem um salário de US$ 10 por hora. Suponha ainda que o preço do bem que ela consome é US$ 1 por unidade. Então, para cada hora de lazer de que abre mão, Julieta pode comprar 10 unidades de bens de consumo. Agora, suponha que é cobrado um imposto sobre o consumo de 25%, de modo que o preço do bem de consumo aumenta para US$ 1,25. Agora Julieta só pode comprar oito unidades do bem de consumo para cada hora de lazer de que abre mão (porque $10/1,25 = 8$). Portanto, o imposto sobre o consumo distorce a decisão entre lazer e consumo.

Em suma, enquanto um imposto de renda distorce a decisão de poupança e um imposto sobre o consumo não o faz, ambos os impostos distorcem a decisão de oferta de trabalho. Não podemos simplesmente concluir que um imposto sobre o consumo é preferível porque ele só distorce um mercado em vez de dois. Em vez disso, os dois sistemas induzem um custo de eficiência e somente estudos empíricos podem determinar qual imposto é mais eficiente. No entanto, a maioria dos estudos indicam que, considerando o que se sabe sobre oferta de trabalho e comportamento de poupança, um imposto sobre o consumo cria um encargo excessivo menor do que um imposto de renda, mesmo quando as distorções da oferta de trabalho criadas por ambos os impostos são levadas em conta (ver, por exemplo, Feldstein [2006a]).

Questões de equidade

Progressividade O ponto de vista convencional é que os impostos sobre o consumo são regressivos. Como a organização de Washington Citizens for Tax Justice (Cidadãos

---

[1] Como salientamos nos Capítulos 17 e 18, nem todos os contribuintes podem deduzir os pagamentos de juros. A pergunta para reflexão 7, no final deste capítulo, examina como a análise é modificada quando os juros não são dedutíveis.

pela Justiça Fiscal) explicou, com um imposto sobre o consumo "As pessoas ricas são tributadas a uma taxa muito mais baixa do que as famílias de renda média. Por quê? Porque as pessoas de maior renda gastam uma proporção menor de sua renda".[2]

Esta linha de raciocínio tem três problemas. Primeiro, ela avalia o imposto como uma proporção da renda anual. Na ausência de severas restrições no mercado de crédito, a renda ao longo da vida é mais relevante, e há evidências bastante fortes de que as pessoas consomem aproximadamente a mesma proporção de sua renda de vida em determinado ano. Em segundo lugar, e talvez mais fundamental, o ponto de vista convencional ignora a teoria da incidência de impostos, supondo que os impostos sobre um bem são integralmente pagos pelos consumidores daquele bem. Como foi enfatizado no Capítulo 14, no entanto, um imposto sobre *commodities* em geral é deslocado de maneira que depende das respostas de oferta e demanda quando o imposto é aplicado. O efeito que os impostos sobre o consumo têm sobre a distribuição de renda é uma questão a ser discutida. Por fim, é incorreto supor que todos os impostos sobre o consumo resultam no mesmo nível de progressividade legal. Como mostramos abaixo, alguns protótipos de imposto sobre o consumo permitem que a carga tributária dependa das características de uma família específica, de modo que a tabela de taxas de imposto pode ser tornada tão progressiva quanto desejada.

Solvência Os opositores do imposto sobre o consumo argumentam que o consumo *real* é apenas um componente do *potencial* de consumo. É o poder de consumir, e não necessariamente seu exercício, que importa. Eles apontam que, com um imposto sobre o consumo, um milionário avarento pode ter um passivo fiscal menor do que uma pessoa pobre. Uma resposta possível é que é mais justo tributar um indivíduo de acordo com o que ele "tira" do sistema econômico, na forma de consumo, do que com o que "contribui" para a sociedade, conforme medido pela renda. Como disse Thomas Hobbes no século 17:

> Pois que razão há para que aquele que trabalha muito e, poupando os frutos do seu trabalho, consome pouco seja mais sobrecarregado do que aquele que vivendo ociosamente ganha pouco e gasta tudo o que ganha, dado que um não recebe maior proteção do Estado do que o outro? [1963/1651, p. 303].

A partir deste ponto de vista, se o milionário avarento escolhe não consumir muito, isso é tudo para o bem, pois os recursos que ele economiza ficam disponíveis para a sociedade para acumulação de capital. Esse ponto de vista é expresso comicamente por Steven Landsburg na caixa de texto da próxima página.

Uma questão relacionada é se ou não um imposto de renda resulta em dupla tributação dos rendimentos de juros. Alguns argumentam que o imposto de renda é injusto porque tributa a renda de capital duas vezes: uma quando a renda inicial é obtida e, novamente, quando o investimento produz um retorno. No entanto, a lógica da tributação da renda induz à tributação do retorno da poupança. Se isso é justo ou não depende, como sempre, de juízos de valor.

Equidade anual × vitalícia Eventos que influenciam a posição econômica de uma pessoa apenas por um período curto de tempo não fornecem uma base adequada para determinar a capacidade de pagamento. Na verdade alguns argumentam que, idealmente, as obrigações fiscais deveriam estar relacionadas com a renda ao longo de toda a vida. Os proponentes de um imposto sobre o consumo apontam que o imposto de renda anual gera encargos fiscais que podem diferir de forma substancial, mesmo para pessoas que têm a mesma riqueza ao longo da vida.

Para entender por que, considere o Sr. Gafanhoto e a Sra. Formiga, que vivem por dois períodos. Vamos supor que há um imposto de renda de 50% e que a taxa de juros é

---
[2] Citizens for Tax Justice, "The Loophole Lobbyists vs. The People," Washington, DC, sem data.

O LADO MAIS LEVE DAS FINANÇAS PÚBLICAS

"Por que eu gosto do Scrooge"

O economista Steven Landsburg defende substituir o imposto de renda por um imposto sobre o consumo com base no argumento de que avarentos ajudam a sociedade.

Veja por que eu gosto de Ebenezer Scrooge: Seus aposentos minúsculos eram escuros porque a escuridão é barata, e parcamente aquecidos porque o carvão não é de graça. No jantar, comia o mingau que ele mesmo preparava. Scrooge não pagava ninguém para servi-lo.

Scrooge é acusado de mesquinho. Mas eu digo que isso é conversa fiada de parasitas. O que poderia ser mais generoso do que manter as luzes apagadas e o prato vazio, deixando mais combustível e comida para os outros? Quem é vizinho mais bondoso do que aquele que, por não ter empregados, libera mão-de-obra de confiança para os outros?

Tudo bem, sei que a coisa talvez não seja tão simples assim. Quando Scrooge usa menos carvão na lareira, os mineradores não precisam escavar tanto. Isso também não é nenhum problema. No entanto, em vez de extrair carvão para Scrooge, algum mineiro estará livre para executar outro trabalho qualquer para ele ou para quem quer que seja.

Dickens diz que Lord Mayor, na fortaleza da poderosa Mansion House, convocava cinquenta cozinheiros e mordomos para manter o Natal à altura da fortaleza – que por certo ficaria lotada de convidados elogiando prodigamente a generosidade de Lord Mayor. Os tijolos, a argamassa e a mão-de-obra que construíram a fortaleza poderiam ter erguido centenas de moradias. Scrooge, morando em uma modesta casa de três cômodos, não privava ninguém de um teto. Como não empregava nenhum cozinheiro nem mordomos, garantia a disponibilidade desses profissionais para trabalharem em outras casas onde convidados divertiam-se sem saber de sua dívida de gratidão com Ebenezer Scrooge.

No mundo todo, não há ninguém mais generoso do que o avarento – o homem que poderia esgotar os recursos do mundo, mas prefere não fazê-lo. A única diferença entre sovinice e filantropia é que o filantropo favorece poucos, enquanto o sovina espalha sua generosidade em maior escala.

Se você constrói uma casa, mas se recusa a comprar um imóvel pronto, o resto do mundo fica com uma casa a mais. Se você ganhar um dólar, mas se recusar a gastá-lo, restará um dólar a mais no planeta, pois você produziu algo que vale um dólar e não o consumiu.

Quem exatamente fica com esse excedente? Isso depende de como você economiza. Coloque um dólar no banco e baixará as taxas de juros apenas o suficiente para que alguém em algum lugar possa gastar esse dólar em férias ou na reforma da casa. Coloque a mesma quantia debaixo do colchão e (reduzindo efetivamente o suprimento monetário) estará baixando os preços o bastante para que alguém possa tomar um café a um dólar após o jantar. Scrooge, sem dúvida um investidor sagaz, emprestava dinheiro a juros. Seu xará menos convencional, o Tio Patinhas (Uncle Scrooge), encheu uma caixa forte de dólares e seu passatempo predileto era mergulhar no dinheiro e nadar entre as moedas. Não importa. Ebenezer Scrooge baixou as taxas de juros. Tio Patinhas reduziu os preços. Cada qual enriqueceu os vizinhos tanto quanto qualquer Lord Mayor que convidasse a cidade para uma ceia de Natal.

Poupar é filantropia e – como esta é a época do Natal e também da reforma tributária – vale a pena mencionar que o sistema fiscal deve reconhecer isso. Se há uma dedução fiscal para doações de caridade, deve haver uma dedução fiscal para a poupança. O que você ganha e não gasta é sua contribuição para o mundo, e é igual contribuição se você doa ou se guarda para si.

É claro, há sempre a ameaça de que alguns fantasmas intrometidos venham convencê-lo a esgotar suas economias, de modo que faça sentido (na medida em que a tributação da renda faz sentido) começar a tributar você. Essa é exatamente a essência das contas individuais de aposentadoria: elas protegem seus ganhos da tributação enquanto você economizar (ou seja, enquanto você deixar os outros colherem os frutos de seu trabalho), mas não mais do que isso.

Grandes artistas por vezes desconhecem os significados mais profundos de suas próprias criações. Embora Dickens possa não ter reconhecido isso, a moral principal de Um Conto de Natal é que não deve haver limite para contribuições à IRA. Isso é bastante independente de todas as outras razões porque o sistema fiscal deve incentivar a poupança (por exemplo, os efeitos salutares sobre o crescimento econômico).

Se o Natal é a época de altruísmo, certamente um dos grandes símbolos do Natal deve ser Ebenezer Scrooge – o velho Scrooge, não o reformado. Os impostos, não os avarentos, precisam de reforma.

Fonte: Reproduzido com permissão de The Free Press, uma divisão da Simon & Schuster Adult Publishing Group, de MORE SEX IS SAFER SEX: A sabedoria não convencional da economia, de Steven E. Landsburg. Copyright © 2004, 2007 de Steven E. Landsburg.

de 10%. Suponha que ambos ganham US$ 1.000 neste período e não têm nenhuma renda no próximo período. Suponha também que Gafanhoto decide consumir toda a sua renda após impostos, enquanto Formiga decide economizá-la integralmente para consumo futuro. Gafanhoto paga US$ 500 em impostos neste período, consome os outros US$ 500 e não paga impostos no próximo período. Formiga, no entanto, paga US$ 500 em impostos sobre seus ganhos neste período, economiza os outros US$ 500 e, depois, paga impostos de US$ 25 (= 0,50 × 0,10 × US$ 500) no próximo período sobre os juros ganhos. Com uma taxa de juros de 5% após impostos, esses US$ 25 no próximo período valem cerca de US$ 24 em valor presente. Portanto, o imposto de renda leva a uma maior carga tributária para o poupador (US$ 524) do que para o gastador (US$ 500). Se, por outro lado, houvesse um imposto sobre o consumo de 50%, Gafanhoto pagaria US$ 500 em impostos neste período e nenhum imposto no próximo período. Formiga não pagaria imposto neste período, mas pagaria US$ 550 (= 0,50 × 1,10 × US$ 1.000) em impostos no próximo período. Porém, com uma taxa de juros de 10%, 550 dólares no próximo período é igual a exatamente US$ 500 em valor presente (ver Capítulo 8). Assim, com o imposto sobre o consumo, os indivíduos com a mesma renda ao longo da vida pagam os mesmos impostos ao longo da vida (em termos de valor presente).

Podemos apresentar esse resultado mais formalmente. Suponha que, no presente, Gafanhoto e Formiga têm rendimentos de trabalho fixos idênticos de I_0 e, no futuro, ambos têm rendimentos de trabalho zero (a suposição de renda zero no segundo período é feita exclusivamente por conveniência). Gafanhoto opta por consumir muito quando jovem, porque não está preocupado com seus anos de aposentadoria. Formiga opta por consumir a maior parte de sua riqueza mais tarde na vida, porque ela quer uma aposentadoria de luxo.

Defina o consumo atual de Formiga na presença de um imposto de renda proporcional como c_0^A e o de Gafanhoto como c_0^G. Por hipótese, $c_0^G > C_0^A$. A renda futura de Formiga antes do imposto é o juro que ela ganha sobre sua poupança: $r(I_0 - c_0^A)$. Da mesma forma, o lucro futuro de Gafanhoto antes do imposto é $r(I_0 - c_0^G)$.

Agora, se a alíquota de imposto de renda proporcional é t, no presente Formiga e Gafanhoto têm obrigações fiscais idênticas de tI_0. No entanto, no futuro, a responsabilidade fiscal de Formiga é $tr(I_0 - c_0^A)$, enquanto a de Gafanhoto é $tr(I_0 - c_0^G)$. Como $c_0^G > c_0^A$, a responsabilidade fiscal futura de Formiga é maior. Unicamente porque Formiga tem maior gosto pela poupança que Gafanhoto, sua carga tributária ao longo da vida (a soma descontada dos impostos nos dois períodos) é maior do que a de Gafanhoto.

Em contraste, com um imposto sobre o consumo proporcional, os encargos fiscais ao longo da vida são independentes de gostos pela poupança, permanecendo outros fatores inalterados[3]. Para provar isso, basta escrever a equação para a restrição orçamentária de cada contribuinte. Como toda a renda não capital de Formiga (I_0) vem no presente, seu valor atual é simplesmente I_0. Agora, o valor presente do consumo ao longo da vida deve ser igual ao valor presente da renda ao longo da vida. Assim, o padrão de consumo de Formiga deve satisfazer a relação

$$I_0 = c_0^A + \frac{c_1^A}{1+r} \tag{21.1}$$

Do mesmo modo, Gafanhoto tem a restrição

$$I_0 = c_0^G + \frac{c_1^G}{1+r} \tag{21.2}$$

As equações (21.1) e (21.2) mostram simplesmente que o valor da renda ao longo da vida deve ser igual ao valor do consumo ao longo da vida.

---

[3] No entanto, quando alíquotas marginais dependem do nível de consumo, este pode não ser o caso.

Se a alíquota de imposto proporcional sobre o consumo é t_c, a responsabilidade fiscal de Formiga no primeiro período é $t_c c_0^A$, sua responsabilidade fiscal no segundo período é $t_c c_1^A$, e o valor presente de seu passivo fiscal de consumo ao longo da vida, R_c^A, é

$$R_c^A = t_c c_0^A + \frac{t_c c_1^A}{1+r} \tag{21.3}$$

Da mesma forma, a responsabilidade fiscal de Gafanhoto ao longo da vida é

$$R_c^G = t_c c_0^G + \frac{t_c c_1^G}{1+r} \tag{21.4}$$

Comparando as Equações (21.3) e (21.1), vemos que a responsabilidade fiscal ao longo da vida de Formiga é igual a $t_c I_0$ [Basta multiplicar a Equação (21.1), por tc.]. Da mesma forma, as Equações (21.2) e (21.4) indicam que a responsabilidade fiscal ao longo da vida de Gafanhoto também é $t_c I_0$. Conclui-se que, com um imposto proporcional sobre o consumo, duas pessoas com rendas idênticas ao longo de toda a vida sempre pagam impostos idênticos ao longo da vida (quando toda a vida é interpretada no sentido de valor atual). Isso contrasta fortemente com um imposto de renda proporcional, no qual o padrão de consumo ao longo da vida influencia as cargas tributárias ao longo da vida.

Um argumento relacionado a favor do imposto sobre o consumo está centrado no fato de que a renda tende a flutuar mais do que o consumo. Nos anos em que a renda é anormalmente baixa, as pessoas podem recorrer às suas poupanças ou pedir emprestado para suavizar as flutuações em seus níveis de consumo. O consumo anual provavelmente reflete melhor as circunstâncias de vida do que a renda anual.

Os opositores da tributação sobre o consumo questionam se o ponto de vista da vida é realmente apropriado. Há muita incerteza econômica e política para que uma perspectiva de vida toda seja realista. Além disso, a redução do consumo descrita nos argumentos de vida exige que os indivíduos sejam capazes de poupar e de tomar empréstimos livremente com a taxa de juros corrente. Dado que os indivíduos muitas vezes enfrentam restrições sobre os montantes que podem tomar emprestados, os argumentos relativos à toda a vida podem ser irrelevantes. Embora uma quantidade considerável de estudos empíricos sugira que o modelo de ciclo de vida é um modelo analítico útil (ver Browning e Crossley [2001]), este argumento ainda merece consideração. Por fim, com o imposto sobre o consumo, duas pessoas com rendas idênticas ao longo da vida *não* pagarão impostos idênticos ao longo da vida se uma delas deixar sua riqueza acumulada como legado após a morte. Isto leva a uma discussão a respeito do imposto adequado sobre a riqueza acumulada, que discutiremos mais adiante neste capítulo.

Tendo discutido as implicações de eficiência e equidade de um imposto sobre o consumo, passamos agora a examinar quatro maneiras diferentes como um imposto sobre o consumo poderia ser administrado: um imposto sobre as vendas em varejo, um imposto sobre o valor agregado (IVA), o imposto fixo Hall-Rabushka e o imposto sobre o fluxo de caixa.

▶ IMPOSTO SOBRE VENDAS EM VAREJO

Nos Estados Unidos de hoje, quando se pensa em imposto sobre o consumo, estes são normalmente os impostos sobre as vendas em varejo cobrados pela maioria dos estados sobre as compras de uma grande variedade de *commodities* (ver Tabela 21.1). Um **imposto geral sobre vendas** aplica a mesma alíquota de imposto sobre a compra de todas as *commodities*. Nos Estados Unidos, impostos estaduais sobre vendas que incidem sobre uma grande variedade de produtos muitas vezes são chamados de "gerais". Este é um nome um pouco equivocado, no entanto, pois mesmo estados que tributam a maioria dos bens isentam as vendas de praticamente todos os serviços de impostos.

imposto geral sobre vendas
Imposto cobrado com a mesma taxa sobre a compra de todas as *commodities*.

TABELA 21.1 Receitas de impostos estaduais e locais sobre as vendas por fonte (bilhões de dólares)

Fonte	Estadual	Local
Imposto geral sobre vendas	US$ 222,6	US$ 62,4
Combustível	36,6	1,3
Bebidas alcoólicas	5,5	0,5
Tabaco	16,8	0,4
Serviços públicos	14,5	13,8
Percentual de receita de fonte própria de impostos sobre vendas	34,7%	10,0%

Fonte: US Bureau of the Census. [2012b]. Os números são de 2010.
Os impostos sobre vendas são fontes de renda importantes para os governos estaduais e locais. Eles são responsáveis por 34,7% das receitas dos governos estaduais e por 10,0% das receitas dos governos locais.

---

imposto seletivo sobre vendas
Ver imposto especial.

imposto especial
Imposto que incide sobre a compra de determinada *commodity*.

imposto diferencial sobre *commodities*
Ver imposto especial.

imposto unitário
Imposto cobrado como quantia fixa por unidade de *commodity* comprada.

imposto *ad valorem*
Imposto calculado como uma porcentagem do valor da compra

Um **imposto seletivo sobre vendas**, também conhecido como **imposto especial** sobre o consumo ou **imposto diferencial sobre *commodities***, é cobrado com taxas diferentes sobre a compra de diferentes produtos (algumas dessas taxas podem ser zero).[4]

Os impostos sobre vendas normalmente têm uma destas formas: um **imposto unitário** é um valor determinado para cada unidade adquirida. Por exemplo, se você pratica tiro ao alvo ou caça com arco e flecha, você paga um imposto unitário federal de 39 centavos de dólar por flecha. Em contraste, um **imposto *ad valorem*** é calculado como percentual do valor da compra. Por exemplo, a taxa do imposto especial federal sobre o consumo de arcos é de 11%.

O governo federal não cobra imposto geral sobre vendas. Ele tributa os combustíveis, as bebidas alcoólicas, o tabaco e algumas outras *commodities*, mas esses impostos representam menos de 10% das receitas federais. Como indica a Tabela 21.1, os impostos sobre vendas são particularmente importantes nos sistemas de receitas dos governos estaduais. Quarenta e cinco estados mais o Distrito de Colúmbia têm impostos gerais sobre vendas, com percentuais que variam de 2,9% a 7,25%. A maioria dos estados isenta os alimentos de impostos, e praticamente todos isentam os medicamentos vendidos sob prescrição. Em cerca de metade dos estados, os municípios e condados cobram seus próprios impostos gerais sobre vendas.

Justificativas

Talvez o principal atrativo dos impostos sobre vendas seja sua facilidade de administração. O imposto sobre vendas é recolhido de vendedores no varejo. Em comparação com um imposto de renda, menos pessoas precisam ser monitoradas pelas autoridades fiscais. Isso não quer dizer que a administração de um imposto sobre vendas seja fácil. Muitas dificuldades surgem porque não está claro se determinada operação gera um passivo fiscal. Em Iowa, por exemplo, houve um tempo em que abóboras utilizadas para a decoração de Halloween estavam sujeitas a um imposto sobre vendas, ao passo que as abóboras utilizadas para alimentação estavam isentas. Como os varejistas poderiam saber se deviam ou não cobrar o imposto? O governo do Estado enviou um comunicado aos varejistas "lembrando-os de perguntar aos clientes se estavam comprando a abóbora para comer (não tributável)

---

[4] Outro tipo de imposto sobre vendas é o imposto sobre o uso – um imposto sobre vendas que os moradores de determinado estado devem pagar sobre compras feitas em outros estados. O propósito de um imposto sobre o uso é evitar que as pessoas cometam elisão dos impostos sobre vendas fazendo compras fora do estado. Ao longo da história, os impostos sobre o uso arrecadaram receitas muito baixas. No entanto, alguns estados estão se tornando mais agressivos em suas técnicas de arrecadação, de modo que os impostos sobre o uso podem se tornar mais importantes no futuro.

ou para decorar (tributável)" [Henchman, 2011]. Eventualmente, o imposto sobre a abóbora foi rescindido. Alguns estados determinam se um suco é um alimento não tributável por meio de uma fórmula baseada na quantidade real de fruta no suco. A questão é que a definição da base para um imposto sobre vendas exige distinções arbitrárias, assim como os impostos sobre renda pessoal e corporativa. Além disso, como acontece com outros impostos, a evasão fiscal pode ser um verdadeiro problema. Um caso que recebeu muita atenção recentemente foi o do ex-presidente da Tyco International, Dennis Kozlowski, que foi indiciado por evasão dos impostos sobre vendas da cidade de Nova York que incidiriam sobre milhões de dólares em obras de arte compradas na cidade (ele alegou que as obras estavam sendo enviadas para seu escritório em New Hampshire, que não tem imposto sobre vendas). Um exemplo menos exótico e mais significativo é fornecido pelo Canadá, que há vários anos reduziu seus altos impostos sobre os cigarros depois de concluir que o contrabando estava criando uma demanda inaceitável para as agências de aplicação da lei.

Apesar de tais histórias, a maioria dos observadores acredita que, nos níveis atuais, a conformidade com os impostos sobre o varejo em nível estadual é muito boa. Voltamos mais tarde à questão dos problemas administrativos que podem ser enfrentados com um imposto nacional sobre as vendas em varejo.

Eficiência e implicações de distribuição dos impostos estaduais sobre vendas

Uma questão crucial no projeto de um imposto sobre vendas em varejo é se serão aplicadas diferentes taxas para diferentes *commodities*. Em um modelo fiscal ideal, a questão chave é: qual o papel que podem desempenhar os impostos diferenciais sobre *commodities*, uma vez que já há um imposto de renda em vigor? Se o imposto de renda é projetado de forma otimizada, então, sob condições bastante razoáveis, o bem-estar social não poderá ser melhorado por meio de impostos diferenciais sobre *commodities*.[5] No entanto, se por algum motivo o imposto de renda não é ótimo, os impostos diferenciais sobre *commodities* podem melhorar o bem-estar. Por exemplo, se a sociedade tem objetivos igualitários, o bem-estar social pode ser melhorado através da tributação de bens de luxo com alíquotas relativamente altas.

Uma questão relacionada é como definir as taxas, dada a decisão de aplicar impostos diferenciais sobre *commodities*. Obviamente, a resposta depende dos objetivos do governo. Se o objetivo é arrecadar uma quantidade específica de receita de forma tão eficiente quanto possível, as taxas de imposto deverão ser definidas de modo que a demanda compensada para cada *commodity* seja reduzida na mesma proporção (ver Capítulo 16). Quando a demanda de cada bem depende apenas de seu próprio preço, isto equivale à regra de que as taxas de imposto devem ser inversamente relacionadas com as elasticidades-preço compensadas da demanda. Deve-se tributar bens com demandas inelásticas a taxas relativamente altas e tributar bens com demandas elásticas a taxas relativamente baixas. A eficiência não requer a mesma alíquota de imposto para cada *commodity*.

Se o governo se preocupa com a equidade e também com a eficiência, a teoria da tributação ótima exige desvios da regra de elasticidade inversa. Como observado no Capítulo 16, se *commodities* com preços inelásticos compõem uma parte considerável dos orçamentos dos pobres, os governos com objetivos igualitários devem tributar tais bens com taxas baixas ou mesmo zero. Isso pode ajudar a explicar por que muitos estados não tributam alimentos, ainda que cobrem impostos sobre outras *commodities*.

---

[5] Suponha que a função de utilidade de cada indivíduo é uma função de seu consumo de lazer e de um conjunto de outras *commodities*. Enquanto a taxa marginal de substituição entre duas *commodities* for independente da quantidade de lazer, a tributação diferencial de *commodities* não poderá melhorar o bem-estar social na presença de um imposto ótimo sobre os ganhos.

No âmbito da economia do bem-estar convencional, outra justificativa para os impostos diferenciais sobre vendas é a presença de externalidades. Se o consumo de uma *commodity* gera custos não incluídos no preço, a eficiência exige um imposto sobre o uso desse bem (ver Capítulo 5). Altas taxas de impostos sobre o tabaco – as taxas estatais e federais somadas agora estão em média acima de US$ 2 por maço – por vezes são justificadas dessa forma. Os fumantes impõem custos aos outros por poluir a atmosfera e, portanto, um imposto sobre o tabaco pode aumentar a eficiência econômica.

Em alguns casos, os impostos sobre vendas podem ser vistos como substitutos de taxas de utilização. Por exemplo, com a tecnologia atual, é difícil cobrar dos motoristas uma taxa por quilômetro rodado, embora dirigir gere custos em termos de danos em estradas, congestionamentos, etc. Como a quantidade de uso da estrada está relacionada com o consumo de gasolina, o uso da estrada pode ser tributado indiretamente por meio da aplicação de um imposto sobre a gasolina. Naturalmente, a correspondência está longe de ser perfeita: alguns carros são mais eficientes do que outros, e alguns causam mais danos do que outros. Ainda assim, uma taxa de utilização aproximadamente correta pode ser mais eficiente do que nenhuma.

Várias outras justificativas para impostos diferenciais sobre vendas estão fora do âmbito da economia convencional. Os impostos podem ser aumentados para algumas *commodities* (como álcool ou tabaco) que são consideradas "pecaminosas". Tais *commodities* são o oposto dos "bens de mérito" (ver Capítulo 3), que são considerados inerentemente bons. Em ambos os casos, o governo essencialmente impõe suas preferências sobre as dos cidadãos.

Embora um imposto sobre vendas uniforme para todas as *commodities* quase certamente não seja eficiente, as informações necessárias para determinar quais impostos são totalmente eficientes não está disponível atualmente (e talvez nunca esteja). Portanto, alíquotas uniformes podem não ser uma má abordagem. Isso é particularmente verdadeiro se desvios da uniformidade derem margem à diferenciação de alíquotas com base em política e não em considerações de equidade ou eficiência.

Um imposto nacional sobre vendas no varejo?

Devemos substituir nosso sistema fiscal atual por um imposto sobre as vendas no varejo? Vários legisladores de fato propuseram trocar todos os impostos federais existentes por um imposto nacional sobre as vendas no varejo, que chamam de "Imposto Justo". Como um defensor afirmou, em comparação com nosso sistema atual, um imposto sobre as vendas no varejo é "muito mais facilmente monitorado pelos estados, [e] você não precisa ser um cidadão nem declarar como conseguiu o dinheiro. Se você gastar, arrecadamos na hora. Não é simples?" [Alsenz, 2007].

Como já mencionado, a conformidade não é um grande problema com os atuais impostos estaduais sobre vendas. Mas, como também observamos, as taxas associadas a esses sistemas são relativamente baixas, na faixa de 3% a 7%. De acordo com o Departamento do Tesouro, para arrecadar a mesma receita que o imposto de renda pessoal federal, uma alíquota de imposto federal sobre o varejo de cerca de *34%* teria de ser aplicada [Bartlett, 2007]. E com taxas elevadas, um imposto sobre as vendas de varejo torna-se extremamente difícil de aplicar, uma vez que "recolhe todo o dinheiro do que é, para fins de conformidade, o elo mais fraco da cadeia de produção e distribuição – o varejo. Os consumidores não têm incentivos para se certificar de que os varejistas estejam pagando seu imposto sobre as vendas, e os varejistas não têm incentivos para pagar além da ameaça de auditoria" [Slemrod e Bakija, 2004]. Sabemos da teoria da evasão fiscal (Capítulo 16) que o benefício de sonegar depende do tamanho da alíquota de imposto. Com as taxas de imposto sobre as vendas relativamente baixas que são praticadas atualmente, o benefício não é, aparentemente, alto o suficiente para fazer com que valha a pena sonegar extensivamente. De acordo com o Departamento do Tesouro, porém, o descumprimento de um imposto sobre vendas significa que a taxa teria de ser aumentada de 34% para 49% a fim de manter a mesma receita arrecadada pelo imposto de renda atual. Assim, um imposto nacional sobre as vendas no varejo perde um pouco do seu atrativo como opção de reforma tributária.

▶ IMPOSTO SOBRE O VALOR AGREGADO

Podemos estruturar um imposto sobre as vendas com melhores propriedades de conformidade do que um imposto sobre as vendas de varejo? Para pensar sobre essa questão, note que os bens são normalmente produzidos em várias etapas. Considere um modelo simples de produção de pão.[6] O agricultor cultiva trigo e vende a um moleiro que o transforma em farinha. O moleiro vende a farinha para um padeiro que a transforma em pão. O pão é comprado por um dono de mercearia que o vende aos consumidores. Um exemplo numérico hipotético é fornecido na Tabela 21.2. A Coluna 1 mostra as compras feitas pelo produtor em cada etapa da produção, e a coluna 2 mostra o valor das vendas em cada etapa. Por exemplo, o moleiro paga US$ 400 para o agricultor pelo trigo e vende o trigo processado para o padeiro por US$ 700. O **valor agregado** em cada etapa da produção é a diferença entre as vendas da empresa e os insumos materiais adquiridos utilizados na produção. O padeiro pagou US$ 700 pelo trigo e vendeu o pão por US$ 950, por isso seu valor agregado é de US$ 250. O valor agregado em cada etapa de produção é calculado subtraindo as compras das vendas, como mostra a coluna 3.[7]

Um **imposto sobre o valor agregado (IVA)** é um imposto percentual sobre o valor agregado aplicado em cada etapa da produção. Por exemplo, se a taxa de IVA é de 20%, o merceeiro pagaria US$ 10, que corresponde a 20% de US$ 50. A coluna 4 mostra a quantidade de passivo de IVA em cada fase da produção. A receita total gerada pelo IVA é encontrada pela soma dos valores pagos em cada etapa, equivalendo a US$ 200.

Um resultado idêntico poderia ter sido gerado pela cobrança de um imposto de 20% no nível do varejo, ou seja, por um imposto de 20% sobre o valor das vendas realizadas aos consumidores pelo merceeiro. *Em essência, então, o IVA é apenas um método alternativo para a arrecadação de um imposto sobre vendas no varejo.*

valor agregado

Diferença entre as vendas e os custos dos insumos materiais comprados.

imposto sobre o valor agregado (IVA)

Imposto percentual sobre o valor agregado em cada fase da produção.

TABELA 21.2 Implementação de um Imposto sobre o Valor Agregado (IVA)

Produtor	Compras	Vendas	Valor agregado	IVA com taxa de 20%
Agricultor	US$ 0	US$ 400	US$ 400	US$ 80
Moleiro	400	700	300	60
Padeiro	700	950	250	50
Merceeiro	950	1.000	50	10
Total	US$ 2.050	US$ 3.050	US$ 1.000	US$ 200

Um imposto sobre o valor agregado é um imposto percentual aplicado sobre a diferença entre as vendas da empresa e os insumos materiais adquiridos em cada fase da produção.

---

[6] Para obter uma descrição detalhada de como os impostos sobre o valor agregado funcionam, consulte Cnossen [2001].

[7] Por definição, o valor agregado deve ser igual à soma dos pagamentos feitos pelo produtor: salários, juros, aluguel e lucros econômicos.

Questões de implementação

Embora os Estados Unidos nunca tenham aplicado um IVA nacional, este imposto é popular na Europa. A experiência europeia indica que algumas decisões administrativas têm grande impacto sobre os efeitos econômicos finais do IVA.

O primeiro é a forma como as compras de ativos de investimento por parte de empresas são tratadas no cálculo do valor agregado. A prática na Europa é tratar um bem de investimento como qualquer outro insumo material. Seu valor total é subtraído das vendas, apesar do fato de ser durável. Isso é conhecido como **IVA de consumo**, pois a base tributária exclui investimentos e envolve apenas o consumo.

Em segundo lugar, um procedimento de arrecadação deve ser concebido. Países europeus utilizam o **método de fatura**, que pode ser ilustrado pelo exemplo hipotético na Tabela 21.2. Cada empresa é responsável pelo imposto com base em suas vendas totais, mas pode reivindicar os impostos já pagos por seus fornecedores como crédito a ser abatido desse passivo. Por exemplo, o padeiro é responsável por impostos sobre seus US$ 950 em vendas, resultando em uma obrigação fiscal de US$ 190 (= 0,20 × US$ 950). No entanto, ele pode reivindicar um crédito de US$ 140 (a soma dos impostos pagos pelo agricultor e pelo moleiro), deixando-o com uma obrigação líquida de US$ 50. O problema é que o crédito é concedido apenas se sustentado pelas faturas fornecidas pelo padeiro e pelo moleiro. Este sistema proporciona um incentivo para que os produtores se policiem contra a evasão fiscal. Quaisquer impostos evadidos pelo agricultor e pelo moleiro deverão ser pagos pelo padeiro, de modo que o padeiro só irá fazer negócios com empresas que fornecem notas fiscais adequadas. O método de fatura não pode eliminar completamente a evasão. Por exemplo, os produtores podem conspirar para falsificar notas fiscais. No entanto, a conformidade é melhor do que seria com um imposto nacional sobre as vendas no varejo.

Por fim, é necessária uma estrutura de taxas. Em nosso exemplo simples, todas as *commodities* são tributadas com a mesma alíquota. Na Europa, as *commodities* são tributadas de forma diferenciada. Por exemplo, na Inglaterra o iogurte congelado é tributado, a menos que precise ser descongelado antes do consumo [Stelzer, 2010]. De modo mais geral, os IVAs europeus tributam produtos alimentícios e de saúde com alíquotas baixas, presumivelmente por considerações de equidade. Por motivo de viabilidade administrativa, alguns países isentam as microempresas. As instituições bancárias e de financiamento escapam da tributação, pois tendem a prestar serviços em espécie; por conseguinte, é difícil calcular o valor agregado. O consumo de serviços gerados pela habitação ocupada pelo proprietário é isento de impostos pelas mesmas razões por que geralmente é isento de imposto de renda (ver Capítulo 18).

A tributação não uniforme aumenta a complexidade administrativa, especialmente quando as empresas produzem vários produtos, sendo alguns deles tributáveis e outros não. No entanto, o sistema pode funcionar, como mostra a experiência europeia. Para os Estados Unidos, então, a questão não é se um IVA nacional é viável, mas se ele seria melhor que o status quo.

Um IVA para os Estados Unidos?

Os IVAs sugeridos para os Estados Unidos são geralmente do tipo europeu de consumo e, portanto, essencialmente são impostos gerais sobre vendas. Assim, os argumentos sobre os prós e contras dos impostos sobre as vendas apresentados no início deste capítulo se aplicam. O problema fundamental é o mesmo para os dois tipos de impostos: As tentativas de obter maior equidade pela isenção de diversas mercadorias pode aumentar o encargo excessivo do sistema fiscal como um todo e gerar complexidade administrativa.

De modo mais geral, só é possível determinar se um IVA nacional é desejável se soubermos qual imposto (ou impostos) ele substituiria, como as receitas seriam gastas, etc.

IVA de consumo

Os investimentos de capital são subtraídos das vendas no cálculo do valor agregado.

método de fatura

Cada empresa é responsável pelos impostos sobre as vendas totais, mas pode reivindicar os impostos já pagos por fornecedores como crédito a ser abatido de seu passivo fiscal, desde que o pagamento do tributo seja confirmado por faturas de fornecedores.

Por exemplo, muitos economistas das finanças públicas acreditam que o imposto de renda corporativo não é desejável em praticamente todos os aspectos e ficariam felizes em vê-lo substituído por um IVA, permanecendo outros fatores inalterados. No entanto, eles provavelmente teriam reservas muito maiores a respeito da substituição do imposto de renda pessoal por um IVA. Altig et al. [2001] analisaram o impacto da substituição do sistema tributário existente nos EUA por um imposto proporcional abrangente sobre o consumo como o IVA e constataram que, a longo prazo, ele aumentaria a renda em cerca de 9%. Este resultado, no entanto, depende muito de pressupostos sobre a resposta da poupança a mudanças no imposto de renda. Como observado no Capítulo 18, esta é uma questão controversa e, por isso, esse número deve ser considerado com alguma cautela.

Além disso, devemos considerar as implicações políticas da introdução de um imposto. Depois de aplicado, cada elevação de um ponto percentual em um IVA abrangente renderia cerca de US$ 50 bilhões em receitas fiscais [Serviço de Pesquisa do Congresso, 2006]. Em um mundo onde as instituições políticas refletem com precisão os desejos dos cidadãos, essa observação pode não ser muito significativa. Mas para aqueles que acreditam que as ações do governo podem não promover os interesses do público (ver Capítulo 6), o potencial de receita do IVA é assustador. Alguns temem que o IVA possa ser usado para promover sutilmente um aumento no tamanho do governo:

> Temem que poderia ser um novo imposto, escondido de muitos eleitores, usado para expandir o governo. Temem que, em vez de substituir nosso sistema fiscal existente, um IVA seria somado a ele [Mankiw, 2009].

De fato, em praticamente todos os países que aplicam um IVA, a taxa aumentou ao longo dos anos. Por exemplo, nos países da União Europeia, quando o IVA foi introduzido, a taxa média era de 13,9%; agora é de 19,4 %, um aumento de quase 40% [Cnossen, 2001, p. 485]. Ao mesmo tempo, a parcela do Produto Interno Bruto dedicada a impostos aumentou nesses países. Na verdade, Becker e Mulligan [2003] demonstram que quanto maior o número de anos que um país tem um IVA, maior o seu governo. Claro, isso não prova que o IVA foi responsável por um maior setor do governo. Por outro lado, não poderíamos esperar conseguir aplacar os temores expressos acima apelando para a experiência de outros países com IVA.

Por fim, é importante considerar as implicações internacionais do IVA, pois alguns defensores do IVA argumentam que o imposto fortaleceria a posição comercial dos EUA em relação a seus concorrentes. Essa noção se baseia no fato de que, de acordo com a Organização Mundial do Comércio (OMC), que regula as práticas internacionais de comércio, um IVA pode ser descontado das exportações de um país e cobrado sobre as importações. Em contrapartida, os impostos de renda pessoal e corporativo não podem ser reembolsados. Como o IVA pode ser descontado e o imposto de renda não, alguns argumentam que a competitividade internacional dos Estados Unidos poderia ser aumentada se o país adotasse um IVA e, simultaneamente, reduzisse o papel da tributação de renda. Por exemplo, o ex-presidente da Câmara Dennis Hastert [2004] argumentou que o sistema fiscal dos EUA cria uma desvantagem competitiva em relação aos países com IVA, pois "nossas ferramentas têm uma carga fiscal. As deles não". Portanto, "para que possamos devolver o capital e os empregos para os Estados Unidos, teremos de mudar nosso sistema tributário atual e adotar um imposto fixo, um imposto nacional sobre vendas, um imposto ad valorem ou um IVA".

Para analisar este argumento, considere cada parte separadamente: a introdução de um IVA e, depois, a redução nos impostos de renda pessoal e corporativo. A imposição de um IVA tenderia a aumentar os preços relativos dos bens tributados em um montante determinado pelas elasticidades de oferta e demanda relevantes. No entanto, abater o IVA na fronteira apenas desfaz o aumento de preço gerado pelo imposto. Se você colocar um peso extra sobre um cavalo e depois removê-lo, o cavalo não correrá mais rápido.

"Agradeço pela mesada, pai. Mas você esqueceu de adicionar os 17,5% de IVA." © Kes. Reproduzido com a permissão de www.CartoonStock.com.

Passando agora para a segunda parte do plano, reduzir os impostos de renda corporativo e pessoal reduziria os preços relativos das exportações norte-americanas? Novamente, a resposta depende da incidência desses impostos e não é de todo evidente. Por exemplo, se o mercado de trabalho for competitivo e sua oferta for perfeitamente inelástica, os custos salariais dos produtores permanecerão inalterados quando os impostos sobre a renda pessoal forem reduzidos. Todo o benefício da redução do imposto irá para os trabalhadores (ver Capítulo 14). Neste caso, os preços podem não mudar nem um pouco. De modo mais geral, é claro, os preços podem cair, mas não há evidências que sugiram que a redução seria muito grande.

Em suma, não há razão para acreditar que a adoção de um IVA melhoraria drasticamente a posição comercial dos EUA. Naturalmente, esse fato por si só não significa que um IVA seria ruim. Como já observado, os IVAs têm vantagens e desvantagens. Porém eles não são uma panaceia para os desequilíbrios comerciais dos EUA.

▶ IMPOSTO FIXO DE HALL-RABUSHKA

Uma característica que distingue tanto o imposto sobre as vendas em varejo quanto o IVA é que a incidência legal recai sobre as empresas. Os consumidores não fazem pagamentos explícitos para o governo (embora suportem parte da incidência econômica). No entanto, grande parte do recente interesse em impostos sobre o consumo concentra-se nos impostos sobre o consumo *pessoal* que exigem que indivíduos apresentem declarações de imposto e façam pagamentos para o governo. Diferente do imposto sobre as vendas em varejo ou do IVA, estes sistemas permitem que as obrigações tributárias das pessoas dependam de suas circunstâncias pessoais.

A mais conhecida dessas propostas é a de Hall e Rabushka (H & R) [1995], que eles chamam de *imposto fixo*. Uma versão da proposta de H&R foi a tônica da campanha presidencial de 2000 do candidato Steve Forbes e também foi endossada por Rudy Giuliani durante sua campanha para ser escolhido como candidato do partido Republicano à presidência em 2008. A proposta de H&R tem dois veículos de arrecadação de impostos: um imposto sobre empresas e um imposto de compensação individual. O uso coordenado desses dois instrumentos permite ao governo cobrar um imposto progressivo.

O cálculo da base tributária empresarial começa com um cálculo semelhante ao do IVA de consumo – vendas menos compras de outras empresas. A principal diferença é que a empresa também desconta os pagamentos a seus trabalhadores. As empresas, então, pagam uma alíquota de imposto fixa sobre o montante final.

A base para o imposto individual são os salários recebidos pelos indivíduos. A renda de capital não é tributada em nível individual. Em princípio, qualquer tabela de imposto poderia ser aplicada a esta base – a alíquota poderia ser fixa ou crescente, e isenções poderiam ou não ser permitidas. H&R propõem apenas uma taxa (19%), igual à taxa que se aplica ao fluxo de caixa no nível empresarial. H&R inserem a progressividade no sistema, permitindo uma isenção de US$ 25.000 (para uma família de quatro pessoas). Não são permitidas outras deduções e, por isso, as taxas podem ser tão baixas.

Neste ponto, você pode estar se perguntando por que o imposto de H&R é um imposto sobre o consumo. Para entender por que, considere um IVA que tributa todos os bens e serviços com a mesma alíquota de, digamos, 19%. Como mostrado acima, isso equivale economicamente a um imposto de 19% sobre as vendas no varejo. Agora, considere um imposto fixo de H&R que tributa os indivíduos e as empresas a uma taxa de 19% e que não tem isenções ou deduções no nível pessoal. Lembre-se de que, com o IVA, a base fiscal da empresa é vendas menos compras de outras empresas. Os pagamentos de salários não são dedutíveis. Com efeito, portanto, os salários estão sujeitos a um imposto de 19%. De acordo com o imposto de H&R, pagamentos de salários são dedutíveis no nível da empresa, mas são tributados no nível individual. O valor do imposto é exatamente o mesmo que com um IVA; o que muda é o ponto de arrecadação para parte do imposto. A isenção pessoal simplesmente insere alguma progressividade no sistema. Em suma, com exceção da isenção, o imposto fixo de H&R equivale essencialmente a um IVA ou a um imposto sobre as vendas em varejo. Assim, para todos os efeitos, os resultados relativos aos efeitos econômicos de um se aplicam a todos.

▶ IMPOSTO SOBRE FLUXO DE CAIXA

Outro imposto sobre o consumo pessoal é o imposto sobre o fluxo de caixa. Nesta variante, cada família faz uma declaração relatando suas despesas de consumo durante o ano. Assim como no imposto de renda pessoal, há possibilidade de diversas isenções e deduções para dar conta de circunstâncias especiais, como despesas médicas extraordinárias. Os impostos pagos por cada indivíduo são então determinados pela aplicação de uma tabela de alíquotas sobre a quantidade de consumo ajustada.

Do ponto de vista administrativo, a grande questão é: como os contribuintes calculam seu consumo anual? A abordagem mais sensata é medir o consumo com *base no fluxo de caixa*, o que significa que este seria calculado simplesmente como a diferença entre todos os recebimentos em dinheiro e poupança. Para manter o controle da poupança, contas qualificadas seriam estabelecidas em bancos de poupança, corretoras de valores mobiliários e outros tipos de instituições financeiras. Os fundos certificados por essas instituições como depositados em contas qualificadas estariam isentos de impostos. A maior parte da responsabilidade pela manutenção de registros seria assumida por essas instituições e não envolveria mais papelada do que atualmente. Enquanto os ganhos de capital e os juros dessas contas fossem retidos, eles não seriam tributados. Para alguns contribuintes, tais contas qualificadas já existem na forma de planos 401(k) e de contas individuais de aposentadoria convencionais (ver Capítulo 17). Uma maneira de entender o imposto sobre fluxo de caixa é simplesmente como uma expansão das oportunidades para investir em tais contas. No entanto, muitos analistas acreditam que os requisitos de manutenção de registros associados a um imposto sobre fluxo de caixa tornaria esse imposto muito difícil de administrar.

▶ TRIBUTAÇÃO SOBRE RENDA E SOBRE CONSUMO

Já discutimos quatro protótipos para um imposto amplo sobre o consumo: imposto sobre vendas em varejo, IVA, imposto fixo de Hall-Rabushka e imposto sobre fluxo de caixa. Eles diferem substancialmente na forma como são administrados, mas seus efeitos econômicos são basicamente os mesmos, pois são apenas diferentes formas de tributação da mesma base, o consumo. Com essa discussão como pano de fundo, listaremos agora algumas outras vantagens e desvantagens da tributação do consumo em comparação com o imposto de renda e também observaremos alguns problemas comuns a ambos.

Vantagens de um imposto sobre o consumo

Os defensores da tributação sobre o consumo apontam diversas vantagens destes sistemas.

Não há necessidade de medir os ganhos de capital e a depreciação Alguns dos problemas mais complicados relacionados à tributação da renda surgem de dificuldades em medir o aumento da riqueza. Por exemplo, o imposto de renda exige o cálculo de ganhos e perdas de capital, mesmo sobre os ativos não vendidos durante o ano, uma tarefa tão difícil que nem sequer é tentada sob o sistema atual. Da mesma forma, para aqueles que têm rendimentos oriundos de bens de capital, deve-se reduzir as somas à riqueza pelo valor da depreciação do equipamento ao longo do ano. Como observado no Capítulo 19, sabemos muito pouco sobre os verdadeiros padrões de depreciação. Com um imposto sobre o consumo, todos esses problemas desaparecem porque as adições à riqueza em si deixam de fazer parte da base tributária.

Menos problemas com a inflação Na presença de um imposto de renda não indexado, a inflação gera distorções importantes. Algumas delas são causadas por uma estrutura de alíquotas progressivas, mas algumas poderiam ocorrer mesmo se o imposto fosse proporcional. Essas distorções ocorrem porque computar a renda de capital requer o uso de números de anos com diferentes níveis de preços. Por exemplo, se um ativo é vendido, o cálculo do ganho ou da perda de capital exige que o valor no ano da compra seja subtraído de seu valor no ano corrente. Em geral, parte da mudança no valor se deve à inflação, de modo que os indivíduos pagam impostos sobre ganhos que não refletem o aumento da renda real. Como observado no Capítulo 17, indexar a renda de capital é complicado e não foi tentado nos Estados Unidos.

Por outro lado, com um imposto sobre o consumo, o cálculo da base de imposto envolve apenas as operações do ano corrente. Portanto, as distorções relacionadas com a inflação são um problema muito menor.

Não há necessidade de imposto corporativo separado Algumas variantes do imposto sobre o consumo permitiriam a remoção do imposto de renda corporativo, pelo menos em teoria. Como vimos no Capítulo 19, uma das principais justificativas do imposto corporativo é tributar a renda que as pessoas acumulam nas corporações. Se a acumulação em si já não fosse parte da base de imposto de renda pessoal, isso não seria necessário. A eliminação do imposto sobre as corporações provavelmente aumentaria a eficiência.

Os defensores da tributação sobre o consumo destacam que a adoção não seria uma medida tão radical quanto poderia parecer à primeira vista. Em alguns aspectos, o sistema atual já se parece muito com um imposto sobre o consumo:

- Para alguns contribuintes, a renda fica isenta de tributação quando é poupada de algumas maneiras, como em planos 401(k) e IRAs.
- Ganhos de capital não realizados sobre ativos financeiros não são tributados, assim como praticamente todos os ganhos de capital sobre habitação.
- Ganhos de capital realizados são isentos de todos os imposto quando ocorre falecimento do proprietário.
- A depreciação acelerada reduz a quantidade de compras de investimento incluídas na base de cálculo.

À luz dessas considerações, caracterizar o status quo como um imposto de renda é um equívoco grave; o que temos é mais precisamente um híbrido entre imposto sobre a renda e sobre o consumo.

Desvantagens de um imposto sobre o consumo

Os críticos do imposto sobre o consumo individual destacam uma série de desvantagens:

Problemas administrativos Os opositores do imposto sobre o consumo argumentam que este seria complicado de administrar. Considere, por exemplo, o imposto de nível empresarial da proposta de H&R. A base de cálculo exclui as despesas de investimento. No entanto, distinguir as *commodities* de consumo das despesas de investimento nem sempre é simples, especialmente para pequenas empresas (uma mesa comprada para uso doméstico é consumo ou investimento?). É claro que existe um problema semelhante no âmbito do imposto de renda. Porém, os incentivos para elisão e evasão são mais fortes no âmbito do imposto de H&R, porque as empresas deduzem todo o valor do item de investimento, enquanto sob o imposto de renda, em geral, apenas uma parte pode ser deduzida (lembre-se da discussão sobre amortizações apresentada no Capítulo 19).

Questões de transição A introdução de um imposto sobre o consumo poderia criar graves problemas de transição. Os indivíduos que acumularam riqueza para consumo futuro sob o sistema de imposto de renda atual sofreriam durante o período de transição. Os juros, dividendos e ganhos de capital realizados recebidos durante os seus anos de trabalho estavam sujeitos ao imposto de renda pessoal. A expectativa razoável para essas pessoas é que, quando decidissem consumir sua riqueza (por exemplo, no momento da aposentadoria), o consumo não estaria sujeito a novos impostos. Se um imposto sobre o consumo fosse subitamente introduzido, no entanto, essas expectativas seriam frustradas.

Esta observação, aliás, lança uma nova luz sobre as consequências de distribuição de mudar para um imposto sobre o consumo. A introdução de um imposto desse tipo seria acompanhada, com efeito, por um imposto cobrado uma única vez sobre a riqueza existente. Como a riqueza é distribuída de forma desigual, isso teria impacto progressivo sobre a distribuição de renda. Tal imposto cobrado uma só vez sobre a riqueza não afeta as decisões de poupança ou lazer e, portanto, não impõe qualquer encargo excessivo. No entanto, parece que, por justiça, os idosos teriam de ser compensados pelas perdas que tivessem durante a transição. Os defensores do imposto sobre o consumo propõem uma série de regras para mitigar os problemas de transição (ver Bradford [1998]). Quanto mais regras especiais existem, porém, mais complicado e ineficiente o sistema se torna.

Doações e legados A discussão sobre as Equações (21.1) a (21.4) demonstra que, em um modelo de ciclo de vida simples, um imposto sobre o consumo proporcional é equivalente a um imposto sobre a renda vitalícia. Ao contrário dos pressupostos do modelo de ciclo de vida, algumas pessoas destinam parte de sua renda ao longo da vida para doações e legados. Como devem ser tratadas essas transferências com um imposto sobre o consumo? Um ponto de vista é que não há necessidade de tributar doações e legados até que sejam consumidos por seus beneficiários. Uma opinião alternativa é que as doações e os legados devem ser tratados como consumo por parte do doador. Portanto, doações e legados devem ser tributados no momento em que é feita a transferência. Os defensores deste ponto de vista salientam que não seria politicamente viável instituir um sistema fiscal que permitisse que quantidades substanciais de riqueza fossem acumuladas livres de impostos e depois falhasse em tributá-las no momento da transferência. No entanto, como explicaremos adiante, os principais problemas conceituais e práticos estão relacionados com a tributação das transferências de riqueza.

Problemas com ambos os sistemas

Mesmo os defensores mais entusiastas do imposto sobre o consumo reconhecem que sua adoção não inauguraria uma era de nirvana fiscal. Vários dos problemas mais difíceis inerentes ao sistema de imposto de renda também afetariam qualquer imposto sobre o consumo. Estas incluem, entre outras:

- Definir o consumo em si (por exemplo, as despesas de saúde são parte do consumo ou devem ser dedutíveis?).
- Escolher a unidade de tributação e determinar uma estrutura de alíquotas adequada.
- Definir o valor dos benefícios adicionais de várias ocupações (por exemplo, se um trabalho dá a alguém acesso à piscina da empresa, os benefícios do consumo devem ser tributados? Se sim, como seu valor pode ser determinado?).
- Determinar um método para obter a média ao longo do tempo se a tabela tiver taxas marginais de imposto crescentes.
- Tributar a produção que ocorre em casa.
- Desencorajar incentivos para a elisão de impostos pela participação na economia subterrânea.

Por fim, ressaltamos que não é justo comparar um imposto sobre o consumo *ideal* com o imposto de renda *real*. Ao longo da história, interesses especiais convenceram políticos a tributar preferencialmente certos tipos de renda. Não se pode esperar que a adoção de um imposto sobre o consumo elimine a corrupção política da estrutura tributária. Um economista pessimista sugeriu: "Acho a escolha entre a base no consumo e a base na renda um debate quase estéril; não tributamos toda a renda agora, e se adotássemos um sistema de imposto sobre o consumo, acabaríamos isentando tanto o consumo da base de imposto quanto agora."[8] É difícil prever se um imposto sobre o consumo seria melhor do que o sistema atual no mundo real.

▶ IMPOSTOS SOBRE A RIQUEZA

Como mencionado anteriormente, uma objeção ao imposto sobre o consumo é que ele permite que uma pessoa que economiza muito ao longo da vida evite o pagamento de impostos se passar sua riqueza acumulada para outras pessoas na forma de doações ou legados. Embora alguns acreditem que não há necessidade de tributar tais transferências até que sejam consumidas por seus beneficiários, outros argumentam que não é apropriado permitir que quantidades substanciais de riqueza sejam acumuladas sem pagamento de imposto.

Outras justificativas para tributar a riqueza incluem:

Impostos sobre a riqueza ajudam a corrigir determinados problemas (inevitáveis) que surgem na administração do imposto de renda. Lembre-se de que todos os ga-

---
[8] Emil Sunley citado em Makin [1985, p. 20].

nhos de capital, realizados ou não, estão na base fiscal de um imposto de renda abrangente. Na prática, muitas vezes é impossível tributar os ganhos de capital não realizados. Ao tributar a riqueza à qual esses ganhos são incorporados, talvez a situação possa ser remediada. É verdade que a riqueza em determinado momento inclui a soma dos ganhos e das perdas de capital de todos os anos anteriores. No entanto, não há razão para acreditar que a receita de um imposto anual sobre a riqueza seria próxima das receitas que teriam sido arrecadadas pela tributação anual total de ganhos de capital não realizados.

Quanto maior a riqueza de um indivíduo, maior será sua capacidade de pagamento, permanecendo outros fatores, incluindo a renda, inalterados. Portanto, indivíduos ricos deveriam pagar mais impostos. Suponha que um avarento acumulou um enorme tesouro em ouro que não gera renda. Ele deveria pagar impostos sobre o valor do tesouro? Alguns acreditam que, como o avarento estava sujeito ao imposto de renda enquanto o tesouro estava sendo acumulado, ele não deve ser tributado novamente. Outros argumentam que o ouro por si só gera utilidade e deve estar sujeito a impostos. Talvez o maior problema no argumento sobre a capacidade de pagar é que mesmo as pessoas ricas têm parte substancial de sua riqueza em capital humano – sua educação, habilidades, etc. No entanto, não há outra maneira de determinar o valor do capital humano, senão por referência à renda que gera. Essa lógica aponta novamente para a renda como a base apropriada.

A tributação da riqueza reduz a concentração de riqueza, o que é social e politicamente desejável. Como vimos no Capítulo 12, embora seja difícil medir a renda precisamente, as melhores estimativas sugerem que a distribuição de renda nos Estados Unidos é bastante desigual. A qualidade dos dados sobre riqueza é ainda menor. As informações disponíveis sugerem que a distribuição da riqueza é muito desigual. Uma pesquisa indicou que o 1% da população no topo da distribuição da riqueza detinha 35% do total [Domhoff, 2012]. Se tal desigualdade é ou não desejável se transforma em um conjunto complexo de questões éticas bastante semelhantes àquelas discutidas no Capítulo 12, quando tratamos da distribuição de renda. Uma preocupação relacionada é que uma distribuição de riqueza altamente concentrada leva à corrupção dos processos políticos democráticos. Os céticos respondem que, se a questão é concentração de poder, não há justificativa para a tributação de acréscimos de riqueza de US$ 1 milhão, US$ 10 milhões de dólares, ou até US$ 50 milhões. Como Stein [1997] observa: "É necessário muito mais dinheiro do que isso para gerar energia nos EUA atuais". Stein observa ainda que existem fontes de influência além do dinheiro: "Oprah Winfrey tem mais poder do que qualquer pessoa mega rica na atualidade". Oprah deve pagar um imposto especial por ser poderosa?

Impostos sobre a riqueza são pagamentos de benefícios que detentores de riqueza recebem do governo. Como o presidente Theodore Roosevelt disse: "O homem de grande riqueza deve uma obrigação peculiar ao Estado porque deriva vantagens especiais da mera existência do governo". Pode-se argumentar, por exemplo, que um dos principais objetivos de gastos com defesa é proteger nossa riqueza (de inimigos estrangeiros). Se assim for, talvez um imposto sobre a riqueza seja um método justo para o financiamento de defesa. Além disso, o governo faz determinados gastos que podem beneficiar os detentores de riqueza em especial. Se o Estado constrói e mantém uma estrada que passa por minha loja, ele me confere uma vantagem pela qual eu deveria pagar. Embora a noção de basear impostos nos benefícios tenha algum apelo, não está claro que qualquer imposto viável sobre a fortuna possa alcançar este objetivo. Ao argumentar em favor da tributação da propriedade, um advogado fez a pergunta retórica: "Não é verdade que alguém que possui uma casa com o dobro do tamanho recebe o dobro de benefícios de . . . serviços de polícia e bombeiros prestados à propriedade?" [Hagman, 1978, p. 42]. Ao contrário do que ele aparentemente pensa, a resposta é "provavelmente não". O valor para determinada família da maioria dos serviços prestados pelo governo local depende de outros fatores além do tamanho da casa. Por exemplo, o valor da educação depende do número de filhos. Mesmo o valor dos serviços de bombeiros e de polícia depende da quantidade de móveis na casa e do nível de proteção de seguro adquirido. Se a tributação de benefícios é o objetivo, um sistema de taxas de utilização de serviços públicos seria mais apropriado do que um imposto sobre a fortuna.

Para resumir, os impostos sobre a riqueza – sejam em associação a um sistema de imposto de renda ou a um imposto sobre o consumo – já foram justificados com base tanto em capacidade de pagar quanto em benefícios. Ambos os conjuntos de argumentos são muito controversos.

De longe, o imposto sobre a riqueza mais importante nos Estados Unidos é o imposto sobre a propriedade, que é particularmente importante para as operações dos governos locais. Assim, adiamos a discussão a respeito do imposto sobre a propriedade para o Capítulo 22, em que discutimos unidades subnacionais de governo, e tratamos aqui dos impostos sobre doações e legados.

▶ IMPOSTOS SOBRE HERANÇAS E DOAÇÕES

O governo federal cobra impostos sobre a riqueza de heranças e doações. Esses impostos são cobrados em intervalos irregulares quando ocorrem determinados eventos – o imposto sobre heranças no momento da morte do proprietário da riqueza (falecido) e o imposto sobre doações quando a propriedade é transferida entre pessoas vivas (inter vivos). O governo federal e alguns governos estaduais cobram impostos sobre doações e heranças. Em nenhum nível os impostos são fontes de receitas muito importantes. Os impostos sobre heranças e doações representam apenas cerca de 0,5% das receitas fiscais federais [Relatório Econômico do Presidente, 2012, p. 414]. O imposto não afeta diretamente a vida da maioria dos cidadãos – ele incide sobre as heranças de menos de 1% de todos os falecidos. Alguns sugerem que o papel dos impostos sobre heranças e doações deve ser ampliado. Os argumentos a favor e contra os impostos sobre heranças e doações são abordados nesta seção.

Justificativas

As seguintes questões foram levantadas no debate sobre tributação de herança:

Pagamento por serviços Alguns argumentam que o governo protege os direitos de propriedade e supervisiona a transferência de propriedades do falecido a seus herdeiros. Como compensação pela prestação desses serviços, o estado tem direito a uma parte da herança. Aqueles que se opõem ao imposto sobre heranças acreditam que o fornecimento de tais serviços é um direito fundamental pelo qual não se deve pagar. Como a atriz Whoopi Goldberg disse: "Não quero pagar impostos só porque morri. Não acho isso certo". Além disso, parece arbitrário escolher as transferências de propriedade como objetos especiais de tributação. Se Moe gasta US$ 10.000 em uma viagem à Europa, Curly gasta US$ 10.000 com a faculdade de sua filha e Larry deixa US$ 10.000 para seu filho, por que Larry deve pagar um imposto especial?

Reversão de bens para a sociedade Os defensores do imposto sobre heranças afirmam que, em última análise, toda propriedade pertence à sociedade como um todo. Durante a vida de um indivíduo, a sociedade permite que ele use a propriedade que gerencia para acumular da maneira que desejar. Porém, na hora da morte a propriedade retorna para a sociedade, que pode utilizá-la à vontade. Sob este ponto de vista, embora as pessoas possam ter direito ao que ganham, seus descendentes não têm qualquer direito ético convincente sobre esses bens. Como vimos no Capítulo 12, muitos juízos de valor polêmicos estão por trás de tais afirmações. Os opositores acreditam que é fundamentalmente errado argumentar que uma pessoa detém riqueza apenas porque a "sociedade" assim deseja ou que a "sociedade" pode ter qualquer direito válido sobre a riqueza pessoal.

Incentivos A mais famosa declaração de que os impostos sobre heranças são bons incentivos é de Andrew Carnegie: "O pai que deixa ao filho uma enorme riqueza geralmente inibe os talentos e as energias do filho e o tenta a levar uma vida menos útil e menos digna". Ao tributar heranças, o governo pode evitar que isso aconteça. Há evidências empíricas de que a ideia de Carnegie de que os beneficiários de heranças trabalham menos é correta [Congressional Budget Office, 2009, p. 6].

No entanto, o problema do incentivo é mais complicado do que o sugerido por Carnegie, pois temos de ter em conta o comportamento do doador, e não apenas o beneficiário. Considere Lear, um indivíduo que é motivado a trabalhar duro durante a sua vida para deixar uma grande herança para suas filhas. A existência de um imposto sobre a herança pode desestimular o esforço de Lear ("Por que eu deveria trabalhar duro, se minha riqueza está indo para o coletor de impostos em vez de minhas filhas?"). Por outro lado, com um imposto sobre a herança, uma maior quantidade de riqueza precisa ser acumulada para deixar determinado legado depois de impostos. Assim, a presença de um imposto sobre a herança pode induzir Lear a trabalhar mais para manter o valor líquido de sua propriedade. Consequentemente, o impacto que um imposto sobre a herança pode ter sobre o esforço de trabalho de um doador é logicamente indeterminado.[9] Mesmo se Carnegie estivesse certo ao dizer que o imposto sobre heranças leva potenciais herdeiros a trabalhar mais, esse imposto também pode gerar incentivos para que os doadores trabalhem menos. A teoria por si só não determina a tendência que prevalece. Da mesma forma, não podemos prever como um imposto sobre a herança afeta o comportamento de poupança do doador. É fácil descrever cenários em que ele economiza menos e outros em que economiza mais.

O imposto sobre a herança pode afetar não apenas a quantidade de riqueza transferida de uma geração para outra, mas também a forma como ocorrem as transferências. Um imposto sobre os legados de capital físico gera incentivos para transmitir riqueza na forma de capital humano. Assim, em vez de dar a cada filha US$ 80.000 em ações e títulos, Lear pode gastar US$ 80.000 na educação universitária de cada uma delas. Um imposto sobre a herança poderia, assim, levar a superinvestimento em capital humano.

Com base na revisão de uma série de estudos, Munnell [2003], concluiu que o imposto sobre a herança reduz o acúmulo de propriedades em até 10,5%. Embora esta constatação seja plausível, ela deve ser considerada com cautela, pois não está clara qual a melhor forma de calcular a alíquota de imposto sobre a herança ao longo da vida relevante. Pode-se presumir que a taxa é determinada em parte pelas expectativas de qual será a taxa quando o indivíduo morrer, mas não está claro como tais expectativas são formadas. No entanto, este resultado sugere que os efeitos de incentivo do imposto sobre a herança podem ser substanciais.

Relação com o imposto de renda pessoal Pode-se argumentar que a tributação de heranças e doações é necessária, pois recebimentos de doações e de heranças são excluídos da base de imposto de renda pessoal do destinatário. A resposta natural a essa observação é perguntar por que doações e heranças não estão incluídas na renda bruta ajustada. Afinal de contas, elas se somam ao consumo potencial e, pela definição convencional são, portanto, renda para o beneficiário. No entanto, sempre houve muita resistência a incluir heranças e doações na base de imposto de renda. Esses recebimentos simplesmente não são perce-

---

[9] A ambiguidade surge por causa do conflito familiar entre o efeito de substituição e o efeito-renda (ver Capítulo 18).

bidos como pertencentes à mesma classe dos salários e dos juros. Não é necessariamente verdade, porém, que o imposto sobre heranças e doações é o melhor remédio para essa omissão. Discutiremos uma alternativa possível mais adiante.

Distribuição de renda Um imposto sobre a herança é uma ferramenta valiosa para uma distribuição mais equitativa da renda. Como William Gates Sr. (o pai do bilionário da Microsoft) argumentou, um imposto sobre a herança é necessário para "proteger a nossa democracia de mais acumulação de riqueza hereditária" [Gates e Collins, 2002]. Deixemos de lado a questão normativa se o governo deve ou não buscar uma distribuição de renda mais igualitária e consideremos a questão positiva se um sistema efetivo de tributação de heranças atingiria esse objetivo. Certamente, a suposição preponderante é que atingiria: "Desde o início, o imposto sobre heranças era visto como uma forma de contrabalancear uma concentração indevida de riqueza" [Gale e Slemrod, 2000, p. 931]. No entanto, existem várias razões pelas quais a tributação de legados pode sair pela culatra e criar uma distribuição de renda menos igualitária.

- Se o imposto sobre a herança reduz a poupança, haverá menos capital. Isso leva a um salário real mais baixo pelo trabalho e, sob certas condições, a uma parcela menor da renda destinada ao trabalho[10]. Como a renda de capital é distribuída de maneira mais desigual do que a renda do trabalho, o efeito é aumentar a desigualdade.

- *Dentro* de uma geração, é provável que a maioria dos indivíduos transfira riqueza apenas para outros que estejam em situação pior do que eles. Essas transferências tendem claramente a aumentar a igualdade. A redução dessas transferências voluntárias poderia muito bem levar a mais desigualdade.

- Suponha que pais cujas capacidades de obtenção de renda são muito superiores à média produzem filhos cujas capacidades de obtenção de renda estão mais próximas do nível médio (este fenômeno é conhecido como *regressão para a média*). Pais ricos, que desejam compensar seus filhos por sua menor capacidade de renda por meio de legados, tendem a diminuir a desigualdade entre gerações. Por outro lado, a redução dessas transferências aumenta a desigualdade entre gerações.

Uma preocupação relacionada é que o foco da política deve ser a desigualdade de consumo, em vez da desigualdade de riqueza. Na medida em que o imposto sobre a herança incentiva as pessoas ricas a gastar mais dinheiro enquanto estão vivas, ele agrava a desigualdade de consumo. Concluímos que, do ponto de vista teórico, o efeito que a tributação sobre a herança tem sobre a desigualdade é ambíguo. Pesquisas empíricas ainda não determinaram se predomina o efeito de aumento da igualdade ou o efeito de diminuição da igualdade.

Disposições

A tributação de doações e a tributação de heranças estão inextricavelmente ligadas. Suponha que as heranças sejam tributadas e as doações não. Se Lear deseja passar sua fortuna para suas filhas e sabe que incidirão impostos quando ele morrer, então ele pode evitar o imposto, fazendo a transferência como uma doação *inter vivos*. Oportunidades semelhantes surgiriam se houvesse um imposto sobre as doações, mas não imposto sobre heranças. Desde 1976, os impostos sobre doações e heranças nos Estados Unidos foram integrados e são oficialmente conhecidos como **imposto de transferência unificada**.

---

imposto de transferência unificada

Imposto em que os montantes transferidos como doações e legados são considerados em conjunto.

[10] Quando a taxa salarial diminui, a quantidade demandada de trabalho aumenta. Assim, o que acontece com a renda do trabalho – o produto do salário pela quantidade demandada – depende da elasticidade da demanda por mão de obra. Esta, por sua vez, depende da facilidade com que o capital pode ser substituído por trabalho (a elasticidade da substituição de trabalho por capital).

O imposto de transferência unificada é semelhante em estrutura básica ao imposto de renda pessoal. Depois que a herança bruta é calculada, várias deduções e isenções são subtraídas, restando a herança tributável. Os impostos a serem pagos são determinados pela aplicação de uma tabela de alíquotas progressiva sobre a herança tributável.

Cálculo da base tributável A **herança bruta** consiste de todos os bens de propriedade do falecido no momento da morte, incluindo bens imóveis, ações, títulos e apólices de seguro. Também inclui doações feitas durante a vida do falecido. Para determinar a **herança tributável**, deduções são permitidas para despesas de funeral, custos de liquidação da propriedade (honorários advocatícios) e dívidas do espólio. Doações de caridade são dedutíveis sem limite.

As seguintes deduções estão disponíveis:

- Em 2013, cada herança podia ter uma isenção ao longo da vida de US$ 5 milhões. Não é cobrado qualquer imposto federal sobre heranças com valor abaixo daquele da isenção ao longo da vida.

- Todas as transferências qualificadas para cônjuges – seja por doação ou por legado – são dedutíveis na determinação do valor tributável. Assim, a propriedade de uma multimilionária que deixa US$ 5 milhões para seus filhos e o restante para seu marido não tem qualquer responsabilidade fiscal. Devido à dedução do cônjuge, a maioria dos casais não paga qualquer imposto sobre a herança até que ambos os cônjuges tenham morrido.

- Em 2013, cada indivíduo podia receber uma exclusão anual de doações no valor de US$ 14.000 por beneficiário (o beneficiário não precisa ser um parente). Considere uma família com três filhos. Todos os anos, a mãe pode dar US$ 14.000 para cada filho, assim como o pai. Juntos, então, o casal pode dar a seus três filhos um valor anual de US$ 84.000 livre de impostos. Curiosamente, há evidências de que as pessoas ricas não exploram plenamente as vantagens fiscais da distribuição de riqueza antes da morte. Por quê? Há uma história sobre um homem rico que deu a cada um de seus filhos um milhão de dólares quando chegaram à idade de 21 anos. Quando perguntaram por que ele fez isso, o milionário explicou que queria que seus filhos fossem capazes de "mandá-lo para o inferno" – que tivessem independência financeira total. Parece que a maioria das pessoas preferiria que seus filhos não tivessem a possibilidade de mandá-las para o inferno. Essas pessoas, portanto, mantêm controle de sua riqueza pelo maior tempo possível, mesmo que acabem pagando mais impostos do que o necessário.

Estrutura de alíquotas A base tributável está sujeita a taxas marginais de imposto crescentes. Em 2013, a alíquota máxima era de 40%. É difícil dizer se essa taxa é ou não eficiente. Como de costume, a resposta depende de como muda o comportamento em função de mudanças na alíquota de imposto. Mas, como indicado anteriormente, pouco se sabe sobre como as decisões econômicas são afetadas por impostos sobre heranças e doações.

> **herança bruta**
> Todos os bens de propriedade do falecido no momento da morte.
>
> **herança tributável**
> Herança bruta menos deduções dos custos de liquidação da herança, dívidas pendentes do espólio e contribuições de caridade.

PERSPECTIVA DE POLÍTICA

A morte do imposto sobre a herança?

O imposto sobre a herança é um tema muito polêmico. Em 2001, a isenção para toda a vida era de US$ 675.000 e a taxa marginal de imposto máxima era de 55%. A legislação aprovada em 2001 colocou o imposto sobre a herança em uma descendente com destino à eliminação, com o aumento da isenção e a diminuição da alíquota de imposto

(continua)

> *(continuação)*
>
> marginal máxima até o ano de 2010, quando o imposto foi eliminado completamente. Assim, se alguém morresse em 31 de dezembro de 2009, sua propriedade estaria sujeita a tributação, mas se a mesma pessoa morresse no dia 01 de janeiro de 2010, nenhum imposto precisaria ser pago! Essa situação bizarra leva a pensar que as mortes poderiam ter sido programadas para evitar o imposto sobre a herança. Sim, isso soa estranho, mas há evidências anedóticas de que isso de fato aconteceu. Um advogado disse: "Eu tenho dois clientes sobrevivendo com auxílio de aparelhos, e as famílias estão pensando se devem manter as medidas heroicas por mais alguns dias. Será que essas pessoas querem passar o resto de suas vidas sabendo que tomaram decisões médicas de suma importância com base na lei de tributação de heranças?" [Saunders, 2009]. De acordo com a lei de 2001, o imposto sobre a herança seria eliminado por apenas um ano. Uma extensão temporária do imposto sobre a herança foi aprovada para evitar o retorno da versão de 2001 da lei em 2011. Essa extensão determinou a isenção vitalícia até o valor de US$ 5 milhões e a alíquota máxima de 35%. Em 2013, a taxa máxima foi aumentada para 40%. É bem provável que o papel adequado da tributação sobre heranças continue a gerar controvérsia.

Problemas especiais Uma série de dificuldades surge na administração de um imposto sobre heranças e doações.

Propriedade de posse conjunta Suponha que um marido e sua esposa tenham propriedades conjuntas. Para fins de tributação de herança, estas devem ser consideradas um espólio ou dois? Discutimos os problemas filosóficos sobre se a família ou o indivíduo deve ser a unidade de tributação no Capítulo 17 em "Escolha da unidade e o imposto do casamento", por isso não há necessidade de fazê-lo aqui novamente. Sob a atual lei federal, a metade do valor da propriedade conjunta é incluído na propriedade bruta do primeiro cônjuge a morrer, independentemente do grau de contribuição de cada cônjuge para a acumulação da propriedade.[11]

Empresas de capital fechado Suponha que Lear deseja legar seu negócio, que é o único bem que possui, para suas filhas. Como não há dinheiro na herança de Lear, as filhas podem ter de vender a empresa para pagar o imposto sobre a herança devido. Para reduzir a probabilidade de um evento como esse, a lei permite que os impostos sobre heranças de empresas de capital fechado sejam pagos ao longo de até 14 anos, com taxas de juros favoráveis. Além disso, para o cálculo da herança bruta, áreas de agricultura familiar e empresas qualificadas têm seu valor estimado abaixo do valor de mercado justo. Tais disposições refletem um juízo de valor de que é socialmente desejável que determinada empresa seja mantida sob o controle da mesma família por várias gerações. Elas também refletem o poder político dos proprietários de pequenas empresas.

Estratégias de elisão Um objetivo implícito do imposto sobre a herança é tributar a riqueza pelo menos uma vez por geração. No entanto, as pessoas podem evitar o imposto de diversas maneiras. Muitas delas envolvem a criação de relações de confiança, que são acordos pelos quais uma pessoa ou instituição conhecida como curador recebe o título legal de ativos com a obrigação de usá-los em benefício da outra parte. Como exemplo do uso de relações de confiança para a elisão de imposto sobre a herança, considere o problema de pais que possuem apólices de seguro de vida e nomeiam seus filhos como beneficiários. Os recursos obtidos com as apólices de seguro estão incluídos na propriedade bruta dos pais.

---

[11] Mais precisamente, esta regra vale para bens de propriedade conjunta com direito de sobrevivência, o que significa que, com a morte de um proprietário, a propriedade passa automaticamente para o outro proprietário.

No entanto, os pais podem estabelecer uma relação de **fideicomisso de seguro** e atribuir a apólice de seguro para administração de um fideicomissário. Uma vez que os pais já não possuem a apólice, ela está fora de sua propriedade e seus filhos recebem o benefício integral do seguro de vida.

Outra técnica relativamente simples e popular envolve a concessão aos herdeiros de ações de uma companhia de capital fechado. Especificamente, suponha que Mickey incorpora sua empresa e detém todas as ações. Durante sua vida, Mickey faz doações de parte substancial das ações, mas menos da metade, para seus herdeiros, Morty e Ferdy. Se as transferências ocorrem relativamente cedo na vida da empresa, as ações não valem muito, então poucos impostos, se algum, precisam ser pagos. Como Mickey detém a maioria das ações da empresa, ele permanece no comando da empresa e controla efetivamente o valor das ações transferidas. Se a empresa de Mickey prospera, no momento em que morre, as ações da Ferdy de Morty podem ser extremamente valiosas. Assim, Mickey conseguiu transferir uma quantidade substancial de riqueza para seus herdeiros e proteger a transferência do imposto sobre doações e heranças. E as ações que Mickey ainda detém no momento da morte? Outras técnicas mais complicadas estão disponíveis para protegê-las.

Em suma, diversos métodos estão disponíveis para a realização de transferências intergeracionais de riqueza, livres de qualquer imposto e sem perda do controle efetivo sobre a propriedade durante a vida. Muitas destas técnicas de elisão são complicadas e caras. Como observado em um relatório do Comitê Econômico do Congresso, os passivos de imposto sobre heranças "dependem da habilidade do planejador da herança, não da capacidade de pagamento" [Comitê Econômico Conjunto, 2006, p. 34]. Com efeito, as únicas pessoas que pagam o imposto são aquelas que deixam de fazer o planejamento adequado. No entanto, mesmo quando o imposto não gera receitas, ele pode criar encargos excessivos e/ou custos de conformidade para pessoas que modificam seu comportamento para evitá-lo.

Reforma de impostos sobre heranças e doações

Para aqueles que desejam expandir o papel dos impostos sobre heranças e doações, a abordagem mais simples seria reduzir a isenção de vida. No entanto, se a intenção é que o imposto sobre a herança venha a ter papel importante no sistema de receitas, devem ser criados métodos para lidar com a elisão através de relações de confiança e de outros instrumentos semelhantes.

Alguns teóricos propõem integrar o sistema de imposto sobre heranças e doações ao imposto de renda pessoal. Doações e heranças seriam tributadas como renda para os beneficiários. Como observado anteriormente, essas receitas são renda e, de acordo com a definição de renda de Haig-Simons, devem, portanto, ser incluídas na renda bruta ajustada. Para explicar o fato de que a renda desse tipo tende a vir em "montes", alguma forma de tirar a média teria de ser inventada.

Há, no entanto, resistência das pessoas à tributação de doações e heranças como renda ordinária. Um método diferente de mudar o foco da tributação de heranças e doações para o receptor é um **imposto diferenciado sobre a herança** (*accessions tax*), com o qual cada indivíduo é tributado sobre suas aquisições totais ao longo da vida oriundas de sucessões e doações. A tabela de alíquotas pode ser tornada progressiva e incluir uma isenção, se desejado. O atrativo de tal sistema é que ele relaciona o imposto devido à capacidade do beneficiário de pagar, e não à herança. Dificuldades administrativas surgiriam em função da necessidade de os contribuintes manterem registros de todas as doações e heranças consideráveis. Porém, se um dia for decidido tributar as transferências de riqueza de maneira mais agressiva, esse tipo de imposto sobre a herança deverá ser considerado seriamente. Por outro lado, para aqueles que se opõem à tributação de transferências de riqueza por motivos filosóficos ou econômicos, a melhor reforma do imposto sobre a herança é voltar para o regime de 2010 e torná-lo permanente. Em outras palavras, abolir o imposto sobre a propriedade.

---

fideicomisso de seguro

Fideicomisso que é proprietário legal de uma apólice de seguro de vida. Permite que os beneficiários da apólice evitem o imposto sobre a herança.

Imposto diferenciado sobre a herança

Imposto que incide sobre as aquisições totais da vida de um indivíduo a partir de sucessões e doações.

▶ PERSPECTIVAS PARA UMA REFORMA TRIBUTÁRIA FUNDAMENTAL

Discutimos as vantagens e desvantagens da tributação do consumo. Os defensores do imposto sobre o consumo argumentam que o sistema atual é complicado, ineficiente e injusto e que, portanto, uma ampla reforma é necessária. Os opositores concordam basicamente com a avaliação do sistema atual, mas argumentam que um imposto sobre o consumo sofreria inevitavelmente problemas semelhantes e traria seus próprios problemas.

Quais são as perspectivas para uma reforma tributária fundamental? Mesmo aqueles em favor dessa reforma admitem que os obstáculos são formidáveis. No entanto, é mais provável que tenham sucesso as tentativas de fazer amplas mudanças no sistema tributário do que as tentativas de modificar disposições específicas de modo fragmentário. Se *todas as pessoas* estão sendo afetadas, elas têm menor capacidade de brigar por seus interesses específicos. A experiência da última grande reforma tributária em 1986 de certo modo sustenta este ponto de vista. Um dos motivos pelos quais ela foi aprovada é que, em determinados votos cruciais, seus apoiadores conseguiram apresentá-la como uma proposta do tipo "ou tudo, ou nada". O Congresso tinha de aceitar todo o conjunto de alterações ou nenhuma alteração. Vale ressaltar no entanto, que, mesmo com um presidente muito popular e com líderes de Congresso extremamente poderosos por trás do projeto de lei, ele quase foi abandonado várias vezes.

As condições para uma reforma tributária politicamente bem-sucedida estão muito bem resumidas pelos economistas Edward Lazear e James Poterba [2006, p. 7]:

> Se as propostas de reforma forem dissecadas por políticos na tentativa de promover disposições que reduzem as obrigações tributárias de seus eleitores, eliminando aquelas que poderiam levar a impostos mais altos, então a reforma estará fadada ao fracasso. Porém, se as propostas de reforma forem vistas como um conjunto de disposições que, tomadas em conjunto, deixam a maioria das famílias em uma posição não muito diferente da atual, mudando também o sistema fiscal para uma estrutura que irá promover o crescimento econômico de longo prazo e reduzirá a carga da conformidade com as obrigações fiscais, essas propostas podem angariar amplo apoio popular e até mesmo entusiasmo. A reforma tributária genuína é um processo difícil que requer compromisso com o objetivo de criar um sistema fiscal mais eficiente, mais simples e mais justo.

Uma abordagem alternativa é sugerida pelo humorista Dave Barry:

> Colocamos todo o Congresso em uma ilha. Todos os alimentos nessa ilha estão trancados dentro de um cofre, que só pode ser aberto por um contribuinte americano comum chamado Bob. Todos os dias, os congressistas recebem uma seção do Código Tributário, que devem reescrever para que Bob possa compreender. Se ele entende, permite que comam naquele dia; se não entende, não permite. Como alternativa, pode dar-lhes comida de qualquer maneira. Não importa. O principal é que nunca permitimos que saiam da ilha [Barry, 2003].

Resumo

- Os proponentes de impostos sobre o consumo pessoal argumentam que eliminam a dupla tributação dos rendimentos de juros, promovem a equidade ao longo da vida, cobram impostos dos indivíduos com base na quantidade de recursos econômicos que usam, podem ser ajustados para atingir qualquer nível desejado de progressividade e são administrativamente superiores a um imposto de renda.

- Os opositores dos impostos sobre o consumo apontam problemas de dificuldade de transição, argumentam que a renda mede melhor a capacidade de pagamento, que são administrativamente onerosos e que, na ausência de impostos apropriados sobre doações e legados, levariam a uma excessiva concentração de riqueza.
- Os impostos sobre o consumo são tipicamente vistos como regressivos. No entanto, este ponto de vista é baseado em cálculos que envolvem renda anual e não vitalícia e pressupõe que a incidência do imposto recai sobre o comprador.
- Quatro protótipos de imposto sobre o consumo são o imposto sobre vendas no varejo, o imposto sobre o valor agregado, o imposto fixo de Hall-Rabushka e o imposto sobre o fluxo de caixa. Seus atributos administrativos diferem substancialmente; porém, seus efeitos econômicos são basicamente os mesmos.
- Impostos gerais sobre vendas e impostos especiais sobre o consumo são fontes de receitas importantes nos níveis estadual e local.
- A grande atração dos impostos sobre as vendas é a facilidade de administração, pelo menos quando as taxas não são muito altas. Alguns impostos sobre vendas podem ser justificados como correções para externalidades ou como substitutos de taxas de utilização.
- O imposto sobre o valor agregado (IVA) é muito popular na Europa, mas não é usado nos Estados Unidos. O IVA é cobrado sobre a diferença entre a receita de vendas e o custo dos insumos de *commodities* adquiridos.
- Os impostos sobre o consumo pessoal permitem que a carga tributária de um indivíduo dependa de suas circunstâncias pessoais. Um exemplo é o imposto fixo de Hall-Rabushka, que tributa a diferença entre as receitas e despesas de empresas para insumos a uma taxa fixa e aplica a mesma taxa para os salários dos indivíduos. A progressividade é incorporada ao sistema por meio de uma isenção pessoal. Outro exemplo é o imposto sobre fluxo de caixa, que tributa cada indivíduo com base em suas despesas de consumo anuais.
- Os proponentes de impostos sobre a riqueza acreditam que permitir a tributação de ganhos de capital não realizados que escapam ao imposto de renda reduz a concentração de riqueza e compensa os benefícios recebidos pelos detentores de riqueza. Alguns também argumentam que a riqueza é um bom indicativo da capacidade de pagamento e deve, portanto, estar sujeita a imposto.
- Os impostos sobre heranças e doações são cobrados sobre o valor das transferências de riqueza de uma pessoa falecida ou de outro indivíduo vivo. Nenhum deles é uma fonte importante de receita em nenhum nível de governo. Pouco se sabe sobre os efeitos do incentivo ou sobre a incidência de impostos sobre heranças e doações.
- As principais propostas de reforma dos impostos sobre heranças e doações são feitas para incorporar essas transferências no sistema de imposto de renda pessoal ou para instaurar um imposto diferenciado sobre a herança (accessions tax, um imposto com base no total de doações e legados recebidos ao longo da vida). Os opositores do imposto sobre a herança defendem sua abolição.

Perguntas para reflexão

1. Zach vive dois períodos. Ele ganha US$ 10.000 no primeiro período e nada no segundo período. A taxa de retorno é de 10%, e há imposto de renda (aplicado sobre rendimentos de trabalho e de juros) com alíquota de 50%. Zach decide economizar a metade de seus rendimentos no primeiro período, que ele consome (juntamente com os juros) no segundo período.

    a. Qual é o imposto de renda devido por Zach em cada período? Qual é o valor presente de seus pagamentos de impostos ao longo da vida?

    b. Suponha que um imposto sobre o consumo de 50% substitui o imposto de renda no segundo período (depois que Zach tomou sua decisão de poupança). Quanto ele paga em impostos no segundo período? Qual é o valor presente de seus pagamentos de impostos ao longo da vida? Compare sua resposta com o valor presente dos pagamentos de impostos ao longo da vida na parte a e explique a relevância da comparação para os problemas de transição ao mudar para um imposto sobre o consumo.

2. De acordo com um colunista do *New York Times*: "O imposto sobre a herança afeta um número surpreendentemente pequeno de pessoas. Em 2003, . . . apenas 1,25% de todas as mortes resultaram em heranças tributáveis, com a maioria delas pagando relativamente pouco" [Norris, 2005, p. C1]. Contar o número de propriedades tributáveis e o valor da receita fiscal arrecadada é uma boa maneira de avaliar a carga do imposto sobre a herança?

3. Discuta detalhadamente a seguinte citação: "É razoável supor . . . que as empresas podem repassar o valor integral do imposto [sobre o valor agregado] aos consumidores finais. Mas se [presume-se que] as empre-

sas têm o poder de aumentar os preços em um dólar para cada dólar que pagam em impostos sobre o valor agregado, então também deve-se supor que as empresas podem aumentar os preços de forma semelhante em relação a cada dólar que pagam agora em folha de pagamento e impostos sobre a renda corporativa" [Cockburn e Pollin, 1992, p. A15].

4. Em 2011, Derek Jeter bateu um home run e tornou-se o vigésimo oitavo homem a ultrapassar 3.000 rebatidas. Isso apresentou um interessante conjunto de questões fiscais para o fã que pegou a bola. Em cada um dos casos abaixo, quais são as consequências fiscais para o fã que pegou a bola?

   a. O fã dá a bola para o jogador que rebateu.
   b. O fã fica com a bola e a guarda até a sua morte.
   c. O fã dá a bola para uma instituição de caridade, e a instituição vende a bola para obter lucro.
   d. O fã vende a bola imediatamente.
   e. O fã vende a bola depois de ficar com ela por um ano.

5. Em 2012, a Inglaterra considerou um imposto "de emergência" a ser cobrado uma só vez sobre a riqueza para os britânicos de alto patrimônio líquido [Frank, 2012]. Discuta a eficiência desse imposto. Relacione sua resposta com a noção de inconsistência temporal da política ótima abordada no Capítulo 16.

6. Em janeiro de 2003, o falecido Professor David Bradford disse a um repórter do *New York Times* que um imposto sobre o consumo desestimula o esforço de trabalho. Pouco tempo depois, recebeu o seguinte e-mail: "Desde quando um imposto sobre o consumo desestimula o trabalho? Este tipo de raciocínio capcioso esteve por toda parte neste artigo. Eu ri quando vi ele foi chamando de "Análise Econômica"." "Quem estava certo, o Professor Bradford ou seu correspondente? Justifique sua resposta usando um argumento aritmético ou algébrico. Dica: Bradford estava certo.

7. Ramesh vive dois períodos. Seus ganhos no presente são 100; no futuro, são 75,6. A taxa de juros é de 8%.

   a. Suponha que os ganhos de Ramesh estão sujeitos a um imposto de 25%. Suponha também que os rendimentos de juros são tributados à mesma taxa e que os juros pagos são dedutíveis. Usando o nosso modelo de ciclo de vida, demonstre que esse imposto gera um encargo excessivo. Dica: Como o imposto muda a restrição orçamentária intertemporal?

   b. Suponha agora que os pagamentos de juros não são dedutíveis. Esse imposto gera um encargo excessivo se Ramesh for um tomador de empréstimo?

   c. Agora, suponha que o imposto na parte a é descartado em favor de um imposto sobre o consumo. Qual a alíquota de imposto sobre o consumo renderia a mesma receita fiscal? Este imposto distorce a escolha entre consumo presente e futuro?

   d. Agora, suponha que o imposto sobre o consumo na parte c é instituído, mas a dedução de juros permanece. Este imposto distorce a escolha entre consumo presente e futuro?

8. Ambas Li-Na e Shirley vivem dois períodos. Ambas têm salário de 1000 no presente e zero no futuro. A taxa de juros é de 8%. Suponha que cada uma delas tem de pagar imposto de renda e que o consumo de Li-Na no primeiro período é 200, enquanto o de Shirley é 300. Quem tem a maior carga tributária ao longo da vida? Com um imposto sobre o consumo proporcional, como se comparam suas cargas tributárias ao longo da vida?

9. Suponha que Aviva pode ganhar uma renda suplementar por horas extras de trabalho. Ela pretende usar toda a renda que ganhar para comprar ações de uma empresa, com a intenção de deixar as ações para seus filhos em seu testamento. Ela tem 60 anos e espera viver mais 25 anos. Aviva enfrenta as seguintes taxas marginais de imposto: um imposto combinado sobre a renda e a folha de pagamento de 35%, um imposto corporativo de 35% pago pela empresa cujas ações ela compra, um imposto de 15% sobre os dividendos (não há ganho de capital) e um imposto de 45% sobre sua propriedade quando ela morre. Se o retorno antes dos impostos sobre as ações é de 7%, quanto os filhos de Aviva receberão sobre cada dólar que Aviva ganha em renda suplementar? Como isso se compara a seu ganho se não houvesse impostos?

PARTE VI

FINANÇAS PÚBLICAS EM MÚLTIPLOS NÍVEIS DE GOVERNO

Às vezes, é útil pensar em decisões relativas às finanças públicas como sendo feitas por um único governo. Nos Estados Unidos, no entanto, um número surpreendente de entidades detém o poder de tributar e gastar. Há mais de 89 mil jurisdições governamentais: uma federal, 50 estaduais, 3.031 de condados, 19.522 municipais, 16.364 distritais, 12.884 de distritos escolares e 37.203 de distritos especiais [US Bureau of the Census, 2012d]. A interação dos governos estadual, local e federal desempenha um papel crucial nas finanças públicas dos EUA. No Capítulo 22 examinamos as questões fiscais que surgem nos sistemas federais.

22 Finanças públicas no sistema federal

> *Os texanos são capazes de administrar o Texas.*
> —George W. Bush

O No Child Left Behind Act (NCLB) muda a supervisão do sistema de ensino dos distritos escolares locais e estados para o governo nacional. De acordo com o NCLB, cada estado deve fazer provas para os alunos da terceira até a oitava série e emitir boletins, comparando as pontuações obtidas em cada escola. As escolas que não demonstram progresso adequado nas pontuações devem permitir aos alunos a transferência para outras escolas, às custas do distrito escolar. O NCLB também requer que os professores tenham diploma universitário em cada matéria que ensinam ou demonstrem, por meio de um exame, que são qualificados.[1]

A lei tornou-se parte de uma controvérsia sobre o papel do governo federal na educação. Os opositores do NCLB argumentam que estabelecer normas educacionais e determinar as qualificações dos professores é uma tarefa para os distritos escolares locais e os estados. Eles acreditam que o governo federal simplesmente não sabe o suficiente sobre as condições locais para fazer regulamentações sensatas para administrar a educação. Muitos funcionários de estados com produção agrícola, por exemplo, afirmam que algumas de suas escolas devem contar com uma única pessoa ensinando diversas matérias, por isso é impossível para eles cumprir a exigência do NCLB de professores formados em cada disciplina que ensinam. Permitir aos alunos transferir-se de escolas com baixo desempenho também apresenta problemas nas zonas rurais. A aplicação dessa lei em algumas partes do Alasca exigiria transportar os alunos por 164 milhas pelo Mar de Bering [Dillon, 2003]. Os opositores do NCLB também se queixam de que é injusto para eles ter de aumentar os impostos estaduais e locais para cumprir as regulamentações federais. Os defensores da lei afirmam que a educação é uma questão nacional e, portanto, a supervisão federal é necessária e adequada.

Esse debate destaca várias questões constantes que cercam o funcionamento do sistema norte-americano de finanças públicas:

- É desejável ter um governo descentralizado?
- Se for o caso, que níveis de governo devem decidir sobre as diferentes políticas?
- Os impostos instituídos localmente são uma boa maneira de pagar os serviços prestados pelos governos estaduais e municipais? Ou o dinheiro deve vir do governo federal?

Essas são questões importantes nos Estados Unidos, onde a divisão apropriada do poder entre os vários níveis de governo tem sido motivo de controvérsia desde a fundação da nação. As questões são de igual importância para a China, que está pensando se deve ou não devolver o poder aos governos provinciais, e às nações europeias, que atualmente estão decidindo quais funções de formulação de políticas econômicas serão realizadas pela União Europeia. Este capítulo examina os aspectos normativos e positivos das finanças públicas em um sistema federal.

❖ ❖ ❖

---
[1] Para ver um exame de outros aspectos do NCLB, consulte o Capítulo 7.

▶ ANTECEDENTES

Um **sistema federal** é composto de diferentes níveis de governo que fornecem bens e serviços públicos e que têm alguma margem de manobra para tomar decisões. O tema do **federalismo fiscal** examina as funções realizadas pelos diferentes níveis de governo e como esses níveis interagem uns com os outros. Um sistema federal é mais centralizado do que o outro, quando mais de seus poderes de decisão está nas mãos de autoridades com jurisdição maior. A medida mais comum do grau em que um sistema é centralizado é a **relação de centralização**, a proporção das despesas totais do governo direto feitas pelo governo central (gastos "diretos" do governo incluem todas as despesas, exceto as transferências feitas a outras unidades governamentais). As relações de centralização variam amplamente entre as nações. Na França, é de 81%; no Canadá, 43%; e nos Estados Unidos, 48%.[2]

A Figura 22.1 mostra que a proporção de centralização dos Estados Unidos tem aumentado desde o início do século XX, embora o movimento ascendente não tenha sido constante. No entanto, a relação de centralização não é, de modo algum, um indicador infalível. Estados e municípios, por exemplo, fazem gastos para computadores em bibliotecas públicas, mas parte do dinheiro vem sob a forma de subvenções do governo federal. A Lei de Proteção Infantil On-line requer que as bibliotecas instalem software para bloquear materiais obscenos, e as bibliotecas que não a cumprem perdem as subvenções. A maioria das bibliotecas cumpre com a lei. Quem é, verdadeiramente, responsável? O ponto é que, se o comportamento de gastos locais e estaduais é limitado pelo governo central, a relação de centralização subestima a verdadeira extensão da centralização no sistema. Na verdade, uma quantidade substancial de gastos estadual e local é ditada pelo governo federal. O governo federal simplesmente determina que o governo de nível subfederal forneça determinados serviços, mas sem aumento correspondente no apoio financeiro.

sistema federal

Consiste em diferentes níveis de governo que fornecem bens e serviços públicos e que têm alguma margem para a tomada de decisões.

federalismo fiscal

Campo que examina as funções realizadas pelos diferentes níveis de governo e como os diferentes níveis de governo interagem uns com os outros.

relação de centralização

A proporção das despesas totais do governo direto realizadas pelo governo central.

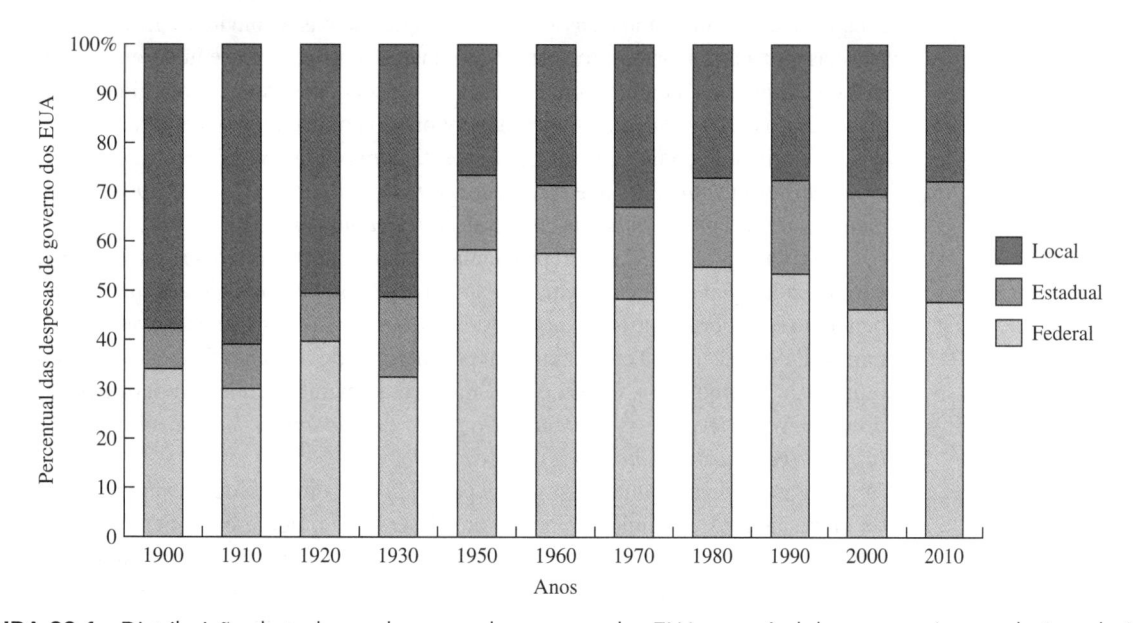

FIGURA 22.1 Distribuição de todas as despesas do governo dos EUA, por nível de governo (anos selecionados). A proporção do total de gastos governamentais diretos dos EUA realizados pelo governo federal aumentou desde o início do século XX, embora o movimento ascendente não tenha sido constante.

Fonte: Os números de 1900 a 1980 são de Pommerehne [1977]. Os números depois de 1980 são calculados a partir de várias edições do US Bureau of the Census, resumos estatísticos dos Estados Unidos e do US Bureau of the Census [2012b].

---

[2] Cálculo de Fisman e Gatti [2002, p. 340], exceto a Figura 22.1, para os Estados Unidos.

Uma série de atividades importantes está, em sua maioria, nas mãos de governos estaduais e locais, incluindo educação e segurança pública. Por outro lado, o governo federal detém toda a responsabilidade pela defesa e previdência social. E todos os três níveis de governo gastam quantias substanciais de dinheiro no bem-estar público. Essa divisão de poderes no sistema fiscal dos EUA é sensata? Antes de dar uma resposta, precisamos discutir as características especiais associadas com o governo local.

▶ FORMAÇÃO DA COMUNIDADE

Para entender os papéis fiscais adequados para jurisdições locais, examinamos os motivos pelos quais as comunidades são formadas. Nesse contexto, é útil pensar uma comunidade como um **clube** – uma associação voluntária de pessoas que se unem para compartilhar algum tipo de benefício. Esta seção desenvolve uma teoria de clubes e a usa para explicar como o tamanho de uma comunidade e sua provisão de bens públicos são determinados.

clube

Associação voluntária de pessoas que se unem para financiar e compartilhar algum tipo de benefício.

Considere um grupo de pessoas que deseja unir-se na compra de terras para um parque público. Para simplificar, vamos supor que todos os membros do grupo têm gostos idênticos e que pretendem dividir igualmente o uso do parque e os seus custos. A "comunidade" pode excluir sem custo todos os não membros, e funciona sem custos de transação. Dado o pressuposto de gostos idênticos, precisamos considerar apenas os desejos de um membro representante. Duas decisões devem ser tomadas: o tamanho do parque a se adquirir e quantos membros a comunidade terá.

Supondo que ela quer maximizar o bem-estar dos seus associados, como a comunidade deve decidir? Consideremos primeiro a relação entre o custo total por membro e o número de membros, uma vez que um determinado tamanho de parque é selecionado. Obviamente, quanto maior a comunidade, mais as pessoas irão arcar com a despesa do parque, e menor será a contribuição exigida por membro. Se o custo per capita diminui continuamente com o tamanho da associação, por que não basta convidar o máximo possível de pessoas para participar? O problema é que quanto mais pessoas se juntarem à comunidade, mais o parque ficará congestionado. O custo do congestionamento marginal mede o custo em dólar do congestionamento incremental criado por cada novo membro. Supomos que o custo marginal de congestionamento aumenta com o número de membros. *A comunidade deve receber membros até que o decréscimo marginal na taxa de adesão seja igual ao aumento marginal por pessoa nos custos de congestionamento.*

Agora veja o outro lado do problema: para um dado número qualquer de membros na comunidade, qual deve ser o tamanho do parque? Um parque de maior porte produz mais benefícios, embora, como a maioria dos produtos, supomos que esteja sujeito à utilidade marginal decrescente. O custo marginal por membro do aumento da área do parque é apena o preço do terreno extra, dividido pelo número de membros que compartilham o custo. *A área cultivada deve ser aumentada até o ponto em que o benefício marginal de cada membro seja igual ao custo marginal por associado.*

Agora podemos juntar essas duas peças da imagem para descrever uma comunidade ou clube ideal. A comunidade ideal é aquela em que o número de membros e o nível de serviços satisfazem, simultaneamente, a condição de que o custo marginal seja igual ao benefício marginal correspondente. Embora este modelo de clube seja muito simples, ele destaca os aspectos cruciais do processo de formação da comunidade. Especificamente, sugere como o tamanho da comunidade depende do tipo de bens públicos que as pessoas querem consumir, na medida em que esses bens estão sujeitos a *crowding*, e os custos de obtê-los, entre outras coisas.

A analogia entre um clube e uma comunidade no mundo real é aproximada? Em muitos casos, mais do que você imagina. Mais de 60 milhões de americanos vivem em áreas reguladas por associações de bairro [Community Associations Institute, 2012]. Essas "comunidades fechadas" decidem quantos membros terão, quantos seguranças contratar, a construção de campos de golfe ou de piscinas de uso comum e assim por diante. No entanto, na maioria dos casos considerar as comunidades como clubes deixa sem resposta várias questões importantes que são relevantes para a compreensão das finanças públicas locais:

- Como os serviços públicos serão financiados? Um clube pode cobrar uma taxa de adesão, mas uma cidade normalmente cobra impostos para pagar por bens públicos.
- Um clube (ou condomínio fechado) pode excluir os não membros e assim eliminar o problema do free rider. Como as cidades podem atingir esse fim?
- Quando as pessoas de todo o país organizam-se em muitos clubes (comunidades) diferentes, a dotação global de bens públicos é equitativa e eficiente?

Essas questões serão retomadas na próxima seção.

▶ O MODELO TIEBOUT

"Ame-o ou deixe-o." Quando as pessoas que se opõem à política do governo federal dos EUA recebem um conselho desses, isso tem um efeito tão construtivo quanto dizer "vá para o inferno". Só em casos extremos vamos esperar que as pessoas deixem seu país por causa da política do governo.[3] Por causa dos altos custos pecuniários e psíquicos de emigrar, uma opção mais realista é ficar e tentar mudar a política. Por outro lado, a maioria dos cidadãos não é tão fortemente ligada às comunidades locais. Se você não gosta das políticas seguidas em Skokie, Illinois, a coisa mais fácil de fazer pode ser mudar-se para a cidade próxima de Evanston. Esta seção discute a relação entre mobilidade intercomunitária, formação de comunidade voluntária e provisão eficiente de bens públicos.

O Capítulo 4 examinou a ideia de que os mercados geralmente não fornecem bens públicos de forma eficiente. A raiz do problema é que o mercado não força as pessoas a revelarem suas verdadeiras preferências por bens públicos. Todos são incentivados a ser um *free rider*. A conclusão é que algum tipo de intervenção do governo é necessária.

© *The New Yorker Collection 1985 Lee Lorenz de cartoonbank.com. Todos os direitos reservados.*

---

[3] Por exemplo, na década de 1960, alguns jovens deixaram o país para fugir do serviço militar no Vietnã.

Em um artigo importante, Tiebout [1956] (pronuncia-se "TEE-bow") argumentou que a capacidade dos indivíduos em se mover entre as jurisdições produz uma solução típica do mercado para o problema local dos bens públicos. Como o desenho sugere, as pessoas "votam pela mudança" e permanecem na comunidade que oferece o pacote de serviços públicos e impostos de que elas mais gostam. Assim como Jones satisfaz sua demanda por bens privados comprando-os no mercado, ela satisfaz sua demanda por serviços públicos por meio da seleção adequada de uma comunidade para viver, e paga os impostos pelos serviços. Em equilíbrio, as pessoas se distribuem através de comunidades, com base em suas demandas por serviços públicos. Cada indivíduo recebe o nível desejado de serviços públicos e isso não pode ficar melhor com uma mudança (ou então a pessoa se mudaria). Assim, o equilíbrio alcança eficiência de Pareto, e não é necessária uma ação do governo para atingir a eficácia.

Pressupostos de Tiebout

A afirmação provocadora de Tiebout de que um processo de quase-mercado pode resolver o problema dos bens públicos tem estimulado uma série de pesquisas. Boa parte das investigações é para encontrar um conjunto preciso de condições suficientes ao abrigo do qual a capacidade dos cidadãos para reclamar leve ao fornecimento de bens públicos eficientes. As condições fundamentais são as seguintes.[4]

As atividades do governo não geram externalidades. Como observado mais tarde, os efeitos colaterais entre comunidades podem levar a ineficiências.

Os indivíduos dispõem de mobilidade plena. Cada pessoa pode viajar sem custo a uma jurisdição cujos serviços públicos são os melhores para ela. A localização do seu local de trabalho não coloca qualquer restrição em onde ela reside e não afeta o rendimento da pessoa.

As pessoas têm informações perfeitas no que diz respeito a serviços e impostos públicos de cada comunidade.

Há comunidades diferentes suficientes para que cada indivíduo possa encontrar uma com serviços públicos que atendam às suas exigências.

O custo por unidade de serviços públicos é constante, de modo que, se a quantidade de serviços públicos duplicar, o custo total também duplicará. Além disso, se o número de residentes dobrar, a quantidade do serviço público prestado deverá dobrar. Para descobrir por que essas condições são necessárias para um equilíbrio Tiebout ser eficiente, imagine que o custo por unidade dos serviços públicos caiu enquanto a escala de fornecimento aumentou. Nesse caso, haveria economias de escala que as comunidades que operam de forma independente poderiam deixar de aproveitar.

Esta suposição torna o serviço público, em essência, um bem privado fornecido publicamente. Bens públicos "puros" (como a defesa nacional) não satisfazem essa hipótese. No entanto, muitos serviços públicos locais, como educação e coleta de lixo, se encaixam razoavelmente bem nessa descrição.

Os serviços públicos são financiados por um imposto sobre a propriedade proporcional. A alíquota de imposto pode variar entre as comunidades.[5]

*As comunidades podem promulgar **leis de zoneamento excludente** – estatutos que proíbem certos usos da terra.* Especificamente, podem exigir que todas as casas tenham uma dimensão mínima. Para saber por que esse pressuposto é fundamental lembre-se

leis de zoneamento excludente

Estatutos que proíbem certos usos da terra.

---

[4] Nem todas essas condições foram incluídas no artigo original de Tiebout.

[5] Tiebout [1956] pensou nas finanças por meio de um imposto per capita. A hipótese mais realista da tributação da propriedade é a de Hamilton [1975].

de que, no equilíbrio Tiebout, as comunidades são segregadas com base nas demandas por bens públicos de seus membros. Se a renda estiver correlacionada positivamente com a demanda por serviços públicos, acontece a segregação da comunidade por rendimento. Em comunidades de alta renda, o *nível* dos valores dos imóveis tende a ser elevado, e, portanto, a comunidade pode financiar um determinado montante da despesa pública com uma alíquota de imposto sobre a propriedade relativamente baixa. As famílias de baixa renda têm um incentivo para mudar para as comunidades ricas e construir casas relativamente pequenas. Devido à baixa alíquota, as famílias de baixa renda têm obrigações fiscais relativamente pequenas, mas, no entanto, aproveitam-se do alto nível de prestação de serviços públicos. À medida que mais famílias de baixa renda têm a ideia de se mudar, a base de tributação por família na comunidade cai. As alíquotas de imposto devem ser aumentadas para financiar a expansão do nível de serviços públicos necessários para atender o aumento da população.

Uma vez que supomos a mobilidade perfeita, os ricos não têm nenhuma razão para aceitar isso de braços cruzados. Eles simplesmente se mudam para outra comunidade. Mas o que impede os pobres de acompanhá-los? Na ausência de restrições à mobilidade, nada. Claramente, um jogo de subúrbios que mudam de dono rapidamente pode se desenvolver no modelo de Tiebout. O zoneamento excludente impede esse fenômeno e, assim, mantém um equilíbrio eficiente de Pareto estável.

Tiebout e o mundo real

O modelo de Tiebout claramente não é uma descrição exata do mundo real. As pessoas não gozam de mobilidade perfeita; não há comunidades suficientes para fornecer a cada família um pacote de serviços que se adapte perfeitamente; e assim por diante. Além disso, ao contrário da implicação do modelo, observamos muitas comunidades com diferenças de renda maciças e, portanto, níveis desejados de prestação de serviços públicos presumivelmente diferentes. Basta olhar para qualquer grande cidade.

No entanto, não devemos descartar o mecanismo de Tiebout precipitadamente. Há muita mobilidade na economia americana. Um padrão persistente é que, em qualquer ano, cerca de 15% dos americanos muda de residência em relação ao ano anterior [US Bureau of the Census, 2012c, p. 38]. Além disso, a maioria das áreas metropolitanas permite uma grande variedade de escolha em relação ao tipo de comunidade. Dentro de um raio de 20 milhas de uma grande cidade americana, pode-se muitas vezes optar por morar entre várias centenas de subúrbios. Certamente, uma observação casual sugere que pelos subúrbios existe uma considerável segregação residencial por renda, que o zoneamento excludente é amplamente praticado e que os níveis de serviços são diferentes (mesmo quando os rendimentos são semelhantes).

Foram realizados vários testes empíricos formais da hipótese de Tiebout. Um tipo de estudo analisa se os valores dos serviços públicos locais e os impostos são capitalizados nos valores das propriedades locais. A ideia é que, se as pessoas se mudam como reação a pacotes locais de impostos e serviços públicos, as diferenças nesses pacotes devem se refletir nos valores dos imóveis. Uma comunidade com melhores serviços públicos deve ter valores mais elevados de propriedade, tudo o mais (incluindo impostos) constante. Esses estudos de capitalização serão discutidos mais adiante neste capítulo, no contexto da tributação de imóveis. Como observado lá, a capitalização parece ser um fenômeno generalizado. Outro tipo de estudo examina se as mudanças nos níveis de bens públicos locais levam à migração entre as jurisdições. Banzhaf e Walsh [2008], por exemplo, encontram evidências de que as pessoas migram entre as comunidades à medida que a qualidade do ar local se altera. Eles concluem que "as famílias aparentemente se mudam em desagravo como resposta a alterações nos bens públicos". Esses resultados sugerem que, pelo menos em algumas configurações, o modelo de Tiebout é uma boa representação da realidade.

▶ FEDERALISMO IDEAL

Agora que temos uma noção de como caracterizar os governos locais, voltemos à nossa pergunta anterior. O que é a alocação ideal de responsabilidades econômicas entre os níveis de governo em um sistema federal? Vamos primeiro considerar brevemente as funções macroeconômicas. A maioria dos economistas concorda que as decisões de despesa e fiscais destinadas a influenciar os níveis de desemprego e de inflação devem ser tomadas pelo governo central. Nenhum governo estadual ou local é grande o suficiente para afetar o nível geral de atividade econômica. Não faria sentido, por exemplo, que cada localidade emitisse a sua própria fonte de dinheiro e seguisse uma política monetária independente.

Com relação às atividades microeconômicas de aumento da eficiência e da equidade, há consideravelmente mais controvérsia. Colocada no âmbito da economia do bem-estar, a questão é qual sistema – centralizado ou descentralizado – tem mais condições de maximizar o bem-estar social. Para simplificar, a maior parte das discussões que temos pressupõe apenas dois níveis de governo: "central" e "local". Nenhuma informação importante se perde com essa suposição.

Desvantagens de um sistema descentralizado

Considere um país composto por um grupo de pequenas comunidades. Cada governo comunitário toma decisões para maximizar uma função de bem-estar social, dependendo apenas das utilidades dos seus membros - *outsiders* não contam.[6] Como os resultados se comparam com aqueles que emergem da maximização de uma função de bem-estar social nacional que levou em conta todos os serviços públicos dos cidadãos? Consideraremos as questões de eficiência e, posteriormente, de equidade.

Questões de eficiência Um sistema de governo descentralizado pode levar a uma alocação ineficiente de recursos, por várias razões.

Externalidades Um bem público com benefícios que são obtidos apenas pelos membros de uma determinada comunidade é chamado de **bem público local**. Por exemplo, a biblioteca pública de Austin, no Texas, tem pouco efeito sobre o bem-estar das pessoas de Ann Arbor, em Michigan. No entanto, as atividades desenvolvidas por uma comunidade por vezes são capazes de afetar o bem-estar das pessoas de outras comunidades. Se uma cidade oferece boa educação pública para as crianças e algumas delas eventualmente emigram, então outras comunidades podem se beneficiar de contar com uma mão de obra mais instruída. Cidades também podem afetar negativamente outras. Victoria, na Colúmbia Britânica, despeja seu esgoto no mar; alguns dos resíduos vão parar em Seattle, Washington, cujos cidadãos não gostam disso nem um pouco. Em suma, as comunidades impõem externalidades (positivas e negativas) umas sobre as outras. Se cada comunidade se preocupar apenas com os seus próprios membros, essas externalidades serão ignoradas. Assim, de acordo com o argumento padrão (ver Capítulo 5), os recursos são alocados de forma ineficiente.

Economias de escala no fornecimento de bens públicos Para determinados serviços públicos, o custo por pessoa cai de acordo como aumento do número de usuários. Por exemplo, quanto mais pessoas usam uma biblioteca pública, menor o custo por usuário. Se cada comunidade criar a sua própria biblioteca, os custos por usuário serão mais elevados do que o necessário. A autoridade central, por outro lado, poderia construir uma biblioteca, permitindo que as pessoas se beneficiassem das economias de escala.

Naturalmente, várias atividades estão sujeitas a economias de escala diferentes. A escala ideal para os serviços de biblioteca pode ser diferente daquela para a proteção contra

> **bem público local**
> Bem público que beneficia apenas os membros de uma determinada comunidade.

---

[6] Ignoramos por ora as questões de como a função de bem-estar social é determinada e se as pessoas que dirigem o governo realmente tentam maximizá-la (ver Capítulos 3 e 6).

incêndio. E ambas certamente diferem da escala ideal para a defesa nacional. Essa observação, aliás, ajuda a racionalizar um sistema de sobreposição de jurisdições: cada jurisdição pode lidar com esses serviços com as economias de escala que são apropriadas para o tamanho da jurisdição.

Por outro lado, a consolidação não é o único caminho para as comunidades aproveitarem as economias de escala. Algumas comunidades de Nova Jersey administram conjuntamente os seus sistemas de edução e de bibliotecas, aproveitando as economias de escala, mas ainda mantendo a independência. Por outro lado, na Califórnia algumas cidades confiam a outros governos ou ao setor privado o fornecimento de determinados bens e serviços públicos. Esses acordos enfraquecem a ligação entre as decisões da jurisdição sobre a quantidade de consumo e a quantidade de produção de um bem público.

Sistemas fiscais ineficientes e grosso modo, a tributação eficiente exige que os bens com demanda ou oferta inelástica sejam tributados a taxas relativamente elevadas, e vice-versa (ver o Capítulo 16). Suponha que a oferta de capital para todo o país é fixa, mas o capital é altamente móvel através das jurisdições subfederais. Cada jurisdição percebe que se aplicar um imposto substancial sobre o capital, este simplesmente vai mudar para outro lugar, piorando, assim, a situação da jurisdição. Nessa situação, uma jurisdição racional impõe tributos bastante leves sobre o capital, ou até mesmo o subsidia. Em 2010, por exemplo, autoridades de Chicago "cortejaram a United [Airlines] para que mudasse seu centro de operações para Elk Grove Township, um subúrbio perto do Aeroporto Internacional O'Hare, com a promessa de cerca de US$ 35 milhões em incentivos" [Davey, 2010]. De modo mais geral, Chirinko e Wilson [2006] descobriram que ao longo dos últimos 40 anos, os incentivos fiscais ao investimento estadual tornaram-se cada vez maiores e cada vez mais comuns.

Na realidade, é claro, o capital social total não conta com fornecimento fixo. Tampouco se sabe exatamente como são as decisões locacionais das empresas responsáveis no tocante às diferenças nas alíquotas locais, embora haja alguma evidência estatística de que o crescimento do emprego em uma jurisdição é inversamente correlacionado às alíquotas sobre as empresas do local [Mark et al., 2000]. Mas a questão básica permanece: os impostos cobrados pelas comunidades descentralizadas provavelmente não são eficientes do ponto de vista nacional. Em vez disso, as comunidades tendem a selecionar os impostos com base na possibilidade de poder exportar esses impostos a forasteiros. Por exemplo, se uma comunidade tem a única mina de carvão do país, espera-se que a incidência de um imposto local sobre o carvão recaia em grande parte nos consumidores do produto fora da comunidade[7]. Um imposto sobre o carvão seria uma boa ideia do ponto de vista da comunidade, mas não necessariamente do ponto de vista da nação.[8]

Uma implicação importante do deslocamento da carga fiscal é que as comunidades podem comprar muitos bens públicos locais. A eficiência exige que bens públicos locais sejam adquiridos até o ponto em que o seu benefício social marginal iguale-se ao custo marginal social. Se as comunidades podem transferir parte do fardo para outras jurisdições, o custo marginal percebido da comunidade é menor que o custo marginal social. Quando as comunidades igualam o benefício social marginal ao custo marginal percebido, o resultado é uma forma ineficiente e grande quantidade de bens públicos locais.

Economias de escala na cobrança de impostos Comunidades individuais podem não ser capazes de tirar partido de economias de escala na cobrança de impostos. Cada comunidade tem de dedicar recursos para a administração fiscal, e é possível poupar ao se valer de

---

[7] Como de costume, uma resposta precisa à questão da incidência requer informações sobre a estrutura do mercado, elasticidade da demanda e estrutura de custos. Consulte o Capítulo 14.

[8] Os estados produtores de carvão, como Montana, têm tentado exportar os seus encargos fiscais para o resto do país.

uma autoridade tributária conjunta. Por que não dividir os custos de um único computador para manter o controle do imposto de renda, em vez de cada comunidade ter de adquirir a sua própria máquina? Naturalmente, algumas dessas economias podem ser alcançadas apenas por uma cooperação entre as jurisdições, sem que uma real consolidação aconteça. Em alguns estados, por exemplo, os impostos cobrados pelas cidades são coletados pelos departamentos de receita do Estado.

Questões de equidade A maximização do bem-estar social pode exigir que aconteçam transferências de renda para os pobres. Suponha que o padrão de impostos e gastos em uma determinada comunidade é favorável aos seus membros de baixa renda. Se não existirem barreiras para o movimento entre as comunidades, esperamos por uma imigração dos pobres do restante do país. À medida que a população pobre aumenta, o mesmo acontece com o custo da política fiscal redistributiva. Ao mesmo tempo, a população de alta renda pode decidir se mudar. Por que deveriam pagar altos impostos para os pobres, quando podem se deslocar para outra comunidade com estrutura fiscal mais vantajosa? Assim, as exigências da base fiscal da comunidade aumentam, enquanto seu tamanho diminui. Eventualmente, o programa de redistribuição terá de ser abandonado.

Esse argumento baseia-se fortemente na noção de que as decisões das pessoas quanto ao local para viver em uma determinada jurisdição são influenciadas pelo pacote fiscal de bem-estar disponível. Algumas evidências sobre o assunto são fornecidas por Glaeser [2012], que argumenta que "se uma localidade tenta fortemente redistribuir, então os cidadãos mais ricos têm um incentivo para fugir". A interpretação dessa descoberta é um pouco complicada. Poderia ser o caso de que a motivação funciona no sentido contrário: estados cujos cidadãos têm recebido aumentos salariais votam por sistemas fiscais mais progressivos. Em qualquer caso, o resultado sugere que é necessária precaução quando jurisdições descentralizadas tentam realizar a redistribuição de renda.

Vantagens de um sistema descentralizado

Adaptação dos rendimentos aos gostos locais Algumas pessoas querem que a escola de seus filhos tenha amplos programas esportivos; outras acreditam que isso é desnecessário. Algumas pessoas gostam de parques; outras não. Um governo centralizado tende a fornecer o mesmo nível de serviços públicos em todo o país, independentemente do fato de os gostos das pessoas serem diferentes. Como Tocqueville observou, "em grandes nações centralizadas, o legislador é obrigado a dar um caráter de uniformidade às leis, o que nem sempre se ajusta à diversidade dos costumes e dos distritos". Claramente, é ineficiente fornecer aos indivíduos mais ou menos de um bem público do que eles desejam se a quantidade que recebem pode ser mais adaptada às suas preferências. Sob um sistema descentralizado, as pessoas com ideais semelhantes para bens públicos se reúnem, de modo que as comunidades fornecem os tipos e quantidades de bens públicos desejados pelos seus habitantes. (Lembre-se do ponto de vista de "clube" das comunidades.)

Uma noção estreitamente relacionada é a de que a maior proximidade do governo local com as pessoas faz com que ele seja mais sensível às preferências dos cidadãos do que o governo central[9]. É muito provável que seja o caso em um grande país, onde os custos de obtenção e processamento de informações sobre os gostos de todo mundo são substanciais. O presidente-executivo da McDonald disse uma vez: "Você não pode gerenciar 25.000 restaurantes de forma centralizada. Muitas decisões precisam ser tomadas de modo mais relacionado ao mercado" [Barboza 1999]. O sistema federal aplica o mesmo princípio ao governo.

---

[9] No entanto, se alguém acredita que as preferências dos membros de algumas comunidades estão erradas, essa vantagem se transforma em desvantagem. Uma comunidade pode, por exemplo, decidir legalizar a escravidão. Determinar as circunstâncias em que o governo central deve ser capaz de ignorar os governos estaduais e locais é uma questão política e ética difícil.

Essa lógica sugere que quanto mais as preferências variam dentro de uma área, maiores serão os benefícios para a tomada de decisão descentralizada dentro dessa área. Para examinar se a noção tem alguma capacidade de previsão, Strumpf e Oberholzer-Gee [2002] analisaram como são diferentes os estados em relação ao nível de interferência do governo na regulamentação da venda de bebidas alcoólicas. Pessoas de diferentes origens religiosas discordam sobre se o álcool deve ser proibido. Portanto, a teoria do federalismo sugere que os estados com mais diversidade religiosa devem ser mais propensos a descentralizar o controle sobre a política de regulamentação para o álcool, tudo o mais constante. Os autores encontraram suporte para essa hipótese: o controle local aumenta com a variação das preferências dentro do estado.

A lógica do federalismo também sugere que as regulamentações econômicas promulgadas em nível nacional podem não fazer sentido em todas as comunidades. Mostramos por exemplo, no Capítulo 5, que não faz sentido que a regulamentação ambiental seja homogênea em todo o país. Os custos e os benefícios marginais da redução da poluição dependem da densidade populacional, dos padrões meteorológicos e assim por diante. Na medida em que os funcionários de uma determinada jurisdição têm melhores informações sobre questões específicas relacionadas com a sua área do que o governo federal, faz sentido dar-lhes alguma autonomia na determinação da política regulatória. Nos Estados Unidos, os estados podem optar por assumir a responsabilidade pela implementação e aplicação de algumas políticas ambientais federais. Há algumas evidências de que os estados que se aproveitam dessa opção são mais rigorosos do que o governo federal na aplicação da regulamentação [Sigman, 2003].

Fomento à competição intergovernamental Em muitos contextos, os gestores públicos não têm incentivos para produzir a custos viáveis mínimos (ver Capítulo 6). Gestores de empresas privadas que não conseguem minimizar os custos acabam sendo expulsos do negócio. Em contraste, os gestores do governo podem continuar a perambular sem rumo. No entanto, se os cidadãos puderem escolher entre as comunidades, então uma gestão ruim de fato poderá fazer com que os cidadãos simplesmente vão embora. Essa ameaça pode criar incentivos aos gestores do governo para produzir com mais eficiência e serem mais sensíveis às demandas dos cidadãos. Neste contexto, é interessante notar que algumas evidências sugerem que quanto mais descentralizado o sistema fiscal de um país, menos corrupto o seu governo provavelmente será, tudo o mais constante [Fisman e Gatti, 2002].

Experimentação e inovação em produtos e serviços fornecidos localmente Para muitas questões políticas, ninguém sabe qual é a resposta certa, ou mesmo se uma única solução é melhor em todas as situações. Uma maneira de descobrir isso é fazer com que cada comunidade escolha seu próprio caminho, e depois se compare os resultados. Um sistema de diversos governos aumenta as chances de que sejam buscadas novas soluções para os problemas. Como observou certa vez o juiz da Suprema Corte Louis Brandeis: "Um dos felizes acasos do sistema federal é que um único estado corajoso pode, se os seus cidadãos decidirem, servir como laboratório e tentar experiências morais, sociais e econômicas, sem risco para o restante do país".

Aparentemente, os laboratórios a que Brandeis se refere estão a pleno vapor:

- A cidade de Seattle estabeleceu uma "abordagem do berço à faculdade e até a carreira" para melhorar os resultados educacionais das crianças de lares desfavorecidos. Destina-se a melhorar o acesso a tudo, desde o pré-natal até aconselhamento sobre qual carreira seguir.

- Em 2010, Missouri instituiu o State Parks Youth Corps, que envolve parceiros públicos, privados e entidades em fins lucrativos para expandir as oportunidades de emprego para os jovens. Entre outras coisas, os membros da insituição pintam e consertam edifícios, além de construir trilhas para caminhadas.

- Para ajudar na aplicação da lei, em 2012 West Virginia desenvolveu um aplicativo de smartphone que torna mais fácil para os cidadãos fotografar e relatar atividades suspeitas.

Historicamente, alguns programas que começaram como experiências em nível estadual acabaram tornando-se políticas federais. Durante a Grande Depressão, por exemplo, os planejadores da Previdência Social se aproveitaram da experiência de vários estados que haviam instituído programas de seguro social anteriormente.

Implicações

A discussão anterior torna claro que de um sistema puramente descentralizado não se pode esperar a maximização do bem-estar social. A eficiência exige que as commodities com repercussões que afetam todo o país - bens públicos nacionais, como a defesa - sejam fornecidas em nível nacional. Por outro lado, os bens públicos locais devem ser fornecidos localmente. Como Dave Cieslewicz, prefeito de Madison, em Wisconsin, observou, quando as pessoas da sua cidade debatiam se tomavam uma posição sobre o conflito entre israelenses e palestinos: "Fui eleito para tirar o lixo recolhido e limpar as ruas, [não para] agir em questões de política internacional" [Napolitano, 2004].

Isso nos deixa com o caso intermediário das atividades comunitárias que criam efeitos colaterais que não são de âmbito nacional. Uma solução possível é reunir todas as comunidades que afetam umas às outras sob um único governo regional. Em teoria, esse governo vai levar em conta o bem-estar de todos os seus cidadãos e, assim, internalizar as externalidades. No entanto, uma jurisdição governamental maior pode ser menos sensível às diferenças dos gostos locais.

Um método alternativo para lidar com externalidades é um sistema Pigouviano de impostos e subsídios. O Capítulo 5 mostra que o governo pode aumentar a eficiência através da tributação de atividades que criam externalidades negativas e do subsídio das atividades que criam externalidades positivas. Podemos imaginar o governo central utilizando dispositivos semelhantes para influenciar as decisões dos governos locais. Se, por exemplo, a educação primária e secundária cria benefícios que vão além dos limites da jurisdição, o governo central pode fornecer às comunidades subsídios educacionais. A autonomia local é mantida, mas a externalidade é corrigida. Veremos mais tarde que algumas verbas federais para as comunidades seguem mais ou menos esse modelo.

Nossa teoria sugere uma divisão bastante clara da responsabilidade pelo fornecimento dos bens públicos - bens públicos locais, por localidades; e bens públicos nacionais, pelo governo central. Na prática, ocorre uma interação significativa entre os níveis de governo. Por exemplo, a maioria dos agentes de aplicação da lei são autoridades locais e estaduais. No entanto, muitos de seus atos são regidos pelo Direito Penal federal, que "tem crescido de forma explosiva, à medida que o Congresso tem assumido posições contra crimes como roubo de carros e queima de igrejas, interrupções de rodeios e danos a instalações pecuárias" [Derthick, 2000, p. 27]. Dado que os municípios podem agir de forma inadequada na ausência dessas normas, a presença delas pode melhorar o bem-estar. No entanto, alguns acreditam que o sistema de regulação federal sobre as unidades governamentais subfederais tornou-se tão complicado que é difícil determinar qual o nível de governo responsável por aquilo. Isso pode ajudar a explicar a reação inadequada ao furacão Katrina, em 2005: a confusão sobre os papéis que cada nível de governo devia desempenhar levou a uma falta de coordenação que atrasou o fornecimento dos serviços essenciais.

Foram feitas propostas para reformar o sistema federal dos Estados Unidos de acordo com as linhas sugeridas pela teoria do federalismo ideal, mas não foram promulgadas. O fracasso político dessas propostas provavelmente foi bem explicado pelo deputado Barney Frank, de Massachusetts, que observou que "99,9% do Congresso prefere claramente que o problema seja decidido naquele nível de governo, que tomará a decisão do jeito que mais lhe aprouver" [Clymer, 1997, p. 6].

Se uma divisão de responsabilidades é adequada do ponto de vista da eficiência, o mesmo vale para a distribuição de renda? A maioria dos economistas acredita que as considerações de mobilidade discutidas anteriormente descartam a confiança cega nos governos locais para alcançar os objetivos de distribuição. Uma jurisdição individual que tente fazer isso provavelmente acabará enfrentando dificuldades financeiras. Essa pode ser uma das razões pelas quais Nova York muitas vezes enfrenta crises fiscais. Na verdade, a grande maioria dos gastos para a manutenção de renda nos Estados Unidos é feita em nível federal. Previdência Social, Supplemental Security Income, vale-refeição e crédito dos rendimentos auferidos são todos programas federais. Embora a reforma da previdência de 1996 (discutida no Capítulo 13) tenha dado aos estados algumas novas responsabilidades nessa área, a quantidade de dinheiro envolvida é relativamente menor na comparação com os gastos dos programas federais.

Educação pública em um sistema federal

Uma forma útil de aplicar a teoria do federalismo ideal é utilizá-la para analisar a educação, um dos itens mais importantes nos orçamentos dos governos estaduais e municipais.[10] A despesa total do governo na educação em 2008 foi de mais de US$ 985 bilhões. Desse total, o governo federal gastou 16%, os governos estaduais, 23%, e outros governos gastaram o restante. Contas de educação para cerca de 18% dos gastos diretos em nível estadual e cerca de 38% dos gastos locais [US Bureau of the Census, 2012c, p. 147, 274]. Nove em cada dez crianças americanas são educadas em escolas públicas.

Esse padrão de gastos com educação por diferentes níveis de governo está em conformidade com nossos pontos de vista do federalismo ideal? Um argumento para a oferta descentralizada de um bem é esse bem poder ser adaptado aos gostos locais. Como muitos pais têm opiniões firmes sobre a educação de seus filhos e esses pontos de vista variam entre as comunidades, o papel de liderança desempenhado pelos governos locais na oferta de educação faz sentido. Pode-se, naturalmente, permitir a escolha local quanto à política escolar, ao mesmo tempo que existe uma concessão de financiamento a partir de níveis estaduais ou federais de governo. Politicamente, no entanto, pode ser difícil manter o controle das escolas, se o financiamento vier de outro nível de governo - quem paga o flautista dá o tom. Na Califórnia, por exemplo, uma quantidade substancial do financiamento público vem do governo do estado. As escolas públicas estão sujeitas a um código estadual de ensino de 9.000 páginas, que diz quais livros didáticos comprar, como ensinar fonética e que as cafeterias devem ter cozinhas profissionais completas, entre outras coisas [Kronholz, 2000, p. A10].

Os governos locais arrecadam dinheiro para a educação principalmente por meio da tributação da propriedade. Existem grandes variações na quantidade de dinheiro com origem nesse patrimônio disponível para os distritos escolares. As variações na base de imposto sobre a propriedade podem ser associadas às enormes diferenças de financiamento dos distritos escolares. Em 2008, por exemplo, entre os distritos escolares da Califórnia com pelo menos 10 mil estudantes, os gastos por aluno foram 11 vezes maiores no distrito mais rico que no mais pobre [US Bureau of the Census, 2010]. Uma visão igualitária dos gastos com educação assumiria o financiamento a partir de um nível de governo que pudesse redistribuir os recursos pelas fronteiras locais, independentemente de seus possíveis efeitos sobre a autonomia local. Como poderemos ver mais adiante neste capítulo, as transferências intergovernamentais são uma parte importante do financiamento da educação.

---

[10] A questão mais fundamental de saber se o governo deve estar envolvido na oferta de educação é discutida no Capítulo 7.

O financiamento federal da educação concentra-se em três áreas: nos níveis fundamental e médio, os fundos do Departamento de Educação vão principalmente para os programas escolares de melhoria (US$ 34,2 bilhões em 2010), para pessoas desfavorecidas (US$ 22,1 bilhões em 2010) e educação especial de crianças (US$ 16,5 bilhões em 2010) [US Bureau of the Census, 2012c, p. 147]. Isto é consistente com a observação de que a redistribuição é difícil de se realizar, em nível local. No ensino superior, uma grande quantidade de gastos federais é direcionada para a pesquisa. A informação que tem origem na pesquisa é um bem público, e vimos que o fornecimento centralizado ou as subvenções de bens públicos podem evitar o problema de surgimento do *free rider* em nível local.

Note, no entanto, que o papel federal na educação não se encerra com o financiamento. Um vasto corpo de legislação e regulamentação federais rege a educação pública. A legislação federal abrange diversos temas, como formação de professores, bibliotecas, padrões para alunos com deficiência e educação sexual. Estados cujas práticas não seguem as regras podem perder recursos federais. Assim, embora o sistema de financiamento da educação americana pareça coerente com os princípios básicos do federalismo ideal, a divisão de tomada de decisão não é tão clara quanto sugere a teoria.

▶ IMPOSTO SOBRE PROPRIEDADE

Em 2008, os impostos sobre propriedade nos Estados Unidos chegaram a US$ 410 bilhões, cerca de US$ 13 bilhões dos quais cobrados pelos estados e US$ 397 bilhões pelos municípios [US Bureau of the Census, 2012c, p. 274]. Não há imposto federal sobre propriedades. Embora não seja tão importante quanto diversos outros impostos, quando visto de uma perspectiva nacional, o imposto sobre a propriedade desempenha um papel fundamental nas finanças públicas locais: responde por cerca de 72% das receitas fiscais dos governos municipais.

A responsabilidade fiscal pela propriedade de um indivíduo é o produto da alíquota de imposto e o **valor de avaliação** da propriedade - o valor que a jurisdição atribui ao referido imóvel. Na maioria dos casos, as jurisdições tentam fazem com que os valores avaliados correspondam aos valores de mercado.[11] No entanto, se uma propriedade não foi vendida recentemente, o cobrador de impostos não sabe o seu valor de mercado e deve, portanto, fazer uma estimativa, possivelmente baseada nos valores de mercado da propriedade em comparação com outras que foram vendidas recentemente.

Os valores de mercado e de avaliação divergem de tal forma que depende da precisão do processo de estimativa da jurisdição. A relação entre o valor da avaliação e o valor de mercado chama-se **relação de avaliação**. Se todas as propriedades têm a mesma taxa legal e a mesma relação de avaliação, as taxas efetivas de imposto são as mesmas. Suponhamos, porém, que as relações de avaliação diferem entre propriedades. Ofélia e Hamlet têm propriedades no valor de US$ 100.000. A propriedade de Ofélia está avaliada em US$ 100.000 e a de Hamlet, US$ 80.000. Claramente, mesmo que ambos tenham a mesma taxa legal (digamos, 2%), a taxa efetiva de Ofélia de 2% (= US$ 2.000/US$ 100.000) é maior do que a de 1,6% de Hamlet (= US$ 1.600/US$ 100.000). Na verdade, muitas comunidades fazem um trabalho muito pobre de avaliar os valores, de modo que propriedades com mesma taxa legal enfrentam taxas efetivas drasticamente diferentes.

Para analisar o imposto sobre a propriedade, no início é preciso perceber que, nos Estados Unidos, milhares de jurisdições literalmente administram seus sistemas de impostos sobre a propriedade de modo mais ou menos independente. Nenhuma delas inclui uma medida abrangente da riqueza em sua base fiscal, mas há grandes diferenças

---

valor de avaliação

Valor que uma jurisdição atribui a uma propriedade para fins fiscais.

relação de avaliação

Proporção do valor de avaliação do imóvel em relação ao seu valor de mercado.

---

[11] No entanto, por vezes, certos tipos de propriedade são avaliados sistematicamente a taxas mais baixas do que outros. Por exemplo, muitos estados têm taxas de avaliação especiais para a propriedade agrícola.

com relação a que tipos de propriedade são passíveis de isenção e que alíquotas são aplicadas. As instituições religiosas e sem fins lucrativos fazem contribuições "voluntárias" em vez de pagar impostos por suas propriedades. Algumas comunidades tributam novas instalações de negócios preferencialmente, provavelmente para atrair mais atividade comercial. Poucas áreas instituem impostos sobre itens de fortuna pessoal além de casas, de modo que itens como carros, joias e ações e títulos geralmente são isentos. Normalmente, as estruturas e os terrenos em que foram edificadas estão sujeitos a imposto. Mas, como mostra a Tabela 22.1, as taxas efetivas diferem substancialmente entre as jurisdições.

Assim, apesar de continuar a descrever o assunto desta seção como "o" imposto sobre a propriedade, deve estar claro agora que isso não existe. A variedade de impostos sobre a propriedade é fundamental para a avaliação dos efeitos econômicos do sistema como um todo.

Efeitos de incidência e eficiência

A questão de quem, em última análise, arca com o ônus do imposto sobre a propriedade é controversa. Examinemos três pontos de vista diferentes e, em seguida, vamos tentar conciliá-los.

Perspectiva tradicional: Imposto sobre a propriedade como imposto sobre consumo A visão tradicional é que o imposto sobre a propriedade é um imposto que incide sobre terrenos e construções. A incidência do imposto é determinada pelas formas das curvas de oferta e demanda relevantes, como explicado no Capítulo 14. As formas das curvas são diferentes para terrenos e construções.

Terreno Enquanto a quantidade de terreno for fixa, sua curva de oferta será perfeitamente vertical, e os seus proprietários arcarão com todo o peso de um imposto que incida sobre ele. Intuitivamente, uma vez que a sua quantidade é fixa, o terreno não pode "escapar" do imposto. Isso é mostrado na Figura 22.2. $S^{\mathscr{L}}$ é a oferta de terreno. Antes do imposto, a curva de demanda é $D_{\mathscr{L}}$, e o valor de equilíbrio de arrendamento do terreno é $P_0^{\mathscr{L}}$. A imposição de um imposto *ad valorem* sobre o terreno movimenta a curva de demanda. A curva de demanda após impostos é $D'_{\mathscr{L}}$. O aluguel recebido pelos fornecedores do terreno (latifundiários), $P_n^{\mathscr{L}}$, encontra-se na intersecção da curva de oferta com $D'_{\mathscr{L}}$. Encontramos o aluguel pago pelos usuários da terra, adicionando o imposto por acre do terreno a $P_n^{\mathscr{L}}$, dando $P_g^{\mathscr{L}}$. Como esperado, o arrendamento pago pelos usuários da terra mantém-se inalterado ($P_0^{\mathscr{L}} = P_g^{\mathscr{L}}$); o aluguel recebido pelos proprietários de terras cai na proporção do valor total do imposto. Os proprietários de terras arcam com todo o peso do imposto.

TABELA 22.1 Alíquotas de imposto sobre propriedade residencial (cidades selecionadas)

Cidade	Taxa efetiva de imposto
Indianápolis	2,75%
Detroit	2,11
Jackson	1,70
Nova Orleans	1,40
Oklahoma City	1,25
Boston	1,06
Seattle	0,79
Nova York	0,62

Fonte: US Bureau of the Census [2012c, p. 284]. Os números são de 2009.
As alíquotas efetivas sobre a propriedade diferem substancialmente entre as jurisdições.

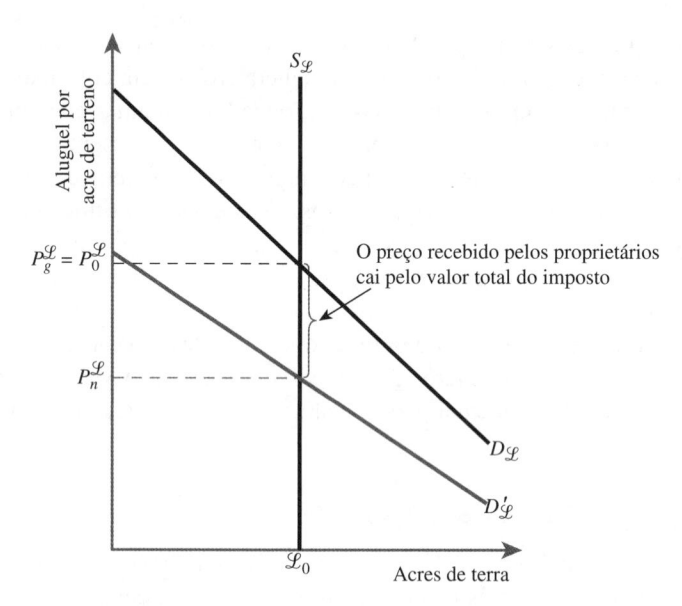

FIGURA 22.2 Incidência de um imposto sobre terra
A curva de oferta de terra é perfeitamente inelástica, então os proprietários arcam com todo o peso de um imposto sobre a terra.

Como discutido no Capítulo 14, sob certas circunstâncias o imposto é capitalizado no valor do terreno. Os compradores em potencial da terra levam em conta o fato de que, se a comprarem, também comprarão um fluxo futuro de obrigações fiscais. Isso diminui a quantia que estão dispostos a pagar pela terra. Portanto, o proprietário, quando o imposto é cobrado, é responsável pelo imposto por todo o período. Certamente os futuros proprietários pagam às autoridades fiscais, mas esses pagamentos não são realmente um fardo, pois simplesmente equilibram o preço mais baixo pago na compra. A capitalização complica as tentativas de se avaliar a incidência do imposto sobre a terra. Conhecer as identidades dos proprietários atuais não é suficiente; temos de saber quem *eram* os proprietários no momento em que o imposto foi instituído.

Na medida em que a terra *não* conta com abastecimento fixo, a análise anterior requer modificação. Por exemplo, a oferta de solo urbano pode ser estendida à margem das áreas urbanas que são adjacentes à fazenda. Da mesma forma, a oferta pode ser aumentada, se a recuperação de aterros e terrenos baldios for viável. Nesses casos, quem arca com o imposto sobre a terra são proprietários e utilizadores da terra, em proporções que dependem das elasticidades da demanda e da oferta. Mas a curva de oferta vertical da terra geralmente é uma boa aproximação da realidade.

Estruturas Para entender a visão tradicional do imposto sobre as estruturas, começamos por considerar o mercado nacional de capitais. O capital pode ser usado para muitas finalidades: construção de estruturas, equipamentos para a fabricação, projetos do setor público, como barragens, e assim por diante. Em um determinado momento, o capital tem algum preço que o raciona entre usos alternativos. De acordo com a visão tradicional, a longo prazo a indústria da construção pode obter todo o capital que exige, a preço de mercado. Assim, a curva de oferta das estruturas fica perfeitamente horizontal.

O mercado de estruturas sob essas condições é mostrado na Figura 22.3. Antes do imposto, a demanda por estruturas por parte dos inquilinos é D_B, e a curva de oferta, S_B, é horizontal ao preço atual, P_0^B. No preço P_0^B, a quantidade trocada é B_0. Por imposição do imposto, a curva de demanda move-se para D_B', assim como a demanda por terra fez na Figura 22.2. Mas o resultado é totalmente diferente. O preço recebido pelos fornecedores de estruturas, P_n^B, é igual ao preço antes que o imposto fosse instituído ($P_n^B = P_0^B$). Os que

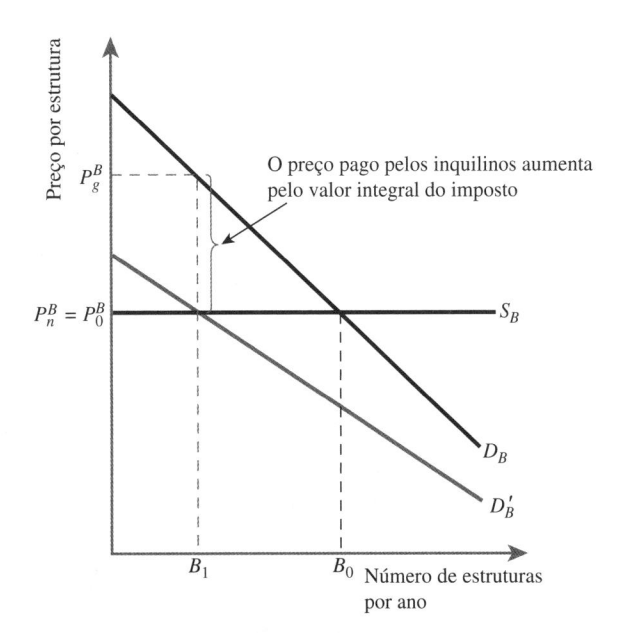

FIGURA 22.3 A incidência de um imposto sobre as estruturas.
Se a curva de oferta de estruturas for perfeitamente elástica, então os inquilinos arcarão com todo o peso de um imposto sobre as estruturas.

solicitam as estruturas pagam um preço, P_g^B, que excede o preço original, P_0^B, por exatamente o montante do imposto. Assim, a carga é transferida inteiramente para os inquilinos. Esse resultado, naturalmente, decorre do pressuposto de uma curva de oferta horizontal. Intuitivamente, a oferta horizontal significa que o capital vai deixar o setor habitacional se não receber um retorno de pelo menos P_0^B. Mas se o preço recebido pelos fornecedores de capital não pode cair, os inquilinos devem arcar com a totalidade dos impostos.

Resumo e Implicações da visão tradicional O imposto sobre a terra recai sobre os latifundiários (ou, mais precisamente, proprietários de terras na época em que o imposto é cobrado); o imposto sobre as estruturas é repassado aos inquilinos. Portanto, a parte da terra do imposto sobre a propriedade é suportada por pessoas em proporção à quantidade de renda que recebem, e a parte das estruturas do imposto é suportada por pessoas em proporção à quantidade de habitações que elas consomem. Segue-se que o impacto da parte da terra do imposto sobre a progressividade depende se a parcela da renda de propriedade da terra tende ou não a aumentar com a renda. Há um consenso bastante generalizado de que isso ocorre, por isso essa parte do imposto é progressiva. Da mesma forma, a progressividade do imposto sobre as estruturas depende criticamente da proporção da renda dedicada à habitação subir ou cair com o aumento da renda. Se cai, então a parte das estruturas do imposto é regressiva, e vice-versa.

Uma enorme quantidade de trabalho econométrico se focou em como as despesas de habitação de fato reagem às mudanças na renda. Não foi possível chegar a um consenso por desacordos sobre qual conceito de renda usar. Alguns pesquisadores usam a renda anual. Eles tendem a achar que a proporção da renda dedicada à habitação cai com o aumento da renda, o que sugere que o imposto é regressivo. Outros pesquisadores acreditam que alguma medida de renda permanente é mais relevante para a compreensão das decisões habitacionais. De acordo com esse ponto de vista, o fato de a renda anual de uma família em um determinado ano passar a ser maior ou menor do que a renda permanente tem pouco impacto sobre o consumo de habitação daquele ano. As decisões de habitação são tomadas no contexto das perspectivas de longo prazo da família, e não de variações anuais.

É claro que, se a renda permanente é a variável apropriada, então é preciso encontrar alguma maneira de calculá-la. Uma abordagem é definir renda permanente como a média de rendimentos anuais de vários anos. As despesas de moradia ficam mais sensíveis às mudanças na renda permanente do que às mudanças na renda anual. De fato, embora a evidência seja confusa, uma conclusão razoável é que o consumo de habitação é mais ou menos proporcional à renda permanente. Assim, a parte de estruturas do imposto não é, provavelmente, nem regressiva nem progressista. Infelizmente, as análises com base na renda anual, que sugerem que o imposto é regressivo, costumam dominar as discussões públicas sobre o imposto.

A nova visão: Imposto sobre a propriedade como imposto de capital A visão tradicional utiliza uma estrutura de equilíbrio parcial padrão. Como observamos no Capítulo 14, embora a análise de equilíbrio parcial seja útil muitas vezes, pode produzir resultados enganosos quanto a impostos que são grandes em relação à economia. A chamada nova visão do imposto sobre a propriedade tem uma perspectiva de equilíbrio geral e leva a algumas conclusões surpreendentes.[12]

De acordo com a nova visão, é melhor pensar no imposto sobre a propriedade como um imposto sobre o patrimônio em geral, com alguns ativos tributados abaixo da taxa média e outros tributados acima. O nível médio do imposto e os desvios da média têm que ser analisados.

Efeito fiscal geral Suponha por um momento que o imposto sobre a propriedade pode ser aproximado como um imposto uniforme sobre todo o capital. Em seguida, o imposto sobre a propriedade é apenas um imposto geral dos fatores de produção sobre o capital. Suponha ainda que a oferta de capital para a economia é fixa. Como mostrado no Capítulo 14, quando um fator é fixado na oferta ele carrega o fardo integral de um imposto geral que incide sobre ele. Assim, o imposto sobre a propriedade recai inteiramente sobre os proprietários de capital. E uma vez que a proporção de rendimentos de capitais tende a aumentar com a renda, um imposto sobre o capital tende a ser progressivo. Assim, o imposto sobre a propriedade é progressivo, uma conclusão que transforma a visão tradicional completamente!

Efeitos de impostos sobre o consumo Como observado anteriormente, o imposto sobre a propriedade não é, de fato, um imposto uniforme. As alíquotas variam de acordo com o tipo de propriedade e a jurisdição em que ela está localizada. Assim, o imposto sobre a propriedade é um conjunto de impostos de consumo sobre capital. De acordo com a nova visão, o capital tende a migrar das áreas onde enfrenta elevadas taxas de imposto para outras em que a taxa é baixa. Em um processo que lembra o modelo Harberger apresentado no Capítulo 14, enquanto o capital migra para áreas com impostos baixos, sua taxa de retorno antes de aplicados os impostos relacionada é diminuída. Ao mesmo tempo, a taxa de retorno antes de impostos em áreas com alto impostos aumenta à medida que o capital desaparece. O processo continua até que as taxas de retorno depois de impostos sejam iguais por toda a economia. De modo geral, à medida que o capital se move os retornos de outros fatores de produção também mudam. O impacto sobre os outros fatores depende, em parte, da mobilidade dos mesmos. O terreno, que é perfeitamente imóvel, não pode provocar um deslocamento da carga fiscal (nesta conclusão, pelo menos, os novos e antigos pontos de vista concordam). Da mesma forma, os tipos menos móveis do capital são mais aptos a arcar com o imposto. A incidência final depende de como a produção é organizada, da estrutura da demanda do consumidor e em que medida os vários fatores são móveis.

Efeitos de longo prazo Nossa discussão sobre o efeito fiscal geral do imposto sobre a propriedade supôs que o montante de capital disponível para a economia é fixo. No entanto,

---

[12] Consulte Zodrow [2007] para obter mais detalhes.

no longo prazo a oferta de capital pode depender da alíquota de imposto. Se o imposto sobre a propriedade diminui a oferta de capital, a produtividade do trabalho e, portanto, o salário real, cai. Se o imposto aumenta a acumulação de capital, ocorre exatamente o oposto.

Resumo da nova perspectiva O imposto sobre a propriedade é um imposto geral sobre o capital, com alguns tipos de capital tributados a taxas acima da média, e outros tipos, abaixo. O efeito geral do imposto é o de diminuir o rendimento do capital, o que tende a ter efeito progressivo sobre a distribuição de renda. Os diferenciais das taxas dos impostos criam efeitos sobre o consumo, que tendem a danificar os fatores imóveis em jurisdições altamente tributadas. O processo de ajustamento posto em movimento por esses efeitos de consumo é muito complicado, e não se sabe muito sobre os seus efeitos sobre a progressividade. Também não é possível dizer muito sobre a importância dos efeitos de longo prazo criados por mudanças no tamanho do capital social. Se os efeitos de consumo e de longo prazo não contrariarem o efeito geral de modo demasiado, o impacto global do imposto sobre a propriedade será progressivo.

O imposto sobre a propriedade como taxa de utilização A discussão até agora ignorou o fato de que as comunidades usam os impostos de propriedade para comprar serviços públicos como educação e proteção policial. No modelo de Tiebout, o imposto sobre a propriedade é apenas o custo de aquisição de serviços públicos, e cada indivíduo compra exatamente a quantia que deseja. Assim, o imposto sobre a propriedade não é realmente um imposto; é mais como uma taxa de utilização de serviços públicos. Essa visão tem três implicações importantes:

- A noção de incidência do imposto sobre a propriedade não faz sentido, porque a arrecadação não é um imposto, no sentido normal da palavra.
- O imposto sobre a propriedade não cria excesso de carga fiscal. Como é apenas uma taxa pelos serviços públicos, não distorce o mercado imobiliário mais do que o preço de qualquer outra mercadoria.
- Ao permitir a dedução dos pagamentos de impostos sobre a propriedade, o imposto de renda federal em vigor subsidia o consumo de serviços públicos locais para indivíduos que têm declarações fiscais detalhadas. Enquanto a demanda por serviços públicos locais diminui, a dedução aumenta o tamanho do setor público local desejado pelos indivíduos que apresentam deduções detalhadas, tudo o mais constante [Metcalf, 2008].

Como observado anteriormente, a relação entre impostos de propriedade e serviços recebidos é muitas vezes tênue, por isso não devemos entender a noção de imposto sobre a propriedade como taxa de utilização muito literalmente. No entanto, essa linha de raciocínio tem implicações interessantes. Por exemplo, se as pessoas se preocupam com os serviços públicos que recebem, esperamos que os efeitos desanimadores de altos impostos de propriedade sobre os valores de habitação sejam combatidos pelos serviços públicos financiados por esses impostos. De fato, um conjunto substancial de trabalho empírico sugere que essa hipótese é correta: os impostos de propriedade e o valor dos serviços públicos locais são capitalizados em preços de habitação (ver, por exemplo, Weimer e Wolkoff [2001]). Assim, se duas comunidades têm o mesmo nível de serviços públicos, mas a primeira tem impostos mais altos do que a segunda (talvez porque o seu custo de fornecimento dos serviços seja maior), esperamos que a primeira tenha valores mais baixos de propriedade, tudo o mais constante. De modo mais geral, esses resultados implicam que, a fim de comparar os encargos fiscais entre as jurisdições, não podemos notar apenas as taxas de imposto sobre a propriedade. Os serviços governamentais e os valores de propriedade também devem ser considerados.

Harmonização das três perspectivas Os três pontos de vista do imposto sobre a propriedade não são mutuamente excludentes. Cada um pode ser válido em diferentes contextos. Se, por exemplo, queremos encontrar as consequências da eliminação de todos os impostos sobre propriedade e substitui-los por um imposto de vendas nacional, a "nova perspectiva" é apropriada, pois uma mudança que afete todas as comunidades irá requerer uma estrutura de equilíbrio geral. Por outro lado, se uma determinada comunidade estiver considerando a redução de sua alíquota de imposto sobre a propriedade e compensar a perda de receitas de um imposto sobre vendas local, a "visão tradicional" oferece mais informações. Isso ocorre porque uma única comunidade é tão pequena em relação à economia que a sua oferta de capital é, em essência, perfeitamente horizontol, e a Figura 22.3 se aplica. Por fim, quando os impostos e os benefícios forem alteradas em conjunto e as pessoas dispuserem de suficiente mobilidade para serem capazes de selecionar e escolher as comunidades, a "perspectiva da taxa de utilização" será útil.

Por que as pessoas odeiam o imposto sobre a propriedade?

Em 7 de junho de 1978, os eleitores da Califórnia aprovaram uma iniciativa de limitação do imposto estadual sobre a propriedade, conhecida como Proposição 13. As disposições principais eram: (1) estabelecer um teto de 1% para a alíquota de imposto sobre a propriedade que qualquer localidade puder impor, (2) limitar o valor de avaliação do imóvel para o seu valor de 1975[13] e (3) proibir os governos estaduais e locais de instituir impostos sobre a propriedade adicionais sem a aprovação por uma maioria de dois terços dos votos do local. A Proposição 13 deu início a um movimento para limitar o imposto sobre a propriedade que ainda é forte hoje em dia. Pesquisas de opinião pública indicam que as pessoas não gostam desse imposto ainda mais do que do imposto de renda federal.

Por que o imposto sobre a propriedade é tão impopular? Já se imaginaram várias explicações:

Como as transações do mercado imobiliário normalmente ocorrem com pouca frequência, o imposto sobre a propriedade deve ser cobrado sobre um valor estimado. Na medida em que essa avaliação é feita de forma incompetente (ou corrupta), o imposto é tido como injusto.

O imposto sobre a propriedade é altamente visível. De acordo com os impostos federais de renda e sobre a folha de pagamento, os pagamentos são retidos da folha de pagamento dos trabalhadores, e o empregador envia os valores para o governo. Em contrapartida, o imposto sobre a propriedade é muitas vezes pago diretamente pelo contribuinte. Além disso, os pagamentos são devidos em frequência trimestral ou anual, de modo que cada pagamento pode ser um grande choque. Há alguma evidência de que a alta visibilidade do imposto sobre a propriedade de fato explica a sua impopularidade e a preponderância das iniciativas dos eleitore para limitá-lo [Cabral e Hoxby, 2012].

Segundo a percepção do público, o imposto sobre a propriedade é regressivo. Essa percepção se deve, em parte, ao domínio contínuo da "visão tradicional" desse imposto no debate público. Ela é reforçada pelo fato de que alguns proprietários de imóveis, especialmente os idosos, não têm dinheiro suficiente para fazer os pagamentos de impostos de propriedade e podem, portanto, serem forçados a vender suas casas. Alguns estados têm reagido a esse fenômeno por meio da adoção de medidas de **interrupção de operações** que proporcionam benefícios aos contribuintes (geralmente sob a forma de reembolso de impostos estaduais), os quais dependem do pa-

---

interrupções de operações
Transferências para os indivíduos com base no excesso de pagamentos de impostos sobre propriedades residenciais sobre uma parte específica da renda.

[13] Para propriedades transferidas a partir de 1975, o valor estimado foi definido como o valor de mercado no momento em que a operação foi realizada.

gamento em excesso de impostos sobre residência em relação a determinadas partes especificadas da renda. Uma solução melhor seria a de adiar o pagamento de impostos, até o momento em que a propriedade fosse transferida.

Os contribuintes podem não gostar de outros impostos tanto quanto não gostam do imposto sobre a propriedade, mas se sentem impotentes para fazer qualquer coisa sobre aqueles. É relativamente fácil ter o imposto de propriedade na alça de mira, pois é cobrado localmente. Moradores de Canaan, Nova York, comprovaram esse fato quando processaram o assessor local, após verem seus impostos de propriedade mais do que duplicando em 10 anos [Smith, 2005]. Em contrapartida, montar um caso contra o imposto de renda federal é muito difícil, se não por outra razão a de que seria necessária uma campanha nacional e, portanto, envolveria grandes custos de coordenação.

Dada toda essa hostilidade, é natural perguntar se a situação pode melhorar. Uma proposta muito modesta é melhorar os procedimentos de avaliação. O uso de computadores e técnicas de avaliação modernas podem realizar avaliações mais uniformes. Em comparação com o atual sistema de diferentes alíquotas de imposto efetivas no âmbito da jurisdição, alíquotas uniformes provavelmente aumentariam a eficiência. As questões de equidade são mais complicadas. Superficialmente, parece uma violação da equidade horizontal quando duas pessoas com propriedades idênticas pagam impostos diferentes sobre elas. No entanto, o fenômeno da capitalização exige distinguir cuidadosamente entre os proprietários no momento em que o imposto é cobrado e os atuais proprietários. Uma propriedade com alíquota de imposto indevidamente alta será vendida por um preço mais baixo, tudo o mais constante. Assim, uma alíquota de imposto elevada não faz necessariamente com que um indivíduo compre o imóvel *após* o imposto piorar. Na verdade, igualar as relações de avaliação poderia gerar um novo conjunto de desigualdades horizontais.

Uma reforma do imposto de propriedade mais ambiciosa seria convertê-lo em um **imposto de patrimônio líquido pessoal**, cuja base é a diferença entre o valor de mercado de todos os ativos e passivos do contribuinte. Uma vantagem desse sistema sobre um imposto sobre a propriedade é que, ao permitir a dedução dos passivos, proporciona um melhor índice de capacidade de pagamento. Além disso, por tratar-se de um imposto pessoal, as exceções podem ser incorporadas no sistema e as alíquotas podem variar, a fim de atingir o desejado grau de progressividade.

imposto de patrimônio líquido pessoal
Imposto com base na diferença entre o valor de mercado de todos os ativos e passivos do contribuinte.

Um imposto sobre patrimônio pessoal é uma espécie de imposto sobre o patrimônio em geral. Nós examinamos as questões administrativas e econômicas associadas à tributação da riqueza no Capítulo 21. No contexto da reforma do imposto sobre a propriedade, é particularmente importante notar que, uma vez que os indivíduos podem ter ativos e passivos em diferentes jurisdições, um imposto sobre o patrimônio líquido, sem dúvida, tem de ser administrado pelo governo federal. Isso nos leva ao que muitas pessoas consideram ser a principal justificativa para o atual sistema de tributação imobiliária. Qualquer que sejam suas falhas, o imposto sobre a propriedade pode ser administrado localmente, sem qualquer ajuda dos governos federal ou estadual. Assim, fornece ao governo local autonomia fiscal considerável. De acordo com esse ponto de vista, a eliminação do imposto sobre a propriedade acabaria por destruir a independência econômica das unidades locais de governo.

A experiência da Califórnia após a Proposição 13 é consistente com essa noção. Como essa proposição limitou a capacidade das comunidades em arrecadar dinheiro via impostos sobre a propriedade, a medida aumentou a importância das receitas do Estado, e isso parece ter transferido o poder decisório sobre a política de educação das localidades para o governo do estado. Da mesma forma, Cheung [2008] descobriu que a Proposição 13 também levou a uma mudança quanto às associações de proprietários, que são as instituições privadas que têm autoridade para taxar, fornecer serviços públicos e fazer cumprir as leis junto a seus membros. Assim, o papel político do imposto sobre a propriedade precisa ser levado a sério em qualquer discussão sobre a sua reforma.

▶ TRANSFERÊNCIAS INTERGOVERNAMENTAIS

Como já foi observado, as subvenções federais são uma fonte muito importante de receita para estados e municípios. Os subsídios de um nível de governo para outro são o principal método para alterar os recursos fiscais dentro de um sistema federal. A Tabela 22.2 indica que, entre 1970 e 2010, os subsídios do governo federal aumentaram em termos reais e como proporção do total de gastos federais.[14] Os subsídios como percentual dos gastos estaduais e locais também têm aumentado. A importância de subvenções, como elemento das finanças públicas locais, é particularmente impressionante. Os subsídios do governo federal e estadual correspondem a cerca de 34% do total das receitas gerais locais [US Bureau of the Census, 2012c, p. 274]. As subvenções ajudam a financiar atividades que administram praticamente toda a gama de funções do governo, de inspeção de alimentos a proteção contra incêndios das comunidades rurais.

Por que as transferências intergovernamentais cresceram tanto ao longo do tempo? Esta questão está intimamente relacionada com os motivos dos gastos do governo, em geral, terem aumentado. Como vimos no Capítulo 6, a resposta está longe de ser clara. Uma das explicações para o crescimento das subvenções enfatiza que, ao longo das últimas décadas, a demanda pelos tipos de serviços tradicionalmente prestados pelo setor estadual e local - educação, transporte e proteção policial - veio a crescer rapidamente. No entanto, as estruturas de receitas estaduais e municipais, que se baseiam principalmente em impostos sobre vendas e propriedades, não forneceram os meios para manter o ritmo de crescimento dos gastos desejados. Em contrapartida, as receitas fiscais federais cresceram automaticamente ao longo do tempo, em grande parte devido à natureza progressiva do imposto de renda pessoal federal e, até o advento da indexação em meados dos anos 1980, da inflação. Por isso, há uma "incompatibilidade" entre o local onde o dinheiro dos impostos é recolhido e onde é necessário. Os subsídios do governo central para estados e municípios fornecem uma maneira de corrigir esse descompasso.

A teoria da incompatibilidade é insatisfatória, pois não consegue explicar por que estados e municípios não podem aumentar as suas taxas de impostos para manter-se no nível exigido pelo aumento da demanda por bens e serviços públicos locais. Como observaremos na próxima seção, provavelmente temos de recorrer a considerações políticas para explicar o padrão das transferências intergovernamentais.

TABELA 22.2 Relação de subsídio federal despesas federais, estaduais e locais (exercícios selecionados)

Ano	Total de subsídios (bilhões de dólares)* 2010	Subsídio como porcentagem dos gastos federais totais	Subsídio como porcentagem dos gastos estaduais e locais
1970	$ 88	9,6%	17,1%
1980	168	12,3	21,9
1990	171	8,8	15,2
2000	309	13,2	19,3
2010	532	14,4	25,4

* Os valores são convertidos para dólares de 2010, usando-se o deflator do PIB.
Fonte: Calculado a partir do Relatório Econômico do Presidente, 2012 [pp. 320, 415].
Entre 1970 e 2010, os subsídios do governo federal aumentaram em termos reais, como percentagem do total de gastos federais e dos gastos estaduais e locais.

---

[14] Além de transferências explícitas, o governo federal subsidia estados e municípios por meio de isenções de impostos sobre juros de títulos estaduais e locais, além de permitir a dedução de impostos estaduais e locais de renda e de propriedade. Em 2011, os gastos fiscais da exclusão de juros foram de US$ 30 bilhões; da dedutibilidade fiscal, US$ 42 bilhões [Comitê conjunto sobre a tributação, 2012, p. 44].

Tipos de subsídios

A estrutura do subsídio influencia seu impacto econômico. Existem basicamente dois tipos, condicionais e incondicionais, que examinaremos.

Subsídios condicionais São algumas vezes chamados de **subsídios categóricos**. O doador especifica, em certa medida, os fins para os quais o destinatário pode usar os fundos. A grande maioria das verbas federais é destinada a fins específicos, e as regras para gastar o dinheiro muitas vezes são explicadas nos mínimos detalhes. O governo federal, por exemplo, concede subsídios aos estados para estabelecer programas contra embriaguez ao volante. Os termos da lei especificam tudo, desde o percentual de concentração de álcool no sangue que constitui intoxicação até o período pelo qual a carteira de motorista de um transgressor deve ser suspensa, após a condenação. Essas restrições não são atípicas.

Existem vários tipos de subsídios condicionais.

subsídios categóricos

Subsídios para o qual o doador especifica como os recursos podem ser utilizados.

Subsídios em regime de parceria Para cada dólar dado pelo doador para apoiar uma atividade particular, uma certa quantia deve ser despendida pelo destinatário. Por exemplo, um subsídio pode estipular que, sempre que uma comunidade gasta um dólar na educação, o governo federal vai contribuir com um dólar também.

A teoria padrão da escolha racional pode nos ajudar a analisar os recursos em regime de parceria. Na Figura 22.4, o eixo horizontal mede a quantidade de produção do governo local, G, consumida pelos moradores da cidade de Smallville. O eixo vertical mede o consumo total de Smallville, c. Suponha, para simplificar, que as unidades de G e de c são definidas de modo que o preço de uma unidade de cada é de US$ 1. Assim, assumindo que não há poupança, c é igual ao lucro depois de impostos. Com essas premissas, a restrição orçamentária de Smallville entre c e G é uma linha reta (AB na Figura 22.4) cuja inclinação

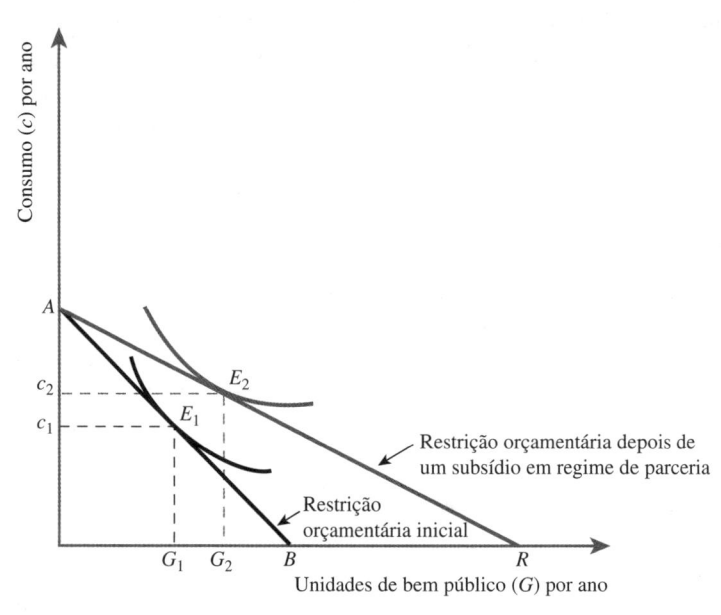

FIGURA 22.4 Um subsídio em regime de parceria.
A restrição orçamentária AB mostra o trade-off desta comunidade entre consumo e unidades de um bem público. Um subsídio em regime de parceria com a relação de um para um para a comunidade divide ao meio a curva (em valor absoluto) da restrição orçamentária. Dadas as preferências da comunidade, a subvenção leva a um aumento tanto do bem público quanto do consumo privado.

em valor absoluto é um.[15] A inclinação unitária indica que, para cada dólar que Smallville estiver disposta a gastar, poderá obter uma unidade de bem público.

Suponha que as preferências de Smallville para G e c possam ser representadas por um conjunto de curvas de indiferença com formato convencional.[16] Então, se a cidade procura maximizar sua utilidade sujeita à restrição orçamentária, escolhe o ponto E_1, onde o consumo de bem público é G_1 e a renda da comunidade após o imposto é c_1.

Agora suponha que um regime de subsídio em parceria com relação de um para um é instituído. Quando Smallville abre mão de US$ 1 de renda, pode obter US$ 2 em valor de G - um de seus próprios dólares e um do governo federal. A curva (em valor absoluto) da linha do orçamento de Smallville, portanto, torna-se uma metade. Com efeito, o subsídio em parceria reduz pela metade o preço de G. É um subsídio ad valorem sobre o consumo do bem público. A nova linha de orçamento aparece na Figura 22.4 como AR.

Smallville agora consome G_2 bens públicos e tem c_2 disponível para o consumo privado. Note que não apenas G_2 é maior do que G_1, mas que c_2 também é maior do que c_1. Smallville usa parte do subsídio para comprar mais do bem público e parte para reduzir sua carga tributária. Seria possível, é claro, desenhar as curvas de indiferença de modo que c_2 fosse igual a c_1, ou mesmo de modo que c_2 fosse inferior a c_1. No entanto, trata-se de outra possibilidade que parte da subvenção destinada a estimular o consumo público será usada não para comprar mais G, mas para obter benefícios fiscais. Em um caso extremo, as curvas de indiferença da comunidade podem ser tais que $G_2 = G_1$ - a comunidade consome a mesma quantidade do bem público e usa toda a subvenção para reduzir os impostos. Assim, a teoria por si só não pode indicar como uma subvenção em regime de parceria afeta as despesas de uma comunidade com um bem público. Depende da capacidade de resposta da demanda às variações de preço. Os economistas têm, assim, realizado estudos estatísticos de como as demandas de vários bens públicos variam de acordo com os seus preços. De acordo com o material pesquisado por Fisher e Papke [2000], a elasticidade de preço da demanda por educação situa-se entre 0,15 e 0,50.

O subsídio em regime de parceria é uma maneira sensata de corrigir a presença de uma externalidade positiva. Como explicado no Capítulo 5, quando um indivíduo ou uma empresa gera uma externalidade positiva na margem, um subsídio adequado pode aumentar a eficiência. A mesma lógica se aplica a uma comunidade. Naturalmente, todos os problemas que surgem na implementação do regime de subsídio ainda estão presentes. Em particular, o governo central tem de ser capaz de medir o tamanho real da externalidade. Nesse contexto, é interessante notar que muitos programas de subsídios federais são muito difíceis de justificar por critérios de eficiência. As altas taxas de correspondência (geralmente 80% a 90%) são muito maiores do que as estimativas razoáveis das externalidades geradas pelas atividades estaduais e locais subsidiadas [Oates, 1999, p. 1129]. Na verdade, a literatura pesquisada por Borck e Owings [2003] sugere que considerações políticas, em vez de eficiência, predominam na distribuição de subsídios governamentais. Por exemplo, mais dinheiro tende a ir para os estados que têm representantes nas comissões parlamentares importantes.

Subsídios em regime fechado de parceria O custo para o doador de um subsídio em regime de parceria depende, em última análise, do comportamento do destinatário. Se Smallville aumenta o seu consumo de G substancialmente, as contribuições do governo central serão muito grandes, e vice-versa. Para estabelecer um teto sobre o custo, o doador pode

---

[15] Os detalhes sobre a criação de restrições orçamentárias são fornecidos no apêndice do final deste livro. Esse modelo ignora a dedução de impostos estaduais e locais sobre a propriedade no sistema de imposto de renda federal. Se os contribuintes especificam deduções e a alíquota de imposto de renda federal marginal é t, o valor absoluto da curva de AB é $(1 - t)$.

[16] É claro que essa suposição ignora todos os problemas, e talvez a impossibilidade, de agregação de preferências levantados no Capítulo 6. Voltaremos a esta questão mais tarde.

especificar algum valor máximo com o qual vai contribuir. Esses subsídios em regime fechado de parceria são mostrados na Figura 22.5. Como aconteceu anteriormente, antes da subvenção a linha do orçamento de Smallville é *AB*, e o equilíbrio está no ponto E_1. Com o subsídio fechado de parceria, a restrição orçamentária é o segmento de linha torcida *ADF*. A inclinação do segmento *AD* é menos de metade, o que mostra o fornecimento de um para um em parceria. Mas depois de um ponto *D*, o doador já não corresponde um dólar por outro dólar. O custo de oportunidade de Smallville de uma unidade de gastos do governo torna-se novamente um dólar, o que se reflete na inclinação do segmento *DF*.

O novo equilíbrio em E_3 envolve mais consumo de *G* do que sob o status quo, mas menos do que no âmbito da subvenção aberta. O fato de que o subsídio se esgota limita sua capacidade de estimular as despesas com bens públicos. No entanto, em alguns casos, a restrição (closed-ended) pode ser irrelevante. Se o consumo desejado de *G* da comunidade envolve uma despesa abaixo do teto, a presença do teto é irrelevante. Em termos gráficos, se a nova tangência se der ao longo do segmento *AD* da Figura 22.5, não importa que os pontos ao longo de *DR* não estejam disponíveis. Baker et al. [1999] realizou um interessante estudo sobre o impacto de mudar de um subsídio em regime fechado de parceria para um sistema aberto, no Canadá. Antes dos anos 1990, para cada dólar que uma província canadense gastasse em programas sociais, o governo central correspondia com outro dólar. A fim de conter os custos, em 1990, o governo central converteu o programa para um sistema fechado em 3 das 10 províncias. Coerente com a história da Figura 22.5, os gastos nas três províncias afetadas caiu em relação aos das outras.

Subsídio geral Aqui o doador dá uma quantia fixa de dinheiro com a condição de que seja gasto em bens públicos. A Figura 22.6 mostra uma subvenção geral para comprar *AH* unidades de *G*. Em cada nível de renda da comunidade, Smallville agora pode comprar *AH* mais unidades do bem público do que antes. Assim, a nova restrição orçamentária é encontrada pela adição de distância horizontal *AH* à restrição orçamentária original *AB*. O resultado é a linha torcida *AHM*.

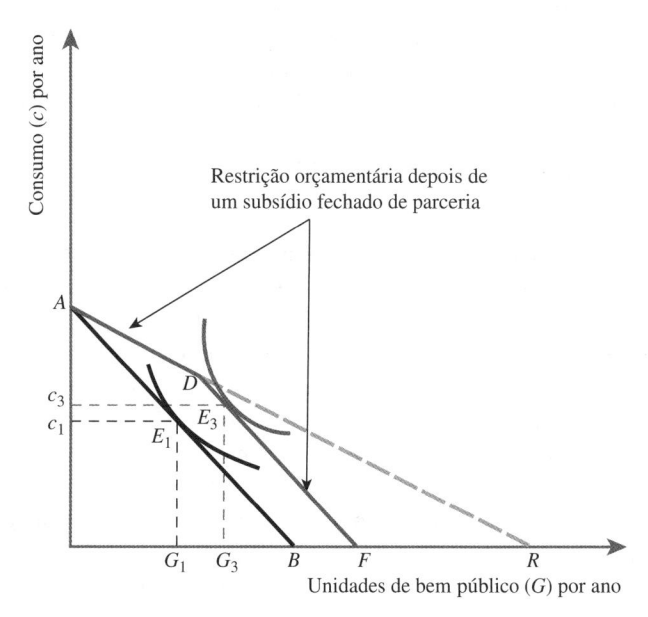

FIGURA 22.5 Subsídio em regime fechado de parceria.
O subsídio em regime fechado de parceria coloca um limite de com quanto o governo central vai contribuir. Isso leva à restrição orçamentária representada pela linha torcida, *ADF*. Dadas as preferências dessa comunidade, o novo equilíbrio resulta em mais consumo de bem público do que sem a subvenção, mas menos do que sob um regime aberto.

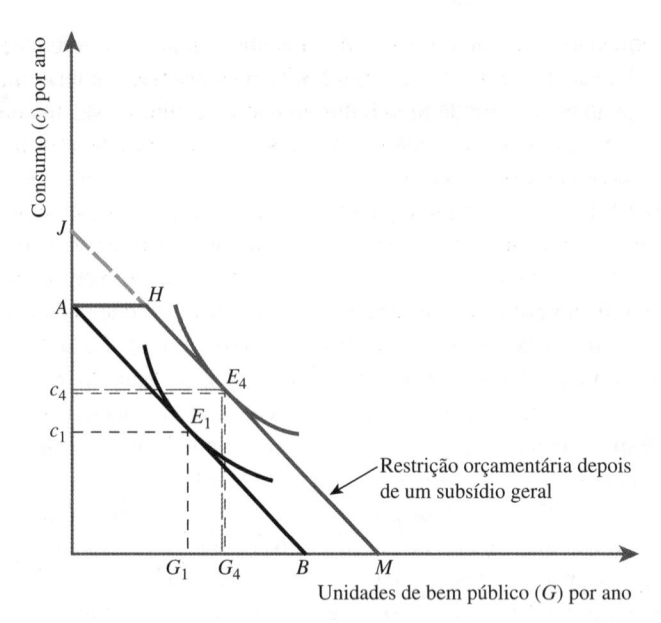

FIGURA 22.6 Subsídio geral.
O subsídio geral para comprar *AH* unidades de bens públicos leva à restrição orçamentária torcida, *AHM*. Dadas as preferências dessa comunidade, a subvenção leva a um aumento tanto dos bens públicos quanto do consumo privado.

Smallville maximiza a utilidade no ponto E_4. Note-que apesar do consumo de bens públicos subir de G_1 para G_4, a diferença entre os dois é menor do que o montante da subvenção, *AH*. Smallville tem seguido a condição de gastar todo o subsídio em *G*, mas, ao mesmo tempo, reduziu as suas próprias despesas com bens públicos. Se os doadores esperavam que as despesas aumentassem por exatamente *AH*, então a reação de Smallville frustra essas perspectivas. Acontece que a situação descrita na Figura 22.6 é uma boa descrição da realidade. As comunidades frequentemente usam parcelas de subvenções gerais condicionais para reduzir seus próprios impostos. Um reexame dos estudos de Payne [2009] descobriu que em vários contextos, incluindo gastos com educação e rodovias, esses efeitos são substanciais. Trata-se de uma reminiscência do fenômeno de "crowd out", que foi destaque em nossa discussão sobre a escolha da escola no Capítulo 7. Naquele cenário, a oferta pública de ensino estava "expulsando" (crowding out) a oferta privada; neste caso, as despesas de um nível de governo provocam o crowding out em outro nível de governo.

Subsídios incondicionais Observe na Figura 22.6 que a linha do orçamento *AHM* parece quase como se tivesse sido criada pela cessão à comunidade de um subsídio de montante fixo irrestrito de *AH* dólares. Esses subsídios incondicionais são por vezes chamados de **partilha de receitas**. Um subsídio incondicional levaria a uma linha do orçamento *JM*, que é o segmento *MH* estendido até o eixo vertical. Smallville acaba por se comportar exatamente da mesma maneira ao encarar a restrição *AHM*, como teria feito se tivesse encarado *JM*. Neste caso particular, *o subsídio condicional poderia muito bem ter sido um subsído de montante fixo irrestrito*. Aparentemente, desde que a comunidade queira consumir pelo menos uma quantidade de bens públicos igual ao subsídio, o fato do subsídio ser condicional é irrelevante. Em contrapartida, se a comunidade queria consumir menos do bem público que *AH* (se as curvas de indiferença mais altas eram tangentes em algum ponto ao longo de *JM* à esquerda de *H*), então a natureza condicional da subvenção realmente afetaria o comportamento.

Por que o governo central daria subsídios incondicionais para estados e municípios? A resposta usual é que essas subvenções podem equalizar a distribuição de renda. A vali-

---

partilha de receitas

Subvenção do governo federal para um estado ou localidade que não coloca restrições ao uso dos fundos.

dade deste argumento não é clara. Mesmo que uma meta da política pública seja ajudar as pessoas pobres, não significa que a melhor maneira de fazer isso é ajudar as comunidades pobres. Afinal, há chances de que uma comunidade com uma renda média baixa tenha alguns membros relativamente ricos e vice-versa. Se o objetivo é ajudar os pobres, por que não dar o dinheiro diretamente para eles?

Uma possível explicação é que o governo central fica especialmente preocupado que os pobres consumam uma maior quantidade de bens fornecidos publicamente. Um exemplo importante é a educação. Esse é um tipo de igualitarismo de commodity (Capítulo 12) aplicado à produção do setor público. No entanto, como acabamos de demonstrar, com subsídios incondicionais não podemos saber com certeza se todo o dinheiro acabará por ser gasto no bem favorecido (na verdade, o mesmo também vale para as subvenções condicionais).

O efeito flypaper

Nossa análise da curva de indiferença da comunidade tem uma questão fundamental: *de quem* são aquelas curvas de indiferença? Segundo a teoria do eleitor mediano (Capítulo 6), as preferências são as do eleitor mediano da comunidade. Os burocratas e funcionários eleitos desempenham um papel passivo na consecução dos desejos do eleitor mediano.

Uma implicação direta da regra do eleitor mediano é que um aumento de 1 dólar na renda da comunidade tem exatamente o mesmo impacto na despesa pública que o recebimento de um subsídio incondicional de 1 dólar. Nos termos da Figura 22.6, os dois eventos geram mudanças externas paralelas idênticas à linha de orçamento inicial. Se as mudanças de linha de orçamento forem idênticas, as mudanças nos gastos públicos também deverão ser.

Uma quantidade considerável de trabalho econométrico foi feito sobre os determinantes do gasto público local. (Consulte uma revisão do assunto em Inman [2008]). Ao contrário do que se poderia esperar, praticamente todos os estudos concluem que um dólar recebido pela comunidade, sob a forma de subvenção, resulta em maior gasto público do que um dólar de aumento na renda da comunidade. A grosso modo, as estimativas sugerem que um dólar recebido como subsídio gera 40 centavos de gastos públicos, enquanto que um dólar adicional na renda privada aumenta os gastos públicos em apenas 10 centavos. Esse fenômeno foi apelidado de efeito flypaper (fita pega mosca, no original), porque o dinheiro parece grudar no setor onde inicialmente é depositado.

Algumas explicações sobre o efeito flypaper se concentram na função dos burocratas. Lembre-se de que no Capítulo 6 alguns argumentavam que os burocratas procuram maximizar os tamanhos de seus orçamentos. Fazendo isso, eles não têm incentivos para informar os cidadãos sobre o verdadeiro nível de financiamento por meio de subsídios da comunidade. Ao esconder a informação, os burocratas podem enganar os cidadãos para aceitar um nível mais elevado de financiamento do que, de outra forma, eles aceitariam. De acordo com esse ponto de vista, o **efeito flypaper** ocorre porque os cidadãos não têm conhecimento da verdadeira restrição orçamentária.

▶ VISÃO GERAL

No início deste capítulo, mostramos algumas questões relativas aos sistemas federais: A tomada de decisão descentralizada é desejável? Como as responsabilidades devem ser alocadas? Como os governos locais devem se financiar? Nossas respostas sugerem que o federalismo é um sistema sensato. Permitir que as comunidades locais tomem suas próprias decisões aumenta, muito provavelmente, a eficiência na provisão de bens públicos locais. No entanto, a eficiência e a equidade também tendem a exigir um papel econômico importante do governo central. Em particular, um sistema em que apenas os recursos locais são utilizados para financiar bens públicos locais é tido por muitos como injusto.

---

efeito flypaper

Um dólar recebido pela comunidade, sob a forma de subvenção para seus resultados de governo em maior gasto público que um dólar de aumento na renda da comunidade.

Embora nosso foco tenha sido, naturalmente, sobre as questões econômicas, questões de poder e política nunca desaparecem da superfície nas discussões sobre o federalismo. A dispersão do poder econômico geralmente é associada com a dispersão do poder político. Como o poder deve ser alocado? A imagem que você faz de um governo subfederal é a de um governador racista que impede estudantes negros de entrar na universidade estadual, ou uma reunião na prefeitura em que os cidadãos tomam decisões coletivas democraticamente? Quando pensa no governo central, você imagina um burocrata insensível e distante impondo regulamentos incômodos, ou um advogado do Departamento de Justiça que trabalha para garantir os direitos civis de todos os cidadãos? Imagens diferentes coexistem em nossas mentes, criando sentimentos conflitantes sobre a distribuição adequada do poder governamental.

Resumo

- Em um sistema federal, diferentes governos oferecem diferentes serviços para jurisdições que se sobrepõem umas às outras.
- O modelo de clube da formação de comunidades indica que o tamanho da comunidade e a quantidade de bens públicos dependem da preferência pelos bens públicos, os custos de seu fornecimento e os custos de "crowding out".
- O modelo de Tiebout destaca as funções da capacidade de mobilidade, os impostos sobre a propriedade e as regras de zoneamento em finanças públicas locais. Sob certas condições, "votar pela mudança" - a mudança de alguém para sua comunidade preferida - resulta em uma alocação de Pareto eficiente dos bens públicos.
- As desvantagens da descentralização são externalidades intermunicipais, economias de escala postas à parte na provisão de bens públicos, tributação ineficiente e falta de capacidade de redistribuir a renda.
- As vantagens da descentralização são a capacidade de alterar o conjunto de serviços públicos para atender gostos locais, os efeitos benéficos da competição entre os governos locais e do potencial de experimentação de baixo custo em nível subfederal.
- A responsabilidade local para a educação pode ser justificada com base em preferências diferentes entre as comunidades. No entanto, um pouco de envolvimento federal na distribuição dos recursos disponíveis para a educação pode ser apropriado.
- Os impostos de propriedade são uma fonte de receita importante para os governos estaduais e locais. A "perspectiva tradicional" do imposto sobre a propriedade é que se trata de um imposto sobre terrenos e construções. A "nova perspectiva" é que o imposto sobre a propriedade é um imposto geral sobre todo o capital com alíquotas que variam entre as diferentes jurisdições e os diferentes tipos de capital. A "perspectiva da taxa de utilização" considera os impostos sobre a propriedade como pagamentos por serviços públicos locais.
- O imposto sobre a propriedade é muito impopular. Talvez a sua vantagem principal no contexto de um sistema federal é que ele pode ser administrado localmente.
- As subvenções podem ser condicionais (categórica) ou incondicionais (de montante fixo). Cada tipo de concessão incorpora diferentes incentivos aos governos locais. O conjunto final do aumento das despesas em relação à diminuição dos impostos locais depende das preferências que ditam as escolhas locais.
- Estudos empíricos de transferências intergovernamentais indicam um efeito de flypaper - um aumento no valor dos subsídios induz a uma maior despesa em bens públicos do que um aumento equivalente na renda local. Uma possível explicação é que os burocratas usam as informações incompletas de que dispõem os cidadãos sobre a restrição orçamentária da comunidade.

Perguntas para reflexão

1. Os governos estadual e federal têm regulamentos no que diz respeito à quantidade de informações que as empresas farmacêuticas têm de fornecer sobre os riscos para a saúde de seus produtos. Um caso levado ao Supremo Tribunal Federal em 2008 centrou-se em uma empresa que poderia ser processado se tivesse cumprido as normas federais, mas não com os regulamentos de um estado em particular. Usando a

teoria do federalismo fiscal como estrutura, examine a questão de se os governos federais ou estaduais devem definir normas de segurança do consumidor.

2. De acordo com Hines e Summers [2009], a globalização aumenta a mobilidade do capital e do trabalho em todos os países. Consequentemente, os impostos sobre esses insumos criam encargos excessivos substanciais. Hines e Summers sugerem que os países devem entrar em acordo para limitar essas ineficiências, padronizando suas taxas de imposto. Use o modelo de Tiebout como estrutura para abordar as implicações de eficiência dessa proposta.

3. Você está insatisfeito com seu governo? Então você poderia estar interessado na noção de "seasteading" (neologismo com as palavras sea [mar] e homesteading [apropriação original]). A ideia é usar plataformas de petróleo reequipadas para criar locais permanentes de habitação no mar. As ilhas flutuantes estariam fora de quaisquer territórios reivindicados por qualquer país e, portanto, teriam a sua própria soberania. Como essa ideia se relaciona com o modelo de Tiebout?

4. Na Califórnia, os valores de propriedade são reavaliados somente após a ocorrência da venda. Para propriedades que não foram vendidas no ano anterior, a lei permite apenas um pequeno aumento no valor da avaliação. Consequentemente, alguém que comprou sua casa muitos anos antes, provavelmente tem um imposto de propriedade mais baixo do que alguém que comprou uma casa idêntica recentemente. Será que isso viola a equidade horizontal? Em sua resposta, defina cuidadosamente todos os conceitos-chave.

5. Ilustrar as seguintes circunstâncias usando curvas de indiferença da comunidade e a restrição orçamentária do governo local:
   a. Uma concessão incondicional aumenta tanto a quantidade de bens públicos adquiridos quanto os impostos locais.
   b. Um subsídio em regime de parceria mantém o fornecimento do bem público inalterado.
   c. Um subsídio em regime fechado de parceria tem o mesmo impacto que um subsídio aberto condicional.
   d. Um subsídio em regime fechado de parceria mantém os impostos locais inalterados.

6. Na Suíça, os cantões (estados) oferecem baixas taxas de imposto "para seduzir as multinacionais a estabelecerem sedes regionais ou outras operações em suas jurisdições. Ao fazer isso, outros estados estão tentando roubar negócios de Zug, o cantão que dominou o jogo de atrair empresas, a tal ponto que o local está começando a perder espaço "[Ball e Bryan-Low, 2010]. A redução das alíquotas de imposto promovida pelos cantões faz sentido do ponto de vista da eficiência?

7. Em 2011, o Conselho da Cidade de Cambridge, MA, exigiu a renúncia do ex-líder líbio Muamar Kadafi [Eagan, 2011]. Usando a teoria do federalismo fiscal como estrutura, discuta a questão de se os governos locais devem entrar em debates de política externa desse tipo.

8. Suponha que as cidades de Belmont e Lexington têm diferentes curvas de demanda para os bombeiros e possam contratar esses profissionais com o mesmo custo marginal constante. Suponha que, historicamente, o governo estadual exija que as duas cidades contratem o mesmo número de bombeiros, mas o estado recentemente descentralizou essa tomada de decisão. Mostre que o ganho de bem-estar da descentralização é maior quanto mais inelásticas são as curvas de demanda das comunidades, tudo o mais constante.

9. Heal [2001, p. 1] observa que, quando Frederick Law Olmsted, o designer do Central Park de Nova York, foi questionado sobre como a cidade poderia pagar pelo parque, "ele respondeu que sua presença iria aumentar os valores de propriedade e as receitas fiscais adicionais facilmente reembolsariam os custos da construção. A história mostra que isso estava correto". Esse episódio ilustra melhor qual das três perspectivas da natureza do imposto sobre a propriedade local?

10. O governo federal subsidia gastos do Estado no bem-estar, mudando assim o preço efetivo de gastos sociais dos estados. De acordo com Baicker [2005], a elasticidade dos gastos do estado em benefícios por beneficiário é de 0,38. Suponha que o governo federal iguale os gastos sociais do Estado na base de um para um e, em seguida, mude para uma base de dois para um. Qual seria a mudança que você esperaria dos gastos sociais do Estado?

11. De acordo com um editorial do *New York Times*, o Congresso deveria condicionar "o dinheiro da rodovia federal à exigência de proibir que todos os condenados por dirigir embriagados pudessem conduzir seus veículos" [*New York Times*, 2009]. O estabelecimento de uma lei desse tipo é mais apropriada no nível federal ou estadual?

Um pouco de microeconomia básica

Apêndice

> *We are living in a material world.*
> —MADONNA

Algumas ferramentas de microeconomia são utilizadas em todo o livro. Revisamo-as brevemente neste apêndice. Para os leitores que fizeram um curso introdutório de microeconomia, esta revisão provavelmente será suficiente para refrescar a memória. Para aqueles que se deparam com o material pela primeira vez, pode ser necessário consultar alguma obra introdutória padrão. Os temas abordados são oferta e demanda, escolha do consumidor, análise marginal e excedente do consumidor e do produtor.

▶ DEMANDA E OFERTA

Recentemente, em um período de dois anos, o preço por libra de grãos de café caiu de US$ 0,95 para US$ 0,45. Os produtores de café estavam preocupados, mas os consumidores de café ficaram satisfeitos. Por que o preço caiu tanto? O modelo de demanda e oferta fornece um modelo para pensar sobre como o preço e a produção de uma *commodity* são determinados em um mercado competitivo. Discutimos os fatores determinantes da demanda e da oferta, bem como sua interação.

Demanda

Quais os fatores que influenciam as decisões das pessoas de consumir determinados produtos? Continuando com nosso exemplo sobre o café, um pouco de reflexão sugere que os seguintes fatores afetam a quantidade que as pessoas querem consumir durante determinado período:

1. **Preço.** É de se esperar que, quando o preço sobe, a quantidade demandada cai.
2. **Renda.** Mudanças na renda afetam as oportunidades de consumo das pessoas. Porém, é difícil dizer *a priori* qual efeito tais mudanças têm sobre o consumo de determinado bem. Talvez as pessoas comprem mais café quando a renda aumenta. Por outro lado, pode ser que, conforme a renda aumenta, as pessoas passem a consumir menos café, talvez passando a gastar seu dinheiro em conhaque. Se um aumento na renda aumenta o consumo (permanecendo outros fatores inalterados), o bem é chamado de **bem normal**. Se um aumento na renda diminui a demanda (permanecendo outros fatores inalterados), o bem é chamado de **bem inferior**.
3. **Preços dos bens relacionados.** Suponha que o preço do chá sobe. Se as pessoas podem substituir o café por chá, este aumento no preço do chá aumenta a quantidade de café que as pessoas desejam consumir. Agora, suponha que o preço do leite sobe. Se as pessoas consomem café e leite juntos, isso tende a diminuir a quantidade de café consumida. Bens como chá e café são chamados de **substitutos**; bens como café e leite são chamados de **complementos**.

---

bem normal
Um bem cuja demanda aumenta à medida que a renda aumenta e cuja demanda diminui à medida que a renda diminui, permanecendo outros fatores inalterados.

bem inferior
Um bem cuja demanda diminui à medida que aumenta a renda.

substitutos
Dois bens são substitutos se um aumento no preço de um bem leva ao aumento do consumo do outro bem.

complementos
Dois bens são complementos se um aumento no preço de um bem leva à diminuição do consumo do outro bem.

4. **Gostos.** A medida em que as pessoas "gostam" de um bem afeta a quantidade que elas demandam. Não há muita demanda por café entre os mórmons, pois sua religião proíbe. Muitas vezes é realista supor que os gostos dos consumidores permanecem iguais ao longo do tempo, mas nem sempre. Por exemplo, quando alguns cientistas afirmaram que o café pode causar defeitos de nascimento, muitas mulheres grávidas deixaram de consumi-lo.

Vemos, então, que uma grande variedade de fatores pode afetar a demanda. No entanto, muitas vezes é útil se concentrar na relação entre a quantidade demandada de uma commodity e seu preço. Suponha que a renda, os preços dos bens relacionados e os gostos são fixos. Podemos imaginar variar o preço do café e ver como a quantidade demandada muda com o pressuposto de que as outras variáveis relevantes permanecem em seus valores fixos. A **tabela de demanda** (ou **curva de demanda**) é a relação entre o preço de mercado de um bem e sua quantidade demandada durante determinado período, permanecendo outros fatores inalterados. (Os economistas costumam usar o latim para "permanecendo outros fatores inalterados", *ceteris paribus*).

tabela de demanda
Relação entre o preço de um bem e a quantidade demandada, ceteris paribus.

curva de demanda
Um gráfico da tabela de demanda.

Uma tabela de demanda hipotética para o café é representada graficamente pela curva Dc na Figura A.1. O eixo horizontal mede as libras de café por ano em determinado mercado, e o preço por libra é medido na vertical. Assim, por exemplo, se o preço é US$ 2,29 por libra, as pessoas estão dispostas a consumir 750 libras; quando o preço é de apenas US$ 1,38, elas estão dispostas a consumir 1.225 libras. A inclinação descendente da curva de demanda reflete a suposição razoável de que, quando o preço sobe, a quantidade demandada cai.

A curva de demanda também pode ser interpretada como um gráfico aproximado da "disposição para pagar", porque mostra o preço máximo que as pessoas pagariam por determinada quantidade. Por exemplo, quando as pessoas compram 750 libras por ano, elas lhe atribuem o valor de US$ 2,29 por libra. A qualquer preço mais alto que US$ 2,29 elas não estariam dispostas a consumir 750 libras por ano. Se por algum motivo as pessoas conseguissem obter 750 libras a um preço inferior a US$ 2,29, isso em algum sentido seria uma "barganha".

Como já salientado, a curva de demanda é desenhada com o pressuposto de que todas as outras variáveis que podem afetar a quantidade demandada não mudam. O que acontece se uma delas muda? Suponha, por exemplo, que o preço do chá aumenta e, como consequência, as pessoas querem comprar mais café. Na Figura A.2, reproduzimos a curva D_c da Figura A.1 (antes do aumento). Devido ao aumento no preço do chá, com todos os preços do café as pessoas estão dispostas a comprar mais café do que anteriormente. Com efeito, então, um aumento no preço do chá desloca cada ponto em D_c para a direita. A coleção de novos pontos é D'_c. Como D'_c mostra o quanto as pessoas estão dispostas a consumir a cada preço (*ceteris paribus*), é, por definição, a curva de demanda.

De modo mais geral, uma mudança em qualquer variável que influencia a demanda por um bem, exceto seu próprio preço, desloca a curva de demanda[1]. (Uma mudança no próprio preço de um bem induz um movimento *ao longo* da curva de demanda.)

Oferta

Agora, considere os fatores que determinam a quantidade de uma mercadoria que as empresas fornecem ao mercado. Vamos continuar usando o café como exemplo.

1. **Preço**. Muitas vezes, é razoável supor que quanto maior o preço por libra de café, maior a quantidade que as empresas que visam a maximizar o lucro estarão dispostas a fornecer.

---
[1] Não é necessário, aliás, que D'c seja paralela a Dc. Em geral, não será o caso.

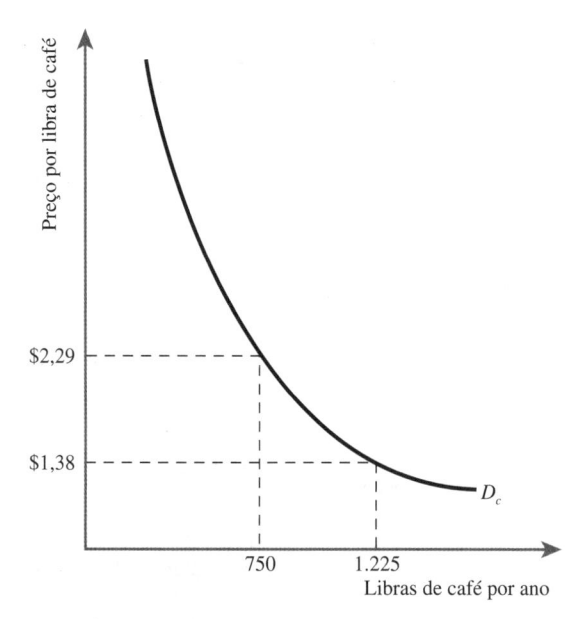

FIGURA A.1 Curva de demanda hipotética para o café.

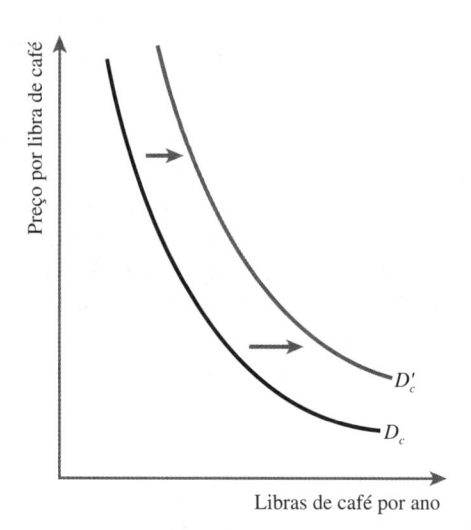

FIGURA A.2 Efeito de um aumento no preço do chá sobre a demanda por café.

2. **Preço dos insumos**. Os produtores de café empregam insumos para a produção de café – mão de obra, terra e fertilizante. Se seus custos com insumos sobem, a quantidade de café que podem fornecer de forma rentável a determinado preço cai.
3. **Condições de produção**. O fator mais importante aqui é o estado da tecnologia. Se há uma melhoria tecnológica na produção de café, a oferta aumenta. Outras variáveis também afetam as condições de produção. Para os produtos agrícolas, o clima é importante. Vários anos atrás, por exemplo, as inundações na América Latina reduziram seriamente a cultura do café.

Tal como no caso da curva de demanda, vamos nos concentrar na relação entre a quantidade de uma commodity fornecida e seu preço, mantendo as demais variáveis em níveis fixos. A **curva de oferta** é a relação entre os preços de mercado e a quantidade de um bem que os produtores estão dispostos a fornecer durante determinado período, *ceteris*

curva de oferta

A relação entre o preço de mercado de um bem e a quantidade que os produtores estão dispostos a fornecer, *ceteris paribus*.

FIGURA A.3 Curva de oferta hipotética para o café.

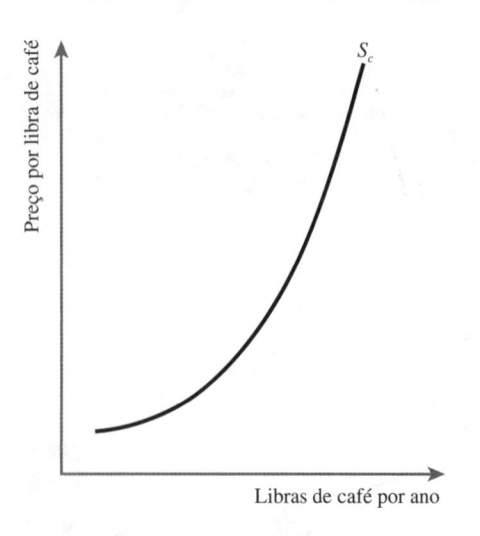

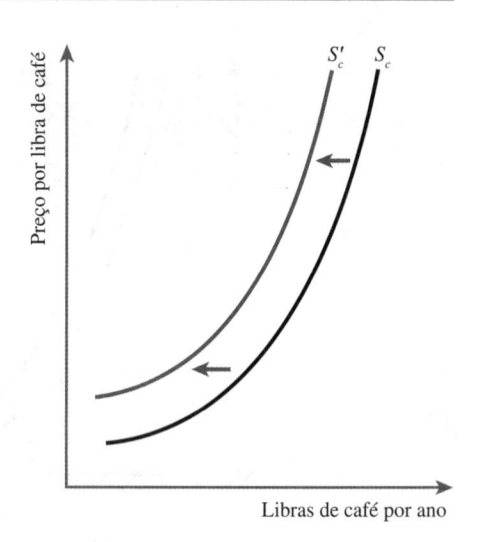

FIGURA A.4 Efeito de um aumento nos salários das pessoas que trabalham na colheita de café sobre o fornecimento de café.

paribus. Uma curva de oferta para o café é mostrada como S'_c na Figura A.3. Sua inclinação para cima reflete a suposição de que quanto maior o preço, maior a quantidade fornecida, *ceteris paribus*.

Quando qualquer variável que influencia a oferta (além do preço da própria *commodity*) muda, também há mudanças na curva de oferta. Suponha, por exemplo, que a taxa salarial para as pessoas que trabalham na colheita do café aumenta. Esse aumento reduz a quantidade de café que as empresas estão dispostas a fornecer a qualquer preço. Por conseguinte, a curva de oferta se desloca para a esquerda. Como representado na Figura A.4, a nova curva de oferta é S'_c. De modo mais geral, quando qualquer outra variável além do próprio preço da commodity muda, há mudanças na curva de oferta. (Uma mudança no preço da commodity induz um movimento ao longo da curva de oferta.)

Equilíbrio

As curvas de demanda e oferta fornecem respostas para uma série de perguntas hipotéticas: *se* o preço do café é de US$ 2 por libra, quanto os consumidores estão dispostos a comprar? *Se* o preço é de US$ 1,75 por libra, quanto as empresas estão dispostas a fornecer? Nenhum gráfico isolado nos informa o preço e a quantidade reais. Porém, em conjunto, sim.

Na Figura A.5, sobrepomos a curva de demanda D_c da Figura A.1 à curva de oferta S_c da Figura A.3. Queremos encontrar o preço e a produção em que há um **equilíbrio** – uma situação que tende a ser mantida a menos que haja uma mudança de base no sistema. Suponha que o preço é P_1 dólares por libra. A esse preço, a quantidade demandada é Q_1^D e a quantidade ofertada é Q_1^S. O Preço P_1 não pode ser mantido, porque as empresas querem fornecer mais café do que os consumidores estão dispostos a comprar. Este excesso de oferta tende a empurrar o preço para baixo, como sugerido pelas setas.

Agora, considere o preço P_2. A esse preço, a quantidade de café demandada, Q_2^D, ultrapassa a quantidade ofertada, Q_2^S. Como há excesso de demanda por café, prevê-se que o preço irá subir.

Um raciocínio semelhante sugere que qualquer preço em que a quantidade ofertada e a quantidade demandada são desiguais não pode ser um equilíbrio. Na Figura A.5, a quantidade demandada é igual à quantidade ofertada ao preço P_e. O nível de produção associado

equilíbrio

Situação que tende a ser mantida a menos que haja uma mudança de base no sistema.

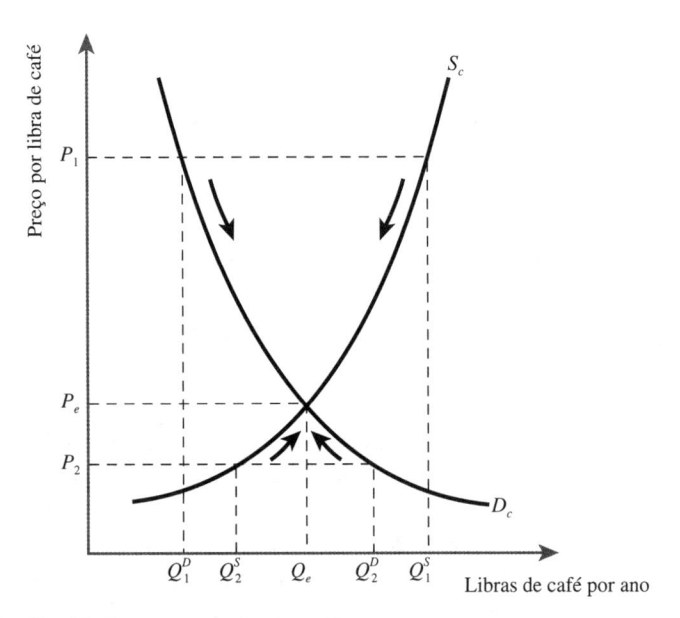

FIGURA A.5 Equilíbrio no mercado de café.

é Q_e libras por ano. A menos que algo mais mude no sistema, esta combinação de preço e produção continua ano após ano. É um equilíbrio.

Suponha que algo mais mude. Por exemplo, o tempo fica ruim, arruinando uma parte considerável da plantação de café. Na Figura A.6, D_c e S_c são reproduzidas da Figura A.5 e, como antes, o preço e a produção de equilíbrio são P_e e Q_e, respectivamente. Devido às mudanças no tempo, a curva de oferta se desloca para a esquerda, por exemplo, para S'_c. Considerando a nova curva de oferta, P_e não é mais o preço de equilíbrio. Em vez disso, o equilíbrio encontra-se na intersecção entre D_c e S'_c, ao preço $P'e$ e com a produção Q'_e. Observe que, como se poderia esperar, o desastre na plantação leva a um preço mais elevado e a menor produção — $P'_e > P_e$ e $Q'_e < Q_e$. De modo mais geral, uma mudança em qualquer variável que afete oferta ou a demanda cria uma nova combinação de equilíbrio de preço e quantidade.

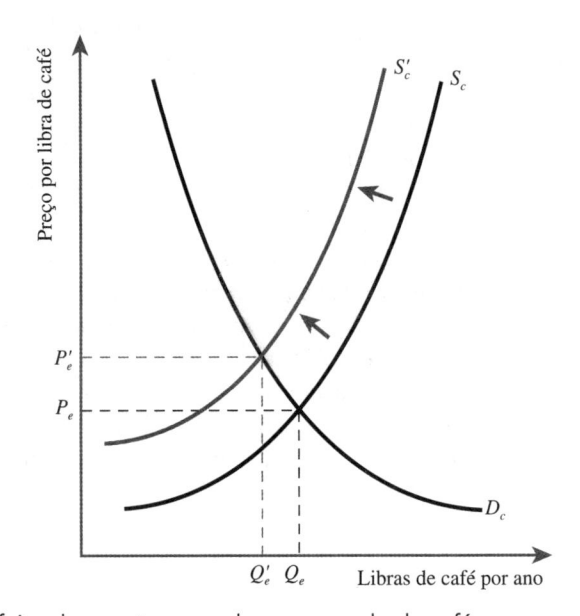

FIGURA A.6 Efeito do mau tempo sobre o mercado de café.

Oferta e demanda por insumos

Oferta e demanda também podem ser usadas para investigar os mercados de insumos no processo de produção. (Os insumos às vezes são chamados de *fatores de produção*.) Por exemplo, poderíamos rotular o eixo horizontal na Figura A.5 como "número de horas trabalhadas por ano" e o eixo vertical como "taxa salarial por hora". Assim, as curvas representariam a oferta e demanda de trabalho, e o mercado determinaria os salários e o emprego. Da mesma forma, a análise de oferta e demanda pode ser aplicada aos mercados de capitais e à terra.

Medindo as formas das curvas de oferta e demanda

Claramente, o preço de mercado e a produção de determinado item dependem substancialmente das formas de suas curvas de oferta e demanda. Convencionalmente, a forma da curva de demanda é medida pela **elasticidade-preço da demanda**: o valor absoluto da variação percentual na quantidade demandada dividido pela variação percentual no preço.[2] Se um aumento de 10% no preço leva a uma diminuição de 2% na quantidade demandada, a elasticidade-preço da demanda é de 0,2. Um caso especial importante é quando a quantidade demandada não muda em nada com um aumento de preços. Portanto, a curva de demanda é vertical e a elasticidade é zero. No outro extremo, quando a curva de demanda é horizontal, mesmo uma pequena mudança no preço leva a uma grande mudança na quantidade demandada. Por convenção, isso é conhecido como curva de demanda infinitamente elástica. Da mesma forma, a **elasticidade-preço da oferta** é definida como a variação percentual na quantidade ofertada dividida pela variação percentual no preço.

elasticidade-preço da demanda

Valor absoluto da variação percentual na quantidade demandada dividida pela variação percentual no preço.

elasticidade-preço da oferta

Valor absoluto da variação percentual na quantidade ofertada dividido pela variação percentual no preço.

▶ TEORIA DA ESCOLHA

O problema fundamental da economia é que os recursos disponíveis para as pessoas são limitados para satisfazer seus desejos. A teoria da escolha mostra como as pessoas tomam decisões sensatas na presença de tal escassez. Nesta seção, iremos desenvolver uma representação gráfica dos gostos dos consumidores e mostrar como esses gostos podem ser mais bem atendidos com um orçamento limitado.

Gostos

Supomos que um indivíduo tira satisfação do consumo de *commodities*. Neste contexto, o conceito de *commodities* deve ser interpretado de forma muito ampla. Ele inclui não apenas os itens como alimentos, carros e CD players, mas também coisas menos tangíveis, como tempo de lazer, ar puro, etc. Os economistas usam a palavra ligeiramente arcaica **utilidade** como sinônimo de satisfação. Considere Oscar, que consome apenas duas *commodities*, *marshmallows* e *donuts*. (Usando métodos matemáticos, pode-se demonstrar que todos os resultados para o caso de dois bens se aplicam a situações em que há muitas *commodities*.) Suponha, ainda, que, para todas as quantidades viáveis de *marshmallows* e *donuts*, Oscar nunca fica saciado – mais consumo de qualquer *commodity* sempre produz algum aumento em sua utilidade. Como o pai do desenho, os economistas acreditam que, na maioria das circunstâncias, esta hipótese é bastante realista.

Na Figura A.7, o eixo horizontal mede o número de *donuts* consumido a cada dia e o eixo vertical mostra o consumo diário de *marshmallow*. Assim, cada ponto no quadrante representa alguma cesta de *marshmallows* e *donuts*. Por exemplo, o ponto *a* representa uma cesta com sete *marshmallows* e cinco *donuts*.

utilidade

Quantidade de satisfação que uma pessoa deriva do consumo de uma cesta de *commodities* específica.

---

[2] A elasticidade não precisa ser constante ao longo de toda a curva de demanda.

"É verdade que mais não é necessariamente melhor, Edward, mas muitas vezes é." © The New Yorker Collection 1985 Charles Saxon do cartoonbank.com. Todos os direitos reservados.

Como a utilidade do Oscar depende apenas de seu consumo de *marshmallows* e *donuts*, também podemos associar a cada ponto no quadrante determinado nível de utilidade. Por exemplo, se sete *marshmallows* e cinco *donuts* geram 100 "utils" de felicidade, então, o ponto a está associado a 100 "utils".

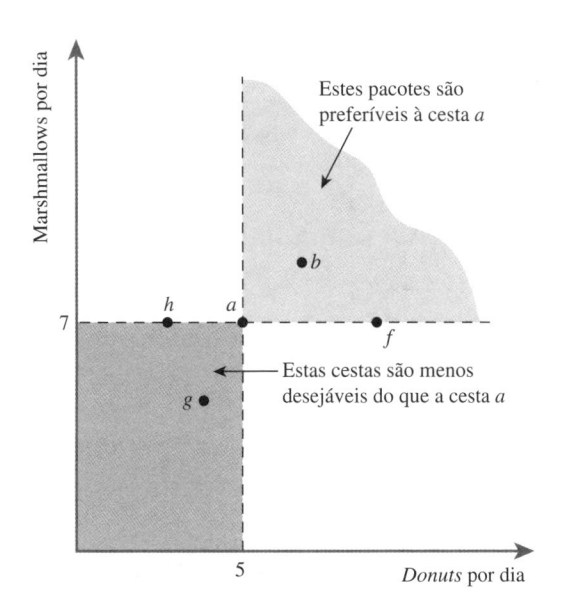

FIGURA A.7 Classificação de cestas alternativas.

Algumas cestas de *commodities* geram mais utilidade do que o ponto *a*, outras menos. Considere o ponto *b* na Figura A.7, que tem mais *marshmallows* e mais *donuts* que o ponto *a*. Como a saciedade está descartada, *b* deve gerar maior utilidade do que *a*. A cesta *f* tem mais *donuts* do que *a* e mesmo número de *marshmallows*, e também é o preferível à cesta *a*. Na verdade, qualquer ponto a nordeste de *a* é preferível a essa cesta.

Um raciocínio semelhante sugere que a cesta *a* é preferível à cesta *g*, pois g tem menos *marshmallows* e *donuts* do que *a*. O ponto *h* também é menos desejável do que *a*, porque, embora tenha o mesmo número de *marshmallows* que *a*, tem menos *donuts*. O ponto *a* é preferível a qualquer ponto a sudoeste dele.

Identificamos algumas cestas que resultam em mais utilidade do que *a* e algumas que resultam em menos. Podemos encontrar algumas cestas que produzem exatamente a mesma quantidade de utilidade? Provavelmente existem tais cestas, mas precisamos de mais informações sobre o indivíduo para descobrir quais são elas. Considere a Figura A.8, que reproduz o ponto *a* da Figura A.7. Imagine que colocamos a seguinte questão a Oscar: "Você está consumindo sete *marshmallows* e cinco *donuts*. Se eu tirar um de seus *donuts*, quantos *marshmallows* preciso lhe dar para que fique tão satisfeito quanto estava inicialmente?" Suponha que, depois de pensar um pouco, Oscar responda (honestamente) que pediria mais dois *marshmallows*. Então, por definição, a cesta com quatro *donuts* e nove *marshmallows* produz a mesma quantidade de utilidade que *a*. Essa cesta é representada por *i* na Figura A.8.

Poderíamos encontrar outra cesta de igual utilidade perguntando: "Começando novamente no ponto a, suponha que eu tire um *marshmallow*. Quantos *donuts* mais preciso lhe dar para que tenha o mesmo nível de satisfação original?" Suponha que a resposta é dois *donuts*. Então, o pacote com seis *marshmallows* e sete *donuts*, representado por *j* na Figura A.8, também deve gerar a mesma quantidade de utilidade que a cesta a.

Poderíamos continuar assim indefinidamente – começar no ponto a, tirar várias quantidades de uma commodity, descobrir a quantidade da outra commodity necessária para compensar e registrar os resultados na Figura A.8. O resultado é a curva U_0, que mostra todos os pontos que geram a mesma quantidade de utilidade. U_0 é chamado de **curva de indiferença**, pois mostra todas as cestas de consumo entre as quais o indivíduo é indiferente.

curva de indiferença

Locus de cestas de consumo que produzem a mesma utilidade total.

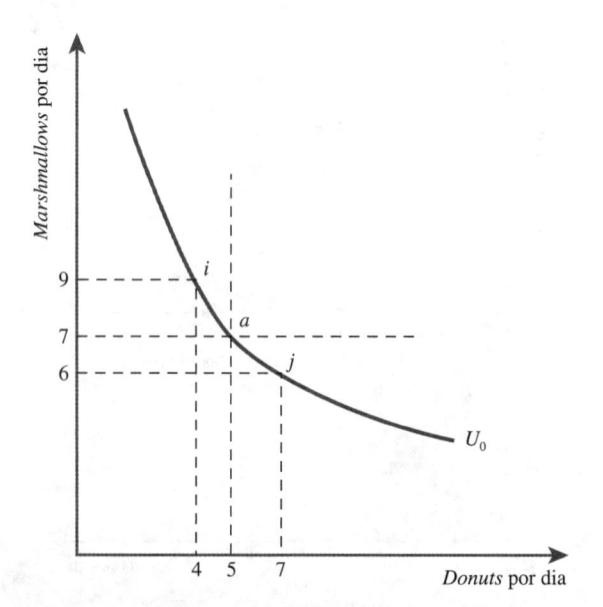

FIGURA A.8 Derivação de uma curva de indiferença.

Por definição, a inclinação de uma curva é a mudança no valor da variável medida no eixo vertical dividido pela mudança na variável medida na horizontal – o coeficiente angular da reta. A inclinação de uma curva de indiferença tem uma importante interpretação econômica. Ela mostra o quanto o indivíduo está disposto a trocar um bem por outro. Por exemplo, na Figura A.9, em torno do ponto i, a inclinação da curva de indiferença é $-m/n$. Porém, de acordo com a definição de uma curva de indiferença, n é apenas a quantidade de *donuts* que Oscar está disposto a substituir pelo sacrifício de m *marshmallows*. Por esse motivo, o valor absoluto da inclinação da curva de indiferença é conhecido como **taxa marginal de substituição** de *donuts* por *marshmallows*, MRS_{dm}. Como observado mais tarde, *marginal* significa *adicional* ou *incremental*. A inclinação da curva de indiferença mostra a taxa marginal de substituição, pois indica o nível de disposição do indivíduo para substituir *marshmallows* por um *donut adicional*.

A taxa marginal de substituição na Figura A.9 diminui à medida que descemos ao longo da curva de indiferença. Por exemplo, em torno do ponto ii, MRS_{dm} é p/q, que é claramente menor do que m/n. Isso faz sentido intuitivo. Em torno do ponto i, Oscar tem muitos *marshmallows* em comparação com *donuts* e, portanto, está disposto a abrir mão de muito poucos *marshmallows* em troca de mais um *donut* – portanto, uma MRS_{dm} alta. Por outro lado, em torno do ponto ii, Oscar tem muitos *donuts* em comparação com *marshmallows* e, portanto, não está disposto a sacrificar muitos *marshmallows* em troca de mais um *donut*. O declínio da MRS_{dm} à medida que descemos ao longo da curva de indiferença é chamado de **taxa marginal de substituição decrescente**.

Lembre-se de que nossa construção da curva de indiferença U_0 usou a cesta a como ponto de partida. Porém, o ponto a foi escolhido arbitrariamente e poderíamos muito bem ter começado em qualquer outro ponto do quadrante. Na Figura A.10, se começarmos com o ponto b e seguirmos da mesma forma, geramos a curva de indiferença U_1. Começando no ponto k, geramos a curva de indiferença U_2. Observe que qualquer ponto em U_2 representa um nível mais alto de utilidade do que em qualquer ponto de U_1, que, por sua vez, é preferido em relação a qualquer ponto em U_0. Se Oscar deseja maximizar sua utilidade, tenta alcançar a curva de indiferença mais alta que puder.

Todo o conjunto de curvas de indiferença é chamado de mapa de indiferença. O **mapa de indiferença** nos diz tudo o que se pode saber sobre as preferências do indivíduo.

taxa marginal de substituição

A taxa na qual um indivíduo está disposto a trocar um bem por outro; é o valor absoluto da inclinação em uma curva de indiferença.

taxa marginal de substituição decrescente

A taxa marginal de substituição cai à medida que descemos ao longo de uma curva de indiferença.

mapa de indiferença

Conjunto de todas as curvas de indiferença.

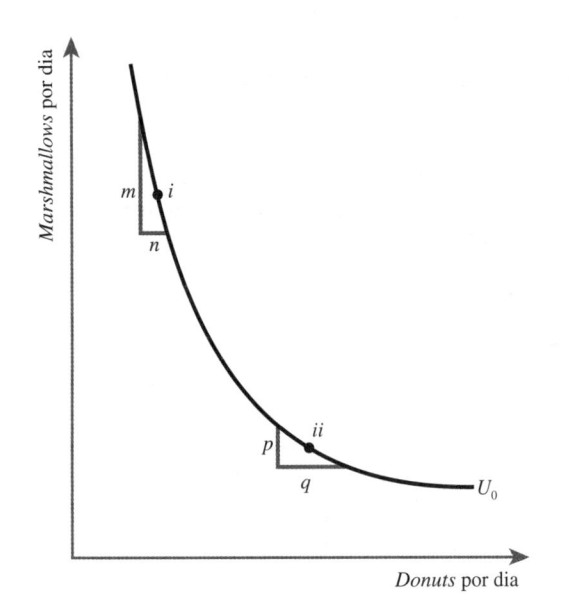

FIGURA A.9 Curva de indiferença com uma taxa marginal de substituição decrescente.

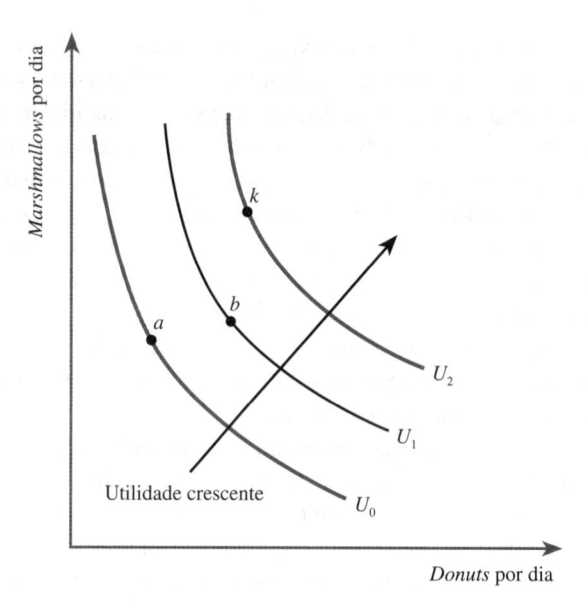

FIGURA A.10 Um mapa de indiferença.

Restrição orçamentária

Configuração básica Suponha que *marshmallows* (*M*) custam 3 centavos cada, *donuts* (*D*) custam 6 centavos e a renda semanal de Oscar é de 60 centavos. Quais são as opções de Oscar? Suas compras devem satisfazer a equação

$$3 \times M + 6 \times D = 60 \tag{A.1}$$

Em palavras, as despesas com *marshmallows* ($3 \times M$) mais as despesas com *donuts* ($6 \times D$) devem ser iguais à renda (60).[3] Assim, por exemplo, se $M = 10$, para satisfazer a Equação (A.1), D deve ser igual a 5 ($3 \times 10 + 6 \times 5 = 60$). Por outro lado, se $M = 8$, D deve ser igual a 6 ($3 \times 8 \times 6 + 6 = 60$).

Vamos representar a Equação (A.1) graficamente. A maneira usual é representar graficamente uma série de pontos que satisfazem a equação. Isso é simples, se lembramos da álgebra básica que (A.1) é a equação de uma linha reta. Dados dois pontos sobre a linha, o restante da linha é determinado pela ligação desses pontos. Na Figura A.11, o ponto r representa 10 *marshmallows* e 5 *donuts*, e o ponto s representa 8 *marshmallows* e 6 *donuts*. Portanto, a linha associada com a Equação (A.1) é *LN*, que passa por esses pontos. Por construção, qualquer combinação de *marshmallows* e *donuts* ao longo de *LN* satisfaz a Equação (A.1). A linha *LN* é conhecida como **restrição orçamentária** ou **linha de orçamento**. Qualquer ponto sobre ou abaixo de *LN* (área sombreada) é viável porque envolve uma despesa menor ou igual à renda. Qualquer ponto acima de *LN* é impossível, pois envolve uma despesa maior do que a renda.

Dois aspectos da linha *LN* devem ser observados. Em primeiro lugar, as intercepções horizontais e verticais da linha têm interpretações econômicas. Por definição, a intercepção vertical é o ponto associado com $D = 0$. Neste ponto, Oscar gasta todos os seus 60 centavos em *marshmallows*, comprando 20 ($= 60 \div 3$) deles. Assim, a distância *OL* é 20. Da mesma forma, no ponto *N*, Oscar consome zero *marshmallows*, mas pode comprar um total de 10 ($= 60 \div 6$) *donuts*. A distância *ON* é, portanto, 10. Em suma, as intercepções verticais e horizontais representam cestas em que Oscar consome apenas uma das *commodities*.

---

restrição orçamentária

Representação das cestas entre as quais o consumidor pode escolher, dada a sua renda e os preços que deve pagar.

---

[3] Se Oscar é um maximizador de utilidade, ele não vai desperdiçar nada de sua renda.

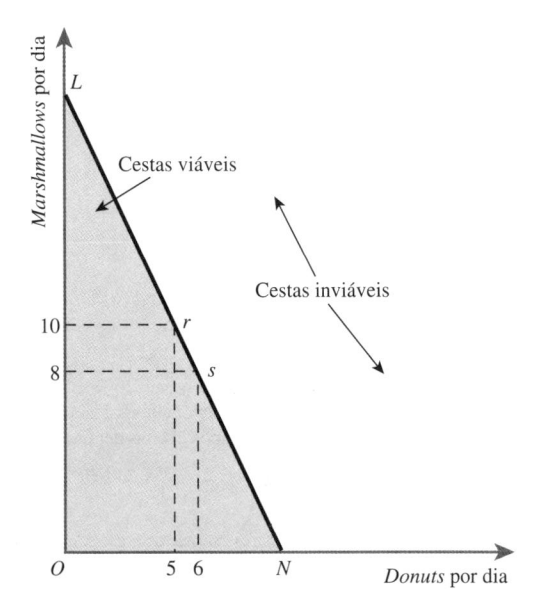

FIGURA A.11 Restrição orçamentária.

A inclinação também tem uma interpretação econômica. Para calcular a inclinação, lembre-se que a "subida" (*OL*) é 20 e o "comprimento" (*ON*) é 10, então a inclinação (em valor absoluto) é 2. Observe que 2 é a razão entre o preço dos *donuts* (6 centavos) e o preço dos *marshmallows* (3 centavos). Isso não ocorre por acaso. O valor absoluto da inclinação da linha orçamental indica a taxa em que o mercado permite que um indivíduo substitua *marshmallows* por *donuts*. Como o preço dos *donuts* é o dobro do preço dos *marshmallows*, Oscar pode trocar dois *marshmallows* por cada *donut*.

Para generalizar essa discussão, suponha que o preço por *marshmallow* é P_m, o preço por *donut* é P_d e a renda é *I*. Portanto, em analogia à Equação (A.1), a restrição orçamentária é:

$$P_m M + 60 P_d D = I \qquad (A.2)$$

Se *M* é medido no eixo vertical e *D* no horizontal, a intercepção vertical é I/P_m e a intercepção horizontal é I/P_d. A inclinação da restrição orçamentária, em valor absoluto, é P_d/P_m. Um erro comum é supor que comi M é medido no eixo vertical, o valor absoluto da inclinação da restrição orçamental é P_m/P_d. Para verificar que isso está errado, basta dividir a subida (I/P_m) pelo comprimento (I/P_d): (I/P_m) ÷ (I/P_d) = P_d/P_m. Intuitivamente, P_d deve estar no numerador porque sua razão para P_m mostra a taxa à qual o mercado permite a troca de *M* por *D*.

Mudanças nos preços e renda A linha orçamental mostra as oportunidades de consumo de Oscar considerando sua renda atual e os preços praticados. E se algum desses fatores mudar? Voltemos ao caso em que $P_m = 3$, $P_d = 6$ e $I = 60$. A linha orçamental associada, $3M + 6D = 60$, é traçada como *LN* na Figura A.12. Agora, suponha que a renda de Oscar caia para 30. Inserindo os dados na Equação (A.2), a nova linha orçamental é $3M + 6D = 30$. Para representar graficamente a equação, observe que a intercepção vertical é 10 e a intercepção horizontal é 5. Inserindo esses dois pontos na Figura A.12 como *R* e *S*, respectivamente, e recordando que dois pontos determinam uma linha, descobrimos que a nova restrição orçamentária é *RS*. A inclinação de *RS* em valor absoluto é 2, igual à de *LN*. Isso ocorre porque os preços relativos dos *donuts* e dos *marshmallows* não mudaram. Uma mudança na renda, *ceteris paribus*, induz uma mudança paralela na linha orçamental. Se a renda diminui, a restrição se desloca para dentro; se a renda aumenta, ela se desloca para fora.

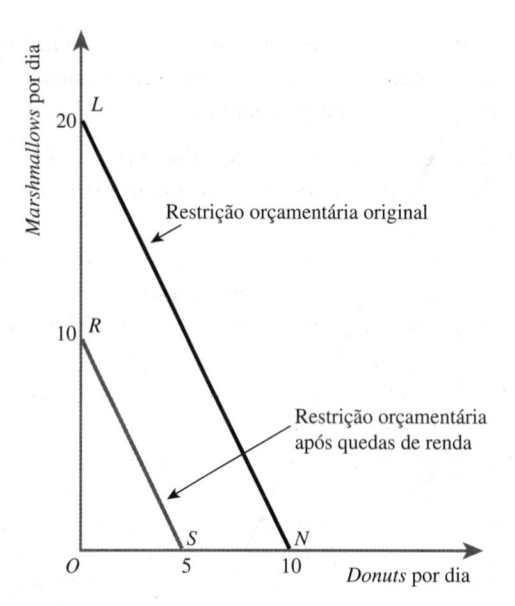

FIGURA A.12 Efeito sobre a restrição orçamentária de uma redução no lucro.

Volte novamente para a restrição original, $3M + 6D = 60$, que é reproduzida na Figura A.13 como LN. Suponha que o preço de D aumenta para 12, mas todo o resto permanece igual. Então, de acordo com a Equação (A.2), a restrição orçamentária é $3M + 12D = 60$. Para representar graficamente esta nova restrição, começamos notando que tem uma intercepção vertical 20, igual à de LN. Como o preço de M permaneceu o mesmo, se Oscar gastar todo o seu dinheiro somente em M, ele poderá comprar tanto quanto antes. A intercepção horizontal, no entanto, foi alterada. Agora está em cinco *donuts* ($= 60 \div 12$), um ponto representado por T na Figura A.13. A nova restrição orçamentária é, portanto, LT. A inclinação de LT em valor absoluto é 4 ($= 20 \div 5$), refletindo o fato de que o mercado agora permite que cada indivíduo troque quatro *marshmallows* por *donut*.

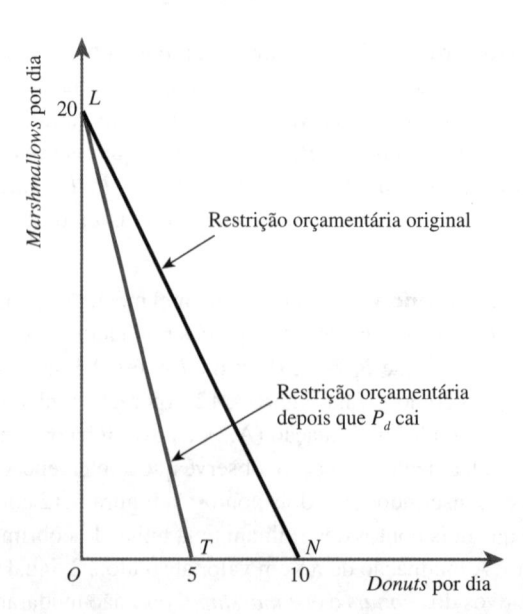

FIGURA A.13 Efeito de uma mudança nos preços relativos sobre a restrição orçamentária.

De modo mais geral, quando o preço de uma das *commodities* muda, *ceteris paribus*, a linha orçamental gira ao longo do eixo do bem cujo preço muda. Se o preço sobe, a linha gira para dentro; se o preço cai, a linha gira para fora.

Equilíbrio O mapa de indiferença mostra o que Oscar *quer* fazer; a restrição orçamentária mostra o que ele *pode* fazer. Para descobrir o que Oscar *realmente* faz, deve-se combinar os dois.

Na Figura A.14, sobrepomos o mapa de indiferença da Figura A.10 à linha orçamental LN na Figura A.11. O problema é encontrar a combinação de M e D que maximize a utilidade de Oscar respeitando a restrição de que ele não pode gastar mais do que sua renda.

Consideremos primeiro a cesta *i* em U_2. Esta cesta está descartada, porque está acima de LN. Oscar pode gostar de estar na curva de indiferença U_2, mas ele simplesmente não pode pagar. Em seguida, considere ponto *ii*, que certamente é viável, pois se situa abaixo da restrição orçamentária. Porém, pode ser o ideal, porque Oscar não está gastando toda a sua renda. Com efeito, na cesta *ii*, ele simplesmente desperdiça dinheiro que poderia ter sido gasto em mais *marshmallows* e/ou *donuts*.

E o ponto *iii*? É viável, e Oscar não desperdiça renda. No entanto, ele ainda pode fazer melhor, no sentido de colocar-se em uma curva de indiferença mais elevada. Considere o ponto E_1, em que Oscar consome D_1 *donuts* e M_1 *marshmallows*. Como está sobre LN, é viável. Além disso, é mais desejável do que a cesta *iii*, porque E_1 se encontra em U_1, que está acima de U_0. Na verdade, nenhum ponto em LN toca uma curva de indiferença mais alta do que U_1. Por isso, a cesta composta por M_1 e D_1 maximiza a utilidade de Oscar sob a restrição orçamentária LN. E_1 é um equilíbrio, porque, a menos que algo mude, Oscar continua a consumir M_1 *marshmallows* e D_1 *donuts* todos os dias.

Observe que, no equilíbrio, a curva de indiferença U_1 mal toca a linha orçamental. Intuitivamente, isso ocorre porque Oscar está tentando alcançar a curva de indiferença mais alta que puder, mantendo-se em LN. Em linguagem mais técnica, a linha LN é tangente à curva U_1 no ponto E_1. Isso significa que, no ponto E_1, a inclinação de U_1 é igual à inclinação de LN.

Esta observação sugere uma equação para caracterizar a cesta que maximiza a utilidade. Lembre-se de que, por definição, a inclinação da curva de indiferença (em valor ab-

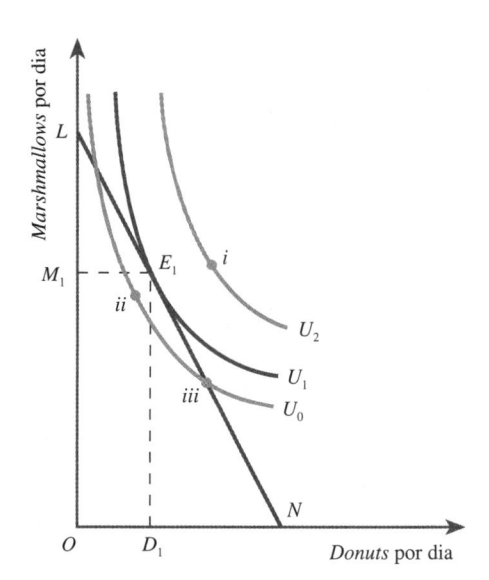

FIGURA A.14 Maximização da utilidade sujeita a uma restrição orçamentária.

soluto) é a taxa marginal de substituição de *donuts* por *marshmallows*, MRS_{dm}. A inclinação da linha orçamental (em valor absoluto) é P_d/P_m. Entretanto, acabamos de demonstrar que, no equilíbrio, as duas inclinações são iguais, ou:

$$MRS_{dm} = \frac{P_d}{P_m} \qquad (A.3)$$

A Equação (A.3) é uma condição necessária para a maximização da utilidade.[4] Ou seja, se a cesta de consumo não está de acordo com a Equação (A.3), Oscar poderia ficar em melhor situação se redistribuísse sua renda entre as duas *commodities*. Intuitivamente, MRS_{dm} é o nível de disposição de Oscar para trocar M por D, enquanto P_d/P_m é o nível em que o mercado permite que Oscar troque M por D. No equilíbrio, esses dois níveis devem ser iguais.

Agora, suponha que o preço dos *marshmallows* caia. A Figura A.15 reproduz o ponto de equilíbrio E_1 da Figura A.14. Como demonstramos anteriormente, quando um preço muda (*ceteris paribus*) a linha de orçamento gira em torno do eixo do bem cujo preço foi alterado. Como P_m cai, a linha orçamental LN gira em torno de N para um ponto mais alto no eixo vertical. A nova linha orçamental é VN. Como Oscar agora tem a linha orçamental VN, E_1 já não é um equilíbrio. A queda em P_m cria novas oportunidades para Oscar, e, como um maximizador de utilidade, ele as aproveita. Especificamente, sujeito à linha orçamental VN, Oscar maximiza a utilidade no ponto E_2, em que consome E_2 *marshmallows* e D_2 *donuts*.

No novo equilíbrio, maiores quantidades tanto de D quanto de M são consumidas do que no velho equilíbrio ($D_2 > D_1$ e $M_2 > M_1$). A diminuição dos preços dos *marshmallows* permite que Oscar compre mais *marshmallows* e ainda tenha dinheiro sobrando para comprar mais *donuts*. Embora isso seja comum, não precisa ser sempre o caso. A mudança depende dos gostos de cada indivíduo. Suponha que Bert enfrente exatamente os mesmos preços que Oscar e também tenha a mesma renda. O mapa de indiferença e as restrições orçamentárias de Bert estão representados na Figura A.16. O consumo de *donuts* de Bert é totalmente inalterado pela queda no preço dos *marshmallows*. Por outro lado, as preferências de Ernie, representadas na Figura A.17, são tais que uma queda em P_m deixa a quantidade

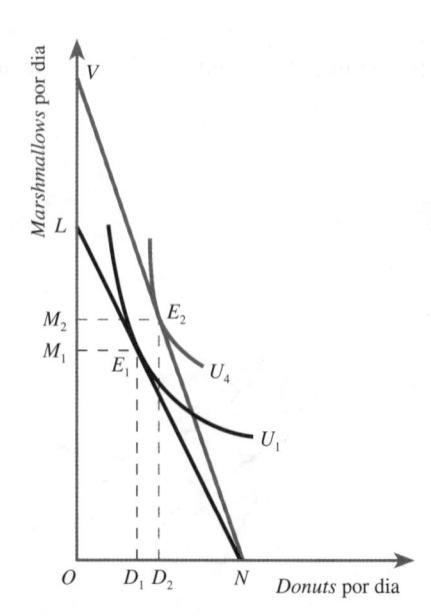

FIGURA A.15 Efeito sobre o equilíbrio de uma mudança nos preços relativos.

---

[4] A equação vale apenas se for consumida alguma quantidade de cada commodity. Se o consumo de determinada commodity é zero, a desigualdade relacionada precisa ser satisfeita.

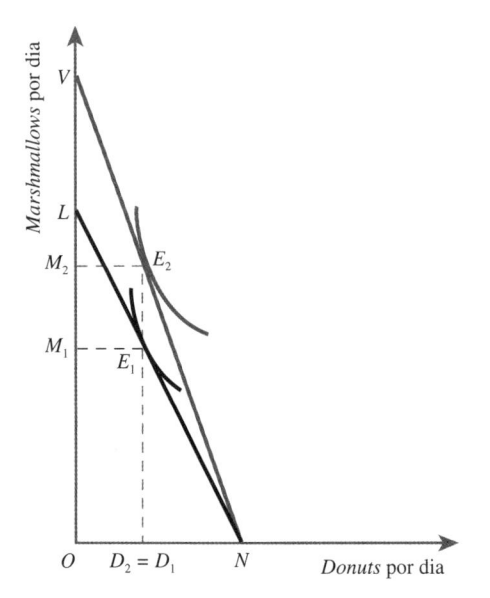

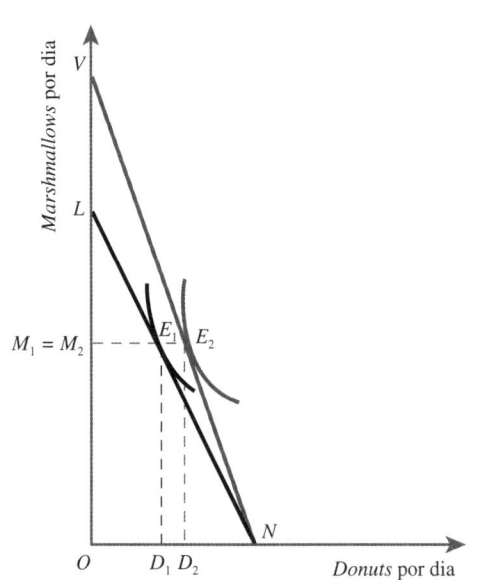

FIGURA A.16 Mudança nos preços relativos sem efeito sobre o consumo de donuts.

FIGURE A.17 Mudança nos preços relativos sem efeito sobre o consumo de *marshmallows*.

de *marshmallows* igual, aumentando apenas a quantidade de *donuts*. Portanto, precisamos de informações sobre o mapa de indiferença do indivíduo para prever exatamente como ele irá reagir a uma mudança nos preços relativos.

De modo mais geral, uma mudança nos preços e/ou na renda leva a uma nova restrição orçamentária. O indivíduo então *reotimiza* – encontra o ponto que maximiza a utilidade sob a nova restrição orçamentária. Isso geralmente envolve a escolha de uma nova cesta de *commodities*, mas, sem informações sobre os gostos do indivíduo, não é possível saber ao certo como será a nova cesta. Sabemos, no entanto, que, se que o indivíduo é um maximizador de utilidade, a nova cesta cumpre a condição de que a taxa de preço seja igual à taxa marginal de substituição.

Derivação de curvas de demanda

Há uma conexão simples entre a teoria da escolha do consumidor e as curvas de demanda individuais. Lembre-se de que, como vimos na Figura A.15, com o preço original dos *marshmallows* – que chamaremos de P_m^1 – Oscar consumia M_1 marshmallows. Quando o preço caiu para P_m^2, Oscar aumentou seu consumo de *marshmallows* para M_2. Este par de pontos pode ser representado graficamente como na Figura A.18.

Repetindo esta experiência para vários preços de *marshmallows*, encontramos a quantidade de *marshmallows* demandados a cada preço, mantendo a renda monetária fixa, o preço de *donuts* e os gostos. Por definição, esta é a curva de demanda por *marshmallows*, mostrada como D_m na Figura A.18. Assim, podemos obter a curva de demanda a partir do mapa de indiferença subjacente.

Efeito de substituição e efeito-renda

A Figura A.19 retrata a situação de Grover, que tem inicialmente a restrição orçamentária WN e maximiza a utilidade no ponto E_1 da curva de indiferença i, no qual consome D_1 donuts. Suponha agora que o preço dos *donuts* aumente. A restrição orçamentária de Grover gira de WN para WZ, e no novo equilíbrio, o ponto E_2 na curva de indiferença ii, ele consome D_2 donuts.

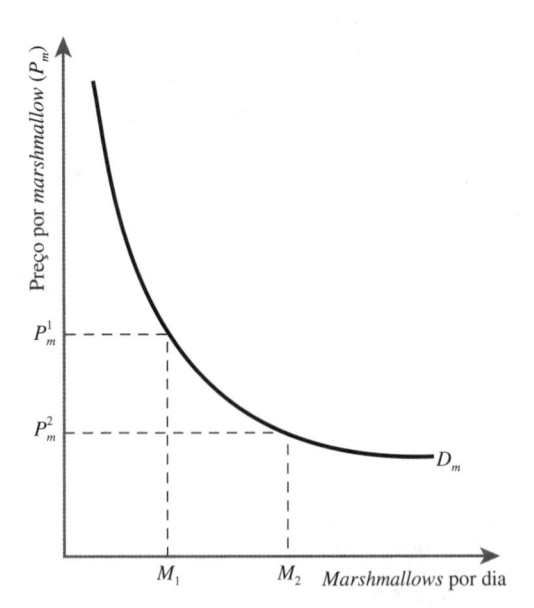

FIGURA A.18 Curva de demanda por *marshmallows* derivada de um mapa de indiferença.

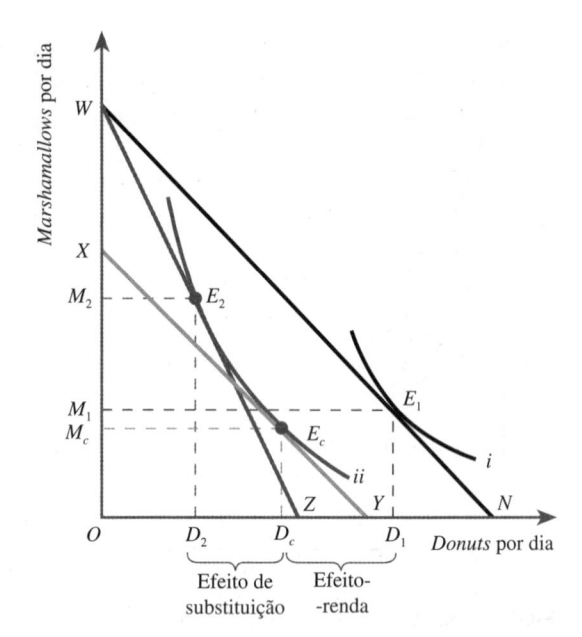

FIGURA A.19 Efeito de substituição e efeito-renda de uma mudança de preço.

Apenas para efeitos hipotéticos, suponha que, no novo equilíbrio E_2, o preço dos *donuts* volte a cair para seu nível inicial, mas que, *ao mesmo tempo*, a renda de Grover seja ajustada para que ele se mantenha na curva de indiferença ii. Se este ajuste hipotético fosse realizado, qual restrição orçamentária Grover enfrentaria? Chamemos isso de restrição orçamentária *XY*. Sabemos que *XY* deve satisfazer duas condições:

- Como Grover se mantém na curva de indiferença *ii*, *XY* deve ser tangente à curva de indiferença *ii*.
- A inclinação (em valor absoluto) deve ser igual à razão do preço original dos *donuts* sobre o preço dos *marshmallows*. Isso se deve à estipulação de que o preço dos *donuts* é igual a seu valor original. Lembre-se, no entanto, que a inclinação de *WN* é a razão entre o preço original dos *donuts* e o preço dos *marshmallows*. Assim, *XY* deve ter a mesma inclinação de *WN*; isto é, deve ser paralela à *WN*.

Na Figura A.19, *XY* é traçada para satisfazer estas duas condições – a linha é paralela a *WN* e é tangente à curva de indiferença *ii*. Se Grover tivesse a restrição *XY*, ele maximizaria a utilidade no ponto E_c, no qual seu consumo de *donuts* é D_c.

Qual o interesse dessa linha orçamental hipotética? Traçar a linha *XY* nos ajuda a dividir o efeito da variação do preço dos *donuts* em dois componentes, o primeiro de E_1 para E_c e o segundo de E_c para E_2.

efeito-renda

Efeito de uma mudança de preço sobre a quantidade demandada exclusivamente em função do fato de que a renda do consumidor mudou.

efeito de substituição

Tendência de um indivíduo a consumir mais de um bem e menos de outro devido a uma diminuição no preço do primeiro em relação ao segundo.

1. O movimento de E_1 para E_c é gerado pelo deslocamento paralelo de *WN* até *XY*. Porém, como vimos na Figura A.12, tais movimentos paralelos estão associados a mudanças na renda, mantendo os preços relativos constantes. Assim, o movimento de E_1 para E_c é essencialmente induzido por uma mudança na renda e é chamado de **efeito-renda** da mudança de preço.

2. O movimento de E_c para E_2 é uma mera consequência da mudança no preço relativo dos *donuts* em comparação com os *marshmallows*. Esse movimento mostra que Grover substitui *marshmallows* por *donuts* quando os *donuts* ficam mais caros. Por isso, o movimento de E_c para E_2 é conhecido como **efeito de substituição**. Como o movimento E_c para E_2 envolve compensação de renda (no sentido de mudar a renda

para permanecer na mesma curva de indiferença), o movimento de E_c para E_2 é chamado às vezes de resposta compensada a mudança de preço. Se quisermos manter a utilidade no nível representado pela curva de indiferença *ii*, medimos o efeito de substituição, nos deslocando ao longo de *ii*. Se, por outro lado, quiséssemos manter a utilidade no nível gozado ao longo da curva de indiferença *i*, poderíamos ter medido o efeito de substituição ao longo da curva de indiferença *i*. Em qualquer caso, a resposta compensada a uma mudança de preço mostra como a mudança de preço afeta a quantidade demandada quando a renda é simultaneamente alterada de modo que o nível de utilidade permaneça constante.

Intuitivamente, quando o preço dos *donuts* aumenta, duas coisas acontecem:

- O aumento do preço reduz a renda real do indivíduo – sua capacidade de pagar por *commodities*. Quando a renda cai, a quantidade comprada geralmente muda, mesmo sem qualquer mudança nos preços relativos. Esse é o chamado efeito-renda.
- O aumento do preço dos *donuts* os torna menos atraentes em relação aos *marshmallows*, induzindo o efeito de substituição.

Qualquer mudança nos preços pode ser dividida em um efeito-renda e um efeito de substituição.

Poderíamos repetir o exercício descrito na Figura A.19 para qualquer mudança no preço dos *marshmallows*. Suponha que, para cada preço, encontramos a quantidade compensada de *donuts* demandada e traçamos o preço no eixo vertical e os *donuts* no eixo horizontal. Esse traçado é a **curva de demanda compensada** dos *donuts*. A curva de demanda comum discutida no início deste apêndice mostra como a quantidade demandada varia de acordo com o preço, mantendo-se o nível de *renda monetária* fixa. Em contraste, a curva de demanda compensada mostra como a quantidade demandada varia com o preço, mantendo-se o nível de *utilidade fixo*.

curva de demanda compensada
Curva de demanda que mostra como a quantidade demandada varia de acordo com preço, mantendo a utilidade constante.

▶ ANÁLISE MARGINAL

Na economia, a palavra **marginal** normalmente significa *adicional* ou *incremental*. Suponha, por exemplo, que o benefício total anual por cidadão de uma estrada de 50 milhas seja de US$ 42 e que o benefício total anual de uma estrada de 51 milhas seja de US$ 43,50. Portanto, o benefício marginal da milha 51 é de US$ 1,50 (US$ 43,50 − US$ 42,00). Da mesma forma, se o custo total anual por pessoa para manter uma estrada de 50 milhas é de US$ 38 e o custo total de uma estrada de 51 milhas é de US$ 40, então o custo marginal da milha 51 é de US$ 2.

marginal
incremental, adicional.

Os economistas prestam muita atenção às quantidades marginais, pois elas normalmente transmitem as informações necessárias para a tomada de decisões racionais. Suponha que o governo esteja decidindo se deve ou não construir a milha 51. A questão fundamental é saber se o benefício *marginal* é pelo menos igual ao custo *marginal*. Em nosso exemplo, o custo marginal é de US$ 2, enquanto o benefício marginal é de apenas US$ 1,50. Será que faz sentido gastar US$ 2 para gerar US$ 1,50 em benefícios? A resposta é não, e a milha extra não deve ser construída. Observe que basear a decisão no total de benefícios e custos teria levado à resposta errada. O custo total por pessoa da estrada de 51 milhas (US$ 40) é menor do que o benefício total (US$ 43,50). Ainda assim, não é sensato construir a milha 51. Uma atividade deve ser empreendida somente caso seu benefício marginal seja pelo menos igual a seu custo marginal.[5]

---

[5] Se o custo marginal de uma ação é somente igual a seu benefício marginal, é indiferente tomar ou não a ação.

TABELA A.1 Lucro total

Toneladas de fertilizantes	Trigo	Milho
0	US$ 0	US$ 0
1	100	325
2	150	385
3	170	415
4	175	435
5	177	441
6	178	444

TABELA A.2 Lucro marginal

Toneladas de fertilizantes	Trigo	Milho
1	US$ 100	US$ 325
2	50	60
3	20	30
4	5	20
5	2	6
6	1	3

Outro exemplo de análise marginal: o fazendeiro McGregor tem dois campos. O primeiro tem uma plantação de trigo e o segundo tem milho. McGregor tem sete toneladas de fertilizantes para distribuir entre os dois campos e quer alocar o fertilizante de modo que seus lucros totais sejam tão grandes quanto possível. A relação entre a quantidade de fertilizante e a rentabilidade *total* para cada cultura é descrita na Tabela A.1. Por exemplo, se seis toneladas de fertilizantes fossem dedicadas ao trigo e uma tonelada ao milho, o lucro total seria de US$ 503 (= US$ 178 + US$ 325).

Para encontrar a alocação ótima de fertilizantes entre os campos, ajuda calcular a contribuição marginal de cada tonelada de fertilizante para os lucros obtidos. A primeira tonelada no campo de trigo aumenta os lucros de US$ 0 para US$ 100, de modo que a contribuição marginal é de US$ 100. A segunda tonelada aumenta lucros de US$ 100 para US$ 150 e, portanto, sua contribuição marginal é de US$ 50. O conjunto completo de cálculos para ambas as culturas é registrado na Tabela A.2.

Suponha que McGregor coloca duas toneladas de fertilizante no campo de trigo e cinco toneladas no milharal. Ele está maximizando os lucros? Para responder a essa pergunta, devemos determinar se qualquer outra distribuição levaria a lucros totais maiores. Suponha que uma tonelada de adubo fosse removida do campo de milho e dedicada ao trigo. Remover o fertilizante do campo de milho reduz os lucros dessa cultura em US$ 6. Ao mesmo tempo, porém, os lucros provenientes do campo de trigo têm um aumento de US$ 20 (o lucro marginal associado à terceiro tonelada de fertilizante no campo de trigo). O fazendeiro McGregor ficaria, portanto, US$ 14 mais rico no total. Claramente, não é sensato para McGregor colocar duas toneladas de fertilizantes no campo de trigo e cinco toneladas no milho, pois ele pode ganhar mais (US$ 14) com três toneladas dedicadas ao trigo e quatro ao milho.

Este alocação é ótima? Para responder, observe que, com essa alocação, o lucro marginal dos fertilizantes em cada campo é igual a US$ 20. Quando a rentabilidade marginal dos fertilizantes é a mesma nos dois campos, *não há maneira* de redistribuir o fertilizante entre os campos para aumentar o lucro total. Em outras palavras, os lucros totais são maximizados quando os lucros marginais de ambos os campos são iguais. Se você não acredita, tente encontrar uma alocação de sete toneladas de fertilizantes que leve a um lucro total superior aos US$ 605 (US$ 170 + US$ 435) associados com a alocação em que os lucros marginais são iguais.

Em geral, se os recursos são distribuídos em diversas atividades, a maximização dos retornos totais exige que os retornos marginais de cada atividade sejam iguais.[6]

▶ EXCEDENTE DO CONSUMIDOR E DO PRODUTOR

Nosso modelo de oferta e demanda diz como os preços mudam em resposta a mudanças no ambiente econômico subjacente. Muitas vezes, é útil poder determinar um valor em

---

[6] Mais precisamente, este resultado exige que os retornos marginais estejam diminuindo, como estão na Tabela A.2. Na maioria dos casos, trata-se de uma suposição razoável.

dólares para como essas mudanças de preços afetam o bem-estar das pessoas. Suponha, por exemplo, que, inicialmente, o preço das maçãs é de US$ 0,40 por maçã, mas depois cai para US$ 0,25. Claramente, os consumidores e maçãs ficam em melhor situação por causa da mudança. Mas o quanto a situação deles melhora? O excedente do consumidor é uma ferramenta para obter uma medida em dólares.

Excedente do consumidor

Para começar nossa discussão sobre o excedente do consumidor, considere a curva de demanda por maçãs, D_a, representada na Figura A.20. Presuma que os consumidores podem obter todas as maçãs que demandarem ao preço de mercado corrente de US$ 0,40. Assim, a curva de oferta para as maçãs, S_a, é uma linha horizontal nesse preço. De acordo com o diagrama, a quantidade demandada associada é de 65 toneladas.

Suponha agora que mais terras passam a ser utilizadas para produzir maçãs e, portanto, a curva de oferta se desloca para S'_a. No novo equilíbrio, o preço cai para US$ 0,25 e o consumo de maçãs aumenta para 100 toneladas. O quanto melhora a situação dos consumidores? Outra forma de fazer essa pergunta é: "Quanto os consumidores estariam dispostos a pagar pelo privilégio de consumir 100 toneladas de maçãs ao preço de US$ 0,25, em vez de 65 toneladas por US$ 0,40?"

Para dar uma resposta, comece por recordar que a curva de demanda mostra o valor *máximo* que os indivíduos *estariam* dispostos a pagar por maçã consumida. Considere uma quantidade arbitrária de maçãs, por exemplo, 20 toneladas. O máximo que as pessoas estariam dispostas a pagar pela vigésima tonelada é a distância vertical até a curva de demanda, US$ 0,62. Inicialmente, os consumidores de fato tinham de pagar apenas US$ 0,40 por maçã. Em certo sentido, então, ao comprarem a vigésima tonelada, os consumidores tinham um excedente de US$ 0,22. O valor em que a soma que os indivíduos estariam *dispostos* a pagar excede a soma que eles realmente precisam pagar é chamado de **excedente do consumidor**.

Naturalmente, o mesmo exercício poderia ser repetido para qualquer quantidade, não apenas 20 toneladas. Quando o preço é de US$ 0,40 por maçã, o excedente do consumidor em cada nível de produção é igual à distância entre a curva de demanda e a linha horizontal em US$ 0,40. Somando os excedentes para cada maçã comprada, descobrimos que o excedente total do consumidor quando o preço é de US$ 0,40 é a área ehd. De modo mais geral,

excedente do consumidor

Valor pelo qual a disposição dos consumidores a pagar por uma mercadoria excede a soma que realmente têm de pagar.

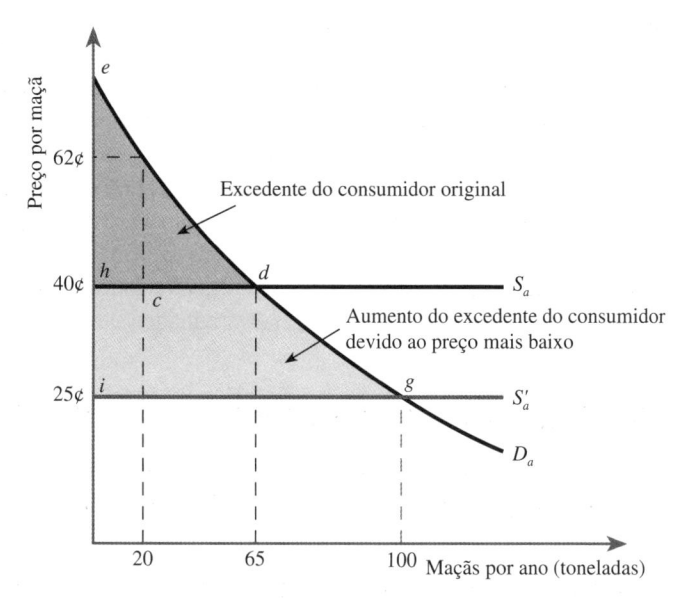

FIGURA A.20 Medindo o excedente do consumidor.

o excedente do consumidor é medido pela área sob a curva de demanda e acima da linha horizontal no preço de mercado.

Quando o preço cai para US$ 0,25, o excedente do consumidor ainda é a área sob a curva de demanda e acima da linha horizontal no preço corrente; como o preço agora é de US$ 0,25, a área em questão é *eig*. O excedente do consumidor aumenta, portanto, a diferença entre as áreas *eig* e *ehd* – a área *higd*. Assim, a área atrás da curva de demanda entre os dois preços mede o valor para os consumidores de poder comprar maçãs pelo preço mais baixo.

Para implementar este procedimento para um problema do mundo real, um pesquisador precisa conhecer a forma da curva de demanda. Geralmente, esta pode ser obtida utilizando uma ou mais das ferramentas de análise positiva discutidas no Capítulo 2. Assim, o excedente do consumidor é uma ferramenta muito prática para medir as mudanças no bem-estar induzidas por mudanças no ambiente econômico.

Uma ressalva pode ser importante em algumas circunstâncias: a área sob a curva de demanda ordinária fornece apenas uma aproximação ao verdadeiro valor da mudança no bem-estar do consumidor. Isso porque, conforme muda o preço, mudam também as rendas reais das pessoas, e isso pode mudar o valor que elas atribuem a incrementos em sua renda (a utilidade marginal da renda). No entanto, Willig [1976] mostrou que medir o excedente do consumidor usando a área sob a curva de demanda ordinária é provavelmente uma boa aproximação na maioria dos casos, e esta abordagem é amplamente utilizada em estudos aplicados.[7]

Excedente do produtor

excedente do produtor
Valor que os produtores recebem em pagamento que excede o que seria necessário para fornecer determinada quantidade de uma *commodity*.

Em analogia com o **excedente do consumidor**, podemos definir o excedente do produtor como a quantidade de renda que os indivíduos recebem além do que seria necessário para suprir determinado número de unidades de um fator. Para medir o excedente do produtor, considere a curva de oferta de trabalho de Jacob (*S*), que é representada na Figura A.21. Cada ponto na curva de oferta de trabalho mostra a taxa salarial necessária para convencer Jacob a fornecer o número de horas de trabalho associado. Assim, a distância entre qualquer ponto na curva de oferta de trabalho e a taxa salarial é a diferença entre o pagamento mínimo que Jacob precisa receber pela hora de trabalho e o valor que ele realmente recebe

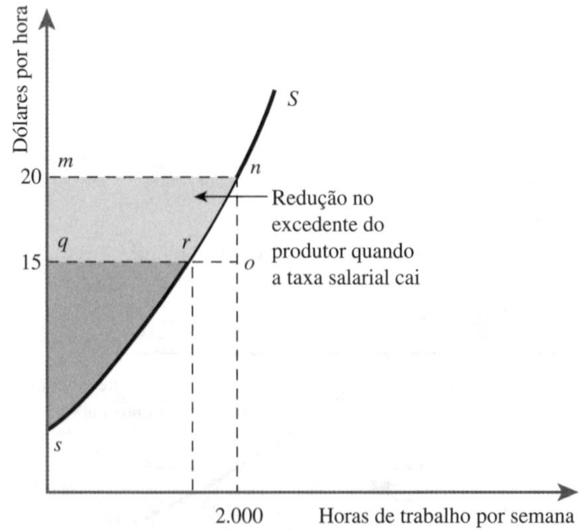

FIGURA A.21 Medindo o excedente do produtor.

---

[7] Como alternativa, pode-se calcular as mudanças no bem-estar utilizando as áreas sob a *curva de demanda compensada*, que já foi definida neste apêndice.

(a taxa salarial). Assim, *a área acima da curva de oferta e abaixo da taxa salarial é o excedente do produtor.*

Para entender melhor o excedente do produtor, imagine que inicialmente Jacob trabalhe 2.000 horas por ano, com um salário de US$ 20 por hora, mas que, depois, seu salário caia para US$ 15 por hora. O quanto ele é prejudicado? Uma resposta possível é: "Ele estava trabalhando 2.000 horas e agora está ganhando US$ 5 a menos por hora, então ele foi prejudicado em US$ 10.000". Isso corresponde à área *mqon* na Figura A.21. No entanto, a análise do excedente do produtor nos diz que esta resposta não está correta. Antes do corte salarial, o excedente de Jacob é a área *msn*. Quando o salário cai para US$ 15, seu excedente cai para *qsr*. Assim, a perda de Jacob em função do corte salarial é a área *mqrn*. Isso é menos do que a resposta ingênua de *mqon*. Intuitivamente, a resposta ingênua exagera a perda de bem-estar, porque ignora o fato de que, quando o salário de uma pessoa cai, ela pode substituir lazer por consumo. Embora o aumento do consumo de lazer certamente não compense totalmente a diminuição dos salários, ele tem algum valor.

Glossário

Adição horizontal Processo de criar uma curva de demanda do mercado por meio da adição das quantidades demandas por cada indivíduo a cada preço.

Adição vertical Processo de criar uma curva de demanda agregada para um bem público por meio da adição dos preços que cada indivíduo está disposto a pagar por uma dada quantidade do bem.

Ajuda a famílias com crianças dependentes (AFDC – Aid to Families with Dependent Childrenren) Programa de transferência de renda em vigor de 1935 a 1996. Qualquer pessoa cuja renda fosse inferior a determinado nível e cumprisse com outras condições tinha direito a um benefício em dinheiro indefinidamente.

Ajuste da faixa de tributação Quando o aumento na renda nominal de um indivíduo o coloca em uma faixa de imposto mais elevada, apesar do fato de sua renda real manter-se inalterada. *Veja também* indexação de impostos.

Análise de custo-benefício Conjunto de procedimentos baseados na economia do bem-estar para orientar as decisões da despesa pública.

Análise de custo-eficácia Comparação dos custos das várias alternativas que obtêm benefícios semelhantes para determinar qual delas é a mais barata.

Análise de diferença em diferença Uma análise que compara as mudanças ao longo do tempo em um resultado do grupo de tratamento com as mudanças ao longo do mesmo período no resultado do grupo de controle.

Análise de equilíbrio geral Estudo de como os vários mercados estão interligados.

Análise de regressão de descontinuidade Análise que se baseia em um rigoroso critério de corte para elegibilidade à intervenção em estudo, a fim de se aproximar de um projeto experimental.

Análise de variáveis intrumentais Análise baseada em encontrar alguma variável que afete a entrada no grupo de tratamento, mas que não esteja propriamente correlacionada com a variável de resultado.

Anuidade Plano de seguro que cobra um prêmio e, posteriormente, paga uma soma em dinheiro em alguns intervalos regulares durante o tempo que o segurado vive.

Assistência Temporária para Famílias Carentes (TANF, Temporary Assistance for Needy Families) Programa de bem-estar promulgado em 1996, pelo qual pagamentos aos beneficiários estão disponíveis apenas em caráter temporário e provisório.

Aversão ao risco Preferência por pagar mais do que o prêmio atuarialmente justo para garantir a compensação em caso de um evento adverso.

Bem de mérito Uma *commodity* que deve ser fornecida ainda que não haja demanda por parte das pessoas.

Bem inferior Bem cuja demanda diminui à medida que aumenta a renda.

Bem normal Um bem cuja demanda aumenta à medida que a renda aumenta e cuja demanda diminui à medida que a renda diminui, permanecendo outros fatores inalterados.

Bem público impuro Um bem que é rival e/ou excludente até certo ponto.

Bem público local Bem público que beneficia apenas os membros de uma determinada comunidade.

Bem público puro *Commodity* cujo consumo é não rival e não excludente.

Bens privados *Commodity* cujo consumo é rival e excludente.

Bens públicos Um bem que é não rival e não excludente no consumo.

Bens públicos fornecidos publicamente *Commodities* rivais e excludentes que são fornecidas por governos.

Bitributação Tributar o rendimento das corporações primeiramente no nível corporativo e novamente quando é distribuído aos acionistas.

Caixa de Edgeworth Dispositivo usado para retratar a distribuição de bens em um cenário com dois bens e duas pessoas.

Cap-and-trade Política de concessão de licenças para poluir. O número de licenças é estabelecido no nível de poluição desejado, e os poluidores podem negociar as licenças.

Capital humano Investimentos que indivíduos fazem em educação, formação e saúde que aumentam sua capacidade produtiva.

Capital intensivo Indústria em que a relação entre os insumos de capital e de trabalho é relativamente alta.

Capitalização Processo pelo qual uma série de obrigações tributárias é incorporada ao preço de um ativo.

Carga tributária Diferença induzida pelo imposto entre o preço pago pelos consumidores e o preço recebido pelos produtores.

Cartel Arranjo sob o qual fornecedores se reúnem para restringir a produção e aumentar os preços.

Casamento neutro Obrigações fiscais dos indivíduos que são independentes do seu estado civil.

Ciclo Quando a votação emparelhada da maioria em mais de duas possibilidades segue indefinidamente, sem que uma conclusão seja alcançada.

Clube Associação voluntária de pessoas que se unem para financiar e compartilhar algum tipo de benefício.

Coeficiente de experiência Prática de cobrar diferentes prêmios de seguros com base no risco existente dos compradores de seguros.

Community rating (avaliação da comunidade) Prática de cobrar prêmios de seguro uniformes de pessoas em diferentes categorias de risco dentro de uma comunidade, tendo como resultado o fato de que as pessoas de baixo risco subsidiam as pessoas de alto risco.

Compensação total da perda Permitir que os indivíduos deduzam do lucro tributável todas as perdas sobre bens de capital.

Complementos Dois bens são complementos se um aumento no preço de um bem leva à diminuição do consumo do outro bem.

Comprovante Escola Cupom dado a uma família para ajudar a pagar a taxa de matrícula em qualquer escola de qualidade. A escola troca o cupom por dinheiro.

Conta individual de aposentadoria (IRA - Individual Retirement Account) Para indivíduos qualificados, uma conta de poupança em que as contribuições são dedutíveis e os juros são isentos de impostos, desde que os fundos sejam mantidos até a aposentadoria. Na retirada, as contribuições e os juros acumulados estão sujeitos ao imposto.

Conta-poupança de educação Veículo de poupança com tratamento fiscal preferencial. As contribuições não são dedutíveis, mas os fundos acumulados são livres de impostos. Os fundos podem ser retirados para pagamento das despesas de ensino superior de um filho.

Contabilidade geracional Método para medir as consequências da política fiscal do governo que leva em conta o valor presente de todos os impostos e benefícios recebidos pelos membros de cada geração.

Contas dissociadas Contas pessoais que são financiadas pelo redirecionamento de receitas de impostos sobre os salários do sistema previdenciário tradicional.

Contas pessoais Contas de poupança da aposentadoria geridas pelas pessoas como parte de um plano de privatização da Previdência Social. Também são conhecidas como "contas individuais" ou "contas de poupança pessoal."

Contas suplementares Contas pessoais que são financiadas com recursos dos trabalhadores e não por dinheiro retirado de impostos sobre salários.

Contrafactual O resultado para as pessoas no grupo de tratamento se não tivessem sido tratadas.

Copagamento Valor fixo pago pelo segurado por um serviço médico.

Corporação Forma de organização empresarial autorizada pelo Estado, geralmente com responsabilidade limitada para os acionistas (proprietários) e estatuto jurídico independente.

Correlação Uma medida de até que ponto dois eventos andam juntos.

Cosseguro Percentual do custo de um serviço médico que o segurado deve pagar.

Crédito fiscal Subtração da responsabilidade fiscal (em oposição a subtração da renda tributável).

Crédito fiscal dos rendimentos auferidos (EITC) Crédito fiscal para pessoas de baixa renda.

Crédito fiscal para investimento (ITC - investment tax credit) Redução da responsabilidade fiscal igual a uma parte do preço de compra de um ativo.

Critério de Hicks-Kaldor Um projeto deve ser realizado se tem valor presente líquido positivo, independentemente das consequências distributivas.

Critério maximin O bem-estar social depende da utilidade do indivíduo que tem a utilidade mínima na sociedade.

Critérios de valor presente Regras para avaliação de projetos, afirmando que (1) apenas os projetos com valor presente líquido positivo devem ser realizados; e (2) de dois projetos mutuamente excludentes, o projeto preferido será aquele com o maior valor presente líquido.

Crowding-out Quando o fornecimento público de um bem leva a uma redução no fornecimento privado do bem.

Curva da demanda Relação entre o preço de um bem e a quantidade demandada, *ceteris paribus*.

Curva de contrato O local de todos os pontos com eficiência de Pareto.

Curva de demanda Gráfico da tabela de demanda.

Curva de demanda compensada Curva de demanda que mostra como a quantidade demandada varia de acordo com preço, mantendo a utilidade constante.

Curva de indiferença *Locus* da cesta de consumo que produz a mesma utilidade total.

Curva de Laffer Gráfico da relação alíquota de imposto-receita fiscal.

Curva de possibilidades de produção Um gráfico que mostra a quantidade máxima que pode ser produzida de determinado produto, dada a quantidade do outro produto.

Curva de possibilidades de utilidade Gráfico que mostra a quantidade máxima da utilidade de uma pessoa, considerando cada nível de utilidade atingido pela outra pessoa.

Custo de utilização do capital O custo de oportunidade para uma empresa de possuir um porção de capital.

Custo efetivo Política que atinge determinado resultado com o mais baixo custo possível.

Custo marginal O custo adicional de produzir mais uma unidade de produto.

Dados de série temporal Dados que contêm informações sobre uma entidade em diferentes momentos.

Dados em painel Dados que contêm informações sobre entidades individuais em diferentes momentos.

Dados transversais Dados que contêm informações sobre as entidades em um momento específico.

Dedução padrão Subtração de uma quantidade fixa da renda bruta ajustada que não necessita de documentação.

Deduções Certas despesas que podem ser subtraídas da renda bruta ajustada na apuração do lucro tributável.

Deduções detalhadas Tipo específico de despesa que pode ser subtraído do rendimento bruto ajustado na apuração do lucro real.

Dedutível Valor fixo das despesas que devem ser realizadas dentro de um ano antes que o segurado tenha direito a receber os benefícios do seguro.

Déficit Excesso de despesas acima das receitas durante um período.

Déficit dentro do orçamento Déficit resultante de despesas e receitas no orçamento.

Déficit fora do orçamento Déficit resultante de despesas e receitas fora do orçamento.

Definição da regra de equidade horizontal As regras que regem a seleção de impostos são mais importantes para julgar a justiça do que os próprios resultados.

Definição de utilidade da equidade horizontal Um método para classificar as pessoas de "posições iguais" em termos de seus níveis de utilidade.

Definição do rendimento de Haig-Simons (H-S) Valor em dinheiro do aumento líquido na capacidade de um indivíduo para consumir durante um período.

Depreciação acelerada Permissão para que empresas recebam descontos de depreciação mais rapidamente que a depreciação econômica verdadeira.

Depreciação econômica A medida em que um ativo diminui de valor durante um período de tempo.

Deslocamento da carga fiscal Diferença entre a incidência legal e a incidência econômica.

Diminuição da taxa marginal de substituição A taxa marginal de substituição cai à medida que descemos ao longo de uma curva de indiferença.

Discriminação de preços perfeita Quando um produtor cobra de cada pessoa o máximo que essa pessoa está disposta a pagar por um bem.

Distribuição funcional da renda Modo como a renda é distribuída entre as pessoas quando elas são classificadas de acordo com os insumos que fornecem ao processo de produção (por exemplo, proprietários, capitalistas, trabalhadores).

Dívida Montante total devido em determinado momento; a soma de todos os déficits passados.

Dívida externa Valor que um governo deve para estrangeiros.

Dívida interna Valor que um governo deve para seus próprios cidadãos.

Divisão de renda Usar metade da renda familiar para determinar o lucro tributável de cada membro da família, independentemente de quem seja a renda.

Dotação de tempo Número máximo de horas que um indivíduo pode trabalhar durante um determinado período.

Econometrics Ferramentas estatísticas para analisar dados econômicos.

Economia do bem-estar Ramo da teoria econômica que estuda se estados econômicos alternativos são desejáveis.

Economia do setor público *Ver* finanças públicas.

Economia política Campo que aplica princípios econômicos à análise da tomada de decisão política.

Economia pública *Ver* finanças públicas.

Economia subterrânea Atividades econômicas que são ilegais ou legais, mas escondidas das autoridades fiscais.

Efeito aposentadoria Na medida em que a Previdência Social induz as pessoas a se aposentarem mais cedo, elas podem poupar mais, a fim de financiar a aposentadoria por mais tempo.

Efeito clientela As empresas estruturam suas políticas financeiras para atender às necessidades das diferentes clientelas. Aqueles com baixos pagamentos de dividendos atraem acionistas com elevadas taxas marginais de imposto, e vice-versa.

Efeito de duplo dividendo Usar os recursos de um imposto Pigouviano para reduzir alíquotas de impostos ineficientes.

Efeito de interação do imposto Aumento do encargo excessivo no mercado de trabalho decorrente da redução dos salários reais causada por um imposto Pigouviano.

Efeito de lock-in Desincentivo para mudar portfólios que surge porque um indivíduo incorre em um imposto sobre ganhos de capital realizados.

Efeito de substituição Tendência de um indivíduo a consumir mais de um bem e menos de outro devido a uma diminuição no preço do primeiro em relação ao segundo.

Efeito flypaper Um dólar recebido pela comunidade, sob a forma de subvenção para seus resultados de governo em maior gasto público que um dólar de aumento na renda da comunidade.

Efeito legado Teoria de que as pessoas podem economizar mais para financiar um legado maior para os filhos, a fim de compensar a redistribuição intergeracional de renda promovida pela Previdência Social.

Efeito renda Efeito de uma mudança de preço sobre a quantidade demandada exclusivamente em função do fato de que a renda do consumidor mudou.

Efeito substituição de riqueza Deslocamento da poupança privada, devido à existência da Previdência Social.

Eficiência de Pareto Uma alocação de recursos em que nenhuma pessoa pode ter sua situação melhorada sem que outra pessoa seja prejudicada.

Elasticidade da substituição Medida da facilidade em que um fator de produção pode ser substituído por outro.

Elasticidade de preço da demanda Valor absoluto da variação percentual na quantidade demandada dividido pela variação percentual no preço.

Elasticidade de preço da oferta Valor absoluto da variação percentual na quantidade ofertada dividido pela variação percentual no preço.

Eleitor mediano Eleitor cujas preferências ficam no meio do conjunto de preferências de todos os eleitores; metade dos eleitores quer mais do item selecionado e metade quer menos.

Elisão fiscal Mudar o comportamento de modo a reduzir sua responsabilidade fiscal legal.

Encargo excessivo Perda de bem-estar acima e além dos impostos recolhidos. Também chamado de custo do bem-estar ou peso morto.

Equidade de transição Equidade na mudança de regimes fiscais.

Equidade horizontal Pessoas em posições iguais devem ser tratadas igualmente.

Equidade vertical Distribuir a carga tributária de maneira justa entre pessoas com diferentes capacidades de pagar.

Equilíbrio Situação que tende a ser mantida a menos que haja uma mudança de base no sistema.

Equivalentes de certeza Valor de um projeto incerto medido em termos da quantidade de determinados rendimentos de que um indivíduo estaria disposto a desistir pelo conjunto de resultados incertos gerados pelo projeto.

Erro padrão Medida estatística de quanto um coeficiente de regressão estimado pode variar em relação a seu verdadeiro valor.

Escolas autônomas Escolas públicas que operam sob regimes autônomos especiais do governo do Estado. Dentro dos limites estabelecidos por seus estatutos, essas escolas podem experimentar diversas abordagens de educação e ter alguma independência para realizer gastos e tomar decisões de contratação.

Estimativa tendenciosa Uma estimativa que funde o impacto causal verdadeiro com o impacto de fatores externos.

Estudo experimental Estudo empírico em que os indivíduos são distribuídos aleatoriamente nos grupos de tratamento e controle.

Estudo observacional Estudo empírico baseado em dados observados que não são obtidos a partir de um ambiente experimental.

Estudo quase-experimental Estudo observacional que depende de circunstâncias fora do controle do pesquisador para reproduzir a distribuição aleatória.

Evasão fiscal Não pagar impostos legalmente devidos.

Excedente do consumidor Valor pelo qual a disposição dos consumidores em pagar por uma mercadoria excede a soma que eles realmente têm de pagar.

Excedente do produtor Quantidade que os produtores recebem em pagamento em excesso do que seria necessário para fornecer uma determinada quantidade de uma mercadoria.

Expensing Dedução de todo o valor de um ativo na apuração do lucro real.

Externalidades Custo ou benefício que ocorre quando a atividade de uma entidade afeta diretamente o bem-estar de outra de uma maneira que está fora do mecanismo de mercado.

Fator de desconto Número pelo qual uma quantia da renda futura deve ser dividida para calcular o seu valor presente. Se a taxa de juros for r e a renda for T períodos recebíveis no futuro, o fator de desconto é $(1 + r)^T$.

Federalismo fiscal Campo que examina as funções realizadas pelos diferentes níveis de governo e como os diferentes níveis de governo interagem uns com os outros.

Finanças funcionais Usar a política fiscal para manter a demanda agregada no nível desejado, independentemente do impacto sobre o déficit.

Finanças públicas Campo da economia que analisa tributação e gastos do governo.

Fluxo de caixa Diferença entre receitas e despesas.

Free rider Incentivo para deixar outras pessoas pagarem por um bem público enquanto você aproveita os benefícios.

Função aditiva de bem-estar social Equação que define bem-estar social como a soma das utilidades dos indivíduos.

Função social de bem-estar Uma função que reflete os pontos de vista da sociedade sobre como as utilidades de seus membros afetam o bem-estar da sociedade como um todo.

Função utilitarista de bem-estar social Equação que diz que o bem-estar social depende das utilidades dos indivíduos.

Fundo fiduciário da Previdência Social Fundo em que os excedentes da Previdência Social são acumulados para fins de pagamento de benefícios no futuro.

Fundo fiduciário de seguro *Trust* que é o proprietário legal de uma apólice de seguro de vida. Permite que os beneficiários da apólice evitem o imposto de propriedade.

Ganho (perda) de capital Aumento (redução) no valor de um ativo.

Ganho de capital não realizado Ganho de capital em um ativo ainda não vendido.

Ganho de capital realizado Ganho de capital resultante da venda de um ativo.

Grupo de controle O grupo de indivíduos de comparação que não estão sujeitos à intervenção em estudo.

Grupo de tratamento O grupo de indivíduos que estão sujeitos à intervenção em estudo.

Grupos ligados a diagnóstico Sistema de classificação utilizado para determinar os pagamentos de compensação prospectiva no programa de seguro hospitalar do Medicare.

Herança bruta Todos os bens de propriedade do falecido no momento da morte.

Herança tributável Herança bruta menos deduções dos custos de liquidação da herança, dívidas pendentes do espólio e contribuições de caridade.

Hipótese de crowding-out Empréstimos tomados pelo governo diminuem o investimento privado, elevando a taxa de juros de mercado.

Hot spots Áreas com concentrações relativamente altas de emissões.

Idade normal de aposentadoria Idade em que um indivíduo se qualifica para receber os benefícios integrais da aposentadoria pela Previdência Social. Historicamente, era de 65, mas agora está sendo gradualmente aumentada para 67.

Igualitarismo de *commodity* A ideia de que algumas *commodities* devem ser disponibilizadas para todos.

Imposto *ad valorem* Imposto calculado como uma porcentagem do valor da compra.

Imposto de herança Imposto que incide sobre as aquisições totais da vida de um indivíduo a partir de sucessões e doações.

Imposto de montante fixo Imposto cujo valor é independente do comportamento do indivíduo.

Imposto de patrimônio líquido pessoal Imposto com base na diferença entre o valor de mercado de todos os ativos e passivos do contribuinte.

Imposto de renda fixa Tabela de imposto para a qual a alíquota de imposto marginal é constante para todas as rendas.

Imposto de transferência unificada Imposto em que os montantes transferidos como doações e legados são considerados em conjunto.

Imposto diferencial sobre *commodities* *Ver* imposto especial.

Imposto especial Imposto que incide sobre a compra de determinada *commodity*.

Imposto geral sobre vendas Imposto cobrado com a mesma taxa sobre a compra de todas as *commodities*.

Imposto mínimo alternativo (AMT – Alternative minimum tax) Responsabilidade fiscal calculada por um conjunto alternativo de regras destinadas a forçar os indivíduos com renda prioritária substancial a incorrer em pelo menos alguma responsabilidade fiscal.

Imposto parcial sobre fator de produção Imposto cobrado sobre um insumo somente em alguns de seus usos.

Imposto Pigouviano Imposto cobrado sobre cada unidade de produto de um gerador de externalidade, em valor igual ao dano marginal no nível eficiente de produção.

Imposto seletivo sobre vendas *Ver* imposto especial.

Imposto sobre o valor agregado (IVA) Imposto percentual sobre o valor agregado em cada fase da produção.

imposto unitário Imposto cobrado como quantia fixa por unidade de *commodity* comprada.

Incidência de despesas Impacto das despesas públicas sobre a distribuição da renda real.

Incidência econômica Mudança na distribuição de renda real induzida por um imposto.

Incidência legal Indica quem é legalmente responsável por um imposto.

Inconsistência temporal da política ótima Quando o governo não pode implementar uma política fiscal ótima porque a política é incompatível com os incentivos do governo ao longo do tempo e os contribuintes percebem esse fato.

Independência das alternativas irrelevantes A classificação da sociedade de dois projetos diferentes depende apenas das classificações dos indivíduos desses dois projetos, não depende de como indivíduos classificam os projetos relativamente a outras alternativas.

Indexação fiscal Ajuste automático da tabela de impostos para compensar a inflação de modo que a carga tributária real de uma pessoa seja independente da inflação.

Informação assimétrica Situação em que uma parte envolvida em uma transação econômica tem melhores informações sobre o bem ou serviço negociado que a outra parte.

Integração plena *Ver* método parceria.

Interrupções de operações Transferências para os indivíduos com base no excesso de pagamentos de impostos sobre propriedades residenciais sobre uma parte específica da renda.

Isenções Ao calcular o lucro tributável, uma quantidade por membro da família que pode ser deduzida de renda bruta ajustada.

Itens fora do orçamento Gastos e receitas federais que são excluídos por lei dos números totais do orçamento.

IVA de Consumo Os investimentos de capital são subtraídos das vendas no cálculo do valor agregado.

Job lock Tendência de que os trabalhadores permaneçam em seus empregos a fim de manter a cobertura de seguro de saúde fornecida pelo empregador.

Leis de zoneamento de exclusão Estatutos que proíbem certos usos da terra.

Linha de pobreza Nível fixo de renda real considerado suficiente para fornecer um padrão de vida minimamente adequado.

Linha de regressão Linha que fornece o melhor ajuste passando por uma dispersão de pontos de dados.

Linha do orçamento *Ver* orçamentária inicial

Lucro econômico Retorno aos proprietários de uma empresa acima dos custos de oportunidade de todos os fatores utilizados na produção. Também chamado de lucro supranormal ou excessivo.

Managed care Qualquer de uma série de acordos de atendimento de saúde em que os preços são mantidos baixos pelo controle dos serviços e dos preços praticados pelo lado da oferta.

Manipulação de pauta Processo de organizar a ordem em que são dados os votos a fim de garantir um resultado favorável.

Mapa de indiferença Coleção de todas as curvas de indiferença.

Marginal Incremental, adicional.

Medicaid Programa de seguro de saúde financiado pela federação e pelo Estado para os pobres.

Medicare Programa financiado pelo governo federal que fornece seguro de saúde para pessoas com idade acima de 65 anos e para portadores de deficiência.

Medicina da parte plana da curva A noção de que, em determinado ponto, os ganhos adicionais de saúde por gastar mais com cuidados de saúde são relativamente limitados.

Melhoria de Pareto Realocação de recursos que melhora a situação de ao menos uma pessoa sem prejudicar as outras.

Método de fatura Cada empresa é responsável pelos impostos sobre as vendas totais, mas pode reivindicar os impostos já pagos por fornecedores como crédito a ser abatido de seu passivo fiscal, desde que o pagamento do tributo seja confirmado por faturas de fornecedores.

Método parceria Cada acionista incorre em responsabilidade fiscal sobre a sua parte dos lucros da corporação, sejam ou não os lucros distribuídos.

Modelo de ciclo de vida Teoria de que as decisões sobre consumo e poupança dos indivíduos durante um determinado ano são baseadas em um processo de planejamento que considera as circunstâncias da vida.

Modelo de gerações sobrepostas Modelo que leva em conta o fato de que várias gerações diferentes coexistem simultaneamente.

Modelos de equilíbrio parcial Modelos que estudam apenas um mercado e ignoram os efeitos eventuais em outros.

Monopólio Um mercado com apenas um vendedor de um bem.

Monopólio natural Situação em que fatores inerentes ao processo de produção fazem com que uma única empresa forneça toda a produção do setor.

Orçamento regulatório Declaração anual dos custos impostos à economia por regulamentações governamentais. (Atualmente, o governo não publica tal orçamento.)

Orçamento unificado Documento que inclui todas as receitas e despesas do governo federal.

Organização de Manutenção da Saúde Organização que oferece assistência integral à saúde a partir de uma rede estabelecida de fornecedores, muitas vezes usando reembolso baseado em capitação.

Organização Prestadora de Serviços Preferenciais Organização que dá incentivos aos inscritos para obterem serviços de saúde de uma rede específica de fornecedores.

Padrão de desempenho Regulamentação de comando e controle que estabelece uma meta de emissões para cada poluidor individual e permite alguma flexibilidade para cumprir a meta.

Padrão de tecnologia Tipo de regulamentação de comando e controle que exige que empresas usem uma tecnologia específica para reduzir sua poluição.

Pagamento de terceiros Pagamento por serviços feito por alguém que não o consumidor.

Paradoxo de votação Com a votação da maioria, as preferências da comunidade podem ser inconsistentes, mesmo que as preferências de cada indivíduo sejam coerentes.

Partilha de receitas Subvenção do governo federal para um estado ou localidade que não coloca restrições ao uso dos fundos.

Pay-as-you-go (sem financiamento) Sistema de pensões em que os benefícios pagos aos aposentados atuais vêm de pagamentos feitos pelos trabalhadores atuais.

Pedágio urbano Imposto cobrado por dirigir igual aos custos marginais do congestionamento imposto aos outros motoristas.

Peso morto Desperdício puro criado quando o benefício marginal de uma *commodity* é diferente de seu custo marginal.

Pico Ponto no gráfico das preferências do indivíduo em que todos os pontos vizinhos têm utilidade mais baixa.

Plano 401(k) Plano de poupança por meio do qual um funcionário pode destinar parte de seu salário a cada ano, sem imposto de renda incidente sobre a parcela.

Plano de ponto de serviço Semelhante à OPP, mas também define um clínico geral para cada inscrito para fazer triagem e encaminhamento conforme necessário.

Plano Keogh Plano de poupança que permite a indivíduos autônomos excluir uma parte percentual da renda líquida da renda empresarial da tributação, caso o dinheiro seja depositado em uma conta especial.

Ponto de dotação Pacote de consumo disponível se um indivíduo não toma emprestado nem economiza.

Posição original Situação imaginária em que as pessoas não têm conhecimento de qual será sua situação econômica na sociedade.

Preço de transferência Preço que uma subsidiária cobra de outra por insumo.

Preço de válvula de segurança Em um sistema de *cap-and-trade*, o governo estabelece um preço a ser pago por poluidores que desejem comprar licenças adicionais além do limite.

Preço sombra Custo marginal social subjacente de um bem.

Preços de Lindahl Imposto que um indivíduo deve pagar por unidade de um bem público.

Preferências de dois picos Sempre que, enquanto o eleitor se afasta do seu resultado preferido, a utilidade desce, mas em seguida volta a subir.

Preferências de um único pico A utilidade consistentemente cai enquanto o eleitor se afasta do seu resultado preferido.

Prêmio de risco Valor acima do prêmio atuarialmente justo que uma pessoa avessa ao risco está disposta a pagar para garantir a compensação caso ocorra um evento adverso.

Prêmio de seguro atuarialmente justo Prêmio de seguro para determinado período de tempo definido como igual ao pagamento esperado para o mesmo período.

Prêmio de seguro Valor pago a uma companhia de seguros em troca de uma compensação caso ocorra um evento adverso específico.

Princípio dos benefícios recebidos Os consumidores de um serviço público devem ser os que pagam por ele.

Privatização Processo de conceder serviços que são fornecidos pelo governo ao setor privado para produção ou provisão.

Programa Estadual de Seguro de Saúde Infantil (SCHIP, na sigla em inglês) Programa que expandiu a elegibilidade para o Medicaid, incluindo algumas crianças com renda familiar acima dos limites do Medicaid.

Programação da fonte A relação entre o preço de mercado de um bem e a quantidade que os produtores estão dispostos a fornecer, *ceteris paribus*.

Programas de direito (entitlement programs) Programas cujas despesas são determinadas pelo número de pessoas que se qualificam e não em alocações orçamentárias pré-estabelecidas.

Programas de seguro social Programas governamentais que oferecem seguro para proteção contra eventos adversos.

Progressivo Sistema fiscal em que o imposto médio do indivíduo aumenta com a renda.

Proporcional Sistema tributário sob o qual o imposto médio de um indivíduo é o mesmo em todos os níveis de renda.

Reembolso baseado em capitação Sistema em que os prestadores de serviços de saúde recebem pagamentos anuais por paciente sob seus cuidados, independentemente dos serviços efetivamente utilizados pelo paciente.

Reembolso baseado em custo Sistema em que os prestadores de serviços de saúde recebem pagamento por todos os serviços solicitados.

Regra de elasticidade inversa No caso de *commodities* não relacionadas no consumo, a eficiência exige que as alíquotas de imposto sejam inversamente proporcionais à elasticidade.

Regra de Ramsey Para minimizar o encargo excessivo total, as alíquotas de imposto devem ser definidas de modo que o percentual de redução induzido pelo imposto na quantidade demandada de cada *commodity* seja o mesmo.

Regras de votação de maioria Metade mais um dos eleitores deve votar a favor de uma medida para sua aprovação.

Regressivo Sistema fiscal em que o imposto médio do indivíduo diminui com a renda.

Regulamentações baseadas em incentivo Políticas que fornecem a poluidores incentivos financeiros para reduzir a poluição.

Regulamentações de comando e controle Políticas que exigem determinada quantidade de redução de poluição com flexibilidade limitada ou nula a respeito de como obtê-la.

Relação custo-benefício Relação entre o valor presente do fluxo de benefícios e o valor presente do fluxo de custos de um projeto.

Relação de avaliação Proporção do valor de avaliação do imóvel em relação ao seu valor de mercado.

Relação de centralização A proporção das despesas totais do governo direto realizadas pelo governo central.

Relevância fiscal A medida em que a alíquota torna-se proeminente ou visível para o contribuinte.

Renda bruta ajustada (AGI – adjusted gross income) Rendimento total de todas as fontes tributáveis menos determinadas despesas incorridas na obtenção dessa renda.

Renda imputada Valor monetário líquido dos serviços que um proprietário recebe de uma habitação.

Renda média mensal indexada (AIME) Os principais 35 anos de salários no mercado de trabalho, indexados a cada ano pelo crescimento do salário médio. A AIME é usada para calcular o benefício da Previdência Social de um indivíduo.

Renda real Medida da renda que responde por mudanças no nível geral de preços.

Rendimento nominal Rendimento medido em termos de preços correntes.

Rendimento tributável Valor da renda sujeito a imposto.

Rent-seeking (busca de renda) Uso do governo para obter retornos mais altos que os normais ("rendas").

Renúncias fiscais Perda de receitas fiscais porque algum item é excluído da base de cálculo ou recebe algum outro tratamento preferencial.

Repatriar Devolver os ganhos de uma subsidiária à sua sociedade controladora.

Responsabilização das escolas Um sistema de monitoramento do desempenho de escolas, por meio de testes padronizados e qualquer emissão de "boletins" em performances de teste das escolas ou vinculação de incentivos financeiros para os resultados do teste.

Restrição orçamentária Representação dos pacotes entre os quais o consumidor pode escolher, dada a sua renda e os preços que ele considera.

Restrição orçamentária intertemporal Conjunto de níveis de consumo viáveis ao longo do tempo.

Retorno atuarialmente justo Plano de seguro que, em média, paga a mesma quantia que recebe em contribuições.

Riqueza da Previdência Social Valor presente do benefícios esperado da Previdência Social de um indivíduo menos os impostos sobre salários pagos esperados.

Risco moral Quando ao se contratar um seguro contra um resultado adverso leva a mudanças de comportamento que aumentam a probabilidade de o resultado acontecer.

Roth IRA Veículo de poupança com tratamento fiscal preferencial. As contribuições não são dedutíveis, mas o acúmulo dos juros é livre de impostos.

Seguro hospitalar Componente Parte A do Medicare que cobre assistência médica hospitalar e é financiado por meio de um imposto sobre os salários.

Seguro médico suplementar Componente Parte B do Medicare que cobre os serviços de médicos e serviços médicos prestados fora do hospital e é financiado por um prêmio mensal e por receitas gerais.

Seleção adversa Fenômeno em que o lado desinformado de um negócio recebe exatamente as pessoas erradas para negociar com ele (isto é, recebe uma seleção adversa das partes informadas).

Sistema de escala de valor relativo baseado em recursos Conjunto de valores baseado no tempo e no esforço de trabalho médico usado para determinar os honorários de médicos no componente de seguro médico suplementar do Medicare.

Sistema de pagamento prospectivo Sistema de pagamento utilizado atualmente pelo programa de seguro hospitalar do Medicare, no qual o nível de compensação é definido antes do momento de prestação do atendimento.

Sistema de pagamento retrospectivo Sistema de pagamento que costumava ser usado pelo programa Medicare Hospital Insurance, no qual a compensação é paga após a conclusão do atendimento e, portanto, oferece pouco incentivo para a economia de custos.

Sistema de partes independentes Método de cálculo dos impostos para corporações multinacionais, tratando as transações entre as operações nacionais e estrangeiros como se fossem de empresas distintas.

Sistema federal Consiste em diferentes níveis de governo que fornecem bens e serviços públicos e que têm alguma margem para a tomada de decisões.

Sistema global Sistema no qual um indivíduo é tributado sobre o lucro, seja auferido no país ou no exterior.

Sistema territorial Sistema em que o indivíduo cuja renda é ganha em país estrangeiro deve impostos apenas para o governo anfitrião.

Solvência sustentável Valores presentes esperados de receitas e despesas são iguais no futuro indefinido.

Suavização de risco Tomar medidas para obter determinado nível de consumo caso ocorra um evento adverso.

Suavização do consumo Redução do consumo em anos de alto rendimento, a fim de aumentar o consumo em anos de baixo rendimento.

Subsidiária Empresa de propriedade de uma corporação, mas contratada separadamente da empresa-mãe.

Substitutos Dois bens são complementados se um aumento no preço de um bem leva à diminuição do consumo do outro bem.

Subvenções categóricas Subsídios para o qual o doador especifica como os recursos podem ser utilizados.

Sujeito à prova Programa de despesas cujos benefícios destinam-se somente para aqueles cujos recursos financeiros situam-se abaixo de um certo nível.

Superávit Excesso de receitas acima das despesas durante um período.

Supplemental Security Income (SSI) Programa de bem-estar que oferece uma garantia de renda mínima para idosos e deficientes.

Tabela de alíquotas Mostra a responsabilidade fiscal associada a cada nível de renda tributável.

Tabela de imposto de renda linear *Ver* imposto de renda fixa.

Tamanho da distribuição da renda Modo como a renda total é distribuída entre as classes de renda.

Taxa de carregamento Diferença entre o prêmio cobrado por uma seguradora e o nível de prêmio atuarialmente justo.

Taxa de dependência Relação de beneficiários da Previdência Social em relação aos trabalhadores abrangidos.

Taxa de desconto Taxa de juros utilizada para calcular o valor presente.

Taxa de substituição Relação da média de benefícios da Previdência Social em relação à média dos salários abrangidos.

Taxa de utilização Preço pago pelos usuários de um bem ou serviço fornecido pelo governo.

Taxa interna de retorno A taxa de desconto que tornaria nulo o valor presente líquido de um projeto.

Taxa marginal de imposto Proporção do último dólar de rendimentos tributado pelo governo.

Taxa marginal de substituição A taxa na qual um indivíduo está disposto a trocar um bem por outro; é o valor absoluto do declive em uma curva de indiferença.

Taxa marginal de transformação A taxa em que a economia pode transformar um bem em outro bem; é o valor absoluto do declive da fronteira de possibilidades de produção.

Taxa média de imposto Fração do imposto pago sobre a renda.

Taxa nominal de juros Taxa de juros observada no mercado.

Taxa para serviço *Ver* reembolso baseado no custo.

Taxa real de juros Taxa nominal de juros corrigida pelas mudanças no nível de preços, subtraindo-se a taxa de inflação esperada.

Taxa sobre emissões Imposto cobrado sobre cada unidade de poluição.

Taxa social de desconto Taxa pela qual a sociedade está disposta a trocar o consumo presente pelo consumo futuro.

Teorema de Coase Dado que os custos de transação sejam insignificantes, uma solução eficiente para um problema de externalidade pode ser obtida uma vez que alguém receba direitos de propriedade, independentemente de quem seja tal pessoa.

Teorema do eleitor mediano Contanto que todas as preferências sejam de um único pico e que várias outras condições sejam satisfeitas, o resultado de votação de maioria reflete as preferências do eleitor mediano.

Teoria do segundo melhor Na presença das distorções existentes, as políticas que isoladamente aumentariam a eficiência podem reduzi-la e vice-versa.

Totalmente financiado Sistema de pensões em que os benefícios de um indivíduo são pagos a partir de depósitos que foram feitos durante a sua vida de trabalho, acrescidos de juros acumulados.

Trabalho intensivo Indústria em que a relação entre os insumos de capital e de trabalho é relativamente baixa.

Transferência em espécie Pagamentos do governo a pessoas físicas sob a forma de bens ou serviços em vez de dinheiro.

Tributação global de renda Sistema que tributa os rendimentos de uma empresa multinacional à taxa do seu país de origem, independentemente da nação em que o rendimento é ganho.

Tributação neutra Tributar todos os bens com a mesma taxa.

Tributação territorial da renda Sistema que tributa a renda de uma empresa multinacional à taxa da nação em que o rendimento é auferido.

Troca de favores Comércio de votos para se obter a tramitação de um pacote de propostas legislativas.

Utilidade A quantidade de satisfação que uma pessoa deriva do consumo de um pacote especial de *commodities*.

Utilidade esperada Utilidade média de todos os possíveis resultados incertos, calculada ponderando a utilidade para cada resultado por sua probabilidade de ocorrência.

Valor agregado Diferença entre as vendas e os custos dos insumos materiais comprados.

Valor de avaliação Valor que uma jurisdição atribui a uma propriedade para fins fiscais.

Valor do seguro principal (PIA) Benefício básico da Previdência Social a pagar a um trabalhador que se aposenta na idade normal de aposentadoria ou que fica incapacitado.

Valor Esperado O valor médio de todos os possíveis resultados incertos, com cada resultado ponderado por sua probabilidade de ocorrência.

Valor presente Valor atual de uma determinada quantia de dinheiro a ser pago ou recebido no futuro.

Valores nominais Quantias de dinheiro que são avaliadas de acordo com os níveis de preços que existem nos anos em que são recebidas.

Valores reais Quantias de dinheiro corrigidas pelas variações no nível geral de preços.

Variação equivalente Mudança na renda com o mesmo efeito sobre a utilidade que uma mudança no preço de uma mercadoria.

Vida fiscal O número de anos que um ativo pode ser depreciado.

Workfare (trabalhar para receber) Indivíduos aptos que se qualificam para rendimento de subsídio somente o recebem se concordam em participar de uma atividade relacionada ao trabalho.

Referências

Aaronson, Daniel, Lisa Barrow, and William Sander. 2003. "Teachers and Student Achievement in the Chicago Public High Schools." Working Paper 2002-28, Federal Reserve Bank of Chicago.

Acemoglu, Daron, Amy Finkelstein, and Matthew J. Notowidigdo. 2009. "Income and Health Spending: Evidence from Oil Price Shocks." Working Paper No. 14744. Cambridge, MA: National Bureau of Economic Research.

Acemoglu, Daron, Simon Johnson, James A. Robinson, and Pierre Yared. 2005. "From Education to Democracy?" Working Paper No. 11204. Cambridge, MA: National Bureau of Economic Research.

Achenbach, Joel. 2009. "Space Station is Near Completion, Maybe the End." *Washington Post* (July 13, 2009).

Ackerman, Frank and Lisa Heinzerling. 2004. *Priceless: On Knowing the Price of Everything and the Value of Nothing.* New York: New Press.

Adichie, Chimamanda Ngozi. 2012. "A Country's Frustration, Fueled Overnight." *New York Times* (January 17, 2012).

Alesina, Alberto and Eliana La Ferrara. 2005. "Preferences for Redistribution in the Land of Opportunities." *Journal of Public Economics* 89(5-6): 897–931.

Allen, Mike. 1998. "Cardinal Sees Marriage Harm in Partners Bill." *New York Times* (May 25, 1998): p. A1.

Alm, James and Leslie A. Whittington. 2003. "Shacking Up or Shelling Out: Income Taxes, Marriage, and Cohabitation." *Review of Economics of the Household* 1(3): 169–186.

Alsenz, Joe. 2007. "Letter to the Editor." *Wall Street Journal* (December 10, 2007): p. A17.

Altig, David, Alan J. Auerbach, Laurence J. Kotlikoff, Kent A. Smetters, and Jan Walliser. 2001. "Simulating Fundamental Tax Reform in the United States." *American Economic Review* 91: 574–595.

Anders, George and Ron Winslow. 1997. "HMOs' Woes Reflect Conflicting Demands of American Public." *Wall Street Journal* (December 22, 1997).

Anderson, Dobkin, Gross. 2010. "The Effect of Health Insurance Coverage on the Use of Medical Services," Working Paper No. 15823. Cambridge, MA: National Bureau of Economic Research.

Anderson, Gary M., Dennis Halcoussis, Linda Johnston, and Anton D. Lowenberg. 2000. "Regulatory Barriers to Entry in the Healthcare Industry: The Case of Alternative Medicine." *The Quarterly Review of Economics and Business* 40: 485–502.

Ansberry, Clare. 2010. "State Schools Rethink Fees." *Wall Street Journal* (December 28, 2010).

Appelbaum, Binyamin. 2011. "A Life's Value? It May Depend on the Agency." *New York Times* p. A3 (January 17, 2011).

Appelbaum, Binyamin and Edward Wyatt. 2011. "Obama May Find Useless Regulations are Scarcer than Thought." *New York Times* p. B2 (January 21, 2011).

Armitage-Smith, George. 1907. *Principles and Methods of Taxation.* London: John Murray.

Arrow, Kenneth J. 1951. *Social Choice and Individual Values.* New York: Wiley.

Atkinson, Anthony B. and Joseph E. Stiglitz. 1980. *Lectures on Public Economics.* New York: McGraw-Hill.

Attanasio, Orazio P. and Agar Brugiavini. 2003. "Social Security and Households' Saving." *Quarterly Journal of Economics* 118(3): 1075–1120.

Attanasio, Orazio P. and Susann Rohwedder. 2003. "Pension Wealth and Household Saving: Evidence from Pension Reforms in the United Kingdom." *American Economic Review* 93(5): 1499–1521.

Auerbach, Alan J. 2008. "Federal Budget Rules: The US Experience." Working Paper No. 14288. Cambridge, MA: National Bureau of Economic Research.

Austen, Ian. 2010. "A $1 Billion Hangover Awaits an Olympic Party." *New York Times* (February 25, 2010).

Auten, Gerald and Geoffrey Gee. 2009. "Income Mobility in the United States: New Evidence from Income Tax Data." *National Tax Journal* LXII(2): pp. 301–328.

Baicker, Katherine. 2005. "Extensive or Intensive Generosity? The Price and Income Effects of Federal Grants." *Review of Economics and Statistics* 87(2).

Baker, Michael, A., Abigail Payne, and Michael Smart. 1999. "An Empirical Study of Matching Grants: The 'Cap on CPA'." *Journal of Public Economics* 72: 269–288.

Baker, Russell. 1985. "Reagan Revises Dirksen." *New York Times* (October 2, 1985): p. A27.

Baker, Scott, Nicholas Bloom, and Steven J. Davis. 2011. "Measuring Economic Policy Uncertainty." Working Paper.

Bakija, Jon and Bradley T. Heim. 2011. "How Does Charitable Giving Respond to Incentives and Income? New Estimates from Panel Data." *National Tax Journal* 64(2): 615–650.

Ball, Deborah and Cassell Bryan-Low. 2010. "Switzerland's States Compete on Tax Cuts." *Wall Street Journal* (February 2, 2010).

Banzhaf, H. Spencer and Randall P. Walsh. 2008. "Do People Vote with Their Feet? An Empirical Test of Tiebout's Mechanism." *American Economic Review* 98(3): 843–863.

Barboza, David. 1999. "Pluralism under Golden Arches." *New York Times* (February 12, 1999): p. C1.

Barringer, Felicity. 2011. "To Nullify Lead, Add a Bunch of Fish Bones." *New York Times* p. A2 (July 21, 2011).

Barrionuevo, Alexei and Myrna Domit. 2011. "Pesticides Threaten Ant--Eating Tradition in Brazil." *New York Times* p. A9 (January 4, 2011).

Barro, Robert J. 1974. "Are Government Bonds Net Wealth?" *Journal of Political Economy* 82: 1095–1117.

Barry, Dave. 2003. "Want a Little Something EGTRRA?" *The Miami Herald* (April 6, 2003).

Barry, Dave. 2004. "Federal Deficit: Meet the Other White Meat." *Miami Herald* (March 7, 2004).

Bartlett, Bruce. 2007. "Fair Tax, Flawed Tax." *Wall Street Journal* (August 27, 2007): p. A7.

Bassetto, Marco and Thomas Sargent. 2006. "Politics and Efficiency of Separating Capital and Ordinary Government Budgets." *Quarterly Journal of Economics* 121(4).

Bauman, Kurt J. 1999. "Shifting Family Definitions: The Effect of Cohabitation and Other Household Relationships on Measures of Poverty." *Demography* 36(3): 315–325.

Baumol, William J. 1976. "Book Reviews—Economics and Clean Water." *Yale Law Journal* 85(3): 441–446.

Baumol, William J. and Hilda Baumol. 1981. "Book Review." *Journal of Political Economy* 89(2): 425–428.

Bazelon, Coleman and Kent Smetters. 1999. "Discounting Inside the Washington, D.C. Beltway." *Journal of Economic Perspectives* 13(4): 213–228.

Becker, Gary. 2010. "Should Unemployment Compensation be Extended?" July 25, 2010: www.becker-posner-blog.com/2010/07/should--unemployment-compensation-beextended-becker.html

Becker, Gary S. and Casey B. Mulligan. 2003. "Deadweight Costs and the Size of Government." *Journal of Law and Economics* 46(2): 293–340.

Benjamin, Daniel J. 2003. "Does 401(k) Eligibility Increase Saving? Evidence from Propensity Score Subclassification." *Journal of Public Economics* 87(5-6): 1259–1290.

Beshears, John, James J. Choi, David Laibson, and Brigitte C. Madrian. 2006. "The Importance of Default Options for Retirement Savings Outcomes: Evidence from the United States." Working Paper No. 12009. Cambridge, MA: National Bureau of Economic Research.

Biggs, Andrew. 2009. "A Dog in the Health Care Fight," Enterprise Blog (July 13, 2009).

Biggs, Andrew G. 2008. "The Social Security Earnings Test: The Tax That Wasn't." AEI Tax Policy Outlook (July 2008).

Bitler, Marianne and Hilary W. Hoynes. "The State of the Safety Net in the Post-Welfare Reform Era." Working Paper No. 16504. Cambridge, MA: National Bureau of Economic Research.

Blahous, Charles. "What's in the Social Security Trust Funds, or: Why Continuing the Payroll Tax Cut Could Eventually End Social Security as We Know It." *e21* (December 12, 2011).

Blair, Douglas H. and Robert A. Pollak. 1983. "Rational Collective Choice." *Scientific American* 249(2): 88–95.

Blank, Rebecca. 2002. "Evaluating Welfare Reform in the United States." *Journal of Economic Literature* 40: 1105–1166.

Blank, Rebecca. 2005. "On Overview of Welfare-to-Work Efforts." *CESifo DICE Report* 3(2): 3–7.

Blank, Rebecca. 2006. "Was Welfare Reform Successful?" *The Economists' Voice* 3(4): www.bepress.com/ev/vol3/iss4/art2.

Blau, Francine D. and Lawrence M. Kahn. 2005. "Changes in the Labor Supply Behavior of Married Women: 1980–2000." Working Paper No. 11230. Cambridge, MA: National Bureau of Economic Research.

Blume-Kohout, Margaret E. and Neeraj Sood. 2008. "The Impact of Medicare Part D on Pharmaceutical R&D." Working Paper No. 13857. Cambridge, MA: National Bureau of Economic Research.

Blumenthal, Marsha, Charles Christian, and Joel Slemrod. 2001. "Taxpayer Response to an Increased Probability of Audit: Evidence from a Controlled Experiment in Minnesota." *Journal of Public Economics* 79(3): 455–483.

Boardman, Anthony E., David H. Greenberg, Aidan R. Vining, and David L. Weimer. 2006. *Cost Benefit Analysis: Concepts and Practice*, 3rd edition. Upper Saddle River, NJ: Pearson Prentice Hall.

Borck, Rainald and Stephanie Owings. 2003. "The Political Economy of Intergovernmental Grants." *Regional Science and Urban Economics* 33: 139–156.

Boskin, Michael J., Ellen R. Dulberger, Robert J. Gordon, Zvi Griliches, and Dale W. Jorgenson. 1998. "Consumer Prices, the Consumer Price Index, and the Cost of Living." *Journal of Economic Perspectives* 12(1): 3–26.

Boskin, Michael and Eytan Sheshinski. 1983. "Optimal Treatment of the Family: Married Couples." *Journal of Public Economics* 20: 281–297.

Bradford, David F. 1998. "Transition To and Tax Rate Flexibility in a Cash-Flow Type Tax." In James Poterba (ed.), *Tax Policy and the Economy* 12. Cambridge, MA: The MIT Press: 151–172.

Brat, Ilan and Bryan Gruley. 2007. "Global Trade Galvanizes Caterpillar." *Wall Street Journal* (February 26, 2007): p. B1.

Bridgman, Benjamin, Andrew Dugan, Mikhael Lal, Matthew Osborne, and Shaunda Villones. 2012. "Accounting for Household Production in the National Accounts, 1965–2010," *Survey of Current Business*, May 2012.

Broder, John M. 2009. "With Something for Everyone, Climate Bill Passed." *New York Times* p. A20 (June 30, 2009).

Brookes, Peter and Foster, J. D. 2009. "Better Green Jobs: The OneWord Solution." The Heritage Foundation (March 20, 2009).

Brooks, David. 2010. "The Geezers Crusade." *New York Times* (February 2, 2010).

Brown, Emma. 2009. "Va. Man, 107, Finds Blessings and Burdens in Longevity." *Washington Post* (July 2, 2009).

Brown, Margaret E., Andrew B. Bindman, and Nicole Lurie. 1998. "Monitoring the Consequences of Uninsurance: A Review of the Methodologies." *Medical Care Research and Review* 55(2): 177–210.

Browning, Edgar K. 2002. "The Case Against Income Redistribution." *Public Finance Review* 30: 509–530.

Browning, Martin and Thomas F. Crossley. 2001. "The Life-Cycle Model of Consumption and Saving." *Journal of Economic Perspectives* 15: 3–22.

Buchanan, James M. 1960. "Social Choice, Democracy, and Free Markets." In *Fiscal Theory and Political Economy—Selected Essays*, James M. Buchanan (ed.). Chapel Hill: University of North Carolina Press: 75–89.

Buchanan, James M. 1995. "Clarifying Confusion about the Balanced Budget Amendment." *National Tax Journal* 48: 347–356.

Buckley, Cara. 2010. "To Test Housing Program, Some are Denied Aid." *New York Times* (December 8, 2010).

Bureau of Economic Analysis. 2012. "NIPA Tables: Government Current Receipts and Expenditures." US Department of Commerce. March 29, 2012.

Bureau of Labor Statistics. 2012. *2012 Employment and Earnings Online*. (www.bls.gov/opub/ee).

Burman, Leonard E., Bowen Garrett, and Surachai Khitatrakun. 2008. "The Tax Code, Employer-Sponsored Insurance, and the Distribution of Tax Subsidies." In *Using Taxes to Reform Health Insurance: Pitfalls and Promises*, Henry J. Aaron and Leonard E. Burman (eds.). Brookings Institution Press, pp. 36–56.

Burtraw, Dallas. 2002. "Book Review." *Regional Science and Urban Economics* 32: 139–144.

Cabral, Marika and Caroline Hoxby. 2012. "The Hated Property Tax: Salience, Tax Rates, and Tax Revolts." Working Paper No. 18514. Cambridge, MA: National Bureau of Economic Research.

Cameron, Stephen V. and James J. Heckman. 2001. "The Dynamics of Educational Attainment for Blacks, Hispanics, and Whites." *Journal of Political Economy* 109(3): 455–499.

Campoy, Ana. 2008. "With Gas Over $4, Cities Explore Whether It's Smart to Be Dense." *Wall Street Journal* (July 7, 2008): p. A1.

Campoy, Ann. 2009. "Club, Church Clash in Texas." *Wall Street Journal* p. A3 (December 28, 2009).

Capretta, James C. and Robert E. Moffit. 2012. "How to Replace Obamacare" *National Affairs* 11, Spring 2012.

Carasso, Adam and C. Eugene Steuerle. 2002. "How Marriage Penalties Change under the 2001 Tax Bill." Discussion Paper No. 2. Washington, DC: Urban-Brookings Tax Policy Center.

Card, David. 1999. "The Causal Effect of Education on Earnings." *Handbook of Labor Economics Volume 3A*, Orley Ashenfelter and David Card (eds.). Elsevier Science.

Card, David and Alan B. Krueger. 1996. "School Resources and Student Outcomes: An Overview of the Literature and New Evidence from North and South Carolina." *Journal of Economic Perspectives* 10(4): 31–50.

Card, David and Lara D. Shore-Sheppard. 2004. "Using Discontinuous Eligibility Rules to Identify the Effects of the Federal Medicaid Expansions on Low-Income Children." *Review of Economics and Statistics* 86(3): 752–766.

Cardon, James H. and Igal Hendel. 2002. "Asymmetric Information in Health Insurance: Evidence from the National Medical Expenditure Survey." *RAND Journal of Economics* 32(3): 408–427.

Cave, Damien. 2011. "Cuba to Allow Buying and Selling of Property, with Few Restrictions." *New York Times* (November 4, 2011).

Cawley, John and Tomas Philipson. 1999. "An Empirical Examination of Information Barriers to Trade in Insurance." *American Economic Review* 89(4): 827–846.

Centers for Medicare and Medicaid Services (CMS). 2012a. *CMS Statistics 2012*. Department of Health and Human Services.

Centers for Medicare and Medicaid Services (CMS). 2012b. *Medicare Trustees Report*. Department of Health and Human Services.

Centers for Medicare and Medicaid Services (CMS). 2012c. *National Health Expenditure Data*. Department of Health and Human Services.

Chamberlain, Andrew and Gerald Prante. 2007. "Who Pays Taxes and Who Receives Government Spending? An Analysis of Federal, State and Local Tax and Spending Distributions, 1991–2004." Tax Foundation Working Paper No. 1.

Chay, Kenneth Y. and Michael Greenstone. 2003. "The Impact of Air Pollution on Infant Mortality: Evidence from Geographic Variation in Pollution Shocks Induced by a Recession." *Quarterly Journal of Economics* 118(3): 1121–1167.

Chay, Kenneth Y. and Michael Greenstone. 2005. "Does Air Quality Matter? Evidence from the Housing Market." *Journal of Political Economy* 113(2): 376–424.

Chetty, Raj, John N. Friedman, and Jonah Rockoff. 2011. "The Long-Term Impacts of Teachers: Teacher Value-Added and Student Outcomes in Adulthood." Working Paper No. 17699. Cambridge, MA: National Bureau of Economic Research.

Chetty, Raj, Adam Looney, and Kory Kroft. 2009. "Salience and Taxation: Theory and Evidence from a Field Experiment." *American Economic Review* 99(4): 1145–1177.

Chetty, Raj and Emmanuel Saez. 2004. "Dividend Taxes and Corporate Behavior: Evidence from the 2003 Dividend Tax Cut." Working Paper No. 10841. Cambridge, MA: National Bureau of Economic Research.

Cheung, Ron. 2008. "The Effect of Property Tax Limitations on Residential Private Governments: The Case of Proposition 13." *National Tax Journal* 61(1): 35–56.

Chiappori, Pierre-Andre and Bernard Salanié. 2000. "Testing for Asymmetric Information in Insurance Markets." *Journal of Political Economy* 108(1): 56–78.

Chirinko, Robert S. 2002. "Corporate Taxation, Capital Formation, and the Substitution Elasticity between Labor and Capital." *National Tax Journal* 40: 339–355.

Chirinko, Robert S. and Daniel J. Wilson. 2006. "State Investment Tax Incentives: What Are the Facts?" Federal Reserve Bank of San Francisco Working Paper No. 2006–49.

Chivers, C. J. 2004. "Cash vs. Benefits: Efficiency, or Assault on Russia's Soul?" *New York Times* (June 18, 2004): p. A3.

Christy, George C. 2006. "The Most Poisonous Tax for America's Economy." *Wall Street Journal*, Letter to the Editor (May 5, 2006): p. A17.

Cinyabuguma, Matthias, Talbot Page, and Louis Putterman. 2005. "Cooperation Under the Threat of Expulsion in a Public Goods Experiment." *Journal of Public Economics* 89: 1421–1435.

City of Clinton v. Cedar Rapids and Missouri River RR. Co. 1868. 24 Iowa 475.

Clausing, Kimberly. 2007. "Corporate Tax Revenues in OECD Countries." *International Tax and Public Finance* 14(2): 115–134.

Clements, Jonathan. 2003. "Why the Rising Market Is a Bummer: Practically Everything's Overpriced." *Wall Street Journal* (October 8, 2003): p. D1.

Clymer, Adam. 1997. "Switching Sides on States' Rights." *New York Times* (June 1, 1997): Section 4, pp. 1, 6.

Cnossen, Sijbren. 2001. "Tax Policy in the European Union—A Review of Issues and Options," *Finanz Archiv* 58: 466–558.

Coase, Ronald H. 1960. "The Problem of Social Cost." *Journal of Law and Economics* 3(1): 1–44.

Coase, Ronald H. 1974. "The Lighthouse in Economics." *Journal of Law and Economics* 17(2): 357–376.

Cockburn, Alexander and Robert Pollin. 1992. "Why the Left Should Support the Flat Tax." *Wall Street Journal* (April 2, 1992): p. A15.

Coleman, James S., Ernest Q. Campbell, Carol F. Hobson, James M. McPartland, Alexander M. Mood, Frederic D. Weinfield, and Robert L. York. 1966. *Equality of Educational Opportunity*. Washington, DC: US Office of Education.

Commonwealth Fund. 2010. *2010 Health Policy Survey in Seven Countries*.

Community Associations Institute. 2012. *Industry Data*: http://www.caionline.org/info/research/Pages/default.aspx

Congressional Budget Office (CBO). 1997. *The Economic Effects of Comprehensive Tax Reform*. Washington, DC: US Government Printing Office.

Congressional Budget Office (CBO). July 1998. *Social Security and Private Saving: A Review of the Empirical Evidence*. Washington, DC: US Government Printing Office.

Congressional Budget Office (CBO). March 2004a. *Administrative Costs of Private Accounts in Social Security*. Washington, DC: US Government Printing Office.

Congressional Budget Office (CBO). 2004b. "Fuel Economy Standards Versus a Gasoline Tax." *Economic and Budget Issue Brief*, March 9, 2004.

Congressional Budget Office (CBO). December 2005a. *Global Population Aging in the 21st Century and Its Economic Implications*. Washington, DC: US Government Printing Office.

Congressional Budget Office (CBO). 2005b. "Long-Term Economic Effects of Chronically Large Federal Deficits." *Economic and Budget Issue Brief* (October 13, 2005).

Congressional Budget Office (CBO). 2006. "Is Social Security Progressive?" *Economic and Budget Issue Brief* (December 15, 2006).

Congressional Budget Office. 2008b. *Policy Options for Reducing CO_2 Emissions*. Washington, DC: US Government Printing Office.

Congressional Budget Office (CBO). 2009. "Federal Estate and Gift Taxes." *Economic and Budget Issue Brief* (December 18, 2009).

Congressional Budget Office (CBO). 2010. "Federal Debt and the Risk of a Financial Crisis." (July 27, 2010).

Congressional Budget Office (CBO). 2012a. "The Distribution of Household Income and Federal Taxes, 2008 and 2009." www.cbo.gov/sites/default/files/cbofiles/attachments/43373-06-11-HouseholdIncomeandFedTaxes.pdf

Congressional Budget Office (CBO). 2012b. *Historical Budget Data* (January 31, 2012).

Congressional Budget Office (CBO). 2012c. "The Supplemental Nutrition Assistance Program." April 2012.

Congressional Budget Office (CBO). 2012d. *An Update to the Budget and Economic Outlook: Fiscal Years 2012–2022* (August 2012).

Congressional Research Service. 2006. "Value-Added Tax: A New US Revenue Source?" *CRS Report to Congress* (August 22, 2006).

Cooper, Christopher. 2007. "In Katrina's Wake: Where Is the Money?" *Wall Street Journal* (January 27, 2007): p. A1.

Cooper, Michael. 2011. "Courts Upend Budgets as States Look for Savings." *New York Times* p. A13 (June 7, 2011).

Corlett, W. J. and D. C. Hague. 1953. "Complementarity and the Excess Burden of Taxation." *Review of Economic Studies* 21: 21–30.

Crain, Nicole V. and W. Mark Crain. 2010. "The Impact of Regulatory Costs on Small Firms." Small Business Administration: http://archive.sba.gov/advo/research/rs371tot.pdf

Currie, Janet. 2004. "The Take Up of Social Benefits." Working Paper No. 10488. Cambridge, MA: National Bureau of Economic Research.

Cushing, Matthew J. and Mary G. McGarvey. 2003. "The Efficiency of Raceand Gender-Targeted Income Transfers." *Public Finance Review* 31(5): 455–486.

Cushman, John H., Jr. 1997. "E.P.A. Head Adamant on Clean Air Rules." *New York Times* (June 1, 1997): p. A1.

Cutler, David M. 2002. "Health Care and the Public Sector." In *Handbook of Public Economics*, Volume 4, Alan J. Auerbach and Martin Feldstein (eds.). Amsterdam: North Holland.

Cutler, David M. 2003. "Employee Costs and the Decline in Health Insurance Coverage." In *Frontiers in Health Policy Research*, Volume 6. David Cutler and Alan Garber (eds.). Cambridge, MA: MIT Press, 2003.

Cutler, David M. 2004. *Your Money or Your Life: Strong Medicine for America's Health Care System*. New York: Oxford University Press.

Cutler, David M. 2007. "The Lifetime Costs and Benefits of Medical Technology." Working Paper No. 13478. Cambridge, MA: National Bureau of Economic Research.

Cutler, David M. and Srikanth Kadiyala. 2001. "The Economics of Better Health: The Case of Cardiovascular Disease." Mimeo.

Cutler, David M. and Mark McClellan. 2001. "Is Technological Change in Medicine Worth It?" *Health Affairs* 20(5): September– October 2001.

Cutler, David M. and Sarah J. Reber. 1998. "Paying for Health Insurance: The Trade-Off between Competition and Adverse Selection." *Quarterly Journal of Economics* 113(2): 433–466.

Davey, Monica. 2010. "Chicago Wins Prize as Home of Big Carrier." *New York Times* (May 4, 2010).

Davis, Stephen J. and Magnus Henrekson. 2004. "Tax Effects on Work Activity, Industry Mix and Shadow Economy Size." Working Paper No. 10509. Cambridge, MA: National Bureau of Economic Research.

Dee, Thomas. 2009. "Conditional Cash Penalties in Education: Evidence from the Learnfare Experiment." Working Paper No. 15126. Cambridge, MA: National Bureau of Economic Research.

Dee, Thomas S. 1999. "State Alcohol Policies, Teen Drinking and Traffic Fatalities." *Journal of Public Economics* 72: 289–315.

Dee, Thomas and Brian Jacob. 2009. "The Impact of No Child Left Behind on Student Achievement." Working Paper No. 15531. Cambridge, MA: National Bureau of Economic Research.

Delipalla, Sofia and Owen O'Donnell. 2001. "Estimating Tax Incidence, Market Power, and Market Conduct: The European Cigarette Industry." *International Journal of Industrial Organization* 19(6): 885–908.

Deming, David J., Justine S. Hastings, Thomas J. Kane, and Douglas O. Staiger. 2011. "School Choice, School Quality, and Postsecondary Attainment." Working Paper No. 17438. Cambridge, MA: National Bureau of Economic Research.

DeParle, Jason, Robert Gebeloff, and Sabrina Tavernise. 2011. "Bleak Portrait of Poverty is Off the Mark, Experts Say." *New York Times* (November 3, 2011).

Derthick, Martha. 2000. "American Federalism—Half-Full or Half-Empty." Volume 18, *Brookings Review*: 24–28.

Desai, Mihir, A., C. Fritz Foley, and James R. Hines, Jr. 2009. "Domestic Effects of the Foreign Activities of US Multinationals." *American Economic Journal: Economic Policy*.

Dewenter, Kathryn and Paul H. Malatesta. 2001. "State-owned and Privately Owned Firms: An Empirical Analysis of Profitability, Leverage, and Labor Intensity." *American Economic Review* 91: 320–334.

Diamond, Peter A. and Jonathan Gruber. 1999. "Social Security and Retirement in the United States." In *Social Security and Retirement Around the World*. Jonathan Gruber and David A. Wise (eds.). Chicago: University of Chicago Press.

Diamond, Peter A. and Peter R. Orszag. 2005. "Saving Social Security." *Journal of Economic Perspectives* 19(2): 11–32.

Dillon, Sam. 2003. "New Federal Law May Leave Many Rural Teachers Behind." *New York Times* (June 23, 2003): p. A1.

Domhoff, G. William. 2012. "Wealth, Income and Power." www2.ucsc.edu/whorulesamerica/power/wealth.html

Doms, Mark E., Wendy E. Dunn, Stephen D. Oliner, and Daniel E. Sichel. 2004. "How Fast Do Personal Computers Depreciate? Concepts and New Estimates." *Tax Policy and the Economy* 18: 37–79.

Dudley, Susan and Melinda Warren. 2011. "Fiscal Stalemate Reflected in Regulators' Budget: An Analysis of the US Budget for Fiscal Years 2011 and 2012." Weidenbaum Center on the Economy, Government, and Public Policy and the Regulatory Studies Center at George Washington University.

Duggan, Mark G. 2004. "Does Contracting Out Increase the Efficiency of Government Programs? Evidence from Medicaid HMOs." *Journal of Public Economics* 88(12): 2549–2572.

Dugger, Celia A. 2001. "In India's Capital, a Prayer for the Belching Buses." *New York Times* (September 28, 2001): p. A3.

Dynarski, Susan, Joshua M. Hyman, and Diane Whitmore Schanzenbach. 2011. "Experimental Evidence on the Effect of Childhood Investments on Postsecondary Attainment and Degree Completion." Working Paper No. 17533. Cambridge, MA: National Bureau of Economic Research.

Eagan, Margery. 2011. "Cambridge Councilors Put 'Fear' Into Gadhafi." *Boston Herald* (March 1, 2011).

Economic Report of the President, 2003. Washington, DC: US Government Printing Office, 2003.

Economic Report of the President, 2004. Washington, DC: US Government Printing Office, 2004.

Economic Report of the President. 2012. Washington, DC: US Government Printing Office, 2012.

Economist. 2003. "The Dividend Puzzle" (January 11, 2003): pp. 53–54.

Economist. 2007d. "The Hunt for the Odourless Pig" (November 24, 2007): p. 36.

Economist. 2007e. "Schools Unchained" (September 6, 2007): pp. 14–15.

Economist. 2008. "A Harvest of Disgrace" (May 24, 2008): pp. 46–48.

Edgeworth, F. Y. 1959/1897. "The Pure Theory of Taxation." Reprinted in *Readings in the Economics of Taxation*. Richard A. Musgrave and Carl S. Shoup (eds.). Homewood, IL: Irwin: 258–296.

Einav, Liran and Amy Finkelstein. 2011. "Selection in Insurance Markets: Theory and Empirics in Pictures," *Journal of Economic Perspectives* 25(1): 115–138.

Eissa, Nada. 2001. "Taxation and Labor Supply of Married Women: The Tax Reform Act of 1986 as a Natural Experiment." Working Paper No. 5023. Cambridge, MA: National Bureau of Economic Research.

Eissa, Nada and Hilary Hoynes. 2006. "Behavioral Responses to Taxes: Lessons from the EITC and Labor Supply." In *Tax Policy and the Economy*, James Poterba (ed.). 20: 73–110.

Engelhardt, Gary V. and Jonathan Gruber. 2004. "Social Security and the Evolution of Elderly Poverty." Working Paper 10466. Cambridge, MA: National Bureau of Economic Research.

Engelhardt, Gary V. and Jonathan Gruber. 2010. "Medicare Part D and the Financial Protection of the Elderly." Working Paper No. 16155. Cambridge, MA: National Bureau of Economic Research.

Erlanger, Steven. 2012. "New French Budget Focuses on Slicing the Deficit." *New York Times* (September 29, 2012).

Fackler, Martin. 2009. "Fresh From Its Victory, Japanese Party Shows Its New Muscle." *New York Times* p. A6 (September 3, 2009).

Fattah, Hassan M. 2006. "First Time Out, Kuwaiti Women Become a Political Force." *New York Times* (June 26, 2006): p. A3.

Feldstein, Martin. 1976. "On the Theory of Tax Reform." *Journal of Public Economics* 6: 77–104.

Feldstein, Martin. 1982. "Inflation, Tax Rules, and Investment: Some Econometric Evidence." *Econometrica* 50(4): 825–862.

Feldstein, Martin. 1985. "Debt and Taxes in the Theory of Public Finance." *Journal of Public Economics* 28(2): 233–246.

Feldstein, Martin. 2006a. "The Effect of Taxes on Efficiency and Growth." Working Paper No. 12201. Cambridge, MA: National Bureau of Economic Research.

Feldstein, Martin. 2006b. "Tradeable Gasoline Rights." *Wall Street Journal* (June 5, 2006): p. A10.

Feldstein, Martin. 2008a. "Effects of Taxes on Economic Behavior." Working Paper No. 13745. Cambridge, MA: National Bureau of Economic Research.

Feldstein, Martin. 2008b. "The Tax Rebate Was a Flop: Obama's Stimulus Plan Won't Work Either." *Wall Street Journal* (August 7, 2008): p. A15.

Feldstein, Martin and Andrew Samwick. 2002. "Potential Paths of Social Security Reform." In *Tax Policy and Economy* 2002, Volume 16. James Poterba (ed.). Cambridge: MIT Press: 181–224.

Fernandez, Manny. 2011. "Strip Club 'Pole Tax' Is Upheld in Texas." *New York Times* (August 26, 2011).

Fetter, Henry D. 2010. "How Taxes Changed Boxing." *Atlantic* (April 15, 2010).

Figlio, David N. 2005. "Testing Crime and Punishment." Working Paper No. 11194. Cambridge, MA: National Bureau of Economic Research.

Finkelstein, Amy. 2004. "Minimum Standards, Insurance Regulation and Adverse Selection: Evidence from the Medigap Market." *Journal of Public Economics* 88(12): 2515–2547.

Finkelstein, Amy. 2005. "The Aggregate Effects of Health Insurance: Evidence from the Introduction of Medicare." Working Paper No. 11619. Cambridge, MA: National Bureau of Economic Research.

Finkelstein, Amy and Robin McKnight. 2005. "What Did Medicare Do (and Was It Worth It)?" Working Paper No. 11609. Cambridge, MA: National Bureau of Economic Research.

Finkelstein, Amy, Sarah Taubman, Bill Wright, Mira Bernstein, Jonathan Gruber, Joseph P. Newhouse, Heidi Allen, Katherine Baicker, and The Oregon Health Study Group. 2011. "The Oregon Health Insurance Experiment: Evidence from the First Year." Working Paper No. 17190. Cambridge, MA: National Bureau of Economic Research.

Fisher Ronald C. and Leslie E. Papke. 2000. "Local Government Responses to Education Grants." *National Tax Journal* 53: 153–168

Fisman, Raymond and Roberta Gatti. 2002. "Decentralization and Corruption: Evidence across Countries." *Journal of Public Economics* 83: 325–346.

Fisman, Raymond and Shang-Jin Wei. 2004. "Tax Rates and Tax Evasion: Evidence from 'Missing Imports' in China." *Journal of Political Economy* 112(2): 471–500.

Fleenor, Patrick. 2008. "Cigarette Taxes Are Fueling Organized Crime." *Wall Street Journal* (May 7, 2008): p. A17.

Fogel, Robert W. 2004. *The Escape from Hunger and Premature Death, 1700–2100: Europe, America, and the Third World*. Cambridge, England: Cambridge University Press.

Folland, Sherman, Allen Goodman and Miron Stano. 2006. *Economics of Health and Health Care*, 5th edition. Upper Saddle River, NJ: Prentice Hall.

Frank, Robert. 2012. "'Emergency' Tax on the Rich Roils Britain." *CNBC* (August 29, 2012): www.cnbc.com/id/48825978

Freedman, David A. 1991. "Statistical Models and Shoe Leather." *Sociological Methodology* 21: 291–313.

Freeman, A. Myrick III. 2002. "Environmental Policy Since Earth Day I: What Have We Gained?" *Journal of Economic Perspectives* 16: 125–146.

Friedman, Eric, Simon Johnson, Daniel Kaufmann, and Pablo Zoido-Lobaton. 2000. "Dodging the Grabbing Hand: The Determinants of Unofficial Activity in 69 Countries." *Journal of Public Economics* 76: 495–520.

Friedman, Milton. 2003. "What Every American Wants." *Wall Street Journal* (January 15, 2003): p. A10.

Fryer Jr., Roland G. 2010. "Financial Incentives and Student Achievement: Evidence from Randomized Trials." Working Paper No. 15898. Cambridge, MA: National Bureau of Economic Research.

Fuchs, Victor. 2000. "An Economist's View of Health Care Reform." *New York Times* (May 2, 2000): pp. F6–F7.

Fuchs, Victor R., Alan B. Krueger, and James M. Poterba. 1998. "Economists' Views about Parameters, Values, and Policies: Survey Results in Labor and Public Economics." *Journal of Economic Literature* 36(3): 1387–1425.

Fullerton, Don and Diane Lim Rogers. 1997. "Neglected Effects on the Uses Side: Even a Uniform Tax Would Change Relative Goods Prices." *American Economic Review* 87: 120–125.

Gale, William G. and Joel B. Slemrod. 2000. "A Matter of Life and Death: Reassessing the Estate and Gift Tax." *Tax Notes* (August 14, 2000): 927–932.

Gallagher, L. Jerome, Megan Gallagher, Kevin Perese, Susan Schreiber, and Keith Watson. 1998. "One Year after Welfare Reform: A Description of State Temporary Assistance for Needy Families (TANF) Decisions as of October 1997." Washington, DC: The Urban Institute.

Gates, William H., Sr. and Chuck Collins. 2002. "Tax the Wealthy." *The American Prospect* 13 (June 17, 2002) [www.prospect.org/ print/ V13/11/index.html].

Gayer, Ted. 2000. "Neighborhood Demographics and the Distribution of Hazardous Waste Risks: An Instrumental Variables Estimation." *Journal of Regulatory Economics* 17(2): 131–155.

Gayer, Ted and John K. Horowitz. 2006. "Market-based Approaches to Environmental Regulation." *Foundations in Trends in Microeconomics* 1(4): 201–326.

Gentleman, Amelia. 2006. "India's Vultures Fall Prey to a Drug in the Cattle They Feed On." *New York Times* (March 28, 2006): p. A4.

Gerber, Alan, Dean S. Karlan, and Daniel Bergan. 2006. "Does the Media Matter? A Field Experiment Measuring the Effect of Newspapers on Voting Behavior and Political Opinions." *Yale Economic Applications and Policy Discussion Paper*, No. 12.

Gervais, Martin. 2002. "Housing Taxation and Capital Accumulation." *Journal of Monetary Economics* 49: 1461–1489.

Glaeser, Edward L. "Urban Public Finance." Working Paper No. 18244. Cambridge, MA: National Bureau of Economic Research.

Glaeser, Edward L. 2005. "Inequality." Working Paper No. 11511. Cambridge, MA: National Bureau of Economic Research.

Glaeser, Edward L., Giacomo A. M. Ponzetto, and Andrei Shleifer. 2006. "Why Does Democracy Need Education?" Working Paper No. 12128. Cambridge, MA: National Bureau of Economic Research.

Glaeser, Edward L., Jose A Scheinkman, and Andrei Shleifer. 2003. "The Injustice of Inequality." *Journal of Monetary Economics*. Carnegie-Rochester Series on Public Policy.

Glaeser, Edward L. and Jesse M. Shapiro. 2003. "The Benefits of the Home Mortgage Interest Deduction." *Tax Policy and the Economy* 17: 37–82.

Glaeser, Edward L. and Andrei Shleifer. 2005. "The Curley Effect: The Economics of Shaping the Electorate." *Journal of Law, Economics, and Organizations* 21: 1–19.

Goklany, Indur. 1999. *Clearing the Air: The Real Story of the War on Air Pollution*. Washington, DC: Cato Institute.

Gompers, Paul A. and Josh Lerner. 1999. "What Drives Venture Capital Fundraising?" Working Paper No. 6906. Cambridge, MA: National Bureau of Economic Research.

Goolsbee, Austan. 1998. "Does Government R&D Policy Mainly Benefit Scientists and Engineers?" *American Economic Review* 88: 298–302.

Goolsbee, Austan. 2003. "Investment Tax Subsidies and the Wages of Capital Goods Workers: To the Workers Go the Spoils?" *National Tax Journal* LVI: 153–166.

Goolsbee, Austan. 2004. "The Impact and Inefficiency of the Corporate Income Tax: Evidence from State Organizational Form Data." *Journal of Public Economics* 88(11): 2283–2299.

Goolsbee, Austan and Amil Petrin. 2004. "The Consumer Gains from Direct Broadcast Satellites and the Competition with Cable Television." *Econometrica* 72(2): 351–381.

Gordon, Rachel. 2011. "Parking: S. F. Releases Details on Flexible Pricing." *SFGate.com* (April 2, 2011).

Gordon, Roger H. and Young Lee. 2001. "Do Taxes Affect Corporate Debt Policy? Evidence from US Corporate Tax Return Data." *Journal of Public Economics* 8: 195–224.

Government Accountability Office. 2007. "Vulnerabilities Exposed through Covert Testing of TSA's Passenger Screening Process" (November 15, 2007): GAO-08-48T.

Graham, John R. 2003. "Taxes and Corporate Finance: A Review." *Review of Financial Studies* 16: 1074–1128.

Grainger, Corbett A. and Charles D. Kolstad. 2009. "Who Pays a Price on Carbon?" *NBER Working Paper No. 15239*.

Griffin, Michael. 2007. "The Real Reasons We Explore Space." *Air & Space Magazine* (July 1, 2007).

Grogger, Jeffrey. 2003. "The Effects of Time Limits and Other Policy Changes on Welfare Use, Work, and Income among Female-Headed Families." *Review of Economics and Statistics* 85(2): 394–408.

Groves, Harold M. 1946. *Financing Government*. New York: Henry Holt.

Groves, Theodore and Martin Loeb. 1975. "Incentives and Public Inputs." *Journal of Public Economics* 4(3): 211–226.

Gruber, Jonathan and Michael Lettau. 2004. "How Elastic Is the Firm's Demand for Health Insurance?" *Journal of Public Economics* 88(7): 1273–1294.

Gruber, Jonathan and David Wise (eds). 2004. *Social Security Programs and Retirement around the World*. Chicago: University of Chicago Press.

Guryan, Jonathan. 2003. "Does Money Matter? Estimates from Education Finance Reform in Massachusetts." Working Paper No. 8269. Cambridge, MA: National Bureau of Economic Research.

Hadley, Jack, John Holaha, Teresa Coughlin, and Dawn Miller. 2008. "Covering the Uninsured in 2008: Current Costs, Sources of Payment, and Incremental Costs." *Health Affairs* 27(5).

Hagman, Donald C. 1978. "Proposition 13: A Prostitution of Conservative Principles." *Tax Review* 39(9): 39–42.

Hagopian, Kip and Lee Ohanian. 2012. "The Mismeasure of Inequality." Hoover Institution Policy Review No. 174. (August 1, 2012).

Hahn, Robert W. 1984. "Market Power and Transferable Property Rights." *Quarterly Journal of Economics* 99(4): 753–765.

Hahn, Robert W. and Patrick M. Dudley. 2007. "How Well Does the US Government Do Benefit-Cost Analysis?" *Review of Environmental Economics and Policy* 1(2): 192–211.

Hall, Robert E. and Alvin Rabushka. 1995. *The Flat Tax*, 2nd ed. Stanford, CA: Hoover Institution Press.

Hamilton, Bruce. 1975. "Zoning and Property Taxation in a System of Local Governments." *Urban Studies* 12: 205–211.

Hanushek, Eric A. 2002. "Publicly Provided Education." *In Handbook of Public Economics*. Alan J. Auerbach and Martin Feldstein (eds.). Amsterdam: Elsevier: 2045–2141. (Also: Working Paper No. 02138. Cambridge, MA: National Bureau of Economic Research.)

Hanushek, Eric A., Steven G. Rivkin, and John F. Kain. 2005. "Teachers, Schools, and Academic Achievement." *Econometrica* 73: 417–458.

Harberger, Arnold C. 1974. "The Incidence of the Corporation Income Tax." In *Taxation and Welfare*. Arnold C Harberger (ed.). Boston: Little, Brown.

Harford, Tim. 2006. *The Undercover Economist*. Oxford: Oxford University Press.

Hart, Oliver, Andrei Shleifer, and Robert W. Vishny. 1997. "The Proper Scope of Government: Theory and an Application to Prisons." *Quarterly Journal of Economics* 112(4): 1127–1161.

Hastert, Dennis. 2004. *Speaker: Lessons from Forty Years in Coaching and Politics*. New York: Regnery Publishing, Inc.

Hastings, Justine S. and Jeffrey M. Weinstein. 2007. "No Child Left Behind: Estimating the Impact on Choices and Student Outcomes." Working Paper No. 13009. Cambridge, MA: National Bureau of Economic Research.

Haughwout, Andrew, Robert Inman, Steven Craig, and Thomas Luce. 2004. "Local Revenue Hills: Evidence and Lessons from Four US Cities." *Review of Economics and Statistics* 86(2): 570–585.

Heal, Geoffrey. 2001. "Bundling Public and Private Goods: Are Development and Conservation Necessarily in Conflict?" Working Paper. New York: Columbia Business School.

Heal, Geoffrey. 2003. "Bundling Biodiversity." *European Economic Association* 1(2–3): 553–560.

Heckman, James J. 1999. "Policies to Foster Human Capital." Working Paper No. 7288. Cambridge, MA: National Bureau of Economic Research.

Heckman, James J. 2000. "Policies to Foster Human Capital." *Research in Economics* 54(1): 3–36.

Heckman, James J. 2008. "Schools, Skills, and Synapses." Working Paper No. 14064. Cambridge, MA: National Bureau of Economic Research.

Heim, Bradley T. 2008. "The Effect of Recent Tax Changes on Taxable Income: Evidence from a New Panel of Tax Returns." Working Paper. Office of Tax Analysis, US Department of the Treasury.

Henchman, Joseph. 2011. "You Helped End the Iowa Pumpkin Tax." Tax Foundation (October 26, 2011).

Herbert, Bob. 1995. "Safety? Too Costly." *New York Times* (April 19, 1995): p. A23.

Herman, Tom. 2000. "Tax Report." *Wall Street Journal* (July 19, 2000): p. A1.

Herman, Tom. 2002. "Tax Report." *Wall Street Journal* (February 20, 2002): p. A1.

Herman, Tom. 2004a. "Tax Bill Revises Key Deduction; Though Corporations Are Focus, Measure Also Benefits Many Individuals; Impact Giving." *Wall Street Journal* (October 12, 2004): p. D1.

Herman, Tom. 2004b. "Tax Report: Many Filers Ignore Nanny Tax, Expecting Not to Get Caught." *Wall Street Journal* (December 15, 2004): p. D2.

Herman, Tom. 2007. "Sole Proprietors' Face Tax Scrutiny." *Wall Street Journal* (August 22, 2007): p. D3.

Hertz, Tom. 2006. *Understanding Mobility in America*. Center for American Progress.

Hines, James R. Jr and Lawrence H. Summers. 2009. "How Globalization Affects Tax Design." Working Paper No. 14664. Cambridge, MA: National Bureau of Economic Research.

Hitler, Adolf. 1971/1925. *Mein Kampf* (translated by Ralph Manheim). Boston: Houghton Mifflin.

Hobbes, Thomas. 1963/1651. *Leviathan*. New York: Meridian Books.

Holcombe, Randall G. 2002. "The Ramsey Rule Reconsidered." *Public Finance Review* 30: 562–578.

Holsey, Cheryl M. and Thomas E. Borchering. 1997. "Why Does Government's Share of National Income Grow? An Assessment of the Recent Literature on the US Experience." In *Perspectives on Public Choice*. D. Mueller (ed.). Cambridge, England: Cambridge University Press.

Holt, Stephen D. 2005. "Making Work *Really* Pay: Income Support and Marginal Effective Tax Rates Among Low-Income Working Households."

Hotz, V. Joseph, Charles H. Mullin, and John Karl Scholz. 2006. "Examining the Effect of the Earned Income Tax Credit on the Labor Market Participation of Families on Welfare." Working Paper No. 11968. Cambridge, MA: National Bureau of Economic Research.

Hotz, V. Joseph and John Karl Scholz. 2003. "The Earned Income Tax Credit." In *Means-Tested Transfer Programs in the US*. Robert A. Moffitt (ed.). Chicago: University of Chicago Press.

Hoxby, Caroline. 2000. "The Effects of Class Size on Student Achievement: New Evidence from Population Variation." *Quarterly Journal of Economics* 115(4): 1239–1285.

Hoxby, Caroline. 2002a. "The Cost of Accountability." Working Paper No. 8855. Cambridge, MA: National Bureau of Economic Research.

Hoxby, Caroline. 2002b. "School Choice and School Accountability (Or Could School Choice Be a Tide That Lifts All Boats?)" Working Paper No. 8873. Cambridge, MA: National Bureau of Economic Research.

Hoxby, Caroline and Jonah E. Rockoff. 2004. "The Impact of Charter Schools on Student Achievement." Working Paper. Harvard Institute of Economic Research.

Hoynes, Hilary, Marianne Page, and Ann Stevens. 2006. "Poverty in America: Trends and Explanations." *Journal of Economic Perspectives* 20(1): 47–68.

Hurd, Michael D. 1990. "Research on the Elderly: Economic Status, Retirement, and Consumption and Savings." *Journal of Economic Literature* 28(2): 565–637.

Hurst, Steven R. 2012. "Mitt Romney Shifting Toward Center as 5 States head to Polls." *Chicago Sun Times* (April 24, 2012).

Husted, Thomas A. and Lawrence W. Kenny. 1997. "The Effect of the Expansion of the Voting Franchise on the Size of Government." *Journal of Political Economy* 105: 54–82.

Inman, Robert P. 2008. "The Flypaper Effect." Working Paper No. 14579. Cambridge, MA: National Bureau of Economic Research.

Internal Revenue Service. 2012. *Statistics of Income Bulletin*. Spring 2012.

International Labour Organization. 2011. *World of Work Report 2011: Making Markets Work for Jobs*.

Ip, Greg. 2006. "The Thorny Question about Tax Increases Concerns Economic Risks over the Long Term." *Wall Street Journal* (November 7, 2006): p. A2.

Ivkovich, Zoran, James M. Poterba, and Scott J. Weisbenner. 2005. "Tax-Motivated Trading by Individual Investors." *American Economic Review* 95(5): 1605–1630.

Jacob, Brian A. 2005. "Accountability, Incentives and Behavior: The Impact of High-Stakes Testing in the Chicago Public Schools." *Journal of Public Economics* 89: 761–796.

Jacob, Brian A. and Lars Lefgren. 2004. "Remedial Education and Student Achievement: A Regression-Discontinuity Analysis." *Review of Economics and Statistics* 86(1): 226–244.

Jacob, Brian A. and Steven D. Levitt. 2003. "Rotten Apples: An Investigation of the Prevalence and Predictors of Teacher Cheating." *Quarterly Journal of Economics* 118(3): 834–877.

Jamison, Eliot A., Dean T. Jamison, and Eric A. Hanushek. 2006. "The Effects of Education Quality on Income Growth and Mortality Decline." Working Paper No. 12652. Cambridge, MA: National Bureau of Economic Research.

Jepsen, Christopher and Steven Rivkin. 2002. "What Is the Tradeoff Between Smaller Classes and Teacher Quality?" Working Paper No. 9205. Cambridge, MA: National Bureau of Economic Research.

Johansen, Leif. 1977. "The Theory of Public Goods: Misplaced Emphasis?" *Journal of Public Economics* 7(1): 147–152.

Johnson, Avery. 2005. "Travelers Hit with Slew of New Taxes on Rental Cars." *Wall Street Journal* (November 9, 2005): p. D1.

Johnson, Paul. 1983. *Modern Times*. New York: Harper & Row.

Johnston, David Cay. 2000. "The Tax Maze Begins Here. No, Here. No . . ." *New York Times* (February 27, 2000): p. BU1.

Johnston, David Clay. 2008. "Wesley Snipes Cleared on Serious Tax Charges." *Wall Street Journal* (February 2, 2008): p. C1.

Joint Committee on Taxation. 2005. *Macroeconomic Analysis of Various Proposals to Provide $50 Billion in Tax Relief* (March 1, 2005): JCX-4-05.

Joint Committee on Taxation. 2012. *Estimates of Federal Tax Expenditures for Fiscal Years 2011–2015*. Washington, DC: US Government Printing Office, January 17, 2012.

Joint Economic Committee. 2006. "Report of the Joint Economic Committee on the 2006 Economic Report of the President." December 8, 2006.

Jorgenson, Dale W. 1963. "Capital Theory and Investment Behavior." *American Economic Review* 53(2): 247–259.

Jorgenson, Dale W. 1998. "Did We Lose the War on Poverty?" *Journal of Economic Perspectives* 12: 79–96.

Jorgenson, Dale W. and Kun-Young Yun. 2001. *Investment, Volume 3, Lifting the Burden: Tax Reform, the Cost of Capital, and US Economic Growth*. Cambridge, MA: MIT Press.

Kaestner, Robert, Neeraj Kaushal, and Garrett Van Ryzin. 2003. "Migration Consequences of Welfare Reform." *Journal of Urban Economics* 53(3): 357–379.

Kahn, Joseph. 2001. "Equality at Trade Talks: No Country Gets a Vote." *New York Times* (November 12, 2001): p. A3.

Kaiser Family Foundation. 2012. *Employer Health Benefits 2012 Annual Survey*.

Kane, Thomas J. 1998. *The Price of Admissions—Rethinking How Americans Pay for College*. Washington, DC: Brookings Institution Press.

Kaplow, Louis. 2008a. "Taxation," in *Handbook of Law and Economics*, Volume 1, A. Mitchell Polinsky and Steven Shavell, (eds.). Elsevier. Amsterdam.

Kaplow, Louis. 2008b. *The Theory of Taxation and Public Economics*. Princeton, NJ: Princeton University Press.

Kaushal, Neeraj, Qin Gao, and Jane Waldfogel. 2006. "Welfare Reform and Family Expenditures: How are Single Mothers Adapting to the New Welfare and Work Regime?" Working Paper No. 12624. Cambridge, MA: National Bureau of Economic Research.

Keynes, John Maynard. 1965/1936. *The General Theory of Employment, Interest, and Money*. New York: Harcourt Brace and World.

Kho, Bon-Chan, Rene M. Stulz, and Francis E. Warnock. 2006. "Financial Globalization, Governance, and the Evolution of the Home Bias." Working Paper No. 12389. Cambridge, MA: National Bureau of Economic Research.

Kinzer, Stephen. 1996. "At 25, the Hippies' 'Free City' Isn't So Carefree." *New York Times* (May 16, 1996): p. A3.

Kleiner, Morris M. and Robert T. Kudrle. 2000. "Does Regulation Affect Economic Outcomes? The Case of Dentistry." *Journal of Law and Economics* 43: 547–582.

Kleven, Henrik, Camille Landais, and Emmanuel Saez. 2010. "Taxation and International Migration of Superstars: Evidence from the European Football Market." Working Paper No. 16545. Cambridge, MA: National Bureau of Economic Research.

Kling, Jeffery R., Jeffrey B. Liebman, and Lawrence F. Katz. 2007. "Experimental Analysis of Neighborhood Effects." *Econometrica* 75:1(2007): pp. 83–119.

Kolata, Gina. 2003. "Patients in Florida Lining Up for All That Medicare Covers." *New York Times* (September 13, 2003): p. A1.

Kotlikoff, Lawrence J. 2002. "Generational Policy." In *Handbook of Public Economics*, Volume 4. Alan J. Auerbach and Martin Feldstein (eds.). Amsterdam: North Holland.

Kowalski, Amanda E. 2009. "Censored Quantile Instrumental Variable Estimates of the Price Elasticity of Expenditure on Medical Care," Working Paper No. 15085. Cambridge, MA: National Bureau of Economic Research.

Krauss, Clifford. 2003. "Long Lines Mar Canada's Low-Cost Health Care." *New York Times* (February 13, 2003): p. A3.

Kristol, Irving. 1997. "Income Inequality Without Class Conflict." *Wall Street Journal* (December 18, 1997): p. A22.

Kronholz, Jane. 2000. "A Superintendent Is Entrepreneurial about Charters." *Wall Street Journal* (April 11, 2000): p. A10.

Krueger, Alan B. 1999. "Experimental Estimates of Education Production Functions." *Quarterly Journal of Economics* 114(2): 497–532.

Krugman, Paul. 2001. "The Public Interest." *New York Times* (October 10, 2001): p. A19.

Krugman, Paul. 2006a. "First, Do More Harm." *New York Times* (January 16, 2006).

Krugman, Paul. 2006b. "Outsourcer in Chief." *New York Times* (December 11, 2006): p. A27.

Kulish, Nicholas. 2008. "$1.85 Fee to See a Doctor? Some Say It's Too Much." *New York Times* (May 27, 2008): p. A9.

Ladd, Helen F. 2002. "School Vouchers: A Critical View." *Journal of Economic Perspectives* 16(4): 3–24.

Laffer, Arthur B. 1979. "Statement Prepared for the Joint Economic Committee, May 20." Reprinted in *The Economics of the Tax Revolt: A Reader*. Arthur B. Laffer and Jan P. Seymour (eds.). New York: Harcourt Brace Jovanovich: 75–79.

Landsburg, Steven. 2010a. "Getting Serious." *The Big Questions Blog* (February 4, 2010).

Landsburg, Steven. 2010b. "Laffering All the Way." *The Big Questions Blog* (August 11, 2010).

Landsburg, Steven E. 2004. "What I Like about Scrooge." *Slate* (December 9, 2004).

Lazear, Edward P. and James M. Poterba. 2006. "Reforming Taxes to Promote Economic Growth." *The Economists' Voice* 3(1): Article 3.

Lee, Chulhee. 2005. "Rising Family Income Inequality in the United States, 1968–2000: Impacts of Changing Labor Supply, Wages, and Family Structure." Working Paper No. 11836. Cambridge, MA: National Bureau of Economic Research.

Lee, Jaekyung. 2001. "School Reform Initiatives as Balancing Acts: Policy Variation and Educational Convergence among Japan, Korea, England and the United States." *Education Policy Analysis Archives* 9(13). http://epaa.asu.edu/epaa/v9n13.html.

Lerner, A. P. 1948. "The Burden of the National Debt." In *Income, Employment, and Public Policy: Essays in Honor of Alvin H Hansen*. L. A. Metzler et al. (eds.). New York: W. W. Norton.

Levin, Jonathan and Barry Nalebuff. 1995. "An Introduction to Vote-Counting Schemes." *Journal of Economic Perspectives* 9: 3–26.

Levy, Helen and David Meltzer. 2004. "What Do We Really Know about Whether Health Insurance Affects Health?" In *Health Policy and the Uninsured*. Catherine G. McLaughlin (ed.). Washington, DC: The Urban Institute Press.

Liebman, Jeffrey. 2001. "Redistribution in the Current US Social Security System." Working Paper No. 8625. Cambridge, MA: National Bureau of Economic Research.

Liebman, Jeffrey, Maya MacGuineas, and Andrew Samwick. 2005. "Nonpartisan Social Security Reform Plan."

Lindahl, Erik. 1958/1919. "Just Taxation—A Positive Solution." In *Classics in the Theory of Public Finance*. R. A. Musgrave and A. T. Peacock (eds.). New York: St. Martin's Press.

Liptak, Adam. 2007. "A Deal for the Public: If You Win, You Lose." *New York Times* (July 9, 2007): p. A10.

Lott, John R. 1999. "Public Schooling, Indoctrination, and Totalitarianism." *Journal of Political Economy* Volume 107(6)(2): S127–S157.

Ludwig, Jens and Deborah A. Phillips. 2007. "The Benefits and Costs of Head Start." Working Paper No. 12973. Cambridge, MA: National Bureau of Economic Research.

Luhnow, David. 2008. "Nationalism, Crony Capitalism May Thwart Mexico in Boosting Oil Production." *Wall Street Journal* (March 31, 2008): p. A2.

Lurie, Nicole, N. B. Ward, Martin F. Shapiro, C. Gallego, R. Vaghaiwalla, and Robert H. Brook. 1986. "Termination of Medi-Cal Benefits: A Follow-up Study One Year Later." *New England Journal of Medicine* 314(19): 1266–1268.

Madrian, Brigitte C. 2006. "The US Health Care System and Labor Markets." Working Paper No. 11980. Cambridge, MA: National Bureau of Economic Research.

Maki, Dean M. 2001. "Household Debt and the Tax Reform Act of 1986." *American Economic Review* 91: 305–319.

Makin, John H., ed. 1985. *Real Tax Reform—Replacing the Income Tax*. Washington, DC: American Enterprise Institute for Public Policy Research.

Mankiw, N. Gregory. 2009. "The Value Added Tax." (October 14, 2009) http://gregmankiw.blogspot.com/2009/10/value-addedtax.html

Mankiw, N. Gregory and Matthew C. Weinzierl. 2010. "The Optimal Taxation in Theory and Practice." *American Economic Journal: Economic Policy* 2(1): 155–176.

Mankiw, N. Gregory, Matthew C. Weinzierl, and Danny Yagan. 2009. "Optimal Taxation in Theory and Practice." *Journal of Economic Perspectives* 23(4): 147–174.

Manzi, Jim. 2010. "What Social Science Does—and Doesn't— Know." *City Journal* (Summer 2010).

Mark, Stephen T., Therese J. McGuire, and Leslie E. Papke. 2000. "The Influence of Taxes on Employment and Population Growth: Evidence from the Washington, D.C. Metropolitan Area." *National Tax Journal* 53: pp. 105–124.

Marron, Donald. 2012." How Much Does the United States Really Owe?" (January 26, 2012) http://dmarron.com/2012/01/27/ how--much-does-the-united-states-really-owe/.

Marsh, Bill. 2007. "Putting a Price on the Priceless: One Life." *New York Times* (September 9, 2007): p. wk4.

Marshall, Josh. 2012. "Romney: Actually, I Kind of Pay 50% Tax." *Talking Points Memo Editor's Blog* (January 27, 2012).

Mazzetti, Mark and Emily B. Hager. 2011. "Secret Desert Force Set Up by Blackwater's Founder." *New York Times* p. A1 (May 15, 2011).

McClellan, Mark and Jonathan Skinner. 2005. "The Incidence of Medicare." *Journal of Public Economics*, 90(1–2), pp: 257–276 (2006).

McGrath, Nuria. 2010. "Corporate Foreign Tax Credit, 2006." *Internal Revenue Service Statistics of Income Bulletin.*

McLure, Charles E., Jr. 1971. "The Theory of Tax Incidence with Imperfect Factor Mobility." *Finanzarchiv* 30.

McLure, Charles E., Jr. 2002. "Thinking Straight about the Taxation of Electronic Commerce: Tax Principles, Compliance Problems, and Nexus." In *Tax Policy and the Economy*, Volume 16. James M Poterba (ed.). Cambridge, MA: MIT Press.

Metcalf, Gilbert E. 2007. "A Green Employment Tax Swap: Using a Carbon Tax to Finance Payroll Tax Relief." The Brookings Institution and World Resources Institute.

Metcalf, Gilbert E. 2008. "Assessing the Federal Deduction for State and Local Tax Payments." Working Paper No. 14023. Cambridge, MA: National Bureau of Economic Research.

Metcalf, Gilbert E. 2009. "Investment in Energy Infrastructure and the Tax Code." Working Paper No. 15429. Cambridge, MA: National Bureau of Economic Research.

Metcalf, Gilbert. E. 2011. "Assessing the Federal Deduction for State and Local Tax Payments." *National Tax Journal* 64(2): 565–590.

Meyer, Bruce D. and Wallace K. C. Mok. 2007. "Quasi-experimental Evidence on the Effects of Unemployment Insurance from New York State." Working Paper No. 12865. Cambridge, MA: National Bureau of Economic Research.

Meyer, Bruce D. and Dan T. Rosenbaum. 2001. "Welfare, the Earned Income Tax Credit, and the Labor Supply of Single Mothers." *Quarterly Journal of Economics* 116: 1063–1114.

Meyer, Bruce D. and James X. Sullivan. 2007. "Further Results on Measuring the Well-Being of the Poor Using Income and Consumption." Working Paper No. 13413. Cambridge, MA: National Bureau of Economic Research.

Meyer, Bruce D. and James X. Sullivan. 2009. "Five Decades of Consumption and Income Poverty." Working Paper No. 14827. Cambridge, MA: National Bureau of Economic Research.

Miller, John J. 2007. "Should Libraries' Target Audience be Cheapskates with Mass-Market Tastes?" *Wall Street Journal* (January 3, 2007): p. D9.

Millward, David. 2006. "Is This the End of the Road for Traffic Lights?" *The Telegraph* (November 4, 2006).

Mishan, E. J. 1971. "The Post-War Literature on Externalities: An Interpretative Essay." *Journal of Economic Literature* 9: 1–28.

Modigliani, Franco. 1986. "Life Cycle, Individual Thrift and the Wealth of Nations." *American Economic Review* 76(3): 297–313.

Moffitt, Robert A. 2003. "The Temporary Assistance for Needy Families Program." In *Means-Tested Transfer Programs in the US*. Robert A. Moffitt (ed.). Chicago: University of Chicago Press.

Moffitt, Robert A. and John Karl Scholz. 2009. "Trends in the Level and Distribution of Income Support." Working Paper No. 15488. Cambridge, MA: National Bureau of Economic Research.

Morgenson, Gretchen. 2009. "Home Builders (You Heard that Right) Get a Gift." *New York Times* (November 15, 2009).

Morran, Chris. 2011. "Texas Man Loses 78% of Tax Refund After Winning Free Donut Coupons at Houston Astros Game." *The Consumerist* (April 22, 2011).

Munnell, Alicia, H. 1999. "Reforming Social Security: The Case Against Individual Accounts." *National Tax Journal*, vol. LII, no. 4: 783–802.

Munnell, Alicia. 2003. "Introduction." Chapter in Alicia H. Munnell and Annika Sunden (eds.), *Death and Dollars: The Role of Gifts and Bequests in America*. Brookings Institution Press.

Murphy, Kevin M. and Robert Topel. 2000. "Medical Research–What's It Worth?" *The Milken Institute Review*, First Quarter, 23–30.

Murray, Charles. 2006. *In Our Hands: A Plan to Replace the Welfare State*. Washington, DC: AEI Press.

Musgrave, Richard A. 1959. *The Theory of Public Finance*. New York: McGraw-Hill.

Musgrave, Richard A. 1985. "A Brief History of Fiscal Doctrine." In *Handbook of Public Economics*, Vol. 1. Alan Auerbach and Martin S Feldstein (eds.). Amsterdam: North-Holland.

Napolitano, Jo. 2004. "Proposal to Adopt a Palestinian City as a 'Sister' Creates a Family Feud for Madison." *New York Times* (May 29, 2004): p. A10.

Nataraj, Sita and John B. Shoven. 2004. "Has the Unified Budget Undermined the Federal Government Trust Funds?" Working Paper No. 10953. Cambridge, MA: National Bureau of Economic Research.

National Commission on Fiscal Responsibility and Reform. 2010. *A Moment of Truth*.

Newhouse, Joseph P. 2001. "Medical Care Price Indices: Problems and Opportunities; The Chung-Hua Lectures." Working Paper No. 8168. Cambridge, MA: National Bureau of Economic Research.

Newhouse, Joseph P. and the Insurance Experiment Group. 1993. *Free for All? Lessons from the RAND Health Insurance Experiment*. Cambridge, MA: Harvard University Press.

New York Times. 2009. "Progress on Drunken Driving." (October 21, 2009).

New York Times. 2012. "Truth and Lies about Medicare." p. SR10 (August 19, 2012).

Nicol v. Ames. 1899. 173 US 509, 515.

Nordhaus, William D. 2008. *A Question of Balance: Weighing the Options on Global Warming Policies*. New Haven, CT: Yale University Press.

Norris, Floyd. 2005. "How to Assure the Very Rich Stay That Way." *New York Times* (September 9, 2005): p. C1.

Nozick, Robert. 1974. *Anarchy, State, and Utopia*. Oxford: Basil Blackwell.

Oates, Wallace E. 1999. "An Essay on Fiscal Federalism." *Journal of Economic Literature* 37: 1120–1149.

Office of Family Assistance. 2012. *Temporary Assistance to Needy Families: Ninth Annual Report to Congress*: www.acf.hhs.gov/programs/ofa/data-reports/annualreport9/ar9index.htm

Olsen, Edgar O. 2003. "Housing Programs for Low-Income Households." In *Means Tested Transfer Programs in the US*. Robert A. Moffitt (ed.). Chicago: University of Chicago Press.

O'Neill, June E. and Dave M. O'Neill. 2007. "Health Status, Health Care, and Inequality: Canada vs. the US." *Forum for Health Economics and Policy* 10(1).

Organization for Economic Cooperation and Development (OECD). 2009. *Programme for International Student Assessment (PISA) 2009 Database*. Paris, France.

Organization for Economic Cooperation and Development (OECD). 2011a. *Education at a Glance 2011* (August 2011): Paris, France.

Organization for Economic Cooperation and Development (OECD). 2011b. *OECD Economic Outlook* (December 2011): Paris, France.

Organization for Economic Cooperation and Development (OECD). 2012a. *National Accounts of the OECD Countries*.

Organization for Economic Cooperation and Development (OECD). 2012b. *OECD Health Data* (August 2012): Paris, France.

Parker, Ashley. 2011. "In Suit, City Accuses 32 Residents of Avoiding Millions in Cigarette Taxes." *New York Times* p. A21 (April 22, 2011).

Parnes, Arnie. 2012. "Obama Supports Exempting Olympic Awards from Taxes." *The Hill* (August 6, 2012).

Parry, Ian W. H. and Small, Kenneth A. 2009. "Should Urban Transit Be Reduced?" *American Economic Review* 99(3): 700–724.

Passell, Peter. "Lend to Any Student." *New York Times* (April 1, 1985): p. A20.

Pauly, Mark and Bradley Herring. 1999. *Pooling Health Insurance Risks*. Washington, DC: AEI Press.

Payne, Abigail. 2009. "Does Government Funding Change Behavior? An Empirical Analysis of Crowd-Out." *Tax Policy and the Economy* 23, pp. 159–184.

Pear, Robert. 2009. "Procedure to Bypass GOP on Health Care Carries Risks for Democrats." *New York Times* (April 22, 2009).

Peltzman, Sam. 1975. "The Effects of Automobile Safety Regulation." *Journal of Political Economy* 83(4): 677–725.

Peltzman, Sam. 1997. "Class Size and Earnings." *Journal of Economic Perspectives* 11(4): 225–226.

Persson, Torsten and Guida Tabellini. 1999. "Political Economics and Public Finance." Working Paper No. 7097. Cambridge, MA: National Bureau of Economic Research.

Phelps, Charles E. 2010. *Health Economics*, 4th Edition. Prentice Hall.

Phi Delta Kappa/Gallup. 2005. "The Annual Gallup Poll of the Public's Attitudes toward the Public Schools, 1974–2004." Gallup Polling, Gallup.

Pogrebin, Robin. 2010. "Tax Break for Erotica? A Museum Favors It." *New York Times* p. C1 (May 4, 2010).

Pommerehne, Werner. 1977. "Quantitative Aspects of Federalism: A Study of Six Countries." In *The Political Economy of Fiscal Federalism*. Wallace Oates (ed.). Lexington, MA: DC Heath, pp. 275–355.

Porter, Eduardo. 2005. "Buy a Home, and Drag Society Down." *New York Times* (November 13, 2005): p. WK3.

Portney, Paul R. 2000. "Air Pollution Policy." In *Public Policies for Environmental Protection*, 2nd edition. Paul R. Portney and Robert N. Stavins (eds.). Washington, DC: Resources for the Future.

Poterba, James M. 1991. "Dividends, Capital Gains, and the Corporate Veil: Evidence from Britain, Canada, and the United States." In *National Saving and Economic Performance*. Douglas B Bernheim and John B Shoven (eds.). Chicago: University of Chicago Press: 49–71.

Poterba, James M. and Andrew Samwick. 2003. "Taxation and Household Portfolio Composition: US Evidence from the 1980s and 1990s." *Journal of Public Economics* 87: 5–38.

Poterba, James M. and Todd Sinai. 2008. "Tax Expenditures for Owner-Occupied Housing: Deductions for Property Taxes and Mortgage Interest and the Exclusion of Imputed Rental Income." *American Economic Review* 98(2): 84–89.

Pozen, Robert, Sylvester J. Schieber, and John B. Shoven. 2004. "Improving Social Security's Progressivity and Solvency with Hybrid Indexing." *American Economic Review* 94(2): 187–191.

Prescott, Edward C. 2004. "It's Irrational to Save." *Wall Street Journal* (December 29, 2004): p. A8.

Prescott, Edward C. 2005a. "Even Europeans Will Respond to Incentives." *Wall Street Journal* (August 2, 2005): p. A10.

Prescott, Edward C. 2005b. "Stop Messing with Federal Tax Rates." *Wall Street Journal* (December 20, 2005): p. A14.

President's Advisory Panel on Federal Tax Reform. 2005. *Simple, Fair, and Pro-Growth: Proposals to Fix America's Tax System* (November 1, 2005). Washington, DC: US Government Printing Office.

Preston, Samuel H., and Jessica Ho. 2009. "The US Health Care System and Lagging Life Expectancy: A Case Study." University of Pennsylvania Population Studies Center Working Paper Series.

Prior, Ryan. 2012. "How Long Do Canadians Wait for Health Care?" *Daily Beast* (June 20, 2012).

Ramsey, Frank P. 1927. "A Contribution to the Theory of Taxation." *Economic Journal* 37: 47–61.

Rawls, John. 1971. *A Theory of Justice*. Cambridge, MA: Harvard University Press.

Reddy, Sudeep. 2009. "A Personal-Finance Workout." *Wall Street Journal* (June 23, 2009).

Reich, Robert B. 2008. "How about a Cap-and-Trade Dividend?" *Wall Street Journal* (June 4, 2008): p. A21.

Reinhart, Carmen M., Reinhart, Vincent R., and Kenneth S. Rogoff. 2012. "Debt Overhangs: Past and Present." Working Paper No. 18015. Cambridge, MA: National Bureau of Economic Research.

Richwine, Lisa. 2009. "Allergan CEO: Marginal Impact from Proposed 'Botax tax'." *Reuters* (December 11, 2009).

Riedl, Brian M. 2002. "Agriculture Lobby Wins Big in New Farm Bill." *Heritage Foundation Backgrounder*, No. 1534, April 9, 2002.

Rogerson, Richard. 2007. "Taxation and Market Work: Is Scandinavia an Outlier?" Working Paper No. 12890. Cambridge, MA: National Bureau of Economic Research.

Romer, Christina D. and David H. Romer. 2007. "Do Tax Cuts Starve the Beast: The Effect of Tax Changes on Government Spending." Working Paper No. 13548. Cambridge, MA: National Bureau of Economic Research.

Rosenbaum, David E. 1986. "Big Changes Loom in Final Tax Bill, Lawmakers Agree." *New York Times* (May 26, 1986): p. C1.

Rosenberg, Debra. 2002. "Medicare's Foundation Is Crumbling." *Newsweek* (December 9, 2002): p. 11.

Rosenthal, Elisabeth. 2011. "In Auto Test in Europe, Meter Ticks Off Miles, and Fee to Driver." *New York Times* p. A1 (August 10, 2011).

Ross, Gilbert L. 1999. "Price of Alarmism." *New York Times* (September 2, 1999): p. A26.

Rothstein, Jesse. "Unemployment Insurance and Job Search in the Great Recession." *Brookings Papers on Economic Activity* (Fall 2011).

Rouse, Cecilia E., Jane Hannaway, Dan Goldhaber, and David N. Figlio. 2007. "Feeling the Florida Heat? How Low-Performing Schools Respond to Voucher and Accountability Pressure." Working Paper No. 13681. Cambridge, MA: National Bureau of Economic Research.

Samuelson, Paul A. 1955. "The Pure Theory of Public Expenditure." *Review of Economics and Statistics* 36: 387–389.

Samuelson, Robert J. 1986. "The True Tax Burden." *Newsweek* (April 21, 1986): p. 68.

Samuelson, Robert. 2010. "Why Our Poverty Measure Misleads." *Washington Post* (May 31, 2010).

Sanbonmatsu, Lisa, Jeffrey R. Kling, Greg J. Duncan, and Jeanne Brooks-Gunn. 2006. "Neighborhoods and Academic Achievement: Results from the Moving to Opportunity Experiment." *Journal of Human Resources*, 41(4): 649–691.

Santerre, Rexford E. and Stephen P. Neun. 2004. *Health Economics: Theories, Insights, and Industry Studies*, 3rd edition. Cincinnati, OH: Thomson South-Western.

Sas-Rolfes, Michael`t. 2012. "Saving African Rhinos: A Market Success Story." *PERC Case Studies*. Spring 2012.

Saunders, Laura. 2009. "Rich Cling to Life to Beat Tax Man." *Wall Street Journal* (December 30, 2009).

Schick, Allen. 2002. "The Deficit That Didn't Just Happen." *The Brookings Review* (Spring): 45–46.

Schmedel, Scott R. 1991. "Tax Report." *Wall Street Journal* (January 9, 1991): p. A1.

Schuck, Peter H. 2011. "The Balanced Budget Amendment's Fatal Flaw." *Wall Street Journal* (July 22, 2011).

Schultze, Charles L. 1995. "The Balanced Budget Amendment: Needed? Effective? Efficient?" *National Tax Journal* 48: 317–328.

Seelye, Katharine. 2011. "A Push to Privatize Pennsylvania Liquor Stores." *New York Times* p. A9 (January 1, 2011).

Sen, Amartya. 1999. "The Possibility of Social Choice." *American Economic Review* 89: 349–378.

Sheshinski, Eytan and Luis Felipe Lopez-Calva. 1999. "Privatization and Its Benefits: Theory and Evidence." Working Paper. Cambridge, MA: Harvard Institute for International Development.

Shleifer, Andrei. 1998. "State versus Private Ownership." *Journal of Economic Perspectives* 12(4): 133–150.

Shoven, John B. and Sita N. Slavov. 2006. "Political Risk Versus Market Risk in Social Security." Working Paper No. 12135. Cambridge, MA: National Bureau of Economic Research.

Sigman, Hilary. 2003. "Letting States Do the Dirty Work: State Responsibility for Federal Environmental Regulation." *National Tax Journal* 56: 107–122.

Sinai, Todd and Joseph Gyourko. 2004. "The (Un)changing Geographical Distribution of Housing Tax Benefits: 1980 to 2000." *Tax Policy and the Economy* 18: 165–208.

Sinai, Todd and Joel Waldfogel. 2002. "Do Low-Income Housing Subsidies Increase Housing Consumption?" Working Paper No. 8709. Cambridge, MA: National Bureau of Economic Research.

Skinner, Jonathan, Elliott Fisher, and John E. Wennberg. 2005. "The Efficiency of Medicare." In *Analyses in the Economics of Aging*, David Wise (ed.). Chicago: University of Chicago Press.

Slemrod, Joel and Jon Bakija. 2004. *Taxing Ourselves*, 3rd ed. Cambridge, MA: MIT Press.

Smith, Adam. 1977/1776. *The Wealth of Nations*. London: J.M. Dent and Sons.

Smith, Ray A. 2005. "Homeowners Revolt Against Tax Assessors." *Wall Street Journal* (January 25, 2005): p. D1.

Snow, John. 1855. *On the Mode of Communication of Cholera*. London: John Churchill, New Burlington Street, England.

Social Security Administration. 2012. *Social Security Bulletin 2011*: www.ssa.gov/policy/docs/statcomps/supplement/2011/supplement11.pdf

Social Security Trustees. 2012. *The 2012 Annual Report of the Board of Trustees of the Federal Old-Age and Survivors Insurance and Disability Insurance Trust Funds*. Washington, DC: US Government Printing Office.

Spar, Karen, 2006. "Cash and Noncash Benefits for Persons with Limited Income: Eligibility Rules, Recipient and Expenditure Data, FY2002–FY2004." Congressional Research Service, Washington, DC: March 27, 2006.

Spar, Karen. 2011. "Federal Benefits and Services for People with Low Income: Programs, Policy, and Spending, FY2008–FY2009." Congressional Research Service, Washington, DC: January 31, 2011.

Spitzer, Eliot. 2010. "Tax Fraud: Debunking the claim that higher income-tax rates reduce GDP." *Slate* (February 23, 2010).

Stavins, Robert N. 2003. "Experience with Market-based Environmental Policy Instruments." In *The Handbook of Environmental Economics*, Volume 1. Karl-Goran Maler and Jeffrey R. Vincent (eds.). Amsterdam: North Holland.

Stein, Herbert. 1996. "The Income Inequality Debate." *Wall Street Journal* (May 1, 1996): p. A14.

Stein, Herbert. 1997. "Death and Taxes." *Wall Street Journal* (July 3, 1997): p. A10.

Stein, Jeremy C. 2003. "Agency, Information and Corporate Investment." In *Handbook of the Economics of Finance*, Vol. 1A. G. M. Constantinides, M. Harris, and R. M. Stulz (eds.). Amsterdam: North-Holland.

Steinhauer, Jennifer. 2009. "California Legislature Approves Budget that Closes $26 Billion Gap," *New York Times* p. A12 (July 25, 2009).

Stelzer, Irwin. 2010. "Small Bras and the Value-Added Tax." *Wall Street Journal* (April 5, 2010).

Stern, Nicholas. 2006. *The Economics of Climate Change*. Cambridge, UK: Cambridge University Press.

Steuerle, C. Eugene and Jon M. Bakija. 1994. *Retooling Social Security for the 21st Century: Right and Wrong Approaches to Reform*. Washington DC: The Urban Institute.

Stewart, James B. 2012. "At 102%, His Tax Rate Takes the Cake." *New York Times* (February 3, 2012).

Stiglitz, Joseph E. 1973. "Taxation, Corporate Financial Policy, and the Cost of Capital." *Journal of Public Economics* 2: 1–34.

Stone, Lawrence. 1977. *The Family, Sex, and Marriage in England, 1500–1800*. New York: Harper & Row.

Strumpf, Koleman S. and Felix Oberholzer-Gee. 2002. "Endogenous Policy Decentralization: Testing the Central Tenet of Economic Federalism." *Journal of Political Economy* 110: 1–36.

Strunk, Bradley C. and Paul B. Ginsburg. 2002. *Aging Plays a Limited Role in Health Care Cost Trends*, Center for Studying Health System Change Data Bulletin, No. 23: September 2002.

Stuckart, Wilhem and Hans Globke. 1968. "Civil Rights and the Natural Inequality of Man." In *Nazi Culture*. Georget L. Morse (ed.). New York: Universal Library.

Taheri, Amir. 2003. "Shiite Schism." *Wall Street Journal* (April 7, 2003).

Tideman, T. Nicolaus and Gordon Tullock. 1976. "A New and Superior Process for Making Social Choices." *Journal of Political Economy* 84: 1145–1160.

Tiebout, Charles. 1956. "A Pure Theory of Local Expenditures." *Journal of Political Economy* 64: 416–424.

Tierney, John. 2001. "Is a US Force the Safest Bet for Airports?" *New York Times* (October 16, 2001): p. D1.

Tierney, John. 2006. "New Europe's Boomtown." *New York Times* (September 5, 2006): p. A23.

Tobin, James. 1958. "Liquidity Preference as Attitude toward Risk." *Review of Economic Studies* 25: 65–86.

Tomsho, Robert. 2001. "Fund-Raising Drive for Schools Leaves Manchester Disunited." *Wall Street Journal* (February 7, 2001): p. A1.

Trabandt, Mathias and Harald Uhlih. 2009. "How Far Are We from the Slippery Slope? The Laffer Curve Revisited." Working Paper No. 15343. Cambridge, MA: National Bureau of Economic Research.

Tresch, Richard W. 2002. *Public Finance: A Normative Theory*, 2nd edition. New York: Academic Press.

Tucker, Robert C., ed. 1978. *The Marx-Engels Reader*, 2nd edition. New York. W.W. Norton.

Uchitelle, Louis. 2001. "Now, Uncle Sam Wants You." *New York Times* (November 25, 2001): p. WK3.

Uhlig, Harald and Mathias Trabandt. 2006. "How Far Are We from the Slippery Slope? The Laffer Curve Revisited." Working Paper 5657. Center for Economic Policy Research.

US Bureau of the Census. 2009. *The Effect of Government Taxes and Transfers on Income and Poverty in the United States: 2009*.

US Bureau of the Census. 2010. *Public Education Finances: 2008*.

US Bureau of the Census. 2011a. *Current Population Survey: Annual Social and Economic Supplements*: www.census.gov/hhes/www/income/histinc/h02ar.html

US Bureau of the Census. 2011b. *2010 American Community Survey*.

US Bureau of the Census. 2012a. *Current Population Reports: Income, Poverty, and Health Insurance Coverage in the United States: 2011*.

US Bureau of the Census. 2012b. "State and Local Government Finances: 2010." www2.census.gov/govs/estimate/summary_report.pdf

US Bureau of the Census. 2012c. *Statistical Abstract of the United States: 2011*. Washington, DC.

US Bureau of the Census. 2012d. *2012 Census of Governments* www.census.gov/govs/cog2012/

US Centers for Disease Control and Prevention. 2005. *Health, United States, 2005*. National Center for Health Statistics.

US Department of Agriculture. 2011. "Characteristics of Supplemental Nutrition Assistance Program (SNAP) Households: Fiscal Year 2012.

US Department of Health and Human Services. 2008. *Administration for Children and Families, Caseload Data 2007*.

US Department of Housing and Urban Development and US Department of Commerce. 2008. *American Housing Survey for the United States: 2007*.

US Department of Labor. 2011. "Unemployment Insurance Data Summary." *Employment and Training Division*.

US Office of Management and Budget (OMB). 2003. *Circular A-4, Regulatory Analysis*. www.whitehouse.gov/omb/circulars/ a004/a-4.pdf.

US Office of Management and Budget (OMB). 2012. *Analytical Perspectives: Budget of the United States Government, Fiscal Year 2013*. Washington, DC: US Government Printing Office.

Vessella, Tom. 2001. "How about This for a Tax Plan: Eliminate the IRS." *The Princeton Tory*: 17–18.

Viscusi, W. Kip. 1992. *Fatal Tradeoffs: Public and Private Responsibilities for Risk*. New York: Oxford University Press.

Viscusi, W. Kip. 2006. "The Value of Life." In *The New Palgrave Dictionary of Economics*, 2nd edition. Steven Durlauf and Lawrence Blume (eds.). London: Macmillan.

Viscusi, W. Kip and Joseph E. Aldy. 2003. "The Value of a Statistical Life: A Critical Review of Market Estimates throughout the World." *Journal of Risk and Uncertainty* 27(1): 5–76.

Viscusi, W. Kip and Ted Gayer. 2005. "Quantifying and Valuing Environmental Health Risks." In *Handbook of Environmental Economics*, Volume 2. Karl-Goran Maler and Jeffrey R. Vincent (eds.). Elsevier. Amsterdam.

Wall Street Journal. 2001. "Non-Stop Taxes." (April 19, 2001): p. A18.

Wall Street Journal. 2009. "Washington's Marlboro Men." *Wall Street Journal* (June 13, 2009).

Wall Street Journal. 2010. "The Mystique of Washington." *Wall Street Journal* p. A18 (April 5, 2010).

Wall Street Journal. 2011. "Badly Written Bad Rules." *Wall Street Journal* p. A12 (December 27, 2011).

Waverly, Jed. 2010. "Letter to Editor." *New York Times Magazine* p. 8 (April 11, 2010).

Weimer, David L. and Michael J. Wolkoff. 2001. "School Performance and Housing Values: Using Non-Contiguous District and Incorporation Boundaries to Identify School Effects." *National Tax Journal* 54: 231–254.

Weisenthal, Joe. 2012. "Krugman: The Government Has to Do More Deficit Spending to Avoid a Full-On Depression." *Business Insider* (July 12, 2012).

Weitzman, Martin L. 1974. "Prices vs. Quantities." *Review of Economic Studies* 41(4): 477–491.

Weitzman, Martin L. 2007. "A Review of the Stern Review on the Economics of Climate Change." *Journal of Economic Literature* 45(3): 703–724.

The White House and the Department of the Treasury. 2012. *The President's Framework for Business Tax Reform*. February 2012.

Whitmore, Diane. 2002. "What Are Food Stamps Worth?" Industrial Relations Section Working Paper No. 468. Princeton, NJ: Princeton University.

Willig, Robert. 1976. "Consumer Surplus without Apology." *American Economic Review* 66(4): 589–597.

Wilson, James Q. 1994. "A New Approach to Welfare Reform: Humility." *Wall Street Journal* (December 29, 1994): p. A10.

Wilson, James Q. 2000. "Pork Is Kosher under Our Constitution." *Wall Street Journal* (February 15, 2000): p. A26.

Winer, Stanley and Walter Hettich. 2004. "The Political Economy of Taxation: Positive and Normative Analysis When Collective Choice Matters." In *The Encyclopedia of Public Choice*. C. Rowley and F. Schneider (eds.). Kluwer Academic.

Winston, Cliff. 2010. *Last Exit: Privatization and Deregulation of the US Transportation System*. Brookings Institution Press: Washington, DC.

Wolff, Edward N. 2001. "Recent Trends in Wealth Ownership, 1983–1998." In *Assets for the Poor: The Benefits of Spreading Asset Ownership*. Thomas M. Shapiro and Edward N. Wolff (eds.). Russell Sage Press: 34–73.

Woodbury, Stephen A. and Robert G. Spiegelman. 1987. "Bonuses to Workers and Employers to Reduce Unemployment: Randomized Trials in Illinois." *American Economic Review* 77(4): 513–530.

Wooldridge, Jeffrey M. 2009. *Introductory Econometrics*, 4th edition. Cincinnati, OH: South-Western College Publishing.

Yan, Jia, and Clifford Winston. 2012. "Designing a Market for Privatized Airports: The Case of the San Francisco Bay Area." Brookings Working Paper.

Yardley, William. 2010. "Turbines Too Loud? Here, Take $5,000." *New York Times* p. A14 (July 31, 2010).

You, Jong-sung and Sanjeef Khagram. 2004. "Inequality and Corruption." Hauser Center for Nonprofit Organizations Working Paper No. 22. Kennedy School of Government Working Paper Series: RWP04-001.

Zimmerman, Jonathan. 2007. "Letter to the Editor." *New York Times* (March 24, 2007).

Zodrow, George R. 2007. "The Property Tax Incidence Debate and the Mix of State and Local Finance of Local Public Expenditures." *CESifo Economic Studies* 53(4): 495–521.

Índice de nomes

A

Aaronson, D., 136-137 n
Acemoglu, D., 130-131, 191-192
Achenbach, J., 168
Ackerman, F., 158-159
Adichie, C. N., 339
Alesina, A., 257-258
Allen, M., 397-398
Alm, J., 397-398
Alsenz, J., 473-474
Altig, D., 390-391, 476-477
Anders, G., 215-216
Anderson, G. M., 187-188
Anderson, M., 185-186
Ansberry, C., 143
Archer, Bill, 370
Armitage-Smith, G., 291
Arrow, Kenneth, 114-115, 191-192
Attanasio, O. P., 235, 235 n
Auerbach, Alan, 461-462
Austen, I., 319
Austen, Jane, 244-245
Auten, G., 257-258

B

Baicker, K., 521
Baker, M. A., 517
Baker, Russell, 333, 449
Baker, S., 388
Bakija, J., 227, 385-386, 475
Ball, D., 520-521
Banzhaf, H. S., 499-500
Barboza, D., 502-503
Barringer, F., 78-79
Barrionuevo, A., 104-105
Barro, R. J., 456-457
Barrow, L., 136-137 n
Barry, Dave, 370, 452-453, 490
Bartlett, B., 473-474
Basetto, M., 450-451
Bauman, K. J., 450-451
Baumol, H., 48-49
Baumol, W. J., 48-49, 99-100
Bazelon, C., 153-154
Becker, Gary, 280-281, 355, 476-477
Ben-Shalom, Y., 284-285
Benjamin, D. J., 418-419
Bergan, D., 123-124
Beshears, J., 419-420
Biggs, A. G., 195, 222-223
Bitler, M., 284-285
Blahous, C., 244-245
Blair, D. H., 114-115 n
Blank, R., 272-273

Blau, F. D., 407
Bloomberg, Michael, 364
Blume-Kohout, M. E., 193-194
Blumenthal, M., 364
Boardman, A. E., 144 n, 154-155 n
Bono, 361-362
Borcherding, T. E., 125-126
Borck, R., 516
Boskin, M. J., 238-239, 348 n
Bowen, G., 198
Bradford, David, 481-482, 492
Bradley, Bill, 395
Brandeis, Louis, 503-504
Brat, I., 446
Bridgman, B., 335-336
Broder, J. M., 113-114
Brookes, P., 168
Brooks, David, 465
Brown, E., 218-219
Brown, Jerry, 160-161
Brown, M. E., 189-190
Browning, E. K., 256-257, 286-287
Browning, M., 471
Brugiavini, A., 235
Bryan-Low, C., 520-521
Buchanan, James, 115-116, 461-462 n
Buckley, Cara, 32
Buckley, Christopher, 237-238
Burger, Warren, 336-338
Burman, L. E., 198
Burtraw, D., 100-101
Bush, George H. W., 165-166
Bush, George W., 159-160, 286-287, 494

C

Cabral, M., 512-513
Calderon, Felipe, 68-69
Cameron, S. V., 132-133
Campoy, A., 103-104
Carasso, Adam, 227, 395 n
Card, D., 138-139, 162-164
Cardon, J. H., 180-181 n
Carnegie, Andrew, 484-485
Cave, D., 319
Cawley, J., 180-181 n
Chamberlain, A., 258-259
Chavez, Hugo, 13-14
Chay, K. Y., 78-80
Chetty, R., 138-139, 299-301, 438-439
Cheung, R., 513-514
Chiappori, P-A, 180-181 n, 243-244
Chirinko, R. S., 433 n, 435-436, 501-502
Chivers, C. J., 263-264
Christian, C., 364
Christy, G. C., 447

Chu, Steven, 48-49
Cieslewicz, Dave, 504-505
Cinyabuguma, M., 63-64 n
Clausing, K., 446
Clay, Henry, 3-4, 118-119
Clements, J., 425
Clinton, Bill, 7-8, 62-63, 165-166
Clinton, Hillary, 457-458
Clymer, A., 504-505
Cnossen, S., 475 n
Coase, Ronald, 62-63, 81-82
Cockburn, A., 492
Colbert, Jean-Baptiste, 291
Coleman, J. S., 135-136
Collins, C., 485-486
Cooper, C., 65-66
Cooper, M., 123-124
Corlett, W. J., 347
Crain, N. V., 8-9
Crain. W. M., 8-9
Crossley, T. F., 471
Currie, J., 282-283
Cushing, M. J., 253-254
Cushman, J. H., Jr., 165-166
Cutler, D. M., 188-189, 191-193, 201

D

Davey, M., 501-502
Davis, S. J., 364
de Tocqueville, Alexis, 502-503
Dee, T., 27-28, 141-142
Delipalla, S., 307
Deming, D. J., 140-141
DeParle, J., 248-249
Derthick, M., 504-505
Desai, M. A., 442-443
Dewenter, K., 67-68
Diamond, P. A., 236-238
Dillon, S., 494
Director, Aaron, 126-127 n
Disraeli, Benjamin, 115-116
Dobkin, C., 185-186
Domhoff, G. W., 482-483
Domit, M., 104-105
Doms, M. E., 428
Dudley, P. M., 165-166
Dudley, S., 7-8
Dugger, C. A., 99-100
Dynarski, S., 137-138

E

Eagan, M., 520-521
Edgeworth, F. Y., 34-35 n, 352
Einav, L., 179-180

Einstein, Albert, 403
Eisenhower, Dwight, 191-192
Eissa, N., 276-277, 407
Engeles, Friedrich, 41 n
Engelhardt, G. V., 203-204, 221
Erlanger, S., 447

F

Fackler, M., 119-120
Fattah, H. M., 128
Feldstein, M., 31, 104-105, 241-242, 254-255, 334-335, 356, 412-413, 425, 458-459 n
Fernandez, M., 287-288
Fetter, H. D., 425
Figlio, D. N., 141-142
Finkelstein, A., 179-180, 189-192, 205-206, 209-210, 215-216
Fisher, E., 205-206
Fisher, R. C., 516
Fisman, R., 364, 494-496 n, 503-504
Fleenor, P., 367
Fogel, Robert, 172-173
Foley, C. F., 442-443
Folland, S., 211-212
Forbes, Steve, 390-391 n, 478-479
Foster, J. D., 168
Frank, Barney, 504-505
Frank, R, 355, 492
Freedman, D. A., 26-27 n
Freeman, A. M., III, 99-100
Friedman, E., 364
Friedman, J. N., 138-139
Friedman, Milton, 460-461
Fryer, R. G., Jr., 142
Fuchs, V., 213-214, 431-432
Fuller, Ida May, 226
Fullerton, D., 314, 444 n

G

Gadhafi, Moammar, 520-521
Gale, W. G., 485-486
Gallagher, L. J., 274-275
Gao, Q., 272-273
Gates, W. H., Sr., 485-486
Gatti, R., 494-496 n, 503-504
Gayer, T., 91-92 n, 100-101, 168
Gebeloff, R., 248-249
Gee, G., 257-258
Gentleman, A., 104-105
Gerber, A., 123-124
Gervais, M., 421
Ginsburg, P. B., 191-192
Giuliani, Rudy, 478-479
Glaeser, E. L., 102-103, 118-119, 130-131, 247, 257-258, 421, 502-503
Globke, Hans, 3n
Goklany, I., 98-99
Goldberg, Whoopi, 483-484
Goldhaber, D., 141-142
Goldwater, Barry, 117-118
Gompers, P. A., 378
Goodman, A., 211-212
Goolsbee, A., 286-287, 366, 431-432, 435-436

Gordon, Rachel, 105-106
Gordon, Roger H., 439-440
Gore, Al, 73, 293-294
Graham, J. R., 437-438
Grainger, C. A., 100-101
Greenstone, M., 78-80
Griffin, M., 159-160
Grogger, J., 273-274
Gross, T., 185-186
Groves, H. M., 367
Groves, T., 71
Gruber, J., 203-204, 221, 236, 409-410
Gruley, B., 446
Guryan, J., 136-137
Gyourko, J., 421

H

Hadley, J., 188-189
Hager, E. B., 63-64
Hagman, D. C., 483-484
Hague, D. C., 347
Hahn, R. W., 90-91 n, 165-166
Haig, Robert M., 372 n
Hall, R. E., 478-479
Hamilton, B., 498-499 n
Hannaway, J., 141-142
Hanushek, E. A., 136-137, 136-137 n, 143
Harberger, A. C., 311
Harford, Tim, 46
Hart, O., 65-66
Hassett, G. E., 316
Hastert, Dennis, 476-477
Hastings, J. S., 141-142
Hatch, Orrin, 401
Haughwout, A., 424
Heal, G., 82-83, 521
Heckman, James, 132-133, 138-139, 283-285
Heim, B. T., 385-386, 425
Heinzerling, L., 158-159
Henchman, J., 472-473
Hendel, I., 180-181 n
Henrekson, M., 364
Henri IV of France, 144
Herbert, B., 167
Herman, T., 293, 362-363, 385-386, 397-398
Herring, B., 181-182
Hertz, T., 257-258
Hetson, Greg, 119-120 n
Hettich, W., 355 n
Hicks, John, 161-162 n
Hines, J. R., Jr., 442-443, 520-521
Hitler, Adolf, 3
Ho, J., 211-212
Hobbes, Thomas, 3-4, 255-256, 466-468
Hobner, Larry, 218-219
Holcombe, R. G., 354
Hollande, Francois, 447
Holsey, C. M., 125-126
Holt, S. D., 284-285
Horowitz, J. K., 91-92 n
Hotz, V. J., 276-277, 276-277 n
Hoxby, C., 29, 137-140, 512-513
Hoynes, H. W., 248-249 n, 276-277, 284-285
Hurd, M. D., 30

Hurst, S. R., 117-118
Husted, T. A., 126-127

I

Inman, R. P., 518-519
Ip, G., 339

J

Jacob, B., 30, 141-142
Jamison, D. T., 143
Jamison, E. A., 143
Jefferson, Thomas, 3-4, 460-461
Jepsen, C., 137-138
Jeter, Derek, 492
Johansen, L., 62-63 n
Johnson, A., 320
Johnson, P., 3
Johnson, Samuel, 246
Johnston, D. C., 361-362, 388
Jorgenson, D. W., 249-250, 328-330, 431-432, 434

K

Kadiyala, S., 192-193
Kaestner, R., 274-275
Kahn, J., 108-109
Kahn, L. M., 407
Kain, J. F., 136-137 n
Kaldor, Nicholas, 161-162 n
Kane, T. J., 131-132
Kaplow, L., 60-61 n, 324 n, 359-360
Karlan, D. S., 123-124
Kaushal, N., 272-273
Kenny, L. W., 126-127
Keynes, John Maynard, 123-124, 359-360
Khagram, S., 257-258
Khitatrakun, S., 198
Kho, B-C, 419-420
Khomeini, Ayatollah, 3, 48-49
Kinzer, S., 128
Klaus, Vaclav, 2
Kleiner, M. M., 187-188
Kleven, H., 319
Kling, J. R., 283-284
Kolata, G., 215-216
Kolstad, C. D., 100-101
Kotlikoff, L. J., 454-455
Kowalski, A. E., 194-195
Kozlowski, Dennis, 472-473
Krauss, C., 211-212
Kristol, I., 255-256
Kroft, K., 299-301
Kronholz, J., 505-506
Krueger, A. B., 29, 162-164
Krugman, Paul, 66-67, 69-70, 187-188, 465
Kudrle, R. T., 187-188
Kulish, N., 215-216

L

La Ferrar, E., 257-258
Laar, Mart, 363
Ladd, H. F., 140-141

Laertius, Diogenes, 130
Laffer, Arthur B., 411-412
Landais, C., 319
Landsburg, Steven, 387, 412-413, 469
Lazear, Edward, 466-467, 490
Lee, C., 120-121
Lee, J., 141-142
Lee, Y., 439-440
Lefgren, L., 30
Lennon, John, 217
Leno, Jay, 49-50
Lerner, A. P., 452-453
Lerner, J., 378
Lettau, M., 409-410
Levin, J., 114-115 n
Levitt, S. D., 142
Levy, H., 189-190
Liebman, J., 228, 240-241
Lin, Judy, 160-161 n
Lind, James, 22
Lindahl, Erik, 107-109
Liptak, A., 56
Locke, John, 13-14, 292
Loeb, M., 71
Looney, A., 299-301
Lopez-Calva, L. F., 65-66 n
Lott, J. R., 115-116
Ludwig, J., 283-284
Luhnow, D., 69-70
Lurie, N., 189-190

M

Madonna, 523
Madrian, B. C., 200
Major, John, 324
Maki, D. M., 383
Makin, J. H., 481-482 n
Malatesta, P. H., 67-68
Mankiw, N. G., 324, 353
Manzi, J., 22
Mark, S. T., 501-502
Marron, D., 451-452
Marsh, B., 157-158
Marshall, J., 446
Marx, Karl, 41 n
Mathur, A., 316
Mazzetti, M., 63-64
McCain, John, 13-14, 18, 411-412
McCartney, Paul, 217
McClellan, M., 192-193, 205-206
McCulloch, John, 352
McGarvey, M. G., 253-254
McGovern, George, 117-118
McGrath, N., 440-441
McKnight, R., 189-190
McLure, C. E., Jr., 311, 373-374
Meltzer, D., 189-190
Metcalf, G. E., 331-332, 383, 510-511
Metcalf, K. A., 316
Meyer, B. D., 33, 249-250, 276-277, 280-281
Miller, J. J., 69-70
Millward, D., 194-195
Mishan, E. J., 73 n, 86-87
Modigliani, F., 230 n

Moffitt, R. A., 265, 272-273, 284-285
Morgenson, G., 447
Morris, Keith, 119-120 n
Mulligan, C. B., 355, 476-477
Munnell, A. H., 484-485
Murphy, K. M., 192-193
Murray, C., 285-286
Musgrave, R. A., 48-49, 452-453

N

Nalebuff, B., 114-115 n
Napolitano, J., 504-505
Nataraj, S., 230, 240-241
Nelson, Bill, 167
Neun, S. P., 198
Newhouse, J. P., 185-186, 192-193
Nordhaus, W. D., 95-96, 152-153
Norris, F., 491
Notowidigdo, M., 191-192
Nozick, Robert, 256-257

O

Oates, W. E., 516
Obama, Barack, 18, 49-50, 103-104, 165-166, 196, 210-211, 402, 446
Oberholzer-Gee, F., 502-503
O'Connor, John Cardinal, 397-398
O'Donnell, O., 307
Olmsted, Frederick Law, 521
Olsen, E. O., 282-283 n
O'Neill, D. M., 184-185
O'Neill, J. E., 184-185
O'Neill, Thomas, 48-49
O'Rourke, P. J., 107
Orszag, P. R., 237-238
Owen, Jim, 446
Owings, S., 516

P

Page, T., 63-64 n
Papke, L. E., 516
Pareto, Vilfredo, 36 n
Parker, A., 364
Parry, I. W. H., 89-90
Passell, P., 132-133
Pauly, M., 181-182
Payne, A., 517-518
Pear, R., 198
Persson, T., 126-127
Petrin, A., 366
Petzman, S., 20, 163-165
Phelps, C. E., 177-178, 199, 204-205
Philipson, T., 180-181 n
Phillips, D. A., 283-284
Pigou, A. C., 83-84
Plato, 255-256
Plutarch, 130-131
Pogrebin, R., 385-386
Pollak, R. A., 114-115 n
Pollin, R., 492
Pommerehne, W., 124-125, 495-496
Ponzetto, G. A. M., 130-131, 257-258

Porter, E., 421
Portney, P. R., 98-99 n
Poterba, James, 421, 423, 438-439, 466-467, 490
Pozen, R., 238-239
Prante, G., 258-259
Prescott, E. C., 243-244, 378, 403
Preston, S. H., 211-212
Putin, Vladimir, 263-264
Putterman, L., 63-64 n

R

Rabushka, A., 478-479
Ramsey, Frank, 346
Rawls, John, 254-255
Reagan, Ronald, 64-65, 118-119, 165-166, 426
Reddy, S., 419-420
Reich, Robert, 339
Reinhart, C. M., 459-460
Reinhart, V. R., 459-460
Ricardo, David, 456-457
Richardson, Bill, 103-104
Richwine, L., 338-339
Riedl, B. M., 122-123
Rivkin, S. G., 136-137 n, 137-138
Rockoff, J., 138-140
Rogers, D. L., 314, 444 n
Rogers, Will, 356
Rogerson, R., 410-411
Rogoff, K. S., 459-460
Rohwedder, S., 235 n
Romer, C. D., 460-461
Romer, D. H., 460-461
Romney, Mitt, 32, 117-118, 196, 217, 402, 446
Roosevelt, Franklin, 225, 388
Roosevelt, Theodore, 34, 482-483
Rosenbaum, Dan T., 276-277
Rosenbaum, David E., 357 n
Rosenberg, D., 204-205
Rosenthal, E., 89-90
Ross, G. L., 100-101
Roth, William, 379
Rouse, C. E., 141-142
Rubio, Marco, 402

S

Saez, E., 319, 438-439
Salanié, B., 180-181 n, 243-244
Samuelson, P. A., 59-60 n
Samuelson, Robert, 263-264, 388
Samwick, A., 241-242, 423
Sanbonmatsu, L., 283-284
Sander, W., 136-137 n
Santerre, R. E., 198
Santorum, Rick, 4-5, 339
Sargent, T., 450-451
Sas-Rolfes, M., 82-83
Saunders, L., 488
Schick, A., 465
Schmedel, S. R., 359-360 n
Scholz, J. K., 265, 276-277 n, 284-285

Schuck, P. H., 463
Schultze, C. L., 461-462 n
Schwarzenegger, Arnold, 107
Seelye, K., 68-69
Sen, Amartya, 252-253
Shapiro, J. M., 102-103, 421
Sheshinski, E., 65-66 n, 348 n
Shleifer, A., 65-67, 118-119, 130-131, 257-258
Shoven, J. B., 230, 240-242
Sigman, H., 503-504
Simons, Henry C., 372 n
Sinai, T., 282-283, 421
Skinner, J., 205-206
Slavov, S. N., 241-242
Slemrod, J., 364, 475, 485-486
Small, K. A., 89-90
Smetters, K., 153-154
Smith, Adam, 3-4, 41, 54, 65-66
Smith, R. A., 513-514
Snipes, Wesley, 361-362
Snow, John, 26-28
Sood, N., 193-194
Spar, K., 265-266, 265-266 n
Spiegelman, R. G., 24
Spitzer, Eliot, 33
Stano, M., 211-212
Stavins, R. N., 83-84 n
Stein, H., 262-264, 482-483
Stein, J. C., 436-437
Steinhauer, J., 6-7
Stelzer, I., 475-476
Stern, Nicholas, 152-153
Steuerle, C. Eugene, 227, 395 n
Stiglitz, J. E., 431-432
Stone, Lawrence, 4-5
Strumpf, K. S., 502-503

Strunk, B. C., 191-192
Stuckart, Wilhelm, 3n
Sullivan, J. X., 249-250
Summers, L. H., 520-521
Sunley, Emil, 481-482 n

T

Tabellini, G., 126-127
Taheri, A., 3
Tavernise, S., 248-249
Thatcher, Margaret, 324
Tideman, T. N., 71 n, 72 n
Tiebout, C., 497-498, 498-499 n
Tierney, J., 66-67, 364
Tobin, J., 422
Tomsho, R., 69-70
Topel, R., 192-193
Trabandt, M., 412-413, 425
Tresch, R. W., 150-151 n, 159-161

U

Uchitelle, L., 66-67
Uhlig, H., 412-413, 425

V

Verri, Pietro, 343
Viscusi, W. K., 158-159 n, 168, 175-176, 175-176 n
Vishny, R. W., 65-66
Voltaire, 246

W

Wagner, Adolph, 125-126 n
Waldfogel, J., 272-273, 282-283
Walsh, R. P., 499-500

Warren, Elizabeth, 4-5
Warren, M., 7-8
Washington, George, 130-131, 448
Waverly, J., 99-100
Wei, S-J, 364
Weimer, D. L., 510-511
Weinstein, J. M., 141-142
Weinzierl, M. C., 324, 353
Weisenthal, J., 465
Weitzman, M. L., 92-93 n, 152-153
Wennberg, J. E., 205-206
Whitmore, D., 261-262, 281-282
Whittington, L. A., 397-398
William III of England, 359-360
Wilson, Daniel J., 501-502
Wilson, James Q., 112-113, 274-275
Wilson, Woodrow, 54
Winer, S., 355 n
Winslow, R., 215-216
Winston, C., 157-158, 328-330
Wise, D., 236
Wolkoff, M. J., 510-511
Woodbury, S. A., 24
Wooldridge, J. M., 25 n

Y

Yagan, D., 353
Yan, J., 328-330
Yang Chang-chi, 3
Yardley, W., 104-105
You, J-s, 257-258
Yun, K-Y, 328-330, 431-432

Z

Zimmerman, J., 132-133, 143
Zodrow, G. R., 509-510 n

Índice de assuntos

A

A cirurgia artroscópica 193-194
A dívida externa 451-452
A educação pública. *Ver* Educação
"A política forma casais estranhos", 120-121
Abordagem do "senão" da regulação 99-100
Aborto 120-121
"Abuso infantil fiscal", 465
Acid Rain Trading Program 99-100
Acontecimentos fortuitos 125-126
Acumulação de capital 419-420
Adição vertical 58-60
Adminstração de Segurança de Transporte (TSA) 66-68
Affordable Care Act (ACA) 198–199, 209-211
África do Sul, população de rinocerontes brancos 82-83
Afro-americanos
    Previdência Social 228
    Taxa de Pobreza 248-249
Agentes causadores de câncer 166
AGI 370
Ajuda a famílias com crianças dependentes (AFDC – Aid to Families with Dependent Childrenren) 265-267, 273-274
Ajuda federal para estudantes 131-132
Ajuste da faixa de tributação 391-392
Alteração do orçamento equilibrado 461-463
Altruísmo 255-256
American Economic Review 16-17
American Opportunity tax credit 131-132
AMT provisório 394-395
Análise de custo-benefício 144-170
    análise de custo-eficácia 159-160
    análise de sensibilidade 152-153
    avaliação de projetos do setor privado 146-150
    benefícios e custos intangíveis 159-160
    considerações sobre distribuição 160-162
    critério de Hicks-Kaldor 161-162
    definido 144
    desemprego 155-156
    equivalentes de certeza 162-163, 169-170
    excedente do consumidor 155-157
    fator de desconto 145-146
    função social de bem-estar 144
    impostos 154-155
    incerteza 161-163
    inflação 145-147
    jogo de dupla contagem 160-161
    jogo de reação em cadeia 159-161
    monopólio 154-155
    mudança climática 152-153
    OMB 152-154
    ordens executivas 165-166
    preço sombra 154-155
    preços de mercado 153-156
    princípios/efeitos principais 144
    proibir o uso de 165-166
    relação de custo-benefício 149-150
    tamanho da turma 162-166
    taxa de desconto 145, 150-154
    taxa interna de retorno 148-150
    taxa social de desconto 151-152
    truque da mão de obra 160-161
    uso/não uso pelo governo 165-166
    valor da vida humana 157-159
    valor do tempo (tempo é dinheiro) 156-158
    valor presente 144-147
Análise de custo-eficácia 159-160
Análise de diferença em diferença 27-29
Análise de equilíbrio geral 309-316
    aterar os pressupostos 314-315
    definido 309
    estudo da incidência aplicado 315-316
    imposto de renda 312-313
    imposto geral sobre o trabalho 312-313
    imposto parcial sobre fator de produção 312-314
    imposto sobre *commodity* 312
    Modelo Harberger 311-312
    relações de equivalência fiscal 309-311
Análise de regressão 25-27
Análise de regressão de descontinuidade 29-30
Análise de regressão de séries temporais 25-26
Análise de regressão múltipla 25-26
Análise de regressão transversal 25-26
Análise de sensibilidade 152-153
Análise de variáveis instrumentais 29
Análise marginal 58-60n, 539-541
Análise normativa 34-52
    Caixa de Edgeworth 34-35
    curva de contrato 38, 39
    curva de possibilidades de produção 39-40
    curva de possibilidades de utilidade 42-44
    curvas de indiferença sociais 45
    economia de produção 39-41
    economia do bem estar. *Ver* Economia do bem-estar
    Eficiência de Pareto 36-37
    evasão fiscal 364-365
    falha de mercado 46-48
    função social de bem-estar 43-44
    MC 39-40
    Melhoria de Pareto 37
    poder de mercado 46-47
    primeiro teorema do bem-estar 41-42
    segundo teorema do bem-estar 45-46
    Senhora 39
    teoria da tributação ótima 354
    TMS 39-40
    transação de Economia Pura 34-39
Análise positiva 18-33
    análise de diferença em diferença 27-29
    análise de regressão de descontinuidade 29-30
    análise de variáveis intrumentais 29
    causalidade × correlação 20-21
    efeito de substituição 18-19
    efeito renda 18-19
    estudo experimental 21-24
    estudo observacional 24-27
    estudo quase-experimental 26-30
Angioplastia 192-193
Anuidade 218-220
Anunciantes 122-123
Arbitragem tributária 383-385
As contas indivíduais 239-240
As curvas de indiferença 36, 529-530
Assessores legislativos 123-124
Assistência médica 172-216
    Affordable Care Act (ACA) 198-199, 209-211
    animais de estimação 195
    aumentos de custos 190-194
    avanços tecnológicos 191-194
    cobertura universal 213-214
    comparações internacionais 190-191, 210-213
    consumo excessivo de serviços de saúde 182-184
    controle de custos 200-201
    despesas do governo 172-173, 190-191, 212-213
    despesas pagas pelo consumidor 186-187
    elasticidade da demanda por serviços médicos 184-186
    envelhecimento da América 191-192
    estabelecimento de normas 186-188
    externalidades 187-188
    HMOs 200, 214-216
    managed care 200, 201
    Medicaid 206-210
    Medicare. *Ver* Medicare
    medicina da parte plana da curva 184-185
    Planos de OPP 200, 201
    Planos de POS 200, 201
    problemas de informação 178-179, 186-188

qualidade de vida 192-194
reembolso baseado em capitação 200
reembolso baseado nos custos 200
Reforma 209-214. *Ver também* Reforma da saúde
saúde do paciente 189-190, 213-214
seguro. *Ver* Seguro de saúde
sistema de único pagador 210-213
tamanho do setor de saúde 196
uso/fontes de recursos 196, 197
Assistência médica fornecida pelo empregador. *Ver* Seguro de saúde privado
Assistência para habitação 282-284
Assistência Temporária para Famílias Carentes. *Ver* TANF
Ataque cardíaco 191-192
Atitudes sociais 125-127
Ativos intangíveis e imposto sobre corporações 428-430
Autoafirmação pessoal 125-126
Automóveis, características de design de segurança 18-20
Auxílio-prêmio 213-214
Avaliação de projetos do setor privado 146-150
Avaliação do projeto. *Ver* Análise de custo-benefício
Avaliação Nacional do Progresso Educacional 138-139
Aversão ao risco 176-177

B

Belas artes 48-49
Bem de mérito 48-49
Bem inferior 523
Bem normal 18-19, 523
Bem privado 54
Bem público 54-72. *Ver também* Privatização
adição horizontal 56-57
adição vertical 58-60
classificação 55
definido 47-48, 54-56
discriminação de preços perfeita 61-62
distribuição de renda 258-259
economias de escala 500-501
educação 130-131
escolha pública 67-68
exterioridade, como 74-75
fornecimento eficiente de 56-64
impuro 55
local 500-501
não exclusibilidade 54, 55
não rival 54, 55
problema do *free rider* 62-64
puro 54
Bem público fornecido publicamente 56
Bem público impuro 55
Bem público local 500-501
Bem público puro 54
Bem-estar 265. *Ver também* Programas de despesas para os pobres
"Bem-estar para os ricos", 286-287
Benefício para medicamentos do Medicare 202-204

Benefício para medicamentos sob prescrição 202-204
Biblioteca Pública do Condado de Fairfax 69-70
Bibliotecas 494-496
Bitributação 429-430
Bom
inferior 523
mérito 48-49
normal, 18-19, 523
privado 54
público 47-48. *Ver também* Bem público
Boomsday (Buckley) 237-238
Brecha do Anjo da Morte 378
Burocratas 118-120
Busca da soberania 3-4
Busca por inteligência extraterrestre (SETI) 68-69
"Butt-leggers" 367

C

Caithness Energy 104-105
Caixa de Edgeworth 34-36
Campanha presidencial (2008) 18
Cap-and-trade
definido 89-90
emissões de dióxido de enxofre 99-101
externalidades 89-92
gases do efeito estufa 339
projeto de lei cap-and-trade do clima (2009) 100-101
relação custo-eficácia 90-91
taxa de emissões, em comparação 91-96
Capital humano 132-133, 408
Capital intensivo 311
Capitalização 309
Características demográficas e pessoais 120-121
Carga tributária 299-301
Cartel 121-122
Casablanca (filme) 46
Casamento neutro 395
Causalidade × correlação 20-21
Censo de Governos dos EUA 16-17
Chantagem do emprego 100-101
Chicago, empresas de reboque 65-66
Chuva ácida 78-79, 99-101
Ciclismo 109-110
Cidade de Clinton v. Cedar Rapids, 1868 6-7
Cientistas sociais acadêmicos 123-124
Cirurgia de bypass 192-193
Classificação Experience 180-181
Clean Air Act 98-100, 118-120, 165-166
Clube 495-496
Cobertura universal 213-214
Coeficiente de experiência 279-280
Coleta de lixo 56, 67-68
Comércio de votos 112-113
Comissão Nacional de Responsabilidade Fiscal e Reforma 389-390, 422
Comissão Simpson-Bowles 389-390
Community rating (avaliação da comunidade) 181-182

Comparações internacionais
crescimento do governo 123-124
despesas do governo 9-10
educação, gastos com 135-136
gastos com saúde 190-191, 212-213
oferta de trabalho 410-411
relação de centralização 494-496
sistema de único pagador (assistência médica) 210-213
taxa de dependência 237-238
Compensação total da perda 423
Complementos 523
Composição e tributação da carteira 422-423
Comunidades fechadas 496-497
Concertos 48-49
Conservadores contra liberais, impostos 423-424
Constituição, EUA
alteração do orçamento equilibrado 461-463
governo estadual e local 6-7
governo federal 5-7
Constituição dos Estados Unidos. *Ver* Constituição, EUA
Consultores 122-123
Consumo de gasolina 97-98
Conta de aposentadoria individual (IRA) 379
Conta qualificada 379
Contabilidade geracional 453-454
Contagem de borda 114-115n
Conta-poupança com tratamento fiscal preferencial 379-380, 418-420
Conta-poupança de educação 380
Contas de poupança pessoal 239-240
Contas dissociadas 240-241
Contas pessoais 239-240
Contas suplementares 240-241
Contrafactual 22
Contratos incompletos, 65-67
Contribuições de caridade 384-386
Contribuições do empregador para planos de benefícios 379
Contribuições previdenciárias do empregador 372
Convenções sociais e as externalidades 82-84
Copagamento 182-183
Corporação 426
Corporações multinacionais 439-443
destinação do lucro 440-441
preços de transferência 440-441
sistema de partes independentes 440-441
status de subsidiária 440-441
tributação territorial vs. mundial 441-443
Correlação 20
Corrupção e distribuição de renda 257-258
Cosseguro 182-183
Cotas de importação 286-287
Crédito de aprendizagem ao longo da vida 131-132, 386
Crédito de imposto da criança 339, 386
Crédito fiscal 385-386
Crédito fiscal dos rendimentos auferidos (EITC) 249-250, 274-277

Crédito fiscal para investimento (ITC - investment tax credit) 429-430
Crescimento do governo 124-127
   acontecimentos fortuitos 125-126
   atitudes sociais 125-127
   Lei de Director 126-127n
   Lei de Wagner 125-126n
   preferências dos cidadãos 124-126
   redistribuição de renda 126-127
   tema comum 127
   visão marxista 125-126
Crise fiscal, risco de 459-460
critério de Hicks-Kaldor 161-162
Critério Maximin 253-255
Critérios de valor presente 147-148
Crowding out
   definido 208-209
   educação 133-135
   finanças por déficit 455-456, 458-459
   Medicaid 208-210
   medicamentos sob prescrição 202-203
   Previdência Social 231, 234, 235
Cupons (escola) 139-141
Curva da demanda 524
Curva de contrato 38, 39
Curva de demanda
   compensada 326-328, 539
   definido 524
   disposição para pagar 524
   encargo excessivo 328-335
   formato 527-528
   teoria da escolha do consumidor 538
Curva de demanda compensada 326-328, 539
Curva de demanda infinitamente elástica 527-528
Curva de Laffer 411-413
Curva de oferta 525-528
Curva de possibilidades de produção 39-40
Curva de possibilidades de utilidade 42-44
Curvas de indiferença social 45
Custo de Bem-Estar 320. *Ver também* Carga em excesso
Custo de utilização do capital 434-437
Custo efetivo
   definido 89
   sistema de cap-and-trade 90-91
   taxa sobre emissões 89
Custo marginal (MC) 39-40
Custos administrativos 64-65

D

Dados
   observacional 24
   painel 25-26
   pelo Governo 249-250
   séries temporais 25-26
   transversal 25-26
Dados de consumo 249-250
Dados de séries temporais 25-26
Dados do censo
   medição da renda 248-251
   renda familiar, distribuição de 247
   Taxa de pobreza 248-249
Dados em painel 25-26

Dados longitudinais 25-26
Dados observacionais 24
Dados transversais 25-26
Décima Emenda 6-7
Décima-sexta emenda 5-6
Decisões de aposentadoria 235-236
Decisões e tributação de habitação 420-422
Decisões fiscais 123-124
Declaração de renda menor que a real (subnotificação) 362-363
Dedução padrão 381, 386-387
Deduções 370, 381-387
Deduções detalhadas 381, 382-386
Dedutibilidade de juros 382, 427
Dedutível 182-183
Defesa nacional 54
Déficit 448
Déficit dentro do orçamento 448
Déficit fora do orçamento 448
Déficits orçamentários federais 33
Definição da regra de equidade horizontal 358-359
Definição de utilidade da equidade horizontal 356
Definição do rendimento de Haig-Simons (H-S) 372
Definições (glossário) 545-552
Delhi, Índia, ônibus a diesel 99-100
Demanda
   elasticidade de preço 527-528
   fatores a considerar 523-524
   teoria microeconômica 523-524
Democracia. *Ver* democracia direta; democracia representativa
Democracia direta 107-116
   ciclo 109-110
   manipulação da pauta 109-110
   O modelo de Lindahl 107-109
   paradoxo de votação 109-110
   preferências de um pico/dois picos 110-111
   regras de unanimidade 107-109
   regras de votação de maioria 108-113
   Teorema da impossibilidade de Arrow 114-116
   teorema do eleitor mediano 111-112
   troca de favores 112-115
Democracia representativa 115-124
   especialistas 123-124
   funcionários públicos 118-120
   jornalistas 123-124
   Judiciário 123-124
   lucros especiais 119-124
   memória institucional 119-120
   personalidade 118-119
   peso morto 122-123
   plataformas centristas 117-118
   políticos eleitos 116-119
   rent-seeking (busca de renda) 121-124
   sistema bipartidário 117-118
   taxas de participação dos eleitores 118-119
   teorema do eleitor mediano 116-119
Dentistas 187-188
Depreciação 428-430

Depreciação acelerada 428-429
Depreciação econômica 428
Desemprego
   análise de custo-benefício 155-156
   UI 278-281
Desigualdade de renda 247-249
Deslocamento da carga fiscal 293, 501-502
Despesa corrente 450-451
Despesas do governo
   alimentação, vestuário, habitação 172-173
   assistência médica 172-173, 190-191, 212-213
   bem-estar. *Ver* Programas de despesas para os pobres
   comparações internacionais 9-10
   composição, 9-11
   educação 130
   fracionamento por nível de governo (1900-2005) 495-496
   magnitude 8-10
   Medicaid 207-208
   Medicare 202
   Previdência Social 217
Despesas fiscais 11-12, 387-388
Despesas médicas, dedutibilidade fiscal 382
Devoluções conjuntas 370
Diagrama de dispersão 25
Diminuição da taxa marginal de substituição 531-532
Dinamarca, bombeiros 64-65
Dioxina 73
Diploma de médico 186-187
Direitos comerciáveis sobre a gasolina (TGR) 104-105
Distribuição de renda. *Ver* Distribuição/redistribuição de renda
Distribuição de renda/redistribuição 246-264. *Ver também* Incidência de imposto
   "Bem-estar para os ricos", 286-287
   corrupção 257-258
   crescimento governamental 126-127
   critério maximin 253-255
   distribuição de renda entre as famílias (1967-2010) 247
   Distribuição eficiente de Pareto 254-256
   distribuição funcional da renda 293
   externalidades 100-101, 256-257
   igualitarismo de *commodity* 255-257
   imposto sobre heranças 485-486
   incidência de despesas 257-262
   integração plena 444
   mobilidade 256-258
   modelo de distribuição ideal de renda 251-254
   Previdência Social 220, 225-229, 241-243
   princípios utilitaristas 250-256
   processos X resultados 256-257
   tamanho da distribuição da renda 293
   utilitarismo simples 250-254
Distribuição funcional da renda 293
Dívida. *Ver também* financiamento por déficit
   definido 448
   externo 452-453
   interno 452-453

valor real 11-13
variável de estoque, como 448
Dívida interna 451-452
Dívida nacional. *Ver* Financiamento por déficit
Dividendos
  bitributação 429-430
  efeito clientela 437-438
  efeito dos impostos sobre a política de dividendos 437-439
  imposto de renda pessoal 375-376
  imposto de renda sobre as corporações 429-430
  reforma tributária 444-445
  sinal de força financeira 437-438
Divisão de renda 396
Doações e legados. *Ver* Impostos sobre heranças e doações
Dotação de tempo 267-268, 343, 403-404

E

Econometrics 24
Economia ambiental 330-331
Economia de produção 39-41
Economia do Bem-Estar 34-46
  curva de possibilidades de utilidade 42-44
  curvas de indiferença social 45
  definido 34
  economia de produção 39-41
  filosofia social individualista 49-50
  função social de bem-estar 43-44
  primeiro teorema do bem-estar 41-42
  problemas armadilhas 48-49
  segundo teorema do bem-estar 45-46
  transação de Economia Pura 34-39
  vantagens 48-49
Economia do setor público 2
Economia política 107-129
  crescimento do governo 124-127
  definido 107
  democracia direta. *Ver* Democracia direta
  democracia representativa. *Ver* Democracia representativa
  pressuposto subjacente 107
Economia Pública 2
Economia subterrânea 364
Economias de escala
  bens públicos 500-501
  cobrança de impostos 501-502
Economistas 246
Educação 130-143
  bem público? 130-131
  comparações internacionais 135-136
  compensatória 283-284
  crowding out 133-135
  cupons 139-141
  despesas governamentais efetivas por aluno 142
  efeito dos gastos do governo 134-137
  equidade 132-133
  escolas autônomas 139-140
  externalidades positivas 130-132
  famílias desfavorecidas, assistência a 283-284
  federalismo ideal 505-507
  ganhos futuros, e 137-139
  governos totalitários 115-116
  igualdade de renda 248-249
  igualitarismo de *commodity* 132-134
  NCLB 141-142, 494
  qualidade dos professores 136-137n
  responsabilização das escolas 141-142
  SAT 138-139
  subsídios 131-132
  tamanho da turma 137-138
  Tributação 131-132
Educação compensatória 283-284
Efeito aposentadoria 234
Efeito clientela 437-438
Efeito da produção 312-314
Efeito de duplo dividendo 331-332
Efeito de interação do imposto 330-331
Efeito de lock-in 376-377
Efeito de substituição 18-19, 326-328, 404-405, 539
Efeito de substituição dos fatores de produção. 312-314
Efeito Flypaper 517-518
Efeito legado 234
Efeito renda 18-19, 326, 404-405, 539
Efeito substituição de riqueza 231
Eficácia da regulação 99-100
Eficiência
  bens públicos 56-64
  governos descentralizados 500-502
  imposto sobre o consumo 466-468
  tributação 336-338, 347, 356, 501-502. *Ver também* Carga em excesso
  tributar ou tomar empréstimos? 457-459
Eficiência de Pareto 36-37
Elasticidade
  carga em excesso 328-330
  curvas de oferta/demanda 527-528
  regra de elasticidade inversa 347
  serviços médicos 184-186
Elasticidade de preço da demanda 527-528
Elasticidade de preço da oferta 527-528
Elasticidade de substituição 311
Eleições de Condorcet 114-115n
Eleitor mediano 111-112
Elisão fiscal 359-362
Elisão fiscal na arquitetura 359-362
Emirados Árabes Unidos, exército mercenário 63-64
Emissões de dióxido de enxofre 99-101
Empréstimos para estudantes 131-132
Encargo excessivo 320-342
  Commodities 348, 366
  curvas de demanda 328-335
  definido 320
  distorções preexistentes 330-332
  economia do bem-estar 325
  elasticidade compensada da demanda 328-330
  equação 328-330, 340
  exemplo do mundo real 320
  ilustração de humor (American Way of Tax) 333
  importância 336-338
  imposto amplo vs. estreito 328-330
  imposto corporativo 430-433
  imposto de montante fixo 323-325
  imposto de renda 325-326, 331-335
  Imposto Pigouviano 330-332
  Regra de Ramsey 346
  resposta não compensada/compensada 326-328
  subsídio 331-332
  tamanho da despesa inicial 328-330
  teoria do segundo melhor 330-331, 341-342
  tributação de passagens aéreas 328-331
  tributação diferenciada de insumos 334-338
  tributar ou tomar empréstimos 457-459
  variação equivalente 321-322
Engarrafamento na estrada 55
Engenheiros ambientais 123-124
English Poor Law (leis inglesas de auxílio aos pobres) de 1834 273-274
Enron 439-440
Envelhecimento da América e assistência médica 191-192
Episódio bíblico 2
Equidade
  educação 132-133
  governos descentralizados 501-503
  horizontal 356-359, 364-366
  imposto sobre o consumo 467-471
  transitório 358-359
  tributação ótima de *commodities* 347-348
  vertical 348
Equidade de transição 358-359
Equidade e segundo teorema do bem-estar 42-46
Equidade horizontal 356-359, 364-366
Equidade na distribuição 46
Equidade vertical 348
Equilíbrio
  definido 526
  escolha do consumidor 534-538
  oferta e demanda 526-528
Equivalentes de certeza 162-163, 169-170
Erro padrão 25-26
Escassez de capital 419-420
Escolas autônomas 139-140
Escolha de renda-lazer 267-273
Escolha do consumidor. *Ver* Teoria de escolha
Escolha pública e bens públicos 67-68
Escolha *Ver* Teoria de escolha
Escritório de Administração e Orçamento (OMB) 152-154
Escritório de Orçamento do Congresso (CBO) 16-17
Especialistas 123-124
Esperança de crédito 386
Espiral da morte 179-180, 219-220
Esquemas de votação 107-113, 114-115n
Estação Espacial Internacional 167
Estatísticas Históricas dos Estados Unidos desde os tempos coloniais até 1970 16-17
Estimativa tendenciosa 21-22

Estônia, imposto de renda fixa 363
Estrada com pedágio 55
Estratégias de investimento e tributação 422-423
Estudo experimental 21-24
    armadilhas 23-24
    como realizado 22-23
    definido 22
    estimativa tendenciosa 21-22
    situação contrafactual 22
Estudo observacional 24-27
    armadilhas 25-27
    como realizado 25-26
    definido 24
    erro padrão 25-26
    linha de regressão 25
    tipos de dados 25-26
    variável independente/dependente 25
Estudo quase-experimental 26-30
    análise de diferença em diferença 27-29
    análise de regressão de descontinuidade 29-30
    análise de variáveis instrumentais 29
    armadilhas 30
    definido 26-27
Estudo randomizado 21-24
Evasão fiscal 361-364
    análise normativa 364-365
    análise positiva 362-364
    aversão ao risco 364
    definido 361-362
    economia subterrânea 364
    maneiras para cometer fraude fiscal 361-363
    probabilidades de auditoria 364
    sentimento de culpa 364
Excedente 448
Excedente do consumidor 122-123, 155-157, 540-542
Excedente do produtor 541-543
Exército mercenário 63-64, 69-70
Exigência de *air bag* 7-8
Expectativa de vida 192-193, 212-213
Expensing 428-429
Experiência de relação de realização de aluno/professor do Tennessee 137-138
Experimento da RAND 32, 189-190
Experimento natural 26-30
Externalidade pecuniária 73n
Externalidade positiva 74-75, 101-102
Externalidades 73-106
    abordagem interdisciplinar 80-81
    análise gráfica 75-81
    assistência médica 187-188
    ausência de direitos de propriedade 74, 80-81
    bens públicos 74-75
    cap-and-trade 89-96
    características 74-75
    convenções sociais 82-84
    definido 73
    distribuição de renda 100-101
    educação 130-132
    efeitos de distribuição 94-96, 100-101
    governos descentralizados 500-501
    impostos 83-86
    incerteza 92-95
    incorporações 82-83
    inerentemente recíproco 74-75
    inexistência de mercados 46-47
    inflação 91-92
    monetário 73N
    positivo 74-75, 101-102
    resposta dos EUA 98-100
    respostas privadas 80-84
    respostas públicas 83-101
    subsídios 85-87, 102-103
    taxa sobre emissões 86-96
    Teorema de Coase 81-82
    valor de danos 78-80

F

Fábricas de papel 73
Facts and Figures on Government Finance 16-17
Faixa de tributação (2013) 389
Falência 438-440
Falha de mercado
    bem público 47-48
    externalidade 46-47
    inexistência de mercados 46-48
    informações assimétricas 46-47
    poder de mercado 46-47
Família, tributação da 348-350, 370, 395-398
Fannie Mae 463
Farol 55
Fator de desconto 145-146
Fatores de produção 293, 527-528
Federal National Mortgage Association (Fannie Mae) 463
Federal Reserve Bank 449-450
Federalismo fiscal 494-496
Federalismo ideal 499-507
    educação pública 505-507
    governos descentralizados. *Ver* Governos descentralizados
Ferramentas analíticas
    análise normativa 34-52
    análise positiva 18-33
Filosofias políticas 1
Finanças funcionais 459-460
Finanças por déficit 448-465
    alteração do orçamento equilibrado 461-463
    contabilidade capital × corrente 450-451
    contabilidade geracional 453-454
    controle do déficit 460-463
    convenções contábeis 463
    crowding out 455-456, 458-459
    déficit dentro/fora do orçamento 448
    déficit × excedente 448, 463
    dívida externa × interna 451-452
    dívidas dos governos estadual e local 449-450
    finanças funcionais 459-460
    gráficos (1972-2011) 449-450
    inflação 449-451
    modelo de gerações sobrepostas 452-455
    modelo neoclássico 454-456
    Modelo ricardiano 456-457
    obrigações implícitas/ativos tangíveis 451-452
    ônus da dívida 451-457
    risco de crise fiscal 459-460
    tamanho da dívida 448-452, 463
    tributar ou tomar empréstimos? 457-463
Finanças públicas
    definido 2
    ideologia 3-5
    limites 2-3
    materiais de pesquisa 16-17
    revistas 16-17
Finanças públicas 16-17
Financiamento da dívida e corporações 438-439
Florida, contas de telefone sem fio 343
Florida Everglades, limpeza de 293-294
Fluxo de caixa 436-437
Formação comunitária 495-497
Formação para o trabalho 284-285
Fornecimento
    elasticidade de preço 527-528
    fatores a considerar 524-525
    teoria microeconômica 524-526
França, alíquotas de imposto 447
Franquia de beisebol, aquisição de 429-430
Fraude previdenciária 261-262
Free rider 61-62
Freetown Christiania, Dinamarca 128
Função aditiva de bem-estar social 251-252
Função de bem-estar social 43-44, 144, 250-254
Função utilitarista de bem-estar social 250-251
Funcionários públicos 118-120
Funções de utilidade de von Neumann/Morgenstern 169n
Funções microeconômicas do governo 2
Fundadores 5-6
Fundo fiduciário da Previdência Social 229-230
Fundo fiduciário de seguro 489
Furacão Katrina 65-66, 161-162, 504-505
Fusões e externalidades 82-83

G

Ganho (perda) de capital 372-373, 375-379
Ganho de capital não realizado 372-373
Ganho de capital realizado 372-373
Gases de efeito estufa 95-96
Gastos de capital 450-451
Gentrificação 118-119
Glossário 545-552
Google 372-373
Gostos
    demanda 524
    escolha do consumidor 527-532
    privatização 64-65
Gostos 527-532
Governo
    assistência médica 201
    ativos tangíveis 451-452
    despesas. *Ver* Despesas do governo

funções microeconômicas 2
marco legal 5-7
receitas. *Ver* Receitas do governo
subcontratação. *Ver* Privatização
tamanho 7-10
visão mecanicista 3-5
visão orgânica 3-4
Governo do Estado
dívida 449-450
imposto de renda pessoal 399-400
imposto sobre as corporações 439-440
imposto sobre vendas 471-475
marco legal 6-7
maternidade na adolescência 273-274
orçamento operacional 461-462
sistema de bem-estar, 266-267
TANF 265-266
Governo Federal. *Ver também* Despesas do governo; Receitas do governo
ajuda federal sujeita à prova 265
análise de custo-benefício 152-154
competências fiscais 5-6
déficits / superávits (1972-2011) 449
dívida detida pelo público (1972-2011) 449-450
educação 131-132
orçamento unificado 7-8
programas habitacionais 282-283
quadro jurídico 5-7
subvenções. *Ver* transferências intergovernamentais
Governo local
descentralização. *Ver* Governos descentralizados
dívida 449-450
imposto sobre a propriedade. *Ver* Imposto sobre a propriedade
marco legal 6-7
subsídios. *Ver* Transferências intergovernamentais
Governos descentralizados 500-506
adaptação dos rendimentos aos gostos locais 502-504
bens públicos 500-501
competição intergovernamental 503-504
eficiência 500-502
equidade 501-503
experimentação e inovação 503-504
externalidades 500-501
tributação 501-502
vantagens/desvantagens 500-504
Grande Depressão 125-126
Great Society 125-126
Grupo de controle 20
Grupo de tratamento 20
Grupos com interesses especiais 119-124
Grupos de diagnósticos relacionados (DRG) 204-205
Grupos de interesse 119-124
Guerra do Vietnã 125-126

H

Habitação, ocupada pelo proprietário 102-103
Habitação pública 282-284

Head Start 283-284
Herança bruta 487
Herança tributável 487
HI 202-203
hipótese do crowding-out 455-456
HMO 200, 214-216
Holland, semáforos 194-195
Home empréstimo 383
Homeownership 102-103

I

Idade normal de aposentadoria 222-223
Ideologia
democracia representativa 118-119
visão orgânica do governo 3-4
visão mecanicista do governo 3-5
ponto de vista dos autores 4-5
Igualitarismo de *commodity*
definido 64-65
distribuição de renda 255-257, 261-262
educação 132-134
privatização 64-65
subsídios incondicionais 518-519
II Guerra Mundial 125-126
Imóveis ocupados pelos proprietários 102-103
Imposto *ad valorem* 300-302, 471-472
Imposto da barba de Pedro, o Grande 366-367
"Imposto de babá" 362-363
Imposto de Casamento 395-398
Imposto de herança 489
Imposto de montante fixo 294-295, 323-325
Imposto de patrimônio líquido pessoal 513-514
Imposto de renda
base tributária 466
corporações. *Ver* Imposto sobre as corporações
encargo excessivo 325-326, 331-335
ideal 352-354
imposto fixo 353, 364
imposto sobre o consumo, em comparação 466, 479-482
impostos estaduais 399-400
incidência tributária 312-313
indivíduos. *Ver* imposto de renda pessoal
unidade familiar 348-350
Imposto de renda Linear 354
Imposto de renda ótimo 352-354
Imposto de renda pessoal 369-402
AMT 394-395
arbitragem tributária 383-385
cálculo de (fluxograma) 371
compensação total de perda 423
complexidade 385-386, 388
conta-poupança de educação 380
contribuições de caridade 384-386
contribuições do empregador para planos de benefícios 379
contribuições previdenciárias do empregador 372
custos de conformidade 358-360
dedução padrão 386-387
Deduções 381-387

deduções vs. créditos 385-386
despesas com juros 383
despesas fiscais 387-388
despesas médicas 382
doações e heranças 380. *Ver também* Impostos sobre heranças e doações
estrutura básica 370-372
estrutura de cobrança 388-391
faixa de tributação (2013) 389
ganho (perda) de capital 372-373, 375-379
imposto sobre o casamento 395-398
impostos estaduais e locais 382-383, 399-400
indexação fiscal 393-395
inflação 390-395
IRA 379
isenções 380
juros de obrigações estaduais e locais 374-376
Plano 397(k) 380
Plano de Keogh 380
processo em etapas 371, 401
receita de dividendos 375-376
renda 372-375
renda em espécie 372-374
renda internacional 398-400
taxa efetiva X taxa legal 389-391
unidade familiar 348-350, 370, 395-398
Imposto de renda Plano 353, 364, 390-391
Imposto de transferência unificada 487
Imposto especial 471-472
Imposto fixo, Hall-Rabushka 477-479
Imposto fixo de Hall-Rabushka 477-479
Imposto fixo de Hall-Rabushka 477-479
Imposto geral sobre o trabalho 312-313
Imposto geral sobre vendas 471
Imposto Justo 356
Imposto mínimo 394-395
Imposto mínimo alternativo (AMT – Alternative minimum tax) 394-395
Imposto mínimo alternativo (AMT – Alternative minimum tax) 394-395
Imposto parcial sobre fator de produção 310, 312-314
Imposto Pigouviano 83-86, 330-332
Imposto seletivo sobre vendas 471-472
"Imposto sobre a gordura", 104-105
imposto sobre a riqueza 482-484. *Ver também* Impostos sobre heranças e doações
Imposto sobre alimentos 312
Imposto sobre as corporações 426-447
ativos intangíveis 428-430
bitributação 429-430
corporações multinacionais 439-443
custo de utilização do capital 434-437
depreciação 428-430
dívida X financiamento por emissão de ações 438-440
dividendos. *Ver* Dividendos
estrutura de cobrança 427
imposto sobre lucros econômico X imposto sobre fator de produção parcial 430-433
impostos estaduais 439-440
incidência e carga em excesso 430-433

Índice de assuntos **577**

integração plena 443-444
investimento físico 433-437
ITC 429-430
lucros acumulados 429-431
método parceria 443-444
pagamentos de juros 427
por que taxar as corporações? 426-427
reforma tributária 442-445
remuneração de empregados 427
"Imposto sobre automóveis de luxo," 366
Imposto sobre cigarro 300-301, 309
Imposto sobre *commodity* 312. *Ver também*
Tributação ótima de *commodities*
Imposto sobre consumo 466-482
   base tributária 466
   doações e legados 481-482
   eficiência 466-468
   equidade 467-471
   ilustração de humor ("Por que eu gosto do Scrooge") 469
   imposto de renda, em comparação 466, 479-482
   imposto fixo de Hall-Rabushka 477-479
   imposto sobre as vendas no varejo 471-475
   imposto sobre consumo (Continuação)
   imposto sobre fluxo de caixa 478-480
   imposto sobre o valor agregado (IVA) 475-478
   inflação 479-480
   problemas administrativos 480-481
   progressivo 467-468
   questões transitórias 480-482
   solvência 467-468
   vantagens/desvantagens 479-482
Imposto sobre fluxo de caixa 478-480
Imposto sobre o capital 304-305
Imposto sobre o consumo Plano 390-391n
Imposto sobre o uso 471-472n
Imposto sobre o valor agregado (IVA) 475-478
Imposto sobre os lucros 307-308
Imposto sobre os salários do Medicare 224-225
Imposto sobre propriedade 506-514
   alíquotas de imposto (cidades selecionadas) 507-508
   base tributária 505-506
   dedutibilidade do imposto de renda 382
   governos locais, importância para 506-507
   Impopularidade 512-514
   imposto de patrimônio líquido pessoal 513-514
   interrupções de operações 512-513
   nova perspectiva (imposto sobre o capital) 509-513
   perspectiva da taxa de utilização 510-513
   perspectiva tradicional (imposto especial), 507-510, 512-513
   Proposição 12-13 (California) 512-514
   reforma 513-514
   relação de avaliação 506-507
   valor de avaliação 506-507
   visibilidade 512-513
Imposto sobre salários 224-225, 303

Imposto sobre vendas 471-475
Imposto sobre vendas no varejo 471-475
imposto unitário 296-301, 471-472
Impostos de renda estaduais 399-400
Impostos sobre heranças e doações 483-489
   base tributável 487
   distribuição de renda 485-486
   empresas de capital fechado 488
   estratégias de evasão 488-489
   estrutura de cobrança 487
   fontes de receita, como 483-484
   propriedade conjunta 488
   reforma 489
   Trusts 488-489
Impostos *Ver* Tributação
Incentivos ao trabalho
   Medicaid 277-279
   programas de bem-estar 284-286
   sistema de imposto de renda 330-331
   TANF 267-273
Incerteza
   análise de custo-benefício 161-163
   taxa de emissões × cap-and-trade 92-95
Incidência de despesas 257-262
Incidência de imposto 293-296
   absoluto 294-295
   análise de equilíbrio geral. *Ver* Análise de equilíbrio geral
   diferencial 294-295
   fontes/usos de renda 293-294
   incidência do orçamento equilibrado 293-294
   incidência econômica 292
   incidência legal 292
   modelos de equilíbrio parcial. *Ver* Modelos de equilíbrio parcial
   preços, e 293
   Terreno 308-309
Incidência do orçamento equilibrado 293-294
Incidência econômica 292
Incidência legal 292
Incidência tributária absoluta 294-295
Incidência tributária diferencial 294-295
Inconsistência temporal da política ótima 355
Independência de alternativas irrelevantes 114-115
Indexação fiscal 391-395
Índia
   ônibus a diesel 99-100
   população do abutre 104-105
Ineficiência do mercado 151-152
Inexistência de mercados e falha de mercado 46-48
Inflação
   análise de custo-benefício 145-147
   dívida pública 449-451
   imposto de renda pessoal 390-395
   imposto sobre o consumo 479-480
   indexação fiscal 393-395
   renda nominal vs. real 391-392
   taxa de emissões vs. cap-and-trade 91-92
   taxas de juro nominais vs. reais 391-392
Informação assimétrica
   assistência médica 178-179

   definido 219-220
   inexistência de mercados 46-47
   mercado de anuidades 219-220
Informações
   assimétrica. *Ver* Informação assimétrica
   assistência médica 178-179, 186-188
   dados do censo. *Ver* os dados do Censo
   fonte de energia, como 123-124
Integração plena 443-444
International Tax and Public Finance 16-17
Interrupções de operações 512-513
Investimento físico 433-437
Iowa, imposto sobre a abóbora 472-473
Irrelevância da política fiscal do governo 456-457
Isenções 370, 380
Itens fora do orçamento 230
IVA de Consumo 475-476

J

Japão, desastre do reator nuclear 161-162
Job lock 200
Jogo de dupla contagem 160-161
Jogo de reação em cadeia 159-161
Jogos Olímpicos de Vancouver, dívida 319
Joias, imposto sobre o luxo 359-360
Jornais 123-124
Jornais 16-17
Jornalistas 123-124
Journal of Economic Literature 16-17
Journal of Economic Perspectives 16-17
Journal of Political Economy 16-17
Journal of Public Economics 16-17
Judiciário 123-124
Jurisdições governamentais 493
Juros de hipotecas 383

K

K-Mart 439-440
Kuwait, mulheres eleitoras 128

L

"Labirinto de impostos começa aqui, O" 388
Laboratórios Brandeis 503-504
Lei da Recuperação e Reinvestimento (ARRA) 265-266
Lei da Reforma Tributária de 1986 407
Lei das Espécies Ameaçadas 165-166
Lei de alimentos, medicamentos e cosméticos 166
Lei de Director 126-127n
Lei de Proteção Infantil *On-line* 494-496
Lei de responsabilidade pessoal e reconciliação da oportunidade de trabalho 265-266
Lei de Wagner 125-126n
Leis de zoneamento de exclusão 498-499
Liberais × conservadores, impostos 423-424
Libertários 3-4
Limites de gastos discricionários 460-461, 465
Linha de pobreza 247-249

Linha de regressão 25
Lobistas 122-123
Locação de veículos no aeroporto, imposto 320
Lucro
  imposto de renda pessoal 383
  imposto sobre as corporações 427
  títulos estaduais e locais 374-376
Lucro econômico 307
Lucro excessivo 307
Lucro supranormal 307
Lucros acumulados e imposto sobre corporações 429-431

M

Managed care 200, 201
Manifesto Comunista (Marx/Engels) 41n
Manipulação de agenda 109-110
Manutenção de renda. *Ver* Previdência Social; TANF
Mão invisível 41
Mapa de indiferença 531-532
Marcadores genéticos 181-182
Marginal 539
Materiais de pesquisa 16-17
Maternidade na adolescência 273-274
Mecanismos de revelação de preferência 71-72
Medicaid 206-210
  benefícios 206-208
  crowding out 208-210
  definido 206-207
  elegibilidade 206-207
  financiamento e gestão 206-207
  gastos do governo (1966-2010) 207-208
  incentivos ao trabalho 277-279
  saúde do paciente 207-210
  SCHIP 206-207
Medicare 201-207
  definido 201
  deformação do GDR 204-205
  despesas de saúde 205-206
  elegibilidade, 201-202
  gastos do governo (1966-2010) 202
  GDR 204-205
  imposto sobre os salários 224-225
  Parte A (seguro hospitalar) 202-203
  Parte B (seguro médico suplementar) 202-203
  Parte D (benefício para medicamento sob prescrição) 202-204
  saúde do paciente 205-207
  sistema de escala de valor relativo baseado em recursos 204-205
  sistema de pagamento retrospectivo 203-204
  sistemas de pagamento prospectivo (SPPs) 203-205
Medicare Prescription Drug, Improvement, and Modernization Act 202-203
Medicina alternativa 187-188
Melhoria de Pareto 37
Memória institucional 119-120
"Mentalidade de Papai Noel" 125-126
Método de fatura 475-476
Método parceria 443-444

Microsoft 443-444
Missouri, State Parks Youth Corps 503-504
Mobilidade de renda 257-258
Mobilidade e distribuição de renda 256-258
Mobilidade intercomunitária 497-500
Mobilidade social 256-258
Modelo acelerador 434
Modelo de ciclo de vida 230, 412-413
Modelo de fluxo de caixa 436-437
Modelo de gerações sobrepostas 452-455
Modelo de investimento neoclássico 434-437
Modelo de Lindahl 107-109
Modelo de Tiebout 496-500
Modelo de tributação
  custos administrativos e de conformidade 358-360
  eficiência 349-350
  equidade horizontal 356-359
  evasão fiscal. *Ver* Evasão fiscal
  teoria da tributação ótima 366. *Ver também* Teoria da tributação ótima
  trade-off (eficiência × justiça) 356
Modelo de tributação do rendimento ideal de Edgeworth 352-353
Modelo Harberger 311-312
Modelo neoclássico da dívida 454-456
Modelo ricardiano 456-457
Modelos de equilíbrio parcial 296-309
  Capitalização 309
  definido 296-297
  imposto *ad valorem* 300-302
  imposto sobre cigarro 300-301
  imposto sobre lucros 307-308
  imposto sobre salários 303
  imposto unitário 296-301
  monopólio 305-306
  oligopólio 306-307
  simplicidade dos modelos 309
  tributação do capital 304-305
Monopólio
  análise de custo-benefício 154-155
  comportamento de fazer preços 46-47
  definido 46-47
  natural 349-352
  tributação 305-306
Monopólio natural 349-352
Moral (Plutarco) 130-131
Mortalidade cardiovascular 191-192
Mortalidade infantil 212-213
Mudança climática
  análise de custo-benefício 152-153
  perspectiva de política 95-96
Mudanças induzidas por mudanças de comportamento. *Ver* Carga em excesso
Multiplicador de Lagrange 347n
Mutualização dos riscos 177-178

N

National Bureau of Economic Research (NBER) 16-17
National Tax Journal 16-17
Nazismo 3
NCLB 141-142, 494
Nicol v. Ames 1899, 291

Níveis de pobreza 248-251
No Child Left Behind Act (NCLB) 141-142, 494
Normas para economia de combustível média corporativa (CAFE) 97-98
Notas no SAT 138-139

O

O empréstimo do governo. *Ver* Financiamento por déficit
OASDI 218-219. *Ver também* Previdência Social
Objetivo natural 3-4
Obrigações municipais 374-376
Oferta de trabalho
  capital humano 408-410
  Considerações do lado da demanda 408
  efeitos individuais vs. grupais 408
  EITC 276-277
  Idosos 235
  lado das despesas 410-411
  mulher casada 407
  pacote de compensação 409-410
  Países escandinavos 410-411
  receitas fiscais 410-413
  TANF 270
  tributação 403-413
Oferta e demanda 523-528
  demanda 523-524
  elasticidade de preço 527-528
  equilíbrio 526-528
  fatores de produção 527-528
  fornecimento 524-526
Office of Tax Policy Research (Universidade de Michigan) 17
-Of-the-Plano curva medicina 184-185
Old Age Survivors, and Disability Insurance (OASDI) 218-219
Oligopólio 46-47, 306-307
Ônus da dívida 451-457
OPEP 307
Ópera 48-49
OPP 200, 201
Orçamento
  itens fora do orçamento 230
  reguladora 7-8
  unificado 7-8, 230
Orçamento dos Estados Unidos 16-17
Orçamento regulatório 7-8
Orçamento unificado 7-8, 230
Ordens executivas 165-166
Organização de Manutenção da Saúde (HMO) 200, 214-216
Organização Mundial do Comércio (OMC) 108-109
Organização Prestadora de Serviços Preferenciais 200, 201
Os choques externos 125-126

P

Pagamento de terceiros 185-186
Pagamento por serviço 200
Paradoxo de votação 109-110

Parques eólicos 104-105
Partículas suspensas totais (TSPs) 77-80
Partilha de receitas 517-518
Passivos com pensões federais 451-452
Paternalismo
   assistência médica 187-188
   Previdência Social 219-220
   taxa social de desconto 151-152
Pay-as-you-go (sem financiamento) 221
Pedágio urbano 89-90
Pensamento econômico anglo-americano 4-5
Pensilvânia, lojas de bebidas 68-69
Perfeito discriminação de preços 61-62
Perspectiva da política
   cap-and-trade para Dióxido de Enxofre 99-101
   elisão fiscal na arquitetura 359-362
   GPS 61-63
   imóveis ocupados pelos proprietários 102-103
   imposto sobre heranças 487-488
   mudança climática 95-96
   pedágio urbano 89-90
   segurança nos aeroportos 66-68
Peso morto 122-123, 184-185. *Ver também* carga em excesso
Pesquisa e desenvolvimento farmacêutico 193-194
Pesquisa em ciências sociais 123-124
Pesquisa empírica 31
Pessoas pobres 248-249. *Ver também* Programas de despesas para os pobres
Philip Morris, propaganda de cigarro 129
Phoenix, coleta de lixo 67-68
PIA 222-223
Pico 110-111
Pizza 54
Plano 401(k) 380, 418-420
Plano Keogh 380
Planos de pontos de serviço (POS) 200, 201
Plataformas centristas 117-118
Plebiscito sobre questões fiscais 116-117
Pluralidade de votação 114-115n
Poder de mercado 46-47
Poder e política 519-520
Políticas regulatórias 3
Políticos 116-119
Políticos eleitos 116-119
Poluição
   ar 77-80, 98-100
   saúde, e 77-79
   valores de habitação, e 79-80
Poluição atmosférica 77-80, 98-100
Ponto de dotação 232
Ponto de vista de "clube" das comunidades 495-497
Pontos de curvatura 222-223
População sem seguro 187-189
Port Hueneme, Califórnia, imposto sobre propriedades na praia 308
Posição original 254-255
Poupança
   conta-poupança com tratamento fiscal preferencial 379-380, 418-420

corporações 439-440, 444
imposto de renda pessoal 379-380
integração plena 444
Previdência Social 230-235, 240-241
tributação, e 412-420
Preço de custo médio 351, 352
Preço de transferência 440-441
Preço de válvula de segurança 92-93
Preço sombra 154-155
Preço/preços
   complementos/substitutos 523
   demanda, e 523
   efeito de substituição 404-405
   efeito renda 404-405
   efeito renda/substituição 539
   fornecimento, e 524-525
   pedágio urbano 89-90
   preços de custo médio 351, 352
   preços de Lindahl 108-109
   preços de transferência 440-441
   restrição orçamentária, e 534-535
Preços de Lindahl 108-109
Preferências de dois picos 110-111
Preferências de um único pico 110-111
Prêmio de risco 177-178
Prêmio de seguro 172-174
Prêmio de seguro atuarialmente justo 173-174
Previdência Social 217-245
   afro-americanos 228
   AIME 222
   casais de um assalariado 229
   como funciona 218-219
   cônjuges sobreviventes 222-223
   crowding out 231, 234, 235
   custos administrativos 220
   decisões de aposentadoria 235-236
   distribuição de renda 220, 225-229, 241-243
   economia 230-235, 240-241
   efeito aposentadoria 234
   efeito legado 234
   efeito substituição de riqueza 231
   esgotamento de longo prazo 236-238
   estrutura de benefícios 222-223
   financiamento 224-225
   financiamento pay-as-you-go 221-222
   fundo fiduciário 229-230
   gastos do governo (1939-2011) 217
   idade de qualificação 222-223
   idade normal de aposentadoria 222-223
   imposto sobre os salários 224-225
   impostos 224, 225
   justificações 218-221
   metas 241-242
   PIA 222-223
   pontos de curvatura 222-223
   privatizar o sistema 239-243
   proteção contra a inflação 222-223
   receitas/pagamentos projetados 236-237
   redistribuição dentro de uma geração 228-229
   redistribuição intergeracional 225-228
   reforma 237-240
   riqueza da Previdência Social 226

risco moral 220
segurança de renda para os idosos 220-221
seleção adversa 219-220
sistema parcialmente financiado 222
situação familiar 222-223, 229
solvência 236-240
SSI 222
taxa de dependência 237
taxa de substituição 237
teste de ganhos 222-223
transferências entre os indivíduos 222
Primeiro teorema fundamental da economia do bem-estar 41-42
Princípio dos benefícios recebidos 351
Princípios utilitaristas e distribuição de renda 250-256
Privatização 63-68
   ambiente de mercado 67-68
   contratos incompletos 65-67
   custos administrativos 64-65
   custos salariais e materiais relativos 64-65
   definido 63-64
   diversidade de gostos 64-65
   Previdência Social, de 239-243
   questões de distribuição 64-65
Problema do *free rider* 62-64, 118-119
Produção doméstica, tributação de 359-360
Programa de Assistência de Nutrição Suplementar (SNAP) 281-283
Programa de redistribuição de alimentos 258-259
Programa de subsídio habitacional 258-259
Programa Estadual de Seguro de Saúde Infantil (SCHIP, na sigla em inglês) 206-207
Programa Security 8 282-283
Programas ambientais. *Ver* Externalidades
Programas de combate à pobreza. *Ver* Programas de despesas para os pobres
Programas de despesas para os pobres 265-289
   AFDC 265-267, 273-274
   assistência para educação 283-284
   assistência para habitação 282-284
   categorias de gastos sociais 265-266
   controvérsias/debates 284-287
   desordem do sistema atual 285-286
   EITC 274-277
   formação para o trabalho 284-285
   incentivos ao trabalho 284-286
   Medicaid. *Ver* Medicaid
   serviços de base religiosa 286-287
   SNAP 281-283
   SSI 222, 276-278
   TANF.
   Taxa de pobreza 284-285
   teste sujeito à prova 265
   UI 278-281
   Ver TANF
   workfare (trabalhar para receber) 272-273
Programas de direito (entitlement programs) 10-11
Programas de seguro social 171-173
Projeto Big Dig de Boston 144, 156-157

Projeto de lei cap-and-trade do clima (2009) 100-101
Projeto STAR 137-138
Projetos clientelistas 112-113
Projetos de infraestrutura 144. *Ver também* Análise de custo-benefício
Projetos do setor público. *Ver* Análise de custo-benefício
Proposição 13 (California) 512-514
Proposição da Califórnia 12-13, 512-514
Prótese de quadril 193-194
Public Finance Quarterly 16-17

Q

Qualidade de vida 192-194
Qualidade dos professores 136-137n
Quarterly Journal of Economics 16-17
Questões antitruste 3

R

Razão e Sensibilidade (Austen) 244-245
Receitas do governo
    impostos. *Ver* Tributação
    valor real da dívida 11-13
    composição 10-12
Recorte do Medicaid 278-279
Recursos para economistas na Internet 17
"Red Tape" ("Burocracia"), de Morris/Hetson 119-120N
Redistribuição de renda. *Ver* Distribuição/ redistribuição de renda
Redistribuição de renda com eficiência de Pareto 254-256
Reembolso baseado em capitação 200
Reembolso baseado em custo (assistência médica) 200
Reforma
    assistência médica 209-214
    imposto sobre as corporações 442-445
    imposto sobre propriedade 513-514
    Impostos 466, 490. *Ver também* Imposto sobre consumo
    impostos sobre heranças e doações 489
    Previdência Social 237-240
Reforma da Previdência 237-240
    ajuste do custo de vida 238-239
    fórmula de benefícios 238-239
    idade de aposentadoria 238-239
    imposto sobre os salários 237-238
    nível de ganho máximo tributável 238-239
Reforma da saúde 209-214
    abordagem orientada para o mercado 212-214
    ACA 198–199, 209-211
    auxílio-prêmio 213-214
    objetivos conflitantes (segurança × eficiência) 213-214
    sistema de único pagador 210-213
Reforma de impostos corporativos 442-445
Reforma tributária 466, 490. *Ver também* Imposto sobre consumo
Regra Corlett-Hague 347
Regra de elasticidade inversa 347
Regra de ouro 82-84
Regra de Ramsey 344-347, 351
Regras de unanimidade 107-109
Regras de votação de maioria 108-113
Regras orçamentais 461-463
Regressão para a média 485-486
Regulamentação do mercado de trabalho 7-8
Regulamentos
    abordagem do "senão" 99-100
    baseado em incentivos 95-96, 98-99
    comando e controle 95-99
    custo de, por vida salva 168
    custo econômico 7-8
    eficácia 99-100
Relação custo-benefício 149-150
Relação de avaliação 506-507
Relação de centralização 494-496
Relatório Econômico do Presidente 16-17
Relatório Econômico do Presidente de 2003 97-98
Relatório Econômico do Presidente de 2004 100-101
Relatório Econômico do Presidente de 2012
    composição das despesas e receitas federais 10-11
    despesas do governo 7-8
    dívida externa 452-453
    dividendos 437-438
    impostos sobre heranças e doações 483-484
    Participações de títulos do governo dos EUA do Federal Reserve Bank 449-450
    receitas corporativas 426
    receitas fiscais corporativas 439-440
Relevância fiscal 299-301
Renda
    altura, e 324
    AMTI 394-395
    dados do censo 248-250
    demanda, e 523
    em espécie 248-249, 372-374
    ganho 248-249
    imposto de renda pessoal 372-375
    Nominal 391-392
    problemas na medição 248-251
    real 391-392
    real × nominal 391-392
    renda familiar média 247-249
    restrição orçamentária, e 533-534
    utilidade marginal 251-252, 252-254
Renda bruta ajustada (AGI – adjusted gross income) 370
Renda em espécie 248-249, 372-374
Renda familiar média 247-249
Renda imputada 421
Renda internacional, dedutibilidade fiscal 398-400
Renda média mensal indexada (AIME) 222
Renda real 391-392
Renda vitalícia 249-250
Rendimento nominal 391-392
Rendimento tributável 370
Rendimentos auferidos 248-249
Rendimentos de origem estrangeira das empresas, tributação de 439-443
Rent-seeking (busca de renda) 121-124
Repatriar 440-441
República (Platão) 3
Responsabilização das escolas 141-142
Resposta compensada 326-328
Resposta descompensada 326
Restrição orçamentária 531-538
    definido 532-533
    Equilíbrio 534-538
    preço 534-535
    renda 533-535
Restrições orçamentais intertemporais 232
Resumo Estatístico dos Estados Unidos 16-17
Retorno atuarialmente justo 225
Review of Economics and Statistics 16-17
Riqueza da Previdência Social 226
Riqueza das Nações (Smith) 3-4
Risco de crise fiscal 459-460
Risco moral 181-186
    definido 220
    Previdência Social 220
    seguro de saúde 181-186
RJR Nabisco 446
Rodovia CityLink de Melbourne (Austrália) 55
Roth IRA 379
"Roubo geracional" 448. *Ver também* financiamento por déficit
Rubrica orçamental 532-533

S

San Diego, pistas para veículos com alta ocupação 89-90
SCHIP 206-207
Seasteading (neologismo com as palavras sea [mar] e homesteading [apropriação original]) 520-521
Seattle, abordagem do berço à faculdade e até a carreira 503-504
Segundo teorema fundamental da economia do bem-estar 45-46
Segurança de renda para os idosos 220-221
Segurança nos aeroportos 66-68
Seguro 172-182. *Ver também* Seguro de saúde
Seguro contra pobreza 46-47
Seguro de saúde. *Ver também* Assistência médica
    aversão ao risco 176-177
    cobertura universal 213-214
    coeficiente de experiência 180-181
    community rating (avaliação da comunidade) 181-182
    copagamento 182-183
    cosseguro 182-183
    dedutível 182-183
    espiral da morte 179-180
    ex-funcionários 194-195
    informações assimétricas 178-179
    mutualização dos riscos 177-178
    pagamento de terceiros 185-186
    paternalismo 187-188
    população sem seguro 187-189

prêmio de risco 177-178
prêmio de seguro 172-174
quem tem cobertura 196
risco moral 181-186
saúde do paciente 189-190
Seguro Medigap 215-216
seguro privado 197-201
seleção adversa 179-180
suavização de risco 175-176
taxa de carregamento 177-178
trade-off 185-186
utilidade esperada 175-176
utilização da assistência médica 32
valor esperado 172-173
Seguro de saúde privado 197-201
  contenção de custos 200-201
  custos administrativos 199
  job lock 200
  pool de risco 199
  seleção adversa 199
  subsídio 197-199
Seguro Hospital (HI) 202-203
Seguro médico complementar (SMI) 202-203
Seguro Medigap 215-216
Seguro social 10-12
Seguro-desemprego (UI) 20-21, 278-281
Seleção adversa
  definido 179-180
    Previdência Social 219-220
    seguro de saúde 179-180, 199
Sem-abrigo 32
Serviços de habitação 248-249
Serviços sociais de base religiosa 286-287
Setor do amendoim 122-123
Sistema de dois partidos 117-118
Sistema de escala de valor relativo baseado em recursos 204-205
Sistema de pagamento prospectivo (SPP) 203-205
Sistema de pagamento retrospectivo (Medicare) 203-204
sistema de partes independentes 440-441
Sistema de Posicionamento Global (GPS) 61-63
Sistema de único pagador 210-213
Sistema federal 494-496
Sistema fiscal progressivo 294-295
Sistema fiscal proporcional 294-295
Sistema global 398-399
Sistema territorial 398-399
Sistema tributário regressivo 294-295
SMI 202-203
SNAP 281-283
Social-democratas 3-5
Solo contaminado 78-79
Solo contaminado com chumbo 78-79
Solução de cartel 307
Solvência da Previdência Social 236-240
Somatório Horizontal 56-57
South African Breweries 154-155
South Florida State Psychiatric Hospital 65-66
SPP 203-205
SSI 222, 276-278

Studies of Government Finance 16-17
Suavização de risco 175-176
Suavização do consumo 218-219
Subsidiária 440-441
Subsidiária estrangeira 440-441
Subsídio
  educação 131-132
  encargo excessivo 331-332
  externalidades 85-87, 102-103
  habitação 282-284, 421
  imóveis ocupados pelos proprietários 102-103
  Pigouviano 85-86
  seguro de saúde 197-199
Subsídio de Pigou 85-86
Subsídio em regime fechado de parceria 516-517
Subsídio geral 517-518
Subsídios. *Ver* Transferências intergovernamentais
Subsídios condicionais 515-518
Subsídios em regime de parceria 515-516
Subsídios em regime fechado de parceria 516-517
Subsídios incondicionais 517-519
Substitutos 523
Subvenções categóricas 515-518
Superávit/déficit do orçamento *Ver* Financiamento por déficit
Supplementary Security Income (SSI) 222, 276-278

T

Tabela de alíquotas 370
Tabela de imposto de renda linear 353
Talmud 83-84
Tamanho da distribuição da renda 293
Tamanho da turma 137-138, 162-166
Tamanho do governo 7-10
TANF 265-275
  administração: nacional X estadual 273-275
  componentes principais 265-267
  definido 265-266
  escolha de renda-lazer 267-273
  estrutura familiar 273-274
  exigências de trabalho 272-274
  incentivos ao trabalho 267-273
  nivelamento por baixo 273-275
  prazos 265-266, 273-274
  trade-offs básicos 266-268
Taxa de carregamento 177-178
Taxa de dependência 237
Taxa de desconto 145, 150-154
Taxa de emissões
  cap-and-trade, em comparação 91-96
  definido 86-87
  externalidades 86-90
  relação custo-eficácia 89
Taxa de juro
  crowding out 455-456
  déficit do orçamento federal 33
  inflação, e 391-392
  reais × nominal 391-392

Taxa de juros nominal 391-392
Taxa de pobreza 248-249, 284-285
Taxa de pobreza dos idosos 221
Taxa de substituição 237
Taxa de utilização 349-352
Taxa interna de retorno 148-150
Taxa marginal de imposto 294-295
Taxa marginal de substituição (MRS) 39, 530-532
Taxa marginal de transformação (MRT) 39-40
Taxa média de imposto 294-295
Taxa real de juros 391-392
Taxa social de desconto 151-152
Taxa social de desconto 151-152
Taxas de participação dos eleitores 118-119
Taxas de utilização ótimas 349-352
Tecnologia médica 191-194
Teorema da impossibilidade de Arrow 114-116
Teorema do eleitor mediano 111-112, 116-119, 518-519
Teoria da escolha 527-539
  curvas de demanda 538
  restrição orçamentária 531-538
  substituição e renda efeitos 538-539
Teoria da tributação ótima 364-366
  abordagem utilitarista do bem-estar 366
  equidade horizontal 364-366
  imposto de renda 352-354
  imposto sobre *commodity* 343-350
  instituições políticas e sociais 354, 364-365
  problema de inconsistência temporal 354-355
  Regra de Ramsey 344-347
  taxa de utilização 349-352
  teoria normativa 354
Teoria do segundo melhor 330-331, 341-342
Teoria econômica 18-20, 31. *Ver também* Teoria microeconômica
Teoria marxista
  crescimento do governo 125-126
  fonte de renda 120-121
Teoria microeconômica 523-543
  análise marginal 539-541
  demanda e oferta 523-528
  excedente do consumidor 540-542
  excedente do produtor 541-543
  teoria da escolha. *Ver* Teoria de escolha
Terceirização. *Ver* Privatização
Terminologia (glossário) 545-552
Teste de ganhos 222-223
Teste sujeito à prova 265
Títulos isentos de impostos 374-376
Tomada de decisão pública. *Ver* Economia política
Totalmente financiado 221
Trabalho intensivo 311
Transação de Economia Pura 34-39
Transação em dinheiro 362-363
Transferência em espécie
  avaliação 258-262
  conveniência política 261-262
  custos administrativos 261-262
  definido 248-249

fraude previdenciária 261-262
manutenção de renda 261-262
Transferências intergovernamentais 513-518
  efeito flypaper 517-518
  partilha de receitas 517-518
  subsídios em regime fechado de parceira 516-517
  subsídios equivalentes 515-516
  subsídios gerais 517-518
  subsídios incondicionais 517-519
  teoria da incompatibilidade 514
  transferências condicionadas 515-518
Transmissores instalados nos para-brisas 55
Tributação
  análise de custo-benefício 154-155
  comportamento, e 403, 423-424
  corporações. *Ver* Imposto sobre as corporações
  Curva de Laffer 411-413
  custos administrativos e de conformidade 358-360, 366
  educação 131-132
  Eficiência 336-338, 347, 356, 501-502. *Ver também* Carga em excesso
  elisão fiscal 359-362
  equidade 347
  equidade de transição 358-359
  equidade horizontal 356-359
  equidade vertical 348
  escassez de capital 419-420
  externalidades 83-86
  imposto ad valorem 300-302
  imposto de *commodities* 312
  imposto de renda. *Ver* Imposto de Renda
  imposto de renda fixa 353, 364, 390-391
  imposto geral sobre o trabalho 312-313
  imposto parcial sobre fator de produção 310, 312-314
  Imposto Pigouviano 83-86, 330-332
  imposto sobre a riqueza 482-484
  imposto sobre o capital 304-305
  imposto sobre o consumo. *Ver* Imposto sobre consumo
  imposto sobre os lucros 307-308
  imposto sobre os salários 224-225, 303
  imposto unitário 296-301
  impostos progressivos/regressivos 294-296
  impostos sobre heranças e doações *Ver* Impostos sobre heranças e doações

Internet 355
joias, de 359-360
liberais contra conservadores 423-424
monopólio 305-306
neutro 344
oligopólio 306-307
Previdência Social 224, 225
produção doméstica, de, 359-360
reforma tributária 466, 490
sonegação fiscal. *Ver* Evasão fiscal
tributar ou tomar empréstimos? 457-463
unidade familiar, de 348-350, 370, 395-398
Tributação da internet 355
Tributação de passagens aéreas 328-331
Tributação diferenciada de insumos 334-338
Tributação diferencial de *commodity* 326, 471-472
Tributação global de renda 441-442
Tributação neutral 344
Tributação ótima de *commodities* 343-350
  considerações de equidade 347-348
  minimizar o excesso de carga 348
  Regra Corlett-Hague 347
  Regra de Ramsey 344-347
  tributação da família 348-350
Tributação territorial da renda 442-443
Tributar ou tomar empréstimos? 457-463
  considerações morais e políticas 460-461
  controle do déficit 460-463
  eficiência 457-459
  equidade intergeracional 457-458
  finanças funcionais 459-460
  princípio dos benefícios recebidos 457-458
  risco de crise fiscal 459-460
Tributos estaduais sobre as corporações 439-440
Troca de favores 112-115
Truque da mão de obra 160-161
Trusts, evasão de imposto de propriedade 488-489
TSA 66-68
TSPs 77-80

U

UI 20-21, 278-281
Universidade de Harvard, cobertura do seguro de saúde para funcionários 180-181
Urban-Brookings Tax Policy Center (Centro de Política Tributária Urban-Brookings) 17

US Census Bureau 17
Utilidade 528-530
Utilidade esperada 175-176
Utilidade marginal da renda 251-254
Utilidade marginal decrescente 174-175
Utilitarismo simples 250-254

V

Vale-escolar 139-141
Vale-refeição 250-252, 281-283
Valor agregado 475
Valor de avaliação 506-507
Valor do produto marginal (VMP) 335-336
Valor do seguro principal (PIA) 222-223
Valor Esperado 172-173
Valor presente 144-147
Valores nominais 145-146
Valores reais 146-147
Variação equivalente 321-322
Variável
  ação 448
  dependente 25
  fluxo 448
  independente 25
Variável de estoque 448
Variável de fluxo 448
Variável dependente 25
Variável independente 25
"Verdade e mentiras sobre o Medicare" (*New York Times*) 317
Viagra 193-194, 244-245
Vida fiscal 428
Vida humana, valor da 157-159
Vínculo 451-452
Visão mecanicista do governo 3-5
Visão orgânica do governo 3-4
Votação de ponto 114-115n
Votação exaustiva 114-115n
"Votar pela mudança", 497-500

W

Workfare (trabalhar para receber) 272-273
WorldCom 439-440

Z

Zantac 193-194